CN
CA

中国合格评定国家认可委员会

CHINA NATIONAL ACCREDITATION SERVICE FOR CONFORMITY ASSESSMENT

中国合格评定国家认可委员会（CNAS）是根据《中华人民共和国认证认可条例》的规定，由国家认证认可监督管理委员会授权成立的合格评定认可机构，统一负责对认证机构、实验室和检查机构等相关机构的认可工作。

一、CNAS 使命和愿景

2006 年 3 月 31 日，经国家认监委批准，中国合格评定国家认可委员会在北京正式成立，是我国依法设立的唯一合格评定国家认可组织。CNAS 秘书处设在中国合格评定国家认可中心，是 CNAS 的法律实体，承担 CNAS 开展认可活动所引发的法律责任。

使命：证实能力，传递信任。

认可是国家技术基础的组成部分，是市场经济运行的基础性制度安排，是符合世界贸易组织（WTO）规则的技术性贸易措施。

认可的核心是依据标准证实合格评定机构具有特定的技术和管理能力。

认可的目的是增强对合格评定能力的信任，提升合格评定结果的可信性，为促进市场运行、政府监管、国际贸易效率的提升提供独特的评价服务。

愿景：权威可信——社会公信、政府采信、国际互信

建设国际化和中国化相结合的认可制度，不断完善“统一组织、共同参与”的认可体系，不断提升认可工作的技术能力和管理能力，不断增强认可结果的准确性、可靠性和权威性。

扩大认可制度的社会认知度，提高认可结果的社会利用度，不断提升认可的社会公信力。

积极为政府监管工作提供技术支撑，提高认可工作的政府采信度，成为公共行政管理的重要依托。

提升中国认可国际影响，扩大中国认可国际互认，促进对外贸易发展。

二、2011 年主要进展

截止到 2011 年 12 月 31 日，CNAS 累计认可各类认证机构 127 家，包括管理体系、产品、人员认证机构和软件过程及能力成熟度评估机构认可，认证机构颁发的带有认可标志的各类有效证书数 604343 份；累计认可实验室及相关机构认可的数量为 4835 家，其中校准实验室 589 个，检测实验室 4102 个，能力验证提供者 20 个，标准物质生产者 6 个，医学实验室 86 个，生物安全实验室 32 个；累计认可检查机构 332 家。

目前，我国认可制度的齐全性位居国际同行前列；经过认可的认证机构颁发的现行有效认证证书数量连续八年稳居国际同行第一；认可的实验室数量位居国际同行前列；认可的检查机构数量在亚洲同行中处于前列。

2011 年 CNAS 开拓的新制度有医学参考测量实验室认可制度；依据美国环保署和能源部的规定，建立了能源之星实验室认可制度，已认可实验室 15 家。

2011年8月，CNAS 接受了亚太实验室认可合作组织（APLAC）和太平洋认可合作组织（PAC）现场同行评审。这是继 2006 年我国形成集中统一认可组织体系后，CNAS 迎来的第二次国际同行评审。CNAS 以零不符合项的优异成绩圆满完成了同行评审任务，这为继续保持 CNAS 在区域或国际组织中的国际互认地位奠定了坚实的基础。

地　　址：北京市东城区南花市大街 8 号　　邮政编码：100062

网　　址：http://www.cnas.org.cn　　传　　真：010－67105005

珠海出入境检验检疫局

珠海出入境检验检疫局（以下简称珠海局）是国家质检总局35个直属局之一（正厅级），负责珠海地区的出入境商品检验、卫生检疫、动植物检疫、食品卫生的管理以及相关的监督管理，还承担着相关公共服务职能，对执法行为承担相应的法律和行政责任。

珠海局现内设机构15个，下设分支机构10个，事业单位4个，社团组织1个。现有在编职工857人，其中大专以上学历占69.8%。中高级技术职称占31.5%，享受国务院特殊津贴人员2名。现有3个已建成国家级重点实验室，2个在建国家级重点实验室，6个区域性中心实验室，2个常规实验室，1个经国家发改委批准建设国家高级别生物安全三级实验室（P3）正在筹备中。

2011年，珠海局紧紧围绕国家质检总局“抓质量、保安全、促发展、强质检”十二字方针和国家认监委的相关要求，全力推行综合行政管理质量体系，体系建设基础工作基本完成，共编制130余万字的体系文件，从根本上把珠海局综合行政管理工作纳入科学化、规范化的轨道上来。这是珠海局走打造强局发展之路的一项重要举措，也是建设法治质检的重要组成部分。在此基础上，珠海局还全面启动检验检疫文化体系建设，提炼出“忠诚保国，人本为民，公廉从检，和谐建局”的珠海检验检疫核心价值理念，确定“国门明珠，幸福卫士”的珠海检验检疫形象定位。

2011年珠海局围绕全国认证认可工作会议精神，进一步明确职责，统筹规划，转变观念，创新思维，深化认证执法监管体系建设，全力构建工作长效机制，形成了“重心下移、统筹监管、落实辖区监管责任”的认证监管工作格局和模式，为全面加强珠海局辖区检验检疫和认证认可各项工作而努力奋斗！

中　　国
认证认可年鉴

2012

CN
CA

中国质检出版社

图书在版编目（CIP）数据

中国认证认可年鉴. 2012/国家认证认可监督管理委员会编. —北京：中国质检出版社，2012
ISBN 978-7-5026-3670-8

Ⅰ. ①中… Ⅱ. ①国… Ⅲ. ①产品质量—质量管理—中国—2012—年鉴 Ⅳ. ① F279. 23-54

中国版本图书馆 CIP 数据核字（2012）第 214695 号

中国认证认可年鉴　2012
责任编辑：薛斌、贾玉勤、邱艳

中国质检出版社出版发行
北京市朝阳区和平里西街甲 2 号（100013）
北京市西城区复外三里河北街 16 号（100045）
网址：www.spc.net.cn
总编室：（010）64275323 发行中心：（010）51780235
读者服务部：（010）68523946
中国人民大学出版社印刷厂　印刷
各地新华书店经销

*

开本 889×1194　1/16　印张 68.5　字数 1600 千字
2012 年 10 月第 1 版　2012 年 10 月第 1 次印刷

*

定价：280.00 元

2012年1月12日~13日，全国认证认可工作会议在北京召开

全国认证认可工作会议实景

2011年12月27日，第十次全国认证认可工作部际联席会议在北京召开

6月9日，“世界认可中国日”主题活动在上海举办。国家质检总局局长支树平、上海市市长韩正、中国合格评定国家认可委员会主任王凤清等出席并讲话。国家质检总局副局长、国家认监委主任孙大伟，国家认监委副主任车文毅主持

4月14日，全国认证认可标准化技术委员会（SAC/TC 261）第八次全体委员会在北京召开。国家质检总局副局长、国家认监委主任孙大伟，中国认证认可协会会长、全国认证认可标准化技术委员会主任委员王凤清出席会议并讲话。国家认监委副主任王大宁主持会议。国家认监委副主任谢军、总工程师刘卫军，国家标准委副主任张健伟，SAC/TC 261全体委员、顾问出席会议

国家质检总局局长、党组书记支树平出席全国认证认可会议并讲话

国家质检总局副局长、国家认监委主任孙大伟出席第十次全国认证认可工作部际联席会议并讲话

4月7日，“第十五届中国东西部合作与投资贸易洽谈会中国认证认可高层论坛”在西安召开，国家质检总局副局长、国家认监委主任孙大伟出席论坛并讲话。国家认监委副主任车文毅、陕西省副省长吴登昌、副秘书长刘安会出席论坛

4月25日，“海峡两岸第二届计量检验认证认可及消费品安全研讨会”在济南召开。国家质检总局副局长、国家认监委主任孙大伟，山东省副省长才利民，国台办经济局局长徐莽，台湾检测验证协会顾问梁国新等出席开幕式

8月10日～12日，中俄总理定期会晤委员会经贸分委会中俄标准计量认证和检验监管常设工作组第九次会议在俄罗斯伊尔库茨克举行。常设工作组中方主席、国家质检总局副局长、国家认监委主任孙大伟率中国代表团参会，并与工作组俄方主席、俄罗斯技术调节和计量署符·尼·克鲁季科夫副署长共同主持会议

11月15日，中国合格评定国家认可委员会（CNAS）第二届执行委员会第二次会议在厦门召开。国家质检总局副局长、国家认监委主任孙大伟，CNAS主任王凤清出席会议并讲话

9月16日~17日，国家质检总局副局长、国家认监委主任孙大伟赴甘肃酒泉就质检工作进行考察和调研

4月7日~8日，国家质检总局副局长、国家认监委主任孙大伟在陕西调研考察有机产品认证示范基地创建工作

11月30日，国家质检总局副局长、国家认监委主任孙大伟赴中国标准化研究院调研

6月24日，国家质检总局副局长、国家认监委主任孙大伟，中国合格评定国家认可委员会主任委员、中国认证认可协会会长王凤清到公安部物证鉴定中心考察调研

1月14日，中国信息安全认证中心向中国农业银行数据中心颁发ISMS认证证书。国家认监委副主任车文毅、中国农业银行副行长杨琨出席颁证仪式

4月18日~19日，国家认监委在北京召开能源管理体系认证试点工作交流会，国家认监委车文毅副主任出席并讲话

5月31日，“中国信息安全认证中心（ISCCC）江苏中心揭牌仪式暨ISO/IEC 27001：2005标准宣贯会”在苏州举行。国家认监委副主任车文毅、苏州市人民政府市长阎立出席宣贯会

6月13日~14日，国家认监委在海口市召开2011年管理体系认证市场监管工作会议。国家认监委副主任车文毅出席会议并讲话

12月26日，国家认监委召开处以上干部廉政教育大会。国家认监委副主任程方出席并讲话

11月25日，国家认监委在江苏昆山举行“服务外包认证国家示范区”授牌仪式。国家认监委副主任程方为花桥国际商务城授牌

11月24日，国家认监委副主任车文毅、程方赴江苏昆山出席“走基层访民情强质检”获证企业座谈会，听取了与会代表的意见和建议，解答了企业关心的问题

12月29日，国家认监委2011年党建工作汇报会在北京召开。国家认监委副主任、党组副书记车文毅出席会议，国家认监委副主任程方主持

3月29日，“中国碳排放认证认可技术国际报告会”在深圳召开。国家认监委副主任王大宁、深圳市政府相关部门领导分别致辞

3月30日~4月1日，国家认监委在广东汕头召开 “进口食品国外生产企业注册研讨会”，国家认监委副主任王大宁出席并讲话

11月2日~6日，国家认监委副主任王大宁率团在英国进行工作访问期间，参观考察了英国废金属回收企业European Metal Recycling Limited

11月28日~29日，国家认监委副主任王大宁一行深入福建省安溪县调研，考察了安溪国家级茶叶检测重点实验室、新农资合作公司、铁观音集团等出口茶叶生产企业和种植基地

9月14日，国家认监委副主任谢军赴中国信息安全认证中心(ISCCC)考察指导基准实验室建设工作

6月26日~7月1日，国家认监委副主任谢军率团出席在土耳其伊斯坦布尔召开的IECEE官员会议、IECEE主席顾问委员会会议及第十四届IECEE\CMC年会

11月23日，国家认监委副主任谢军向中国检验检疫科学研究院颁发良好实验室规范(GLP)技术评价合格证书

4月20日，国家认监委副主任谢军考察山东省产品质量监督检验研究院

1月26日，国家认监委副主任顾基平到三河陆桥质检印务有限公司考察工作

3月22日，全国质检系统“五五”普法先进表彰视频会在北京召开。国家认监委副主任顾基平代表国家认监委作了题为《深化认证认可法制宣传，推进认证认可依法行政》的“五五”普法工作经验交流报告

11月4日~6日，2011年中外服务贸易企业洽谈会在北京举办。国家认监委副主任顾基平出席开幕式并参观认证认可展区

11月17日，科技部、认监委、认可中心、公安部物证鉴定中心联合开展以“科技创先 携手前行”为主题的“为民服务 创先争优”活动。国家认监委副主任顾基平出席了本次活动并参观公安部物证鉴定中心实验室

7月5日~9日，国家认监委总工程师刘卫军率团赴韩国首尔出席中韩合格评定分委会第八次会议

4月25日，海峡两岸低碳认证认可专题研讨会在山东济南举行。国家认监委总工程师刘卫军出席开幕式并致辞

9月16日，国家认监委和公安部消防局在北京联合召开消防产品强制性认证新闻发布会，国家认监委总工程师刘卫军、公安部消防局总工程师杜兰萍出席并讲话

4月6日~8日，上海合作组织认证认可和标准化研讨会在海南召开。国家认监委总工程师刘卫军出席会议并致辞

北京市质量技术监督局、北京出入境检验检疫局联合开展有机产品进社区宣传活动

黑龙江省质量技术监督局执法人员深入乳品生产企业进行监督抽样，确保乳品质量安全

广东省质量技术监督局对电池产品质量进行了行政执法监督抽查

新疆出入境检验检疫人员深入农田大棚，指导企业做好认证示范区建设工作

上海出入境检验检疫局工作人员在入境口岸实施进口汽车CCC入境验证核查

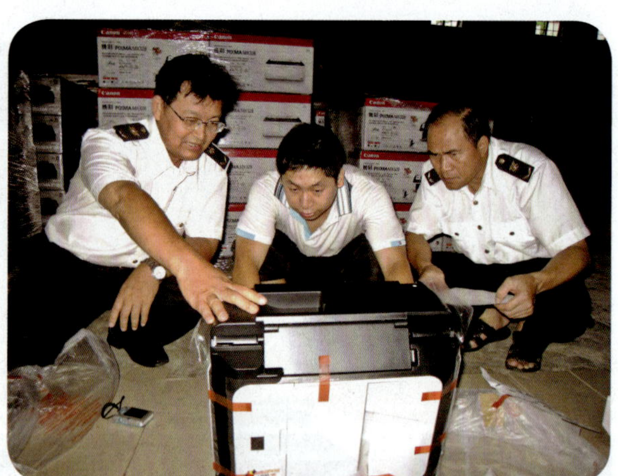

广西出入境检验检疫局开展强制性产品认证获证产品监督抽查工作

四川出入境检验检疫局工作人员在对外注册企业检查指导肠衣生产

《中国认证认可年鉴》编纂顾问委员会委员名单

《中国认证认可年鉴》编纂委员会委员名单

《中国认证认可年鉴》编纂办公室名单

《中国认证认可年鉴》编辑部成员名单

编 辑 说 明

一、《中国认证认可年鉴》是逐年记载中国认证认可事业发展进程的编年史册，也是一部资料丰富的工具书，《年鉴》（2012）记载的是中国认证认可事业2011年的发展情况。

二、2011年是实施认证认可事业发展“十二五”规划的开局之年，也是中国加入世贸组织十周年、国家质检总局和国家认监委成立十周年。《年鉴》（2012）重点反映了在国家质检总局的正确领导下，全国认证认可战线紧紧围绕“抓质量、保安全、促发展、强质检”十二字工作方针，坚持找准定位、创新发展，组织实施《认证认可事业发展“十二五”规划》，切实履行监管职责，扎实推进各项工作，实现了“十二五”的良好开局。第一，抓质量，充分发挥认证认可质量基础设施作用。对全部22大类163种强制性产品认证（CCC）目录产品和78份实施规则，以及CCC监督检查数据进行了全面梳理和系统分析，完成了46份产品类别的质量分析报告。对国家监督抽查的25种3 591批次CCC产品进行统计分析，CCC获证产品抽查合格率为89.49%，高于相关产品的国抽平均合格率。质量管理体系认证有效证书首次突破30万张，比2010年增长17.8%。新增国家级资质认定获证实验室74家、国家产品质检中心36家。贯彻《食品安全法》要求，依法全面实施食品检验机构资质认定制度，累计颁发食品检验机构资质认定证书195家，公布首批食品复检机构名录104家。第二，保安全，切实履行认证认可监督管理职能。一是全面加强风险管理；二是严格认证市场监管；三是加大认证执法力度；四是积极应对质量安全突发事件。第三，促发展，充分发挥了认证认可服务经济发展的作用。一是在促进结构调整、服务经济转型发展上取得新成效；二是在应对国外贸易壁垒、服务外交外贸上取得新成效；三是在培育区域特色产业、服务地方经济发展上取得新成效。第四，强质检，全面提升自身能力建设水平。一是围绕“法治质检”建设，提升认证认可法制化水平；二是围绕“科技质检”建设，提升认证认可技术支撑能力；三是围绕“和谐质检”建设，提升认证认可自身建设水平。

以上四个方面的详细内容，可见于《年鉴》的第三部分至第二十二部分的相关文章、领导讲话和资料。

三、“文献”一栏中刊登了一篇重要文件——《2012年认证认可工作要点》，是2012年认证认可工作发展的指导性文件。“特载”一栏刊登的一组文章，是国家认监委各级领导关于2011年认证认可工作方针和工作重点的论述和安排。这两个栏目的内容均具有重要的指导意义。

四、“专文”一栏刊登了从《全国认证认可会议经验交流材料汇编》中甄选出的10篇优秀的交流材料和1篇重点课题研究报告的详细摘要。前者内容涉及的是地方两局认证监管一线工作人员对认证认可工作的思考与探讨，为今后认证认可的开展起到了一定抛砖引玉的作用。而《中国检测机构科学发展战略研究》是从认证认可技术研究所的科研课题中甄选出的具有代表性的成果，对“中国检测机构”的基本情况、地区分布、市场前景，尤其对其存在的问题进行了深入的剖析，并从总体思路、发展战略以及国家政策等层面提出了建设性的意见，对我国检测机构未来发展方向具有很强的指导意义。

五、《年鉴》（2012）尚未包括香港、澳门特别行政区和台湾省关于认证认可发展情况的内容。

六、由于知识和经验所限，《年鉴》（2012）编撰中的错误和缺点在所难免，欢迎各界批评指正。同时向积极参与和关心《年鉴》的各界同仁和朋友表示衷心感谢。

《中国认证认可年鉴》编辑部

2012年7月

目　　录

第一部分　文　献

第二部分　特　载

第三部分 专 文

第四部分 法制建设与政策研究

第五部分 认可监管

第六部分 认证监管

第七部分 注册管理

第八部分 实验室与检测监管

第九部分　科研与标准建设

第十部分　认可约束

第十一部分　人员注册

第十二部分　行业自律

第十三部分　国际合作

第十四部分　信息化建设

第十五部分　全国认证认可部际联席会议

第十六部分　地方认证监督管理

2012

Yearbook of Certification and Accreditation of China

第一部分　文　献

Part One　Documents of Importance

2012年认证认可工作要点

2012年全国认证认可工作的总体要求是：以科学发展观为指导，全面落实全国质检工作会议精神，围绕“抓质量、保安全、促发展、强质检”方针，坚持创新发展，依法科学监管，加快制度创新、监管模式创新、服务创新、科技创新和体制机制创新，努力增强认证认可公信力，全面提升认证认可工作水平，为实现认证认可“十二五”规划目标打下坚实基础。重点把握以下要点：

一、加快认证认可制度创新，全面提升工作有效性

1.抓好政策规划协调落实

梳理各部门各地方“十二五”对认证认可工作的要求，推动国家专项规划和相关政策更多地运用认证认可手段，在节能减排、应对气候变化、食品安全、信息安全、战略性新兴产业等重点领域将认证认可相关规划转化为具体政策、管理制度和科技成果，将国家发展认证认可事业的政策导向落到实处。

2.完善法律法规体系

做好《环境保护法修正案》、《清洁生产促进法修正案》、《征信管理条例》、《城市轨道交通工程安全质量管理条例》等相关法律法规的立法协调工作，加快《实验室管理条例》立法研究和《有机产品认证管理办法》、《节能产品认证管理办法》、《低碳产品认证管理办法》、《进口食品境外生产企业注册管理规定》、《出口商品注册登记管理办法》等规章制修订进度。研究解决地方认证监管执法主体的法律依据问题，对现行法律法规和政策规定中涉及认证认可的内容进行全面梳理。

3.优化合格评定体系

推动认证认可工作与其他质检管理手段的相互融合，综合运用多种质检手段提升认证认可工作成效。加强认可与多种合格评定制度的相互衔接，积极探索卫生注册备案、出口商品注册登记等行政许可采信第三方认证结果，认证行政监管采信认可结果的方式方法，对同一产品对象的不同认证模式和评价手段，开展比对、验证和评估工作，优选认证模式和评价方案。

4.加强质量分析和风险分析

对认证认可制度全面推行质量分析工作，发布重点行业、重点产品质量分析报告，制定质量提升措施。深化风险分析管理，落实风险管理部门职责，层层建立风险管理岗位，从制度设计、运行、监管等不同层面梳理风险，完善风险管理手段和措施。建立健全认证、认可、资质认定、注册备案管理风险分级制度，重点加强对食品安全、工交生产安全、信息安全、新技术新产业领域等风险的分析防控，制定相对应的风险控制措施。

5.完善认证认可制度管理程序

严格履行公众参与、专家论证、风险评估、合法性审查等决策程序，对高风险领域的认证认可制度，加严风险评估和技术评审措施。严格规范新认证项目试点工作，确保技术方案成熟、责任界定明确、监管手段到位。组织实施自愿性认证项目及认证试点项目实施效果的评估评价工作。建立认证认可制度后评估和动态管理机

制，根据社会经济和技术条件的更新状况，及时更新认证标准、规则和监管制度。

6.完善强制性产品认证制度

建立强制性产品认证（CCC）目录动态调整长效机制，以产品风险特点为基础，对CCC产品目录进行全面梳理和动态调整。建立CCC指定机构动态管理机制，按照“总量控制，适度竞争，能力优先，综专结合，合理布局，便利企业”的原则合理调整指定机构，分步解决部分产品认证领域认证机构为独家的问题。建立产品分级、企业分类的多样化认证模式，根据产品风险特点、生产方式、行业成熟度、上市周期等因素，适时调整目前单一化的认证模式。修订完善CCC认证实施规则，加强CCC认证和产品检测收费监管，建立CCC认证数据收集管理及质量分析长效机制，出台年度CCC认证质量分析报告。

7.完善自愿性认证制度

统筹规划国家统一推行自愿性认证制度，规范批准程序、实施规则和监管要求，明确认证监管部门、行业管理部门和认证机构的责任界定。与行业管理部门密切配合，建立和完善国家统一推行的节能环保产品认证、交通产品认证、铁路产品认证、电子电气产品污染控制认证等自愿性认证制度。推动建立低碳产品认证制度，完善资源节能产品认证指标量化体系。清理规范认证机构自主开发自愿性认证和评价核查项目，强化认证标准规则、认证标志审查和备案管理，严肃查处未经备案批准擅自开展自愿性认证项目。规范行业主管部门和行业组织开展的第二方认证活动，研究相关监管办法。

8.完善检测机构资质认定制度

健全资质认定管理制度，强化行业评审组的责任。建立实验室、检查机构资质认定通用准则和管理规范，制定特定行业领域的特殊要求，加严对生物安全、机动车安检等高风险和航空、航天等高技术领域资质认定管理要求。加快完善食品检验、司法鉴定、医学检测等领域实验室资质认定制度，督促食品检测实验室按照新的要求取得《食品检验机构资质认定证书》。加强对省级资质认定工作的指导和监督，推进实验室监管体系建设并强化监督检查，确保获证实验室符合法定要求。完善国家产品质检中心的规划论证和审批程序，加强与有关部委和地方的协调配合，从全局的角度，加快战略性新兴产业领域的国家质检中心的规划论证和授权建设，促进行业和区域的合理布局，按照“谁申请，谁负责；谁经营，谁负责”原则，明确行业主管部门、地方政府和国家产品质检中心经营母体的法律责任。建立国家产品质检中心退出机制，确保国家级检测机构的公正性、权威性。

9.强化进出口注册备案和登记制度

建立出口商品注册登记制度，规范各地注册登记工作。强化进口食品境外企业注册制度，实施水产品进口注册管理，适时推进酒类、乳制品和燕窝进口注册工作，严格进口注册管理的风险评估、境外检查、检验检疫、后续监管等程序。

10.强化国家认可制度

充分发挥认可制度为合格评定提供能力保证、为国际互认奠定基础的作用，加强对认可制度设计、运行的监督，建立认可实施效果评价机制，增强认可制度的有效性和权威性。积极推动认可向低碳绿色经济、战略新兴产业等新领域拓展，重点加快能源管理体系、温室气体核查、信息技术服务、供应链安全、医学实验室安全等合格评定机构认可制度建设。健全认可结果采信机制，促进认可在规范合格评定、服务政府监管等方面的运用。完善认可约束机制，健全认证机构和实验室的专项监督、确认审核、能力验证等制度。

二、加快认证认可监管模式创新，全面提升社会公信力

1.着力强化对认证机构的监管

严格落实《认证机构管理办法》，强化认证机构内部管控和风险防范机制，组织认证机构负责人法律知识考试，严格落实认证机构法人实体、认证机构管理层、认证人员三级责任，完善责任考评和追究机制，全面规范认证机构及人员的从业行为。加强认证机构准入审批、年度审核和日常监督，建立认证机构分类管理模式，对体系运行不稳定、诚信记录存在瑕疵、高风险业务领域认证机构从严监管，严厉打击非法认证、虚假认证、超范围认证、超范围超标准收费、买证卖证行为。

2.加强对认证咨询机构的监管

加严认证咨询机构审批条件，清理整顿各类认证咨询服务公司，建立认证咨询、审核、发证的倒查机制，明确认证机构与咨询机构的连带责任，严厉打击认证、咨询服务“一条龙”和虚假宣传、未经审批从事认证咨询活动等行为。严肃查处违规擅自从事境外认证项目代理、使用境外认证标志行为，加大处罚力度。

3.加强对资质认定机构的监管

继续强化对实验室资质认定机构和国家质检中心的专项监督检查，开展以直属局实验室、国家质检中心、省级产品质检院所为对象的能力验证工作，充分利用能

力验证和实验室比对等技术措施，促进检测机构能力提升。严格实验室行业评审组的工作职责和工作规则，通过走访、考核、资料审查等方式，加大对评审组的工作管理力度，对不合格的评审组予以清理调整。

4.开展重点产品认证专项整治

继续深化“双打”行动成果，围绕扩大内需、保障和改善民生的要求，对国家监督抽查合格率下滑的CCC产品，进行重点抽查和督促整改。组织开展以轮胎、电线电缆、有机认证产品等为重点的获证产品专项整治，严厉查处无证生产销售和假冒伪造认证标志、证书行为，提升获证产品质量安全水平。开展以“抓质量、保安全、惠民生”为主题的CCC认证十周年宣传活动，将CCC等产品认证打造为消费者信任的民生品牌。切实加强认证标志备案管理。

5.推进认证执法监管体系建设

积极探索“监管重心下移、资质管理上收”新模式，强化“属地管理，分级负责”监管机制，推动监管贴近基层、贴近民生。实现省级质检部门认证执法监管体系建设覆盖面100%，中心城市的覆盖面扩大到50%的目标。完善认证执法监管区域化合作机制，巩固长三角、沈阳经济区、辽宁沿海经济带等区域合作成果，重点推进华北、华东、西北等地区认证执法监管区域合作机制建设。加大认证执法监管信息系统的推广力度，以信息化手段提高地方认证监管部门的监管能力。深化行政审批制度改革、行政执法责任制和政务公开，规范行政执法自由裁量权，加强内部监督和社会监督，健全绩效考核和行政问责制度，促进依法行政、规范管理。

6.探索认证监管模式创新

完善认证机构、检测机构、获证组织、获证产品联动式监督检查，逐步向有机产品、节能产品等自愿性认证产品推广。探索认证全过程溯源监管模式，建立和完善认证档案和证后监管记录。运用先进防伪、信息技术，逐步在有机产品等国家统一推行的产品认证领域建立认证标志备案查询和信息溯源系统。扩大管理体系认证网格化监督检查试行范围，在产业集中度高地区组织多级监管部门联动的集中拉网式检查。加强与工商部门合作，共同完善加强流通领域认证监管的措施和方法。

7.强化舆情监测和应对突发事件能力

按照属地管理、分级负责原则，建立认监委、省、市三级认证认可舆情监测员队伍，严格落实舆情监测和应对工作责任制，明确舆情监测、报告、处置的时限、程序和要求。完善应对突发事件工作机制，制定认证认可突发事件舆情应对预案。加强对跨地区舆情应对工作的统一部署和指导协调。各级认证监管部门、行业认证机构要分别加强与地方、行业性新闻媒体的联系，正确引导地区和行业舆论导向。积极发挥专业舆情监测机构的作用，加强与新闻宣传、网络广告主管部门的配合。

8.大力加强认证行业社会责任和诚信建设

在认证行业开展社会责任和职业道德教育，提炼认证认可行业文化核心价值，制定从业机构和从业人员的职业道德规范，增强从业机构、从业人员和获证企业的社会责任意识。健全行业自律激励机制，坚持一手抓严格监管，一手抓激励引导，促进认证市场的自我调节、自我完善。充分发挥认证认可协会、行业评审组等专业性行业性组织的作用，完善行业自律规范，开展行业自律检查。以诚信评价和风险分析为基础，建立认证从业机构分类分级管理模式，对讲诚信、守法纪的机构予以重点扶持，对违法失信机构从严打击，提高其违法成本。推广良好审核规范和审核案例，表彰一批优秀认证机构和优秀审核（检查）员。

9.推动认证检验机构品牌化建设

把握国家发展认证认可服务业的政策机遇，围绕现代服务业、社会征信系统建设等国家总体规划，加强认证认可行业的规划建设，争取将认证检验机构纳入信用服务机构，改善发展环境。重点扶持一批国家级认证检验机构的改革发展，打造一批讲诚信、重质量、能力强、服务优的国际知名品牌，推动认证检验机构走品牌化、规模化、专业化发展道路，克服低水平同质化竞争带来的监管压力。

三、加快认证认可服务创新，全面提升服务经济社会发展水平

1.拓展认证认可应用领域，服务经济转型发展

围绕传统产业优化升级和战略性新兴产业发展的目标，大力推进认证认可在节能减排、应对气候变化、信息技术、生物技术等国家重点领域的应用。促进管理体系认证在重点行业的创新应用，着力做好服务认证的研究推进工作。健全行业采信机制，建立能源管理体系认证示范产业，在重点产业逐步建立认证效果评价机制，促进认证认可的深入应用。积极探索认证认可服务业在国家产业布局中的定位和行业特性，充分发挥认证认可作为高技术服务业的特点，促进认证认可与现代制造业、现代农业的融合，提升认证认可服务的附加值。

2.运用认证认可技术性措施，服务外贸发展

加快国际合作互认步伐，有效应对国外技术壁垒，

防止“双边问题多边化，国内问题国际化，技术问题政治化”。深化IEC互认体系的国内运行机制，推进OECD/GLP监控体系建设，推动体系扩展和国外采信。巩固双边合作机制，配合国家外交和自贸区战略，开展国外认证认可制度研究，推进对重点目标市场的市场准入谈判和双边合作。进一步做好WTO通报、咨询和评议工作，妥善应对美国食品安全现代化法案等国外技术壁垒。深化内地与港澳、两岸认证认可和检验检疫标准化合作关系，支持香港发展检测认证优势产业，鼓励港澳台资机构开展内地认证检测业务。

3.落实认证认可区域合作项目，服务区域发展

认真落实国家质检总局与各地政府签订的合作备忘录，鼓励地方政府出台认证认可促进政策，将认证认可融入“质量兴省”、“质量兴市”战略，提出具体措施和评价性指标。在产业条件和政策配套条件成熟的地区，优先开展各类认证示范区创建、低碳认证试点、国家产品质检中心建设等项目。支持长三角、珠三角地区率先发展检测认证服务业，国家综合配套改革试点区重点开展节能减排、循环经济、新能源新领域认证工作，中西部地区探索与产业经济和生态条件相适应的认证模式。

四、加快认证认可科技创新，全面提升自主创新能力

1.深化认证认可科技标准化

以国家“十二五”科技支撑计划“碳排放和碳减排认证认可关键技术研究与示范”、“支撑认证认可的评价分析、检测验证和有效性保障技术研究与示范”项目为引导，推动认证认可科研与标准化、产业化融合，向战略新兴产业延伸，提升我国认证认可自主创新能力。加强检验检疫标准化与检验检疫监管的联动协作，提高出入境检验检疫能力。稳步推进认证认可科技领军人才、青年科技英才和科技创新团队建设，充实认证认可专业委队伍。

2.加强认证认可基础研究

深化政策理论研究工作，组织开展重大政策、规划课题研究。编纂出版《认证认可工作手册》、《发展年报》、《认证认可年鉴》，促进规范化管理。选择试点省区、试点行业开展认证认可贡献率的分地区、分行业测算，深化认证认可的服务功能。加强合格评定研究机构建设，建设一流的合格评定领域研究团队。

3.加快认证认可信息化建设

落实认证认可信息化“十二五”规划，加强信息化顶层设计。推进从业机构信息化建设，强化信息报送、共享、溯源及数据质量管理工作，完善认证认可业务统计指标体系，充分利用信息化手段创新监管模式，提升监管和决策支持能力。

五、加快认证认可体制机制改革创新，积极推动认证事业全面发展

1.巩固发展部际协作机制

把握国家深化行政管理体制改革的机遇，充分发挥部际联席会议的主平台作用，按照“统一管理，共同实施”原则，做好部际联席会议的组织协调和服务保障工作，提升部际协作水平，积极引导各部门转变职能和行政管理方式，建立健全采信机制，促进政府管理创新。

2.扎实推进事业单位改革发展

按照国家事业单位改革的总体要求和国家质检总局的统一部署，坚持分类指导、分步实施，妥善做好认证认可事业单位改革的相关工作，强化机构职能，优化人力资源配置，完善干部选聘、绩效考核、薪酬管理、职业技术资格评定等配套制度，激发认证认可事业的发展活力。

3.加强地方认证监管部门建设

适应省以下质监管理体制调整的新形势，重点强化省级质检部门的统筹管理能力，以中心城市和较大城市为切入点，带动地方认证执法监管水平全面提升。加强对市县两级质监局的指导、管理和服务。对各级认证执法监管人员开展全面培训。积极争取地方政府支持，保障认证监管部门机构、编制和经费来源，确保认证监管职能不削弱，监管力量与当地发展水平相适应。

4.加强认证认可行风建设

深入开展“人民质检为民服务，以质取胜创先争优”活动。积极推进认监委组织文化建设，提炼认证认可文化核心价值。加强认证认可专项经费管理，全面推行廉政风险防控工作，严肃查处违法违规违纪行为，坚决治理不正之风，树立公正严明的认证监管队伍形象。

传递信任 服务发展

——国家质检总局局长支树平在全国认证认可工作会议上的讲话

（2012年1月12日）

全国认证认可工作会议今天召开，国家质检总局党组高度关注，兄弟部委也十分关注。工信部学山副部长等十几个部委的领导，百忙之中专程到会指导，体现了对认证认可工作的看重。我首先代表质检总局党组，向各兄弟部委的领导表示衷心感谢，向认证认可战线的同志们表示诚挚问候。在今天的会议上，我主要想表达三层意思。

第一，国家质检总局党组对认证认可工作非常重视。从长江局长、传卿书记到王勇局长，历届总局党组都非常看重认证认可工作，注重加强国家认监委和各地认证监管队伍建设。我接任总局局长后，也接过了这个传统。2011年参加全国认证认可工作会议时，我着重从理论、实践和质检工作三个层面，阐述了认证认可工作产生和发展的历史必然性，在我国引入和发展的必要性以及在质检事业中的重要性，指出全社会应当重视认证认可工作，我们质检系统更应当重视。一年来，国家认监委的重要活动，包括全国认证认可工作会议、部际联席会、世界认可日、认监委成立十周年活动等等，我都参加。在工作部署上，强调从方方面面发挥认证认可的作用。这两年的全国质检工作会议主报告，就打破了原来按业务工作列题的布局，在“抓质量、保安全、促发展、强质检”各个方面都突出了认证认可的基础作用。在自身建设上，总局党组也非常重视，要求认监委在自身建设上走在前面、当好表率，从班子配备、队伍建设等各方面支持加强。

第二，国家质检总局党组对过去一年认证认可工作充分肯定。一年来，认监委认真贯彻落实“十二字方针”，找准定位，创新发展，切实有效地发挥了认证认可作用。抓质量方面，完善了质量认证和评价体系，开展了强制性产品认证（CCC）全过程质量分析，加强了认证机构和食品检验机构监管，提升了认证和检测工作质量，组织了质量月系列宣传活动，质量基础作用更加明显。保安全方面，建立了全过程风险管理模式，扎实开展以CCC认证和有机产品认证为重点的“双打”行动，对违法违规行为动真格、出重拳，撤销一批失效证书、违规机构资质。全年仅撤销CCC证书数量就占总数的10%。妥善应对了“锦湖轮胎”、“有机螃蟹”等热点事件。促发展方面，有效运用WTO规则实施技术性措施，积极推进国际互认，打破国外技术壁垒，服务外贸发展。我国成功当选IEC常任理事国，在国际合格评定领域的话语权大大提升。加快推进节能环保、新能源新产业等领域的认证认可工作，能源管理体系认证、资源节约产品认证等等，都取得了明显的经济和社会效益。各地认证监管部门也主动融入地方发展大局，结合当地产业特点，推进乳制品认证、有机产品认证、服务外包认证示范区创建等工作，受到好评。强质检方面，努力践行“严抓严管走在前、科技进步走在前、和谐共建走在前”的要求，认证执法监管体系覆盖面扩大到80%，认监委承担的国家“十一五”科技项目通过验收，又喜获两个“十二五”国家级项目，认证认可和检验检疫标准体系进一步完善。同时，创先争优、党风廉政、组织文化、质量体系管理等方面，都大胆探索，敢闯敢试，体现了特色，抓出了实效。2011年8月，我参加认监委成立十周年活动就深有感慨，感到认监委这支队伍很有凝聚力、战斗力，不论办什么事情都很认真、很出色。我记得当时说过，身处其中，就好像是一个温暖的大家庭。大家携手与共，其乐融融，其暖融融，这是我们认证认可人特有的风采和精神风貌。

第三，总局党组对今年认证认可工作寄予期望。多年来的实践特别是这一年来的经历，使我们有两个越来越深的感受。第一个感受是，质检工作越来越重要。2011年，党中央、国务院领导同志多次视察质检系统，强调质检工作。中央经济工作会议也对质检工作看得更重、讲得更细，宏观上、微观上都提出了非常明确的要求。昨天，国务院常务会议研究部署进一步加强质量工作，审议并原则通过了《质量发展纲要》，温家宝总理作了重要讲话，参会的国务院其他领导同志都发表意见，一致强调质量工作的重要性，一致赞成加强质量安全监管。第二个感受是，质量基础工作越来越重要。随着时代进步，国家越来越向着现代化、国际化的方向发展。质检工作的现代化、国际化趋向也越来越突出，技术性基础保障要求也越来越高。标准、计量、合格评定包括认证认可这些国际公认的支柱性质量基础设施，既是工业化大生产和现代管理的产物，又是符合WTO规则的技术性贸易措施，世界各国都运用它们来规范经济社会发展，推动国际经济技术交流合作。我国质检工作与经济社会发展相适应、与国际接轨，必然要大力加强各项技术性基础措施，运用这些国际通行、社会通用的工具来提升质量安全，促进科学发展。就认证认可来讲，我们觉得对认证认可的认识还远远没有穷尽，认证认可作用的发挥还有很大潜力。目前来看，认证认可工作还受到社会诚信缺失、市场经济不完善、法制不健全等国情现实条件的制约，在质检工作体系中的基础性作用还不充分，自身建设上也还存在不适应的问题。一方面，需要我们更加重视认证认可工作，充分发挥认证认可作用；另一方面，认证认可自身也要适应新的形势需要，加快创新发展。

刚刚结束的全国质检工作会议，强调坚定不移地贯彻“十二字方针”，要求抓质量上新水平、保安全上新力度、促发展做新贡献、强质检树新形象。这“十二字”、“四个新”，既保持了工作的连续性，又突出了创新性，体现了稳中求进的精神。要做到“四个新”，关键是质检工作各方面都要有创新，质检整体效能得到更加充分的发挥。这其中，认证认可的基础作用更加凸显，认证认可工作更需要创新和发展。刚才，大伟同志在工作报告中，以创新发展为主题，围绕落实“十二字方针”作了全面系统的部署，提出从制度、监管模式、服务、科技和体制机制五个方面创新，更好地发挥认证认可的作用，我是非常赞成的。这个报告我认真看了，很有新意，也有深度，在许多方面都有新的突破，反映出认监委党组和同志们在过去一年积极探索的基础上，又往前迈进了一大步。新的一年里，认证认可工作从总体上讲，就是要认真贯彻全国质检工作会议精神，为落实“十二字方针”而发挥作用，在落实“十二字方针”中创新发展。

大家都知道，市场经济是信用经济。我国正处在社会法制和市场经济逐步完善的过程之中，面临质量安全风险突出、诚信缺失等诸多问题，无论是政府，还是生产者、消费者，都需要权威的信用工具促进相互间信任。质检部门也需要权威的信用工具，向社会传递质量安全的信心。认证认可的本质作用就是传递信任，是走向国内外市场的“通行证”。国家“十二五”规划明确将认证认可作为大力发展的现代服务业、高技术生产性服务业。发挥认证认可作用，最重要的就是要进一步找准定位、创新发展，增强认证认可的服务功能，提高认证认可的公信力，更好地发挥其传递质量信任、服务科学发展的作用。“传递信任，服务发展”，就作为我今天讲话的主题，作为给大家提出的一道课题，请认证认可部门乃至全系统同志研究思考、实践探索；也作为总局党组对新一年认证认可工作突出的期望和要求，请大家认真响应落实。

首先要向消费者传递信任，服务老百姓安全消费、放心消费。我们是人民质检，必须给人民信心，让人民信任。要按照“抓好质量安全，就是扩大内需、稳定外需、促进发展”的思路，按照“保安全，就是保民生”的要求，拓展认证认可服务民生、服务消费市场的思路，一手抓严格监管、打假治劣，一手抓宣传引导、信息公开，让老百姓消费的认证产品买得放心、用得舒心，让CCC产品、有机绿色食品、节能环保产品这些认证标志成为老百姓的放心品牌。通过我们的努力，让消费者感受到，有我们的把关，他们放心；经我们把关过的产品，他们更放心。

二要向企业传递信任，服务我国产业健康发展。转变经济发展方式，就是要加快传统产业转型升级，加快发展战略性新兴产业、服务业包括文化产业等，要让中国制造做大做强。我们要发挥认证认可规范市场行为、便利贸易交往、引导产业升级的功能，服务经济发展方式转变。抓住社会诚信体系建设、产业转型升级的契机，推动认证认可更好地满足企业优化管理、产业转型升级的发展需求，增强企业素质，降低市场风险，提高发展质量。让获得我们产品认证、体系认证的企业更让人放心，更令人信任。

三要向社会公众传递信任，服务质检能力和形象的提升。要将认证认可更好地融入质检大局和质量大业之中，不断开拓认证认可工作思路，积极探索产品认证、管理体系认证、实验室资质认定和认可、卫生注册备案等合格评定结果在生产许可、监督检查、分类管理、实验室监管等工作中的应用，为质量安全监管提供科学权威的依据，提高质检工作的权威性和公信力，树立刚正廉明的依法行政形象、科学权威的技术执法形象、可亲可信的人民质检形象。

四要向各级政府传递信任，服务政府职能转变。国家正在深化行政审批制度改革，鼓励采取市场机制调节和间接管理方式，转变政府职能。认证认可这种市场化、规模化、专业化、国际化的第三方评价手段，日益受到政府部门的重视。要创新认证认可服务政府监管的思路，围绕政府监管调控的目标，推动政府部门采用认证认可手段，建立政府采信机制，为政府决策和管理服务，提高政府公信力。

五要向世界传递信任，服务国家外交外贸大局。创新认证认可服务外交外贸的思路，更加紧贴国家对外战略，运用认证认可手段解决外交外贸的实际问题，努力在打破国外技术壁垒、深化国际互认成果、提升国际话语权等方面有更大作为，在国际社会树立质量中国、诚信中国的良好形象。

春节将至，我们也在这里传递信任、传递祝福、传递希望。要把新春的美好祝福传递大家，传递给全系统认证认可战线的同志们！祝福认证认可事业乃至整个质检事业更好地发展，更值得信任！

国家质检总局局长支树平在第十次全国认证认可工作部际联席会议上的讲话

（2011年12月27日）

岁末年初，各部门各单位的工作都很繁忙。大家能够在百忙之中抽出时间来参加今天的部际联席会议，体现了对认证认可工作的重视和支持，也体现了对质检工作的重视和支持。在此，我首先代表国家质检总局向参加会议的各位同志表示衷心的感谢！

部际联席会议历来是议程紧凑。半天的会议，很多同志都作了发言。我局副局长、认监委主任孙大伟同志，作为这个会议的召集人，回顾了认证认可十年来的发展、过去一年的工作和2012年工作的思考。各部门的同志介绍了本系统过去一年认证认可工作，就今后如何进一步做好认证认可工作、推动认证认可事业发展包括各部门之间如何更好地协调配合都发表了很好的意见和建议。我听了后很受教育和启发。借此机会，我着重谈两个方面的感受和体会。

一、我国认证认可事业统一协调发展，离不开部际联席会议的共同推动

今年是我国入世十周年。今天的认证认可格局，与我国入世是紧密相关的。大家都知道，认证认可是国际通行的合格评定制度，也是国际公认的质量基础设施的三大支柱之一，也是WTO-TBT协定的三大技术性措施之一。我国经济与国际接轨，离不开认证认可这个重要的工具和途径。这项工作应该说早在我国改革开放之初，就已从国际上引入并推行开展。它的引入，帮助我国企业提升了质量管理水平，适应了国际市场的需要，某种意义上也是应用国际先进手段来提升我们的管理水平。但是，由于历史的原因，直到入世前，我国认证认可工作还没有完全与国际接轨，还保留了一些计划经济模式的痕迹，特别是由于内外市场分割、行业多头管理等原因，导致认证认可多套体系并存、管理混乱。最突出的一点就是对内、对外两套认证制度并存，国内产品贴“长城”认证标志，进口产品贴“CCIB”认证标志，不但标准、程序不一致，而且存在重复认证的问题。在入世谈判中，很多成员国都对我国当时这套认证制度提出了质疑和明确“要价”，特别提到要管涉外的出入境检验检疫局和管国内的质量技术监督局两套机构“统一”的问题。在入世谈判的后期，焦点之一就放在SPS、TBT技术性贸易措施上，其中在中国入世协定书和工作组报告中，涉及认证认可的就有27项。所以中国加入世贸组织，就必须要解决这些技术性措施的安排问题。在这样的背景之下，2001年，党中央、国务院决定组建国家质检总局，同时组建了国家认证认可监督管理委员会和国家标准化管理委员会。它的突出的特点就是把对内和对外的质量管理统一起来。时任国务院总理的朱镕基同志，对建立这样一个管理体制十分重视并下了很大的决心。按照这个体制，国家认监委负责统一管理、监督和综合协调全国认证认可工作，承诺按照WTO规则建立统一的认证认可体系。

入世十年的实践，充分证实了党中央、国务院决策的正确。十年来，我国全面履行了相关承诺，有效发挥了认证认可这一技术性措施“双刃剑”的作用，既服务了国家的经济发展，也服务了对外贸易的发展。我国认证认可工作能在短时间内实现由分散到统一、由无序到规范，迅速发展成为认证证书数量世界第一的认证大国，有许多经验值得总结。其中尤为重要的一条，就是从中国的国情实际出发，发挥我国社会主义制度“集中力量办大事”的优势，确立了“统一管理，共同实施”的格局。刚才各部委领导发言中频繁地使用“统一管理，共同实施”这个词。“统一管理，共同实施”原则是最能体现我国认证认可工作特色的制度。走过这段历程，现在大家都已经认识到，认证认可已不是单一方面的具体工作，而是我国开放型经济发展的制度性安排，是我国经济市场化、国际化程度不断加深的反映。“入世”是全方位开放，哪一个行业都有参与国际合作和竞争的需要，哪一个部门都有按国际规则办事的要求。现在要转变政府职能，加强科

学化管理和加强质量工作，各个部门或多或少要涉及认证认可。在这个历史进程中，确实需要统一管理，需要把各方面的力量协调起来，大家朝着一个目标去共同努力。所以，经国务院领导批准建立了认证认可工作部际联席会议制度。通过十年运行证明，认证认可部际联席会议比较好地担当起了这样一个角色，统一了各方面的力量，共同推动认证认可工作，应该说，这是历史的选择。刚才，大伟同志总结了认证认可部际联席会议十年来发挥的三个不可替代的作用：一是推动了认证认可工作由分散走向集中；二是完善了认证认可服务经济社会发展的功能；三是推动了认证认可事业的科学发展。我很赞成，大家发言时也表示赞同。我本人的体会，十年来认证认可部际联席会议呈现了三个方面可喜的发展趋势。

第一，认证认可部际联席会议越来越受到重视。成员单位从成立之初的18个，发展到现在的21个，国务院法制办等负责同志到会指导，司法部、央行、气象局等有关负责同志也应邀来参加会议。从刚才的发言能感到各部门对认证认可工作的认识越来越明确，作用越来越看重。

第二，认证认可部际联席会议越来越富有成效。无论是从十年看还是从一年看，无论是从体系建设看还是从制度建设看，无论是对内推行还是对外应对，认证认可部际联席会议都发挥着重要作用。各部门确实通过这个平台，共同研究解决了一系列重大问题，保证了认证认可顺利开展，也树立了我国认证认可在国际上的形象。比如，推行强制性产品认证（CCC），在国际上就很有影响。现在参加很多会议，包括中美会谈、中欧会谈都讲到CCC认证，信息安全认证。这些认证制度能推行开来，一个重要原因是各部门紧密结合，利用各种途径、各种资源一致对外，维护了国家的利益。这些事例至今回想起来，仍令人感动。就2011年来说，我们与有关部门共同完善了消防产品强制性认证制度、发布了电子信息产品污染控制和能效标识产品目录、开展了食品检验机构资质认定。许多部门认证认可也取得了突出的成绩，有一些还是创新性的。水利部讲到计量认证、讲到产品认证、讲到体系认证，特别是节水方面，很突出地发挥了认证的功能。铁道部对认证认可工作很重视，请认监委同志去讲认证的有关知识，主动地将相关工作纳入到认证认可工作中。我觉得通过这个平台大家互相沟通，确实越来越富有成效。

第三，认证认可部际联席会议越来越成熟。认证认可部际联席会议是平等协商、齐心干事的平台，集中体现了认证认可制度开放性的特点，大家平等相处，总局和认监委主要起一个牵头服务的作用。大家借助这个平台对重大问题及时沟通协商，统一思想，增进共识，协调立场，凝聚合力。随着事业发展、工作改进，机制也越来越完善，沟通也越来越通畅。坦率地讲，认证认可部际联席会议制度在现有的部际联席会议中应该是坚持得比较好的，效果也是比较明显的。大家的发言也生动地反映了我们这个部际联席会议所发挥的作用，也证实了认证认可部际联席会议的必要性和适应性。

二、认证认可要发挥更大作用，还需要部际联席会议成员共同努力

当前，认证认可得到了全社会的高度重视，也面临许多新机遇。首先从国家加快开放型经济发展、转型发展的进程来看，认证认可发展前景广阔。胡锦涛总书记提出，要"完善适应开放型经济发展的体制机制"，"以开放促发展、促改革、促创新"。发展市场经济、开放型经济，认证认可的作用必将提升。国家"十二五"规划纲要将认证认可作为重点发展的生产性服务业，9处明确提到认证认可。国家《质量发展纲要》等多个专项规划和29个省市区的地方"十二五"规划中都有认证认可的内容在里头。所以说，从国家层面上，在科学发展、转型发展和开放型经济发展中，认证认可的作用越来越大。其次，从深化行政管理体制改革、推进政府管理创新的进程看，认证认可也大有用武之地。温家宝总理在今年"全国深入推进行政审批制度改革工作电视电话会议"上，强调行政审批改革"是深化经济体制和政治体制改革的关键环节"，强调"凡市场机制能够有效调节的，公民、法人及其他组织能够自主决定的，行业组织能够自律管理的，政府就不设定行政审批；凡可以采用事后监管和间接管理方式的，就不再搞前置审批"。这些都是国家很重要的导向。认证认可是服务政府监管的有效手段，而且它更多地体现了第三方的公正立场，更具有发展潜力。随着政府管理制度的创新，政府越来越减少行政审批，政府把该管的管好，把不该管的逐步交给社会组织去管，也可以说交给第三方去管，或者交给社会资源来管。所以，如何更好更进一步地发挥认证认可作用需要我们深入的研究。方向就是认证认可要在适应经济社会发展、适应政府管理创新需要方面发挥更大的作用。我们要更好地借助认证认可部际联席会这个平台，共同努力做好以下几方面工作。

一是进一步运用好认证认可的技术措施，共同维护国家利益。认证认可是开放型经济的一个基础，认证认可是贸易便利化的有效工具，在推动多双边互认、应对国外技术壁垒等方面具有不可替代的作用。今年，我国成为IEC的常任理事国。至此，我国在国际三大标准化组织中都占有了比较重要的位置。部际联席会议的成员都要关注这个重大的变化，要利用好国际舞台，提升我国制定

国际标准的话语权和国际合格评定规则的话语权，推动中国标准上升为国际标准，提高我国制造业特别是电子电信产业的全球竞争力。同时要共同加强在WTO通报、咨询、评议方面的配合，真正把我国在认证认可领域的技术性措施运用好，共同维护国家利益。

二是进一步加强认证监管，共同确保质量安全。今天大部分部门在发言中都在讲质量安全、食品安全、信息安全、特种设备安全、校车安全等。认证认可作为质量基础设施三大支柱之一，同时也是质量安全的基础保障手段。这个手段不仅质检部门要用，各部门都要应用它来保障质量安全。希望各部门的同志，要组织专家好好地研究研究认证认可标准、认证认可手段，要把它用好。认证认可自身也有安全风险的问题。现有的认证制度应用到有关行业，有些产品有些企业有没有安全风险？如何防范？这些需要认真思考和探索。近期媒体连续报道有机认证问题，从主流媒体到网络都有报道，从一个方面反映出认证机构的社会责任，也反映出有些获证企业放松管理的问题。有机产品是大家很信任的产品，但是有人钻这个空子，这给我们敲了很大的警钟，认证过的产品未必就是完全可信的，认证之后也会有一个管理的问题，确实要加强。认监委高度重视，最近接连查了一些案件。刚才大伟同志在汇报时也谈了后续监管的问题。今后就应该把完善制度、严格监管作为重中之重，严肃处理认证认可违法违规行为。希望各个部门从行业管理的角度，对这方面存在的风险引起注意，加强分析，针对监管难点努力攻关。

三是进一步完善健全采信机制，共同强化政策引导。认证认可的作用要发挥，关键是用户方的采信。希望部际联席会议大家一起联手，以建立采信机制为核心，出台更多指导性的政策和法规，加快在节能减排、应对气候变化、信息安全、新能源、低碳绿色等领域以及气象、金融、教育等领域的拓展步伐，开发新的认证制度和认证项目，服务产业转型升级。前几天，王岐山副总理在听取国家质检总局汇报时特别强调，“你们面对大的挑战，就是如何服务传统产业的改造、产业的升级，包括新兴产业的发展”，他说“现在文化产业提出要发展，那就有标准的问题。”有标准就有认证认可的问题，所以新兴产业在发展，标准怎么跟上去，认证认可怎么跟上去，其他合格评定怎么跟上去，这都是我们面对的问题。

四是进一步加大宣传力度，共同扩大认证认可的影响。近年来，社会媒体对认证认可的报道明显上升，对我们改进工作、扩大影响起着重要的作用。但是不排除有一些炒作，存在以偏概全甚至移花接木的成分，对认证认可负面报道。如有机食品，从正面来讲是一种舆论监督，揭出了有机认证的问题。但有个别夸大的声音，造成了对认证认可的质疑。我们除了要排除风险性影响，做好自己的工作，还要加大宣传力度。认监委作为统一管理协调的部门，要切实加强宣传工作。各部门作为认证认可部际联席会议的成员，也要注意加强在认证认可方面的宣传。有什么好的工作典型，可以加大宣传，突出第三方的特点，增强这个领域工作的公信力。

联席会议制度也是非常重要的信息沟通和交流的平台。认监委要进一步加强这方面工作，给大家不断地提供信息，互联互通，互相学习借鉴。参加会议，听各部门领导和专家的发言，人家怎么做，对我们有启发，有时还能印证自己好多东西，某句话、某一个做法就会起到一个宣传推动的作用，借鉴指导的作用，甚至是提醒的作用，这是很重要的。这次会议上大家提出了很多建议和意见，认监委要牵头组织梳理好、研究好，吸收到2012年的工作安排中去，在工作中予以改进和加强。特别是对于部际联席会议组织保障水平和服务水平，还需要提高和加强。

党和国家对质量工作非常重视。在最近召开的中央经济工作会议上，无论总书记讲话还是总理讲话都更加突出质量，从宏观上强调提高经济社会发展的质量水平、质量效益；从微观上讲要建立产品质量的安全责任制，强调加强产品质量的监管，强调要提升产品质量的水平，强调品牌。这对我们来说，一方面是动力，一方面也是很大的压力。我们认识到质量工作是需要各部门互相合作的，就我们内部也需要把自己的职能手段综合利用起来。我们提出动员全社会的力量来抓质量，在内部我们要用各种方法来抓质量，这是非常重要的。我们在2011年提出了“抓质量、保安全、促发展、强质检”的工作方针。全社会来抓质量，要有抓手、有载体。认证认可部际联席会议就是一个全社会抓质量、保安全的重要载体。我们明确提出了“和谐质检”建设，要把全国质检工作做好，对内办好质检的事，对外要协调各方面的关系，借助社会力量做好质量工作。这是国家质检总局党组的认识，也是我本人的认识。

我代表质检总局给部际联席会议的成员单位表个态。质检总局今后要更加重视认证认可工作，要更加重视认证认可部际联席会议这个平台的作用，更加重视各部门的团结合作。要切实依靠大家的力量，提升中国质量的水平，共同建设一个质量强国，为我国科学发展、转型发展、又好又快发展作出我们的贡献。

贯彻质检工作方针 加快创新发展步伐 全面提升认证认可工作水平

——国家质检总局副局长、国家认监委主任孙大伟在全国认证认可工作会议上的讲话

（2012年1月12日）

这次会议的任务是，认真学习贯彻全国质检工作会议精神，深入落实“抓质量、保安全、促发展、强质检”方针，通过总结工作、分析形势、动员部署，明确认证认可创新发展目标和任务，全面提升认证认可工作水平。下面，我代表国家认监委党组作工作报告。

一、认证认可工作贯彻落实“十二字方针”的情况

2011年，是“十二五”开局之年，也是我国加入世贸组织十周年、国家质检总局和国家认监委成立十周年。一年来，在国家质检总局的正确领导下，我们紧紧围绕“抓质量、保安全、促发展、强质检”这十二字方针，坚持找准定位、创新发展，组织实施《认证认可事业发展“十二五”规划》，切实履行监管职责，扎实推进各项工作，实现了“十二五”的良好开局。

（一）抓质量方面，充分发挥认证认可质量基础设施作用

一是组织实施认证认可发展“十二五”规划，落实质量发展战略。发布实施《认证认可事业发展“十二五”规划》，推动了与相关规划的衔接和协调。各级地方政府结合实施“十二五”规划和质量兴省（市）战略，注重发挥认证认可作用。全国29个省级地方规划明确写入认证认可工作。广东、浙江、贵州等省在质量强省（市）方案中，明确提出“十二五”认证认可发展指标，将认证认可工作融入地方发展蓝图。

二是加强认证认可质量分析工作，完善质量长效机制。建立强制性认证质量分析长效机制，对全部22大类163种强制性产品认证（CCC）目录产品和78份实施规则，以及CCC监督检查数据进行了全面梳理和系统分析，完成了46份产品类别的质量分析报告。对国家监督抽查的25种3 591批次CCC产品进行统计分析，CCC获证产品抽查合格率为89.49%，高于相关产品的国抽平均合格率。福建、湖北、湖南等检验检疫局编写《认证监管工作质量手册》、《出口食品备案注册工作规范》等质量规范文件，开展质量自查和有效性分析工作，提高了工作质量。上海、重庆等质监局探索建立实验室质量状况分析研究机制，厦门检验检疫局完成3份质量调研报告，服务地方政府决策。

三是完善质量认证评价体系，提升质量工作成效。质量管理体系认证有效证书首次突破30万张，比2010年增长17.8%。完善实验室和检查机构资质认定制度，保障检测工作质量。新增国家级资质认定获证实验室74家、国家产品质检中心36家。贯彻《食品安全法》要求，依法全面实施食品检验机构资质认定制度，累计颁发食品检验机构资质认定证书195家，公布首批食品复检机构名录104家。

四是开展全国“质量月”和“世界认可日”活动，增进社会质量意识。质检总局、认监委和上海市政府共同举办“世界认可中国日”活动，各地质检部门积极响应，组织开展了形式多样的宣传活动。北京、内蒙、山西等质监局和浙江、青海、新疆等检验检疫局举办认证进社区、进商场、进口岸等活动，向消费者宣传认证认可知识。质检总局、认监委与陕西省政府联合举办第十五届西洽会认证认可高层论坛，成为首个跻身国家级展会的认证认可专题活动。按照全国“质量月”活动部署，国家认监委组织各地质检部门相继开展“食品检测实验室开放日”、有机产品认证专题宣传、“质量大讲堂”等活动，多家媒

体进行报道，获得了热烈的社会反响。

（二）保安全方面，切实履行认证认可监督管理职能

一是全面加强风险管理。全面建立认证认可风险管理模式，对认证认可工作中各个领域、各个环节全面开展风险分析，加强风险识别、研判、处置等工作，制订《风险分析报告》和《风险分析一览表》。地方两局积极开展风险分析工作，四川检验检疫局重点加强肉类、速冻蔬菜、罐头等敏感产品关键控制点的风险监控，注销备案企业24家，及时消除安全隐患。辽宁检验检疫局建立特殊检测处理程序审批制度，有效杜绝了利用程序漏洞逃避CCC认证的风险。山东检验检疫局、陕西省质监局参与认证认可风险分析研究课题。认证认可风险管理意识不断增强，成效初步显现。

二是严格认证市场监管。探索管理体系认证网格化监管新模式，组织河北、重庆、山东、江苏、广东等局对72家认证机构发证的501家获证企业进行了检查，提高监管工作的有效性。河北省质监局积极探索横向到边、纵向到底、省市两级联动的监管方式，在涿州市开展全国第一个管理体系认证行政监管新模式的试点。上海、山东等质监局和珠海、四川等检验检疫局以“认证行政执法信息报送系统”和“自愿性认证活动执法监管信息系统”运行为抓手，进一步落实分类监管和跟踪巡查制度。开展CCC指定机构专项监督工作，组织对全部10家CCC指定认证机构和6类56家指定实验室监督检查。重点开展电线电缆专项整治工作，暂停了500家企业1 259张CCC证书。加大对家电下乡产品的市场核查，暂停问题产品证书14张，促进中标企业提升产品质量。严把CCC产品入境验证关，对天津、北京等8个检验检疫局开展了CCC免办及特殊处理程序专项检查，完成了CCC目录对应海关HS编码这一基础性工作，深圳、宁波、新疆等检验检疫局对进口玩具、汽车配件等CCC目录产品开展专项监督抽查。强化食品农产品认证监管，全年共派出检查人员7 259人次，检查食品农产品获证企业3 590家，涉及各类获证产品4 889个。对河北等六省获得有机产品和绿色食品认证的六类产品开展监督抽查，平均合格率为97.16%。浙江、江苏、上海质监局组成联合检查组，交叉开展“两省一市”食品农产品认证专项检查，取得良好效果。加强对资质认定实验室的专项监督检查，对上海、重庆、广东等9省（市）的147家获证实验室开展了现场检查，完成100个国家产品质检中心的监督检查，促进了检测实验室的行为规范。

三是加大认证执法力度。以落实“双打”行动为契机，严厉打击CCC认证和有机产品认证领域假冒伪造认证标志证书、无证生产销售等违法行为，保障产品质量安全。全国共检查8类重点产品CCC获证企业17 933家，对工厂检查不通过的1 085家企业列入失信企业名单。对19种1 309批次CCC产品开展监督抽查，查处无证生产、销售、进口违法案件59起。黑龙江、浙江、湖南等质监局开展玩具、汽车配件、电线电缆等认证产品专项执法，查处了一批无证生产销售的企业。在有机产品认证领域，各地共出动执法人员10 279人次，检查有机产品销售场所845个，获证企业1 610个，发现违规行为69起，处罚、立案12起。严肃处理从业机构违法行为，撤销1家认证机构、1家境外代表处资质，责令2家认证机构停业整顿，暂停4家CCC指定检测实验室资格，撤销1家国家产品质检中心的授权。撤销认证机构资质，在我委成立以来尚属首次。各地两局严肃查处认证违法违规行为，山东省、重庆市质监局全年立案查处违法案件涉案金额分别为2 087万元和1 224万元，维护了认证市场秩序。

四是积极应对质量安全突发事件。针对“锦湖轮胎”事件，迅速组织天津质检两局及时介入调查，暂停了锦湖轮胎的CCC证书，并将轮胎产品作为“双打”重点。积极参与总局“毒玩具”应急处理工作，迅速启动应急预案。有效应对“塑化剂”风波，迅速组织4家权威检测机构进行塑化剂平行检测，制定统一检测规范。紧急启动30个检验检疫行业标准项目的制修订，为规范危险化学品检验监管提供了技术支撑。针对有机产品的负面报道，认真落实国务院和质检总局领导的批示精神，组织山东、江苏、上海、江西、新疆等地方两局迅速开展有机食品清查整治，对77家有机螃蟹生产企业和2 055个螃蟹销售场所突击检查，撤销、暂停6张证书，立案查处20起。对山东肥城、聊城等地有机果蔬发出风险预警，暂停1家有机产品认证机构业务。同时，加强与国务院食安办、农业部、环保部、工商总局的配合，完善有机产品认证监管制度。组织主流媒体加强正面宣传，维护了认证认可工作形象。

（三）促发展方面，充分发挥了认证认可服务经济发展作用

一是在促进结构调整、服务经济转型发展上取得新成效。大力推进节能环保认证，服务节能减排工作。能源管理体系认证试点成效显著，在钢铁、电力、煤炭等18个行业88家企业建立了能源管理体系，上海宝钢等24家企业通过认证，降低能耗58.2万吨标准煤，减少二氧化碳排放154万吨。与工信部联合发布第一批国推电子信息产品污染控制认证产品目录，与发改委、质检总局联合发布了第八批能效标识管理产品目录。8批24类产品进入《环境标志产品政府采购清单》，9类32 299种产品进入《节

能产品政府采购清单》。太阳能光伏认证技术规范被国家能源局、财政部、科技部采信，作为“金太阳示范工程”项目审核依据，已完成对42个并网项目的验收测试和25个示范工程共计6亿元的补助资金清算工作。节能量第三方审核成为国家核发节能财政奖励资金的依据。以36种节能、节水和可再生能源认证产品的资源节能量统计，全年共节电894.6亿度、节水161.81亿吨、替代能源折合3 205万吨标准煤。2011年，累计节能产品认证有效证书12 060张、比2010年增加约60%，节水产品认证有效证书2 432张、比2010年增加约50%，环保产品认证有效证书近4 000张、比2010年增加25%。与发改委联合开展低碳产品认证制度研究，完成《低碳产品认证管理办法（草案）》及配套技术文件的起草工作。积极拓展认证认可服务国民经济的新领域，航天、气象、新能源、金融服务等行业应用取得新进展。完成物理化学电源、智能微电网控制、建筑节能等10个国家产品质检中心项目的筹建论证和国家智能电网和软件与信息服务2个领域的国家产品质检中心规划工作，为促进战略性新兴产业领域发展提供了重要的技术支撑。

二是在应对国外贸易壁垒、服务外交外贸上取得新成效。配合高层互访，加强了与德国、乌拉圭等国在认证、注册等领域的合作。配合我国能源战略，与土库曼斯坦签署标准计量认证认可合作协议。成功举办中俄标准计量认证和检验监管常设工作组第九次会议，深化了中俄认证认可制度交流。配合国家自由贸易区战略，积极参加与瑞士、澳大利亚、新加坡等国的自贸区协定谈判和实施工作。多边互认合作取得新的进展。强化了国际多边互认体系国内运作，充分发挥互认体系的效能。2011年，我国参与国际多边互认体系的认证机构颁发的管理体系和产品认证证书达27 000张。我国继成为ISO常任理事国之后，2011年获得了国际电工委员会（IEC）常任理事国席位，在国际合格评定领域的话语权进一步提升。两岸三地认证认可领域合作走向常态化，在《两岸标准计量检验认证合作协议》框架下，在认可技术交流、LED照明设备共同认证程序开发、机动车检测认证比对、合格评定术语比对等领域的合作取得实质性进展。落实《内地与香港关于建立更紧密经贸关系的安排》（CEPA）补充协议相关条款，支持香港发展检测认证优势产业，推动香港检测实验室参与CCC认证检测。积极应对国外技术壁垒，针对美国FDA“食品安全现代化法案”中限制我国低酸罐头食品出口的情况，辽宁、天津、山西、重庆等检验检疫局及时采取措施，有效降低了国外技术壁垒的影响。积极推荐出口食品企业境外注册，全年新增境外注册企业687厂次，累计总数达6 199厂次，对外注册的企业和国别数量创历史新高。

三是在培育区域特色产业、服务地方经济发展上取得新成效。各地两局结合地方实际，以落实局省合作备忘录为抓手，运用认证认可手段服务地方经济发展。全面推进有机产品认证示范区建设，首批授予四川、福建、北京等省市的11个县市“国家有机产品认证示范创建县（市）”荣誉称号，促进有机产业发展。在黑龙江、陕西继续推进乳制品企业良好生产规范（GMP）、危害分析和关键控制点（HACCP）体系认证试点活动，助推乳制品产业提质升级。在江苏昆山创建服务外包认证示范区，促进现代服务业发展。积极支持山东半岛蓝色经济区、江西鄱阳湖生态经济区、西部生态经济区建设，加大食品农产品出口注册力度，促进当地特色产品出口。重庆检验检疫局积极推荐冰鲜牛肉企业对香港注册，实现西南地区牛肉输港零的突破。根据各地产业特点，积极支持地方检测技术平台建设，新增36家获得资质认定和授权的国家产品质检中心。江西、湖南、广东、新疆等地质检部门积极支持当地新兴产业和重点工程建设，帮助相关检测机构获得资质认定。

（四）强质检方面，全面提升自身能力建设水平

一是围绕“法治质检”建设，提升认证认可法制化水平。颁布实施《认证机构管理办法》、《出口食品生产企业备案管理规定》，加快一批新规章制修订进度。加大认证认可普法宣传力度，认监委被中宣部、司法部授予全国“五五”普法先进单位称号。辽宁、上海、陕西、湖南、天津等地方两局积极参与认证认可规章立法后评估，适应监管执法新要求。认证执法监管体系建设深入推进。新增13个省级局和3个副省级局为重点推动认证执法监管体系建设单位，覆盖面从上年58%扩大到80%。长三角、珠三角、沈阳经济区、辽宁沿海经济带认证执法监管区域合作机制相继运行，各局积极探索监管信息互通、检测资源共享、联合执法等有效手段，形成了监管合力。

二是围绕“科技质检”建设，提升认证认可技术支撑能力。组建认证认可专业技术委员会，完成11个检验检疫标准化专业技术委员会和1个政策研究工作组的组建并全面运行。国家“十一五”科技课题“国家重点领域认证认可推进工程”通过科技部验收，突破了“汽车再制造发动机无损检测寿命评估”、“安全隔离与信息交换产品的渗透性测试”等一批关键技术，获得57项技术标准、7项专利，6项软件登记权成果，发表论文85篇。在2011年全国科技大会上，“国家高级别生物安全实验室及安全保障体系建设团队”获得科技部授予的“十一五国家科技计划执行优秀团队奖”荣誉称号。成功申报6项“十二五”科技支撑计划项目，“碳排放和碳减排认证认

可关键技术研究与示范”项目启动并取得阶段性成果。发布出入境检验检疫行业标准538项，现行有效行业标准达到3 437项。认证认可领域“金质工程”一期顺利试运行，CCC入境监管设限数据库已在各地方局正式运行。

三是围绕“和谐质检”建设，提升认证认可自身建设水平。各级认证监管部门结合行业特点，突出以质取胜、为民服务主题，深入开展创先争优活动，以创建学习型机关、文明单位等为载体，切实加强思想作风和廉政建设，亮化审批办证窗口，全面提升了服务水平和队伍形象。积极响应总局党组号召，结合认证认可工作实际贯彻“12字方针”、破解“12个问题”，加强理论研究和业务培训，提高了干部队伍能力素质。积极开展认证认可文化建设，制订文化建设三年规划，提炼了认证认可核心文化理念，引导了认证认可行业健康发展。结合服务地方经济和援藏援疆等工作，开展“下基层、访民情、强质检”活动，为基层单位排忧解难，组织对河北、陕西、甘肃、宁夏、新疆、西藏等地开展帮扶调研活动，促进了各局和谐发展。

回顾中国入世和国家认监委成立十周年，我国认证认可事业走过了不平凡的发展历程，取得了举世瞩目的发展成就，我们实现了对认证认可工作的统一管理，建立了全国认证认可部际联席会议制度，建立了以认证认可条例为核心的法律法规体系，“法律规范、行政监管、认可约束、行业自律、社会监督”五位一体的监管体系，形成了中国特色认证认可体系；我国已加入9个合格评定国际组织和12个多边互认体系，达成82份双边互认协议，累计颁发有效证书89万多张、获证组织37万多家。其中CCC证书29万多张、管理体系证书43万多张、自愿性产品认证证书16万多张，认可的认证机构127家、实验室和检查机构5 042家，资质认定获证实验室25 669家，出口食品备案企业12 889家，进口食品注册企业2 146家。我国已连续九年成为世界上认证证书和获证组织数量最多的国家。

十年的开拓奋进，探索积累了宝贵的发展经验：一是必须始终坚持服务国家工作大局的根本宗旨，从国家发展需求出发，把握认证认可的工作定位，协同各项质检工作融入经济社会发展大局；二是必须始终坚持改革创新的办法，大胆探索，勇于创新，通过改革创新激发内在活力，破解发展中的问题；三是必须始终坚持国际化与中国化相结合的方针，从国情实际出发，按国际规则办事，走中国特色的认证认可发展之路；四是必须始终坚持“统一管理，共同实施”的原则，正确处理制度的统一性与开放性、政府主导作用与市场基础作用的关系，不断健全政府主导、部门联动、社会参与的工作机制；五是必须始终坚持以制度建设为根本，不断挖掘认证认可制度的核心价值，发挥中国认证认可制度的特有优势；六是必须始终坚持以质取胜、科学发展的理念，统筹处理好认证认可发展速度、结构与质量的关系，坚持边规范、边发展，不断提升认证认可有效性和公信力；七是必须始终坚持以人为本，加强干部队伍思想作风和能力建设，造就一支适应事业发展的认证认可人才队伍。这七条基本经验是对十年来认证认可理论和实践探索的集中凝炼，必须在今后工作中始终坚持，不断加以深化。

这些成绩的取得，是质检总局党组正确领导的结果，是质检全系统和有关部门大力支持的结果，是全国认证认可战线老领导、老同志和广大干部职工团结奋斗的结果。在此，我代表国家认监委，向同志们表示诚挚的问候和由衷的敬意！向关心支持认证认可工作的有关部门和社会各界表示衷心的感谢！

二、认证认可工作面临的形势任务和要求

2012年是全面实施“十二五”规划承上启下的关键一年。在全国质检工作会议上，支树平局长深刻分析了质检工作面临的新形势和新任务，要求我们坚定不移地贯彻“抓质量、保安全、促发展、强质检”的方针，抓质量要上新水平，保安全要加新力度，促发展要作新贡献，强质检要树新形象。我们要深刻领会全国质检工作会议精神，准确把握认证认可工作的定位，准确把握认证认可事业发展面临的新形势，加快创新发展步伐，全面提升认证认可工作水平。

认证认可作为质检工作的重要组成部分，是国家质量基础设施的重要支柱，是社会主义市场经济的基础性制度安排，是符合WTO规则的技术性贸易措施。肩负着促进国家对外开放、提升质量安全水平、服务经济社会科学发展的重要使命。入世十年来，我们顺应改革开放大潮，创造性地将国际规则与中国国情有机结合起来，走出了一条依靠改革创新、建设中国特色认证认可事业的正确道路。十年发展的历史经验证明，创新是我国认证认可事业前进的根本动力。进入“十二五”新阶段后，质检工作在国家发展全局中的地位日益凸显，认证认可工作的作用日益受到全社会重视，关于认证认可的认识也在不断深化。国家“十二五”规划纲要将认证认可作为大力推进的现代服务业。多个国家专项规划和地方规划明确提出发挥认证认可作用。刚刚发布的《国务院办公厅关于加快发展高技术服务业的指导意见》进一步将认证认可确定为高技术服务业，要求大力发展第三方质量安全检验检测、认证技术服务，强调其对于扩大内需、培育战略性新兴产业、促进产业结构优化升级的重要意义。认证认可等高技术服务业处于现代服务业的高端环节，技术含量和附加值高、创新性强、发展潜力大、辐射带

动作用突出，必须坚持创新发展原则，实现市场化、规模化、专业化、国际化发展。1月11日，温家宝总理主持召开国务院常务会议，研究部署进一步加强质量工作，强调要加强标准化、计量、认证认可和检验检测等质量基础工作，推进质量诚信体系建设。此外，国家进一步完善开放型经济发展的体制机制、加快社会征信系统建设、深化行政审批制度改革这一系列战略部署，进一步强化了认证认可在经济社会发展全局中的地位。我们只有牢牢把握创新发展方向，才能够更好地找准定位，更好地迎接新的机遇和挑战，更好地发挥认证认可制度特性，破解发展中的难题，全面增强认证认可制度的科学性、认证认可工作的有效性、认证认可结果的权威性、认证认可应用的服务性，大力提升认证认可公信力，加快实现向认证认可强国行列进军的战略目标。

从抓质量看，认证认可必须找准定位、创新发展，更加积极主动作为。质量在科学发展中的重要性日益凸显。全国质检工作会议提出，全面提升质量宏观管理水平、企业质量管理水平和产品工程服务质量总体水平。认证认可不但是提升企业质量管理水平和产品质量水平的基础手段，而且日益成为各国制定质量政策、实施质量战略的重要手段，成为国际公认的国家质量基础设施。破解“抓质量”的一系列重大课题，都要求认证认可工作在创新中发展，更好地发挥质量基础设施作用。进一步动员全社会抓质量，需要我们更好地发挥认证认可工作社会性强、通用性高、渗透面广的特点，创新部际协作和采信等工作机制，推动认证认可在全社会的深入应用，提高社会总体质量水平。综合运用各种质检手段抓质量，需要我们更好地发挥认证认可在质检工作中的基础保障作用，创新质量认证和评价体系，协同其他质检工作手段，共同提升质量水平。进一步体现抓质量工作的成效，需要我们创新质量管理模式，加强质量分析、质量体系管理和质量宣传等各项工作，在质量提升上出新招、增实效。

从保安全看，认证认可必须找准定位、创新发展，更加积极主动作为。总局提出保安全要做到“六严格”，加大质量安全风险管理、质量安全问题整治、质量安全监督和宣传三方面力度。认证认可在维护食品安全、生态安全、生产安全、信息安全等方面发挥了积极作用。但也存在制度设计、执法监管、风险管理等方面的薄弱环节。特别是近年来，社会上质量安全事故时有发生，媒体有的负面报道直接指向认证认可，严重损害了认证认可的社会公信力。一些问题产品和企业大多获得认证或认可，反映出认证认可工作从制度设计、运行和监督上，还存在不容回避的问题，存在不容忽视的质量安全风险，必须引起我们警惕。认证认可的本质是传递信任，是建立在社会整体诚信基础之上的第三方评价制度，在当前法治基础薄弱、道德诚信缺失现象突出的社会大环境中，面临的系统性安全风险更大。由于个别机构和一些企业的失信行为，容易导致对认证认可制度的整体质疑，从而引发系统性风险。我们必须清醒认识到质量安全形势的严峻性，清醒看到认证认可制度的系统性风险，牢牢树立“质量是基础、安全是底线”的意识，运用创新的理念和办法，从认证认可制度的整体设计、从认证认可工作的全过程深入梳理，强化顶层设计、系统控制和风险分析，建立更加科学、安全、高效的制度模式和监管模式，严防系统性、行业性、区域性风险发生。

从促发展看，认证认可必须找准定位、创新发展，更加积极主动作为。全国质检工作会议围绕中央确定的稳中求进的主基调和“稳增长，调结构，控物价，抓改革，惠民生，促和谐”目标，提出要着力在促进产业结构优化升级、推进节能减排、保持对外贸易稳定发展中主动作为。认证认可制度所具有的规范市场经济行为、促进贸易便利化、引导可持续发展等作用，日益受到各级政府和社会各界的重视，社会对认证认可的需求越来越高。但同时，认证认可还面临社会认知度不高、政策力度不足、工作机制不完善等问题。面对“十二五”宏伟蓝图，我们要牢牢把握国家大力发展认证认可现代服务业的政策机遇，树立更加深远的战略思维和创新思维，创新统一管理、监督和综合协调的思路，拓展服务领域，完善服务功能，提升服务水平，推动认证认可向现代服务业转型。面对2012年宏观形势，我们要更好地运用认证认可技术性措施，打破国外技术壁垒，服务外贸平稳发展；更加深入地推动节能减排、高新技术、服务业等领域的认证认可工作，加快新领域认证认可制度建设步伐，服务经济转型发展；更加有效地运用认证认可手段，保障消费品、食品农产品的质量安全，为消费者传递信任，服务扩大内需和民生经济；更加积极主动地争取地方政府支持，动员各地质检部门围绕“质量兴省”、“质量兴市”目标推进认证认可工作，服务地方经济发展。

从强质检来看，认证认可必须找准定位、创新发展，更加积极主动作为。总局提出要围绕“法治质检、科技质检、和谐质检”建设，进一步提升质检部门的形象。支树平局长对认证认可战线寄予厚望，希望我们在自身建设上走在前面、作出表率。一年来，我们牢记总局党组的嘱托，全面加强自身建设，在创先争优、队伍建设、文化建设等方面，抓出了成效，抓出了特色。特别是以认监委十周年为契机，全面总结了发展经验，传承和发扬了优良作风。但同时，我们也必须清醒地看到，认证认可工作还面临法律法规急需完善、体制机制活力急需增强、自主创新能力急需提升等挑战，各级认证监管部门还存在监管力量总体薄弱、监管手段滞后、干部队伍能力素质不适应需要等问题。同时，国家深化行政管理体制改革的新形势，对认证监管队伍的稳定发展提出了新的课题。我们要努力增强改革创新意识，继续在自身建设上走在前面、作出表率，树立认证认可行业队伍的新形象。

三、认证认可工作必须加快创新发展的步伐

2012年认证认可工作的总体要求是：以科学发展观为指导，深入贯彻落实中央经济工作会议和全国质检工作会议精神，围绕“抓质量、保安全、促发展、强质检”方针，坚持创新发展，依法科学监管，努力增强认证认可公信力，全面提升认证认可工作水平，为实现认证认可“十二五”规划目标打下坚实基础。围绕这一总体要求，着力加快认证认可制度创新、监管模式创新、服务创新、科技创新和体制机制改革创新。

（一）加快认证认可制度创新，全面提升工作有效性

坚持以制度建设为根本，注重顶层设计，加强过程控制，关注最终结果，完善系统管理，建立以国家政策和社会需求为导向、以质量分析和风险分析为基础的认证认可制度模式，不断完善与社会主义市场体制相适应、与国家法律法规政策相衔接、与质检管理体系相融合的认证认可制度体系。

1.抓好制度顶层设计

一是抓好政策规划层面的协调。梳理各部门各地方“十二五”对认证认可工作的要求，推动国家专项规划和相关政策更多地运用认证认可手段，将相关内容转化为具体政策和管理制度，在节能减排、应对气候变化、食品安全、信息安全、战略性新兴产业等重点领域有所突破，将国家发展认证认可事业的政策导向落到实处。二是抓好法律法规层面的协调。做好《环境保护法修正案》、《清洁生产促进法修正案》、《征信管理条例》、《城市轨道交通工程安全质量管理条例》等相关法律法规的立法协调工作，加快《实验室管理条例》立法研究和《有机产品认证管理办法》、《节能产品认证管理办法》、《低碳产品认证管理办法》、《进口食品境外生产企业注册管理规定》、《出口商品注册登记管理办法》等规章制修订进度，研究解决地方认证监管执法主体的法律依据问题，适应新形势下认证监管执法需求。对现行法律法规和政策规定中涉及认证认可的内容进行全面梳理，提出解决重复评价等问题的政策建议。三是抓好合格评定制度层面的协调。推动认证认可工作与其他质检管理手段的相互融合，综合运用多种质检手段提升认证认可工作成效。加强认可与多种合格评定制度的相互衔接，积极探索卫生注册备案、出口商品注册登记等行政许可采信第三方认证结果，认证行政监管采信认可结果的方式方法，对同一产品对象的不同认证模式和评价手段，开展比对、验证和评估工作，优选认证模式和评价方案。

2.加强质量分析和风险分析

组织对现行认证认可制度进行全面梳理和系统分析，以强制性产品认证制度为重点，全面推行质量分析和风险分析工作。深化风险分析管理，落实风险管理部门职责，层层建立风险管理岗位，从制度设计、运行、监管等不同层面梳理风险，修订完善认证认可风险一览表。建立健全认可、认证、资质认定、注册备案管理风险分级制度，重点加强对食品安全、工交生产安全、信息安全、新技术新产业领域等风险的分析防控，制定相对应的风险控制措施。全面开展质量分析工作，发布重点行业、重点产品质量分析报告，制定质量提升措施。

3.完善认证认可制度管理程序

严格履行公众参与、专家论证、风险评估、合法性审查等决策程序，对高风险领域的认证认可制度，加严风险评估和技术评审措施。严格规范新认证项目试点工作，凡技术方案不成熟、责任界定不明确、监管手段不到位的，一律不予批准。分期分批组织自愿性认证项目及认证试点项目实施效果的评估评价工作。建立认证认可制度后评估和动态管理机制，根据社会经济和技术条件的更新状况，及时更新认证标准、规则和监管制度。

4.完善强制性产品认证制度

建立CCC认证目录动态调整长效机制，以产品风险特点为基础，对CCC产品目录进行全面梳理和动态调整。建立CCC指定机构动态管理机制，按照“总量控制，适度竞争，能力优先，综专结合，合理布局，便利企业”的原则合理调整指定机构，分步解决部分产品认证领域认证机构为独家的问题。建立产品分级、企业分类的多样化认证模式，根据产品风险特点、生产方式、行业成熟度、上市周期等因素，适时调整目前单一化认证模式。修订完善CCC认证实施规则。加强CCC认证和产品检测收费监管。实现保证认证质量、提高认证效率、减轻企业负担的目标。建立CCC认证数据收集管理及质量分析长效机制，出台年度CCC认证质量分析报告。

5.完善自愿性认证制度

统筹规划国家统一推行自愿性认证制度，规范批准程序、实施规则和监管要求，明确认证监管部门、行业管

理部门和认证机构的责任界定。与行业管理部门密切配合，建立和完善国家统一推行的节能环保产品认证、交通产品认证、铁路产品认证、电子电气产品污染控制认证等自愿性认证制度，推动建立低碳产品认证制度，完善资源节能产品认证指标量化体系。清理规范认证机构自主开发自愿性认证和评价核查项目，强化认证标准规则、认证标志审查和备案管理，严肃查处未经备案批准擅自开展自愿性认证项目，逐步推行认证机构自愿性认证公开承诺制度。规范行业主管部门和行业组织开展的第二方认证活动，适时出台监管规定。

6.完善资质类准入评价制度

健全资质认定管理制度，强化行业评审组的责任。建立实验室、检查机构资质认定通用准则和管理规范，制定特定行业领域的特殊要求，加严对生物安全、机动车安检等高风险和航空、航天等高技术领域资质认定管理要求。加快完善食品检验、司法鉴定、医学检测等领域实验室资质认定制度，建立动态调整机制。加强对省级资质认定工作的指导和监督，推进实验室监管体系建设并强化监督检查，确保获证实验室符合法定要求。完善国家产品质检中心的规划论证和审批程序，加强与有关部委和地方的协调配合，从全局的角度，加快战略性新兴产业领域的国家质检中心的规划论证和授权建设，促进行业和区域的合理布局。按照“谁申请，谁负责；谁经营，谁负责”原则，明确行业主管部门、地方政府和国家产品质检中心经营母体的法律责任，建立退出机制，确保国家级检测机构的公正性、权威性。充分利用能力验证和实验室比对等技术措施，促进检测机构能力提升。建立出口商品注册登记制度，规范各地注册登记工作。强化进口食品境外企业注册制度，实施水产品进口注册管理，适时推进酒类、乳制品和燕窝进口注册工作，严格进口注册管理的风险评估、境外检查、检验检疫、后续监管等程序。

7.强化国家认可制度

充分发挥认可制度为合格评定提供能力保证、为国际互认奠定基础的作用，加强对认可制度设计、运行的监督，建立认可实施效果评价机制，增强认可制度的有效性和权威性。积极推动认可向低碳绿色经济、战略新兴产业等新领域拓展，重点加快能源管理体系、温室气体核查、信息技术服务、供应链安全、医学实验室安全等合格评定机构认可制度建设。健全认可结果采信机制，促进认可在规范合格评定、服务政府监管等方面的运用。完善认可约束机制，健全认证机构和实验室的专项监督、确认审核、能力验证等制度，强化认可在合格评定链条的核心保障地位。

（二）加快认证认可监管模式创新，全面提升社会公信力

认证认可事业的良性发展，离不开从严监管。要深入研究社会环境和认证认可行业自身的新特点，着力破解认证认可监管的难点问题，进一步强化监管职能、完善监管体系、转变监管方式、加大监管力度，努力实现依法、科学、高效监管。

1.着力强化对认证从业机构的监管

认证、检测机构是认证市场的主体，是提供认证检测服务的源头。加强认证市场监管，必须以强化对认证从业机构监管为切入点，严格落实《认证机构管理办法》，强化认证机构内部管控和风险防范机制，组织认证机构负责人法律知识考试，严格落实认证机构法人实体、认证机构管理层、认证人员三级责任，完善责任考评和追究机制，全面规范认证机构及人员的从业行为。加强认证机构准入审批、年度审核和日常监督，建立认证机构分类管理模式，对体系运行不稳定、诚信记录存在瑕疵、高风险业务领域认证机构从严监管，严厉打击非法认证、虚假认证、超范围认证、超范围超标准收费、买证卖证行为。加强对认证咨询机构的监管，清理整顿各类认证咨询服务公司，加严认证咨询机构审批条件，建立认证咨询、审核、发证的倒查机制，明确认证机构与咨询机构的联带责任，严厉打击发布虚假夸大广告、出具虚假认证资料、认证咨询服务“一条龙”行为，加大处罚力度。加强对各种认证服务、代理机构的监管，严肃查处违规擅自从事境外认证项目代理、使用境外认证标志行为。

2.开展重点产品认证专项整治

围绕扩大内需、保障和改善民生的要求，继续深化“双打”行动成果，对国家监督抽查合格率下滑的CCC产品，进行重点抽查和督促整改，组织开展以轮胎、电线电缆、有机产品等为重点的获证产品的专项整治，严厉查处无证生产销售和假冒伪造认证标志、证书行为，提升获证产品质量安全水平。开展以“抓质量，保安全，惠民生”为主题的CCC认证十周年宣传活动，将CCC等产品认证打造为消费者信任的民生品牌。

3.创新认证监管执法方式

一是组织开展认证机构、检测机构、获证组织、获证产品联动式监督检查，总结CCC认证联动检查的经验，逐步向有机产品、节能产品等自愿性认证产品推广；二是

积极探索认证全过程溯源监管模式，建立和完善认证档案和认证审核、工厂审查、年审、复查换证、转换证书等的记录，运用先进防伪、信息技术，逐步在有机产品等国家统一推行产品认证领域建立认证标志备案查询和信息溯源系统，实现认证标志可识别、认证过程可追溯；三是改进专项监督检查工作，推行网格化监督检查方式，在产业集中度高地区组织多级监管部门联动的集中拉网式检查，提高监管效率；四是完善认证执法监管区域化合作机制，适应区域经济一体化进程，巩固长三角、沈阳经济区、辽宁沿海经济带等区域合作成果，在华北、华东、西北等地区重点推进认证执法监管区域合作机制建设；五是加强流通领域认证监管。针对流通领域监管难点，加强与工商部门的配合，共同出台加强流通领域认证监管的措施，加强对进货渠道、销售场所、网络广告等环节的监管，落实资质审核、台帐登记、专柜销售、票证索取等规定。六是加强风险预警和信息发布工作。加快认证监管信息化系统建设，建立统一的信息查询和申投诉平台，做好认证资质、证书、标志状态的更新和公布工作，及时发布风险预警信息，实现查询、投诉、处置、反馈一体化，提高认证监管的快速反应能力。

4.推进认证执法监管体系建设

各级认证监管部门务必高度重视“监管之监管”，以认证执法监管体系建设为抓手，不断提高监管执法水平。适应质监部门分级管理的新形势，合理配置监管权力、责任和资源，积极探索“监管重心下移、资质管理上收”新模式，强化“属地管理，分级负责”监管机制，推动监管贴近基层、贴近民生。重点强化省级质检部门的统筹管理能力，以中心城市和较大城市为切入点，带动地方认证执法监管水平全面提升。省级质检部门认证执法监管体系建设覆盖面达到100%，中心城市的覆盖面扩大到50%。省级质监局要积极配合地方政府做好管理体制调整工作，加强对市县两级局的指导、管理和服务，创新监管模式和手段，处理好统一管理与分级管理的关系。保障县市区认证监管部门必要的机构、编制和经费，对基层认证执法监管人员开展全面培训。加大认证执法监管信息系统的推广力度，以信息化手段提高地方认证监管部门的监管能力。深化行政审批制度改革、行政执法责任制和政务公开，规范行政执法自由裁量权，加强内部监督和社会监督，健全绩效考核和行政问责制度，促进依法行政、规范管理。

5.强化舆情监测和应对突发事件工作

建立舆情监测网络和队伍。按照属地管理、分级负责原则，建立认监委、省、市三级认证认可舆情监测员队伍，严格落实舆情监测和应对工作责任制，明确舆情监测、报告、处置的时限、程序和要求。完善应对突发事件工作机制，制定认证认可突发事件舆情应对预案。加强对跨地区舆情应对工作的统一部署和指导协调。各级认证监管部门、行业认证机构要分别加强与地方、行业性新闻媒体的联系，正确引导地区和行业舆论导向。积极发挥专业舆情监测机构的作用，加强与新闻宣传、网络广告主管部门的配合。进一步加强政务信息报送工作，落实政务信息考核办法。

6.大力加强认证行业社会责任和诚信建设

在认证行业开展社会责任和职业道德教育，提炼认证认可行业文化核心价值，制定从业机构和从业人员的职业道德规范，组织制定认证从业机构和国家质检中心履行社会责任的指导意见，建立定期上报履行社会责任情况报告制度，构建体现责任认证、诚信认证理念的认证认可诚信体系，增强从业机构、从业人员和获证企业的社会责任意识。健全行业自律激励机制。坚持监管和自律并重、扶优和治劣并举，一手抓严格监管，一手抓激励引导，促进认证市场的自我调节、自我完善。充分发挥认证认可协会、行业评审组等专业性行业性组织的作用，完善行业自律规范，开展行业自律检查。以诚信评价和风险分析为基础，建立认证从业机构分类分级管理模式，对讲诚信、守法纪的机构予以重点扶持，对违法失信机构从严打击，提高其违法成本。推广良好审核规范和审核案例，表彰一批优秀认证机构和优秀审核（检查）员。

7.推动认证检验机构品牌化建设

把握国家发展认证认可服务业的政策机遇，围绕现代服务业、社会征信系统建设等国家总体规划，加强认证认可行业的规划建设，争取将认证检验机构纳入信用服务机构，获取相关政策支持，改善发展环境。重点扶持一批国家级认证检验机构的改革发展，打造一批讲诚信、重质量、能力强、服务优的国际知名品牌，提高认证检验机构走品牌化、规模化、专业化发展道路，克服低水平同质化竞争带来的监管压力。

（三）加快认证认可服务创新，全面提升服务经济社会发展水平

围绕中央的重大战略部署，积极探索发展认证认可现代服务业的思路，拓宽服务领域，创新服务方式，完善服务功能，推动认证认可向现代服务业转型，进一步发挥认证认可的作用，服务经济社会又好又快发展。

1.拓展认证认可应用领域，服务经济发展方式转变

围绕传统产业优化升级和战略性新兴产业发展的目标，大力推进认证认可在节能减排、应对气候变化、信息

技术、生物技术等国家重点领域的应用。促进管理体系认证在重点行业的创新应用，着力做好服务认证的研究推进工作。健全行业采信机制，建立能源管理体系认证示范产业，在重点产业逐步建立认证效果评价机制，促进认证认可的深入应用。积极探索认证认可服务业在国家产业布局中的定位和行业特性，充分发挥认证认可作为高技术服务业的特点，促进认证认可与现代制造业、现代农业的融合，提升认证认可服务的附加值。

2.运用认证认可技术性措施，服务外贸发展

充分利用认证认可的贸易便利工具，合理运用国际规则，加快国际合作和互认步伐，有效应对国外技术壁垒，防止“双边问题多边化，国内问题国际化，技术问题政治化”。利用我国在IEC等国际组织话语权提升的机遇，着力深化IEC互认体系的国内运行机制，继续推进经合组织良好实验室规范（OECD/GLP）监控体系建设，推动体系扩展和国外采信。继续巩固双边合作机制，配合国家外交和自贸区战略，开展国际认证认可制度研究，推进对重点目标市场的市场准入谈判和双边合作。进一步做好WTO通报、咨询和评议工作，妥善应对美国食品安全现代化法案等国外技术壁垒。积极深化内地与港澳台认证认可和检验检疫标准化合作关系，支持香港发展检测认证优势产业，鼓励港澳台资机构开展内地认证检测业务。

3.落实认证认可区域合作项目，服务地方经济发展

根据区域发展规划，鼓励各地根据产业结构特点，运用认证认可手段服务地方经济发展。认真落实质检总局与各地政府签订的合作备忘录，鼓励地方政府出台认证认可促进政策，将认证认可融入“质量兴省”、“质量兴市”战略，提出具体措施和评价性指标。在产业条件和政策配套条件成熟的地区，优先开展各类认证示范区创建、低碳认证试点、国家产品质检中心建设等项目。支持长三角、珠三角地区率先发展检测认证服务业，国家综合配套改革试点区重点开展节能减排、循环经济、新能源新领域认证工作，中西部地区探索与产业经济和生态条件相适应的认证模式。

（四）加快认证认可科技创新，全面提升自主创新能力

1.大力加强认证认可信息化建设

要进一步提升信息化在认证认可事业发展全局中的支撑和保障作用，落实认证认可“十二五”信息化专项规划，加强系统性架构设计。推进从业机构信息化建设，强化信息报送、共享、溯源及数据质量管理工作，完善认证认可业务统计指标体系。充分利用信息化手段创新监管模式，提升监管和决策支持能力。

2.大力加强认证认可科技标准化工作

以国家“十二五”科技支撑计划“碳排放和碳减排认证认可关键技术研究与示范”、“支撑认证认可的评价分析、检测验证和有效性保障技术研究与示范”项目为引导，推动认证认可科研与标准化、产业化融合，向战略新兴产业延伸，提升我国认证认可自主创新能力。加强检验检疫标准化与检验检疫监管的联动协作，提高出入境检验检疫能力。稳步推进认证认可科技领军人才、青年科技英才和科技创新团队建设，充实认证认可专业委队伍。

3.大力加强认证认可基础研究

深化政策理论研究工作，组织开展重大政策和规划课题研究，提高把握国家宏观政策和服务决策的能力，增强认证认可工作的前瞻性、系统性、创新性。编纂出版《认证认可工作手册》、《发展年报》、《认证认可年鉴》，促进规范化管理。选择试点省区、试点行业开展认证认可贡献率的分地区、分行业测算，深化认证认可的服务功能。加强合格评定研究机构建设，建设一流的合格评定领域研究团队。

（五）加快认证认可体制机制改革创新，全面提升队伍形象

1.积极主动适应行政管理体制改革形势，推动部际协作机制巩固发展

要牢牢把握国家深化行政管理体制改革的机遇，充分发挥部际联席会议的主平台作用，按照“统一管理，共同实施”原则，做好部际联席会议的组织协调和服务保障工作，提升部际协作水平，结合各部门转变职能和行政管理方式，积极推动健全采信机制，服务政府管理创新。

2.积极主动适应事业单位改革形势，推动认证认可事业改革发展

着眼于质检事业和认证认可事业的长远发展，按照国家事业单位改革的总体要求和总局的统一部署，坚持分类指导、分步实施，妥善做好认证认可事业单位改革的相关工作，强化机构职能，优化资源配置，完善干部选聘、绩效考核、薪酬管理、职业技术资格评定等配套制度，激发认证认可事业的发展活力。

3.积极主动适应质监管理体制改革形势，推动认证监管队伍稳定发展

认真贯彻落实国办48号文件精神，准确把握质监部门分级管理带来的机遇挑战，按照支树平局长在全国质检工作会议上的要求，以更加团结、更加沉着、更加扎实、更加严格的精神，妥善做好质监管理体制调整的相关工作。一要强化保障。各地质监局要积极争取地方政府支持，保障认证监管机构、编制和经费来源，确保认证监管职能不削弱，监管力量与当地发展水平相适应。二要强化宣传。加大正面宣传力度，提高舆情应对能力，化解负面影响，营造良好的舆论环境。三要强化信息沟通。及时上报体制调整过程中的有关情况，保持政情政令畅通。四是要强化服务基层意识。认监委机关和省级局要深化“人民质检为民服务，以质取胜创先争优”活动，为基层一线办实事、解难题。继续深化“下基层、访民情、强质检”活动，在中西部地区、边远口岸建立联系点，帮扶市县基层质检机构加强认证监管工作。五是要强化管理。加强认证认可行风建设，加强认证认可专项经费管理，全面推行廉政风险防控工作，严肃查处违法违规违纪行为，坚决治理不正之风，树立公正严明的认证监管队伍形象。

认证认可工作进入了“十二五”发展的关键阶段。我们要牢记使命，坚定信心，坚定不移地抓质量、保安全、促发展、强质检，全面推进认证认可工作创新发展，以实际行动迎接党的十八大胜利召开！

国家质检总局副局长、国家认监委主任孙大伟在第十次全国认证认可工作部际联席会议上的讲话

（2011年12月27日）

2011年是国家“十二五”的开局之年，也是我们国家加入世界贸易组织十周年，同时也是国家认监委成立十周年。这次全国认证认可工作部际联席会议将总结经验，认真谋划2012年工作，全面推动认证认可工作创新发展。下面，我分三个部分向部际联席会议报告工作。

一、认证认可事业发展回顾

十年来，认证认可事业健康快速发展。2001年，党中央、国务院为适应我国建立与完善社会主义市场经济体制的需要、适应我国加入世界贸易组织的客观形势而做出英明决定，组建国家认监委，授权其负责统一管理、监督和综合协调全国的认证认可工作。同时，国务院还批准建立了全国认证认可工作部际联席会议制度，按照“统一管理、共同实施”的原则开展认证认可工作。在党中央国务院的亲切关怀和各成员单位的共同推动下，我国的认证认可工作按照“三步走”的发展战略，积极稳步推进，建立了强制性与自愿性相结合的认证制度、集中统一的认可制度、实验室和检查机构资质认定制度、进出口食品企业注册备案制度，形成了中国特色的认证认可制度体系。建立了以《认证认可条例》为核心的认证认可法规体系，构建了“法律规范、行政监管、认可约束、行业自律、社会监督”五位一体的认证认可监管体系。紧密围绕国家发展大局，充分发挥认证认可的作用，建立实施了节能环保认证、食品农产品认证、信息安全认证、新能源认证、服务认证等制度，有力维护了质量安全，服务了经济社会可持续发展。认证认可已成为国家重要的质量基础设施、社会主义市场经济的基础性制度安排。积极参与国际合格评定标准、规则制定活动，实现了认证认可工作与国际全面接轨。我国已加入9个合格评定国际组织和12个多边互认体系，达成77份双边互认协议，累计颁发有效证书88万多张、获证组织30多万家，中国认证认可的国际影响不断提升。

十年来，认证认可部际联席会议制度成效显著。认证认可事业健康、快速发展，得益于国务院确立的全国认证认可工作部际联席会议这样一种好的工作机制。在中编办、国务院法制办等部门的大力支持下，各成员单位在“统一管理、共同实施”原则基础上，认同认证认可这种与国际接轨的符合性评价制度，并将其积极运用到政府监管和行业管理中，为转变政府职能、促进行业发展起到了积极作用。22个成员单位的管理职能覆盖了认证认可工作涉及的主要领域，因此部际联席会议这种高层次的议事协商机制，能够有效解决我国认证认可工作面临的重大问题，实现国家战略意图。

十年来，部际联席会议制度对于推进认证认可工作发挥了不可替代的作用：一是推动了认证认可工作由分散走向集中。各成员单位坚决贯彻执行党中央国务院的决策，共同建立和完善了统一的认证认可体系，按照WTO规则实施认证认可技术性措施，适应了对外开放和社会经济发展要求，维护了国家整体利益。二是完善了认证认可服务社会经济的功能。各成员单位将认证认可作为深化行政管理体制改革、促进政府职能转变的重要手段，在各自领域大力推进认证认可工作，积极采信认证结果，促进了经济社会发展目标的实现。认证认可成为多部法律和行政法规中规定的行业管理制度，目前共有18部法律和16部行政法规中明确采用认证认可手段。认证认可从传统的工业制造业起步，融入到农业、服务业和社会公共管理等各个领域，广泛应用于质量管理、安全生产、节能减排、循环经济等关系国计民生的各个方面，发挥着越来越重要的作用。国家认监委组织开展了2006年～2010年认证认可对国民经济和社会发展贡献率的测算工作。根据最新的测算结果，2010年认证认可对国民经济贡献率为0.910%、对社会发展的贡献率为0.338%。通过科学量化手段揭示了认证认可服务经济社会发展的作用，具有重要的参考意义。三是推动了认证认可工作

科学发展。在各成员单位的有力支持和共同参与下，我国认证认可体制机制日趋完善，认证认可在国家经济社会、科技、外交外贸战略中的地位日益提升，认证认可的科学性、有效性、权威性和服务性不断增强，自主创新能力和国际影响力持续上升。

认证认可部际联席会议制度之所以能够发挥如此重要的作用，是由这个制度本身的特点和中国国情所决定的。各成员单位有着共同的责任和一致的目标，就是要通过建立实施一套国际承认、运行有效的管理和评价制度，消除国内市场经济运行过程和对外经济贸易往来中的种种技术性障碍，促进我国对外开放和市场经济发展，实现与世界共赢发展。十年来，我国认证认可事业取得了前所未有的发展。这些成绩凝聚了各个成员单位的共同努力，凝聚了在座各位的辛勤工作。在这里，我代表国家认监委表示衷心的感谢！

十年来，我们始终坚持将国际先进经验与我国国情实际相结合，与各成员单位一起积极探索中国特色认证认可事业发展之路，积累了宝贵经验：一是必须始终坚持服务国家工作大局的根本宗旨，从国家发展需求出发，把握认证认可的工作定位，协同各项工作融入经济社会发展大局；二是必须始终坚持改革创新的办法，大胆探索，勇于创新，通过改革创新激发内在活力，破解发展中的问题；三是必须始终坚持国际化与中国化相结合的方针，从国情实际出发，按国际规则办事，走中国特色的认证认可发展之路；四是必须始终坚持“统一管理，共同实施”的原则，正确处理制度的统一性与开放性、政府主导作用与市场基础作用的关系，不断健全政府主导、部门联动、社会参与的工作机制，广泛调动各方面的力量，发挥社会主义集中力量办事情的政治优势；五是必须始终坚持以制度建设为根本，不断挖掘认证认可制度的核心价值，发挥中国认证认可制度的特有优势；六是必须始终坚持以质取胜、科学发展的理念，统筹处理好认证认可发展速度、结构与质量的关系，坚持边规范、边发展，不断提升认证认可有效性和公信力；七是必须始终坚持以人为本，加强干部队伍思想作风和能力建设，造就一支适应事业发展的认证认可人才队伍。这七条基本经验，是对十年来认证认可实践探索的集中凝炼，是对各成员单位工作成绩经验的高度概括，需要我们在今后工作中不断加以深化。

二、关于2011年工作的基本情况

2011年，是“十二五”的开局之年，各成员单位围绕科学发展这个主题、加快转变经济发展方式这条主线，按照国家“十二五”规划的部署，实现了“十二五”认证认可工作的良好开局。

（一）认监委紧密围绕“抓质量、保安全、促发展、强质检”十二字方针，认真履行监督管理和综合协调职责，推动认证认可工作创新发展

在广泛吸收各成员单位和社会各界的意见的基础上，发布了《国家认证认可事业发展“十二五”规划》，明确了“十二五”认证认可工作的发展思路和目标任务。质检总局、认监委、上海市政府联合举办“世界认可中国日”系列活动。按照全国“质量月”活动部署，组织开展了食品检测实验室开放日活动、有机产品认证、低碳认证专题宣传活动，获得热烈反响；全面梳理认证认可过程的风险隐患，建立了风险分析管理模式。完成了对强制性产品认证（CCC）制度实施十年来的全面质量分析，建立了CCC认证质量分析长效机制。组织对14类933种CCC目录产品开展国家监督抽查，平均合格率为88.48%。在强制性产品认证和有机产品认证领域开展“双打”行动，共检查8类重点产品CCC获证企业17 933家，对工厂检查不通过的1 085家企业列入失信企业名单，加大后续监督力度，立案查处12起；妥善应对“锦湖轮胎”、毒玩具、“有机螃蟹”等突发事件，组织了专项清查整治，及时向国务院领导汇报情况，组织主流媒体开展正面宣传，消除了负面影响；颁布实施了《认证机构管理办法》，全面规范了认证机构和认证人员的资质条件和主体责任。严格对认证机构、获证实验室、国家产品质检中心的监督管理，撤销、暂停3家违规认证机构和咨询机构资质，对严重违规的1家国家质量监督检验中心依法撤销资质；服务节能减排方面，在18个行业88家企业开展能源管理体系认证试点，降低能耗58.2万吨标准煤，减少二氧化碳排放154万吨。以36种节能、节水和可再生能源认证产品的资源节约量统计，2011年节约和替代电能901.08亿度、节水161.81亿吨、替代能源3 208万吨标准煤；服务外贸方面，我国成为IEC常任理事国，增强了在国际合格评定领域的话语权。新增对国外注册的出口食品企业687厂次，对外注册企业总数达6 199厂次，创历史新高；国家“十一五”科技课题“国家重点领域认证认可推进工程”通过科技部的验收，取得57项标准、7项专利成果。国家“十二五”科技课题“碳排放和碳减排认证认可关键技术研究”和发改委应对气候变化课题“低碳认证制度建立研究”项目取得阶段性成果；认证认可领域“金质工程”一期顺利运行，认证认可信息化水平整体提升。

（二）各成员单位充分发挥职能作用，共同推动认证认可工作深入开展

与卫生部、农业部共同落实《食品安全法》相关规定，全面开展食品检验机构资质认定工作。制定发布《食品检验机构资质认定条件》和《食品检验机构资质认定

评审准则》，编写《食品检验机构资质认定工作指南》，分行业组织了宣贯培训，制定了配套规章制度。累计颁发食品检验机构资质认定证书195张，联合发布了首批104家食品复检机构名录。

与住房和城乡建设部共同推动建筑施工领域适用质量管理体系认证特殊要求。组织建筑施工领域质量管理体系认证审核员全国统一考试，参与考试人数11 566人次，提高了建筑施工领域质量管理体系认证的有效性。

与公安部共同完善消防产品强制性认证制度。按照新修订的《中华人民共和国消防法》，国家质检总局、公安部和国家认监委联合发布了调整消防产品强制性认证目录的公告，国家认监委和公安部消防局联合召开了消防产品强制性认证新闻发布会，向社会公布了新一批消防产品强制性认证目录及指定认证机构和实验室名单。实施强制性认证的消防产品增加到8类43种，更好地适应了保障消防安全的需要。

与工信部、公安部、国家安全部、财政部、国家保密局、国家密码管理局等共同推动信息安全产品认证工作。截至11月底，认证机构已颁发了国家信息安全产品认证证书213张。国家信息安全产品认证结果应用于政府采购活动，为信息安全产品的政府采购提供有效的技术支撑。

与工信部联合开展国家统一推行的电子信息产品污染控制认证。认监委、工信部联合发布了国家统一推行的电子信息产品污染控制自愿性认证第一批产品目录。通过认证认可手段，推动材料、元器件和整机的污染控制工作。

联合国家发改委、质检总局发布了第八批实施能效标识管理的产品目录。截至2011年11月底，列入能效标识目录管理的23种产品，累计备案企业4 569家，备案产品型号232 975个。

与环保部进一步推动建立国家统一环保产品认证制度。认监委与环保部将建立战略合作协议，在协议的框架下开展深入合作。

与交通运输部共同推动交通产品认证工作。交通产品认证已经达到8大类28种产品，累计颁发证书119张，认证企业达到70余家。在北京市开展汽车喷烤漆房安全评价工作，完成650余台汽车喷烤漆房的安全综合评价，为500余家机动车维修企业消除了安全生产隐患，产生了良好的社会效益。《中国交通报》把此项工作誉为惠及广大企业及从业人员的“民生工程”。此外，加大了交通节能产品认证工作力度，促进了交通行业节能减排。

与铁道部共同推动铁道产品认证。积极配合铁道部转变行政审批方式，通过认证手段满足对铁道产品质量监管工作改革的需求，降低行政风险。

与国家发改委共同研究建立城市轨道交通产品认证制度。发改委组织召开了第一届城市轨道交通装备认证工作委员会全体会议，对下一步开展认证工作进行了研讨。

会同国家知识产权局共同开展了《自主知识产权产品认证制度研究》项目，此项工作已经纳入国家知识产权局“十二五”规划。目前正在组织起草《自主知识产权产品认证实施规则》和《自主知识产权产品认证标准》。

扎实推进国家产品质检中心建设工作。经工信部、商务部、安监总局等部委推荐和认监委组织论证，共批准筹建或授权国家产品质检中心项目38个。与多个部委、行业协会、国有大型企业就国家产品质检中心建设建立了良好的沟通机制，优化了国家产品质检中心的行业和区域布局，满足了各行业的需求。

积极扩大认证认可应用，与水利部、商务部、体育总局、林业局等部委稳步推进节水、绿色市场、酒类、体育服务和森林认证等工作。在认证机构准入和认证市场监管方面，与商务部、工商总局、食品药品监管局、旅游局、民航局等部委加强配合，产生了良好的效果。

司法部、人民银行、气象局、教育部等部门下属单位认证机构对认证认可工作十分关注，深入研讨将认证认可引入本行业领域的管理。一年来，中编办、国务院法制办、人社部在“三定”职能界定、立法和从业人员执业资格等方面继续给予大力支持，在此，我代表认监委再次致以衷心感谢。

三、关于2012年工作的初步设想

2012年，是“十二五”规划全面实施的关键一年，也是认证认可工作创新发展的关键一年。国家“十二五”规划纲要将认证认可作为大力发展的现代服务业，9处直接提到认证认可工作。国家《质量发展纲要》等多部专项规划以及29个省级地方规划明确提出发挥认证认可作用。胡锦涛总书记在“中国加入世贸组织十周年高层论坛”上强调，要完善“适应开放型经济发展的体制机制”，认证认可作为开放型经济发展的重要技术性措施，其作用将更加显现。温家宝总理在国务院深入推进行政审批制度改革工作电视电话会议上要求，“进一步清理、减少和调整行政审批事项，推进政府职能转变。凡市场机制能够有效调节的，公民、法人及其他组织能够自主决定的，行业组织能够自律管理的，政府就不要设定行政审批；凡可以采用事后监管和间接管理方式的，就不要再搞前置审批”。认证认可是国际上服务政府监管的通行手段，能够为各部门深化行政审批制度改革提供间接的、专业化的、第三方的替代手段，提高管理效能，降低行政风险。围绕中央经济工作会议提出的明年工作任务，认证认可工作也有很多着力点。2012年，认证认可工作将围绕“十二五”规划的阶段性实施重点、中央经济工作会议确定的“扩内需、调结构、惠民生”等重点目标展开。初步设想是：

（一）深入落实《国家认证认可事业发展“十二五”规划》，充分发挥认证认可的作用

认证认可“十二五”规划从起草到出台，凝聚了各成员单位的集体智慧。组织实施好这部规划也是各成员单位的共同愿望。这部规划提出进一步完善国家认证认可制度，进一步拓宽认证认可服务领域，进一步规范和培育检测、认证市场，进一步提升中国认证认可国际影响力，进一步加强认证认可基础建设，努力建设认证认可强国的战略目标。实现这个目标，2012年工作务必打下坚实的基础。需要各成员单位结合各行业“十二五”规划目标，将认证认可工作融入到行业工作当中，提出明确的工作计划和措施，更加充分地运用认证认可手段。规划还将“巩固发展部际联席会议制度”列为“十二五”的重要任务。我记得支树平局长在去年第一次出席这个会议时就明确指出：“部际联席会议制度是实现认证认可‘十二五’规划的主要保障”。因此，我们要更加充分运用好部际联席会议这个平台，结合各成员单位的自身需求，将认证认可“十二五”目标任务分解细化、落实为各成员单位的具体工作，着重考虑将国家和各行业专项的“十二五”规划中有关约束性指标、政策措施、保障机制等要求，与认证认可工作结合起来，重点在完善认证认可制度、建立采信机制、完善配套政策等方面下工夫，使认证认可与各行业的“十二五”规划相互衔接、相互促进。

（二）服务国家发展大局，推动重点工作落实

一是跟踪国家自主创新能力建设、社会征信系统建设等“十二五”专项规划，推动认证认可融入国家规划的实施。二是跟踪应对气候变化法等立法进程，完善认证认可工作的法律依据和政策支撑。三是会同有关部门对产品和管理体系认证项目开展阶段性评估，进行质量分析和有效性检查，探索建立风险分级管理、动态管理等长效机制。四是做好有机产品认证示范区创建工作，建立完善有机产品认证信息实时采集、标志备案查询系统，引导有机产业健康发展；在出口食品企业全面推行HACCP认证，整合注册备案和HACCP认证监管资源，加大应对国外技术壁垒工作的力度，帮扶我国企业出口。五是协同各成员单位做好国家产品质检中心规划和建设论证工作。落实《食品安全法》要求，全面推进食品检验机构资质认定工作。六是加强认证认可行业社会责任建设，提高行业管理水平。贯彻不久前召开的全国精神文明建设工作表彰大会上李长春同志重要讲话精神，“要把诚信建设摆在突出位置”，为此，认监委考虑要在认证行业开展职业道德和社会责任教育，增强从业机构、从业人员以及获证企业的社会责任意识，引导树立诚信为本、操守为重的执业理念，对讲诚信、守法纪的机构予以重点扶持，对违法失信机构予以从严打击，提高其违法成本。认监委将与各成员单位紧密配合，加强信息交流通报，共同整治认证市场秩序，防止出现系统性、行业性风险，促进相关产业的健康发展。

（三）加强和成员单位的协调沟通，进一步发挥部际联席会议制度的作用

前不久召开的联络员会议上，很多成员单位在强化认证监管要求、扩大产品认证范围、开拓新的认证领域、推行统一的认证制度、提高认证有效性、加强对认证结果的采信等方面提出了很多切实可行的意见建议，我们正在进行归纳总结，2012年部际合作的首要工作就要具体解决这些问题。我国认证认可工作是改革开放的产物，是与国际惯例接轨的产物。入世十年来，我们靠的是改革创新，才取得了今天的发展成就。今后推进认证认可工作，同样需要通过改革创新，突破一些旧的观念和做法。既要兼顾各方意见和利益，更要服从国家整体利益的需要。必须加强协商、协调和沟通，通过部际联席会议制度凝聚共识，形成合力。为此，一是请大家一起确定2012年认证认可工作的具体任务。上述目标的完成最终要落实到具体的产品、企业和认证领域，需要统筹考虑。既要与我们制定的总体目标一致，也应该是相关行业所急需的、认证认可工作确实能够发挥作用的。各成员单位具有行业管理职能，熟悉产业情况，请大家发挥这个优势，合理确定认证认可在具体行业的发展方向、工作目标和方法。二是请大家共同推动认证认可工作在行业的有效应用。要将认证认可具体应用中的问题及时梳理出来、反馈过来，共同来完善制度、改进工作。三是请大家在政策协调方面给予支持。在事关认证认可发展的法律法规、政策规定、标准规范方面，由于出自不同的年代、不同的背景，还有一些不协调的地方。认证认可工作的推进，需要我们各成员单位一起协商解决。

2012

Yearbook of Certification and Accreditation of China

第二部分　特　载

Part Two　Essays

创新发展 再创佳绩

国家质检总局副局长、国家认监委主任 孙大伟

刚刚过去的2010年，是全面落实《认证认可事业十一五规划》的“收官之年”，我们以党的十七大、十七届三中、四中、五中全会、中央经济工作会议精神为指导，认真落实科学发展观要求，围绕促进经济平稳较快发展和加快转变经济发展方式，推动了认证认可工作科学、规范、健康发展。

在过去的一年，认证认可在保障质量安全方面的作用更加突出，在服务发展循环经济、建设资源节约型和环境友好型社会方面保持了良好发展势头，在保障食品安全、促进农产品出口方面的成效更加显著，在服务国家重点工作和妥善应对重大、突发事件方面的能力显著提升，在促进社会和谐方面的作用更加突出，有效提升了认证认可社会影响力。

回首2010年，我们深感欣慰；展望2011年，我们更觉责任重大、任重道远。

2011年是全面落实国家“十二五”规划的开局之年，也是认证认可事业承前启后、继往开来的关键一年。我们要以科学发展观为指导，根据国家质检总局的统一部署，以服务加快经济发展方式转变为主线，深化改革、推进体制和机制创新，开创认证认可工作新局面。

在新的一年里，我们要拓宽认证认可工作领域，提升技术服务能力，更好、更有效地服务经济社会发展。为此，围绕国家发展战略目标，要加快节能环保、绿色经济、信息安全、社会公共安全等领域的认证认可工作步伐，促进经济结构战略性调整，服务两型社会、创新型国家和新农村建设；要进一步加强国家检测资源共享平台建设，推动社会公共安全、人身健康、食品安全、贸易公平、环境保护等领域检测资源信息交流，加快先进制造业、战略性新兴产业、现代农业等领域检测体系建设，为相关产业发展提供有效的技术支持；要进一步转变政府职能，改革行政审批制度，完善强制性产品认证制度，将更多的强制性认证产品纳入国家监督抽查范围，更好地发挥对获证产品质量安全状况的评价作用；要进一步加大国家自愿性认证的宣传、推广以及政府扶持力度，促进统一推行的认证与其他合格评定工作之间评定结果的相互采信。

在新的一年里，我们要把握机遇，改革创新，加快推进认证认可现代服务业建设步伐。为此，要完善行业发展战略，加强认证认可政策和科技研究，加快制度创新和技术创新步伐，鼓励从业机构自主、联合攻关，积极研发顺应经济社会发展趋势、满足市场需求、符合政府管理要求的新认证类型，提升自主创新能力；要积极扶持认证认可从业机构做大做强，推动从业机构建立和完善现代企业制度，健全法人治理机构，鼓励从业机构跨地区、跨行业联合重组，实现从业机构的规模化、集约化、规范化经营；要大力开展认证认可品牌建设，加强中国认证认可品牌在国际市场上的推介、宣传工作，全力提升中国认证认可的国际知名度。

在新的一年里，我们要加快推动认证认可法治建设，有效提高认证认可执行监管和行政监管水平，健全和完

善与社会主义市场经济体制相适应、与国家发展战略目标相一致的国家认证认可制度。为此，要加快推进建立和完善我国统一的实验室管理制度，全面提升实验室检验检测能力和管理水平；要继续加强认证认可配套规章和行政规范性文件的制修订工作，及时通过立法途径解决发展中的问题，促进认证认可事业健康发展；要继续强化“统一管理，共同实施”的工作机制，加强认证认可部际协作，充分发挥部门联动优势，共同推进认证认可制度的建立和实施。

在新的一年里，我们要立足开放，多措并举，深入实施认证认可国际化战略。为此，要促进认证认可双边、多边国际合作，继续完善已有双边互认协议的落实工作，稳步推进与我国重要贸易伙伴互认谈判进程；要积极参加国际认证认可标准化活动，加大我国自主研发标准的推介力度，进一步增强我国在认证认可标准和规则制定中的影响力和话语权。

在新的一年里，我们要夯实基础，科学发展，努力提高认证认可基础工作水平。为此，要完善认证认可标准化工作机制，促进自主创新科技成果应用；要强化认证认可科研工作，完善认证认可技术支持体系，加快碳排放认证认可制度及技术研究等一批课题项目的研发与应用步伐，满足国家重大科技需求；要加快认证认可信息化建设，完善认证认可公共信息服务平台，提升认证认可行业的社会公信力。

一元复始，万象更新。认证认可事业已步入新的发展阶段，必将迎来更加美好的明天。在新的一年里，我们要进一步解放思想，让创新发展成为2011年认证认可工作的主旋律，为国家经济社会发展作出更大的贡献。

全面推进法制和政研工作又好又快发展

国家认监委政策与法律事务部 蔡 伟

2011年，是我国“十二五”规划的开局之年，也是“六五”普法工作的第一年。政策与法律事务部将围绕“科技兴检、人才强检、法治质检”的核心，突出“新思路、新举措、新亮点、新成效”，以加强认证认可政策研究和风险分析工作为基础，以完善规章制度、深化认证执法监管体系建设为重点，创新方法、讲求实效，全面推进认证认可法制和政研工作又好又快发展，开创“法治认证认可”工作新局面。

一、建立风险分析常态化机制

加强风险管理教育，牢固树立风险意识，积极开展风险分析知识和技能培训，建立健全全过程风险分析制度，在政策研究和法制工作中，纳入到质量管理体系运行和绩效考核中，逐步建立风险分析常态化、规范化、长效化工作机制。

将风险分析工作与加强认证认可依法行政工作相结合。在立法工作中加强风险评估，尤其对新设定制度可能给行政相对人权利义务造成的影响以及制度的可操作性进行充分的风险评估，避免出现不合理的规章和规范性文件，使得行政相对人的权利义务受到不当影响，进而损害认证认可行政威信的结果。在执法工作中引入风险控制机制，要规范认证认可行政执法行为，严格执行法律、法规、规章，依法行使权力、履行职责。要强化履职风险意识，完善行政执法程序，根据有关法律法规和规章的规定，对认证执法监管环节、步骤进行具体规范，切实做到流程清楚、要求具体、期限明确。

二、推进认证认可立法和普法工作

一是继续配合国家质检总局法规司完成《进口食品境外生产企业注册管理规定》、《出口食品生产企业备案管理规定》、《节能产品认证管理办法》、《认证机构管理办法》、《出口商品注册登记管理办法》的制修订工作。同时，开始《食品生产企业质量认证管理办法》、《有机产品认证管理办法》、《实验室和检查机构资质认定管理办法》、《认证人员管理办法》等规章的制修订工作。

二是继续开展《实验室管理条例》的立法研究工

作。通过进一步对国内、国外法律法规和管理制度采取梳理研究、实地调研、专家论证等多种方式，对实验室监督管理和法律责任进行全面的立法研究，建立我国统一的实验室管理制度，全面提升我国实验室的检验检测能力和管理水平，服务社会和经济的发展。拟于2011年底完成《实验室管理条例》草案。

三是继续开展国家认监委规范性文件的合法性审查。对涉及管理相对人的规范性文件草案，政策与法律事务部将从风险控制的角度出发，对草案的制定依据、权限设置、实施程序、监管措施等内容进行合法性审查。

四是结合风险评估的理念开展立法后评估工作。2011年，政策与法律事务部将对《强制性产品认证指定认证机构、检察机构和实验室管理办法》和《认证咨询机构管理办法》开展立法后评估工作。通过有效组织、广泛深入地开展工作，充分征求意见，及时查找和发现有关制度在设定、实施中存在的问题和风险，从而有效降低风险，维护监管威信，保护行政相对人的利益。

五是继续加强认证认可法规协调工作。充分利用认证认可手段为经济和社会发展提供服务。重点关注《能源法》、《电信法》、《大气污染防治法》、《医疗器械监督管理条例》、《招标投标法实施条例》、《政府采购法实施条例》、《建筑市场管理条例》、《保健食品监督管理条例》，以及和认证认可工作密切相关的法律、行政法规的制修订进程，提出科学、合理的协调意见，充分利用认证认可手段为经济和社会提供服务。

六是全面推动认证认可普法工作。探索普法工作规律，研究制定认证认可普法实施意见。根据实施意见的要求，继续加强针对不同对象的各项认证认可普法工作。做到普法无死角、普法有效果，切实提高执行人员的法律素质和依法行政水平，使社会各界了解认证认可法律法规和认证认可工作，全面推进认证认可法制建设，构建良好的认证认可法治环境。

三、深化认证执法监管体系建设

2011年，认证执法监管体系建设以严格依法履行职责、建设“法治认证认可”为目标，进一步增强各省级质检部门充分发挥区域管理职能的自觉性和积极性，确保认证执法监管职责履职到位。以明确认证执法责任、减少认证执法层级、提高基层执法能力为重点，改进和创新执法方式，坚持管理与服务并重，处置与疏导结合，实现法律效果与社会效果的统一。2011年，政策与法律事务部将适时在省级质检部门开展1～2次以推进“法治认证认可”为主要内容的认证执法监管体系建设督导抽查工作。

四、以信息化手段提高认证行政监管水平

进一步加强和完善认证执法信息化建设，提高执法效率和规范化水平。指导地方质检部门利用信息化手段加强对辖区内认证活动的监督管理。重点做好自愿性认证活动执法监管信息系统的运行维护工作，加强对各管理体系认证机构执行自愿性认证活动执法监管信息动态上报制度的监督；做好认证行政执法信息报送系统的推广运行工作，实施认证行政执法信息动态上报制度，进一步加强认证行政执法监督和指导工作。加强对地方两局认证监管部门利用信息化手段开展认证监管工作的督导，2011年督导覆盖面达到50%的省级质检部门。

五、规范执法行为，加强执法监督

进一步推动“法治认证认可”建设工作。重点加强认证行政执法监督制度的建设，有计划地定期对认证执法状况进行监督检查，促进认证执法行为的规范化；推动建立重大行政处罚案件备案制度，各级质检部门对认证大案、要按实施行政处罚时要向上级质检部门备案，加强上级质检部门对下级质检部门及执法人员行使职权情况的监督检查，及时发现和纠正违法或者不当的行政行为。

切实加强国家认监委认证行政许可项目的法制监督和综合协调工作。重点是做好认证咨询机构审批下放管理层级的落实和衔接工作。根据《国务院关于第五批取消和下放管理层级行政审批项目的决定》，设立认证咨询机构审批工作下放由省级质量技术监督局实施管理。2011年上半年，将重点做好该项行政审批下放管理层级的落实和衔接工作，确保工作顺利过渡，下半年将对认证咨询机构审批下放管理层级后各省局具体落实情况开展督导抽查。

六、加强行政执法队伍建设

结合认证执法监管工作的新形势和新任务，有针对性地部署地方两局开展对认证执法人员的法律法规、执法监管和认证认可业务技能培训。同时，服务国家西部大开发战略和东北地区振兴规划，统筹协调，重点推动，积极支持东北和西部地区质检部门的认证执法培训工作。2011年，按照各地区认证执法监管均衡发展的要求，根据不同地方局的不同需求，有针对性地确定1～2个省级质监局开展系统全面的认证执法监管业务和法制培训，覆盖面力争达到省市县三级，切实提高基层执法监管人员的法律意识和业务素质，提升认证执法效能。

七、积极开展专题研究推动政研工作全面展开

整合系统内外资源，利用已有人才库，并积极吸引有

能力、有意愿的专家、人才加入到政研工作中来，2011年内初步建立起一支能稳定发挥作用的政研工作队伍。努力探索政研工作规律，创新政研工作机制，积极争取参与国家认监委重大政策出台和重大决策过程，充分发挥好政研工作的决策支持作用。

重点开展“认证认可质量要素及评价方法研究”、“认证认可工作如何在加快推动经济发展方式转变中发挥支撑作用”、“认证产业发展研究”、“建立认证认可公共服务体系（平台）研究”、“中外低碳及节能认证制度比较研究”等专题研究项目。

积极整合质检系统政研资源，与有关地方两局及从业机构密切合作、联合攻关。2011年，按计划完成与山东鲁源认证中心的合作研究项目；与陕西省质监局合作，启动认证认可工作质量分析要素和方法研究。

做好《认证认可政策研究参考资料》编发工作，做好认证认可年度发展报告编撰工作，全面反映认证认可政策研究成果。

强化认证监督管理　服务国家发展战略

国家认监委认可监管部　生　飞

一、严格依法行政　提升服务质量

一是做好《认证机构管理办法》颁布实施的准备工作，进一步按照严格依法行政、提升服务质量、提高工作效率的原则做好机构审批工作。二是全面按照国家认监委质量管理体系文件确定的程序和作业指导要求，建立审批责任制，加强审批工作监督和制约；进一步完善各种审批事项的条件及申请材料要求，做到公平、公开、公正；进一步完善网上审批。三是拟定认证机构年度审查的各项规定。

二、区别对待　突出重点　强化市场监管

一是改变监管方式，根据我国认证市场发展不均匀的情况，采取“区别对待、突出重点”的监管方式，重点加强对重点行业和发证数量大的省份、地区认证有效性的监管。结合国家经济结构和生产方式转变以及提升制造业核心竞争力的要求，把提高质量管理体系认证有效性作为抓手，加大获证企业抽样量比例，并按照行业划分，有计划、有步骤地实施检查。二是提升认证人员素质，引导认证人员专业化发展，同时要求认可机构、中国认证认可协会同时采取相应措施。三是继续强化认证人员的继续教育工作和认证机构负责人学习培训工作，做到分人员、分级别、分领域，提出有针对性的学习培训要求。四是研究对咨询机构、咨询市场的规范管理方式，形成科学、符合实际、针对性强的管理措施。五是采取多种方式组织对认可机构、人员注册机构的监督检查。

三、推动管理体系认证　开拓认证新领域

一是结合建设资源节约型、环境友好型社会和节能减排的要求，继续做好能源管理体系认证试点工作，结合国家相关政策扩大试点的领域和范围，总结获得能源管理体系认证企业的绩效、效果和经验并加以推广。继续与环保部沟通，共同研究加强环境管理体系认证的专业化发展问题，促进环境管理体系认证有效性的提升，促进认证结果在环境行政监督管理中的采信。研究和总结森林认证试点工作情况，促进森林认证工作正式开展。二是结合今后一段时期现代产业体系的建立和完善积极研究相关认证制度，启动信息技术服务管理体系认证工作；研究国外物流服务业认证业务情况，开展供应链安全管理体系认证。三是结合服务业的发展进一步推动服务认证的开展和创新。促进体育服务认证向前推动，研究旅游服务认证、物业服务认证、医疗服务认证等相关认证制度；鼓励认证机构创新服务认证。四是积极跟踪研究企业社会责任认证制度。

四、加强部际联席会议机制

加大与各部委的联合，共同推动相关管理体系认证工作，加大政府采信。

立足国家发展需要 完善产品认证体系

国家认监委认证监管部 陆 梅

2011年，认证监管部的总体工作思路是：深入贯彻落实科学发展观和国家"十二五"规划总体要求，以风险分析为抓手，不断完善强制性产品认证制度；立足国家经济社会发展和节能减排需要，深入推进自愿性产品认证体系建设。

一、不断提高强制性产品认证有效性

围绕国家经济发展方式转变和产业结构调整需要，借鉴国内外产品准入制度的先进经验，适时总结强制性产品认证的实施经验，不断改进和完善强制性产品认证制度的法规体系和认证技术规定，推动指定认证机构建立和完善认证质量可追溯体系，形成自我控制、自我改进、自我完善的工作机制。

分产品类别进行研判分析和风险评估，进一步摸清底数，做到情况明、数据准、心中有数。计划在电类和非电类强制性产品认证目录中各选行业基础和风险程度不同的6种产品进行具体分析并出具分析报告，包括产品底数、管理现状、存在问题及风险分析、对策措施等内容，为下一步的强制性产品认证目录调整提供依据。

调整强制性产品认证技术专家组人员构成，增加大中小型企业代表比例，平衡各方利益。直接走访获证企业，倾听企业对强制性产品认证制度的意见和建议，科学全面地做出政策调整。

在综合各方意见的基础上，加强对认证程序、认证模式的研究，修订认证实施规则，适时调整和放宽产品的单元划分，改进认证变更程序，缩短认证周期，使得产品认证评价制度更加符合现代产业发展和产品特点，推动产业的发展。

进一步开展强制性产品认证检测/审核工程师考核，提高强制性产品认证检测/审核工程师的技术水平，统一强制性产品认证实验室的检测尺度，确保检测结果的一致性和准确性，提高强制性产品认证有效性。

在2010年试点的基础上，会同有关部门以分批分片为特色，开展对地方两局认证监管人员的强制性产品认证政策和技术法规的培训，提升地方两局强制性产品认证监管水平。

二、完善强制性产品认证监管长效机制

严格强制性产品认证工作的行政监管，密切与地方两局配合和协调，完善和调整强制性产品认证的监管环节和内容，着力建立强制性产品认证工作的长效监管工作机制，实现强制性产品认证监管工作的日常化和常态化。

继续做好强制性产品认证年度监管工作：总结2010年在全国范围内开展一年两次的监督抽查经验，重点关注认证结果，加大在流通领域的监督抽查力度；继续对强制性产品认证指定认证机构、实验室、工厂检查员、标志中心和获证企业开展五位一体监督检查，重点对认证收费、认证时限、认证标志管理、产品一致性检查等方面实施监督；督促认证机构不断完善"企业分类管理、质量可追溯、信息收集和处理"三大体系，提升认证机构对认证活动的管理和控制水平，切实提高认证的有效性；强化对违规企业和强制性产品认证指定机构曝光和通报批评的工作机制，对于认证活动控制不严和不能持续保证产品质量安全的认证机构和企业在国家认监委网站上予以公布，进一步规范认证机构和企业的认证行为，维护认证市场秩序。

加强对全国免予办理强制性产品认证工作的指导和监督。制定《强制性产品认证免办电子审批系统操作规范》，指导并规范全国的强制性产品认证免办审批工作。

强化强制性产品认证地方监管工作，不断完善强制性产品认证信息化建设。完善强制性产品认证入境监管设限数据库系统在各直属局的应用及数据分析工作。组

织开展强制性产品认证证书实时采集系统的试点和推广，进一步规范各指定认证机构证书报送工作，确保地方局及时获取强制性产品认证监管信息。加强对强制性产品认证免办电子审批系统的日常维护和完善，以保障各局审批和后续监管工作的顺利实施。

继续加强与国家质检总局监督司的沟通与合作，进一步做好国抽强制性认证产品不合格信息的收集、汇总、分析、评价、发布、后处理的工作。

落实国家质检总局和国家认监委“双打”行动方案，与有关部门密切配合，做好强制性产品认证目录内无证产品查处工作。

三、进一步规范自愿性产品认证工作

推动节能环保认证工作的开展，提高机动车整车和零部件的节能水平和循环回收利用率。配合国家建设资源节约型社会的大政方针，加强节能、节水、可再生能源产品认证工作，在现有工作的基础上，按照《节能产品认证管理办法》进一步完善认证制度，推动国家统一的节能、节水、可再生能源产品认证制度的实施，加强与国家发改委、国家能源局、水利部等部门的协调，推动政府采购和社会采信认证结果。

与相关部门有效沟通合作，深入研究，充分发挥国家认监委职能，力争联合发布第八批能效标识目录。

继续与公安部合作，推动公共安全产品认证制度的建立和实施。

与环保部合作，进一步规范环保产品认证工作的协调性和整体性，探讨联合建立国家环保产品认证制度，推动政府采信。

与国家发改委共同推动轨道交通产品国家认证制度的建立。

与交通部共同推动交通产品国家认证制度的建立。

进一步完善信息安全产品认证系统。在目前认证工作的基础上，进一步修订、完善信息安全产品认证实施规则及相关技术要求，提高认证结果的采信度。深入分析国外信息安全产品的管理体系和实施方式，加大对外政策解释力度，为信息安全产品认证工作创造良好的国际舆论环境和有利的外部条件。

逐步落实《电子信息产品污染控制管理办法》和《国家统一推行的电子信息产品污染控制自愿性认证实施意见》的要求，从原材料、元器件到整机产品，稳步推进，实施并完善国推污染控制认证制度，以规范电子信息产品污染控制管理，帮助中国企业应对欧盟有毒有害物质控制壁垒。通过对国推污染控制认证工作的有效实施，逐步建立有毒有害物质减量数据核算体系。

提升注册备案工作水平　推进食品农产品认证

国家认监委注册管理部　史小卫

一、加强卫生注册备案保障国民经济

（一）落实出口注册备案企业主体责任

为了进一步强化企业责任意识和落实企业主体责任，2011年将制定发布注册备案企业申请条件和评估程序，要求各直属局引导申请企业对照国内外注册备案法规进行自我检查和自我声明，从根本上提升注册备案工作效果。

（二）开展监管和督查

进一步健全和完善注册备案监管工作体系，2011年将要求各直属局逐级落实完善辖区内监管工作制度和责任，对罐头企业危害分析与关键控制点（HACCP）体系开展专项验证活动；对各直属局的监管工作制度和执行能力开展督查，分区域组织相关直属局开展监管工作信息交流活动，从体系上强化注册备案工作的质量。

（三）发挥进口注册保障国民经济的作用

2011年将不断统一并完善对进口注册实施的规范性要求，在稳步推动进口肉类国外企业注册的基础上，积极实施进口水产品国外生产企业注册工作，主动讲解和

宣传进口水产国外企业注册政策和程序，力争早日完成现有进口水产贸易国企业的注册转换，防止快速增长的进口水产品贸易产生大规模食源性疾病危险。

（四）提升发展能力

进一步增强工作拓展所需的基础能力，2011年将强化风险防控、前瞻技术、专业队伍、信息化等方面的工作，积极探索应用新技术手段开展网络培训和网络会议，增强培训效果和参加人员范围，强化快速反应和沟通效果，提高注册备案工作水平。

二、推进食品农产品认证制度建设

认真做好修订后的《有机产品认证管理办法》、《有机产品认证实施规则》、《有机产品》国家标准的发布、宣贯工作；积极跟踪全球良好农业规范第四版修订内容，完成中国良好农业规范认证规则、依据标准的修订工作。

会同相关省政府，做好黑龙江、陕西省乳制品试点示范工作的验收和总结工作；积极开展有机产品认证示范区创建工作，认真落实国家质检总局援疆、援藏工作要求；加强与全球良好农业规范沟通与协调，做好与全球良好农业规范第四版的基准性比较工作，保持认证结果的互认；启动并积极推动中日、中韩有机产品认证制度互认工作，完成与全球食品安全倡议（GFSI）基准性比较工作，推动中国食品农产品认证制度的国际互认进程，促进我国食品农产品的出口。

做好“食品农产品认证信息系统”二期试点与推广工作，统一中国食品农产品认证证书编号规则和赋号机制，真正做到食品农产品认证信息底数实、情况明、数据准，为食品农产品认证监管提供信息基础保障；继续组织开展食品农产品认证机构、获证企业、有机产品的专项监督抽查工作；统一编制食品农产品认证监管手册，积极做好地方两局日常监管指导工作；提前做好国外政府对我国出口有机产品炒作的应对准备，组织对进口有机产品获证组织开展境外监管抽查工作，促进我国有机产品认证制度互认进程。

强化资质认定 积极开展新领域研究

国家认监委实验室与检测监管部 刘安平

一、完善资质认定制度体系 加快资质认定信息平台建设

目前，由国家认监委组织起草的《食品检验机构资质认定管理办法》已经颁布实施，以此为契机，实验室与检测监管部拟在2011年以食品检验机构资质认定工作全面深入开展为抓手，在完善资质认定制度体系、加强专家队伍建设以及加快资质认定信息平台建设等几方面开展工作。

根据食品检验机构资质认定制度设计的思路，结合长期以来资质认定工作取得的经验和总结的问题，组织对《实验室和检查机构资质认定管理办法》进行后评估和修订，进而推动原有资质认定制度的完善。

通过组织开展食品领域能力验证工作，加强对中国合格评定国家认可中心及省级质检部门食品领域能力验证活动的指导和管理，逐步研究形成统一的食品能力验证工作管理体制。通过食品领域的摸索和突破，带动其他领域能力验证工作的规范化，进而形成国家层面统一的能力验证管理制度。

通过对食品检验机构资质认定评审员的重新培训、注册和使用，清理和整顿评审员队伍，调整和完善评审员管理机制，加强对评审员行为规范的管理，提高评审员管理和使用的科学性、规范性，降低技术评审环节（尤其是评审员素质和能力问题）带来的对资质认定行政审批的风险。

通过对食品检验机构资质认定工作数据信息的采集、整理、汇总和公开，逐步形成固定而有效地数据信息处理机制，实现食品检验机构资质认定结果信息的及时传递和公布。以食品为突破口，进而实现所有领域资质认

定工作结果数据信息的及时汇总和公布，为国家检测资源共享平台的数据更新奠定基础。

通过与卫生部、农业部等部门的配合和协作，做好食品复检机构名录确定和公开工作。另外，组织研究食品检验、食品复检的风险，为政府部门今后规范管理食品检验机构及其活动奠定基础。

二、完善国家产品质检中心授权管理制度

国家产品质检中心授权是实验室与检测监管部的一项重要职能。为提高国家产品质检中心授权的公正性、科学性，降低盲目授权带来的风险，2011年将进一步做好以下几方面工作：

完善国家产品质检中心的考核体系，加强国家产品质检中心评审员和评审组长的培训。将法律法规及政府对国家产品质检中心的要求（国家产品质检中心授权条件）落实到日常评审和考核中。

继续加强国家产品质检中心的监督检查工作，扩大国家产品质检中心技术评审现场观察的范围和频次，加强对涉及国家产品质检中心申投诉、信访案件的调查处理。

继续加强对国家产品质检中心负责人的培训工作，有计划地开展国家产品质检中心部分重点岗位人员的培训和学习交流，提升国家产品质检中心对政策制度的理解和执行力，提高国家产品质检中心工作的整体水平。

对拟批准筹建的国家产品质检中心，继续推进和完善“专家论证制度”的实施，进一步总结该程序试行中的经验和问题。对“改制实验室”、“多家机构共建实验室”申请筹建国家产品质检中心等情况进行专项研究分析，提出处理政策，进而形成明确、规范的管理制度。

组织做好国家产品质检中心数据信息子平台，对国家产品质检中心的档案材料进行整理和分析，提炼有关数据信息，实现数据信息的动态更新，作为国家检测资源共享平台的补充。

三、积极做好新领域的拓展和研究工作

组织召开司法鉴定机构资质认定工作调研和研讨，就司法鉴定机构资质认定的受理、评审、能力确认、体系运行及后续监管等问题进行沟通与研讨。研究解决司法鉴定机构资质认定制度中的理论难题，提出适用于司法鉴定机构的资质认定新标准和新程序。加大司法鉴定机构资质认定评审员队伍的培养力度，加大司法鉴定机构资质认定工作的宣传，配合有关部门做好司法鉴定机构资质认定的推广工作。

继续推进良好实验室操作规范（GLP）监控体系的建设，扩大GLP实验室检查的数量和范围，大力培养GLP检查员，积极参加国际GLP相关组织的活动和国家级GLP监控机构的交流，加大国家认监委GLP监控体系的宣传力度。

拓展对外合作新领域　提升认证认可国际影响力

国家认监委国际合作部　薄昱民

2011年认证认可国际交流与合作将继续实施认证认可国际化战略，以认证认可互认为主要目标，充分发挥认证认可应对国外技术贸易壁垒、便利对外贸易、提高出口产品质量的作用。

一、双边领域：巩固与发展

（一）推进已建立的各项合作机制

推进我国认证认可与国外的双边互认或得到国外有关主管部门的承认，稳固并发展主要的合作机制，发展机制化合作：包括巩固与欧盟、韩国、俄罗斯的交流合作机制，力争取得实质性合作；在已有基础上推进与日本、香港特别行政区、台湾地区的互认合作；提升与美国、澳大利亚、东盟的合作层次，建立并运作合作机制。

（二）大力发展新领域的认证认可技术和制度

积极引进国外认证认可新技术和经验，并在节能认

证、新能源认证、碳排放评价等重点领域积极与国外政府部门和有关机构沟通交流，探索合作空间。在认证认可的框架内，适当引入国外先进经验和成熟做法，推动我国新领域的认证认可稳步发展。

（三）加大与新兴国家的合作与交流

开发与新兴经济体的交流与合作，包括以巴西、阿根廷为代表的南美国家，以以色列、沙特为代表的中东国家，以印度为代表的南亚国家，以南非为代表的非洲国家，以越南为代表的东南亚国家。在认证认可领域与以上国家展开积极联络与对话，为逐年增加的双边贸易往来扫除技术壁垒。

（四）增强对邻近国家的援助和指导

加强技术引进和经验输出，加强对认证认可机构国际合作的指导；实施对朝鲜、蒙古和越南等上合组织国家的培训和技术交流计划。通过在制度建设、人员培养等方面的援助，加强指导地位，使我国认证认可制度在区域范围内起到愈加明显的引领作用，进一步扩大我国认证认可影响力。

二、多边领域：完善并跨越

（一）推进国际多边互认体系及在国内的应用

建立多边认证认可互认体系动态加入与退出机制，根据贸易需要扩展多边互认体系加入范围；认真做好调查研究，为调整互认体系参加范围提供决策支持；继续完善国际电工委员会（IEC）合格评定体系国内运作机制，提高国际多边互认体系利用率和利用效率。

（二）加强良好实验室操作规范（GLP）监控体系建设，推动我国加入OECD/GLP进程

全面启动经合组织（OECD）良好实验室操作规范监控体系建设项目，为中国加入OECD/GLP数据互认协议（MAD）和在该领域开展双边交流合作与互认奠定基础，破解化工产品出口的技术壁垒服务。

（三）发挥世界贸易组织（WTO）机制作用，跨越技术性贸易壁垒

积极开展与认证认可有关的WTO/TBT、SPS通报、咨询和评议工作，完善和拓展WTO通报、咨询、评议口径库；在履行义务的同时着重加强权利的行使；创新工作方式，联合有关方面，建立和完善应对机制，提高应对技能。

（四）积极参与国际组织活动，谋求同步发展

一是进一步加大和强化国际组织任职。在认证认可关联的国际标准和互认体系运作国际组织中，从管理、技术规则和同行评审等三个层面全面规划和实施深度和全方位参与的国际组织任职战略，提升话语权，进一步争取和巩固在一些组织中的主导地位。二是积极参与国际合格评定标准化活动，一方面将适合我国国情的先进国际合格评定标准及时转化为国家标准；一方面以我国自主研发的合格评定国家标准为基础，引领国际标准的制定。

（五）规范管理在华举办认证认可国际会议

起草并争取出台关于在华举办认证认可国际会议的管理办法，规范并提高举办认证认可国际会议的行为和能力，争取在认证认可关联的国际标准和互认体系运作国际组织中进一步扩大影响力。

（六）加强基础建设，全方位提升管理和服务能力

一是加强基础研究，积极推动互认体系的基础性研究工作；二是强化风险管理，在关键点上采取预防措施；三是加强人才队伍建设，通过人员交流、出国培训和日常外事活动的参与等多种途径，建立一支“精业务、懂外语、晓合作”的复合型国际化人才队伍；四是加强国际合作信息化建设，完善IEC项下合格评定体系国内运作机制信息平台，完善多层次、多方式结合的信息通报机制，服务相关技术机构和外贸型企业。

科技创新求新突破 标准支撑成新支点

国家认监委科技与标准管理部 许增德

一、加快碳排放评价技术研究步伐

尽快启动已经立项的国家"十二五"科技支撑计划重点项目"碳排放和碳减排认证认可关键技术研究与示范"和国家发改委应对气候变化专项课题"我国低碳认证制度建立研究"工作，加快研究步伐，力争在2011年7月取得高质量的阶段成果，建立起对产品的碳排放评价制度并加以试点应用，在国家推行的低碳省市的试点工作中发挥基础支撑作用。

二、筹备"十二五"重大科研项目

调集系统内外高端研发资源，组建认证认可"十二五"科技需求编制工作组，针对筛选确定的"十二五"重点研究方向，做好认证认可"十二五"重大科研需求的编制和可行性研究，争取在2011年国家"十二五"正常启动的科技计划中列入1个大项目，为创建新领域认证认可制度提供科技支撑，服务国家重点发展战略。

三、在标准转化和自主创新方面求突破

结合前期科研成果，分别制定"十二五"期间转化国外先进认证认可标准和我国自主创新认证认可标准的路线图和行动方案，主要在专业实验室管理要求及特殊要求标准的自主制定工作上求突破，与相关标准化技术委员会合作，在认证新领域制定认证依据类标准，实现认证认可标准化工作由转化国际标准为主向自主创新标准为主的转变。

四、建立我国公定分析方法体系

发挥多年来检验检疫行业标准以制定检测方法标准为主的优势和经验，借鉴国外的做法，建立我国的公定分析方法体系，作为检验检疫行业标准的补充。2011年内完成体系框架设计、管理性文件的制定，建立起体系运作的组织架构并试点运行。

五、优化检验检疫方法类标准的制修订

完善检验检疫方法类标准的验证体系，扩展现行的标准验证范围，进一步规范验证程序，2011年内完成在化矿金专业委的试点工作，并予以制度化；建立标准中用试剂盒的评价确认制定，完成在食品专业为相关专项方法的评价试点工作。针对检验检疫相关法规的调整和将规程类标准作为合格评定程序类文件的定位，对现行的规程类标准进行全面的清理，制定规程类标准制修订的基本要求，2011年内完成在机电、纺织、轻工和化矿专业委先行试点，并逐步扩展到所有专业。

六、深化对认证技术规范备案的管理

加强对认证技术规范备案的管理，对备案较集中领域的指标设定的科学性、考核项目的充分性进行严格把关，确定其备案的细化要求，降低备案的风险。

七、强化基础建设工作

成立认证认可科技专业委、检验检疫标准化专业委；强化对基础数据的收集和分析，形成制度化的收集程序；对检验检疫业务管理系统进行优化，实现标准制修订所有环节全部在该系统上的运转。

完善认可服务体制机制　开创认可工作新局面

中国合格评定国家认可中心　肖建华

一、围绕国家战略重点推动认可工作发展

2011年，中国合格评定国家认可中心要在保持传统认可领域稳健发展的同时，积极配合国家可持续发展战略，重点加强新一代信息技术、节能环保、新能源、新材料等战略性新兴产业和产品质量、食品安全领域相关认可科研力度，大力开展信息技术服务管理体系、低碳认证等认可制度的研究工作。加强与相关主管部门的联系和沟通，大力推进食品农产品认证机构认可，区域性医学实验室、生物安全实验室、司法鉴定/法庭科学认可，建设工程、节能领域检查机构认可，以及能力验证提供者、标准物质/标准样品生产者认可制度的开展。

按照十七届五中全会精神和上级要求，抓紧制定并高质量完成《认可工作“十二五”发展规划》的编制和相应的实施工作。

二、完善认可工作体制机制，有效发挥认可约束作用

继续完善我国集中统一的认可工作体制，充分发挥中国合格评定国家认可委员会的大质量机制平台作用，加强同政府部门和行业协会的沟通联系，争取相关方更加广泛的参与、合作与支持，提高认可结果利用度和采信度。继续加强各个层级委员会的沟通配合，完善最终用户委员会反馈机制，不断增强认可工作的社会影响力。

继续完善创新认可监管机制，加大对认证机构及实验室专项监督力度，加快推进“确认审核”的运用，完善《认证机构认可风险分级管理办法》和红黄线规定，提高认可管理水平。

继续完善认可质量和风险控制机制，深化认可发展速度结构质量分析研究工作，提高认可要求，严肃处理违规行为。

继续改进认可评审管理和评价机制，加快评审政策研究，加紧制定《多场所评审政策》、《领域代码分类》等技术规范。

三、加强国际交流与合作，不断提升国际影响力

积极主动参与国际认可事务，维护我国利益，不断提升我国认可在国际上的地位和影响。高度重视国际性人才培养工作，建立健全人才选拔培养机制。全面做好接受国际同行评审的各项工作，保持国际互认协议签约方资格。通过第二届中国能力验证论坛等国际性会议的举办，进一步推动认可工作的开展。

四、加强基础建设，提高认可工作水平

加大科研投入，适应新形势需求，积极稳妥地开拓新的认可领域。加强信息化建设，加快认可业务信息化建设和电子文档、办公自动化系统开发，有效提高认可工作效率。加强认可业务信息化统计工作，为认可发展提供决策依据。加大认可宣传工作力度，创新宣传形式，拓展宣传渠道，积极开展以“认可——支撑政府监管需求”为主题的2011年世界认可日宣传活动，提高认可社会知名度。加强与相关政府部门、相关行业组织的交流与合作，保持畅通有效的沟通渠道。完善《专项监督信息沟通机制》等管理机制，加强内部沟通协调，促进信息共享。

五、加强能力建设，提高认可服务质量

继续深化认可评审员管理制度改革，加强专职评审员队伍建设，构建多层次评审员结构。进一步强化评审员持续培训工作，开发有针对性的培训课程，提供专业、及时的信息服务和技术支持，确保评审员队伍与认可业务协调发展。

加强对客户认可规范的宣贯，组织开展认证机构特别是农产品认证机构、医学实验室和司法鉴定机构认可等方面的规范培训、技术研讨、国际交流和专题讲座，促

进客户对认可要求的理解和有效实施，为客户提供增值服务。

加快文化建设步伐，按照大质检文化建设要求，积极推进文化建设提升活动，积极组织开展群众性文体活动，努力营造和谐向上的良好氛围。

六、加强班子建设，深化党建工作和党风廉政建设

加强学习，切实贯彻民主集中制原则，进一步增强决策的民主性和科学性。不断改进领导作风，严格落实各项制度，继续推进班子执行力，不断增强班子的创造力、凝聚力、战斗力。

认真学习党的十七届五中全会精神，加强和深化党建工作，继续突出"干部作风抓转变、支部建设抓创先、党员意识抓强化、结合中心工作促发展、量化考核抓实效"，将党建工作推上一个新的台阶。积极贯彻落实党风廉政建设责任制，进一步完善党内监督机制，建立健全教育与制度监督并重的惩治和预防腐败体系。

提高行业诚信　促进共同发展

中国认证认可协会　赵宗勃

一、强化行业自律

一是要进一步完善自律方式，实现引导和监督并举。逐步从以管为主，发展到监督和引导并举，使自律和服务互相作用。二是要进一步扩大自律工作约束范围，机构和人员并重。"十一五"期间，中国认证认可协会（简称协会）的自律工作以认证机构为主，但从目前认证检测、咨询和培训工作存在的问题看，也迫切需要采用包括行业自律、加强行业服务在内的手段加以解决。同时，要尽快建立健全协会引导、机构指导、个人主导的工作模式，调动各方的积极性。再继续加强从业人员入门把关作用的同时，不断强化退出、淘汰机制。三是要进一步加快自律工作机制建设，多方联动，相互监督。

二、深化会员服务

一是要注重不同领域从业机构和获证组织的需求，开展有针对性的行业服务活动。二是要进一步发挥好桥梁纽带作用。在政府立法、政策制定、行业发展、市场监管等方面积极听取会员单位的意见，调动行业智慧解决影响认证认可发展的重大问题和重大课题；当好政府的参谋和助手，积极向有关部门提出有利于事业发展以及工作推进的意见和建议。三是要高度重视会员的利益诉求，把广大会员关心的、关系整个行业发展的普遍性问题作为大事来抓。四是要组织会员单位开展行业战略研究，参与认证认可创新工程建设。

三、规范人员管理

一是加强对认证人员的入门把关。要充分利用培训课程确认、考试和注册三个关键环节，强化对认证人员的入门管理。二是加强对认证人员的继续教育和专业发展。要发挥协会、聘用机构和认证人员三方的积极性，提供统一与个性化有机结合的继续教育制度，保证认证人员持续满足注册和行业发展的要求。三是要配合认证认可事业的发展需要，及时推出新的注册制度。四是加强对注册过程的科学管理。要使新注册系统覆盖到所有的注册领域，使注册工作更加规范、高效、透明、便捷，重视注册人员，满足认证认可行业的发展要求。

四、办好《中国认证认可》杂志

《中国认证认可》杂志要充分发挥行业主流媒体的作用，成为从业机构和人员学习、交流的平台；要加大对认证认可工作的正面宣传力度，成为引导社会公众正确认识认证认可工作的重要信息来源，提高全社会对认证认可工作重要性和积极作用的认识；要积极探索与新媒体的合作，与协会内刊、网站互相支持，形成联动机制，积极参与国家认监委、中国合格评定国家认可委员会、地

方两局、从业机构、获证组织等开展的宣传活动，形成宣传合力；要通过建立战略合作单位等多种手段加强对认证认可机构的宣传，促进从业机构的品牌建设。

五、加强自身建设

要加强协会的制度建设、组织建设、思想建设和信息化建设，具体做好如下工作：进一步完善内部管理制度，在工作方法上体现自律精神；一切重大决策以国家政策为依据，兼顾各方利益；一切措施办法、工作程序力求高度透明，让会员感受到家庭式的温暖；积极探索建立务实的组织体系保障制度，保证协会整体功能、作用的充分发挥；不断提高协会工作人员的服务意识、责任意识，牢固树立为会员服务的思想；建立统一的信息化系统和服务平台，实现与国家认监委和地方认证监管部门的数据链接与信息共享，便于会员机构和从业人员查询和提供数据，强化内外部监督。

中国检验检测体系发展思考

国家认监委认证认可技术研究所 乔 东

检验检测活动是商品交换活动中供需双方出于各自利益需要和产品质量判定，依托技术机构按相关标准、规范对产品进行检验、测试的活动。检验检测活动是交易双方市场信息不对称，特别是对产品质量信息不对称时，供需双方对产品质量信息的确认，产生了对检验检测的需求。

改革开放以来，随着我国社会主义市场经济的不断发展、产品结构的调整和产业升级、进出口贸易的持续增长，产品检测市场竞争的日趋激烈，检测服务于国家经济发展、保障经济安全和人民生命健康安全的作用越来越重要，也为我国检验检测机构带来了挑战和机遇。

2011年，《国务院办公厅关于加快发展高技术服务业的指导意见》，将检验检测服务作为高技术服务业，并提出了推进检验检测机构市场化运营，提升专业化服务水平，该指导意见为我国检验检测体系提出了发展方向。据统计，我国现有各类获得资质认定资格的检验检测机构超过25 000家，从业人员40余万人。我国检验检测机构大多由国家投资建设，住建部、环保部、农业部、卫生部、工信部、海关总署、质检总局、食药局等各部门都有自已相对独立的检验检测机构体系，这些机构存在分头管理、投资分散等问题，不利于检测资源共享。此外，检测能力分类不规范、管理不科学，检不准、检不出、检得慢、低水平竞争等问题也长期困扰我国检测事业的发展。

一、存在问题

据统计，我国有获资质认定资格的检验检测机构（实验室）25 669家，主要分布在建工系统（3 662家）、质检系统（3 443家）、卫生系统（2 749家）、环保系统（2 587家）和农业系统（2 225家），上述5个领域占检验检测机构总数的57.14%；另外，占比较多的行业还包括交通、食药、国土资源、粮食、气象、水利、科技和教育等领域，占总数24%；其余不足20%主要是民营检验检测机构和外资背景的检验检测机构。从现状调查情况看，中国检验检测机构在管理和发展上存在四个不清晰：

一是规划不清。各部门、各行业检验检测机构建设发展缺乏统筹规划，一旦遇到紧急、重大事件，盲目建设检验检测机构，造成资源闲置现象。譬如“三聚氰胺”事件后，农业、卫生、质检及食药部门纷纷购置三聚氰胺检验检测设备，甚至不少企业也配置相应设备，形成了大量重复投资。

二是家底不清。2005年科技部支持开展了“中国检测资源平台建设”项目，初步摸清了全国检验检测机构人、财、物等相关资源整体情况。但随着检测资源平台建好后，并未建立形成各部门、各区域检验检测机构信息更新报送的长效机制，到目前为止平台数据一直未予更新。

三是市场不清。在突发事件面前，政府管理失衡严重，而市场调节机制尚未建立，市场对资源调节能力不够。据不完全统计，现有检验检测机构业务80%以上是政府委托业务及政府委托任务衍生的市场业务，真正由检验检测机构根据市场需求开拓而来的业务量不足20%。

四是投入不清。由于国有检验检测机构财政投入分布于各部门预算中，并未单独设立预算科目，因此每年国家对检验检测机构大量投入总额不明。另外，这些投入大部分用于检测设备采购，而设备采购对象主要是日本岛津、美国热电、惠普等国外仪器制造商，以2.5万家检验检测机构每家每年采购5台单值20万元的普通设备计算，每年总额接近250亿元，加大对国有检测仪器的研制开发投入具有很大市场前景。

总结分析基本情况和发现的主要问题，可以初步得出如下结论：

1.中国现有检验检测机构的规划、建设、布局与市场经济发展需求存在脱节现象

1998年中央部委改革以后，各行业、领域检验检测机构的发展存在不均衡的状况，依附于政府发展的状况较为普遍。主要有三类情况：一是有政府主管部门的检验检测机构，如农业、卫生、质检、食药等部门，得到了发展壮大，基本形成检测体系或网络。这些检验检测机构在某些领域（如食品检测）存在职能交叉，重复投资建设情况严重。二是对于原是政府部门改为行业协会的，其检验检测机构建设步伐缓慢甚至停滞，因经费来源不稳定，在检测设备、人员队伍建设方面受到很大影响，业务不稳定。三是部门在改革后被撤销的，其所属检验检测机构完全转为市场化运行，有的行业形势发展好，检验检测机构也相应的得到了发展，但不少机构在市场经济竞争中逐步消亡，有的被外资机构兼并。

因此，从检验检测机构的总体投资走向上看，因未形成顶层设计和统筹安排，政府资源的不合理利用造成了检验检测机构的建设与国家经济社会发展不匹配，特别是不适应市场经济发展的需要。

2.国有检验检测机构的定位不清、任务不明造成了发展不利

市场经济发达国家对检验检测机构主要划分为政府公益性检验检测机构和市场化第三方检验检测机构两类，两类检验检测机构定位非常清晰，其中，政府公益性检验检测机构主要职责是开展公益性、法定、公共安全方面的检测以及公正性检验，同时受政府委托监管市场化检测行为；市场化第三方检验检测机构则根据市场需要配置资源，积极参与检测市场竞争，以技术、服务、品牌等方面的优势占领市场。

我国检验检测机构按所有制性质可分为国有、民营和外资三类。但由于属于政府的检验检测机构政企不分，政府行为和社会中介行为未实现有效分离，既承担政府委托的法定检测和监督抽查，又参与市场化委托检测，有既当裁判员又做运动员之嫌，也使政府监管部门处于尴尬境地。另外，一旦其出现检测数据不准，产生海南农夫山泉等恶性事故，其背后的政府主管部门往往难咎其责，政府承担的风险很大。

3.国外检测巨头快速占领中国检测市场带来巨大挑战

检测市场开放符合全球经济一体化趋势，也符合WTO规则。入世以来，已有125家外资检验检测机构通过合资、设立办事处等形式落户中国。特别是从2006年开始，国外各大检验检测机构开拓中国检测市场的步伐明显加快。据不完全统计，2010年国外检验检测机构在我国检测市场的收入超过200亿元。

而国内检验检测机构除了技术相对落后、管理不够规范等原因外，诚信问题也使得国外进口商在选择检验检测机构时更多地倾向于外资机构。目前中国检验检测机构在没有能力走出国门的情况下，国内检测市场的份额也日趋缩小。如果不采取果断措施，使中国检验检测机构有较大、较快的发展，势必在日益激烈的竞争中处于劣势。当中国的产品质量，尤其是在涉及国家安全及人民健康安全、公益事业、支柱产业和高新技术领域产品的质量判别主要由国外检验检测机构来判定和操纵时，中国的自主创新技术将无法得到保护，中国检验检测机构的创新型发展难以实现。

4.国有检验检测机构创新能力不足，人才流失严重

目前，多数国有检验检测机构只能提供检测产业链中的普通的检测服务，未形成集先进知识、技术的推动者、使用者和传播者于一身的良好运行机制。由于研发投入少，缺乏拥有自主知识产权的核心技术，引导行业和市场发展能力较弱。据统计，有70%的检验检测机构以消费品检测为主，对新型产业的检测需求研究不多，在为重大装备业、高新技术产业和高端服务行业如油气田开采、造船、核电、光电、金融等提供高端服务方面能力不足。与国外知名检验检测机构相比，我国的检验检测机构技术创新和服务能力差距较大。

另外，国有检验检测机构所拥有的检测技术队伍结构不合理、专业领域分布不平衡，人才储备不足，高水平人才特别是研发创新人才相对缺乏。最近几年，国外检验检测机构在大幅抢占中国检测市场的同时，实施人才本土化战略，用高薪、高职位、高待遇手段从国有检验检测机构挖走不少高水平人才。

二、发展原则

1.理顺关系，明确定位

清晰界定政府与公益性检验检测机构和经营性检验检测机构的关系和边界，明确区分政府监督管理的行政行为和检验检测机构的市场行为。

2.统筹兼顾，分类指导

在国务院统一部署下，协调财政、税务、质检、工商、国资、发改、社保、科技等相关部委，从宏观、系统角度，加强检测事业单位深化改革发展的顶层设计，降低改革成本。坚持分类指导，按照不同的功能定位和属性特征，严格区分公益性检验检测机构和经营性检验检测机构，将检验检测机构的改革发展与政府机构改革、职能转变紧密衔接，切实落实政事分开、事企分开和管办分离的要求。

3.稳步推进，分步实施

坚持改革、发展与稳定相协调，分头推进，并行开展。妥善处理事业编制检验检测机构转型、资产重组、人员转换等重大系列问题。坚持因地制宜，鼓励经济发达地区先行改革试点，在总结经验、理论提升基础上，在全国予以全面推广。

4.创新驱动，转型发展

坚持把开拓创新和转型升级作为检验检测机构改革发展的强大动力和主要方向，破除影响检验检测机构和检测服务产业发展的体制机制障碍，鼓励进行多种形式的探索和实践；充分发挥市场主导、政府主管、社会力量参与的积极作用，加快检测技术进步，实现检测管理创新，不断增强各类检验检测机构的创新活力和竞争能力。

三、发展思路

1.打破现有体制，实现资源有效整合，提高国家投资效率

从管理体制、运行机制、职责定位等几个方面对国有检验检测机构进行改革、重组，做到事企分开，使其逐步适应市场经济发展的需要。同时在政府管理层面，在国务院层面成立以国家质检总局牵头的检验检测机构发展协调领导小组，对质检、工商等现有存在业务交叉、相容性检验检测机构进行资源整合，对新增新建检验检测机构进行合理规划论证；统筹建设资金管理，建立国家检验检测机构资源信息管理平台，提高投资效率，避免低水平重复建设；在检验检测机构业务指导上进一步明确相关部门的职责权限，行业部门提出业务发展和建设需求，牵头管理部门实行有效监督管理。

2.加快国有事业检验检测机构改革步伐，准确界定两类检验检测机构

目前国家公益事业单位改革呼之欲出，而事业单位改革必将深刻触及到国有事业性质的检验检测机构。对于履行政府监管职责、开展法定和公正检测业务的检验检测机构转为纯政府型公益一类机构，人员待遇等同于政府公务员；对以参与市场竞争为主的检验检测机构，给予一定的政策优惠期，逐步与政府脱钩转制为企业。使检验检测机构成为支撑我国市场经济发展、满足创新型国家和小康社会需求的现代高技术服务业主体。

3.成立专门部门或机构，统筹管理公益性检验检测机构

在法定、公正检测领域，整合质检、食品药品、农业、环保、工商等部门检验检测机构，新设立一个机构如国家检测监管局对其进行统一管理，该机构可挂靠在国家质检总局，由国务院管理。

4.推动检验检测机构立法，顺应检测行业发展趋势

梳理现有与检验检测机构（实验室）管理相关的法律法规，废除不适应市场经济发展需要和改革方向的部门规章、法律条款，在检验检测机构建设、资质、运行、信息共享及检测市场监管方面，形成系统、全面的管理法律规范。

发挥认证认可作用 促进区域协调发展

国家质检总局副局长、国家认监委主任 孙大伟

（2011年4月7日）

在第十五届“中国东西部合作与投资贸易洽谈会”圆满召开之际，国家质检总局、国家认监委与陕西省政府联合举办认证认可论坛。这是一次各方增进共识，共商良策，推动认证认可工作更好地服务经济社会发展的盛会。在此，我代表国家质检总局和国家认监委，向长期以来关心支持质检工作和认证认可事业发展的陕西省委、省政府，以及参加此次论坛的吴登昌副省长和所有来宾表示衷心的感谢！

东西部合作与投资贸易洽谈会是落实西部大开发战略、推动区域协调发展的重要平台，是各地方各部门加强交流、深化合作的重要渠道，在国内外有着重要影响。在本届“西洽会”上首次设立认证认可论坛，体现了主办方对认证认可工作的重视，也反映了认证认可正在国民经济和社会发展中发挥着越来越重要的作用，社会各界的关注日益提升。2010年4月，国家质检总局与陕西省人民政府共同签署了《关于开展质量兴省 建设西部强省合作备忘录》，双方明确提出从包括认证认可工作在内的12个方面加强合作。本次论坛，既是落实“省部合作备忘录”的具体举措，也是国家质检总局、国家认监委与省级地方政府首次就认证认可主题联合举办的高层论坛，对于推动质检事业与认证认可工作更好地服务国家区域发展战略，服务地方经济发展，必将产生深远而积极的影响。

认证认可是国际通行的规范经济、促进发展的重要手段，是企业和组织机构提高产品服务质量与管理水平、提升竞争力的可靠方式，是各方传递信任、促进社会诚信和社会和谐的工具，是国家实施质量发展战略、促进市场经济和对外贸易、实现可持续发展的战略性选择。在世界上，认证认可已为各国企业、社会公众和政府部门广泛接受。在我国，认证认可制度在国民经济和社会各行业各领域得到越来越广泛深入的应用。

首先，认证认可是加强质量管理的基础手段，是提升我国质量总体水平的有效途径。我国提出实施质量强国和以质取胜战略，实现由制造业大国向制造业强国转变的目标。通过认证认可，能够帮助企业建立先进的质量管理体系，提升产品服务质量和管理水平，提高中国制造的国际竞争力。认证认可在保障食品安全、提高产品、工程和服务质量等方面发挥了重要作用；第二，认证认可是国际通行的贸易便利化措施，是消除贸易壁垒、促进国际贸易和区域协调发展的有效途径。我国已经是世界第二大经济体和贸易市场，加快完善市场经济体制、积极参与国际经济治理、统筹国内国际两个市场的战略目标，运用认证认可这种国际化、市场化的手段，能够推动我国更好地参与经济全球化，提升我国经济的开放度和竞争力；第三，认证认可是促进产业升级和经济结构调整的技术支撑手段，是促进经济转型发展的有效途径。我国提出改造制造业、发展战略性新兴产业、大力发展循环经济、建设两型社会等战略目标。运用认证认可手段，能够科学评价经济运行绩效，引导技术和产业升级。我国大力开展节能、节水、环保认证和风电、太阳能光伏发电等新能源认证，积极研究建立低碳认证制度，有效促进了“十一五”国家节能减排目标的实现，服务于绿色发展、低碳发展；第四，认证认可是提升管理和服务效能的重要手段，是促进政府管理方式转变、加强政府自身建设的有效途径。在市场经济条件下，政府实施行政管理和宏观调控，通过认证认可这种第三方市场化的手段，比传统行政手段更加高效，也更能体现公开、公平、公正，能够有效提高行政管理效能，降低行政成本与风险。我国提出深化行政管理体制改革、建设和谐社会等战略目标，随着认证认可在司法行政、社会管理、党建工作等

领域的应用日益深入，越来越多的政府部门运用认证手段，在政府采购、政府工程、绩效评价等领域采信认证结果，促进了政府管理目标的实现。正因为认证认可是国际通行的管理手段，具有科学化、国际化、市场化等优势，在国民经济和社会各领域都得到了普遍应用。刚刚颁布的国家“十二五”发展规划纲要，有多处明确写入了认证认可工作。可见，认证认可与国家和地方发展的联系越来越紧密，与社会公众的关系越来越贴近。

我国从国际上引入认证认可制度，至今已经有三十多年的历史。在党中央、国务院的高度重视和社会各界的关心支持下，我国认证认可工作经历了从无到有、不断完善、迅速发展的过程。2001年，党中央、国务院决定成立国家认证认可监督管理委员会，统一管理、监督和综合协调全国认证认可工作。在国家质检总局的正确领导下，国家认监委按照既与国际规则接轨、又从中国国情出发的原则，建立了强制性认证与自制性认证相结合的认证制度、集中统一的认可制度，以及相配套的监督管理制度，形成了中国特色的认证认可工作体系。十年来，我国认证认可工作体制机制逐步完善，认证市场日趋规范，认证有效性和公信力不断提升。我国已成为世界上认证证书和获证组织数量最多的国家，加入了所有认证认可国际组织和多个互认机制，证书结果得到世界各国的广泛承认，国际影响不断提升。

我国认证认可工作的一个重要特色是，紧密围绕国家发展战略，政府积极推动，各方共同参与，确定了“统一管理，共同实施”的工作机制，充分吸收各部门、各方面的共同参与，从而形成了强大推力，推动了认证认可事业在我国的迅速发展。国家质检总局、国家认监委紧密围绕国家工作大局，加强与各部门、各地方政府的配合和协作。目前，我们已与30个省级政府签署了合作备忘录，根据各地实际需要，积极发挥质检部门的职能作用，服务地方经济发展。国家质检总局、认监委与陕西省政府建立省部协作机制以来，双方认真落实合作事项，根据陕西资源和产业特点，充分运用认证认可手段，合力推进国家质检中心建设、良好农业规范和有机产品认证示范区建设等项目，扶持西部特色产品、特色产业的发展，为培育西部优势、建设西部强省做出了积极贡献。陕西省各级党委政府对质检工作和认证认可工作高度重视，健全工作机制，加强政策引导和服务，营造了优良的发展环境。我们对此高度赞赏，也表示衷心感谢！

随着国家“十二五”规划的深入实施，认证认可工作的作用将更加显现。我衷心地希望以本次认证认可论坛为契机，各地方、各部门、全社会携起手来，充分运用认证认可手段，更好地服务区域协调发展。

第一，围绕国家战略，大力推广应用。把认证认可作为经济社会发展全局的基础性工作，放在更加重要的位置，发挥更加有效的作用。紧密围绕国家战略的实施，发挥各地资源条件和产业结构的特点，积极推动认证认可在各行业、各部门的应用，特别是要发挥西部地区资源、生态、工业等方面优势，加快认证认可在符合国家产业政策方向的领域的应用，加大节能环保认证、食品农产品认证、新能源认证、服务认证等工作力度，支持西部地区绿色发展、可持续发展。

第二，完善政策保障，加强宣传引导。认证认可工作的开展，离不开政府部门的主导，离不开政策环境的支持推动。希望各级政府进一步加大对认证认可工作的支持力度，制定政策措施，鼓励企业和组织机构运用认证认可手段；加强宣传引导，积极向社会宣传认证认可知识，增进各方面对认证认可的了解，营造良好的政策环境和舆论环境。

第三，健全工作机制，加强合作交流。国家质检总局、国家认监委将积极完善部际协作和省部合作机制，加强与各部门、各地方的沟通合作。我们提倡各地结合实际，建立政府、企业、社会各方之间紧密协作的工作机制，积极利用“西洽会”这样的交流互动平台，推动认证认可工作的有效开展。

第四，发挥职能作用，提升服务水平。质检总局和认监委将认真落实与各地签订的省部合作协议，加快相关工作进度，以实际行动支持西部大开发，支持各地经济发展。地方各级质检部门和认证监管部门要牢固树立以人为本、监管为民的理念，坚持寓管理于服务，严格监管，热情服务，文明执法。要严格履行监管职责，完善认证执法监管体系，切实加强对认证市场和从业机构、人员的监管管理，严厉打击假冒伪劣认证产品等违法行为，确保认证有效性；要坚持扶优扶强，改进工作作风，优化服务措施，为地方经济发展出新招、出实招；要主动配合地方党委政府工作，加强和各部门的沟通协作，把国家政策与地方实际紧密结合起来，找准工作切入点、着力点，扩大认证认可工作的影响力；要建立认证认可区域合作机制，发挥质检系统的整体优势，促进区域协调发展。我们鼓励西部与中东部地区质检机构按照总局支持西部大开发和援藏援疆工作的统一部署，相互支持，互帮互促，共同提升服务水平。

随着国家进入新的发展阶段，区域合作发展也迎来了新的契机。我们相信，通过本次论坛的举办，能够加强合作，增进了解，使认证认可工作发挥更加积极的作用，为促进地方经济发展做出更大贡献！预祝本次认证认可论坛圆满成功！

国家质检总局副局长、国家认监委主任孙大伟在全国认证认可标准化技术委员会第八次全委会上的讲话

（2011年4月14日）

全国认证认可标准化技术委员会今天召开第八次全委会，总结和部署年度工作，同时安排了低碳、节能等认证认可热点领域的主题发言，内容很丰富，也很充实。长期以来，认证认可标准化工作得到了各部委各方面的鼎力支持，今天，有关部委的相关负责人到会指导。委员会邀请国家发改委、工信部等部门领导和专家担任顾问和委员，力量得到进一步的加强，这对认证认可标准化工作是有力的促进。这次会议是全面开启“十二五”认证认可标准化工作新局面的一次十分重要的会议。

一、发挥技术支撑作用，认证认可标准化工作取得了良好成绩

合格评定、标准化、计量作为一个国家的质量基础设施，在促进经济发展方式转变、推动我国从制造业大国向制造业强国转变方面，发挥着日益重要的作用。认证认可标准化工作为认证认可提供技术支撑，是国家标准化战略的重要组成部分，同时也与计量紧密相关，是国家质量基础设施的一项基础性战略性工作。国家认监委成立后，对认证认可标准化工作始终高度重视，社会各方面也对此十分关注。认证认可标准化工作紧紧围绕国家战略大局和认证认可中心工作，坚持国际化、中国化的发展道路，切实发挥了技术支撑作用，为认证认可事业科学发展做出了积极贡献。主要成绩体现在三个方面：

第一，我国认证认可标准体系基本完备，实现了向国际水平的整体跨越。SAC/TC 261成立之初，我国认证认可国家标准仅有4项，没有形成体系，国际标准转化率只有20%，自主创新标准尚属空白，直接制约了我国认证认可制度与国际的接轨。SAC/TC 261成立后，制定了分四步走全面追赶国际水平的发展战略。目前，已将ISO/CASCO制定的21项认证认可国际标准全部等效转换为国家标准，使我国认证认可标准化整体上达到了国际水平。在此基础上，着力研发自主创新的国家标准，积极参与认证认可国际标准化活动，推动自主创新标准上升为国际标准，目前已自主研发59项国家标准，形成了覆盖认证认可全部领域、与国际同步发展的我国认证认可标准体系，实现了认证认可标准化从引进模仿向自主创新的战略性转变。我国认证认可标准化的自主创新能力不断提升，在国际上的地位影响不断提升。

第二，认证认可标准化服务大局成效显著，有效发挥了技术支撑作用。一是保障了重点领域认证认可工作开展。已制定的86项认证认可国家标准，覆盖了认可、认证、检查、检测等合格评定活动，满足了国内各领域开展认证认可工作的亟需，规范了认证认可行为；通过自主或与相关行业联合制定认证依据类标准，拓展了认证认可领域。比如，“十五”国家科技攻关计划重点项目“认证认可关键技术研究与示范”输出的国家标准《能源管理体系　要求》，成为开展能源管理体系认证的依据。二是推动了认证认可国际化战略的实施。作为认证认可国际化的先导，我国认证认可标准化工作完成了对（ISO/CASCO）制定的21项国际标准/指南和5项可公开获得文件（PAS文件）的全部转化，认证认可核心标准与国际全面接轨，从而为我国认证认可开展国际合作和国际互认打下了基础，为打破国外认证技术壁垒、促进我国对外贸易交往做出了贡献。三是促进了认证认可在全社会的广泛应用。我国认证认可标准化工作高度重视基础理论研究，坚持以应用为导向和“标准研发与理论研究相结合、制定标准与宣贯标准相结合”的原则，紧跟国际合格评定政策发展前沿，及时组织研究并向社会推介认证认可最新成果，形成了认证认可基础理论知识体系，提升了我国认证认可基础理论水平。率先在国内引入“合格评定、标准化与计量构成国家质量基础设施”这一理念，揭示了认证认可活动的内在规律和社会意义，为促进认证认可的广泛应用提供了理论依据。《合格评定建立信任》一书得到国家质检总局主要领导的高度评价。

第三，认证认可标准化工作机制逐步健全，工作力量和社会影响日渐扩大。认证认可标准化工作是“统一管理，共同实施”原则的生动体现。国家认监委和国家标准委成立了“认证标准联络组”，在这个框架下，SAC/TC 261充分利用标准化工作平台，遵循开放共赢的方针，与16个专业标准化技术委员会、分技术委员会或工作组建立了长期稳定的联络协调机制，与有关部委的联系也日趋紧密。委员会下设的5个工作组在承担单位支持下，充分发挥主动性、创造性，积极规范地开展各项工作；国际标准对口工作组为保障我国专家进入国际标准制修订核心起草组（Drafting Group）提供了制度保障。举办“认证认可科技标准日”，展示了认证认可标准化成果。认证认可标准化工作形成的良好机制、良好作风，为认证认可工作的广泛深入开展，奠定了坚实的基础。

二、把握宏观大局要求，正确认识认证认可标准化工作面临的新形势

2011年是“十二五”的开局之年，是质检事业与认证认可事业创新发展的新起点，也是认证认可标准化工作实现从“实质参与、融为一体”向“自主标准、导向国际”跨越的关键之年。放眼国内外大势，认证认可标准化工作面临着新的形势和新的要求，需要我们认真研究、准确把握。

第一，从国家发展大势来看，认证认可标准化工作面临新的要求。党的十七届五中全会作出了一个重要判断，就是我国发展仍然处在一个可以大有作为的重要战略机遇期，这个判断同样适用于认证认可领域，刚刚颁布实施的国家“十二五”发展规划纲要，多处明确写入了认证认可工作，表明认证认可在经济社会全局中的地位作用上升到了新的高度。认证认可作为转变经济发展方式和行政管理职能的有力手段，在维护质量安全、促进节能减排、促进传统产业升级和战略性新兴产业发展等方面，拥有更加广阔的应用舞台，这为认证认可标准化工作开辟了更为广阔的领域。标准化是质检工作和认证认可工作的基础，国家实施质检强国战略、实现经济转型发展，对认证认可标准化提出了许多新课题新任务，需要我们认真研究落实，为认证认可服务国家发展提供支撑保障。首先，要着眼于国家发展的新热点新领域。国家“十二五”发展规划纲要明确提出绿色、低碳的发展模式，大力发展节能环保技术、新能源新产业和服务业；明确提出运用认证认可手段，加快建立信息安全、节能减排、中医药等领域认证认可制度。这些新领域当中，有的认证认可工作刚刚开展，有些还处在试点阶段，有些尚待填补空白。标准是认证认可活动的依据和起始点，没有标准，认证认可活动就无从谈起。这些新的领域，一方面，需要认证认可标准化积极跟进，填补空白，为认证认可工作提供依据和支撑；另一方面，需要从技术标准的角度予以有效规范，防范潜在的风险。比如，新能源新产业在初始期就需要运用认证认可手段特别是从标准层面上进行必要的规范，以保持产业的规范健康发展。又比如，服务认证的发展潜力巨大，目前在认证认可标准上还相对滞后。生产性服务业是现代服务业与现代工业的有机融合，服务认证具有种类庞多、技术融合度高等特点，这些都对认证认可标准化工作提出了严峻的挑战。我们要深入探究这些新领域的行业特性、技术特性，提高标准制修订水平，防范潜在的风险。其次，要着眼于抓质量、保安全、促发展。提高发展质量和效益、提升我国质量总体水平，是转变经济发展方式的核心环节。解决社会日益关注的质量安全问题，从根本上讲，要靠国家质量战略的牵引，靠国家质量基础体系的支撑，认证认可标准化的作用将愈加重要。国家质检总局围绕国家规划纲要精神，即将制定发布《质量发展纲要》和《质检事业发展“十二五”规划》，明确提出实施质量强国战略，“力争到2020年，我国质量总体水平达到或接近中等发达国家水平，实现我国由制造业大国转变为制造业强国”的目标，提出实施标准化战略和加强认证认可工作。认证认可标准化是落实质量强国战略、落实“抓质量、保安全、促发展、强质检”任务的重要抓手。当前，随着质量安全问题的覆盖面、影响面日益扩大，以及其内涵及技术的更新，一些新的质量安全重大需求，对认证认可标准提出了新的要求。比如，实验室领域的认证认可标准制修订，就需要大力加强。工程安全、信息安全等行业的特殊要求，都需要在认证认可标准上予以考虑。总之，随着社会经济的发展，认证认可标准化面临的课题将越来越多，面临的要求将越来越高。

第二，从国际认证认可发展趋向来看，认证认可标准化工作面临新的要求。当前，全球科技发展进入一个最为活跃的创新时代，前沿科技领域孕育着新的突破。许多国家将创新提升到战略层面，作为后金融危机时代实现可持续发展的首选。国际认证认可标准、规则和技术发展面临一系列新变化，值得我们高度关注。一是贸易保护主义抬头，发达国家日益选择在认证标准等领域设置技术壁垒。由于标准具有技术性，且具有先发性、垄断性，因而被越来越多地用作技术壁垒手段，一旦处于应对的被动局面，就将带来深远的不利影响。二是发达国家对低碳、新能源等新领域认证认可标准话语权的争夺更加激烈。绿色、低碳经济代表今后世界发展的方向，也关系到一个国家长远生存发展空间。欧美等发达国家凭借技术优势，长期利用节能、环保等手段设置绿色壁垒限制正常贸易。应对世界气候变化，给低碳等领域壁垒

提供了新的理由。世界各国都看到了绿色低碳经济所带来的巨大发展潜能，纷纷加大在这些领域的研发力度，试图抢占下一个国际竞争制高点。我国要打破旧的国际经济贸易格局，就必须在这些趋势面前妥善应对，赢得主动。三是各国更加重视标准化促进政府监管的作用，认证认可标准化工作与行政监管的衔接趋于紧密。四是标准化过程中的风险控制问题引起各国关注，认证认可标准化管理更加严格科学。五是认证认可标准领域的多双边合作不断深化，ISO、IEC等标准化国际组织与认证认可国际组织之间出现深化合作、加强协调势头，推动了认证认可国际标准的贯彻推广。在认证认可国际标准的制定进程之中，各种国际力量展开博弈，相互交融。对于国际认证认可领域出现的新动向，我们要冷静观察，认真研判，“既要珍惜机遇、抓住机遇、用好机遇，又要认清挑战、应对挑战、战胜挑战”。

第三，从我国认证认可自身发展需要来看，认证认可标准化工作面临新的要求。我国认证认可工作正处在承前启后、继往开来的关键时期。顺应党中央国务院对认证认可工作的新要求、人民群众对认证认可工作的新期待、国内外形势对认证认可工作的新挑战，关键是要加强自身建设，夯实基础保障。认证认可标准化是基础性战略性工作，代表了国家认证认可制度的核心能力。加强认证认可工作，必须从加强标准化抓起。目前，认证认可标准化工作还存在标准体系需要更新、自主创新能力有待加强、人才培养力度需要加大等问题。同时，认证认可标准化的工作机制还需要进一步健全。相对社会对认证认可的急剧需求而言，目前认证认可标准化工作还存在组织力量偏于单一、投入不足等问题，一方面社会经济发展对认证认可的标准需求，需要及时反馈到标准化工作中；另一方面认证认可标准化工作需要社会各方面特别是从业机构、企业的积极参与，吸收不同方面的意见。这就需要从工作机制上予以解决。综合各种因素，考虑到认证认可事业长远发展的需要，委党组研究决定，将认证认可标准化技术委员会秘书处的承担单位，由认监委科技与标准管理部调整到中国认证认可协会。这样一方面可以充分发挥协会作为行业组织的资源优势，将秘书处工作做得更加深入细致，提供更优质的服务；另一方面科技与标准管理部从事务性工作中解脱出来，可以集中精力从战略上、宏观上对认证认可标准化工作进行更深入的思考，在创新上取得更大成绩。我相信，SAC/TC 261秘书处的调整，对于认证认可标准化工作一定能起到应有的推动作用。

总之，我们要认清认证认可标准化工作面临的新形势新要求，切实增强使命感、责任感和紧迫感，明确目标，找准定位，以更加饱满的热情，更加扎实的工作，在创新中求发展。

三、坚持创新发展目标，努力开创认证认可标准化工作新局面

在2011年全国认证认可工作会议上，支树平局长强调“认证认可工作要找准定位，创新发展，自身建设要走在前头，做出表率”。这是总局党组对认证认可工作提出的最新要求，指明了我们努力的方向。认证认可标准化工作要做到“三个坚持”。

第一，要坚持战略主动，找准创新发展方向。要紧扣国家转型发展、认证认可事业创新发展这条主线，把国家“十二五”发展的重点热点难点课题作为认证认可标准化工作的主攻方向。国家“十二五”发展规划纲要明确提到的节能环保、信息安全、食品安全、战略新兴产业、服务业这些认证认可工作主战场，就是认证认可标准化工作的重点所在，也是潜力所在。我们要牢固树立科学发展的理念，找准认证认可标准化服务国家大局的结合点、切入点和着力点，围绕国家“十二五”发展主线，制定好、实施好认证认可标准化“十二五”规划，明确认证认可标准化的战略方向、发展路径、重点课题，合理确定重点优选方向，满足国家经济发展对认证认可标准提出的需求，使认证认可标准化工作与国家战略发展同步合拍。

第二，要坚持创新驱动，大力培育自主创新能力。加快实现我国认证认可标准化由模仿引进向自主创新的战略性转变进程，以提高自主创新能力为核心，推动我国认证认可工作实现由被动跟进国际化向主动引导国际化的转变。标准是国际竞争的制高点，我国要提升认证认可工作在国际上的地位和影响，离不开标准上国际话语权的提升。我们要把握认证认可工作整体上与国际同步发展、部分领域具有后发优势的机遇，抓紧在事关国家核心竞争力和长远持续发展能力的低碳、信息安全等领域取得突破，拿出自主创新的认证认可标准，力争掌握“标准之争”的主动权。一要更加紧密地与科研工作结合起来。目前，“我国低碳认证制度建立研究”和“碳排放和碳减排认证认可关键技术研究与示范”课题正在按计划实施，认证认可“十二五”重大科研需求的编制和可行性研究正在进行，标准化工作只有充分参与进去，才能成为“有源之水、有根之木”；二要更加紧密地与国际合作结合起来。积极深入地参与国际标准化活动，保持我国认证认可标准领域与国际同步发展的态势。今后，要不仅仅满足于参与国际标准的制定，还要适时提出我国的国际标准提案，在合格评定政策的制定上取得更多主动权；三要更加紧密地与人才战略结合起来。提高自主创新能力，关键在于培养创新型人才。要更加牢固地树立以人为本的理念，在人才培养、人才引进等方面拓宽视野，创

新思路，下大力气抓好认证认可标准化专家人才队伍的建设，培养造就一批既通晓认证认可业务、又掌握标准化发展规律，既具备丰富实践经验、又了解国际发展方向的创新型复合型人才。

第三，要坚持多方联动，着力完善机制平台。要以SAC/TC 261秘书处承担单位调整为契机，充分发挥各方优势和积极性，健全机制平台，增强工作合力，推动认证认可标准化工作上新台阶。要加强与国家标准委和有关部委的协作，争取各部门的支持，将认证认可标准化纳入国家标准化总体战略。SAC/TC 261是认证认可标准化的技术组织，要切实加强自身建设，在严格上下工夫，在创新上见成效，注重发挥专家委员在标准化全过程中的作用，树立行业权威；认证认可协会要切实担负起秘书处的工作职责，组织精干力量，加强日常管理，特别是要发挥协会联系面广、资源丰富的优势，组织好协调好各方共同参与认证认可标准化工作，为其提供良好服务。认证认可标准化是全行业的共同事业，今年全国认证认可会议提出要创新机制，鼓励支持广大认证机构、龙头企业参与认证认可标准化工作，希望协会研究落实；认监委科技标准化部门要协助协会切实做好移交的各项工作，确保秘书处工作平稳过渡，同时继续发挥好标准化管理部门的职能，调整工作方式，加强宏观管理、综合指导和协调服务；同时，要按照“统一管理，共同实施”原则，充分发挥各工作组、对口工作组的作用，加强与各承担单位的沟通联系，动员组织各方面积极参与认证认可标准化工作。在座的各位顾问、委员都是各领域的专家，希望大家发挥特长，积极工作，为认证认可事业做出更大贡献。

认证认可标准化工作是认证认可事业发展的基石，做好这项工作责任重大、意义深远。我们要牢记使命，珍惜机遇，以高度负责的精神和严于律己的作风，努力将认证认可标准化工作推上新高度。

国家质检总局副局长、国家认监委主任孙大伟
在“认证提升价值——获证组织经验交流会”上的讲话

（2011年8月23日）

今天，中国认证认可协会、中国合格评定国家认可委员会和《中国认证认可》杂志社围绕“认证提升价值”的主题，共同举办获证组织经验交流会，旨在深入探讨认证的价值与作用，促进认证活动更加广泛、更加有效的开展。认证认可工作的开展，离不开各级党委政府和社会各方的关注支持，离不开业界同仁的辛勤工作。

认证是国际通行的第三方合格评定手段，是市场经济发展的产物，作为一种为组织提升质量管理水平、为各方传递信任的增值服务，得到了世界各国的普遍重视和广泛应用。我国自从改革开放之初从国外引入认证认可制度以来，认证认可为我国与国际接轨、为社会主义市场经济的发展，发挥了重要作用。2001年，为了适应我国入世的新形势，成立了国家认监委，建立了符合世贸规则、实行统一管理的认证认可工作体系。2011年是国家认监委成立十周年。十年来，我国认证认可工作取得了前所未有的发展，认证日益为企业和社会各界所了解和重视，已经成为市场经济条件下日益普遍、日益活跃的经济鉴证活动。在我国认证认可工作走过三十来年发展历程、特别是国家认监委成立十周年的时点，举办这次交流研讨活动，既是一次深入探讨认证的价值、全面展示认证认可工作成就作用的契机，也是一次广泛宣传认证认可、推动认证活动发展的契机，同时也是一次促进业界紧密交流、听取用户愿望需求、从而更好地改进认证服务的契机，确实意义不同寻常。

从大家的访谈以及发言看，既有认证活动带来变化的真实写照，也充满了对认证工作的真知灼见，许多体会和观点，很有见地，很有深度。这些获证组织，虽然所处行业各不相同，实际状况千差万别，但都通过鲜活的事例，印证了“认证提升价值”这一命题。这些鲜活的素材，是我国开展认证活动丰富实践经验的结晶，它来自认证活动第一线，来自获证组织和从业人士的亲身感受，为诠释认证的作用价值提供了最为生动、最有说服力的

范例，值得我们好好总结提炼。听了大家的发言，也促使我更加深入地思考如何认识和不断深化认证的价值？如何适应经济社会发展和用户日益提高的需求，进一步提升认证的有效性？对我启发最大的有三点：第一，认证活动必须紧贴用户的实际需求，不断满足用户追求价值提升的需要。认证活动的产生，是为了在市场经济各方间建立相互信任，满足保证质量安全和贸易便利开展的需要，其本质就是一种第三方提供的增值服务。认证的作用，最终必须体现在能够帮助用户实现价值提升上，这是认证的目的所在，也是认证的长久生命力所在。因此，必须树立用户至上的理念，根据用户的实际需要，提供有针对性的增值服务。作为用户来说，也要端正认证动机，真正达到认证的要求。不能为认证而认证，更不能欺骗消费者搞虚假认证；第二，认证活动必须把有效性放在首位，不断完善认证活动的管理与技术要求。认证的价值，归根到底体现在认证有效性上。没有认证质量做保证，有效性就无从谈起。因此，必须树立质量第一的理念，加强认证制度建设和监督管理，建立认证有效性持续提升的长效机制；第三，认证活动必须充分发挥认证机构的主体作用，不断提高认证服务水平。认证机构是认证服务的提供者，其独立性、专业性是创造认证价值的前提条件。因此，必须树立责任主体意识，加强认证机构自身的能力建设、诚信建设，切实履行主体责任，规范认证行为，不断提高自身能力和服务水准。

基于以上体会和认识，下面，我着重围绕如何提高认证有效性，促进认证价值的提升，提几点希望：

（一）要围绕国家发展战略，充分满足用户需求

认证活动是为经济社会发展服务的，离不开国家战略的引导；从微观上讲，认证活动的服务对象，不管是企业还是社会组织，都不离开国家宏观发展环境和产业政策指引。国家发展形势的变化，客观上要求各类组织不断提升价值，这才是认证前进的根本动力。认证要不断提升其价值，就必须紧密围绕国家战略，符合经济社会发展的方向。“十二五”的主线是转型发展，国家“十二五”规划纲要明确提出认证认可是国家鼓励发展的现代服务业，在质量管理、食品安全、节能减排、现代农业、信息产业等多个领域明确提到采用认证手段。即将颁布的《国家质量发展纲要》，从国家战略层面，确立了认证认可作为质量基础设施的重要地位。因此，认证活动要紧扣转型发展的主线，紧扣“抓质量、保安全、促发展、强质检”的要求，进一步深入挖掘各行业特别是国家重点领域、重点产业对认证的需求，抓住传统产业改造升级、战略性新兴产业发展带来的新需求，将国家宏观需求与组织微观需求统一起来，着力帮助用户提升质量、安全、能源、环境等方面的管理水平，推动发展方式转变和结构调整。

（二）要加快制度创新步伐，适应认证发展要求

我国认证认可事业发展到今天，取得的成绩是举世瞩目的。就认证数量而言，我国已连续八年位居世界第一，社会影响力和国际影响力与日俱增。但我们也要清醒地看到，当前还存在制约认证认可事业健康可持续发展的因素，我们在认证市场、认证质量、人员素质、技术能力等方面还存在一些不容忽视的问题，认证活动还不能充分满足社会各方提出的需求，认证提升价值的空间还有很大的潜力。为此，我们提出在“十二五”期间，认证认可工作要找准定位、创新发展，实现从认证大国向认证强国转变的战略目标。创新发展，是今后认证认可工作的主题，是我们每一个认证认可从业者应当认真思考的课题。在今年认证认可工作会议上，质检总局支树平局长明确提出“要对照国家发展的新要求，认真查找认证认可的薄弱环节和空白点，寻找提升的空间，加快制度创新的步伐，进一步发挥认证认可制度的优势”。我以为，这正是为“认证提升价值”指明了方向。认证提升价值，要不断创新思路方法，走制度创新和科技创新之路。首先，要充分考虑用户需求的适用性，保证认证制度的行业适用性。比如ISO 9000标准是质量管理通用准则，但应用于不同行业有不同特点，技术条件和关键控制点都不一样。我们将建筑施工的特定要求与ISO 9000通用要求结合起来，制定建筑施工领域的特殊规范，就较好地解决了ISO 9000标准的适用性问题；其次，要充分考虑系统设计的协调性。具体认证制度的设计，要通盘考虑与总体制度的衔接，与事前论证、过程中监管、实施后评估等环节的配套，同时要考虑多种认证评价手段的结合，以最大程度提升认证的价值。比如产品认证与管理体系认证，食品安全认证、卫生注册与检验机构资质认定的协同配套，这些系统化设计的课题，都值得我们深入思考；此外，要充分考虑技术手段的可靠性。要根据技术工艺成熟进步的程度，适时地更新认证标准、认证技术规范，同时要完善数据统计分析工具，建立风险分析管理模式，多用反映程度、反映变化趋势、反映临界点的动态分析数据来实时控制风险，支撑认证制度的实施。认证制度创新，需要集中各方面的资源和力量，需要广大获证组织和认证机构的参与和支持。借此机会，也希望认证机构、获证组织结合自身实际，加强创新研究，积极参与国家认证认可制度建设的各项活动，为我们提出宝贵意见和建议。

（三）要强化认可约束作用，提高认证专业能力

认可是对认证、检查、检测等第三方机构的能力和

资质予以承认的合格评定活动，在整个合格评定链条中处于技术上的最高端，具有权威性、专业性、国际性等特点。国际上的通行做法是一个国家只有一套国家认可体系、一个国家认可机构，其目的就在于保证其权威。我国也不例外，中国合格评定国家认可委员会是国家认监委授权的唯一国家认可机构，代表国家加入了各个国际多边互认体系，其认可的结果获得了广泛的国际承认。认可因为其高度的权威性、专业性、国际性，是提升认证价值的重要途径。国家认可委员会充分发挥认可的技术评价和能力保证作用，建立了认可约束机制，保证了认证活动的规范有效。并且十分重视保障用户的需求，成立了最终用户委员会，将用户需求贯彻到认可活动之中，从而有效增进了认证的价值。今后，要继续强化认可机制，完善能力评价手段，建立分级评价体系，加强对认证机构技术能力和诚信操守的要求，使认证创造的价值更好地体现在认可结果上。

（四）要增强认证机构主体素质，提升认证服务水平

认证机构是认证服务的提供者，要把满足用户需求、帮助用户提升价值作为出发点，同时，提高自身能力和管理服务水平，依靠诚信和高价值服务赢得市场，提高市场知名度和竞争力，从而提升自身品牌的价值。首先，认证机构要切实履行主体责任，规范从业行为。最近，国家质检总局和认监委颁布实施了《认证机构管理办法》，这是全面规范认证机构和认证活动、保证认证有效性的一部重要规章，该办法确立了独立、客观、公正的原则，明确了认证机构的资质条件要求、行为规范和法律责任。对提供虚假或失实认证结论的，将承担相应的法律责任和民事赔偿责任。希望各认证机构认真学习贯彻好这部规章，按照要求建立内部管控机制和风险防范机制，切实保证认证质量；其次，认证机构要适应市场竞争，不断提高认证服务价值。认证机构要在日益激烈的认证市场中立于不败之地，就要树立用户至上、以质取胜的理念，学习国外先进管理经验，按市场规律办事，认真分析客户需求，提高自身能力水平，为用户提供持续改进的增值服务。

（五）要加强监督管理，规范认证市场

国家认监委作为国务院授权统一管理、监督和综合协调全国认证认可工作的主管部门，建立了“法律规范、行政监管、认可约束、行业自律、社会监督”五位一体的监管体系，形成了环环相扣的监管链条。近年来，认监委组织各地认证监管部门围绕“抓机构、管人员、重结果”，采取了一系列监管措施，如严格认证机构行政审批、强化认证活动监督抽查、开展认证市场专项整治、申投诉调查处理等，保证了认证活动的规范有效开展。今后，要进一步加强对认证机构、认证人员和认证市场的监督管理，健全反馈机制和申投诉渠道，规范认证机构和认证人员的从业行为，严肃查处从事非法虚假认证、侵害用户正当权益的行为。

（六）要加强行业统筹协调，促进各方共赢发展

中国认证认可协会是我国认证认可行业自律性组织，是认证认可业界与政府部门和社会各方的桥梁纽带，为促进认证认可行业自律、推动认证活动广泛发展发挥了积极作用。在平衡协调认证市场各方利益、建立和谐业界关系方面，协会的角色不可替代。要更好地发挥桥梁作用，增进获证组织与认证机构之间的相互了解和相互信任，及时将用户的需求、行业的需求反馈给业界，使认证活动更加切合实际；要更好地发挥行业引领作用，健全内部激励约束机制，引导认证机构和认证人员向规范化、专业化、高端化方向发展，建立以满足用户需求为核心的价值观、以市场为导向的发展观、以行业整体长远利益为重的大局观，持续提升专业能力和服务水准，努力实现认证市场和经济社会整体价值的最大化。

总之，这次交流研讨活动，对于大家增进了解，统一思想，凝聚共识，集思广益，共同推动认证认可事业的发展，具有十分重要的意义。认证提升价值，是业界的共同愿景，是我们每一个人的共同责任。

国家质检总局副局长、国家认监委主任孙大伟在国家认监委演讲比赛上的讲话

（2011年8月29日）

今天，我们欢聚一堂，以“求真务实促发展，创先争优谱新篇”为主题，举办了一场十分精彩的演讲比赛。国家质检总局树平局长率有关司局领导亲临赛场，为我们加油鼓劲。老领导凤清主任满怀激情地发表了热情洋溢的讲话，让我们倍受感动和鼓舞。十二位同志的精彩演讲，集中展现了认监委干部职工爱岗敬业、奋发向上的精神风采，抒发了他们对质检事业和认证认可事业的热爱，表达了求真务实、创先争优的坚定信念。让我们以热烈的掌声，表示衷心感谢！

今天是认监委成立十周年的纪念日。十年来，我国认证认可事业走过了不平凡的发展历程，取得了前所未有的发展成就，展现了光明美好的发展前景。回顾历史，许多经历值得总结，许多经验值得珍惜。为此，今年我们组织了“我与认证认可十年”征文活动、“认证认可事业发展十件大事”评选活动、出版了一本纪念邮册、一本纪念画册，建成了“中国认证认可发展展示室”。刚才，树平局长、凤清会长等一起为展示室揭幕，并亲切会见了认监委前任老领导。今天我们还在这里举办了这次演讲比赛，展出了职工子女的绘画作品。这些简约朴实又生动丰富的活动，既是一种很好的纪念，也是一种精神的传承，更是一种信念的宣示。

回首十年，我们倍感自豪：在党中央、国务院的亲切关怀下，在质检总局的正确领导下，我国认证认可工作沿着“三步走”的发展战略，取得了令人瞩目的成就。十年来，我们牢记使命，紧密围绕党和国家工作大局，奋力推进中国特色认证认可事业的伟大实践。我们认真履行国务院赋予的统一管理、监督和综合协调全国认证认可工作的职责，实现了对认证认可工作的统一管理，结束了各自为政、多头管理的历史；建立了强制性与自愿性相结合的认证制度、集中统一的认可制度、实验室和检查机构资质认定制度、进出口食品企业注册备案制度，形成了中国特色认证认可体系；按照“统一管理，共同实施”原则，建立了全国认证认可部际联席会议制度，加强与各级政府部门和社会各界的联系，广泛建立协作机制和采信机制，形成了强大的工作合力；建立了以《认证认可条例》为核心的法律法规体系，构建了“法律规范、行政监管、认可约束、行业自律、社会监督”五位一体的监管体系，组织全国质检部门相继开展了认证市场清理整顿、质量和安全年、质量提升活动、“双打”行动等一系列重大活动，规范了认证市场秩序，持续提升了认证有效性和公信力；充分发挥认证认可制度的作用，紧密围绕国家发展战略，建立实施了节能环保认证、食品农产品认证、信息安全认证、新能源认证、服务认证等制度，有力维护了食品安全和社会公共安全，促进了我国质量总体水平的提升，推动了经济社会可持续发展。认证认可已成为国家重要的质量基础设施、社会主义市场经济的基础性制度安排；我们深入贯彻科技兴检、人才强检战略，加快科技标准化、信息化步伐，在国家科技中长期规划、国家标准化战略中占有一席之地，取得了一批重要成果，自主创新能力不断增强；积极推进国际化战略，加快国际合作和国际互认步伐，积极参与国际合格评定标准、规则制定活动，实现了认证认可工作与国际全面接轨。我国已加入9个合格评定国际组织和12个多边互认体系，达成77份双边互认协议，累计颁发有效证书83万多张、获证组织30多万家，质量体系认证数量连续八年居世界第一，中国认证认可的国际影响不断提升。

探寻规律，我们弥足珍惜：十年来，我们始终坚持解放思想、实事求是、与时俱进的思想路线，用中国特色社会主义理论指导认证认可工作实践，不断深化了对认证认可工作规律的认识，探索积累了宝贵的经验：一是必须始终坚持服务国家工作大局的根本宗旨，从国家发展需求出发，把握认证认可的工作定位，协同各项质检工作融入经济社会发展大局；二是必须始终坚持改革创新的办法，大胆探索，勇于创新，通过改革创新激发内在活

力，破解发展中的问题；三是必须始终坚持国际化与中国化相结合的方针，从国情实际出发，按国际规则办事，走中国特色的认证认可发展之路；四是必须始终坚持“统一管理，共同实施”的原则，正确处理制度的统一性与开放性、政府主导作用与市场基础作用的关系，不断健全政府主导、部门联动、社会参与的工作机制，广泛调动各方面的力量，发挥社会主义集中力量办事情的政治优势；五是必须始终坚持以制度建设为根本，不断挖掘认证认可制度的核心价值，发挥中国认证认可制度的特有优势；六是必须始终坚持以质取胜、科学发展的理念，统筹处理好认证认可发展速度、结构与质量的关系，坚持边规范、边发展，不断提升认证认可有效性和公信力；七是必须始终坚持以人为本，加强干部队伍思想作风和能力建设，造就一支适应事业发展的认证认可人才队伍。这七条基本经验，是对十年来认证认可理论和实践探索的集中凝炼，必须在今后工作中始终坚持，不断加以深化。

饮水思源，我们深怀感激：党中央、国务院对认证认可工作高度重视，2001年作出了改革我国认证认可管理体制的英明决策，赋予了我们重要的职责。吴仪副总理、王岐山副总理等国务院领导多次听取汇报，作出重要指示，指明了前进方向。总局历任领导给予了关怀厚爱，长江局长、传卿书记、王勇局长、树平局长和总局班子成员以及各司局，对认证认可工作给予了正确领导和全力支持。我们永远铭记，以凤清主任为代表的认监委老领导、老同志为认证认可事业做出了卓越贡献。认监委成立后，凤清主任带领大家团结拚搏，迎难而上，准确把握形势，提出了认证认可发展“三步走”的战略构想，制定了一系列大政方针，圆满完成了机构设置、体系整合、制度建设、市场整顿等艰巨任务，实现了“四个统一”，为认证认可事业的长远发展奠定了坚实基础。凤清主任率先垂范，忘我奉献，是我国认证认可工作卓越的开拓者、领导者。在凤清主任和其他老领导的言传身教下，全委上下心往一处想，力往一处使，始终保持了不畏艰险、昂扬奋进的劲头，始终保持了团结和谐、拼搏奉献、求真务实、开拓创新的优良作风。这是全委宝贵的精神财富，是我们攻坚克难的前进动力。我提议，让我们再次以热烈的掌声，向树平局长、凤清主任等总局领导和认监委老领导老同志，表示由衷感谢和崇高敬意！

展望未来，我们充满信心：国家“十二五”宏伟蓝图为认证认可事业提供了更为广阔的舞台，将认证认可作为大力发展的现代服务业，在食品安全、信息安全、应对气候变化、节能减排等领域共9处直接提到认证认可。此外，全国已有29个省级地方规划共计126处明确提出运用认证认可手段；国家质量发展纲要、高技术服务业、自主创新能力建设等多部专门规划也明确提到发挥认证认可作用。认证认可在国家经济社会发展中的地位作用更加凸显，我们的使命更加光荣、责任更加重大。面对新的机遇、新的挑战和新的要求，我们必须认真学习领会胡锦涛总书记“七一”讲话精神，围绕“抓质量、保安全、促发展、强质检”的总要求，找准定位，创新发展，努力在建设法制质检、科技质检、和谐质检中走在前头、作出表率：要创新思路方法，以完善国家认证认可制度为核心，不失时机地深化改革，实施自主创新工程，着力破解发展难题；要狠抓能力建设，强化监管职能，加强宏观管理，以领导班子和干部队伍建设为抓手，全面推进法制建设、监管体系和技术支撑体系建设，不断提高管理水平；要大力建设认证认可现代服务业，认真落实“十二五”规划和国家质量发展纲要，不断拓展服务领域，加大认证认可在国家重点领域的推进力度，进一步夯实质量基础设施和公共技术服务平台的地位；要加强作风建设，弘扬优良传统。

目前，质检事业和认证认可工作站在继往开来的新起点上，必将迎来更加灿烂的明天。我们要发扬创先争优精神，增强大局意识、责任意识、忧患意识和创新意识，始终保持不畏艰难、昂扬向上、奋发进取的精神面貌，在总局党组的领导下，在树平局长的率领下，将老领导们开创的优良传统发扬光大，作出无愧时代的新业绩。

国家质检总局副局长、国家认监委主任孙大伟在全国市（地）领导干部“质量发展与质量安全”专题研究班开班式上的讲话

（2011年9月7日）

根据中央组织部的安排，第八期全国市（地）领导干部质量发展与质量安全专题研究班正式开班了。首先，我代表国家质检总局，对大家的到来表示热烈的欢迎和衷心的感谢！从2004年起，在中组部和各地党委政府的大力支持下，质检总局已经连续举办了7期全国市（地）领导干部质量工作专题研究班，共培训市地级领导干部215人。通过举办质量专题研究班，促进了各级领导干部对质检工作的深入了解，增进了地方政府与质检部门之间的沟通交流，加强了各级政府对质量工作的组织领导，形成了共同抓好质检工作的合力，收到了良好效果。

当前，全国上下都在认真学习胡锦涛总书记“七一”重要讲话精神，深入实施“十二五”规划。同志们工作都很繁忙，能抽出8天的时间参加专题学习，十分难得。特别是在各地党委换届期间，中组部专门批准这次质量专题研究班，充分说明了质量在经济社会发展中的重要地位，说明了中央和各地党委政府对质量工作的高度重视。希望大家通过学习研讨，能够进一步把握质量工作的规律，进一步加强对质量工作的领导，进一步完善质量工作思路，更好地服务科学发展。下面，我谈三个方面的情况与体会，与大家共同探讨。

一、关于国家质检总局的基本情况

国家质检总局是国务院主管质量工作的直属机构，成立于2001年4月，到2011年刚好整十年。按照业务划分，国家质检总局的职能由两大部分组成：一部分是质量技术监督，主要负责国内产品质量监督和管理；另一部分是出入境检验检疫，主要负责出入境商品检验、动植物检疫和卫生检疫把关。形象地说，国家质检总局是既把国门，又把厂门。国家质检总局还下设国家标准化管理委员会和国家认证认可监督管理委员会，是国务院授权的履行行政管理职能，统一管理全国标准化工作和认证认可工作的主管机构。

质检部门有四个明显特点：一是部门专业门类多。形象地说，我们由两大方面共“八路军”组成，过去的标准局、计量局、质量局、锅炉局、纤维检验局、进出口商品检验局、动植物检疫局、卫生检疫局，是从经贸部、劳动部、外经贸部、农业部和卫生部将部分职能划转过来的，也可以说是大部门制，涉及理工农医各种专业。二是技术性强。质检系统是一个凭技术执法、靠数据说话的部门。全系统共有技术机构4 000多个，其中建成和在建国家级重点实验室、质检中心651个。质检系统共有职工22万人，其中大学以上学历的各类技术人员11.8万人，占50%以上。三是管理任务重。质检系统实行上合下分的管理体制，两条线下去，一条是质量技术监督，31个省（区、市）都有质量技术监督局，除了西藏一部分地区外，其他省份的地市和区县级都有质量技术监督局。一条是检验检疫，在各个省级行政区域和一些大的口岸，总共设有35个直属局。出入境检验检疫局实行中央垂直管理，质量技术监督局实行省以下垂直管理。国家质检总局分成不同的管理系统来管理，所以管理的任务很重。四是与经济社会发展和老百姓的切身利益密切相关，这是我们最大的特点。质检工作涉及产品质量、食品安全、特种设备安全和国门安全，在提高我国产品质量水平、维护人民生命健康安全、服务对外贸易发展、促进经济发展方式转变等方面肩负着繁重而艰巨的任务。质量安全是经济社会发展的基础，也是人民群众最基本的生活需求。胡锦涛总书记指出“质量关系可持续发展，关系人民群众切身利益，关系国家形象。”温家宝总理也明确提出要“始终坚持质量第一的意识，全面提高产品质量”。近年来，有关质量安全的媒体报道逐年增多，质检总局经常成为报道重点，我们深感责任重大。

二、关于质量发展的若干思考

党的十七大提出加快转变经济发展方式、促进经

济又好又快发展，强调“立足以质取胜”、“确保产品质量和安全”。十七届五中全会和国家“十二五”规划纲要提出以科学发展以主题，以加快转变经济发展方式为主线，进一步突出了质量工作的基础性地位。与此同时，社会上质量安全问题日益突出，人民群众对质量安全的期望日渐提升，国际上质量竞争和技术贸易措施斗争日趋激烈，对质量工作提出了严峻考验。胡锦涛总书记在2008年三鹿奶粉事件后曾讲过：“如果经济增长质量和产品质量不高的问题不能得到有效解决的话，总有一天会发生系统性风险，甚至会引发信用危机和社会动荡”。在我国处于发展关键期、改革攻坚期、社会矛盾突显期的大环境下，质量安全受到各种复杂因素的制约和影响，决定了我国的质量工作有如逆水行舟，不进则退。质量工作必须有新的思路、新的突破，才能适应科学发展、转型发展的要求。从科学发展的视角、从转型发展的迫切要求来看，质量发展应当作为国家“十二五”的重大战略目标。就质检工作的角度说，我们对于质量发展有以下体会：

（一）必须确立关于质量发展的国家战略

基于质量安全的战略性地位，抓质量必须从战略层面抓起，确立清晰、明确的国家战略。这既是国外发达国家崛起给我们的启示，也是我们国家自己探索的体会。

从国际来看，世界几个主要发达国家都经历了从最初资本扩张、粗放型增长到集约管理、质量效益型发展的转变。许多国家在发展过程中都提出过质量立国、质量振兴的战略。最典型就是日本，东洋货曾经是假冒伪劣的代名词。日本在20世纪50年代设立了戴明奖，提出质量立国的口号，经过几十年卧薪尝胆，一跃成为质量强国。美国80年代颁布了《质量振兴法案》，设立了波多里奇质量奖，让美国的产品达到国际水平。美国的质量大会已经开了64届，把质量看得特别重。到了90年代，欧盟也设立了欧洲质量奖。据我们了解，现在88个国家和地区设立了国家质量奖。

从我们国家看，我们党和政府历来高度重视质量。1996年，我国颁布了《质量振兴纲要》，提出了以质取胜的战略，明确了2005年～2010年质量工作的战略目标和政策措施，为我国扭转质量生产力低下、从整体上提升质量水平发挥了显著作用。进入“十二五”后，我国面临的发展形势、选择的发展模式发生了重大变化。从我国的发展阶段来看，正在经历由制造业大国向制造业强国的跨越。由大转强，由快而好，可以说，印证了当前我国发展的阶段性特征。建设工业强国、经济强国，离不开质量强国。当前，质检总局会同发改委、工信部等14个部委，正在研究制定《质量发展纲要（2011～2020年）》，提出未来十年我国质量的发展目标。2011年“两会”期间，许多代表和委员都关注质检工作，提出了实施质量强国战略的建议，主张从国家战略的高度推动质量发展。现在正在编制中的《质量发展纲要》，最核心的一点就是提出“质量强国”战略。目前，我们正会同中国科学院、中国社会科学院、国家行政学院、上海质量科学研究院、复旦大学等科研单位、大专院校，组织有关院士、专家学者开展与“质量强国”战略目标相关的课题研究，详细论证质量强国目标任务、政策措施和实施途径、体制机制创新等问题。

（二）必须强化质检部门的管理职能

我国质检总局是世界上唯一以质量工作为主的正部级政府机构，这既反映出我们党和政府对质量工作的重视，也反映出在我国当前发展阶段强化政府部门履行质量安全管理职能的必要性。在党中央、国务院的正确领导和各地方各部门的有力支持下，质检部门认真履行质量管理和行政执法职责，切实加强计量、标准和认证认可等基础工作，建立了生产许可、国家质量监督检查、进出口商品检验等监督管理制度，形成了中国质检工作体系，相继开展了产品质量安全专项整治、“质量和安全年”、质量提升等一系列监管执法活动，促进了我国质量安全总体水平的不断提升。“十五”和“十一五”期间，国家产品质量抽查合格率分别提高5个百分点和8个百分点，食品、日用消费品、农资、建材、工业生产资料等5大类846种产品的合格率稳定在85%以上，食品出口合格率多年保持在99%以上。涌现出1 957个中国名牌产品、1万多个省级名牌产品。2010年，全国制造业质量竞争力指数达到82.57%，比2005年提高3.59%。

面对科学发展、转型发展的新要求，质检部门制定了“抓质量、保安全、促发展、强质检”的12字方针，将其作为当前质检工作的总要求。抓质量，就是要做到“四个抓好”：抓好质量发展战略论证研究，抓好质量标准、计量和认证体系建设，抓好质量责任和诚信体系建设，抓好质量评价和激励机制的健全；保安全，就是要做到“六个严格”：严格风险管理，严格准入，严格企业生产监管，严格监督抽查和检验检疫，严格执法打假，严格应急处置。“十一五”期间，质检系统查办了120多万件质量违法案件，货值数百亿。当前，我们按照国务院的部署，正在开展打击侵犯知识产权和制售假冒伪劣产品的“双打”专项行动，集中整治一批重点产品、重点行业、重点地区；促发展，就是要搞好“五个服务”：服务经济结构调整、服务节能减排、服务保障和改善民生、服务对外经贸、服务区域经济发展；强质检，就是要抓好“三个建设”：建设法制质检、建设科技质检、建设和谐质检，全面提升质检工作能力。

(三)必须加快建设国家质量基础设施

质量基础设施是一个国家质量进步和经济发展的技术支撑，是社会公共的技术服务平台。联合国工业发展组织(UNIDO)和国际标准化组织(ISO)将计量、标准和合格评定定为国家质量基础设施的三大支柱。计量、标准是规范生产活动和社会生活的基本技术规范。目前，我国已建立起国家计量体系和标准体系，国家标准总数达26 940项；合格评定是依据标准和技术规范，证明产品、过程、体系、机构和人员符合特定要求的技术活动。国际上应用最广泛的合格评定手段是认证认可，是由独立的技术机构证明产品、服务和机构人员符合要求的第三方合格评定制度。目前，我国已建立了全国统一的认证认可体系，包括强制性产品认证(CCC)制度、自愿性认证制度、国家认可制度、实验室和检查机构资质认定制度等等。目前，全国已累计颁发177多万份认证证书，获证组织61万多家。全国共有资质认定实验室2.8万多家，建成国家质检中心457家、国家检测重点实验室209家，在国民经济发展中扮演着越来越重要的角色。

我国质量基础设施的现状还远远不能适应经济社会发展的需要。主要是社会对其地位作用的认识还不到位，国家计量体系、标准体系和认证认可体系还不完备，在国计民生和战略新兴产业等重点领域的应用还不深入，技术支撑作用与创新能力还不强，一些地方、行业和企业的标准、计量和检测技术能力严重不足。如有的行业国际标准的采标率只有50%左右。许多企业缺乏基本的检测技术条件，导致产品质量安全难以控制。不少地区包括一些产业发达的主产地缺乏与之相匹配的检测技术机构，尤其是缺乏国家级检测机构。我们曾经作过调查，代表国家最高水准的国家产品质检中心，其区域布局与相关产业的布局存在明显的脱节现象。比如浙江、广东等省许多地方形成了“一县一品、一村一品”的产业高度集中的格局，但却缺少具备资质的检测机构，相关产品需要跨越几个省送检，给企业带来很大不便，严重制约了地方经济的竞争力。另外，在新能源新材料、信息技术、生物医药这些新兴产业，国家级检测机构明显不足，有的领域甚至是空白。这些情况表明，质量基础设施滞后于地方经济发展的需要，是急需拉长的“短板”。

值得高兴的是，国家和许多地方对质量基础设施日益重视，作出了明确规划。以认证认可为例，国家“十二五”规划纲要将认证认可和检验检测作为现代服务业的重点门类，在食品药品安全、节能减排、应对气候变化、信息安全等9处明确提到认证认可。全国共有29个省级地方规划、共计126处明确提出开展认证认可工作。此外，高技术服务业、自主创新能力建设等多部国家专项规划也明确提出发挥认证认可作用。北京、上海、天津等省市的“十二五”规划，都明确提出了标准化战略、认证认可和检测机构建设目标等，确立了质量基础设施的应有地位。

(四)必须充分发挥政府主导作用

过去，一些同志对在质量工作中担任什么角色、承担什么责任的认识不是那么明确，总认为质量工作是质检部门的事情。而现在，从国务院各部委到各级地方政府，都更加清楚地认识到质量安全是复杂的系统工程，需要各部门各方面的相互支持、共同配合、齐抓共管。要把这些利益主体协调好、监管部门组织好、各方面力量动员好，形成音调、步调一致的“大合唱”，政府必须充当“指挥棒”，发挥主导作用。

我国质量安全责任制规定，各级政府对质量安全负总责，企业承担主体责任，相关监管部门履行监管责任。发挥政府主导作用，各部门齐抓共管，社会共同参与，是保障质量安全、推动质量发展的有力保障。在党中央、国务院的正确领导下，各级党委、政府不断深化对质量安全问题的认识，不断加强对质量工作的领导，建立了政府主导、部门联动、社会共建的质量工作机制，推动了质量发展目标的落实。目前，全国已有22个省级政府开展了“质量兴省”活动，2 333个市(区、县)开展了“质量兴市”活动。许多省市结合西部大开发、中部崛起、东北老工业基地振兴等区域发展战略的实施，制定了质量发展战略。如四川提出推进质量兴省、建设品牌强省；河南省委、省政府作出实施质量兴省战略的决定，全省18个地级市的书记市长在《河南日报》撰文，亮出质量兴省的高招；多部地方“十二五”规划明确设置了涉及质量安全的政策目标和约束性指标，河北、内蒙古、江苏等13个省份将质量工作纳入政府工作目标和绩效考核，有的省还建立了质量发展评价指标体系。各地还纷纷出台质量发展的促进政策，建立了激励机制。23个省级政府建立了政府质量奖励制度，如上海市、郑州市设立市长质量奖、湖北省设立长江质量奖，这些质量激励机制有效地提升了各地质量水平和竞争力。实践证明，只有发挥政府主导作用，才能真正将质量工作融入地方发展大局，统筹协调各方，推动质量发展与经济社会发展相互协调、相互促进。

(五)必须重视营造质量发展的社会环境

近年来，质量安全日益深入人心，形成了维护质量安全的强大群众基础。但同时也是一把双刃剑，在网络媒体、自媒体蓬勃兴起的新环境下，很容易遭遇恶性炒作放大负面影响，甚至人人自危。因此，我们主管部门、各级政府领导，对质量安全的社会因素都不能不高度重视。一方面，我们要通过正面宣传，作出正确引导。从今年起，质检总局每月召开一次新闻发布会，各地质量技术监督局和检验检疫局至少每季度召开一次，及时发布产品质量安全信息和消费警示信息，树立各级政府部门保障质量安全、维护消费者权益的正面形象。另一方面，我们要通过活动载体，给予有力推动。近年来，质检总局会同有关部委、各地政府相继开展了质量万里行、"质量和安全年"、质量执法检查等活动，促进了全社会质量意识的提升。当前，质检总局正在会同教育部、工信部、国资委、工商总局等10个部委，共同主办以"建设质量强国，共创美好生活"为主题的全国"质量月"活动。9月份将举行全国质量工作先进表彰、质量强国战略研讨会、质量工作座谈会等一系列重大活动，在中央媒体组织质量公益宣传。我们这期"质量发展与质量安全"专题研究班也是今年"质量月"的重要活动之一。

三、关于专题研究班的几点期望

本期"质量发展与质量安全"专题研究班，时逢国家"十二五"开局之年，意义不同一般。对于这期研究班，中组部给予了有力指导，质检总局党组十分重视。我们选派的师资，既有总局有关司局领导，也有省政府领导，以及造诣很深的专家学者。我们设计的课程，涵盖了质量发展和质量安全相关领域，吸收了许多研究创新成果，采取理论讲座、小组讨论、座谈交流和参观调研相结合的方式，目的是在有限的时间内，尽可能让大家对质量发展和质量安全有更多的了解。在座的都是各地市的领导同志，有的还直接分管质量工作。希望大家集中精力参加学习研讨，力争学有所成、学有所用。

第一，通过研讨交流，树立质量发展的理念。前面我跟大家粗浅地谈到质量发展的一些思路，探讨了质量发展与科学发展、转型发展的关系。应该说，我们对质量发展的内涵及其实现途径的认识还很有限，还需要我们深研细琢，不断探索深化。希望大家结合实际，提出关于质量发展的真知灼见，树立符合科学发展观的质量发展理念，在此基础上增强质量发展的责任意识，坚定质量发展的信心。

第二，通过研讨交流，进一步了解国家质量工作大政方针。质检总局按照中央的部署要求，出台了一系列质量安全政策、法规、标准和措施。这些国家宏观举措，既有全国统一性，又需要各地结合实际，创造性地贯彻落实。通过这次专题研究，大家能够从宏观层面对于国家质量发展战略和政策，有进一步深入的了解，从而提高把握国家质量政策的水平，增强质量安全领域的领导管理能力。

第三，通过研讨交流，加强地方政府和质检部门的沟通配合。近年来，质检总局已与30个省级政府签署了合作备忘录，出台了一系列支持区域地方发展的政策措施。希望大家利用这次机会，加强与质检部门的沟通交流，多到质检技术机构走访调研，共同探讨深化交流合作的途径，为质检事业发展提出好的意见和建议，帮助我们开拓思路，改进工作。

第四，通过研讨交流，积极探索质量发展的思路措施。为了帮助大家学习研究更有针对性，我结合质检总局各司局的建议，给大家提出几道思考题，以期对大家有所启发：

一是围绕十七届五中全会提出的主题主线，如何认识质量在调整经济结构、转变发展方式中的重要作用，把质量工作放在本地区经济社会发展大局中统筹安排。

二是结合质量强国战略的论证研究，如何进一步深化质量兴省兴市活动，推动质量强省强市。

三是按照中央加强和创新社会管理的总体要求，如何进一步认识并做好社会管理中的质量安全工作。

四是如何综合运用各种管理手段，构建质量安全监管的长效机制，营造齐抓共管格局，形成质量工作的最大合力。

五是如何充分发挥质检部门在质量管理、检验检疫、标准化、认证认可、计量等方面的职能作用，提升当地产品质量的总体水平。

六是面对部分企业诚信缺失而导致的质量安全问题，如何建立质量诚信体系，综合运用法律、行政、市场等多种手段，提升企业质量诚信水准，落实企业的主体责任。

七是如何建立奖惩机制，加强监管和行政执法，加大对违法违规企业的惩戒力度。

"质量发展与质量安全"是一个长久的发展课题，需要我们长期不懈的努力。我相信，在各级党委政府的领导下，在质检部门和社会各界的共同努力下，我们一定能够把质量工作提升到新的高度，开创科学发展的新局面。

国家质检总局副局长、国家认监委主任孙大伟在“食品检测实验室开放日”上的讲话

（2011年9月9日）

今天，国家质检总局在这里举办“食品检测实验室开放日”活动，让社会公众走近食品检测第一线，通过加深了解、增进互信，引导各方共同关注、共同维护质量安全。这次活动得到了北京市政府和有关部门的大力支持，得到了业内机构和社会各界的积极响应。今天，9家食品检测和质检技术机构敞开大门，热诚欢迎各位朋友参观指导。在此，我代表国家质检总局和国家认监委向各位代表、各位来宾以及新闻界的朋友表示热烈欢迎！

金秋九月是全国“质量月”。今年，国家质检总局等10个部委共同开展了以“建设质量强国，共创美好生活”为主题的全国“质量月”活动。旨在引导全社会增强质量意识，努力营造政府重视质量、企业追求质量、社会崇尚质量、人人关注质量的良好氛围，全面建设质量强国。今天的“食品检测实验室开放日”是全国“质量月”系列活动的重要内容。开展这样的活动，有助于加强食品检验机构与广大消费者、社会各界的沟通交流，促使食品检验机构不断提升水平、改进服务以满足社会公众的需求，是质检部门为民服务、提升社会质量安全水平的一项重要举措。同时，向社会展示我国的食品检测技术把关能力，宣传《食品安全法》和国家食品安全管理制度，普及食品安全知识，增进消费者对食品安全的信心。

民以食为天，食以安为先。食品安全直接关系到人民群众身体健康和生命安全，是质量工作的重中之重。长期以来，党和国家高度重视食品安全。胡锦涛总书记在视察天津国家加工食品质量监督检验中心时强调，“要严格把好食品安全关，让广大人民群众都能够吃上放心的食品。”食品检验是保障食品安全质量的关键环节，食品检验机构承担着为食品安全把关、让人民群众放心的重要使命。《食品安全法》专门针对食品检验设立了单独的章节，确立了食品检验机构资质认定制度。明确规定：食品检验机构按照国家有关认证认可的规定取得资质认定后，方可从事食品检验活动。质检部门作为国家质量工作主管部门，认真贯彻《食品安全法》以及“抓质量，保安全，促发展，强质检”的要求，建立了严格有效的食品安全监管制度，形成了从“田间到餐桌”的全过程监管链条。全面启动了食品检验机构资质认定工作，开展了检测工作整顿活动，全面规范了食品检验检测行为，提高了食品安全技术保障能力。同时，严格实施食品生产准入，完善食品农产品标准和认证认可体系，加强食品安全质量监督抽查，深入开展打击食品非法添加、食品安全整顿、“双打”等专项行动，严厉打击制售假冒伪劣食品、非法添加滥用食品添加剂、黑作坊等违法行为，促使我国食品总体质量水平不断提升，切实履行了食品安全守卫者的职责。目前，全国共有食品检测技术机构近6 000家，其中国家质检中心54家。“十一五”期间，全国质检部门共查处食品违法案件27万余起，查获假冒伪劣产品货值23.4亿元。

食品安全，人人有责。维护食品安全，离不开各级政府的重视和领导，离不开各部门的齐抓共管，离不开生产企业和检测机构的严格自律，也离不开消费者的积极参与、全社会的共同关注。食品生产企业是食品安全质量的第一责任人，要勇于担当社会责任和质量安全主体责任，恪守诚信为本、以质取胜的理念，向消费者负责；食品检测实验室等技术机构，要牢记把关职责和从业操守，严格遵守各项管理制度，不断提高检测技术能力和管理水平，切实加强技术把关，筑牢食品安全的屏障。质检部门将切实履行抓质量、保安全、促发展的职责，严格加强食品安全质量监管。我们将和相关监管部门加强配合，各司其职，形成食品监管的合力，共同保障食品安全，提升社会质量安全总体水平。

食品安全是政府工程，也是民心工程。各级党委政府认真履行维护质量安全的领导责任，建立健全食品安全责任制和工作机制，加强食品安全技术保障能力建设。北京市大力建设食品安全首善之区，制定了《食品安全行动计划》，提出“十二五”建成现代化的食品安全保

障体系的目标，健全食品安全管理制度和标准认证体系，加快食品检验机构建设，建立综合协调机制，将食品安全监管责任落实到区县街道基层。这些创新性工作走在全国前列，充分体现了市委市政府的高度负责和远见卓识，为质量强国建设提供了先进经验。

当前，全国上下正在深入开展“为民服务，创先争优”活动。我们要以全国“质量月”为契机，把维护食品安全当作为民服务、改善民生的大事实事来抓，按照“三加强，一搞好”的要求，深入开展全国“质量月”活动，大力宣传推广抓质量保安全的先进经验，营造人人关注食品安全、人人促进质量发展的氛围，动员全社会共同行动，建设质量强国，共创美好生活！

国家质检总局副局长、国家认监委主任孙大伟在信息安全产品认证管理委员会执委会上的讲话

（2011年10月9日）

今天，我们在这里召开“第二届信息安全产品认证管理委员会执委会第一次会议”，这次会议对于总结过去实施经验、研究分析当前信息安全形势、推进未来信息安全认证工作具有重要意义。

一、管委会，特别是由各部委组成的执委会在推进我国信息安全认证制度建立和实施过程中发挥了突出作用

国家信息安全产品认证管理委员会及执委会的成立是八部委贯彻落实57号文的一个积极成果。自成立以来，遵循认证认可的一般原则，又兼顾信息安全特点，管委会、执委会积极发挥职能作用，先后组织制订了《国家信息安全产品认证管理委员会章程》，审议并确定了首批八类13种信息安全产品认证目录、依据标准及认证实施规则，指导协调成立了承担信息安全产品认证的认证机构——中国信息安全认证中心，确定了承担认证检测工作的7家检测机构，为推进我国信息安全产品检测认证奠定了技术及组织基础。

执委会的作用更体现在关键时刻。2008年初《关于部分信息安全产品实施强制性认证的公告》（2008年第7号）发布后，美、日、欧等方通过多种渠道对此表示质疑和反对。面对外来阻挠，各执委及所在部门加强协调，与美、日、欧等方政府和产业界开展了积极沟通交流。之后利用这一平台协调各部委立场，最后经国务院领导批准，调整了信息安全产品认证的适用范围。2009年4月27日，国家质检总局、财政部、国家认监委共同发布公告，决定在《政府采购法》规定的范围内对部分信息安全产品实施强制认证，这标志着经过曲折反复后信息安全产品认证制度正式确立，同时也表明我国又成功构筑了一道保障信息安全的重要屏障。

在执委会指导、协调下，信息安全产品认证得到了有效实施，达到了“统一标准、技术规范与合格评定程序，统一认证目录，统一认证标志，统一收费标准”的制度要求，在“提高产品质量，提高检测认证水平，推进自主标准化体系建设”方面发挥了积极作用，树立了国家认证制度的公益性和权威性。同时，还实现了认证制度与国家密码管理制度的衔接，强化了国家密码管理制度的实施。国家信息安全产品认证制度的顺利实施，对于我国信息安全保障体系建设和认证认可工作发展具有重大意义。

从2005年成立至今，在六年多的时间里，管委会/执委会在建立和推进信息安全产品认证制度实施方面发挥了突出作用。实践说明，管委会/执委会这个平台行之有效，今后应予以坚持并继续发扬光大。

二、坚持“统一管理，共同实施”的原则，加快信息安全认证认可体系建设

随着我国信息化程度的不断提高，网络与信息系统的基础性、全局性作用日益增强，网络与信息系统已成为关系国计民生的重要基础设施，信息安全已成为关系国家安全的重大战略问题。信息安全认证工作得到了党中央、国务院高度重视，中央领导多次对信息安全认证工作做出重要批示，明确要求“加强信息安全测评认证”、

"加强认证安全管理"。《国民经济和社会发展第十二个五年规划纲要》明确提出，要"完善信息安全标准体系和认证认可体系"。这些批示和目标，对信息安全认证工作提出了更高要求。

当前，国际国内信息化的发展和信息安全形势正在发生深刻变化，信息安全对国家利益和国家安全的影响进一步增大，建设完善信息安全保障体系的任务更加紧迫。信息安全产品认证工作是国家信息安全保障的基础性工作，我们要从维护国家信息安全的高度认识这项工作。要充分发挥认证认可制度的优势，按行政许可法和转变政府职能的要求去研究新形势下认证认可服务于国家信息安全保障工作大局的新途径和新方法，使认证认可制度为提高国家信息安全保障能力发挥作用、做出贡献。

信息安全产品认证认可体系建设是一项艰巨的任务，承担这项任务的信息安全产品认证管委会/执委会责任重大，不可或缺。要在科学发展观的指导下，主动破解发展难题，积极适应新形势的要求；要在探索体系建设的具体方式和方法上狠下功夫，从我国信息安全保障工作的实际需求出发，勇于创新，并突出重点；要在加强对认证结果的采信上下功夫，推动各信息安全主管部门和行业监管、主管部门在信息安全政策和行业管理政策中积极采信；要在推动信息安全产品认证相关技术标准和规范的科学性、提升检测结果的一致性上狠下功夫，增强体系建设的针对性，最大化地发挥信息安全产品认证认可体系的作用；要在增强信息安全认证认可相关政策与其他信息安全政策的协调性和一致性上狠下功夫，共同营造维护我国信息安全的坚强屏障。

信息安全产品认证认可工作今天取得的成绩离不开各部门、各执委的大力支持和密切配合，我们非常高兴看到执委所代表的部门也在扩大，增补了财政部，力量更强大了，也进一步坚定了发挥信息安全产品认证作用的信心。在今后的工作中，还需继续坚持"统一管理，共同实施"的原则，各部门密切配合，通力合作，共建统一的信息安全产品认证认可体系。

国家质检总局副局长、国家认监委主任孙大伟在CNAS第二次执委会上的讲话

（2011年11月16日）

今天，CNAS第二届执行委员会第二次会议在这里召开，总结一年来工作，研究2012年的工作思路和重要事项。非常高兴参加今天的会议，和大家一起交流思想、交换意见，共同研讨认可工作面临的新形势、新要求和新课题。

今天的会议务实高效。秘书处和六个专门委员会分别作了很好的工作报告，2012年全委会和各专委会的议题也已基本落实。会上，凤清主任作了重要讲话，充分肯定了今年秘书处和各委员会的成绩，对2012年认可工作提出了具体要求。总体听下来，我感到在"十二五"开局之年，CNAS各项工作紧扣了全国质检工作会议和全国认证认可工作会议的部署，紧扣了质检工作与认证认可领域的几个"十二五"专项规划，特别是紧扣了"抓质量、保安全、促发展、强质检"的工作方针，紧扣了"找准定位、创新发展"的工作主线，思路清晰，措施有力，工作扎实，亮点突出。

在抓质量方面，通过举办"世界认可日"等一系列主题活动，提高了社会对认证认可工作的关注度、认知度，对于进一步动员全社会的力量抓质量起到了促进作用。同时，通过建立质量分析报告制度、完善内部监控机制等措施，进一步发挥认可在质量工作中的技术支撑作用，强化了合格评定的质量基础设施地位，对于充分运用各种质检手段抓质量、进一步提升抓质量工作的成效，发挥了积极作用。

在保安全方面，认真落实国务院和国家质检总局、国家认监委部署的"双打"、认证机构监督检查等一系列专项任务，着力加强认可工作风险管理，推进风险分级管理工作；深化技术要求和准入要求，严格对认可活动的监督与约束；完善专项监督、确认审核和申投诉处理等制度，妥善应对社会关注事态，保证了认可活动的安全

性、可靠性、有效性，为全面维护食品安全、国门安全、社会公共安全提供了切实保障。

在促发展方面，CNAS顺利通过了四年一次的国际同行现场评审，巩固了在国际及区域认可组织中的互认地位；积极跟进美国环保署和能源部对能源之星实验室的要求，促进了相关领域的对外贸易；开展碳排放和碳减排等新领域认可制度的研究，完善认可技术体系，为服务节能减排和经济转型发展作出了新贡献。

在强质检方面，以创先争优活动为契机，以"基础建设年"活动为抓手，坚持一手抓业务，一手抓队伍，狠抓工作落实，在战略规划、科技工作、信息化建设、评审员队伍建设、绩效管理、文化建设等各方面均取得了可喜的成绩。

认可委要以这次会议为契机，围绕总局党组提出的"贯彻12字方针、破解12个问题"，全面落实国家质检总局年度工作会议和半年工作总结会议的精神，认真总结一年来工作成绩和经验，深入研判新形势，将下一步工作谋划好、部署好、落实好，开创认可工作新局面。

一、深化认识，创新思路

2011年以来，质检工作和认证认可工作大事多、急事多、难事多，面临一系列新形势新机遇、新精神新要求，新情况新问题，需要我们认真分析钻研，不断深化认识，以此启发思路，拓展视野，求创新、促发展。这里我着重强调要深化三方面的认识：一是对党中央、国务院新精神的认识。2011年，党中央、国务院领导对质检工作和认证认可工作作出了一系列重要指示。在全国质量工作座谈会上，王岐山副总理强调，质量是永恒的主题，要强化质量和诚信意识，建立全员、全方位、全过程质量管理体系，夯实质量基础，守住安全底线。2011年，中央领导就有机产品认证、强制性产品认证等问题，多次听取汇报或作出专题批示，可以说次数为历年之最，对我们这块工作的重视程度不言而喻。如何落实好中央要求，更好地履行职责，改进重点敏感环节工作，强化认可在合格评定体系中的作用，需要我们拿出更加切实有效的举措。二是对认证认可发展形势的认识。随着"十二五"规划的实施，认证认可面临新的发展机遇。国家"十二五"规划纲要有9处明确提到认证认可工作，全国共有29个省级规划明确写入认证认可工作。同时，消防法、应对气候变化法等法律法规加快制修订，认证认可的法律和政策环境进一步完善。此外，国际环境更加有利。前不久，我国成功当选IEC常任理事国，这是我国在标准化和合格评定领域取得的又一次重大突破，标志着我国在相关领域的话语权进一步提升。如何充分把握这些有利机遇，需要我们以更加开阔的视野、更加积极主动的姿态，更深地融入国家发展大局。三是对重大课题的认识。在质检系统半年工作总结会上，支树平局长代表国家质检总局党组提出了"抓质量、保安全、促发展、强质检"的12个课题，这些课题也是认证认可事业发展面临的重大课题，切中了当前工作中的问题要害。破解这些问题，需要我们树立创新思维，大胆探索，提出更加有效的办法措施，提高认可工作水平。

二、找准定位，提升作用

合格评定是国家市场经济体系和质量基础设施的重要支撑，认可在整个合格评定体系中又居于最高端。随着国家工业化、市场化、国际化的发展，随着质量强国战略的推进，质量工作的基础性地位日益显现，合格评定的重要性也日益显现。认可工作要找准在国家发展和质检工作大背景中的定位，实现创新发展的目标，关键是要发挥认证认可和合格评定的制度特性，体现认可的独立性、技术性、权威性、国际性的特点，为"抓质量、保安全、促发展、强质检"发挥更加积极有效的作用。一是要提升认可对于质量安全的保障作用。通过加强质量分析、风险分析等工作，进一步完善认可技术体系，严格对认可工作风险和最终质量的监控，强化认可在合格评定链条中的权威作用，形成认可约束认证、检测等合格评定活动，促进合格评定活动的持续改进，合格评定促进质量安全管理的持续改进的闭环模式，真正使认可成为维护质量安全的"龙头抓手"。二是要提升认可对于科学发展、转型发展的支撑作用。加快完善认可制度体系，填补认可制度在新能源、新产业等新领域的空白，满足战略性新兴产业、先进制造业、现代服务业对认可的需求，服务经济结构调整转型。密切跟踪国际认可发展趋势，推动认可国际互认体系向新领域发展，最大程度地消减国外贸易技术壁垒。三是要提升认可对于政府监管的服务作用。2011年世界认可日的主题是"认可——政府监管的支撑"，服务政府监管，是国际认可界的共识目标，也是认可工作创新发展的关键着力点。目前，这方面的作用受到多种因素制约，还很不充分。认可如何支撑政府监管，促进政府职能转变，还需要从基础研究上、政策措施上、工作机制上等方面，进行大量的探索和深化。服务质量安全监管、服务社会管理创新、服务社会诚信体系建设，这些国家重大部署，都应当作为认可工作提升作用的着力点。

三、夯实基础，健全机制

提升认可工作的地位和作用，关键在于加强自身建设，提升能力。要按照建设"科技质检，法制质检，和谐质检"的总体要求，重点抓好四方面的工作：一是要进一步加强科技、信息化、国际合作等基础工作，发挥好科技引领认可事业发展的作用。要瞄准国际前沿，选准突破口和切入点，争取在重点关键领域取得新突破，通过科技进步来提升我国认可在国际上的话语权。二是要进一步加强制度建设，发挥好制度管理的根本作用。坚持技术评价制度和管理制度建设并重，以风险管控为核心，突出抓好认可新领域和管理评审、能力验证、绩效考核、行风廉政等关键环节的制度建设，形成更加完善的认可制度体系。三是要进一步加强队伍建设，发挥好人才的主体作用。适应认可事业发展的要求，突出抓好评审员队伍的发展质量，着力打造一支专业强、业务精、作风硬的认可人才队伍。四是要进一步加强组织建设，发挥好执委、专家的作用。执委会和各专委会充分体现了认可工作专业性、应用性强的技术特点和"统一管理，共同实施"的工作原则，是建设大质量机制、推进认可事业发展的重要平台。CNAS成立以来，重视执委会和各专委会建设，是一条十分宝贵的经验。我们要在现有基础上，进一步健全机构、完善机制、改进服务，为执委、专家开展工作提供良好条件。同时，希望各位执委、专家发挥好参谋和桥梁纽带作用，将认可工作与自身专业背景、行业需求和用户期望结合起来，不断提升认可工作的有效性和影响力。

以上我从质检工作和认证认可工作整体的角度，谈了一些意见，与大家共同探讨。我相信，在党中央、国务院的高度重视和国家质检总局、国家认监委的正确领导下，在凤清主任的带领和CNAS全体同仁的共同努力下，我国认可事业一定会抓住机遇，乘势而上，不断开创新局面，取得新成绩，为国家发展作出新贡献。

发挥认证认可作用　促进国家开放发展

——国家质检总局副局长、国家认监委主任孙大伟在中国技术性贸易措施研讨会上的主旨发言

（2011年12月6日）

2011年，是中国加入世界贸易组织十周年，也是国家质检总局和国家认监委成立十周年。十年来，我们严格遵循世贸规则，切实发挥技术性贸易措施的作用，为我国与世界互利共赢提供了有力保障。合格评定是市场经济运行的基础性制度安排，与技术法规、标准共同组成WTO/TBT协定的三大技术性贸易措施。认证认可是合格评定活动的核心内容，是技术性贸易措施的重要组成部分。

2001年，党中央、国务院从加入世界贸易组织的新形势出发，作出了成立国家认监委，统一管理、监督和综合协调全国认证认可工作的重要决定。十年来，在质检总局的领导和有关部门的大力支持下，我们切实履行入世承诺，按照WTO规则，建立并完善了国际化和中国化相结合的认证认可体系，在WTO框架内有效实施了合格评定技术性措施。

第一，全面履行了入世承诺，建立了符合WTO规则和国际惯例的认证认可体系。认证认可作为合格评定的核心内容，既是中国入世谈判时的焦点，也是中国入世议定书的重要内容。入世后，我们严格遵循入世议定书等法律文件，切实兑现了TBT协定符合性、合格评定程序透明度、过渡性审议机制、检测认证服务市场开放等相关承诺。2002年5月，中国强制性产品认证（CCC）制度正式实施，在原进口产品质量安全许可和国内产品安全认证制度的基础上，实现了产品目录，标准、技术规范和合格评定程序，认证标志，收费标准的"四个统一"。十年来，我国相继建立了强制性与自愿性相结合的认证制度、集中统一的国家认可制度、实验室资质认定制度，形成了国际化的中国特色认证认可体系。同时，按照我国服务市场开放的时间表，适时放开了检测认证市场。目前，涉及合格评定的入世承诺已全部兑现，实现了我国认证认可制度

与国际全面接轨。

第二，严格遵循WTO规则，按照国际规则办事。认证认可作为我国从国际上最早引入的评价制度之一，始终严格遵循国际规则。WTO确立的各项原则，得到了切实贯彻。一是严格遵循非歧视原则，对各类合格评定机构一视同仁，鼓励包括外资机构在内的社会各方依法参与合格评定活动。目前，我国已批准外资认证机构37家、外资检测机构47家，形成了公平竞争、充满活力的市场格局。我国认证认可制度具有很强的开放性。以CCC认证为例，在产品检测、工厂检查、规则研制等方面，广泛吸收外资和境外机构参与，迄今已有19个境外机构承担了工厂检查的委托业务，占全部境外任务的76%；44名外方代表参与了技术专家组工作，占专家组人数近10%。二是严格遵循透明度原则，做好合格评定措施的WTO通报、咨询和评议工作。在CCC认证、信息安全认证等重要制度出台前，都严格履行向WTO通报义务，并在日、韩等多国召开专题说明会，充分听取国内外各方的意见。入世以来，累计完成WTO通报43次，接受国外咨询、开展评议100多次。在合格评定领域，中方与各成员保持着畅通、高效的沟通渠道。三是严格遵循贸易便利和权利义务对等原则，保证合格评定措施的公平合理，促进贸易便利发展。我国制定的认证认可管理要求，以保障安全、健康、卫生和环境等为目的，控制在不妨碍贸易正常开展的最低限度。在扩大话语权、享有权利的同时，同等承担与我国发展水平相适应的义务。我国与有关国家签订的一系列双边协定，都体现了权利与义务的对等。我国合格评定领域实施WTO协定的情况，得到了WTO各方及有关国际组织的积极评价。

第三，深入实施国际化战略，积极推进认证认可国际互认。我们积极践行WTO/TBT协定所倡导的推动合格评定国际互认的精神，充分发挥认证认可促进贸易便利化的作用，大力推动多双边国际互认。ISO组织制定的所有21项合格评定国际标准，我国已全部等同采用，为认证认可结果、证书的国际互认奠定了基础。在多边领域，我国已加入所有主要的国际标准化与合格评定组织，以及12个认可、认证、检测领域的多边互认体系。成为ISO、IEC常任理事国，并在IEC三大产品认证体系和国际认可组织中担任重要职务，这对于提升我国在国际合格评定领域的话语权，参与和主导国际标准、规则的制定，具有重大意义。在双边领域，与25个国家签署了82份双边互认协议，覆盖了我国主要的贸易伙伴和贸易领域。中国与新西兰签订电子电器产品互认协定，成为我国取得的首个自贸区框架下的政府间双边互认成果。我国的认证认可国际互认体系日趋完善，在国际合格评定领域的地位影响不断提升。

入世十年来，我国认证认可制度不断完善，既符合WTO规则，具有市场化、国际化的制度特性；同时符合国情实际，具有政府主导作用与市场机制作用兼备、监管体系完整等中国特色，成为中国技术性贸易措施体系的重要组成部分，充分发挥了技术性贸易措施的双刃剑作用。

一方面，构筑了中国技术性贸易措施，有效维护了国家经济安全，服务经济社会科学发展。

以保护人身健康安全、社会公共安全和环境生态为目的，建立了强制性产品认证、信息安全认证、实验室资质认定、认可等制度，在合格评定领域构筑了体系完整、评价科学、监管有效的技术性贸易措施体系。目前，列入CCC认证目录的产品包括22大类163种，颁发有效CCC证书约29万张，获证企业4万多家。颁发管理体系和自愿性产品认证证书约59万张。2010年，CCC认证产品抽查合格率90.8%，获证食品农产品合格率97%以上，明显高于未获证产品。认证认可在提升产品质量水平、维护人身和公共安全的同时，还紧密围绕国家节能减排、两型社会、新能源等产业导向，发挥技术支撑和引导作用，淘汰落后产能，提升企业管理水平和产品附加值，促进了产业结构调整和战略性新兴产业发展。目前，我国已颁发节能环保产品认证证书2.4万多张，并在新能源、低碳认证领域取得突破，发挥了显著的经济社会效益。经对43种节能、节水和可再生能源产品进行资源节约指标量化评价，2011年共计节电894.62亿度、节水161.81亿吨。在18个行业开展能源管理体系认证试点，24家获证企业共降低能耗58.2万吨标准煤，减少二氧化碳排放154万吨。

另一方面，充分利用认证认可的国际化特点，有效打破国外技术壁垒，服务对外贸易便利发展。

“一证在手，全球承认，世界通行”是国际合格评定组织倡导的愿景目标。近年来，合格评定日益成为各国设置技术贸易壁垒的重点领域。入世后，我们在国家有关部委的大力支持下，充分利用WTO有关条款和机制，积极推动国际互认，加强对外磋商，努力提高互信水平，取得了积极成效。前面已经提到，我国推动建立的合格评定领域多双边互认体系，覆盖了我国主要贸易对象和贸易领域。在此框架下，我国获证企业及产品在国际上获得了广泛承认，避免了重复检测、重复认证，降低了出口成本和风险。以国际电工委员会电工产品安全认证体系（IECEE/CB体系）为例，该体系每年颁发CB证书约7万多张，其中有近3万张在中国大陆，惠及中国出口企业2万多家。2008年，我国与全球良好农业规范组织签署了GAP互认协议，这是我国首个获得国际承认的食品农产品认证制度，对于促进食品农产品出口具有重要意义。中国和新西兰达成电子电器产品互认协议后，我国电子电器产品可以凭CCC证书直接进入新方市场，不必在进口环节重新测试。我国认可的认证证书和检测报告是澳大利亚、新西兰、新加坡、印度、南非、土耳其等多个国家进口通关的有效凭证。

入世十年来，我国取得了举世瞩目的发展成就，进入了深化改革开放、加快转型发展的新阶段。国家“十二五”规划纲要将认证认可作为重点发展的生产性服务业，在扩大对外开放、保障食品安全和信息安全、促进节能减排、应对气候变化等多处，明确提出进一步发挥认证认可的作用。同时，后金融危机时代，贸易保护主义不断升温，技术性措施成为国际贸易保护主义的主要手段之一。发达国家利用其经济、科技等方面优势，频繁出台严苛的检测认证壁垒。WTO确立的贸易自由化原则受到严峻挑战，有关成果需要各方维护和深化。促进贸易便利化，将成为新一轮WTO回合谈判的重点。技术性贸易措施的重要性不断得到强化。“十二五”期间，认证认可和合格评定领域的技术性措施的主要思路是：

一是围绕国家技术性措施体系格局，进一步完善认证认可制度。加强认证认可法律法规建设，实施认证认可创新工程，提高自主创新能力；加快认证认可在国家优先发展的节能减排、战略性新兴产业等领域的推广应用步伐；加强认证认可与标准化、计量的衔接配合，完善国家技术性措施体系。

二是加快推动国际互认进程，强化国外技术壁垒应对工作。推动多边互认体系向全方位、宽领域、深层次发展，着力加强同主要贸易伙伴、新兴经济体、自贸区框架下的双边互认；充分发挥我国在国际合格评定组织的领导层作用，加强合格评定国际标准、规则制定的提案工作，争取将一批自主研制标准上升为国际标准。密切跟踪国际上碳排放、碳核查等新领域技术性措施动态，及早做好应对工作。

三是加强部际沟通协调，提高实施技术性措施工作水平。做好认证认可部际联席会议的归口工作，提高组织协调和服务水平，加强与各部委的沟通协调，统一对外口径和立场。同时，积极参与技术性措施部际协作，使认证认可和合格评定更好地融入技术性措施的整体工作。

加入世界贸易组织，是我国发展史上的重要里程碑，也是质检事业改革发展的重要节点。入世十年来，我们积极适应新形势新要求，提高了学习、掌握和运用国际规则的能力，质检工作在经济社会发展中的重要作用日益显现。我们将以入世十周年为新起点，紧密围绕国家发展战略，深入贯彻“抓质量、保安全、促发展、强质检”方针，找准定位，创新发展，为质量强国和科学发展做出更大贡献。

国家认监委副主任车文毅
在CNAS第二届专门委员会第一次会议上的讲话

（2011年1月20日）

今天，中国合格评定国家认可委员会（CNAS）召开第二届专门委员会第一次会议，贯彻落实十七届五中全会、中央经济工作会议和全国质检工作会议精神，总结2010年专门委员会工作，研究部署2011年工作。

本次会议是CNAS全体委员会换届后，召开的第一次专门委员会会议，也是CNAS在“十二五”开局之年召开的第一次委员会会议。会议将围绕《认可工作发展“十二五”规划》展开讨论，这对今年CNAS委员会工作的开展，乃至未来五年委员会工作的方向，都具有重要意义。

“十一五”时期是认可工作大踏步前进的五年。通过第一届全体委员会和各专门委员会、专业委员会的有效工作，认可工作得到了前所未有的发展。集中统一的认可体系不断完善，运行规范有效；认可业务稳步推进，认可领域不断拓展；工作思路不断创新，认可约束机制逐步加强；CNAS国际地位提高，国际影响力显著增强；认可作用进一步发挥，认可有效性日益提高；认可事业基础建设也取得了长足进展。

在刚刚过去的2010年，认可工作认真落实国家质检总局、国家认监委的各项部署，在全体委员会、各专门委员会和秘书处的共同努力下，各项工作稳步推进，取得了新的成绩。

一是质量提升活动取得实效。成功举办了质检系统“质量提升重大活动”——“世界认可日”活动，有效宣传了认证认可工作成效，扩大了认证认可的社会影响；重点开展了实验室专项整顿，提升了实验室的检测能力；以“质量提升、科学发展”为主题，召开了2010年全国认证机构认可年会。

二是服务大局作用进一步提升。通过上海世博会医学实验室认可专项的成功实施，为世博会提供可靠的医学检测服务，有效保障了国家重大活动；围绕转变经济发展方式，着力推动认可制度创新，建立了森林认证机构认可制度，受理“能源之星”实验室认可申请，围绕节能减排目标研发温室气体审定核查机构认可等制度。研究制定《认可工作发展“十二五”规划》，为服务国家新发展进行谋划部署。

三是国际合作扎实推进。圆满承办国际认可论坛（IAF）和国际实验室认可合作组织（ILAC）联合年会，收到了很好的社会效果。在胡锦涛主席的亲自见证下，与乌兹别克斯坦签署了中乌认可合作协议，CNAS对外签订的双边合作协议增加至11个。国际组织任职工作取得新成绩，CNAS代表被任命为太平洋认可合作组织（PAC）技术委员会副主席。能力验证国际合作事务也取得了新进展。

四是委员会自身建设迈上新台阶。CNAS全委会和各专门委员会完成换届，各项工作顺利过渡，为认可工作持续发展奠定了基础。CNAS专门委员会在全体委员会和执行委员会的领导下，积极发挥技术优势，认真履行职责，在技术文件修订、新认可技术的研发、新认可领域的探索等方面做了大量工作。

这些成绩的取得，是国家质检总局正确领导，各部门、各单位大力支持，各位委员和广大认可工作者辛勤工作、无私奉献的结果。在此，我向大家表示衷心感谢！

2011年是“十二五”的开局之年，是中国共产党建党九十周年，也是质检总局和认监委成立十周年，具有特别重大的历史意义。前不久召开的全国质检工作会议深入研讨了《质量发展纲要》和《质检事业发展“十二五”规划》，提出了质量强国战略的响亮口号，全面部署了2011年质检工作，提出了“抓质量、保安全、促发展、强质检”的总体要求，对认证认可工作提出了新的要求。明确提出，认证认可必须创新发展，在严格认证认可准入制度、健全质量评价机制、加快推进节能减排认证认可工作、加强认证认可监管、加快标准和技术法规建设等方面，提出了具体要求。这些精神，也是做好认可工作的指导依据。目前，认监委正在认真研究贯彻全国质检工作会议精神，全面部署“十二五”和2011年工作。认可工作是质检工作的重要组成部分，是认证认可链条的重要一环。我们应当把握认证认可地位作用不断提升的有利机遇，以全国质检工作会议精神为指导，认清形势，明确方向，努力做好新一年工作，推动认可工作创新发展。下面，我结合本次会议的主题，简要讲四点意见。

一、紧密围绕国家“十二五”战略部署，认真谋划认可工作未来发展

这次会议将要讨论认可工作“十二五”规划。这个规划关系到认可工作和认证认可事业的长远发展。认可委员会对规划工作高度重视，之前广泛征求了意见，对规划稿进行了多次修改。目前，十七届五中全会和全国质检工作会议都已召开，国家大政方针和质检工作目标任务都已明确，为我们进一步制定好规划提供了有利条件。要紧紧围绕国家“十二五”发展的主题主线，找准认可工作服务国家大局的切入点、着力点和结合点，更好地服务国家经济发展。要围绕互利共赢的开放战略，为提升国家对外开放水平做出新贡献。深入研究国家外交外贸新格局、国际认证认可制度及技术发展的新趋势，积极参与国际认可活动，拓展国际合作互认空间，提升我国认可制度的国际影响力，为打破国外技术壁垒、促进外贸发展方面发挥更加有效的作用；要围绕科学发展、转型发展，为促进节能减排、服务两型社会建设做出新贡献。加大节能环保、新能源、新材料、新一代信息技术等国计民生和战略性新兴产业领域的认可工作创新力度，积极开展碳排放评价领域等认可制度研究；要围绕新农村建设，为加快发展现代农业做出新贡献。大力推进食品安全管理体系认证、有机产品认证、良好农业规范认证的认可工作；要围绕创新型国家建设，为增强自主创新能力做出新贡献。深入落实科技兴检、人才强检战略，实施自主创新工程，充分发挥科技引领作用，努力缩短认可领域我国与国际领先水平的差距。

二、围绕中国特色认证认可体系的总体布局，加快完善国家认可制度

随着市场经济的深入发展，中国特色认证认可体系也在不断完善、不断创新之中。要适应国家发展的新要求，以制度创新为着力点，进一步健全认可制度体系，进一步增强认可的基础评价、技术支撑和约束规范作用。在继续巩固现有认可制度的基础上，积极开拓认可新领域，建立新制度，满足新需求，努力形成认可与经济社会协调发展的局面。着力加强医学实验室、生物安全实验室和商品检验机构、特种设备检查机构认可，环境、医学和司法鉴定等领域能力验证提供者认可，司法鉴定/法庭科学认可体系，认可评审员管理制度改革等工作。

三、围绕推动认证认可应用，着力健全认可工作机制

一项好的制度，离不开好的机制。认可工作要适应认证认可工作广度、深度不断推进的要求，加快完善工作机制，提高认可工作的有效性。要完善认可约束机制，继续推进认证机构认可的红黄线、确认审核和风险分级管理等工作；严格从业机构的准入退出机制，提高从业机构素质；改进认可评审管理和评价机制，加强评审政策研究；建立健全认可风险控制机制，有效管控认可领域的风险，提高防范风险能力；健全认可结果社会采信机制，努力提高认可结果在各部门、各行业的采信程度，提升认可工作的公信力；健全宣传沟通机制，加大正面宣传力度，组织好“世界认可日”活动，利用CNAS工作平台，增进沟通交流，加强与政府部门和社会各界的联系，争取广泛支持。

四、围绕创先争优活动目标，努力推动自身建设上水平

以创先争优活动为契机，不断加强认可机构、队伍的自身建设，增强认可工作的战斗力、创造力、生命力，适应新形势新任务的需要。

一是要加强队伍建设，提升人员能力素质。适应认可工作专业化趋势，以能力建设为核心，建全多层次、多渠道的教育培训体系，改进专业评审员评定和考核工作，严格准入门槛和晋级条件，引入竞争退出机制，加强职业道德教育，提高评审员、技术专家、管理人员整体素质，努力打造一支技术能力过硬、执业素质优良的认可人员队伍。

二是要加强委员会建设，进一步树立技术权威。各专门委员会和专业委员会是CNAS的重要组织机构，是认可工作发展的基础平台。要充分发挥各专门委员会和专业委员会的技术权威和桥梁纽带作用，加强与社会各行业专家的技术协作，集聚技术力量；加强技术审核和论证工作，提升决策支持能力，促进认可管理科学化；完善科技管理机制，提升科研能力，积极开拓认可新领域，充分发挥科技创新对认可发展的引领和支撑作用，牢固树立认可的权威性。

认可工作面临新机遇，肩负着新使命。希望各位委员集思广益，建言建策。希望认可工作在新的一年里，锐意进取，开拓创新，以优异的成绩迎接中国共产党成立90周年！

认证认可 传递信任

国家认监委副主任 车文毅

（2011年3月24日）

今天，中美两国质量管理领域和企业界人士齐聚一堂，共同关注和探讨质量问题，有助于增进两国在质量领域的合作与互信，促进质量管理水平的共同提高。在此，我代表中国国家认监委，对首届中美质量峰会的成功举办表示祝贺！

质量是关系千家万户、全球共同关注的问题。随着社会生产力的发展，质量的内涵不断深化，人们对质量的认识和追求也在不断提高。面对新的挑战，各国政府、企业和社会各方都越来越重视质量，积极探索加强质量管理的途径。

认证认可是国际通行的对质量状况和管理能力的科学评价手段，是企业提高产品、服务质量和管理水平的有效工具，是政府促进经济健康发展的有效手段，是贸易促进便利、实现共赢的有效途径。认证认可越来越受到社会各方面的重视，得到日益广泛深入的应用。认证认可传递信任，认证认可促进发展。

一、认证认可是促进企业提升质量管理水平、增强市场竞争力的有效工具

认证认可是依据公认的标准和技术规范、运用科学理论和方法、通过严格规范的程序来实施的评价手段，能够客观地评价企业组织体系的运行状况，并提出相应对策措施，促进管理的持续改进。通过认证认可的手段，能够促使企业建立并有效运行质量管理体系，激励和约束企业自身行为，促进质量意识和管理水平的不断提升。首先，认证认可是促进企业实施标准化的重要手段，促使企业依据标准、技术规范进行生产和管理，输出可靠的产品和服务；其次，认证认可是建立在风险分析基础上的系统化管理手段，帮助企业建立质量管理体系，从而有效预防、发现和控制质量风险；再次，认证认可是通过过程控制、从源头保证质量的管理模式，不仅仅对最终产品质量进行合格评定，还包括对生产原料、加工流程和生产条件等方面的综合评定，是从源头上保障质量持续可靠的有效办法；最后，认证认可是企业信誉的标志和保证。通过认证认可，有助于企业珍惜和维护质量信誉，规范自身行为，从而树立良好品牌形象，提高知名度和竞争力。企业通过认证认可，向社会传递了信任。

我国引入认证认可制度以来，认证认可促进质量提升的作用有目共睹，越来越多的企业认识到认证认可的价值，推动了认证认可的广泛应用。目前，我国已累计颁发有效的管理体系认证证书近37万张，产品认证证书42万多张。通过认证认可手段，帮助我国大批企业、公共服务机构提高了管理水平，显著提升了产品和服务质量。从历次国家产品质量监督抽查的情况来看，我国获证产品的抽查合格率都显著高于同类未获证产品的合格率。

二、认证认可是政府转变管理方式、实现宏观质量发展目标的科学手段

在市场经济条件下，市场机制日益强化，行政色彩趋于淡化，政府面临角色调整、职能转变的课题。政府实现行政管理的目标，必须遵循市场规律、通过市场机制来实现。运用市场化的手段，比传统的行政手段更加高效，也更能做到公开、公平、公正。这就要求政府部门转变观念和管理方式，按照市场经济规律办事，从以行政手段为主逐步向以市场手段为主、行政手段为辅转变，减少行政约束，运用市场机制这只“无形的手”来实现有效调节。

认证认可制度是随着市场经济发展而产生的第三方评价制度，与市场机制高度融合，广泛适用于市场经济环境中的各类主体，是市场经济条件下的基础性制度安

排。政府部门运用认证认可手段，能够有效提高行政管理效能，同时降低行政风险。采用认证认可方式替代传统行政管理方式，是行政管理体制改革的方向。认证认可所具有市场化、国际化的制度优势，日益受到政府部门和行业管理组织的重视，应用越来越广泛。在质量管理领域，产品认证、体系认证、实验室资质评价这些手段，为保障质量安全发挥了不可替代的作用；在其他领域，认证认可已经成为促进节能环保、产业调整、公共服务这些政策目标实现的重要途径，是市场经济条件下政府管理的有力抓手。

中国正处在经济社会转型的攻坚阶段，实现科学发展、转型发展，要求更加注重发展质量和效益，大力提高社会总体质量水平。经济发展方式的转变，要求政府管理方式也要转变。为了解决经济增长模式粗放、质量总体水平不高的问题，我国政府把质量振兴作为国家发展战略，积极推行认证认可制度，取得了成功的经验。2001年，我国建立了统一的认证认可管理体制，成立国家认监委，统一管理、监督和综合协调全国认证认可工作。2011年刚好是国家认监委成立十周年。十年来，国家认监委根据国际规则和中国国情，建立了强制性认证与自愿性认证相结合的认证制度、国家统一认可制度，以及相配套的法律法规制度，形成了“统一管理，共同实施”的工作机制，建立了国务院20多个相关部委组成的部际协作制度，探索形成了一条政府发挥主导作用、企业履行主体责任、各部门和全社会共同参与的认证认可工作模式。这种模式实现了政府宏观管理目标与企业微观管理目标相统一，从而推动了中国认证认可事业的迅速发展。越来越多的政府部门和管理机构采用认证认可手段转变管理方式，建立采信机制，提高管理效率，促进了宏观政策目标的实现。认证认可在推动国家质量进步、实现经济社会可持续发展等方面，将发挥越来越深远的影响。

三、认证认可是建立社会诚信体系、促进贸易便利和共赢发展的重要途径

市场经济和现代社会的基本前提是诚实信用。认证认可传递信任，在生产者、消费者和管理者之间架起了互信的桥渠，是贸易往来的信用工具，也是社会诚信体系的重要支撑。我国大力提倡建设诚信社会、和谐社会，必须充分发挥认证认可传递信任、促进诚信的作用。在经济全球化的时代，认证认可作为国际化的制度，为世界各国普遍接受，对于促进国际贸易便利化不可或缺。通过建立国际通行的标准规则和多边互认体系，实现“一次认证，一张证书，全球承认”，能够有效避免重复检测认证，达到减少贸易壁垒、降低贸易成本、促进贸易发展的目标。以中美两国为例，中国CCIC与美国UL在产品认证、工厂检测等领域开展了广泛合作，有力推动了中美贸易的快速发展，造福了两国企业和人民。中国是运用认证认可手段促进对外贸易发展的受益者，也是推动认证认可制度促进国际贸易便利化的积极倡导者。中国改革开放后，率先在出口企业重点推行ISO 9000管理体系等认证，帮助中国企业引入国际先进管理模式，推动了中国经济与国际接轨。目前，中国已成为世界上认证证书和获证组织数量最多的认证大国，中国加入了19个合格评定国际组织和12个多边互认体系，达成了77份双边互认协定，在国际认证认可界有着广泛的影响。近年来，随着经济全球化的深入，国际贸易体系面临深层次的挑战，认证认可相关领域也成为贸易摩擦和国际磋商的焦点，只有推动多边互认体系建设向更广泛、更便捷、更公正方向发展，才能适应全球经济贸易可持续发展的需要。

围绕质量这个永恒的主题，国际社会正在形成共建共享、合作共赢的格局。质量管理，离不开科学的手段支撑，离不开正确的战略指引，离不开互信的渠道沟通。我们将与各国政府部门和相关组织一道，致力于共同促进认证认可制度的应用与发展，推动国际多边互认体系的建设，为各国企业和贸易各方提供值得信赖的质量服务，更好地发挥认证认可传递信任、提升质量，促进贸易、投资和消费的积极作用。

国家认监委副主任车文毅在2011年认证机构工作会议上的讲话

（2011年8月11日）

今天，国家认监委在昆山召开全国认证机构工作会议，距2008年在山东济南召开全国认证机构工作会议已经有三年了。三年来，我国认证认可事业取得了很大的发展，认证认可工作面临新的环境、形势和要求，认证机构本身也有了较大的变化。2011年是“十二五”的开局之年，也是认监委成立十周年。前不久，国家质检总局颁发了《认证机构管理办法》，这是全面规范认证机构行为、加强认证认可监督管理的一部重要规章。在这个时间召开全国认证机构工作会议，确实非常重要、非常及时。这次会议的主要任务是，贯彻落实全国认证认可工作会议精神和新颁布的《认证机构管理办法》，总结近年来认证机构监督管理工作，研究今后工作思路和措施，更好地推动认证认可事业创新发展。会上，认可部、法律部的同志还将对《认证机构管理办法》进行解读，并对认证机构管理工作进行具体布置。借此机会，我代表国家认监委，向各位代表表示诚挚问候，并与大家沟通情况，交流思想，着重就如何贯彻落实《认证机构管理办法》，谈几点意见。

一、近期认证认可工作的有关情况

第一个方面，简要介绍认证认可工作的总体情况：

近年来，国家认监委围绕国家战略部署，组织领导全国认证认可行业全面落实认证认可“十一五”规划，谋划制定“十二五”发展战略，在完善认证认可体系、强化监督管理、规范认证市场、服务经济社会发展等各个方面，取得了新的成绩。主要体现在几个方面：

一是不断拓宽认证认可服务领域。围绕质量安全、节能减排、产业调整升级、新能源新产业等国家重点领域，建立和推行认证认可制度，发挥认证认可的技术支撑作用。在消费品安全方面，进一步完善了强制性产品认证（CCC）制度，将消防、安防等产品纳入CCC认证目录产品，CCC认证产品目录扩展到22大类159种产品，同时调整完善了CCC认证模式，大幅度地缩短了认证周期，减轻了企业负担。在食品安全方面，依据《食品安全法》，会同卫生部等部门建立了食品检验机构资质认定制度。目前食品检验机构资质认定工作已经全面展开，颁发了首张国家级食品检验机构资质认定证书。乳制品认证试点继黑龙江之后，在陕西、河北等地相继启动。有机产品认证示范区创建在新疆、江苏、陕西等省铺开。节能减排方面，认监委与发改委、财政部、工信部、交通部、环保部等部委共同推动建立节能环保认证制度，在节能减排目标考核、国家重大节能工程、政府采购等领域，明确了实施认证的相关政策。在钢铁、有色、化工、机械等十大能耗产业开展能源管理体系认证试点，取得了明显成效。第一批确定了31家认证机构，目前已有88家企业建立了能源管理体系，其中24家企业通过了认证。累计节能量58.2万吨，降低二氧化碳排放154万吨。能效标识管理、电子信息产品污染控制、交通节能产品自愿性认证等工作顺利推进；在信息安全、新能源、低碳绿色等领域，也取得了积极进展。目前，已颁发信息安全认证证书164张，风电、太阳能光伏认证证书967张。“我国低碳认证制度建立研究”和“碳排放和碳减排认证认可关键技术研究与示范”项目取得实质成果，形成了《我国低碳产品认证管理办法》草案。随着国家“十二五”规划的实施，认证认可在服务国家转型发展、满足国家重大战略需求方面，积累了一批技术储备，前瞻性、整体性大大增强。

二是连续开展了一系列规范整治的重大活动。2009年，按照国务院的统一部署，质检总局和认监委组织开展了“质量和安全年”活动，其中认证认可领域部署开展了30项重点工作。在此基础上，2010年又相继开展了“质量提升”活动，确定了31项重点任务。今年，国务院在全国组织开展了“双打”专项行动。打击假冒认证标志列入了国务院“双打”方案。按照国务院和质检总局的部署，认监委组织开展了以CCC认证、有机产品认证为重点的

“双打”专项行动。共立案查处违法案件12起，撤销认证证书11 400多张。这几项大的活动，都带有全局性、整体性和连贯性，是认监委成立以来规范管理工作的延续和深化。此外，继续抓好日常性监督管理工作，每年都有针对性地组织开展了年度认证监督检查活动，如CCC认证监督抽查、管理体系认证有效性检查、食品农产品认证检查、实验室资质认定行政监管和能力验证等，覆盖了各个认证领域。通过严格监管，有效地强化了认证机构人员的自律意识，促进了认证市场的健康发展。

三是建立健全认证执法监管体系。从2009年开始，认监委在全国着手推进认证执法监管体系建设，在39个省级质检部门建立实施了区域化、层级化的认证执法监管新模式。目前，认证执法监管体系建设的覆盖面已达到78%，所有直属检验检疫局均设立了认证监管处，28个省质监局、133个市级质监局设立了认证监管部门，有的还设立到县区局，形成了三级认证执法监管网络。通过认证执法监管体系建设，有效解决了一些地方认证监管力量薄弱，以及认证机构反映较为普遍的信息沟通不及时、各地监管执法尺度不一致等问题，提升了地方基层的认证监管与服务水平。

四是严格加强从业机构和人员管理。首先是严把认证机构审批关，健全准入退出机制。建立了行政审批专家库，增加专家组评审环节，提高了审批质量。2010年认监委共发出不予许可决定书18份（涉及新设立机构、业务扩项、延续批准书有效期等审批内容），4家认证机构因不能持续符合法定条件被注销；注销了5家认证机构的6个业务范围，注销了6家机构的35个分支机构；其次是严格认证从业人员的能力要求。突出对特定行业、特定专业领域的认证人员自身能力素质的要求，针对建筑施工领域质量管理工作的专业性需求，认监委与住建部联合发布了《建筑施工领域质量管理体系认证中应用<工程建设施工企业质量管理规范>的公告》，组织了建筑施工领域质量管理体系审核员考试，共有1 978人考试合格，82家认证机构拥有考试合格人员，其中17家机构重新获得国家认可；同时，积极引导认证机构诚信建设。制定了认证从业机构、从业人员诚信评价准则，引导认证实施主体提高诚信意识，落实主体责任。在不放松对机构主体监管的基础上，将重心转移到人员主体上，加强对认证人员的注册管理和培训考试，加大对从业人员无序转换机构的查处力度。2010年共计受理申投诉24件，共处理审核员17人，其中撤销注册资格15人共27项资格，暂停注册资格4人共8项资格。

第二个方面，通报近两年认证市场监督检查情况：

2010年，认监委采取地方局自主检查与认监委专项检查相结合的工作方式，共对16 300余家获证企业实施了监督检查，主要涉及到三大管理体系认证领域，对92件违反《认证认可条例》案件的涉案认证机构实施了行政处罚，涉及认证机构41家。加强了对认证机构审批后运作情况和内部管理情况的监督检查，共对58家获证企业及42家认证机构进行了检查，发现问题136个。对涉及审核技术和审核质量等问题的6家认证机构，移交中国合格评定国家认可中心处理；对1家违反《认证认可条例》规定的认证机构给予停业整顿的行政处罚；对14家问题较严重的认证机构发出了《行政告诫书》，同时约见个别认证机构负责人面谈予以告诫。同时，加强对咨询机构的监督检查，注销5家违规咨询机构。

2011年，认监委调整认证监管工作方式，改变了过去运动式的专项监督检查做法，实行新的网格化组织方式，由认监委与地方局联合开展行动，直接组织基层局一线人员，在地方开展拉网式监督检查活动。3月，在河北省涿州市召开管理体系认证专项监督检查试点现场会，随即开展了历时5天的检查，共检查获证组织118家，涉及认证机构38家。5月，在重庆市对10个区县的100家获证组织进行了检查，涉及认证机构51家。7月份，刚刚结束在青岛的检查，涉及30余家机构的80个出口企业。9～10月还将继续组织实施检查活动。通过检查，摸清了获证组织体系运行的总体情况，同时对地方一线认证监管人员起到了传帮带作用。

通过这些检查活动，发现认证市场存在的问题主要表现在以下几个方面：

认证机构存在的问题：

（1）少数认证机构存在现场审核人日（天）数不足的现象，管理体系覆盖人数与企业实际人数不符。

（2）结合企业特点进行审核不足，审核过程中对重要条款审核不够，存在遗漏和缺失现象。

（3）审核计划、审核报告等资料不齐全，审核深度不够，把关不严。

（4）对获证企业的监督审核力度不够。检查中发现个别获证企业体系运行不正常，甚至根本没有运行，认证机构未及时发现并采取相关处理措施（撤证或暂停证书）。

（5）个别认证机构还存在超范围认证的情况。

（6）个别认证机构存在涉嫌弄虚作假、虚假认证或买证卖证现象。

认证审核员存在的问题：

（1）少数审核员经验不足、专业技术水平低，对标准中条款的把握及对受审企业的特点了解不充分，难以做出客观公正的审核评价。

（2）个别审核员责任心不强，甚至存在审核过程中审核员不到现场的现象。

获证企业存在的问题：

（1）部分获证企业尤其是小企业只关注有没有“认证”，或是在审核时是否满足要求，通过认证后就放松了对认证有效性的关注，存在“为认证而认证”的倾向。

（2）部分企业生产管理中的实际做法与文件规定或标准不符。文件及记录控制不完善，不能确保文件的充分性和适宜性，不能确保文件的状态得到有效识别。

（3）个别企业内审和管理评审流于形式，应付检查。

以上几方面的问题，我想归根结底还是认证机构的问题，因为认证证书最终是由认证机构颁发的。认证证书是一种保证、一种承诺，认证机构要对自己做出的决定负责。认监委将对检查发现的问题整理归类，涉及违法违规的行为坚决查处。对于达不到行政处罚幅度的问题，也将采取相应的处理措施，并向社会公布问题机构和企业的名单。

监管方面存在的问题：

在认证执法监管活动中，各级认证监管部门也还存在一定程度的缺位和越位的现象。一方面，由于认识不到位、监管力量不足、业务能力存在差距，一些该管的事没管好，造成缺位；另一方面，存在超出《认证认可条例》范围执法、利益驱动执法，或是以罚代管的越位现象。同时，还存在对同一种违法违规行为适用条款不一致、尺度不一致、处罚不一致的问题。执法队伍的知识结构、能力素质还不能满足工作需要，尤其是新进入认证监管队伍的人员，缺乏对法制和专业的系统了解。

对于这些问题，认监委将采取多种措施，提升相关人员的工作能力和执法水平。积极探索建立科学高效的执法监管机制，健全统一管理、分级负责、分类监管的执法监管模式，造就一支能力强、作风硬、纪律严的执法监管队伍。

第三个方面，介绍“十二五”时期认证认可工作的相关部署要求：

2011年是“十二五”的开局之年。国家“十二五”规划纲要将认证认可作为现代服务业的重要组成部分，共有9处明确提到认证认可工作。此外，现代服务业、应对气候变化、食品安全监管等多部专项规划也包含认证认可的相关内容。据我们调研，全国共有29个省级行政单位“十二五”规划共计126处明确提到了认证认可工作。从中可以看出，认证认可工作在国家和地方的发展大局中，地位作用在不断上升。越来越多的部门行业和地方政府主动采用认证认可手段，制定明确的政策措施。为了适应国家“十二五”发展新要求，今年的全国认证认可工作会议确定了找准定位、创新发展的主题，明确了紧扣“抓质量、保安全、促发展、强质检”的质检工作方针，以制度创新和科技创新为核心，全面推进法制建设、工作机制建设、基础体系建设、行业建设和组织队伍建设，在完善认证认可制度、健全工作机制、实施国际化战略、提升技术支撑能力、培育认证认可现代服务业、强化监管职能等六个方面的具体措施。

2011年5月，国家认监委正式发布了认证认可“十二五”规划。规划确立了“进一步完善国家认证认可制度、进一步拓宽认证认可服务领域、进一步规范培育检测认证市场、进一步提升中国认证认可国际影响力、进一步加强认证认可基础建设”的“五个进一步”的发展目标，提出了实施自主创新工程、加强从业机构建设、培育检测认证市场等30项任务，这些目标任务都与各认证机构息息相关，离不开大家的积极参与。

总之，各认证机构要认清形势，认清责任，及时了解掌握国家政策和行业发展动态，增强主人翁意识，积极投身认证认可行业建设，将自身的发展与国家的发展、行业的发展紧密联系起来，提升能力素质，为认证认可事业创新发展做出应有贡献。

二、认真贯彻落实《认证机构管理办法》，全面提升认证监管水平

这次会议的重点任务就是宣贯《认证机构管理办法》。质检总局和认监委成立后，十分重视认证认可法制建设，依据《认证认可条例》，相继制定发布了认证咨询机构、培训机构、强制性产品认证机构的管理办法及规范性文件。应该说，认证机构的管理，在《认证认可条例》中都有明确规定，而且认监委和各级认证监管部门在长期监管实践中，也探索积累了丰富的经验，形成了比较成熟完善的监管模式方法。但随着认证市场的发展，近年来陆续出现了一些新的情况、新的问题，单纯依据《条例》存在条文规定过于笼统、法律依据不完备、行政随意性大等问题，不适应认证认可事业发展的需要，也不适应行政机关依法行政的要求。自2005年开始，认监委就着手起草制定《认证机构管理办法》。经过数年时间的起草、征求意见、修改以及向WTO通报，质检总局以141号局令正式发布了《认证机构管理办法》，将于9月1日起正式实施。

这个办法是对《认证认可条例》有关条款的阐释和细化，是对多年来认证机构监管工作经验的总结和固化，是指导认证机构审批、行政监管工作的重要依据。会上认可部的生飞主任和法律部的李华宁处长将给大家详细解读这部办法。希望大家充分认识这部规章的重要意义，学懂学透、用准用好。为了贯彻落实好《认证机构管理办法》，结合认证认可工作新的形势和任务，我提出四点希望：

（一）认真学习贯彻《认证机构管理办法》，依法规范从业行为

各认证机构要认真组织学习贯彻，各位代表在会上要认真研学，回去后要组织全员传达学习，使全体人员都能结合岗位需要，准确掌握《办法》的要求。第一，各认证机构要对照《认证机构管理办法》进行一次彻底的自查，检查本机构是否存在不符合《办法》的情形，在《办法》实施前抓紧整改，修订完善内部规章制度，改进硬件软件设施，确保符合规定。认监委将组织专门监督检查，督促机构严格执行《办法》，并公布检查结果。第二，2011年年底将组织认证机构法人考试。请各位负责人抓紧时间学习消化《办法》的条款要求，不仅争取考出好的成绩，还要把条款要求转换成内部管理要求。考试成绩认监委将择期公布。第三，各级认证监管部门要认真组织学习贯彻，严格依法行政。认监委将在地方认证行政监管人员中组织培训和考试。

（二）严格落实主体责任，确保认证质量

有效性是认证认可的生命线。质量管理的行业内有一句话，质量是生产出来的，而不是管出来的。同样的道理，有效性是由认证机构提供的认证服务而产生的，蕴含在认证机构签发的每一张证书之中。认证机构作为认证活动的实施主体，也是认证责任的法律主体。各认证机构要明确“谁发证谁负责”的原则，提高主体责任意识，强化内部约束和风险防范机制，提高认证有效性。当前，我国正处于经济社会转型的特殊时期，质量安全事件和诚信缺失现象不断出现，社会舆论对此高度关注，行政问责力度越来越大，对认证认可行业也带来了日益巨大的风险和压力。认证认可是为相关企业和产品提供信用“背书”的行为，风险连带性很强。近年来，针对认证认可行业的社会关注明显呈上升态势，从前几年的毒玩具、农夫山泉事件，再到今年的锦湖轮胎、双汇食品瘦肉精事件、有机产品认证问题等等，舆论关注的矛头日益指向认证认可行业，已经开始有针对认证机构的法律诉讼的苗头。随着公众法律意识和维权能力的增强，完全有可能出现追究认证机构责任、为事故当事人“埋单”的情况。《认证机构管理办法》第十九条明确提出了“建立风险防范机制”的要求，各认证机构一定要强化责任意识，明确界定认证机构所承担的法律责任和社会责任，针对所从事的认证业务，进行细致全面的风险分析，建立健全风险防范机制，明确各个环节的责任，提高认证责任承担能力。在这里，我要特别强调两类人员主体的责任：一是管理层责任。认证机构的管理者，特别是董事长、总经理、管理者代表等高管，对认证机构的管理和发展负最主要责任，《认证机构管理办法》专门规定了高管人员的能力要求及法律责任。各认证机构的管理层要树立诚信经营、可持续发展的理念，恪守公正公开、客观独立、诚实信用的原则，避免利益驱动带来的短视行为，加强对下属人员和机构的管理，自觉维护本机构和全行业的声誉。二是认证审核人员责任。认证审核是保证认证质量和有效性的关键环节，取决于审核员的个人品行及能力素质。要加强对认证审核人员的管理与教育，着力提高其履责意识和能力，确保审核质量。对此，认监委已从2010年开始制定了认证审核人员继续教育的规定，由认证认可协会组织实施。

（三）找准行业定位，把握服务经济社会发展的着力点

2011年全国认证认可会议提出要找准定位，创新发展。作为认证机构来说，也存在找准定位的问题。每一个认证机构都有自身的行业优势和专业特长，同时也有短板和不足。在市场竞争日益激烈的情况下，小而全、小而弱是造成认证行业低水平发展、降低认证有效性的重要因素。认监委将对认证机构的数量进行合理调控，对竞争过度的区域和行业实行限制进入措施。同时，积极营造各类从业机构公平竞争、多元发展的市场环境，积极支持我国认证机构参与国际竞争，培育国际知名品牌。因此，各认证机构要准确找到定位，根据国家政策导向，制定出符合自身特点的发展战略，明确主业和主攻方向，尽量扬长避短，形成比较优势。在业务发展方面，要严格按照《认证机构管理办法》和相关专业要求，确保具备规定的能力资质。依托行业背景，积极研发特定行业的认证技术，提升认证有效性。重点发展符合国家产业政策导向的认证业务，积极开拓服务认证、节能环保认证、低碳认证等领域，促进经济转型发展；在区域发展方面，要严格遵循《认证机构管理办法》规定条件，合理布局子公司和分公司，针对地方支柱产业、特色产品提供认证服务，完善中西部地区的认证市场，促进地方产业经济发展。

（四）积极投身行业建设，发扬创先争优精神

“十二五”时期，我们提出加快认证认可向现代服务业转型的目标。认证认可行业要围绕这一目标提质升级，各认证机构也要积极投身行业建设，适应未来发展需要。首先，要进一步加强行业自律。积极参与认证认可协会组织的自律管理，自觉服从服务于认证认可行业的整体长远利益，严格诚信自律，在行业中起模范带头作用；其次，要着力提升核心竞争力。完善内部治理结构和激励约束机制，全面提升人员、管理、技术和服务，打造有竞争力的品牌；第三，要积极参与课题研究和创新能力建设。提高自主创新能力是“十二五”认证认可工作的战略重点，必须依靠全行业力量的共同参与。认监委成立以来，各认证机构积极承担科研标准等课题项目，并发挥了重要作用。如国家认监委组织开展的认证认可对国民经济和社会发展贡献率的测算工作，就得到了各认证机构的大力支持。2010年共有150多家机构配合调查了4 000多个企业，保证了测算工作的准确性、权威性。“国家行政机关质量管理体系理论与实践研究”课题也得到了各机构的积极配合，现已走访31家认证机构，获取了很多有价值的信息。在此向大家表示衷心感谢！这个课题还有后续工作，开展国家行政机关导入ISO 9000体系有效性调查。会上将下发这次调查的补充通知（国认办函［2011］132号），连同5月份下发的认办函［2011］109号通知，共包括3份问卷调查表。请各机构按要求梳理36大类获证组织信息，于9月30日前完成填表上报任务。今后，国家认监委还将加大这方面的工作力度，鼓励各机构参与科标和基础研究课题，自主开发新领域认证技术，并给予必要的扶持。

这次会议既是贯彻《认证机构管理办法》、加强认证机构管理工作的宣贯会、动员会，也是加强认监委与认证机构相互交流，听取大家意见和建议的交流会、研讨会。希望大家利用此次机会，充分交流讨论，统一思想认识，形成工作合力。让我们大家团结一心，再接再厉，扎实工作，共同开创认证认可工作新局面！

2012

Yearbook of Certification and Accreditation of China

第三部分　专　文

Part Three　Research and Experience

扎实推进精品工程建设　有效履行认证监管职能

北京出入境检验检疫局

2011年，北京出入境检验检疫局（以下简称“北京局”）在国家质检总局、国家认监委的正确领导下，紧紧围绕“抓质量、保安全、促发展、强质检”工作方针要求，认真贯彻落实全国认证认可工作会议精神，扎实推进“精品工程”建设，努力提高认证监管水平，充分发挥职能作用，积极促进地方经济发展。

一、抓质量，全面加强认证监管

（一）全面加强出口食品企业备案管理

一是及时组织全局认证监管人员学习研讨《出口食品生产企业备案管理规定》，正确掌握和理解新的备案法规精神。同时，及时修改、制定和对外公布了相应的工作指南，向出口食品企业进行宣贯，积极引导企业领会规定精神，主动帮助企业建立和完善相关体系，保证《出口食品生产企业备案管理规定》得到顺利贯彻落实。

二是进一步落实企业监管责任制，为每个出口食品企业配备专门监管人员，责任到人。向133家出口食品企业派出498个定期监管小组，全年共769人次开展了498厂次的定期监管，对企业进行全面的认证监督检查，累计开出并监督企业实施整改不符合项599项，保障了出口食品企业管理体系完整、运行有效，持续符合认证监管和进口国的各项要求。

三是在全局范围内对出口食品企业备案监管工作进行两次全面的工作质量检查，并进行了统计分析，形成《北京检验检疫局备案监管工作情况及质量分析报告》，通过工作督查和质量分析，进一步提高了质量意识，规范了相关工作。

（二）全面加强强制性认证产品监督管理

一是加大口岸查验力度。进一步加大对强制性认证产品的入境验证工作力度，重点加强对获证产品的证书有效性、认证标志使用情况以及违规进口、销售、使用等情况加大查验力度。全年共受理强制性产品认证（CCC）入境货物报检59 827批次，查处不合格CCC货物1 777批次，占申报总批次的2.97%。

二是严厉打击违法行为。对在口岸查验中发现的不合格货物按照有关规定进行了相应的处理，对符合立案条件的进行立案查处，1起涉嫌伪造证书的案件移送至北京市公安局处理。全年共立案查处违法案件26 起，结案20起，罚没24.12万元，严厉打击了违法行为，提升了认证监管的有效性。

三是加强认证监管工作。全年共办理免办证明3 385份，对156家进口企业实施了认证监管，对13家企业的40 822件用于科研测试等不能退运出境的CCC免办进口产品实施了监督销毁处理。

（三）全面加强认证机构监督管理

一是为了贯彻落实新颁布的《认证机构管理办法》，加强对认证机构所设办事机构的管理，规范认证相关工作，北京局及时制定办事机构备案指南，对5家外商投资认证机构在京设立的办事机构进行了审核备案，对1家办事机构予以撤销。

二是完成对北京地区全部7家外资认证机构的调研和建档工作，对5家出口食品企业有机产品认证开展了全面检查，及时查处存在的问题，进一步提高了出口企业有机产品认证的有效性。

二、保安全，有效落实专项检查

（一）有效落实食品非法添加专项整治

为贯彻落实国务院关于严厉打击食品非法添加专项

整治的要求，北京局将出口食品企业认证监管工作纳入专项整治工作一并开展，形成多头齐管的工作模式，对北京地区全部出口食品备案企业进行了全面的检查。建立健全企业档案，重点检查企业的追溯管理、产品召回、进料索证索票、食品安全防护体系等制度和体系的建立和执行情况。通过专项整治，确保出口食品企业各项制度的完整性和有效性，以及出口食品的质量安全。

（二）有效落实“双打”专项行动

结合“双打”专项行动，北京局加强了对流通领域的进口低压电器、机动车零部件、家用电器、信息技术设备和儿童玩具等强制性认证产品的监督检查，全年2次突击检查大型商场销售的进口产品，重点检查了商场的索证及建档情况、认证证书有效性、认证证书与产品的一致性、标识的加贴等情况，并在检查过程中进一步宣传相关法律法规，提高销售商的守法意识，保证进口商品的质量安全。

（三）有效落实强制性认证产品专项抽查

按照国家认监委的统一部署，北京局开展了对入境强制性认证产品获证产品专项监督抽查，共抽查电冰箱、电源适配器、电源供应器和轮胎等6批次产品，产品检测合格率为83%，对获证企业不合格产品的认证证书作暂停处理。

三、促发展，积极发挥职能优势

（一）健全制度，完善模式

按照“打造精品”的要求，不断健全认证监管制度，完善工作模式，提升监管能力和水平。一是修订了5份认证监管工作作业指导书，进一步完善了体系文件，强化了可操作性和指导性。二是在开展出口食品企业定期监管、换证复审和对新申请企业实施备案评审时实施分支机构间的交叉评审制度，保证了评审的客观、公正性，搭建相互监督和学习交流的平台，降低了工作风险和廉政风险。三是按照认监委的要求，组织开展了对《强制性产品认证机构、检查机构和实验室管理办法》立法后评估工作，共向10家强制性产品认证获证企业针对17个问题进行了调查，并形成立法后评估分析报告，进一步提高了立法的科学性、合理性和可操作性。四是结合北京局“三定”工作，实施了认监处负责CCC免办审批、入境口岸局负责入境验证查验、目的地局负责后续监管、检分离工作模式，进一步完善了监管体系，加大了监管力度，实现了CCC免办进口产品的可追溯。

（二）加强指导，强化监督

采取现场见证、随机调取工作记录和证单等方式，针对出口食品企业监管工作和强制性产品认证监管工作，在全局范围内开展了半年一次的工作质量检查，特别是对有关法规、文件的执行情况和工作时限符合情况进行了跟踪检查，同时开展了针对性的调研工作。通过检查和调研及时了解了业务执行部门的需求，发现并纠正了工作中存在的问题，完善了管理上的不足，进一步促进了认证监管工作。

（三）强化职能，促进发展

北京局充分发挥认证监管的职能优势，积极促进地方经济发展。一方面为了帮助出口食品企业获得其他国家的注册，打开国际市场，及时向企业通报进口国的最新要求，同时在政策法规、技术标准、认证体系等方面为企业提供了97人次的免费培训和指导。另一方面先后组成6个专门的工作组帮助企业按照进口国要求查找和整改存在的问题。2011年，新增5家食品企业分别获得向美国、菲律宾和新加坡出口低酸罐头、酸化食品、热加工肉制品的官方资质，北京地区共有45家（次）出口食品企业的8个品种的产品获得14个国家（地区）的官方注册。

四、强质检，深入推进精品建设

（一）加强培训，提升素质

全面开展认证监管岗位技能培训和练兵活动，制定活动实施方案，编写了36万字的培训教材和4万字的考试题库，制定了达标考核指标。针对认证监管的法规、业务基础知识、基本技能以及进口国家的法规开展了集中培训，并进行了达标考试，举办2次岗位的技能竞赛，考核优秀率达87.5%。通过技能培训和岗位练兵，进一步提升了认证监管人员业务素质和工作能力。

（二）落实方案，完善体系

按照国家认监委《关于加强认证执法监管体系建设的实施意见》的要求，北京局全面落实《北京局建设认证执法监管体系工作方案》，在认证监管的人力资源建设、信息化建设、工作规范和制度体系建设、督查管理体系建设、执法合作机制的建立、风险控制和分类管理体系建设、诚信体系建设、行政惩罚体系建设等八个方面得到全面提升，认证监管的行政执法能力得到提高，认证监管的基础作用得到发挥。

（三）提升能力，有效保障

北京局不断加强实验室建设，提升检测能力和水平，为检验检疫业务工作提供技术支撑和保障。一是建立了实验室盲样考核活动、组织实验室参加国际能力验证和实验室管理绩效考核等多维度的实验室检测工作质量监督管理新模式，有效地提高检测工作安全性、规范性和准确性，全年在食品检验、卫生检疫等领域共组织开展了8次盲样考核活动。二是积极做好实验室能力验证工作，在全国范围内组织实施12项能力验证计划，组织实验室参加了英国政府检测标准集团、美国病理学会等国内外能力验证计划33项，卫生部室间质评9项，艾滋病参比实验室4项。三是组织做好北京局食品检验机构资质认定工作，组织修订质量管理体系文件，并顺利通过国家认监委的评审。技术中心获得全国首批食品复检机构资质，取得农药残留、兽药残留、重金属等全部项目的复检资格，获得并成为名录中可复检转基因食品的五家技术机构之一。食品检测实验室被北京市科委授予“出入境食品安全检测北京市重点实验室”称号，成为北京市唯一一家从事出入境食品安全检测和科研活动的实验室。四是北京局成功申请了能力验证计划提供平台的软件项目，旨在进一步提高能力验证工作水平，不断扩大组织能力验证计划的知名度，创出本局能力验证计划品牌。

狠抓备案监管工作　确保出口食品安全

河北出入境检验检疫局

2011年，在国家质检总局和国家认监委的正确领导下，河北出入境检验检疫局（以下简称“河北局”）紧紧围绕“抓质量、保安全、促发展、强质检”的目标要求，以邓小平理论和“三个代表”重要思想为指导，以科学发展观为统领，认真落实全国质检工作会议及全国认证认可工作会议确定的总体部署和安排要求，着力加强制度建设，大胆创新工作机制，主动打破传统思维定式和沉闷工作局面，积极推动认证监管工作实现有突破、上台阶、求发展的工作目标，取得了一定工作成效。

一、健全完善执法体系，不断强化认证监管

（一）精心组织谋划，科学工作定位

正确把握全国认证认可工作会议总体精神，起草下发了《河北出入境检验检疫局贯彻落实全国认证认可工作会议的实施意见》，进一步明确提出了八项重点工作任务，确立了今年乃至今后一段时间认证监管工作的努力方向。

（二）加强宣传工作，扩大社会影响

6月9日，在周力沛副局长的带领下，组织开展了“世界认可日”宣传活动，共向广大消费者发放精心编制的宣传材料3 000多份，开展相关咨询100多人次。通过一系列有声有色的宣传活动，不仅提高了广大消费者对认证认可工作的认知度，也进一步扩大了河北检验检疫在社会上的影响力。

（三）深入开展“双打”，主动进行维权

根据国家认监委对“双打”专项行动的工作部署，河北局及时组织开展了形式多样的检查活动，派出200多人次对强制性产品认证企业开展为期70多天的拉网式行政检查监管，共检查进出口强制性产品认证企业57家。

（四）严格监督抽查，保障生产安全

为了彻底堵住强制性产品认证（CCC）入境产品逃漏检的问题，河北局根据国家质检总局和国家认监委《关于在CIQ 2000系统中开展强制性产品认证设限数据库试运行和全国推广工作的通知》，进一步协调科技和检务部门，及时导入数据库，实现了入境CCC产品系统报检自动拦截。通过开展对辖区内从事进出口业务的强制性产品认证目录范围内的产品生产企业进行全面排查，坚决把未获证产品、认证证书超过认证有效期的产品拒于国门之外。组织完成了强制性产品认证获证产品的监督抽查工作。

（五）立足质量提升，提高监管水平

为了实现认证执法监管工作常态化工作目标，河北局对辖区自愿性产品认证信息系统所涉及的监管对象以及食品农产品获证企业进行了摸底查询工作，并在此基础上组织实施了行政监管执法活动，完成管理体系认证执法检查282家，安排检查食品农产品获证企业86家，各类证书127份。为规范执法检查，河北局专门制定了有关检查工作程序。

二、狠抓备案监管工作，确保食品质量安全

（一）严格实施紧控措施，确保落实企业主体责任

为确保河北出口食品、食用农产品和饲料生产企业的卫生注册登记备案及评审工作质量，切实起到从加工源头有效控制出口食品、食用农产品和饲料质量安全的作用，督促企业强化质量安全控制体系的有效性运行，组织开展了严格出口食品生产企业卫生注册备案监管工作。一是下发了《关于严格出口食品生产企业卫生注册备案监管的意见》（冀检认函［2011］213号），对出口企业卫生注册登记备案实行了严格控制措施，结合对食品防护计划有效性和落实情况的督查，组织开展了全面拉网式排查工作。二是对食品添加剂、果蔬汁、罐头、速冻等备案企业进行了“飞行检查”。三是针对出口食品生产企

业卫生注册备案工作实施了紧控措施。四是在实施紧控措施的同时，主动协调，积极促成了北京对外注册企业向河北的变更。

（二）密切关注高风险商品，认真完成输美低酸罐头企业的排查验证工作

按照国家认监委通知要求，河北局认真组织开展了对辖区内出口低酸罐头和酸化食品生产企业，以及对美国食品药品管理局（FDA）发来的在美注册的1 000多家低酸罐头企业名单的排查和确认工作。截至2011年底，已获准FDA注册的低酸罐头企业6家。另1家低酸罐头企业和1家速冻果蔬企业有可能被列入FDA2012财年检查对象。

（三）深入开展"创先争优"，率先实行出口食品企业优良等级评定

根据国家质检总局《出口食品生产企业卫生注册登记管理规定》（2002年第20号令）等有关要求，创造性地研究制定了《河北出口食品企业优良等级评定工作要求（试行）》及《出口食品企业优良等级评定评分表（试行）》，将在全省组织开展出口食品生产加工企业的优良等级评定活动，开创了全国出口食品生产企业卫生注册登记管理工作的先河。

（四）精心组织周密安排，圆满完成接待国外检查任务

2011年10月，河北局会同河北省质监局有关业务处和分支局顺利接待了韩国、日本官方对河北辖区滦平华都嘉谊食品合作工厂进行了热加工禽肉制品现场注册评审。从总体情况看，韩国官员对检查企业的硬件设备设施和体系管理表示满意。特别是日本官方检查官员对河北承德华都嘉谊食品合作工厂进行的注册检查以没有提出不符合项的结果圆满收官。日本检查官表示，这是他们已经考核过的中国20多家企业中，检查结果报告最好写的，也是他们最满意的。

（五）切实加强制度建设，备案监管深入推进

国家质检总局2011年第142号令发布后，为科学有效地组织开展出口食品生产企业备案工作，深入研究解决出口食品生产企业备案工作中的深层次问题，进一步提高备案工作协调指导能力，确保《出口食品生产企业卫生备案管理规定》的顺利实施，河北局本着早动手、早部署、早安排、早落实的工作要求，认真开展了七个阶段的积极准备工作。

第一，及时召开了系统视频会议，组织宣贯了国家质检总局第142号局长令发布的《出口食品生产企业备案管理规定》。会议就《规定》出台的背景、重要意义，以及新特点和新要求进行了重点解读和宣传动员，并逐条宣读和释义了《规定》内容。

第二，认真组织开展了对河北局之前下发的所有有关卫生备案工作文件的梳理，并进行了具体的制修订。

第三，组织系统内有关专家针对国家质检总局第142号令和国家认监委发布的第23号公告以及相关配套文件进行了深入地专题学习研讨。同时，对结合河北实际新制修订的文件集中进行了审议和研讨。

第四，为深入研究解决备案管理中的深层次问题，组织成立了出口食品生产企业备案工作专家协作组，明确了协作组的组织管理、人员、目标、任务和工作要求。

第五，及时下发了《关于印发<河北出入境检验检疫局出口食品生产企业备案工作管理办法>的通知》、《关于印发<河北出入境检验检疫局出口食品生产企业监督管理工作实施办法>的通知》和《关于印发<河北出入境检验检疫局采用第三方认证结果试点工作实施意见>的通知》等文件。

第六，组织举办全系统备案监管工作人员、一线检验监管人员和企业卫生质量管理人员开展国家质检总局142号令及配套文件，以及河北局制定文件的宣贯暨培训班。

第七，由于河北局备案管理工作超前，启动早、行动快、抓得实，3个办法上报国家认监委后,得到了国家认监委的充分肯定，特别是河北局关于采信第三方认证结果的工作做法，国家认监委还安排在福州全国会议上作了专题经验交流。

（六）认真落实规定要求，严格实行动态监管

根据国家质检总局《出口食品生产企业备案管理规定》和国家认监委《关于发布出口食品生产企业安全卫生要求和产品目录的公告》规定，河北局按照国家2010版食品添加剂标准等有关规定，对辖区内所有可能属于食品添加剂产品的企业和产品逐个进行了详细认真地梳理核查，对不属于142号令和23号公告之内的25家食品添加剂企业（其中2家为部分产品），及时做出了注册登记（备案）资格自动失效处理，切实落实了142号令和23号公告要求，同时，实现了对出口食品企业的动态监管。

（七）高度重视分析总结，及时完成情况上报

根据国家认监委要求，河北局对辖区内2011年备案的监督管理工作进行了认真地情况汇总和统计分析，并及时完成了《河北检验检疫局备案监管工作情况分析报告》上报工作。

根据国家认监委要求，完成食品添加剂、保健食品（功能食品）和初级农产品备案工作中存在的分歧和改进建议的上报工作。

按照国家认监委要求，认真查找、整理并及时报送了河北辖区备案企业信息情况。

为深入研究解决备案管理中的深层次问题，组织成立了出口食品生产企业备案工作专家协作组，明确了协作组的组织管理、人员、目标、任务和工作要求。

（八）积极承办狠抓落实，交办任务按时完成

2011年，河北局积极承办并顺利完成了国家认监委两个会议的召开，组织完成了上级部署安排的4家输美果蔬汁企业的危害分析与关键控制点（HACCP）体系认证验证等20多项具体工作任务。

三、狠抓队伍培训，提升履职能力

为建立一支“素质过硬、作风优良”的认证执法检查队伍，5月5日～6日，河北局在石家庄成功举办了全省认证执法检查人员培训班。通过对培训人员的考试成绩和工作经历等进行综合评定，确认63位同志具有参加认证执法检查资格，并以局函的形式在网上进行了公布。

四、严格内部管理，营造良好环境

根据局里的人事安排，进行了“两出两进”人员调整，以及相关处室班子成员工作分工调整，并根据人员变化情况进一步明确了各科工作任务和岗位职责分工，同时通过加强干部思想教育、作风教育和争先创优教育，保持全处干部思想稳定，确保了工作正常有序进行。

改革创新　锐意进取　争先创优　实政为民

辽宁出入境检验检疫局

2011年，辽宁出入境检验检疫局（以下简称“辽宁局”）紧紧围绕国家质检总局“抓质量、保安全、强质检、促发展”的工作方针，贯彻落实国家认监委提出的创新发展五项措施和提升履职能力六项任务的工作部署，坚持“和谐、创新、安全、优质”的治局理念，以打造“改革创新年”为载体，“八新八加强”为主要措施，突出“创新”和“实政为民”两个工作重点，历史性地完成了机构改革，实现了管理与执行分开，辽宁检验检疫事业翻开了新篇章，辽宁局认证监管工作也随之迈上了新起点。

一、改革创新，锐意进取，开创认证监管工作新局面

支树平局长在2011年全国认证认可工作会议上的讲话中11次提到“创新”，孙大伟副局长的讲话中更是27次提到“创新”二字，辽宁局为贯彻落实支树平局长、孙大伟副局长讲话精神，将2011年定位为“改革创新”年，为“十二五”规划开好局、起好头，为辽宁局认证监管工作长远发展奠定基础。

（一）以机构改革为契机，创新管理模式，推进认证执法监管权限下放，强化监督管理职能

借辽宁局管理执行分开，大连局挂牌成立的契机，将所有一线执法监管业务全部下放各分支局，实现了认证执法监管业务“裁判员”、“教练员”、“运动员”之间的角色分离和转换。100%完成强制性产品认证（CCC）免办审批和CCC入境验证业务下放，此举实现对了企业审批、报检、施检、通关一站式服务；实现了CCC产品从入境通关到入厂使用的全过程监管；实现了对CCC免办申报企业实施分类管理。2011年辽宁局共完成CCC免办审批3 744批次，较2010年同期增长11.8%。

（二）加强认证监管制度创新，提升履职能力，推进认证执法检查工作有效开展

首先，创新特殊检测处理程序审批工作制度。对大连口岸的审批工作重新进行了调整和规范，通过与CQC建立沟通机制，把好“获证”关，有效杜绝了利用特殊检测处理程序逃避CCC认证的风险，通过审核检测收费发票原件，严把“送检”关，有效杜绝逃漏检情况的发生，通过与检测机构建立沟通机制，严把“检测”关，有效杜绝了检测不合格、整改不合格的车辆流入市场的现象。其次，创新认证执法检查方式。整合四大认证执法专项检查，集中优势兵力，打攻坚战，有效解决了执法力量不足和企业反复迎检造成人力、物力、财力浪费等问题，其中在对大连口岸进口汽车强制性产品认证一致性核查工作中共发现不一致项43条。在有机产品等食品农产品认证执法检查中辽宁局联合大连市质量技术监督局、大连市食品安全委员为共同开展从“国门”到“厂门”再到消费者“家门”的全覆盖式检查，共发现问题产品21批次，待进一步核实后对其进行相关处罚。

（三）加强认证认可宣传创新，正确引导舆论，树立检验检疫机构新形象

一是加强对内认证认可相关法律法规的宣贯力度，创新宣贯培训方式。新的食品企业备案规定出台后，辽宁局迅速起草制定了操作规范，开展评审员持续培训工作、宣贯管理规定。改变以往全省统一培训的方式，针对以农产品、禽肉制品为主的辽北地区评审员和以水产品为主的辽南地区评审员分别开班培训，使宣贯培训工作的指向性、针对性进一步加强，保证了培训效果。

二是以“世界认可日”宣传活动为平台，面向社会全面加强认证认可信息宣传工作。辽宁局近三年来不断创新“世界认可日”宣传活动模式，一年一个主题，一年一个脚印，从“认证小贴士”走进商场，到认证认可知识进校园，再到认证认可宣传进社区，将认证认可知识和咨询服务送到百姓身边。三年来辽宁局共计发放宣传资料近5万份，举办各类宣传活动20余场，宣传受众人数15万余人，国家级、省市新闻媒体报道宣传20余篇。2011年在国家认监委举办的全国认证认可信息宣传工作会议上，辽宁局再次荣获2010～2011年度全国认证认可政务信息（新闻宣传）工作先进单位。

三是掀起向杨志明同志学习热潮，提高出口食品企业备案评审员履职能力和道德水准。2010年沈阳出入境检验检疫局杨志明同志因突发心脏病牺牲在出口食品企业备案评审的工作岗位上，2011年辽宁局开展了向杨志明同志学习活动，并在认证监管领域掀起向优秀的出口食品企业备案评审员杨志明同志学习的热潮，发表了学习心得300多篇。通过学习使全体评审员净化了心灵，提高了认识，强化了履职和服务能力。

二、争先创优，实政为民，助推地方经济发展新飞跃

（一）危难之中显身手，创先争优实为民，全力扶持国家重点龙头企业度过难关

辽宁嬴德食品集团有限公司是一家辽宁省重点龙头企业，也是对日注册的出口企业。然而2010年12月一场意外火灾，使企业遭受重大损失。火灾发生后，日本官方宣布停止其产品进口并拟取消其注册资格。辽宁局获悉有关情况后，一方面积极及时将相关情况向国家认监委汇报，另一方面组织专家帮助企业开展恢复性重建。157天后，一座现代化车间拔地而起，年生产能力达到一万吨。2011年11月29日，日本农林水产省检查组来企业评审，日方检查组赞叹企业的坚强精神，赞叹检验检疫机构对企业的指导和监管，未提出任何问题，验收工作顺利完成。企业在一年之间完成了从“重建”到“新生”到获得日本农水省注册，是一个奇迹。新车间2012年对日出口量可达4 000吨以上，货值2 000万美元以上；同时，可以安排800余名农民就业，带动周边6 500户肉鸡养殖等相关产业的发展，每年可为地方创造上亿元利润。

（二）打造“一带一区一中心”检验检疫服务链，广泛融合，有效联动，促进地方经济发展

首先围绕打造辽宁沿海经济带、沈阳经济区、大连东北亚航运中心检验检疫服务链建设，辽宁局史无前例的与辽宁省外经贸厅、大连海关、沈阳海关、大连港集团等多家单位签署合作备忘录，主动作为、主动融入、主动联合，全面助推地方经济发展和东北老工业基地振兴，获得了地方政府和进出口企业的充分肯定，认证认可作为重点服务措施，在每份合作备忘录中均有体现。其次充分运用认证技术手段，为大连港实现“三年超千万标箱”工作目标保驾护航。自2010年欧盟提出对从第三国转口水产品的存储冷库实施注册以来，大连口岸的冷库中转业务几乎全部流失到了韩国，给大连口岸经济发展带来了较大的影响。辽宁局立足本职，充分运用认证技术手段，充分发挥大连保税港区枢纽作用，积极探索保税港区两家大型冷库对欧盟注册相关事宜，多次赴现场考察、调研、审核，对政策实用性和欧盟相关规定进行深入探究，及时向国家认监委汇报推荐注册工作进展，现已初步完成推荐准备工作，此举将一举打破日韩两国在欧盟第三国转口水产品的存储冷库的垄断地位，为大连港吸引航线和箱量具有极大助推作用。

（三）局领导高度重视，亲下基层、迎接检查，助推辽宁企业对国外推荐注册工作

辽宁局党组始终高度重视认证监管工作，局领导在重要工作会议上多次强调认证工作重要性，要求加大对外注册的推荐力度。辽宁局马军纪检组长亲自深入沈阳新辉肉禽有限公司，对该公司迎接日本官方检查的准备工作进行现场办公，重点了解企业的追溯体系、原料验收、自检自控、存在的困难等方面的情况，征求企业代表的意见和建议，让企业感觉到辽宁局对企业发展的重视。2011年有5家企业通过日本官方的现场检查，有2家通过韩国官方的现场检查。2011年辽宁局完成推荐对国外注册企业68 家，备案企业和对外注册企业数量居全国前几名。

三、创新管理模式，完善监管体系

（一）加强认证监管创新

推进电子监管、无纸化报检、绿色通道和直通放行工作，提高电子监管、集中审单企业和品种的数量，探索建立认证产品“多点报检、集中审单、统一布控、实时监管”的业务监管体系。进一步加强与海关等部门的认证认可业务合作，构建符合辽宁口岸实际的通关模式，打造中国最佳关检合作区。研究建立认证质量问题约谈制度，引导企业增强质量观念，落实主体责任。实施违法违规企业“黑名单”制度，严厉惩处质量失信行为。

（二）加强风险管理，提升防控能力

全面分析认证产品风险、工作风险和队伍风险，加大对食品农产品、食品添加剂、化妆品、重要消费品、高风险产品和法检目录外商品的风险监测，着力构建全过程、全方位、全覆盖的风险管理工作体系。在自愿性认证和强制性产品认证方面，自下而上建立立体的认证风险评价体系，制定相对应的监管措施，使认证监管工作更加有效。

（三）以科技创新，推动认证监管工作可持续发展

在辽宁局“十二五”规划中，将开展官方认证执法监管风险和认证体系验证机制建立的研究，探索建立认证

机构认证活动的验证机制，从认证的程序、标准、结果来验证其有效性，形成一套完整的法律法规保障机制。一是探索建立自愿性认证企业认证符合性的验证机制，通过合理采集认证企业相关信息，对企业体系运行的有效性进行判断与辨别。二是探索建立出口食品备案及出口商品注册登记企业符合性验证模式，验证企业是否具备注册/备案的条件。三是探索建立强制性认证产品入境验证更有效的方式与方法，使入境验证工作更加易于操作，结果更为精确 。

求真务实　创新发展　全力提升认证认可履职能力

上海出入境检验检疫局

2011年，在国家质检总局和国家认监委指导下，上海出入境检验检疫局（以下简称“上海局”）认真贯彻全国质检工作会议和全国认证认可工作会议精神，遵循“抓质量、保安全、促发展、强质检”工作方针，深入开展“为民服务，创先争优”活动，求真务实，创新发展，不断完善认证监管体系，全力提升上海局认证认可工作的制度创新、技术支撑和服务发展三种能力，努力实现“十二五”顺利开局。

一、立足法治质检，全力提升认证认可制度创新能力

认证认可是质量的三大支柱之一。2011年，上海局勇于实践，敢于试点，以三个创新为契机确保认证认可工作的科学性、有效性和前瞻性。

一是创新制度建设。在规范内部管理方面，上海局将认证认可监管程序纳入ISO 9001质量管理体系，先后颁布实施了《检验鉴定机构和认证机构监管控制程序》、《强制性产品认证口岸监管工作规范》、《免办强制性产品认证管理细则》、《出口食品生产企业备案工作实施方案》等一系列体系管理的程序文件和实施细则，完善认证监管行政执法工作流程，确保认证监管工作过程清晰、职责明确、衔接有效、要求具体、记录及时、信息准确，有效规范认证执法行为。在对认证机构和检测机构监管方面，上海局根据《商品检验法》及其实施条例、《认证认可条例》等，勇于创新，不断改进，摸索出了一套行之有效的监管模式，推进规范、公正、公平的认证和检测服务市场的建立，促进上海地区认证认可市场健康有序平稳的发展，促进外贸便利化。

二是创新监管体系。2011年，根据国家认监委的要求并在认监委相关部门的具体指导下，上海局不断创新和完善全过程监管体系，全面推进电子检验检疫信息化工程建设，推行强制性产品认证（CCC）免办业务电子化处理，建立口岸和属地审批平台、审批条件、审批流程三个统一，实现审批结果互认，最大程度地发挥两地监管职能。在CCC产品监管中，引入风险评估机制，完善入境验证核查程序，初步建立CCC产品风险布控网络，探索形成入境产品“日常监管+重点布控+专项监督抽查”的监管模式。落实国务院、国家质检总局专项整治行动，组织开展改装车、瓷砖、玩具、信息技术类产品等高风险、敏感商品集中整治和重点核查活动。全年共查获CCC入境验证不合格货物154批，金额3 255.16万美元，有效地维护中国强制性产品认证制度的严肃性。

三是创新工作模式。上海局加强风险分析，稳步推行分类管理，科学制定监管标准，细分管理对象，创新管理模式，突出管理重点。在出口食品生产企业备案工作中，上海局以通用、专业和专项三个层次，共设计备案验证表格44套，可以覆盖到几乎所有类别的食品企业；在有机认证食品的入境验证中，上海局科学设置工作流程，严密监视，平均一个月就可查获10批左右的无证或伪造证书的情况；在进出口商品监管中，上海局采取差异化放行监管新措施，不同企业不同监管方式，不同货物不同检验方式，提升进出口企业诚信体系建设的自我意识，推动形成上海口岸各企业良性竞争气氛；在运用科学技术手段方面，上海局积极探索使用最新技术，目前已经在相关证书上使用了RFID（无线射频电子标签），并在人员监管方面研究采用GPS（卫星定位系统），做到人员流向可控，工作状态可控；在强制性认证产品入境验证工作中，上海局勇于试点，敢于创新，积极摸索，制定了“便利通关，严密监管”的强制性认证产品入境验证工作新模式，对诚信度好、风险性小、质量体系运行良好的企业，在政策允许的范围内，进一步简化CCC审批流程，加快入境验证商品通关流转速度。目前，上海地区CCC免办诚信企业达26家，快速放行这些企业进口免办产品5 194批，占同期CCC免办审批工作量的70.98%，提高了企业通关效率，节约了审批行政成本和企业物流成本。

二、立足科技质检，全力提升认证认可技术支撑能力

实验室是质检技术措施体系的重要组成部分。上海局一方面加大实验室基础建设和人才培养，另一方面加强科

技质检建设，突出抓好三个方面工作，提高技术支撑实力。

一是突出抓好食品检验机构资质认定。在国家认监委的关心和指导下，上海局四个技术中心全部通过实验室资质认定计量认证和中国合格评定国家认可委员会（CNAS）实验室认可，获得ISO 9001质量管理体系认证。通过督促指导实验室内审和管理评审、定期检查走访等管理措施，确保四个中心体系始终运行有效。为落实《食品安全法》有关食品检验机构资质的规定，上海局积极组织人员参加认监委实验室部组织的食品检验机构资质认定教师和评审员培训，为食品检测的准确性、客观性和公正性提供人力保障。同时，积极组织下属食品中心、原材料中心和机电中心申请食品检验机构资质认定，并顺利通过计量认证、CNAS认可和食品检验机构资质认定“三合一”评审，获得资质认定，其中食品中心获得认监委、卫生部、农业部首批食品复检机构资质，走在了全系统前列。

二是突出抓好能力验证。为促进实验室检测能力保持和提升，上海局积极组织实验室参加总局、认监委、CNAS能力验证共31项，组织参加英国皇家实验室（FAPAS）、国际羽绒协会（IDFB）、中实国金国际实验室能力验证研究中心、国际毛纺织实验室协会（INTERWOOLLAB）等国际能力验证26项，截至2011年底，所有反馈结果均为“满意”和“中期报告满意”。上海局保健中心积极参加美国病理学家协会（CAP）的能力验证，提高实验室数据国际认可度。积极组织技术中心作为能力验证提供者申报认监委的相关项目，推动能力验证水平再上新水平。在认监委实验室部的人力支持和指导下，上海局机电中心顺利完成A类能力验证项目“泄漏电流测试”，并通过验收。

三是突出抓好对外宣传和交流合作。在6月9日“世界认可日”，上海局会同上海市质监局共同承办了第四个“世界认可中国日”活动，同时结合地方实际，围绕“认证认可——助推上海创新驱动转型发展”开展了一系列主题活动。活动得到了国家质检总局和认监委的高度重视，引起了极大的社会反响，进一步扩大了认证认可社会影响力。此外，上海局加强与国际组织和国内单位的合作和交流，承担了国际电工委员会IECEE的CB检测、国家认监委强制性认证获证产品产品监督抽查、认证机构委托核查等项目任务，获得国际组织、国内政府部门和第三方认证机构及进出口贸易方的广泛认可，为政府行政执法提供技术支撑，为加快口岸通行速度、消除国外技术壁垒等作出贡献。

三、立足和谐质检，全力提升认证认可服务发展能力

人民质检，执法为民，检验检疫和认证监管工作最大的服务是有效地依法履职保安全。上海局注重强化三种意识，全面提升认证认可服务经济社会发展能力。

一是强化企业主体责任意识。上海局通过加强宣传，设计质量安全主体责任制度，推动出口食品备案企业和出口商品注册登记企业树立“产品质量和安全第一责任人”的意识，明确并承担相应的主体责任。在认监委注册部的关心和指导下，上海局在强化企业主体责任的前提下，改进出口食品备案工作模式，积极配合认监委的相关政策出台和决策咨询，探索并制定了企业自我评估和自我证明与检验检疫机构抽样验证相结合的管理模式。该管理模式被国家认监委采纳，成为新备案管理模式的一项重大进步。

二是强化质检主动作为意识。上海局利用信息和技术优势，密切跟踪国外最新法律法规和技术规章动态，组织人员翻译，并且加强内部人员和企业人员的培训和宣贯，2011年度开展各类培训21次，参加人员达1 032人次，有效提升质量意识和管理水平。上海局自2008年起在所有360多家出口食品企业中推行食品防护计划，并指导10余家内销企业建立和实施食品防护计划；上海局还成为认监委确定的首批跟踪研究美国FDA现代化法案的直属局。美国新版《水产品危害分析与关键控制点（HACCP）体系认证指南》发布后，上海局参与翻译，认真研究，第一时间帮助和指导上海地区输美水产品企业根据要求修改管理体系，满足对美水产品注册的新要求。上海局主动加压，严格规划审批流程，将包括技术审核在内的出口食品企业备案审批工作日控制在20天之内，大大低于规定时限。

三是强化检企合作共赢意识。上海局总结世博服务保障经验和做法，大力推进“全国检验检疫改革创新区”建设和浦东新区检验检疫配套试点改革，配合上海“四个中心”建设、“三港三区”联动发展和“创新驱动，转型发展”。给予认证认可政策倾斜，吸引高科技产业、研发中心、维修中心落户上海，扶持检验认证和仓储物流业发展，努力为上海现代服务业发展作贡献。上海局积极营造良好的市场环境，使上海成为检验认证机构的聚集地，跨国检验认证机构业务总部的栖居地，有力地推动了上海对外贸易的发展和贸易、港口中心的建设。积极鼓励传统产业向高附加值产业发展，推动出口食品企业对外注册，帮助企业拓展外销市场，推进光明食品（集团）等大型食品企业产业国际化。

2011年，上海局全力以赴抓质量、重拳出击保安全、主动作为促发展、狠抓落实强质检，充分发挥认证认可在“人民质检，为民服务，以质取胜，争先创优”活动中的作用，充分彰显认证认可在地方经济社会发展中的地位。

充分发挥认证认可作用　助推江苏经济建设和社会发展

江苏省质量技术监督局

江苏省质量技术监督局（以下简称"江苏省质监局"或"省局"）始终牢记"质量是基础，安全是底线"的理念，认真按照省委省政府提出江苏实现"两个率先"的总体要求，深入贯彻国家质检总局"抓质量、保安全、促发展、强质检"的方针，在国家认监委的精心指导下，利用认证认可手段，为质量提升、安全保障构筑坚实的基础，充分凸显认证认可助推江苏经济建设和社会和谐发展的作用。认证认可工作得到了企业赞许、政府满意、社会认同。

一、加强认证推进，助推江苏省经济快速发展

江苏省始终把推进认证作为认证认可工作的主线来抓，努力把认证认可工作融入"争先创优"活动中，充分调动各方积极性，不断拓展认证领域，不断提升认证水平，不断拓展认证效果。

（一）服务经济转型，推进质量管理体系认证

随着新兴产业发展、经济转型，江苏各地不断有新的企业崛起。江苏省各级质监部门及时跟踪服务，指导帮扶企业建立质量管理体系，深入推进质量管理体系认证。全省2011年下达了新增1 000张管理体系认证证书任务，各市局结合本地实际，创新思路，多措并举，切实将体系认证推进任务落到实处。截至2011年11月底，全省企业累计获得质量管理体系认证证书47 595张，获证数量继续位于全国第一。

（二）服务节能减排，推进能源管理体系认证

在2010年江苏省质监局能源管理体系认证试点2家企业取得成功经验的基础上，采取有效措施，掌握了解耗能大户的具体情况，帮助企业提高节能重要性、紧迫性的认识，认真遴选认证试点企业，积极指导、帮扶试点单位建立能源管理体系。截至2011年年底，江苏省累计获得能源管理体系认证证书数量占全国获证数量的六分之一。

（三）服务生态建设，力推环境管理体系认证

省局联合省环保厅建立两部门联动机制，定期相互通报获证企业和环保达标企业情况。联合开展宣传发动，提高企业认识，主动派员深入企业，了解企业困难及问题，帮助企业建立管理体系，共同推进全省环境管理体系认证工作。截至2011年11月底，全省企业累计获得环境管理体系认证证书10 678张，位居全国第二。

（四）提升产品信誉，推进自愿性产品认证

根据地方产业特点，有针对性地选择相关企业予以帮扶指导，加强信息沟通，促进企业提高产品认证意识，推动江苏省节能、节水、可再生资源等产品认证。截至2011年底，江苏省共有152家企业，获得各类节能产品认证证书1 699张，位居全国第二。其中电缆桥架企业10家，全国只有江苏省开展此项工作。通风机生产企业4家，占全国证书数的50%。上汽无锡商用车有限公司获得全国首张商用车节能产品认证证书。

（五）发挥示范效应，加强有机产品示范区建设

按照国家认监委组织开展"有机产品认证示范区（县、市）"创建活动的相关要求，省局广泛宣传、积极发动，认真做好全省有机产品认证示范区的创建。通过调查摸底，切实了解江苏省有机产品认证现状，确定培育对象。选择宝应县人民政府申报国家有机产品认证示范区，经过申报、现场指导、国家认监委专家组现场评审等环节，宝应县获得首批"国家有机产品认证示范创建县"荣誉称号。

二、严格行政许可，为食品安全提供保障

江苏省质监局严格实验室资质认定行政许可，提升实验室能力和管理水平，确保检测结果科学、公正、可靠。

（一）认真开展食品检验机构资质认定工作

一是积极开展宣传贯彻。在江苏省质监局网站及时增挂食品检验机构的宣传文件信息以及相关法律法规，召开全省食品检验机构资质认定管理办法与评审准则宣贯会议，定期向检验机构通报相关信息，形成全社会共同关注食品检验机构资质认定工作的氛围。二是认真组织学习培训。

组织了全省食品检验机构资质认定评审员培训，就食品检验机构资质认定具体事项进行了确认和部署，为规范开展评审工作做好准备。三是有效整合检验资源。结合江苏省检验机构实际情况，整合各市、县级检验机构食品检验项目，优化检验检测资源配置，在全省质监系统61家检验机构中确定了42家从事食品检验，为有效防范食品安全风险提供了良好的技术支撑。四是严格实施行政许可。分批次、分对象对全省食品检验机构资质认定申请进行受理，组织了现场评审试点，确保评审工作有条不紊开展。截至2011年底，全省有29家食品检验机构提出资质认定申请，并获得证书。五是建立网络审批系统。根据政务公开建设的统一部署，江苏省质监局积极做好网上行政审批工作，建立了实验室资质认定行政许可网上申报系统，要求所有新申请的食品检测机构必须经过网上行政审批系统报送申请材料。

（二）积极应对突发事件，充分发挥行政许可职能

2011年，全国先后发生了食品中罗丹明B和增塑剂邻苯二甲酸酯事件，针对食品非法添加物检测，当时江苏省所有检验机构中均没有以上两个检测项目资质。为保证检测时效，省局及时启动应急程序，紧急开展检测比对，组织专家评审，促使省、市两级质检机构及时取得有标准检测方式的食品非法添加物及部分添加剂的检测能力，满足了罗丹明B和增塑剂的专项抽查以及食品安全“打非整添”专项整治的要求。

三、运用监管手段，促进获证企业管理水平提升

省局坚持把监管寓于服务之中，在服务中体现监管，真正体现质监服务于经济建设、地方发展的宗旨，不断促进获证企业管理水平提升。

（一）实施CCC企业分类监管，不断提升产品质量水平

一是加强对重点企业的监管。按照分类管理的原则，及时更新、完善江苏省CCC产品获证企业质量档案。针对本省现有CCC认证获证企业情况，结合产品监督抽查以及与认证机构信息沟通情况，确定需要重点检查的企业，要求各市局明确责任，逐家落实现场检查。对检查中发现存在严重问题的企业，立即与认证机构沟通，并督促认证机构现场检查，帮助企业查找原因，制订改进措施，督促企业落实整改。经过几年来的不断强化监管，各认证机构反馈江苏省的较差获证企业数量由3年前的431家降至2011年的185家，体现出省局对CCC认证获证企业的监管取得显著成效。二是组织开展电线电缆专项整治。根据国家质检总局《关于开展电线电缆生产企业专项整治工作的通知》，省局对全省电线电缆专项整治工作进行了全面部署，共检查强制性认证企业652家，其中停产企业74家，暂停了45家企业的90张证书，注销了38家企业的63张证书。

（二）坚持体系获证企业巡查，不断提高认证有效性

2011年，省局对各市局下达了3 500家体系认证获证企业巡查任务。各市局认真制定巡查计划，充分调动基层局实施现场巡查，明确巡查时间，落实责任人，确保巡查任务落到实处。通过巡查，帮助企业查找体系运行中存在的问题，督促企业落实改进，达到体系正常有效运转的目的。掌握认证质量情况，督促认证机构、认证人员强化自律。截至2011年11月底，全省共对3 831家体系认证获证企业实施了现场巡查。2011年9月，国家认监委组织21名检查人员，对江苏省高淳县100家获证企业开展为期一周的质量管理体系认证有效性专项检查。经检查，80%以上受检企业的质量管理体系能够做到有效运行。经过实施有效监管，质量水平得到不断提升。据统计，江苏省的质量管理体系获证企业产品质量抽查合格率在比较高的情况下，仍比没有获得认证的企业高2个百分点左右，充分说明了推进工作的现实作用。

四、强化机构建设，提升监管能力

省局积极完善监管机制，健全监管机构，落实区域监管责任制，充分发挥市县质监部门的监管作用，增强有效监管能力。

（一）健全组织机构，构建监管网络

随着市场经济的不断深化，对认证监管人员的要求也在不断提高。为进一步加快认证认可事业发展，结合全省质监系统机构改革，省局要求各省辖市增设认证监管机构，设立认证认可监督管理处。目前，各市局已全部成立认证认可监督管理处，每个市配置2～3名专职工作人员。并且划拨认证监管专项经费，每年以25%的比例递增，2011年达到400多万元，为有效监管提供了经费保障。

（二）提升监管能力，适应监管需要

为提升基层认证认可行政监管人员执法监管能力和水平，尽快掌握认证认可专业知识和工作方法，2011年，省局分2期举办了认证认可管理培训班，全系统所有认证监管人员参加了培训。培训通过理论讲解、现场示范、经验交流等多种形式，使参训同志不但可以学习专业知识，还对现场检查有了感性认识，并且可以掌握现场检查的方法技巧，尽快成为认证认可管理的行家里手，满足日显繁重的工作需要。

2012年，江苏省质监局将认真贯彻全国认证认可工作会议精神，学习借鉴兄弟省市局的先进做法，结合江苏省实际，狠抓落实，奋发进取，努力开创江苏认证认可事业新局面。

努力创新　扎实推进
有效发挥认证监管对地方经济发展的促进作用

浙江出入境检验检疫局

2011年，浙江出入境检验检疫局（以下简称“浙江局”）按照国家质检总局、国家认监委和浙江局党组统一部署，认真实践科学发展观，紧密结合浙江经济社会发展实际，积极开拓、努力创新、扎实进取，取得了一定的成绩。

一、在“双打”专项行动中全面加强认证监管工作

浙江局在“双打”的大环境下全面加强认证监管工作，突出认证监管的工作重点，取得新的成效。一是抓进口认证产品监管。组织对流通领域进口有机产品认证标志进行专项检查，共抽查销售网点50多家，进口有机产品62批，涉及12个国家和地区，查出了93.5%未加施中国有机产品认证标志，摸清了对有机产品认证制度不甚了解、口岸内地工作脱节等情况，为下一步深入开展有机产品认证监管工作探索了路子。二是抓重点认证领域监管。组织分支局开展了管理体系认证证书有效性大检查，通过利用国家认监委网站信息系统，全面核查获证企业认证证书的真伪性和有效性，共抽取证书417份，发现问题证书17份。各分支局结合日常监管情况，重点抽取了92家获证企业实施现场检查，对16家涉嫌违反认证信息宣传相关规定的企业进行执法稽查，责令3家不如实宣传认证信息的企业限期整改。三是抓敏感产品监管。开展了对64家出口玩具质量许可（注册登记）企业的专项监督检查，对286批玩具产品的监督抽查，对16家出口食品备案企业的飞行检查。开展了对60家美国FDA注册的低酸罐头和酸化食品企业的检查和清理，清理了39家失效或不符合企业，督促和帮扶21家企业进行整改提升，其中9家经验证合格被列入认监委公布的通过验证企业名单。

二、开展对认证机构的飞行检查，促进认证行为规范

2011年，浙江局首次对认证机构实施飞行检查。通过“抓两头、促中间”的方式，积极探索行之有效的监管模式，通过抓认证量多和认证量少的认证机构这两头，积极引入风险分析理念，强化跟踪检查。突出监管重点，有针对性地制定认证机构现场评审监管计划，将可能存在问题的认证机构列入重点监督对象。突击检查认证机构是否能够严格谨慎、客观公正地开展认证活动，重点关注认证机构认证过程的规范性，以及是否存在超范围开展认证等行为。2011年3月～10月，浙江局派出行政执法人员1 512人次，对90家次认证机构实施飞行检查，对387家管理体系认证企业、152家食品农产品认证企业开展了监督检查。通过这种监管方式，对检查发现的4家违法违规认证机构实施了依法查处。有效促进了认证机构更好地履行职责，提高了检验检疫部门执法监管的威慑力和有效性。

三、积极作为，创新认证有效性监管新模式

浙江局在总结多年来认证全过程执法监管工作经验的基础上，积极作为，大力推进“政府主导、部门联合、行业自律”的联动模式，促进出口企业提高产品质量保证能力。首次尝试与地方政府联合建立企业体系认证评价与奖励机制，将浙江局对企业管理体系运行和认证有效性的检查评价结果，作为地方政府对企业认证工作奖励和经费补贴的一道前置审批环节，将浙江局认证有效性监督检查结果纳入地方评选出口产品质量奖的重要依据，以优良的出口企业引领地方产业的质量提升和健康发展，有力推进了认证有效性监督检查工作的有效开展。在世界认可日活动中，浙江局结合三年来认证有效性检查情况，从浙江辖区7 000多名获证企业中评选了16家“管理体系认证优秀企业”和16名“优秀管理者代表”，在众多的获证企业中树立了标杆。浙江局在“世界认可日·浙江论坛”上向这些优秀企业和优秀管理者代表颁发了奖牌和荣誉证书，并号召获证企业以优秀企业为榜样，共同维护认证市场秩序。此次活动得到了社会各界

的一致好评，《国门时报》、钱江电视台、浙江在线等媒体对此进行了专门报道。

四、认真贯彻落实食品检验机构资质认定工作

为把食品实验室资质认定工作真正落到实处，浙江局组织召开由240多人参加的浙江检验检疫系统实验室主任视频会议，举办食品检验机构资质认定宣贯培训班，明确食品检测实验室做好体系文件的转版、内审的工作要求。在各实验室自查自纠的基础上，浙江局组织专家组对8个分支局12家实验室贯彻落实食品检验机构资质认定情况进行专项检查。进一步强化实验室依法设立、依法资质认定、依法检验、依法出具报告、依法承责、依法监督的责任。通过积极的宣传推动，浙江局所属50%的食品检测实验室通过了食品检验机构资质认定。

五、深入宣传、强化培训，努力增强认证监管人员履职本领

浙江局举办了认证行政监管、实验室管理、国外法规等6期培训班，接受培训人员480人，为新进人员、轮岗人员上岗任职提供基础培训，为业务岗位人员专业水平的进一步提升提供持续培训。加强实战本领的培养，组织开展对全省系统22名评审组长和78名评审员的见证评审和能力评价活动，有效增强了认证监管人员的履职本领，建立了一支政治强、业务精、素质高的认证监管队伍。通过多种方式，积极宣贯国家质检总局第141号令《认证机构管理办法》和第142号令《出口食品生产企业备案管理规定》，印制分发宣传小册子，主动向社会积极宣传，扩大影响，组织研究学习，领会新精神，把握新要求，结合工作实际，制定具体工作规范，为有力执行新规章打实基础。积极组织系统内外人员参加国家认监委举办的“我与认证认可十年”征文活动，选送征文作品29篇，荣获“优秀组织奖”和征文三等奖。积极采编认证认可各类信息，采用率连续四年位居全国质检系统前列。浙江局以综合评分第一的优异成绩荣获2010～2011年度全国认证认可信息宣传先进单位。

六、扎实开展认证认可课题研究和立法后评估调查工作

针对出口功能食品风险高、监管制度不健全等工作难点，立题开展了“出口功能食品备案企业风险调查”，对浙江辖区31家功能食品生产企业进行了现场调研和分析，重点对功能食品的原辅材料控制、合法使用食品添加剂、法规标准的国内外差异、行政监管链的接口等现状进行摸底，为下一步完善功能食品企业备案条件，制定有效监管措施，防范行业安全风险起到积极作用。为践行科学立法、民主立法、开门立法，浙江局抓住了法规修订征求意见的契机，在浙江辖区开展了《强制性产品认证机构、检查机构和实验室管理办法》立法后评估工作，发放调查问卷852份，召开有地方政府部门、从业机构、获证组织和地方两局共20多家单位代表参加的座谈会，收集社会各界对规章执行情况、实施效果和存在问题的反映，并结合新形势、新情况，提出修改建议，为下一步修订和完善规章提供了调查基础。

七、加强对外交流与合作，促进出口贸易持续健康发展

配合国家认监委与美国食品药品管理局（FDA）联合在浙江举办美国《FDA食品安全现代化法》研讨培训班、输美低酸罐头和酸化食品热力杀菌培训班，在企业现场开展了中美低酸罐头深度技术交流和模拟检查活动，加深了检验检疫监管人员和企业管理人员对美国食品安全卫生法规的理解，也增进了美国FDA对中方CIQ检查员技术水平和工作能力的了解与认同，架起了中国政府及企业与美国FDA沟通的桥梁，全国检验检疫系统和相关企业共计400余人参加了培训交流活动。积极做好推荐国外注册工作，采取地区局指导、全省异地评审组检查等方式帮扶浙江省更多的食品企业达到国外卫生注册要求，2011年浙江局向国外推荐食品卫生注册企业105家次，新获国外注册80家次，累计获国外注册594家次。认真迎接国外官方来华检查工作，顺利通过了韩国农林水产食品部对浙江6家水产企业的检查，通过现场检查和交流，增进了双方的相互了解和信任，促进了企业食品生产安全卫生控制水平与国际接轨。

2012年，浙江局将始终牢记认证认可服务经济社会发展的宗旨，继续不懈努力，开拓奋进，围绕国家质检总局提出的质检工作12字方针和国家认监委总体工作思路，扎实做好认证认可各项工作，为深入推进我国认证认可事业跨越发展做出新贡献。

以创新激发活力　以开拓增添动力
全力推动认证认可事业又好又快发展

重庆市质量技术监督局

2011年，在国家质检总局、国家认监委的正确领导下，重庆市质量技术监督局（以下简称“重庆市质监局”）紧密围绕“抓质量、保安全、促发展、强质检”的工作要求，按照围绕一个重点、准确把握两个关键点、切实抓好五个着力点的“125”工作思路，高奏“认证促发展、认证促和谐”行动（以下简称“双促行动”）的主旋律，创新思路、增添举措、创造佳绩，推动了重庆市认证认可事业迈步向前。

一、坚持统筹统抓，“双促行动”谱写事业发展新篇章

坚持不懈地筑固“双促行动”主载体，在年初制定“双促行动”的实施意见，把认证认可监督管理各项工作做到统一部署、层层落实，使工作任务分解落实到每一个基层局，从而形成监管合力，提升认证认可的公信力和影响力。截至2011年底，全市管理体系认证有效证书数量达到7 992张，同比增长6.8%，强制性产品认证（CCC）有效证书数量达到6 321张，强制性产品认证证书数量保持西部首位。全市资质认定获证实验室382家，同比增长11%，国家认可实验室60家，同比增长22.4%。对重庆市499家强制性产品认证获证企业进行了证后巡查，跟踪检查141家食品农产品获证企业的认证标志使用情况和679家管理体系认证获证组织认证有效性，立案查处认证认可领域的违法案件314家，案件数量同比增长8.1%。

二、坚持创新创优，四项创新性工作激活事业发展新动力

（一）创新行政许可技术把关手段

建立并推行实验室资质认定评审材料专家复查机制，集中组织专家对实验室资质认定评审组提供的评审材料进行再复查、再把关。该项复查机制自2011年4月正式推行以来，组织专家对168份评审材料从技术角度进行了复查，发现评审材料存在的200余个不足或瑕疵，有效降低了行政许可的潜在风险，提升行政许可结果的科学性和公信力。

（二）创新认证工作普及推广手段

围绕落实国家质检总局与重庆市政府签订的部市合作协议以及重庆市质监局与重庆市区县政府签订的区域合作协议，自主提出开展全市认证认可特色项目建设工作，经过基层推荐、现场调研等筛选工作，择优选择9个具有区域特色、辐射带动效应和较大社会经济效益的项目作为认证认可特色项目，安排了专项经费给予项目补助，以点带面地推进认证工作普及应用。

（三）创新认证机构违法证据收集方法

创造性地开展了认证行为的集中审查工作，对某认证机构在渝认证项目进行了统一部署、统一时间、统一要求的执法检查，收集了该认证机构的违法证据，为打击违规认证机构提供了有力证明。

（四）创新认证有效性监管新模式

在全国率先试行国家认监委、省级和基层质监局三级联动的监管模式，由国家认监委行政监管专家和区县局执法监管人员共同组成检查小组，对重庆市100家管理体系认证获证组织进行了专项检查，详实掌握了40余家认证机构在渝认证活动的情况。

三、坚持严格把关，实验室资质认定工作迈上新台阶

组织召开了“重庆市第二次实验室资质认定工作会议”，更加注重发挥行业主管部门、基层质监局、评审员等多方力量，加强实验室资质认定工作，扎实推进司法鉴定机构认证认可工作，组织召开了食品检验机构资质认定宣贯会，培训食品检验机构人员189名，培养食品检

验机构资质认定评审员33名。持续加强定期监督评审、不定期监督检查、日常监督检查和能力验证四位一体的实验室证后监管工作，定期监督评审实验室109家，区县局日常监督实验室322家，注销实验室检验资质8家，查处存在违法违规行为的实验室3家，组织了331家（次）实验室开展沥青、水、水泥等三个重点项目的能力验证活动，并推行实验室能力验证质量分析制度，召开了“2011年全市实验室能力验证质量分析会议”，邀请专家分析造成检测数据可疑和离群的原因，来自全市117家实验室的217名代表参加了会议。建立了实验室“黑名单”制度，对未参加能力验证的实验室纳入了“黑名单”并予以通报，纳入不定期执法检查范围，并责成基层局对其进行严加检查。实验室资质认定各项工作得到了国家认监委实验室资质认定行政许可检查组的高度肯定。

四、坚持能力提升，认证认可领域基层基础建设创添新业绩

（一）提升监管能力，证后监管工作更具实效

建立了强制性产品认证获证产品监督抽查制度，对全市获得强制性产品认证证书的1 212批次产品进行质量监督抽查，基本覆盖了全市所有强制性产品认证获证企业。顺利完成了国家认监委2011年强制性产品认证监督抽查工作任务，对全市汽车零部件重点流通区域所销售的23个批次机动车制动软管进行了监督抽查。开展了涉及电线电缆、儿童玩具、有机产品、实验室等领域的八大专项监督检查工作，维护认证认可工作的公信力。

（二）提升建设能力，促进基础工作更加强化

印发了《关于加强实验室资质认定日常监督工作的通知》，进一步明确了区县质监局在实验室区域监管职责和工作要求。与市公安局、市发改委和部分区县政府等累计签订合作协议25份，把推进认证认可工作作为了重要的合作内容，合心合力促进全市认证认可事业发展。完成了“全市实验室发展现状分析与对策研究”课题，承担了《强制性产品认证机构、检查机构和实验室管理办法》（国家质检总局65号令）的立法后评估工作。扎实做好信息报送和媒体宣传工作，国家认监委采用信息10篇和简报1篇，《中国质量报》和市内媒体刊登新闻稿件5篇，电视专题1个。

（三）提升服务能力，促进服务成效更加丰富

一是服务企业认证工作，重庆市质监系统帮扶指导企业开展自愿性认证达361家次。二是服务实验室建设，全面组织各基层局开展实验室“互学互访”活动，促进实验室间结对帮扶、互访互通、共同提升，近400家实验室及其行业主管部门领导参与了此项活动，实验室的参与率达到了100%。召开了实验室纠正与纠正措施专题分析会，邀请专家讲解实验室科学运用纠正和纠正措施持续改进检验检测工作的方法和技巧，促进实验室管理水平提升。三是服务认证认可行业建设，协助重庆市认证认可协会召开会员大会，开展“世界认可日”宣传活动，编印“全市实验室摄影画册”，举办重庆市检验检测实验室羽毛球比赛，努力营造检测行业文化氛围，增强行业凝聚力。

（四）提升培育能力，促进队伍建设更加有力

以“队伍建设和人才引进突破”为2011年工作主题，举办了“全系统2011年认证认可监督管理骨干人员培训班”，邀请国家认监委、浙江省质监局、成都市质监局、相关认证机构和检测检验机构的专家以及基层局的认证监管骨干人员为学员们讲授认证执法监管方法，全面增强监管队伍的“战斗力”。建立了264名评审员组成的实验室（食品）资质认定评审专家库，注重增强实验室资质认定评审员队伍的素质提升。

五、坚持精益管理，信息化监管措施科学运用迈出新步伐

一是自主研发了“强制性产品认证和自愿性认证获证组织信息管理系统”，把国家认监委的食品农产品认证、强制性产品认证、管理体系认证和自愿性产品认证等数据库与重庆市质监局自主建立的产品质量监督抽查、执法案件等管理信息系统进行有机整合，建立起动态化、信息化的认证获证组织的电子监管档案，解决了以往工作中存在的“数据更新不及时、情况掌握不全面、信息上报不准确”的问题。二是科学运用国家认监委开发的“认证行政执法信息报送系统”和“自愿性认证活动执法监管系统”，现场监督612家企业的管理体系认证现场审核活动，多次得到国家认监委相关部门的肯定。三是升级改版“重庆市检验检测实验室”网站，丰富了实验室机构信息、检测设备、标准物资供求信息等板块的内容和功能，特别增设了“珠宝质检报告查询”版块，为消费者提供了查询珠宝质检真实性和合法性的渠道，构筑了面向全社会的实验室资质认定工作宣传服务阵地。四是全面推行实验室资质认定网上申报，增强行政许可工作的便捷性和透明度。

夯实基础　典型带动　推动认证认可工作再上台阶

四川省质量技术监督局

2011年，四川省质量技术监督局（以下简称“四川省质监局”或“省局”）在国家质检总局和国家认监委的正确领导下，认真贯彻落实全国认证认可工作会议精神和“抓质量、保安全、促发展、强质检”十二字方针，扎实开展认证认可，做了大量工作，取得了一定的成效。

一、四川省认证认可工作基本情况

四川省委、省政府高度重视认证认可工作，《四川省国民经济和社会发展第十二个五年规划纲要》明确提出“开展农产品质量认证和检验检测，保障农产品质量安全”、“大力发展生态农业，积极开发无公害农产品、绿色食品、有机食品和农产品地理标志产品，满足居民日益提高的食品健康需求”。截至2011年底，全省共有各种认证证书24 587张，其中，强制性产品认证证书6 654张；管理体系认证证书15 916张；食品农产品认证证书2 017张。有2个县被国家认监委表彰为国家有机产品认证示范县称号，良好农业规范获证企业32家，有机产品认证464家，危害分析与关键控制点（HACCP）体系认证205家，居西部前列。获资质认定实验室980家，创历年新高。

二、四川认证认可工作的主要做法

（一）抓基础，夯实质量保安全

1.严格强制性产品认证监管

认真开展强制性产品认证监管，重点监管列入强制性产品认证（CCC）目录范围的汽车配件等7类产品，加大家电下乡中标产品CCC认证市场的核查力度。按照国家认监委的部署，对获得CCC认证的MP3/MP4录放机产品开展了专项监督抽查，严把强制性产品认证市场准入关。全年完成强制性产品认证企业建档、巡查、监管三个100%，建档1 000余家。

2.严格管理体系认证监管

组织开展管理体系认证有效性监督检查，对全省获证企业的基本情况进行收集并汇总，摸清家底。根据领导指示和调研情况，将监督检查比例由5%提高到10%，全年监督抽查762家。

3.严格食品农产品认证监管

组织在全省范围内对所有有机产品获证企业进行了拉网式排查，并接受了国家认监委有机产品认证的监督抽查。四川省在食品农产品认证监管上的做法得到了国家认监委的首肯，在全国食品农产品认证工作会议上四川局也做了经验交流发言。

4.严格检测机构资质认定及监管

认真做好检测机构的资质认定审查、发证工作，进一步强化证后监督检查，改变重发证、轻监管的现象。2011年发证228家，监督检查170家，实验室自查近500家，开展了3个项目的能力验证。进一步促进国检、省检中心的建设管理力度，巩固检测工作整顿成果。认真抓好食品检测机构资质认定工作，组织召开会议进行政策宣贯和工作部署，确保了食品检测机构资质认定工作的顺利开展。

（二）抓典型，开拓创新促发展

1.积极开展有机产品示范县创建工作

一是组织开展了创建活动调研工作，摸清了全省有机产品认证基本情况；二是鼓励有机产品生产规模大、数量多的县区开展创建活动；三是指导有争创实力的西充、旺苍等县政府制定了有机产业规划，发布了相应配套扶持政策；四是提出了创建工作的具体标准和要求，指导申报单位严格按照要求进行标准化生产，严格控制有机生产禁用物质流入有机生产区域，对生产全过程实施质量安全监控。经过用心和努力，四川省西充、旺苍两县荣获国家“有机产品认证示范县”称号，在首批创建成功的11个名额中占据了宝贵的两席，得到了四川省委、省政府的充分肯定。

2.积极开展“下基层、访民情、强质检”认证服务

多次组织相关认证专家，对绵阳市某土鸡养殖场进行

帮扶，鼓励农户积极申报绿色食品认证，并现场为农户提供了质量指导和农产品认证方面的咨询；与有关部门协调，牵头连线超市与农户的商品采购等事宜，帮助农户打开产品销路，提升了认证手段服务农民致富增收的影响力。

3.积极开展司法鉴定资质认定工作

全面完成了司法鉴定三年试点工作，全省52家司法鉴定机构通过了资质认定。与省司法厅联合针对四川少数民族地区司法鉴定机构资质认定工作进行了调研并做出调研报告，决定在政策制定、硬件建设、队伍培养等方面给予民族地区支持和帮助，促进民族地区鉴定机构资质认定工作的开展。

4.积极开展节能减排认证工作

将推进环境管理体系、能源管理体系认证等认证认可工作纳入《四川省"十二五"质量发展规划》（修改稿），起草了《四川省合同能源管理项目节能量审核机构管理办法》（试行），对加强对节能技术改造和合同能源管理项目节能量审核机构的管理提供了有力的依据。四川天华股份、启明星铝业两家公司通过了能源管理体系认证。

（三）抓素质，建设队伍强质检

1.加强评审组长培训

组织对26名评审组长进行业务培训，强调了评审组长要充分认识实验室资质认定工作在经济社会发展中的地位和作用，充分认识现场评审在实验室资质认定工作中的重要性，增强做好评审工作责任感和使命感。

2.加强评审员培训

选派3名技术专家到北京进行了食品检验机构资质认定评审员暨师资培训。举办了食品检验机构资质认定评审员培训班及实验室资质认定评审员新增、换证培训班3期，培训评审员225人次，提高了四川省评审员队伍的整体素质，建立了一支以技术专家为骨干，年龄结构合理、分布均衡、科学规范的评审员队伍。

3.加强认证监管人员培训

组织市州局认证监管人员22人次参加国家认监委举办的认证监管培训，进行了管理体系标准、行政认证监管要点、强制产品认证监管、CCC目录内产品界定等知识的培训，进一步增强了各单位认证监管能力。

三、几点体会

（一）与政府中心工作结合是认证事业发展的基础

服务政府中心工作，推动地方经济发展，争取地方政府支持就是认证工作的切入点。2011年，省局把认证工作作为推进"质量提升"和"质量兴川"的重要手段，以政府中心工作为抓手，以"世界认可日"、"食品安全宣传周"等活动为契机，以主流媒体为载体，着力促成认证对企业发展重要作用的宣传导向，争取了社会各界及广大企业对认证工作的关注和支持，为认证工作创造了良好的工作氛围和发展环境。结合节能减排目标，跟进抓好省政府明确的12个行业、266户企业落后产能的淘汰工作，积极推动节能减排有关的认证，促进产业结构优化升级，推动四川省新能源等战略性新兴产业的可持续发展，积极推进食品检测机构资质认定工作，确保食品安全检测质量。

（二）创新监管格局是促进认证事业发展的手段

2011年，省局坚持创新认证工作的工作机制、工作方法，深入推进"四位一体"的认证执法监管长效机制，积极推行"两级监管、重心下移"和"区域实施、齐抓共管"的工作格局。着力于从监管体制机制建设和创新认证执法监管模式方面进行总结，不断提炼工作中的成功经验和做法，不断调整工作方法和手段，在抓落实认证监管工作的主动性、连续性、实际性上下功夫，在关键环节和薄弱部位上求突破，强化日常监管，做亮典型工作，优化监管格局，发挥部门合力，有效促进了认证工作的发展。

（三）确保有效性是保障认证事业发展的根本

在认证工作实践中，省局深切地感受到确保认证有效性、可信度至关重要。目前，加强认证监管、防止暗箱操作，解决认证标志防伪难题，打击有机产品造假夸大、虚假宣传，有机产品标志不规范等问题，成为了媒体聚焦的热点。社会和消费者对CCC认证、食品农产品认证的认知度迅速上升，但由于利益趋动，一些认证机构存在权力寻租、乱发证现象，一些企业也存在单纯只为取证，取证之后不按体系运行，这些都严重影响了认证工作的声誉。我们深刻认识到，有效性、可信度是认证工作的根本，缺失这个根本，认证寸步难行，更不要说发展。同时要提高认识，以高度的责任感、使命感和危机意识，从严把关，严查严管，切实维护好认证工作的有效性，可信度。要出重拳，用重典，打击认证违法犯罪行为。特别要研究破除认证工作中的利益格局，解决权力寻租的问题，让"谁发证、谁负责"落到实处。

省局决心按照国家认监委的要求，借鉴各兄弟单位好的经验，结合四川省工作实际，持续、深化、抓实、做亮，立足长效、注重发展，进一步完善制度、强化监管措施，努力推动四川认证事业再上新台阶。

借力地方政府　助推贵州认证认可工作全面发展

贵州省质量技术监督局

贵州省质量技术监督局（以下简称“贵州省质监局”或“省局”）认证认可工作在贵州省质监局党组的领导下，按照国家质检总局和国家认监委的各项工作部署，全面贯彻落实全国认证认可工作会议精神，坚持“抓质量、保安全、促发展、强质检”的工作方针，结合贵州省实际，主动服务地方经济发展，努力争取地方政府支持，开创了贵州认证认可工作新局面，2011年贵州省认证认可工作取得了一定成绩。

一、围绕中心，创新机制，全面深化认证认可工作

认证认可工作是质量监管的基础和前提，作为质量监管链条上重要的一环，对促进质监事业科学发展，保障质量安全具有不可替代的作用。各级质监部门，要完成好国家质检总局、国家认监委以及地方各级政府交办的各项工作任务，就必须要得到各级地方政府、各级领导的认可和支持。

（一）将认证认可工作纳入省局和各级政府目标绩效管理

为了有力推动贵州省认证认可工作全面、深入开展，贵州省质监局每年按照全国认证认可工作会议精神，结合地方经济发展工作需要，认真制定年度工作计划和实施措施，将重点工作纳入到省局及各级政府目标绩效考核中。年终省局对各市（州）局进行目标绩效考核，各市（州）局对县（市）区局进行目标绩效考核，同时各级政府对各级质监局开展目标绩效考核。由此，在组织上明确了职责、责任上落实到人，形成省、市、县三级政府与各级质监局协调一致，围绕中心工作，共同推进认证认可工作的良好局面，从有力地推动了贵州省认证认可各项工作全面深入的开展。

（二）强化服务力度，增强认证认可工作服务地方经济发展的有效性

在开展认证认可工作中，贵州局注重与各行业的沟通协调，共同做好对重点行业、重点工作的配合与支持。工作中积极配合地方政府，做到特事特办，为促进地方经济发展、政府监管提供技术保障。

在“创先争优”、“三个建设年”活动中，贵州省遵义县政府向省质监局提出帮扶遵义县环保局监测站提高技术机构能力建设的请求。省局立即响应，由分管局领导带队，带领专家多次深入到现场办公，帮助解决了该站遇到的三个难题，在省局的帮助下该站最终顺利通过实验室资质认定现场评审，迎接国家、省环保部门组织的验收。

2011年，全国第九届少数民族运动会在贵阳召开。为了确保运动员入住宾馆卫生安全，省、市人民政府向贵阳市疾病预防控制中心下达了为全国第九届少数民族运动会运动员入住宾馆卫生疾病防治提供保障的紧急任务，要求贵阳市疾病预防控制中心将此项工作作为一项政治任务在规定时限内完成好。贵阳市疾病预防控制中心面临的现实困难是：尚未获得开展《公共场所集中空调通风系统》实验室资质认定检测资质。贵州省质监局接到贵阳市疾病预防控制中心的申请后，经认真研究，决定特事特办，并组织有关专家多次到现场开展指导，使该中心在最短的时间内顺利通过了资质认定评审，获得了此项目的检验资质。贵阳市疾病控制中特向贵州省质监局书面致谢，同时“省质监局认证监管处为九运会做好服务”的信息被省政府在网站上作专题报道。

二、借力地方政府，助推贵州认证认可工作全面发展

（一）打造平台，助推发展

贵州地处祖国西南，交通不便，经济发展相对滞后，各级质监部门基础差、底子薄。如何在逆境中贯彻落实好国务院关于加强认证认可工作的精神，有效开展认证认可监管，促进地方经济社会健康、有序发展是摆在贵州质监人面前的一道难题。

2011年8月12日，贵州省质监局与黔东南州人民政府成功签署《关于促进黔东南州经济社会发展合作备忘录》，借助与地方政府签署《合作备忘录飞》这一历史契机，成功打

造质监与地方经济共赢发展平台，实现双赢。

（二）借力政府，全面可持续发展

认证认可要得到地方政府的大力支持，就必须要紧紧围绕地方经济发展的主脉，为地方经济发展搞好服务。

1.围绕地方经济发展，认真开展调研

贵州省黔东南州自然条件得天独厚，有机农业发展迅速，有机产品产量不断增加、规模逐年扩大，截至2010年底，无公害农产品产地102个，产品56个。畜牧业产地47个，产品18个，在这些企业中就有48家企业获得食品农产品认证证书。黔东南州质监局在开展广泛调研的基础上，对具有代表性的黎平县侗乡米业有限公司、贵州青酒集团有限责任公司和贵州敬旺绿野食品有限公司3家企业进行了全面、深入的分析。通过调研发现，这3家企业在通过认证以后，提高了竞争力，扩大生产规模，增加了产值，带动了农民就业，促进了地方经济发展。

通过对3家企业实施认证前后经济效益对比分析，并结合地区资源优势，同时围绕地区产业经济结构优化调整和实施，黔东南州质监局组织开展全州认证认可获证企业调研，撰写了《黔东南州认证工作情况调研报告》，深入分析了认证认可工作对促进全州产业发展的重要性和必要性，《调研报告》报黔东南州人民政府，得到了州政府主要领导的肯定。

2.争取地方政府支持，将认证认可工作由部门行为上升为政府意志

《黔东南州认证工作情况调查报告》报黔东南州政府后，分管副州长立即作了“可专题研究一次”的批示。州政府主持州发改委等17个部门负责人召开专题会议，讨论《调研报告》，组织召开州长办公会议，专门听取了州质监局就加强认证认可工作推动州经济社会发展的汇报。会议形成《黔东南州人民政府关于加强认证认可工作，推动我州经济社会发展的意见》，并以黔东南州人民政府的名义下发全州。黔东南州州长对贯彻落实好《意见》做了三点指示：一是该《意见》起草得好，质监部门一定要牵好头；二是各职能部门要积极配合，共同推动《意见》的实施；三是在“十二五”期间，全州有机产品、绿色食品、无公害农产品认证数量要占全州标准化、规模化种植、养殖总数的80%以上。

《黔东南州人们政府关于加强认证认可工作，推动我州经济社会发展的意见》从充分认识加强认证认可工作的重要意义、工作目标、主要任务、工作措施、组织保障五个方面作出具体要求。在工作目标中，力争在“十二五”期末，积极支持、鼓励、引导工业企业、农业、服务业以及行政管理部门、单位通过管理体系认证；强制性产品认证生产企业100%全部获证；无公害农产品、有机产品、绿色食品认证数量占全州标准化、规模化种植、养殖总数的80%以上；实验室（指向社会出具有证明作用的数据和结果的实验室）100%依法获得资质认定；树立一批认证机构、实验室品牌，认证、检测结果公信力、采信度明显提高。在工作措施中，一是实行认证优惠政策；二是加大认证监管和执法力度；三是推行认证机构信息通报制度；四是完善认证结果责任追究机制；五是建立激励和保障机制，把认证专项工作经费列入同级财政预算，保障认证工作健康、有序发展。对通过管理体系认证的企业和单位，每项由同级财政一次性给予1万元人民币奖励，通过有机食品、绿色食品、无公害农产品等认证的企业，由同级财政一次性给予2万元、8 000元和5 000元人民币奖励。在组织保障方面，一是由质监局为联席会议召集单位，每半年召开一次会议，研究解决认证认可工作中的重大问题，引导企业加强认证认可工作，推动经济社会可持续、更好更快发展；二是制定了《黔东南州认证认可工作联席会议制度》，确定各成员单位组成人员和联络员名单；三是认证认可专项工作经费列入同级财政预算。截至2011年底，黔东南全州17个县（市、开发区）正在积极向各级政府争取工作经费支持。

该《意见》的实施，得到地方政府大力支持，对全州加速发展、加快转型、推动跨越具有重要意义，标志着黔东南州认证认可工作得到政府的肯定。

三、加大宣传力度扩大认证认可工作的影响

省局在扎实有效开展认证认可各项工作的同时，积极向国家认监委、省局、新闻媒体报送全省认证工作信息，让上级有关部门、社会各界及时了解贵州省认证认可工作开展情况。其中“买玩具请认准CCC标志”，被贵州省都市报刊登。电线电缆、电插座等强制性认证（CCC）产品生产过程中，就标准变更等问题答百姓观众，并于2011年6月18日贵州省电视台法制频道播出。在开展世界认可日宣传活动中。先后组织18场“认证认可与政府监管工作的支撑”为主题的宣传活动。全省出动宣传人员196人（次），发放宣传资料7 000多份，张贴宣传画300多张，悬挂横幅18幅，接受群众咨询5 000多人（次）。

贵州省在开展认证认可工作中进行了一些有益尝试，取得一定的成绩，希望今后进一步得到各级领导的信任、支持，得到各兄弟省市的帮扶，使贵州省认证认可工作更上一个新台阶。

夯实基础　创新发展
努力构建云南特色的安检机构监管新机制

云南省质量技术监督局

2011年，云南省质量技术监督局（以下简称“云南省质监局”或“省局”）围绕全省经济社会发展大局，以“提升机动车安全技术检验质量，服务和保障道路交通安全”为目标，着力夯实基础、加强协作、强化监管、提升能力，在做好国家质检总局规定动作的基础上，不断开拓创新，努力构建云南特色的安检机构监管新机制。

一、全力加快安检机构资格许可工作

云南省质监局联合省公安交通管理部门，综合运用印发实施意见、监督检查和行政执法等方式，加快解决了安检机构管理体制转变的遗留问题，督促无证、超范围、擅自新增检测线的安检机构申领资格许可证书。一是对有多个检测场所的安检机构，督促尽快完善每个检测场所的独立法人资格，分别进行资格许可的申请、受理、审核、批准。二是对已经取得资质认定而没有获得资格许可的安检机构，经各州、市质监局和交警支队签署意见确认后，可以报省局审批。三是对已经列入设置规划，但需新建、迁址、增线的安检机构，经各州、市质监局和交警支队签署意见确认后，报省局征求省交警总队意见后批准。截至2011年底，云南省获得资格许可证书的安检机构有164家，完全社会化的安检机构140家，从根本上杜绝了无证检验现象。

二、认真完成普查专项行动任务

2011年，按照国家质检总局开展“三查三看”专项行动的要求，云南省质监局局积极会同省公安机关，完善联合监督检查制度，细化实施方案，对全省安检机构开展了拉网式普查。在安检机构自查和州（市）质监、交警支队联合检查的基础上，省局联合省交警总队再次抽调16个州（市）质监局分管副局长/科长、车管所（科）长36人联合组成7个检查组，对全省12个州市51个汽车安检机构资格管理工作进行了交叉检查。交叉检查采取在省交警总队集中受领任务，统一行动，结束时省局集中汇报检查结果的方式进行。

三、创新安检机构监管新机制

一是统一部门管理。省局对安检机构检验资格许可和计量认证工作实行“一个部门统一管理，同一人员具体负责”的模式。采取“双证一并受理、一并审核发证”的方式，积极督促计量认证和资格许可证书有效期满的安检机构，按时提出申请。

二是完善许可文书。结合云南实际，省局认真梳理了行政审批程序。对现行安检机构资格许可有关文书、表格内容进行修改完善，并以正式文件印发，规范了现场审查和资料评审行为，完善了计量认证与资格许可有机衔接制度。

三是健全联合监管机制。省局积极联合本省公安机关，建立了省、州（市）、县三级安检机构监管工作领导小组，开展本地区机动车安检工作专项整治和日常监管工作。建立机动车安检工作联席会议制度，定期召开工作会议，及时通报信息，在各自职责范围内采取措施，切实加强安检机构监管和机动车安全技术检验工作。

四是建立层级监管档案。省局完善了安检机构监管档案，建立了省、州（市）、县三级监管档案。明确档案内容必须包括：辖区内安检机构台帐、自查报告、年度工作报告和整改措施，安检机构上报的完整检验结果、报告电子档案、专项整治检查表和报告等记录文件，联合成立安检机构监管工作领导小组的文件和定期召开联席会议纪要等记录资料，组织开展的相关培训记录、不定期的监督检查等记录资料以及群众投诉调查处理资料等。

五是公开质量承诺。省局要求每一个安检机构在显著位置公示检验标准，同时要求建立质量承诺制和服务机制，设计了《质量承诺书》样式供安检站参考，简化工作流程，接受社会监督。

六是建立日常投诉举报协作机制。省局要求每一个安检机构都建立12365和当地质监部门的投诉举报电话，使用“一会四书”的形式（“一会”指监管情况分析会或通报会；“四书”指报告（通报）书、限期整改通知书、整治督办书、质量承诺书）传递到政府、交警、安检站等单位。

四、加强全方位考核培训

一是加强了监管人员能力提升。省局组织了对全省16个州、市质监局分管副局长和科长，以及所有安检站长和质量/技术负责人共计237人的培训活动。组织大家认真学习了国家质检总局文件、相关检测标准、现场检查与审查重点等安检机构管理的重要内容，全面提升了云南省机动车安检工作的监管质量。

二是建立了审查员队伍。省局对符合申请条件的136名人员进行了考核，考核合格的有125名，对其中109名审查员经过了注册登记，建立了云南省机动车安检机构审查员专家队伍。

三是加强了检验员的考核验证。省局严格检验员准入管理，设计实施了5门专业的理论考核，实作考核采取分检验小组，全过程实作模拟机动车安全技术检验的方式进行，对考核合格的417人颁发了检验员证。

四是对授权签字人实施主任检验员的考核验证。省局传承了对授权签字人（质量负责人、技术负责人）关键岗位人员实行主任检验员资格考核验证活动。注重对学员职业素养、文化素养、工作职责的理解，安排学员小组讨论和个人撰写技术小论文。组织学员小组进行场景案例分析，重点考评学员在实际工作中对检验报告和检验结果审核把关能力，发现、分析和解决检测报告的问题的能力。

中国检测机构科学发展战略研究

国家认监委认证认可技术研究所

一、研究背景

(一)项目提出

本研究所称"中国检测机构"是指获得国家认证认可监督管理委员会实验室资质认定证书的,对产品、过程和服务开展检测活动,向社会出具具有证明作用的数据和结果,并依法承担法律责任的技术机构。

截至2011年底,我国各类经资质认定的检测机构25 669家,从业人员达40余万人。多年来,我国检测机构多数由国家投资成立,卫生部、农业部、环保部、交通运输部、住建部、铁道部、水利部、海关总署、国家质检总局、国家食药局等部门都建有本行业的检测体系,使得我国检测机构长期以来存在分头管理、重复建设和投资分散等问题。例如,仅食品检测领域,就涉及卫生、农业、质检、工信、食药等部门均有相应的检测机构。

2001年11月10日,中国加入世贸组织以后,承诺2003年11月10日允许中外合营检测机构进入中国,2005年11月10日允许外国检测机构在华设立分公司,使得国外独资检测机构从检测地域到检测领域均对我国检测行业形成了较大冲击。

随着我国社会主义市场经济的不断完善,检测机构服务国家经济发展、保障社会稳定和人民生命健康安全的作用越来越重要,特别在提升我国产品质量,突破国外技术壁垒方面起着重要的支撑作用。为推动我国检测机构科学发展、统一协调、理顺关系、明确职责、合理定位,提出促进我国检测机构科学发展的建议。2009年底,国家质检总局专门立项,委托国家认证认可监督管理委员会认证认可技术研究所牵头组织相关单位启动"中国检测机构科学发展战略研究"项目,原国家质检总局王勇局长对此项目给予了专门批示,支树平局长、孙大伟副局长也希望该项目能提出建设性措施建议。

2011年12月,"国务院办公厅关于加快发展高技术服务业的指导意见"(国办发[2011]58号)明确"检验检测服务"为高技术服务业,"中国检测机构科学发展战略研究"项目的完成,为我国检验检测行业的发展提供了前瞻性的建议。

2012年4月,国家统计局发布"关于印发部门服务业财务统计报表制度的通知"(国统字[2011]40号),首次将"检验检测"纳入"服务业统计"范畴,"中国检测机构科学发展战略研究"项目为该项工作的开展提供了技术支撑。

(二)组织实施

本项目由国家认监委认证认可技术研究所牵头,共设立9个子课题,分别是:

(1)中国检测机构管理体制及科学发展研究(武汉大学质量发展战略研究院承担);

(2)中国检测机构运行机制及科学发展研究(北京交通大学战略研究所承担);

(3)出入境系统检测机构现状分析及科学发展研究(山东检验检疫局承担);

(4)质量技术监督系统检测机构现状分析及科学发展研究(沈阳产品质量监督检验研究院承担);

(5)行业检测机构现状分析及发展研究(中国农科院质量标准研究所承担);

(6)国外检测机构现状分析暨中国品牌检测机构发展研究(中国检验认证集团承担);

(7)中国检测机构对经济社会发展影响评价研究(上海质量管理科学研究院承担);

(8)中国检测机构科学分类标准研究(国家认监委认证认可技术研究所承担);

(9)中国民营检测现状分析及科学发展研究(华测测试技术研究院)。

(三)项目成果

1.考核指标

本项目需提交《中国检测机构科学发展战略研究报告》、《中国检测机构管理体制及科学发展研究报告》、《中国检测机构运行机制及科学发展研究报告》、《出入境系统检测机构现状分析及科学发展研究报告》、《质量技术监督系统检测机构现状分析及科学发展研究报告》、《行业检测机构现状分析及发展研究报告》、《国外检测机构现状分析暨中国品牌检测机构发展研究报告》、《中国检测机构对经济社会发展影响评价研究报告》、《中国检测机构科学分类标准研究报告》、《中国民营检测现状分析及科学发展研究报告》等10份课题研究报告，发表论文3篇。

2.完成情况

经研究，完成了《中国检测机构科学发展战略研究》总报告1份及各相关子课题研究报告9份，发表论文12篇，提出国家标准建议草案一份，超额完成了既定的项目任务要求。

二、研究发现

（一）基本情况

为客观了解我国检测机构整体现状，项目组邀请国家相关政府部门、地方主管部门、相关科研院所和国内外检测机构参与了课题研究，在不同地域、不同行业召开了多种类型的研讨会，走访了大量各类型的检测机构，获取了第一手的研究资料。

1.主要行业检测机构情况

截至2011年底，我国各类检测机构25 669家，主要分布在：住建系统（4 562家）、环保系统（3 587家）、质检系统（3 443家）、交通系统（3 024家）、卫生系统（2 749家）等行业。表1列出了主要行业的检测机构数量和检测人员数量，表中不包含石油石化、铁道、水利、商务等较小行业的检测机构。

表1 主要行业检测机构数量及人员情况

排序	部门（行业）	检测机构数量（家）	检测人员总数（名）
1	住建系统	4 562	46 770
2	环保系统	3 587	60 698
3	质检系统	3 443	93 790
4	交通系统	3 024	6 000
5	卫生系统	2 794	27 600
6	农业系统	2 225	22 977
7	食药系统	682	21 656
	小计	20 317	279 491

2.各省、自治区、直辖市检测机构情况

按照资质认定分类，中国检测机构分为26个行业，遍布全国31个省、自治区和直辖市。参照2005年国家检测资源统计数据表格设置，2011年底各省、自治区、直辖市检测机构数量及对应的平均生产总值如表2所示。

表2 各省、自治区和直辖市检测机构数量及对应的平均生产总值

地区	检测机构数量（个）	地区生产总值GDP（亿元）	平均每个检测机构对应的地区生产总值（亿元）
广东	1 894	52 674	27.81
山东	1 725	45 429	26.34
河南	1 697	27 232	16.05
江苏	1 431	48 604	33.97
河北	1 393	24 228	17.39
湖南	1 387	19 635	14.16
浙江	1 351	32 000	23.69
湖北	1 021	19 594	19.19
四川	986	21 027	21.33
辽宁	927	22 026	23.76
江西	896	11 584	12.93
云南	851	8 751	10.28
北京	845	16 000	18.93
陕西	820	12 391	15.11
黑龙江	805	12 504	15.53
内蒙古	772	14 246	18.45
安徽	772	15 110	19.57
上海	760	19 196	25.26
吉林	753	10 531	13.99
广西	721	11 714	16.25
山西	610	11 100	18.2
福建	572	17 410	30.44
贵州	543	5 702	10.5
甘肃	473	5 000	10.57
天津	436	11 191	25.67
重庆	374	10 011	26.77
海南	238	2 515	10.57
新疆	229	6 475	28.28
宁夏	227	2 061	9.08
青海	107	1 635	15.28
西藏	53	606	11.43
合计	25 669	—	—

3.国内检测市场格局

根据研究分析，2010年我国检测市场总规模达到650亿元人民币，国有检测机构利用国有资源优势和行业授权占据了57.40%的市场份额；外资检测机构利用成熟的市场运作和品牌效应以及在出口贸易检测业务中的天然优势占据了市场31.95%的份额，民营第三方检测机构起步晚，资本实力小，品牌效应弱，但经过几年的快速发展，市场份额也占到10.65%，详见表3所示。

表3 国内检测机构市场格局及占比情况

检测机构类别	健康与环保检测业务		贸易符合性检测业务		其他检测业务		小计	
	金额（亿元）	占比	金额（亿元）	占比	金额（亿元）	占比	金额（亿元）	占比
国有检测机构	174.43	81.13%	27.02	14.22%	171.65	70.06%	373.10	57.40%
民营第三方检测机构	24.51	11.40%	23.12	12.17%	21.59	8.81%	69.23	10.65%
外资检测机构	16.06	7.47%	139.86	73.61%	51.76	21.12%	207.68	31.95%
合计	215.00	100%	190.00	100%	245.00	100%	650.00	100%

（二）发现问题

通过对广泛调研情况的系统分析，发现目前我国检测机构要实现科学发展，主要面临的问题是：制度层面缺乏顶层设计和统筹规划；发展层面定位不清晰，与市场需求脱节；技术层面自主创新能力严重不足，自主品牌检测仪器开发能力薄弱；市场竞争层面，机构发展严重不均衡，对外资检测机构缺乏明确限制，甚至影响到国家安全。

1.中国检测机构发展缺乏统筹管理，急需在国家层面做好顶层设计

从检测机构宏观管理角度看，我国检测机构管理在国家宏观层面缺乏统筹规划管理部门，存在对检测机构规划不清、投入不清、状况不清、市场不清的现象，体现在国家管理缺失、部门管理失衡、市场调节无力、资金投向不明等问题。在资金投入方面，国家财政部在部门预算设置上未设立独立账目，各个建立检测体系的政府部门分头从财政部申请“能力建设经费”，财政部以“能力建设经费”名义将国家资金给各政府部门，各部门将其中部分资金投向其系统的检测机构和仪器设备上，使得国家在资金投入上一本糊涂账，造成国家对检测能力发展资金的失控。

除国家层面外，各省市地方也存在着与国家对应的盲目投入现象。调查中发现，某一地方实验室，员工仅4人，却拥有总值4 000万元的仪器设备，且闲置现象严重，在这种情况下，2012年该实验室还成功申请资金1 500万元作为新增实验室建设投入；另外，某省的农委对该省农产品检测机构年投入从财政列支超过3亿元。

2.检测机构发展定位不清晰，机构设置与中国社会主义市场经济发展需求脱节

一是对中国检测市场总需求和发展趋势不明确。随着全球贸易一体化进程的不断加快及我国市场经济体制的逐步完善，政府、消费者、进口商对产品质量提出了更高的要求。据国家质检总局发布的产品质量监督信息，近年来我国产品质量合格率持续上升，企业质量诚信也在不断提高。由于检测是基于对产品质量信息不对称而产生的，在我国产品质量逐步提升的趋势下，进出口贸易及政府监管检测数量会逐步降低，企业对检测的需求也将减少，仅有少部分新产品开发的检测业务会有所增加，因此从我国检测机构的总体发展趋势看，目前应处于检测市场需求发展到高峰期后逐步向下调整的拐点阶段，但受制于行业统计体系不完善、专业研究投入严重不足，有关中国检测市场总需求及趋势研判还非常粗糙，缺乏科学量化依据及定期的持续跟踪。

二是对检测市场细分需求缺乏清晰的把握，无论是各自所占市场份额还是今后发展走势，均缺乏科学合理的估算和预判。从检测需求方的构成看，我国检测市场对检测机构的需求主要有三个方面：一是国内、外贸易中，由于交易双方对货物质量信息不对称引发的检测；二是政府对企业生产产品质量的监管，对产品性能、指标的委托检测；三是企业自身在产品研发、生产过程中，基于确保和提升产品质量的检测。针对这三类需求，容量到底有多大，各自占比多少，至今仍缺乏清晰分析。从政府在检测市场中的作用看，若把中国检测市场分为政府委托检测和非政府委托检测两部分，其中政府委托检测约占检测市场总额的25%，非政府委托约占75%。其中非政府委托业务中因政府委托业务衍生出的检测业务占30%，即现有检测市场超过50%的业务与政府有关。但目前政府委托检测、民营机构检测和外资机构检测在检测市场的份额仅掌握总体容量，其发展趋势需深入研究。

三是在机构设置上与市场需求严重脱节，对每一类检测市场需要设立多少检测机构始终没有明确的方针和政策指导。我国归属于各行业政府部门的检测机构，其设立大多是20世纪80年代计划经济条件下，依据相关法律法规中对质量检测的相应要求而设立的，而不是按照市场经济需求设置。譬如，质检系统检测机构是依据《产品质量法》、《计量法》、《标准化法》和《进出口商检法》相应条款设置；农业系统检测机构是依据《农产品质量安全法》相应条款设置；卫生系统检测机构是依据《卫生检疫法》、《传染病防治法》相应条款设置；环保系统检测机构是依据《环境保护法》相应条款设置；住建部是依据《建筑法》、《城市房地产管理法》相应条款设置。长期以来，这些检测机构的定位都是按照政府需求开展检测业务，与目前我国市场经济条件下的定位存在较大的差距。虽然在名称上有国家级、省级、市级和县级的检测机构，但存在职责不清、业务交叉、目标不明等问题，明显与市场需求及细分构成不匹配。

3.检测机构科技研发投入效益低下，检验研发能力和检验技术能力自主创新严重不足

根据对国外重点实验室调研发现，欧美等国在重点领域纷纷建立了具有核心检测研发能力的国家实验室，有的已成为世界著名实验室。譬如：

欧盟：欧洲核子研究中心（European Organization for Nuclear Research，通常被简称为CERN）1954年建设，是范围最大的一个国际性的实验组织，现有欧盟26个成员国参与，经费由各成员国摊派，研究人员9 000多人。拥有世界上最大的氢气泡室（BEBC），该中心对外开放的设施有科学与创新的地球和粒子物理博物馆等，全球资讯网是欧洲核子研究中心的资讯网站，该中心培育了鲁比亚、范德米尔和夏帕克等3位诺贝尔化学奖得主。

美国：加州大学伯克利分校的劳伦斯伯克利国家实验室（Lawrence Berkeley National Laboratory，简称LBNL）1931年建立，是美国乃至世界核物理学的圣地。该实验室以研究为主，其涵盖了高能物理、地球科学、环境科学、计算机科学、能源科学、材料科学等多个学科，该实验室培育了5位诺贝尔物理学奖得主和4位诺贝尔化学奖得主，每年财政经费约6亿美元。

甚至有企业的实验室也进入世界知名实验室行列，如美国贝尔实验室（Bell Laboratories）1925年建立，总部在美国纽约，它是一个在全球享有极高荣誉的研究开发机构。有研究人员20 000人，下属6个研究部，56个实验室，每年经费达22亿美元，其中10%用于基础研究。该实验室培养了一大批优秀科学家，其中获诺贝尔物理奖的先后有：发现电子衍射的戴维森，发明晶体管的肖克利、巴丁和布拉坦，创造激光器的汤斯和肖洛，理论物理学家安德逊，射电天文家彭齐亚斯和威尔逊。

回顾我国在国家级实验室的建设上也投入巨大，但成效不显著，特别是在国家整体层面上远未形成在全球具有核心竞争力的检测研发能力和检测技术能力，远远不能体现一个世界大国应有的能力和水平。

国家科技部：自1984年逐步开展了筹建“国家实验室”工作，1984年～2003年共批了10个国家实验室。2006年后，科技部又启动海洋、航空航天、人口与健康、核能、新能源、先进制造、量子调控蛋白质研究、农业、轨道交通等10个重点方向的国家实验室筹建，至今未见科技部正式发文。根据科技部要求，国家实验室依托基础好、实力强、水平高的研究型大学和科研院所，开展基础研究、高技术研究和社会公益研究。但国家实验室由于受体制问题影响，其验收标准迄今还在争议，缺乏统一管理和资质评价，其发展方向至今也不明确。

国家质量监督检验检疫总局：自1983年开始逐步建立“国家产品质量监督检验中心”，目前全国共有496家获得授权。根据国家质检总局要求，国家质检中心的建立与1983年初建时仅以“承担国家产品质量监督抽查任务为主”的要求有较大变化，现在的要求是法律地位、领先地位、权威地位、独立财务、标准制定、科研能力、检测能力、优良体系、有效检测、国家认可。虽然国家质检中心数量多、群体大，但其中具有世界级核心竞争力的实验室几乎没有，存在检测水平不一致、名称差异大和名称不规范等问题。此外，对企业实验室的利用和发展，我国至今没有明确的说法，只是规定资质认定不对生产企业实验室开放，但国家实验室认可对企业实验室却是开放的。

4.自主品牌的检测仪器开发能力薄弱，盲目购置国外仪器现象严重

据统计，检测仪器产业占全球电子工业总产值的比重不足百分之二，占全球总产值的比重更微乎其微不足万分之四，但依靠检测仪器拉动的新技术带来的附加价值却可以占全世界每年新增价值的70%～75%。检测仪器的应用遍及基础研究到生产线，对一个国家创新驱动有重要的拉动作用。

而我国在全球如此微小却影响巨大的检测仪器行业里，一直充当配角。我国现有高性能检测系统和仪器无一例外都是进口品牌。国内各大高校、科研院所实验室及行业、部委所属检测机构采购的科研测试仪器设备基本来源于美国安捷伦（Agilent）、生命科技（Life Technologies）、赛默飞世尔（Thermo Fisher）、丹纳赫（Danaher）以及日本岛津公司（Shimadzu）。近年来，随着国家加大对科技、教育和食品安全的投入力度，科技部、中科院、教育部以及农业部、卫生部、质检总局等部门在测试仪器设备上的投入逐年增长。2011年，中国购置国外检测仪器的投入涉及国务院相关部门，各省、市、县以及大量企业的实验室，从海关进口仪器统计约210亿元人民币，约占我国整个检测市场总额的1/3。

2008年，我国出现了乳制品三聚氰胺事件。该突发事件出现后，政府盲目要求乳制品企业和各类检测机构配置液质联用仪和气质联用仪，一台液质联用仪近200万元人民币，一台气质联用仪近80万元。由于政府要求和无计划的资金投入，致使很多企业和检测实验室大量采购国外仪器，造成了资金的严重浪费，通过调查目前有的企业在2008年购置相应的检测设备后，由于缺乏相应的操作人员，至今仍未使用。

目前国内的检测仪器生产商与检测机构存在同样的

弊端：数量多、研发能力弱、缺乏核心竞争力，未形成规模优势，始终处于技术追赶，尤其在产品功能实现方面存在较大的差距。致使在新技术产生而却无法测试的情况下，我们无法了解最新的技术动向。据统计，色谱仪器公司在北京就有65家，在上海也有22家，但缺乏与国外仪器制造商的竞争能力。假如，我们将每年花费的几百亿仪器采购费用投入到国内的仪器公司，必将为我国仪器的民族工业发挥更大的作用。

5.检测机构发展严重不均衡，对外资检测机构缺乏明确限制，甚至影响到国家安全

一是不同类型检测机构发展状况严重不均衡。1998年国务院机构改革以后，国内检测机构的构成可分为四类情况：第一类是仍有政府主管部门的检测机构，如农业、卫生、环保、交通、住建、质检、食药等部门，机构改革后得到了发展壮大，基本形成检测体系或网络；第二类是原政府部门改为行业协会的检测机构，其发展步伐缓慢，甚至有些机构因无稳定经费来源和固定委托业务而逐步消亡；第三类是外资检测机构随着中国加入世贸组织，逐步占有中国检测市场较大的份额；第四类是民营检测机构随着中国进出口贸易的增长、原政府部门改为行业协会的检测机构萎缩和政府部门对检测市场的开放，也有较大发展。这四类检测机构发展方式是“自由式”的发展模式，至今缺乏顶层设计，缺乏与社会主义市场经济发展相匹配的分类管理。

二是外资检测机构大举进入国内市场，无论从规模总量、成长速度还是市场竞争能力方面，相比内资检测机构均存在压倒优势，制约了国内检测机构的发展。入世前，瑞士SGS、美国UL、英国INTERTEK、德国TUV、法国BVQI等国外检测行业巨头已通过各种渠道进入中国。入世后，尤其是2006年以后，荷兰KEMA、德国VDE、日本JQA、南非SABS等机构也加快了进入中国检测市场的步伐。据统计，目前已有125家外资检测机构通过合资、设立办事处等形式落户中国。据测算，2011年国外检测机构在我国检测市场的收入超过210亿元人民币，占据了我国检测市场三分之一的份额。

以瑞士SGS为例。SGS成立于1878年，以公证检测在全球著称，在全球设立了1250个分支机构，员工67 000多名。目前在中国有50多个实验室，8 000多人。以2010年检测业务数据做对比，全国质量技术监督系统检测机构2 720个、检测收入67亿元，SGS中国公司集检测认证营业收入为31亿元，二者之间的比为：机构数量2 720个:50个，营业收入67亿元:31亿元，SGS的50个实验室相当于1 360个质量技术监督系统检测机构。

分析国外检测机构在中国实现快速发展的原因有两个方面，一是其开展的多是跨领域、跨专业、跨国界的多元化服务，从专业服务水平和工厂化检测业务量上与国内检测机构远远拉开差距；二是采取了本土化的竞争策略，在我国发展布局上以中国核心经济聚集区长三角和珠三角为中心向沿海地区延伸，再从沿海区域向内陆区域延伸。国内外检测机构相关情况对比见表4。

表4　国内外检测机构相关情况对比

种 类	国内检测机构	外资检测机构
管理方面	依靠法律法规，方针政策	依托以人为本，团队合作
品牌方面	缺乏品牌意识，集团凝合	注重品牌建设，跨国战略
资金方面	依赖国家财政，自收力弱	拓展资金渠道，国际融资
人才方面	受限编制管理，缺乏竞争	灵性用人机制，高级人才
市场方面	缺乏市场经营	擅长市场营销，培养客户
影响方面	仅限行业范围，认知面窄	拓展国际业务，知名度高

三是对外资检测机构在华开展业务缺乏明确限制。虽然，中国检测市场开放符合全球经济一体化趋势，也符合WTO规则，但由于我国在外资检测机构进入时，事先缺乏针对性研究，没有出台限制性措施，使得国外检测机构在我国检测市场从区域到行业无限制扩张，影响了我国检测机构的科学发展，也对我国经济安全、出口贸易带来不利影响。

因此，我国应对国外检测机构在华经营的范围和涉及的领域加强研究，并出台针对性的政策措施，保障我国核心经济利益。

三、总体思路与发展战略

（一）总体思路

总体目标：围绕加强质量安全、促进产业发展两大任务，建立起功能明确、治理完善、运行高效、监管有力的检测机构管理体制和运行机制，健全和完善检测服务产业体系、标准体系、统计体系和政策体系，培育一批创新研发能力强、发展动力足、检测服务水平高、具有国际影响力和国际竞争力的骨干检测集团，构建提供主体多元化、提供方式多样化的公益性检测服务新格局，形成竞争机制更加有效、质量信号充分传递的经营性检测服务市场，对经济结构调整、发展方式转变的支撑能力明显增强，基本满足建设创新型国家和全面建设小康社会的需要。

一个方向：坚持“科学分类、科学监管”发展方向。为实现不同属性、不同行业检测机构的科学发展，在深入分析研究各类检测机构发展特征的基础上，进行科学分类；稳步建立和发挥检测市场公平有效的竞争机制，形成适应社会主义市场经济特点、更加公平统一的检测机构科学监管体系。

两轮驱动："创新驱动"、"服务驱动"。要坚持把开拓创新和转型升级作为检测机构改革发展的强大动力和主要方向，破除影响检测机构和检测服务产业发展的体制机制障碍，鼓励进行多种形式的探索和实践；充分发挥市场主导、政府主管、社会力量参与的积极作用，加快检测技术进步，实现检测管理创新，不断增强各类检测机构的创新活力和服务能力。

（二）发展战略

1.公益性检测机构采取公益性战略、权威性战略和引领性战略

在功能定位上强化公益属性，深化人事、收入分配和社会保险制度改革，突出社会公益、国家安全服务作用，弥补检测产业化"市场失灵"；跟踪、参与国际标准制修订工作，发展急需的检测共性技术和关键技术，逐步掌握支撑检测产业发展核心技术与标准的制订权和主导权；组建一批国家级、公益性、专业化的检测技术研究院，强化其公共服务、成果交易、人才培养与引进等功能，对分散的检测资源进行整合利用，逐步建立规范、高效的先进检测技术转移和推广平台。

2.经营性检测机构采取集团化战略、综合化战略和国际化战略

依照政企分开、政资分开的原则，整合省、市、县级经营性检测机构，通过内部运行机制调整与改革，推动形成各省组建区域性检测集团，允许条件成熟时，实行跨行业、跨区域兼并和重组；提升专业化服务水平，积极推动业务范围向产业链上下游延伸，加速对品牌、人才、资质、研发能力、知识产权、营销网络等战略资源的整合，快速并购互补性战略资源，获取紧缺资源、拓展境外市场、提升自身的核心竞争力和品牌美誉度；研究市场化国际化经营能力，实施"走出去"战略，通过海外并购、联合经营、设立分支机构等方式积极开拓国际市场，分阶段实现国际检测市场布局不断拓展国际市场空间。

3.按照"定主体、制规则、转重心、促发展"的总体思路，建立和完善政府对检测机构和检测市场的科学管理模式

建立检测机构管理综合协调体制，加强对不同行业、领域检测机构的综合管理，转变政府职能、加强科学监管；建立与国际规则对接的监管制度体系，对不同类型检测主体进行统一规制，合理规划国有检测机构的区域布局、专业布局以及战略规划，避免受部门利益影响；转移行政管理重心，加强对机构检测行为的监管，实施多元化监督管理体系和检测机构信息披露制度，形成监管合力；促进检测产业发展，完善检测市场环境，加快建立检测产业宏观统计制度和评价体系，加强关键共性检测技术、检测设备和支撑工具研发，整合和完善现有公共服务平台。

四、政策建议

（一）加强宏观统筹管理，强化检测机构建设

在国家层面，由国家质检主管部门牵头成立检测机构改革发展领导小组。该领导小组负责检测机构改革工作顶层设计、统筹规划和组织领导，制定中国检测机构分阶段改革推进实施方案，研究解决和协调处理重大改革问题，制定外资检测机构管理政策，督促检查战略方案贯彻实施情况。农业、卫生、环保、住建、食药等行业主管部门对本行业检测机构的改革发展与战略实施负总责，健全工作机制，在国家总体部署下结合本行业实际情况，研究制定具体实施方案，细化政策措施，明确职能分工和目标责任。

国家实验室资质认定主管部门是作为国家检测机构改革发展领导小组的办事机构，负责日常管理工作，执行领导小组制定的检测机构准入、评价、退出、优化整合等各项政策措施，制定外资检测机构准入规定，建设检测资源信息共建共享平台。

构建跨部门的检验技术保障体系。推进部门内及部门间检测机构资源的有机、有效整合，优化检测资源配置，完善食品、农产品质量快速检测手段，提高检测能力。加强政府公益性检测机构和市场化检测机构建设，对涉及国计民生的产品质量安全实施有效监督。建立健全科学、公正、权威的第三方检测体系，鼓励不同所有制形式的检测机构平等参与市场竞争。对检测机构进行分类指导和监管，规范检测行为，促进检测机构完善内部管理和激励机制，提高检测质量和服务水平，提升社会公信力。支持检测机构实施"走出去"战略，创建国际一流检测机构。

（二）加强对各类检测机构科学发展的分析和研究

按照市场经济对检测机构发展的需求，我国政府管理的国有检测机构数量的比例应大幅减少，民营检测机构的行为要进一步规范，外资检测机构的数量应有所限制。

为满足中国社会主义市场经济发展需要，也为目前我国事业单位改革创造条件，应逐渐减少各部门依据法律法规成立的检测机构的数量，按照市场经济需求配置检测机构资源。中国检测机构的总数应通过整合，分两个阶段、十年内逐步整合现有检测机构，提高财政投入资金的效率，一是从2012至2017年，逐步将现有的25 000多

家调整到17 000家；二是从2017至2022年，随着市场经济的完善，最终降为1万家左右。各行业不必保留过多的行业检测机构数量，在两个阶段内，将现有占全国检测机构总数80%的国有检测机构先降低为60%，最终降低为40%，其余全部以市场化检测机构为主。以海关总署为例，共管辖4个实验室，每年投入1 200万元经费，4个实验室检测人员仅53人，其人员是公务员编制，完全按照公务员管理，其服务对象定位于国家需求，不承接市场委托检测业务，由于每年国家经费投入稳定、人员待遇有保障，每年完成了大量的海关检测任务要求，运行效率高。

为提升我国检测行业的国际竞争能力，建议建立国家层面的检测技术研究院的国家级实验室，可采取以下两个方案：

第一方案是，立足国家层面，成立“中国产品检测科学研究院”，该研究院以各类产品检测共性关键技术研究为主，跟踪国际检测技术的前沿，作为国家参公的一类事业单位管理。

第二方案是，考虑检测领域的多元化和复杂性，从行业发展的角度，分别建立“中国食品检测科学研究院”、“中国机电检测科学研究院”、“中国建材检测科学研究院”、“中国化工检测科学研究院”、“中国能源检测科学研究院”、“中国轻工检测科学研究院”，研究各专业领域的前沿检测技术，各专业研究院也作为国家参公的一类事业单位管理。各省、市、县可参照国家层面的机构建立相应的机构。

对于民营检测机构，鼓励其强化检测能力建设，建立诚信体系，规范经营行为，创建公平竞争环境，按照社会主义市场经济需求配置检测资源，注重区域经济和行业发展特点，培育检测集团，提升整体竞争能力。

对于外资检测机构，要清晰掌握其在国内的检测动态，对涉及国家公平交易、国家安全、人生安全和动植物安全等领域的检测活动，要加强监管和予以限制，强化资质管理和能力范围的审批。

（三）整合资源，强化质检系统检测机构科学发展

根据质检系统检测机构的发展现状和调研分析，必须用科学发展观的思想提出促进质检系统检测机构科学发展的模式和路径，加快推动其按事业单位改革的有关思路实现体制机制创新，通过资源整合、优化配置、强强联合，实现合力统一、科学发展。

一是科学定位质检检测机构，建立与国际接轨的政府公益实验室。通过认真研究质检检测机构的合理定位，进行体制机制创新，实现政府行为和社会中介行为的有效分离。建立政府公益实验室和社会中介检测制度，对涉及公益、安全和风险度高的产品由政府公益实验室承担，其主要任务是法定检验和公正检验，由国家管理、政府投入，人员实行公务员管理；在充分考虑好人、财、物等各项配套措施的基础上，其他质检检测机构逐步实现向社会中介检测机构转变，在良性机制激励下，积极参与市场竞争，根据市场经济发展要求从事委托检验工作。

二是政府主管部门做好检测市场准入规则的制定和实现有效监督。在沿海及发达地区市场经济发展较快，应构建政府公益实验室与社会中介检测机构并行的模式；在内地和中西部地区，则建立以政府公益实验室为主、社会中介检测机构为辅的模式。对转为社会中介检测机构的质检检测机构，在体制、机制和政策上要有所突破，自上而下谋划，在实施层面，可先进行试点，找准突破口，树立转企典范。

三是打破质检总局直属检验检疫局和各省质量技术监督局的管理体制障碍，共享检测资源，共同做大做强。通过两局检测技术机构的深度融合，促进提高检测机构综合实力，发挥质检系统整体优势。具体采取方式可先以协议、联席会等松散性合作为主，在双方逐步实现资源共享、优势互补、统一协调后，进而过渡到理事会甚至股份制形式。

（四）大力发展民族检测仪器工业，增强我国检测仪器生产国际竞争力

分析我国检测仪器与国外仪器差距的主要有几个方面，包括核心半导体器件缺失，自主芯片研发能力弱，检测仪器的共性、关键技术水平低等等。由于检测仪器整个行业规模小，属于资本密集型企业，企业如果生产规模上不去，很难生存。因此，作为技术密集型和积累型行业，面对众多的已领先很多的国外竞争对手，要把检测仪器做大做强，就要有足够多的投入，并且短期内不要期望有所回报。因此，必须要有国家战略高度的规划和相关资源的大力支撑。

建议从国家层面出发，逐步整合中国现有国有检测仪器制造商，加大对其的政策扶持力度和资金投入力度，使其做大做强；在检测仪器关键共性技术研发方面，设立财政专项资金，加大科技攻关支持力度，建立产、学、研、用相结合的研发产业化机制；严格控制购置国外检测仪器资金的审批力度，尤其是财政资金投入用于购置检测仪器的，除非性能指标差距大的检测仪器，中国已有的性能指标符合技术需求的，必须限制进口种类和台数，尽量将采购范围纳入政府采购国产范畴。建议在整合中国检测仪器制造商的基础上，将国内每年采购国外检测仪器200多亿元人民币中的一半投入到国内检测仪

器研发、生产和购置补贴。

（五）持续开展对中国检测机构科学发展的系统研究

本项目研究至今，虽然基本摸清了我国检测机构的基本情况和存在的问题，但对相关行业和领域的情况调研深度不够，还需从政府公共管理和经济学的角度开展持续性研究，可以归纳为几个方面：

一是从法律法规层面，目前实验室没有专门的法规。应尽快梳理现有与检测机构（实验室）管理相关的法律法规，废除不适应市场经济发展需要和改革方向的部门规章、法律条款，在检测机构建设、资质、运行、信息共享及检测市场监管方面，形成系统、全面的管理法律规范，起草国务院层面的《实验室管理条例》。

二是从从政策引导层面，对政府、民营和外资检测机构的发展进行科学、客观、系统的研究，提出具体的发展目标和政策建议措施。

三是从检测市场层面，准确掌握我国各方面检测市场信息。

四是从业务统计层面，加强对各类检测机构自身和业务量的适时统计工作。

地　址：中国北京朝阳区朝外大街甲10号
Address: Jia No.10，Chaowai Dajie Chaoyang District，Beijing，China
Zip:100020 Tel：010-65994482 Fax：010-65994262 Http://www.ccaa.org.cn

2011年4月1日，中国认证认可协会二届二次理事会暨第二次常务理事会在北京召开。国家质检总局副局长、国家认监委主任孙大伟，中国认证认可协会会长王凤清出席会议并讲话。

2011年8月23日，由中国认证认可协会、中国合格评定国家认可委员会共同主办的"认证提升价值——获证组织经验交流会"在沈阳隆重召开。国家质检总局副局长、国家认监委主任孙大伟，辽宁省常务副省长许卫国，中国认证认可协会会长王凤清出席会议并做重要讲话。

传递信任　服务发展
推动认证认可行业服务经济社会发展

中国认证认可协会（简称CCAA）成立于2005年9月27日，是由认证认可行业的认可机构、认证机构、认证培训机构、认证咨询机构、实验室、检测机构和部分获得认证的组织等单位会员和个人会员组成的非营利性、全国性的行业组织。依法接受业务主管单位国家质量监督检验检疫总局、登记管理机关民政部的业务指导和监督管理。

主要职能：加强社会责任监督，制定行规行约，规范行业行为，维护行业利益；调查研究中外行业发展及市场趋势，参与制定行业发展战略规划，向政府提出政策和立法建议，向社会提供信息与咨询服务；倡导科技进步，促进信息化建设，组织人才教育和培训；参与制、修订国家行业标准，并组织贯彻实施；组织国际对话，开展行业外交，促进国际合作；开展认证推广工作；编辑、翻译出版认证方面的标准、期刊、书籍、文集和资料等；完成政府主管部门交办的工作。中国认证认可协会以推动中国认证认可行业发展为宗旨，为政府、行业、社会提供与认证认可行业相关的各种服务。中国认证认可协会以提升行业素质为己任，着力于行业、企业与政府间的沟通协调，并加快国际合作步伐，努力为中国认证认可行业发展营造良好的氛围。

主要业务：包括认证人员注册、培训开发、会员服务、自律监管、技术标准和开展国内外认证认可业务交流合作等。为加强认证认可行业自律监管和推进规范化管理，中国认证认可协会成立了行业自律工作委员会和人员注册技术与申投诉委员会。中国认证认可协会还承担了全国认证认可标准化技术委员会（SAC/TC261）秘书处日常工作。此外，中国认证认可协会还与中国国家认证认可监督管理委员会共同主办了由国家质量监督检验检疫总局主管的《中国认证认可》杂志，该杂志也成为中国认证认可行业指导性刊物。

国家认证认可监督管理委员会
认证认可技术研究所

国家认证认可监督管理委员会认证认可技术研究所（简称：研究所；英文名称：China Certification & Accreditation Institute；英文简称：CCAI）是由中央机构编制委员会批准的独立法人事业单位，直属国家认证认可监督管理委员会。国家认证认可监督管理委员会是国务院授权的统一管理、监督和综合协调全国认证认可工作的行政管理部门。研究所是我国国家级从事认证认可研究的社会公益类科研机构，是国家授权的集认证认可研究、培训、咨询和信息交流“四位一体”的认证认可服务机构。

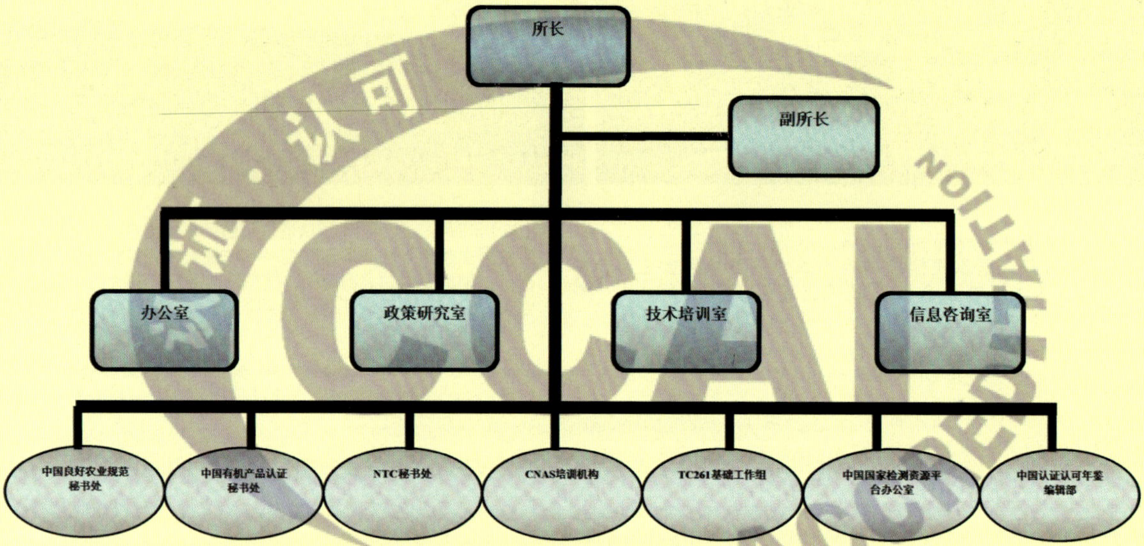

所长
副所长
办公室
政策研究室
技术培训室
信息咨询室
中国良好农业规范秘书处
中国有机产品认证秘书处
NTC秘书处
CNAS培训机构
TC261基础工作组
中国国家检测资源平台办公室
中国认证认可年鉴编辑部

工作范围：

科研
- 认证认可对国民经济和社会发展贡献率研究
- 认证认可发展战略研究
- 国家检测资源共享平台建设研究
- 中国检测机构科学发展战略研究

培训
- 中国合格评定国家认可中心（CNAS）授权培训
- 诚信管理体系培训
- 全国分析检测人员能力培训委员会秘书处（NTC）
- 实验室/检查机构资质认定和认可评审员及内审员培训

咨询
- 实验室/检查机构资质认定和认可咨询
- 实验室诚信管理体系咨询

信息
- 《中国认证认可发展报告》和《中国认证认可年鉴》编制
- 中国良好农业规范（GAP）
- 中国有机产品认证工作组
- 认证认可标准(TC261)基础工作组

地址：北京市朝阳区朝外大街甲10号中认大厦14层 邮编：100020
电话：010-65993903 传真：010-65993909 E-mail:ccai@ccai.cc

中国信息安全认证中心

China information security certification center

中国信息安全认证中心（ISCCC）是经中央机构编制委员会办公室批准成立，根据公安部、安全部、信息产业部、国家保密局、国家密码管理局、国务院信息化工作办公室、国家质检总局、国家认监委等八部委授权，依据国家有关强制性产品认证、信息安全管理的法律法规，负责实施信息安全认证的专门机构，在业务上接受国家网络与信息安全协调小组指导。

ISCCC 为国家质检总局直属事业单位，核心业务分为认证业务和培训业务两大类。其中认证业务包括：国家信息安全产品认证、IT 产品信息安全认证、无线局域网产品认证、非金融机构支付业务设施技术认证、信息安全管理体系认证、信息技术服务管理认证、信息安全应急处理服务资质认证、信息安全风险评估服务资质认证、信息系统安全集成服务资质认证、信息安全保障从业人员认证；培训业务包括：信息安全标准培训、信息安全技术培训、信息安全管理培训、信息安全法规培训、信息安全产品工厂检查员培训、信息安全体系审核员培训、信息安全管理体系咨询师培训、信息安全服务资质评审员培训、信息安全集成工程师认证培训、信息安全保障从业人员培训。

ISCCC 将秉承“客观公正，科学规范，优质高效”的质量方针，为客户提供专业认证和培训服务。

公安部消防产品合格评定中心

公安部消防产品合格评定中心（以下简称中心）为主要承担社会事务管理的公安部部属事业单位，是经国家认证认可监管部门及行业主管部门授权与认可，依法开展消防产品认证、技术鉴定、信息发布等工作的机构。中心由公安部消防局实施领导和监督管理，同时接受国家认证认可监管部门的业务指导和监督管理。

中心依照《中华人民共和国消防法》、《中华人民共和国认证认可条例》的要求，以公正的第三方身份承担消防产品认证、技术鉴定、信息发布等工作。目前，主要对火灾报警产品、消防水带产品、喷水灭火产品、泡沫灭火设备产品、灭火剂产品、消防装备产品、建筑耐火构件产品、汽车消防车等产品实施强制性认证；对灭火器、防火门、消火栓、消防水枪、消防接口、消防应急灯具、防火阻燃材料、可燃气体报警设备、水雾滴灭火设备、自动寻的喷水灭火装置、感温自启动灭火装置、预作用报警阀组等产品实施认证（包括型式认可）；对新研制的、且尚无国家标准和行业标准的消防产品实施技术鉴定；负责消防产品质量信息发布工作，建设和维护“中国消防产品信息网”。

中心设主任一人，副主任一人。中心下设综合管理部、业务一部、业务二部、技术监督部、工厂检查管理部、财务部、档案管理室、消防产品公共信息服务部、内部审计组；设立技术评定委员会及负责日常工作的秘书处，实施产品认证、技术鉴定的专业评定工作；为切实保证中心独立、客观、公正、科学地以第三方地位开展业务工作，中心设立由与消防产品认证有利害关系的各方代表组成的公正性保障委员会。

中心现有1700余平方米的办公场所及保证业务正常运行所必需的办公设施、设备、环境条件。

中心现有工作人员50余名，管理人员、技术人员和工厂检查员均能满足所从事的产品认证、技术鉴定、信息发布等工作需要。

中心将消防产品检验工作，分包给已获中国合格评定国家认可委员会（CNAS）认可的国家消防电子产品质量监督检验中心、国家固定灭火系统和耐火构件质量监督检验中心、国家消防装备质量监督检验中心和国家防火建筑材料质量监督检验中心，并按有关规定对其承担的消防产品质量检验工作实施监督。

中心始终信守“客户至上，诚信第一”的理念和“公开、公平、公正”的承诺，贯彻“依法执业，勤政为民，廉洁自律”的原则，坚持“公正、客观、规范、严谨、持续改进”的质量方针，牢固树立“大局意识、法治意识、风险意识、服务意识和接受群众监督意识”，不断提高机构自身的“以公正客观的消防产品认证结论保障认证质量符合社会需求的能力；以持续改进的认证质量管理体系推动行业技术进步的能力；以科学可靠的智力技术支持提升消防监督管理水平的能力；以优质高效的合格评定工作服务于社会经济发展的能力”建设，为保证消防产品质量，保护公民生命财产安全，推进国家经济建设做出积极的贡献。

中心主任：东靖飞
地　　址：北京市东城区永外西革新里甲108号
电　　话：010-67274320/67274308
传　　真：010-87278660
邮　　编：100077
网　　址：http://www.cccf.net.cn
电子邮箱：cccf@263.net

SGS是全球领先的检验、鉴定、测试和认证机构

总部位于瑞士的SGS集团创建于1878年，是全球检验、鉴定、测试及认证服务的领导者和创新者，也是公认的品质与诚信的全球基准。SGS集团在全球拥有1,350多个分支机构和实验室、70,000多名员工，服务网络遍及全球。

SGS通标标准技术服务有限公司是SGS集团和隶属于原国家质量技术监督局的中国标准技术开发公司共同建成于1991年的合资公司，在中国设立了50多个分支机构和几十间实验室，拥有10,000多名训练有素的专家。

SGS的服务能力覆盖农产、矿产、石化、工业、消费品、汽车、生命科学等多个行业的供应链上下游。近年来，我们在环境、新能源、能效和低碳领域不断创新、锐意进取，致力于以专业的检测和认证服务推动经济、环境和社会的和谐共赢，为国内外企业、政府及机构提供全方位可持续发展解决方案。

作为优秀的企业公民，SGS始终以负责任的态度经营企业、回馈社会。如在甘肃贾家沺地区援建校舍并长期派驻支教员工，切实改善当地教育条件；对办公场所进行能效评估和改造，减少碳排放；并在全国各分支机构持续开展捐资助学、扶贫帮困、赈灾救危、保护环境等公益活动。

凭借卓越的服务和可持续发展实践，公司荣膺“最佳检验认证机构奖”、“最受信赖的外贸服务商”、“跨国公司中国贡献奖”、“快速反应公司奖及服务创新奖”、“中国最佳服务特色奖”、“中国外贸贡献奖”、“中国质量诚信企业”、“社会责任优秀企业”、“中国最佳人力资源典范企业”、“最受企业欢迎培训机构”等荣誉，成绩斐然，贡献卓著。

业务范围

- 消费品检测服务
- 国际认证服务
- 工业服务
- 汽车服务
- 石化服务
- 农产服务
- 矿产服务
- 环境服务
- 生命科学服务
- 政府及公共机构服务

联系我们

北京
地址：北京市海淀区阜成路73号世纪裕惠大厦16层
电话：+86 (0)10 6845 6699

上海
地址：上海市宜山路889号3号楼
上海宜山路900号B幢15楼
电话：+86 (0)21 6140 2666

广州
地址：广东省广州市经济技术开发区科学城科珠路198号
电话：+86 (0)20 8215 5555

深圳
地址：广东省深圳市上梅林中康路奥士达大厦2,4层
电话：+86 (0) 755 2532 8888

天津
地址：天津市经济技术开发区第五大街41号SGS大厦
电话：+86 (0) 22 6528 8000

重庆
地址：重庆市北部新区出口加工区汇丰路1号金山工业园二区4号楼4楼、5号楼4楼
电话：+86 (0) 23 6367 6001

香港
地址：香港新界沙田小沥源安耀街2号新都广场5至8楼及28楼
电话：+(852) 2334 4481

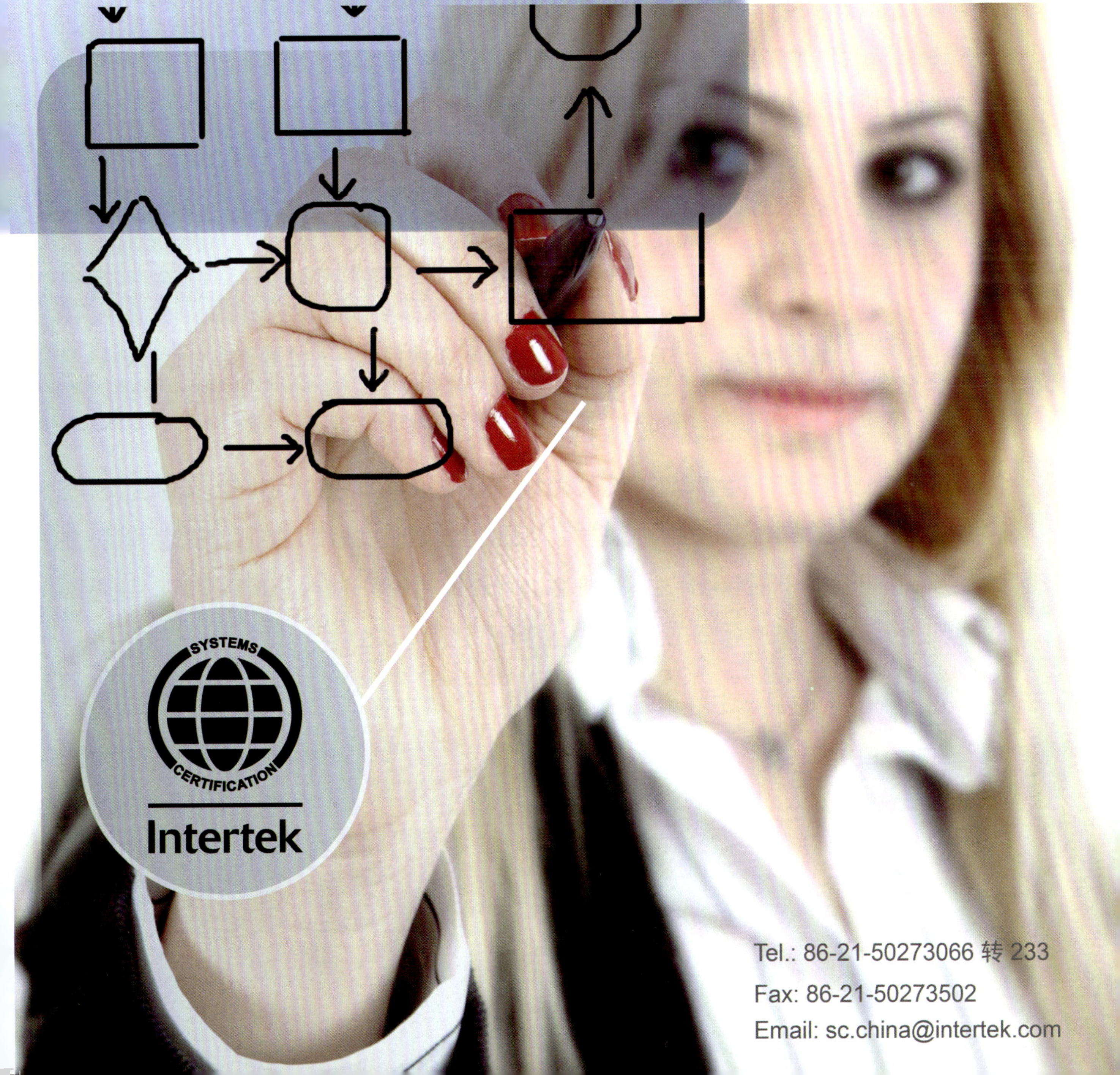
SYSTEMS
CERTIFICATION
Intertek

长城（天津）质量保证中心

长城中心成立于 1993 年，是经国家认监委批准注册的、具有独立法人资格的国内著名的综合认证机构，被国际标准化组织列入在全世界发行的国际认证机构名录。

长城中心总部设于天津市，认证业务遍布全国；长城中心业务范围覆盖质量、环境、安全、食品安全管理体系，以及固定资产投资项目合理用能评估、清洁生产审核、能源审计等；今年五月份，又顺利完成国家认可委对工程建设施工企业质量管理体系认证机构所要求的认可转换。长城中心始终坚持“科学、求实、公正、信誉”的经营方针，贯彻“关注现场、筑就诚信、创新务实、追求卓越”的管理理念。“长城人”以公正严谨的工作态度为客户提供不断增值的服务，努力实现“成就顾客，实现自我”的经营理念，让“长城”的品牌成为获证组织的骄傲。

近年来，在天津市经信委领导下，在国家认监委、认可委、认证认可协会、市质监局等各级主管部门的大力支持下，长城中心认真学习实践科学发展观，按照“合规、高效、和谐”的要求，夯实基础管理、严控认证风险、加强能力建设、拓展经营领域，以厚德厚能，自律自强的价值观为行为准则，统一思想，激励进取，取得了良好的绩效。

总经理：张凤泉

地址：天津市河西区大沽南路 501 号恒华大厦 VIP 三层　　电话：022-23541981

传真：022-23541991　　E-mail：master@isocgw.net　　http：www.isocgw.net

DNV
BUSINESS
ASSURANCE

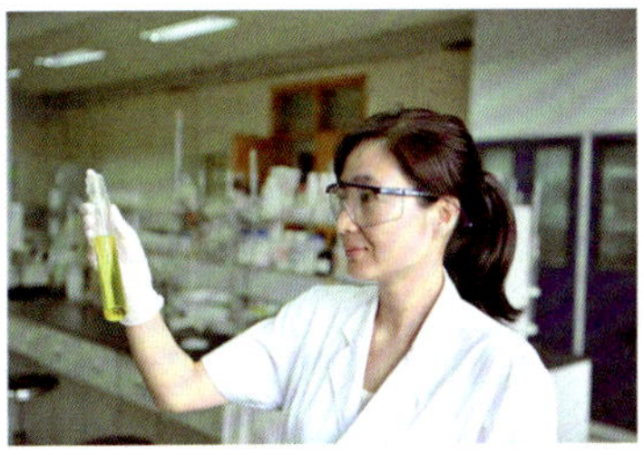

北京国金恒信管理体系认证有限公司

BEIJING GRAND HONOUR MANAGEMENT SYSTEM CERTIFICATION CO.,LTD.

公司的前身是中国冶金工业质量体系认证中心，成立于1995年。2002年按照国家要求，改制为有限责任公司。通过不断的发展，公司的业务范围逐步从单一的质量体系认证，扩展到了环境体系、职业健康安全体系、能源体系认证及相关培训和各种专项技术服务。

公司秉承面向行业、走专业化发展道路的经营理念，强调做精做强。全国钢产量80%以上的国有特大型、大中型钢铁企业都是公司的战略合作伙伴。为钢铁主流程服务的重型机械、耐火材料、金属制品、碳素制品、铁合金等产品的主流生产企业，以及研究院所、仓储物流、加工配送、贸易销售等主流现代服务类组织，也都是公司重要服务对象。

公司拥有一支具有丰富冶金生产、科研、管理实践经验和一流理论水平的高级顾问队伍、国家注册审核员队伍和培训教师队伍。近20年来，公司持续为广大冶金企业提供优质、增值、个性化的服务，专业水准和敬业精神得到了广大顾客和国家主管机关的肯定。

董事长兼总经理：管炳春

公司开展的主要业务：

1、管理体系认证服务　2、专项技术服务（QMS专项技术服务，实物质量对比评价，生产过程专项审核，管理过程专项审核，现场诊断评价）　3、EMS、OHSAS专项技术服务　4、EnMS延伸技术服务　5、相关培训服务

地址：北京市海淀区大柳树路17号富海国际港3层　邮编：100081
电话：010-62115558（总机）/9292（开发部）/1212（培训部）/2676（审核部）
传真：010-62110866　网站：www.cmiqc.com　邮箱：cmiqc@cmiqc.com

专业化 | 增值化 | 国际化

北京中建协认证中心有限公司

BEIJING ZHONG JIAN XIE CERTIFICATION CENTRE CO.,LTD

北京中建协认证中心有限公司（简称JCC）成立于1994年，由中国建筑业协会发起成立，经CNCA批准（批准号：CNCA-R-2002-023），CNAS认可的建设行业专业化认证机构，为CCAA常务理事单位。JCC为业内公认的建设行业权威认证机构，2010年12月21日正式获得了

我们的服务范围：

·ISO9001质量管理体系（QMS）认证

·GB/T50430建筑施工领域（QMS）认证

·ISO14001环境管理体系（EMS）认证

·GB/T28001职业健康安全管理体系（OHSMS）认证

·基于卓越绩效模式的增值审核

·集团化企业增值审核

·人力资源管理系统审核

·施工现场管理安全审核

联系方式：

地址：北京市朝阳区南湖东园122号博泰国际A座20层（100102）

电话：（010）64750088 84786698 传真：（010）64719019

泰尔认证中心

一、中心概况

泰尔认证中心（简称TLC），隶属于工业和信息化部电信研究院，是目前国内唯一的一家专业从事邮电通信行业企业质量管理体系认证、环境管理体系认证、职业健康安全管理体系认证和产品认证的机构。中心秉承工业和信息化部电信研究院“鼎力支撑政府，热忱服务行业”的宗旨，树立了“促进通信行业新技术的产业化发展、提高行业整体技术、质量和管理水平”的企业责任观，积极推动政府、通信运营企业、通信设备制造企业、消费者和第三方认证检测机构间相互关系的和谐发展。成立十余年来始终专注于服务国内邮电通信行业，获证企业全部为通信运营企业、通信设备制造企业、通信工程施工企业及邮政系统单位。

泰尔认证中心是国内最早通过国家主管部门批准、开展认证业务的机构之一，早在1996年就通过了国家质量技术监督局的批准和国家认可。2003年泰尔认证中心按照原信息产业部和国家认证认可监督管理委员会的要求完成了企业法人工商注册，注册资本为人民币伍仟万元，是目前国内注册资本金最高的认证机构。2006年中心再次通过了国家认证认可监督管理委员会对认证资格的重新确认，批准的业务范围为：质量管理体系认证、环境管理体系认证、职业健康安全管理体系认证、邮电通信产品认证，批准编号为：CNCA-R-2002-030。

为了确保认证活动的科学性、客观性和公正性，泰尔认证中心组建了管理委员会，由来自工业和信息化部相关司局、工业和信息化部电信研究院、中国电信、中国移动、中国联通、中国通信标准化协会、部分大型通信设备制造企业及相关研究机构等单位的代表组成，从认证运作方针、运营战略及政策实施方面给予指导和监管。

二、历史沿革

1.1994年10月，根据原邮电部科技司科质[1994]170号文件要求，在邮电部邮电工业标准化研究所内筹建通信设备质量体系审核中心，1995年3月正式成立。

2.1995年7月，根据原邮电部科技司科质[1995]154号批复要求，更名为邮电通信质量体系认证中心。

3.1996年12月，经原国家质量技术监督局批准，正式成为国家注册的第三方专业认证机构。

4.2001年3月，根据国务院办公厅国办发[2000]38号、科学技术部中科发[2000]300号文件要求，随信息产业部邮电工业标准化研究所整建制并入信息产业部电信研究院。

5.2002年12月，根据原信息产业部信部科[2002]639号批复要求，更名为泰尔认证中心。

6.2002年12月，通过了国家认证认可监督管理委员会（CNCA）对机构认证资格的重新确认，批准业务范围为：质量管理体系认证、环境管理体系认证、职业健康安全管理体系认证、邮电通信类产品认证

7.2003年1月，根据信息产业部和国家认证认可监督管理委员会的批准，信息产业部电信研究院出资人民币伍仟万元，正式设立泰尔认证中心并完成工商注册。

三、业务范围

目前泰尔认证中心在质量管理体系认证、环境管理体系认证、职业健康安全管理体系认证方面服务的专业范围包括：邮电通信运营行业及橡胶和塑料制品、基础金属及金属制品、机械及设备、电气电子和光学设备等制造行业企业和通信工程设计施工、通信系统及计算机信息系统集成、软件开发等行业企业。

泰尔认证中心开展的产品认证覆盖了通信电源、通信电缆光缆、蓄电池、配线设备、手机充电器、移动基站天线等六大类共80余种通信产品。

四、主要业绩

目前泰尔认证中心颁发的产品认证证书已被各大电信运营商全面采信，普遍作为招投标时的基本资质要求之一。同时在部分政府机关、其它行业的采购招标活动中，中心颁发的产品认证证书也被作为招投标时的基本资质要求之一。

长期以来泰尔认证中心在行业主管部门的关心和广大邮电通信运营及通信设备制造企业、通信工程设计施工企业的支持下，在产品认证和管理体系认证方面取得了长足发展，截止目前累计发放各类认证证书约6400余张，涉及企业2700余家。

五、远景展望

泰尔认证中心始终秉承“坚持标准、审核公正、作风廉洁、保守机密、为用户提供优质服务”的质量方针，并将继续坚持和不断强化专业特色的发展策略，力争为邮电通信行业的发展保驾护航、为企业产品质量和管理水平的稳步提高倾心尽力。同时，为顺应认证事业的发展尤其是广大企业的需要，泰尔认证中心还将在原有认证业务范围的基础上，逐步向更宽、更广、技术含量更高的领域拓展，以期更好地为广大通信行业企业服务。

泰尔认证中心热切期望越来越多的通信行业企业能加入到泰尔认证中心的获证企业行列中来，在信息通信业和认证认可行业主管部门的领导下、携手电信运营商、共同开创通信行业美好的明天！

通信地址：北京市新街口外大街28号 泰尔认证中心　　邮政编码：100088

电　话：(010)82053536,82053379　　传　真：(010)82053539,82050131

北京国体世纪体育用品质量认证中心

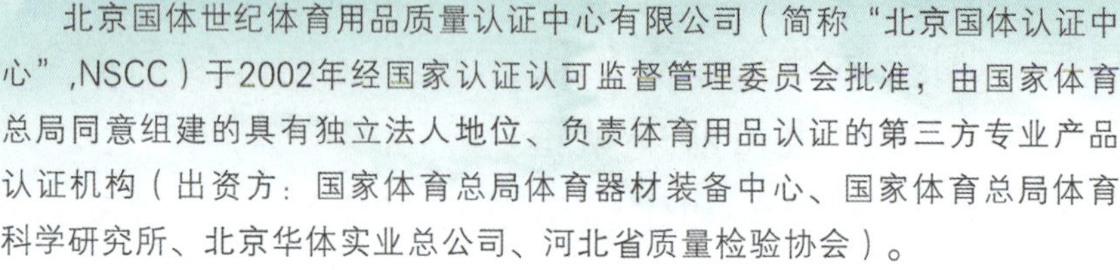

北京国体世纪体育用品质量认证中心有限公司（简称“北京国体认证中心”,NSCC）于2002年经国家认证认可监督管理委员会批准，由国家体育总局同意组建的具有独立法人地位、负责体育用品认证的第三方专业产品认证机构（出资方：国家体育总局体育器材装备中心、国家体育总局体育科学研究所、北京华体实业总公司、河北省质量检验协会）。

国家认证认可监督管理委员会批准号：CNCA-R-2002-099

中国合格评定国家认可委员会认可号：CNAS C099-P

北京国体认证中心开展体育用品产品认证工作，坚持国际通行的认证准则，执行国家有关法律、法规及相关政策，严守认证工作纪律。做到认证：科学、公正、权威；服务：热诚、高效、负责。

北京国体认证中心与国家标准化管理委员、全国各单项体育运动协会、国家级质量检验中心以及国际相关产品认证机构保持密切联系与合作。

北京国体认证中心注重社会效益，不以盈利为目的。在国家体育总局、国家认证认可监督管理委员会的指导和监督下，积极开展体育用品产品质量认证工作，促使我国的体育产品质量不断提高，逐步树立民族品牌形象，为我国竞技体育运动以及全民健身活动的发展提供良好的质量保证，为我国体育事业和体育产业的发展做出贡献。

北京国体认证中心认证业务范围：室内健身器材，室外健身器材，运动鞋，运动服装，国民体质监测器材，体操器材，田径器材，乒羽器材，球类器材，户外攀岩类体育器材，冰雪运动器材，水上运动器材，轮滑器材，休闲娱乐康复器材，人造草、塑胶跑道、木地板等场地场馆设施辅助器材。

地　　址：北京市崇文区天坛东路80号（中国棋院南门）
邮政编码：100061
联系电话：010-67102638　67160958
传　　真：010-67102638
官方网站：www.nscc.com.cn

环境保护部有机食品发展中心（OFDC-MEP）
南京国环有机产品认证中心（OFDC）

OFDC——中国有机事业的发起机构，推动中国有机事业发展的主力军与核心力量，开创了中国有机事业的先河。OFDC 是中国唯一同时获得国内（CNCA）和国际（IFOAM）认可的有机认证机构，亚洲首家获得加拿大官方认可的有机认证机构，同时也是全球第一批获得欧盟等效性认可的 30 家有机认证机构之一。

OFDC 能提供的服务

1. 认证服务领域：

- OFDC 有机认证帮助您的产品顺利进入以下有机市场：

  中国、美国、欧盟、日本、加拿大、东盟、韩国、中国台湾和中国香港等国家和地区。

- 良好农业规范（China-GAP）认证——国际通行的从生产源头加强农产品和食品质量安全控制的有效措施。

OFDC 业务范围世界分布图

 《有机产品》国家标准认证	  OFDC 有机标准认证	 JAS 认证	 欧盟有机标准	 加拿大有机认证	 美国有机认证	 Gertall 合作认证	 GAP 认证

2. 其他有机相关领域的服务：

有机农业领域的科学研究、区域有机食品发展规划研究、国际项目合作、标准培训和技术支持、宣传和推广等。

地址：南京市蒋王庙街8号（邮编：210042）

Add：8 Jiang-Wang-Miao Street，Nanjing 210042，P. R. China

电话/Tel：+86-25-85287238/85287244　　**传真/Fax：**+86-25-85287242 / 85420606

E-mail：info@ofdc.org.cn　　**网址/Web：**www.ofdc.cn / www.ofdc.org.cn

中交（北京）交通产品认证中心有限公司

交通运输部和国家认监委领导颁发首批道路用沥青“交通产品认证证书”

中交（北京）交通产品认证中心有限公司（China Communications Product Certification Center，缩写 CCPC，简称“交通产品认证中心”）成立于 2006 年，是在交通运输部领导和支持下，由国家认监委批准的交通运输行业第一家专业性交通产品认证机构，现已发展成为交通运输产品质量监督管理领域的权威认证机构，同时也是集“产品认证”、“节能认证”、“安全评价”、“标准计量研究”和“科技期刊编辑出版”业务为一体的综合性技术服务机构。

交通产品认证中心建立了一支由近 40 名具有交通运输工程与管理、交通标准计量检测、产品质量管理、产品认证、标准计量、期刊出版等领域专业知识和丰富实践经验的业务骨干组成的核心团队，一支由 45 名交通运输行业相关专业技术人员组成的交通产品认证检查员队伍，以及由行业内外 200 多名技术专家组成的专家库以及由 18 家国家级和省部级质量监督检测测试中心等权威检测机构组成的强大技术支持体系。

交通运输部和国家认监委领导为交通产品认证中心开业揭牌

目前，交通产品认证中心经国家认监委许可授权，可开展 12 类 98 项产品的认证业务。已开展了道路用沥青、沥青混凝土摊铺机、沥青混合料搅拌设备、预应力钢绞线用锚具、公路桥梁伸缩装置、橡胶支座、桥梁用钢索、公路波形梁钢护栏、隔离栅、道路预成型标线带、土工格栅、木质素纤维、汽车喷烤漆房、汽车举升机、四轮定位仪、LED 路灯、LED 隧道灯、道路运输车辆卫星定位系统车载终端、营运车船用节能添加剂和节能装置等交通产品的认证工作。中国石油天然气股份有限公司辽河石化分公司、中国石油化工股份有限公司上海沥青销售分公司、中石油燃料油有限责任公司、中海油气开发利用公司、盘锦北方沥青股份有限责任公司、西安筑路机械有限公司等众多国有大型企业，以及三一重工股份有限公司、盘锦北方沥青燃料化工有限公司、中大工业集团公司、河北中胶国际胶带有限公司、潍坊弘润石化助剂有限公司、坦萨土工合成材料（中国）有限公司、巨力索具股份有限公司、新津腾中筑路机械有限公司等一批优秀民营企业的产品相继通过了交通产品认证。

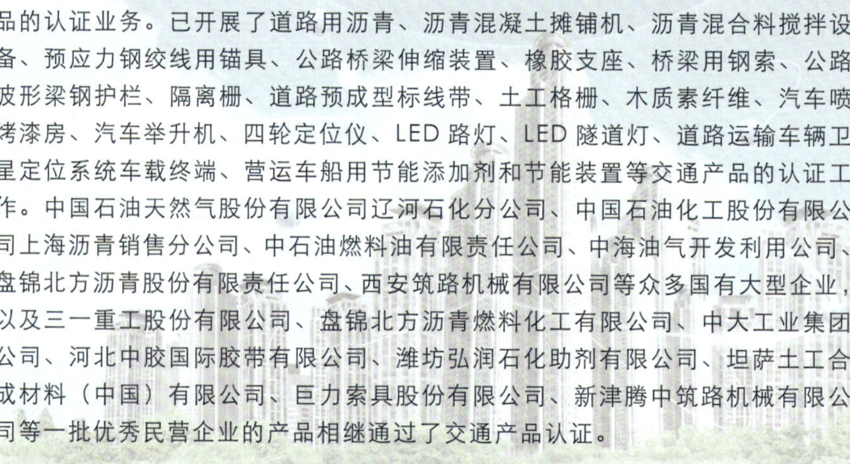

行业知名专家参加道路用沥青工厂检查

在交通运输部党组的统一部署、国家认监委的支持指导及交通行业上下的协力推动下，有关省市各级交通运输主管部门已把“通过 CCPC 交通产品认证”作为当地交通建设和运输市场的准入条件。交通产品认证中心在提高交通产品质量，推动行业科学发展，服务建设“畅通、高效、安全、绿色”的交通运输体系方面，正发挥着越来越重要的作用。“充满活力、富有朝气、敢打硬仗、能打胜仗”的交通产品认证中心，在全力打造“交通产品认证第一品牌”的发展道路上坚实迈进！

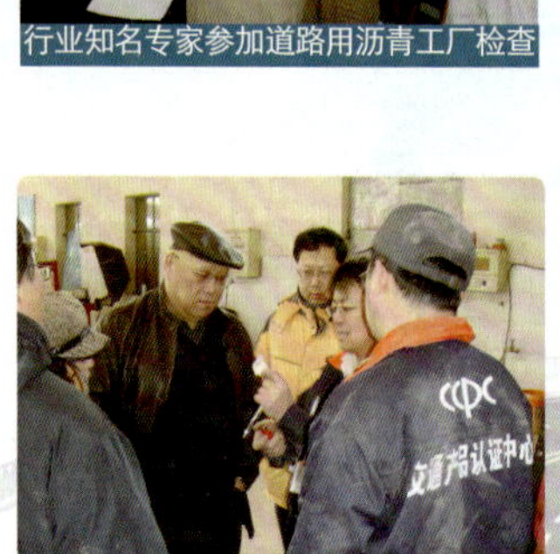
北京市交委运输管理局领导在烤漆房安全评价现场指导

2010 交通产品认证交流大会主会场

2011 交通产品认证交流大会颁证仪式

地址：北京市东城区和平里东街 10 号院 1 号楼　邮编：100013
电话：010-58278011　58278014　58278018　传真：010-58278020
网址：http://www.ccpcc.com.cn

电能（北京）产品认证中心有限公司

电能（北京）产品认证中心有限公司（简称 PCCC）由中国电能成套设备有限公司出资组建，于 2005 年 11 月经国家认证认可监督管理委员会正式批准成立（批准号：CNCA-R-2005-126），是国内首家专门从事机电产品认证的电力行业专业机构。

PCCC 的管理委员会由国家有关主管部门、两大电网公司、五大发电集团、神华能源、华润电力和大型生产企业、行业协会、科研院所的有关领导以及电力、机械系统的专家组成，对产品认证工作实行监督、指导，确保产品认证专业、科学、严谨、规范、独立、客观、公开、公正，确保认证质量。

PCCC 技术实力雄厚，拥有一支高水平的机电产品认证专业人才队伍，人员均为专职国家注册产品认证检查员，不仅掌握产品认证工作的相关技术，而且熟悉机电产品设计、生产、检验等各环节工作。PCCC 委派资深检查员对企业进行生产全过程现场检查，包括原材料进厂、产品设计、生产工艺、质量检验等各个关键环节。同时 PCCC 还拥有百余名全国电力、机械系统知名专家和标委会成员作为技术委员会专家组成员，对认证结果进行技术评审和严格把关，从而确保产品认证的专业化、高水平和高标准。

PCCC 认证的产品涉及 61 类 354 种机电设备，其中有变压器、电线电缆、高低压开关成套设备等高压组件产品，还包括起重机械、阀门、风机、制冷设备、过滤或净化设备和电站辅机设备等，认证产品范围涵盖电力运行所必需的各种关键设备。目前经过 PCCC 认证的企业已近千家，其中包括国内诸多大型知名企业。通过 PCCC 认证的企业管理水平和产品质量都得到了进一步提高，PCCC 在机电行业的影响力日益增强。

PCCC 在发展中始终致力于服务电站的宗旨，为火电、水电、核电、新能源（风电、太阳能）等电站项目提供认证、合格供应商评估、电力系统设备技术咨询等形式多样的专业化技术服务。同时在保持传统认证业务的基础上，PCCC 积极响应国家有关政策，对电力系统的相关设备进行节能认证，极大地鼓励了生产节能产品企业的积极性。另外 PCCC 还开展欧盟 CE 认证代理业务和生产企业内审员、咨询师的培训业务，全方位的为机电设备制造企业服务。

在今后的发展中，PCCC 将不断完善自身建设，传递信任、服务发展、履行社会责任，充分发挥公益性组织的作用，坚持科学、严谨、客观、公正的认证原则，为保障机电产品质量和电力运行安全进行不懈地努力。

江苏九州认证有限公司

JIANGSU JIUZHOU CERTIFICATION CO.,LTD.

江苏九州认证有限公司是江苏境内唯一一家同时具有ISO9001、GB/T50430、ISO14001、GB/T28001管理体系一级认证资质的第三方内资认证机构。十余年来，“九州认证”历经艰辛，一路打拼，业务量连年攀升，管理体系认证顾客满意度稳定保持在96.8%以上。

一、“质量”是认证之本、诚信之源

近年来，有些机构的不规范运作极大地冲击了认证市场，“九州认证”尽管面临巨大的发展压力，但不为所惑、不为所动、不跟风、不效仿、不设分公司、不设办事处，坚持“自律”，坚持规范运作，发扬“质量第一”，“对顾客负责”的精神，提出“质量是认证之本，诚信之源”的观念，从人员队伍建设、认证全过程受控、认证技术保障等多方面加以确保。针对现场审核中“三重三轻”（重办公室审核，轻现场审核；重文件符合性审核，轻实际过程活动审核；重资料记录审核，轻过程结果审核）及五多五少（泛泛而谈多、实质性内容少；一般性描述多、专业性审核少；抄写记录多、发现问题少；办公室泡得多、现场跑得少；查阅资料多、观点分析少），提出“四个切忌”（切忌按标准条款审核，不注意过程间联系和作用；切忌以不变应万变不结合企业实际；切忌审核方法单一；切忌我问你答不加验证）。定期对审核员进行培训，提高审核的针对性和有效性，深受获证企业的好评。短短几年，“九州认证”已实现了两大“质”的转变，即顾客从以制造业为主向各行各业转变，认证从单一质量管理体系向多体系认证转变。

二、“顾客的可持续发展”是认证服务的不懈追求

近年来，随着体系认证的快速发展，“九州认证”开展了“获证后的服务是什么？”、“如何实施增值服务和怎样才能实现增值服务”的大讨论，提出了“顾客的可持续发展”是认证服务不懈追求的理念！认证服务的本质就是通过认证人员素养和专业能力的发挥，努力沿着“三个揭示”，帮助企业实现“六个持续”的活动（“三个揭示”是：揭示审核对象的风险及其影响程度、促进企业技术进步、质量提高；揭示过程及其结果的改进需求及方向，促进企业资源合理利用和企业综合管理水平的提高；揭示员工意识，理念的提升，有助于企业人际和谐、工作高效，浪费减少、过程目标实现。“六个持续”是：持续减少不合格；持续降低成本；持续优化过程；持续消除降低风险；持续减轻劳动强度；持续提高管理绩效），为企业可持续经营奠定良好的基础，为我国经济可持续发展作出贡献。

为了强化认证活动的“增值绩效”，“九州认证”以“为了顾客的可持续发展”、“为顾客创造价值”为指导思想，先后开展了“超越9000，追求卓越”，“6SIGMA”及“5S”，“清洁生产知识”、“WEEE、ROHS指令”、“REACH法令”培训等增值服务。对获证企业实施分类管理，提出按需培训，“弱”什么“补”什么的服务理念，结合企业实际需求，开展服务，极大地支持了企业的可持续发展。同时，创办“九州认证”内部刊物及网站，及时传达认监委、认可委及协会的相关法规和要求；介绍优秀获证企业的新发展、新经验；交流审核技能，学习现代管理新理念、新方法，深受获证企业好评。

面对挑战，“九州认证”及时提出《认证行业之八荣八耻》：客观公正为荣/弄虚作假为耻；行业自律为荣/不当谋利为耻；优质服务为荣/劣质低价为耻；提高素质为荣/不学无术为耻；履行职责为荣/违反规则为耻；按章办事为荣/有章不循为耻；精益求精为荣/敷衍塞责为耻；诚实守信为荣/诋毁同行为耻。这是“九州认证”恪守的准则，并以此为基础，精心打造机构的卓越品牌，昂首屹立中国认证之林。

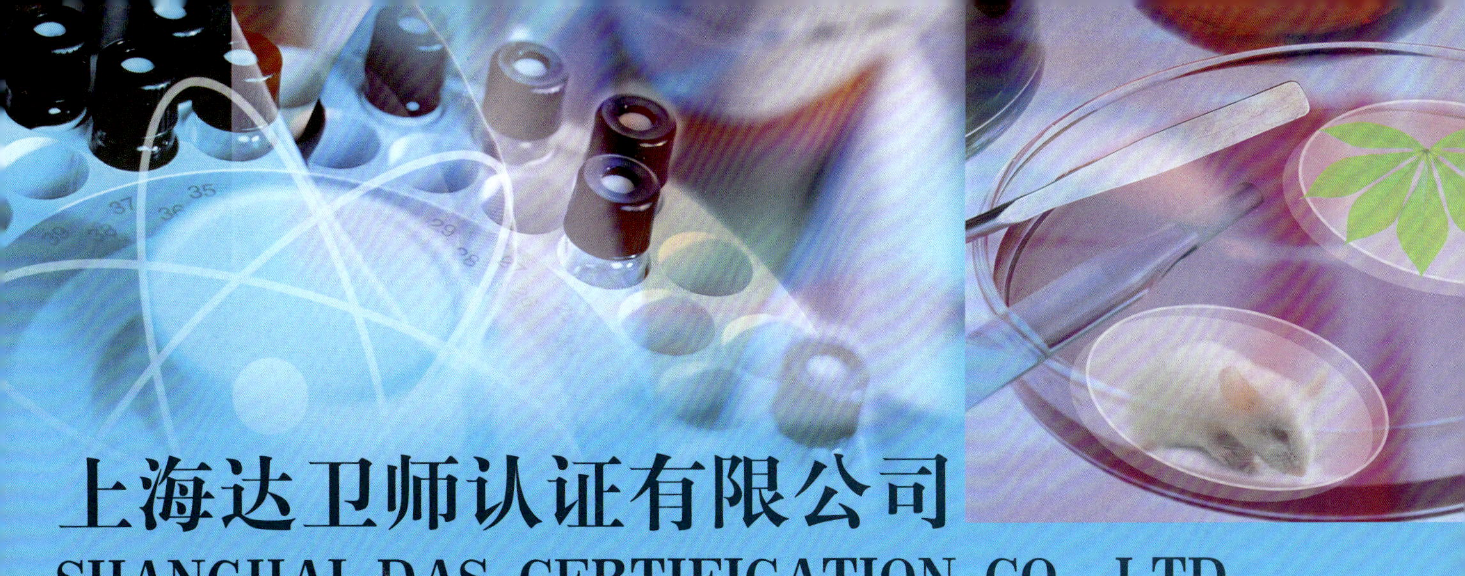

公司文化：

公司愿景：成为中国标准化咨询的一面旗帜

公司战略：打造强势品牌　赢得优质客户　提供优良服务　创造优秀业绩

公司宗旨：诚信　创新　卓越　共好

公司使命：用标准化助推中国企业做强做大

公司理念：以人文本　忠诚企业　服务客户　奉献社会

咨询价值观：创新　先进　融合　实效

业务范围：

标准化建设咨询

流程管理咨询

国际标准认证咨询

能源管理体系认证咨询

客户满意度测评

标准化管理信息系统开发

2012

Yearbook of Certification and Accreditation of China

第四部分 法制建设与政策研究

Part Four Legal System Construction and Policy Research

一、认证认可立法

在认证认可立法方面，2011年，国家认监委在继续加强认证认可法规的制（修）订和立法研究工作，进一步完善认证认可法规体系建设。

（一）发布施行《认证机构管理办法》、《出口食品生产企业备案管理规定》等两件部门规章

1.《认证机构管理办法》

为加强对认证机构的监督管理，规范认证活动，提高认证有效性，2011年7月20日，国家质检总局制定发布《认证机构管理办法》（以下简称“141号令”），自2011年9月1日起施行。141号令设定的主要制度包括：

（1）认证机构、认证机构子公司、认证机构分公司设立的行政许可制度。此项制度是根据《认证认可条例》的相关规定而设定的，是认证机构从事认证活动的一种准入制度，也是经国务院批准的行政许可项目之一。机构设立的审批部门是国家认监委，141号令同时明确规定了申请设立认证机构、认证机构子公司、认证机构分公司应当符合的条件，以及申请设立认证机构的程序。

（2）认证机构监督管理制度。141号令设定了对认证机构监督管理制度，从监管体制看，主要包括四个方面：“行政监督、认可约束、行业自律、社会监督”。国家质检总局和国家认监委、地方认证监管部门、认可机构、认证认可协会、任何单位和个人，都可以依法对认证机构是否遵守《认证认可条例》和141号令的情况进行监督，保障其遵守法定的行为规范和禁止性规定。

（3）认证机构法律责任制度。141号令在法律责任设定中，遵循“处罚与教育相结合、过罚相当”的原则。在《行政处罚法》规定的范围内，对法律法规尚未规定的，违反行政管理秩序的行为，设定罚则。141号令主要规定的是行政法律责任。包括行政处罚、行政处分两种。141号令规定的行政处罚的主体包括：国家认监委、地方认证监管部门（包括各级质量技术监督部门和各地出入境检验检疫机构）。

2.《出口食品生产企业备案管理规定》

为了加强出口食品生产企业食品安全卫生管理，规范出口食品生产企业备案管理工作，2011年6月21日，国家质检总局局务会议审议通过《出口食品生产企业备案管理规定》（以下简称“142号令”），于2011年6月21日公布，自2011年10月1日起施行。

《食品安全法》规定：出口食品生产企业应当向国家出入境检验检疫部门备案，因此142号令的制定发布，就是为了贯彻落实《食品安全法》的规定。142号令明确规定：国家实行出口食品生产企业备案管理制度，出口食品生产企业未依法履行备案法定义务或者经备案审查不符合要求的，其产品不予出口。同时142号令明确出口食品生产企业作为食品安全直接责任主体，企业对备案材料的真实性负责，并确保其产品符合我国法律法规的法定要求和进口国（地区）的标准要求。

142号令规定了国家质检总局、国家认监委、各地出入境检验检疫机构分级管理，各自履行监管职责的监督管理制度。国家质检总局统一管理；国家认监委组织实施，指导监督备案工作，制定工作指导意见，督查各直属局备案工作，发生重大食品安全卫生事件时进行调查处理；直属检验检疫局对备案企业制定监管工作方案和年度监管计划，实施定期监管；直属检验检疫局分支局对备案企业实施日常监管。

142号令对不同企业实施分类备案管理。根据风险原则和行政效率原则，142号令规定了根据出口食品风险程度和实际工作需要，直属检验检疫局应当实施现场检查验证的四种情形；对已经取得食品生产许可、产品风险程度较小等情形的出口食品生产企业，直属检验检疫局可以简化备案程序，仅对备案材料进行文件审核，缩短备案程序中的相关期限要求。此外，为体现认证认可在保证食品安全方面的作用，在企业提供的符合性证明材料

中，可提供第三方认证结果作为备案参考依据。

142号令规定了责令限期整改、注销、暂停、撤销备案证书等行政处理制度。依照职权法定的原则，142号令规定只有直属局才可以做出行政处理决定。各分支局只有建议权，没有决定权。法无授权即禁止，只有在142号令规定的情形下，方可做出行政处理决定，不得随意变更处理范围。

（二）起草完成《实验室管理条例（草案）》

2011年，国家认监委组织完成了《实验室管理条例（草案）》条款的起草工作。《实验室管理条例（草案）》如下：

第一章《总则》，主要包括：立法目的、定义、适用范围、资质认定、管理体制、检验检测工作基本准则、机构设置、规划原则、诚信机制、社会责任规定、检测结论互认原则、检测结论的国际互认等内容。

第二章《实验室的设立与资质管理》，主要包括：实验室的设立、资质管理制度和原则、资格管理制度之间的关联与协调、实验室取得资质认定的条件、外资实验室特殊要求规定、实验室分支机构的规定、资质认定程序、资质认定技术评审、资质认定技术评审程序、资质认定证书和标志使用规定、资质认定标志使用规定、应对突发等公共事件资质认定规定、实验室情况变更规定、资质认定评审员管理、资质认定与实验室认可评审协调、未经资质认定的问题、禁止伪造冒用资质认定证书和标志的规定等内容。

第三章《行为规范》，主要包括：实验室及其从业人员遵循的基本行为规范、客观公正独立性原则、部管理制度和证体系的建立、实验室结论审查与评定制度、检测设备设施管理规定、抽样和样品管理规定、检测数据归档留存和可追溯规定、检测人员管理制度、信息公开制度、委托检验规定、保守秘密的规定、机构行为违反公正性禁止性规定、出具虚假不实报告禁止性规定、违反检验检测程序规定禁止性规定、监销监制产品禁止性规定、广告等形式推荐产品禁止性规定等内容。

第四章《监督管理》，主要包括：分级管理模式、监管职责、监管方式、报告制度、告诫制度、国家检验机构授权规定、复检规定、仲裁规定、承担行政机关委托工作的规定、实验室能力验证规定、实验室从业人员职业资格制度、实验室资源共享制度、鼓励通过实验室认可规定、实施良好实验室规范监控制度规定、注销资质认定证书规定、申诉投诉规定、违法违规行为举报规定等内容。

第五章《法律责任》，主要包括：未经资质认定擅自出具数据和结论的处罚、对机构出具虚假严重不实报告的处罚、对检验检测人员违法行为的处罚、暂停资质认定证书的处罚、撤销资质认定证书的处罚、以广告或者其他形式推荐产品的处罚规定、以监销、监制产品参与产品经营活动的处罚、伪造冒用变造涂改买卖资质认定证书和标志的处罚、伪造冒用检验报告的处罚、侵权民事连带责任规定、国家工作人员渎职处理规定、其他违法行为的处罚规定等内容。

第六章《附则》，主要包括：用语含义、除外条款规定、收费规定、施行时间等内容。

（三）完成认证认可部门规章的立法后评估

2011年，国家认监委组织完成《认证咨询机构管理办法》、《强制性产品认证机构、检查机构和实验室管理办法》等2件部门规章进行立法后评估。

1.《认证咨询机构管理办法》立法后评估

2005年9月25日，国家质检总局制定发布了《认证咨询机构管理办法》（国家质检总局令第82号，以下简称“《办法》”），自2005年11月1日起施行。《办法》建立了我国认证咨询机构管理的基本制度，明确了咨询机构的设立条件、行为规范和各级认证监管部门的监管职责，并对有关违反行为设定了罚则。《办法》的实行对规范认证咨询市场、提高科学监管能力、提升企业质量管理水平等各方面起到了积极有效的推动作用。

为全面客观地了解《办法》的实施效果和执行情况，对实施过程中出现的问题进行梳理和研究，并通过立法途径解决问题，2011年4月～11月，国家认监委组织开展了《办法》的立法后评估工作。评估工作主要包括以下三个阶段：

第一阶段是准备和启动阶段。2011年3月～4月，国家认监委着手开展《办法》立法后评估的前期准备工作，拟定评估工作实施方案，并组织召开江苏、浙江、上海、辽宁、广东、湖南、黑龙江等重点地区质监部门和认证咨询机构座谈会，对评估工作实施方案进行研究论证，对认证咨询机构管理工作进行研讨，部署上述单位承担所辖区域的《办法》立法后评估工作。第二阶段是实施阶段。2011年4月～10月，国家认监委法律部、认可部以及承担评估任务的地方质监部门采取专项调查、实地调研、问卷调查、向立法专家征求意见、座谈会、专题论证等多种方式收集相关资料，进行《办法》的立法后评估工作。在此次立法后评估工作中，共向地方政府部门、从业机构、获证企业等发放调查问卷共计 1 198份，回收有效问卷771份，回收率为64.3%；第三阶段是《办法》立法后评估报告撰写阶段。2011年11月～12月，国家认监委撰写完成《办法》立法后评估报告。

评估报告共分三个部分：一是《办法》的实施情况；二是《办法》及其设定的基本法律制度在执行中存在的问题；三是进一步完善《办法》以及认证咨询机构管理的建议。

2.《强制性产品认证机构、检查机构和实验室管理办法》立法后评估

2004年6月23日，国家质检总局制定发布《强制性产品认证机构、检查机构和实验室管理办法》（国家质检总局令第65号，以下简称"《办法》"），自2004年8月1日起施行。《办法》细化了我国强制性产品认证机构、检查机构和实验室管理措施，规定了指定强制性产品认证机构、检查机构和实验室的条件和程序，明确了被指定机构的行为规范，明确了国家认监委对被指定机构的监管职责，同时对相关违法行为设定了相应的法律责任。强制性产品认证机构、检查机构和实验室管理措施对于规范强制性产品认证活动，保证强制性产品认证制度的有效实施起到了积极有效的推动作用。

为全面客观地了解《办法》的实施效果和执行情况，对强制性产品认证机构、检查机构和实验室管理过程中出现的问题进行梳理和研究，通过立法途径解决问题，2011年5月～12月，国家认监委组织开展了《办法》的立法后评估工作。评估工作主要包括以下三个阶段：第一阶段是准备和制定实施方案阶段。2011年5月，国家认监委组织相关单位研究制定立法后评估工作方案，对评估工作实施方案进行研究论证，部署立法后评估工作。国家认监委选取了吉林省、陕西省、重庆市质量技术监督局；北京、江苏、辽宁、上海、浙江、山东、厦门、宁波出入境检验检疫局承担所辖区域《办法》立法后评估工作，并邀请国家合格评定认可中心承担了强制性产品认证指定实验室的问卷调查及相关后评估工作。第二阶段是实施阶段。2011年5月～11月，上述地方质检两局及认可中心采取实地考察、召开座谈会、专题调研、问卷调查等方式在本辖区或本领域内组织开展了基础数据的采集工作，并广泛征求相关方对《办法》的意见和建议。在此次立法后评估工作中，共向强制性产品认证机构、检查机构和实验室，地方政府部门，获证企业，社会公众等相关方发放调查问卷共计2 770份，回收有效问卷2 291份，回收率82.7%。其中，向10家指定认证机构发放调查问卷，回收有效问卷10份，回收率100%；向153家指定实验室发放调查问卷，回收有效问卷133份，回收率86.9%。第三阶段是《立法后评估报告》撰写阶段。2011年11月～12月，国家认监委在整理、汇总有关材料以及地方质检两局、认可中心报送的立法后评估报告的基础上，起草完成《办法》立法后评估报告。报告共分以下三个部分：一是《办法》的执行情况和对社会经济发展的促进作用；二是《办法》及其设定的基本法律制度在执行中存在的问题；三是进一步完善《办法》的建议。

（四）认证认可法规协调工作

国家认监委成立以来，在构建认证认可法规体系建设的同时，通过大量而有成效的认证认可法规协调工作，在法律、行政法规中充分体现认证认可工作内容，通过借助认证认可制度，利用认证认可手段，采信认证认可结果，为社会和经济的发展提供技术评价支撑。随着国家认监委工作全面深入开展以及认证认可法规体系的进一步完善，认证认可制度在社会经济活动中继续发挥重要作用，得到政府各部门及全社会的广泛关注和认同。

2011年，国家认监委共回复全国人大法工委、国务院法制办、国务院有关部门、国家质检总局有关部门的法规征求意见稿77件次。其中包括《环境保护法修正案》、《清洁生产促进法修正案》、《城市轨道交通工程安全质量管理条例》、《农药管理条例》、《商用密码管理条例》、《电子电气产品污染控制管理办法》、《消防产品监督管理规定》等和认证认可工作密切相关的法律、行政法规、规章和行政规范性文件。

二、认证认可普法工作

2011年，国家认监委全面总结认证认可"五五"普法工作，各项普法工作成绩得到了各方面的充分肯定。例如，国家认监委法律部被中宣部、司法部评为全国"五五"普法先进单位，全国质检系统获此荣誉称号的单位仅有2家；在国家质检总局"五五"普法工作总结会议上，国家认监委作为经验交流单位，在会议上做了题为《深化认证认可法制宣传，推进认证认可依法行政》的报告；《中国认证认可》杂志社刊登专文《全面普法，加快认证认可法制化进程》，向社会全面介绍认证认可"五五"普法工作取得的成绩。

2011年7月11日，为深入开展认证认可法制宣传教育工作，全面推进法治认证认可建设，由法规处起草，国家认监委印发《关于开展法制宣传教育的第六个五年规划实施意见》，对认证认可"六五"普法工作进行了全面部署，确保认证认可"六五"工作全面贯彻落实和深入开展。

2011年，主要针对新发布施行的《食品检验机构资质认定管理办法》、《认证机构管理办法》、《出口食品生产企业备案管理规定》等3件部门规章，进行广泛深入的宣贯。一方面针对3件规章涉及的机构和企业、地方认证监管部门进行宣贯和答疑，另一方面在《中国认证认可》杂志开辟专栏，连载介绍我国的认证认可法规体系以及新颁布的3件规章的解读和释义。2011年，国家认监委还组织地方认证监管部门负责人和业务骨干，赴德国参加认证认可法律知识培训，提高其法律素质，增强其依法行政水平。

三、认证行政执法

（一）深入推动认证执法监管体系建设

国家认监委在2008年至2010年分批重点推动认证执法监管体系建设工作的基础上，2011年新增加北京市质监局等5个省级质量技术监督局和山西检验检疫局等8个直属检验检疫局为重点推动认证执法监管体系建设单位，进一步增强各省级质检部门充分发挥区域管理职能的自觉性和积极性，确保认证执法监管职责履职到位。截至2011年底，重点推动认证执法监管体系建设省级质检部门的覆盖面已扩大到80%。根据计划单列市、副省级城市质检部门认证执法监管任务重、业务量大的实际情况，2011年确定沈阳、青岛、成都等3个副省级城市质量技术监督局作为重点推动认证执法监管体系建设单位，以中心城市带动区域认证执法监管水平的提升。

（二）推动建立区域认证执法监管合作机制

国家认监委积极研究加强认证执法监管工作的新机制，推动地方质检部门建立区域认证执法监管的合作模式。2011年，沈阳经济区八城市、辽宁沿海经济带等地的认证执法监管协调协作机制陆续启动。地方认证执法监管协调协作机制的建立，实现了在认证监管、服务、检测、信息等方面的优势互补、资源共享，进一步规范了当地认证市场秩序，提高了为地方社会经济发展服务的主动性和有效性。国家认监委及时总结各地先行先试认证执法监管区域合作机制的先进经验，支持各地扩大认证执法监管工作中的信息互通机制、联合执法机制、监管交流机制等，达到统一执法尺度、实现资源共享、更好服务地方社会经济发展的目的。

（三）继续加强认证执法信息化系统建设

以“自愿性认证活动执法监管信息系统”的运行为抓手，着力提升各地认证执法科学监管的水平。通过多种方式，指导地方质检部门开展系统培训，并根据系统提供的信息加强对辖区内认证活动的监管力度。“自愿性认证活动执法监管信息系统”的推广运行，初步解决了近十年来地方质检部门面临的执法信息不对称的问题，将地方质检部门原来仅对认证违法违规行为实行事后监管的单一机制，改变为事前预防、事中监督、事后监管的联动机制，使监管关口前移，形成了全过程监管和快速反应、及时处置的模式，切实提高认证执法监管工作的有效性。

积极做好“认证行政执法信息报送系统”的运行工作，加强对认证行政执法的监督和指导，指导地方质检部门开展系统使用培训工作，积极利用该系统统计2011年结案的认证行政处罚案件信息。

（四）加强认证行政执法队伍建设

从2011年开始，国家认监委按照各地区认证执法监管工作均衡发展的要求，每年都有针对性地确定若干个省级质检局，对认证执法人员、认证监管人员和法制工作机构人员开展全面、系统的认证执法监管业务和法制培训，覆盖面达到省市县三级（包括检验检疫分支机构）。2011年，结合服务国家东北地区振兴规划和国家质检总局援藏援疆工作大局，分别于7月和9月在辽宁、新疆两省（自治区）开展了省市县三级认证执法监管系统培训工作，切实提高了基层执法监管人员的法律意识和业务素质，提升了认证执法效能。

（五）深化认证认可行政审批制度改革，强化对行政许可行为的规范

完成认证咨询机构行政审批下放管理层级衔接工作。2011年5月，正式下发《关于印发<认证咨询机构行政审批下放管理层级衔接方案>的通知》（国认法［2011］29号），对认证咨询机构行政审批下放管理层级的衔接工作进行了全面安排。9月～11月，对各省级质量技术监督局落实认证咨询机构行政审批衔接工作情况开展专项执法监督检查。通过此次专项监督检查工作，有效地督促了各省级质监部门落实《衔接方案》的各项要求，进一步加强了对认证咨询机构行政审批工作的指导，提高了认证咨询机构行政审批行为的规范性，夯实了认证咨询行政审批工作基础，提升了认证行政监管水平。

发挥综合协调职责，按照国务院第六轮行政审批清理要求做好国家认监委行政审批清理工作。2011年4月，国家认监委向国家质检总局报送了“取消或调整行政许可项目建议表”。6月，配合国家质检总局赴监察部汇报行政审批项目情况。7月，按照合法、合理的原则，提出了国家认监委调整行政审批项目的建议，建议取消“认证培训机构、咨询机构设立审批”项目。

（六）加强申投诉和行政处罚工作，加大违法案件督办力度，严惩认证违法行为

2011年1月11日，新修订的《认证认可申诉投诉处理办法》（以下简称“《办法》”）开始实施，该《办法》对认证认可申投诉的处理进行了更加明确的规定，更有利于发挥申投诉救济渠道和信息渠道的作用。

2011年，符合国家认监委申投诉规定的有效申投诉

41件全部按规定予以受理，处理率达100%，办结时限符合率达100%。国家认监委不断加大对认证违法案件的处罚力度，严惩认证违法行为。2011年，国家认监委行政处罚案件共3件，其中涉及认证机构2件，认证从业人员1件。其中对北京振业兴管理体系认证有限公司涉嫌未审核即发证的违法行为给予撤销批准文件的行政处罚，是国家认监委成立以来首次撤销认证机构批准文件的行政处罚案例。通过加大行政处罚力度，增强了对认证从业机构及人员的行政威慑力，有效地提高了认证机构从业的规范性。

四、政策研究及业务综合工作

（一）谋划长远，编制完成《国家认证认可事业发展“十二五”规划》，推动国家、行业、地方“十二五”规划充分利用认证认可手段

1.圆满完成认证认可“十二五”规划编制工作，启动系列宣贯活动

在2010年底密集调研和研讨的基础上，2011初，组织“十二五”规划编制工作综合组工作人员对规划文本进行了封闭式研讨和集中修改，系统分析研究调研、研讨活动收集的意见和建议，形成了规划第八稿。2011年3月中旬，结合《国民经济和社会发展第十二个五年规划纲要》的要求和部署，规划编制综合组对认证认可“十二五”规划进行了第九次较大规模的修改，有效对接国家“十二五”规划涉及认证认可的有关要求。第九稿在征求各部室、委管单位意见后，顺利通过委领导审批。《国家认证认可事业发展“十二五”规划》正式对外公布。

围绕认证认可“十二五”规划，组织了一系列宣贯活动。一是印发了关于学习贯彻“十二五”规划的通知；二是印制规划单行本，并发委机关、各委管单位及地方两局；三是在国家认监委公共网站上及时登载了规划电子文本；四是拟制了对孙大伟主任的专访，并在《经济日报》、《认证认可杂志》等媒体刊载。

2.全面推动国家、行业、地方“十二五”规划充分利用认证认可手段

在认证认可行业的共同努力下，《国民经济和社会发展第十二个五年规划纲要》对认证认可工作给予了高度重视，充分体现了认证认可服务经济社会发展，保障质量安全的重要作用。规划纲要文本涉及认证认可工作共9处，是历次之最，为认证认可事业今后五年又好又快发展奠定了坚实的基础。规划公开发布后，国家认监委在第一时间梳理了相关内容，以专报的形式向委领导反映。孙大伟主任对报告做出了重要批示并转呈支树平局长，支局长高度评价了认证认可工作取得的成绩，并要求抓住机会宣传认证认可工作。

加强了对国务院确定的18个重点专项规划的关注与研究，一是加强对相关领域的研究，做好政策储备；二是认真分析研判相关规划草案条文，掌握其政策动向；三是积极回复修改意见，推动相关规划采用更多的认证认可手段，采信更多的认证认可结果。此外，积极利用各种渠道，收集、整理各地“十二五”规划文本，对除个别省区之外的全国29家省级行政单位的“十二五”规划涉及认证认可的126项内容进行了梳理、研究，提出了有针对性的政策建议，为切实增强认证认可服务地方经济社会发展的能力做出了应有的贡献。

（二）夯实基础，精心组织《认证认可发展报告（2011）》及《认证认可质量数据分析报告》编撰工作

《认证认可发展报告》（以下简称“《发展报告》”）已连续编撰三年，按照2011年的编撰计划安排，2011年版要站在高起点，做到高质量、高水平，达到体例化、规范化的目标。为此，国家认监委总结了以往编撰工作的经验，广泛搜集了大量国际、国内政府组织年度报告、白皮书样本，对《发展报告》体例进行了全面修改，形成了相对固定的四大版块，次级目录也做了精心设计和编排。在年初各类资料、数据尚未出齐的情况下，克服困难，广开渠道，多方收集、整理了大量报告素材，在较短时间内完成了文稿及照片、图表的编写、编辑工作。为保证发展报告不但内容好、质量高，还要设计美观、图文并茂，先后十余次修改设计文本。《发展报告》面世后，得到了各相关方面的诸多肯定。

《认证认可质量数据分析报告》主要起到对内决策参考的作用。为做到数据清、底数明、问题找的对、措施提的准，国家认监委反复核对、验算有关数据，反复组织各部室及信息中心沟通、讨论。在各部室及信息中心的密切配合下，《质量数据分析报告》较为全面地反映了2010年认证认可工作质量情况，找出了其中的规律性，客观分析了各种质量数据下隐藏着的原因，提出了有针对性的政策建议。

（三）着力创新，运用《认证认可政策研究参考资料》，及时研究、反映认证认可创新发展的重大理论问题，为领导决策做好政策咨询

截至12月31日，共编发《认证认可政策研究参考资料》13期，主要内容涉及：（1）国家、行业、地方

"十二五"规划对认证认可工作的体现情况梳理共5期；（2）认证认可重要基础理论及产业政策研究2期，涉及认证认可综合发展评价指标体系的构建和香港检测、认证产业发展策略的比较研究；（3）行政管理体制调整相关研究报告1篇，主要探寻2008年以来食品药品监督管理体制调整对当前质监管理体制调整工作的借鉴意义；（4）突发性公共事件对策研究报告2期，主要涉及台湾塑化剂对食品良好生产规范（GMP）的影响及有机产品认证负面报道的情况；（5）低碳认证政策体系化研究报告3期，包括对国家节能目标评价考核制度研究、认证认可在我国低碳经济政策体系中的作用研究、关于鼓励检测和认证机构参与合同能源管理体系的政策建议等。

（四）启动新一轮风险分析工作

在2010年工作的基础上，按照国家质检总局统一安排，2011年国家认监委启动了新一轮风险分析工作，包括：（1）开展认证认可风险管理政研课题研究，努力提升认证认可风险分析工作的理论深度及运用效果；（2）通过积极协调，帮助委内各部室提高了对风险分析工作的认识、重视程度，围绕各自工作提供了详实的风险分析材料，汇总、整理了近三万字的《风险分析报告》和《风险分析一览表》报送国家质检总局，并根据工作进展情况进行了2次更新；（3）根据国家质检总局《产品质量风险研究报告提纲》，拟写并报送了国家认监委相关工作素材。

（五）组织开展2011年认证认可全国"质量月"活动

2011年全国"质量月"活动期间，国家认监委高度重视、精心组织，在保质保量完成"规定动作"的同时，创新思路开展"自选动作"，圆满完成国家质检总局计划安排的7项重点活动，适时开展管理体系认证有效性监督检查、强制性产品认证质量分析等工作，全面动员地方两局、各下属单位、各认证及相关机构在认证认可行业开展丰富多样的"质量月"活动，整个认证认可"质量月"活动安排特色鲜明、声势浩大、亮点纷呈，获得了良好的社会效应。

在"质量月"活动期间，作为国家认监委"质量月"活动领导小组办公室成员单位，具体承担了"质量月"活动的各项组织协调工作，主要包括：（1）及时组织动员，制定详实方案。按照委领导指示，"质量月"活动领导小组办公室先后组织召开了活动专题部署会议和2次"质量月"活动领导小组会议，及时动员、部署、指导活动进展；起草印发《关于开展2011年全国"质量月"活动的通知》、《关于在认证认可行业深入开展"质量月"活动的通知》、《关于编发认证认可"质量月"活动简报的通知》等3个通知。对列入国家质检总局活动安排及自主开展的各项重点活动，制定了详细的计划并形成了统一方案。（2）健全工作机制，认真督促落实。建立了"质量月"活动简报制度，共编发简报46期，被国家质检总局完整采用5篇，其中3期被选为当期头条；在国家认监委门户网站设置了"质量月"活动专栏，便利认证认可行业及社会公众对"质量月"活动的跟踪和了解；严格组织、管理、方案、指导检查四落实，建立了责任明确的组织体系。（3）配合参与活动，总结成果经验。举办了以"认证认可建立信任"为主题的质量大讲堂活动，反响强烈。"质量月"活动顺利完成后，国家认监委及时组织各部室、各单位进行效果评析、经验总结，撰写了《国家认监委2011年全国"质量月"活动工作总结》，并经委领导审批报送国家质检总局。

（六）组织学习贯彻质检工作"十二字"方针

9月16日，按照孙大伟主任指示，谢军副主任组织国家认监委各部室、下属单位召开了专题会议，进一步深入学习支树平局长在全国质检系统半年工作总结会议上的讲话精神，研究探讨坚持"十二字"方针，破解十二个问题的方法和途径。会后，委机关各部室和下属单位以不同形式开展了坚持"十二字"方针，破解十二个问题的相关工作，根据各部室、各单位报送的书面材料，撰写了国家认监委学习贯彻"十二字"方针的情况总结并报送国家质检总局。为进一步深化全系统对讲话的探索和实践，按照国家质检总局要求，积极动员各部室、下属单位参与"12个如何"系统征文活动，共收集整理征文32篇报送国家质检总局。

（七）组织协调省级以下质监行政管理体制调整应对工作

10月10日，国办发［2011］48号文印发，部署调整省级以下质监行政管理体制。10月15日，接国家质检总局转发国办发48号文后，国家认监委随即召开专题会议研究落实文件精神。会议传达、学习了国办发48号文件，认真分析了对认证认可工作可能带来的影响，提出了初步的贯彻落实意见。会后，根据委领导指示，会商相关部门起草了国家认监委贯彻落实国办发48号文件的意见和建议，并报国家质检总局。按照国家质检总局要求，国家认监委先后三次向总局报送贯彻落实意见，对总局《指导意见》（讨论稿）的形成起到了积极作用。在此期间，还梳理了十七大以来中央关于行政管理体制改革的主要精神，分析、借鉴了省级以下食品药品监管体制调整工作的经验。

根据孙大伟主任指示，迅速发出问卷调查表，摸清地方认证监管的最新情况。11月15日～16日，国家认监委在上海组织召开了落实国办发48号文件及省级以下质监行政管理体制调整工作研讨会。谢军副主任代表委党组出席会议并讲话，来自东部、中部、西部具有代表性的14个省级质监局认证处处长参加了会议并发言。会议交流了各地贯彻落实48号文件的情况，评估分析了对认证监管工作的影响，并提出了认证认可适应体制调整工作的意见和建议。通过此次研讨会，进一步摸清了各地认证监管工作的基本情况，较为全面地了解和掌握了省级认证监管部门的需求，对于下一步在认证认可领域落实国办发48号文件，进一步加大认证监管工作力度，大有裨益。

（八）组织协调认证认可援藏援疆工作

根据国家质检总局的统一部署和国家认监委党组的安排，认具体开展了以下援藏援疆工作：（1）梳理总结了国家认监委2010年援藏援疆工作情况及2011年工作计划，并报送国家质检总局援藏援疆工作领导小组办公室，按季度报送国家认监委及下属单位援藏援疆进展情况；（2）参与国家质检总局关于对开展中哈霍尔果斯国际合作中心建设和检验检疫支持新疆对外开放的调研，开展认证认可援藏援疆政策调研，根据调研所掌握的需求情况，协调各业务部门开展针对性的援建活动；（3）联合新疆质量技术监督局开展认证认可援疆政研课题研究；（4）组织协调相关认证认可援藏援疆政策的落实。

（九）完善程序，做好业务综合工作，全面综合委内各部室、各下属单位建议，及时、准确地反馈国家认监委工作意见

截至2011年底，国家认监委法律部共牵头办理业务综合文件202件。其中，急件、特急件138件，占办文总数的一半以上；共征求各部室、下属单位意见506件/次（不包括反复征求意见的情况）；126件来文提出了具体的意见建议，占比达到62%。在完成大量日常性业务综合办文的同时，注重总结经验、完善工作程序、不断提升工作效率，主要采取了以下三个方面的工作措施：一是建立业务综合工作定期分析报告制度。二是针对重点来文多次征求意见。对事关认证认可发展大局的重点文件，在广泛征集意见的基础上，站在全局的角度，提出综合性的回复意见。为确保回复意见的质量和针对性，再次征求相关部室的意见，达成共识后，经委领导批准后报出。三是结合政研成果办理业务综合工作。

此外，根据委领导指示，圆满完成了部分特发事件的应对工作。2011年，日本核泄漏以及双汇“瘦肉精”事件爆发后，认监委法律部牵头组织了相关事件的应对工作，与相关部室、单位一起完成了对涉及认证认可相关工作的妥善处理。

撰稿人：张 威 黄 叙 徐 颖 陈腊梅 蔡煜刚 蔡云飞
审稿人：蔡 伟 李华宁 马 昆 王学胜

2012

Yearbook of Certification and Accreditation of China

第五部分　认可监管

Part Five　Supervision on Certification Bodies

一、认证机构及认证培训机构审批

（一）行政审批业务办理情况

2011年，接收认证机构审批相关申请231项，其中设立认证机构申请5项，认证机构扩大认证业务范围申请49项，认证机构设立分支机构申请129项，认证机构到期换证申请18项，认证机构变更申请36项。接收认证培训机构审批相关申请9项，其中新设立申请3项，培训机构扩大业务范围申请4项，到期换证申请2项。

因不符合受理条件未受理申请事项1个（申请延续认证机构批准书有效期，交申请时批准书已经过期），发出不予行政许可决定书4份（含2项新设立认证机构的申请）。

2011年共注销2家认证机构，撤销1家认证机构。

截至2011年12月31日，经国家认监委共批准的认证机构173家（其中内资认证机构136家，外资认证机构37家），认证培训机构34家。

（二）积极推动新的认证业务的开展

2011年，国家认监委服务经济转型发展，积极推动新领域认证业务的开展。完成的主要工作有：配合中国人民银行的工作需求，建立了非金融支付机构技术安全认证制度；制定了IT服务管理体系认证制度，以国际标准为基础，结合我国实际情况划分IT服务的专业类别开展认证；组织认证机构研究服务认证制度，召开了服务认证研讨会，汇总了相关认证机构在物业服务、汽车维修服务等服务认证方面的研究进展和成效，提出了制定服务认证基本规范以统一服务认证概念、术语、分类和认证技术规范的工作要求；根据国家“十二五”规划纲要提出的加快发展现代服务业、推动服务业大发展的要求，以服务外包这一新兴的现代服务业为目标，与江苏昆山市政府共同探讨建立服务外包认证示范区；会同国家知识产权局共同开展了《自主知识产权产品认证制度研究》项目，此项工作已经纳入国家知识产权局“十二五”工作规划。目前正在组织起草编制《自主知识产权产品认证实施规则》和《自主知识产权产品认证标准》。

针对能源管理体系认证业务，认监委组织召开了工作交流会，总结了试点工作一年的成效和经验，修订了试点工作要求；举办钢铁行业能源管理体系建设推进会，宣传了宝钢等几家大型钢企能源管理体系的节能增效成果，推动了更多钢铁企业建立能源管理体系；扩大了试点工作领域，在总结十个重点工业行业能源管理体系试点工作进展情况基础上，增加了在交通运输行业开展认证试点工作。

（三）落实《认证机构管理办法》对于审批的相关规定

《认证机构管理办法》（以下简称“《办法》”）于2011年7月由国家质检总局正式发布，2011年9月1日起正式实施。针对《办法》对机构审批工作提出的新要求，进一步完善了内部管理制度，严格审批准入。一是按照《办法》的要求，修订完善了认证机构设立审批、认证机构分支机构设立审批、认证机构扩大认证业务范围等方面的申请材料要求，并按新的要求严格准入审查；二是举办了机构审批专家评审人员培训班，对《办法》进行宣讲，结合机构设立、扩大业务范围等审批的新要求进行了培训，提高了专家人员对行政许可工作的严谨、客观、准确和廉政等方面的认识，统一了评审尺度；三是进一步严格按照委质量管理体系程序文件确定的程序办理审批，充分采用专家评审结果，在专家评审工作基础上形成审核结论。

二、认证市场监管

（一）创新监管模式，加强行政监管

2011年，根据基层单位的需要，创新了认证监管工作方式，改变了过去运动式的专项监督检查做法，实行了新的网格化组织方式，与地方局联合开展行动，直接与基层局的一线人员配合，在地方联合开展拉网式监督检

查活动。

2011年初，与河北省质量技术监督局在河北省涿州市召开管理体系认证专项监督检查试点，国家认监委组织的专家与河北省11个地级市质量技术监督部门相关行政监管人员参加了此次检查，共对河北省涿州市118家获证组织现场进行逐一调查走访。通过国家、省、地方三级行政监管人员共同实施检查，共同交流提高，起到了上下联动的作用，为地方监管部门带出了队伍，开拓了思路，有力支持了基层认证监管工作的开展。同时，在总结试点经验的基础上，先后在重庆市、山东省青岛市、江苏省南京市高淳县、广东省深圳市等4个地区，与当地局联合开展了管理体系获证组织专项检查，共调用备案的认证认可专家42人次，调用地方基层认证监管人员167人次。

在5次检查中，共对72家认证机构发证的501家获证企业进行了监督检查。专项检查总体合格率为79%，体系运行无效的为21%，其中体系运行无效的企业中72%是50人以下的小型企业，针对检查中发现的问题，共向相关的颁证机构发出66张《认证专项监督检查结果告知书》。相关认证机构在接到《告知书》后，共实施非例行检查整改企业426家，暂停认证证书249张，撤销认证证书109张，在一定程度上起到了净化认证市场的作用。

（二）加大打击力度，规范市场秩序

2011年，国家认监委加大了对违法违规行为的打击力度，严厉查处了一些企业的违法违规认证行为。对北京挪华威认证有限公司涉嫌超出批准范围擅自开展IT服务管理体系认证的行为做出停业整顿的处罚。对内部管理混乱的天津西凯质量认证有限公司，暂停其一切认证业务。对于存在未审核即发证行为的北京振业兴管理体系认证有限公司，在经严密调查掌握了充足的证据材料后，经法定程序撤销了其认证机构资格，并且在根据该公司申请举行的听证环节后，维持处罚决定。实施撤销认证机构资格的行政处罚，在国家认监委成立后尚属首次。对违法违规认证行为的严厉打击，有效树立了国家认监委的权威，规范了认证市场秩序，为认证市场的健康有序发展提供了保障。

（三）服务基层，加强地方行政监管人员培训

为了更好地服务基层，提高地方监管人员业务能力，2011年对地方监管人员的培训中有所改革和创新。一是为了方便地方局人员参加培训，6月，在湖南举行的认证监管人员培训班上，采取了认可监管部与认证监管部联合举办的方式，使地方局人员参加一次培训可以获得两方面的业务知识；二是在培训对象上，向基层局倾斜，在参加长沙培训的地方两局179名代表中，绝大多数是基层局人员。这种做法，改变了过去的对省局人员培训，再由省局人员对基层单位培训的模式，减少了培训的环节，提高了培训效果；三是针对地方局的需求，先后派员参加了海南出入境检验检疫局以及河北、江苏、辽宁、陕西、广东、重庆、宁夏、新疆等省市自治区技术监督局的认证监管人员培训班，上门进行《认证机构管理办法》的宣贯。

（四）改进认证人员继续教育工作，提升从业人员能力

一是扩大了培训范围。2011年，认证人员继续教育的培训范围扩大到了管理体系和产品认证的全部注册人员，与2010年相比，增加了产品认证的注册人员以及管理体系认证实习审核员。

二是丰富了培训内容。2010年，认证人员继续教育课程共2门。2011年，为提高培训针对性，满足认证人员不同的培训需求，提升培训效果，在继续教育工作中丰富了培训内容，使2011年的继续教育课程达到10门，并将这些课程分为通用课程和专业课程，允许参加继续教育人员在一定范围内自主选择适合自身发展需要的培训课程。

三是改进了培训方式。为了降低认证人员参加培训的成本，方便认证人员参加继续教育，2011年采取了网上培训系统与现场培训结合的方式，使一部分课程实现了网上培训。

截至2011年底，面授课程总计开班数量为329（含计划数），参加人数为21 296人；参加网络教育的人数达到34 699人。

为了检查培训机构工作规范性，保证继续教育工作质量，采取了现场检查、电话检查等方式，对9家具备审核员继续教育培训资质的认证培训机构办班情况进行了突击检查，并对检查中发现的问题进行跟踪。

（五）完善监管措施，加强日常监管

一是建立并开始实施认证培训机构信息月报制度，所有经国家认监批准成立的认证培训机构按月报送本机构所办培训的课程信息以及人员信息。

二是继续与住房和城乡建设部共同推动建筑施工领域质量管理体系认证特殊要求（GB/T 50430）的相关工作，组织了全国统一考试，参加考试的总人数达到11 566人。指导中国合格评定国家认可委员会（CNAS）开展此领域的认可工作，已经有31家认证机构通过了GB/T 50430领域的认可。

（六）多措并举，贯彻《认证机构管理办法》

经过近5年的反复审议、修改，《认证机构管理办法》于在2011年7月由国家质检总局正式发布，并与2011年9月1日起生效实施。为了贯彻落实《办法》，组织人力将《办

法》翻译成英文，起草了《办法》的释义，以方便各方面对《办法》的理解与实施；6月，在海口市召开2011年管理体系认证市场监管工作会议，会议通报了2010年及2011年上半年管理体系认证市场监督检查工作情况，对《办法》进行了宣贯；为了对认证机构进行宣贯，8月，在江苏省昆山市召开全国认证机构工作会议，共有172家认证机构参会，会议上对《办法》进行了学习，并围绕认证市场规范、认证机构运作、认证行政监管以及“十二五”期间认证工作的开展进行了讨论。

撰稿人：庞 翔 林 峰 赵 政

审稿人：生 飞 梁 钢 陈 悦

2012

Yearbook of Certification and Accreditation of China

第六部分　认证监管

Part Six　Management and Supervision on Certification

一、管理体系认证

（一）管理体系认证开展概况

根据各认证机构上报的证书信息统计， 截至2011年底，认证机构颁发的各类有效认证证书总数为608 109张，各主要管理体系认证领域证书数量如下：质量管理体系（GB/T 19001/ISO 9001）认证证书290 326张；环境管理体系（GB/T 24001—2004/ISO 14001:2004）认证证书72 124张；职业健康安全管理体系（GB/T 28001—2001）认证证书38 411张；食品安全管理体系（GB/T22000—2006/ISO 220002005）认证证书8 086张；信息安全管理体系（GB/T22080—2008/ISO/IEC27001:2005）认证证书1 107张。

（二）服务经济转型发展，积极推动新领域认证

1.积极推进能源管理体系认证试点工作

一是组织举办钢铁行业能源管理体系建设推进会，宣传了认证展示的宝钢等几家大型钢企能源管理体系的节能增效成果，推动了更多钢铁企业建立能源管理体系。

二是召开了能源管理体系认证试点工作交流会，总结了试点工作一年的成效和经验，根据实践经验修订了试点工作要求，强调按“创新认证模式、关注认证结果”为重点继续开展试点工作。

三是扩大了试点工作领域。在总结10个重点工业行业能源管理体系试点工作进展情况基础上，增加了在交通运输行业开展认证试点工作，确定了选择交通运输行业能源管理体系认证试点机构的条件和方案。

四是组织能源管理体系骨干审核员能效评价知识培训班。根据能源管理体系认证试点工作要求，此项认证既要证明企业建立的能源管理体系合规完整，又要评价建立体系后节能绩效情况。后一项认证要求对现有能源管理体系审核员是一项新任务，同时也是现有审核员的弱项。这个骨干审核员培训班是探讨能源管理体系认证制度引入能效评估专业化审核员的一个尝试。

2.能源管理体系认证试点工作成果

截至2011年底，开展试点工作的18个行业的88个企业建立了能源管理体系并提出了认证需求。其中，钢铁17家企业、有色4家企业、纺织6家企业、煤炭5家企业、造纸6家企业、电力5家企业、煤化工4家企业、基础化工3家企业、石油化工1家企业、建筑玻璃8家企业、水泥9家企业、陶瓷3家企业、食品1家企业、家电2家企业、制革2家企业、通用机械7家企业、电力机械2家企业、石油机械3家企业。

其中有24家企业已经获得认证证书，认证的节能量共计58.2吨标准煤（相当于减少二氧化碳排放154万吨）。

3.指导森林认证试点工作

按照《关于开展森林认证工作的意见》确定的中国森林认证试点工作方案，指导相关认证机构完善了中国森林认证的各项基础规范并进行了认证实践，已对17家林业企业进行认证审核，覆盖森林191.2万公倾。

二、产品认证

（一）强制性产品认证

1.强制性产品认证（CCC）工作开展情况

截至2011年，CCC目录内产品共计22大类163种（新增4种消防产品），认证实施规则78份，指定认证机构10家，指定实验室158家。CCC有效证书共计299 542张，持有效证书的企业45 661家，其中国内企业41 170家，国外企业4 491家。

2011年，新颁发CCC证书64 537张（含证书变更），涉

及获证企业15 164家；暂停证书19 057张次，撤销证书30 138张，注销证书15 077张。

2.组织开展并完成强制性产品认证质量分析工作

为全面总结过去十年CCC认证工作与成果，进一步发展和完善CCC认证制度，使其更好地服务经济和社会发展，国家认监委组织CCC指定认证机构、实验室、认可中心、认证认可协会、研究所、信息中心、标志中心等相关技术支撑单位的有关专家，对十年来的CCC认证工作和认证实施效果进行全面质量分析。

质量分析工作自2011年初开始策划，将159种产品划分成46个研究领域，3月召开启动会议并分别组建了46个工作组开始研究，各工作组积极开展行业/企业的调研，收集整理了大量数据，6月完成分报告初稿并组织中期汇报会，7月开始开展CCC质量分析总报告的研究和编写工作，10月全面完成46份分报告和1份总报告。在此基础上对强制性产品认证目录动态调整机制、指定机构动态管理机制、实施机构对外开放政策、认证模式多样化、实施规则类文件改进等5个专题展开研究，11月完成专题研究报告。同时，从质量分析工作总结，提出CCC认证数据管理分析长效机制建设方案。取得的成果主要表现为以下五个方面：

一是摸清各类CCC认证产品综合情况，尤其是针对细分产品，加强了质量分析和风险分析，发现了认证技术问题和监管制度障碍，为各类CCC认证产品在“十二五”期间乃至今后一段时期的科学发展奠定了技术基础。

二是总揽制度实施十年总体效果，用数据说话，反映了CCC认证作为一种市场准入制度，在保障产品质量安全和人身健康安全、促进贸易等方面的巨大作用。

三是剖析CCC认证制度建设层面、操作层面和机制建设方面的诸多问题，并提出了相应的解决方案和对策建议。

四是提出发展思路和政策建议，包括动态管理产品目录、指定机构调整机制、加强境外合作和开放机制、创新认证模式、完善实施规则、建立CCC认证数据管理长效机制等方面。

五是研究建立长效机制，结合5个专题研究，逐步建立CCC认证动态管理、自我完善的发展长效机制。

3.强制性产品认证取得的成效

（1）国家监督抽查CCC目录产品统计分析

根据对2011年前3批国家监督抽查14类933个CCC目录产品的统计分析，CCC获证产品平均抽查批次合格率为88.48%。要求认证机构对107个获证不合格产品立即暂停证书并进行特殊工厂检查，对发证产品合格率低于80%的2家指定认证机构下发了预警通知。

（2）CCC获证产品抽查

2011年5月至11月，组织全国31个省级质量技术监督局和35个直属检验检疫局，选取历年来抽查存在问题较多、质量相当不太稳定的插头插座、电动工具、轮胎、安全玻璃、玩具等19种1 309批次的CCC产品，并且加大了在流通领域抽查的比例，分别开展监督抽查工作，总体平均合格率78.5%。本次监督抽查工作历时7个月，出动执法人员1 901人次，对932家生产企业、销售企业的产品实施抽查，查处无证生产、销售、进口违法违规案件59起。

（3）CCC目录产品风险分析

开展产品强制性产品认证产品风险和认证模式多样化研究。基于产品技术法规/要求、行业/企业情况、产品的生产管理、产品的消费和使用、产品危害发生情况的分析，初步建立强制性认证产品风险分级体系。同时，通过对代表性产品的深入研究，综合风险等级、产品生产特点等要素，在考虑到产品风险与认证风险最优匹配的同时，提出了管理成本最优化的强制性产品认证模式修订建议。

4.对CCC指定机构进行监督检查及对CCC获证产品进行监督抽查

（1）开展并完成CCC指定机构专项监督工作，对问题机构进行严肃处理

对2010年度监督检查中发现存在问题的10家指定认证机构、15家实验室发文要求限期整改，对其中8家实验室现场验证整改结果。

组织开展对10家CCC指定认证机构（含5个分支机构和检查员）和6类56家指定实验室开展了监督检查，对75家获证企业进行现场检查，对24个工厂检查活动进行见证检查。检查工作重点识别指定机构工作的不规范和薄弱环节，规避系统性风险，突出行政监管，覆盖低压成套开关设备、家电、电焊机、电动工具、手机、轮胎、童车、涂料、安防等 17个产品认证和检测领域。

根据监督检查发现的问题，对2家指定认证机构实施行政告诫，对4家指定实验室实施暂停指定业务，对29家指定机构发出限期整改通知书，要求指定认证机构对存在严重问题的5家企业撤销认证证书并重点监管。

（2）完成了CCC免办及特殊处理程序的监督检查

10月～11月，共组织3个检查组分别对天津、北京、辽宁、江苏、山东、上海、广东和深圳等8个直属局开展CCC免办和小批量特殊检测处理程序监督检查工作，现场检查各类CCC免办申请企业15家，核查CCC各类验证审批档案466件（涉及企业208家）；发现各直属局需要改进的问题18件。

（3）扎实开展完成了CCC认证领域双打工作，取得成效

按照国务院及国家质检总局的工作部署，在CCC认证领域严厉打击侵犯知识产权和制售假冒伪劣商品行为，严把发证质量关，加大证后监管力度，提高强制性产品认证的有效性。“双打”期间，各指定认证机构共对汽车安全配件、手机、涂料、低压电器、家用电器、电动工具、玩具产品等8类重点产品发放29 243张CCC证书，撤销14 549张、暂停13 431张不符合认证要求的CCC证书。全国共检查8类重点产品CCC获证企业17 933家，对工厂检查不通过的1 085家企业列入失信企业名单，加大后续监督力度。

（4）重点开展电线电缆专项整治工作，取得成效

按照国家质检总局统一部署，积极参与电线电缆专项整治工作，以CCC证书为抓手，严格淘汰和限制不符合国家产业政策要求的电线电缆产品。要求指定认证机构和实验室对于不符合国家标准和认证实施规则要求的CCC电线电缆企业坚决暂停或撤销CCC认证证书。各指定认证机构共对4 355家企业实施了飞行检查，发现324家企业生产条件不符合认证要求，暂停500家企业的1 259张CCC证书。

5.家电下乡市场核查

发布《关于进一步做好家电下乡市场核查工作有关要求的通知》（国认证函43号），对各地方质量技术监督局、相关指定认证机构、实验室明确2011年家电下乡市场核查工作要求。

为促进家电下乡中标企业提升产品质量、严格遵守认证要求，本年度的家电下乡市场核查在程序和方式上进行了严格规范，具体内容包括：在市场流通领域核查下乡获证产品的一致性及符合性，收集存在的不一致问题及其他违法违规信息，随后根据所发现问题追踪至生产源头，通过特殊检查来发现生产厂可能存在的质量监控问题，并进行市场核查样品的样品确认工作，最后根据特殊检查结论和企业样品确认结果处理相应证书。

2011年，国家认监委组织认证机构、地方局对冰箱、彩电、手机、洗衣机、计算机、空调、热水器、微波炉、电磁炉、抽油烟机、DVD影碟机、电饭煲、电压力锅等13类家电下乡产品开展了市场核查工作。本年度家电下乡市场核查工作共有工厂检查人员、执法人员、专家等260余人参加，共计组成核查组48个，涉及全国16个省、48个市县、130个经销网点，核查型号达1 215个，约占家电下乡中标产品型号的10%。

2011年，通过市场核查及对企业现场特殊检查确认，共计暂停涉嫌问题产品认证证书14张。

6.完成CCC 认证目录对应海关HS编码工作，加强CCC入境验证把关的基础支撑工作

协调国家质检总局通关司，成立强制性产品认证目录产品与海关HS编码对照协调技术专家组。5月，组织专家召开专门会议，研究确定技术专家组的日常工作机制和应急预案；编制完成CCC目录产品与2011年HS编码的对应关系表；提出了2011年HS编码检验检疫监管条件的调整建议。8月，协调通关司调整相应HS编码监管条件。

7.不断完善强制性产品认证制度

（1）修订认证实施规则

本着“简化流程、降低费用、便利执行”的原则，完成电器附件产品、电动工具产品、电焊机产品（共涉及34种产品）实施规则修订工作。结合工作实际情况，使实施规则更加完善并适应产品认证要求，相关规则已发布实施。

（2）建立CCC认证数据收集、质量分析的长效机制

通过建立完善CCC认证数据上报、年度工作报告上报等制度，结合CCC认证质量分析工作，摸出规律、找准问题、发现趋势，逐步探索、建立一套适合CCC认证制度的基础数据、质量数据收集管理长效机制，以便摸清并掌握一手客观数据，全面了解CCC认证整体质量状况，发现认证检测实施与管理过程中相关问题，从而及时进行调整与改进，确保CCC认证制度科学有效、健康发展。

（3）抓好CCC信息化建设，打牢数据基础支撑

完善CCC入境监管设限数据库、CCC免办电子审批系统完善工作，编制完成《CCC免办电子审批系统操作规程》，对各局CCC免办电子审批工作进行统一规范。完成“CCC免办特殊检测处理程序管理系统”的需求调研和设计开发，组织5个直属局于11月底开展对该系统的测试运行工作，12月开始组织系统的试运行。开展并完成CCC标志随机码升级方案的前期调研，基本形成CCC标志随机码升级方案的初稿。

8.妥善处置质量事故

（1）“锦湖轮胎”事件应对

2011年央视“3·15”晚会曝光了锦湖轮胎天津有限公司的“原料掺假”问题。晚会曝光当晚，国家认监委即进入应急预警状态，立即开展应对工作。向各相关技术机构发出通知，要求对轮胎产品开展认证有效性检查和自查，对已颁发的轮胎产品所有证书进行全面清理，并要求认证机构以飞行检查的形式开展本年度对获证企业的年度监督工作。同时，及时组织技术和认证专家进行讨论，分析原因，明确处理措施。与国家质检总局的部署

保持高度统一，协调、配合相关司局做好政策、制度衔接工作，与召回工作密切配合。

此外，参与了应对律师投诉认证机构和锦湖集团相关事宜的处理工作，参与了对锦湖工厂的调研和对认证机构的现场检查工作。举一反三，以此为例进行分析和总结，编写了"锦湖事件"案例分析报告，拟定了突发应急事件处理程序。

（2）"毒"玩具事件应对

参与国家质检总局"毒玩具"应急处理工作，事件曝光当天立即启动应急预案，开始部署，搜集、整理涉及玩具的强制性产品认证有关问题，及时报告，注意跟踪，参与国家质检总局对外口径的起草及应对措施的制定，同时分析认证风险，研究应对措施，对玩具认证工作进行了梳理、归纳，对CCC未来工作开展提出相关建议。

（二）自愿性产品认证

1.信息安全产品认证

截至2011年，累计颁发国家信息安全产品认证证书213张，其中2011年颁发49张。完成10份信息安全产品自愿性认证实施规则，并于2011年7月开始受理认证申请，截至2011年，颁发证书19张。

2.资源节约（节能/可再生能源/节水）产品认证

（1）节能认证开展基本情况

目前社会影响力较大、产品范围较广、发放证书量较多的5家认证机构开展节能认证产品共计78种，累计发放证书20 472张，目前有效证书12 060张；开展节水认证产品共计41种，累计发放证书2 995张，目前有效证书2 432张；开展可再生能源认证产品共计20种，累计发放证书1 481张，目前有效证书1 371张。

开展资源节约（节能/可再生能源/节水）产品指标量化工作，将发证量较大、计算方法成熟的产品纳入资源节约产品指标量化体系中进行测算，其中节能产品29种，节水产品11种，可再生能源产品3种，这些产品共计节约/替代电力89 462.55百万度（约折合为3 034.98万吨标准煤），节约水资源161.81亿吨。

9类节能认证产品、共涉及419家企业、32 299个产品型号/系列进入2011年上半年《节能产品政府采购清单》。

（2）配合相关部门制定《节能产品认证管理办法》

为确保节能产品认证工作的有效实施，进一步规范认证行为，配合国家质检总局法规司及国家认监委法律部编制完成《节能产品认证管理办法》，已提交总局法规司审查。同时，紧跟标准及技术规范制、修订进展，及时扩展节能产品认证领域。已增加对商用电磁灶、小功率电动机等产品的节能认证工作。

3.环保产品自愿性认证

环境标志产品认证是目前最具影响的环保产品认证制度，截至2011年，已经有2 000多家企业，40 000多种产品获得中国环境标志认证。中国环境标志认证实施15年，较好地配合与支持了中国环境保护工作，形成了近2 000多亿元产值的环境标志产品群体。目前，共8批24类产品进入《环境标志产品政府采购清单》。

2011年，环保产品自愿性认证共向800家企业颁发了1 000多张认证证书，累计共向2 500家企业颁发了近4 000张认证证书。

4.交通产品认证工作

2011年，在国家认监委和交通部的推动下，组织实施了8大类28种产品的认证工作，截至2011年，累计颁发交通产品认证证书119张，认证企业达到70余家。

5.联合国家发改委、质检总局联合发布了实施能效标识管理的第八批产品目录

目录包括了打印机、传真机和数字电视接收器。完成对应产品开展能效标识备案的实施规则编制并与目录一并发布实施。针对列入能效标识目录管理的23种产品，已备案企业数达到4 569家，备案产品型号达到232 975个。

（三）与各行业主管部门共同推动产品认证工作，利用认证手段抓质量

1.与公安部消防局共同推动消防产品强制性认证

按照新修订的《消防法》，与公安部消防局共同推动消防产品强制性认证目录调整工作。按照相关程序，在对消防产品认证的可行性必要性进行认证并初步确定目录和实施规则草稿后，向WTO/TBT进行通报。4月21日，国家质检总局、公安部和国家认监委联合发布了有关调整消防产品目录的公告（联合公告2011年55号），对喷水灭火产品等7种消防产品实施强制性产品认证，自2013年1月1日起，凡列入强制性产品认证目录内的消防产品，未获得强制性产品认证证书和未标注强制性认证标志，不得出厂、销售、进口或在其他经营活动中使用。随后国家认监委发布了相关产品认证实施规则，并指定了承担消防产品认证的机构和实验室。国家认监委和公安部消防局联合召开了消防产品强制性认证新闻发布会，宣传贯彻消防产品强制性认证制度，并向社会公布了新一批承担消防产品强制性认证工作的认证机构和实验室名单。

2.推进信息安全产品认证工作

与工业和信息化部、公安部、国家安全部、财政部、

国家保密局、国家密码管理局和国家质检总局共同推动信息安全产品认证工作。在认证实施过程中，严格把关，促进产品质量提高，据统计信息安全产品认证通过率不足80%（曾提交申请意向的300余项，其中获证213项），而且获证产品中，近一半的产品是经整改后通过的，工厂检查中有近10%的不合格项，80%的观察项。

完成了第二届国家信息安全产品认证管委会执委会换届工作，并于2011年10月9日顺利召开执委会第一次会议，为今后的工作奠定了团结协作的良好基础。

3.开发新的产品认证制度领域

联合工业和信息化部于2011年8月联合发布了国家统一推行的电子信息产品污染控制自愿性认证第一批产品目录，主要包括计算机、电视机、电话机、移动用户终端等产品。同时，为确保国推污染控制认证制度实施的有效性和可操作性，公告一并发布了对目录内产品开展认证时限用物质应用的例外要求，并指出例外要求将根据电子信息产品污染控制工作发展情况，适时予以调整和发布。

《国家统一推行的电子信息产品自愿性认证实施规则》（以下简称“《实施规则》”）已发布，《实施规则》由国家认监委会同工业和信息化部共同组织编制，其中对国推污染控制认证的认证模式、认证的基本环节、认证实施的基本要求等内容进行了详细说明。

同时，国家认监委联合工信部开展了对实施国推污染控制认证工作的认证机构和实验室进行确认的工作。这标志着国推污染控制认证工作开始全面实施。国推污染控制认证将通过认证认可手段，服务于产业，服务于污染控制工作，用国家统一推行的电子信息产品污染控制自愿性产品认证的方式，推动材料、元器件和整机的污染控制工作。国推污染控制认证制度的实施，是认证认可落实质检系统“大质量文化建设”的重要试点，是国家认监委、工业和信息化部依法依规建立、充分体现自愿性认证制度和强制性制度相融合的创新方式，是通过三方认证帮助企业履行社会责任、推动行业提升的实质举措。

4.与环保部进一步沟通，探讨建立国家统一的环保产品认证制度

与环保部继续协调，推动国家统一环保产品认证制度的建立。双方已达成共识，建立认监委与环保部的战略合作协议，在协议的框架下开展合作工作。

5.推动交通产品认证，促进安全生产

积极开拓新领域，推动交通产品认证中心服务北京市运管部门，在北京市范围开展在用汽车喷烤漆房安全评价工作。截至2011年底共完成了650余台在用汽车喷烤漆房的安全综合评价工作，为500余家机动车维修企业消除了生产安全隐患，产生了良好的的社会效益。社会各界对此也予以了高度评价，《中国交通报》等行业媒体把此项工作誉为惠及广大企业及从业人员的“民生工程”。

6.与铁道部共同推动铁道产品认证

与铁道部共同探讨，通过对铁道产品实施认证，转变政府职能，降低行政风险。

注：本部分所提“产品认证”中的“产品”指“工业产品”

三、食品农产品认证

（一）食品农产品认证及监管发展概况

1.食品农产品认证机构专项监督检查

2011年，国家认监委组织16个出入境检验检疫局、省级质量技术监督局，对分布在北京、河北等七个省（市、自治区）的14家食品农产品认证机构及其认证的27家获证企业进行了专项监督检查。从专项监督检查总体情况来看，认证机构对食品农产品认证领域认证实施规则、行政规范性文件的相关要求重视程度加强，机构资质等方面不符合项较少。超范围认证、人员不足、遗漏认证实施规则规定的程序等严重违规等行为极少发生。现场发现的问题主要涉及认证机构管理、认证审核有效性和企业现场管理等方面。认证机构间对规则的理解和操作不一致，机构、人员能力不足等问题相对突出。根据监督检查中发现的问题，对相关认证机构做出了相应处理，对5家机构进行了行政告诫。

2.获认证食品农产品专项监督抽检

抽检范围为获得有机产品和绿色食品认证的蔬菜、茶叶、食用植物油、肉制品、蜂产品和乳制品等六类产品，共抽查了北京、河北、山东、安徽、江苏、浙江、河南、四川和重庆9个省（市）的211个样品。结果显示，总体合格率为97.16%，其中有机产品抽检合格率为97.78%，绿色食品抽检合格率为96.69%。共有2个获得有机产品认证和4个获得绿色食品认证的产品不合格。不合格原因为产品中农药或有毒物质残留超出认证标准要求。对监督抽查中发现的问题，要求认证机构对检出农药残留较高的产品进行调查并做出相应处理，同时将检测不合格的产品移交给地方质检部门依法进行处理。

3.组织加强食品农产品认证活动日常监管

2011年，地方质检部门共派出7 259人次，检查食品

农产品获证企业3 590家，涉及各种认证产品4 889个，共发现涉嫌违规行为106起（处理结案54起），占受检企业总数的2.9%。从涉嫌违规行为的种类来看，主要是：一是认证机构未按照认证实施规则实施认证28起，占涉嫌违规行为的25%；二是获证企业、产品不能持续符合认证要求26起，占涉嫌违规行为的23%；三是伪造、冒用、超范围、超期使用认证证书、认证标志行为20起，占涉嫌违规行为的18%。从涉嫌违规行为的认证种类分布来看，有机产品32起，占30%；食品安全管理体系23起，占22%；绿色食品19起，占18%。

经过几年的监管，各地质检部门在食品农产品认证日常监管中已形成了制定监管工作计划、实施方案及具体工作程序，定期召开监管工作专项会议、加强培训、案件调查等工作机制和方法，也形成了很多值得借鉴的监管经验，如天津市、辽宁省质监局加大对流通领域违规行为的监督检查，并主动向大型商场、超市宣传食品农产品认证标志证书使用和鉴别知识，浙江、北京等出入境检验检疫局把食品农产品认证工作与食品出口备案、进口食品管理等结合起来，重点加强对进口有机产品的监管；北京市、黑龙江省、江苏省质监局等10个质监局在质量月期间举办“有机宣传日”活动，苏浙沪三地联动，区域合作，协同开展食品农产品认证监督检查；四川省对有机产品生产企业进行逐个排查；江西省质监局将食品农产品认证监管工作与质量兴省、江西名牌产品评选认定活动有机结合起来加强工作等。这些工作都为探索食品农产品认证长效监管机制，做好做实监管工作打下了坚实基础。

（二）良好农业规范认证及监管工作新进展

组织了良好农业规范认证技术工作组开展全球良好农业规范组织的GLOBALGA V4.0版标准和规则的研究，继续保持中国良好农业规范认证结果与GLOBALGAP认证结果的互认。

组织良好农业规范认证技术工作组，完成了12项良好农业规范国家标准的制修订，修订了《良好农业规范认证实施规则》和认证产品目录。

（三）有机产品认证及监管工作新进展

1.完善规则、标准

完成了《有机产品认证管理办法》、《有机产品认证实施规则》、《有机产品》国家标准的起草和修订，制定了《有机产品认证目录》，进一步严格有机产品认证实施程序，明确了有机产品认证监管职责、范围和处罚依据。

组织有机产品认证技术工作组编制了《有机产品认证知识问答》宣传册，结合国家质检总局“质量月”活动安排，在北京、江苏等10个省市举办“有机宣传日”活动，积极宣传有机产品认证法规、标准，解答消费者关心的问题，提高了消费者辩识能力。

2.部署加强对有机产品认证监管

根据社会各界反映伪造、冒用、超期、超范围使用有机产品认证证书、认证标志和违规认证、咨询、数据不可查询等问题，组织各级质检部门结合“双打”专项行动和“质量月”活动加大对违法违规行为的查处，对有机产品等食品农产品获证企业、销售场所的“拉网式”监督检查工作。各认证机构对所有有机产品认证获证企业进行了突击检查，认可中心对所有有机产品认证机构进行了认可突击检查，认证认可协会补充了认证人员知识技能及职业道德要求，提高准入门槛，肃整认证人员队伍。根据媒体反映问题和国务院和国家质检总局领导批示要求，组织相关检验检疫局、质量技术监督局和认证机构，对77家有机螃蟹生产企业和2 055个螃蟹销售场所进行了现场突击检查，撤销、暂停了6家企业的认证证书，立案查处20个涉嫌假冒有机螃蟹案件。23家有机产品认证机构完成了对3 700家获证企业的现场突击检查，已撤销、注销认证证书421张，暂停认证证书285张，要求371家企业限期整改。

3.积极开展有机产品认证示范区创建活动，促进区域经济发展

根据《关于开展“有机产品认证示范区”创建活动的通知》（国认注［2011］34号）要求，在各地方政府的大力支持下，经北京、江西等13个省市质监局、检验检疫局初审推荐，首批授予四川省西充县、福建省安溪县等11个县市“国家有机产品认证示范创建县/市”荣誉称号。

在有机产品认证技术工作组的技术支持下，加强与欧盟的对话与交涉力度，积极争取中国有机产品认证结果受到欧盟承认，积极参与“亚洲有机产品地区标准”的制定。

4.建立风险预警与舆情处置机制

按照国家质检总局要求，国家认监委将首先建立有机产品认证风险监测与预警平台，对各局、各认证机构及有机生产、加工、贸易企业、媒体、消费者提供的线索，统一进行危害分析和研判，通过预警平台对有机产品认证活动中的风险及时发布，使行政监管、认可评价、行业自律和人员注册管理、认证活动等环节更具科学性和针对性。

（四）乳制品认证及监管工作新进展

积极推动黑龙江、陕西乳制品企业良好生产规范

（GMP）认证、危害分析与关键控制点（HACCP）体系认证试点，重振乳业信心。于2009年、2010年分别在黑龙江、陕西组织开展了乳制品企业GMP、HACCP认证试点活动。试点企业在产品质量管理水平、员工食品安全意识、整体产品质量水平方面都有明显提升，推动了我国乳制品生产企业质量安全控制能力的提高。

（五）HACCP体系认证及监管工作新进展

针对HACCP体系认证长期没有统一的认证依据和认证规则的突出问题，制定发布了《危害分析与关键控制点（HACCP）体系认证实施规则》，明确了HACCP认证依据、认证范围和认证程序要求，使监管有据可依。

组织相关认证机构专家，认真研究全球食品安全行动倡议（GFSI）组织相关技术要求，成功签署《国家认监委与全球食品安全行动倡议组织合作谅解备忘录》，努力推动中国HACCP认证结果的国际采信。

积极筹备组建"危害分析与关键控制点（HACCP）体系认证技术工作组"，同时成功举办了"食品农产品认证技术论坛"。

（六）食品安全管理体系认证及监管工作新进展

组织认证认可协会，修订了食品安全管理体系认证的18项认证专项技术规范，为食品安全管理体系认证提供了技术保障。

（七）其他食品农产品认证及监管工作新进展

2011年，重点抓了信息化基础建设工作。食品农产品认证信息系统2.0版上线运行，实现了食品农产品认证证书统一赋号功能，从根本上解决了认证信息不全、不准、不及时的问题，为公众监督和行政监管提供了便利，进一步促进了食品农产品认证质量的提升。

四、服务认证

2011年，国家认监委积极配合服务行业发展需要，主动拓展新认证制度。

1.配合中国人民银行的工作需求，建立了非金融支付机构技术安全认证制度

2010年6月，中国人民银行发布了《非金融机构支付服务管理办法》（2011年9月1日实施），该办法要求非金融支付机构申请相应许可证时应通过技术安全检测认证。根据人民银行提出建立此项认证制度并设立专业化认证机构的需求，国家认监委会同人民银行把原有相关技术要求转化为认证技术规范并确定了认证机构技术能力条件，批准了人民银行直属企业设立的专业化认证机构开展此项认证业务，现在认证机构及认证结果已被人民银行采信。

2.制定了IT服务管理体系认证制度

此项认证制度是首个未直接引用并照搬国外认证做法的项目，最大的特点是以国际标准为基础，结合我国实际情况划分IT服务的专业类别来开展认证，有很强的IT服务行业针对性，这种专业特色的认证制度将解决IT服务领域存在的一些问题，引导服务需求方正确选择服务提供商，从而让此项认证在促进现代服务业发展中发挥很好的社会效益，同时促进此项认证制度的健康发展。

3.组织认证机构研究服务认证制度

召开了服务认证研讨会，汇总了相关认证机构在物业服务、汽车维修服务、汽车租赁服务、医疗服务、出租汽车服务、电话呼叫服务、残疾人养护机构服务、商业服务、防爆电气设备检修服务、快递服务、眼镜验配服务、绿色物业管理服务等服务认证方面的研究进展和成效，提出了制定服务认证基本规范以统一服务认证概念、术语、分类和认证技术规范的工作要求。

4.研究服务外包认证工作

根据国家"十二五"规划纲要提出的加快发展现代服务业、推动服务业大发展的要求，认监委以服务外包这一新兴的现代服务业为目标，与江苏昆山市政府共同探讨建立服务外包认证示范区，以IT业相关的标准为基础结合地方管理特殊要求建立有地方特色的服务外包认证规范，发挥示范区对服务地方经济、促进服务外包企业服务和管理水平、增加市场竞争力方面的品牌效应。

管理体系认证
撰稿人：庞　翔　林　峰　赵　政
审稿人：生　飞　梁　钢　陈　悦
产品认证
撰稿人：汪俊峰
审稿人：李春江
食品农产品认证
撰稿人：王茂华　程正华　孙　璐
审稿人：刘先德
服务认证
撰稿人：庞　翔　林　峰　赵　政
审稿人：生　飞　梁　钢　陈　悦

2012

Yearbook of Certification and Accreditation of China

第七部分　注册管理

Part Scvcn　Registration of Food Establishment

一、出口食品生产企业卫生注册登记的开展和监督管理

1.出口注册备案成效显著，数据体现质量工作成效

2011年，全国共有出口备案企业12 889家。全年共推荐687厂次肉类、水产品、肠衣、蔬菜等企业对国外（境外）注册。获得国外（境外）注册企业总数达到6 199厂次，比2010年净增649家次，创历史新高。共成功组织接待了美国、欧盟、日本、韩国、新加坡、马来西亚、印度尼西亚、香港等14个国（境）外检查团组对69家肉类、水产和花生等企业的现场检查。经过两年努力，2011年国家认监委危害分析与关键控制点（HACCP）体系验证输美水产企业名单实现了与美国食品药品管理局（FDA）网站的链接。中国成为继加拿大、日本之后的第三个与FDA实现水产企业名单链接的国家。经国家认监委验证的882家企业将更容易得到美国进口商的认可，极大提高了在美国市场的竞争力。实现新增11家新建和变更热加工肉类企业在日本注册，帮助企业实现了设施、设备的更新换代，竞争力进一步加强。

2.结合“为民服务，创先争优”，服务出口企业

与山东出入境检验检疫局开展“三级联动，创先争优”。把国家质检总局提出的“党支部组织能力全面提升、全体党员思想觉悟全面提升、服务经济发展能力全面提升、整体工作效能明显提升”四个提升和破解总局“十二个如何”难题作为工作目标；把“推行HACCP，实现出口食品企业卫生质量自控能力全面提升；探索改进注册备案监管方法和模式，提高监管效能；采信HACCP认证，整合注册备案监管和认证监管工作；建立注册认证风险信息监测、分析、预警和处置机制；服务企业，完善检企对话机制和内容；进一步加强注册认证监管队伍和评审员队伍建设”作为在实际工作中争取的六个具体目标。先后开展了应对《食品和药品管理局食品安全现代化法》（FSMA）宣贯活动；开通面向企业的“阳光政务热线”；组织专家和企业代表参加中美食品防护研讨会；在青岛出口花生制品、脱水蔬菜两大类产品企业中开展推广建立与实施HACCP体系工作。创先争优工作以帮扶出口企业为目标，取得了良好的效果。

与河南检验检疫局、中国检验检疫协会开展了“面向基层一线，服务出口企业”的创先争优活动。组织20余位优秀卫生注册评审员赴河南信阳市潢川县，传授交流食品安全卫生控制评审经验，指导帮助当地检验检疫局和畜牧局人员，对其辖区内动物疫病防控体系和加工卫生监管工作出谋划策。举办出口肉类企业HACCP培训班，剖析欧美官方来华检查的实际案例，对来自山东、福建、吉林、河北、广东、湖北、上海、河南检验检疫局及企业150余人参加培训。结合廉政教育月主题，组织开展了河南局全体主任评审员和评审员共计30余人参加的“廉洁评审、为民把关”承诺签字仪式。

二、向境外推荐出口食品生产企业卫生注册登记的开展和监督管理

1.推荐企业对外注册助地方发展，服务落实区域发展战略

2011年，以帮助地方发挥出口产品优势，提高企业质量安全水平，提高出口竞争力，积极推荐企业获得国外（境外）注册为抓手，落实国家质检总局与各省签署的合作备忘录。与山东出入境检验检疫局开展 “三级联动，创先争优”活动，帮助山东局制定和落实《创先争优创建出口水产品转型升级示范区方案》，服务山东半岛蓝色经济区的建设；落实振兴东北老工业基地，帮助吉林热加工禽肉企业、黑龙江牛肉企业获得在日本、香港和以色列等国家和地区注册；落实支持江西建设鄱阳湖生态经济区，帮助江西水产品企业获得在韩国注册；落实帮扶重庆加快两江新区和内陆开放高地建设，积极推荐重庆冰

鲜牛肉企业获得对香港地区的注册，实现西南地区牛肉输港零的突破；帮助河北禽肉、肠衣企业获得日本注册，水产企业在韩国注册，助力环渤海经济圈的发展。

2.开展对输美罐头企业的HACCP验证评审和监督检查

2010年，FDA驻广州办根据对我国输美低酸罐头和酸化食品企业现场检查情况，有对企业全面采取自动扣留意向。为防患于未然，国家认监委及时要求直属局做好对输美罐头企业的HACCP验证评审和监督检查，不符合要求的停止其对美出口。美国注册系统显示有1 000余家中国企业在美注册，经各直属局验证合格上报123家企业，我国验证合格企业名单也为防止一些对美非法贸易提供了重要参考。联合FDA在福州、青岛、杭州、广州、成都、郑州等地举办罐头培训6期，培训企业人员283人次，检验检疫人员262人次。联合与FDA对各直属局推荐名单中的4家企业进行现场检查。举办了全国低酸罐头和酸化食品注册监管培训班，培训直属局监管人员100人次。组织30多名检验检疫系统专家与FDA专家进行了低酸罐头技术交流活动。通过努力，美方了解了国家认监委和中国出入境检验检疫机构的监管和技术工作到位，表示将通过合作方式共同保障输美罐头产品安全。

三、进口食品生产企业卫生注册和监督管理

2011年，共组织8个评审组共28人次赴墨西哥、阿根廷、乌拉圭、哥斯达黎加、比利时、爱尔兰、波兰和新西兰等8个国家，对各国申请在华注册的79家肉类生产企业进行了现场评审，并对巴西、智利等10个国家申请在华注册的158家肉类企业进行了文件审核。整理报出了赴荷兰、德国、法国、巴西、澳大利亚、新西兰等开展进口肉类注册评审工作的检查报告6份近10万字资料。在前期现场检查和国外主管部门担保的基础上，批准荷兰、西班牙、德国、智利等34家肉类生产企业在华注册，截至2011年底，在华注册国外肉类企业数量达到365家。

四、卫生注册专业人员培训

2011年，组织专家评定委员会对33个出入境检验检疫局新推荐的303名申请主任评审员资格的人员按照个人素质、专业、工作经历等方面情况进行评定，批准213名获得了主任评审员资格，完善人才队伍素质建设的同时严格做好人才筛选工作。10月，举办了主任评审员培训班。本次培训对象主要是各直属局认证处分管卫生注册相关工作人员，32个直属局共51名学员参加了培训并完成考试。培训精心策划，力求堂授课与实际问题相结合，实地对云南2家备案企业（1家罐头企业、1家速冻方便食品企业）进行了模拟评审及分组讨论。重视内部人员培训，共派出12人次参加FDA酸化食品检查员、水产品HACCP教师、食品防护计划培训和在职干部能力提高培训，通过参加培训同志们开阔了视野，提升了能力，为更好地履行自身职责打下了良好的基础。

五、卫生注册工作的舆论宣传和国际合作

1.广泛面向企业培训，调动多方力量抓质量出实招

出口食品企业质量安全控制体系是否完善，关键点控制是否到位是保障出口食品安全的重要基础。国家认监委把广泛开展面向企业的质量教育培训，推广危害分析和关键控制点体系等先进的质量安全管理办法，作为备案注册工作动员社会力量抓质量的着力点。2011年，通过与美国FDA、中国出入境检验检疫协会等有关部门和机构合作，为出口食品企业举办了美国低酸罐头和酸化食品法规、HACCP、食品防护计划、出口备案规定（142号令）等一系列培训。直接参与培训企业人员993人次，组织直属局培训企业人员6 689人次。培训力度创历史新高，调动企业自身力量不断提升改进，增强企业承担质量安全主体责任能力效果明显。

2.突发情况第一时间反应，积极推进国际合作

2011年初，国家认监委收到FDA关于输美陶瓷认证证书疑似造假的电子邮件反馈后，在1小时内即与相关地方局联系，及时进行详细的调查与查证，在第二天即向美国FDA及时反馈认证证书造假事宜，并随后书面进行了澄清，得到了美方的积极肯定，维护了国家认监委与FDA在日用陶瓷认证方面的长期良好合作关系。为了中澳SPS高层会谈的顺利开展，在澳使馆强烈要求下，商国际部、办公室并请示委领导，为澳方在2天内完成各种外事手续办理了邀请函，保证了在中澳SPS高层会谈前达成了技术上的共识。为了配合习近平副主席访问乌拉圭，克服时间和人员短缺的困难，紧急组织了由王大宁副主任任团长的评审团组赴乌拉圭对其申请在华注册的肉类企业进行现场评审，为此次高访做好了技术保障工作。

六、进出口食品生产企业卫生注册登记管理制度的完善和注册登记有效性的提高

1.备案规定理念方法科学先进，推动质检事业改革发展走在前列

2001年，国家认监委成立后，在《出口食品生产企业卫生注册登记管理规定》（20号令）实施的 2002年～2010年的8年间，我国食品出口总额增长了近2倍。实践证明，注册登记管理与国际接轨，行之有效，充分发挥

了保障出口食品安全基础性的作用。在142号令制订过程中，总结注册管理好的经验，借鉴包括美国食品安全现代化法等国外新的理念和方法。相对于20号令，142号令在管理要求上，突出了强调了企业自我举证意识和报告制度；强调了企业过程控制核心与实施方法；强调了缩短企业备案流程，提高备案时效性；强调了合理吸纳第三方认证等符合性评价结果，积极引入社会力量参与；强调注重地方政府在食品安全监管方面发挥的作用，强化国家认监委、出入境检验检疫机构与地方政府的合作与沟通。备案规定实现了出口食品生产企业和监管部门角色的转变，企业不再是被动的监管对象，监管部门不再是一包到底的大政府，从制度的设立上体现了出口食品生产企业第一责任人和备案审查的"前置性、强制性"等管理要求。

2.备案许可采用认证结果，各种手段抓质量不断推进

在142号令的制订过程中，国家认监委发挥熟悉认证认可理念和方法的优势，明确出口食品企业备案许可可以采用第三方认证结果。组织起草了《出口食品生产企业备案采用第三方认证办法指导意见》，检验检疫机构对认证机构的认证活动实施全程监督，经评估确认后采用有保证的HACCP认证结果。目前，北京、天津、山东、上海、福建、厦门等7个直属局试点准备工作正在进行。国家认监委及时指导、总结和提炼试点经验，并逐步在其他直属局推开，通过实践探索用认证认可手段抓好出口食品安全保障新方法。

3.出台备案企业监管指导意见，从基础入手保证从严监管有据可依

配合国家质检总局142号令的发布，及时调整出口食品生产企业的监管计划，完成编写和下发了《出口食品企业备案监督管理指导意见》。明确了国家认监委、直属局和具体负责监管的直属局分支机构的监管责任，确定了联系人制度，要求直属局备案主管部门设立监管工作负责人，负责日常监管的分支机构设置监管责任人。对企业的监管工作，突出对效能的要求，指导直属局建立基于风险的企业监管机制，设定科学合理的企业日常监管和定期监管频率和要求。明确了企业发生问题后的报告和处理程序。指导意见的制定和下发，从制度设计上为落实从严监管提供了依据和指导。

七、针对国外技术性贸易壁垒所采取的对策措施和取得的成绩

2011年1月，美国发布了《FDA食品安全现代化法》（FSMA），后续法规将于2012年后陆续发布，对我国对美食品贸易将有巨大影响。春节假期期间组织专家全文翻译、研究和研讨了新法，编写了《输美食品生产企业注册及检查要求——解读美国食品安全现代化法案》。成立7个专家工作组分别跟踪研究FSMA的各项后续法规的进展。5月，与美国农业部（USDA）和FDA合作，在北京、广州、上海举办了3期中美食品防护研讨会，参会的检验检疫和企业人员有410人，为了解和应对好美国现代化法的要求做好了准备。

撰稿人：周 翀 庞 平 审稿人：陈海洋

广东出入境检验检疫局

2011年广东出入境检验检疫局（以下简称“广东局”）紧紧围绕质检总局、国家认监委的工作部署，结合广东局工作重点和要求，贯彻落实“抓质量、保安全、促发展、强质检”的十二字方针，以提升认证监管能力为核心，采取“六抓六提升”的工作措施，全面推进广东局认证认可法制建设、工作机制建设、基础体系建设、行业建设和组织队伍建设，取得出色成绩。

目前广东局辖区备案注册出口食品企业共有1177家，其中备案注册企业1000家，登记企业177家，备案注册企业中对外注册企业471家次；出口商品质量许可获证企业共1907家，其中获输美陶瓷认证玩具企业328家，系统内获得认可的实验室52个。

认证监管人员在企业生产车间进行现场检查

认证监管人员在企业生产车间进行现场检查

辽宁出入境检验检疫局

辽宁出入境检验检疫局（简称辽宁局）紧紧围绕国家质检总局“抓质量、保安全、强质检、促发展”的工作方针，贯彻落实国家认监委提出的创新发展五项措施和提升履职能力六项任务的工作部署，坚持“和谐、创新、安全、优质”的治局理念，以打造“改革创新年”为载体，“八新八加强”为主要措施，突出“创新”和“服务发展”两个工作重点，历史性地完成了机构改革，实现了管理与执行分开，辽宁检验检疫事业翻开了新篇章，辽宁局认证监管工作迈上了新起点。

2011年，辽宁局的认证认可工作任务繁重、责任重大，在各级认证监管执法人员的共同努力下，全系统的认证监管工作程序得到进一步规范、管理模式得到进一步创新、管理能力得到进一步提高、对企业的服务意识得到进一步增强。认证认可工作取得了丰硕的成果，成绩卓著，亮点纷呈。2012年是“十二五”规划的关键一年，辽宁出入境检验检疫局认证监管工作将在国家认监委和局党组的正确领导下，全面贯彻落实全国质检工作会议和全国认证认可工作会议的各项部署，围绕“和谐、创新、安全、优质”的治局理念，以打造“管理创新年”为载体，以“八抓八提升”为主线，进一步发挥认证认可制度优势，加快创新发展步伐，全面提升认证监管工作水平。

深圳出入境检验检疫局

2011年，深圳检验检疫局在国家认监委的坚强领导下，紧紧围绕国家质检总局“抓质量、保安全、促发展、强质检”的十二字方针，认真贯彻落实全国认证认可会议精神，服务大局、真抓实干、创先争优、锐意进取，认证认可工作再上新台阶。

一、创新监管抓质量

抓工作质量，首次开展了出口食品备案企业监管工作的督查。对目前出口食品企业日常监管工作的薄弱环节进行了集中筛查和点评，以提高日常监管的科学性和有效性。

抓产品质量，稳步推进CCC获证产品专项监督抽查工作。

抓认证质量，联合深圳市市场监督管理局及广东、福建质检两局，共同开展华南地区食品农产品认证有效性专项监督检查。

二、严格把关保安全

严把出口食品准入关，确保出口食品生产企业符合备案要求。实现了卫生注册工作向出口备案工作的全面过渡。

严把入境商品验证关，进一步加强口岸查验和后续监管。

严把出口质量许可关，认证处与各业务处室密切配合，严把申请资料审查关、型式试验产品抽样关和现场审查考核关。

三、优质服务促发展

服务大运保障，积极参与大运会检验检疫手册编写，明确了大运物资入境CCC办理、免办、口岸查验等工作流程。

服务外贸发展，帮扶食品企业对外注册。首次推荐远洋捕捞渔船对欧盟注册，实现对外注册工作的新突破，为国家认监委正在起草的《捕捞渔船注册卫生规范》提供了重要参考；

服务节能减排，助力深圳建设低碳试点城市。推动能效标识管理监管工作，协助中国认证认可技术协会举办了中国碳排放认证认可技术国际报告会。

四、全面建设强质检

法治建设上，立法后评估工作广泛深入。

队伍建设上，发挥认证认可技术特长，将认证认可培训与其他业务培训有机融合

信息化建设上，完成CCC入境验证设限数据库上线运行工作，实现与总局CIQ2000无缝对接。设计开发了“深圳检验检疫局CCC免办监管手册电子审批系统”，解决了企业的电子报检和辖区就近监管问题。

实验室建设上，组织本局4个技术中心和保健中心开展自查自纠工作，确保了各实验室持续良好运作，有效保障了检测质量。

重庆市质量技术监督局

用新思路开拓新局面，以新举措创新成绩
重庆质监认证认可事业书写新篇章

2011年，在国家质检总局、国家认监委的正确领导下，重庆市质量技术监督局紧密围绕“抓质量、保安全、促发展、强质检”的工作要求，按照围绕一个重点、准确把握两个关键点、切实抓好五个着力点的“125”工作思路，高奏“认证促发展、认证促和谐”行动主旋律，通过创新四项工作举措，使得全市认证认可事业发展出现新亮点。

一、创新行政许可技术把关手段，实现行政许可“双保险”。建立并推行实验室资质认定评审材料专家复查机制，集中组织专家对实验室资质认定评审组提供的评审材料进行再复查、再把关。该项复查机制自2011年4月正式推行以来，组织专家对239份评审材料从技术角度进行了复查，其中发现评审报告和整改材料中存在的不足或瑕疵达300余个，有效降低了行政许可的潜在风险，提升行政许可结果的科学性和公信力。

二、创新认证工作普及推广手段，使得认证认可事业深入人心。围绕落实国家质检总局与市政府签订的部市合作协议以及重庆市质监局与重庆市相关区县政府签订的区域合作协议，自主提出开展全市认证认可特色项目建设工作，经过基层推荐、现场调研等筛选工作，择优选择9个具有区域特色、辐射带动效应和较大社会经济效益的项目作为认证认可特色项目，安排了专项经费给予项目补助，以点带面地推进认证工作普及应用。

三、创新认证机构违法证据收集方法，认证认可执法工作更为严谨。创造性地开展了认证行为的集中审查工作，对某认证机构在渝认证项目进行了统一部署、统一时间、统一要求的执法检查，收集了该认证机构的违法证据，为打击违规认证机构提供了有力证明。

四、创新认证有效性监管新模式，创立“无缝对接”监管新模式。在全国率先试行国家认监委、省级和基层质监局三级联动的监管模式，由国家认监委行政监管专家和区县局执法监管人员共同组成检查小组，对重庆市100家管理体系认证获证组织进行了专项检查，详实掌握了40余家认证机构在渝认证活动的情况。

2011年5月，国家认监委在重庆开展管理体系认证专项执法，国家认监委认可监管部生飞主任部署专项执法工作。

2011年5月，重庆市质量技术监督局组织召开第二次全市实验室资质认定工作会议，全市9个行业的300余名实验室负责人参会。

2011年2月，重庆市质量技术监督局组织召开全市质监系统认证认可工作电视电话会议，总结上一年度工作，部署新一年任务。42个区县质监局80余名代表参加了会议。

参加实验室资质认定工作会议的代表们正在认真记录会议新精神。

西藏自治区质量技术监督局

稳步推进的西藏自治区认证认可工作

自西藏自治区质量技术监督局（下称西藏自治区质监局）成立伊始，始终把认证认可工作作为工作重点，摆在重要议事日程，统筹安排，精心部署，扎实推动，各项工作推进有序，落实有力。特别是2009年全局机构建制升格为正厅级后，新设立了认证认可评审处，进一步健全了组织机构，加强了队伍建设，明确了工作职责，使认证认可工作走上了科学化、正规化发展之路。通过近三年时间的不懈努力，全区认证认可工作已有了很大进步，工作成效正逐步显现。

几年来，西藏自治区质监局严格按照国家认监委的统一部署，重点开展了实验室资质认定、评审员专家库建档更新、食品农产品认证监管、管理体系认证监管和强制性认证产品监管工作，特别是2011年，几项重点工作都有了较大进展。截止2011年底，全区已有50家实验室获得计量认证（国家级发证4家，省级发证46家），评审员专家库吸纳了建设、农牧、食品药品监管部门的49名权威专家，137家企业获得质量管理体系认证，49家企业获得环境管理体系认证，47家企业获得职业健康管理体系认证，3家企业的9个产品获得自愿性产品认证，工作基础得到不断夯实。通过开展调查摸底、联合检查，全面掌握了区内实验室管理现状，明确了食品检测机构资质认定程序，规范了食品农产品获证企业内部管理，完成了对强制性产品目录内儿童玩具、室内加热器、液体加热器等重点产品的专项检查，有力净化了市场环境。紧紧围绕“3·15”国际消费者权益保护日、质量月等主题活动，充分利用报纸、互联网、广播电视等媒体平台，播发有关认证认可工作的新闻稿件25篇，向群众发放宣传资料1万余份，进一步普及了认证认可知识，扩大了社会影响，使认证认可工作深入人心，宣传力度达到历史峰值。

2012年，是西藏实施“十二五”发展规划承上启下的关键一年，也是全区质监事业实现跨越式发展的重要一年。西藏自治区质监局将继续按照国家认监委的统一部署和自治区党委、政府的具体要求，围绕西藏经济社会发展大局中心，牢牢把握“抓质量、保安全、促发展、强质检”的工作方针，紧紧抓住质量事业发展难得机遇，立足认证认可工作实际，认清形势，正视差距，砥砺勇气，奋起直追，进一步加强组织领导，细化目标责任，加大投入力度，健全机制体制，拓宽工作领域，努力把认证认可工作提高到一个新的水平，为全区质监事业发展提供更加可靠的基础保障，为优化产业结构、提升发展质量提供更加优质的监管服务，为西藏经济社会跨越式发展和长治久安作出新的更大贡献！

中国检验认证集团厦门有限公司

中国检验认证集团厦门有限公司（简称“中检厦门公司”）是CCIC厦门公司和CQC厦门评审中心于2008年1月30日合并重组成立，是集团总部设在厦门的唯一分支机构，也是目前厦门及漳州地区最大的检验认证中介组织。20多年来，公司致力于厦门及漳州地区的检验认证事业，取得较好的成绩的同时也为厦门及周边地区的经济发展做出了应有的贡献。

中检厦门公司主要业务包括委托进出口商品检验、委托进出口（数量、重量、质量）鉴定、产品及体系认证和培训、商务代理、社会委托的商品检验鉴定和测试、政府部门和其他社会组织委托的相关业务。公司拥有强大的检验认证队伍，目前仅各种领域审核员和技术专家近109名，其中高级审核员57名，同时还拥有18人次经验丰富的国家注册审核员教师、内审员教师。截止到目前，中检厦门公司累计发放各类管理体系认证证书超过2000张，为厦门及周边地区企业和社会组织培养了超过10000名管理体系实施和审核人员。检验鉴定方面，为海关、人民法院、海事法院、保险公司、码头、船东代理、广大进出口贸易关系人提供良好的检验、鉴定和检测服务，首创“全天24小时随叫随到”服务，具有较高的知名度和信誉，目前化工品检验业务量占厦门口岸化工品总量的80%以上。

2011年，中检厦门公司在稳步开展各项业务的同时，深入开展创文明单位、文明服务等活动，取得了经营业绩和精神文明建设的双丰收，不仅被中检集团授予“经营绩效奖”、“经营指标超额奖”，还获得厦门市政府授予的“厦门市诚信示范企业”、“守合同重信用企业”、“厦门市口岸系统文明单位”等荣誉称号。这些荣誉的获得，不仅提升了中检厦门公司的品牌知名度，同时也增强了公司员工的凝聚力和对企业文化的认同感。

中检厦门公司将牢记国家赋予的树立检验认证“民族品牌”的历史使命，按照现代企业的管理模式，秉持“公正规范、优质高效、诚信务实、团结创新”的服务理念，一如既往地竭诚为客户提供全球一流的各项检验鉴定和认证增值服务，努力开创更加辉煌的新局面。

創造更值得信賴的世界

地址：厦门市湖里区东渡路118号国检大厦10楼　邮编（P.C.）：361012
电话（Tel.）：0592-5337151（认证）0592-5312260（检验）
传真（Fax）：0592-5337150
邮箱（E-mail）：service@ccicxm.com
网址（Website）：www.ccicxm.com

中国检验认证集团云南有限公司

China Certification & Inspection Group Yunnan Co., Ltd.

中国检验认证集团云南有限公司（英文名称China Certification & Inspection Group Yunnan Co., Ltd.，英文缩写CCICYN）成立于2004年，是经国家质量监督检验检疫总局和国家认证认可监督管理委员会批准，以检验、鉴定、认证、测试为主业，同时提供认证培训、工厂评估、办理/代理业务（法律文书公正、报检、报关…）、卫生除害（对商品及其运载工具的消杀灭、熏蒸等卫生除害处理）等业务的综合性检验认证机构。根据国家法律法规规定，公司作为国家质量监督检验检疫总局许可的检验认证机构，还在一定范围内负责实施国家法律、法规规定的进出口商品检验、鉴定和认证业务。

公司目前内设行政管理部、财务部、检验鉴定部、审核部、市场部、客户服务部六个部门，机场、车站二个办事处，下设红河、河口、版纳、勐腊、普洱、瑞丽、德宏和腾冲八个分公司，按照以经济效益为中心，结合云南经济发展战略和云南地域优势逐步向周边国家拓展业务，构筑检验、鉴定、认证和测试"四位一体"的系统业务平台，将云南CCIC打造成南亚检验认证行业的知名企业的发展战略规划，公司逐步形成了面向越南、老挝、缅甸，逐步向泰国、柬埔寨发展的网络格局。

茶叶基地种植指导

□萨克斯坦电解铝工程监造

韩国沥青监视装载

中检集团云南公司始终坚持"为全球顾客提供公正、快捷、可靠、一致的本地化服务"的宗旨，赢得了广大客户的信任，在国内外贸易和检验认证界树立了良好的信誉。今后公司还将继续坚持以"公平公正、团结协作、坚韧不拔、不断创新、永争第一、报效国家"的体育精神作为企业文化，开拓创新，不断提升核心竞争力，规范工作流程和检验鉴定行为，进一步提升检验、鉴定、检测的一致性和认证的有效性，不断提高服务质量和管理水平，依托公司在全球的业务网络和于国际检验认证机构之间良好的合作关系，凭借高素质的员工队伍和中国检验认证集团、云南出入境检验检疫局强大的技术支持，竭诚为国内外客户提供公正、快捷、可靠的本地化服务。

首批YC认定企业颁证新闻发布会

地　　址：云南省昆明市滇池路正和小区路口中检楼
邮　　编：650238
联系电话/传真：0871-4604025

安徽省新世纪大厦ISO9001:2008标准认证会议

时代出版传媒ISO9000质量管理体系认证审核首

中国检验认证集团安徽有
CHINA CERTIFICATION & INSPECTION GROUP

中国检验认证集团宁波有限公司

中国检验认证（集团）有限公司（英文缩写CCIC）是经国务院批准成立，以“检验、认证、测试”为主业的综合性检验认证机构。2007年3月，经国家质量监督检验检疫总局批准，原中国检验认证集团（始于1980年）与原中国质量认证中心（CQC，成立于1984年）重组为新的CCIC集团，继而使新的CCIC集团拥有检验、测试领域“CCIC”和认证领域“CQC”两大品牌。目前，中国检验认证集团的组织网络遍布全球重要港口、城市及货物集散地，包括国内43家一级子公司、150家二级公司和办事处、5家合资公司，及海外26家一级公司和代表处，8家二级海外分支机构，建成实验实国内41家，国外3家，集团员工16000余人，年经营收入近40亿元人民币。

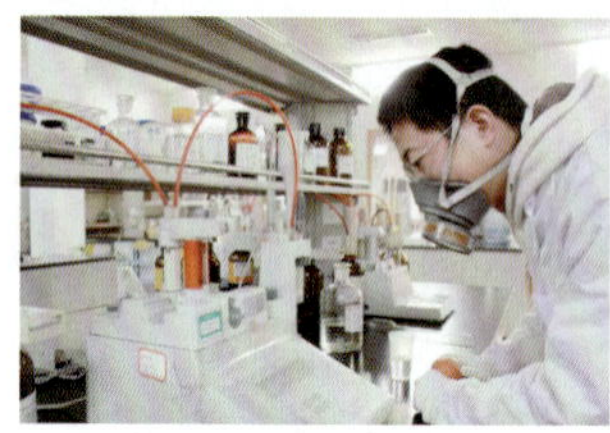

中国检验认证集团宁波有限公司（英文缩写CCIC Ningbo）是CCIC设立在宁波的一级核心子公司。借助宁波得天独厚的区位优势和港口优势，伴随宁波及浙江地方经济的迅猛腾飞，CCIC Ningbo在多年发展中，凭借自身公正、诚信、专业的检验鉴定服务及保险公估服务，权威的认证服务和培训服务，赢得了石油、化工、粮矿、消费品等领域广大国内外客户一致的信赖和赞誉。

公司主营业务包括委托进出口商品检验、委托进出口（数量、重量、质量）鉴定、产品及体系认证和培训、保险公估、3C标志发放、物流代理（代理报关、报检）、社会委托的商品检验鉴定和测试、政府部门和其他社会组织委托的相关业务。目前，中检宁波公司员工总数接近400人，是一支经过良好培训、具有国际化视野、从业经验丰富的专业团队。公司构建了阵容强大的专家资源团队，覆盖了石油、化矿、农产品、工业品、消费品、食品、汽车、物流等行业，致力为客户提供最专业最便捷的服务。

以人为本是CCIC Ningbo的服务宗旨，尽善尽美是CCIC Ningbo的追求目标，满足客户需求是CCIC Ningbo的工作核心。我们愿与您真诚携手，共同创造一个更值得信赖的世界！

中国检验认证集团宁波有限公司

CHINA CERTIFICATION & INSPECTION GROUP NINGBO CO., LTD

創造更值得信賴的世界

中国检验认证集团宁波有限公司
地 址：浙江省宁波市高新区研发园C13幢（光华路299弄32号）
电 话：0574-87110525
传 真：0574-87120727
网 址：www.ccicnb.com
邮 箱：customer@ccicnb.com.cn

中国检验认证集团湖南有限公司

CHINA CERTIFICATION & INSPECTION GROUP HUNAN CO., LTD

中国检验认证集团湖南有限公司（英文名称：CHINA CERTIFCATION& INSPECTION GROUP HUNAN CO., LTD.英文缩写 CCIC Hunan）是中国检验认证集团设在湖南的一级子公司，是在原中国进出口商品检验总公司湖南省分公司（成立于1980年）的基础上改制重组，经国家质量监督检验检疫总局、国家认证认可监督管理委员会批准认可的，以“检验、鉴定、认证、测试”为主业的湖南省规模最大、实力最强的第三方检验认证机构；是湖南省工商行政管理局认可指定的市场流通领域商品质量监测委托检验机构、长沙海关认可指定的非法定商品委托检验机构、最高人民法院认可指定的产品质量司法鉴定机构、中国保险监督管理委员会批准的保险公估机构。

中国检验认证集团湖南有限公司以创建CCIC品牌为主要目标、建立了一支专职从事检验、鉴定、认证和测试业务的人员队伍和较为完善的质量管理体系。我们的服务理念是公正诚信、准确可靠。二十余年来，凭借其雄厚的技术实力和广泛的服务网络，始终不遗余力地为客户提供便利和高效的服务，深受广大海内外客户的信赖及行政执法部门的高度认可，具有较高的知名度和良好的声誉，为促进社会经济的发展作出了积极的贡献。

方圆标志认证集团安徽有限公司

规范运作，铸就方圆品牌

方圆标志认证集团安徽有限公司是经国家认证认可监督委员会批准的认证审核机构，主要从事质量（ISO9001）、环境（ISO14001）、职业健康安全（GB/T28001）、食品安全（GB/T22000、HACCP）、社会责任（SA8000）等管理体系认证和良好农业规范（GAP）、有机产品、自愿性产品和CCC强制性产品等产品认证服务，并开展内审员、外审员和企业管理（卓越绩效、人力资源、生产管理、质量管理、目标管理、5S现场管理）培训工作。经过十余年的发展，已拥有国家注册专、兼职审核员及各类专家286人，办公面积2000平米。累计为国内制造业、商业、流通业、餐饮、旅游等服务业、财政及管委会和教育管理等政府行政部门、中等教育学校和考试中心、医院、公园等2000多家组织提供了认证服务，并为企业、社会培养内、外审员15000多名。目前拥有认证客户数量在安徽省位于前列。

为各类组织提供优质和增值的认证服务，让客户实实在在地感受到方圆认证所带来的收获是安徽方圆永不松懈的追求。安徽方圆将继续秉承“以质量求发展，靠诚信行天下”的经营理念，坚持以“严肃的工作态度，严明的工作纪律，严密的工作方法，严格的工作要求”，确保认证审核工作的公正性、客观性、有效性。一如既往地为申请认证组织和获证的客户提供热情、周到、优质和增值的服务，为促进安徽经济又好又快发展做出新贡献。

合肥市第十一届
文明单位

合肥市
卫生先进单位
Hefei Excellent Workplace In Hygiene

巾帼文明岗

2006-2007年度
A级纳税信用单位

中央控制系统

突发短路试验系统

院内下设机构

国家电器产品质量监督检验中心
江苏省电磁兼容专业测试中心
节能（北京）产品认证中心试验室
机械工业电器检测（苏州）重点试验室
机械工业第二十六计量测试中心站（苏州）
工业（电器）产品质量控制和技术评价实验室
机械工业汽车电子电气产品质量监督检测中心
江苏省质量技术监督小容量电器产品质量检验站
机械工业高低压电器及机床电器产品质量监督检测中心
江苏省苏州太阳能和风能发电设备检测公共技术服务中心

主要检测领域

高压开关和控制设备；
电力变压器（油浸式变压器、干式变压器、特种变压器）；
低压电器及成套设备；
输配电设备（避雷器、电容器、电抗器、互感器、绝缘子、架空线、电力金具）；
机床电器、船用电器、核电电器、汽车电子电气、风力发电、太阳能光伏系统；
仪表检定/校准、RoHS、EMC、节能产品、产品安全认证检测

主要检测能力

直接试验——三相 40.5kV/35kA、24kV/60kA、12kV/120kA
AC 420V/450kA、DC 440V/320kA
合成试验——550kV/63kA
变压器突发短路试验——550kV/1000MVA
绝缘试验——550kV 及以下高压电器

合成回路试验室

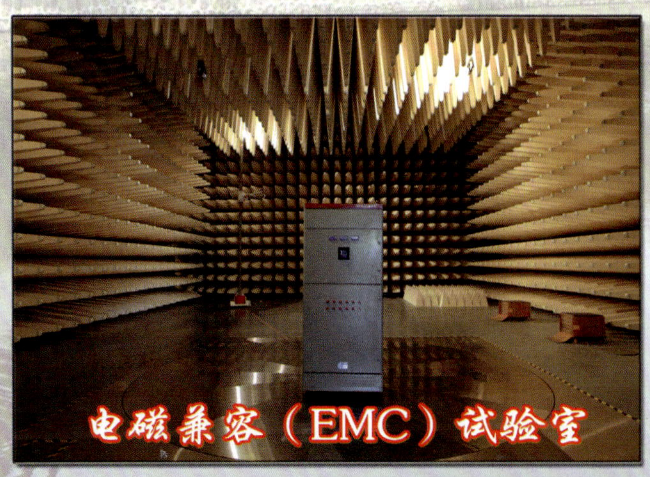
电磁兼容（EMC）试验室

科学管理 测试公正 数据准确

新区分院地址：苏州新区滨河路永和街 7 号 邮编：215011 电话：0512-68252753 传真：0512-68081686 网址：http://www.dqjc.com

海南热带汽车试验有限公司

业务能力：

核心能力：整车、零部件及材料的耐候性试验
汽车道路强化腐蚀试验
汽车可靠性行驶试验
汽车品质评价试验
特色试验能力：强化腐蚀试验、耐候性试验、ABS试验、热平衡试验、空调 试验、操纵稳定性试验

标准制定：

我所制定并颁布实施的标准有：
QC/T 646.1-2000 《汽车粉尘密封性试验粉尘洞法》
QC/T 728-2005 《汽车整车大气暴露试验方法》
QC/T 732-2005 《乘用车强化腐蚀试验方法》
QC/T 658-2009 《汽车空调制冷系统性能道路试验方法》
GB/T 12542-2009 《汽车热平衡能力道路试验方法》
《汽车非金属耐候性试验方法》已被非金属标委立入标准制定计划
建立汽车品质评价试验标准体系，制订内部试验评价标准70多个

整体介绍：

海南热带汽车试验有限公司的前身是1958年11月15日创建的海南热带汽车试验站，是中国建设最早的汽车试验基地，总占地面积为1200亩。现已形成试验道路齐全、以湿热带地区耐候性、耐腐蚀试验项目为特点的较为全面的综合性试验基地。海南热带汽车试验有限公司是经国家计量认证和CNAS认可的汽车检测机构。具有较高的整体素质，较完善的管理制度，较强的检测能力；能承担各类汽车整车质检、鉴定和开发试验工作。这里拥有中国第一条高速环形跑道，以及由18类30种参数组成的各种强化坏路、全长约10公里的可靠性跑道，整个跑道工程项目于1989年12月被评为汽车行业科技进步一等奖；1990年12月荣获国家科技进步二等奖。

海南热带汽车试验有限公司建有高温高湿试验室、盐雾试验室、盐水路、碎石路、低温试验室、汽车干燥试验室、高低温交变试验室、汽车盐水搓板路等试验设施，具备满足国内外试验标准的试验能力，是国内唯一一家具有汽车强化腐蚀试验能力的试验单位。

硬件设施：

这些路面是根据国内各种路面统计测量资料，用计算机模拟设计而修筑的，基本上包含了中国现有条件的各类典型道路：沙滩路、扭曲路、石板路、鱼鳞坑路、搓板路、条石路、陡坡路、卵石路、沙土路……全面考核汽车及零部件，这里是考核汽车制动系统、转向系统、冷却系统、传动系统性能和可靠性的典型路段。

海南试验场内建有高温高湿试验室、盐雾试验室、盐水路、碎石路、低温试验室、汽车干燥试验室、高低温交变试验室、汽车盐水搓板路等试验设施，具备满足国内外试验标准的试验能力，是国内唯一一家具有汽车强化腐蚀试验能力的试验单位。

海南试验场内的汽车湿热气候曝晒场是我国汽车产品唯一的自然环境大气暴露试验基地，占地面积47000平方米。设有气候环境因素（气温、相对湿度、太阳辐射量、气压、风速、雨量等）自动检测采集记录系统；能进行材料、零部件及整车的8种方法自然环境大气暴露试验。老化检测实验室总面积2300平方米，有先进的外观性能设备、力学性能设备、化学性能分析设备、人工老化箱（紫外光老化机、热老化机、臭氧机、盐雾箱等），全面考核汽车产品的环境适应性、环境可靠性和耐老化性能。

海南试验场整车品质试验评价总共有16个大项约70个小项的试验，包括主观感觉评价、参数测定、动力性能、经济性能、滑行性能、功率测定、制动性能、噪声试验、振动测量、悬置隔振性能、耐尘防雨行、行驶平顺性、操纵稳定性、空调制冷系统、整车热平衡、发动机转速性能等。

海南热带汽车试验有限公司
地址：海南省琼海市加积富海路横南13号
电话：0898-62923841 0898-62923570
传真：0898-62923673
邮编：571400
网址：www.hnpg.net
E-mail: hns@vip.163.com

国家安全防范报警系统产品质量监督检验中心（北京）

公安部安全与警用电子产品质量检测中心
公安部特种警用装备质量监督检验中心

简 介

公安部第一研究所检测中心［国家安全防范报警系统产品质量监督检验中心（北京）、公安部安全与警用电子产品质量检测中心、公安部特种警用装备质量监督检验中心］是经公安部政治部批准，通过中国国家认证认可监督管理委员会授权、计量认证合格的、中国合格评定国家认可委员会认可的多学科、多专业、独立于生产、销售和使用的具有第三方公证地位的技术服务机构，是集计量、校准、监督检验、检查于一身的综合性国家级实验室。

中心成立于1986年，现有人员126人，其中博士8名，硕士37名。专业技术人员占职工总数的75％，具有高级技术职称占技术人员的23％。中心是中国质量认证中心和中国安全技术防范认证中心签约实验室，承担安全防范产品强制性认证（CCC）和自愿性认证的检验工作。中心多位资深技术人员分别担任全国安全防范报警系统标准化技术委员会、全国信息安全标准化技术委员会、全国振动冲击转速计量技术委员会、公安部特种警用装备标准化技术委员会、公安部计算机与信息处理标准化技术委员会的委员，中国安全防范产品行业协会专家委员会专家职务，中国安全技术防范认证中心签约3C工厂审查员。

自建立以来，中心严格按照导则ISO/IEC17025的要求，建立并运行质量管理体系，始终坚持“科学、公正、准确”的质量方针，注重实验室能力建设，现建有电性能、安全性能、防护性能、电磁兼容（EMC）5米法电波暗室、长度力学、防弹性能、锁具测试、环境试验、警用装备、警用服装服饰、信息安全、软件测评、光学、声学（消音室）、视频图像（暗室）、电磁屏蔽室、防伪、UL1037、UL294、UL639目击测试等20余个专业实验室，并在北京近郊设有靶场。业务范围涵盖社会公共安全防范、信息安全、警用装备、警用服饰等领域内系统及产品的质量检验，各类安全防范工程的检测。检验类别包括国家、行业质量监督抽查检验、仲裁检验、鉴定检验、型式检验和委托检验等。目前，经中国合格评定国家认可委员会实验室认可的计量校准能力134项，检验能力328项，检查能力3项。具备按照相应的国家标准、行业标准、地方标准及IEC、UL、CE等国际标准开展相关测试服务工作的能力。

检测中心始终本着服务公安业务、服务公安一线、服务社会公共安全的理念，面向全国公共安全行业，承接公安部、各地省公安厅、市局的委托检测、招标检测、行业产品工程质量监督等各项工作，并为一线公安执法部门提供强有力的鉴定支持与技术保障。在积极开展检测工作的同时，致力于大量相关标准的制修订和检测方法、检验装置的研究、开发工作，主持和参与了多项国家“十一五”科技支撑项目、863目标导向类项目等国家级、省部级科研课题的研究。在此基础上，中心广泛开展与国外多家认证机构的合作，积极引入先进的管理服务模式，开展有效的本地化国际认证检测服务。

中心本部：

地　　址：北京市海淀区首都体育馆南路一号
邮　　编：100048
业务受理：
　　警服服饰、软件测评、信息安全：010-68773759、3760
　　电子产品、工程：010-68773761、3762
　　实体、警械、计量校准：010-68773763、3764
综合业务：010-68773780、3781
投诉电话：010-68773373
传　　真：010-68773380
中心网站：www.tcspbj.com
电子信箱：Testcenter@fri.com.cn

国家安全防范报警系统产品质量监督检验中心
公安部安全与警用电子产品质量检测中心
公安部特种警用装备质量监督检验中心
UL美华认证有限公司
合作签字仪
公安部检测中心

华南国家计量测试中心
广东省计量科学研究院

华南国家计量测试中心（简称 SCM）是全国七个大区级国家法定计量检定机构之一，其技术实体为广东省计量科学研究院，受国家质量监督检验检疫总局和广东省质量技术监督局领导。1997 年作为国内第一家通过了中国实验室认可和香港 HOKLAS 认可，是国内唯一为香港特区和澳门特区提供校准和测试服务的计量检定机构，现保存有 3 项国家基准、99 项大区级、278 项省级社会公用计量标准，经 CNAS 认可的检测 / 校准项目达 1058 项，经香港 HOKLAS 认可的校准项目达 45 项。目前，广东省计量科学研究院的业务范围包括科学计量、法制计量和工程计量三大部分，涉及电子、化工、农林牧业等 14 大行业，具备上万种计量器具的检测能力。

2011 年，广东省计量科学研究院紧紧围绕广东省政府“加快转型升级，建设幸福广东”的发展战略，坚持走“改革、发展、服务”的道路，按照“国内一流、国际先进”的标准，顺利在广东省东莞市石排镇建成了第二检测基地，实现广东省计量科学研究院综合实力历史性跨越。新落成的检测基地占地 150 亩，总投资达 3.5 亿元，建有国家加油机质量监督检验中心、国家城市能源计量中心（广东）、国家眼镜产品质量监督检验中心（广东）、国家计量器具软件测评中心（广东）等 4 个国家中心，以及广东省大流量检测中心等一批达“国内一流，国际先进”水平的实验室。

2011 年 10 月 23 日　国家质检总局蒲长城副局长在广东省计量科学研究院第二检测基地落成典礼上讲话

2011 年 12 月 27 日广东省计量科学研究院与中国计量科学研究院签订合作备忘录

2011 年 10 月 20 日　国家城市能源计量中心（广东）正式挂牌

2011 年 8 月 26 日　全国计量系统领导到广东省计量科学研究院第二检测基地参观

2011 年 9 月 8 日　蔡睿贤院士到广东省计量科学研究院第二检测基地参观

新落成的国家加油机质检监督检验中心

第二检测基地风光

内蒙古自治区计量测试研究院

Inner Mongolia Institute of Metrology Testing and Research

院长、党委书记：吕金华

内蒙古自治区计量测试研究院成立于1955年9月，是自治区人民政府依法设置的隶属于自治区质量技术监督局的副厅级社会公益型科研事业单位，是经国家质检总局考核授权的法定计量检定机构，建有国家城市能源计量中心（内蒙古）、国家石油天然气大流量计量站内蒙古分站、国家非自动衡器型式评价实验室（内蒙古）、内蒙古标准物质工程技术研究中心、内蒙古计量器具产品质量监督检验中心和内蒙古方圆房地产面积公正计量站等六个中心，是中国合格评定国家认可委员会（CNAS）认可的校准实验室。内设24个行政管理部门和业务技术机构。在职员工255人，研究生18人，其中博士1人、硕士15人，大学以上学历151人，占员工总数的58.0%，正高级工程师4人，高级工程师24人，工程师25人，中级职称以上人员占专业技术人员的28%。其中有国务院特贴专家、自治区突贡专家和硕士研究生导师等专家型人才。有国家质检总局科技委员会委员1人、国家计量专业委员会委员2人、中国计量协会计量专业委员会委员5人、有57人担任国家及自治区级计量评审员和考评员。目前，已建立并保存计量标准127项（其中国家级计量标准44项），可开展558项计量检定、校准和检测项目。内蒙古计量院已成为内蒙古自治区规模最大、技术等级最高、检测范围最广、综合实力最强的计量技术机构。

国家质检总局局长、党组书记支树平到我院检查指导工作

国家质检总局副局长蒲长城出席国家城市能源计量中心（内蒙古）揭牌仪式

内蒙古计量测试研究院现有固定资产1.005亿元。建院57年来，经过历代计量工作者的不懈努力，现已形成集检定、校准、检验、检测和科研开发等于一体的多元化格局，特别是近年来，各项事业实现了跨越式发展，综合实力有了质的飞跃。取得科研成果8项，获国家“科技进步奖”三等奖1项、国家“科技兴检奖”三等奖1项、自治区“科技进步奖”一等奖2项；国家“发明专利”1项。2007年和2010年两次被国家质检总局表彰为“全国质量监督检验检疫工作先进单位”；2004年以来，连续8年被自治区质监局表彰为“工作先进单位”；2011年被国家质检总局党组授予“全国质量监督检验检疫系统先进基层党组织”，2005年和2011年被自治区党委组织部和直属机关工委表彰为“先进基层党组织”；2011年被自治区质监局党组表彰为“先进基层党组织”；2005年、2007年和2009年被自治区质监局机关党委表彰为“先进基层党组织”；“十一五”以来还荣获呼市市委、政府及回民区等有关单位表彰奖励15项；2009年获全区质监系统迎国庆60周年红歌大合唱特等奖；2011年获全区质监系统庆祝中国共产党成立90周年文艺汇演最高奖一等奖。

面对经济与社会发展对计量工作提出的越来越高的要求，内蒙古计量院将始终秉持“科学、公正、准确、高效”的立院宗旨，以“抓质量、保安全、促发展、强质检”十二字方针为指导，以“民生为本、民信为天”为核心理念，不断发奋努力，开拓创新，努力为国家和自治区经济社会的全面发展做出新的更大的贡献！

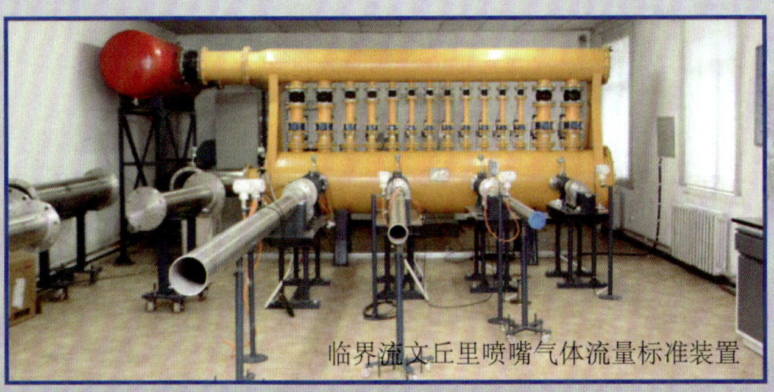
临界流文丘里喷嘴气体流量标准装置

安徽省产品质量监督检验研究院

安徽省产品质量监督检验研究院成立于1981年8月25日，是国家质量技术监督行政部门依法设置的产品质量监督检验机构，检验业务完全独立于生产、使用、销售单位及其主管部门，属非盈利性社会公益性机构，隶属于安徽省质量技术监督局。是安徽省内检验范围最广，综合实力最强的专业化科研型公共服务检测平台。

本院现有在岗职工180人，其中博士4名，硕士25名，教授级工程师3名，高级工程师23名。形成以博士、高级职称人员为骨干，以硕士、中级职称人员为支撑，各类技术人员为基础的专业化人才梯队。拥有两大检测试验基地，分别位于合肥市包河工业园延安路13号、合肥市经济技术开发区天都路33号。挂靠有国家排灌及节水设备质量监督检验中心、国家建筑节能产品质量监督检验中心，国家公共安全产品质量监督检验中心（筹）。实验室面积20426平方米，技术装备4000余台（套），固定资产过亿元。

是国家认监委指定的“CCC”认证检测机构、国家电子信息产品污染控制自愿性认证检测机构。是中国质量认证中心、中国电磁兼容认证中心、中国方圆认证中心，美国UPC、ICC、澳大利亚Water Mark、 WELS、加拿大CUPC、英国NQA、法国BV等多家国内外认证机构合作授签约实验室。检验能力覆盖建筑节能、装修材料、排灌节水、化工、消防、电工电气、轻工机械、家具、黄金珠宝等2300多种产品，是国家质检总局制定的“建筑工程材料、人造板、化妆品、电线电缆、蓄电池、水泵、复混肥、配装眼镜等产品生产许可证发证检验机构。承担产品质量监督、司法鉴定、产品认证、国内外企业公众委托等各类检验任务、检测设备的研制、产品标准的制修订，检测方法的研究以及产品质量风险监控与预警职能。

国家通信导航设备质量监督检验中心

中国电子科技集团公司第五十四研究所认证中心

国家通信导航设备质量监督检验中心（石家庄通信测控技术研究所通信导航设备实验室）是国家质量监督检验检疫总局认可并正式授权的具有第三方公正地位的国家级质量监督检验机构，成立于一九九〇年十月，前身是一九八七年二月成立的通信、卫星广播电视系统检测研究中心。中心于二〇〇〇年通过国家实验室认可委组织的三合一审查，所出具的检验报告被世界 57 个国家所认可。全国工业产品生产许可证办公室卫星电视广播地面接收设备审查部、无线广播电视发射设备审查部设在本中心。

国家认证认可监督管理委员会于 2009 年 12 月 14 日授权中国电子科技集团公司第五十四研究所开展卫星导航产品认证工作，批准号为 CNCA-R-2009-154。中国电子科技集团公司第五十四研究所认证中心成为首家在中国境内开展卫星导航产品认证的专业机构。

该中心下设通信微波产品检验室、广播电视产品检验室、导航产品检验室、电气安全性试验室、电磁兼容试验室、环境试验室、几何量测量室、元器件检验、老化筛选及原材料理化分析试验室、软件测试检验室。

该中心有三个天线测试场地，一个微波暗室，一个半电波暗室，实验室总面积 14000 平方米。现有人员 49 人，其中教授级高工 1 人，高级工程师 12 人，工程师以上人员 20 人，实验室拥有 260 多台（套）、总价值 8000 万元的仪器设备。

承检产品类别：

产品质量监督抽查； 质量等级检验；产品质量认证检验；生产许可证检验； 新产品科研成果鉴定检验； 仲裁检验 ； 现场监督检验 ； 其它委托性检验等。

承检产品范围：

卫星通信地球站设备；对流层散射通信设备； 微波接力通信设备；中短波通信设备；移动通信设备；卫星广播电视接收设备；天线设备、用户程控交换机；导航设备；可靠性试验；环境试验、元器件老化筛选；通信电子产品安全检测、电磁兼容检测；软件测试。

此外，在产品出口方面，该中心将为广大企业提供产品出口时所需通过的认证、技术标准以及相关技术壁垒等相关技术咨询，并可以为企业提供国际互认的检测报告。

该中心的质量方针是：“满足客户要求，超越客户期望；确保检测工作科学、公正、准确、高效”。

更多关于卫星导航产品认证事宜请登录认证中心官网 www.54cn.com.cn

宁夏产品质量监督检验院

宁夏产品质量监督检验院成立于1980年，隶属于宁夏质量技术监督局，是自治区政府依法设立的、唯一的省级综合性产品质量监督检验机构。

我院建立了较完善的质量管理体系，秉承“科学、公正、准确、高效”的质量方针。1988年6月首次通过了宁夏标准局计量认证，2002年6月通过宁夏质量技术监督局计量认证/审查认可（验收）评审，2005年9月通过国家认证认可委CNAS实验室认可、计量认证和审查验收，取得了公安部安防工程检测资质、建设工程见证取样检测资质和司法鉴定资质，是中国泰尔实验室技术鉴定中心宁夏代理处。

目前，我院开展了铁合金、煤炭及其制品、成品油、化肥等能源化工产品，电线电缆、家用电器、灯具、低压电器等电子电工产品，金属材料、机械、家具、五金等产品，食品包装、塑料制品、验配眼镜、纸制品等轻工包装产品，水泥及水泥制品、管材、门窗、保温材料、防水卷材等建筑材料，以及安防工程、智能建筑工程和工程见证取样等检验项目。承担国家、自治区有关部门下达的监督抽查检验或统检、生产许可证发证检验、仲裁检验和质量鉴定、见证取样检验等工作任务，并为社会或企业提供委托检验、验货检验、技术鉴定、技术咨询、人员培训等服务。

湖北省特种设备安全检验检测研究院

湖北省特检院成立于2007年10月，由原省锅检所与省特检所合并组建而成，是湖北省质量技术监督局直属事业单位，具有独立法人地位，承担全省责任范围内的特种设备安全检验检测工作。

省特检院现有占地总面积38.4亩，其中，综合办公楼占地面积8.4亩，建筑面积约3200平方米；在建项目湖北省汽车罐车检验基地位于江夏区黄金工业园内，占地30亩，建筑面积约5300平方米。装备有技术先进的各类检验检测仪器设备840多台(套)，如长距离内窥镜、32通道声发射仪、埋地管道检测仪、多功能TOFD系统等检验检测设备等。现有总资产5175万元。固定资产原值3708万元(不含在建工程)，其中检验设备1798万元。

全院现有职工123人（在编67人，聘用56人）。其中：博士1人，硕士8人，本科68人；正高级职称2人，高级技术职称32人，中级技术职称24人；持证人员203人项，其中高级检验师6人，检验师63人项，检验员134人项；无损检测高级证19人项；“国家质检总局学术技术骨干”1人；美国ASME授权检验师1人；质检系统WTO/TBT国外通报评议专家1人。

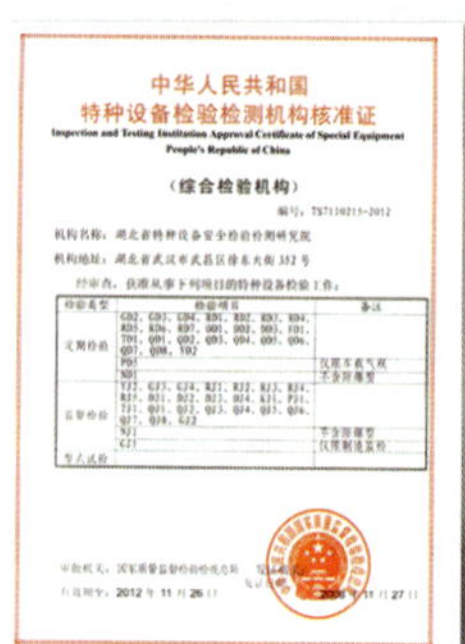

近年来该院先后通过了中国合格评定国家认可委员会颁发的CNAS认可资格、检测和校准实验室能力认可资格、湖北省质量技术监督局颁发的计量认证、资质认定证书等。

该院坚持检验与科研并重的路线，两个能力同步提升。2009年完成特种设备检验检测27505台(套)，2010年完成特种设备检验检测28909台(套)，2011年完成特种设备检验检测37488台(套)，业务工作不断突破。多次承担省内1000MW、600MW等大型电站锅炉监检、定检任务，同时根据国家总局授权，开展了锅炉设计文件节能审查和工业锅炉能效测试，推动省内特种设备节能降耗工作。

“十一五”期间，参加了国家科技支撑计划2006BAK02B02“大型高参数高危险性成套装置长周期运行安全保障关键技术研究及工程示范”科研课题。此外，该院独立完成的“国内外锅炉法规标准比较研究”、“轮式轨道超速离合器及防坠安全器装置”、“HBTJ-1A型球罐联合检验工作平台”等科研成果，多次获得国家质检总局、湖北省颁发的科技奖项。该院参与研发的“便携式TOFD检测仪”通过国家质检总局的科技鉴定，并投入商业生产，打破了国外进口产品的垄断局面，取得了良好的社会效益和经济效益。

以项目为引领，以科研为先导，以检验为基础，以人才为保障。在国家质检总局和省质监局的正确领导下，省特检院不断完善、不断进步，为促进湖北经济社会的科学发展、跨越式发展做出了应有的贡献。

湖北省纤维检验局

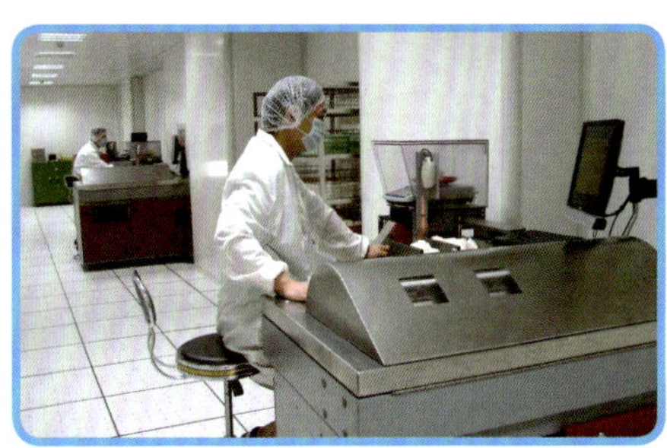

机构沿革

湖北省纤维检验局前身是湖北省纤维检验所，1982年依据湖北省人民政府鄂政函[1982]72号文设立，业务上受中国纤维检验局和湖北省质量技术监督局双重领导。1998年过渡为参照公务员制度管理。2001年4月经省编制委员会批准，更名为湖北省纤维检验局。1994年3月经原省计量局批准设立湖北省纤维计量站。2004年5月经省编制委员会批准设立“湖北省纤维制品检测中心”。2010年8月，经国家质量监督检验检疫总局、国家认证认可监督管理委员会批准成立国家棉花质量监督检验中心（湖北）。湖北省纤维计量站、湖北省纤维制品检测中心、国家棉花质量监督检验中心（湖北）均与省纤维检验局合署办公。2012年5月，原省纺织产品检测中心整体划转入湖北省纤维检验局，实现两单位平稳有序合并。

主要职能

（一）监督管理：负责制定全省纤维检验事业发展规划；开展棉花、茧丝、麻类等纤维的质量监督以及絮用纤维制品、纺织服装产品的质量监督抽查；开展棉花加工企业质量保证能力审核和复查等工作。

（二）行政执法：依据《产品质量法》、《标准化法》、《棉花质量监督管理条例》等有关法律法规，开展棉花、茧丝、麻类等纤维质量行政执法工作；受省质监局的委托，开展絮用纤维制品、纺织品服装（含鞋、帽）质量和棉花水份测定仪涉及的计量案件行政执法工作。

（三）检验检测：开展棉花等纤维质量公证检验；各种纤维、纱线、织物、印染品、服装的质量委托检验、监督检验、仲裁检验；纺织及纤维专用计量器具的计量检定及核准；纤维及纺织品服装标准的制（修）订以及棉花等纤维实物标准的更新仿制等。

基本情况

湖北省纤维检验局目前有办公、实验用房总面积4770㎡，其中实验室面积3118㎡，恒温恒湿室4个，面积535㎡。检测设备260台（套）。固定资产总额2086万元（不包括办公楼）。2000年湖北省纤维检验局通过中国合格评定国家认可委员会（CNAS）组织的实验室认可、计量认证和审查认可“三合一”评审，后又多次通过监督评审、扩项以及复评审，实验室质量管理能力不断得到提高。目前省纤检局具有纤维、纱线、纺织品、服装等九类208个产品，98个检验参数的检验能力。

中交第一公路工程局有限公司土木技术研究院

诚信服务、优质回报、不断超越

中交第一公路工程局有限公司土木技术研究院（以下简称“研究院”）成立于 2007 年 5 月，隶属于中交第一公路工程局有限公司，目前是北京市级企业技术中心。研究院主营业务包括土木工程科技研发、技术咨询、质量检测工作等，服务领域包括公路、铁路、市政道路。研究院拥有交通运输部公路工程试验检测综合甲级、国家认监委资质认定计量认证、发改委公路甲级咨询资格、市政公用工程丙级咨询资质资格。 通过认证的共计检测参数 61 大项，526 小项。

研究院成立以来，先后完成了《高速铁路客运专线混凝土高性能化关键技术与施工质量控制研究》、《试验室数据网络化管理系统》等课题 20 多项，与交通部科学研究院、同济大学、北京航空航天大学、哈尔滨工业大学等 20 多所高校建立了产学研合作关系，聘请企业外专家教授 40 名。拥有国家专利 27 项，省部级工法 26 项，省部级科学进步奖 9 项。应中国交通建设股份有限公司海外战略，承担了《公路路基施工技术规范》、《公路桥涵施工技术规范》、《公路隧道施工技术规范》等规范的英文翻译工作。

研究院目前已形成了较为系统的道路、桥梁、隧道领域的试验检测体系。拥有公路及铁路授权工地试验室管理经验。成功为哈大、京沪、沈丹、沪昆等多个高铁项目提供母体中心试验室授权和管理工作，研究院近年的原材料外委检测试验主要包括北京首都国际机场扩建工程 - 新建航空加油站混凝土道路工程、北京朝阳路（东四环 - 杨闸环岛）、京包高速公路（五环 - 六环）工程、密云路吴家峪桥大修工程等 100 多项工程。先后进行的道路及结构检测的项目包括北关路路面厚度雷达检测、秦皇岛港丙丁码头立交桥静载试验、黔彭高速公路桥梁荷载试验、山西阳五高速隧道二次衬砌质量检测、哈大高铁 CFG 桩检测、重庆市内环快速路特大桥检测评估等 100 多个项目；正在进行的深基坑和隧道施工监控量测项目有莞惠城际轨道交通明挖段深基坑监控项目和沈丹、沪昆高铁项目。

通过几年的努力，研究院在技术创新、人才培养、产学研合作等方面有了较快的发展和进步。“质量是品格，质量是生命”，我们将本着“质量第一、科学公正、严谨求实、热情服务”的质量方针，秉承着中交第一公路工程局有限公司“诚信服务、优质回报、不断超越”的核心理念，夯实基础，乘势而上，我们愿与业界同仁一道，真诚合作，为保证工程质量，推动道路桥梁建设的技术进步而努力！

一种理念，一种精神，一个团结诚信的团队，期待着与您携手。

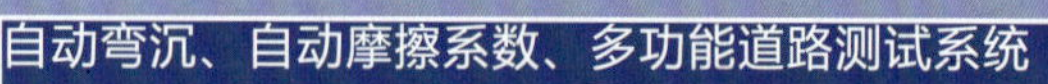
自动弯沉、自动摩擦系数、多功能道路测试系统

桥梁动静载检测

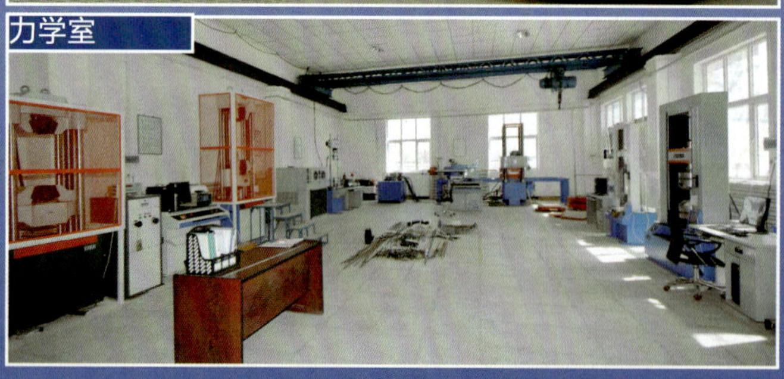
力学室

隧道地质超前预报 TSP 检测现场

研究院主要的检测内容和特色检测领域为：

1、 公路、铁路、市政工程建筑原材料的质量检验；
2、 基桩承载力检测、基桩桩身完整性检测；
3、 地基基础和道路工程的质量检测；
4、 高性能混凝土的质量检测及配合比设计检验；
5、 钢绞线、锚具、橡胶支座力学性能检验；
6、 桥梁动静载检测和定期检查；
7、 结构混凝土检测；
8、 交通安全设施质量检测；
9、 水泥乳化沥青砂浆原材料及配合比试验；
10、防水涂料质量检测；
11、隧道监控量测和超前地质预报检测（雷达法、红外探水法、TSP 法、水平钻法）

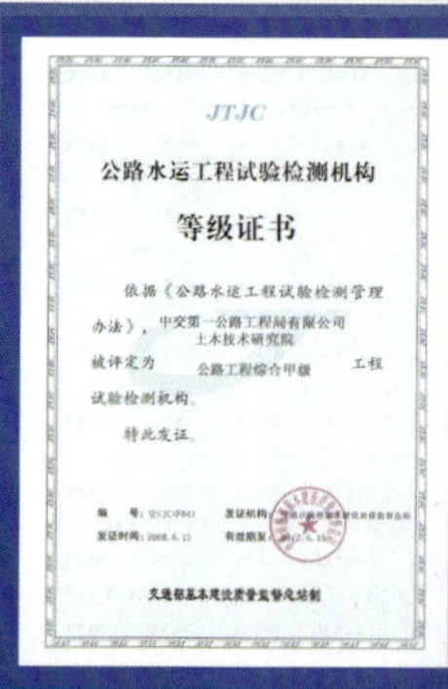

四川华西法医学鉴定中心

四川华西法医学鉴定中心是四川大学法医学国家重点学科的司法鉴定机构。四川大学法医学科源于华西医科大学的法医学科，始建于上世纪 50 年代，是国家在我国西南地区设立的法医学专业人才培养与科学研究基地和鉴定机构。2010 年 8 月获准中国合格评定国家认可委员会认可并获 CNAS 实验室认可证书和检查机构认可证书。

科学研究

作为法医学国家重点学科，本学科点承担了国家自然科学基金项目，“863”和“973”科技攻关项目，教育部博士点基金，美国纽约中华医学基金等 71 项科研课题。拥有科研经费 1430 万。发表学术论文 367 篇，其中被 SCI 收录 141 篇。获国家及省部级科技进步奖 14 项。10 项研究获得了国家授权发明专利。基础研究成果被我国司法机关作为技术标准应用于司法实践，促进了技术进步。

人才培养

本学科点在培养博士后、博士生、硕士生、本科生方面力量雄厚。为我国公、检、法、司和高等院校培养了数以千计法医人才。法医学专业为教育部特色专业，拥有法医学国家教学名师，国家教学团队。《法医物证学》和《法医毒物分析》为国家精品课程。

鉴定机构

华西法医大楼落成于 1988 年，位于成都市武侯区人民南路三段 16 号四川大学华西校区，建筑面积 8781 平方米。根据司法部及四川省司法厅对司法鉴定的管理要求，我们以法医学国家重点学科为平台，于 2001 年在四川省司法厅注册成立四川华西法医学鉴定中心（司法鉴定许可证：510006003），本中心目前开展的业务有：法医病理鉴定、法医临床鉴定、法医精神病鉴定、法医物证鉴定、法医亲子鉴定、法医毒物鉴定。有法医学专业鉴定人员 27 名，其中高级职称 21 人，中级职称 6 人。本中心鉴定人员长期从事法医学教学、科研与检案工作，在全国同行业中具有广泛的知名度。本中心来自公、检、法机关的法医鉴定案件占总量的 52.5%，重新鉴定案件约占总量的 31.25%。参与了大量疑难案件及重大案件的鉴定，为维护司法公正做出了贡献。获得了司法部“全国司法鉴定先进集体”荣誉称号。

法医鉴定实验室包括法医尸体解剖室、法医组织病理实验室、法医 DNA 实验室、法医临床实验室、毒物分析实验室等。本中心的仪器设备配置参照了美国法医实验室和德国、法国大学法医研究所的规模，具备与这些国家法医研究所大体相当的仪器设备及实验技术条件，符合司法部规定的鉴定机构仪器配置标准。主要大型仪器还有：基质辅助激光解析电离 / 飞行时间质谱（MALDI-TOF），扫描电镜，自动激光荧光 DNA 测序仪，气相色谱 / 质谱联用仪 (GC/MS), 神经诱发电位 / 肌电图检测系统等。获得认可以来，中心又添置了约 200 万元的鉴定仪器设备，如 3130 基因分析仪、双光束紫外可见分光光度计 UV-2550 等。

本中心的质量管理体系经过两年的运行，得到了不断的完善，经过 CNAS 专家组到本中心的初次评审以及监督评审的两次评审工作，也使中心全体人员增强了意识，逐步接受了先进的管理理念和科学的管理模式。中心每年均参加了司法部司法鉴定科学技术研究所主办的能力验证计划，获得“满意”的结果。在中心全体人员的共同努力下，2011 年本中心获得了“四川省司法鉴定认证认可工作示范机构”称号。

丹麦哥本哈根大学法医研究所所长 Niels Morling 教授来访

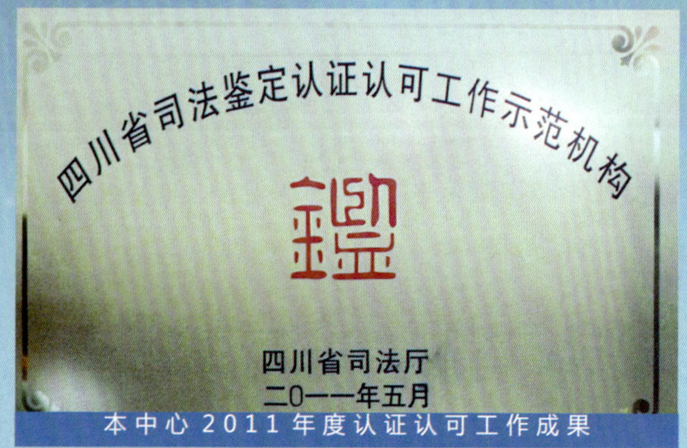

本中心 2011 年度认证认可工作成果

法定代表人：侯一平
联系电话：028-85503923
网　　址：http//www.legalmed.org
地　　址：成都市人民南路三段 16 号
传　　真：028-85501549

重庆市血液中心

重庆市血液中心始建于1945年，坐落于重庆市渝中半岛鹅岭山麓，南俯长江，北瞰嘉陵，山水辉映，是我国西南地区较大的集采供血、教学、科研于一体的多功能、现代化采供血服务机构，承担着重庆市主城11个区、两所医科大学（第三军医大学、重庆医科大学）、共计约300余家医院的医疗、 教学、科研用血保障任务。年供血量超过60吨， 向临床提供了10余种血液成分产品。

重庆市输血医学研究所

中心设有血液检测实验室、血液质量监测实验室和重庆市输血医学研究所，其中重庆市输血医学研究所是重庆市重点医学学科。实验室人才梯队分明，科研实力雄厚。于2009年启动了ISO/IEC17025实验室认可的工作，历时两年时间，全面推行检验质量的全程控制和管理，ISO/IEC17025质量管理体系在中心三个实验室得到了有效运行，并于2012年2月以全项通过申报认可的项目，获得国家认可委颁发的证书。通过的认可项目数量位居全国采供血机构前列，标志着重庆市血液中心实验室管理水平跃上一个新的平台。

重庆市血液中心是一个充满活力的团队， 坚守“把安全、服务、创新、待续改进……贯穿于采供血的全过程，像呵护生命一样，保证我们的血液质量”的质量方针。

全体职工身体力行“在血液招募中，传递爱与奉献的精神；在血液生产中，树立质量至上的理念；在血液研究中，探索血液科学的奥秘；在血液服务中，追求不断完美的境界；登高望远，不断超越，打造与时俱进的现代化血液中心”。

血液质量监测实验室

血液检测实验室

中国合格评定国家认可委员会

实验室认可证书

（注册号：CNAS L5484）

重庆市血液中心

中国合格评定国家认可委员会授权人

China National Accreditation Service for Conformity Assessment

LABORATORY ACCREDITATION CERTIFICATE

(Registration No. CNAS L5484)

Chongqing Blood Center

is accredited to ISO/IEC 17025:2005 General Requirements for the Competence of Testing and Calibration Laboratories(CNAS-CL01 Accreditation Criteria for the Competence of Testing and Calibration Laboratories) for the competence of testing.

2012

Yearbook of Certification and Accreditation of China

第八部分　实验室与检测监管

Part　Eight　Supervision on Testing and Inspection Bodies

2011年，国家认监委实验室与检测监管工作按照“抓质量，保安全，促发展，强质检”的工作要求，依据《国家认监委2011年认证认可工作要点》和《2011年认监委主要工作任务分解表》，已按时完成6大类17项工作任务。

一、认真贯彻落实《食品安全法》成果显著

（一）全面实施食品检验机构资质认定制度

根据《食品安全法》有关“食品检验机构按照国家有关认证认可的规定取得资质认定后，方可从事食品检验活动”的规定，在《食品检验机构资质认定管理办法》（质检总局131号令）、《食品检验机构资质认定条件》和《检验规范》等规章、文件的基础上，组织专家制定了《食品检验机构资质认定评审准则》及配套工作文件，印发了食品检验机构资质认定证书及标志，形成了完整的食品检验机构资质认定体系。食品检验机构资质认定工作于2011年5月1日正式实施。

此外，与卫生部联合主编、出版了《食品检验机构资质认定工作指南》，组织了3期食品检验机构资质认定评审员培训班。有62人取得了食品检验机构资质认定教师资格，418人取得了国家级食品检验机构资质认定评审员资格，并会同认可中心，对424名涉及食品领域的认可评审员进行了培训。

通过召开全国食品检验机构资质认定工作会，向地方两局宣贯了食品检验机构资质认定制度，并发文要求地方局分季度上报食品检验机构资质认定工作进展情况。截至2011年12月底，通过监督、复评等形式换发食品检验机构资质认定证书的机构共473家。

（二）三部委联合公布首批食品复检机构名录

根据《食品安全法》及其实施条例的要求，会同卫生部、农业部致力于食品复检机构名录公布的相关工作。该项工作于2010年3月启动，于2011年4月完成了全部申报工作，经初审、专家评定、领导小组讨论，部门会签等程序最终确定了104家机构为首批食品复检机构。2011年10月21日，国家认监委、卫生部、农业部共同发布了《关于首批食品复检机构名录公告》（国家认监委公告2011年第26号）。首批食品复检机构名录的公布，对于贯彻落实《食品安全法》及其实施条例、保障食品安全、维护消费者和相关方的权益起到重要的作用。

二、完善国家产品质检中心授权管理制度，合理布局国家产品质检中心

（一）完成10个国家产品质检中心的筹建论证工作

先后组织完成了“物理化学电源、智能微电网控制设备及系统、集成电路产品、智能电器设备、乳胶制品、电力器材产品、工程软件产品、微特电机及组件产品、嵌入式软件产品、建筑节能”等10个国家产品质检中心项目的筹建论证工作，涉及的相关领域均为国家重点发展领域或战略性新兴产业领域，批准筹建的国家产品质检中心为服务国家经济建设，尤其是为促进战略性新兴产业领域的发展提供了重要的技术支撑。

（二）完成2个领域的国家产品质检中心规划方案的制定

根据委领导指示，先后于4月和9月分别在河南许昌、上海组织召开了“智能电网领域检验检测需求暨国家产品质检中心建设研讨会”和“软件和信息服务领域检验检测需求暨国家产品质检中心建设研讨会”，并结合产业需求和国家发展规划，完成了《智能电网领域国家产品质检中心规划方案》和《软件和信息服务领域国家产品质检中心规划方案》，为今后这两个领域国家产品质

检中心的规划建设提供了指导。

（三）完成国家产品质检中心专项监督检查任务

完成了对100个国家产品质检中心的专项监督检查工作，并选择其中20个国家产品质检中心进行了“授权条件”的试评估工作，有效地监督和促进了国家产品质检中心的行为规范性。

（四）完成国家产品质检中心负责人培训任务

于10月分别在贵阳和北京组织举办了“西部地区国家产品质检中心负责人培训班”和“新授权国家产品质检中心负责人培训班”，来自西部地区的和近2年新授权国家产品质检中心共计142名负责人参加了培训。本次培训班在培训组织、培训内容及培训方式上均有所创新，培训取得了明显的效果。

（五）撤销国家激光器件质量监督检验中心资质

国家激光器件质量监督检验中心超出授权范围对外出具检验报告，并且有出具虚假检验报告的行为，严重违规，违反了《国家产品质检中心授权管理办法》的相关规定。为了进一步加强对国家产品质检中心的管理，严格授权审批，实验室与检测监管部于2011年9月8日起，撤销了该中心的授权证书，收回公章、标志章及授权证书文本。

三、规范资质认定行政审批和完成大量日常行政审批工作

为确保行政许可工作质量，国家认监委发布了《2011年实验室资质认定(国家计量认证)评审工作要求》（认办实函［2011］25号），要求各行业评审组认真组织，提高工作质量和效率，及时上报材料。同时，结合国家认监委机关质量管理体系内部审核的整体安排，严格按照《行政许可法》的要求，对现行资质认定工作的审批流程进行了认真梳理，进一步明确岗位职责，分析查找岗位风险因素，完善监督机制。通过加强管理体系的动态管理，提升资质认定许可工作质量。

截至2011年12月，国家级资质认定获证实验室已达2 667多家，其中，国家产品质检中心授权476家。截至12月底，已完成对1 325家（次）实验室的各类行政审批（含首次、复查、监督、扩项、变更等），其中，新授权33家国家产品质检中心，涉及国家产品质检中心、省级质检所（纤维检验所）授权、验收、扩项、变更的行政审批318家（次）。办理国家质检总局筹建或联合批准成立国家产品质检中心的文件38批次。

四、完善司法鉴定机构认证认可制度

与司法部共同对试点地区开展了实地调研工作，并于4月份联合召开“司法鉴定机构认证认可试点工作总结座谈会”，对两年试点工作的经验、成绩和存在的问题及时进行了总结和研讨。

多次与司法部召开“司法鉴定机构认证认可工作座谈会”，明确了下一步司法鉴定机构资质认定与认可的工作政策、任务与分工。与司法部共同起草了《关于全面推进司法鉴定机构认证认可工作的通知》。截至2011年12月底，共有41家司法鉴定机构通过国家级资质认定。

五、完善能力验证制度，强化常态保障作用

完成了2010年39个能力验证项目验收和总结工作，发布《关于获得2010年认监委能力验证满意结果实验室名单的公告》，公布了2 148家/次能力验证满意结果实验室。组织专家召开了实验室能力验证工作座谈会，总结了《实验室能力验证实施办法》实施五年多来发挥的重要作用和我国能力验证工作取得的经验与成绩，研讨了当前能力验证工作中存在的问题和下一步修订《实验室能力验证实施办法》的意见与建议。

2011年，国家认监委结合社会广泛关注的热点问题和我国检测市场的现状，面向全国实验室成功组织了31项实验室能力验证工作。此外，国家认监委还积极与韩国联合组织实验室能力验证工作，加强双方对检测结果的互信。2011年，国家认监委邀请韩方实验室参加中方组织的“建筑材料化学成分分析”能力验证项目。2012年双方将联合开展“家用电器待机功耗检测”能力验证项目。

重视能力验证专栏的建设和使用，通过专栏及时宣传国内外能力验证的最新政策和动态进展，发布国家认监委、各行业和省质监局组织的能力验证计划信息，同时，利用平台的数据系统统计和整理认监委和各省质监局组织的能力验证计划和取得满意结果的实验室信息。2011年，该平台累计发布能力验证有关新闻和信息52条，并在数据库中收录认监委和有关省质监局组织的能力验证项目70余项、相关结果满意实验室信息5 546条。

六、加强对资质认定获证实验室的专项监督检查

2011年，实验室资质认定专项监督检查工作，从建立和完善资质认定工作制度，规范实施资质认定行政许可工作，建立监管机制、实行有效证后监管三个方面对上海、重庆、广东等9个省、直辖市、自治区质量技术监督局的资质认定许可工作进行检查，从规范检测活动、加强制度建设、食品检验机构资质认定准备实施三个方面

对147家资质认定获证实验室进行了现场检查。

通过开展监督检查，有效地履行了国家对实验室及检测市场的监管职能，提高了省级资质认定部门依法行政的履职能力，促进了资质认定评审质量和工作质量的提高。全面查找出实验室管理体系运行存在的问题和检测工作可能出现的漏洞，促使实验室增强责任和风险意识，提高了管理水平。

七、加强国际交流，努力拓展GLP工作

2011年继续扩大国家认监委化学品良好实验室规范（GLP）监控体系建设的试点范围，对3个新申请实验室进行了检查，并对1个已经批准的GLP实验室进行到期复评。截至2011年底，国家认监委已经批准6个符合OECD规范的GLP实验室。

继续加强GLP监控体系制度建设工作，组织专家对国家认监委GLP体系3年运行状况进行了回顾和研讨，组织专家开始编写认监委GLP培训教材。

参加了OECD/GLP工作组第25届年会和OECD/GLP工作组在以色列举办的GLP检查员培训，获取了OECD承认的检查员培训经历。派员参加了第三届全国毒理研究质量保证研讨会，并在会上介绍了国家认监委的GLP监控体系，进一步扩大了国家认监委GLP工作的社会影响力。

八、围绕实验室的检测监管开展了一系列的工作

（一）积极落实“质量月”活动要求，组织实施“食品检测实验室开放日”活动

“食品检测实验室开放日”活动作为2011年“质量月”活动的重要内容之一，由国家认监委组织承办。组织印发了《关于印发〈“食品检测实验室开放日活动方案”〉的通知》（质检办认［2011］1 022号）。并于9月9日举办“食品检测实验室开放日”活动启动仪式，国家食品质量安全监督检验中心、中国检验检疫科学研究院、中国计量院、中国合格评定国家认可中心、国家认监委认证认可技术研究所、国家肉类食品质检中心、国家副食品质检中心、国家食品质量监督检验中心、北京出入境检验检疫局技术中心等9家国家权威食品技术机构在现场进行了集中展示，采取制作宣传手册、展板、实物演示专家讲解等多种形式，宣传食品安全知识、指导消费者放心消费，经《新闻联播》、《新闻直播间》等节目进行相关报道，取得了广泛的社会影响力。

（二）有效应对“塑化剂”风波，稳步推进“打非添”工作

圆满完成了国家食安委和国家质检总局交办的塑化剂平行检测工作任务，及时为平息“塑化剂”风波提供了技术支撑。印发了《关于开展“食品中非法添加物和滥用食品添加剂检测”资质认定紧急扩项和信息发布工作的通知》，使得在短期内能够提供“塑化剂”检测服务的机构得到了进一步扩充，满足了市场的检测需求，稳步推进“打非添”工作。

（三）积极开展实验室认证认可工作顶层设计

为了进一步完善实验室认证认可制度，提升实验室认证认可工作服务国家经济社会发展的作用，根据新时期新形势的要求，国家认监委开展了实验室认证认可顶层设计工作，针对目前实验室认证认可面临的新形势和新问题，成立了法律法规、国家质检中心授权制度、技术评价、证后监管、信息化建设5个专家工作组。顶层设计工作拟参考国家的“十二五”规划和认证认可工作的“十二五”规划，结合我国实验室的现状和市场经济发展的新需求，在现有法律法规的框架下，借鉴国际国内和各行业在实验室管理方面好的做法，从战略层面考虑制度体系建设，理清概念，明确实验室认证认可工作的发展方向。

（四）举办出入境实验室负责人培训班

按照国家认监委2011年培训计划，于2011年10月9日～10日在长沙举办了第六期出入境检验检疫系统实验室负责人培训班。共有227名代表参加了培训。

（五）配合完成86号令修订工作

根据国家认监委2011年立法计划，草拟了《实验室和检查机构资质认定管理办法》修订工作方案，并起草了修订稿，经委领导批准后，于5月在陕西召开了有关修订工作的研讨会。截至2011年底，修改稿的征求意见工作已经完成，已经完成有关意见的汇总。

撰稿人：李文龙　谢　澄　黎玉娥　周　刚　郭　栋　王　莹
审稿人：肖　良　齐　晓

2012

Yearbook of Certification and Accreditation of China

第九部分 科研与标准建设

Part Nine Research and Standard Making

2011年，认证认可科技与标准化工作紧紧围绕质检系统“抓质量、保安全、促发展、强质检”工作整体要求，以“深入实施科技兴检战略，充分发挥认证认可科技引领作用、标准化信息化的技术支撑作用”为工作目标，各项工作稳步推进。

一、认证认可科技与标准化工作

（一）业务基础数据

1.认证认可科研立项与验收情况

2011年度，认证认可科研立项与验收情况见表1。

表1 2011年认证认可科研立项与验收情况汇总表

	认证认可科研项目											
	立项						验收					
	国家科技部科研课题	质检总局科研课题	质检行业公益专项	“短平快”课题	其他	总计	国家科技部科研课题	质检总局科研课题	质检行业公益专项	“短平快”课题	其他	总计
2011年	7	4	2	3	0	16	1	15	2	2	0	20
历史总计	29	70	12	6	2	119	21	48	2	4	0	75

2.科研项目年度获奖情况

2011年，认证认可科研项目获奖情况见表2。

表2 2011年认证认可科研项目获奖情况表

<table>
<tr><th></th><th>国家科技进步奖</th><th>质检系统先进单位</th><th>质检系统先进个人</th><th colspan="3">科技兴检奖</th><th colspan="3">标准创新贡献奖</th><th colspan="3">质检系统优秀科技论文</th></tr>
<tr><td rowspan="3">2011年新增</td><td rowspan="3">1</td><td rowspan="3">2</td><td rowspan="3">2</td><td rowspan="3">5</td><td>一等奖</td><td>1</td><td rowspan="3" colspan="3">0</td><td rowspan="3">0</td><td rowspan="3" colspan="2">未组织</td></tr>
<tr><td>二等奖</td><td></td></tr>
<tr><td>三等奖</td><td>4</td></tr>
<tr><td rowspan="3">当前总计</td><td rowspan="3">1
二等奖</td><td rowspan="3">2</td><td rowspan="3">2</td><td rowspan="3">22</td><td>一等奖</td><td>5</td><td rowspan="3">3</td><td rowspan="2">二等奖</td><td rowspan="2">1</td><td rowspan="3">6</td><td>一等奖</td><td>0</td></tr>
<tr><td>二等奖</td><td>5</td><td>二等奖</td><td>1</td></tr>
<tr><td>三等奖</td><td>12</td><td>三等奖</td><td>2</td><td>三等奖</td><td>5</td></tr>
</table>

3.认证认可标准化工作基本情况

2011年，认证认可标准立项审定情况见表3。

表3 2011年认证认可国家标准基础数据

	立项数	审定数	发布数（当前有效）	举办认证认可标准培训班（受训人次）
2011年新增	22	8	13	1期（50）
当前总计	141	109	92（81）	20期（1 296人次）

注：认证认可国家标准指由SAC/TC261归口管理或国家认监委负责起草的认证认可国家标准。

4.认证技术规范备案情况

2011年，认证技术规范备案工作基本数据见表4。

表4 2011年认证技术规范备案工作基本数据

	受理申请	批准备案	不予备案	撤销	废止	现行有效
2011年新增	31	36	0	4	29	—
当前 总计	270	160	76	14	53	107

（二）工作进展

1.组织低碳认证研究，为创建我国低碳产品认证制度奠定基础

认证认可在建设资源节约型、环境友好型社会中的作用发挥，亟需科技支撑。通过组织科研课题实施、开展“认证推动低碳生活”宣传，为创建我国低碳产品认证制度奠定了基础。

（1）组织国家发改委课题研究，推动《低碳产品认证管理办法》出台

承担了国家发改委应对气候变化专项——“我国低碳认证制度建立研究”课题，并参与《我国低碳产品认证管理办法》及相关配套标准的制定。截至2011年底，顺利完成课题第一阶段研究任务，《国家低碳产品认证管理办法（草案）》及相关6个技术标准得到国家发改委及相关权威专家的肯定。

（2）启动实施科技部“十二五”支撑计划“碳排放和碳减排认证认可关键技术研究与示范”项目研究

根据科技部正式批复，2011年7月22日，组织召开“碳排放和碳减排认证认可关键技术研究与示范”项目启动会。该项目由国家认监委、科技部、发改委、环保部、工信部相关司局领导组成项目领导小组，由相关院士组成项目专家顾问组。鉴于项目各课题之间有着极强关联性，在项目组织过程中创新管理机制，协调统一进度。

（3）承担“国家认监委碳排放评价制度建设总体工作组”日常工作

根据国家认监委安排，承担了“国家认监委碳排放评价制度建设总体工作组”的日常联络和管理，实现了决策的共同研究和信息的及时沟通。2011年，针对节能减排和低碳认证制度共组织召开5次专题研讨，印发5期工作简报。

（4）加强“认证推动低碳生活”理念推广，营造舆论环境

一是按照国家质检总局“全国质量月”活动统一部署，积极开展以“认证推动低碳生活”为主题的宣传活动。组织策划并制作完成了2分27秒宣传短片，并在“质量大讲堂”活动中试播，随后安排在国家认监委网站首页播放。宣传短片取代了以往的“宣传册”，成为科技宣传的创新形式。二是积极参加各类国内、国际低碳研讨会，开展交流活动。参加了认证认可协会主办的“中国碳排放认证认可技术国际报告会”、大陆碳排放与碳减排认证认可技术研讨会、中韩合格评定分委会第八次会议应对气候变化研讨会、第一届中国节能减排标准化论坛等一系列低碳相关会议，并作大会发言，积极宣传国家认监委低碳认证工作。

2.谋划长远，组织编制“十二五”认证认可科技与标准化发展规划

组织编制了《国家认证认可科技发展“十二五”规划》和《国家认证认可标准化发展“十二五”规划》。作为国家认证认可事业发展“十二五”规划体系的重要组成部分，两份《规划》不仅明确了“十二五”期间认证认可科技与标准化的工作任务和目标，更为“十二五”期间的认证认可科技与标准化发展探索了一条“凝聚行业人才智慧、贴近行业发展脉搏、挖掘行业切实需求、打造行业科技平台”的工作路径。

3.适应国家科技改革举措，成功申报“十二五”科技支撑计划项目

为适应国家科技部对项目申报和立项程序实施改革的需要，研究制定了《2012年度国家科技计划技术标准、认证认可备选项目征集指南》，并面向全社会公开征集科研项目，得到社会各界的积极响应，共收到各类推荐项目51项。为从中择选最佳项目并完善项目申报书，组织召开了具有针对性的论证会，将项目需求方、设计方和成果应用方请到一起，集思广益，提高项目竞争力。经过各方

努力，最终形成了由国家认监委推荐的6个项目，已顺利通过科技部组织的可行性论证。

4.适应认证认可标准化发展需要，创新标准化管理机制

为适应新形势下认证认可标准化工作长远发展的需要，进一步深化和拓展认证认可标准化工作领域，有效提升管理工作效率，在对认证认可标准化行政管理、发展谋划与日常事务性工作进行细分的基础上，经国家认监委和国家标准委批准，科技与标准管理部采取授权的方式将全国认证认可标准化技术委员会秘书处日常工作交由中国认证认可协会承担。

5.出版《合格评定建立信任》，创新提出质量基础设施概念

组织出版了《合格评定建立信任》一书，创新提出了"国家质量基础设施"这一概念，将合格评定、标准化和计量定位为一个国家的质量基础设施，得到国家质检总局领导高度重视，为国家质检总局发展定位提供了支撑，有力配合了"质量强国战略"的实施。以出版《合格评定建立信任》为契机，还组织人员相继编译了《快速发展——发展中国家的国家标准机构》、《出口战略创新》、《计量、标准化和合格评定——为可持续发展建设基础设施》和《建立相应的质量基础设施支持可持续发展和贸易》等4本小册子，为我国质量基础设施建设提供了可供参考的方法。目前，国家认监委正在组织专家进行模块化课件设计，以便为相关领域提供认证制度建设的技术支撑，推动认证认可手段的广泛采用。

6."国家重点领域认证认可推进工程"完成验收，项目成效逐步显现

经过近三年攻关，"国家重点领域认证认可推进工程"圆满完成各项研究任务，顺利通过了科技部的验收。项目突破了"汽车再制造发动机无损检测寿命评估技术"、"安全隔离与信息交换产品的渗透性测试技术"等一批认证认可关键技术，研制了57项技术标准，42份认证认可技术文件，申请专利7项，获得软件登记权6项，出版图书12本，发表论文85篇，建立研发示范基地129家。在2011年2月18日举办的全国科技大会上，"国家高级别生物安全实验室及安全保障体系建设团队"获得国家科技部授予的"十一五国家科技计划执行优秀团队奖"荣誉称号，标志着认证认可科研跻身国家一流研发团队行列。项目部分研究成果在节能减排、信息安全等领域发挥出重要的作用，支撑了国家《节能技术改造财政奖励资金管理暂行办法》等相关政策的实施。目前，以项目节能量评价成果为技术支撑的2012年度各省节能项目节能量第三方审核已经全面展开，审核结果将为节能技术改造财政奖励资金的发放提供依据。

7.深化认证技术规范备案管理，提高认证技术规范自身质量

组织相关人员对现行有效的认证技术规范进行了梳理，从技术规范制定和审查两方面全面分析了风险来源、风险产生原因、危害程度、产生后果、风险概率、主要责任方、降低风险的措施等，并编制风险分析报告。同时建立起认证技术规范备案工作风险管理长效机制，在申请环节和审查等环节增加风险分析的内容。拟通过有效的管理来规范认证技术规范制定工作，提高认证技术规范的质量，保证认证依据的科学性和适用性，维护生产企业和广大消费者的利益。

已批准备案的《LED道路/隧道照明产品节能认证技术规范》、《LED筒灯节能认证技术规范》和《反射型自镇流LED灯节能认证技术规范》为两岸制定共同的标准奠定了基础，可大大加快两岸合作的步伐；国家能源局、财政部、科技部联合印发了《金太阳示范项目管理暂行办法的通知》（国能新能［2011］109号），明确由国家认监委批准备案的《并网光伏发电系统工程验收基本要求》（CNCA/CTS 0004—2010）成为"金太阳示范工程"项目进行项目审核的依据。截至2011年底，共有42个并网项目按照该技术规范进行了验收测试，并通过验收测试解决了项目现场存在的问题，起到了质量把关的作用。同时该规范帮助国家进行了25个金太阳示范工程共计6亿元的补助资金清算。预计到2012年底，全国共有300个金太阳示范项目按照该技术规范进行验收测试工作，累计帮助国家进行78亿元补助资金清算工作。

8.加强对质检公益项目的管理，确保项目顺利实施

将质检公益项目管理文件汇编成册印并发给相关项目负责人和秘书，并邀请国家认监委财务部门负责人结合实际经验详细介绍财务管理要求和容易出现问题的细节和关键点。同时组织对2007年～2009年6个质检公益性行业科研专项项目（认证认可专业）执行情况开展全面监督检查，这是质检公益性行业科研专项项目（认证认可专业）开展以来的首次大规模监督检查，也是落实2011年国家质检总局科技工作会议上孙大伟主任对于加强对公益项目的管理的要求的具体措施。

二、检验检疫标准化工作

（一）业务基础数据

1.检验检疫行业标准的立项、审定和发布

2011年，检验检疫行业标准审议立项9批次546个项

目，立项累计达到6 504项，其中包括常规立项341项，复审修订计划项目85项，规程类标准调整、环保微生物检验、食品接触材料检验等专项制标计划91项，配合国务院《危险化学品安全管理条例》实施，下达应急制修订计划29项。2011年，安排行业标准审定21次（包括函审），审定通过标准462项；2011年，发布行业标准4批共计538项，截至2011年12月，检验检疫现行有效的行业标准3 432项。

2.归口管理的国家标准完成情况

2011 年，检验检疫系统各单位完成发布由国家认监委归口管理的国家标准计划项目39项，本系统制定并经发布的国家标准累计达到797项，新承担国家标准计划项目53项，国家标准样品85项。

3.承担国际标准项目制修订情况

截至2011年底，共组织检验检疫系统主持承担国际标准制（修）订项目26项，已完成11项。

（二）组织与管理

1.制度建设

起草完成了《检验检疫行业标准审定工作管理办法》、《检验检疫行业标准后评估工作管理办法》、《检验检疫行业标准项目调整和撤销的管理规定》、《检验检疫系统参与国际标准化活动的管理规定》4个管理性文件。

2.组织机构建设

夯实检验检疫标准化技术支撑体系，标准化专业委启动全面运行。在2008年初步组建检验检疫标准化专业技术委员会的基础上，于2011年初对各个专业委的人员组成进行了调整充实并公布了名单，明确检验检疫标准化专业技术委员会共设11个专业委和1个工作组，共有委员、通讯委员、顾问341名；同时结合规范化运作的要求，统一启用了专业委业务用章，并向专业委委员和顾问颁发了聘书，标准化专业委启动全面运行。

（三）工作进展

1.专项、应急制标

为配合国家质检总局业务司局的相关工作，在完成年度常规立项任务的基础上，配合完成了专项制标计划3批91项、应急下达检验检疫行业标准制修订计划4批29项，为检验检疫业务工作做好技术服务和技术保障。

为推动国务院3月公布的《危险化学品安全管理条例》（以下简称《条例》）的有效实施，发挥检验检疫行业标准的技术支撑作用，与国家质检总局检验司协调配合，对危险化学品领域的基础数据进行了整理，并初步搭建了危险化学品标准体系框架，按照体系要求，下达了2批26项应急行业标准制修订计划，针对危险化学品领域的主要检验规程和测试技术规范。为配合《条例》实施，目前该批标准已完成制定发布工作，于2011年12月1日前实施。

为应对食品中可能添加的邻苯二甲酸酯类物质（“塑化剂”）检测要求，应急下达了《出口食品中邻苯二甲酸酯的测定方法》，在技术人员的攻关下，该方法已完成起草和审定工作。

为配合国家质检总局“生态原产地”工作的开展与管理，应急下达了《野生蓝莓酒生态原产地管理技术规范》和《生态原产地产品保护评定通则》2项计划，目前，这两项标准正在起草阶段。

还下达了规程类标准调整、食品接触材料检测和入境环保微生物菌剂检测等3批专项制标计划，共计91项，有力地支持了国家质检总局相关检验检疫业务的顺利开展。

2.标准宣贯与培训

2011年，根据国家认监委培训计划安排，组织完成检验检疫标准管理信息系统培训1次，参加培训人员131名；各专业委共组织开展了宣贯培训工作22场次，年内参加培训累计达到2 026人次。

3.标准化科研

（1）试剂盒评价试点工作

为有效提升SN标准质量，在组织完成国家后检总局科研课题“商品化食品安全检测试剂盒评价制度研究”（2009IK140）基础上，于2011年启动检验检疫行业标准中商品化检测试剂盒试点评价工作。SN的评价技术要求和程序既注重了与国际通行做法接轨，又考虑了中国特色，同时还加入了合格评定的内容，使整个评价过程更加完善。本次试点评价工作，结合食品检验专业54项检验检疫行业标准和制修订计划项目，获得了试剂盒生产企业的支持，将对检验检疫行业标准质量提升起到促进作用。截至2011年底，第一批评价工作已完成。

（2）公定方法制度建设

借鉴AOAC模式，探索适用于我国检验检疫和认证认可工作的检测方法验证试点工作。2011年，以食品和消费品领域化学分析方法为试点，依据开放、透明、科学的原则组织全社会实验室对相关检测方法进行严格的方法学的评价验证，以向社会提供科学可靠、认可度高的方法。

在试点范围内确立了相关文件，搭建了公定方法组织机构图、进一步完善了公定分析方法的工作流程。

（3）规程类标准调整工作

检验检疫规程标准调整是出入境检验检疫工作科学发展和制度改革的重要组成内容，关系到对出入境检验检疫业务把关工作的技术支撑，是检验检疫行业标准化自身发展与完善的重要内容之一。在调整过程中完成了《工业类产品规程标准体系框架》、《分类管理四项基础标准编制总说明》、《出口工业品检验检疫规程类行业标准编写基本规定》和《规程类检验检疫行业标准应用于合格评定活动研究》等相关文件，基本形成了工业品规程标准调整规划和布局，为全面、全程跟进规程类标准调整试点项目的开展，确保试点项目质量提供了制度保障。按照《规程类检验检疫标准应用于合格评定活动研究》课题相关成果的基本思路和要求，构建科学、完善、实用的出入境检验检疫规程标准新体系是2011年度的创新工作点之一。

4.国际交流与合作

2011年，共派遣人员或组织检验检验系统专家出访12次，包括外专局出访培训1次。举办国际会议1次，接待外国专家来访1次。2011年检验检疫国际合作主要进展表现在以下四个方面：

（1）与美国官方分析化学师协会（AOAC）合作关系稳步发展

2011年共派遣技术专家8人次参与AOAC组织的技术研讨和年度会议。10月下旬，由国家认监委与AOAC联合主办AOAC中国分区年会。国务院参事、全国政协委员葛志荣，国家认监委王大宁副主任，山东检验检疫局周建安局长，AOAC主席罗素·弗劳尔博士出席会议。来自国家质检总局、卫生部、农业部，以及AOAC总部、美国食品药品管理局（FDA）、欧盟委员会、北欧食品分析委员会、世界粮农组织，以及国内外有关高校、科研机构、知名企业的300余名代表出席会议。会议就食品分析方法发展与验证技术进行了广泛而深入的技术交流，在国内外引起广泛好评。

（2）与美国材料与试验协会（ASTM）合作关系初步建立并且快速发展

自4月份与ASTM高层建立联系后，年内完成了参与领域的选择、中方专家推荐、外方通报技术程序等多个工作环节，成效非常显著，双方都非常积极地开展合作。

（3）首次向外专局申请境外培训项目获得批准并圆满完成

10月，经外国专家局批准，由检验检疫系统17位专家组成的团组赴意大利进行"欧盟法规、标准和实验室技术培训"。

（4）组织技术专家参加相关技术活动

组织技术专家参加了ISO/TC 69、ISO/REMCO、ISO/TC 38、ISO/TC 216、ISO/TC 229、IEC/TC 111的专业技术委员会的8次技术活动。

撰稿人：王晓冬 吴 彤 贺 婧 曹 鹏

审稿人：刘仲书 葛红梅 梁 均

2012

Yearbook of Certification and Accreditation of China

第十部分　认可约束

Part Ten　Accreditation

一、积极为认可对象提供能力证实服务

一是认可业务不断发展。截至2011年12月31日，中国合格评定国家认可委员会（CNAS）累计认可各类认证机构127家，包括管理体系、产品、人员认证机构和软件过程及能力成熟度评估机构认可，认证机构颁发的带有认可标志的各类有效证书数604 343份。累计认可实验室及相关机构认可的数量为4 835家，其中校准实验室589个，检测实验室4 102个，能力验证提供者20个，标准物质生产者6个，医学实验室86个，生物安全实验室32个。累计认可检查机构332家。截至12月底，累计暂停505个机构认可资格，撤销297个，注销367个。

二是不断开拓服务领域。2011年，CNAS开拓的新制度有医学参考测量实验室认可制度，并凭借该制度完成了第一家实验室现场评审工作；依据美国环保署和能源部的规定，建立了能源之星实验室认可制度，已认可实验室15家。正在研发的认可制度有六项：能源管理体系认证机构认可制度、医学实验室安全认可制度、温室气体合格评定机构认可制度、信息技术服务管理体系认证机构认可制度、实验动物机构认可制度和供应链安全管理体系认证机构认可制度，其中碳排放评价机构认可制度和实验动物机构认可制度两个项目得到了国家“十二五”科技支撑计划的支持。

三是努力提供增值服务。通过举办认证机构认可新准则系列宣贯会、实验室认可培训会、西部地区医学实验室和商检机构认可宣贯会、医学实验室经验交流会、建设领域实验室和检查机构认可宣贯和技术研讨会、认证机构信息通报员沟通会等活动以及网站宣传、群发短信和邮件等形式，努力帮助服务对象了解认可准则、规则及其变化，促进提高认可申请和服务质量。

四是切实提高认可评审质量。加强认证机构认可评审质量控制研究，初步确定了深化认可评审质量控制的总体思路；加强实验室认可刚性要求研究，进一步明确受理条件，并将诚信作为重要评估条件；继续加大能力验证政策执行力度，严格能力验证把关功能，推动实验室提高技术水平；重点实施了综合类大型多地点检查机构评审管理模式的改进，解决了大型检查机构监督评审超期的老大难问题。

五是不断完善认可约束机制。第一，继续推进认证机构风险分级管理工作，并发布实施了新版分级管理评价实施程序和指南等文件，在实验室和检查机构认可领域已经立项开展“风险分级管理”的课题研究。第二，继续推进专项突击监督、确认审核制度，对认证机构获证组织实施确认审核工作取得实质性突破，并把有关的认证机构专项监督与获证组织确认审核紧密结合，进一步扩宽与地方质监局合作范围，同时独立组织对部分获证企业实施确认审核活动，取得了一定效果；继续推动实验室专项监督检查试点工作，选定特定专题开展专项监督检查取得了新进展。第三，继续开展能力验证专项计划，并有针对性地开展调查，撤销了一批实验室的部分领域认可资格，同时书面告诫一批实验室。第四，建立重大事故核查机制，及时关注相关政府部门和新闻媒体报道的发生重大事故企业的获证情况，并根据情况监控认证机构的相关措施。CNAS创新认可监管方式，积极控制认可风险的做法得到了国际同行评审组的好评。第五，继续做好申投诉工作。目前对认可机构投诉为零。截至12月底，共接到对认可对象的投诉30个，受理并组织调查的有13个。经调查处理，1家国家级质检中心认可资格首次被撤销，国家级质检中心首次被国家认监委撤销授权；3家实验室被暂停认可资格，3家被警告，4家机构被要求整改。

六是认可服务质量稳中有升。2011年，CNAS开展的认可服务满意度调查抽样量较以往有大幅提高，反馈问卷也较以往大量增加，认可服务满意度指数达到90.44分，比2010年又有新的进步。

二、积极为政府监管提供技术支撑服务

一是配合国家认监委有关部门开展相关的认证行政

监督或联合组织专项监督检查。第一，配合或联合开展了对10家强制性产品认证（CCC）指定认证机构以及11个产品认证领域的99家获证组织的现场监督检查和现场工厂检查组验证工作。2家机构拟被行政告诫，6家获证组织被列入黑名单将被行政执法。第二，联合组织开展了对有机产品、良好农业规范、绿色食品、饲料产品、食品安全管理体系、危害分析与关键控制点（HACCP）体系认证等认证领域的部分认证机构和获证组织的现场监督检查活动。第三，为贯彻王岐山副总理、国家质检总局支树平局长对有机产品认证批示精神，落实国家认监委最近紧急通知要求，CNAS立即研究，组织对认可的21家有机认证机构实施突击现场专项监督检查活动，有3家认证机构将被缩小认可业务范围，1家认证机构被告诫，截至2011年底，已完成全部专项监督检查工作。第四，配合国家认监委应对中央电视台焦点访谈节目曝光的山东寿光有机构产品认证问题，对有关认证机构的相关认证实施情况开展了专项评价工作。

二是配合国家认监委有关部门开展相关的检测监管工作。第一，承担国家认监委资质认定与实验室认可合并评审委托813个，其中，涉及135家机构的食品检验机构资质认定委托148个，并发放资质认定证书1 300份；第二，协助国家认监委托累计评价良好实验室规范（GLP）实验室6家；第三，对六大领域57家实验室开展了CCC强制性认证指定检测机构专项检查；第四，为国家认监委组织的能力验证计划提供了技术支持；第五，配合应对增塑剂事件，CNAS按照紧急扩项应对方案，迅速组织专家评审确认相关检测机构能力，保证了国家认监委要求有关实验室紧急开展有关食品增塑剂平行检测的部署顺利实施。

三是配合国家质检总局有关工作。开展了生物安全二级实验室认可、木材树种鉴别和辐射食品的能力比对等工作。

四是为政府有关部门提供相关认可服务。第一，与公安部、民航局、体育总局等部门密切联系，积极促进这些部门开展检查机构及相关实验室认可工作；第二，成立司法鉴定/法庭科学认可工作组，与公安、司法、高检等部门建立了良好的沟通交流机制；第三，配合质检、司法、公安、工信、烟草等政府部门开展能力验证计划35项，还与有关行业组织、企业集团联合开展了能力验证计划。

三、积极推进国际国内协作采信

一是国际互认合作与两岸交流取得新进展。第一，在国际互认方面，顺利通过国际同行现场评审。8月8日～13日，CNAS接受了亚太实验室认可合作组织（APLAC）和太平洋认可合作组织（PAC）现场同行评审。这是继2006年我国形成集中统一认可组织体系后，CNAS迎来的第二次国际同行评审。在为期6天的评审中，同行评审员对认可体系及其活动进行了全面、细致的评审。不仅在CNAS查阅了大量的认可活动记录，还赴上海、天津、沈阳、南京、合肥、吉林等地见证了CNAS对14家合格评定机构的现场评审活动。同行评审组对认可体系的有效运作给予了高度评价，对CNAS认可评定人员的能力给予了充分肯定。此次国际同行评审活动未对认可体系提出不符合项，只提出了一些关注项和建议项。CNAS对同行评审组提出的改进建议，进行了认真研究并及时反馈了措施计划，圆满完成了同行评审有关的各项任务，为继续保持CNAS在区域或国际组织中的国际互认地位奠定了坚实的基础。第二，在多边合作方面，积极参与国际认可论坛（IAF）、国际实验室认可合作组织（ILAC）、APLAC、PAC等国际、区域认可合作组织的管理和技术活动，发挥了我国作为一个认可大国的影响和作用。比如，作为IAF副主席主持IAF董事会选定了IAF新的秘书处；作为APLAC培训委员会主席组织开展了APLAC培训工作；作为PAC技术委员会副主席协调了PAC相关技术研究活动；派出3人分别代表ILAC、PAC作为同行评审组长或成员参加对3个国家认可机构的同行评审；1名代表被指定为PAC互认管理委员会委员；作为组长，承担ILAC和APLAC 3个工作组的工作；承担IAF跨境认可监管在线数据库的设计开发；新承担国际能力验证计划4项，组织实验室新参加了5项国际能力验证计划；承办了2011年PAC有机认证评审员与管理人员培训研讨会、2011年中日韩认可机构年会、国家认监委和标准委共同主办的上海合作组织认证认可和标准化研讨会；承担了国际电信业质量论坛（QuEST Forum）对中国电信业质量管理体系认证（TL 9000）获证组织的确认审核；与中国标准化协会联合组织召开了第二届“中国标准样品与认可”国际研讨会等。在认证认可国际标准化领域，CNAS还派专家直接参与了制定管理体系认证机构要求、产品认证机构要求、检查机构通用要求等重要的认可国际标准。第三，在双边合作方面，继续积极参与中法生物安全领域政府间科技合作的相关谈判和技术研究工作，CNAS代表当选中法合作法规组和标准组的副组长，与法国驻华使馆密切合作，成功举办了“2011中法实验室生物安全国际技术交流会研讨会”；落实跨境认可协议，开展联合评审工作，派评审员协助国外认可机构在华实施评审，并对国外认可机构使用CNAS有关评审报告进行了确认；派员赴马来西亚认可机构协助其建立能力验证（PT）及能力验证计划提供者（PTP）、标准物质/标准样品生产者（RMP）认可制度，接待马方来人实践学习，为今后开展更多国际交流和合作积累了经验；接待安排了印尼国家认可委员会来员考察学习产品认证和信息安全管理体系认证认可工作。应韩国有关政府机构邀请，赴韩国介绍中国统一认可制度的经验。参加中俄总理定期会晤委员会经贸合作分委会中俄标准计量认证检验监管常设工作组会议，并向俄方提交CNAS组织的两项中俄能力验证计划技术报告。第四，在两岸合作方面，受国家质检总局、国家认监委委托，承办了海峡两岸计量检验认证认可及消费品安全研讨会，约450人参加了此次会议。在大陆组织召开了2次两岸认可合作工作组能力验证技术交流会，顺利完成了两岸LED路灯比对和RoHS检测能力验证计划。第五，在直接服务出口方面，2011年共答复国际认可询问400余份，涉及亚洲、欧洲、大洋洲、北美洲和南美洲30多个国家，直接推动了国际上对经过认可的合格评定结果的承认和接受，促进了我国产品出口。

二是CNAS组织体系发挥新作用。2011年，CNAS的组织体系得到了进一步完善，41个各层级委员会活动频繁，共召开了73次会议，审议了发展规划、认可规范等20多份政策和技术文件，1 100多名委员和8名资深顾问积极参与，献言献策，提供了许多富有建设性的意见和建议，充分发挥了议事决策、沟通协调、技术支撑的重要作用，认可委员会工作平台越来越完善，越来越规范，越来越有效。

三是世界认可日宣传工作取得新成果。开展2011年世界认可日宣传活动是列入国家质检总局和国家认监委宣传工作计划的重点工作。2011年6月9日，由国家质检总局、国家认监委、上海市人民政府主办，中国合格评定国家认可委员会、上海市质量技术监督局、上海出入境检验检疫局承办的“世界认可中国日”主题活动在上海成功举办。国家质检总局支树平局长、孙大伟副局长、认可委员会王凤清主任、上海市市长韩正等出席会议讲话。来自政府部门、认证认可机构、企业和社会各界代表近300人参加了本次活动。会议围绕认证认可在支撑政府监管工作中发挥的作用进行了交流。CNAS已成功承办了四届世界认可日活动，通过这个宣传平台，不断在更高层次、更宽范围、更广对象和更深内涵上加强认可工作的推介推广工作，“世界认可日”越来越成为宣传认证认可工作的重要平台。

四、积极推进自身能力建设

一是积极推进业务基础建设。第一，加强战略研究。完成了《认可工作发展“十二五”规划》和《认可工作信息化“十二五”专项规划》制定工作；《认可工作科技发展“十二五”规划》的制定取得了积极进展。第二，加强质量分析工作。按照上级要求和认可工作实际，2011年正式启动了认可质量分析工作，对认可质量与风险管理进行整体框架设计，初步建立了认可质量指标体系和分析报告编写规范，10月，正式开展了认可质量分析工作，对全面开展质量风险分析、加强质量风险控制起到了促进作用。第三，加强科技工作。截至12月底，共完成发布、修订认可规范文件29项；组织内部科研立项17个，其中5个由外单位承担；组织立项外部科研项目3项，其中2项为科技部项目、1项为国家质检总局项目。完成了8项科研项目的验收工作，其中2项国家质检总局科研项目。开展了认可制度体系表的研究，总结规律，形成了认可制度体系表和认可制度文件体系表，为加强认可制度建设和深化认可技术政策提供了基础。在2011年全国科技大会上，科技部授予高级别生物安全实验室及安全保障体系建设团队“十一五国家科技计划执行优秀团队”荣誉称号。第四，加强信息化建设。完成了认证机构电子档案管理系统后续开发工作，启动了实验室/检查机构电子档案管理系统的开发；完成了办公自动化系统一期开发验收工作，并启动了二期开发方案；启动了网站改版调研工作。荣获国家认监委“认证认可信息化工作先进集体”。信息化业务管理系统得到了国际同行评审组的好评。第五，加强法制工作。基本完成了《法律案例汇编》的编制；国家认可委秘书处荣获质检系统“五五普法”先进单位称号，启动了“六五”普法工作。处理了20件次涉及法律事务的工作，维护了认可机构的权威性和合法权益。第六，加强财务管理和后勤保障。CNAS严格执行财务管理规章制度，认可收入稳步增长，财务运行良好，有效保障了认可业务的不断发展。认可收费标准变更工作也在积极进行中。

二是加强队伍和文化建设。第一，推进干部人才工作。继续开展人员招聘，新进人员24人，秘书处现有各类人员227人。开展中层干部和业务骨干发展的全面研究，提出了发展思路和重点人选。开展竞聘上岗工作，新选拔任用3名中层干部。开展干部聘期届满续聘工作，进行了26名中层干部续聘工作和7名正处级干部轮岗工作。组织并开展了对中层干部和员工的各类培训15项。派员赴国外认可机构进行培训学习的工作进入了具体实施阶段。第二，推进绩效管理工作。对内设部门主要职责进行了重新核定和调整，对岗位设置进行了调整和划分，正在开展绩效考核指标确定工作。同时，国家质检总局重新核定了秘书处主要职责、内设机构和人员编制，新增一个业务处室，内设机构16个，已经完成内设机构调整整合工作，并开始按新的机构设置进行运转。第三，加强评审员队伍建设。认可评审员队伍建设是基础建设年的一项重要内容，重点是解决认证机构认可专职评审人员招聘难和实验室认可评审员优化问题。完善了专职评审员管理制度，加大了专职评审员招聘力度；加大了认证机构认可评审员培养力度；启动了实验室评审员绩效考核制度的开发，推进了主任评审员面谈筛选工作；编制了评审员工作手册，并进一步强化了评审员行为规范和行风廉政要求；完善了评审员课程开发管理机制。本次国际同行评审组对认可评审员的能力水平和秘书处的评审员培训与课程管理系统给予了充分肯定。截至12月底，共有评审人力资源5 118人项，举办各类评审员培训班69期，共培训各类人员2 598人次。出版了《认证机构认可评审员通用知识培训教程》，并启动了4个培训课程的开发。第四，加强文化建设。2011年CNAS正式开展了“文化建设提升”活动，进行了文化建设咨询与评估工作，形成了以理念体系和行为规范为主要内容的文化手册，并通过文化手册的提炼过程促进了认可机构凝聚力的增强和文化软实力的提升。

三是积极开展“为民服务创先争优”活动，不断推进党风廉政建设和精神文明建设。第一，认真开展创先争优活动。把活动主要目标与当前认可工作实际紧密结合起来，认真做好公开承诺、党日主题活动、向先进典型学习活动、组织经验交流、评选表彰优秀共产党员以及党务工作者培训等活动。CNAS秘书处共有12名同志、三个党支部分别受到国家质检总局、国家认监委和秘书处的表彰。第二，不断推进党风廉政建设。认真组织开展以反腐倡廉为主要内容的学习活动，制定反腐倡廉任务分工意见和《认可工作行风建设调研工作方案》，做好《党风廉政建设责任书》检查工作，贯彻落实一岗双责要求，举行新的党风廉政建设责任书签字仪式，并有针对性地做好预防和教育工作，增强了干部职工廉洁自律意识。第三，不断推进精神文明建设。开展了建党90周年系列纪念活动，开展了丰富多彩的群众性文体活动，开展了多种形式的捐助送温暖等活动。

撰稿人：田珊珊　审稿人：肖建华

2012

Yearbook of Certification and Accreditation of China

第十一部分　人员注册

Part Eleven　Personnel Registration

2011年，是“十二五”开局之年，中国认证认可协会（以下简称“协会”）全面落实国家质检总局和国家认监委各项工作部署，进一步加强认证人员注册和考试业务管理，不断提升认证人员注册的有效性。

一、围绕认证认可行业发展需要和工作重点，积极开展人员注册

根据国家认监委加强乳制品管理的要求，及时制定发布了《乳制品生产企业GMP、HACCP认证审核员确认方案》，强化了乳制品审核员的专业和能力要求。为配合国家认监委组织建立实施非金融机构支付业务相关认证制度的实施，协会及时研究、起草并发布了《非金融机构支付业务设施技术认证审查员确认方案》，修订了《信息安全管理体系认证审核员确认方案》，并已完成3批审查员的考核、注册工作，保证了中国人民银行关于非金融机构支付服务业务系统认证的授权工作。受国家认监委认证部委托，首次开展了CCC指定实验室检测人员的考试。全年圆满完成对电动工具、电线电缆、低压元器件三类产品的检测/审核工程师考试工作。来自51家强制性产品认证指定实验室，共计377人参加了考试。

二、圆满完成各项认证人员的注册工作

按照保证要求、简化程序、提高效率的工作原则，圆满完成了各项认证人员的注册工作。全年共完成质量管理体系、环境管理体系、职业健康安全管理体系和食品安全管理体系审核员注册19 572人次，完成咨询师注册678人次，其他领域认证人员注册5 131人次。完成各类认证人员年度确认总计23 736人次。发放审核员注册证书2万余张。

三、周密安排考试，把好注册人员入门关

想考生之所想，经与考试承办机构多次沟通协调，2011年初首次发布了《年度考试计划》，在年初就明确了每个季度的考试时间，极大地方便了广大考生安排培训及备考。按照《年度考试计划》安排，组织4次全国统考，共计39 490人项，人项数比2010年略有增加。除了统考之外，还完成其他注册项目考试共38场次，涉及8个科目，共计1 007人次。所有考试都按规定时间，及时完成考试阅卷和成绩发布工作，受到了考生的称赞。

四、强化审核员等从业人员的继续教育，持续提升整体行业从业人员的综合素质

（一）加强培训机构、培训教师管理，保证培训效果

通过加强对培训机构的管理和培训教师的确认注册管理，拓展新的培训业务。全年组织完成对20家培训机构的复评、3家培训机构的监督评审、2家新培训机构的初次评审。组织完成对73个培训课程的确认。组织修订了《质量管理体系审核员》、《环境管理体系审核员》、《职业健康安全管理体系审核员》和《食品安全管理体系审核员》培训教师培训教材。举办了6期教师培训班，培训教师120余人。完成教师新确认注册、年度确认、再注册共667人次。

（二）拓展新的培训业务

在拓展新的培训业务方面，组织开发了《信息安全管理体系审核员》、《有机产品认证检查员》、《信息技术服务管理体系审核员》和《自愿性产品认证内审员》培训教师培训课程，满足了相关领域培训业务开展的需求。起草并发布了《良好农业规范认证检查员培训课程确认准则》和《信息安全管理体系审核员培训课程确认准则》，起草了《有机产品检查员培训课程确认准则》和《信息技术服务管理体系审核员培训课程确认准则》，为上述培训课程的确认工作提供了依据。组织编写了《信息技术安全管理体系审核员》培训教材，组织了GB/T 19004《追求组织的持续成功 质量管理方法》培训教材的审定工作。

（三）在从业人员继续教育方面，成功开发并运行了网上培训系统

2011年6月，协会网络培训平台设计安装完成并上线试运行，截至2011年12月底，平台共有33 411个网络学习注册用户，经考试合格发放电子培训合格证书34 637张，不仅保证了国家认监委和协会对认证人员继续教育各项要求的落实，而且方便了广大从业人员，减轻了他们的负担，保证了学习要求，同时为获证组织和社会上关心认证认可工作的人员提供了一个学习了解认证认可知识的有效平台。为完善认证培训服务体系，使网络平台教育系统做到依托注册制度、面向整个社会提供服务，协会还专门成立了北京中认科进技术服务有限公司，成为承担继续教育延伸业务实体。

为做好继续教育工作，协会还制订了《2011年认证人员继续教育实施方案》。组织编制了10门课程的培训大纲。组织完成了3门通用课程的开发和课件制作，7门专业课程及其培训教师的确认工作。起草并发布6期2011年认证人员继续教育培训计划，安排约320期面授培训班，培训21 296人次。

撰稿人：张 颖 审稿人：赵宗勃

微生物研究所生物安全三级实验室

微生物研究所生物安全三级实验室总面积为736.55平米，有3个BSL-3实验室和2个ABSL-3实验室。装备有生物安全柜、小动物负压隔离笼、生物安全型高速、超速离心机、可自动灭菌型CO_2培养箱、荧光显微镜、核酸提取仪、酶标仪、超低温冰箱等实验仪器设备。可在细胞和小动物水平上安全操作包括经气溶胶传播的、危害等级为三级的病原微生物，从事病原体的分离纯化、检测分析和体内、体外感染的实验研究。该实验室已启用试运行，并于2012年4月20日获得中国合格评定国家认可委员会的认可证书。该实验室是中国科学院在北京地区共享的研究平台，将为微生物研究所和京区各兄弟单位、协作单位实施国家重大传染病研究计划提供有力的支撑。

BSL-3 facility in the Institute of Microbiology, with a total area of 736.55 square meters, has 3 BSL-3 and 2 ABSL-3 laboratories. It was well equipped with biosafty cabinet, small animal IVC isocage, biosafe-type high-speed and ultra-speed centrifuge, auto-sterilization CO_2 incubator, fluorescence microscope, nucleic acid extraction system, microplate reader, ultra deep freezer and so on. It can provide the biosafty and biosecurity when manipulating risk group 3 pathogens, like isolation, purification, detection and characterization of the pathogens, and in vitro or in vivo infection studies. The BSL-3 facility has got the accreditation certificate issued by China National Accreditation Service for Conformity Assessment (CNAS) in 20th April 2012 and now is under test running. It will soon start running as a shared scientific research platform to support scientists in IM and collaborative institutions to implement the major projects in severe infectious diseases research area.

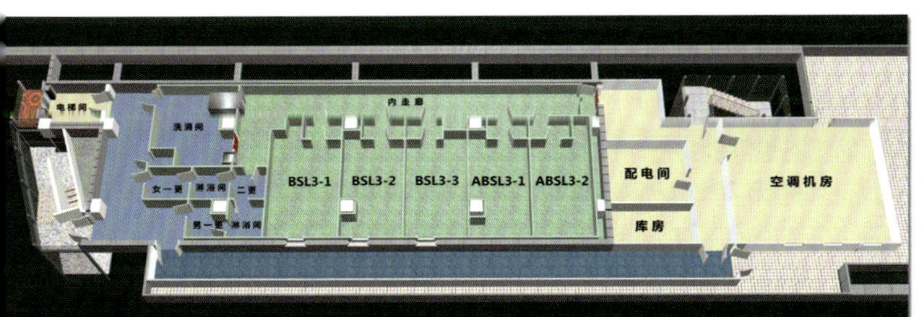

生物安全三级实验室平面布局　The plane layout of BSL-3 labs

实验室认可证书
Laboratory accreditation certificate

组织机构图　Organization chart

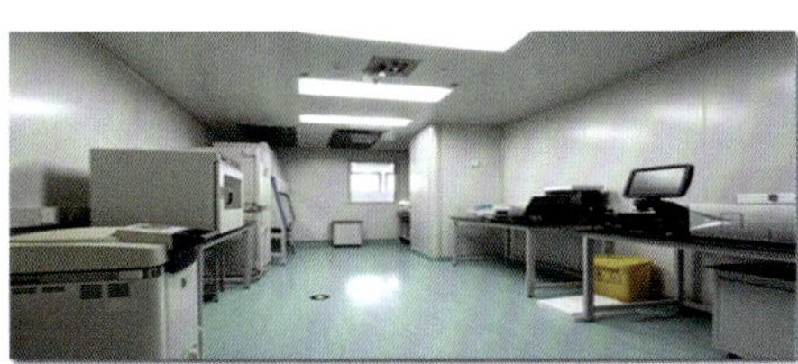

BSL-3(3)

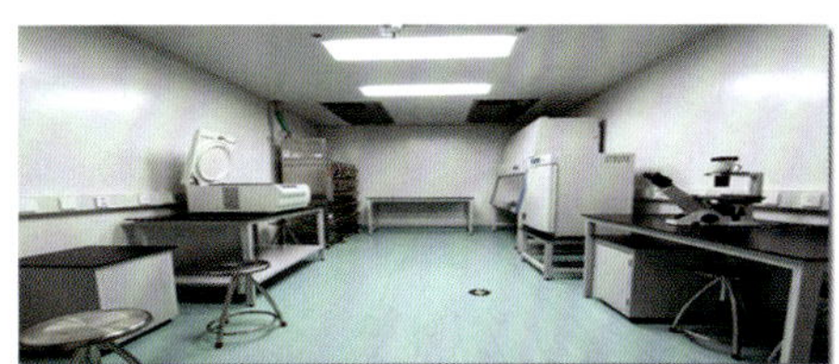

ABSL-3(2)

地址：北京市朝阳区北辰西路1号院3号
邮编：100101
电话：010-64806013
传真：010-64806247
网址：http://www.im.cas.cn/

广东电网公司电力科学研究院

广东电网公司电力科学研究院是广东电网公司综合性科研试验的执行机构，主要从事电力及相关领域的技术研究开发与应用服务，为广东电网公司提供全方位的技术支持、技术信息、技术服务、技术研发和试验检测。

54年来，广东电科院由小到大、由弱到强，如今已发展壮大成为专业门类齐全、仪器设备先进、技术力量雄厚的一流电力试研院所，成为广东电网公司重要的技术支持单位和为广东电力系统提供技术支持的科研试验机构。广东电科院是以分公司模式管理并实行独立核算的二级机构，接受广东电网公司生产技术部等职能部门的专业管理和业务指导，发挥着广东电网公司技术研发、技术支持、技术服务、试验检测和研发人才培养中心的作用，为广东电网的安全稳定运行和广东电力的飞速发展提供强有力的技术支持和保障。

广东电科院以南网方略统揽全局，以省公司战略发展纲要为指引，以规范管理为基础，以市场需求为导向，建立了规范、高效、协调的组织机构体系，充满了蓬勃生机。全院共设置10个职能部门，12个专业所，目前拥有7个检测中心和67个实验室，包括广东省电力行业高低压电工产品质量检验中心、广东省电力系统谐波监测站、广东省电力节能检测中心、广东电网SF6回收处理中心、广东省电力化学及环境监测中心、广东省发电用煤质量监督检验中心和广东电网锅炉压力容器检验中心7个专业检测研究中心和电网自动化实验室、高压实验大厅、电能计量实验室、机网协调实验室、节能减排诊断及评估实验室、可再生能源及微电网实验室等67个实验室，其中，电网自动化实验室是南方电网首批重点实验室之一。

在全国电力研究院（所）中率先通过ISO9001质量体系认证，通过国家实验室认可和资质认证，质量安健环管理体系认证。截止2012年8月，获得CNAS实验室认可的校准项目33项、检测项目53项，专业涵盖高压、电气、自动化、金属、化学、环保、汽机、锅炉、热工等电力系统发、输、变、配、用电各环节的全部专业，检测、实验手段完善，能为电力生产提供各种技术服务。

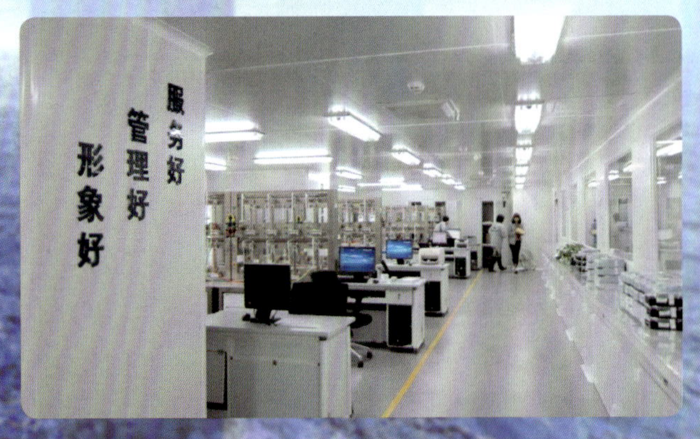

云南电网公司玉溪供电局电能计量中心

机构概况

云南电网公司玉溪供电局是中国南方电网有限责任公司的子公司——云南电网公司的分公司，属国有大型供电企业。1996 年 7 月建局，目前担负着玉溪市一区八县（即：红塔区、江川县、通海县、峨山县、新平县、元江县、华宁县、澄江县、易门县）的供电任务。其中市委政府所在地红塔区为直供区。玉溪电网主网全覆盖一区八县，并与昆明、楚雄、普洱、红河电网相联；七县拥有 220kV 变电站；2008 年率先在全省实现户户通电。

云南电网公司玉溪供电局计量电能中心是云南电网设在玉溪的电能计量检定 / 校准机构，受玉溪供电局的行政领导和管理。

机构设置方面，目前设有两个实验室（电能表检定 / 校准实验室、互感器检定 / 校准实验室）和两个班组（计量运行维护班、校验班）。现有工作人员 16 名，其中大学及以上人员为 13 人，高级工及以上人员为 16 人（高级技师 1 人，技师 5 人，工程师 1 人）。

业务方面：主要承担玉溪市范围内电能计量器具检定 / 校准工作；计量标准装置的量传、管理工作；玉溪市范围内电能计量器具配送及计量技术监督工作，并接受政府计量行政管理部门的监督管理。

设备配置方面，现已建立 0.05 级三相电能表检定 / 校准装置 3 台，0.1 级单相电能表检定 / 校准装置 3 台，互感器室内检定 / 校准标准装置 1 台，目前已具备 0.2 级以下电能表、5 ～ 2000A 的 0.2S 级以下电流互感器检定 / 校准工作，35kV 及以下电压互感器的检定工作。

检定 / 校准业务类别

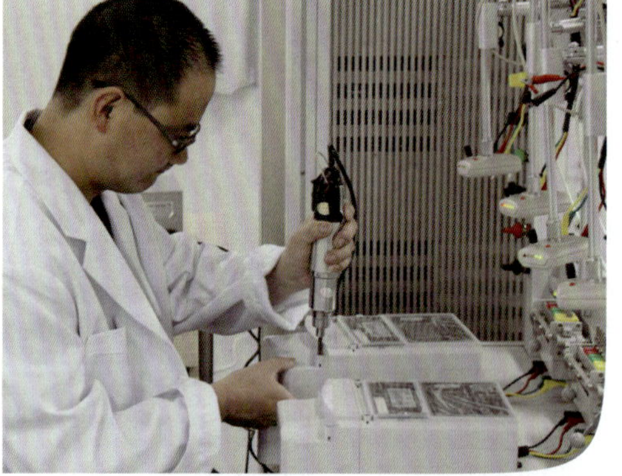

本中心开展客户委托的检定 / 校准工作。其专业范围为：

（1）单、三相电子式电能表的检定 / 校准；

（2）电流互感器的检定 / 校准；

（3）电压互感器的检定 / 校准。

检定 / 校准质量要求

管理体系始终符合 CNAS-CL01：2006《检测和校准实验室能力认可准则》、CNAS—CL25：2006《检测和校准实验室能力认可准则在校准领域的应用说明》、《实验室资质认定评审准则》、JJF1033-2008《计量标准考核规范》；符合《中华人民共和国产品质量法》第十九条的要求；符合《中华人民共和国计量法》第七条、第二十条的要求；符合国务院关于《水利电力部门电测、热工计量仪表和装置检定、管理的规定》；符合法律法规的要求；符合客户的要求；符合认可机构的要求。

本中心严格按照《质量手册》规定的方针、程序和要求进行作业，使管理体系持续有效的运行，质量控制方法行之有效。

本中心计量标准仪器保证按时送交上级计量检定机构检定，确保计量标准通过上级部门考核合格，并始终保证在有效期内运行。

本中心遵守上级主管部门及相关法律法规对有关工作质量、完成时间和收取费用等方面的规定，并接受政府计量行政管理部门的监督、检查。

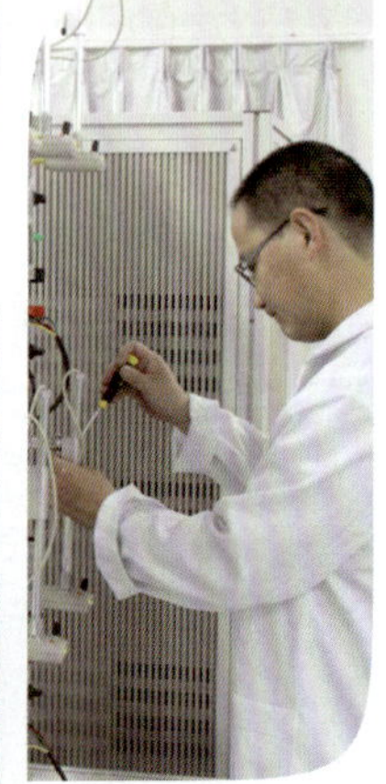

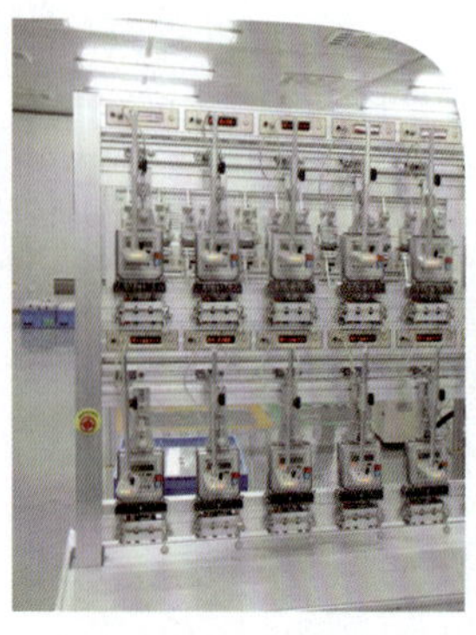

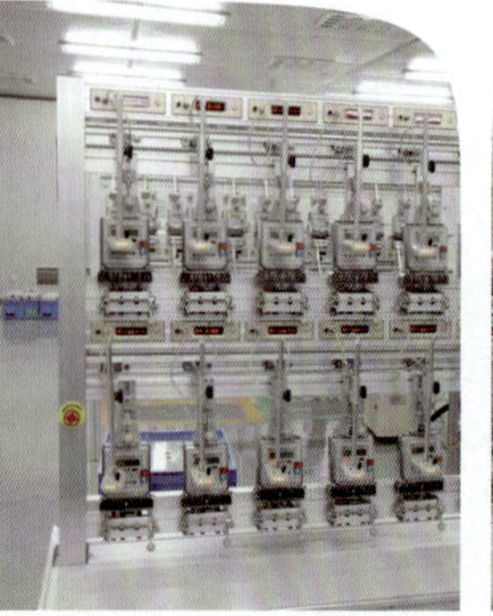

企业名称：云南电网公司玉溪供电局电能计量中心
通讯地址：云南省玉溪市红塔区玉兴路与环山路交叉口　邮政编码：653100
电　　话：0877—2980749、2980743　传　　真：0877—2980746

云南电网公司曲靖供电局计量中心成立于 2001 年 5 月，是云南电网公司在曲靖市设立的法定电能计量检定 / 校准机构，作为曲靖供电局的基层生产单位，受曲靖供电局的行政领导和直接管理，并接受曲靖市质量技术监督局的行业监督和指导。主要工作职责是负责全局的电能计量管理，执行法定的量值传递程序，对所管辖电能计量装置的准确性负责，指导监督曲靖电网内各县级供电企业的电能计量管理工作，并履行社会贸易结算电能计量装置的监督管理职能。

2012 年 02 月 29 日通过了中国国家合格评定国家认可委（CNAS）的评审，获得《实验室认可证书》（编号：NO.CANSL5509）.

多年以来，我们一直恪守国家计量法律法规，根据“建立体系、形成文件、得到执行、持续改进”的总体工作思路，遵照“依法检定、公平公正、精益求精、客户满意”的质量方针，严格执行量值传递程序，有效确保了公平、公正、公开的计量管理原则的实施，为我局电力营销活动合法依规奠定了坚实的基础。

云南电网公司大理供电局电能计量中心

云南电网公司大理供电局电能计量中心，隶属于大理供电局的行政领导和管理，是大理供电局设立的电能计量技术机构。是大理州质量技术监督局授权认可的法定电能计量检定/校准机构。于2012年3月23日通过了中国合格评定国家认可委员会（CNAS）的评审，获得了其颁发的《实验室认可证书》（证书编号：NO.CANSL5557）。

经过近三年的努力，云南电网公司大理供电局电能计量中心实验室的管理水平和校准能力得到了不断提高。拥有先进的检测设备、完善的基础设施、雄厚的技术实力、科学的测试手段以及精湛的技术队伍，电能表、互感器准确度等级达到0.05级，“公平、公正、公开”和“质量第一，用户至上”的服务宗旨得以体现。

云南电网公司大理供电局电能计量中心，将继续秉承“爱国守法、明礼诚信、团结友善、勤俭自理、敬业奉献”的企业理念，坚持“科学严谨、公正准确、管理规范、顾客满意”的质量方针，践行“服务永无止尽”的服务理念，不断进取，为广大的电力客户提供专业、优质、方便、快捷的服务。

地址：云南省大理市漾濞路212号
邮编：671000
电话：0872-2152575
传真：0872-2152575

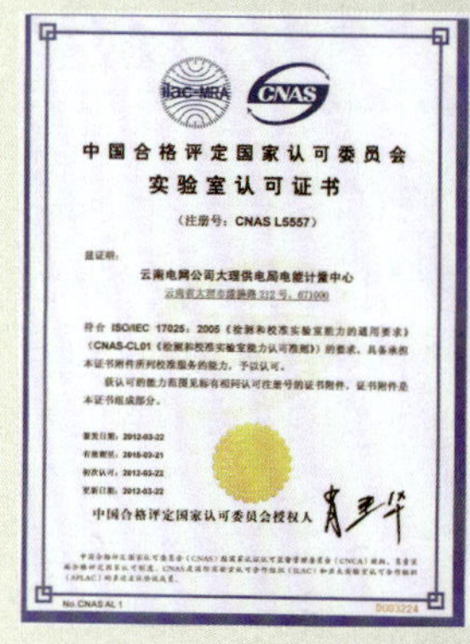

中国合格评定国家认可委员会

实验室认可证书

（注册号：CNAS L5557）

兹证明：

云南电网公司大理供电局电能计量中心

云南省大理市漾濞路212号，671000

符合ISO/IEC 17025：2005《检测和校准实验室能力的通用要求》（CNAS-CL01《检测和校准实验室能力认可准则》）的要求，具备承担本证书附件所列校准服务的能力，予以认可。

获认可的能力范围见标有相同认可注册号的证书附件，证书附件是本证书组成部分。

颁发日期：2012-03-22
有效期至：2015-03-21
初次认可：2012-03-22
更新日期：2012-03-22

中国合格评定国家认可委员会授权人 [illegible]

No.CNAS AL 1 0003224

China National Accreditation Service for Conformity Assessment

LABORATORY ACCREDITATION CERTIFICATE

(Registration No. CNAS L5557)

Power Energy Measurement Center of
Dali Power Supply Bureau, Yunnan Power Grid Corporation
No.212, Yangbi Road, Dali, Yunnan, China

is accredited to ISO/IEC 17025:2005 General Requirements for the Competence of Testing and Calibration Laboratories(CNAS-CL01 Accreditation Criteria for the Competence of Testing and Calibration Laboratories) for the competence of calibration.

The scope of accreditation is detailed in the attached appendices bearing the same registration number as above. The appendices form an integral part of this certificate.

Date of Issue: 2012-03-22
Date of Expiry: 2015-03-21
Date of Initial Accreditation: 2012-03-22
Date of Update: 2012-03-22

Signed on behalf of China National Accreditation Service for Conformity Assessment

No.CNAS AL 2 0003536

云南电网公司
昭通供电局
电能计量中心

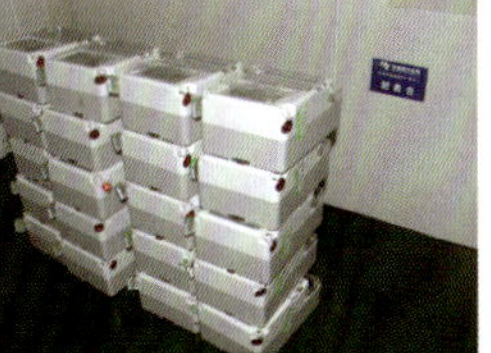

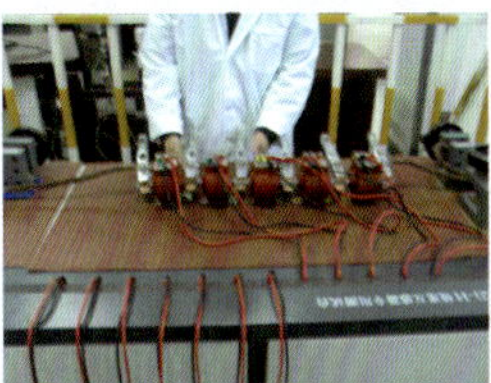
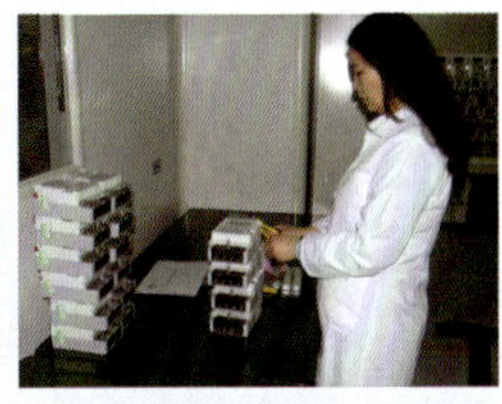

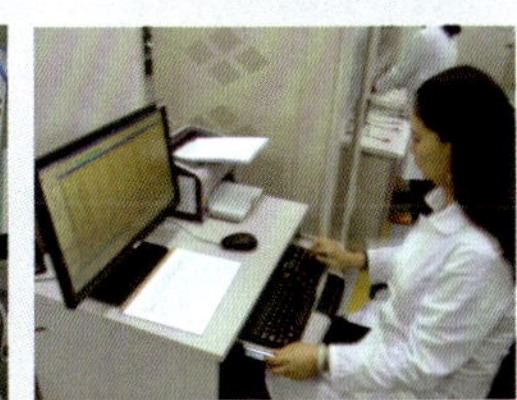

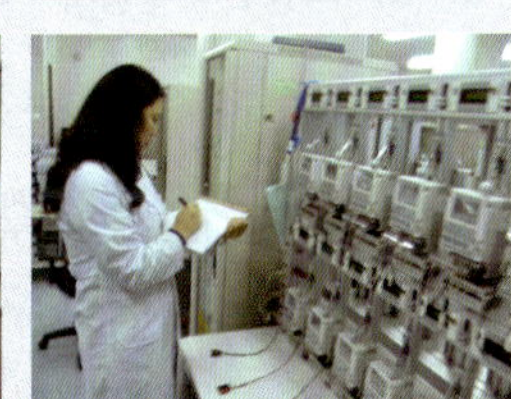

云南电网公司昭通供电局电能计量中心成立于1993年，是云南电网公司设在昭通市的电能计量检定/校准机构，隶属昭通供电局的行政领导和管理，并接受昭通市质量技术监督局的行业监督和指导，主要工作职责是负责全局的电能计量管理，执行法定的量值传递程序，对所管辖电能计量装置的准确性负责，指导监督昭通电网各县级供电企业的电能计量管理工作，并履行社会贸易结算电能计量装置的监督管理职能。

云南电网公司昭通供电局电能计量中心在云南电网公司昭通供电局的科学领导下，不断提升管理水平和校准能力，经过近几年的努力，实现电能计量工作业务流程化，作业标准化，服务优质化。拥有先进的检测设备（计量标准设备准确度等级最高达0.05级），完善的基础设施，团结协作，积极进取的团队，全面提升了云南电网公司昭通供电局电能计量中心的管理水平、提高了服务能力。

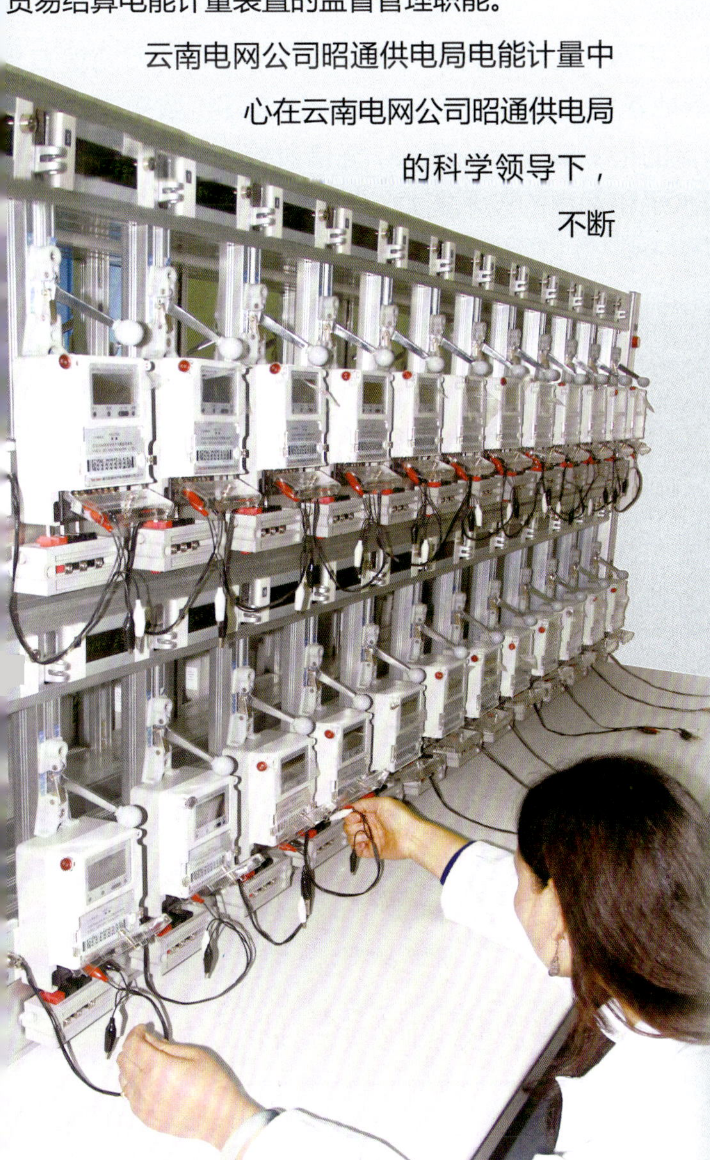

2012年03月31日通过了中国国家合格评定国家认可委（CNAS）的评审，获得国家实验室认可证书，编号：NO.CNAS L5590。

今后，云南电网公司昭通供电局电能计量中心将继续秉承“服务永无止境”的服务理念，恪守国家计量法律法规，忠于职守，不断进取，坚持“科学严谨、公正准确、管理规范、顾客满意”的质量方针，为广大电力客户提供优质、便捷的服务，把电能计量工作做得更好。

中国石油天然气股份有限公司独山子石化分公司
原油评价及石化产品检测中心

中国石油天然气股份有限公司独山子石化分公司原油评价及石化产品检测中心是中油股份独山子石化分公司下设原油评价和分析检测机构，主要从事原油评价（原油性质分析、简评、详评）以及燃料油、润滑油、添加剂、塑料（PP、PE）、橡胶（顺丁、丁苯、SBS）等石油化工产品的分析检测工作，中心通过了国家实验室认可和实验室资质认定。实验室建立于1964年，建筑面积2700多平方米。有各类评价、分析测试及管理人员38人，其中高级工程师10名，工程师8人，助理工程师5人，原油评价和石化产品分析检测手段齐全，设备技术水平先进，拥有4套德国进口国际先进的全自动实沸点蒸馏仪和新疆原油评价数据库等现代化管理手段，大型分析测试仪器有：PE-2000型傅立叶红外光谱仪、德国耐驰和瑞士梅特勒公司热分析系统（DSC、TGA、PDSC、DMA）、美国热电佳尔IRIS ER Advantage高分辨率全谱直读等离子体发射光谱仪、美国热电公司五元素分析仪、Waters公司高温凝胶色谱仪和液相色谱仪、气质联用仪、德国海尔潮全自动常压蒸馏测定仪、自动减压蒸馏测定仪、自动冷滤点测定仪以及日本田中自动微残炭测定仪、美国安捷伦气相色谱仪和气质联用仪、铁谱仪、意大利CEAST熔融指数仪、冲击试验机及电动开槽机、维卡—热变形仪、美国INSTRON电子拉力试验机等。

本中心自创建以来，以"科学、公正、准确、满意"为质量方针，借助独山子1000万吨炼油120万吨乙烯和500万方原油储备国家级石化基地建设，成为中国石油全球原油评价数据中心重点实验室之一。中心秉承真诚服务客户，打造一流的检测实验室的理念，凭借对检测和校准实验室能力认可准则的深刻理解，以及自身优异的管理水平和优良的技术能力，为客户提供客观公正、准确可靠的检测数据和优质热诚的服务。

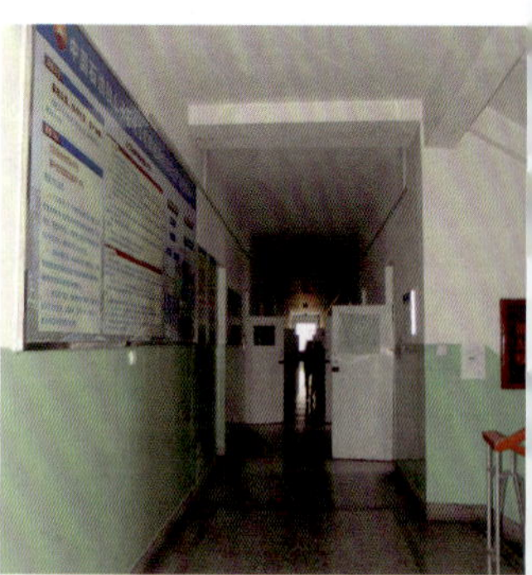

资质认定
计量认证证书

中国合格评定国家认可委员会
实验室认可证书
（注册号：CNAS L3380）
中国石油天然气股份有限公司独山子石化分公司
原油评价及石化产品检测中心

中国石油天然气股份有限公司独山子石化分公司
原油评价及石化产品检测中心

中国合格评定国家认可委员会（CNAS）

中国石油天然气股份有限公司独山子石化分公司
压力容器检验所

中国石油独山子石化分公司压力容器检验所，始建于 1976 年，一直从事炼油化工设备压力容器和压力管道检验检测工作。

该所现有员工 69 人，持证专业检验检测技术人员 50 多人，建立了设备、设施齐全的安全阀校验站、无缝气瓶检验站、理化检测试验室和无损检测实验室。内部管理体系满足 ISO/IEC17025 、ISO/IEC17020 标准要求。通过了国家质检总局 “特种设备综合（甲类）检验检测机构”核准；CNAS “检查机构”和“检测实验室”认可；新疆维吾尔自治区质量技术监督局“实验室资质认定”。

该所检验检测设备先进，目前拥有的检验检测设备有加拿大 RD/TECH 公司的相控阵及 TOFD 超声波检测仪、芬兰 ARCMET8000 和 ARC-930 光谱仪便携式直读光谱分析仪、SPECTRO 台式直读光谱分析仪、美国科视达 KH-3000VD 现场金相显微镜、美国 MTS810 材料试验系统、美国 PAC 公司 36 通道声发射检测系统、以色列 V-FR 射线数字成像系统等。设备设施固定资产超过 8000 万元，实验室和办公室面积达 4300 多平方米。

长期以来，中国石油独山子石化分公司压力容器检验所不断追求自身的改进和发展；力争创建检验技术一流、检测设备一流、管理水平一流的具有较高能力的检验检测机构；竭诚为新疆石油炼化生产安全提供公正、优质的检验检测技术服务。

北京航天总医院参考实验室

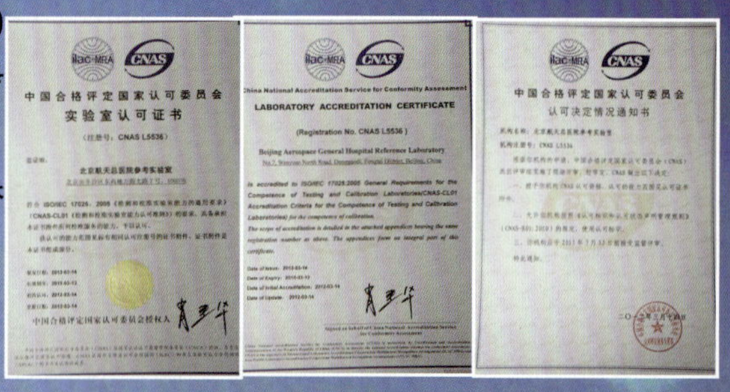

北京航天总医院参考实验室成立于 2005 年 9 月，拥有技术人员 6 人，主要进行临床生物化学参考测量方法的研究与临床生物化学测量的标准化工作。2012 年 3 月通过 ISO17025 和 ISO15195 的医学参考测量实验室质量管理体系认可（编号：L5336），目前建有 JCTLM（国际检验医学溯源联合委员会）列表参考测量方法 11 项，包括 ALT、AST、GGT、CK、LDH、AMY、ALP、BG、UREA、TPO、TBil，其中 ALT、AST、GGT、CK、LDH、AMY6 项已获得认可，其它项目目前正准备认可。

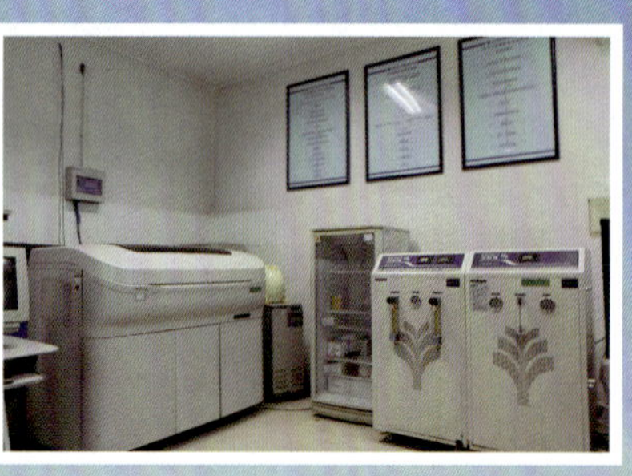

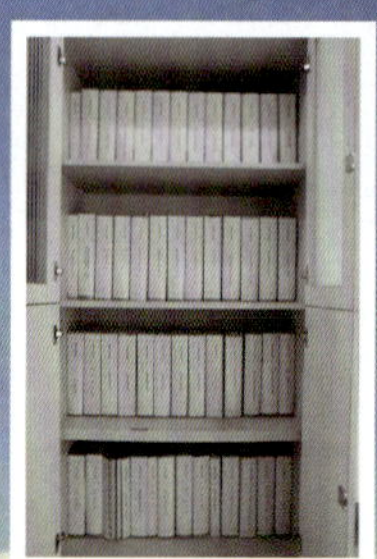

实验室拥有 CARY100 紫外可见分光光度计、DU-800 紫外可见分光光度计、Satuoris 精密分析天平、点式温度计、日立 7170 自动生化仪等精密分析设备 20 余台，能满足临床化学参考测量、国家标准物质研制与检验产品质量评价、量值传递的需要。曾为中国卫生部临床检验中心、清华大学长三角研究院、北京航天总医院、深证迈瑞公司等部门研制的国家标准物质、产品校准品进行定值及互通性评价，这些物质均已取得国家标准物质、产品校准品批准文号。

总医院参考实验室自 2006 年起参加 IFCC 组织的国际参考实验室室间质量评价（RELA）和中国酶学参考实验室室间质量评价活动，测量水平与国际参考实验室一致，曾参与或承担国家基础平台建设项目、国家“十一五”科技支撑计划项目和首发基金项目的研究；制定或参与制定血清肌酸激酶催化活性测量参考方法等 8 项全国临床医学计量技术标准、1 项国家认可标准和 8 项卫生行业 / 国家标准；研制酶学、小分子代谢物类临床生物化学项目国家标准物质 10 种；申报国家发明专利 5 项，获部级科技进步三等奖 2 项，北京市科学技术三等奖 1 项、丰台区科学技术三等奖 2 项，中国运载火箭技术研究院合理化建议与技术改进一、二等奖 11 项；曾承办中国酶学参考实验室研讨会和中国酶学参考实验室网络成立大会；做为中国也是亚洲惟一入选实验室参加 IFCC 组织的 ALT、AST、GGT 国际参考区间的调查并形成 IFCC 标准；也曾参与 CNAS 认可文件 CL-33《医学参考测量实验室认可准则在医学参考测量领域的应用说明》和人民卫生出版社《临床生化检验诊断学》专著的编写。

吉林大学第一医院检验科

The Lab of the First Hospital of Jilin Universtiy

吉林大学第一医院是一所集医疗、教学、科研、预防、保健和康复于一体的大型综合性医院，是吉林省首家达标的三级甲等医院、全国百佳医院、全国百姓放心示范医院。医院始建于1949年，曾先后命名为第一军医大学第一临床学院、白求恩医科大学第一临床医学院。目前，医院建筑面积36万平方米，3100张病床，固定资产19亿元，医院设有56个临床科室，7个医技科室和1个转化医学研究院，并设有干部病房、体检中心、组织标本库等。其中教育部国家重点学科1个，卫生部国家临床重点专科6个，国家师资培训中心1个，吉林省重点学科8个；2011年被批准为临床医学一级学科博士学位授权点。近百人在国家一、二级学会担任委员、国家核心杂志担任编委。

医院全景

吉林大学第一医院检验科是集医学检验、科研、教学为一体的临床实验室，全科现有工作人员96人，其中博士8人、硕士21人、本科33人；高级职称14人、中级36人，博士导师1人、硕士导师3人。专业设置涵盖临床血液学、临床体液学、临床免疫学、临床生化检验学、临床微生物学、临床肿瘤细胞学与遗传学和分子生物学，成为具有鲜明专业特色的科室，在医院学科评估中被评为特色科室和优秀医技科室。3600平方米现代化实验室和国际先进的检验设备，从检验申请、标本气动传送和轨道传送、检测双向通讯、网络结果发送等网络信息化操作与管理，保证了检验的全流程质量控制与优质快捷的服务。近年来，科室按照ISO15189《医学实验室质量和能力认可准则》规范实验室的工作，本着“以病人为中心，持续的质量改进和能力建设”的理念，建立质量与技术管理体系，以“客观准确、服务优质、科学管理、持续改进”为质量方针，坚持全员参与的原则，经过两年的持续性改进和完善，使科室的管理、质量、服务方面都取得了显著进步，于2012年1月顺利通过中国合格评定国家认可委员会专家组的现场评审，3月取得了认可证书。

实验室一角

检验科是省级重点实验室，省检验医学继续教育培训基地，省住院医师培训专科基地，是临床检验诊断学博、硕士学位授予点。科室高度重视科学研究，有着明确的课题专业研究方向，承担在研的国家自然科学基金、省科技厅、省卫生厅科研课题，获吉林大学医疗成果奖、吉林省教育厅和吉林大学教育技术成果奖、吉林省科技成果奖。科室发表SCI收录文章、Medline收录文章、EI收录文章、中华检验杂志等期刊论文177篇。检验科还是吉林省医学会检验分会和长春市医药学会检验分会主任委员单位，多次成功举办国家级继续教育项目全国性学术会议、东北三省检验学术会议和省、市级继续医学教育项目学术活动，在推动并促进吉林省检验医学事业的发展方面做出了努力。

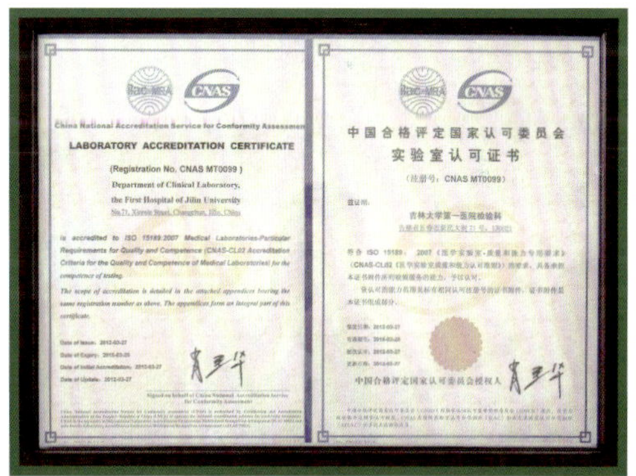

LABORATORY ACCREDITATION CERTIFICATE

(Registration No. CNAS MT0099)

Department of Clinical Laboratory,

the First Hospital of Jilin University

中国合格评定国家认可委员会

实验室认可证书

(注册号：CNAS MT0099)

认可证书

现场评审

实验室人员合影

吉林大学第一医院检验科

联系人：续薇

电　话：(0431)88782622

地　址：吉林省长春市新民大街71号　邮编：130021

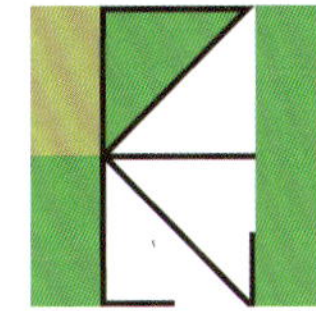

民　政　總　署
INSTITUTO PARA OS
ASSUNTOS CÍVICOS
E MUNICIPAIS

民政总署化验所

民政总署化验所一直致力提供国际标准要求之化验分析服务，认真贯彻执行ISO/IEC 17025标准所订定之要求，根据『廉洁、专业、优质、高效』之策略方针，全面提高检测能力、效率及水准，持续采取措施以保证公正、准确、及时地提供检测服务：

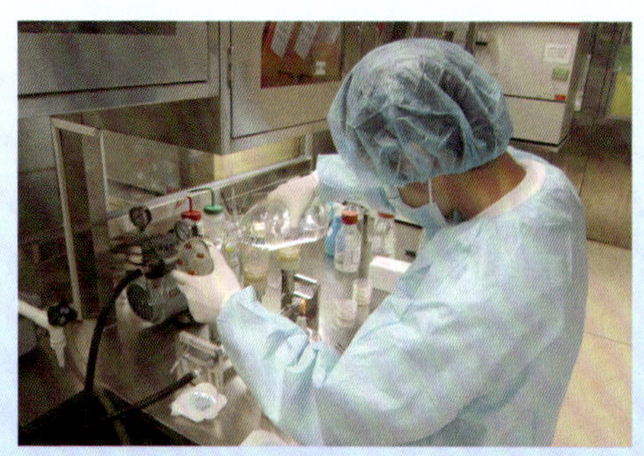

1.提高监控水准、确保检测质量：落实进行质量保证及质量控制的监督工作，继续有系统地执行质量监控计划，包括持续参加国内外的能力验证活动（实验室间比对），以证明检测技术水准符合国际要求。

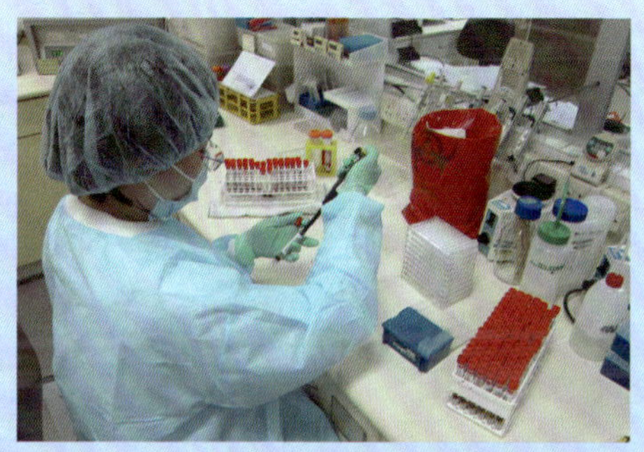

2.加强人员培训、提升检测水准：落实人员专业化，确保人员得到合适及足够的培训，不断完善培训计划；定期派员到外地进行技术交流，吸收经验；鼓励举办内部分享会，互相促进，提高学术气氛。

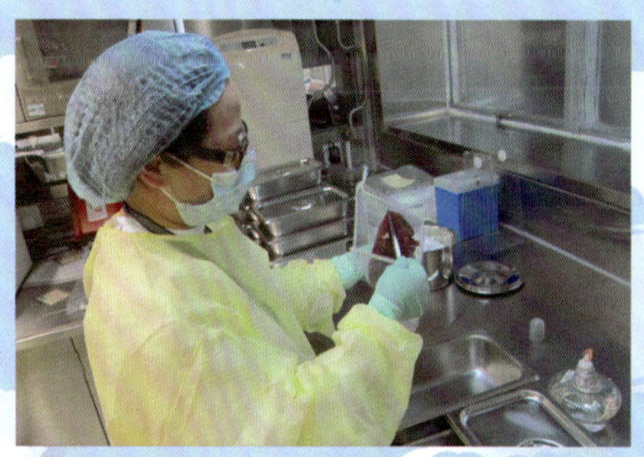

3.优化服务质素、扩大检测范围：确立以民为本，以服务对象为本的服务宗旨。主动适应环境变化，调整思维，开发拓展检测项目，并确保检测范围适用性，为未来发展及检验需求作准备。

4.巩固质量系统、加强自身建设：持续改进实验室管理体系，并保持其适用性和有效性。完善现有文件及电子化系统，定期进行全面的系统审核，致力提高价效比。加强实验室硬体、软体建设，以满足日渐增多的检测需求。

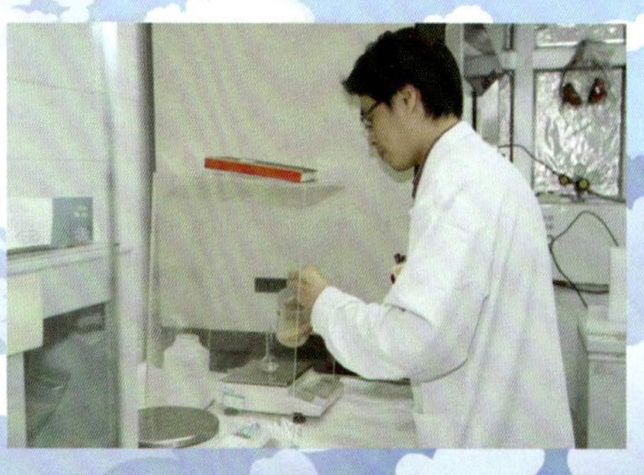

China National Accreditation Service for Conformity Assessment

LABORATORY ACCREDITATION CERTIFICATE

(Registration No. CNAS L0728)

Laboratory, Civic and Municipal Affairs Bureau, Macau

Av. Do Comendador Ho Yin, s/n, Macau S.A.R., China

is accredited to ISO/IEC 17025:2005 General Requirements for the Competence of Testing and Calibration Laboratories(CNAS-CL01 Accreditation Criteria for the Competence of Testing and Calibration Laboratories) *for the competence of testing.*

The scope of accreditation is detailed in the attached appendices bearing the same registration number as above. The appendices form an integral part of this certificate.

Date of Issue: 2011-12-21
Date of Expiry: 2014-12-20
Date of Initial Accreditation: 2003-10-28
Date of Update: 2011-12-21

Signed on behalf of China National Accreditation Service for Conformity Assessment

No.CNAS AL 2　　0002879

中国合格评定国家认可委员会
实验室认可证书

（注册号：CNAS L0728）

兹证明：

澳门民政总署化验所
澳门何贤绅士大马路

符合 ISO/IEC 17025：2005《检测和校准实验室能力的通用要求》（CNAS-CL01《检测和校准实验室能力认可准则》）的要求，具备承担本证书附件所列检测服务的能力，予以认可。

获认可的能力范围见标有相同认可注册号的证书附件，证书附件是本证书组成部分。

颁发日期：2011-12-21
有效期至：2014-12-20
初次认可：2003-10-28
更新日期：2011-12-21

中国合格评定国家认可委员会授权人

No.CNAS AL 1　　0002613

地址：澳门何贤绅士大马路
电话：(853)2823 0229
传真：(853)2823 0434
网址：http://www.iacm.gov.mo/lab

國靖辦公家具於1979年創辦於台北，事業隨著台灣經濟發展的腳步穩定成長。1995年開始在廣州番禺設廠，隨後經營版圖逐步擴及北京、上海、成都、鶴山等地建立了生產基地。其中鶴山國靖規模宏大，佔地約22萬平方米，目前順利通過ISO三標一體化認證（ISO9001、ISO14001、OHSAS18001）、十環認證、Greenguard認證、FSC產銷監管鏈認證等。鶴山成為國靖放飛夢想，宣揚座椅文化的又一廣袤之地。

國靖視創新為企業發展的原動力，在不斷強化培養內部高素質人才隊伍的同時，並引進了一大批專業精幹的研發人才，因應未來以創新為核心的經營策略。在設計上綜合了美學與人體工程學的原理，每款精心的設計，都顯露出對顧客的細緻關懷，讓所有顧客都能感受國靖產品的美感及舒適。顧客至上是我們引以為傲的服務原則。

國靖視品質為企業的生命，ISO9001的作業標準被物化到公司管理及生產的每一個細微之處。追根究底、精益求精是國靖永恆堅持的品質政策。現代化的管理模式，在國內外建立了良好的聲譽和口碑。行銷網路遍布中國各大中城市，並外銷至美國、加拿大、澳大利亞、日本、歐洲、港台等全球七十餘個國家和地區。

國靖仍將以提升國人生活品位、創造舒適健康的辦公環境為職志，迎接更美好的未來！

ISO 9001　ISO 14001　OHSAS 18001

FSC-COC 證書

更多產品選擇請登錄http://www.kuoching.com

人文的企業
Cultural Corporation

國靖秉持以人為本的經營理念
強調人文關懷
關注推展辦公環境質量的提升
創造便利舒適的生活環境
建康有效率的工作環境

Kuo ching holds the management philosophy of focusing on human
Emphassizes humanistic care
Focas on the promotion of office environment quality
Creates convenient and comfortable living environment
Designs components modularly

健康的產品
Healthy product

國靖關心使用者與員工的健康
採用無苯膠及低甲醛的板材
避免採用含有重金屬原物料
不使用有害化學物質
產品皆通過BIFFMA標準檢測

Kuoching cares about the health of users and employees
Uses non-beenzene glue and low-formaldehyde plywood
Avoids using heavy metal content material and harmful chemical material
All products pass BIFMA test

環保的堅持
Insist on environment protection

企業以永續發展為目標
設計符合綠色設計的策略及流程
遵循DFD可拆解式的設計標準
零組件模組化設計
使用材料以可分類回收為目的
以省資源、減廢、乾淨能源應用等
進一步實踐環保責任

Kuoching takes continuous developing as targer
Designs green strategy and process
Follows DFD design standard
Modular designs components
Uses recycle material to save resourec and reduce waste
To fulfill her nevironment protect responsibility

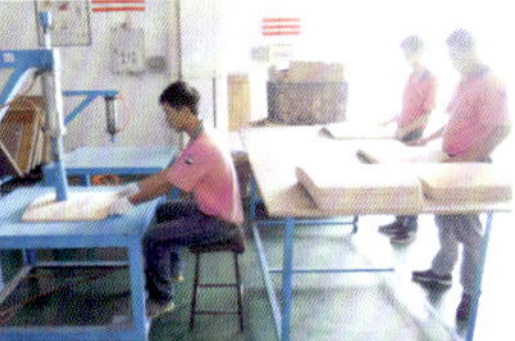

Quality testing of KUOCHING 國靖的品質檢驗

1:傾仰試驗	1.Tilt Testing
2:沙發耐久性試驗	2.Sofa Durability Test
3:沖擊試驗	3.Impact Test
4:椅背拉力強度試驗	4.Back Pull Intensity Testing
5:扶手強度試驗	5.Armrest Intention Test
6:座位前角疲勞試驗	6.Seat front Angle Durability Testing
7:椅腳耐壓力試驗	7.Compression Resistance Testing
8:旋轉試驗	8.Swivel Test
9:輪子/底座耐久性試驗	9.Wear Test Of Chair Casters&Base
10:泡棉防火性能試驗	10.Foam Flammability Testing

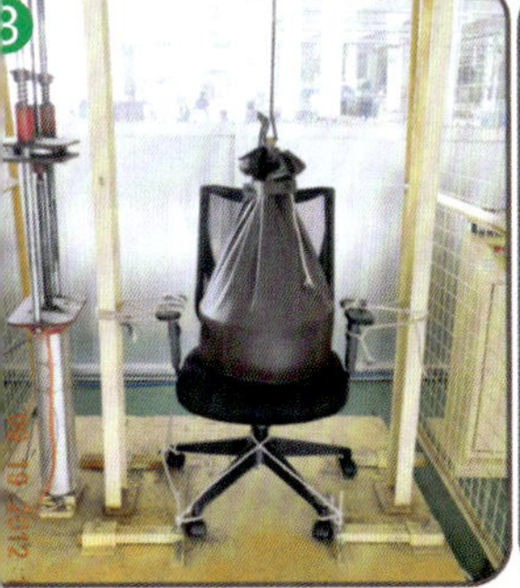

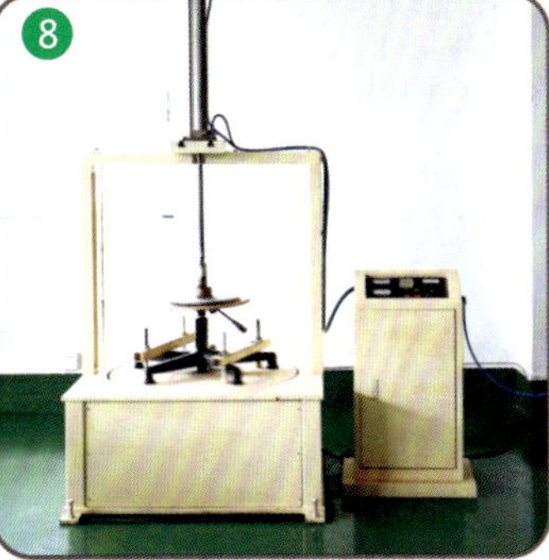

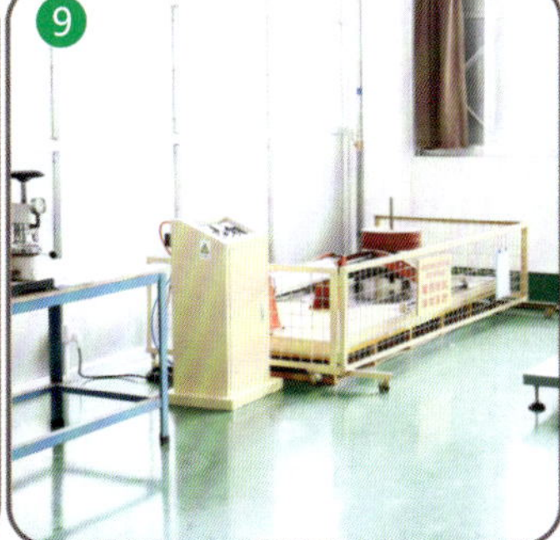

國靖集團 KUOCHING GROUP
廣州國靖辦公家具有限公司 廣州市番禺區鐘村街鐘一工業區 郵編: 511495 TEL: (86-20) 84776005 FAX: (86-20) 84776137
鶴山國靖家具有限公司 鶴山市雙合鎮蒲塘開發區 郵編：529735 TEL:(86-0750)8613222 FAX:(86-0750)8613111
E-Mail:kc@kuoching.com

深圳市特种设备安全检验研究院
勇做试验室建设的排头兵

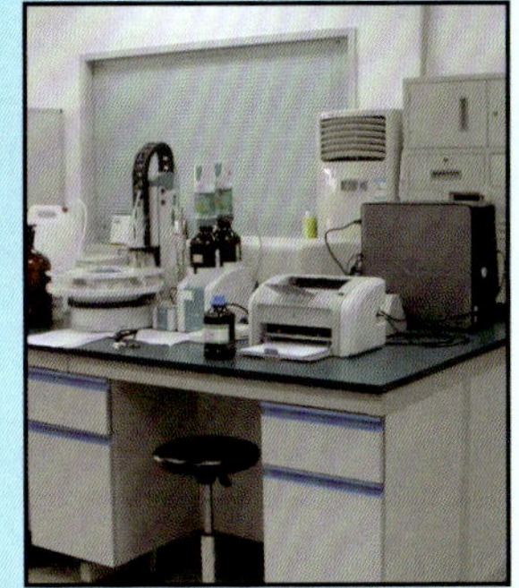

多年来，深圳市特检院通过建设特种设备试验室，为特种设备相关生产制造企业研发和创新服务，如今已建成了电梯部件型式试验室、安全阀型式试验室、金属材料检验与机械设备失效分析中心。

电梯部件型式试验室创下多个第一

一直以来，深圳特检人有一个理念：现代企业技术主要是试出来的，所以要深入理解特种设备安全性能，必须开展特种设备安全性能的试验研究，通过试验研究才能掌握现有和新研发的特种设备性能和关键特性，才能为特种设备安全提供有力技术保障。因此，1999 年底，深圳检测站（深圳市特检院前身）成功创建了全国质检系统第一间电梯型式试验室，具备了电梯安全部件型式试验能力。多年来，这个试验室一直注重采用最新的检验技术，引进和自主开发先进的仪器设备进行电梯部件的试验工作。2009 年 3 月，该院自主设计研制，建成了 40 多米双井道钢结构电梯试验塔，主要进行电梯整机与电梯安全部件和重要部件的型式试验，填补了我国国内高速电梯安全部件渐进式安全钳认证的空白。如今，该室试验能力已从电梯四大安全部件型式试验扩展到了电梯、自动扶梯和液压电梯所有安全部件和重要部件的型式试验和性能试验。

安全阀型式试验室填补国内多项空白

安全阀型式试验室是该院的又一重大成果。2007 年，该院决定建设同时具有冷态介质（空气）和热态介质（蒸汽）安全阀型式试验室。期间，该院共投入资金 1000 多万元，并成立了安全阀型式试验工作小组，配备了博士一名，研究生六名为技术骨干的人才队伍，自主研究、设计和开发，采用了一系列国际尖端技术和先进材料设备在内的手段进行建设，其中包括非接触式的激光位移测量法、世界首创的单晶硅谐振式压力传感器建设压力数据采集系统、西门子 PLC 监控整个试验平台系统、定位器自动化控制、美国 National Instruments 高速数据采集卡、LabVIEW 软件；Fishser 的调节阀、CCI 的调节阀等先进技术，历经四年，2011 年初，经国家质检总局核准，终于顺利建成了达到国内一流、国际先进水平的安全阀型式试验装置——蒸汽试验系统和空气试验系统，成为国内首家具有蒸汽、空气和水三种介质的安全阀型式试验测试装置，填补和完善了我国安全阀型式试验空白。

金属材料检验与机械设备失效分析中心前景广阔

建设金属材料检验与机械设备失效分析中心是深圳特检院一项跨世纪工程。2009 年 1 月该院开始组建“深圳市金属材料检验与机械设备失效分析中心”，经过一年多的时间，先后投入 400 多万元仪器设备，宣告成功。2010 年 3 月，经专家评审、政府决策、社会公示等程序，该院向深圳市政府有关职能部门申报的科技创新公共技术服务平台——“深圳市金属材料检验与机械设备失效分析中心”正式通过审批。它提供材料化学检测服务（金属材料），材料力学性能检测（金属材料），材料物理性能测试（金属材料），材料失效分析（金属材料断裂、疲劳、腐蚀、磨损等，电子及微电子产品的元器件失效、破坏性物理分析、PCB/PCBA 失效等），特种设备的安全监督检查（锅炉、压力容器、压力管道、电梯、起重机等）等方面的服务。

众多试验室的建设以及不同级别的型式试验，提高了深圳市特检院的检验能力，具有国家质检总局特种设备检验检测机构核准 41 类法定检验资格，通过广东省质量技术监督局计量认证（CMA）75 类 617 个项目，中国合格评定国家认可委员会（CNAS）实验室认可 54 类 520 个项目，检查机构认可 11 类 16 个国家项目。

四川(国家)重大技术装备几何计量站

Sichuan (National) Geometric Metrology Association of Large & Crucial Equipment

德阳市计量测试所

Deyang Institute of Metrology and testing

德阳市能源监测中心

IDeyang Energy Monitoring Center

德阳市计量测试所是四川省德阳质量技术监督局直属事业单位，是德阳区域内唯一市级法定计量检定机构，机构同时加挂德阳市能源监测中心牌子。2009年经省质监局批准，加挂四川省城市能源计量中心（德阳）牌子。2012年2月获CNAS校准实验室资格。

所（中心）占地面积4600多平方米，其中检测区面积2000平方米，恒温面积350平方米。全所（中心）现有职工57名，其中，高级工程师4名，工程师15人。截止2011年底，所（中心）建有社会公用计量标准91项，定量包装商品净含量计量检验5项，通过CNAS认可项目61项，可开展十大计量类200多个项目的检定/校准工作，建立的《音速喷嘴流量标准装置》由省局授权在四川省境内开展气体大流量项目的检定/校准工作；锅炉能效测试、电气消防安全、洁净空间检测和计量器具产品质量检验检测等13大项132个参数通过了省级实验室资质认定。

建所二十多年来，本所（中心）围绕地方经济发展战略和产业集群优势，不断发展和完善检测技术能力，努力拼搏，扎实工作，全面履行法定计量技术机构职责，公正、规范、及时准确地为社会提供科学、权威、优质的检测/校准技术服务，为德阳地方经济和质监事业发展做出了巨大的贡献。

四川省川南计量测试中心
自贡市计量测试研究所

自贡市计量测试研究所位于四川省自贡市。自贡市地处四川省南部、沱江支流釜溪河畔，辖区面积4373平方公里。总人口320万人。辖自流井、贡井、大安、沿滩四区和荣县、富顺两县，历为省辖地级市。以内宜高速、隆雅、遂筠公路和内昆铁路与邻交通。有两千年的盐业史，是我国最早设立的23个建制市之一，素以“千年盐都”、“恐龙之乡”、“南国灯城”而蜚声中外。市辖两县是全国优质商品粮和商品猪生产基地；拥有一批全国知名企业和晨光研究院、炭黑工业研究院、井矿盐研究院等全国性的研究院所。先后荣获全国历史文化名城、全国卫生城市、中国优秀旅游城市称号，是川南地区第一座大城市。

自贡市计量测试研究所是国家法定计量检定机构，是1985年原国家计量局列为全国28个中等城市计量测试中心之一，2003年被四川省质量技术监督局设立为川南计量测试中心，2009年被四川省质量技术监督局设立为四川省城市能源计量中心（自贡）。于2003年在省内首家通过法定计量检定机构考核，2005年省内首家通过中国合格评定国家认可委员会（CNAS）认可的地市州级计量技术机构，2009年省内首家通过资质认定的包括能效检测的计量技术机构。

自贡市计量测试研究所建立并保存川南地区和自贡市最高社会公用计量标准；负责川南地区和自贡市的量值传递及溯源；依法开展计量器具的强制检定；进行商品量的检测；承担地方计量技术规范的制修订任务；承担仲裁检定任务等。目前，本所建有长度、温度、力学、电磁、理化等社会公用计量标准共116项，拥有一批大型、高准确度的测量仪器设备，可开展500余种测量设备的检定、校准、修理服务，其中通过CNAS认可的校准项目涉及长度、热工、力学、电学、医疗、理化、时间频率、电离辐射、声学和光学等10大类155项校准项目和涉及长度、力学、热工和能效测试四大类84个参数的检测项目。建立了定量包装商品检验实验室，可开展商品净含量和过度包装商品检测。拥有机械加工能力较强的试验车间，主要从事长度、力学计量仪器的开发和中试生产，主要科研成果和计量产品中有6项获省、市科技进步奖，拥有6项专利。

自贡市计量测试研究所现有职工92人，其中女32人，男60人；研究生2人，本科43人，大专27人，中专以下20人；拥有教授级高工4人，高级工程师6人，工程师18人，初级技术人员40人。拥有工作用房建筑面积5000平方米，其中工艺恒温恒湿实验室面积2000平方米，具备所开展项目要求的人员、设备、环境设施条件以及相应的技术能力和管理能力。

自贡市计量测试研究所全体员工始终坚持“科学公正、准确高效、真诚服务、持续发展”的质量方针，竭诚为客户提供优质服务。

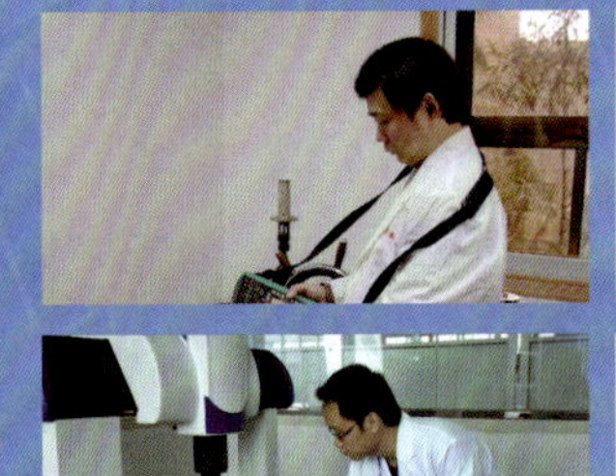

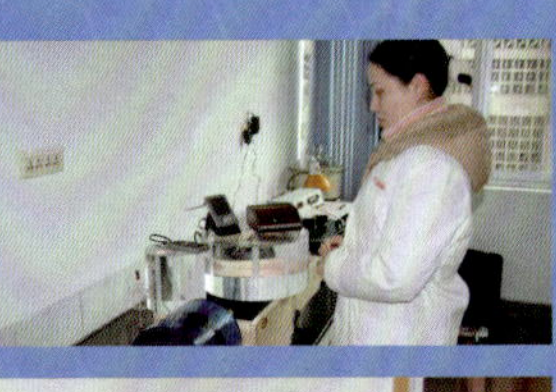

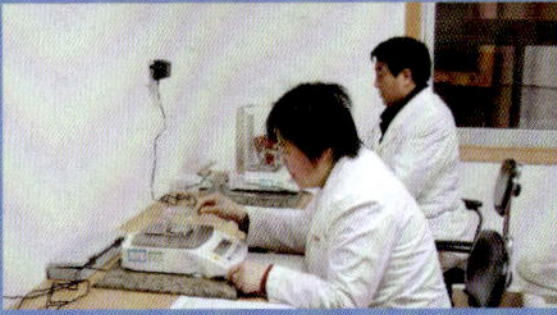

上海市纤维检验所

上海市纤维检验所及其附属机构上海市纺织纤维质量监督检验站通过了中国合格评定国家认可委员会组织的实验室认可、机构审查验收和计量认证“三合一”评审，上海市质量技术监督局组织的机构审查验收和计量认证“二合一”评审，截止2011年12月，已获得认可涉及棉花、毛绒、化纤、羽毛羽绒、纺织品、服装、皮革和毛皮、人造革和合成革、箱包、鞋类等十大领域共计900多项检验项目。目前本所实验室占地面积2900平方米，仪器设备615台（套），拥有一支博士1名、硕士14名，中高级职称50名的专业技术人才队伍。

参加第18届ISO/TC38纺织工作会议

与韩国纤维检验研究所进行技术交流

2011年，该所承担ISO TC38/SC23/WG5工作组召集人相关工作，起草的《棉纤维含量的检测 定量法》ISO标准草案已通过各国专家投票通过，并获得立项；参与了2011年第三批国家标准制修订计划项目《天然纤维术语》的修订工作；承担国家质监总局自筹项目2项、向上海质监局申报并立项公益性项目3项、自筹项目2项，确定所立项目3项，申请TBT项目1项；结合科研项目和日常工作特点发表论文18篇；参加了由中国合格评定国家认可委员会等组织的关于“AZO Dyes in textiles”、“皮鞋勾心纵向刚度试验”和“纺织品拉伸断裂强力的检测”等涉及10个项目的能力验证；与多家国内外同等级实验室进行了包括纤维含量、pH值、甲醛含量、染色牢度、起毛起球、羽绒微生物、织物强力、拒水性能、燃烧性能等61个检测项目的比对试验。

金曙明总工程师接受上海ICS外语频道采访

为凡客诚品进行GB18401-2010《国家纺织产品基本安全技术规范》宣贯培训

江苏省电力公司电力科学研究院

江苏省电力公司电力科学研究院（以下简称电科院），是江苏省电力公司分公司，负责为省电力公司规划设计、工程质监、电网运行、电力计量、供电服务、技术培训等业务提供技术支撑和技术服务，开展相关专业关键技术研究和新技术推广应用等工作。

电科院现有人员249余人，其中博士25人，硕士97人，平均年龄36.3岁，是一支年轻的、朝气蓬勃的队伍；共有19个专业实验室，其中电能计量实验室、变电站智能设备检测技术实验室为国家电网公司实验室。近年来，电科院着力科技自主创新，不断提升核心技术能力，取得了丰硕的科研成果，共获得省部级科技进步奖20项，授权国家专利29项、软件著作权12项。

为了进一步提升管理水平，电科院对“五大”业务全面开展质量、安全、环境“三标一体”体系认证，对检测和校准项目进行实验室管理体系认可，社会责任体系认证通过第三方审核，电能计量全部获得计量法定授权。

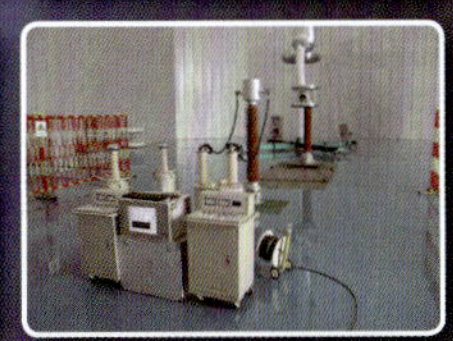

甘肃省水环境监测中心

甘肃省水环境监测中心隶属于甘肃省水文水资源局，2010年3月，经甘肃省编制办（甘机编办通字[2010]4号）批准，是具有独立法人资格的副县级事业单位。内设综合科、监测科、评价与保护科3个科室，并管理酒泉、张掖、武威、定西、临洮、平凉和陇南7个分中心的水环境监测业务工作。现有职工82人，其中高、中级以上职称25人，大专以上学历61人；采样岗位18人，检测岗位56人，评价岗位20人，管理岗位23人（兼岗35个）。

1997年5月，我省中心首次通过国家计量认证，2003年、2008年、2011年顺利通过国家计量认证复查换证。监测范围为地表水、地下水、饮用水、污水及其再生利用水、大气降水和底质与土壤等六大类共62个项目的分析测试；主要负责全省水质监测站网规划与布设，承担全省水功能区和城市饮用水水源地水质的监测、评价和分析工作；参与省内突发性水污染事件的应急监测工作，同时为社会提供水质检测服务，出具科学、公正、准确、诚信的检测报告。

目前，我省中心拥有实验室总面积2500平方米（含分中心），配备有原子吸收分光光度计、双道原子荧光光度计、红外分光测油仪、紫外可见分光光度计、电子天平等仪器设备共计143台（套）。现有水质监测站120个，其中常规监测站93个，省界监测站10个，城市饮用水水源地17个。

甘肃省水环境监测中心积极开展水环境监测科学研究，先后完成了《甘肃省苦咸水调查评价和开发利用研究》、《甘肃省河流污染源调查及限制纳污红线研究》和《近10年甘肃省地表水质量评价与变化趋势研究》，分别获得2009年水利部大禹水利科技三等奖，2010年和2011年甘肃省水利科技进步一等奖。

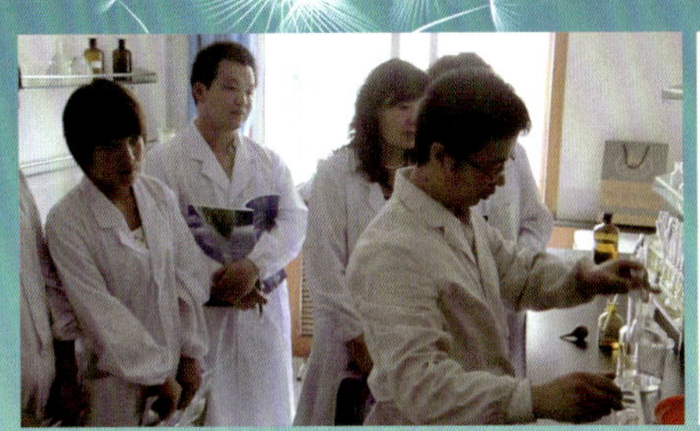

单位名称： 甘肃省水环境监测中心
通信地址： 兰州市城关区何家庄东街10号
邮政编码： 730000
办公电话： 0931- 4635284
电子邮箱： csp108@126.com
传　　真： 0931- 4648382

内蒙古农牧业机械试验鉴定站

内蒙古农牧业机械试验鉴定站成立于1976年，隶属于内蒙古自治区农牧业厅，具有独立法人建制。1998年11月通过了中国实验室国家认可委员会的“三合一”认可，1999年3月10日正式取得认可资格，是我国首批经过授权认可的国家实验室之一。实验室拥有办公楼和试验室面积3000平方米，研究员5人、高级工程师18人、工程师10人，检测仪器和专用试验台387台（套），具有良好的设施和检测环境；具备了对承检产品的检验能力。

主要承担的业务范围有：承担国家质检总局下达的牧业机械产品质量监督抽查、生产许可证检验；承担自治区技术监督局下达的农牧业机械产品监督抽查；承担法院委托的司法鉴定；承担授权范围内的委托检验；依法开展农牧业机械质量调查、监督管理、保障督导、投诉受理、自治区支持推广的农牧业机械目录管理；对维修经营企业进行监督管理；承担农业机械产品的质量鉴定、安全鉴定、新产品鉴定；开展农牧业机械产品的部级、自治区级推广鉴定，对农牧业机械的适用性、可靠性、安全性和先进性进行考核鉴定；承担自治区农牧业机械标准化体系建设工作和国家、行业、地方标准的制修订和试验验证，承担全区农牧业机械政策规章和技术规范的制修订；研究和开发新的检验技术、方法，开展专用试验设备的科学研究；承担本行业的国家、自治区的科研项目。

云南省公安司法鉴定中心

云南省公安司法鉴定中心隶属于云南省公安厅刑侦总队（又称云南省公安厅刑侦总队刑事技术处、云南公安刑事科学技术研究所），是“毒品分析及禁毒技术公安部重点实验室”。中心承担着全省公安刑事科学技术工作的规划、管理指导、全省重特大案件的现场勘查支援、全省疑难物证的检验鉴定以及科研、业务培训、学术交流等职责。中心下设综合科、法医室、痕检室、理化室、文检室、视听图像室和警犬科共7个科室。现有在编民警39人，辅警7人。其中博士1人，硕士研究生6人，其余均为本科学历；具有高级技术职称10人，公安部DNA专家委员会委员1人，全国理化标准化专家委员1人，15人入选公安部刑事科学技术青年人才库，3人入选省级刑侦专家库。

中心共有仪器设备362件，总价值3528余万元，拥有环境扫描电子显微镜、电感耦合等离子质谱仪、液质联用仪、气质联用仪、气相色谱仪、傅立叶红外光谱仪、毛细管电泳仪、高效液相色谱仪、全自动固相萃取仪、紫外光谱仪、多波段光源、枪支建档系统、比对显微镜、指掌纹系统、紫外照相系统、电子物证检验工作站、多功能文检仪、模糊图像处理系统、法医病理设备、显微病理诊断系统、3100和3500型基因分析仪等先进的精密仪器设备。

中心先后组织完成了12项“十一五”科技支撑研科项目研究，多项科研成果获得省部级奖励。其中，“毒品快速鉴定管研制项目获公安部科技进步三等奖，“海洛因成瘾者机体的毒理病理研究”获云南省科技进步三等奖，“红外紫外观察照相系统”获云南省科技进步三等奖、公安部科学技术二等奖。

中心始终坚持“三个服务，四个意识”，在云南省马加爵杀人案、杨天勇系列杀人案、昆明“7. 21”公共汽车爆炸案、泸西县“11.18”特大爆炸枪击案等案件的侦破中发挥了技术导侦、攻坚克难的关键作用，为维护云南省社会和谐和治安稳定作出的积极贡献，得到了各级领导和实战部门的充分肯定和好评。中央政治局常委、中央政法委书记周永康同志等中央领导、省部领导曾亲临中心进行了视察。

亳州市公安局物证鉴定所

亳州市公安局物证鉴定所位于市公安局大院内，现有正式民警29人，其中管理人员3名，实验技术人员26名。高级职称4名，中级职称16名，初级职称3名，全国公安刑事科学技术青年人才库人员2名。全体民警共荣立个人二等功3人次，三等功25人次，各种奖励45人次。

实验室面积1200余平方米，开展痕迹检验、声像检验、文件检验、理化实验、法医检验、DNA实验、心理测试、警犬等业务。本着“科学严谨、客观公正、及时准确”的方针，坚持“管理精细化、操作规范化”的目标，向科技要战斗力，为侦查破案提供强有力的技术支撑。

近年来，本所在实战中注重科研，痕迹检验室承担的《皖北地区居住人群足迹的研究》项目，于2011年5月24日通过专家组验收。2012年2月23日，亳州市公安局物证鉴定所通过国家实验室认可，系安徽省市级公安机关的第一家。

南方医科大学卫生检测中心

南方医科大学卫生检测中心隶属于南方医科大学公共卫生与热带医学学院，是广东省军事预防医学重点实验室和广东省预防医学教学范中心的重要组成部分；同时也是南方医科大学司法鉴定中心法医毒物与微量物证鉴定实验室，南方医科大学南方医院国家药物临床试机构Ⅰ期药物分析研究室，南方医科大学广州市赛特检测有限公司检测技术研究中心。中心占地近600M2，设备总值逾1200万元。括API 4000 Qtrap LC-MS/MS、气质联用仪，电感耦合等离子体质谱联用仪，离子色谱仪，超快速液相色谱仪，红外光谱仪，红外微镜，气相色谱仪，原子吸收分光光度计等大型尖端仪器以及相应样品自动处理系统。

中心技术力量雄厚，人员经验丰富，学历层次高，绝大多数具有博士研究生学历。部分检测项目已通过CMA认证、CMAF认证及NAS认可（均于2011年通过复评审）。中心自2008年初次获得认证认可至今，在认证认可领域先后开展了一系列工作，包括：协助商部门进行流通领域蜂蜜农残的检测；协助公安部门进行酒后驾驶人员血液中酒精含量的检测、交通事故鉴定、法医毒物与微量鉴定；床血液与头发中微量元素与重金属的检测；协助医院进行职业接触病例中中毒物质鉴定等。在实际检测工作中，中心坚持“科学严谨、正准确、优质高效、精益求精”的质量方针，秉承“依法办事、廉洁从政、忠于职守、爱岗敬业、服务客户、奉献社会”的服务宗旨，真开展工作，热情服务客户，获得了客户的认可和好评。

目前中心可开展的检测项目包括：

（1）应对突发公共卫生事件：化学毒剂、化学污染物的检测分析

（2）食品安全与食品营养成分分析（部分项目获认证认可）

（3）保健品中有效成份及违禁药物成份分析

（4）化妆品中有害物质与违禁化学品分析

（5）环境检测：水质分析、污染物分析等（部分项目获认证认可）

（6）新药开发与临床药理研究中的药物代谢、药代动力学分析

（7）临床血液与头发中微量元素与重金属检测（计量认证项目）

（8）司法鉴定服务：毒物分析、微量物证、血液中酒精含量分析等（认证认可项目）

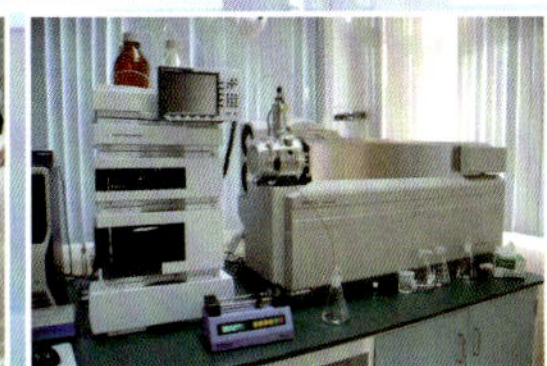

电话：（020）61648564 传真：（020）61648966

军事医学科学院生物工程研究所
生物技术药物分析和质控实验室

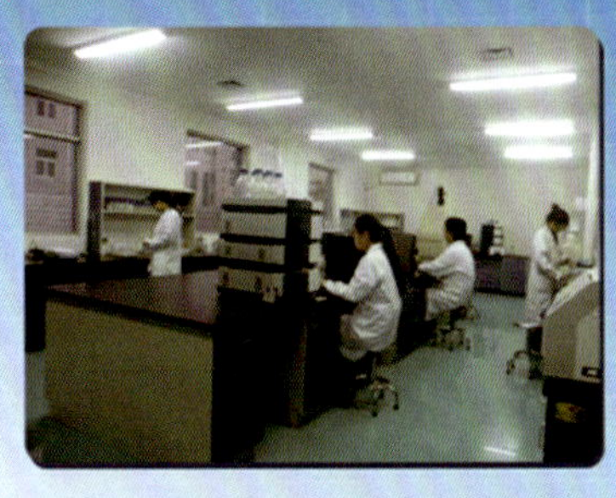

军事医学科学院生物工程研究所生物技术药物分析和质控实验室隶属于军事医学科学院生物工程研究所，主要从事生物技术药物分析和质控工作。2011年3月通过中国合格评定国家认可委员会的认可，获得认可证书，可提供权威的分析数据和检测报告。

本实验室成立于2006年，占地面积400余平方米，设有生物分析室（无菌检查室、微生物限度检查室和细胞室）、理化分析室等，检测仪器设备先进完备。现有固定工作人员6名，其中正高职称1名，中级职称5名。本实验室依托军事医学科学院生物工程产品中试生产基地，基地拥有生物技术药物多品种中试及生产线，包括微生物表达产品中试生产线、真核表达产品中试生产线、制剂中试生产线等，在完善的GMP管理系统及可靠的质量控制体系下，以配套的专业技术和硬件设施为基础，进行各种生物技术药物的工艺研究和中试生产。实验室依托此技术平台，截至目前，已建立了大肠杆菌表达产品，酵母工程菌表达产品，哺乳动物细胞表达产品的质量控制技术体系，具备了疫苗、重组蛋白类药物的分析及质控能力。

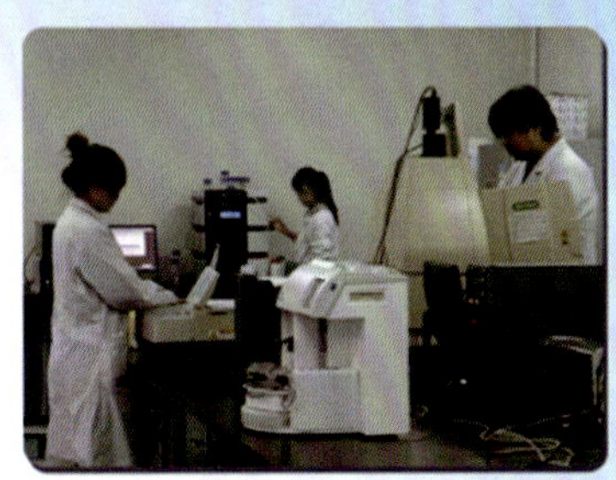

生物技术药物分析和质控实验室在认真执行国家有关方针政策、法律法规，充分发挥人才、设备和技术优势，在保证向社会提供公正、科学、可靠、准确的检测数据，为委托单位提供优质服务的同时，建立适合于不同类型生物技术药物的系统完善、技术领先的通用型质量控制与过程控制分析技术平台，为我国生物技术药物产业的发展提供关键技术支撑。

地址：北京市丰台区东大街20号八所九室
邮编：100071
电话：01063836896
邮箱：ammsbiotechbase@yahoo.com.cn
网址：http://pilotbase.bmi.ac.cn

核工业工程研究设计有限公司

NUCLEAR INDUSTRY RESEARCH AND ENGINEERING CO.,LTD.

核工业工程研究设计有限公司检测中心属中国核工业建设集团有限公司和中国核工业二三建设有限公司共同管理，现有检测人员 200 余人，各种资格证件 500 余张，其中高级证 20 张。从 1958 年中央组织成立核工业工程建设建筑安装专业队伍，到今天的国家核电产业政策，检测中心承担了大部分的核工业工程建设安装的无损检验及理化检测任务。

核工业工程研究设计有限公司检测中心于 1995 年获得国家质量技术监督局计量认证证书；于 2005 年取得中国国家实验室认可证书（CNAS）；于 2006 年得到国防科技工业实验室认可证书（DILAC）；具有全国 10 个省市的辐射安全许可证；分别在北京、辽宁大连、浙江海盐、江苏连云港、福建宁德、福建福清、广东惠州、广东台山、广东阳江、广西防城港、海南昌江等地设有试验评测。检测中心正在申请民用核安全设备无损检验许可证及特种设备无损检测机构核准证。

核工业工程研究设计有限公司检测中心具备按国际认可准则开展无损检测和理化检验的能力，所出具的检测报告可得到国际上 38 个经济体和 47 个认可机构的承认。除具有赏规的无损检测和理化检测能力外，还能进行相控阵、TOFD 超声检测；具有数字射线照相检测（CR）能力；及射线、超声无损检测仿真技术（CIVA 仿真平台）的研发能力。

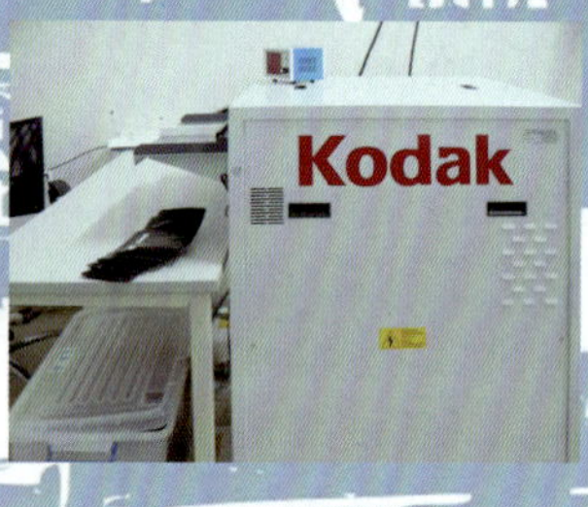

地址：北京顺义林河开发区顺康路 58 号
联系电话：010 － 57968655

国核电站运行服务技术公司

STATE NUCLEAR POWER PLANT SERVICE COMPANY

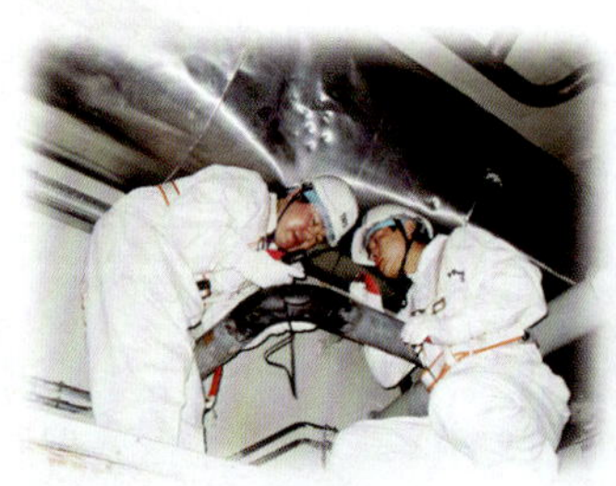

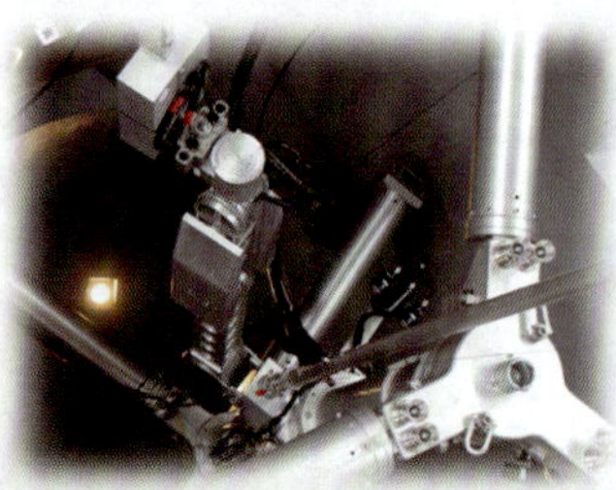

国核电站运行服务技术公司（简称“国核运行”）于 2008 年 3 月正式成立，是国家核电技术公司的二级单位、全资子公司，承担着实现我国核电运行服务技术自主化的使命，是坚持专业化发展方向的创新型科技企业。

国核运行以久负盛誉的核工业无损检测中心为平台和载体组建而成，拥有二十年核电运行服务经历和经验，主要从事无损检验技术研发和工程服务，培养造就了一支经验丰富、能打硬仗的研发和工程技术服务团队。国核运行作为国内首批通过的民用核安全设备无损检验人员考试中心，多年来为核电行业培养了大量合格的无损检验资质人员，为我国无损检验专业技术领域作出了巨大的贡献。

国核运行可承担国内所有现役核电站的制造、安装、役前和在役等各阶段的检验工作，拥有诸多核电站核岛关键设备的检查和维护技术，尤其擅长处理特殊检验问题和专业工具的开发，自主设计开发了许多自动检测和维修维护装置，并配备一系列国际先进的检验检测设备、仪器，积累了大量的工程实践经验和相关技术开发手段。国核运行还积极开拓民品市场，先后为石化、石油、火电、特种设备等行业提供了优质的现场技术服务。

国核运行将通过三代核电技术引进、消化、吸收和再创新和国家重大专项的研发，掌握运行服务的核心技术和关键技术，在无损检测、寿命评估及老化管理、换料服务、特种维修、性能试验及设备监测、行业培训等方面形成强有力的核心竞争力，形成较为完整的核电运行服务技术体系，为中国核电运行服务技术的自主化发展作出贡献。

经营范围：

无损检测、核电站运行、核电站燃料管理、电站维修、理化检测、性能测试、在线监测专业领域内的技术服务、技术开发、技术咨询、技术转让、技术培训、技术承包、技术入股、技术中介、无损检测设备、电站设备、电站维修设备的销售。

长沙矿冶研究院有限责任公司
分析检测中心

长沙矿冶研究院有限责任公司分析检测中心隶属于中国五矿，成立于1956年，具有50多年的历史，测试手段和仪器设备先进。现有在职职工32人，其中教授级高工1人，高工6人，工程师9人，技术员11人；反聘教授及专家5人，硕士研究生10人。

我中心2003年通过湖南省计量认证，2011年11月通过中国合格评定国家认可委员会（CNAS）认可，证书编号为L5381。建立了完整、严密、科学的质量保证体系，拥有扫描电镜、X—射线衍射仪、X—射线荧光仪、ICP-MS、ICP-AES、自动矿物分析仪（MLA）、离子色谱仪、原子荧光仪、激光粒度分析仪、比表面测试仪、红外碳硫仪、红外吸收光谱仪、原子吸收光谱仪等大型仪器设备。可进行各类样品如矿石（铁矿、锰矿、铅锌矿、铜钴镍矿、钒钛磁铁矿、铬铁矿，等等。）、金属材料、化工产品、冶金产品、地质化探样品等的化学成分分析，粒径大小和粒度分布分析，比表面及孔径分布测试，矿物组成分析，矿物相分析，元素赋存状态分析，未知化合物的结构测定，还可以进行特种样品的剖析，化探异常评价，材料的化学表面改性，各种疑难样品的处理，实验室的筹建，培训分析检测人员等。

分析服务领域：

□样品制备（岩芯和岩石、矿石、土壤等）
□岩石全分析（ICP-AES法、ICP-MS法、XRF法和化学分析法）
□样品化学物相分析及化探异常评价（XRD、化学物相分析法等）
□样品的形貌分析（SEM）
□检出限为10^{-6}和10^{-9}级的稀土元素分析（ICP-AES、ICP-MS）
□火试金及湿法化学富集的贵金属分析
□水质分析，包括湖水、河水、饮用水、地下水及卤水分析
□有色金属及化工产品中的元素分析
□工艺矿物学参数自动定量分析（矿物组成及含量、矿物的粒度分布、目标的矿物解离度、目标矿物与其它矿物连生和经度分布、元素赋存状态等）
□各种特殊样品的分析技术和分析方法的研究
□分析人员培训、筹建分析实验室及相关领域的技术咨询

我中心本着“公正、科学、准确、高效、细致”的质量方针，不断完善管理体系，竭诚为顾客提供优质高效服务。

联系人： 陈　述（13974870648）、杨 林（13974898320）
邮　编： 410012
电　话： 0731-88657157
传　真： 0731-88657157
E-mail： linyang@crimm.cn
通讯地址： 长沙市麓山南路966号

陕西煤田地质化验测试有限公司

陕西煤田地质化验测试有限公司（前身为陕西省煤田地质局综合实验室），成立于1972年，是具有独立法人资格的专业化验测试机构。

公司现有员工80多人，其中高中级技术人员44人；拥有各类先进分析检测设备200多台（套），检测手段齐全，实验室使用面积3000多平方米，固定资产总值达3000余万元。

四十年来，我们始终坚持“科学严谨、公正准确、实事求是、信誉第一、优质高效”的经营原则，把科学、准确、公正的检测数据看作是生存和发展的生命线，严格按照国家有关标准和技术规范，认真做好各项试验检测工作，先后参与多项国家煤质分析检测标准的起草验证工作，业务遍及18个省（市、区），参与完成了陕西省渭北石炭二叠纪煤田、陕北神府侏罗纪煤田、黄陵侏罗纪煤田、彬长侏罗纪煤田以及宁夏、内蒙、新疆、青海、甘肃、山西、河南等省区的煤田地质勘探、矿井开发建设和煤层气钻采开发利用的化验检测工作，为陕西省及兄弟省（区）的经济发展提供了可靠的资源保证，为国家煤炭工业战略西移提供了可靠的地质依据。

多年来，陕西煤田地质化验测试有限公司先后通过了国家煤炭质量监督检测中心、中国煤田地质总局和瑞士SGS实验室的考核验收和质量评估，取得了中国合格评定国家认可委员会颁发的实验室认可证书（CNAS-CLO1）、中国质量认证中心颁发的质量管理体系认证证书（ISO90001:2008）、环境管理体系认证证书（ISO14001:2004）和职业健康安全管理体系认证证书（GB/T28001-2001）和陕西省质量技术监督局颁发的计量认证证书（CMA），公司已获得国土资源部岩矿鉴定、岩矿测试和岩土试验三项甲级资质。

目前，公司设有煤质分析、地质工程、环境安全工程、金属矿产等5个专业实验室，可以承担煤质分析、水质分析、岩石力学试验、岩矿（煤岩）鉴定、土工试验、金属矿物分析、煤层气录井等业务。

地址：陕西省西安市碑林区太乙路279号
邮编：710054
电话：029-82223424
传真：029-82223424
联系人：刘　鸣

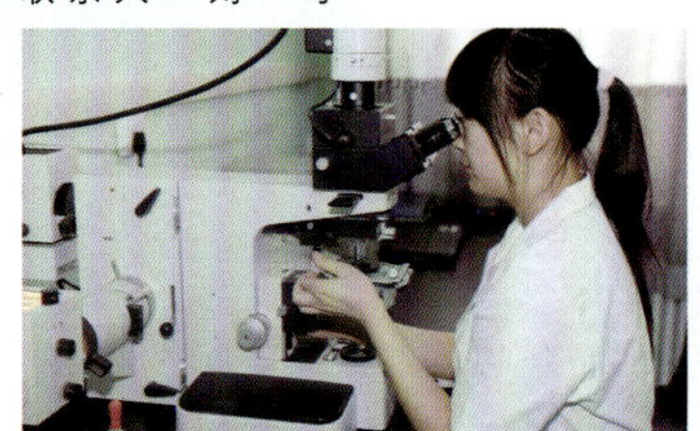
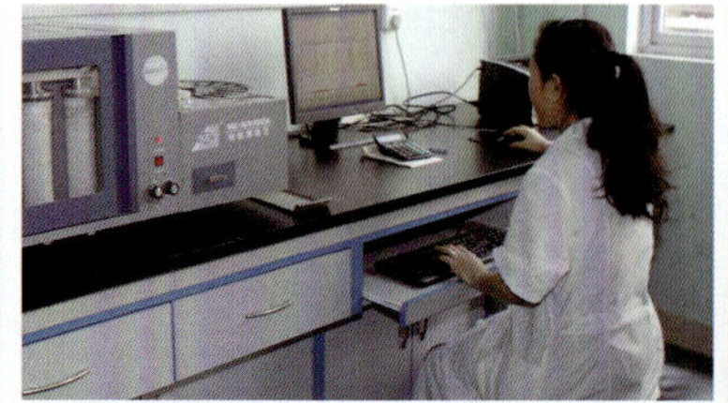

江苏亚威机床股份有限公司

JIANGSU YAWEI MACHINE TOOL Co.,LTD

江苏亚威机床股份有限公司创建于 1956 年，2008 年依法变更为股份有限公司，2011 年 3 月“亚威股份”在深交所成功上市，证券代码 002559，被誉为“锻压机床第一股”。亚威现已成为国内少数几家“金属板材成套解决方案供应商”，专业制造数控折弯机、剪板机、转塔冲床、激光切割机等平板加工成形机床和数控开卷校平剪切线、飞剪线、分条线等卷板加工生产线，共 20 个系列、200 多个规格，服务于汽车、工程机械、电力电气、钢材配送、IT 产业等行业，产品畅销国内，远销欧美。

2005 年“亚威牌”数控冲压机床成为“中国名牌产品”，2007 年注册商标 成为“江苏省著名商标”、“中国驰名商标”，2010 年亚威获“江苏省质量奖”，2011 年获“全国质量工作先进单位”。

亚威坚持技术领先战略，坚定不移地走创新之路。先后与瑞士 SMS、意大利 SLM、日本日清纺公司等进行技术和投资合作；与清华大学、东南大学、河海大学等长期保持紧密的合作关系。现拥有 65 项专利，有 8 个产品项目被列入国家级重点新产品、5 个产品被列入国家级火炬计划。近三年，公司承担国家工信部批准的 3 项重大科技项目。

亚威坚持品牌发展战略，以“服务零距离、客户零烦恼”的理念服务于国内外中高端市场。

亚威坚持以质取胜战略和“质量为先创一流品牌，诚信为本铸百年基业”的质量理念，锲而不舍夯实质量管理基础。通过开展 ISO9001、ISO14001、ISO10012 认证，大力推广全面质量管理，广泛开展 QC 小组活动和合理化建议活动，持续推行 5S 和目视化管理，以关键工序和特殊过程控制为切入点，加大技改投入，近三年投入关键数控加工和检测设备 2.2 亿，有效保证了实物质量的稳定提升；2008 年导入卓越绩效管理模式（GB/T19580、GB/Z19579），建立健全企业文化体系，制定中长期战略规划，设立 KPI 关键绩效指标，建立 CRM 客户关系管理系统，2010 年实施德国 SAP 公司的 ERP 系统软件，构建了覆盖全亚威的 ERP、PLM、CAD/CAPP、OA 等信息平台，2011 年聘请专业咨询公司进行 BPR 业务流程再造、绩效管理和薪酬管理体系设计，运用统计分析、六西格玛管理等先进质量管理工具进行持续改进，参加了“数控高速冲压设备可靠性增长技术”国家科技重大专项课题研究。

亚威股份，将注入世界一流企业的发展理念，进一步完善公司治理结构，培育具有自身特点的核心竞争力与企业文化，努力将企业打造成国际一流的金属板材加工成套解决方案供应商。

法定代表人：吉素琴

联系电话：0514-86880518　　传　真：0514-86882218

公司地址：江苏省扬州市江都区黄海南路仙城工业园　　邮　编：225200

E-mail: sales1@yawei.cc　　Http://www.yawei.cc

扬州曙光电缆有限公司

扬州曙光电缆有限公司是1985年创办的专业生产电线电缆的企业，位于风景秀丽的历史文化名城扬州市北郊，系国家级重点高新技术企业、AAA级资信企业、江苏省重合同守信用企业、江苏省文明单位、江苏省优秀民营企业、江苏省和谐劳动关系模范企业，2006年、2009年连续两次获江苏省质量奖，2010年获得首届市长质量奖。生产的强菱牌系列电缆是国家免检产品、江苏省名牌产品。董事长兼总经理郑连元同志先后被授予江苏省优秀企业家、江苏省劳动模范、全国乡镇企业家荣誉称号。

公司董事长兼总经理：郑连元

公司至2011年底总资产11.38亿元，占地面积280000平方米，建筑面积9.2万平方米，员工近850人。1996年在全行业率先通过了ISO9001质量管理体系认证，并先后通过产品安全认证、ISO14001环境管理体系认证、GB/T28001职业健康安全管理体系认证、测量管理体系认证等，主要产品有:500kV、220kV及以下交联电力电缆、塑力缆、架空绝缘导线、屏蔽控制和计算机电缆、核电站用1E级K3类电缆、煤安电缆、变频电缆、补偿电缆、耐高温电缆、钢芯铝绞线、通信光缆等20多个系列。

公司技术力量雄厚、装备水平先进、检测能力完备，拥有从芬兰、德国、法国、美国、奥地利、瑞士等国家引进的先进生产线和检测设备，立塔高度118.8米，技术装备水平在同行业中领先。公司产品遍及除台湾、香港、澳门以外的全国各省、直辖市、自治区，广泛应用于电力、冶金、石化、能源、交通、通信等系统，先后为长江三峡、大唐托克托电厂、秦山核电、三门核电、长庆油田、广州地铁、首都机场、中南海变电站、青藏铁路、首都钢铁公司、中石化武汉分公司、国家电网公司、南方电网公司、同里800kV换流变等国内外重点工程配套，产品质量和服务受到用户一致好评。

江苏省委书记罗志军来公司视察　　全国人大财经委副主任梁保华来公司视察　　一塔双线500kV VCV 高压交联生产线

企业名称：扬州曙光电缆有限公司

电　话：0514-87591509、87591502

传　真：0514-87591508、80971898

E—mail：web@shuguangcable.com　sgdlc@163.com

网　址：http://www.shuguangcable.com

办公总部：江苏省扬州市新城西区京华城博物馆路547号德馨大厦12楼（邮编：225007）

生产基地：江苏省扬州市北菱塘团结街52号（邮编：225652）

南通天山纺织品检整有限公司，成立于 2001 年 8 月，由日本染色检查协会、日本 FANI 株式会社、南通出入境检测检疫局机关服务中心、南通东帝色织有限公司合资组建而成。地处南通市通州区兴仁镇工业园区，是以第三方的立场设立的检测实验室，是专业从事纺织品面料及成品检测的服务机构。保证为客户提供独立公正、科学严谨、信守合约、优质高效的服务是我们对客户的承诺。

公司已取得《进出口商品检验鉴定机构 资格证书》，通过了中国质量认证中心（CQC）认证，近期又获得中国合格评定国家认可委员会 (CNAS) 认可。本公司的环境条件良好，管理制度健全。公司拥有一支精通业务又能兢兢业业的专业技术人才，并由日本染色检查协会常年派驻日籍专家进行技术指导。

本公司检测产品包括：服装产品、纺织品、室内装饰纺织品、家用纺织品、羽绒制品等产品。主要检测项目：纺织服装外观检测、服装缝制检测、纺织品物理性能（洗涤试验、强力试验、起毛起球等）、色牢度（耐光、耐洗、耐水、耐汗渍、耐摩擦、耐干洗、耐热压、耐唾液等）、燃烧性能、甲醛、pH 值、可分解芳香胺染料（偶氮）等。

自成立以来，在纺织服装产品质量检测方面积累了丰富的经验，公司在发展的同时也在不断的改进，业务内容不断扩充，服务日趋完善，在客户中获得了良好的口碑，为中日贸易的顺利进行提供了保障。今后公司将一如既往地继续努力，争取让客户更方便，更满意！

南通江海电容器股份有限公司

南通江海电容器股份有限公司始建于 1958 年，1970 年开始专业生产铝电解电容器，公司现占地 120000 平方米，建筑面 60000 平方米，员工 1200 多人，合资关联公司五家，是国家级高新技术企业、国家火炬计划——通州电子元件及材料产业基地骨干企业，从 1993 年起销售收入在国内铝电解电容器行业蝉联第一，2010 年 9 月 29 日在深圳上市。公司先后通过了 ISO9001、QS9000、TS16949 质量体系认证、ISO14001 环保体系认证和 GJB9000 国军标质量体系认证。CD29X 和 CD13X 系列产品通过美国 UL 产品安全体系认证。“江海”牌铝电解电容器是江苏省名牌产品，江海商标是江苏省著名商标，是众多国际国内知名品牌的配套首选和免检产品。

南通江海电容器股份有限公司检测与校准中心隶属于南通江海电容器股份有限公司。本中心建立了科学的目标责任管理体系，充分利用管理信息系统网络平台开展各项基础管理工作，保证了各项工作高效、有序开展。

本中心于 1985 年组建，承担了公司的试验、检测和校准工作，在电容器性能试验、检测及仪器校准方面积累了丰富的经验。在立足本职基础上，本中心也能为社会其它单位提供试验、检测和校准服务等工作。

本中心现有员工 17 余人，其中计量校准 5 人，RoHS 检测 2 人，环境试验与检测人员 8 人。具有中、高级以上职称 4 人

本中心设备配套完整，检测和校准项目及试验门类较多，共有各种试验与测量分析设备 100 余台套，大多为日本进口和国内知名企业设备。实验室建筑面积 1000 多平方米。其中环境试验实验室能为客户提供各类铝电解电容器及相关产品性能的检测、环境试验工作。如盐雾试验、高低温循环试验、耐久性试验、高温寿命试验、振动与冲击试验、稳态湿热、浸渍试验、耐湿试验等。RoHS 检测实验室能够为客户提供三种有害物质如：Cd 镉、Hg 汞、Pb 铅的检测。校准实验室能够为客户提供温度、力学、长度、电学四大类仪器设备的校准。

南通江海电容器股份有限公司检测与校准中
联络方法：
通讯地址：江苏省南通市平潮镇通扬南路 79
邮政邮编：226361
传　　真：0513-86571812
电　　话：0513-86726021
电子邮箱：lyp@jianghai.com

成都光明光电股份有限公司测试技术研究所

成都光明光电股份有限公司始建于 1956 年，是中国领先、世界具有一定影响力的专业性光电材料供应商，年产销量位居球首位。成都光明光电股份有限公司测试技术研究所是经成都光明光电股份有限公司授权批准，能独立自主地开展公正性检的测试机构，也是国内首批开展光学材料及制品检测工作的机构，承担着公司各事业部、子公司产品检测、原材料分析、测技术培训及技术咨询工作，同时也面向社会提供光学玻璃等无机材料的物理物化性能、化工原料分析等相关检测服务。

测试技术研究所拥有配套完善的先进测试设备 120 台（套），其中 ABR-10AC 双频激光应力双折射测定仪、大口径GO 激光干涉仪、GMR-1D 大型精密测角仪， U-4100 分光光度计 ,PW2403X 荧光分析仪等大型精密测试分析仪器设备均国内领先、国际一流的检测设备 .

作为光学材料检测的领军人，我所主编的 GB/T 7962-2010 无色光学玻璃测试方法国家标准已于 2011 年 5 月 1 日正式布。2011 年 11 月 16 日我所通过了中国合格评定国家认可委员会（CNAS）认可，认可证书号：CNAS L5316，共有 21 检测项目获得认可，其中折射率、应力双折射、线膨胀系数、耐酸稳定性等重要光学玻璃技术指标。

成都光明光电股份有限公司测试技术研究所将始终贯彻“管理科学、检测公正、数据准确、服务及时”的质量方针，并不开拓进取，为客户提供优质高效的服务。

地址：成都市龙泉驿区成龙大道三段 359 号　　电话：028-88456211　　E-mail：csji@cdgmgd.com

淄博火炬能源有限责任公司

淄博火炬能源有限责任公司（原淄博蓄电池厂）系中国船舶重工集团公司成员单位。始建于 1944 年，是我国最早研制和生产铅酸蓄电池的厂家之一，也是目前我国研制和生产铅酸蓄电池种类较全的厂家。工厂位于山东省淄博市，占地面积 44 万平方米，现有员工 1600 余人，各类专业技术人员 430 人，其中高级专业技术人员 87 人、中级专业技术人员 133、高级技师 16 人、享受政府特殊津贴 4 人、研究员级高工 3 人、511 人才工程 1 人。工厂生产的各类铅酸蓄电池产品，广泛应用于国防、科研、通信、电力、船舶等领域。“火炬”商标被山东省认定为著名商标。

淄博火炬能源有限责任公司综合实验室（中国船舶工业淄博蓄电池产品性能检测中心）一九九三年九月通过国家计量认证，二〇〇三年九月通过国家实验室认可，二〇〇四年九月通过国防科技工业实验室认可。通过认可的项目涉及铅酸蓄电池检测项目 28 类、标准 45 个；理化性能检测项目 63 类、标准 169 个；计量校准项目 14 类、检定规程 14 个。

实验室建筑面积 3000 余平方米，现有仪器设备 320 台（套），工作人员 33 名，其中工程技术人员 12 名，内设办公室、电池检测室、化验分析室、物理性能试验室、计量室。

淄博蓄电池厂综合实验室将秉承“信誉为主、客户至上”的理念，为广大客户提供科学、准确、公正、满意的服务。

地址：山东省淄博市张店区　　邮编：255056　　电话：0533-2996556

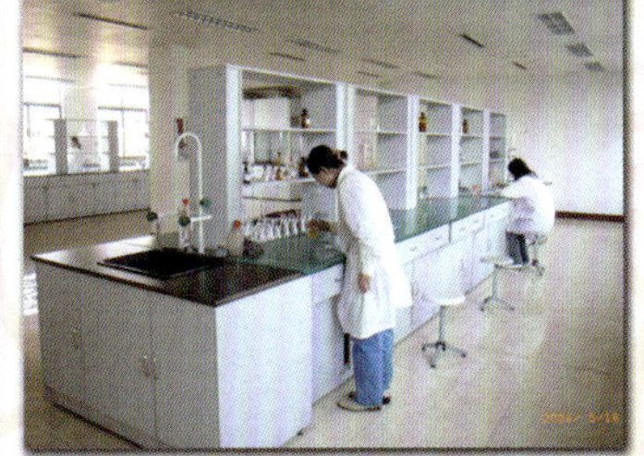

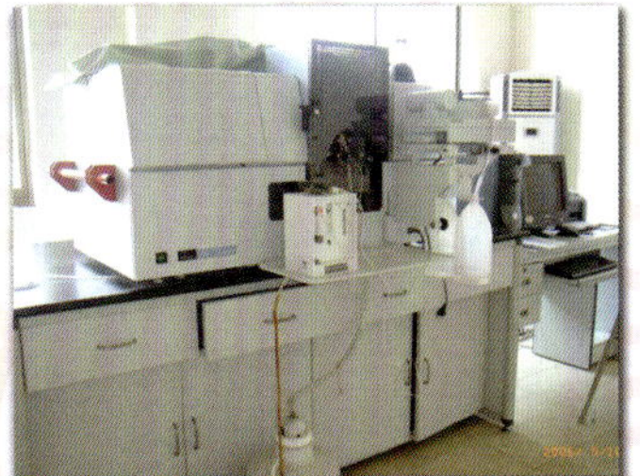

江苏龙灯化学有限公司

江苏龙灯化学有限公司是加拿大龙灯国际集团下属全资子公司，主要从事作物保护产品制造，包括：除草剂、杀菌剂、杀虫杀螨剂等产品的研发与生产。公司占地面积 54488 平方米，投资总额 1188 万美元。目前公司拥有庞大的产品研发实验室、GLP 实验室、分析研发实验室、生物测定试验室，现有员工 643 人，其中博士 6 人，硕士 67 人，本科及大专以上学历有 378 人，大专以上学历占职工总人数的 58.9%。

公司成立以来，致力于用科学的生产技术，先进的工艺和设备，生产行业内技术领先产品和剂型，从 2004 年至今本公司已获国家发明专利八项。目前公司已有 70% 的农药杀菌剂产品畅销至美国、英国、西班牙、希腊、日本等 50 多个国家。2010 年公司的农药杀菌剂获江苏省名牌产品。在美国化工杂志公布的统计信息获悉：从刚公布的全球农化非专利制造企业中，龙灯集团已列入世界前十强。自 2004 年以来公司每年参与农药国家标准审核和制修订，至今已参与起草农药国家标准共计 22 项，其中《戊唑醇水乳剂》在 2010 年获中国石油和化学工业联合会科技进步二等奖。

江苏龙灯化学有限公司是加拿大龙灯国际集团下属全资子公司，主要从事作物保护产品制造，包括：除草剂、杀菌剂、杀虫杀螨剂等产品的研发与生产。公司占地面积 54488 平方米，投资总额 1188 万美元。目前公司拥有庞大的产品研发实验室、GLP 实验室、分析研发实验室、生物测定试验室，现有员工 643 人，其中博士 6 人，硕士 67 人，本科及大专以上学历有 378 人，大专以上学历占职工总人数的 58.9%。

公司成立以来，致力于用科学的生产技术，先进的工艺和设备，生产行业内技术领先产品和剂型，从 2004 年至今本公司已获国家发明专利八项。目前公司已有 70% 的农药杀菌剂产品畅销至美国、英国、西班牙、希腊、日本等 50 多个国家。2010 年公司的农药杀菌剂获江苏省名牌产品.在美国化工杂志公布的统计信息获悉：从刚公布的全球农化非专利制造企业中，龙灯集团已列入世界前十强。自 2004 年以来公司每年参与农药国家标准审核和制修订，至今已参与起草农药国家标准共计 22 项，其中《戊唑醇水乳剂》在 2010 年获中国石油和化学工业联合会科技进步二等奖。

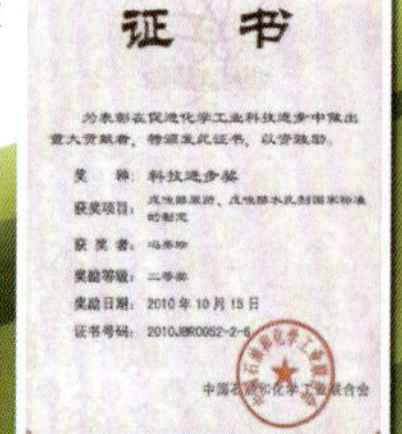

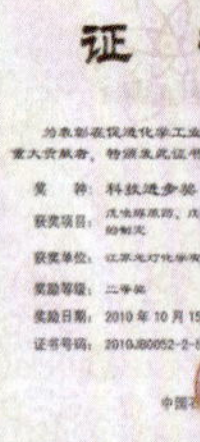

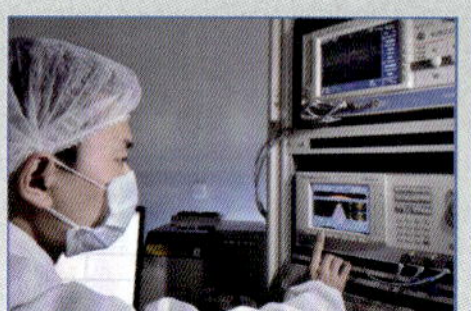

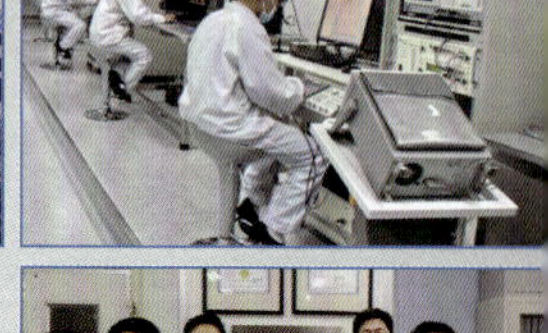

河南凯瑞数码股份有限公司光盘测试中心

Henan Kerry Digital Co.,Ltd. Optical Disc Testing Center

河南凯瑞数码股份有限公司（“凯瑞数码”）是专业从事可录类光盘生产和研发的高新技术企业。2004 年 12 月注册成立，位于河南省安阳高新技术产业开发区，公司厂区面积占地 49 亩，投资总额为 1.1 亿美元，是全球第四大可录类光盘产品生产基地。

凯瑞数码下属光盘测试中心（中心）成立于 2008 年 2 月，占地 200 多平米，总投资近 5000 万元，拥有国际最先进的 DVD CATS R/RW PRO、ODU1000 ODT 、ODU1000 BDT 和 ODU1000 HDT 等高端光盘检测设备；中心人员由高级实验室项目管理人员、熟悉各种测试设备的技术工程师，熟悉各种实验及测试方法的测试工程师，熟悉光盘产品的生产工程师，及专业的 QA 产品质量工程师等涵盖光盘生产控制及品质保障各个方面的技术人才组成。中心的测试内容涵盖了目前光盘行业所有碟片类型的检测项目，是国内检测设备最齐全、测试手段最先进的测试中心。2011 年 12 月，中心通过 CNAS 检测实验室认可。成为国内光盘行业中第一也是唯一一家获得国家认可的检测实验室。

中心通过 CNAS 认可后除了为公司产品质量提升，奠定坚实的技术基础外，同时也可接受国际、国内可录类光盘企业产品委托检测服务，提供第三方公正、准确、合法的检测结果。中心秉承“客观公正、科学准确、持续改进、客户满意”的质量方针，努力为我国光盘产业的蓬勃发展，倾尽全力。

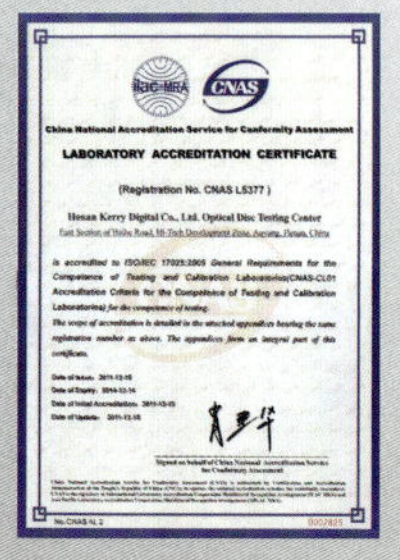

德尔福派克上海测试中心

德尔福派克上海测试中心创建于2006年，坐落在上海国际汽车城，占地1,800平米。2012年2月1日，本测试中心顺利通过了中国合格评定国家认可委员会（CNAS）审核。

德尔福派克上海测试中心主要以支持区域产品设计开发的验证测试要求，同时提供直接的测试服务以支持亚太客户的零部件地区化的测试需求。为制造商和机构提供产品评估和分析服务，满足各种对汽车和非汽车类产品的检测。包含机械－尺寸、力学、密封、动态疲劳，电性能－电气、电子、射频、负载，环境及可靠性－温度、湿度、盐雾、机械冲击和振动、综合老化，材料分析－成分，整车电气系统测试等领域。整个实验区域拥有超过300台精密测试设备，50名经过全球化培训的测试技术人员，每年超过3,000项测试，为客户提供全面的、个性化的工程测试解决方案。

作为全球网络化测试服务体系的一个重要分支，本实验室遵从统一的实验室管理运营体系，共享信息和测试资源，测试结果全球互认。经验丰富的工程团队与符合行业标准的先进设备，热忱为广大客户提供可靠的、可重复的、极具竞争力的测试服务。

地　址：上海市嘉定区园国路60号
邮　编：201814
电　话：86-21-59563300-7261
E-mail：Chen.Wei@delphi.com

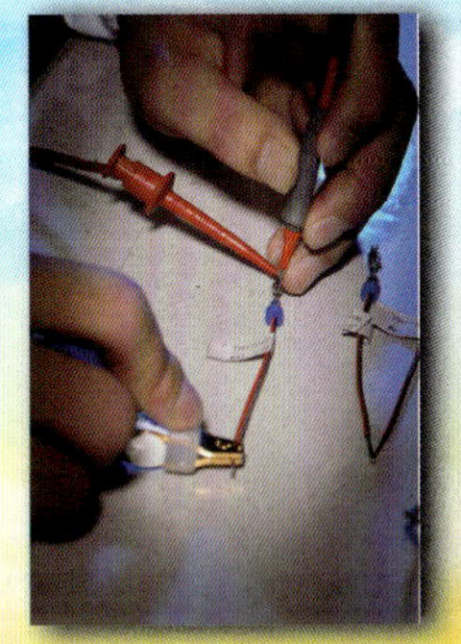

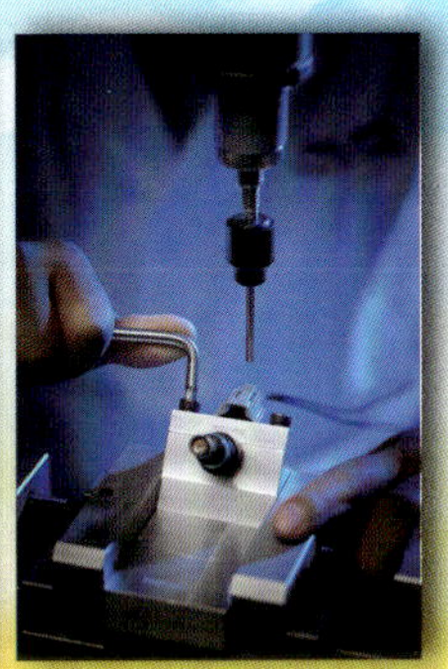

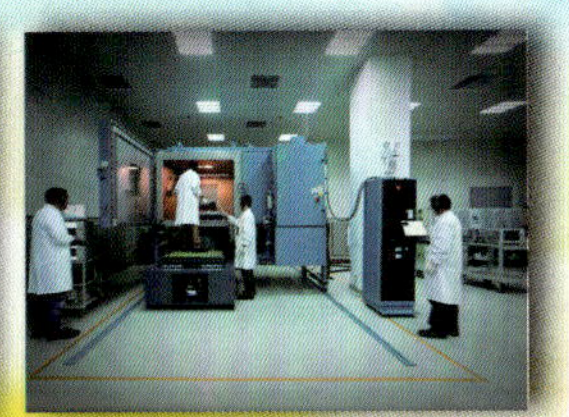

长春富维－江森自控汽车饰件系统有限公司

技术中心实验室

长春富维－江森自控汽车饰件系统有限公司技术中心实验室（以下简称技术中心实验室）隶属于长春富维－江森自控汽车饰件系统有限公司。公司位于吉林省长春市经济开发区，经营范围包括汽车座椅、仪表板、副仪表板、门板、顶棚及饰件产品的开发设计、制造、销售和售后服务。

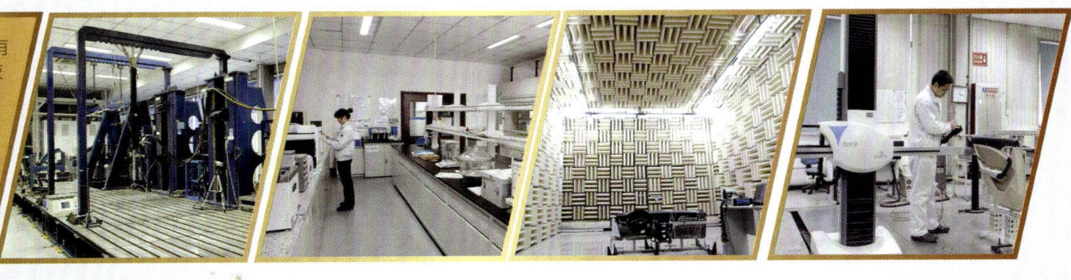

技术中心实验室

始建于1986年，现有员工68名，其中有国外（德国、美国等）测试培训经历的人员达到员工总数的25%。技术中心实验室拥有检测设备100余台（套），固定资产原值8600余万元，先后引进了具有国际先进水平的气囊测试系统、伺服加速滑台系统、低背景噪声振动台、安全带固定点试验台、机器人、冲击试验台、环境试验箱、振动试验台、电子万能试验机、气相色谱仪等分析测试设备，能够按照国际、国家及行业标准进行汽车座椅、仪表板、门板等内饰件的气囊静态展开性能、座椅滑车碰撞、NVH、座椅安全带固定点强度、座椅移入移出、座椅头枕冲击、UWS性能、3D测量、环境老化性能、颜色性能、散发性能、以及非金属材料物理化学性能的测试分析。2008年一汽－大众公司新上市的自主开发新宝莱汽车，其全内饰的设计与研发由富维－江森负责完成，技术中心实验室承担全部的产品验证工作，并获得德国大众的认可。自此，技术中心实验室已承担了包括红旗H7全内饰、欧朗座椅、奥迪Q5座椅、新速腾全内饰等20余个项目的产品验证工作，并获得客户的认可。目前，技术中心实验室试验能力范围能够基本覆盖一汽－大众对新产品投放的测试要求、基本覆盖自主品牌轿车对新产品投放的测试要求。

技术中心实验室是中国合格评定国家认可委员会（CNAS）认可实验室，先后通过了ISO9001、TS16949质量管理体系认证。其中气囊检测室已完成25000余次的气囊静态点爆试验，并获得德国奥迪公司＆德国大众公司及宝马公司的认证，率先成为中国北方区的气囊试验中心。座椅检测室成为国家汽车零部件产品质量监督检验中心（长春）的分包实验室。

技术中心实验室本着“以体系能力建立诚信，以验证技术树立权威”的质量方针，进一步凝练试验理念与方向，建设高素质的人才队伍，通过不懈努力为控制汽车内饰件产品质量做出我们的贡献。

北京首钢福田汽车空调器有限公司试验中心

北京首钢福田汽车空调器有限公司试验中心（BSFTC）成立于2010年，是一家以检测汽车空调系统及单体部件性能为主的汽车空调试验室。试验中心建立了完善的管理体系，拥有试验人员11人，其中本科以上9人，中、高级职称3人，试验设备6套，设备原值600余万元。

试验中心按照ISO/IEC 17025:2005《检测和校准实验室能力的通用要求》、CNAS-CL01：2006《监测和校准实验室能力认可准则》建立和实施质量管理体系，现已获得CNAS认可。中心本着“科学真实，高效准确，诚实公正”的方针为顾客提供一流的技术服务，为空调行业提供科学真实的依据，为社会提供公正准确的试验平台。

试验中心承担汽车空调系统试验、冷凝器试验、蒸发器总成试验、蒸发器芯体试验、空调制冷单元、压缩机试验、暖风装置试验、HVAC吹风试验、HVAC风机试验、冷凝器风机试验等空调性能方面的试验，同时还可以做相关部件的压力脉冲试验、盐雾试验、耐压爆破、三坐标检测、二维影像测量等常规形式试验。

近几年随着电动汽车的发展，电动汽车空调系统的开发方兴未艾，基于此，试验中心也致力于电动车空调试验的研究，目前已能够对电动空调系统，及PTC加热器等项目进行试验。

试验中心以母体发展为依托，以建成北京市重点试验室为目标，坚持以顾客为关注重点，持续改进，不断提高人员专业素质、强化管理水平。

我们秉承优质的服务满足客户的需求，竭诚欢迎您的光临和指导。

联系人：赵艳华

地　址：北京市密云县经济开发区雁密路93号　邮　编：101500

电　话：010-61027783　　E-mail：bsf_cnas@126.com

传　真：010-61027776

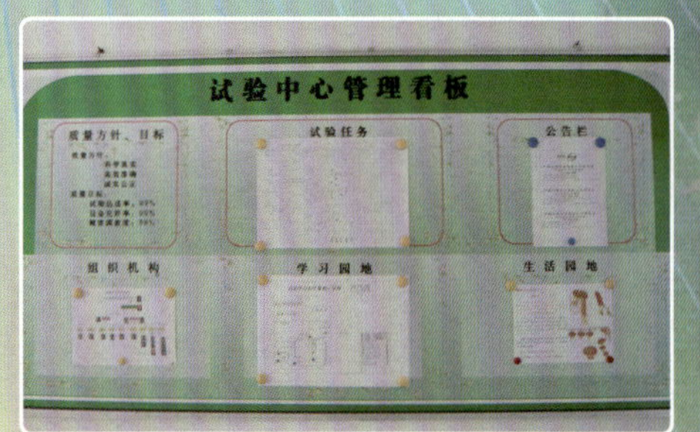

2012

Yearbook of Certification and Accreditation of China

第十二部分　行业自律

Part Twelve　Self Disciplining of Acceditation and Certification Bodies

2011年，中国认证认可协会（以下简称“协会”）紧紧围绕国家质检总局“抓质量、保安全、促发展、强质检”十二字方针，全力推进“十二五”规划和二届二次理事会确定的各项工作，在会员服务、自律监管、培训开发、技术标准、承办杂志、对外交流合作、自身建设等方面，以及国家认监委授权协会承担的SAC/TC 261秘书处日常工作中，做了大量扎实有效的工作，取得了一些业绩。

一、完善自律诚信机制，构建和谐公平执业环境

（一）进一步完善自律工作机制，成立协会行业自律工作委员会

按照公开、公平、公正的原则，组织会员单位推荐自律委员会的委员候选人，通过常务理事以通讯方式选举了自律委员会委员。2011年7月，在南戴河举行了行业自律工作委员会成立仪式，之后迅速开展工作，并且于2011年11月初在天津召开了委员会成立后的第二次全体会议。会上讨论通过了《自律委员会的工作规则》和《中国认证认可协会行业自律工作体系建设建议书》等工作文件，确定先期从九个方面展开行业自律工作体系建设，将自律工作的重点从管理体系认证向产品认证、培训和咨询领域扩展，截至2011年底，对应的9个项目工作组已启动工作。

（二）规范认证证书转换、从业人员执业机构转换、价格等自律措施运行更加有效，作用越来越明显

认证证书转换自律监管系统运行正常，截至2011年12月，各机构上传2011年度暂禁证书信息88 475条、上传转换备案证书信息11 223条。经审核，通过备案9 686条，驳回备案1 537条。自2011年3月以来，月均处理数量1 030条，月均通过率80%以上，说明转换规则在各机构得到了较好的贯彻。加强了对违规转换证书行为的清查和处理，全年查处违规转换证书185张，数量较2010年度明显下降，对涉及的46项投诉项目进行了核查，确定34项不存在违规事实。对于违反证书转换自律规范的违规转换证书行为涉及的65家机构，根据情节轻重进行了处理。对存在少量或问题不太严重的41家认证机构进行提醒警示，提醒14家认证机构的负责人注意，同时对个别问题较严重的机构给予了罚款处理。

从保证认证机构对人员的有效管理和保障认证人员的基本权益等方面，对《注册认证人员转换执业机构暂行规定》进行了修订，并经二届二次理事会表决通过，于2011年5月1日正式执行，得到了聘用机构和从业人员双方面赞同。全年共计接受转换执业机构申请1 677人次，办理转换执业机构1 555人次，有效发挥了自律规范的积极作用。

（三）对一些认证机构进行非例行价格检查

在价格自律方面，通过对认证证书的认真清查和分析，确定对69家认证机构（含分支机构）进行非例行价格检查。在从业机构的支持下，共组织了16个检查组44名检查员按照预定方案对这些机构进行了非例行价格检查。通过对检查结果进行汇总分析，发现多数机构能够遵守价格自律规范的基本要求，特别是前几年存在问题比较多的一些机构有了明显的改进。对于存在严重违反行业自律规范行为的5家认证机构做了公开处理。对存在较多问题的机构，约见机构负责人进行了告诫谈话，督促他们自觉遵守行业自律规范。

（四）重视申投诉的调查，对违规人员按规定进行及时处理

根据前几年申投诉的调查处理情况，对注册人员违规行为进行资格处置的规则进行了修订，使认证人员

的违规行为及其处置的规定更加明确细化，做到过罚得当，便于操作。全年共撤销了8人的14项审核员（检查员）注册资格，撤消了1人的培训教师注册资格。

（五）自律与正面引导相结合，开展良好认证审核（咨询）案例评议交流活动

2011年，继续组织认证从业机构开展多种形式的良好认证审核（咨询）案例评议交流活动，得到了很多机构的重视和响应，有41个机构向协会推荐了案例，使推荐的案例总量达到214个，较2010年翻了一番。经过组织从业机构对参加2011年度案例评议交流活动的214个案例进行交流和评审后，评出2011年度良好认证审核案例34个，汇编成册后，公开发布，供全行业学习交流。

二、服务会员水平提升，服务质量获得肯定

（一）成功召开了协会二届二次理事会暨二届二次常务理事会

成功召开了协会二届二次理事会暨二届二次常务理事会，报告了协会2010年的工作，并对2011年工作进行了全面部署；讨论并审议通过成立行业自律工作委员会等提案，使行业自律的工作机制更加完善；讨论了协会“十二五”规划并且在会后正式发布实施，为协会未来5年的发展明确了思路和要求，成为协会全面提升服务水平、服务质量和服务能力，成为更好地履行职能、发挥作用的重要指导性文件。

（二）组织会员单位参加了“2011中外服务贸易企业洽谈会”

组织会员单位参加了“2011中外服务贸易企业洽谈会”，扩大了认证认可在社会上的影响。洽谈会由中国国际贸易促进委员会主办、国家认监委等作为支持单位，协会作为协办单位积极组织会员参展，中国合格评定国家认可中心、中国信息安全产品认证中心、方圆标志认证中心等22家认证认可机构参展，这是我国认证认可机构首次以这样的规模集体在大型展会上亮相，不仅使参展机构有效地展示了他们的形象和实力，而且从整体上向观展公众宣传了我国认证认可行业的发展成果。主办方对认证认可展团首次参会就取得了这样好效果给予了充分肯定，专门向协会发来感谢信，对协会在组织协调过程中做出的大量务实工作提出表扬和感谢。

（三）服务行业发展，发挥好桥梁纽带作用

一是积极配合国家认监委抓行风建设工作要求，协助直属机关纪委组织召开了《认证认可行风建设管理办法》座谈会，广泛听取了从业机构意见建议，了解了目前认证认可行业及其监管过程中存在的行风问题。二是配合国家认监委开展了《认证咨询机构管理办法》立法后的评估调查，覆盖了北京地区所有认证、咨询机构和相关企业，为全面评估《认证咨询机构管理办法》实施情况和改进需求提供了有效的数据。三是按照国家认监委对食品安全管理体系认证的总体要求，组织认证机构和有关单位加强了对食品安全管理体系在特定领域应用的技术规范制修订工作，并对25项食品安全专项技术规范及4项酒类技术规范进行了审定。四是根据国家认监委的安排，为鼓励认证审核、检查人员认真钻研业务、不断提高业务能力和从业水平，协会首次开展了年度优秀认证人员评选复核和评议工作，有28名候选人被评为优秀认证人员，成为行业学习的标兵。

（四）充分体现认证认可行业爱心和社会责任的行业小学正式落成

2008年汶川地震后，王凤清会长第一时间发起倡议，得到行业积极回应，共同捐资500余万元援建的甘肃省陇南市武都区甘泉中认小学于2011年9月正式落成，当地政府和广大师生对希望小学的落成极为重视，落成仪式隆重而热烈，充分体现了当地人民对认证认可行业的爱心与奉献的感激之情，协会李晓岚常务副会长受王凤清会长之托与行业主要捐建单位代表共同参加了甘泉中认小学的落成仪式，并为孩子们捐赠了学习用具。甘泉中认小学的落成体现了认证认可行业的爱心和社会责任，展现了认证认可行业高尚的社会风貌。

三、加强科研管理，全力承担SAC/TC 261秘书处工作

根据国家认监委决定，顺利完成了SAC/TC 261秘书处工作组的移交和调整组建工作。在正式移交之前，按照委里的要求，承担了SAC/TC 261第八次全委会的相关工作，会议审议通过《全国认证认可标准化技术委员会2010年度工作报告及2011年度重点工作》、《全国认证认可标准化技术委员会第八次全体委员会议财务报告》及《第八次全委会标准提案》。根据会上委员会和专家顾问的意见，决定对TC 261秘书处的组织架构进行适当调整，将原设立5个工作组调整为新合并基础组和技术与文件支持组、认证组、认可组，新增加环境与资源组，拟设立实验室分技术委员会，现在分技术委员会的设立正处在报批过程之中。组织研讨会多次对征求《认证认可标准化发展“十二五”规划》的意见，对规划配套的《认证认可标准制修订路线图》进行了修订。

组织实施并积极申报国家标准的制修订项目。2010年国家标准委共批准10项国家标准，这些标准需要在2011年及之后的规定时间内完成，按照要求，协会及时完成了与标准制修订相关单位《国家标准制修订计划项目任务书》的签订和经费下拨工作，并且注意检查工作进度，对相关问题进行研究并提出解决方案。对申报的标准项目进行研究，通过了15项国家标准提案，截至2011年底已经得到国家标准委批准立项的有4项。正在制订“高技术服务业——检验检测”标准体系框架，力求从顶层设计检验检测标准体系，规范检验检测行为，为我国实验室监管提供参考。

在科研管理方面，完成了《认证机构信用评价标准》和《认证执业人员信用评价标准》两个国家标准的专家审定，已经形成报批稿等待批准。《中国认证认可职业资格制度建立》、《中国服务认证机构管理政策体系研究》正在进行之中，并取得了阶段性成果。《质量基础设施建设中合格评定知识体系的建立研究》、《自主知识产权产品认证体系构建与应用技术研究》等课题已经完成申报工作。

四、加大国内外交流合作力度，为提升认证认可行业影响力创造有利条件

一是积极参与国际人员认证协会（IPC）的工作，在IPC的互认等工作中发挥重要作用。通过积极争取，在2011年上半年承办了2011年的IPC第一次执委会，并且派员参加了下半年的IPC年会和执委会。目前正在IPC与国际认可论坛（IAF）合作，争取在两年内实现质量管理体系和环境管理体系在IAF框架下建立互认制度，同时寻求在IPC成员间开展培训课程方面的互认制度。

二是开展双边活动，增加与国际知名机构的合作与交流。组团参加了世界质量与改进大会暨美国质量学会（ASQ）第65届年会及ASQ在深圳召开的“首届中美质量论坛”，参加了欧洲质量组织（EOQ）年会，访问了美国标准化协会（ANSI）、西班牙质量协会（AEC）、挪威船级社（DNV）、西班牙公司及荷兰认可委（RVA）、英国标准化协会（BSI）、奥地利质量协会（OQS）等机构，实现了与台湾认证基金会等组织的互访，分别就认证人员培训、注册及监督管理、审核员专业能力评定、企业的社会责任、风险管理等内容进行了广泛交流，并探讨了进一步合作的可能性。

三是提升合作水平，与美国2家国际知名人员注册机构签订双边协议。2011年在保持与美国质量协会（ASQ）和英国人员注册机构（IRCA）合作的基础上，又与法国标协集团（AFNOR）和美澳联合人员培训和注册机构（RABQSA）签署人员认证领域谅解备忘录，协议的签订将有助于实现协会的注册结果与这些机构的注册结果的相互承认，方便认证人员的流动与交流，实现对认证人员的有效监管，并且将促进协会在其他领域与这些机构的合作。

四是跟踪国际标准发展，做好对口国际标准化组织合格评定委员会（ISO/CASCO）工作。积极跟踪ISO/CASCO相关动态，定期翻译CASCO动态新闻。积极跟踪标准制修订最新动态，及时对相关国际标准进行投票。协会设有6个国际标准对口工作组，对ISO/CASCO正在开展的全部6项国际标准进行跟踪并实际性参与标准制修订过程，确保我国在认证认可国际标准制修订过程中的话语权和影响力。

五、利用媒体优势加大行业正面宣传力度，推进信息化建设

2011年，协会荣获国家认证认可信息化工作先进集体，并有1人获得国家质检系统宣传工作先进个人称号。

一是充分发挥行业主流媒体《中国认证认可》的作用，协会与中国合格评定国家认可中心联合开展了“获证组织巡访活动”。通过获证组织的现身说法，真实、客观、正面地展示和宣传我国认证认可行业多年来在国家经济建设中所起到的积极推动作用，并通过制作访谈专题片向业内和社会公众传播。《中国认证认可》杂志还在国家认监委成立十周年之际，承办了“我与认证认可十年”征文和十件大事评选活动，共收到征文317篇，通过杂志等媒体选登优秀文章，有效地扩大了认证认可工作的影响。杂志还凝聚行业主流机构的力量，围绕“新时期认证认可行业实现创新发展的思路和方向”进行了专题研讨。

二是通过协会《工作通讯》的正常出版，进一步畅通了协会会员之间沟通渠道，增强了凝聚力。2011年共发行6期总3 600册，成为协会联系会员、政府、企业和社会的重要沟通交流平台，获得了会员机构的认可。以《工作通讯》为载体，组织了二届二次理事会、全国认证认可标准化委员会第八次全委会、唱红歌、质量月、甘泉中认小学、服洽会等6个专题报道。全年向国家认监委网站报送刊发稿件15篇，在协会网站刊发新闻报道20余篇，图片新闻30余条。杂志、内刊加上网站，构建了协会“两刊一网”宣传格局，加大了内外宣传工作力度，为上级主管部门实施有效监管以及协会引领行业发展营造了良好的舆论氛围。

三是将信息化工作作为提升服务水平的重要手段，2011年开始整合现有认证人员注册系统、认证人员转会系统、认证证书上报系统、继续教育培训和考试系统等，逐步建立协会统一的信息化服务体系。协会网站继认证

人员注册、捐建希望小学后，继续教育网络培训平台子网上线运行。普及综合信息化工作平台（OA）和腾讯通的使用，大大提高了工作效率，促进了员工间的沟通交流。协会网站应用版块和功能版块正在按照新的需求进行改版扩容，将与信息化服务体系实现有效衔接。

六、以开展创先争优活动为契机，加强协会自身建设

一是建立完善学习培训制度，创建学习型协会。建立协会领导班子定期集体学习和为员工培训制度，邀请班子成员为员工讲党课、做业务培训。全年班子成员共讲党课2次，业务培训3次。完善员工培训制度，采取走出去、请进来的培训方式，提升员工思想政治素质、业务技能和岗位履职能力。员工全年参加继续教育培训30余人次。为新员工举办入职培训11次。

二是深入开展创先争优活动，围绕“为民服务、创先争优”主题，制定实施活动方案。调动全体党员干部践行“五个好”、“五带头”，在领导班子、党员队伍、工作机制、工作业绩、群众反映五个方面实现“五好”活动要求。公示每位党员承诺书，做到公开示诺、民主评诺、以行动践诺，发挥了党员的先锋模范作用。召开了准备充分、内容深刻的民主生活会，班子凝聚力进一步增强。

三是以丰富多样活动迎接建党90周年，营造优秀协会文化。积极参加国家质检总局、国家认监委“唱红歌，跟党走”文艺汇演、党史知识竞赛、党建论文征文等活动，并开展了红安红色之旅学党史活动。建立健全了协会工会组织并明确了各委员分工，制定实施了工会活动计划，成立了7个文体俱乐部。组织了面向贫困母亲和新长城特困高中生的捐款献爱心活动。

四是加强人力资源、OA系统办公自动化、文档秘、财务管理等各项管理工作，提升科学管理水平。完善了员工招聘、薪资福利、社险缴纳、绩效考核、职称评定等一系列人力资源管理制度。全年新招聘员工11人，为协会注入了新鲜血液。严肃考勤纪律，每月核对员工考勤记录。通过规范管理、有效激励，调动全体干部员工的积极性、创造性。优化OA系统各模块功能，解决OA系统模块应用和流程改善问题。加强文件归档管理，解决电子文件和纸质文件归档的对应问题。此外，加强了保密、信息安全管理和财务管理等各项管理工作。

撰稿人：张 颖　审稿人：赵宗勃

2012

Yearbook of Certification and Accreditation of China

第十三部分　国际合作

Part Thirteen　International Cooperation

一、服务外交外贸大局

加强认证领域的合作成为温家宝总理访德与默克尔总理会晤重要内容，并写入中德首轮政府磋商联合新闻公报。作为落实举措之一，国家认监委已与德国经济技术部建立联系，协商建立中德认证认可工作组。

配合中国与土库曼斯坦建交20周年，积极参与了两国政府间标准计量认证认可合作协议的商签，商定互认认证认可的工作结果互认的内容，有力地配合了我国的能源战略，促进了我国开发和引进土天然气工程。

配合习近平副主席6月初访问南美，积极推动乌拉圭紧扣肉类企业注册工作。王大宁副主任亲自率团赴乌进行进口肉类企业注册检查工作，与对方主管部门密切配合，有力地配合了高层访问。

中俄总理定期会晤机制下中俄标准计量认证和检验监管常设工作组第八次会议8月在俄成功举行。孙大伟主任与俄罗斯联邦技术调节和计量署克鲁季科夫副署长分别率团参会。双方就实验室能力验证项目及协助俄建立实验室认可体系等认证认可领域具体合作项目进行了磋商。

配合上海合作组织成立10周年及上合组织会议召开，4月与标准委联合举办上海合作组织认证认可和标准化研讨会。上合组织质检工作组的全部成员国派代表参会。会议就各国认证认可政策法规、技术要求等议题进行了深入交流，为上合组织质检工作组进一步开展合作活动及上合成员国经贸合作构建了良好的沟通平台。

积极配合国家自由贸易区战略，发挥认证认可在自由贸易区建设中的作用。全力参与了中国—瑞士、澳大利亚自由贸易区谈判，中日韩自由贸易区官产学研究，以及中国—新西兰、新加坡自由贸易区协定实施工作。

二、大力发展双边关系

抓紧中美认证认可工作组建设，与美国商务部协商工作组正式启动事宜。积极推动中美合作向双向交流方向转变，敦促美方改变了与我国合作的态度和方式。同时，与美国国家标准学会联合研究搭建中美合格评定信息平台，为中国出口企业提供全面及时的美国市场准入要求。

稳步推进中日合格评定对话，为帮助中国企业更便捷地获得日本强制认证，继续与日本进行电子电器产品认证互认谈判。经反复研究，对日方建议的文本初步形成了修改意见，将适时向日方提出。

充分利用中欧工业品安全与WTO/TBT磋商机制合格评定工作组年度会议，交涉对贸易产生影响的认证方面的问题，并进一步推进了联合搭建信息平台的工作，为中国企业提供欧盟CE制度相关信息。

在中韩合格评定分委会项下积极推进中韩认证认可领域合作。中韩合格评定分委会第八次会议于7月初在韩国举行，确定开展联合实验室能力验证工作和互认合作基础研究，为中韩认证认可合作向纵深发展奠定基础。

积极落实国家认监委与以色列工业贸易劳动部签署的合作谅解备忘录，与以色列贸工部在北京举行了中以认证认可和标准化对话，双方相互介绍了中以认证认可和标准化的总体情况，并初步商定了2012年合作安排。

此外，分别在中俄标准计量认证和检验监管常设工作组和中韩合格评定分委会项下举办了中俄强制性认证和检验监管研讨会和中韩低碳节能认证研讨会，不仅促进了政策层面的相互学习借鉴，也为企业等相关利益方提供了实用信息。

三、推进国际多边互认

（一）国际多边互认体系参与力度进一步加强

2011年，在国际电工委员会电工产品及元器件合格评定体系（IECEE体系）框架下，国家认监委组织专家完成了18家申报IECEE体系实验室国内预评审工作，并正式向IECEE体系递交推荐申请。在国际电工委员会防爆电气安全认证体系（IECEx）框架下，国家认监委组织专家完成了1家申报IECEx体系实验室的国内预评审工作，并正式向IECEx体系秘书处递交推荐申请。

（二）国际多边互认体系国内运作取得新成效

11月3日，第四届国际电工委员会三大认证体系国内运作机制年会在浙江杭州召开，会议总结了2011年IEC三大认证体系国内运作工作，研讨了未来五年IEC合格评定体系国内发展纲要，形成了落实第四届年会的会议行动方案。12月31日，国家认监委作为IEC合格评定体系成员机构发布了《IEC合格评定体系国内发展纲要（2011～2015）》，纲要明确了未来五年IEC合格评定体系国内运作的指导思想、基本目标、主要任务和保障性措施。

（三）积极开展国际多边互认体系运作有效性评估

2011年，申报并获批了认监委短平快项目《我国运作IECEE-CB体系运作有效性评估研究——以家电产品类别为例》。该项目拟总结我国参与IECEE-CB体系30年来家电领域运作经验，查找体系运作中存在的问题，为科学决策提供支持。该项目的启动标志着国家认监委对我国参与认证认可国际多边互认体系有效性进行全面评估正式展开。

四、积极应对技术壁垒

（一）经合组织良好实验室规范（OECD/GLP）工作取得新进展

为应对欧盟REACH法规，配合商务部做好加入经合组织良好实验室规范工作组数据互认协议（OECD/GLP/MAD）基础准备工作。10月，在OECD/GLP工作组秘书处大力支持下，国家认监委派员赴以色列耶路撒冷参加了第十届OECD/GLP检查员培训班。

（二）加强WTO通报、咨询、评议工作

2011年是WTO最后一次对华过渡性审议，积极协助国家质检总局、商务部应对对华贸易政策审议。依照WTO规则向WTO秘书处通报了《认证机构管理办法》和《进出口食品国外生产企业注册管理规定》等部门规章。依据WTO规则，向WTO秘书处通报了部分消防产品纳入强制性产品认证目录。

五、深度参与国际组织

（一）鼓励认证认可国际组织任职，确保话语权

2011年，我国在认证认可国际组织管理层和技术层任职取得丰硕成果。继续巩固在国际电工委员会（IEC）、国际标准化组织（ISO）、国际认可论坛（IAF）等管理层任职，确保国际组织话语权。国家认监委谢军副主任接替原国家质检总局副局长葛志荣同志担任IEC理事局成员。

技术层任职进一步深入，影响规则制修订。根据新发布的《认证认可国际同行评审员推荐与任职管理办法》，国家认监委组织了首次国际同行评审员遴选考试，择优推荐4名专家担任IECEE体系国际同行评审员。

截至2011年底，我国22人次现任管理层重要职务（其中含工业界人员2名），72人次现任工作组成员，38人担任国际同行评审员。

（二）全面完成国际组织合格评定投票和表决工作

全面完成ISO/CASCO成员合格评定领域标准投票表决工作，并提出投票意见。完成IECEE、IECEx、IECQ三大国际认证互认体系的投票工作，对三大体系中的规则完善、运作文件的制修订以及新领域的拓展等组织提出中方意见。

（三）组团或派员参加国际会议，紧密跟踪国际趋势

2011年，为紧密跟踪国际认证认可发展趋势，提升中国认证认可在国际组织中的影响力，国家认监委参加国家质检总局团组跟踪亚太经济合作组织（APEC）等国际组织的活动；参加或组团参加了IEC大会、太平洋标准大会（PASC）会议和ISO/CASCO大会及相关工作组会议；组团参加了IEC/CB、IEC/CAB、IECEE、IECQ、IECEx、OECD拖拉机协定以及良好实验室规范（GLP）等会议；派员参加了IAF、PAC、ILAC、APLAC、IPC年会、CAC大会及相关技术分委会会议；组织下属机构参加了IQNet、ANF相关工作会议。

六、深化与港澳台合作

（一）服务国家对港澳工作大局，加强了与港澳合作

积极落实2010年签署的内地与香港、澳门《关于建立更紧密经贸关系的安排》（CEPA）补充协议七，并大力配合补充协议八的协商。为落实内地与香港CEPA补充协议七与强制性产品认证（CCC）相关的内容，及时制定了详细实施方案，派团赴港讲解，并在认监委网站上设立了信息专栏，便利有关信息的获取。与此同时，为配合中央全力支持香港发展经济、改善民生，确保“十二五”规划纲要关于保持香港长期繁荣稳定的各项目标任务落到实处，将进一步加大CCC认证领域内地与香港的合作力

度列入了国家支持香港经济社会发展的有关政策措施，在国家“十二五”规划与两地经贸金融合作发展论坛上由李克强副总理宣布。

（二）按照中央对台工作的重大战略部署，推进与台交流合作

在《两岸标准计量检验认证合作协议》框架下，积极推进两岸认证认可合作工作组工作进程。4月，举行了工作组第二次会议和两岸低碳认证认可研讨会。在工作组的统筹安排下，认可技术交流、LED认证规则协调、合格评定术语比对、认证认可制度比对以及根据贸易需求新开辟的机动车认证领域的合作工作均取得实质性进展。

撰稿人：刘志伟　王 鑫　耿 倩

审稿人：薄昱民　黄首云

第十四部分　信息化建设

Part Fourteen　Informationization Construction

2011年，认证认可信息化建设依照“为民服务、创先争优”活动和国家质检总局“十二字”工作方针、破解“十二个难题”的总体要求，以提升信息化服务保障能力、信息化统筹规划与协调指导能力、团队综合能力等“三大能力”为目标，开拓创新，积极进取，努力深化信息化对认证认可事业发展的支撑作用。

一、认证认可信息化组织与管理

国家认监委信息化工作领导小组办公室（以下简称“信息办”）坚持“统筹规划、突出重点、资源共享、应用主导、规范监管、促进发展、服务社会”的指导方针，积极融入认证认可事业发展大局，充分发挥信息化的促进、支持和保障作用。

（一）发布《认证认可“十二五”信息化专项规划》

按照“统一规划、统一管理、共同实施、共建共享”的原则，通过深入的业务调研和访谈，组织编制《认证认可“十二五”信息化专项规划》，并于7月正式发布。11月，组织开展专项规划的宣贯培训，制定了认证认可信息化“十二五”专项规划的年度实施与投资计划（初稿），增强规划的可实施性，为“十二五”期间的信息化工作的有序开展奠定基础。

（二）完成认证认可信息化顶层架构设计工作

为从根本上推动信息化建设朝着定位准确、边界清晰、接口统一、共享有力的方向发展，理清各应用系统和基础平台、制度规范等方面的关系，提出认证认可信息化建设的总体架构和实施策略，全面开展了认证认可信息系统顶层架构设计工作，6月通过验收。

（三）组织完成认证认可信息化先进评选和征文活动

在国家认监委成立十周年之际，组织评选了在信息化工作组织、建设、应用等方面有突出贡献的5个先进集体和10名先进个人；完成了“认证认可信息化征文”活动，评选一等奖3篇，二等奖5篇，三等奖12篇，优秀奖20篇，“优秀组织奖”2个，并结集出版了《认证认可与信息化优秀论文集》。5月27日，国家认监委信息化工作领导小组第七次会议对先进集体、先进个人以及获奖作者进行了表彰。

（四）发挥信息办的职能作用，加强对各成员单位信息化工作的指导

编制了《2011年认证认可信息化工作要点》，加强信息化年度工作的计划性；积极与国家质检总局信息化领导小组办公室、国家认监委信息化各成员单位沟通联络，强化成员单位信息化工作开展情况定期报告制度，完善信息化沟通与宣传机制；组织开展了认证认可信息化“十二五”规划解读、信息安全等专题培训，并开展满意度调查，不断改进培训组织工作；组织建设了信息办网站，更好地促进各成员单位进行息化工作宣传和交流。

二、认证认可信息化工作新进展

（一）以重点工作任务为核心，着力提升信息化服务保障能力

1.推进认证认可统一门户建设

认证认可统一门户（一期）主要针对国家认监委机关用户，将OA、邮件、统计平台、CCC免办、卫生注册、行政审批、食品农产品认证等9个系统进行了应用整合，根据不同的用户角色，设计了3类功能侧重不同的门户，完成了主体功能的开发建设。

2.进一步推动CCC入境监管设限数据库和免办电子审批系统在地方局应用

强制性产品认证（CCC）入境监管设限数据库及CCC免办电子审批系统已全面在各地方局正式运行，2011年完成了CCC免办电子审批系统的功能改造并部署运行。截至2011年12月31日，各地方局使用CCC免办管理系统共

受理网上申请80 215批次，申请货值近2.7亿元；其中已发证明68 012批次。

3.加快数据仓库与决策支持系统的建设

为利用数据辅助业务管理、业务质量分析及决策支持等工作，提高决策的准确度，2011年组织开展了国家认监委数据仓库项目（一期）建设实施。3月，数据仓库建设正式启动，开展需求分析工作；6月，该项目需求顺利通过专家评审。截至年底，数据仓库架构设计、模型设计及部分ETL开发工作已初步完成。

4.提升认证认可业务统计综合信息服务水平

发布了《2010年度认证认可业务统计报告》，梳理了《2010年管理体系认证业务范围分类代码与国民经济行业分类代码对应关系》和《2010年CCC产品分类代码与国民经济行业分类代码对应关系》，完成了“认证认可业务统计综合信息服务平台”升级调整。

建立数据治理机制，业务数据质量逐步得到改善。截至2011年12月31日，各认证机构补正CCC证书数据15 300余条，补正食品农产品认证数据信息22 400余条，管理体系认证证书数据不规范占比从1季度的27.58%下降至4季度的21.96%。

（二）加快应用系统建设与推广工作

1.整体推进“金质工程”（一期）试运行

2011年，“金质工程”（一期）CCC公众及执法单位查询、申投诉、指定等3个子系统正式上线运行，CCC获证产品及企业监管2个子系统进入试运行；同时针对单项验收专家组提出的改进意见，完成了决策支持系统、地理信息系统的收尾及部分项目的完善工作。

2.完成基础数据库（一期）建设

1月，基础数据库（一期）建设中的从业人员库开始试运行。之后，陆续组织完成从业机构库、获证组织库、认证依据库和基础数据库管理平台的开发。11月5日，该项目正式通过初验，12月通过项目验收。

3.通用数据采集平台建设取得阶段性成果

2011年，通用数据采集平台先后在中国质量认证中心、中国信息安全认证中心等9家单位部署和试运行，系统运行情况良好，实现了CCC证书数据的实时自动采集。

4.推进食品农产品认证信息系统建设

开展食品农产品认证信息系统V2.0版的试运行工作，组织了2期系统应用培训班，完成了试运行期的系统优化。10月，该系统正式上线运行。

5.推进出口食品生产企业备案管理系统建设

开展出口食品生产企业备案管理系统V1.6版的建设工作，设计原型并组织用户调研和需求研讨，明确系统建设范围；9月，完成了系统开发及封装测试，并正式发布运行。

（三）加强“两站”建设，提升网站宣传和引导能力

完成国家认监委网站数据库迁移工作，制作了食品检测机构专栏、“碳排放和碳减排认证认可关键技术研究与示范”项目专栏等10期专题专栏和有机产品认证知识问答电子杂志，截至2011年底，国家认监委网站总访问量达500万次。

“中国认证认可信息网”重点发展认证认可行业电子商务，启动了检测服务平台建设。网站总浏览量达3 300多万次，Alexa全球排名由2010年的第43万余位升至第14万余位，综合影响力不断提升。

（四）继续完善IT运维管理体系，推进网络安全体系建设

开展了业务系统分级管理与性能调优，提高业务的运行质量；加强网络分析和优化，规范外部互联线路的维护管理；结合信息系统等级保护标准及IT运维管理体系的要求，开展了信息安全管理体系建设，制定了35个程序文件、55个记录模板，并于8月2日正式发布；组织开展灾备系统建设，增强信息系统业务连续性保障能力。

（五）科研能力建设逐步加强

2011年，《认证认可统一门户建设研究》和《认证认可统一代码信息化管理平台研究》两项2010年国家质检总局科技项目和《认证认可电子政务和电子商务融合发展研究》项目顺利通过验收。质检公益项目《检测机构统一标识代码研究及其管理平台建设》正式启动，《绿色数据中心体系研究》项目作为国家质检总局2011年科技计划项目正式立项。

（六）加强自身管理能力建设

2011年，为进一步提高工作质量和效率，信息中心开展了ISO 9001质量管理体系建设。经深入调研和梳理，编制发布了第一版质量手册，对信息系统开发、评审及验收，机房环境、信息网络及信息系统运行维护信息网络设计、业务数据统计、顾客满意度测量等工作进行了规范和强化，共编制程序文件24个、记录表格222个、工作指导30个，从10月17日开始已正式运行。

撰稿人：杨立远　审稿人：王　海

2012

Yearbook of Certification and Accreditation of China

第十五部分　全国认证认可部际联席会议

Part Fifteen　Inter-Ministerial Meeting

一、第十次全国认证认可工作部际联席会议基本情况

2011年12月27日，第十次全国认证认可工作部际联席会议在北京召开。国家质检总局局长支树平，国家质检总局副局长、国家认监委主任孙大伟，水利部副部长胡四一、住房和城乡建设部总工程师陈重、铁道部总工程师何华武、国家知识产权局副局长贺化、国家旅游局副局长杜江、国家食品药品监管局副局长边振甲出席会议并讲话。

支树平在讲话中强调，我国认证认可工作统一协调发展离不开部际联席会议的共同推动。他说，2011年是我国入世十周年，10年来，我国全面履行了相关承诺，认证认可服务了国家对外贸易和经济发展。10年来，认证认可部际联席会议的作用日益显现：一是联席会议越来越受到重视，成员单位从成立之初的18个发展到现在的21个。二是联席会议越来越富有成效。各部门通过部际联席会议的平台，共同研究解决了一系列重大问题，保证了认证认可工作的顺利开展，树立了我国认证认可在国际上的良好形象。三是联席会议越来越走向成熟。借助联席会议的平台，各成员单位对重大问题及时沟通协商，统一了思想，增进了共识，协调了立场，凝聚了合力。

支树平指出，认证认可要发挥更大作用，需要依靠部际联席会议成员共同努力。要通过部际联席会议的平台，着力做好以下工作：一是进一步运用好认证认可的技术性措施，共同维护国家利益。二是进一步加强认证监管，共同确保质量安全。三要进一步健全采信机制，共同强化政策引导。四要进一步加大宣传力度，共同扩大认证认可影响。

孙大伟回顾了10年来认证认可事业发展情况，他说，10年来，认证认可事业健康快速发展，认证认可部际联席会议制度成效显著，对于推进认证认可工作发挥了不可替代的作用。2011年，是"十二五"的开局之年，各成员单位围绕科学发展这个主题、加快转变经济发展方式这条主线，按照国家"十二五"规划的部署，实现了"十二五"认证认可工作的良好开局。

在提到2012年的工作安排时，孙大伟说，2012年是"十二五"规划全面实施的关键一年，也是认证认可工作创新发展的关键一年。认证认可工作将围绕"十二五"规划的阶段性实施重点、中央经济工作会议确定的"扩内需、调结构、惠民生"等重点目标展开。一是深入落实《国家认证认可事业发展"十二五"规划》，充分发挥认证认可的作用。二是服务国家发展大局，推动重点工作落实。三是加强和成员单位的协调沟通，进一步发挥部际联席会议制度的作用。

来自21个认证认可工作部际联席会议成员单位的代表出席了会议，国务院法制办、司法部、人民银行、中国气象局等单位应邀参加了会议。会上，各成员单位就本部门2011年认证认可工作开展情况和2012年行业开展认证认可工作计划和重点工作设想进行了交流。

二、部际联席会议成员单位认证认可工作开展情况

工业和信息化部

（一）"十一五"期间工业和信息化系统认证认可发展情况

1.推动与产业政策密切相关的产品自愿性认证

根据产业发展现状和消费者的关注焦点，引导行业专业机构，对数字电视清晰度等级、手机充电器接口等产品自愿性认证；电子电器产品有毒有害物质国推自愿性认证开展了相关认证工作。协助发布了《电子电气产品污染控制国推自愿性认证实施意见》，与国家认监委共同起草并发布了RoHS国推自愿性认证实施规则。指导相关认证机构实施手机充电器认证，截至2011年底，已累计发放认证证书234张，基本覆盖了所有手机生产厂商，取得了良好的社会效益。

2.推动食品工业企业加强诚信体系建设

在2009年7月与国家认监委共同签署《国家认证认可监督管理委员会 工业和信息化部 黑龙江省人民政府关于进一步促进黑龙江乳制品工业健康发展合作备忘录》后，工业和信息化部（以下简称“工信部”）在黑龙江省联合开展以乳制品生产企业为主要对象的良好生产规范（GMP）、危害分析与关键控制点（HACCP）体系认证和企业诚信体系建设试点示范工作。在此基础上，于2010年向黑龙江省经济和信息化委员会下达了乳制品质量提升示范项目任务，引导黑龙江省乳制品企业通过GMP和HACCP认证。截至2010底，20家以上的黑龙江省乳制品生产企业通过了GMP和HACCP认证，黑龙江省乳制品工业保持20%增长速度，乳制品市场占有率提升了2个百分点，骨干企业全脂奶粉各项指标、婴幼儿配方奶粉、液体奶质量均达到国内领先水平，进一步提升了黑龙江省乳制品企业的质量管理水平和诚信意识。

3.在重点行业推广先进质量管理体系

通过在汽车行业推进ISO/TS 16949，在软件行业推行ISO 20000等服务管理体系的推广、培训和认证服务。通过推进ISO/TS 16949认证，有效提升了汽车行业从业人员的专业素质，减少变差和浪费，降低成本，实现了汽车产业的持续质量改进。通过有效开展适合我国国情的IT服务管理制度及体系研究，提高了广大企业对加强IT服务管理必要性的认识，为工业和信息化部以及地方信息产业主管部门制定IT服务管理相关的鼓励政策提供了支持。

4.参与国家中心的审查及规划工作

根据《中华人民共和国标准化法实施条例》第二十九条规定“国家检验机构由国务院标准化行政主管部门会同国务院有关行政主管部门规划、审查”的要求，对行业内质量检验技术机构开展审查评估，截至2011年底，已分3批向国家认监委推荐了累计18家从事相关产品检测及其检测理论研究的专业机构筹建国家级产品质量监督检验中心。其中10家机构经与国家认监委共同组织论证后，已由国家认监委正式批准筹建。

（二）2011年认证认可工作情况

1.继续推动工业产品自愿性认证工作

一是积极利用认证手段推进污染控制工作。为配合《电子信息产品污染控制管理办法》、《国家统一推行的电子信息产品污染控制自愿性认证实施意见》（国认证联［2010］28号）的实施，工信部联合国家认监委发布了“国家统一推行的电子信息产品污染控制自愿性认证实施规则”和“国家统一推行的电子信息产品污染控制自愿性认证目录（第一批）”公告；制定发布了配套的“限值和拆解要求（GB/T 26572—2011）”和“检测方法（GB/T 26125—2011）”国家标准。第一批列入“国推污染控制认证产品目录”的整机产品包括计算机行业产品、家用电子产品、通信设备产品共三大类6种电子产品；同时列入目录的还有相关的组件产品29种、部件及元器件产品83种、材料产品39种。二是继续引导行业专业机构，对手机充电器接口等产品开展自愿性认证，2011年共发放认证证书100余张，涉及企业102家。

2.继续利用认证认可手段引导食品工业企业开展诚信体系建设

一是开展诚信管理体系标准的宣贯培训。2011年，针对发布的《食品工业企业诚信管理体系（CMS）建立及实施通用要求》（QB 4111—2010）和《食品工业企业诚信评价准则》（QB 4112—2010），共举办16期诚信管理体系标准培训班，对全国31个省（区、市）3 000家食品企业4 000人次进行了宣贯培训。二是在乳制品、肉类食品、葡萄酒、调味品、饮料和罐头等6个行业开展诚信管理体系试点工作。截至2011年底，全国已有27个省（区、市）召开了食品工业企业诚信体系建设启动大会。为保障婴幼儿配方乳粉质量安全，推动婴幼儿乳粉企业诚信体系建设，2011年3月底在青岛召开了全国婴幼儿配方乳粉生产企业诚信管理体系建设启动会，要求所有婴幼儿配方乳粉生产企业100%建立诚信管理体系。三是印发了《食品工业企业诚信管理体系评价机构工作规则（试行）》，确定了第一批委托评价机构单位名单。

3.积极采信质量管理体系认证结果

一是在“国家新型工业化产业示范基地”评审工作中，将规模以上企业获得质量管理体系认证情况作为了申请示范基地的其中一项评价指标。截至2011年底，“国家新型工业化产业示范基地”已累计授牌128个，2011年示范基地正在评审中，预计授牌50～60个。二是在服装家纺自主品牌企业评价工作中，也将申请企业质量管理体系建设情况作为其中一项评价指标。通过对质量管理体系认证结果的采信，进一步推进质量管理体系认证工作。

公安部

公安部作为履行社会公共安全管理职责的政府部门，长期以来，重视参与认证认可部际联席会议活动，大力推行认证认可工作，加强产品质量监督，注重采用先进制度、技术方法，提升公安机关工作效能，促进社会公共安全行业发展。公安部遵循《中华人民共和国标准化法》、《中华人民共和国质量法》和《认证认可条例》，在我国社会公共安全领域，开展公安标准化工作，采信认证认可结果，支撑公安机关行政执法工作，促进社会和谐稳定。总结2011年认证认可工作，主要有以下三个方面成果。

（一）实施认证认可，强化标准规范作用，提高了公安机关工作和应用产品的质量

质量是公安机关履行职责的基础元素。为加强质量管理，公安部深入开展公安标准化和质量监督工作，采用认可、认证、检测等合格评定手段，有效贯彻执行各类标准，促进工作和产品质量的提高。为此，公安部加强社会公共安全认证机构和实验室规范化建设，全面开展机构国家认可工作，保证消防、安防、刑事技术、交通安全、警用装备器材等各领域的认证、检测、鉴定等合格评定和专业工作的质量。截至2011年底，公安部所属2家认证机构、11家实验室全部通过了国家认可。通过国家认可和国际互认制度，保证了社会公共安全领域认证、检测等合格评定活动的客观、公正、权威，提高了合格评定结果的公信力。2011年，公安部所属认证机构积极参与了国家认监委组织开展的强制性产品认证质量分析工作，分析总结了10年强制性认证工作情况，对重点产品深入分析质量风险，提出防范措施，提出进一步提高强制性认证有效性的建议，在国家认监委统一组织下，进一步拓展社会公共安全领域强制性认证工作效果。

（二）认可对政府依法开展工作的支撑作用，使得公安刑事技术鉴定机构具备能力

为实现“现场必须勘察、质量必须保证、鉴定必须准确”工作目标，公安部加强公安机关刑事技术鉴定机构专业化、规范化建设，通过实验室能力国家认可，提高检验鉴定能力。目前，此项工作已在全国公安机关中展开，经中国国家合格评定中心审定，陆续有北京、上海、重庆、广东、贵州等全国各地50家鉴定机构通过了实验室国家认可，获得了使用CNAS认可标志和国际互认标志的资格。这不仅使公安鉴定机构具备了检测和校准能力，增强了鉴定能力，还为国际合作互认奠定了基础。同时，为进一步提高公安工作专业化水平，公安部与中国合格评定认可委员会合作，在全国公安机关中，先后组织了多次大规模的刑事技术实验室鉴定质量能力验证（盲测）工作。通过能力检验，查找不足、分析原因、提出对策，有力提高了各级公安机关刑事技术部门的鉴定能力和水平，鉴定质量大幅度提升。以2009年为例，全国共有523个公安机关鉴定机构3 953个专业实验室同时参加，鉴定项目包括了死因鉴定、伤情鉴定、DNA检测、指纹鉴定、毒品检验、电子物证等11个专业，对提高鉴定能力、专业水平起到了很好的效果。

（三）认证是政府执行法律和社会管理的有效手段

认证制度由于其科学性和公正性，已被世界大多数国家广泛采用。我国政府重视认证工作，通过全国认证认可部际联席会议制度，国家质检总局、国家认监委组织协调各政府部门共同推进。公安部作为联席会成员单位，积极推进认证工作，利用强制性认证提高执法和社会管理的有效性，利用自愿性认证加强公安机关规范化建设和质量管理。通过认证结果通报制度，提高公安机关对认证结果采信程度。

1.强制性认证是公安机关贯彻落实我国消防法、道路交通安全法等法律法规和社会安全管理与服务的有力手段

市场经济国家，政府用强制认证制度作为产品市场准入的手段，保护生命、环境和国家的安全，正在成为国际通行的作法。我国加入WTO后，依据《认证认可条例》，按照国际通行，也建立了强制性产品认证制度。我国消防、交通安全、社会治安等多项法律法规涉及公共安全和社会稳定，对相关产品质量有明确的要求，为贯彻执行法律法规，公安部提出将防火灭火的消防产品、防盗报警的安防产品、预防事故的交通安全产品列入国家强制性认证产品目录。在已批准部分消防、安防、交通安全产品实施强制性认证基础上，2011年7月国家质检总局、公安部、认监委联合发布了2011年第55号公告，新增加4种消防产品，进一步扩大了社会公共安全产品强制性认证业务范围。截至2011年底，消防、安防、交通安全3大类种社会公共安全产品实施强制性认证涉及企业近1 000家，累计颁发强制性认证证书6 000余张，撤销证书300余张。通过强制性认证的产品检验、生产过程检查、证后监督和市场准入的全过程监管，加强了质量监管，控制了产品风险。

2.自愿性认证是公安机关规范化建设、提高社会管理与服务水平的有效手段

公安部大力推进社会公共安全产品自愿性认证。截至2011年底，部属2家产品认证机构对消防、安防、道路交通安全、刑事技术、警用通讯等社会公共安全产品中的13类产品实施社会公共安全产品自愿性认证，共颁发消防产品型式认可认证和公共安全产品自愿性认证证书

3 500余张。公安部对警用DNA试剂、350兆警用通讯器材、刑侦指纹识别系统等直接服务公安一线工作的产品实施了自愿性认证，切实保障了公安机关应用装备器材产品的质量和业务管理。同时，为保证“三项重点工作”和“三项建设”这一着力提升公安工作整体水平的战略性、基础性工程，加强公安信息化和执法规范化建设，公安部开展社会管理和公共服务工作标准和相关认证的研究，积极探索用现代质量管理方法进一步提高公安机关工作质量的模式和机制。

环境保护部

2011年，环境保护部（以下简称“环保部”）全面贯彻落实科学发展观，坚持保护环境的基本国策，深入实施可持续发展战略，积极推动环境标志产品、环保产品认证，为环境保护提供了支持。

（一）环境标志产品认证发展情况

第一，中国环境标志产品认证健康平稳发展。截至2011年11月，有效环境标志产品证书约1 100张，认证企业约1 000家，通过中国环境标志产品认证的产品有40 000多个规格型号。

第二，制修订了《环境标志产品技术要求 印刷第一部分：平版印刷》、《环境标志产品技术要求 打印传真一体机》等12项环境标志产品标准，截至2011年底，我国现行有效的环境标志产品标准达到86项。

第三，会同财政部完成了环境标志政府采购清单公示。于2011年1月和8月，分别调整发布了第七期、第八期《环境标志产品政府采购清单》。截至2011年底，列入环境标志产品政府采购清单的产品种类达到24类。

第四，环保部与新闻出版总署共同发布了《关于实施绿色印刷公告》。11月1日～6日，环保部与新闻出版总署共同举办了首届绿色印刷宣传周，11月1日，共同召开“绿色印刷推进会”，会上，宣贯了两部门《关于实施绿色印刷公告》，发布《绿色印刷手册》，向首批60家通过绿色印刷认证的企业授牌。

在全国开展了《环境标志产品技术要求 印刷第一部分：平版印刷》的大规模宣贯培训活动，全国各地主管部门、行业协会和100多家企业的300多人接受培训，并开展绿色印刷试点工作。

第五，分别与德国、日本签署了《中德环境标志互认协议》、《中国环境标志与日本生态标签互认协议》，加强了环境标志的国际互认和交流。

（二）环保产品认证工作

第一，环保产品认证工作稳步发展。截至2011年11月，共发放600多个认证证书，100多家企业获得环保产品认证证书。认证的环保产品包括：环境监测仪器产品、空气污染治理产品、水污染治理产品、固体废物处理设备等。

第二，为了提高认证工作的质量水平，强化认证工厂审核工作质量，按照《环境保护产品认证工厂质量保证能力要求》对《环境保护产品认证工厂检查评审报告》表进行了修改，对原《评审报告》中不符合工厂实际要求和不利于检查的内容进行删除和调整。在新的《评审报告》中由过去的22个质量评审要素增加为24个质量评审要素。

第三，加强环境保护产品认证的宣传工作。为了加强对环境保护认证产品的宣传，提高认证产品的社会认知度，2011年通过报纸、期刊、网站等媒体加强了宣传。其次通过网站对获证产品企业进行宣传,使社会各界和企业用户通过协会网站能够随时查询认证企业和产品信息。

住房和城乡建设部

认证认可部际联系会议制度成立十年以来，住房和城乡建设部（以下简称“住建部”）在“统一管理，共同实施”的框架下，积极推动本行业认证认可事业的发展，“十一五”期间成立了康居认证中心、中国建筑科学研究院认证中心和中国建筑标准设计研究院认证中心，以及五个国家级实验室。

康居认证中心等3家产品认证机构认证业务逐年稳步增长，开展了有关结构安全和人民生命财产安全的重要建工产品认证工作，涉及钢筋及预应力制品、建筑节能产品、装修、建筑机械、建筑施工、市政建设等方面，基本涵盖了建设领域中的所有建筑产品，产品认证体系已初步形成。

全国的建筑企业中,约三分之一获得了质量管理体系认证，对建设施工水平的提高，起到了一定促进作用。建筑领域推行ISO 9000质量管理体系认证以来，获证数量约2.4万份,占全国总共19万份质量管理体系认证数量的12.6%。

2011年是全面落实“十二五”国家认证认可事业发展的头一年，我部继续贯彻实施《认证认可条例》，强化专业性特殊要求，推进建设领域认证认可事业发展。

（一）突出专业要求，能力建设稳步加强

为提高建筑施工领域质量管理水平，强化ISO 9000质量管理体系认证的专业性应用，国家认监委和住建部共同发布了《关于在建筑施工领域质量管理体系认证中应用<工程建设施工企业质量管理规范>的公告》。文件

的发布，对开展认证工作的机构提出了更加专业性的要求。截至2011年底，通过对建筑施工领域质量管理体系审核员的培训和考核，全国共11 566名审核员参加考试，1 978人获得了资格，31家机构通过了认可。通过此次筛选，逐步建立起了一批结构更加优化的人才队伍，使开展建筑施工领域认证机构的自身能力得到了进一步的提高，对建设初期保障施工质量发挥了重要作用，受到广大认证机构和施工企业的好评。

（二）关注民生，强化市政公用产品认证

市政公用事业是城市经济和社会发展的重要载体，直接关系到社会公众利益，关系到人民群众生活质量，关系到城市经济和社会的可持续发展。住建部2010年年底成立的以市政公用产品为重点的国家级认证机构，2011年正式运营。机构的运营，填补了目前市政公用事业产品认证工作的空白。至此，住建部已经基本覆盖各领域的认证，建立起了完善的建设行业产品认证体系，对促进实现建材产业结构调整，规范市场秩序，更好地服务于城市建设，服务于社会、企业和建筑终端用户起到了重要的作用。

（三）紧紧围绕国家宏观政策，行业采信取得新突破

2011年，国家进一步加大了对保障性住房的建设力度，受住房政策推动，为确保百姓住上安心房、放心房，2011年9月，住建部组织建立了“保障性住房建设材料部品采购信息平台”，进入平台的部品部件和材料，都必须通过国家级认证机构颁发的产品认证证书，为确保保障性住房的建设质量，提供了第一道保障防线，大大提升了建筑产品认证结果的采信效果。

交通运输部

交通运输部（以下简称“交通部”）以服务国家经济发展方式转变和产业结构调整大局为目标，以服务于交通运输行业又好又快发展为宗旨，积极开展认证认可工作，经过交通部中国船级社认证公司和中交（北京）交通产品认证中心两家认证机构的共同努力，交通运输认证认可工作取得了显著成效。

（一）认证业务范围和规模逐步扩大，认证种类不断增多

2011年，中国船级社认证公司通过持续有效的能力建设，体系业务继续保持稳健的增长态势，全年共签发了1 600多张管理体系认证证书，证书范围涵盖35个大类（认可范围共分为39大类），其中为1家美国本土企业签发了质量管理体系认证证书。截至2011年底，在中国大陆地区已有4 000多家客户持有中国船级社认证公司签发的管理体系有效证书。

在抓好现有管理体系认证业务同时，船级社认证公司不断加强新认证业务的研发。2011年，获得了信息安全管理体系认证的许可资质。同时根据交通运输领域节能减排的需要，为交通运输领域推行能源管理体系认证进行了人员培训、认证实施规则制定完善等技术准备，具备了开展交通运输行业能源管理体系认证试点的资源及技术条件。

中交认证中心有限公司积极拓展认证范围与规模。组织召开了2011年交通产品认证交流大会，国家认证认可监督管理委员会刘卫军总工程师到会并讲话，交通运输部科技司司长赵冲久做了主旨发言，相关检测机构及企业400多人参加了会议，取得了良好的效果。

中交认证中心有限公司积极与深圳市LED产业联合会、河北衡水工程橡胶产业协会、四川新津路桥构件产业协会、深圳市智能交通行业协会等相关协会开展业务合作。认证项目涉及桥梁用钢索、道路照明用LED灯、LED隧道灯、四轮定位仪、一体化航标灯等8种新产品的认证，同时，完成了30余家企业的产品认证委托受理工作，组织实施并完成了汽车喷烤漆房、汽车举升机、公路桥梁伸缩装置、锚具、道路用沥青等产品共25家生产企业的初始工厂检查和4家复评检查，以及15家生产企业16种产品的40次委托检验工作。

此外，两家机构开展汽车保养和公路机械产品的认证和评估业务，已累计完成北京市近1 215家汽车维修企业的1 433台喷烤漆房安全评价，并拟将此模式复制到汽车举升机、间歇式沥青混合料搅拌设备等。同时拟推广到其他省市。

同时，交通产品认证已走出国门，走向世界，中国船级社派审核员去意大利威尼斯Padova市完成了对意大利BLowtherm S.P.A公司生产的MB-BL 743型汽车喷烤漆房的现场认证工作。

（二）积极开展交通节能环保产品认证工作

在交通节能环保方面，交通部积极贯彻落实中央的部署，围绕低碳和节能环保的要求，开展了节能环保产品认证的试点工作，并取得一定成效，两家认证机构开展了多种营运车船燃油节能添加剂、节能装置等节能产品认证试点工作。

在做好交通节能产品的认证工作的同时，中国船级社认证公司还大力发展新能源领域产品认证业务，除传统的风力发电机组整机及齿轮箱、发电机、叶片三大部件外，2011年，又完成高强度螺栓、制动器、轴承、偏航

变桨齿轮箱及原材料等风电配套产品的认证，确保风力发电设备在整个供应链上的产品质量。

中国船级社认证公司一直以来把节能减排审定核查业务当做一项重要的工作，2011年4月，经联合国气候变化框架公约清洁发展机制（UNFCCC-CDM）执行理事会（EB）批准，成为EB的指定经营实体，可在11个行业范围内开展CDM项目的审定/核查业务；10月，国家发改委和财政部联合下发了《具备第三方节能量审核机构名单》，中国船级社认证公司是认可的首批机构之一。截至2011年底，已完成5个CDM项目的现场审定，8个项目的节能量审核，共签订17单业务合同。

（三）实验室资质认定（计量认证）工作

交通运输行业实验室的资质认定（计量认证）工作由国家计量认证交通评审组组织实施。2010年国家认监委共下达了两批评审计划，其中交通运输行业共15家实验室（含2家“二合一”评审实验室）。截至2011年底，国家计量认证交通评审组在国家认监委的指导下，在各省级质量技术监督局配合下，已全部完成评审工作。在评审过程中，交通评审组根据实验室提出的申请，经认监委批准，选派相关领域的专家参与评审工作，并对评审过程进行监督和检查。此外，还完成了中国交通通信信息中心等4家实验室的扩项评审。

铁道部

认证认可部际联席会议制度成立十年来，在国家认监委“统一管理，共同实施”的框架下，铁道部积极推动行业产品认证工作，坚持科学规范的原则，加强认证管理，不断提升认证工作水平和服务质量，为推动铁路产品认证有效性、提高产品质量、保障铁路运输安全方面做了大量工作。

（一）加强铁路产品认证管理，“十一五”期间铁路产品认证工作取得显著成绩

铁路产品认证起步于2003年。铁道部制定了《铁路产品认证管理办法》，组建了由各业务部门、生产企业、使用单位、科研院所、检验机构等组成的铁路产品认证管理委员会，履行对认证工作的监督管理职能；在行业质检中心的基础上成立了第三方的产品认证机构——中铁铁路产品认证中心（CRCC）。从而建立由管委会监督管理、认证中心独立开展认证的行业产品认证模式。几年来的实践表明，这一模式运作良好，铁路认证工作稳步发展。

1.稳步扩大认证产品范围

按照《铁路产品认证管理办法》，认证管委会发布实施认证的铁路产品目录。几年来，结合铁路建设和运输安全的需要，在广泛征求部内各部门、铁路局及有关生产企业意见的基础上，稳步扩大认证业务范围。截至2011年底，经铁路产品认证管理委员会批准发布七批认证目录计75种产品。认证产品涵盖机车车辆零部件、信号设备、通信设备、线路构件配件、线路养护机具、运输包装等直接关系铁路运输安全的产品（如列车运行安全监控记录装置、机车车轮）。

2.规范开展铁路产品认证

针对列入目录的产品，部管委会组织认证中心认真制定并发布相关产品的认证实施规则，并根据铁路技术、标准的发展变化以及认证实施情况，及时对实施的规则进行了修订，共发布产品认证实施规则65项。

中铁铁路产品认证中心按照铁路产品认证管理委会批准的认证实施规则，开展认证业务，受理有关企业（包括国外制造商）的申请，根据审查、检验结果，及时发布产品认证公告。“十一五”期间共受理初次认证申请企业533家、其中复评企业132家，受理扩大产品认证332厂项、受理获证后变更340厂项。发布产品认证公告83期，认证未通过200多个厂项。至此，CRCC共颁发认证证书1 124张，其中有效证书787张，获证企业320个。

3.开展机车车辆重要部件的第二方审核

为了加强铁路货车重要零部件生产管理和采购控制，确保铁路货车配件制造质量和行车安全，铁道部采购主管部门于2005年、2007年先后公布了《铁路车辆重要零部件生产资质管理办法》和《铁路货车重要零部件生产资质认证办法（暂行）》，利用CRCC第三方认证机构的技术优势，对车辆零部件生产企业资质进行了管理，CRCC承担了该类重要配件的工厂核查和产品检验工作。“十一五”期间，累计完成370余厂项（150余个企业）的审核，涉及产品40余种。

4.加强证后监督，保证产品认证的有效性

产品认证作为铁道行业产品质量监督工作的一个重要方面，认证机构不仅需对初次申证企业的质量保证能力与实物质量进行确认，还应特别加强证后监督与跟踪来保证获证产品的质量稳定。除认证机构在正常年度监督的同时，铁道部还借助多种行政方式加强认证后的监督，如与铁道部行政许可、监督抽查、专项检查、产品验收、事故处理等协调统一、互联互动，监督抽查、专项检查或事故处理的结果均能及时反馈到认证机构，强化获证产品的一致性和有效性，对不合格的产品实行质量追踪制度，提高获证产品公信力，确保铁路运输安全。“十一五”期间，完成铁路产品获证后监督评审702厂次，暂停证书85厂次，撤销证书19张，注销证书96张，对规范铁路产品市场秩序起到了积极作用。

5.进一步扩大检验机构能力

一是编制并落实《质检中心装备建设规划》。2009年组织制定了产品质量监督检验中心装备建设规划，两年内铁道部投资1.2亿元，建设高速机车车辆及动车组零部件检验系统、高速接触网零部件检验系统、综合环境试验系统、客运专线及货物运输关键产品检验系统、国家轨道衡计量站等五大平台，全面提升行业机构检测检验能力，确保认证结果的可信度。截至2011年底，五大平台可研已经全部批复，部分项目已建成并投入使用。

二是启动城市轨道技术装备检验试验基地建设。在可行性研究基础上，2009年国家发改委、铁道部、铁科院共投资3.15亿，在中国铁道科学研究院建立"城市轨道交通装备试验线建设项目"，为开展城市轨道交通技术装备产品认证提供检验试验保障。城轨交通技术装备产品认证的准备工作正在筹备之中。

（二）适应新形势下的新要求，积极推进铁路产品认证工作

2011年2月12日以来，铁道部为实现铁路科学发展、转变铁路发展方式作出了一系列重大决策，国务院安全大检查组对铁路的安全生产提出了要求。这些都对铁路产品认证工作提出新的、更高的要求。新形势下，铁路产品认证工作必须适应行业需求，创新工作思路，建立新的运行机制，全面提升产品认证工作的水平与质量。

1.规范铁路专用产品准入管理，把产品认证作为主要准入形式之一

为贯彻落实国务院关于深入推进行政审批制度改革的精神，落实铁道部党组提出的加快转变政府职能，确立企业市场主体的改革部署，调整完善铁路专用设备产品准入制度，落实国务院安全大检查提出的整改措施，切实保障运输安全，铁道部制定了《关于规范铁路专用设备产品准入管理的若干规定》。《规定》明确了要严格依法设定的实施行政许可，进一步规范并减少铁道部行政审批事项，对现行行政许可项目进行全面清理，调整和减少行政审批事项，积极推进铁路产品的第三方认证。并明确除行政许可产品目录和认证产品目录之外，铁道部不对其他设备产品实行准入目录管理，也不对其他设备进行厂家认证、上道审查等审批。按照这一部署，原有的大部分铁路工业产品行政许可项目将纳入认证管理，铁路产品认证的数量、种类、产品的复杂性都将有明显的提高，产品认证已经成为铁路主要准入形式之一。

2.制定新的认证产品目录，扩大铁路产品认证范围

按照规范铁路专用产品准入管理新的要求，铁道部确定了铁路认证产品目录的原则：一是直接关系安全的、未纳入国家工业产品生产许可证和铁道部行政许可管理的铁路专用产品列入铁路产品认证目录。二是重要的铁路专用产品列入国家强制性认证产品目录，其他产品列入铁路自愿性认证产品目录。三是根据产品的标准完备情况和认证机构的能力，分期分批实施产品认证。先确定第一批实行认证的产品；拟实行强制性认证的产品先实行自愿性认证过渡。四是产品认证要应尽量实行产品整体的认证，少做单个零部件的认证。

3.发挥社会力量作用，扩大铁路产品认证机构数量

经国家认监委批准、国内注册开展铁路专用产品认证的机构只有中铁铁路产品认证中心，难以满足铁路产品认证的需求。按照具备相应的资质与能力、综合与专业相结合、竞争适度、提升行业研究实验平台检测能力的原则，铁道部拟利用社会上已有的具有较强的专业审核、检验能力和良好的信誉产品认证机构能力，通过扩大机构的认证产品范围，承担铁路产品认证工作。

4.强化制度建设，完善《铁路产品认证管理办法》

对原《铁路产品认证管理办法》进行了修订，提出了新的《铁路产品认证管理办法》。新的办法体现了铁道部对产品认证工作的新要求，明确了铁路产品认证采用强制性认证和自愿性认证相结合的认证制度，明确了认证产品目录的确定方式，明确了认证机构的指定方式，还明确了认证证书与标志、证后监督、责任追究等内容。

5.健全制度与管理，推动CRCC持续开展铁路产品认证业务

在研究推进上述工作的同时，积极围绕充分体现公平、公开、透明，强化责任落实，加强监督检查，加强自身建设，推进CRCC持续健全制度，强化机构监督检查，完善认证约束机制，开展认证业务工作。

2011年1月～11月25日，CRCC受理初次认证申请企业72家、其中复评企业24家，受理扩大产品认证65厂项、受理获证后变更92厂项。发布产品认证公告11期，颁布新获证证书155张，原获证企业扩项、变更证书117张，认证未通过35个厂项。截至11月25日，CRCC完成获证后监督评审259家，监督复查检查和检验29家，暂停证书70张，涉及50个企业24种产品；撤销证书13张，涉及9个企业7种产品；注销证书21张，涉及16个企业13种产品；证后监督对保证产品认证的一致性和有效性、规范铁路产品市场秩序起到了积极作用。

截至2011年底，CRCC共颁发认证证书1 331张，已获证企业392个，其中颁布标识CNAS注册编号的认证证书426张，涉及167家企业。

水利部

国认证认可工作部际联席会议制度成立十年来，水利部按照“统一管理，共同实施”的框架，认真贯彻中央的方针政策，深入落实科学发展观，认真把握合格评定的工作内涵，规范管理，创新性地推进水利行业认证认可工作，为水利工程质量安全提供了有力保障。

水利部历来重视认证认可工作，把认证认可作为转变政府职能、提高政府管理水平的重要途径，把认证认可工作放到与法律法规和制度建设、规划计划等重点基础性工作同等重要的位置。水利行业质检机构资质认定工作不断深化，节水和农村饮水安全产品认证取得突破，管理体系认证稳步开展，水利认证认可对于防汛抗旱减灾、发展民生水利、加快水利基础设施建设、实行最严格水资源管理制度做出了重要贡献。

（一）建章立制，强化机构建设

在国家认监委、国家发展改革委、建设部等有关部门的大力支持和推动下，节水产品认证从无到有，稳步发展。早在2003年，水利部就出台了《关于加强水利认证认可工作的若干意见》，明确以节水灌溉产品为突破口逐步开展水利产品认证工作。《关于加强农业节水灌溉和农村供水产品认证工作的通知》对加强农业节水灌溉和农村供水材料设备认证工作提出了要求，为政府采信产品认证结果提供了有力的制度保障。《节水产品认证规范》和《节水型产品技术条件与管理通则》等一批技术标准，为开展认证和检测工作提供技术依据。还确定了以“国家节水标志”为主图案的节水产品认证标志；有关认证规划、实施规则逐步完善。有关部门陆续颁布了《实施节水认证的产品目录》，产品涉及到工业用水、城镇生活（服务业）和农业及农村用水等领域的62大类产品。在国家认监委的大力支持下，水利部依托灌排中心、水科院和综合事业局，推动组建了“北京中水润科认证有限责任公司”和“北京新华节水产品认证有限公司”，为水利产品认证工作的开展提供了有力的队伍保障。

（二）加强规划，全面推进

受国家认监委认证监管部的委托，主持完成了《建设节约型社会产品认证规划》中的《农业灌溉与村镇供水节水产品认证专项规划》，参与编写了《工业节水产品认证专项规划》和《城镇生活节水产品认证专项规划》，为产品认证工作打下良好的基础。

广东、浙江、湖南、湖北、河南、山西、新疆自治区、甘肃、吉林、新疆建设兵团等个省（市、自治区）水行政主管部门积极响应水利部的政策引导，紧密结合当地实际，积极做好有关工作的延伸和细化工作。在推动认证工作、采信认证结果以及逐步建立产品的市场准入制度等方面提出了具体措施。浙江水利厅提出3年内，用于农业节水灌溉和农村供水工程建设的产品通过认证备案比例达到90%以上，认证备案将作为产品采购的必备条件，各地农村水利产品认证与推广工作开展情况，将作为水利科技推广项目立项安排的重要依据。新疆水利厅在招投标过程中对于通过认证的企业实行加分处理。广东水利厅要求生产农村饮水安全工程管材管件的厂家必须通过认证并获得相应的产品认证证书。

（三）严格评定，强化监管

截至2011年底，水利行业两家认证机构已完成了200余家企业4大类农业节水灌溉和农村供水产品的认证工作，获证产品的市场占有率年平均提高6%。认证产品涉及塑料给水管材，农业节水灌溉产品、水处理设备等多类产品。这些企业通过认证获得了工程设备投标的优先采用资格，成为节水工程建设的可靠产品供应商。

水文仪器及岩土工程仪器生产许可证审查部自2003年以来，先后对近百家企业的490个型号单元产品进行了实地核查。七年间，先后有116家企业通过了申/换证、扩项的实地核查及产品抽样检测。水工金属结构审查部自1986年以来，累计对1 800多家生产水工金属结构产品的发、换证企业进行了实地核查及产品检验，发证单元超过7 500个。“启闭机使用许可证核发”是国务院确定的行政许可项目。综合局按照《水利工程启闭机使用许可管理办法》的要求，已完成了12批次的启闭机使用许可证核发工作，在有效期内的获证企业有168家，证书312张。目前，在水利水电工程建设水工金属结构产品招投标中启闭机使用许可证已经被列为必备条件之一。

水利部与国家质检总局联合组织了3次国家产品质量监督抽查活动，涉及全国130余家企业200多个批次的节水灌溉类产品，有力抑制了劣质产品的生产和流通，产品抽样合格率稳步提升。通过加大质量监督抽查力度，有效规范了产品市场。

农业部

农业部的认证认可工作以服务“三农”，全面提升农产品质量安全水平为宗旨，以推进无公害农产品、绿色食品、有机农产品（以下简称“三品”）认证为主体，夯实基础，稳步发展，强化监管，“三品”认证工作呈现出良好稳步发展态势。

（一）“十一五”期间农产品认证稳步健康发展

“十一五”时期，农业部无公害农产品、绿色食品、有机农产品事业得到持续、快速、健康发展，“三品”认证工作取得显著成效。

1."三品"总量规模不断扩大

截至2010年底，全国无公害农产品共认定产地58 968个，获证企业达到25 659家，有效无公害农产品56 532个，无公害农产品实物总量是"十一五"初的近3倍，产品总量达到2.76亿吨，主要使用农产品认证量已占到其商品总量的30%左右。全国有效使用绿色食品标志的企业达6 391家，产品总数16 748个，分别比2005年增长72.9%和72.2%，年平均增长率分别为10.3%和10.2%；绿色食品国内年销售额达到2 823.8亿元，出口额达到23.1亿美元。经中绿华夏有机认证中心认证的有机食品认证企业总数达到1 202家，产品总数达到5 598个，"十一五"期间年平均增长率分别为23.6%和34.9%，有机农产品认证面积达到3 673万亩，产品国内销售额达到145亿元，出口额达到0.95亿美元。

2.工作基础得以夯实

在体系队伍建设方面，全国已设立66个相关行业的无公害农产品升级工作机构，培训检察员1.2万人，培训内检员4.6万人，聘请评审专家290人。无公害农产品检测机构达181个，委托产地环境监测机构达210个。制定了无公害农产品认证目录，种类达815个，涵盖了90%以上的农产品，无公害农产品认证和监督检查技术保障逐步健全。

在标准化推进方面，绿色食品创立并逐步完善了"以技术标准为基础、质量认证为形式、标志管理为手段"的质量保障体系。目前绿色食品有效使用标准达125项，形成了产地环境、生产过程、产品质量和包装贮运全程控制的标准体系，质量安全标准达到国际先进水平。2010年，通过绿色食品认证的国家级农业产业化龙头企业分别达到239家，比2005年增加24.5%。截至2010年底，全国已建成绿色食品大型原料标准化生产基地479个，面积达到1.1亿亩。

3.证后监管不断强化

"十一五"期间，质量监管和标志使用监督作为整个"三品"的监管工作核心，得到进一步强化。"三品"的抽检覆盖范围和品种不断扩大，产品合格率有所提高，产品质量抽检合格率稳定保持在98%以上，安全优质的品牌形象得到了全社会的广泛认可。

4.制度建设不断完善

"十一五"时期，制定了《全国无公害农产品工作机构管理办法》、《无公害农产品定点检测机构管理办法》、《无公害农产品检查员管理办法》、《无公害农产品、绿色食品质量安全突发事件应急预案》、《无公害农产品质量安全风险预警管理规范》、《无公害农产品质量与标志监督管理规范》等制度规范。

（二）2011年"三品"认证及实验室认可工作扎实推进

1."三品"认证数量继续稳步扩大

2011年农业部稳步推进"三品"认证工作，扩大增量、稳定存量、保证质量。截至2011年11月底，新认证无公害农产品16 577个，新认定产地8 849个；新认证绿色食品6 524个，企业2 671家；经中绿华夏认证的有机食品1 728个，企业439家。截至2011年底，全国无公害农产品总数69 866个，产地67 689个；绿色食品17 258个，企业6 764家；经中绿华夏认证有机食品5 946个，企业1 225家。

2.完善支撑体系，增强保障能力

一是加大培训力度，全年共举办无公害农产品、绿色食品及又进产品培训班147期，参加培训人数达2.4万人。二是强化检查员注册管理，2011年新注册无公害农产品检查员709人，绿色食品检查员617人，有机食品认证检查员203人。三是进一步优化监测机构布局，提升检测机构技术水平支撑。无公害农产品新委托13家检测机构，续展18家检测机构，取消6家检测机构资质；绿色食品定点环境监测机构总数达73家，定点产品检测机构总数达55家。

3.加强制度建设，增强认证规范性

通过不断完善制度，促使相关制度更具科学性、可操作性和与实践相结合的紧密型。制定了《无公害农产品便携式复查换证工作的补充规定》，起草了《无公害农产品应急处置工作规范》和《无公害农产品定点检测机构工作考评办法》。根据绿色食品实业发展中出现的新情况、新问题，制定了《关于进一步规范认证审核工作的若干规定》和《关于绿色食品申请人资质的有关规定》，修订了《关于绿色食品加工产品原料的有关规定》等认证制度。制定开展有机食品认证工作必要的制度性和技术性文件，进一步规范和完善有机食品认证管理体系。

4.强化证后监管，确保产品质量

一是加强产品抽检，全年共抽检无公害农产品552个，合格率为99.5%；抽检绿色食品3 955个，合格率达99.54%；抽检有机食品规模由获证企业数的6%提高到10%，同时对高风险产品和质量安全预警关注产品重点抽查。二是加强市场检查，加大对各类市场（超市）"三品"检查力度，全年累计检查市场（超市）14 871个，同

时，积极组织获证企业单位开展自查自纠，并派出督查组开展随机抽查。三是加强质量安全预警和风险防范，根据预警信息开展相应专项检查活动。

5.实验室认可工作情况

2011年共完成对61家质检机构的评审工作，并对农业系统167家国家级、部级、省级和地市级质检机构进行了能力验证考核，同时对能力验证不合格单位进行了补验，各项目整体合格率与去年相比保持稳定。配合做好食品检验机构评审和食品复检机构名录发布工作，2011年农业部有2家中心获得了食品检验机构资质认定合格证书，有15家部级和省级质检机构进入首批食品复检机构名录。起草了《农业部级质检机构评审作业指导书》，召开了部级质检机构质量负责人培训会，并邀请外国有关专家进行了专题报告。

尽管"三品"保持了良好的发展势头，但发展过程中仍存在一些问题。

一是证后监管压力大。随着"三品"认证量的增长和总量规模的逐步扩大，获证产品生产经营着数量越来越多，而农产品生产环节多、供应链条长，质量安全隐患复杂多变，使得证后监管的责任和压力日渐增大。

二是依法监管机制有待健全。现有"三品"认证认可机制很难满足形势发展需求，相关认证认可管理制度有待进一步完善健全，检测机构能力和条件有待进一步增强，检测人员队伍和业务素质有待进一步抬高，监管条件和能力明显不足，应尽快建立与发展规模相适应的依法监管长效机制。

商务部

（一）2011年认证认可工作开展情况

1.积极利用多双边场合，妥善应对外方关注，积极解决我方关注

2011年，商务部在质检总局、工信部、公安部、食药监局等部门的配合下，充分利用TBT/SBS例会等多双边场合妥善应对外方关注，并积极解决我方关注。

对于欧美对我国合格评定制度高度关注，我方就中国CCC制度属于法规领域的合格评定市场准入制度进行了正面解释，同时也指出美国、欧盟一些法规和指令也要求必须在国内或境内的实验室进行检测。

对美国《消费品安全改进法案》，我方多次要求美方在对待我方检验检疫（CIQ）政府实验室的问题上，采用与独立检测实验室相同的标准要求；对于美国《食品安全现代化法案》，我方督促美方履行透明度义务，为受该法案影响严重的国家，尤其是发展中国家提供合理的过渡期，并提供技术支援。

2.严格按照绿色市场认证标准及有关要求，加大绿色市场培育力度

商务部会同国家认监委发布了《绿色市场认证管理办法》和《绿色市场认证规则》，开展了绿色市场认证工作。2011年新增57家，覆盖20多个省（市、区），增强了市场准入把关作用，提高了流通效率，促进了环境保护，带动了农产品绿色生产。

（二）"十一五"期间行业认证认可发展情况

2010年，全国共95家酿酒企业的260个产品单元获得中国酒类产品质量等级认证；2004年，商务部和国家认监委全面启动了绿色市场认证试点工作，迄今共认证绿色市场近400家。经商务部推荐，国家认监委批准，北京五洲天宇认证中心于2007年8月27日成立，专门从事"商品售后服务评价体系认证"工作，其起草的《商品售后服务评价体系》（SB/T 10401—2006）一直作为商品售后服务评价体系认证的依据被广泛采用。

卫生部

"十一五"期间，卫生行业评审组认证认可工作在卫生部领导和部际联席会议机制下，遵循"统一领导，共同实施"的原则，密切结合卫生行业特点，服务于医药卫生事业和医疗改革工作，用科学发展观探讨卫生行业认证认可监督管理新机制。不断开拓创新，努力扎实工作，圆满完成"十一五"期间各项工作。在队伍建设、制度建议应急保障、服务民生等方面都取得了较好成绩。

（一）队伍建设以质量管理能力建设为中心，加强人员培训和持续教育工作

卫生部在2006年底专门针对"认证认可"对12省区进行较广泛的调查研究，并通过部际走访和在部际联席会议办公室的大力支持和帮助下，进行了认证认可专门人才的学习与培训。

"十一五"期间已完成了由卫生部和部际联席会议办公室联合举办的认证认可知识普及班和实验室认证认可评审员的培训学习。来自全国21个省、自治区、直辖市卫生厅局、总后卫生部、省级疾病预防控制机构以及质检系统共计259余人参加了会议。这些参加培训合格的人员将充实到卫生行业评审员队伍，使其队伍不断成长、壮大。全国卫生系统集中培训认证认可知识普及学习达600名以上，评审员专业知识培训达260名以上。

1.召开“全国卫生系统实验室资质认定/认证认可知识培训班和卫生系统认证认可工作研讨会”和“实验室生物安全管理工作研讨会”

结合卫生工作特点和对疾病预防控制工作对实验室有关要求，卫生部于2007年9月、2009年8月和11月9日～14日、2011年4月、6月、9月，先后在杭州、哈尔滨市、厦门市、长春市、郑州市、兰州市召开了“全国卫生系统实验室资质认定/认证认可知识培训班和卫生系统认证认可工作研讨会”、“实验室生物安全管理工作研讨会”。来自全国31个省、自治区、直辖市卫生厅局、总后卫生部、武警、省级疾病预防控制中心、省级卫生监督机构以及国家计量认证卫生评审组有关评审员、技术专家，以及部、委、局等18个部门代表760余人参加了会议。

2.持续教育与培训卫生行业实验室资质认定骨干人员

卫生部卫生行业评审组年初有计划、年底有总结，先后在上海、深圳、珠海、海南等组织召开了“卫生系统实验室资质认定国家级评审管理工作和主任评审员研讨会”，来自国家认监委、中国合格评定国家认可委、总后卫生部、卫生系统实验室、药检系统的共计260余人参加了会议。

同时卫生部积极参加了2008年在北京组织卫生系统50多名计量认证评审员参加了国家认监委员举办的国家级资质认定评审员培训班。

持续学习，是实验室质量与生物安全管理的有效途径，知识与技术的更新和持续性的安全教育与技能训练是实验室质量控制与管理不可或缺的基础性工作。卫生部每年的培训不仅有专项经费保证障，且培训已成常态化。通过培训普及提高的同时，提出要求，更新知识，学习新法规、统一标准，科学、规范评审过程和评审行为。

（二）制度建设

根据国家认证认可监督管理委员会和中国合格评定国家认可委员会先后颁布了新的《实验室资质认定评审准则》和《检验和校准实验室能力认可准则》对现场评审工作提出新的要求，为了适应准则转换带来的变化，卫生部对原有的《国家计量认证卫生评审组管理体系文件》和《卫生系统检验实验室认证/认可现场评审细则》进行了修订，保证了卫生行业实验室计量认证/认可评审质量。

在“十一五”期间，结合卫生部卫生系统实验室管理的特点，在实验室管理探索创新，实验室技术操作上科学规范。卫生部行业评审组进行了一系列的相关课题研究。

一是编写《卫生系统实验室资质认定工作指南》和《卫生检测实验室质量管理与安全》教材。二是开展食品检验机构资质认定工作及参加《食品安全法》配套文件的起草工作。三是做了相关课题科学研究。卫生部行业评审组开展了《卫生检验机构规范化管理研究》的课题。其中作为课题重要内容之一的《卫生检测机构认证认可实施指南》一书已经出版发行。承担了中国合格评定国家认可委员会组织的《卫生领域检测实验室技术能力规范表述》的研究课题，旨在规范卫生检验实验室的质量管理、提高检测能力和管理水平。

（三）疾病防控应急保障服务工作

积极做好传染病防治工作和国家重大活动中实验室生物安全管理工作。与认证认可监督管理委员会和中国合格评定国家认可中心紧密合作，积极动作，为“平安奥运”做出贡献。受到北京市生物安全总结会上表彰。积极参与了新疆自治区输入性脊髓灰质炎防治工作，确保质量与安全。

卫生行业认证认可工作为奥运保障、突发事件做了如下工作：

配合《生活饮用水卫生标准和检验方法》的办法实施，卫生行业评审组按照国家认监委下发的有关生活饮用水卫生标准方法变更和扩项的文件要求，对承担着北京奥运保障任务的中国CDC环安所、北京市CDC等单位的实验室资质认定相关生活饮用标准进行了变更备案，为卫生检测机构检测能力的持续性和准确性提供了保证。

积极协助国家认监委协调卫生系统紧急开展三聚氰胺检测及能力验证，做好设备与检测资源的统计与反馈，完成了卫生部24个部门单位的卫生检测机构能力验证，以及上网公布能够承担政府、社会需要的检测食品、奶粉中含有三聚氰胺等有毒有害物质的检测出证。

2008年6月完成奥运北京城市及奥运赛事的天津城市有关生物安全监督检查与指导工作。

2009年5月为确保甲型H1N1流感的实验活动及时开展，在认监委和认可中心的大力支持下，完成了启动浙江省疾控中心P3实验室的评审启用工作。

2010年圆满完成上海世博会上海周边省区、广州亚运会赛区城市广州地区及周边省区的有关生物安全、实验室资质认定监督检查与指导工作。

2011年圆满完成陕西西安国际花博会、广东深圳大运会生物安全、实验室资质认定监督检查和技术指导工作。

（四）关注民生，服务社会

1.积极参与《食品检验机构资质认定条件》和《食品检验工作规范》文件起草释义编写工作

《食品安全法》规定，食品检验机构资质认定条件和规范由卫生部负责制定，卫生部卫生监督中心承担了文件的起草工作。两个文件已由卫生部正式颁布（卫监督发[2010]29号文），并于2010年4月1日起在全国实施。

2. 十一五期间卫生部圆满完成卫生行业评审组工作计划和常规工作

每年度组织编制上报国家级资质认定评审计划并按照计划开展评审工作。按照国家认监委要求，每年分两批组织卫生系统国家级和省级实验室上报年度卫生检测实验室国家资质认定评审工作计划，并按计划组织现场评审工作。截至2011年底，共有61个国家级和省级卫生检测机构获得了资质认定/实验室认可资质。圆满完成评审计划管理工作，未发生违法和违规事件。

（五）依法执政，加强监管

卫生系统实验室资质认定专项监督检查工作，在十一五期间探索并进入常态管理，确保实验室质量与安全监管有效。

为加强卫生系统实验室资质认定监管工作，卫生部分别于2006年、2007年、2010年对北京、吉林、山东、江苏、云南、广西、广东、四川、福建、宁夏回族自治区、陕西省、海南省开展了卫生系统实验室资质认定专项监督检查。来自中国CDC营养所、中国CDC环境所、北京市CDC、天津市CDC、江苏省CDC、河北省CDC、辽宁省CDC等机构的30余名专家对12个省的36个省、地（市）、县级检验机构实进行了专项检查。卫生部逐年加大对现场监督与评审相结合的监管力度，2010年监管与评审结合涉及相关省、区有7家（浙江、广东、北京、辽宁、兰州“军队药检验所”、沈阳“军队药检验所”、吉林省疾控中心）。探索年度评审与监管相结合的依法行政管理，不断加强监管，并配合国家认监委近三年的飞行检查和2010年9月开展的全国质量安全月大检查，认真总结经验，依法执政深入到监管省区，截至2011年底，卫生部管辖的省级及省级以上的疾病预防控制中心和军队药检系统尚未发生任何重大公共卫生突发事件和事故。实验室质量与安全利用认证认可作为抓手，科学规范实验室各项活动和评审程序，确保实验室质量与安全监管有效。

（六）积极参加国家认监委和中国合格评定国家认可委员会开展的有关工作

自2007年起卫生评审组都选派专家参加国家认监委组织的实验室资质认定专项监督检查工作，工作质量受到表扬。卫生评审组派员参加国家级实验室资质认定专项监督检查工作。参与对重庆市、上海市质量技术监督部门、卫生、农业、环境、水利等行业共32个实验室进行了“飞行检查抽查”。卫生部对认证认可监督管理能力从中得到锻炼和提高。

2008年～2010年，多次参与国家认监委和中国合格评定国家认可中心相关准则文体修改和标准修订、征询工作。

参加国家检测资源共享平台建设工作。为建立健全我国检验检测体系，实现检测资源和检测信息的公开共享，我部卫生评审组组织卫生行业50余个实验室进行了平台信息更新及确认工作。

（七）对外交流

为了学习国外实验室质量管理先进经验，2006年、2008年，科教司（卫生行业评审组）在卫生部国际交流中心大力支持与协助下，组织了赴瑞典、澳大利亚、德国等国家的实验室质量与管理培训团，来自全国卫生检测实验室及相关管理部门50余人参加了考察和培训。开拓了眼界，不断增强实验室质量管理与安全保障的意识和提高其管理水平打下坚实基础。

（八）收获和体会

在部际联席会议办公室及相关部委的大力支持与协作下，卫生部通过部门间相互学习和借鉴国务院各部委认证认可相关工作开展，以及有效的监督管理经验，为下一步认证工作的监督管理拓宽思路，并做好技术支撑与储备，卫生部科技教育司和卫生部卫生监督中心即卫生行业评审组办公室，于2011年3月31日、4月1日、4月8日组织专家组分别赴交通部、水利部和铁道部进行了认证认可工作调研。

国家工商总局

2011年，工商行政管理机关认证贯彻党的十七大和十七届五中、六中全会精神，以邓小平理论和“三个代表”重要思想为指导，全面落实科学发展观，按照全国认证认可工作部际联席会议的部署，充分发挥职能作用，依法加强市场监管，严格认证认可市场主体准入，强化流通领域商品质量监督检查，切实维护商品市场秩序，积极促进经济社会又好又快发展。

（一）依法加强认证认可市场主体资格管理，严把认证认可市场主体准入关

全国各级工商行政管理机关严格执行《认证认可条例》的有关规定，按照统一的登记标准、登记程序和登记要求，为包括认证认可机构在内的各类企业营造公平公正的准入环境。对申请人提交申请材料，内容齐全、符合法定形式的，依法登记注册。对申请人未提交国务院

认证认可监督管理部门批准文件的，坚决不予登记注册为认证认可机构，努力从源头上规范认证认可市场主体，维护认证市场秩序。

（二）大力加强流通领域商品质量监管，切实维护商品市场秩序

全国各级工商行政管理机关突出重点品种，强化流通领域商品质量监督检查，深入开展专项执法活动，切实维护商品市场秩序。认证落实国务院打击侵犯知识产权和制售假冒伪劣商品专项行动部署，扎实开展专项执法活动。针对社会反映热点，以汽车配件、手机、服装、建材、家用电器等为重点商品，集中执法力量，强化对商场、超市等场所的监督检查，依法监督商品经营者履行进货检查验收义务，教育和引导重点商品经营者建立健全质量自律制度。进一步加大流通领域商品质量监测工作力度。强化监测结果的分析利用，及时查处销售不合格商品的违法行为。2011年前三季度，全国工商系统共查处销售假冒伪劣商品案件70 742件，案值87 862万元。

（三）加大协调力度，健全协作机制

充分发挥认证认可部际联席会议的作用，进一步建立与质检、认证认可监管等部门的信息沟通机制和联合调研机制，完善流通领域商品质量监管信息与认证认可机构管理信息的交流和共享机制，积极配合相关部门开展认证认可市场等监管执法行动，形成监管合力，切实维护商品市场秩序。

下一步，工商行政管理机关将认证贯彻党的十七大和十七届五中、六中全会以及中央经济工作会议精神，紧紧围绕规范执法行为和提高监管效能，进一步强化认证认可市场主体监管和流通领域商品质量监管，会同和配合相关部门深入开展专项执法检查，加大商品质量监测力度和专项执法检查力度，严厉打击销售假冒伪劣和不合格商品等违法行为。同时，积极推进流通领域商品质量准入退出制度改革，深入开展消费教育和消费引导，进一步提升消费维权工作水平，为促进经济平稳较快发展和社会和谐稳定做出新贡献。

国家知识产权局

国家知识产权局与国家认监委共同开展自主知识产权产品认证制度理论研究，对知识产权产品特性、认证需求、基本原则、可行性、标准设置等方面进行研究，并对重点行业和重点地区开展调研，了解企业的需求和建议，制定了《自主知识产权产品认证标准》及《自主知识产权产品认证实施规则》（草案）。

撰稿人：部际联席会议各成员单位

审稿人：生 飞 安 东

北京首都国际机场股份有限公司

首都机场保障两会

北京首都国际机场股份有限公司（英文缩写 BCIA，简称“首都机场股份公司”）隶属于首都机场集团公司，主要负责北京首都国际机场的安全和运营管理。

目前，公司资产总额约 339 亿元人民币，共有员工 1612 人，下设董事会秘书室、审计部、纪检监察部、行政事务部、规划发展部、财务部、人力资源部、质量安全部等 21 个部门。

首都机场现拥有三个航站楼、三条跑道、两个塔台，航站楼总面积约 140 万平方米，年旅客吞吐能力为 8200 万人次，高峰小时可起降航班 114 架次。目前，首都机场具有国内航点 116 个，国际及地区航点 107 个；核心用户包括 77 家客运航空公司和 17 家货运航空公司。

2011 年，首都机场航班起降架次、旅客吞吐量和货邮吞吐量分别达到 53.3 万架次、7867.5 万人次和 163 万吨，旅客吞吐量位列全球第 2 名。

证件管理大厅启动仪式

改造 2 号航站楼仪式

中国服务之星颁奖

宏伟愿景： 世界一流的机场管理公司

光荣使命： 践行中国服务 展示国门形象

企业精神： 勇担重任 甘于奉献 团结协作 使命必达

管理理念： 安全至上 服务至诚 和谐至美

迎接奥运代表团回归

中国印钞造币总公司

中国印钞造币总公司是直属中国人民银行总行领导的、国家唯一的法定货币生产企业，下属二十余家大中型企业和一个国家级技术中心，主要从事印钞、造币、钞票纸、银行信用卡的研制生产、印钞造币专用机械、银行机具的设计制造、高纯度金银精炼和印制增值税专用发票、有价证券、银行专用票据、高级防伪证书等方面的生产经营活动。集团员工 2 万多人，净资产总额 220 亿元，是世界上整体规模最大的货币生产企业。

为增强整体技术实力和国际竞争能力，中国印钞造币总公司大力加强硬件基础设施建设，积极开展国家认可实验室工作。截至 2011 年底，中国印钞造币总公司共建立了 5 个国家认可实验室：成都长城金银精炼厂分析检测中心、上海印钞有限公司技术中心检测实验室、上海造币有限公司理化实验室、沈阳造币技术研究所金银制品检验中心、银行卡检测中心 / 北京银联金卡科技有限公司。成都长城金银精炼厂分析检测中心 2011 年累计共分析试样 18000 余件，其中纯银成品生产试样 8000 余件，纯金成品生产试样 2500 余件，工业金银材成品生产试样 2000 余件，金验收料 3000 余件，其他试样 2500 余件，并严格把关，及时准确报出 40000 余个分析数据；参与起草的 GB/T 25933 — 2010《高纯金》和 GB/T25934 — 2010《高纯金化学分析方法》于 2011 年 9 月 1 日起实施；参与 GB4134 — 2003《金锭》修订讨论，参与有色行业标准《粗银》、《银化学分析直读法》、《银化学分析 ICP-AES 法》制定讨论。上海印钞有限公司技术中心检测实验室自 2008 年获得 CNAS 实验室认可资格以来，严格按照 CNAS 认可准则要求，重视人员培训，定期查新方法，定期维护计量设备，加强监督监控力度，积极参加实验室比对和能力验证，管理和技术能力水平得到稳步提升，2011 年实验室负责检验的各种产品以及主营业生产中的纸张、油墨、胶辊、凹印垫纸板、橡皮布等原辅材料多达 30 余种，共完成 3450 检测批次，2011 年月通过中国合格评定国家认可委员会的实验室认可评定。上海造币有限公司理化实验室于 2006 年 11 月获得国家认可委的实验室资格认定，2011 年 9 月通过国家认可委的实验室认可评定，该实验室现有体系文件完整、系统协调，能够服从或服务于质量方针，组织结构描述清晰，内部职责分配合理，满足认可准则要求。沈阳造币技术研究所金银制品检验中心于 2011 年 12 月通过了国家认可委的监督评审，全年完成对外委托分析金试样 720 件、银试样 38 件。受上海黄金交易所委托，对国内 27 家可提供标准金锭企业产品进行了质量监督检验，及时准确提出了检验分析报告和评价材料，同时派员参与对国内可提供标准金锭企业的合格金锭和银锭认证，发挥了社会监督职能，维护和提升了行业地位。银行卡检测中心在国家认可委认可的 10 项检测能力范围内，积极开展各项测试工作，全年共出具测试报告 2501 份，同比 2010 年增长 61.88%，为落实各项国家和行业标准提供了技术支持，为国内银行卡支付和受理环境的改善做出了贡献。

国家认可试验室的建立促进了资源优化，有利于提高管理水平和技术水平。在“十二五”期间及更长时期内，中国印钞造币总公司将以公正的行为、科学的手段、准确的结果，更好地为企业和社会服务，为企业发展提供技术支撑。

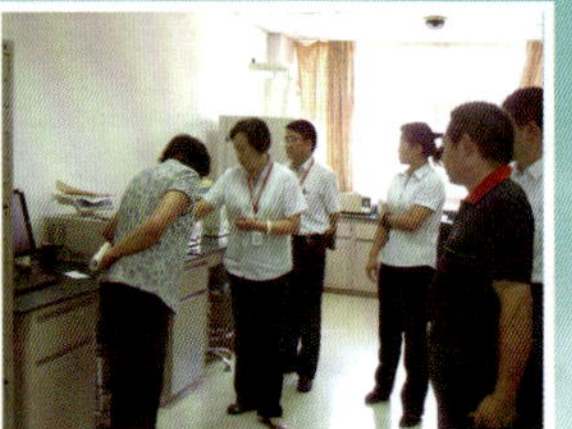

上海印钞有限公司技术中心检测实验室认可评定会

上海造币有限公司理化实验室认可评定会

沈阳造币技术研究所金银制品检验中心认可评定会

金融 IC 卡芯片安全检测技术联合攻关研讨会在银行卡检测中心召开

中国人民银行李晓枫巡视员（前排右一）莅临银行卡检测中心视察

银行卡检测中心银联芯片安全测试等三个项目通过中国银联技术管理部验收

中国人民银行清算总中心支付系统开发中心

中国人民银行清算总中心支付系统开发中心属中国人民银行直属事业单位的职能部门，面向中国现代化支付系统的建设和维护，承担支付系统系列产品的检测任务。开发中心不仅拥有国内外较强的专业人才和技术设施，而且在质量管理、人员培养等方面拥有一套完整的管理体制并具备国家CNAS检测实验室，ISO9001、CMMIL4级（CMMIL5正在实施中）等国内外一流的认证资质。

专业团队

开发中心对产品质量高度重视，拥有一支130余人的专业技术团队，其中40人直接从事产品测试工作，具有博士、硕士研究生学历及工信部认可的各类高级技术资格人员达到半数以上。实验室专业分系统分析、应用研发、系统测试、产品支持、质量保证和项目监理等。测试专业可细分自动化测试研发、测试设计、测试实施和支持3个子专业，健全的专业能力是实验室工作的可靠保障。

丰富的经验

开发中心自成立以来，先后承接了人民银行大小额支付系统、支票影像交换系统、境内外币支付系统等的研发、测试和维护工作。试验室共完成近百项产品测试任务，为支付系统稳定运行提供了有效高质的服务。

此外，开发中心还向人民银行支付结算司、国库局、中央国债登记结算公司、中国银联股份有限公司等提供支付系统接入测试服务，最高峰时约有300家金融机构和组织同时接入测试，赢得了各级领导及金融行业用户的广泛赞誉。

健全的设施

开发中心试验室机房，占地共530㎡，核心设备区330㎡。

实验室拥有大型商业计算机（Mainframe）、企业级服务器数六十余台套，通用集中存储设备数十台套，核心及接入交换机20台，信息安全设备及PC服务器等六十余台套。

完备的制度

为确保工作的科学性、准确性、公正性，开发中心依据国家相关法律法规、国际标准，建立内部有效的项目管理和质量保证体系和测试程序规范，对质量过程中各个活动加以有效控制并通过管理评审、审核、技术验证等方式及时发现、解决管理体系运行中的问题，使管理体系不断健全和完善。

地址：北京市海淀区阜成路18号华融大厦1层
联系电话：010-51709500
传真电话：010-51709518

中国信达资产管理股份有限公司

中国信达资产管理股份有限公司（以下简称中国信达）前身为中国信达资产管理公司，是中国政府为抵御亚洲金融危机、有效化解金融风险、维护金融体系稳定而组建的第一家金融资产管理公司。公司成立于1999年4月20日，总部设在北京，注册资本金人民币100亿元，由中华人民共和国财政部全额拨付。

2010年6月28日，经国务院批准，中国信达作为金融资产管理公司改革试点，率先完成股份制改造，整体改制为股份有限公司，注册资本金增加到人民币251亿元，财政部持有100%的股份。

2012年3月16日，中国信达与全国社保基金、瑞银集团、中信资本和渣打银行在北京签订了战略合作协议，标志着中国信达引战工作圆满结束，改革试点工作取得了重大进展。引入战略投资者后，中国信达注册资本金增加到人民币301亿元，资本实力进一步增强。

中国信达在全国30个省、自治区、直辖市设有31家分公司，主要从事不良资产经营相关业务；在内地和香港拥有9家全资和控股子公司，从事证券、期货、保险、基金、信托、租赁、投资等资产管理和金融服务业务。

中国信达成立十多年来，不良资产经营主业始终保持行业领先地位，同时积极参与多家证券公司、信托公司、金融租赁公司等问题机构的托管清算和风险事件的专业化处置工作，为国家和社会经济健康稳定发展做出了积极贡献。

在大力发展不良资产经营业务的基础上，中国信达积极尝试有市场需求的多元化金融服务业务，逐步形成了以不良资产经营为核心、以资产管理和金融服务为重点的综合经营格局。中国信达各个业务板块紧密联系，协同作战，能够为广大客户提供专业、全面的综合金融服务，满足客户多样化、个性化的金融需求。

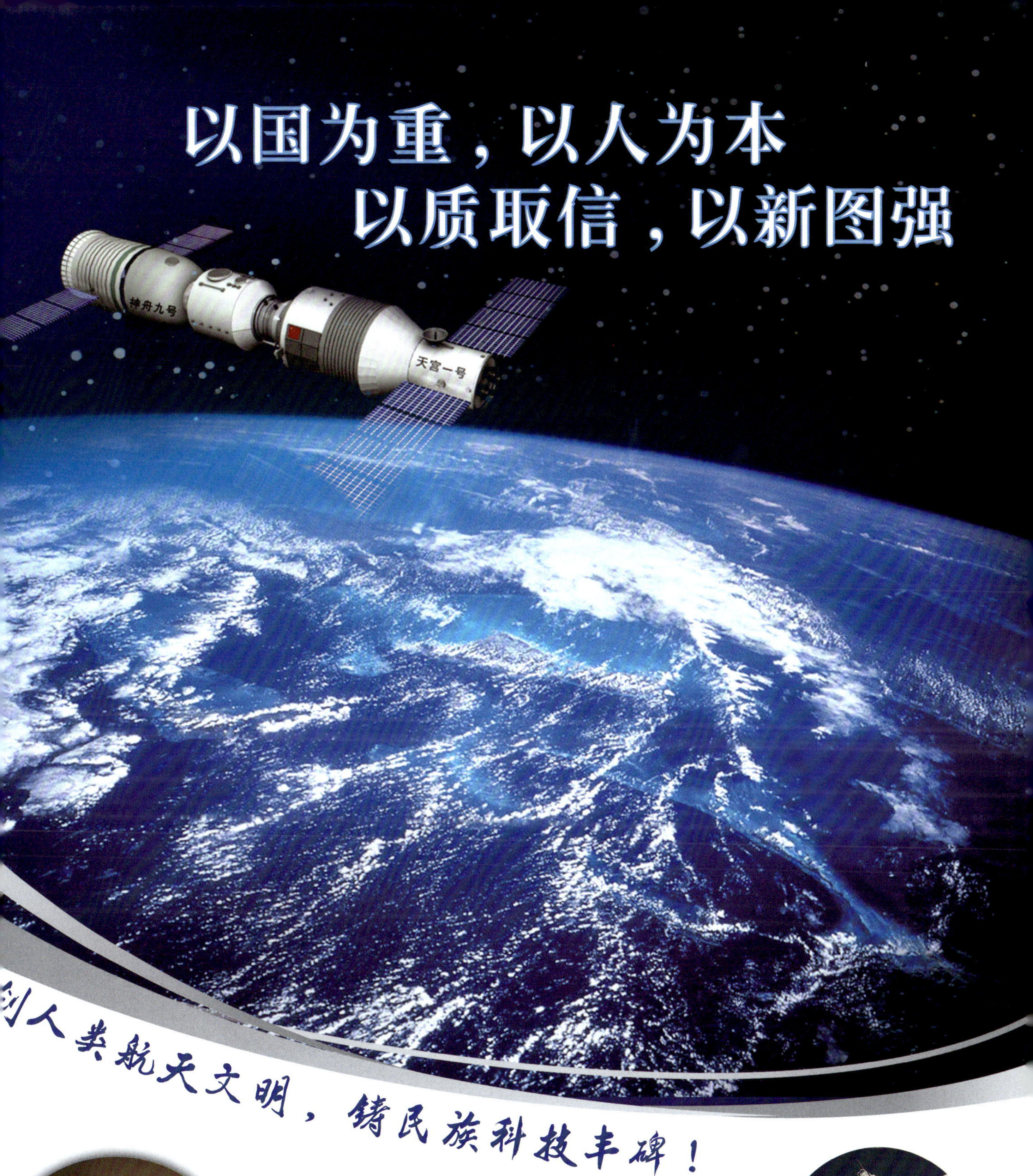

CASC

星期一 星期二 星期三 星期四 星期五

五天飞越五个城市？

天涯若比邻
华为智真视频会议

合作伙伴在香港，智囊团在纽约，客户在伦敦…要如何才能进行高效沟通？华为提供身临其境的视频通信，一键触控，协助您在瞬间联通世界、分享智慧、把控商机，为您提高效率，节省成本。

- 1080p 60fps 全高清视像
- 立体声情境定位系统
- 标准融合 全面互通
- 三重安防加密
- 专业化会议室设计

详情请访问：enterprise.huawei.com

华为企业业务 悉您所需 为您所用

甘肃黄羊河集团食品有限公司

HUANGYANGHE GROUP FOOD CO., LTD

“绿色 安全 营养 健康”

“全国鲜食玉米产业的领航者”

地　址：甘肃武威黄羊镇新河街1号（黄羊河农场）　邮　编：733008

Tel&Fax: 0935-2608482　　E-mail:hyhspgs@163.com

总经理：王宗全　　联系人：张旺财

甘肃黄羊河集团食品有限公司自1999年成立以来，一直秉承“绿色、安全、营养、健康”的经营理念，始终坚持“口感先人一步、质量高人一筹、服务优人一等”的服务宗旨，致力打造全国鲜食玉米规模化种植、标准化生产、产业化经营的领航者。

公司占地面积6万多平方米，注册资本2000万元，现有员工148人，其中专业技术人员36人。建有标准化车间9000㎡（其中真空保鲜产品生产车间达到10万级净化标准），标准化仓库5000㎡,10000吨速冻冷藏库一座，附属配套设施8000㎡。

目前公司主要产品有真空保鲜甜糯玉米棒、甜糯玉米粒、速冻甜糯玉米棒及甜玉米粒、甜玉米段、速冻蔬菜（芦笋、洋葱丁、胡萝卜丁、豆角、辣椒及速冻肉制品等）、糯玉米糁、米饭伴侣、黄金豆（膨化玉米）、豆腐干、有机甜糯玉米棒、有机糯玉米糁等食品，同时还兼营麸皮、青贮牧草等副产品。

企业先后通过了ISO9001、HACCP、ISO22000、GAP及出口食品种植基地备案认证，为农业部农产品质量追溯项目实施单位、全国百家绿色食品示范企业、甘肃省农业产业化重点龙头企业、甘肃省绿色食品生产先进企业。

“黄羊河”牌甜、糯玉米系列产品已通过绿色食品、有机食品及出口食品卫生登记注册认证，并先后荣获“甘肃省名牌产品”、“中国国际有机食品博览会金奖”、“中国绿色食品畅销产品奖”、“中国驰名商标”等荣誉称号，“黄羊河”牌真空保鲜甜、糯玉米产销量已连续9年位居全国第一。产品销售遍布北京、上海、广东、甘肃、新疆等28个省、市，部分产品曾先后出口美国、意大利、澳大利亚、新西兰、土耳其、日本及香港等国家和地区。

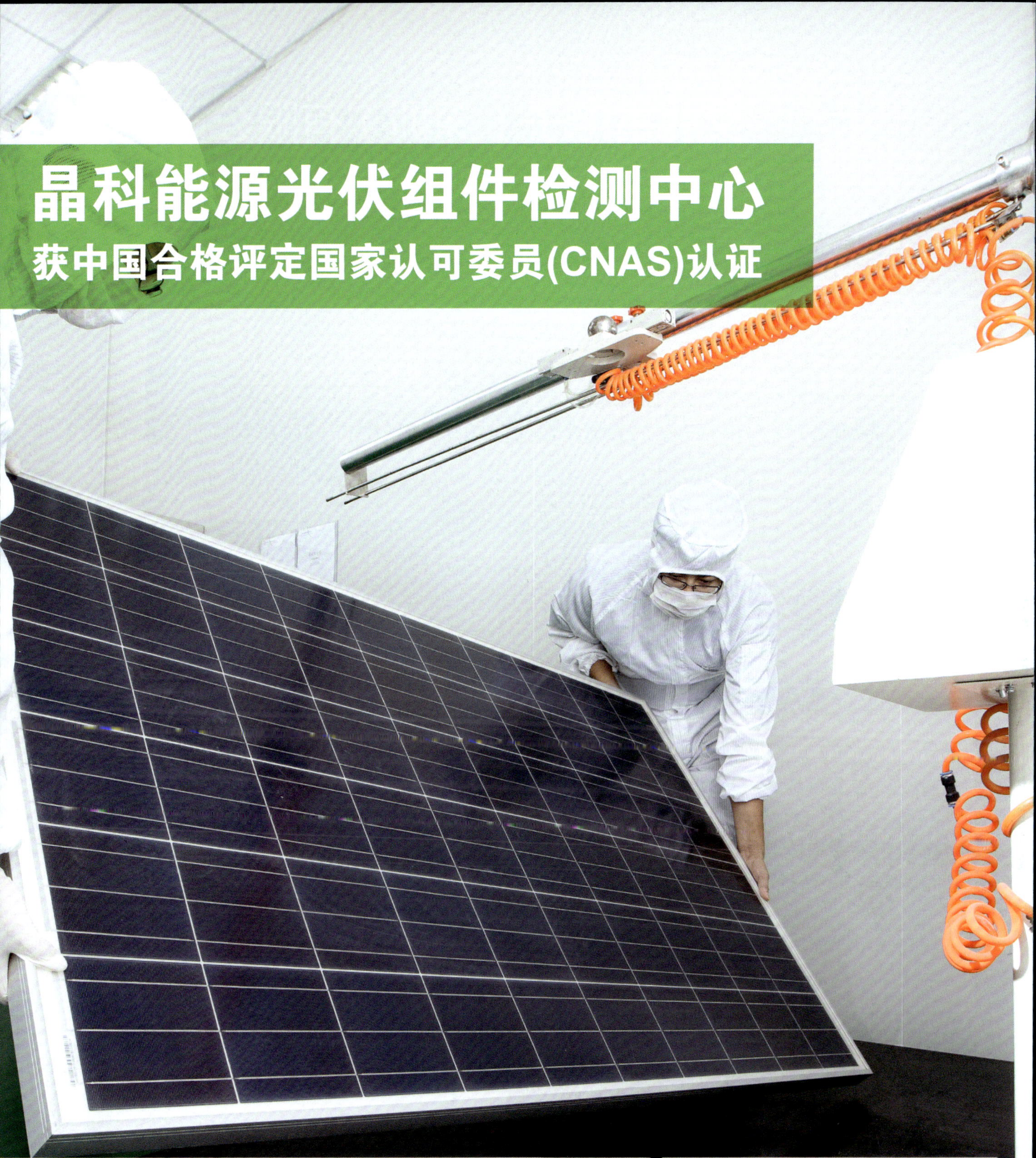
晶科能源光伏组件检测中心
获中国合格评定国家认可委员(CNAS)认证

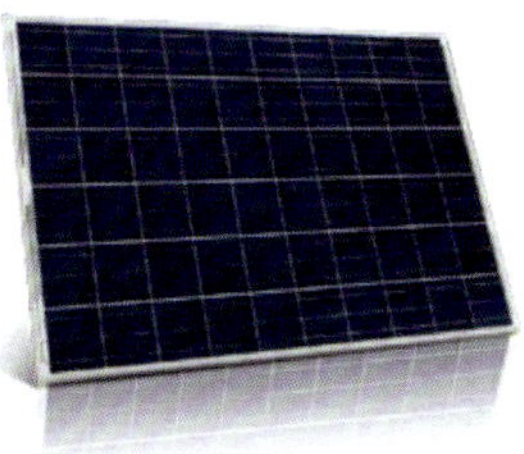

上海延锋江森座椅有限公司

延锋江森为中国几乎所有汽车制造商服务，是中国汽车座椅行业的领跑者。公司分布在全国的 13000 余名员工提供包括座椅总成、金属件和机械装置、发泡、面套和头枕在内的创新座椅系统，以及灵活、经济高效的顶饰解决方案。延锋江森在全国拥有超过 35 家工厂，哪里有客户需求，我们就在哪里。借助先进的运作系统和管理体系，延锋江森不断追求精益化，始终以质量为核心、创新为动力，持续超越客户不断增长的期望。

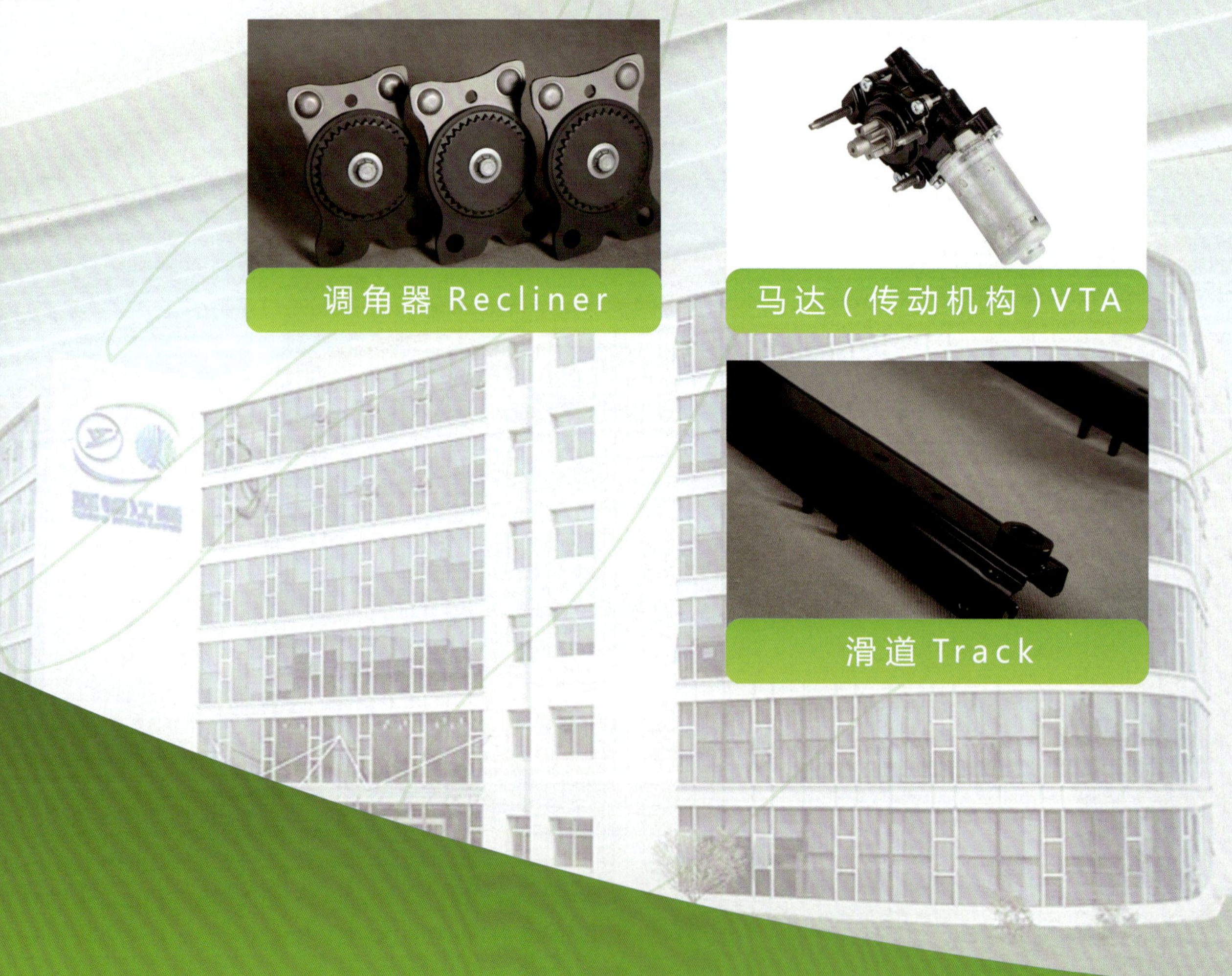

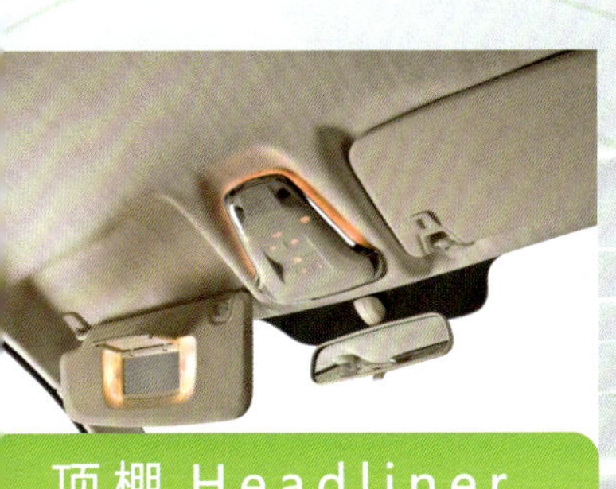
顶棚 Headliner

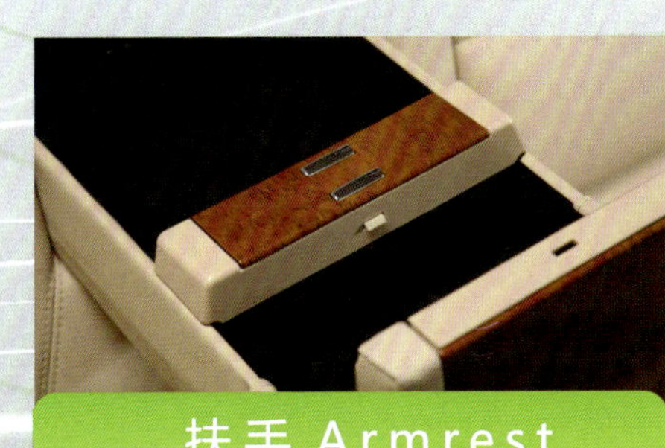
扶手 Armrest

遮阳板 Sunvisor

头枕 Headrest

面套 Trim

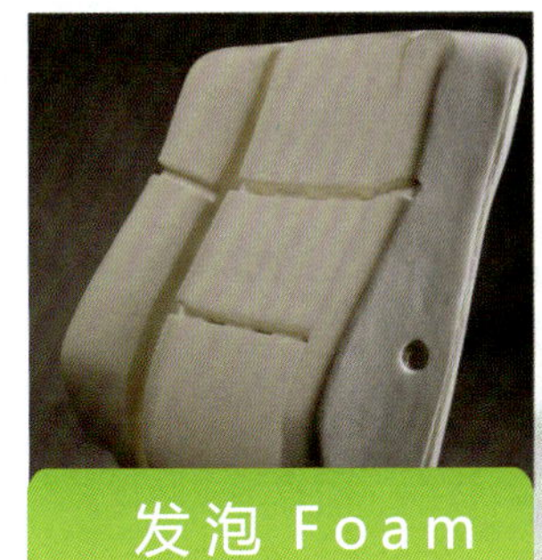
发泡 Foam

地址：上海市康桥工业园区康安路 669 号
邮编：201315
电话：021- 68079000（总机）

固特异在中国

美国固特异轮胎于1994年9月率先进入中国市场，在大连创建了大连固特异轮胎有限公司，成为第一家来华投资建厂的西方轮胎企业。2008年11月，固特异大连通过股份收购成为固特异的独资公司。截至目前，固特异在中国已拥有1000多名员工。

固特异中国遵循美国固特异的先进管理方法，采用固特异设在卢森堡及美国的全球技术研发中心所提供的最新轮胎科技，辅以先进的质量检测手段，制造出符合固特异全球统一标准的子午线轿车、轻卡车轮胎。在不断追求更为卓越的产品质量的同时，固特异中国持续引进现代化的轮胎服务理念，迄今已在全国设立了50多家经销商。自2005年开始，固特异还在全国推广新形象的授权服务中心网络，目前已签约900多家固特异品牌零售店，为顾客提供更完善的一站式汽车养护服务。

固特异中国针对国内各大汽车厂商的特殊要求，专门为其设计推出原厂配套轮胎。目前固特异为众多主流车型生产配套轮胎，包括宝马5系列、奥迪A6L、奥迪A4、奥迪Q5、大众迈腾、CC、新宝来、速腾、Golf A6 GTI、斯柯达明锐运动版、本田思域、马自达3、福特福克斯两厢/三厢、福特S-MAX、新蒙迪欧、雪铁龙标致308、C5、长城哈弗、凯迪拉克SLS、新君越、新林荫大道、君越Hybrid、英朗、科鲁兹、迈锐宝、科帕奇、名爵MG TF、名爵MG 7、荣威750/550等。

为加强固特异中国及周边地区业务发展，2005年4月1日，美国固特异轮胎橡胶有限公司决定将其亚太地区总部由美国迁至中国上海。2008年固特异决定将在普兰店建立新工厂后，该工厂将成为固特异在全球范围内最为先进的绿色工厂之一。大连市政府已将其选为未来制造业投资的示范项目。这一全新的工厂将大大提高固特异的产能，在中国地区每年550万轮胎产量的基础上增加500万条，扩大到年产1050万条产能的高附加值轮胎，以及额外增加100万条商用卡车轮胎。此外，固特异计划在2012年年底前将乘用车轮胎的生产从大连旧工厂全部迁至普兰店新工厂，并在2013年年初开始进行商用车轮胎的生产。

作为一家负责任的轮胎企业，固特异持之以恒地开展了一系列社会公益活动。固特异中国积极推广安全行车理念，在全国开展“关注轮胎，关注行车安全”轮胎安全检测活动以及“丽人安全行”等活动；此外，公司的志愿者为民工子弟小学组织了多次慈善活动；固特异于2008年至2010年连续获得“大连市履行社会责任贡献突出外商投资企业”的称号。由于在2008年四川震区儿童救助和灾后重建方面做出的突出贡献，固特异还获颁联合国儿童基金会授予的“儿童桂冠”殊荣。2011年，公司在大连沙河口镇捐助建造的固特异希望小学正式落成。

坚持生产高品质轮胎是固特异的主要目标。为达到这一目标，固特异生产设备陆续在1999年取得ISO9002认证，2001年4月取得QS9000认证，2002年12月取得ISO14001认证，2003年3月取得TS16949认证。这些都为出产的每一条固特异轮胎提供了更放心的安全保证。我们始终不渝地奉行一个宗旨：固特异轮胎的驾驶性能将时刻带给您驾驶的信心、让您体验驾驶的惬意。凭借以安全和可信赖著称的轮胎科技，“固特异”在人们心目中已成为“信赖”的代名词。

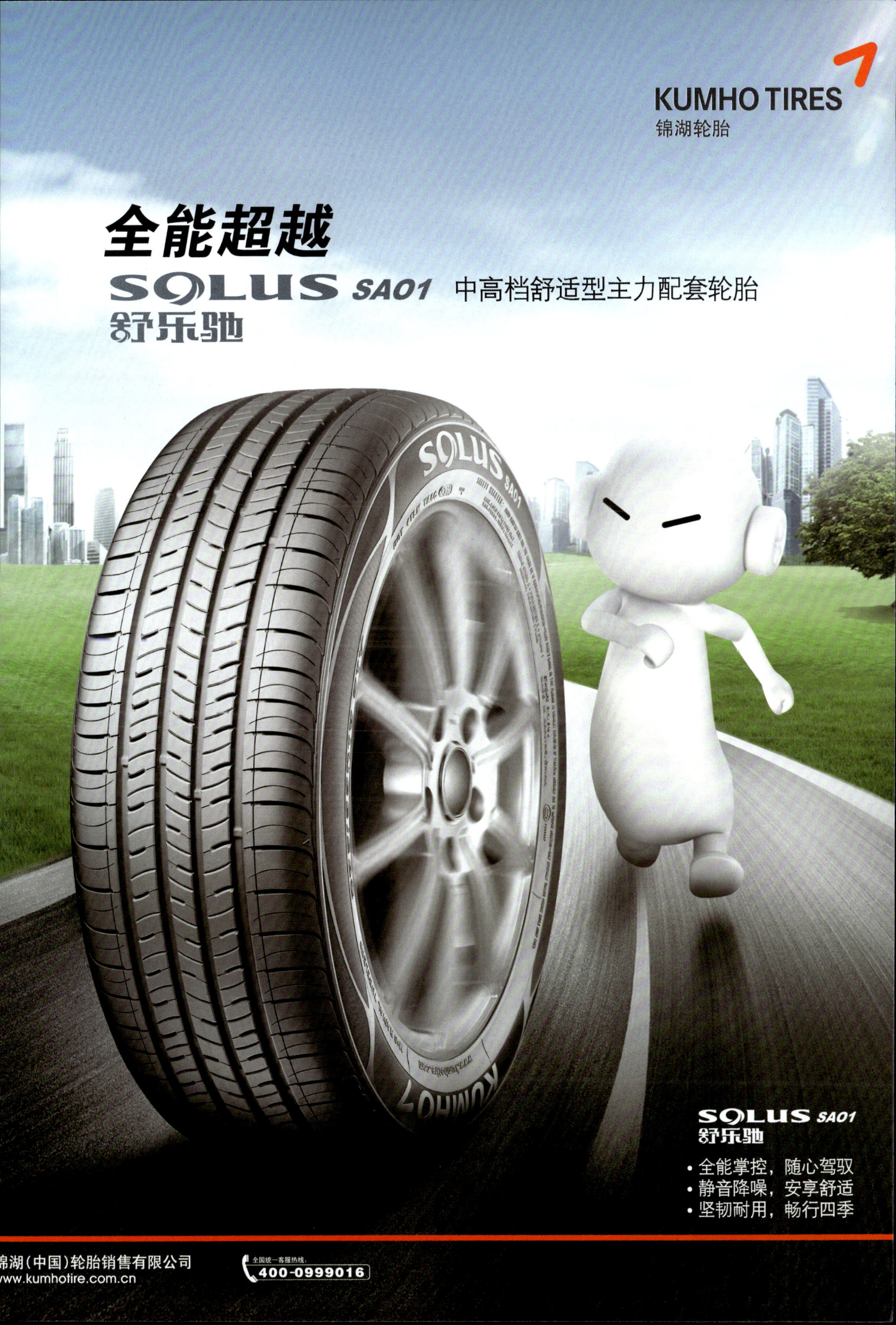
KUMHO TIRES
锦湖轮胎
全能超越
SOLUS SA01 中高档舒适型主力配套轮胎
舒乐驰
SOLUS SA01
舒乐驰
• 全能掌控，随心驾驭
• 静音降噪，安享舒适
• 坚韧耐用，畅行四季
锦湖(中国)轮胎销售有限公司
www.kumhotire.com.cn
全国统一客服热线:
400-0999016

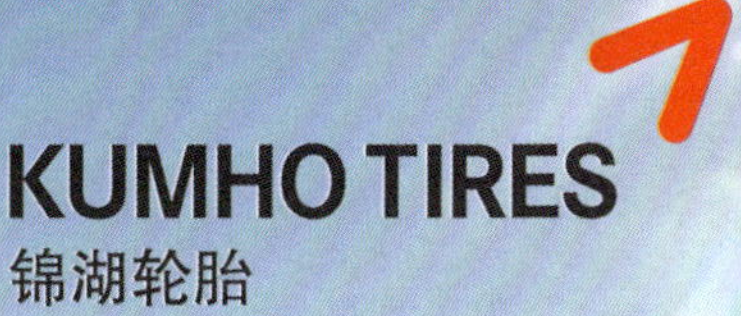

●国家级特大型企业 ●中国驰名商标 ●全国五一劳动奖状
●博士后科研工作站 ●国家创新型企业 ●国家级企业技术中心
●改革开放30年山东省功勋企业 ●低碳山东模范单位 ●山东省省长质量奖
● 山东省节能突出贡献企业 ●大中型拖拉机中国名牌产品 ●单缸发动机中国名牌产品
●通过ISO9001国际质量体系认证、OHSAS18000职业健康安全管理体系认证和ISO14000环境管理体系认证

时风 与您共创美好未来

时风集团成立于1993年5月18日，总占地4000亩，总资产60亿元，员工30000人。主导产品为三轮汽车、低速货车、轻卡汽车、电动观光车、拖拉机、发动机、轮胎、联合收割机。母公司山东时风（集团）有限责任公司下设五大产业园，设有时风中央研究院。 时风三轮汽车产销量连续十五年蝉联全国同行业第一。时风低速货车产销量连续十二年蝉联全国同行业第一。时风集团经济效益连续十七年蝉联全国同行业第一。三轮汽车、低速货车、发动机、拖拉机产销量均居全国同行业第一名。

时风集团居2011年世界机械500强第401位，中国企业500强第317位，中国机械500强第40位,中国农机工业50强第1位。时风品牌价值超过200亿元。1500多个营销网点和2000多家配套企业，形成“买全国、卖全国”的供应配套网络和营销网络，产品远销美国、墨西哥、阿尔巴尼亚等50多个国家。形成年产农用汽车130万辆、轻卡汽车8万辆、电动车20万辆、发动机150万台、拖拉机30万台、轮胎880万套、联合收割机2万台的生产能力。

时风集团战略规划总体思路是：深入贯彻胡锦涛总书记等中央领导视察时风集团指示精神，树立和落实科学发展观，遵循低碳技术、低碳产业战略决策要求，围绕“一个战略目标”，建设“五大产业园”，做强做大做久运输机械、农业装备、汽车、电动车和化纤轮胎，在未来跻身世界500强。

●一个战略目标：即“中国驰名、世界著名”运输机械集团。

●五大产业工业园：即农用汽车产业园、农业装备产业园、电动汽车产业园、化纤轮胎产业园、热电产业园。

地址：山东省高唐县时风路1号 网址：http://www.shifeng.com.cn

电话：（0635）3959771（集团电话）（0635）3957829（传真电话）（0635）3952109（国际贸易部）

北 方 股 份

北方股份 2011 年经营工作情况

2011 年是我国矿车市场竞争最为激烈的一年，也是北方股份发展历程中最不平凡的一年。从整个国际市场格局来看，随着中国经济日益在全球中占据举足轻重的地位，全球矿山机械市场重心逐渐向中国为中心的亚太地区转移，中国矿车产业的市场前景越来越明朗。在这一利好的政策和市场背景下，无论是国外以卡特彼勒、小松、别拉斯为代表的跨国企业巨头，还是国内以三一矿机、天业通联、湘电机、首钢重汽、中环动力、徐工集团为先锋的行业新秀，都将矿用车板块作为其拓展利润空间新的突破口，在中国及周边国家市场上展开激烈争夺。大量资金的涌入标志着矿用车产业已经进入到了全行业多元化投资的时代，矿用车行业已呈现出了同质化、严酷竞争的态势，低价竞标、透支市场、过度营销、恶性竞争的局面已经形成！

北方股份作为我国矿用车行业的龙头企业，在过去的一年里承受了巨大市场竞争压力的洗礼，但北方股份凭借拥有多年积累而形成的强大的系统营销实力、品牌优势，以及卓越的售后服务体系和严密效的生产能力，发挥出了其他企业无可比拟的优势，取得了显着的成绩。可以说，2011 年既是公司在“十一五”的基础上承前启后、继往开来的辉煌之年，也是公司为“十二五”的后四年持续提升经营业绩壮大规模实力的奠基之年。在过去的一年里，公司各项工作全面推进，主要经营指标实现重大跨越，合同签订数量和金额、矿车发运总量、销售收入和利润均创历史新高。特别是市场销售、产能扩充、技创新、物资配套、质量管控成为拉动公司经营业绩快速提升的“五驾马车”，内部基础管理、员工收入提高、廉政监督体系完善、文化软实力创建成为支撑公司稳健经营的“四大保障”，共同铸就了北方股份 2011 年新的经营辉煌。

（一）市场销售业绩实现新突破。2011 年，北方股份经营始终保持良好发展势头，销售收入一举突破 24 亿元大关，顺利完成年初董事会确定的经营任务，同比增长 20%；国内市场实现全国 30 个省级行政区域覆盖，全年开发新市场、新用户 39 个，占有率牢牢保持在 75% 以上；国外市场扩展至全球四大洲 47 个国家和地区，同比增长 38%；全年完成整车装配 586 台（含电动轮），同比增长 33.7%；全实现矿车发运 563 台（含电动轮），同比增长 34.7%。在面对全系列产品充分竞争态势和因园区搬迁造成生产放缓的不利影响下，北方股份取得了如此不菲的业绩，这是市场营销人员、服务人员以及全体方股份人共同努力的结果，说明我们的销售服务队伍、各级管理者和广大基层员工是经得住挑战压力，打得赢苦仗硬仗的优秀队伍。在此我代表公司经营班子向你们表示最诚挚的谢意！

（二）产能规模拓展实现新提升。今年 8 月，占地面积 24 万平方米，具备年产 1000 台矿车规模的新工业园区顺利落成，实现生产全面通线，北方股份初步打造成为了世界产能规模最大的非公路矿用车生产基地该工业园区的顺利运转，使得长期困扰公司的产能不足问题得到解决，产能压力得到释放；使得公司能够在充分满足市场需求的前提下，进一步扩展产业链，继续丰富系列化产品种类，为最终成为世界级矿用车生产基地奠定了坚实基础。在新园区的搬迁投产过程中，制造部、生产调度中心、旋挖钻机·电动轮事业部，以及相关部门配合协调、组织有力，确保了搬迁生产两不误，为公司的稳健经营做出了出贡献。

（三）科研技术创新取得新成果。2011 年，北方股份加大了自主创新力度，技术研发工作坚持“软硬兼施”，除了一如既往地抓好产品研发改进之外，更加关注“国标”和知识产权体系构建工作，并得了一系列积极成果。在产品研发方面，公司成功研制出了具备完全自主知识产权和完全自主采购配套的 240 吨级 NTE260 电动轮矿用车，进一步完善了公司系列化电动轮产品种类，为电动轮市场的持开发、扎实推进奠定了基础，目前公司已与客户签订了 11 台 NTE260 电动轮矿车的销售合同；成功研制出了 35 吨级 NTS35 专业化矿山剥离车，并实现了小批量销售，TR35A 矿用车、TR50 新结构矿用车、NR2203A 旋挖钻机均已实现批量生产销售。在技术创新平台建设方面，公司今年先后入选为“国防科技工业创新典范单位”和“内蒙古自治区知识产权工作试点企业”。特别值得一提的是，今年 11 月，司申报的“重型非公路矿用车国家地方联合工程研究中心”得到国家发改委审批授牌，标志着公司技术研发中心上升到了国家创新平台的层面，标志着北方股份正式成为了我国唯一的国家级非公路矿用车发基地。

（四）物资配套工作取得新进展。2011 年，公司物资配套系统出现了严重的供求紧张局面，一面是矿车发运时间紧，配套件需求量大，一面是国内外供货配套商在供货时效性和质量稳定性等方面满足了公司要求。尽管困难重重，但物质供应公司依然采取了多项举措较好地完成了全年矿车的配套选型和采购任务。一是加大自主配套推进力度，尽力摆脱特雷克斯限制。今年公司引进了艾利斯特、上海道森卡莱等特雷克斯专属供货商及其他一些优质配套商，并对一些不能满足公司要求的配套商进行了彻底清理。二是加大国产化配套力度，提高产品性价比优势。公司今年完成了 NTE260 和 NTE150 电动轮矿车配套招标比价工作，完成了 TR100 矿用车自主配套选型工作。三是紧跟市场动态，进一步完善招标比价制度。公司今年重点加强了对各类大宗物资的招标比价管理，及时调整采购价格，稳定了供货环境。四是加强了对配套厂商的考核管理和沟通协调，强化了配套厂商严格按照合同计划和图纸工艺加工生产的意识，并取得了一定效果。五是加大了对铸锻件等关重件厂家的开发和协调沟通力度，形成了以华晋神牛、锡华、龙口、洛北为代表的一批优秀铸件供应商。

（五）产品质量管控开创新局面。北方股份系列化矿车之所以能够畅销国内外市场近二十年，靠的就是对质量的严格管理，对品质的精益求精。今年以来，公司将产品质量管控作为重中之重来抓，并采取了多项针对性举措，形成了上下协调一致、全员积极参与的良性机制，“铁腕抓质量”、“质量是红线，谁也碰不得”的质量文化氛围更加浓厚。一是公司今年专门委任一名副总经理主抓质量工作，从管层面上予以高度重视，从今年质量工作整体情况来看，相比往年有了一定的改进；二是自 8 月以来，公司每月定期召开质量工作例会，集中通报、讨论和解决当前涌现出来的质量问题，将所有质量隐患消在萌芽状态；三是公司今年修订和完善了《质量管理考核实施细则》，制定了《质量责任追究办法》，从制度和执行层面上确保了质量管控工作的稳步推进；四是积极运用如质量问题“双归零”、“飞行查”、“质量提升路线图”等先进的质量管理理念，从管理方法和技术层面上增强了质量管控工作的实施效果。近几个月以来，公司质量管控工作取得了一定成效，入库的自制件、外协件和配套件总体质有了提升，为整车的顺利装配、合同的有序履约奠定了基础，反映出公司产品质量管控工作已经逐渐实现了从检验到预防、由围堵到引导的转变。

（六）企业基础管理迈上新台阶。兵器工业集团张国清总经理指出，“基础管理是企业一切管理活动的基础，是企业决胜于市场的最基本的战斗力，各成员单位要把基础管理作为 2012 年工作的主题，面向全员，面向科研、生产、市场一线，在公司内部持续推进精益化生产、精细化管理和合理化建议活动，进一步提高发展质量。”今年以来，公司在提升基础管理水平方面屡出重拳，突出体现在三个方面一是狠抓财务成本管理。通过采取针对性措施拓宽融资渠道、扩大授信额度、灵活运用美元与人民币的汇率差、启用人民币跨境结算、努力争取政府部门和兵器集团政策贴息、压缩“两金”占用率、提高业出口退税等级等多种方式，极大地降低了企业融资成本，有效地规避了市场金融风险，全年融资成本率低至 4.12%，这一成绩位居兵器集团成员单位前列，得到了兵器集团的认可。二是狠抓精益化生产、精细化管理和合理化建议“三化”活动。公司在设岗不增员的前提下，专门成立了活动领导小组，设立了日常办事机构，主抓“三化”活动，在公司内部大力倡导精益制造、精益研发、精细管理的理念，以合理化建议改善提案活动为突破口，专门拿出部分资金重奖提出了有利于公司发展的好建议、金点子的员工。今年公司合理化建议活动开展情况良好，员工参与热情高涨，全年共收集到提案 275 条，提内容涉及到生产安全、技术创新、现场环境、降本增效、公司管理等多个方面。这里特别值得表扬的是大型车厢焊接翻转动力头自制团队，他们组织开展了自制大型工装的改善创新活动，这是很好的一个型，希望全体员工今后要向他们学习，从本职工作中寻找改善点，追求工作质量和效果的精益求精。三是狠抓人才队伍建设。高科技人才代表着创新力量，高能力人才代表着效率质量。公司在人才队伍建方面始终做到“三个重点”：重点引进稀缺人才，为满足公司产能规模扩大对技能人才的需要，前瞻性地做好人才储备工作，今年以来，公司实行了社会招聘、校园招聘、行业人才引进等多种方式，录用士生 3 人，本科生 12 人，专门技能人员多人；重点培育在岗人才，公司今年进一步加大了对现有人员的培养，全年共有 51 人取得兵器集团相应职称资格，共有 47 人参加了兵器工程大学继续教育学习，先后多次组织在岗优秀员工出外学习培训；重点调整人才结构，按照“优化结构，控制总量”的方针，以提高劳动生产率为目标，公司根据需要不断调整各领域的人才结构，保证“人尽其才”，并逐步形退出机制。今年公司在内部多次组织干部竞聘，目的就是不拘一格选人才。

（七）员工收入水平实现新提高。北方股份的发展离不开广大员工的诚敬业，公司也将稳步提高员工待遇当作一项重点工作来抓，想方设法为员工增收。2011 年，公司提高员工收入水平体现在以下四个方面一是提高薪资总额。二是提高人均收入水平。公司今年一月正式实行新的工资标准，新标准更加突出公平和效率兼顾的原则，并重点向基层艰苦岗位倾斜。公司今年全员人均收入水平位居包头市同类企业相关企事业单位前列。三是努力实现同岗同酬，提高了协议工收入水平。四是面对今年物价持续上涨的局面，公司确保了全年各项福利发放有序，福利支出总额同比增长 15%。

（八）廉政监督体制建设取得新进展。没有监督的权力必然滋生腐败，监督机制疲软的企业必然缺乏核心竞争力。过去的一年里，公司定期召开党政联席会议，完善监督检查保障机制，认真贯彻落实“三重一大”决策制度，始终保证“重大事项决策、重要干部任免、重要项目安排、大额资金使用”经集体讨论后做出决定。一是在廉政监督机构设置方面，公司今年选举产生了新的监事会成员，更好地保证了监事会的代表性、权威性和号召性，同时设立了公司纪委，这对于稳定公司队伍，预防腐败，提高清廉意识有着积极的促进作用；二是在廉政监督意识强化方面，公司通过内部报刊、内部廉政会议和廉洁主题教育活动等多种形式，不断筑牢思想道德防线，用典型事例来引导公司全体员工树立正确的廉洁价值观；三是在廉政监督职责分配方面，公司不断适应变化着的新形势，今年根据生产线搬迁后的实际情况重新设置了基层党支部，使其在党风廉政建设方面作为公司监事会的重要补充，确保了廉政监督职责分配更加合理。

（九）企业文化软实力创建取得新进步。北方股份作为具有军工背景和本土特色的合资企业，在企业文化软实力创建方面，一直秉承着继承、吸收、丰富和创新的方式，致力于打造具有自身特色的文化理念企业文化软实力不能简单地表现在举办几场活动上、下发几个文件上，应该表现在企业核心理念创建方面。北方股份长期发展而形成的“进一座矿山、树一次品牌、交一批朋友、拓一片市场”的营销理念、“共赢的平台、保姆式服务、个性化满足、永久性支持”的服务理念、“自主创新、精益求精”的研发理念、“人才投入是最有价值投入”的人才理念、“追求最大投资回报率”的财务理念、“打造国内领先世界一流矿车产品”的品牌理念，以及“创新有为、务实协作、团结奉献”的和谐理念等各方面理念在今年公司跨越发展的征程中得到了进一步的升华，为企业的基业常青、稳健发展奠定了坚实的基础和保障

北方股份 NTE260 电动轮矿用车

NTE260 电动轮矿用车是由北方股份承担的我国第一台自主设计研发、自主采购配套、自主组织生产，并实现批量销售的大型工程运输车辆。该车于 2011 年 8 月下线，技术性能达到了国际先进水平，载重为 240 吨，填补了国家在这一吨位领域的空白，并被国家列为重大科研制造项目。该车的成功研制，标志着我国在大型电动轮矿用车领域实现了真正意义上的国产化。2011 年 11 月，北方股份被国家发改委授予为“非公路矿用车国家地方联合工程研究中心”，标志着北方股份成为了我国唯一的国家级矿用车研发中心。

北方股份矿用汽车工业园

2011 年 8 月，北方股份矿用汽车工业园实现全面通线投产，北方股份产能规模从原来的年产 240 台跃升至年产 1000 台，打造成为了世界产能规模最大的非公路矿用车生产基地，为北方股份在充分满足市场需求的前提下，进一步扩展产业链，继续丰富系列化产品种类，打造成为世界级的工程机械和矿用设备供应基地奠定了现实基础。

Europe

China

United States

上海通用汽车有限公司

上海通用汽车有限公司成立于1997年6月12日，由上海汽车集团股份有限公司、通用汽车公司共同出资组建而成。目前拥有浦东金桥、烟台东岳、沈阳北盛3大生产基地，共4个整车生产厂、2个动力总成厂，是中国汽车工业的重要领军企业之一。坚持“以客户为中心、以市场为导向”的经营理念，上海通用汽车不断打造优质的产品和服务，目前已拥有别克、雪佛兰、凯迪拉克三大品牌，二十多个系列的产品阵容，覆盖了从高端豪华车到经济型轿车各梯度市场，以及高性能豪华轿车、MPV、SUV、混合动力和电动车等细分市场。

上海通用汽车2003年2月获得国家强制性产品认证证书。公司还通过了ISO\TS16949质量管理体系认证、ISO14001 环境体系认证证书和 OHSAS18001 职业健康安全体系认证。

2008年，上海通用汽车启动“绿动未来”全方位绿色战略，以“发展绿色产品、打造绿色体系、承揽绿色责任”为核心，通过科技创新，不断为中国消费者带来“更好性能、更低能耗、更少排放”的绿色车型，并积极发挥业务链龙头作用，带动上下游共创绿色产业生态系统，以实现企业自身、企业与行业、企业与环境的和谐永续发展。

上海通用汽车网址：www.shanghaigm.com

湖南吉利汽车部件有限公司

湖南吉利汽车部件有限公司是是浙江吉利控股集团为了支持中西部发展与战略需要，在中西部建立的第一个生产基地。公司坐落于湘潭九华经济区内，占地面积约840亩，于2006年1月20日奠基，2008年11月6日正式全线竣工。经过5年的发展，公司现拥有冲压、焊装、涂装、总装等汽车整车制造的四大工艺及整车检测线等相关设施，基本形成年产整车15万辆的生产规模，拥有国内一流的汽车生产流水线和先进的汽车制造工艺。

公司目前生产的吉利远景系列（FC-1/2）轿车拥有31项专利技术，搭载了吉利自主研发并拥有自主知识产权的CVVT-JL4G18、CVVT-JL4G15进气可变系统发动机，以及自主开发的DVVT-JLγ-4G18、DVVT-JLγ-4G15进排气可变系统发动机，其各项技术指标居世界先进，中国领先。

为实现“时刻对品牌负责，永远让顾客满意”的质量方针和“造最安全、最环保、最节能的好车，让吉利汽车走遍全世界”的使命，公司从体系上规范各项质量管理活动，切实保证产品质量。先后通过了汽车企业生产条件现场审查、国家汽车产品强制性质量认证“3C”认证、TS16949:2009质量管理体系认证、环境/职业健康安全管理体系等认证、ISO14064温室气体核查、汽车企业整车出厂免检认可、英国车辆认证局（VCA）汽车出口欧盟认可。

公司每年组织向湖南省机械汽车行业、湖南省质量协会、全国行业协会申报优秀成果，并在省级、国家级成果发布会上分享公司QC小组活动开展经验，2011年被湖南省评为质量管理效益十佳企业称号，这是公司连续3年获此殊荣，2011年有2个项目参加集团奥林匹克成果发布会，有11个项目参加湖南省机械汽车行业成果发布，有3个项目参加全国机械汽车行业成果发布，都获得较好的成绩。

长安福特马自达汽车有限

2001年4月，世界领先的汽车公司——福特汽车公司和中国的百年企业——长安汽车集团，共同签约成立了长安福特汽车有限公司（长安福特），并于2003年初正式投产。2006年3月，马自达汽车公司参股长安福特，公司正式更名为“长安福特马自达汽车有限公司”（长安福特马自达汽车），三方持股比例为：长安50%，福特35%，马自达15%。2007年9月长安福特马自达汽车旗下第二个整车生产基地——长安福特马自达汽车南京公司举行了盛大的竣工投产庆典。成立11年以来，长安福特马自达汽车发展迅速，已经成长为一个具有跨地域和多品牌生产、经营能力的大型现代化汽车企业。

为了支持未来发展计划，2011年6月16日，长安福特马自达汽车有限公司新发动机厂正式破土动工；2011年9月24日，长安福特马自达汽车变速箱工厂投建；2012年，长安福特马自达汽车有限公司重庆新工厂将投产。随着这三个工厂的落成，重庆将成为福特在底特律之外最大的生产基地。

目前长安福特马自达汽车生产和销售的车型有：经典福克斯、新福克斯、福特麦柯斯（S-MAX）、福特蒙迪欧-致胜、福特嘉年华两厢、福特嘉年华-锋潮、马自达3、马自达2、Volvo S40和Volvo S80。

司

在把一流的产品和一流的设计理念带给中国消费者的同时，长安福特马自达汽车也努力向消费者提供世界一流的服务体系，建立起了遍布全国的福特品牌经销商网络，并正式在中国市场启动福特全球统一汽车服务体系——“Ford Service”，旨在为中国消费者提供世界一流的服务体验。

作为一个具有社会责任感的企业公民，长安福特马自达汽车致力于成为“环境保护的先行者”。重庆和南京工厂不仅配备先进的污染防治设施，还建立了完善的环境管理体系，是当地率先通过ISO14001认证的企业。同时，长安福特马自达汽车也积极参与各项公益事业，推动社区的环境改善和所在地的经济发展。

长安福特马自达汽车有限公司现任总裁为马瑞麟先生。罗明刚先生为公司现任执行副总裁。

地址：中国重庆市北部新区鸳鸯镇长福西路1号
邮编：401122
销售和服务热线：800-8108168（座机）/400-8877766（手机）
http://www.ford.com.cn

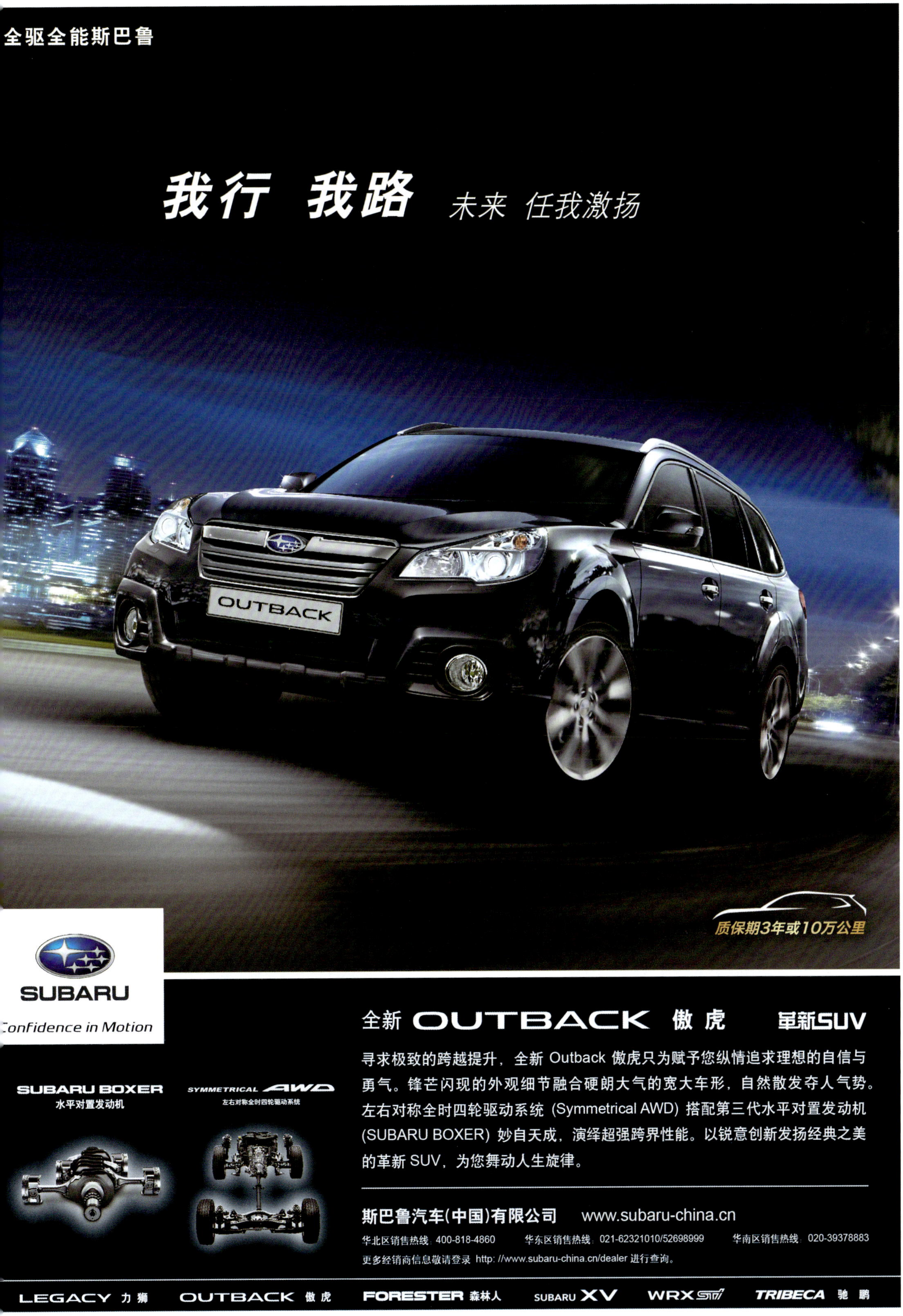
全驱全能斯巴鲁
我行 我路 未来 任我激扬
OUTBACK
质保期3年或10万公里
SUBARU
Confidence in Motion
SUBARU BOXER
水平对置发动机
SYMMETRICAL AWD
左右对称全时四轮驱动系统
全新 OUTBACK 傲虎 革新SUV
寻求极致的跨越提升，全新 Outback 傲虎只为赋予您纵情追求理想的自信与勇气。锋芒闪现的外观细节融合硬朗大气的宽大车形，自然散发夺人气势。左右对称全时四轮驱动系统 (Symmetrical AWD) 搭配第三代水平对置发动机 (SUBARU BOXER) 妙自天成，演绎超强跨界性能。以锐意创新发扬经典之美的革新 SUV，为您舞动人生旋律。
斯巴鲁汽车(中国)有限公司 www.subaru-china.cn
华北区销售热线：400-818-4860 华东区销售热线：021-62321010/52698999 华南区销售热线：020-39378883
更多经销商信息敬请登录 http: //www.subaru-china.cn/dealer 进行查询。
LEGACY 力狮
OUTBACK 傲虎
FORESTER 森林人
SUBARU XV
WRX STI
TRIBECA 驰鹏

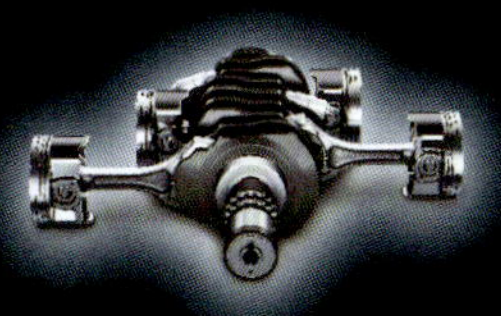

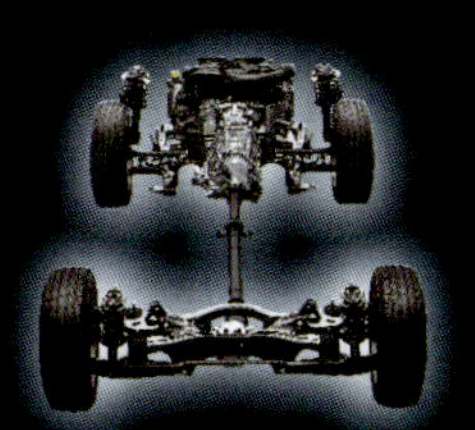

一汽解放汽车有限公司

16 － J6L 载货 4×2 单排

作为开国领袖毛泽东亲自命名的中国第一个汽车品牌——“解放”，自诞生伊始，就引领了中国民族汽车工业的发展和潮流。身为国车长子、民族脊梁，解放在振兴中国汽车工业的道路上，连续多年稳居国内卡车制造业第一位，并为民族汽车高端自主扬威世界，立下了汗马功劳。

一汽解放汽车有限公司成立于 2003 年 1 月 18 日，是以原第一汽车制造厂主体专业厂为基础，以中国第一汽车集团公司技术中心为技术依托组建的中重型载重车制造企业，是中国第一汽车集团公司的全资子公司。

这里是中国汽车工业的摇篮。1953 年 7 月 15 日，第一汽车制造厂在这里破土动工。1956 年 7 月 15 日，第一辆解放卡车在这里驶下装配线，标志了中国民族汽车工业的诞生。1986 年 7 月 15 日，借助改革开放的春风，第二代解放卡车 CA141 批量投产，解放卡车从此走入了崭新的发展轨道。2003 年 7 月 15 日，占地面积 25 万平方米，总投资 14.5 亿元，重点建设驾驶室焊装、涂装、内饰、整车装配及车架生产线的解放卡车新基地奠基。2007 年 7 月 15 日，凝聚一汽人六年心血，自主研发的世界级重卡解放 J6 成功上市，标志着解放成为国内新一代卡车的领跑者。

现有牵引、自卸、平板、仓栅、畜禽、厢式、冷藏、罐类、邮政、油田、随车吊、搅拌、特种车等车型，合计 1000 多个品种。解放载重车已经出口到欧洲、非洲、亚洲 20 多个国家和地区。

解放现有品牌代理商达到 317 家，其中具有 4S 功能的代理商有 229 家；解放专业服务站 433 家，平均服务半径 52 公里。

自第一辆解放卡车上市，50 余年累计产销超 500 万辆。实现了“让使用解放卡车的用户富裕起来；让使用解放卡车的企业发展起来；让使用解放卡车的地区繁荣起来”的企业宗旨，在国防、基建、煤炭、石油、石化、环卫、邮政等各行各业交通运输中发挥着主力军作用。

1-55 周年纪念车合

3　7　11 －自卸形象 6-4

15 － J6L4x2- 载货带上装　白

2　6　27 － J6P　6×4 牵引红

2012款三菱SUV全车系 突破新生！
三菱感·动·力驾驶科技 浑然一体，全面超越

适用于2012款车型
5年
10万公里
进口三菱高品质保证

感·动·力
INVECS AWC MIVEC
驾驶科技

MITSUBISHI MOTORS
Drive@earth

CADENZA 凯尊
以慧眼 | 行更远
原装进口整车
世界级
尊崇享受
5 年YEARS
不限公里数
保修
KIA

捷豹路虎中国

捷豹路虎是一家拥有两个顶级豪华品牌的英国汽车制造商。拥有辉煌历史的捷豹和豪华 SUV 品牌路虎，以其迷人设计、领先科技和非凡性能成为引领现代豪华的潮流标志。

自进入中国以来，捷豹路虎就扮演着中英双边贸易的重要角色，积极致力于为中国消费者提供最顶级的产品、最专业的品牌体验和最豪华的客户服务，并立志在中国成为业务运作、客户满意度和企业社会责任等方面最成功的豪华汽车生产商及服务供应商。

捷豹路虎一贯十分重视中国市场，目前中国已经成为捷豹路虎全球增长最快的市场，也是捷豹路虎全球第三大市场。2010 年年中，捷豹路虎国家销售公司在华成立，并在北京设立了区域办公室，为中国业务的整体发展掀开了新的篇章。近期，捷豹路虎还将积极在广州新建区域办公室，以进一步贴近广大中国客户。数年来，捷豹路虎在全国范围内不断完善着由授权经销商所构成的广泛客户服务体系：至 2012 年 7 月，捷豹路虎在华签约授权经销商数目已达 130 家，其中，90 家已投入运营。捷豹路虎在国内现已拥有两家国际水准的培训中心，每年有逾万名经销商员工在培训中心接受专业培训，以提升捷豹路虎的服务质量及消费者满意度。位于北京和广州的 2 个首屈一指的路虎体验中心，在向广大车迷展示英伦文脉的同时，也为中国乃至全球的拥趸提供了独特尊享的品牌体验；而坐落于苏州、北京、广州和重庆的 5 个先进的备件配送中心以及天津、上海、广州的 3 个整车进口口岸，大大提升了全国服务网络的运转效率。2012 年内，除了 7 月于浙江湖州签约的第三家路虎体验中心外，捷豹路虎中国还将于年底在成都新增一家路虎体验中心，并在广州新建第 3 家培训中心，将优质的服务及品牌体验延伸到全国。

此外，秉承企业在全球一致的社会责任，捷豹路虎在中国围绕引进创新技术、节能减排与自然保护、人道主义关怀，以及教育——“可持续发展的四大核心”投入并开展了多个保护项目和社会公益活动。

昌河铃木
SUZUKI
日本铃木
全球第四款战略车型

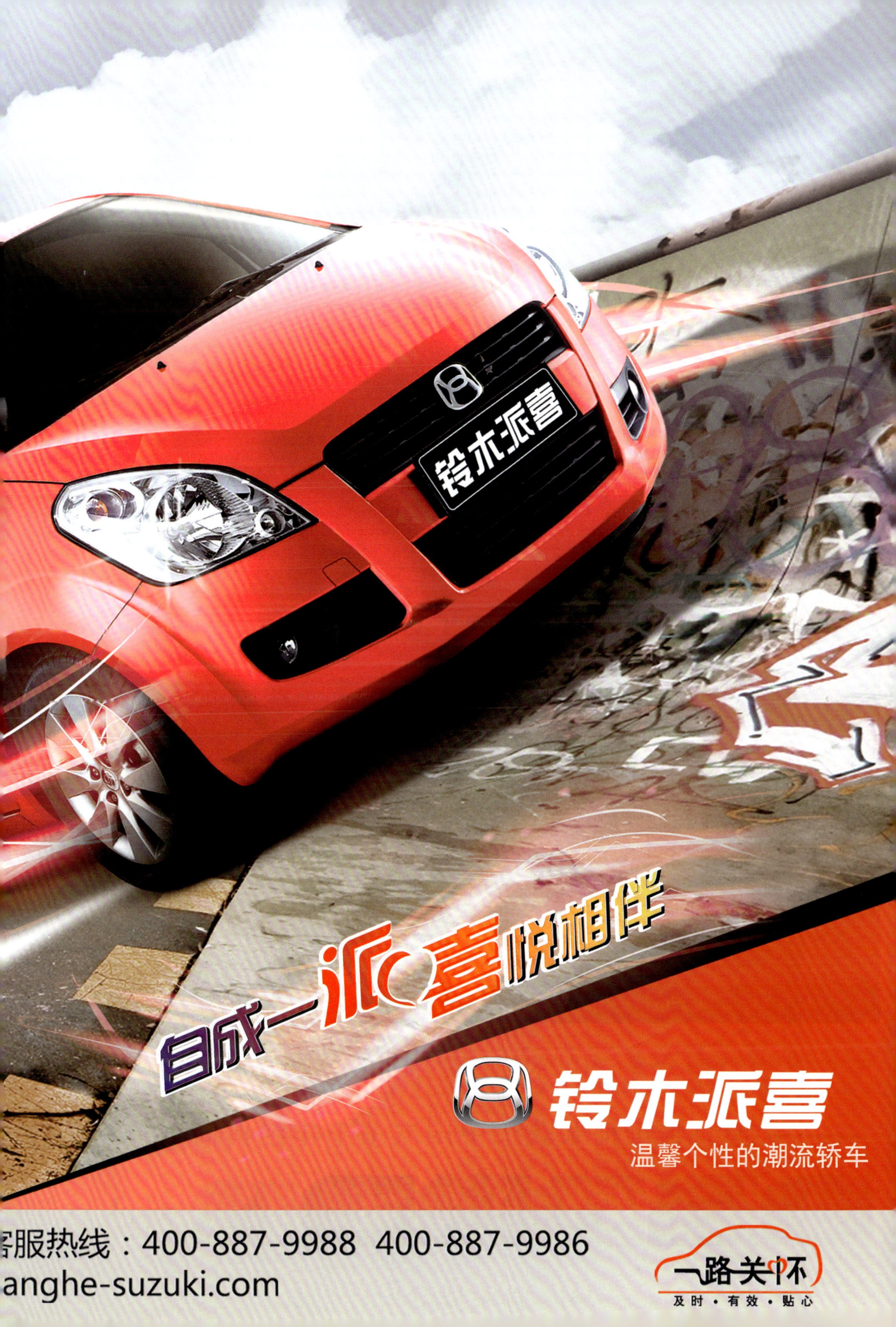

铃木派喜
自成一派喜悦相伴
铃木派喜
温馨个性的潮流轿车
服热线：400-887-9988 400-887-9986
anghe-suzuki.com
一路关怀
及时·有效·贴心

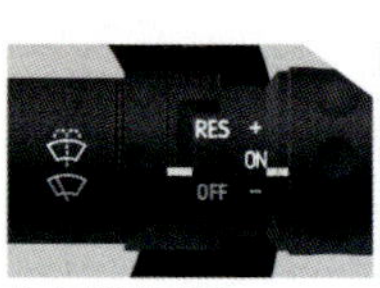

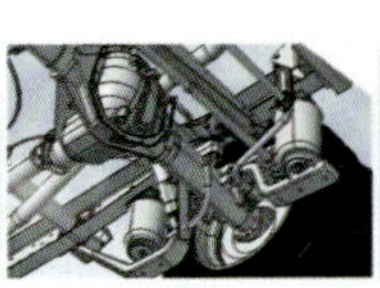

第十六部分　地方认证监督管理

Part Sixteen　Regional Supervision on Certification

突出针对性 注重规范性 增强认证监管的有效性

——北京出入境检验检疫局2011年认证监管工作概况

2011年，北京出入境检验检疫局（以下简称“北京局”）在国家质检总局、国家认监委的正确领导下，紧紧围绕“抓质量、保安全、促发展、强质检”的工作方针要求，认真贯彻落实全国认证认可工作会议精神，不断推进“精品工程”建设，严格履行职责，服务地方经济，努力提高认证监管水平，较好地完成了各项认证监管工作。

一、认证监管工作的基本情况

2011年，北京地区共有出口食品备案企业133家，同比持平，其中，罐头类、肉类、乳制品等7大类需验证危害分析与关键控制点（HACCP）体系认证的高风险出口食品生产企业42家，占企业总数的31.6%，新申请备案企业11家，同比减少27%，取消备案企业12家；北京地区共有45家（次）出口食品企业的8个品种的产品获得14个国家（地区）的官方注册。

全年受理强制性产品认证（CCC）入境货物报检63 774批次，其中凭《强制性产品认证证书》进口的15 767批次（24.72%），凭《免办证明》进口的6 063批次（9.51%），声明为目录外产品的41 083批次（64.42%），符合无需办理条件的861批次（1.35%）；办理CCC免办证明3 800份，同比增加2.6%，查获各类不合格CCC产品1 777批次，占申报总批次的2.79%。

全年共受理出口商品质量许可申请7家，监管外资认证机构7家，审核并予以备案外资认证机构在京设立的办事机构5家，撤销1家办事机构。监督检查认证机构1家，出口食品企业有机产品认证有效性检查5家，开展进口有机认证产品市场检查3次，涉及37个品种、27家销售商。

二、加强出口食品企业认证监管工作

（一）贯彻落实出口食品企业《备案管理规定》及配套文件

2011年初，组织全局认证监管人员学习国家质检总局下发的《出口食品生产企业备案管理规定》的文件，及时掌握和理解《备案管理规定》的相关内容，并结合文件精神及时修改、制定北京局的相关制度，在北京局对外网站公布了出口企业备案管理工作指南，同时结合北京地区出口食品企业状况向企业进行备案知识的宣贯，并积极引导企业领会《规定》的精神，帮助企业建立和完善相关质量管理体系，保障了北京地区133家出口食品生产企业以国家质检总局新下发的《备案管理规定》要求实施备案工作的及时落实。

（二）深入开展出口食品备案企业监督管理工作

结合文件精神，在全区范围内对出口食品企业备案进行两次全面的工作质量检查和督导，对出口食品企业备案的工作质量进行了综合分析，在此基础上，形成《北京检验检疫局备案监管工作情况及质量分析报告》，上报国家认监委。通过本次工作督查和质量分析，进一步掌握北京地区出口食品企业的现状，提升了企业管理产品质量的意识，规范了企业对出口食品企业备案的相关工作。

（三）积极推荐国外注册

为了进一步拓展出口食品企业获得国外注册，打开国际市场，北京局一方面及时向企业通报进口国的最新要求，同时在政策法规、技术标准、认证体系等方面为企业提供了97人次的免费培训和指导，先后组成6个专家工作组协助企业按照进口国要求查找和整改目前存在的问题，及时进行整改。2011年，北京地区新增5家食品企业分别获得向美国、菲律宾和新加坡出口低酸罐头、酸化食品、热加工肉制品的官方资质。截至2011年底，北京地区共有45家（次）出口食品企业的8个品种的产品获得14个国家（地区）的官方注册。

（四）开展出口食品企业认证监管专项整治工作

2011年，根据国务院关于严厉打击食品非法添加专项整治的要求，北京局将出口食品企业认证监管工作纳入专项整治工作范畴一并开展。在整治工作中，北京局建立了出口食品企业档案，重点检查出口食品企业的追溯管理制度、产品召回制度、进料索证索票制度、食品安全防护体系等制度和质量管理体系建立和执行情况。通过本次专项整治工作的开展，保障了北京地区出口食品企业各项制度建立的完整性和有效性，也充分发挥了检验检疫认证监管体系在防范食品安全风险的基础保障作用。

（五）扎实落实企业监管责任制工作

结合2011年专项整治工作，北京局为所有出口食品企业配备专职监管人员，在分支局按照规定自主完成日常监管的基础上，北京局向133家出口食品企业派出了498个定期监管小组，先后有769人次深入企业，进行了498厂次的定期监管，并对企业进行了认证监督检查，累计开出实施整改不符合项599项，并及时向企业提出整改要求，以保障出口食品企业质量管理体系完整、运行有效，持续符合认证监管和进口国的各项要求。

（六）参与交叉评审，保障企业评审工作的客观公正

在开展定期监管、换证复审和对新申请企业实施备案评审时，实施由认监处统一安排、有非属地监管人员参加的交叉评审制度，保障对企业评审工作的客观性、公正性，同时也促进了分支机构间的相互监督和学习，降低了工作风险和廉政风险实际效果。

三、深入开展强制性产品认证监管工作

（一）对入境强制性产品认证获证产品进行监督抽查

按照国家认监委的统一部署，2011年，北京局开展了对入境强制性产品认证获证产品专项监督抽查工作，共抽查电冰箱、电源适配器、电源供应器和轮胎等6批次产品，产品检测合格率为83%，对获证企业不合格产品的认证证书做了暂停使用证书的处理。

（二）开展《强制性产品认证机构、检查机构和实验室管理办法》立法后评估

按照国家认监委的要求，年内北京局组织开展了对《强制性产品认证机构、检查机构和实验室管理办法》立法后的评估工作，全年共向10家强制性产品认证获证企业进行评估，对17个问题进行了调查，并形成了立法后评估分析报告。通过评估活动，进一步宣传了检验检疫有关强制性产品认证法律法规，促进了企业对有关法规的学习和执行，征得企业的立法意见和建议，为立法的科学性、合理性和可操作性提出建设性的意见。

（三）加大对CCC免办产品的监管力度

结合“三定”工作，北京局实施了认监处负责CCC免办审批、入境口岸局负责入境验证查验、目的地局负责后续监管的管、检分离的工作模式，进一步完善了对CCC免办进口产品的监管体系，加大了对CCC免办进口产品的监管力度，实现了对CCC免办进口产品的可追溯。全年办理免办证明3 800份，对156家进口企业实施了认证监管，共对13家企业的40 822件用于科研测试等不能退运出境的CCC产品免办进口产品实施监督销毁处理，销毁的产品包括手机、投影仪、机顶盒和灯具、低压电器元件和医疗器械等。有效地杜绝了未获证的不合格产品流入市场或改作他用。

（四）对重点产品展开大规模突击检查

结合“双打”专项行动，北京局加强了对流通领域的进口低压电器、机动车零部件、家用电器、信息技术设备和儿童玩具等强制性认证产品的监督检查，全年对大型商场销售的进口产品开展了2次大规模的突击检查，重点检查了商场的索证及建档情况、检查认证证书有效性、认证证书与产品的一致性、标识的加贴等情况，通过检查进一步宣传了有关的法律法规，提高了销售商的遵守法规的意识，保证进口商品的安全。

（五）进一步加大口岸查验力度，严厉打击违法行为

为进一步加大对强制性认证产品的入境验证工作力度，2011年，北京局重点对获证产品的证书有效性、认证标志使用情况、以及违规进口、销售、使用等加大查验力度。全年共查处不合格CCC货物1 777批次，占申报总批次的2.79%。对在口岸查验中发现的不合格货物按照有关

规定进行了相应的处理，对符合立案条件的进行立案查处，全年共立案查处违法案件26起。将一起涉嫌伪造证书的案件移送至北京市公安局处理。上述活动严厉打击了违法行为，有效地阻止了不合格产品的入境，保护了消费者的安全与权益。

四、强化认证机构及认证有效性的管理

为了贯彻落实新颁布的《认证机构管理办法》，加强对认证机构的办事机构的管理，规范有关工作，北京局及时制定了对认证机构的办事机构的备案指南。2011年，对5家外商投资认证机构在京设立的办事机构进行了审核备案，对1家不符合规定的外商投资认证办事机构予以撤销。

完成了对北京地区7家外资认证机构的调研和建档管理工作，以及对5家出口食品企业有机产品认证全面检查工作，及时查处存在的问题，提高了检验检疫对出口企业有机产品认证的有效性。

五、加强基础建设，打造认证监管精品

（一）完善认证监管程序文件和作业指导书

先后修改了5个认证监管工作作业指导书，进一步完善了程序文件和作业指导书体系，修改后的作业指导书更具有可操作性，对有关工作更具指导作用。

（二）开展认证监管技能培训和岗位练兵活动

2011年，北京局开展了认证监管岗位技能培训和练兵活动，为此成立了专门的组织机构，制定了活动实施方案，编写了36万字的培训教材和4万字的考试题库，制定了达标考核指标。在自学的基础上，对监管人员开展了集中培训，受训内容包括认证监管的法规、业务基础知识、基本技能，进口国家的法规和认证监管知识。在培训的基础上开展了达标考试，全局考核达标率为100%，优秀率87.5%；在自学、培训、考试的基础上，还举办2期岗位技能竞赛。通过培训和岗位技能培训和练兵活动，使认证监管人员进一步提高了法律法规水平和理论素质，为落实“抓质量、保安全、促发展、强质检”的工作方针打下了坚实基础。

（三）积极推进认证执法监管体系建设工作

按照国家认监委《关于加强认证执法监管体系建设的实施意见》的文件要求，为全面落实《北京局建设认证执法监管体系工作方案》的工作目标，北京局将认证监管体系建设纳入检验检疫整体工作部署。经过一年的工作调整，北京局在认证监管的人力资源建设、信息化手段的使用、工作规范和制度体系建设、督查管理体系建设、执法合作机制的建立、风险控制和分类管理体系建设、诚信体系建设、行政惩罚体系建设等八个方面得到全面的提升。通过该体系的建设一方面进一步发挥了认证监管工作在检验检疫工作中的基础作用，同时使认证监管的行政执法能力得到提高，使认证监管工作与其他检验检疫工作有机地相互融合、相互促进，达到提高检验检疫监管水平、提升企业管理水平和产品质量、维护食品安全、促进对外贸易的工作目的。

（四）开展工作质量的检查和调研工作，发挥监督和指导作用

2011年，北京局一方面采取现场见证、随机调取工作记录和证单等方式，在全局范围内分别开展了对出口食品企业监管工作和强制性产品认证监管工作的工作质量检查，特别对有关法规、文件的执行情况和工作时限符合情况进行了跟踪检查，另一方面积极开展有针对性的调研工作。通过检查和调研，北京局及时了解到了业务执行部门的需求，发现并纠正了工作中存在的问题，完善了管理上的漏洞，促进了认证监管工作有效开展。

六、扎实做好国家认监委交办的各项工作

积极参与《出口食品生产企业备案管理规定》配套文件的起草工作。

作为组长单位组织完成对北京、河北、山东三地食品农产品认证机构及认证有效性专项检查。专项检查中对8家认证机构和13家获证企业的良好农业规范（GAP）认证、危害分析与关键控制点（HACCP）体系认证、食品安全、绿色产品和有机产品认证进行了检查，检查档案90份。通过检查行动查处了认证机构的违规行为，规范了认证机构的认证行为，提高了获证企业持续保持产品认证的有效性。

积极参与并完成了对新疆3个“全国有机产品认证示范区”申报县的评审考核检查。

先后派出2人次参与并圆满地完成了认监委对新西兰和乌拉圭向我国出口肉类企业注册评审工作。

2011年5月，北京局受美国食品药品监督管理局、美国农业部和认监委的委托，承办了“中美食品防护研讨会”。本次研讨会有134名来自美国农业部（USDA）、美国食品药品监督管理局（FDA）、美国驻华使馆、国家认监委、卫生部、农业部、食药局、出入境检验检疫局、行业协会、食品企业界人员出席了研讨会。

2011年，按照国家认监委的要求，北京局开展并完成了“出口食品企业备案验证系统”试运行的试点工作。鉴于该系统是“大通关”工程的建设项目之一，作为试点单

位，北京局认真部署，积极策划、主动与相关部门合作，圆满完成试运行阶段的各项测试工作，截至2011年底，该系统已进入平稳运行阶段，初步实现了出口食品备案证书库与CIQ2000综合业务系统、检验检疫集中审单系统的对接和数据交换，基本实现了在集中审单环节对备案信息有效性与真实性的校验。

七、创新实验室管理，提升检测能力水平

（一）积极创建检测工作质量监督管理的新模式

为有效提升检测工作水平，全面提高检测人员的技术能力，增强检测执行力，提高检测工作安全性、规范性和准确性，北京局建立了实验室盲样考核制度，并组织本局实验室积极参加国际能力验证和实验室管理绩效考核工作，初步建立多角度的实验室检测工作质量监督管理新模式。在组织制订盲样考核活动中拟定实施方案，成立组织机构，明确考核对象、项目、程序以及评价方式，采用由中、外国家级检测机构提供的盲样考核样品，确保了盲样考核样品的质量。同时还在食品检验、卫生检疫等领域组织开展了8次盲样考核活动，有效地提高了检测工作质量。

（二）做好实验室能力验证工作

一是组织完成了北京局承担的国家认监委2010年鲤鱼春季病毒血症病毒定性检测、烟草环斑病毒酶联定性检测两个能力验证计划项目的申请和验收工作。二是积极参加了包括“纺织品中游离水解甲醛含量的测定”的国际能力验证项目在内的国家认监委和国家认可委2011年全国能力验证计划项目12项，还参加国内能力验证计划14项、国际能力验证计划17项、卫生部室间质评9项、艾滋病参比实验室4项。

（三）组织做好北京局食品检验机构资质认定工作

按照国家认监委新发布的《食品检验机构资质认定评审准则》，组织修订了质量管理体系文件，并顺利通过国家认监委的评审。北京局技术中心顺利通过了由国家认可委组织实施的认可和资质认定监督评审及食品检验机构资质认定初次评审。

北京局技术中心被列入国家认监委、卫生部、农业部联合发布首批食品复检机构名录，获得了 农药残留、兽药残留、重金属、非法添加物、食品添加剂、其它有毒有害物质、生物毒素、营养成分和相应的质量指标等全部项目的复检资格，并成为名录中唯一一家可复检转基因食品的机构。

（四）组织做好“实验室开放日”工作

北京局积极相应国家质检总局提出的开展“实验室开放日”活动，参加了质检系统“2011年食品检测实验室开放日”启动仪式，在启动仪式现场设置了展示台，发放宣传资料，现场回答参观群众的咨询，向社会各界展示技术中心食品安全检测能力。2011年9月15日，北京局食品检测实验室对社会各界开放，来自56家企业的100余名代表参观了食品实验室，同时还举行了座谈会，介绍了实验室情况，听取了参观人员的意见和建议，回答了大家关心的问题，增进了社会对检验检疫工作的了解，取得了良好的社会效果。

（五）为能力验证计划，提供技术平台

为不断扩大北京局组织能力验证计划的知名度，创出北京局的能力验证计划品牌，北京局成功申请了能力验证计划提供平台的软件项目。该平台将信息发布、接受报名、结果汇总、结果通报、数据统计等方面信息进行汇总，并及时对外展示系统运行状况，为进一步提高北京局的能力验证工作奠定了基础。

撰稿人：王希平　审稿人：张忠祥

明确定位 严格把关 推动首都认证事业发展

——北京市质量技术监督局2011年认证监管工作概况

按照国家认监委和市局党组的工作部署和要求，2011年，北京市质量技术监督局（以下简称“北京市质监局”）认证监管工作的重点任务是：探索认证事业发展规律，明确首都认证事业在新时期推动经济社会发展中的定位和作用，提出推动首都认证事业发展的策略和举措；依托北京质量检验认证协会，利用现有资源，引导建立行业自律机制，搭建认证中介服务框架；加强认证监管和宣传培训，规范认证市场秩序、提升认证有效性和社会认知度；配合相关处室完成风险管理、质量评价和区域协作等工作。

一、认证监管与认证推动工作

（一）开展课题研究，指引认证事业发展

结合首都经济社会发展的新要求，委托认证研究机构开展北京市认证发展和规划课题研究，力图探索认证事业发展规律，总结和提炼国内外认证发展经验，针对首都经济社会发展阶段特点和转型发展的战略要求，指出北京市认证事业发展定位和方向，提出阶段性任务与策略。该课题内容多、时效性和针对性强，北京市质监局密切跟踪研究进展，建立了研究进度月报制度，多次组织召开讨论会，协调解决研究过程中遇到的问题，及时掌握研究进度和质量。截至2011年底，课题进展顺利，已进入专家论证和成果验收阶段。在本课题研究成果的基础上，初步了形成《北京市认证事业 “十二五” 发展规划（草案）》，将研究成果通过规划的形式应用到管理实践。

二、加强认证监管，规范认证市场

（一）开展“双打”专项行动

按照国务院、国家质检总局、市政府以及国家认监委关于“双打”工作部署和要求，结合首都实际，制定了《打击侵犯知识产权和制售假冒伪劣商品专项行动方案》，根据北京市生产企业特点，将纳入实施强制性认证制度的汽车配件等7类产品作为检查重点，要求各区县局对本辖区内列入强制性产品认证目录范围内的产品生产企业进行一次全面排查。

组织各区县局配合“双打”行动，开展辖区域内地理标志执行情况专项检查，检查未发现有严重违规现象。

（二）加强强制性产品认证监管

组织开展专项监督检查。一是按照国家认监委《关于开展2011年强制性产品认证获证产品监督抽查工作的通知》（国认证函［2011］25号）要求，重点在安全玻璃生产领域开展了监督抽查工作。为确保监督抽查任务顺利完成，在组织中国建筑材料科学研究院对北京市生产企业生产的安全玻璃产品进行调查摸底的基础上，制定了专项监督抽查实施方案。本次共本次在生产领域共抽查了54家企业的54批产品，48家企业的48批产品合格，企业合格率为88.9%，产品抽样合格率为88.9%。其中钢化玻璃抽查了36家企业的36批产品，30家企业的30批产品合格，企业合格率为83.3%，产品抽样合格率为83.3%。安全中空玻璃抽查了18家企业的18批产品，全部合格，企业合格率为100%，产品抽样合格率为100%。二是在“六一”儿童节前后组织各区县局集中对目录内玩具产品进行了监督检查，要求各区县局摸清本辖区玩具生产企业底数，建立企业档案，加大巡查力度，严肃查处生产和销售环节的认证违法行为。本次专项检查中，北京市质监局系统共出动执法人员634人次，检查了获得强制性产品认证的生产企业227家，未发现违法行为。

（三）开展“有机螃蟹”认证违法行为调查

按照国家认监委《关于紧急调查有机螃蟹相关情况的通知》（国认注函［2011］172号）要求，北京市质监局会同市稽查总队、区县局重点对农贸市场、超市和饭店进行了调查，了解有机螃蟹市场销售情况。本次调查共出动116人次对117家农贸市场、超市和饭店进行了调查。调查发现，绝大多数经销单位销售的大闸蟹都是以“阳澄湖”大闸蟹名义进行销售的，严重危害了“阳澄湖”大闸蟹的养殖户和销售商的利益。同时，在检查中还发现个别经销单位有伪造有机认证证书的行为，并责令该店负责

人立即把有机产品认证证书撤了下来。这些情况一经核实，北京市质监局都按照国家有关法律规定给予相应的处罚。

（四）开展认证监管试点工作

为贯彻实施国家认监委《关于深入推进认证执法监管体系建设的通知》（认办法函［2011］40号）精神，北京市质监局以丰台局为试点单位，结合管理体系认证、食品及相关产品认证监管行政监督检查工作，丰台局形成了自己的监管模式，在此基础上北京市质监局制定了《北京市深入推进认证执法监管体系建设工作指导意见》。为加强认证执法监管能力的建设，提高认证执法监管人员依法履行职责的能力，北京市质监局开展了强制性产品认证（CCC）、管理体系、食品农产品认证行政监管工作，共出动386人次，对520家企业进行了检查，其中管理体系企业430家、食品企业90家，还涉及认证机构52家，检查中未发现认证机构严重违规行为。

（五）开展有机产品示范区创建活动

为贯彻落实国家认监委《关于开展"有机产品认证示区"创建活动的通知》（国认注［2011］34号），北京市质监局积极推荐并组织延庆县开展"有机产品示范区"创建活动。延庆县政府高度重视有机生态农业的发展，出台了促进有机产业发展的相关政策和措施，扶植了一批龙头企业和合作组织。市局积极推荐延庆县参加"有机产品示范区"创建活动并组织县农委，县质监局和部分生产企业顺利通过"有机产品示范区"专家评审。并取得了"延庆县有机产品示范区创建称号"。通过此项活动的开展，树立了有机产品和认证标杆，对全市有机产业发展和认证有效性的落实起到积极的推动和促进作用。

三、做好认证咨询机构审批行政许可及其工作标准的修订工作

（一）认证咨询机构审批

2011年共完成8家新设立认证咨询机构审批，2家延期换证，1家地址变更，3家不予许可工作，注销了28家到期未延期换证的认证咨询机构批准书，撤消了4家认证咨询机构有机业务咨询范围。根据《国务院关于第五批取消和下放管理层级行政审批项目的决定》（国发［2010］21号）和关于印发《认证咨询机构行政审批下放管理层级衔接方案》的通知（国认法［2011］29号），完成了认证咨询机构审批工作标准的修订工作。

（二）完成《认证机构办事机构》备案标准编写工作

根据《认证机构管理办法》（总局令第141号）的规定，北京市质监局负责中资认证机构在北京地区设立办事机构的备案管理工作。为规范北京市认证机构的监督管理，做好认证机构办事机构的备案工作，编写了认证机构办事机构备案工作标准和流程。

四、完成2011年绿色北京行动计划

（一）落实"绿色北京"行动计划，依托认证机构举办可持续室内装饰装修培训研讨会

"可持续室内装饰装修项目"是由欧盟资助的SWITCH-Asia国际合作项目，通过开展节能环保装修，最大限度地减少因装修带来的室内空气污染而损害人体健康，提高和保护装修工人的职业安全，降低能源消耗，减少环境影响。项目的实施可以加速推进我国可持续装饰装修事业的发展。政府将支持认证机构开展此类自愿性认证活动，加大节能、节水、环保认证产品的推广，以促进"绿色北京"行动计划的深入开展。北京市40多家装饰装修企业150余人参加了培训。

（二）依托认证机构组织召开食品包装安全环保认证技术宣贯会

"食品包装安全环保认证"旨在通过第三方严格规范的合格评定程序，对食品包装产品质量、产品安全与环保性能以及企业生产过程的质量保证能力进行综合考量和评价，让食品包装安全环保认证成为食品企业选择包装产品的信心标志。防范食品包装中的有毒有害物质污染食品，确保食品产业链健康、稳定、快速地发展。北京市60多家食品包装企业和区县局食品科100余人参加了会议。

五、做好认证宣传和培训工作

按照2011年认证宣传工作部署和"质量月"活动方案，与有关部门密切协作，开展了内容多样的认证宣传和培训活动，扩大了认证工作的社会认知度。

（一）开展"世界认可日"宣传活动

北京市质监局于"世界认可日"当天在《北京日报》开辟专版，以"构建认证认可监管体系、服务质量首善之区建设"为主题，介绍了认证认可工作在促进经济社会健康发展、提升政府行政管理水平等方面发挥的基础性支撑作用，展示了近年来北京市认证认可工作取得的新发展、新成效。与此同时，北京市质监局深入2家认证机构开展调研，了解认证业务开展情况和认证机构发展情况，集思广益，问计于民，为进一步做好认证工作积累了

经验，开阔了思路。

（二）与市经信委联合举办“北京市食品行业食品安全和认证专题培训班”

为落实国务院、国家质检总局、市政府关于严厉打击非法添加和滥用食品添加剂行为专项行动的工作要求，增强北京市中小食品企业的安全防范意识，鼓励食品企业采用认证手段提升食品安全保证能力，北京市质监局和市经信委先后联合举办了2期“北京市食品行业食品安全和认证专题培训班”。共有200多家企业300余名质量管理人员参加了培训。培训班受到中小食品生产企业的欢迎，取得了良好的社会效益。

（三）开展“有机产品”进社区宣传活动

根据国家认监委《关于做好全国“质量月”有机产品认证宣传活动的通知》精神，北京市质监局联合北京出入境检验检疫局在朝阳区劲松中街社区开展了有机产品认证宣传活动。向社区居民介绍了有机产品认证、有机产品的生产过程、有机产品辨别方法等基本知识并发放了各类宣传材料300多份。通过宣传活动，为有机产品获证生产企业、第三方认证机构与普通消费者，搭建了良好的沟通和互动平台，起到了引导普通消费者正确认识有机产品和有机产品认证的作用。认证机构、获证企业和社区居民代表共100多人参加宣传活动。为加强认证工作的日常宣传，北京市质监局还在《北京质监》杂志上开辟了认证宣传专栏。

（四）组织对质监系统认证监管人员开展执法培训

为贯彻实施国家认监委《关于深入推进认证执法监管体系建设的通知》（认办法函［2011］40号）精神，结合北京市质监局日常执法检查工作实际，制定了北京市深入推进认证执法监管体系建设工作方案。为加强认证执法监管能力的建设，提高认证执法监管人员依法履行职责的能力，对系统内认证监管人员进行了执法培训。主要内容包括相关法律法规、国家认监委认证执法信息报送系统、自愿性认证活动执法监管信息系统的使用及强制性产品认证、管理体系和食品及相关产品执法检查工作要求等，共有120余人参加了培训。

六、配合完成风险管理研究和质量评价分析工作

结合认证工作特点和认证监管工作现状，分析认证监管风险点，配合质量管理处完成风险管理识别（认证监管部分）工作。按要求报送认证执法检查和日常管理信息，配合编写质量评价分析报告。

撰稿人：张淑敏 审稿人：李竞武

发挥基础作用 加快创新发展 持续提升认证监管工作水平

——天津出入境检验检疫局2011年认证监管工作概况

2011年，天津出入境检验检疫局（以下简称“天津局”）在国家认监委的正确领导下，紧紧围绕“抓质量、保安全、促发展、强质检”十二字方针，按照局党组提出的“抓深化、抓重点、抓服务、抓基础”的工作思路，结合实际，找准定位，创新发展，切实履行监管职责，扎实推进各项工作，认证监管取得新进展新成效。

一、抓措施深化，认证监管基础作用进一步体现

深化各项举措抓质量，充分发挥认证监管工作在抓质量中的基础保障作用，质量监管水平得到有效提升。

一是继续深化出口食品生产企业备案管理。以宣贯《出口食品生产企业备案管理规定》及其配套文件为契机，深化备案监管。不断强化企业是产品质量第一责任人的意识，在出口食品企业中全面推动建立并实施以风险分析和预防控制体系为核心的食品安全管理体系。通过发放调查问卷进行了情况摸底，组织了对企业培训和帮扶指导，制定了推进方案，从时间进度、有效性抽查等方面有效推动。全年完成日常监管和定期监管1 485厂次，派出监管人员2 206人次，出口食品生产企业备案管理工作有了明显加强。2011年新增备案食品企业13家，获得备案食品企业总数达到246家，其中67%的企业建立并实施了危害分析与关键控制点（HACCP）体系认证。新增对欧盟注册企业2家，对外注册企业总数达21家。组织开展了对33家重点出口食品企业的抽查工作。

二是继续深化强制性产品认证（CCC）监管。在全局各单位、各部门的共同努力下，天津局的强制性产品认证监管工作得到了国家认监委的充分肯定，一年来完成免于办理强制性产品认证审批1 889批，货值19.84亿美元；审核办理进口机动车检测处理程序申请4 615批8 802台；累计验放强制性产品认证目录内商品56 418批，货值141.97亿美元。在实施免于办理强制性产品认证检测处理程序过程中，实行了闭环管理，在业务量翻倍增长的情况下，加强前期审批和后续监管，确保“小批量”进口汽车质量安全。对230余种车型是否符合审核原则进行确认，对7台不符合检测处理程序要求进口车辆实施退运处理，先后暂停11家违规企业的申请资格。对天津口岸2家CCC指定检测机构工作情况进行考核整顿，通过组织专项检查，逐批逐台核实检测完成情况，严格落实了辆辆检测的要求，规范检测行为，杜绝各类隐患，对1家逃避检测的企业实施处罚，确保对车辆监管严密有效。这些措施进一步优化了特殊用途进口产品检测处理程序的执法环境。

三是继续深化出口商品质量许可工作。全年完成出口商品质量许可审批83家，其中新申请企业13家、注销证书1张，发放的有效出口商品质量许可证书达到100张，为扩大出口提供保障。针对出口儿童玩具等商品的敏感性，天津局还加强出口商品质量许可审核，共对12家新申请企业和3家换证申请企业进行了现场监督审核，同时对企业申请材料进行严格审核，严格准入。

二、抓工作重点，执法把关能力进一步加强

天津局在全面抓好认证监管工作的同时，引入风险分析理念，做到安全风险防范在前，突出重点产品、把握重点领域、抓住重点环节，切实保障天津地区进出口产品质量安全。

一是农产品品质检验实验室资质问题得到解决。针对天津局原农产品检测实验室地点分散、管理体系不健全等情况，天津局将原来分属七个分支机构的品质实验室进行整合，统一划归动植食中心管理，以“一拖三”的方式于2011年顺利通过国家认监委和中国合格评定认可中心的现场评审，规范了出口农产品的检验工作，有效防范了工作风险和廉政风险，保证了出口农产品的质量安全。

二是重点敏感产品监管成效显著。认真做好免办工作，保障生产建设所需物资的顺利进口。天津局积极落实国家认监委的免办政策，结合工作中出现的新情况加强了对临时进口电动汽车的后续监管。2011年，重点对丰田技术研发中心和宝马中国进口测试用电动汽车开展后续监管工作，开展了以进口改装车为重点的强制性产品认证专项执法活动，收到了显著成效。针对发现的进口汽

车认证问题，在国家认监委整体部署此项工作前，天津局提前开展了天津口岸进口汽车认证一致性的检查，突出重点、注重实效，选取以改装车为主的25种车型实施核查，发现问题100余项，及时通报、落实整改，对几款问题集中的改装车实施批批一致性验证的常态化监督措施，确保了进口汽车的质量安全，维护强制性产品认证制度的严肃性和有效性。

三是深入开展认证有效性专项检查。2011年，天津局开展了食品农产品认证监督检查，检查获证食品农产品企业20家，加大对伪造、冒用、超期、超范围使用认证标志、认证证书行为的查处力度，尤其对日本、美国、欧盟注册出口食品企业和乳制品生产企业的管理体系、食品安全管理体系等获证企业的监督抽查。对获得质量、环境、职业健康安全管理体系认证的100家外贸出口企业进行专项检查，共派出行政监管人员326人次，涉及证书123张，对检查中发现的34家涉及50余项问题的企业提出限期整改要求，并对企业整改进行跟踪监管。天津局开展了有机产品认证专项检查。对辖区6家获得有机产品认证的企业进行专项检查，有力地维护了天津辖区有机产品认证市场的健康规范。按照国家认监委要求，对北京挪华威认证有限公司超范围认证整改情况进行专门调查取证，并及时形成报告上报国家认监委。通过上述检查，提高了企业管理体系持续有效运行的能力，促进了认证机构规范自身认证行为，进一步提高了认证有效性。

四是完善各项制度，保障认证监管工作的规范运行。结合落实执法责任制的要求，先后制修定了《认证监管工作管理控制程序》和8个作业指导书，建立上级文件、管理程序、作业指导书三级认证监管工作制度体系，使基层做到有章可循，从而保障认证监管工作有效、规范运行。特别是在免办工作中，天津局贯彻“免办CCC不等于免监管”的原则，以切实可行措施保障免办工作落到实处。研究制定了《免办实施细则》和《后续监督管理办法》等文件，保障了免办认证执法的规范统一。从管理上形成了分工明确、责任到人、层层落实的工作格局。

三、抓优化服务，服务经济发展水平进一步提高

天津局把认证监管工作有效服务地方经济发展作为落脚点，紧贴天津市和滨海新区开发开放实际，围绕认证监管工作职责，从跟进重点项目、服务外贸企业以及促进出口等方面优化服务举措，积极服务发展。

一是全方位服务重大项目。天津局紧盯天津市大项目，坚持“四早”工作方针，不断优化现有服务措施、重落实、抓实效。针对免办类商品多为这类项目生产、建设急需的物资和产品，以“一厂一策”的工作模式加大对企业的扶持力度，空港局、开发区局等机构帮助空客A320、维斯塔斯风电等10余家落户天津的企业，进一步缩短办事流程、简化手续，顺利进口上亿元的生产建设物资，得到政府和企业的好评，取得良好的社会效益。

二是常态化服务外贸企业。按照天津市“调结构、增活力、上水平”的要求、结合“服务月”、“质量月”等活动常态化深入走访企业。2011年组织走访企业300多家，接待咨询600多人次，帮助企业解决认证监管问题200多个。协同天津市商务委、质监局等有关部门，开展外贸企业政策宣讲以及联合执法等活动。各分支机构也结合实际工作开展对企业的政策指导、现场办公等活动，深获好评。稳步开展外资认证机构天津办事处备案工作，研究制定了《天津局外资认证机构天津办事机构备案指南》，受理认证机构备案申请3家，其中2家通过备案。

三是促进产品出口有亮点。自行车作为天津的传统出口亮点产品，天津局给予重点扶持。一方面加强出口商品质量许可现场监督审核，并及时审查企业的申请材料，加快办理速度，使企业及时获证。另一方面部门协同帮助辖区获证企业促进自行车出口，空港局、静海局、滨海办、武清办、北辰办等机构辖区企业共向美国、日本、欧盟、俄罗斯等国家出口自行车近两千万辆，有力地支持了天津市的外贸发展。针对美国颁布的《FDA食品安全现代化法案》对我国输美食品生产企业造成的巨大影响，天津局积极应对，通过送法明责、实地走访等活动，向企业负责人和管理人员讲解了美国食品药品管理局（FDA）现代化法案和注册要求，帮助企业提出应对措施，避免企业蒙受不必要的损失。

四、抓基础建设，认证监管工作效能进一步提升

一是信息化应用水平不断提高。天津局小批量电子审批系统的应用得到了国家认监委领导的充分肯定，在此基础上开发的“免办特殊用途进口产品检测处理程序管理系统”二期已上线试运行，并将于2012年内全面推广应用。“CCC入境验证设限数据库”运行半年多来累计验放CCC目录内商品36 000余批，货值92.37亿美元，进一步提高了把关力度，提升口岸日常监管能力。“自愿性认证活动执法监管信息系统”正式启用，在前期试运行的基础上，完成了各相关部门的管理员设置和权限设置，并对全面开展各分支机构辖区内出口企业自愿性认证活动的监督和抽查工作进行了部署。“出口食品生产企业备案信息化管理系统”全面推动，十个相关分支机构积极配合推动工作，完成246家企业信息的录入、核对、分类汇总等工作。

二是实验室能力建设不断加强。2011年，天津局组织

申报4项能力验证项目；动植食检测中心和工业品中心完成邻苯二甲酸酯类物质的方法确认；动植食中心获得三部委首批公布的食品复检机构资格；圆满完成各项监督评审工作，实验室检测保障能力得到提升。四大中心检测能力新增1 008个测试参数，已达到3 065个测试参数；共参加能力验证59次（其中有6项国际能力验证），测量审核9次，实验室间比对和室间质评20次共涉及283个测试参数。

三是认证监管队伍建设取得新进展。天津局成立了认证监管专家队伍，共抽调96名各专业的专家成立了四个认证监管专家组，打造了一支具有较强创新能力和技术水平的认证监管专业队伍，为认证监管工作的有效开展打下基础。强化技术培训，提高人员素质。年内相继举办了食品检验机构资质认定培训班，为114名参训相关管理人员和技术人员颁发了培训合格证书。组织了《出口食品生产企业备案管理规定》宣贯会和2011年度出口食品企业备案监管培训班，对10个分支机构的部门负责人和130余名从事出口食品生产企业备案监管工作人员进行了培训。不断完善教育培训平台的应用，完成了认证监管业务职责划分、教材录入、考题编写工作，并先后组织了4次全局认证监管人员考试，及时更新培训教材，为全局职工的日常学习提供了便利。

四是外联宣传工作取得预期效果。天津局利用市商务委举办的外贸企业培训会的机会为60余家外贸企业讲解认证监管政策法规。与市质监局联合开展强制性产品认证专项执法检查，突出重点产品、重点区域和重点内容，检查了小家电、童车等12种40余个型号的强制性认证产品，产地涉及十几个国家和地区。

加大认证监管工作的宣传力度，提高了社会影响力。大力开展“双打行动”、“世界认可日”等重大活动的宣传，积极营造舆论宣传氛围，2011年报送各类信息27篇，其中上级单位采用12篇，增加了认证认可工作的社会认知度。

通过一年来的实践，天津局在认证监管方面探索了一些有益做法：一是积极探索“统一监管，集中执法”模式。将认证监管工作与对企业的日常监管结合起来采取“统一监管，集中执法”的做法，不仅缓解了执法人员少的问题，提高了工作效率、降低了行政执法成本，而且大大减轻了企业负担。二是有效监管与服务发展相融合。把认证监管工作同天津市“调结构、增活力、上水平”、天津局“促进贸易便利化服务月”、“为民服务创先争优”等活动有机结合，在深入走访企业的同时开展认证行政监管，实现监管与服务的有机融合，指导并帮助企业深化对管理体系标准的理解和应用，从而实现监督检查过程中的增值服务。三是运用风险分析原理开展检查活动。在认证监管中引入风险分析理念，对产品风险大、敏感度高的企业作重点检查，并对检查中发现的不符合项严密跟踪整改，有效确保了检查工作的成效。

撰稿人：薛凯萍　审稿人：刘永胜

“调结构、增活力、上水平” 推进天津认证认可工作健康发展

——天津市质量技术监督局2011年认证监管工作概况

2011年，按照国家认监委的工作整体部署，认真落实天津市委、市政府“调结构、增活力、上水平”的方针，紧紧围绕2011年天津质监工作总体目标，认真贯彻落实认证认可工作要点，进一步推进天津市认证认可事业健康发展。

一、推进认证执法工作体系建设，提高认证有效性

2011年，天津认证认可工作进一步强化认证监管职能，推进以认证监管部门为主导，以专职执法部门为主力，以法制工作部门为监督的认证行政执法工作体系，不断提高认证工作的有效性。截至2011年底，全市持有效强制性产品认证（CCC）证书企业752家，持有效CCC认证证书4 955张。2011年各区县局认证监管人员落实辖区认证监管责任和定期巡查制度，共对771家的CCC获证企业进行了认证有效性的工厂巡查，共巡查1 199家次。全系统查处认证案件97件，较2010年同期增加142.5%；罚没金额133.8万元，较2010年同期增长33.9%（2010年同期罚没金额99.9万元）。

（一）周密部署，深入开展“双打”认证专项行动

在此次“双打”认证专项行动中，做到了三个结合：一是与“以质取胜、创先争优”活动相结合。二是与CCC强制性认证工厂巡查相结合。三是与食品农产品认证有效性检查相结合。

“双打”行动开展以来，认证执法人员对全市范围内6类重点产品的生产企业进行专项监督检查，共出动执法人员1 842人次，检查获得CCC认证的获证企业666家次，立案22件，查处CCC无证销售案件10起，查获违法产品货值24 142.326 7万元。

按照此次“双打”认证专项行动的部署，组织各区县局和稽查总队主要开展了四个方面的工作。一是对辖区内大型家电卖场、超市等流通领域销售的彩电、冰箱等9类家电下乡产品进行专项检查。共出动执法人员689人次，检查天津市销售强制性产品认证商品的大型超市、商场202家次，检查了手机等9大类家电下乡产品1 153种。二是对天津市手机销售主渠道进行执法检查，并对抽取10个手机样品进行实物质量检测，检测结论全部合格。三是对天津市汽车销售4S店、汽配城进行执法检查，对部分涉及安全的汽车零部件产品和轮胎抽样检测，共抽取刹车软管、后视镜等31种汽车配件产品和21个规格轮胎产品进行检测。现已对检验结论不合格的企业依法处理完毕，其中对1家连续两次抽检不合格的轮胎生产企业已建议相关认证机构暂停了其全部认证证书。四是在生产和流通领域开展有机产品认证有效性专项监督检查，共出动执法人员336人次，对84家大型商场、超市等流通领域销售的有机产品的认证有效性进行专项监督检查。查处冒用有机产品认证标志的案件3起，冒用无公害产品认证标志的案件1起和部分有机认证标志不规范问题。

（二）关注民生，开展重点产品专项执法检查

将与百姓生活密切相关的重点产品作为日常监管的主要对象，加大力量开展专项监督检查。

元旦及“六一”儿童节期间，在全市范围内开展了强制性产品认证执法检查，并于6月1日在全系统开展了集中行动检查日活动。深入超市、电器城等大型卖场，围绕儿童玩具、手机、热水器等与消费者日常生活密切相关的产品，进行强制性产品认证专项检查。共出动执法人员332人次，检查商场、超市70家，玩具生产企业15家。共检查了玩具类产品1 232种，电器产品50余种。对涉嫌违法违规的产品当场进行了下架处理，并进一步核实调查。同时向经销企业发放《认证认可条例》及《强制性产品认证目录与描述》等资料，提高对强制性认证产品真违的识别能力，确保人民群众身体健康安全。

5月～8月，按国家认监委要求开展了对获得强制性产品认证的橡胶轮胎产品专项监督抽查工作。共出动执法人员50人次，抽取了天津市18家汽车4S店、汽配城、轮胎专卖店等流通领域销售的产品。样品涉及20个品牌40个型号的轻型载重汽车轮胎和轿车轮胎。经国家橡胶轮胎质量监督检验中心检测，最终判定抽查的样品全部合格。为进一步做好强制性认证监管工作，提高认证有效性提供了第一手资料，促进了橡胶轮胎行业的健康有序发展。

（三）创新模式，全力构建“大质检”执法联动新格局

2011年，天津市质监局与天津出入境检验检疫局对天津海信广场、天津空港国际汽车园进行了联合检查。其中在海信广场执法人员检查了咖啡机、电饭煲、童车等13大类40余品种的强制性认证产品，产地涉及中国、印度尼西亚、意大利等10多个国家。在空港国际汽车园对“梅赛德斯–奔驰”、“宝马”等进口汽车零配件的强制性认证获证情况进行了检查。发现部分产品无中文标识、无强制认证标识，商家现场无法提供强制性产品认证证书和进口报关证明的情况。天津市质监局已对“宝马”4S店销售未经CCC认证的儿童玩具产品的案件处理完毕。此次两局联合执法，在信息沟通、案件移送、调查取证等方面相互衔接、密切配合，实现了信息互通、资源共享，提高了办案效率和执法水平，国家认监委给予了充分肯定。

（四）有效应对，妥善处置突发事件

央视3·15晚会曝光锦湖轮胎（天津）有限公司事件后，天津市质监局迅速反应，一方面在国家认监委公告暂停该企业相关CCC证书后，及时调整了TCS系统中该企业的证书状态，正式要求企业产品不得出厂、销售或在其他经营活动中使用。另一方面对天津市8家获得CCC认证轮胎生产企业开展执法检查，并于3月21日召开了除锦湖外的7家轮胎企业法人代表和质量管理负责人会议，观看3·15晚会对锦湖轮胎曝光的视频，并提出有关要求，进行警示教育。同时，以高度的政治敏感性和全局观念，积极与国家质检总局、国家认监委、中国质量认证中心（CQC）和锦湖方面沟通协调，并妥善处置了此次锦湖突发事件。

自4月份开始，开展了为期2个月的汽车轮胎产品专项整治行动，加强对轮胎生产企业的日常巡查和突击检查，摸清辖区内汽车轮胎生产企业现状，组织对汽车轮胎生产企业开展监督抽查。每个企业至少抽查2个规格主导产品，后处理工作已进行完毕。

二、推进自愿性认证工作开展

截至2011年底，天津市共获得质量管理体系认证有效证书6 070张，环境管理体系认证有效证书1 506张，职业健康安全管理体系认证有效证书827张，有机产品认证有效证书59张，食品安全管理体系认证有效证书154张；危害分析与关键控制点（HACCP）体系认证有效证书73张。

按照国家认监委工作要求，4月～9月，组织开展天津市管理体系认证监督检查工作。本次检查共派出行政监管人员376人次，检查各类获证（质量管理体系、环境管理体系）企业168家，涉及证书186张。所抽查企业性质包括外商投资、国有企业、民营企业等，产品涉及制造产品电力设备制造业、生活日用品制造、消防专用设备等产品。针对检查中发现的问题，已要求企业其限期整改。

开展了食品农产品认证有效性专项监督。出动执法人员329人次，检查各类获证（有机产品认证、绿色食品认证、无公害产品认证）生产企业144家，检查获证产品数量共计276种。针对检查中发现的问题，已要求企业其限期整改。涉嫌违法的，已立案处理。

2011年初，召开天津市认证工作推动会。中国检验认证集团天津有限公司、长城（天津）质量保证中心等认证机构参加会议。就如何加快推动天津市自愿性认证工作的开展进行了研讨。同时结合9月1日起实施的《认证机构管理办法》，组织全市5家认证机构、12家认证机构办事处、16家认证咨询机构的负责人等40余人召开了《认证机构管理办法》宣贯会。强化认证监管，加强行业自律，推进天津市认证工作健康有序发展。

三、做好实验室资质认定工作

全市共有检测资质的实验室401家，其中天津市认证的实验室有349家，主要业务涉及石油化工、电子信息、能源环保、轻工、食品、纺织、农业、卫生、公安、建筑等相关多个领域。其中，国家级检测中心23家。截至11月份，2011年全市检测实验室业务收入共计26.47亿元，同比增长21.0%。

（一）做好资质认定复查换证、扩项及各种变更事项

截至2011年底，共对70家实验室进行了复查及首次评审审批工作，对55家次实验室进行了扩项、对141家次实验室进行了标准变更及其他变更事项。其中，对2家在评审中弄虚作假的实验室在做好调查取证的基础上做出了不予许可的决定。二是积极做好服务。根据国家认监委的要求，配合对“食品添加剂和食品非法添加”的专项整治，对于食品检验机构在现有资质认定证书有效的情况下紧急开展“食品中非法添加物”检测相关能力资质认定扩项的实验室，开辟了扩项“绿色通道”。例如，在对质检院就食品中“邻苯二甲酸酯类”非法添加物进行紧急扩项的过程中，特事特办，从质检院提出申请至做出行政许可决定仅用了7个工作日。

（二）制定了食品检验机构资质认定工作方案

根据国家质检总局和国家认监委颁布的《食品检验机构资质认定管理办法》和《食品检验机构资质认定评审准则》及相关工作要求，制定了食品检验机构资质认定工作方案，从4月份开始，陆续开展了对全市食品检验机构的调查摸底，组织各有关单位推荐了食品检验机构资质认定评审员并于9月考核完毕，6月召开专题会议对全市食品检验机构进行了宣贯，并结合实际情况，对今后食

品检验机构的取证换证工作做了进一步的安排，制定了各实验室分阶段进行复评审或监督评审工作的时间安排表。截至2011年底，已有2家实验室完成现场评审并获得了食品检验机构资质认定证书，16家实验室按要求提交了申请材料，其中15家实验室进入了技术评审阶段。

在组织各有关单位推荐食品检验机构资质认定评审员的基础上，根据《食品检验机构资质认定管理办法》和《实验室资质认定评审员管理办法》，邀请国家认监委认证认可技术研究所和相关专家共同探讨，确定了评审员考核试卷，并于2011年9月17日对符合食品检验机构资质认定评审员条件的人员进行了考核；最后对考核合格人员名单进行了公布，建立了天津市的食品检验机构资质认定专家数据库，为天津市食品检验机构资质认定评审工作提供了人力保障和技术支持。

（三）严格证后监管，做好监督检查

2011年天津市质监局以多种形式开展定期和不定期专项监督检查工作。一是把监督评审与扩项、标准变更等事项相结合；二是定期监督评审与专项监督检查相结合；三是国家质检总局、国家认监委组织的专项检查与地方监督检查相结合。共检查137家实验室。

按照《关于开展2011年资质认定获证实验室专项监督检查的通知》（津质技监局认［2011］450号）的要求，在实验室自查的基础上，9月21日～10月17日，组织专家对59家实验室进行了专项监督检查。共派出15个专家组，主要从规范检测活动，杜绝违法违规行为；加强制度建设，保障管理体系有效运行；对食品检验机构的特殊要求以及其它等4个方面、24个小项进行了检查。现场检查阶段已结束，并检查结果进行了汇总、分析。

按照国家质检总局要求，于9月下旬组织了7个专家组对承担监督抽查任务的28家质检机构的工作质量进行了抽查。并对抽查结果进行了分析、总结。12月，根据食品检验机构资质认定工作安排，对6家实验室进行定期监督评审，同时完成这些机构的食品检验机构资质认定工作。

（四）做好实验室调查工作

与天津市统计局合作进行的“2010天津市检测实验室调查”已圆满结束，形成了《2010年天津市检测实验室调查报告》。报告显示，97.5%的企业认为本地检测实验室基本能满足检测需要，其中在检测实验室进行产品检测的企业中，93.2%的企业是在本市检测实验室进行检测，比2007年高出9.4个百分点。

四、继续做好乳制品及含乳食品批批检工作

为落实市政府关于加强乳制品及含乳食品生产企业监管工作的要求，天津市质监局配合食品处对乳制品和含乳食品生产企业的原料及成品加强检验。截至12月底，全市批批检验工作累计抽检样品69 607个，全部检验合格。天津市质监局通过召开座谈会、现场跟随抽样、组织检测机构进行比对试验、听取食品处反馈信息等方式，积极与食品处、各检验机构开展无障碍沟通。同时对批批检验情况进行飞行检查，一旦发现问题，要求检验机构立即整改，情节严重的建议食品处取消其检验资格，并依法、依规严肃处理。

五、加强对机动车安检机构的监督管理

召开2011年全市机动车安检机构检测整顿工作会议。会议通报2010年国家质检总局监督检查情况，下发对国家质检总局专项监督检查提出的不符合项的责令整改通知书，布置了专项监督检查整改工作安排和近期加强监督检查的工作安排，出台了《关于进一步加强全市机动车安全技术检验机构监督管理的通知》（津质技监局认［2011］29号）和《关于印发安检机构的职责和守则的通知》。

对未取得计量认证和资格许可的安检机构进行督促和推动，召开了交管局和评审专家共同参加的分析研讨会，破解了阻碍计量认证和资质许可工作中一些瓶颈问题。现天津市共有安检机构30家，已取证的26家，正在评审中3家，另1家因搬迁未提出考核申请。

组织稽查总队、评审专家会同公安交管部门共同组成检查组，对11家安检机构开展飞行检查，并将适时召开本年度安检机构工作会，进一步规范其行为。

六、加强宣传，营造良好的舆论氛围

天津市质监局着力加强对认证认可工作的宣传报道，天津市各主流媒体如天津电视台、各区县电视台、《天津日报》、《今晚报》等先后20余次宣传、报道关于认证认可的知识和天津市质监局的执法工作信息。“3·15”期间在天津日报整版刊登了《天津市获得计量认证证书的实验室》，6月9日“世界认可日”开展了全市范围的宣传活动。特别是“锦湖轮胎事件”发生后，天津市质监局果断采取了一系列的应对措施，有效地的化解了部分媒体的误解，正确引导舆论导向。“质量月”期间，天津电视台、《渤海早报》对天津市质监局组织的两次有机产品集中检查行动进行了连续的宣传报道。国家认监委网站也多次刊发天津市质监局认证认可工作信息。通过媒体对认证认可工作的宣传，既全面真实的介绍了天津市质监局工作开展情况，又有力地震摄了违法分子，对认证执法工作起到了强有力的促进作用。

撰稿人：张 争 审稿人：李 博

科学定位 严格监督 开创认证监管工作新局面

——河北出入境检验检疫局2011年认证监管工作概况

2011年，在国家质检总局和国家认监委的正确领导下，河北出入境检验检疫局（以下简称“河北局”）紧紧围绕“抓质量、保安全、促发展、强质检”的目标要求，以邓小平理论和“三个代表”重要思想为指导，以科学发展观为统领，认真落实全国质检工作会议及认证认可工作会议确定的总体部署，着力加强制度建设，大胆创新工作机制，主动打破传统思维定式，积极推动认证监管工作实现有突破、上台阶、求发展的工作目标，取得了一定的工作成效。

一、认真履行工作职责，基本业务顺利完成

2011年，河北辖区有效卫生备案企业共计519家，共涉及11个国家地区批准的5大类出口食品。

河北辖区累计饲料备案企业达到57家。2011年，共审核办理饲料企业备案8家，变更3家，注销1家。

全省持有效质量许可证的生产企业共计232家，2011年审核办理新领证企业13家，复查换证52家。

2011年，累计发放强制性产品认证（CCC）免办证明157份。

二、健全完善执法体系，不断强化认证监管

（一）精心组织谋划，科学工作定位

正确把握全国认证认可工作会议总体精神，及时研究确定并将2011年度重点工作任务进行了细化和分解，具体落实到了各部门和各工作岗位。为推动认证监管工作不断深入，确保创新发展取得实效，起草下发了《河北出入境检验检疫局贯彻落实全国认证认可工作会议的实施意见》，进一步明确提出了八项重点工作任务，确立了今年乃至今后一段时间认证监管工作的努力方向。

（二）加强宣传工作，正确舆论导向

为大造宣传声势，扩大认证认可社会影响，不断增强公众认知度和企业认证主动性，河北局着力在认证监管机制提效、认证服务措施提质、自身建设步伐提速、作用地位影响提升上下功夫，进一步发挥了认证认可助推和促进经济社会发展的积极作用。在6月9日“世界认可日”活动中，紧紧围绕“认可——政府监管工作的支撑”这一主题，到省会北焦店广场进行宣传。活动当天，共向广大消费者发放精心编制的宣传材料3 000多份，介绍认证认可基本知识、食品农产品认证知识、敏感商品选购常识等内容并开展相关咨询100多人次，营造了全社会重视认证认可和质量安全的浓厚氛围。

（三）深入开展“双打”，主动进行维权

根据国家认监委对“双打”专项行动的工作部署，河北局开展了形式多样的检查活动。一是有计划、有重点地开展辖区强制性产品认证企业监管检查，严肃查处认证违法行为。二是通过采取日常监管和定期抽查等方式，对辖区强制性认证产品企业进行全面检查。三是按照产品企业分类管理等级，对出口企业分类管理情况进行分级检查。四是持续开展了进口CCC免办产品后续监督管理，派出200多人次对强制性产品认证企业开展为期70多天的拉网式行政检查监管，共检查进出口强制性产品认证企业57家。通过检查有效防止了制售无证产品及证书超过有效期的产品问题发生和假冒或伪造强制性产品认证证书及标志的企业及办理CCC免办产品申报用途与实际用途不一致等违规问题发生。

（四）严格监督抽查，保障生产安全

建立健全强制性产品认证监督抽查工作机制，积极部署开展认证执法有效性检查，切实加强强制性产品认证行政监管工作方面。一是充分利用好CCC设限数据库这一信息平台，坚决把未获证产品、认证证书超过认证有效期的产品拒于国门之外。二是坚持对于免办强制性产品认证的产品严格入境审核把关，强化后续监管工作。三是认真做好强制性产品认证获证产品的监督抽查工作。河北局严格按工作方案开展了市场抽样、送样检测、情况反馈等环节。2011年9月20日，北京局机电产品检测中心出具了合格的检验报告。本次抽样型号产品未

发现问题，并将本次抽查工作的相关情况报送国家认监委。

（五）立足质量提升，提高监管水平

为了实现认证执法监管工作常态化的目标，河北局对辖区内自愿性产品认证信息系统所涉及的监管对象以及食品农产品获证企业进行了摸底查询工作，根据摸底调查情况，制订河北局进出口企业中获证组织和认证机构的执法检查计划，并分别按照自愿性认证获证组织检查比例不低于20%、食品农产品获证组织检查比例不低于30%，自愿性认证机构认证活动执法监管比例不低于30%（仅限于进出口企业认证活动）的比例开展并实施行政监管执法活动；对今后一段时期认证监管执法工作做出了全面部署，建立了情况通报制度和认证执法活动信息上报机制。

另外，为加强获证企业管理体系认证执法监督检查工作，确保出口企业管理体系认证有效和规范运行，根据年初工作计划，河北局制定了《河北出入境检验检疫局管理体系认证执法监督检查工作规范》（试行）（冀检认函［2011］645号）。2011年下半年，河北局通过监督所属12个分支机构和省局机关动、植、食等业务处对辖区内认证获证企业进行检查，各单位均按期完成了检查任务。经汇总，河北局全年完成管理体系认证执法检查282家。安排检查食品农产品获证企业86家，各类证书127份。截至2011年底，管理体系认证行政监管工作完成情况以及食品农产品认证监管工作完成情况的报告均已上报国家认监委相关部门，确保了活动的有效性。

二、狠抓备案监管，确保食品安全

（一）严格实施紧控措施，确保落实企业主体责任

为认真贯彻落实河北局认证注册工作会议精神，确保河北出口食品、食用农产品和饲料生产企业的卫生注册登记备案及评审工作质量，切实起到从加工源头有效控制出口食品、食用农产品和饲料质量的安全，督促企业强化质量安全控制体系的有效运行，结合全省食品安全专项整治行动，组织开展了严格出口食品生产企业卫生注册备案监管工作。

（二）密切关注高风险商品，认真完成输美低酸罐头企业的排查验证工作

为了落实国家质检总局做好各项工作风险分析的要求，按照国家认监委有关确认获取美国食品药品管理局（FDA）注册的低酸罐头企业名单的要求，河北局认真组织开展了对辖区内出口低酸罐头和酸化食品生产企业，以及对FDA发来的在美注册的1 000多家低酸罐头企业名单的排查和确认工作。经排查、确认、验证、上报推荐，截至2011年底，已获准FDA注册的低酸罐头企业6家。

（三）深入开展“创先争优”，率先实行了出口食品企业优良等级评定工作

我国正处于发展中国家的发展阶段，市场机制不完善，个别企业道德缺失、诚信滑坡，非传统食品安全问题时有发生。为引导和鼓励出口食品生产加工企业在达到国家出口食品生产企业卫生注册登记管理规范的基础上，不断增强对出口食品质量安全的控制能力，主动完善安全卫生管理体系，提升出口产品质量安全水平，河北局根据国家质检总局《出口食品生产企业卫生注册登记管理规定》（2002年第20号令）等有关要求，创造性地研究制定了《河北出口食品企业优良等级评定工作要求（试行）》及《出口食品企业优良等级评定评分表（试行）》，将在全省组织开展出口食品生产加工企业的优良等级评定活动，一定时期内树立了全国出口食品生产企业卫生注册登记管理工作的旗帜，开创了全国出口食品生产企业卫生注册登记管理工作的先河。

（四）建立健全监管制度，加大142号令宣传力度，强化备案监管工作

国家质检总局2011年第142号令发布后，河北局为了科学有效地组织开展出口食品生产企业备案工作，深入研究解决出口食品生产企业备案工作中的深层次问题，进一步提高备案工作协调指导能力，强化培训，确保《出口食品生产企业卫生备案管理规定》的顺利实施。

第一，及时召开了系统视频会议，组织宣贯了国家质检总局第142号令发布的《出口食品生产企业备案管理规定》。第二，认真组织开展了对河北局之前下发的所有有关卫生备案工作的文件的梳理，并进行了具体制、修订。第三，组织系统内有关专家针对国家质检总局第142号令和国家认监委发布的第23号公告以及相关配套文件进行了深入地专题学习研讨。同时，对结合河北实际新制修订的文件集中进行了审议和研讨。第四，组织成立了出口食品生产企业备案工作专家协作组，明确了协作组的组织管理、人员、目标、任务和工作要求。第五，及时下发了《关于印发<河北出入境检验检疫局出口食品生产企业备案工作管理办法>的通知》（冀检认函［2011］617号）、《关于印发<河北出入境检验检疫局出口食品生产企业监督管理工作实施办法>的通知》（冀检认［2011］180号）和《关于印发<河北出入境检验检疫局采用第三方认

证结果试点工作实施意见>的通知》(冀检认函[2011]642号)等文件,及时上报国家认监委审定。得到了国家认监委的充分肯定和认可,并向其他直属局进行了转发,同时对河北局采信第三方认证结果的工作,国家认监委还安排在福州全国会议上作了专题经验交流。

三、狠抓队伍培训,提升履责能力

根据《河北出入境检验检疫局关于贯彻落实全国认证认可工作会议的实施意见》和注册认证监管工作研讨会精神,为建立一支素质过硬、作风优良的认证执法检查队伍,多次召开相关业务培训。一是5月5日～6日在石家庄成功举办了全省认证执法检查人员培训班,各分支机构和省局各业务处的63名从事执法检查工作的人员参加了培训。二是组织举办全系统备案监管工作人员、一线检验监管人员和企业卫生质量管理人员开展国家质检总局142号令及配套文件的学习,以及河北局制定文件的宣贯暨培训班。三是及时转发了国家认监委《关于更新俄罗斯在华注册水产品企业和捕捞船名单的通知》、《关于举办果蔬汁HACCP培训班的通知》等文件,积极组织有关人参加了相关业务培训。

通过培训,进一步提高了全局系统认证执法检查人员的整体素质和执法水平,为开创河北局认证认可工作的新局面,强化认证执法检查工作打下坚实基础。

四、主要存在问题

出口食品生产企业卫生注册登记(备案)信息化管理系统有些功能需加紧完善。例如,缺乏统计功能。上级需要的许多统计数字,在系统中无法查询,一个表格的填制仍然需要若干人员手工协同完成。系统设计上只针对一厂一证,对于一厂多证和国内、国外注册同时申请,一次安排评审等存在一定困难。系统定期监管功能无法正常使用。注册改备案后,系统与管理要求不匹配。

撰稿人:唐树峰 审稿人:高永丰

勇于创新　强化监管　服务地方经济发展

——河北省质量技术监督局2011年认证监管工作概况

2011年,河北省质量技术监督局(以下简称"河北省质监局"或者"省局")在局党组的正确领导下,坚持以"科学发展观"重要思想为指导,认真落实国家质检总局提出的"抓质量、保安全、促发展、强质检"指示精神,按照"着眼科学监管、筑牢安全底线、狠抓队伍建设、调动积极因素、力争有所作为"的工作思路,狠抓了任务目标工作的落实,有效地促进了各项工作任务的圆满完成。

一、认证监管工作有了新亮点

2011年,按照省局宋局长"在认证认可监管工作上要有新的创新,要在全国上榜排位"的指示精神,河北省质监局全体同志认真贯彻落实,积极探索,创新实践,在转变监管方式方面有了新的突破,并得到在全国推广。一是探索了体系认证监管的新模式。为了探索新形势下管理体系认证行政监管工作的新模式、新方法,河北省积极与国家认监委联系协调并达成一致意见,将涿州市确定为全国第一个管理体系认证行政监管新模式的试点,并于2011年3月21日～25日,国家认监委认可监管部、河北省省市两级的行政监管人员以及国家认监委从全国各地抽调的5名行政监管专家共同组成7个检查组,深入涿州市的获证企业逐一检查,实地了解了企业的基本情况、体系运行情况以及认证机构的认证质量和跟踪监督的情况等。共检查获证企业118家,涉及认证机构38家。检查发现66%的企业体系运行基本正常,8%的获证企业体系运行良好, 21%的获证企业体系运行无效。通过检查,增强了认证机构的自律意识,提高了获证企业的质量意识,提升了行政监管人员的能力和水平,培养和锻炼了一支高素质的执法队伍,为确保河北省认证监管工作取得良好成效奠定了基础。随后,国家认监委将河北省探索的这些行之有效的新举措和新方法在重庆、山东、江苏、深圳等地进行了试点和推广。二是实施了强制性产品认证(CCC)监管的新举措。河北省质监局积极借助认证机构的技术力量,与中国质量认证中心两次联手，采取飞行抽样和工厂检查的方式，调动了全省省、市、县三级认证监管人员40多人和CCC工厂检查员16人，组成了8个检查组突击对邢台宁晋、沧州河间的78家电线电缆强制性产品获证企业进行了抽样、工厂检查，取得了“认证监管联动机制”的新成效。三是确立了推动能源管理体系等新领域认证工作的新思路。推进和深化国家有关认证制度的实施和相关认证活动的开展，是质监部门服务企业、服务国家科学发展的有力抓手，为此，2011年河北省质监局专门印发了《关于推动企业开展能源管理体系认证等相关认证活动的通知》（冀质监函［2011］684号），对推动企业开展能源管理体系认证、良好生产规范和危害分析与关键控制点体系认证以及节能、节水、可再生资源等产品认证工作进行了安排部署。

二、实验室检验检测质量有了新提升

能力验证是正确评价实验室检验质量、识别实验室存在的问题、补充实验室内部质量控制程序和增加实验室客户对实验室能力信任的重要手段和措施。4月12日，河北省质监局印发了《关于下达2011年水泥、热轧带肋钢筋能力验证计划的通知》，针对建工、建材等实验室启动了水泥、热轧带肋钢筋能力验证工作。建材能力验证于9月初结束，分别有351家实验室参加了水泥能力验证和353家实验室参加了热轧带肋钢筋能力验证。其中，水泥能力验证结果显示，满意255家，满意率为73%，可疑40家，不满意56家，迟报能力验证结果的8家。热轧带肋条钢筋能力验证结果显示：满意279家，满意率为79%，可疑42家，不满意32家（含1家未报数据），迟报能力验证结果的7家。

6月1日，省局又印发了《关于下达2011年小麦粉、酱油等食品类能力验证计划的通知》，针对系统内食品重点实验室、卫生防疫、农业和药检等实验室启动了小麦粉中过氧化苯甲酰、食品中沙门氏菌、金黄色葡萄球菌、酱油中氨基酸态氮等项目的能力验证工作。食品能力验证于11月1日结束，共有39家实验室参加了小麦粉中过氧化苯甲酰能力验证，其中，结果满意24家，满意率为62%，可疑1家，不满意11家，自愿放弃3家。共有112家实验室参加了食品中沙门氏菌、金黄色葡萄球菌能力验证，其中，沙门氏菌结果满意97家，满意率为87%，可疑0家，不满意8家。金黄色葡萄球菌结果满意93家，满意率为83%，可疑0家，不满意12家。另有7家实验室未反馈结果。共有117家实验室参加了酱油中氨基酸态氮能力验证，其中，结果满意81家，满意率为69%，可疑7家，不满意23家，自愿放弃6家。

三、实验室规范审批有了新改观

为严格实验室资质认定许可工作，统一对《实验室和检查机构资质认定管理办法》的理解认识，按照相关法律法规和规章制度，并结合河北省实际情况，起草了《关于明确实验室资质认定工作有关问题的通知》和《起草说明》，并于9月29日下发全省开始执行。《通知》中对实验室资质认定的有关准入条件进行了严格界定，对工作流程进行了规范，对平时工作中发现的一些问题进行了解决。截至11月10日，省局共办结实验室行政许可465家，其中首次评审53家，复评审117家，复评审加扩项93家，扩项202家，注销19家。

四、实验室基础工作有了新局面

2011年，河北省质监局对实验室基础工作常抓不懈，不断解决工作中发现的新情况、新问题，使实验室各项基础工作质量不断巩固提高。一是资质认定获证实验室监督评审取得新进展。获证实验室定期监督评审工作是对实验室进行监督检查的重要形式之一，是有效履行监管职能的重要措施。3月29日，省局印发了《关于下达2011年全省资质认定获证实验室定期监督评审计划的通知》对全省的定期监督评审工作进行了部署，共有659家各类获证实验室纳入了2011年度定期监督评审计划。本次监督评审计划，为探索切实有效的监督评审工作机制，安排了5%的获证实验室进行跨市监督评审。按照计划，全省的定期监督评审工作将于11月30日前完成。二是实验室现场评审标准化取得新进展。为提高实验室现场评审评审员的评审技巧和能力，杜绝评审的随意性，强化评审工作的客观性和可操作性，省局组织了6位专家分为食品、建材、化工、环境、机械、电器等六个行业起草了《实验室现场评审作业指导书》（草稿）。《作业指导书》以《实验室资质认定评审准则》为依据，并结合日常工作中总结的经验，细化了现场评审的工作程序和内容，突出了关键项目的“一票否决”，为现场评审的客观和公正奠定了基础。三是监管重点行业实验室工作取得新进展。省局采用现场调查和问卷调查两种形式对辖区17家煤检机构进行了调研，调查内容主要包括煤检机构的人员状况、设备和设施状况、业务收入和检验能力等，并于9月28日，编制了《河北省煤炭检验机构调研报告》。调研报告通过大量翔实的数据从市场规模、政策环境、机构分布、经营水平、人员水平、检验设施和发展潜力等多方面对河北省的煤检机构进行了深入剖析，得出了河北省煤检机构存在总体煤炭检验能力超过实际需要，市场竞争激烈。部分煤检机构缺乏具有丰富实践经验的高层次专业技术人员。很大一部分机构检验设备落后，自动化程度不高，设备利用率低，系统误差和人为误差大等问题的结论。同时，结合河北省实际情况，提出了进一步加强煤检机构的规划审批工作，强化对煤检机构的监督检查，加大投诉案件调查和行政处罚力度，加强对人员的教育培训和鼓励煤检机构加强能力建设的建议和对策。通过此次调研，为今后煤检机构的监管提供了决策的依据和方向，为促进河北省煤炭检验机构的健康发展奠定了坚实的基础。四是规范重点行业实验室检测行为取得新进展。为规范河北省建筑建材实验室的检验检测行为，整顿检验市场秩序，提升实验室管理水平，推进实验室技术进步，增强实验室为建筑行业的发展提供公正、科学、准确检测服务的能力。9月9日，在全省建筑建材实验室开展了检测工作整顿活动。10月15日，各市质监局按照《整顿方案》和《检查表》的要求，对辖区内的质监系统外建筑建材实验室进行100%考核检查。在整顿中，省局对辖区建筑建材实验室进行了全面调研，并形成《河北省建筑建材实验室情况分析报告》。五是实验室信息化监管的水平取得新进展。为提高工作效率，解决人手少、任务重的问题，自实验室监管系统项目通过立项后，省局积极配合信息中心开展招投标工作，并在年初确定了湖南创博龙智信息科技股份有限公司为建设单位。随后向软件公司提交了系统的总体需求，并于6月份开始了试运行。6月13日～15日，国家认监委信息中心、天津市质监局一行五人对河北省资质认定监管系统建设进行了调研，会上省局将系统的总体建设情况进行了介绍和演示，并与参会代表进行了充分的交流。河北省质监局的信息系统建设情况和发展方向得到了几位专家的肯定。7月底，省局印发了《关于对新版的实验室资质认定监督管理系统信息进行更新的通知》，正式开始面向外网采集获证实验室信息。截至2011年底，采集实验室数据600余家，吸纳采集近90%获证实验室数据。系统主体构架和功能设置满足设计初衷，系统正式开始运行。

五、认证执法监管有了新成效

为全面履行质监部门的行政监管职责，加强对获证企业的监管，2011年重点加强了对认证有效性的监督。一是加强了强制性产品监督抽查工作。省局重点组织了流通领域经销的获证厨房机械类产品的监督抽查，共从石家庄、唐山、廊坊3个设区市的经销单位中随机抽取了40个批次的厨房机械类产品，经检验35个批次合格，合格率为87.5%，5个批次不合格，不合格率为12.5%；样品涉及14家生产企业，其中合格企业13家，占总数的81%，不合格企业3家，占总数的19%，未涉及河北省不合格企业。二是开展了强制性产品专项整治工作。为进一步加强强制性产品认证企业的监督管理，不断提高强制性认证产品的质量安全水平，5月～10月开展了强制性产品认证企业专项整治活动。专项整治活动选择了电线电缆为全省重点整治的产品，市局根据当地实际自行确定了一、二项重点整治的产品。在历时6个月的专项整治工作中，基本达到了预期目的，收到较好的效果。专项整治活动对490多家电线电缆企业进行了规范，责成发证机构暂停了20多家不合格电线电缆获证企业的证书。三是加强了管理体系认证有效性的监督检查。印发了《关于做好2011年管理体系认证行政监管工作的通知》（冀质监函[2011]133号），对检查范围、检查内容、检查数量、检查时间及检查人员等提出了明确要求，确定食品企业、名牌企业为监督重点，其中所检查的食品企业、名牌企业要各占检查企业总数的30%以上。本次监督检查全省共派出行政监管人员1 908人次，实际检查612家，涉及696张证书、66家认证机构，其中检查名牌企业107家，体系运行存在问题的企业4家；检查食品企业110家，体系运行存在问题的企业2家；检查名牌食品企业9家，体系运行存在问题的企业0家；检查其它行业企业386家，体系运行存在问题的企业38家。对4家存在违法违规行为的认证机构实施了行政处罚，罚款20.8万元。四是加强了食品农产品认证有效性的监督检查。下发了《关于全力做好2011年食品农产品认证监管工作的通知》（冀质监函[2011]229号），对全省食品农产品认证监管工作进行了安排部署。截至9月底，全省共检查各类获证企业260家，其中获得危害分析与关键控制点（HACCP）体系认证企业49家、食品安全管理体系认证企业56家、有机产品认证企业46家、无公害农产品认证企业72家、绿色食品认证企业34家；检查获证产品221个，检查了22家认证机构的工作质量。其中223家企业的检查结论为“符合要求”，占总数的89.2%；11家企业的检查结论为“基本符合”，占总数的4.4%；16家企业的检查结论为“不符合要求”，占总数的6.4%。从检查的总体情况看，河北省大部分食品农产品认证企业管理较为规范，各种管理制度较为完善，认证过程较为严谨，认证证书及认证标志使用基本正确。对企业存在的一般性问题，检查组均现场予以指正，提出整改意见，限期整改；对有违法违规行为的，检查组也依法做出了相关处理。

六、认证认可队伍的业务素质有了新提高

1.认证监管人员素质水平提升方面

省局在强化对企业的监督和规范的同时，努力查找自身存在的问题，着力提高自身工作水平。2011年，省局先后举办了强制性产品认证执法检查、体系认证执法检查、实验室监督检查等培训班。通过培训，使监管人员能够基本上熟悉国家法律法规的有关条款以及相关的政策规定，能够进一步明确监管工作中的有关重点环节，能够熟悉掌握实施监督检查的有关方法和技巧，促进了工作能力和水平的提高。

2.实验室关键人员素质水平提升方面

3月和5月委托省局教育中心分3开展了实验室内审员培训，第一期培训内审员172人，第二期培训136人，第三期培

训234人，共计542人。为配合开展食品实验室资质认定工作，5月，省局委托省局教育中心举办了“食品检验机构资质认定评审员培训班”，共培训评审员69人，市局监管人员23人，其他人员6人。委托教育中心于2011年6月～9月分3期举办食品检验机构资质认定内审员培训班，共培训384人。于2011年6月28日举办食品检验机构负责人培训班，共培训机构负责人147人，法定代表人152人。

七、认证认可宣传工作有了新进展

加强宣传是推动认证认可工作的有力手段，为此省局将宣传工作始终贯穿在全年工作中，努力营造人人了解认证认可、关注认证认可的良好社会氛围。一是注重和加强了日常宣传。指派专人负责收集整理河北省认证认可工作的书面材料、活动照片、声像资料等，并及时向国家认监委、省局宣传中心以及系统内的刊物等投稿、报送宣传信息。二是开展了“世界认可日”系列宣传活动。在6月9日“世界认可日”到来前夕，一是利用局办公楼内的电子显示屏幕滚动播出了认证认可的基本常识；二是邀请河北日报社的记者深入有机认证获证企业进行了专题采访；三是在“河北日报”开辟了宣传专栏，以局长访谈的形式介绍了河北省认证认可监管工作的成效，配合局长访谈还在专栏里做了知识链接，重点介绍了儿童玩具强制性产品、有机产品、绿色食品、无公害农产品等获证产品的识别和选购常识；四是联合石家庄市局共同召开了专题座谈会。6月9日，省局、石家庄市局联合在石家庄煤矿机械有限责任公司召开了“世界认可日”座谈会，并邀请了长安区获得CCC认证的企业代表以及新闻媒体记者参加了此次座谈会。

撰稿人：杨 金

围绕十二字方针 提高把关能力 促进认证认可工作的顺利开展

——山西出入境检验检疫局2011年认证监管工作概况

2011年是十二五开局之年，山西出入境检验检疫局（以下简称“山西局”）认证认可工作紧紧围绕“抓质量、保安全、促发展、强质检”的十二字工作方针，严格按照国家认监委和山西局党组“抓好质量、严格把关、强化监管、优质服务、夯实基础”和建设“法治质检、科技质检、和谐质检”的部署要求，凝聚整体合力，促进质量提升，服务地方经济。

食品农产品方面：截至12月31日，卫生备案72家，卫生登记14家，活牛、活猪养殖场注册企业3家，出口动物及非食用性动物产品注册企业4家，食用动物饲用饲料注册企业6家，种苗花卉注册企业5家，植物源性种植基地备案30家，植物产品注册登记企业7家，出境水果注册包装厂16家，出境水果注册果园48家。

质量许可方面：出口电机产品企业25家，出口陶瓷企业11家，熏蒸、消毒、卫生除害处理单位1家，出口木制包装熏蒸、热处理标识加施企业31家，出口竹草木制品企业3家，出口危险品包装企业13家，出口食品包装备案企业11家。

一、抓质量，提高“准入”的执行力

一是抓制度准入。山西局结合实际，先后完善了《山西检验检疫局出口商品生产企业注册登记工作规程》、《山西检验检疫局出口食品生产企业卫生注册登记工作规程》、10个退出机制、20个作业指导书等一系列制度，以完善的制度和程序规范自身行政执法行为，做到制度化，标准化。

二是抓措施准入。山西局对出口卫生注册企业、植物产品加工企业、动物加工企业、陶瓷危包企业和出口机电产品企业注册、许可、监督管理提出了切实有效地具体要求，特别针对出口食品生产企业备案新要求，制定了实施出口食品企业备案配套措施，下发《关于做好2011年～2012年出口食品生产企业备案工作的通知》和《关于做好2011年～2012年出口食品生产企业备案管理工作的通知》，要求所有出口食品生产企业实施备案管理，明确了备案工作的各种要求，强调实行企业《自我声明》和《自我评估》的诚信和主体责任。

三是抓落实准入。在出口食品生产企业备案和质量许可考核过程中，实行组长负责制，对各类企业安全卫生管理要求和质量控制体系现场审查，验证控制要求和溯源管理。加强认证后续监管工作，一查企业质量控制

是否到位、质量体系和管理制度是否完善；二查企业生产场所、生产设备、自检自控能力是否符合相关规定和要求；三查企业原辅料进厂检验、生产过程质量控制、产品出厂检验是否符合卫生安全要求，是否存在偷工减料的违法行为；四查原料基地是否符合相关备案要求。

为加强定期监管的有效性，真正起到严格把关，保证出口产品质量，在定期监管时，针对不同的出口企业类型、重点监管检查的项目，对关键工序的控制记录是否真实进行审查。比如现场抽样进行危包跌落实验、对出口陶瓷生产企业重点检查企业的粗坯首件检验制度进行验证、陶瓷铅镉测试等。

二、保安全，维护国家和人民财产利益

一是根据国家认监委《关于开展2011年强制性产品认证获证产品监督抽查工作的通知》（国认证函［2011］26号）要求，结合山西辖区进口强制性产品认证获证产品的实际情况，对市场流通领域进口电饭煲的质量进行了监督抽查。山西局本着强化监管职能，保护消费者权益的宗旨，制订符合山西实际的工作方案，在抽样过程中精心策划，周密部署，对市场流通领域日本进口电饭煲的型号、强制性产品认证（CCC）证书、认证标识、批次、功能说明详实记载，进行了封样标识，有效地保证了抽取得样品真实。同时，送至国家指定检测单位中国家用电器研究院进行全项安全性能检测，安全项目检测结果综合判定合格。经过两年对进口CCC产品监督抽样检查，净化了山西省强制性认证产品流通市场，有效地维护了消费者的利益。

二是落实国家认监委和山西局“双打”的部署和要求，加强了对入境强制性认证产品的验证和监管。截至2011年12月底，山西局共受理了5类88批，货值4 181万美元进口CCC免办产品。为了有效验证申请和使用的一致性，山西局先后组织监管人员对山西昱光发电有限责任公司进口各种电气柜等共计15类124台/件的强制性认证产品进行了后续监管，对中煤集团平朔公司进口的控制柜等CCC产品进行了跟踪验证监管，通过现场验证核实，进口产品的强制性认证产品型号、数量与申请免办的数量完全一致。

三是根据国家认监委《关于进一步做好出口低酸罐头和酸化食品生产企业HACCP验证评审和监督检查工作的通知》（国认注［2011］2号）要求，组织专业检查人员于2011年2月对山西省出口低酸罐头和酸化食品生产企业的情况进行了HACCP验证评审和监督检查。

三、促发展，服务地方经济

一是根据国家认监委《关于开展良好农业规范认证示范创建工作的通知》（认办注函［2011］187号）的要求，山西局积极组织，精密策划，圆满完成了国家认监委确定的永济安德利果蔬汁有限公司、山西国投中鲁果汁有限公司、夏县田源果汁有限责任公司和临猗恒兴果汁有限公司等4家企业苹果种植基地认证示范创建工作，并取得了中国质量认证中心良好农业规范一级认证证书。山西局党组高度重视该项工作，坚持以科学发展观为指导，以“抓质量、保安全、促发展、强质检”十二字方针统领本项工作，坚持与山西的农业产业结构调整相结合，与转型发展、跨越发展相结合，召开多次会议进行研究，局领导亲自对GAP示范创建工作部署，提出具体要求。经过企检的通力协作，2011年9月4日～10日中国质量认证中心组织良好农业规范（GAP）认证审核员对山西省运城所辖永济安德利果蔬汁有限公司、山西国投中鲁果汁有限公司、临猗恒兴果汁有限公司、夏县田源果汁有限责任公司的苹果种植基地共计3 310亩实施了GAP现场审核。

山西苹果种植基地良好农业规范的实施，不仅强化了农产品质量安全全程监管理念，而且实现了果汁加工和苹果出口生产过程可控制、产品标记可识别、产品流向可追踪、产品质量可追溯、主体责任可追究的目标，极大地提高苹果产品质量可追溯管理，有效地提升了苹果乃至苹果产品质量安全水平，为山西省苹果产业的国际市场竞争，促进山西省转型跨越发展起到重要的作用。

二是按照国家认监委和山西局认证认可监管方案要求，全面组织“为民服务，创先争优”活动。在执行“三位一体”工作的基础上，开展以质取胜，创先争忧活动，落实党员点评工作。开展了2011年度管理体系认证行政监管检查。对8家HACCP和食品安全管理体系（FSMS）认证产品生产企业进行了监管，通过一系列的监管措施，有效地推动了企业的质量提高，促进了企业的发展。

四、强质检，提高把关能力

一是为了提高山西局出口食品生产企业备案管理工作，持续提升卫生注册队伍的业务能力，满足准入评审工作需要，举办了山西局卫生注册备案管理工作研讨会。研讨会上重点强化审核员队伍对审核把关的控制要求培训，比如对卫生备案过程中接触到的企业注册提交什么材料、申请产品的检验报告和水质化验如何要求、考核人员组成应包括哪些人员、文件审核记录要记录到什么程度、HACCP验证的注册企业是否将HACCP计划的CCP点记录详细等实际问题进行了研讨，为做好卫生备案工作打下良好的基础。

二是国家质检总局《出口食品生产企业备案管理规定》（第142号令）以及国家认监委《出口食品生产企业备案监督管理工作指导意见》（国认注［2011］60号）、

《出口食品生产企业备案工作规范指导意见》（国认注[2011]61号）等文件正式实施。为了贯彻和落实好出口食品生产企业备案管理工作，保障山西出口食品企业备案工作的有效实施，提高企业食品安全的主体责任，山西局于2011年11月12日～13日举办了山西省2011年度出口食品生产企业备案工作培训班，共对95家注册的100多名企业管理人员和山西局50多名卫生注册评审员进行了系统培训，通过讲解《FDA食品安全现代化法案》、《出口食品生产企业备案管理规定》以及出口食品生产企业安全卫生要求，全体学员深刻理解了出口食品生产企业建立安全控制体系的要素和关键点，为2012年6月以前进行全面转换打下了坚实的基础。

三是引进风险管理，提高预见性。首先，对认证认可行政许可过程进行了风险评估，从产品、法律依据、作业文件、人员管理等环节进行风险判定，确定有效的管理措施。其次，从备案企业情况、对外推荐注册企业情况、备案注册监管工作情况、备案注册监管工作情况分析等4个方面对出口食品生产企业备案管理过程进行质量分析，使得备案管理工作进一步规范，执法能力持续提高。

四是推进廉政建设，提高认证认可工作的保障能力。为贯彻落实全国质检系统2011年度党风廉政建设工作会议精神，按照山西局党风廉政建设和反腐倡廉工作安排和山西局纪检《关于开展2011年度行风教育活动的通知》要求，在认证认可工作中开展了2011年度行风教育活动。对照行风建设“十不准”的规定，查找工作中存在的问题和不足；强化认证监管的履职监督，树立严于律己的工作态度，建立“三制度”，即：认证培训制度，认证廉政保障制度，认证廉政追究制度。认证培训制度是基石。实行组长负责制，坚持“一岗双责”，保证工作中廉洁执法，监管处于受控状态。

撰稿人：郭晓冬 审稿人：闫玉芳

发挥认证认可职能作用 促进经济社会科学发展

——山西省质量技术监督局2011年认证监管工作概况

2011年，山西省质量技术监督局（以下简称“山西省质监局”或“省局”）的认证认可工作以科学发展观为指导，认真贯彻落实全国认证认可工作会议和山西省质监工作会议精神，紧紧围绕国家质检总局的总体要求和省局提出的“保安全、促发展、强基础”的工作目标，以强制性产品认证（CCC）监管和实验室资质认定工作为主线，着力解决制约认证认可工作中的突出问题，加强认证认可队伍建设，建立长效监管机制，发挥行政监管作用，提高了认证有效性，全面推进全省认证认可事业科学规范发展。

一、服务大局保安全，认证认可工作成效显著

2011年以来，按照国家质检总局和国家认监委的指示精神，紧密结合山西省认证认可工作实际，围绕认证认可中心工作，系统上下齐心协力，密切配合，为保安全工作做出了努力。

一是对全省食品检验机构进行了调查摸底。根据国家认监委《关于实施食品检验机构资质认定有关问题的通知》精神，组织对全省食品检验机构基本情况进行了调研，完成了食品检验资源的调查摸底工作，掌握了全省食品检验机构的基本情况，对食品检验机构的检验环境、仪器设备、人员能力有了进一步了解，为食品检验机构发展规划的起草和合理配置检验检测资源提供了可靠依据。

二是积极推进食品检验机构资质认定工作。为贯彻落实国家认监委《关于实施食品检验机构资质认定有关问题的通知》精神，及时组织召开了《食品检验机构资质认定管理办法》和《食品检验机构资质认定评审准则》宣贯，对食品检验机构最高管理者、质量或技术负责人、评审员、内审员进行了培训，并下发了文件明确了各食品检验机构在下步资质认定工作中应注意把握的一些问题，进一步促进了全省食品检验机构质量管理体系转版和食品安全检测工作的顺利开展，为全省食品安全形式

好转做出了努力。

二、加强监管促发展，认证认可的作用发挥更加明显

（一）进一步强化管理体系认证监管工作

继续强化认证认可工作力度，加大对各类管理体系认证的监管力度，严格规范认证市场秩序，规范企业认证行为，不断提高认证有效性。根据国家认监委要求，下发了《2011年管理体系认证监督检查实施方案》，并对100家管理体系认证获证组织进行检查。

（二）进一步强化实验室资质认定监管工作

为确保对获证实验室的监督管理，重点组织了对获证实验室复查换证、监督评审等工作，加大了对实验室检查力度，提高了人员业务能力。一是制订下发了资质认定获证实验室监督评审计划，并召开了由实验室质量负责人或技术负责人参加的监督评审工作会议，对参会代表进行了培训，促进了此项工作的顺利开展，收到了较好的效果。二是完善了资质认定实验室监督管理系统。为进一步规范全省资质认定获证实验室的检验检测行为，加强对机动车尾气排放检验机构、营运车辆综合性能检验机构、安全技术性能检验机构的管理，确保道路交通安全，增强检验检测工作的透明度，保证检验数据准确、可靠，依据《实验室资质认定评审准则》、《机动车技术性能检验机构资质认定评审补充要求》等相关规定，进一步完善了《资质认定实验室监督管理系统》软件，规范了机构检验行为，用信息化手段减轻了质监系统对机动车检验机构的监管负担。三是组织开展了能力验证工作。为使能力验证项目针对性强，向全省各有关实验室就社会关注的重点产品征集能力验证项目，并及时下发了《2011年能力验证计划的通知》，在全省各有关实验室安排了乳制品中三聚氰胺，白酒中甲醇、乙酸乙酯，水泥强度（3天抗折、抗压）和凝结时间等7个参数的能力验证，参加实验室涉及质监系统、疾病预防、药检、建材、公路等行业。四是进一步加强获证实验室监管。为切实提高监管工作的有效性，制定下发了《实验室资质认定专项监督检查方案》，按照各市局对辖区内实验室不低于65%的抽查比例，省质监局组织对全省130余家实验室进行检查，对不符合资质认定工作要求的实验室进行了处理，提高了实验室依法检验检测能力和检测管理水平，促进了全省获证实验室的健康发展。全年共暂停、注销实验室使用资质认定标志的69家。

（三）进一步强化CCC产品认证行政监管工作

在围绕抓规范强基础、抓监管保安全的基础上，进一步加大了日常监管力度，工作成效更加明显。一是落实责任定方案。为强化CCC认证行政监管，提高CCC认证的有效性，省局在反复调研的基础上，制定下发了《强制性产品认证监管工作方案》，确定对100家CCC企业进行抽查。各局依照方案，初步建立了“统一管理、层级负责、区域监管、责任到人”的监管机制，县级局普遍落实了“定人员、定责任、定区域、定企业、定任务”的五定制度，日常监管任务进一步明确，按时完成了对100家CCC企业的抽查任务。二是联合协作出合力。国家认监委《关于加强玩具产品行政监管工作的通知》下发后，山西省质监局行动迅速，积极协调，狠抓落实，全省上下集中行动，较好地完成了上级赋予的专项检查任务。5月31日，省局领导亲自带队，联合山西检验检疫局、太原市质监局及小店区分局认证执法人员在太原市开展了玩具市场的执法检查和跟踪服务，对检查发现的问题，依法做出了处理。检查期间，认证执法人员还发放了宣传资料，现场培训了管理和经营人员。同时，结合“世界认可日”活动，积极联络新闻媒体，大力宣传认证知识，正确引导消费。这两项活动，受到国家认监委和省局的充分肯定，在质监信息网进行了宣传报道。三是抓好调研促落实。2011年，国家认监委赋予山西省在流通领域开展插头、插座抽查的专项任务，为保证工作及时、高效、顺利的完成，自5月开始，省局抽调专人调查市场、集中力量走访企业、联合机构制订计划，经过反复论证和征求意见后，制定出切合山西省实际的专项检查方案，保障了专项监督检查工作如期展开，共抽查32家生产企业65批次，合格率为88.5%，掌握了市场流通领域内插头、插座质量状况，提升了产品质量。

（四）积极开展食品农产品认证监管工作

为进一步加强山西省食品农产品认证有效性监管和“有机产品认证示范区”的创建，保证食品农产品质量安全。一方面，严厉打击伪造、冒用、超期、超范围使用认证证书和标志等违法行为。按照国家质检总局的要求，制定下发了《关于做好2011年食品农产品认证监管工作的通知》，组织开展了对大型超市、商场和专卖店等销售的食品农产品认证标志专项监督检查，取得了较好的效果，积累了食品农产品认证执法的实践经验，促进了食品农产品认证有效性和相关企业诚信意识的提高。对检查中发现属于违法使用食品农产品认证标志等行为，依法进行了查处，并及时通告相关销售单位采取下架等纠正措施，维护消费者和获证企业的合法权益。另一方面积极参加了“有机产品认证示范区”创建活动。根据全省地域分布和气候特点，积极向国家申报“有机产品认证示范区”，省局领导亲自带队深入一线调查研究，经过多方

协调反复研究论证，山西省推荐的大同市广灵县有机产品认证示范区通过了国家认监委专家组的评审，并荣获首批“国家有机产品认证示范区创建县”的荣誉称号。

三、注重实效强基础，认证认可的领域不断扩大

为确保认证行政监管工作的有效性，各单位能够按照上级要求，加强了认证行政监管系统建设，提高了工作效率。

一是指导基层局运行了自愿性认证活动监管系统。为加强对自愿性认证活动的监管，根据国家认监委《关于正式运行“认证行政执法信息报送系统”的通知》要求，指导30个市、县局运行了自愿性认证活动监管系统及认证行政执法信息报送系统，并对运行中发现的问题及时向国家认监委进行了反馈。通过系统的运行，市县局的相关监管信息可直接上报省局和国家认监委，减轻了基层局的监管负担，进一步提高了监管工作效率。

二是深入推广了强制性产品认证电子监管系统。指导督促各市局和有关县局安装运行了强制性产品认证电子监管系统，指定专人负责软件运行和数据录入，对辖区内强制性认证产品生产企业的生产条件、产品质量等进行巡查，完善CCC产品生产企业质量档案，掌握了认证产品的质量状况，健全了CCC产品生产企业的质量档案。

三是积极推进循环经济认证工作。为推进循环经济认证试点工作步伐，督促审核中心积极、严谨、稳妥地开展工作，经过深入调研论证，9月份发布了《工业企业循环经济评价导则》、《钢铁行业循环经济评价实施指南》和《焦化行业循环经济评价实施指南》3个地方标准，其他的循环经济认证标准的编写也陆续展开。

撰稿人：元建龙　审稿人：张岐云

求真务实履行“十二字”方针　全力提升认证监管水平

——内蒙古出入境检验检疫局2011年认证监管工作概况

2011年，内蒙古出入境检验检疫局（以下简称“内蒙古局”）在国家质检总局和国家认监委的正确领导下，紧紧围绕“抓质量、保安全、促发展、强质检”十二字方针，求真务实，开拓进取，全力提升认证监管工作水平，服务地方经济发展取得新成效。

一、出口食品企业备案注册及监督管理

内蒙古局对出口食品企业备案注册严格执行准入审核制度，从源头把好质量安全关。2011年新办理出口备案企业27家，复查换证16家。截至2011年底，辖区出口食品备案注册企业共268家；通过危害分析与关键控制点（HACCP）体系认证官方验证的61家；对外注册企业12家，分别为欧盟、以色列、美国、日本、韩国、阿联酋、文莱等国家和地区。

将获证企业的后续管理与检验检疫工作有机结合，组织制订并实施了2011年度出口食品企业监督管理计划，在执行中加强了对各分支机构和相关部门监管工作的指导、督促和检查，共组织备案注册评审人员和检验检疫人员125人次进行了出口食品备案注册企业评审、HACCP官方验证和日常监管，对检查监管发现的问题督促企业及时整改，撤销了9家不符合申请备案注册要求的企业，消除了潜在的食品安全隐患，提高了出口食品企业的安全卫生管理水平和控制能力。

针对番茄产品加工时期由于天气原因出现的大批集中成熟、生产时间短的特点，对新申请和复查换证的企业在其生产期开展了专项评审工作，保证了番茄产品如期顺利出口。

积极配合香港地区官方兽医代表团对内蒙古科尔沁牛业股份有限公司申请的出口冰鲜牛肉产品进行的注册检查，与企业共同制订迎检计划安排，指导该企业完善肉类加工出口产品相应的标准，努力提高企业的质量主体意识，对企业存在的问题提出针对性的有效解决办法，由于措施得当、准备充分，使该企业顺利通过香港官方的现场检查。

派员参加了国家认监委组织的对阿根廷40家牛肉及禽类屠宰、储存、熟制品加工企业的抽查工作，了解了阿根廷肉类企业和官方管理情况，对于做好内蒙古地区出口食品企业的官方管理有很好的学习、借鉴作用。

二、管理体系认证监管

内蒙古局按照国家认监委有关2011年认证、认可专项监督检查计划，制订内蒙古局的计划和方案，扎实开展了辖区质量管理体系认证有效性的监督检查，同步对分支机构的监管工作进行了检查，共检查认证企业97家。针对检查中发现的问题，督促获证问题企业及认证机构进行限期整改，并对巴盟、乌海、乌兰察布、海拉尔地区的21家企业进行后续跟踪检查，确保其按照要求整改，对于规范认证机构的认证工作、提高获证企业认证有效性和质量管理水平起到了良好作用。

完成了辖区进出口企业认证情况的调查工作，对200余家出口企业建立了认证信息档案，及时记录辖区企业执行法律法规情况和违法违规情况，保证了认证行政执法的规范性和可追溯性。

三、强制性产品认证(CCC)免办及监督管理

2011年内蒙古局办理CCC免办证书218份，同比增长16.6%。CCC免办工作是一项与企业发展密切相关的工作，内蒙古局多次派员深入相关企业走访调研，使这项工作贴近、服务企业需求。落户呼和浩特金山开发区的世界上最大的风力发电设备制造企业维斯塔风力系统(中国)有限公司，在生产过程中需要从全球采购配件后组装设备，初期申请办理CCC免办时有50多个各单产品，每次办理费时、费力、支出大、效率低，内蒙古局通过调研，发现其申请免办的产品单元划分不够准确，帮助企业重新进行免办产品单元划分，从而减少了该企业申请CCC免办的工作量和支出费用，提高了工作效率，节约了成本。该企业特向内蒙古局赠送了写有“执法严格、优质服务”的锦旗，对内蒙古局在CCC免办工作中给与企业的热心服务和支持帮助表示感谢。

四、地理标志产品保护

根据国家质检总局《关于组织开展地理标志保护产品监督检查的通知》，对辖区15家获得地理标志认证的企业开展了涉及原料把关、组织生产、地理标志使用等情况的全面检查。开展了内蒙古局地理标志信息资源的调查工作，建立、完善了基础建设工作。

五、认证监管队伍建设

加强认证监管队伍建设是提升认证监管工作水平的保障，内蒙古局在人才培养方面给予了极大重视，将培训和实践作为提升能力的重要手段。2011年，组织召开了出口食品企业备案规定宣贯工作会议，邀请国家认监委的专家，对内蒙古检验检疫系统认证监管人员就出口食品企业备案管理规定、要求和配套措施进行了详细讲解，为今后工作的开展奠定了良好基础。为宣传先进的管理理念，提高认证监管人员业务水平，9月，组织全局系统13个分支机构、机关相关处室认证监管人员共25人进行了有关法规、认证认可监督管理体系、各种管理体系标准、监管方法等内容的培训和考试。

针对大多数分支机构无专职认证监管机构的实际情况，建立了认证监管联络员制度，即各业务处室和分支机构确定本部门1～2名业务人员作为认证监管联络员，具体负责本单位、部门日常认证监管工作的实施，并接受内蒙古局认证处统一工作部署。这项制度的实施加强了对认证监管队伍的管理，落实了基层认证监管工作责任制，保证了各项认证执法监管任务的顺利完成。截至2011年底，内蒙古局共有认证监管联络员26人。

撰稿人：郅 莉 审稿人：于兴渤

加强行政监管 提升认证有效性

——内蒙古自治区质量技术监督局2011年认证监管工作概况

2011年，内蒙古自治区质量技术监督局（以下简称“内蒙古质监局”）认证认可工作以科学发展观为指导，认真贯彻全国认证认可工作会议精神的要求，紧扣“抓质量、保安全、促发展、强质检”的工作方针和“找准定位、创新发展”的要求，紧紧围绕自治区经济社会发展大局，严格依法履行工作职责，加强认证执法监管，全面推进实验室资质认定工作，强化基础工作，提升自治区认证市场和认证活动监督管理水平，取得了好的成绩。

一、认证监管工作基本情况

按照国家认监委今年工作部署，在认证监督管理工作方面主要是摸清底数，完善制度，加强监管，提高认证的有效性。

通过调查，建立了自治区强制性产品认证证书数据库和质量管理体系认证监管信息数据库。截至2011年底，自治区有150家企业获得509张强制性产品认证（CCC）证书，有1 945家企业获得质量体系认证证书。

为进一步规范认证行为，加强对获证企业的认证质量和有效性的监督管理，维护认证的权威性和公信力，组织自治区各盟市质监局按照《2011年度全区认证有效性监督检查的通知》要求，对全区范围内涉及强制性产品认证和质量管理体系认证证书的62家企业进行了全面检查，重点检查了认证标志使用是否规范、体系运行是否有效等。从检查情况看，大多数获证组织的行为较规范，基本能按照有关规定使用认证标志和运行管理体系。有少数企业对质量管理体系运行的重视程度不够，体系运行流于形式，体系认证对企业的指导和帮助作用没有很好地体现。

按照国家认监委“安全认证”、“绿色认证”的有关工作要求，印发了《2011年度全区食品农产品认证监管工作计划》，组织各盟市局对600余家企业的乳制品良好生产企业生产规范（GMP），危害分析与关键控制点（HACCP）体系认证、食品安全管理体系、有机产品、绿色食品、无公害产品获证企业认证标志、证书使用情况进行了检查，检查结果显示各企业在相关证书、标志的使用情况较好。截至2011年底，全区共有食品农产品认证证书1 548张，占全国获证证书的2.97%。

为加强认证执法工作的有效开展，保证执法信息的及时汇总、上报，通过网络视频的方式对各盟市、旗县区认证执法工作人员进行了信息报送培训，指导督促各盟市局按照国家认监委的要求建立了认证执法信息报送系统，确定了人员，权限和需要上报的内容。

二、完成强制性产品认证获证产品监督抽查

按照国家认监委关于开展2011年度强制性产品认证获证产品监督抽查工作的要求，自治区局与国家人口计生委药具质量监测中心一起，制订工作计划，确定了监督抽查方案，共派出5个工作组75人次，对呼和浩特市、包头市开展了强制性产品认证获证产品天然胶乳橡胶避孕套的监督抽查工作。本次避孕套产品专项检查共抽检了30家生产企业，49个批次的产品。经检验，合格产品为38个批次，批次合格率为77.55%；不合格产品为11个批次，批次不合格率为22.45% 。

三、认真做好实验室资质认定、资格许可工作

截至2011年11月30日，自治区获得资质认定的检测机构共有796家，涉及机械、电子、冶金、医药、卫生、公安、环保、能源、农业等领域。获得资格许可的机动车安全技术检验机构68家。实验室资质认定工作是一项长期的重要工作，截至2011年11月30日，共受理实验室资质认定申请206家（含首次申请91家，复查扩项申请115家）。内蒙古质监局严格按照评审细则对评审员、被评审实验室及各个评审环节的要求，组织了189个评审组对206家实验室（含41家机动车安全技术检验机构）进行了现场评审、核查，并多次对评审组评审、核查情况进行监督抽查，保证各项工作高质量完成。为了加强获证实验室的监管，制订《2011年度获证实验室监督评审计划》，对2009年获得实验室资质认定证书的建筑工程、室内空气、卫生医药、环境监测的58家实验室开展了监督评审。对55家到期未申请和证书超过有效期的实验室资质认定证书进

行了注销。同时为了提高实验室内审工作质量，加强对实验室内审人员的教育，举办了全区实验室内审人员培训班（含新培训及复审），全区160余家机构380余人参加了培训。

为了更好地对实验室资质认定工作进行管理，按照实验室资质认定工作的相关法律法规、部门规章等，结合自治区实验室资质认定工作的实际情况，内蒙古质监局制定下发了《实验室资质认定工作细则》、《内蒙古自治区实验室资质认定现场评审作业指导书》、《内蒙古自治区质量技术监督局实验室资质认定评审员管理实施办法》等3个规范性文件。

四、做好食品检验机构资质认定工作

按国家质检总局要求，2011年是对食品检验机构资质认定的启动之年，5月1日以后凡是从事食品、食品添加剂、食品相关产品检验的实验室必须取得食品检验机构资质认定证书后，方可从事食品检验活动。内蒙古自治区有185家涉及食品产品检验的机构，为保证食品检验机构资质认定工作的顺利开展，内蒙古质监局对159家食品检验机构的主要负责人、技术负责人、质量负责人和部门负责人共计388人进行了《食品检验机构资质认定条件》、《食品检验工作规范》、《食品检验机构资质认定管理办法》、《食品检验机构资质认定评审准则》等有关法律法规的宣贯和培训考核。全区共派出23人参加了全国食品检验机构资质认定评审员和师资评审员取证考试。2011年，共对11家食品检验机构进行了现场评审，颁发了9张食品检验机构资质认定证书。

五、开展检测能力比对

2011年，内蒙古质监局对辖区获得相关项目检验能力的实验室进行了食品、建材领域的5种产品14个检测项目的能力验证。此次能力验证共有119家检验机构参加，其中质量技术监督系统有42家，医药卫生系统69家，粮油系统4家，其他系统4家。本次食品共有7个能力验证项目，参加7个能力验证项目的检验机构有30家，参加6个能力验证项目的检验机构1家，参加5个能力验证项目的检验机构18家，参加4个能力验证项目的检验机构20家，参加3个能力验证项目的检验机构13家，参加2个能力验证项目的检验机构11家，参加1个能力验证项目的检验机构26家，综合合格率81.2%。实际参加水泥产品能力验证的检验机构为141家，涉及建筑工程质量、公路交通工程、独立注册的建筑商砼检验机构。水泥产品7个项目定为本次能力验证项目。参加7个能力验证项目的检验机构有135家，参加6个能力验证项目的检验机构有6家。水泥产品能力验证初测（一次检验）结果达到合格的有64家，综合合格率为76.4%。

撰稿人：哈斯巴根　审稿人：李　宪

改革创新 服务发展 辽宁检验检疫系统认证监管工作迈上新起点

——辽宁出入境检验检疫局2011年认证监管工作概况

2011年，辽宁出入境检验检疫局（简称“辽宁局”）紧紧围绕国家质检总局“抓质量、保安全、强质检、促发展”的工作方针，贯彻落实国家认监委提出的创新发展五项措施和提升履职能力六项任务的工作部署，坚持“和谐、创新、安全、优质”的治局理念，以打造“改革创新年”为载体，“八新八加强”为主要措施，突出“创新”和“服务发展”两个工作重点，历史性地完成了机构改革，实现了管理与执行分开，辽宁检验检疫事业翻开了新篇章，辽宁局认证监管工作迈上了新起点。

一、以机构改革为契机，深化认证监管职能的转变

（一）创新管理模式，强化监管职能

推进认证执法监管权限下放。以辽宁局管理执行分开，大连局挂牌成立为契机，将一线执法监管业务全部下放各分支局，实现了认证执法监管业务“裁判员”、“教练员”、“运动员”之间的角色分离和转换。100%完成强制性产品认证（CCC）免办审批和CCC入境验证业务下放，此举实现对了企业审批、报检、施检、通关一站式服务；实现了CCC产品从入境通关到入厂使用的全过程监管；实现了对CCC免办申报企业实施分类管理。2011年，辽宁局共受理CCC免办申请3 702批，发放免办证明3 441份，货值1 437亿元人民币，较2010年同期增长11.8%。

（二）强化管理、规避风险，全面加强特殊检测处理程序审批工作

以辽宁局机构改革为契机，对大连口岸的审批工作重新进行了调整和规范。在日常审批和管理工作中，始终抓住几个关键环节不放松。一是通过与中国质量认证中心（CQC）建立咨询回复函等方式，在受理申请前，及时对新车型是否获得CCC认证进行确认，有效杜绝了利用此项制度逃避CCC认证的风险；二是严格把住检测关，重点抓送样检测和检测报告的审核，对于检测不合格、整改不合格的车辆坚决不予出证放行；三是要求申请人提交检测报告的同时，必须提供检测收费发票原件进行审核，有效杜绝逃漏检情况的发生。2011年，辽宁局共办理进口汽车产品免于强制性产品认证特殊检测处理程序审批6 414批，共计16 479辆。

（三）开拓创新，勇于实践，积极探索出口商品注册登记管理的新途径

在国家质检总局、国家认监委一直没有出台出口商品注册登记管理办法和相应的实施细则的前提下，辽宁局不等不靠，始终坚持自主开展出口商品注册登记工作。一是在派员评审时，根据不同地域和评审员专业等特点，在全省范围内，采取交叉评审的方式开展对企业的现场评审和监督检查，既保证了评审工作的公开、公平和公正，又促进了各分支局之间的业务交流与学习；二是采取随机抽查的方式，不定期到审核现场对评审员的审核工作进行监督和评价，有效地提高了出口商品注册登记评审工作的质量和水平。辽宁局共签发出口商品注册登记证书35份，临时证书31份，辽宁地区出口商品注册登记有效企业112家。

（四）转变观念，周密安排，实现注册/备案管理工作

国家质检总局下发《出口食品生产企业备案管理规定》，自2011年10月1日起，对出口食品生产企业实施备案管理。新的备案管理规定出台后，辽宁局结合辖区实际工作需要，迅速起草制定了《辽宁出入境检验检疫局出口食品企业备案管理工作规范》。结合2011年度的评审员持续培训工作，对《出口食品生产企业备案管理规定》进行了及时宣贯，为辽宁地区备案管理工作的顺利实施打下基础。2011年，辽宁局推荐对国外注册企业68家，备案企业和对外注册企业数量居全国领先水平。全省备案企业已达到923家。新增备案企业57家，换证复查147家。

二、改革创新，锐意进取，全面推进认证监管工作

（一）全面开展认证监管专项执法检查，提高执法水平和企业监管能力

按照国家认监委的统一部署和要求，2011年先后开展了食品农产品认证监管、管理体系认证行政监管等多

项认证监管执法监督检查工作。通过检查，辽宁地区出口产品质量有了明显提高，出口国家和地区更加广泛，品种更加多样；认证认可的技术支撑作用得到进一步发挥，获证企业的管理水平得到进一步提高；认证机构认证活动得到进一步规范，基本能够按照规定的程序开展认证活动；认证机构在认证活动中还能够根据企业发展提供增值服务，这对于提高辽宁地区认证活动有效性起到了积极作用，对增强辽宁地区出口产品国际竞争力具有重要意义。

（二）做好认证认可信息宣传工作，提升认证认可的社会影响力

以“世界认可日”宣传活动为契机，全面加强认证认可信息宣传工作。精心组织了“认证认可宣传社区行”主题宣传活动，一方面通过宣传展板、悬挂条幅、旗帜、张贴宣传画、分发宣传材料等多种形式，重点宣传认证认可的基础性支撑作用；另一方面在现场设置“认证认可知识大讲堂”、咨询服务台，邀请认证技术专家与现场市民互动，就认证认可如何保障食品安全、如何有效控制非法添加和滥用食品添加剂等百姓关心的问题接受群众现场咨询；进行“认证认可有奖知识问答”，重点宣传认证认可与质量安全、认证认可保障人民生活健康的意义、认证认可提升产品质量的作用等。经过全局同志的共同努力，在国家认监委举办的全国认证认可信息宣传工作会议上，辽宁局荣获了2010年～2011年度全国认证认可政务信息（新闻宣传）工作先进单位。

（三）认真准备，承担认证机构办事机构备案工作任务

认证机构办事机构备案工作是2011年国家认监委赋予各直属局的一项新的工作任务。为了更好地完成此项工作，辽宁局从以下几个方面规范了对此项工作的管理：一是为加强对备案审核工作的管理，编制了《辽宁地区认证机构办事机构备案审批表》、《文件审核记录表》、《现场审核记录表》，统一了审核要求，实行三级审核制度，严格了认证机构办事机构的市场准入。二是实行严格的现场审核制度，对申请备案企业按照文件要求逐家进行现场审核，核对提供材料真实性。三是加强对备案企业的档案管理工作。对所有备案企业档案进行统一的编排，对档案内容实行电子化管理。2011年，辽宁局共完成了7家认证办事机构的备案受理工作。

（四）结合全国“双打”部署，坚决落实认证认可领域专项行动

为把辽宁局认证认可领域打击侵犯知识产权和制售假冒伪劣商品专项行动落到实处，制定了“双打”专项行动实施方案，成立了主要负责人为组长的专项行动工作领导小组，统一部署行动。首先结合认证监管执法专项检查工作，开展“双打”行动。共抽取查验各类证书350多份，现场检查备案/注册企业近20家。检查中未发现冒用或盗用认证证书、超范围使用认证证书、认证标志等严重违规行为，总体情况基本符合相关法律法规的要求。其次开展食品农产品认证产品节日市场联合检查。辽宁局与大连市质监局在大连市10个区市县统一开展了食品农产品认证产品节日市场联合检查。两局共出动执法人员120余人次，检查超市、专卖店等卖场14个，检查认证产品360个批次，共涉及到63个生产企业。通过此次检查，初步查明有问题产品8个，主要有未通过有机产品认证而在产品外包装上标注有“原生态、成熟、100%纯天然”等误导消费者字样、超期使用认证标志、认证标志使用不规范等问题。第三加强横向联合，努力做好验证保障工作。各级认证监管部门紧密配合全系统证书打假工作，及时验证、辨别认证证书真伪，打击伪造、贩卖和使用假证的不法行为。辽宁局成立认证专家小组，采取多种方式、多种渠道深入调查，认真分析假证来源、特征和种类，形成打击假证分析报告或警示通报，为全系统打假工作提供线索方向和验证基础数据，为认证认可领域“双打”提供技术保证。通过“双打”行动，在辽宁地区首次发现了以“上海诺耐德质量认证服务有限公司”名义出具的冒用认证证书，并将伪造、冒用、买卖认证证书违法行为的情况通报给有关执法部门。

三、运用认证技术手段，服务辽宁区域社会经济发展

（一）危难之中显身手，服务经济实为民，全力扶家重点龙头企业度过难关

辽宁赢德食品集团有限公司是一家辽宁省重点龙头企业，也是对日注册的出口企业。然而2010年12月一场意外火灾，使企业遭受重大损失。火灾发生后，日本官方宣布停止其产品进口并拟取消其注册资格。辽宁局获悉有关情况后，一方面积极及时将相关情况向国家认监委领导汇报，国家认监委领导非常重视，认为“在创先争优活动中，真正为企业解决实际困难才更有意义”。另一方面组织专家帮助企业开展恢复性重建。157天后一座现代化车间拔地而起，年生产能力达到一万吨，2011年11月29日，日本农林水产省检查组来企业评审，日方检查组赞叹企业的坚强精神，赞叹检验检疫机构对于企业的指导和监管，未提出任何问题，验收工作顺利完成。企业在一年之间完成了从“重建”到“新生”到获得日本农水省注册，是一个奇迹。新车间2012年对日出口量可达4 000吨

以上，货值2 000万美元以上；同时，可以安排800余名农民就业，带动周边6 500户肉鸡养殖等相关产业的发展，每年可为地方创造上亿元利润。

（二）打造“一带一区一中心”检验检疫服务链，广泛融合，有效联动，促进地方经济发展

首先，围绕打造辽宁沿海经济带、沈阳经济区、大连东北亚航运中心检验检疫服务链建设，辽宁局史无前例地与辽宁省外经贸厅、大连海关、沈阳海关、大连港集团等多家单位签署合作备忘录，主动作为、主动融入、主动联合，全面助推地方经济发展和东北老工业基地振兴，获得了地方政府和进出口企业的充分肯定。认证认可作为重点服务措施，在每份合作备忘录中均有体现。其次充分运用认证技术手段，为大连港实现“三年超千万标箱”工作目标保驾护航。自2010年欧盟提出对从第三国转口水产品的存储冷库实施注册以来，大连口岸的冷库中转业务几乎全部流失到了韩国，给大连口岸经济发展带来了较大的影响。辽宁局立足本职，充分运用认证技术手段，充分发挥大连保税港区枢纽作用，积极探索保税港区两家大型冷库对欧盟注册相关事宜，多次赴现场考察、调研、审核，对政策实用性和欧盟相关规定进行深入探究，及时向国家认监委相关部门汇报推荐注册工作进展，现已初步完成推荐准备工作。此举将一举打破日韩两国在欧盟第三国转口水产品的存储冷库的垄断地位，为大连港吸引航线和箱量具有极大助推作用。

（三）局领导高度重视，亲下基层、迎接检查，助推辽宁企业对国外推荐注册工作

辽宁局党组始终高度重视认证监管工作，局领导在重要工作会议上多次强调认证工作重要性，要求加大对外注册的推荐力度。辽宁局主管局领导亲自深入沈阳新辉肉禽有限公司，对该公司迎接日本官方检查的准备工作进行现场办公，重点了解企业的追溯体系、原料验收、自检自控、企业存在的困难等方面的情况，征求企业代表的意见和建议，让企业感觉到辽宁局对企业发展的重视。2011年有5家企业通过日本官方的现场检查，有2家通过韩国官方的现场检查。2011年辽宁局完成推荐对国外注册企业68 家，备案企业和对外注册企业数量居全国前列。

四、采取“三大举措”，推进认证认可创先争优活动深入开展

辽宁局紧紧围绕“以质取胜、为民服务、创先争优”活动主题，着力推进认证认可创先争优活动深入开展。

一是紧扣中心，在推进认证监管工作中创先争优。围绕“提升质量安全水平、服务经济平稳较快发展”主线，注重提升“五种能力”水平，在推进认证监管工作全面发展中创先争优。

二是为民服务，在提升管理效能中创先争优。为进一步提升管理效能建设，强化以人为本、执政为民理念，增强党员干部服务意识，改进工作作风，提高服务水平，更好地为人民群众服务，辽宁局采取积极措施，在提升管理效能中创先争优。

三是树立形象，在践行承诺活动中创先争优。辽宁局党组提出了“服务比贡献、自律树形象”的承诺要求，全体认证评审员都结合自身岗位和能力特长，提出了岗位承诺和实事承诺内容，并向局党组上报个人书面承诺。保证承诺的有效落实，树立党员为民服务的社会形象。

2011年，辽宁局的认证认可工作任务繁重、责任重大，在各级认证监管执法人员的共同努力下，全系统的认证监管工作程序得到进一步规范、管理模式得到进一步创新、管理能力得到进一步提高、对企业的服务意识得到进一步增强。认证认可工作取得了丰硕的成果，成绩卓著，亮点纷呈。2012年是“十二五”规划的关键一年，辽宁出入境检验检疫局认证监管工作将在国家认监委和局党组的正确领导下，全面贯彻落实全国质检工作会议和全国认证认可工作会议的各项部署，围绕“和谐、创新、安全、优质”的治局理念，以打造“管理创新年”为载体，以“八抓八提升”为主线，进一步发挥认证认可制度优势，加快创新发展步伐，全面提升认证监管工作水平。

撰稿人：苗忠静 审稿人：孙凤和

开拓创新 扎实推进 全面提升认证监管工作水平

——辽宁省质量技术监督局2011年认证监管工作概况

2011年，在国家认监委和辽宁省质量技术监督局（以下简称“辽宁省质监局”或“省局”）党组的正确领导下，全省认证监管工作紧紧围绕“抓质量、保安全、促发展、强质检”这一工作方针，以加强和完善认证监管工作为主线，以强制性产品认证执法监督、自愿性认证监督检查、实验室资质认定和机动车安检机构监管为重点，通过创新认证监管模式，进一步提高了全省认证监管工作的有效性。经过全系统认证监管人员的共同努力，监管队伍建设不断加强，监管能力明显提升，认证监管长效机制建设初见成效，圆满完成了各项工作任务。

一、创新监管模式，进一步加大区域合作机制

随着国民经济建设和社会的发展，认证监管工作的重要性越来越突显，认证监管紧紧围绕地方经济、紧紧围绕质监重点开展工作。2011年，为实现优势互补、资源共享，通过促进“沈阳经济区”和“辽宁沿海经济带”两个区域内各市间认证监管合作，研究区域经济环境下认证监管的新模式，得到了相关市局积极响应，沈阳和大连市局作为“沈阳经济区”和“辽宁沿海经济带”的牵头单位，带领区域内有关市局进行了有益尝试。

二、加强和改进认证执法监管工作，进一步规范认证市场秩序

一是加强了对强制性认证产品的检查力度，建立和完善了认证执法监管工作制度，强化了对强制性认证活动的监督。围绕扩内需、保民生，组织开展了对家电下乡产品、沈阳经济区和辽宁沿海经济带建设中涉及强制性认证产品质量安全的监督检查，依法对不符合认证要求的强制性认证（CCC）产品进行查处和清理。

二是加强了自愿性认证的监管力度。2011年4月～10月，开展了管理体系和自愿性产品认证的专项检查。全系统共出动行政监管人员近3 540多人次，检查获证企业1 770余家，涉及各类认证证书2 670余张，涉及认证机构及分包机构97余家。查处各类认证违法案件14余起。通过此次专项监督检查的开展，全省认证市场秩序明显好转，认证有效性明显提升，认证监管工作有效性明显提高。

三是加强了对食品农产品和有机产品认证监管。在“五一”至“十一”等节假日期间组织开展了食品农产品认证专项监督检查，并对获得有机产品认证企业认证有效性进行了监督检查。这些检查共出动执法人员1 570余人次，检查获证产品2 810种，其中有机产品1 026种，检查认证食品农产品销售单位230多家，查处各类食品农产品认证违法行为19起，严厉打击了伪造、冒用、超期或超范围使用认证证书等违法行为，强化了对食品农产品认证证书和标志的有效监管，保证食品农产品的质量安全。

四是加强了对强制性产品的抽查工作。根据国家认监委的部署，辽宁省质监局于2011年6月～9月组织实施了对辽宁省流通领域获得强制性认证液体加热器产品的监督抽查，共抽查了27家获证企业生产的35个批次产品，经检验合格产品生产企业25家，占92.6%，不合格产品生产企业2家，占7.4%。

五是加强了对《认证咨询机构管理办法》的评估工作。根据国家认监委的安排，作为承担《认证咨询机构管理办法》立法后评估工作主要省份，通过问卷调查、实地调研、召开研讨会等工作方式，收集了大量信息资料、意见和建议，全面客观地反映了《认证咨询机构管理办法》在辽宁的实施情况，按要求撰写了评估报告。

三、强化实验室资质认定监管，提高资质认定工作的有效性

2011年，共受理上报资质认定申请332份，发出资质认定复评、初评、扩项等证书323张。检查了40家食品检验机构和19家消防检测机构，对不符合要求的机构提出了限期整改要求。扩大了评审员队伍，新增了专业审核员，为保证对各类机构审核的专业性奠定了基础。组织开展了《食品检验机构资质认定管理办法》和《食品检验机构资质认定评审准则》的宣贯培训，共培训食品检验机构人员270人次。为满足《食品检验机构资质认定管理办法》和《食品检验机构资质认定评审准则》要求，规范

食品检验机构资质认定评审程序，统一评审标准，组织了食品检验机构资质认定审核员的培训，共培训156人次，经考核有107人取得食品评审员证书，具备了参加食品检验机构资质认定审核能力，为2011年全面完成食品检验机构资质认定评审发证工作任务奠定了基础。

四、强化机动车安检机构的监管，规范机动车安检机构检验资格许可工作

制定并印发了《关于继续强化机动车安全技术检验机构监督管理工作的通知》，对全省机动车安检机构监管工作做出详细部署，对监管档案提出了明确要求。组织和指导了各市辖区内安检机构监管档案的建立，全面、准确地掌握了安检机构的基本信息、检验实施、年度报告、审查发证、证后监督、行政处置等相关情况。起草和发布了《辽宁省机动车安全技术检验机构监督管理实施细则》。在汇总各市上报的设置方案基础上，编制了辽宁省机动车安全技术检验机构设置规划（第一批）。组织实施了“安检机构承诺制度”、“安检机构监管信息报送制度”等制度，要求各安检机构签署了承诺书。配合国家质检总局对辽宁省8个城市的10家机动车安检机构进行了监督抽查，并敦促这些机构对发现的问题进行整改。进一步加强了同省公安厅道路交管部门的信息沟通，在对机动车安全技术检验机构管理相互支持方面取得了一致意见。

撰稿人：何 越 审稿人：任 力

明确责任 严格把关 提升监管能力

——吉林出入境检验检疫局2011年认证监管工作概况

2011年，吉林出入境检验检疫局（以下简称“吉林局”）认真贯彻全国质检工作会议和全国认证认可工作会议精神，紧紧围绕“抓质量、保安全、促发展、强质检”工作方针，服务吉林省经济社会发展大局，深入开展“为民服务，创先争优”活动，进一步加强认证监管工作，切实发挥认证监管的基础保障作用。

一、严格规范出口食品生产企业备案

（一）备案工作基本情况

2011年，吉林省获得出口食品生产企业备案管理的企业共397家。全年累计受理备案企业70家，其中新申请企业28家，到期复查企业42家；评审企业66家，发证64份。共完成日常监管2 682家（次），派出监管人员4 357人（次）；共完成定期监管1 153家（次），派出监管人员2 159人（次）。对174家企业开具了206项不符合项报告，并按要求监督企业完成整改。不符合项整改完成率达100%。对101家未按规定提出换证复查申请或一年内无备案范围内食品出口的企业，按自动失效处理。

（二）对外推荐注册企业

2011年，共收到5个备案企业的对外注册申请。吉林局共安排5个异地评审组，对5家申请对外注册的企业进行了现场评审。分别推荐了对韩国、日本、俄罗斯注册，其中1家企业获日本批准，2家企业获韩国批准。吉林省共有46家企业获得国外注册或备案，其中有40家水产企业获得韩国备案。在出口的水产品中，主要产品是干鳕鱼丝，6家企业分获欧盟、马来西亚、日本、韩国、文莱、以色列注册。

（三）完善制度及培训工作

2011年，吉林局制定了《出口食品生产企业备案工作实施意见》。8月，举办吉林省“对韩国备案出口干鳕鱼企业推广危害分析与关键控制点（HACCP）体系认证应用培训班”，共有20多个出口干鳕鱼企业，4个分支机构共40余人参加培训。11月，举办吉林省出口食品生产企业备案暨评审员培训工作会议，对《出口食品生产企业备案管理办法》、《备案监督管理指导意见》、《备案工作规范指导意见》、《吉林出入境检验检疫局出口食品生产企业备案工作实施意见》及《出口食品生产企业安全卫生要求》逐条进行讲解，同时进行《HACCP基本原理》的培训。各分支局和有关部门领导、主任评审员、评审员、拟新增的评审员共60人参加会议。

（四）严格监督检查

吉林按照《2011年备案注册监管工作重点计划》，对吉林辖区已获备案的5家出口猪肉企业进行监督检查；对吉林辖区已获对韩国备案的40家出口水产品企业进行监督检查；开展了吉林辖区出口葡萄酒备案企业的拉网式专项检查，重点检查了吉林省蛟河、通化两个葡萄酒主要生产基地的8家出口葡萄酒备案企业。

二、努力提升认证监管职能作用

（一）开展强制性获证产品监督抽查工作

吉林局按照国家认监委部署，抽检长春一汽集团的顶盖护板和门铰链样品，经长春汽车检验中心依据国家标准的检测，指标均符合国家标准，产品质量是合格的，产品的安全性是可靠的。

（二）加强免办强制性认证（CCC）产品的后续监管工作

2011年，吉林局审核免办申请885份，涉及企业50家。发放免办证明849份，货值24 529.9万元人民币，同比增加66.5%。加强入境强制性认证产品的后续监管，建立对入境获得强制性认证产品的专项监督抽查长效机制，加大对入境免于办理强制性认证产品的抽查力度。

（三）开展CCC目录外产品确认工作

2011年初，CCC设限系统与CIQ报检系统正式对接开通，由此也带来了一些HS编码是入境验证产品，对应产品确是目录限定范围外产品的情况，迫切需要开展目录外产品的确认工作，以保证涉及到的产品顺利通关。吉林局印发了《吉林出入境检验检疫局强制性认证目录外进口产品确认工作规程（试行）》，为进口CCC目录外进口产品确认工作提供了操作依据。确认办理并发放CCC目录外产品确认函251份。

三、不断强化认证行政执法监管

（一）抓好出口质量许可证工作

吉林省共有出口商品质量许可证企业23家，其中危包质量许可证企业12家。在开展“双打”过程中，发现有的企业一年内没有出口；有的企业有效期满未重新提出申请；有的企业管理水平降低，达不到获证要求。根据有关规定，吉林出入境检验检疫局注销了10家企业出口质量许可证资质，促进出口企业规范管理，进一步规范检验检疫工作秩序。

（二）做好管理体系认证监管

根据国家质检总局发布的《认证机构管理办法》和国家认监委要求，吉林局印发了《2011年管理体系认证行政监管计划》和《2011年管理体系认证行政监管企业名单》。正式启动了“自愿性认证活动执法监管信息系统”和“认证行政执法信息报送系统”，全面了解吉林省进出口企业管理体系认证情况，全年共派出行政监管人员102人次，检查各类获证企业40家，涉及证书68张。通过管理体系认证监管检查促进获证企业进一步规范化管理，并发挥引领示范作用，引导辖区企业提高质量管理水平。

（三）开展对外资认证机构监管

国家质检总局141号令《认证机构管理办法》于2011年9月1日正式实施，吉林局认真实习，研究制定措施，确保在吉林省顺利实施。同时，吉林局开展管理体系专项检查，检查中积极宣传《认证机构管理办法》，使企业人员了解和掌握管理体系知识和认证行政监管要求，从而推动企业管理水平上新台阶。并编制了吉林局《外资认证机构办事机构备案工作作业指导书》。截至2011年底，已有3家外资认证机构在长春办事处提出申请，正在办理当中。

撰稿人：周广仁　审稿人：田　垚

强化监管 开拓创新 全面提升认证认可工作水平
——吉林省质量技术监督局2011年认证监管工作概况

2011年，在吉林省质量技术监督局（以下简称“吉林省质监局”或“省局”）党组的正确领导下，在国家认监委的具体指导下，全省认证认可工作以提升服务地方经济社会发展能力为重点，坚持监督与服务并举，不断拓展自愿性认证领域，稳步推进强制性产品认证，全面提升实验室检验检测能力和管理水平，取得了显著的成效。截至2011年底，全省共有3 940户企业通过了自愿性认证，获得证书4 807张，其中，管理体系认证证书2 922张、环境管理体系认证证书586张、职业健康安全管理体系认证证书344张。有342户企业通过了强制性产品认证，获得认证证书1 954张。全省共有705家实验室获得资质认定证书。

一、加强自愿性认证执法监管，提高认证有效性

一是组织引导企业积极开展自愿性认证工作。积极帮扶食品和重点工业产品生产企业完善质量管理体系，指导推动食品安全管理体系、危害分析与关键控制点（HACCP）体系认证、质量管理体系等相关认证工作，在加强质量管理和保障安全方面发挥了基础作用。二是加强自愿性认证执法监管。依托自愿性认证活动执法监管信息系统和认证行政执法信息报送系统，为各市（州）局、县（市）局分别建立了用户和账号，并组织对“两个系统”的应用进行了培训。充分发挥系统信息平台的作用，及时掌握自愿性认证的相关信息，为自愿性认证执法监管提供了及时准确的依据。三是加强食品、农产品认证有效性监督检查。按照国家认监委统一部署，制定并下发了方案，全省共检查有机产品、绿色食品、无公害农产品认证企业120余户，保证了企业管理体系有效运行。

二、开展强制性产品认证监督检查，保护人民生命健康安全

一是加强儿童玩具产品监督检查。在“六一”儿童节前，组织对超市、儿童玩具经营门店等销售的童车、儿童玩具类产品进行检查。同时发放有关宣传资料1 000余份，咨询人数400余人次，促进了消费者对玩具类产品的安全性认识。二是组织开展机动车制动软管监督抽查。抽查了省内9家汽车销售服务单位销售的26个批次机动车制动软管总成（共计312件），合格23个批次，抽查合格率为88.5%。通过监督抽查，基本掌握了在省内销售的机动车制动软管质量状况。三是组织开展了对省内低压成套开关设备和汽车安全带生产企业的专项监督抽查。抽查了6家获证企业。同时对认证机构实施认证企业管理的规范性、有效性进行了现场验证。发放了调查问卷，收集了企业的意见和建议。

三、严格检测市场准入，促进行业健康有序发展

一是加强机动车安检机构资格许可工作。印发了关于加强全省机动车安检机构监督管理的实施意见，严格把好准入门槛，严格按准入条件进行评审考核。全年共完成76家机动车安检机构的资格许可工作，并在省局网站上向社会进行了公布。二是加强人参鉴定机构管理工作。组织开展了对全省原有人参鉴定机构考核验收工作，对考核验收合格的5家机构，通过省局网站向社会进行了公告。开发了“人参鉴定管理软件”，并进行了试点。三是开展食品检验机构资质认定工作。印发了《关于全省食品检验机构实施资质认定的通知》，组织对《食品检验机构资质认定评审准则》进行了宣贯，同时对食品检验机构资质认定评审员和系统内质检机构微生物检验人员进行了培训，为开展食品检验机构资质认定工作奠定了良好基础。

四、加强实验室监督管理，提升检验检测能力

一是加强消防检测机构专项监督检查。组织对全省34家消防检测机构进行了专项监督检查，对存在问题的机构暂停了资质，限期整改，规范了检测行为，提升了检测水平。二是加强人参鉴定机构的监督管理。会同省工商局、省农委联合印发《吉林省人参市场专项检查整治行动实施方案》，在全省开展人参市场专项检查整治行动，对重点区域人参及人参制品市场、专卖店和从事人

参销售的企业、业户等进行了检查，查处违法违规企业和业户，取缔无资质发证的检测机构，进一步规范了吉林省人参市场秩序。三是加强机动车安检机构的监督管理。印发了《关于加强机动车安全技术检验机构监管工作的通知》，建立了机动车安检机构监管档案，开展对机动车安检机构的专项监督检查，促进了机动车安检机构的整体水平的提高。四是开展实验室能力验证活动。组织对全省148家建筑材料实验室、22家食品实验室、10家药品实验室和9家环境检测实验室进行了水泥、食品添加剂、化妆品、水质等四个大项共14个参数的能力验证考核，促进了实验室检验能力和检验水平的提高。五是做好实验室资质认定复查、扩项和监督评审工作。按照年初下达的2011年计量认证复查和定期监督评审计划，严格现场评审，保证评审质量。全年共完成345家实验室资质认定复查、扩项和定期监督评审工作。在实验室监督检查中，省局专门下发检查情况通报，对存在问题的实验室进行通报批评，暂停其检测工作，并督促进行整改。全年共注销了实验室资质6家，暂停9家。通过监督检查，提高了认证的有效性，促进了实验室检验能力的提升。

五、加强制度建设，规范工作程序

一是制定了《吉林省实验室资质认定评审员管理办法》、《吉林省人参鉴定机构基本条件》以及《吉林省消防设施和电气防火检测机构基本条件》等制度和规范性文件，为规范认证认可工作提供了依据。二是落实国家质检总局《认证机构管理办法》，按照国家认监委《关于做好认证机构办事机构备案工作的通知》要求，制定了《认证机构办事机构备案工作程序》，并印发通知，明确了备案工作时限、所提交的相关材料，并对备案工作提出了具体要求，规范了认证机构办事机构备案工作。

六、加强人员培训，提升队伍的整体素质

一是加强实验室资质认定评审员的培训和管理。组织对全省202名实验室资质认定评审员进行了相关法律法规和技术规范的培训，其中新增评审员74人，拓宽了专业领域，充实了评审员队伍，促进了评审员队伍整体素质提升。二是组织开展了对机动车检测机构检验技术人员的培训与考核。先后分4期共培训机动车安检机构检测人员600多人次。三是对食品检验机构资质认定评审员和微生物检验人员进行培训。对全省73名食品检验机构资质认定评审员进行了培训，对考核合格的颁发了评审员证书。同时对吉林省系统内质检机构微生物检验人员进行了专业技术培训。四是对《食品检验机构资质认定评审准则》进行宣贯培训。分4期对180余家食品检验机构540余人次进行了培训，为食品检验机构资质认定工作打下良好基础。全年共举办各类培训班10余期，培训各类人员1 400余人次，有效地提高了有关检测人员、管理人员的整体素质和业务水平。

撰稿人：娄常利　审稿人：谢　明

提升工作质量 打造沿边强局
全面开创龙江认证监管工作新局面

——黑龙江出入境检验检疫局2011年认证监管工作概况

2011年是“十二五”开局之年，是黑龙江出入境检验检疫局（以下简称“黑龙江局”）认证认可业务突飞猛进的一年，是“提升工作质量，打造沿边强局”迈出坚实步伐的一年，也是黑龙江局影响力、贡献率大幅提升的一年。2011年，黑龙江局按照国家认监委的部署和要求，认真落实各项认证监管工作，提升产品质量安全水平，在促进外经贸发展、振兴东北老工业基地和促进产业调整升级等重要决策部署上发挥了积极作用。魏传忠副局长在出席中俄强制性认证和检验监管法律法规研讨会时，对黑龙江局的认证认可工作给予了充分肯定。

一、出口食品企业备案工作

（一）出口食品企业备案情况

2011年新增出口食品备案企业43家（同比减少17.3%），换证复查48家（同比减少20.8%），取消备案企业72家（同比减少8.8%）。截至2011年底，全省获得备案资格出口食品企业372家（同比减少5.8%），其中注册120家，登记252家，涉及21类注册产品中的16类，其中以肉及肉制品、乳及乳制品类、粮食类产品为多。共组成备案评审组91个，调配评审员270人次。

（二）对外注册工作情况

为迎接香港食环署检查出口冰鲜牛肉企业，黑龙江局组织专业人员对黑龙江宾西牛业有限公司（2300/03078）、黑龙江大庄园肉业有限公司（2300/03082）、龙江元盛食品有限公司（2300/03075）进行了全面检查，企业对存在的问题进行了彻底整改，并顺利通过香港食环署检查，获得对香港出口冰鲜牛肉资格。

（三）评审员队伍建设

为贯彻实施国家质检总局《出口食品生产企业备案管理规定》（总局第142号令），加强注册备案评审员和监管队伍建设，提高一线出口食品监管人员专业水平，统一注册备案评审工作尺度，指导企业建立安全卫生防控体系，2011年10月在哈尔滨举办了注册备案评审员持续培训班，来自全省检验检疫系统各分支机构、有关业务处、派出机构的70多名学员参加了培训班，分管局领导到会讲话并向在出口食品企业备案工作中做出突出工作的12名评审员进行了表彰，此次培训标志着黑龙江省出口食品生产企业卫生注册工作彻底转换为出口备案管理。

二、认证监管工作情况

（一）质量许可管理情况

2011年全省质量许可证获证企业35家，其中机械类15家，危险品包装类6家，普包类3家，玩具类10家。

（二）强制性产品认证（CCC）免办工作及后续监管工作

办理CCC免办34 份，并根据以往的工作经验，有计划地进行了后续监管。

受理出口质量许可复查9家。

（三）出口木制品及木制品家具备案登记情况

为使出口木制品备案登记管理工作更加规范，更加科学，更加系统，一线工作人员经过大量的调研和认真地分析总结，形成了一套完备的工作管理机制，全省共有160家木制品企业通过备案登记考核。

三、协办中俄强制性认证和检验监管法律法规研讨会

2011年3月，中俄强制性认证和检验监管法律法规研讨会在哈尔滨召开。会议由国家质检总局和俄罗斯技术调节与计量署联合主办，黑龙江局协办。国家质检总局副局长魏传忠到会并讲话，俄罗斯技术调节与计量署发展与认可及信息保障局局长拉赫马诺夫•米哈伊尔•利沃维奇、黑龙江省副省长吕维峰分别致辞。魏传忠副局长在研讨会上肯定了中俄两国在质检领域的良好合作关系，他指出2000年中俄标准、计量、认证和检验监管常设工

作组设立以来，一系列合作成果为中俄两国在认证认可领域的合作打下良好的基础，同时为便利两国贸易，促进经济发展提供了强大的动力。对于今后两国质检领域的合作，魏传忠副局长提出三点希望：一是推动建立中俄质检合作机制。随着中俄两国经贸往来的快速发展，两国的产品质量和食品安全领域的交往越来越频繁，迫切需要建立中俄质检合作机制，通过共同交流与磋商合作，及时解决两国贸易中出现的检验检疫、质量标准和认证认可等重大问题，并在双方关心的国际问题上，相互配合，相互协调，相互理解。二是搭建中俄强制性认证产品的市场准入平台。中俄在一些重要领域，特别是机电产品贸易领域生产合作方面具有巨大潜力，机电产品成为中国对俄出口的第一大类商品。希望以这次研讨会为契机，双方共同研讨强制性产品认证和检验监管法律法规有关问题，相互了解认证认可体系、程序和进出口措施，推动解决中俄强制性认证领域市场准入问题，提高双边经贸合作的质量和水平。三是推动建立中俄贸易检验检疫建立便利化。希望双方探索建立检验检疫沟通机制，进一步加强实验室交流与合作，开展官方证书联网核查活动，为两国企业办理检验检疫手续提供便利，为两国贸易创造良好的发展环境。

俄罗斯莫斯科和俄远东地区的认证专家一行14人，国家质检总局、国家认监委、黑龙江省政府相关部门负责人，部分直属检验检疫局的分管领导、中国标准法规中心、中国国家合格评定认可中心、中国认证认可协会、中国检验认证集团有限公司（CCIC）、CCIC驻俄罗斯代表处相关人员以及有关企业的代表共160余人出席了研讨会。

四、2011年强制性产品认证获证产品监督抽查工作

（一）开展强制性产品认证获证产品监督抽查工作

黑龙江局承担了进口领域小家电产品的市场抽查工作。自2011年5月～9月底，黑龙江局共出动抽查监督人员25人次，调查了解了本省进口小家电的情况，研究确定市场采购瑞士产的搅拌器作为检测样品，并委托指定实验室进行检测。从检测结果看，该产品质量合格，安全性好，与2010年抽查情况比，没有明显的波动。

（二）开展认证认可领域打击侵犯知识产权和制售假冒伪劣商品专项行动

根据国家认监委《关于在打击侵犯知识产权和制售假冒伪劣商品行动中加强强制性产品认证行政监管工作的通知》（国认证［2010］73号）要求，黑龙江局高度重视认真布置，成立了“加强强制性产品认证行政监管工作”和“推进认证执法监管体系”组织机构，对全省16个分支机构、省局两个业务处室、5个派出机构的强制性产品入境情况进行了全面的梳理和排查。

五、开展良好农业规范推广工作

2011年1月13日，黑龙江省2010年良好农业规范认证示范区建设工作总结颁证会议在哈尔滨召开，国家认监委、国家认证认可技术研究所领导亲临会议，并亲自为8家企业颁证，来自各分支机构、业务处室和相关企业共计40余人参加了会议。黑龙江农垦北安分局和佳木斯孙斌鸿源农业开发集团代表获证企业分别介绍了开展良好农业规范认证活动的具体做法和经验。国家认监委充分肯定了黑龙江局开展良好农业规范认证示范的成绩，并重点介绍了2011年国家认监委开展相关认证示范区的总体规划。

六、实验室管理工作

（一）重点实验室验收推进工作

2011年3月，对照《国家级重点实验室能力建设核查验收表》及其他重点实验室的验收经验，黑龙江局对“动物遗传物质”、“木材检疫及监测”两个重点实验室进行了指导并自查自我评估打分，通过积极争取帮助“木材检疫及监测”重点实验室得到了国家认监委下达的2011年度能力验证B类计划的监测任务。

2011年10月，黑龙江局新拟申报的“石油检测重点实验室”和“口岸传染病（对俄）检测重点实验室”两个重点实验室得到了当地政府的高度重视和大力支持，材料已经准备完毕，并于10月底上报国家质检总局申请筹建。

（二）漠河石油检测实验室获得资质事宜

2011年9月13日，黑龙江局技术中心漠河石油检测实验室获得了中国合格评定国家认可委员会（CNAS）认可和国家认监委计量认证双重资质，标志着担负我国管输原油大动脉的实验室出具的数据有了国家法定效力，并在APLA、ILAC成员国之间承认。

（三）东宁局干调食品专业实验室建设

在黑龙江省技术中心东宁分中心的基础上初步建立了干调食品专业实验室，实验室设备总值超过400万元，独立建立了质量管理体系并通过了国家认监委和CNAS的资质认定和实验室评审，获得了资质。该实验室已具备了对干调食品全部农药残留检验、微生物检验、理化检验能力。

(四)实验室加盟“黑龙江省科技创新创业共享服务平台”

2011年6月29日，黑龙江局加入“黑龙江省科技创新创业共享服务平台”揭牌仪式在哈尔滨市举行，该平台自2009年9月正式开通运行，面向社会各界科技用户开展公益性服务。黑龙江局已与哈尔滨市工商局、大兴安岭大森林木业合作共享了高效液相色谱-质谱仪和电感耦合等离子体发射光谱仪，盘活了大型设备。在促进黑龙江省科技资源的整合共享、盘活科技资源存量、推进全省科技资源的优化配置上收效显著。该平台富集黑龙江科技资源，被认为是支撑黑龙江发展的六大潜力之一。自2011年3月起，黑龙江局技术中心、绥芬河局综合技术中心、黑河局技术中心等8个区域级检测实验室正式加入“黑龙江省科技创新创业服务共享平台”。正式加入该平台后，在向社会公众提供科技服务与技术支撑的同时，每月向黑龙江省科技厅科技114上报“服务案例”、“黑龙江省创新创业共享服务平台大型仪器使用情况统计表”；加盟的14位检验检疫系统的检测专家定期登录“专家咨询系统”，提供技术服务。2011年10月，黑龙江局技术中心获得先进加盟单位。

(五)实验室开放月活动

2011年，按照国家质检总局部署和黑龙江局安排，集中进行了两次大规模的实验室开放活动。

2011年6月，在全省实验室开放“集中展示月”活动中，包括食品检测、化矿、卫生检疫、植物检疫四个类别的10个实验室累计开放31次，共有来自政府机构和职能部门、俄方代表、高校师生、新闻媒体、业务合作单位等合计1 100余人次参观了黑龙江局实验室，并得到了相关报纸、电视等媒体的宣传报道，展示了一个技术实力强、环境设施优、服务水平高的检验检疫技术机构形象，取得了良好的社会效益。

2011年9月，黑龙江局开展了食品检测实验室开放日活动，邀请企业代表和社会各界人士参观了解黑龙江局食品检测实验室，旨在通过沟通交流，帮助企业解决管理体系运行和技术检测方面的问题。经统计，黑龙江局下属的14个食品检测实验室累计开放17次，有来自155家单位的470余人，参观了黑龙江局食品检测实验室，并加强了企业人员和技术机构的联系，便于今后扶持指导企业实验室，提高其检测水平。

(六)实验室资质认定专项自查

截至2011年10月底，黑龙江局共获得了国家认监委实验室资质认定和CNAS认可二合一资质证书10张，所有正常运行的实验室都满足了国家质检总局和国家认监委对于检验检疫实验室资质的要求。

(七)东宁金伯利实验室推进工作

2011年7月，国家质检总局下发了《关于同意东宁检验检疫局开展金伯利进程国际证书制度业务的函》，东宁口岸自2011年8月1日起开始负责受理金伯利进程毛坯钻石的验证、检验和签证业务，目前正筹建东宁珠宝钻石鉴定实验室，黑龙江东宁局并与广东广州局签署珠宝玉石钻石检验合作备忘录。

撰稿人：胡天阳 审稿人：韩晓辉

强基固本　助推黑龙江经济社会更好更快发展

——黑龙江省质量技术监督局2011年认证监管工作概况

2011年，黑龙江省质量技术监督局（以下称“黑龙江质监局”或“省局”）以“抓质量、保安全、促发展、强质检”为指导，以“质量龙江”建设为主线，严格执行政策法规，认真贯彻落实各级会议、文件精神，紧紧围绕中心工作，周密部署、真抓实干，强基础、好服务、保稳定、促发展，认真履行工作职能，较好地完成了各项工作任务。

一、着眼乳制品质量安全，狠抓认证试点关节点控制，有力地促进了全省乳制品产业健康发展

试点示范工作启动以来，省局始终按照“抓质量、保安全、促发展”的思路开展工作，紧紧依拖试点示范联席会议制度，积极推动乳制品生产企业良好生产规范（GMP）认证、危害分析与关键控制点（HACCP）体系认证试点和乳制品区域化质量安全、食品防护计划、风险监测机制建设。经过两年多的努力，现完成了28家企业的GMP、HACCP认证工作，并形成了一套完全符合乳制品生产企业GMP、HACCP标准的“管理体系”文件模板，编写了《乳制品生产企业建立实施GMP、HACCP体系及认证技术指南》、《初级农产品安全区域化管理体系要求》两部认证指导性书籍。其中参试的18家企业月销售量增加7 800吨，平均增长27.5%；年利润增加16 292.5万元，平均增长51.6%；国家抽检增加1 029批次，“三聚氰胺”检测合格率100%。安达市乳制品安全区域化建设成效显著，乳品生产企事业销售收入年平均增长率为8%，利税年增长率为7%。2011年11月，国家认监委组织专家评估组对黑龙江省认证认可试点工作进行了全面验收，对整个工作取得的成效给予了高度的评价，在福州召开的全国食品农产品认证工作会议上，黑龙江省做了《着眼乳制品质量安全，狠抓认证试点关节点，积极促进黑龙江省乳制品产业健康发展》的主旨发言，安达市介绍了工作经验，这一成果得到国家认监委副主任王大宁的充分肯定。

二、全力增强认证认可监管有效性，质量技术基础得到进一步加强

（一）实验室资质认定行政许可工作更加规范

省局严格按照实验室和检查机构资质认定评审准则等相关规定认真开展评审工作，做到严格受理、严格评审、严格审核、严格监管。全年累计受理281家，发放证书200张。一是开展人员培训，持续提高人员素质。全年培训评审员、内审员及监管人员894名。二是开展获证实验室的监督评审，保证能力持续有效。开展了对13个市（地）及农垦总局所属的获得资质认定证书的检验检测机构的监督评审工作，内容覆盖建筑、环境、交通、电力、质检、疾控中心等行业的260家检验检测机构。三是开展能力验证活动，食品实验室检验检测能力得到加强。开展县级质检所有关乳制品、酱油、白酒的食品10个参数的能力验证工作，参加单位64家，有45家获得满意结果，8家有可疑参数，6家出现不满意结果，5家未按要求上报数据，此情况已在全省范围内进行了通报，并按要求完成停、整、改工作。四是开展评审程序改革，保证评审的科学公正。省局组织17名省内各行业专家编写了《黑龙江省实验室资质认定评审工作指南》，进一步规范了实验室资质认定现场评审工作。五是开展省级中心建设，服务全省区域化经济建设的能力得到提升。全省已建立省级质检中心、省级质检院分院、省计量院分院58家，9家通过了资质认定，极大地提高了全省质监部门的形象，树立了为地方经济发展良好意识和服务窗口，也切实完善了质监部门的职能。

（二）认证有效性行政监查有所作为

一是扎实开展“双打”专项行动。全省共出动检查车辆680台次，执法人员1 600人次，针对涉及强制性认证（CCC）产品的生产企业和流通领域的汽车安全玻璃、灯具等8种产品逐一排查，共检查经销企业1 061 家，生产企

业163 家。其中107家流通企业存在问题，占被检查经销企业总数的10%；经销无证产品企业55家，占被检查经销企业总数5%。经销假冒认证标志或认证证书的企业11家，占被检查经销企业总数的1%。按照相关法规要求企业进行整改。现已处罚了5 家企业，还有部分案件在进一步的调查中。二是完成国家认监委认证监管部下达的液体加热器的流通领域专项监督抽查任务，按照计划要求完成了35批次的监督抽查任务，已将监督抽查结果按时上报国家认监委。三是开展"两节"食品农产品认证专项监督检查。由省局牵头，联合工商局、农委、公安局、电视台等相关政府部门，全省共组成50个检查组，一个督导组。共出动执法工作人员310人次，执法车辆84次，共对全省151家有机食品获证企业、127家有机食品经销单位、集散地、超市等进行了现场监督检查。本次检查涉及的产品或商品有米、杂粮、面等78个品种。重点检查是否存在伪造、冒用、超期、超范围使用有机产品认证标志、认证证书等违法违规行为。在这次监督检查活动中，共对2家超范围使用有机产品认证证书的企业进行了依法查处。四是依托国家认监委自愿性认证活动执法监管信息系统，进一步强化了对认证机构和获证企业的日常监管工作。跟踪检查认证机构在黑龙江省开展新认证、复查换证共6 643张证书，全省各地共监督检查686张证书，占证书总数的10.3%。各地在日常监管工作中，出动监管人员692人，执法车辆328台次，对个别认证机构在现场审核工作中存在的问题，及时按认证机构管理办法提出处理意见，并上报国家认监委。

（三）认证认可社会宣传有新突破

认证认可工作的宣传始终坚持"突出主题、形成氛围"的原则，采取多种宣传形式，牢牢把握宣传的主攻方向，形成了全方位、多角度深入宣传。2011年，宣传工作在形式、数量、质量上有新突破。在"世界认可日"、"3·15"、"质量月"、质监护农"春雷行动"等大型活动中，都采用不同形式，全力宣传认证认可法律法规及相关知识，有效地提升了认证认可工作的社会认知度和影响力。2011年，认证认可宣传在中央、省、市县级报刊、电视媒体、网站报道55次。全省共举办认证认可宣传活动43次，有2 790人接受宣传咨询，共发放宣传画、宣传册等资料十万余份。

撰稿人：姜玉龙 审稿人：薄晓红

求真务实 创新发展
全面提升认证认可制度创新能力、技术支撑能力和服务发展能力
——上海出入境检验检疫局2011年认证监管工作概况

2011年，上海出入境检验检疫局（以下简称"上海局"）按照国家质检总局和国家认监委的工作部署，认真贯彻全国认证认可工作会议精神，在国家认监委指导下，紧扣"抓质量、保安全、促发展、强质检"十二字工作方针和"找准定位，创新发展"的要求，继续深入开展"以质取胜，创先争优"活动，着力强化"服务、合作、创新"三大理念，深化检验检疫区域协作，创新工作模式，着力推进人才队伍梯队建设，有效提升认证监管队伍履职能力和提高认证认可工作影响力，实现上海地区认证认可工作的创新发展。

一、规范管理，圆满完成日常监管工作

截至2011年底，上海局辖区内有效出口食品备案企业共289家，其中，对外注册企业37家。新增备案企业20家，新批准对外注册23厂次，延续备案企业58家，备案变更50家，完成危害分析与关键控制点（HACCP）体系认证官方验证15家，签发不予备案决定书和不予变更通知4份，实施业务稽查18次。辖区内共有106家玩具生产企业、3家日用陶瓷生产企业获得出口商品注册登记，本年度共发放玩具注册登记证41份、日用陶瓷2份，不予行政许可决定书10份。2011年，上海口岸凭强制性产品认证（CCC）证书进口商品87 271批，货值金额297.75亿美元，

其中验证不合格商品154批，货值金额3 255.16万美元，其中38批被责令退运或销毁，其他限期整改。全年共受理CCC免办申请8 459批，出具免办证明7 436批，不予批准1 023批。本年度共受理免于强制性产品认证检测处理程序进口汽车申请1 950批，总计2 858辆，货值17 505.4万美元。其中共检出灯光、信号装置、信号操纵件、排气管方向等项目不合格车辆1 593辆，货值9 936.7万美金，上述不合格车辆被要求整改并复检合格后放行。在受理审批过程中，发现53辆进口汽车分别存在车辆VIN码、车身外廓尺寸、已获得CCC认证等不符国家认监委2008年38号公告要求的情况，上述不合格车辆全部不予受理报检和检验，并监督申请人作退运或销毁处理。本年度，根据管理体系认证监督检查计划，共派出行政监管人员160人次，检查了39家获证企业，涉及51张证书、28家认证机构，调查核实了58家企业的认证证书，对11家企业的认证活动实施了现场抽查，向相关的5家认证机构发出《认证行政监管情况通报》，向3家认证机构发出了《整改通知书》。本年度上海局食品中心、原材料中心、机电中心接受并通过了中国合格评定国家认可委员会（CNAS）认可、计量认证和食品检验机构资质认定“三合一”评审。

二、严格监管，提升认证执法的威慑力

在出口食品企业备案中，上海局注重对审核中发现的不符合项定期进行汇总分析。结合技术中心检测情况，指导评审员抓住重点，加强对相关出口企业的监管。2011年，上海局共计对213家出口食品企业定期监管249厂次，派出监管人员745人次。对190家企业出具了1 059个不符合项，要求限期整改，对2家不符合要求的企业予以了暂停其备案证明。

在CCC口岸监管工作中，共查获CCC入境验证不合格货物154批，金额3 255.16万美元，涉及中国强制性产品认证证书158张，其中38批货物被责令限期退运，47张涉嫌违规的中国强制性产品认证证书向认证机构进行通报，40余份CCC证书被认证机构暂停或撤销。在强制性产品认证获证产品监督抽查中，共对28个型号的进口汽车进行了一致性检查，17个型号不合格。其中4个型号的被抽查改装车，经验证全部不合格，相关情况已通过专函的方式向国家认监委汇报，得到委里的高度重视，在接下来的工作开展中将重点加以关注。

在出口商品注册登记方面，加强了对获证企业的监管，重点检查企业在原材料进厂把关、生产过程控制、产品出厂检验方面的情况，尤其是企业对涉及安全卫生的重要的原辅材料的把关情况，并对检查发现问题的处理提出了明确要求。共有2家企业因质量管理体系运行情况较差，生产过程控制薄弱而被暂停证书。另外，上海局也加大了对现场审核工作过程的监视力度，按照《出口商品注册登记审核过程监视规程》开展见证审核或现场审核后的稽查，全年共组织完成对11家企业现场审核工作的稽查，占本年度现场审核数的21%，大大超过2010年的稽查比例。

三、提升服务，扩大认证认可工作影响力

2011年6月9日，上海局会同上海市质监局共同承办了以“认证认可——政府监管工作的支撑”为主题的第四个“世界认可中国日”主题活动。活动期间，国家质检总局党组书记、局长支树平，中共上海市委副书记、市长韩正，中国合格评定国家认可委员会主任王凤清，水利部副部长胡四一，公安部科技信息化局总工程师马晓东出席并发表了重要讲话。国家质检总局副局长、国家认监委主任孙大伟，国家认监委副主任车文毅主持会议。来自政府部门、认证认可从业机构、企业和社会各界代表近300人参加本次活动。同时，围绕世界认可中国日活动，上海地方两局以“认证认可——助推上海创新驱动转型发展”为主题，围绕“合格评定与中小企业发展”、“探索认证新领域，服务创新与发展”、“节能减排应对研究”、“电子信息产品污染控制合格评定解决方案”四大议题，开展了一系列主题活动。来自政府部门、研究机构、企业、认证机构、实验室、检查机构的专家学者分别作了主题演讲。通过“世界认可中国日”活动，进一步扩大上海地区认证认可工作的社会知晓度和社会影响力。

“3·15”期间，上海局以“消费与民生”为主题，精心组织和实施了消费者权益保护日宣传活动。在本次活动中，上海局围绕“3·15”消费者权益保护日宗旨和认证认可工作实际，增加了对强制性产品认证制度的宣传。开展了对上海市场销售的进口获CCC认证玩具产品实施了专项监督抽查，以加强对进口玩具市场的监控，保护少年儿童的身心健康安全。同时，对历年发放给市民的消费知识宣传册进行修改，增加了家电产品CCC介绍，并借助电子邮件这一新颖的宣传方式，向“上海市市民信箱”实名注册的380万市民主动发送了宣传邮件，极大地拓展了认证认可宣传范围，从而促进广大消费者对我国认证认可制度的了解。

此外，上海局两次承办国家认监委与美国食品药品管理局（FDA）联合举办的“食品防护论坛”，帮助与会代表理解食品防护理念、制订企业食品防护计划的方法，为输美食品企业应对美国相关法案做及时宣贯。目前正积极筹划12月中旬与光明食品（集团）的“推进食品产业国际化合作”的系列活动。

通过组织参与这一系列的重大活动，追踪市场关注重点，贴近人民群众实际需求，促进大众对认证认可的

认知，从而进一步提高认证认可工作的社会影响力。

四、积极探索，创新认证认可工作模式

为贯彻“企业是食品安全的第一责任人，政府相关部门实施监督管理”的监管理念，上海局自2008年起就开始组织对出口食品生产企业备案工作模式进行开拓性研究，逐步形成以企业自我评估和自我证明为前提，检验检疫机构对企业的自评结果及相关证据的有效性进行验证和评价的评审工作模式。现已初步制修订出口食品生产企业备案表格共44种，基本形成了上海局出口食品企业备案及监管体系框架。在国家认监委起草142号令及配套文件的过程中，上海局推动142号令明确了三项措施：一是HACCP作为出口食品生产企业风险管理的措施；二是企业自我评估和自我证明；三是采信第三方认证机构的认证结果。

在CCC口岸监管工作中，上海局在开展企业调研的基础上，以为企业提供贴心服务为目标，想企业所想，急企业所急，推进企业诚信建设，创新风险管理机制。对诚信好、风险小、质量体系运行良好的企业，在政策允许的范围内，进一步简化CCC审批流程，降低企业物流运营成本，加快企业CCC入境验证商品通关流转速度。截至2011年底，上海地区获得该项政策支持的免办诚信企业已达26家，2010年12月以来这些企业快速放行的进口免办产品达5 194批，占同期上海局CCC免办审批工作量的70.98%，大大节约了审批的行政成本，极大地提高了企业通关效率，降低了物流成本。此外，在完善上海口岸CCC入境验证核查工作流程中，上海局积极探索CCC产品口岸风险评估机制，已初步在上海口岸建立CCC产品风险布控网络，对上海口岸入境的CCC产品实现“日常监管+重点布控+专项监督抽查”的监管模式，严密执法环节，提高企业强制性产品认证的法律意识。

五、加强联动，发挥质检部门整体合力

上海局秉承“沟通上下左右，服务系统内外”的工作理念，在《长三角地区检验检疫机构合作备忘录》的框架下，主动融入长三角经济一体化发展进程，加强区域检验检疫协作，以点带面，推动区域经济发展，保持区域CCC入境验证政策的统一性、连贯性、先进性。目前初步建立了长三角地区检验检疫统一的强制性产品认证执法信息共享和目录外产品鉴定结果互认机制，促进了区域CCC执法效能和服务水平的整体提升。上海周边的江苏局、浙江局、宁波局在信息互通、结果互认方面已互相认可，实现了口岸和属地职能优势互补，严密监管，形成执法闭环。

2011年，上海局继续加强与上海市质监局的协作，在认证市场监管工作中采取联合动员、联合培训、联合监管的模式，共享两局监管资源，发挥了合作优势。上海地方两局共同对有机产品市场进行了清理整顿，对进口有机产品加强核查，处置了没有获得有机认证互认的进口产品，共同促进上海地区食品安全监管工作。

六、加强人才梯队建设，提升监管队伍履职能力

上海局坚持人才强检战略，通过多种形式开展对认证监管人员培训，从而提升监管队伍的履职能力。

在CCC监管工作中，建立CCC认证监管专业人才梯队，通过各种方式选拔态度认真、学习能力强的人员，重点培养，成立CCC认证监管工作的专家组。全年共组织200余人次的CCC入境验证业务培训，通过以老带新，言传身教，确保上海口岸CCC认证监管队伍可持续发展，提高上海口岸执法的总体水平。

为了加强卫生注册评审员队伍建设，今年组织了《FDA食品安全现代化法》培训班、“中美食品防护研讨会”、与中检集团（CCIC）合办的HACCP培训班、美国水产品新要求说明会、肠衣评审监管要点培训等内容丰富、涵盖面广的相关课程，参加人员近260人次。

在食品农产品认证机构的行政监管中，为了提高执法的有效性和持久性，避免突击性应付式检查，上海局着眼于基础建设和队伍建设，通过不断培训和6年来工作实践的考察和筛选，建立了一支专业素质强、年龄分布合理、工作规范、人员相对固定的执法队伍，为完成工作提供了有效的保障。

在出口商品注册登记工作方面，上海局专门成立了专家工作组，积极开展对注册登记产品检测所用标准的研究、撰写注册登记受理工作培训教材、童车生产企业培训教材等，在注册登记工作中发挥了积极的作用。同时也充分注重对新人及骨干的培养，有意识地安排岗位培训考核成绩好的人员多参加现场审核，积累审核经验，并请有经验的审核组长具体带教。

通过这些形式多样、各有侧重的人才培养模式，上海局已经组建了一支具备相当专业知识的认证监管队伍。此外，上海局积极推进局属技术中心作为国家认监委的实验室能力认可组织者，努力推动从考生向考官转变，提高上海局的影响力。本年度上海局机电中心承办了国家认监委组织的能力验证活动，局属各技术中心共参加能力验证56次，其中国际能力认证18次。参加各类质量、技术培训130多人次。

撰稿人：王 璐 王 璟 审稿人：张明霞

发挥认证认可作用　助推上海转型发展

——上海市质量技术监督局2011年认证监管工作概况

2011年，上海市质量技术监督局（以下简称“上海市局”或“市局”）认证监管工作贯彻落实国家质检总局和国家认监委的工作部署，紧紧围绕上海“四个中心”建设目标，以“抓质量、保安全、促发展、强质检”为工作方针，以“责任、务实、创优”为工作理念，进一步完善认证工作监管体系，明确认证监管工作职责，严格认证工作行政许可和证后监管，强化认证工作的风险管理，加大认证工作宣传力度，扩大认证社会认知度，助推上海“创新驱动、转型发展”。

2011年，上海认证监管工作狠抓不懈，组织开展了本市认证机构、认证咨询机构、质量管理体系和食品农产品获证组织认证有效性专项监督检查。开展了以能力验证和实验室间比对、飞行检查和专项检查等为主要形式，以食品、建材、环保、机动车安检等社会关注热点为监管重点的监督检查，规范了认证市场。积极应对了“染色馒头”、“塑化剂”等突发事件，保障了食品安全。能源管理体系认证试点取得实质进展，宝钢和日立分别获得全国首张钢铁和通用机械类能源管理体系认证证书。首次，承办在京外举办的全国“世界认可中国日”活动，举办“认证认可三十年”上海认证认可论文征集活动，参与了国家认监委“我与认证认可十年”征文并获优秀组织奖。认证宣传工作得到了国家认监委的肯定和和表彰，蝉联“2010年～2011年度全国认证认可信息宣传工作先进单位”。

截至2011年11月30日，上海市通过计量认证的检测机构634家，比2010年同期的610家有稳步发展。有18家检测机构已按照食品安全法的要求通过食品检验机构资质认定，获得食品检验机构资质认定证书，推动了食品检验机构增强风险意识，提升能级，更好地为食品安全服务。授权/验收产品质量监督检验机构66家，机动车安检机构84家。认证行业发展日渐规范，各类认证机构及其分支机构74家，认证咨询机构34家，《认证机构管理办法》施行以来，已有4家认证机构办理了办事处备案。获证企业布局合理，全市各类强制性产品有效证书和自愿性的全市各类组织获得质量、环境、职业健康三大管理体系证书超过2.8万张。各类自愿性节能认证1 000余张，食品农产品认证证书1 781张。全市1 792家企业获得强制性认证（CCC）证书13 091张。

一、抓质量

（一）深化“认证执法监管体系”建设，稳步推进认证监管队伍建设

一是开展认证监管工作培训。按国家认监委的工作要求，开展“认证行政执法信息报送系统”培训，确认了各执法单位的信息系统管理员，对全市的执法人员开展业务培训。同时派出部分骨干执法监管人员参与国家认监委组织的认证监管培训。分3期对180余人次执法人员进行了强制性认证业务知识培训，并组织学员考试，验收培训成果。二是充分运用好国家认监委现有信息系统，顺利在全市推行“认证执法监管”信息系统、“自愿性管理体系认证监管”系统和“食品农产品认证信息系统2.0版”的运用，极大提高了认证监管的有效性。

（二）加强计量认证监管，整合认证检测资源，稳定检验检测质量

一是积极推动检测资源2010年度年报统计工作，会同市统计局、市经济和信息化委员会下发了《关于开展本市2010年检测资源年报统计工作的通知》，开展本市检测资源年报统计工作，调查范围覆盖21大类农、工、商业领域，数据收集工作，掌握本市检测资质市场的基础数据。二是推动检测机构能力验证工作，针对建筑节能材料、食品中添加剂和环境污染物排放等社会普遍关注的项目，开展了“建筑保温材料导热系数”、“水中的总有机碳、化学需氧量、生化需氧量”、“食品中色素、甜蜜素”、“乳粉中铅、钠的测定”和“纺织品禁用偶氮染料”等五项能力验证项目。占获证实验室总数三分之一的单位参加了比对。通过派出专家组现场观察实验室参加比对检测的情况，事后质量分析等方法，进一步查找阻碍实验室能力提升的原因，有力推动了实验室在获证后持续保持获证时能力。三是开展了计量认证获证单位监督抽查工作，在全市600多家获证机构落实自查的基础上，对149家重点监管机构开展了飞行检查，了解了实验室日常

运行的真实情况，增强实验室向社会出具公正、客观、准确数据和结果的法制意识，提升管理和技术水平。

（三）加强机动车安检机构和授权检验机构的监管，从制度上保障监管成效

一是进一步开展机动车安检机构能力验证比对研究工作，验收通过了《机动车安检机构能力验证（比对试验）方法和方案研究》，并在部分单位中进行了试点比对。严格落实了《委托检验管理办法》的有关要求，完成了《上海市检测机构应急授权预案》的制定。二是开展专项监督检查。6月～9月，开展了机动车安检机构普查，对本市84家机动车安检机构的资质能力、检验流程以及投诉举报情况作了重点检查，有力地促进了行业规范。9月～10月，对本市40家承担实际监督抽查和生产许可发证检验任务的检验机构开展了监督检查，发现并整改问题92项，提高了检验工作的规范化、科学化和制度化水平。

（四）加强管理体系认证行政监管，保障认证市场有序发展

一是加强对认证机构和认证咨询机构的监管，组织本市各级质量技术监督部门对全市34家认证咨询机构开展了100%现场检查，并分4个检查组对24家认证机构（包括认证机构分公司、认证机构办事处）开展检查，并重点宣贯了《认证机构管理办法》，提高认证工作有效性和社会公信力。二是组织全市各区县质量技监局质量监督部门对本市各类自愿性体系获证企业开展3%比例的巡查。重点检查涉及公共安全、人体健康和生命财产安全产品的各类组织的管理体系认证有效性，将认证有效性检查与生产许可证日常监督检查、强制性产品认证监督检查、建立企业质量档案等工作相结合，促进了认证行政监管的有效开展。

（五）采取有力措施，做好强制性认证产品的监督管理和执法查处工作

一是进一步完善强制性认证（CCC）产品生产企业档案建设。坚持“以建档促运用，以运用促建档”，组织各区、县局对辖区内的强制性认证产品生产企业开展日常监督，加强档案的自动更新维护和信息后续跟踪维护。二是积极完成专项监督抽查任务。按照国家认监委工作部署，开展2011年强制性认证获证产品微波炉监督抽查。及时完成了微波炉产品的监督抽查任务，对抽查结果反映出的产品质量问题，组织开展质量分析会，由专家为企业讲解相关标准和强制性认证要求，督促企业提升产品质量。三是充分发挥对应认证机构作用加强执法。对产品质量国家监督抽查及上海市产品质量监督抽查中发现的获证产品不合格等质量问题，及时通报发证的认证机构，认证机构根据公告信息及后续检查情况暂停了113张强制性产品认证证书，进一步提高了监管工作的威慑作用。

二、保安全

（一）积极推动本市食品检测机构资质认定工作的落实，提高保障食品安全的能力

积极贯彻落实《食品安全法》的要求，根据《食品检验机构资质认定管理办法》、《实验室资质认定评审员管理办法》等法规的有关规定，下发了《关于对食品检验机构实施资质认定有关事项的通知》，明确了资质认定申请的各项工作要求，重点关注评审工作中的重点和要点，及时专项研讨突发问题、新发问题的应对方案，研究制定评审指南等指导性文件，并通过新闻发布会、领导在线访谈等形式，向社会广泛宣传食品检验机构资质认定工作的重要性，组织评审员专项培训和考核。当前，本市18家食品检测机构已完成审批流程获得食品检测资质认定证书，13名专家经培训获得食品检验机构资质认定评审员证书，为进一步提升本市食品检测能力，保障食品安全提供了技术基础和行政保障。

（二）积极发挥检测实验室的保障作用，应对各类食品突发公共事件

一是积极应对“染色馒头”事件。针对上海个别食品加工企业在馒头等食品中违规过量添加食品染色剂事件，迅速应对，调研部分有相关检测能力的食品检测机构，要求机构积极调配好资源，全力支持有关检测工作，确保检测工作及时、准确，保障上海食品安全秩序稳定。二是积极应对塑化剂事件，在相关报道的初期，即组织召开食品检验机构座谈会，围绕塑化剂事件，迅速严格地组织对食品检验机构的相关评审考核，应急受理全市塑化剂检测资质认定工作，受理并通过了6家机构的相关资质认定扩项，强化了本市塑化剂检测的技术保障。

（三）落实多项措施，保障本市食品农产品认证市场稳定

一是组织各区、县质量技监局主动联系辖区内农业主管部门，对辖区内的食品农产品认证获证企业开展不低于5%比例的监督检查。二是开展有机螃蟹专项检查。按国家认监委《关于紧急调查有机螃蟹相关情况的通报》的要求，召开紧急会议，积极部署有机螃蟹专项监督检查工作，对上海地区的重点农贸市场、超市、饭店和有

机产品专卖店，开展了全方位的有机螃蟹专项检查，进一步规范上海有机产品认证市场秩序，切实维护消费者合法权益。三是积极探索对食品农产品监管的监督抽查，组织开展了对本市部分获得有机产品认证的食品农产品生产企业的产品监督抽查专项行动，逐步加强对这一领域监管的新模式探索。

（四）开展专项检查确保强制性认证产品质量安全，有效应对关注热点

积极应对媒体报道，做好舆情处置。2011年，机动车零部件、消防产品、玩具产品、建筑安全玻璃等产品在不同时期成为媒体关注的热点，上海市局积极应对，提高处置能力。一是开展上海市机动车零部件产品监督执法检查，将列入CCC目录的汽车配件产品列为重点整治产品，组织开展汽配产品专项监督执法检查，以本市有一定规模的汽配市场和4S店为重点检查对象，对上海市流通领域获得CCC认证证书的机动车零部件产品进行了专项监督执法抽查。二是开展强制性认证消防产品监督执法检查，对本市范围内纳入强制性认证的消防产品生产企业全面实施监督执法检查，加强了监管力度。三是结合保障“六一”儿童节，开展了玩具产品的监督检查。四是排摸本市建筑安全玻璃企业情况，及时向市政府汇报，加强建筑玻璃幕墙使用安全玻璃监管，结合钢化玻璃抽查情况，召开质量分析会。

三、促发展

（一）积极宣传认证认可在助推上海“创新驱动、转型发展”中的作用

一是首次在京外上海承办“世界认可中国日”主题活动。国家质检总局党组书记、局长支树平，中共上海市委副书记、市长韩正，中国合格评定国家认可委员会主任王凤清出席并讲话。国家质检总局副局长、国家认监委主任孙大伟，国家认监委副主任车文毅主持。韩正市长在大会上向来自各政府部门、媒体、企业和社会各界的300余位代表宣告了上海的认证及检测产业对上海地方经济发展做出的卓越贡献，进一步扩大了认证认可行业的社会认知度。二是组织开展“认证认可——助推上海创新驱动转型发展”为主题的系列活动。邀请来自不同政府部门、研究机构、企业、认证机构、实验室、检查机构的专家、学者，围绕“合格评定与中小企业发展”、“探索认证新领域，服务创新与发展”、“节能减排应对研究”、“电子信息产品污染控制合格评定解决方案”四大议题开展探讨，全市 500余名各界人士积极参与，媒体积极报道，反响热烈。三是开展了认证认可论文征集活动，着力宣传认证认可30年来在促进经济和社会发展中取得的成效，受到了全市各界的积极响应，共收到各类有关认证认可工作的征文150余篇，将其中33篇优秀论文汇编成《认证认可优秀论文集》电子书以供免费参阅。四是联合《质量与标准化》杂志，刊发上海认证认可工作专刊，面向全国发行。增刊以世界认可日为主题，上海市副市长姜平为专刊撰写刊首寄语。增刊发行了近7 000册，集中宣传本市认证认可30年来取得的成效，展现本市认证认可及检测行业精神风貌和学术水平，深获好评。

（二）积极发挥认证认可在服务本市节能减排工作中的作用

继续鼓励和引导全市各行业开展节能产品认证和能源管理体系认证，召开节能认证和能源管理体系认证工作专题会议，交流了各有关机构在本市范围内推进产品和能源管理体系认证工作的经验。当前本市节能认证证书已突破1 000张。本市钢铁、电力、化工、建材和机械制造等重点行业能源管理体系认证推广取得明显进展，上海宝钢成为全国首家钢铁行业能源管理体系认证获证企业，上海日立电器成为全国首家通用机械行业的能源管理体系认证获证企业。

（三）着力推进认证及检测行业作为专业性服务业在上海服务业中的发展

一是积极与上海市闸北区等地方政府加强战略合作，支持市北高科技园区等高新技术园区检测服务行业发展。二是积极配合相关部门在上海浦东新区建立国家级检测实验室，参与对包括“国家工程软件产品质量监督检验中心”和“国家微特电机产品检测中心”等一系列国家先进水平的技术机构的筹建可行性分析。三是会同上海市政府有关部门推动上海市检测行业服务网建设，为高新技术产业、中小企业服务提供检测资源平台。四是开展“上海市检测机构现状和十二五发展政策研究”，发现检验检测机构存在的主要问题和发展瓶颈，通过统计以及关联度和覆盖率分析，了解了有关检验检测机构在上海高新技术产业和战略新兴产业中的参与度，为促进有关检验检测行业以及相应的高新技术产业发展提供决策依据。

四、强质检

（一）积极加强认证监管工作制度建设，完善监管工作的规范性和有效性

一是探索开展上海检验检测监管地方性法规立法工作。积极推动有关地方性法规的建设和落实，作为地方

性法规调研项目，会同有关部门完成了《上海市检验机构管理办法》（草案），现已报送市政府法制办计划在2012年完成市政府规章《上海市检验机构管理办法》（送审稿）。二是加强了行政审批规范化建设进一步规范和指导评审工作，修订并完成了《上海市实验室资质认定（计量认证）评审工作操作规范》，为进一步完善对技术评价工作的质量控制打下基础。三是完成并发布了《上海市认证咨询机构审批和证后监管应用指南》，使得全市各级认证监管部门全面了解和掌握认证咨询机构从审批到监管的流程和要求，提高了监管成效。三是积极筹建实验室资质认定评审中心。通过一年多的筹建，上海市实验室资质认定评审中心于11月中旬试运行，计量认证和实验室资质认定的规范化工作向前迈出了实质性一步，推动了监管方式和监管理念的逐步转变。四是开展相关课题研究，做好监管工作储备。完成了《上海市检测机构现状和十二五发展政策研究》、《上海市机动车安全检验机构能力验证实施方案》、《上海市检测机构应急授权预案》、《计量认证评审有效性和证后长效管理机制研究》、《上海市认证有效性研究浅析》等课题的研究并验收通过。

（二）进一步深化长三角认证监管合作模式，推动长三角地区合作互认取得实质进展

一是在7月中旬召开了"江浙沪两省一市认证认可互认合作工作会议"。国家认监委副主任王大宁出席会议并作重要讲话，充分肯定了长三角地区认证认可互认合作会议这一合作平台。二是联合江浙两省开展"两省一市"食品农产品认证专项检查，并积极总结经验，扩大认证执法监管体系建设的合作，在自愿性认证监管及食品农产品认证监管等方面实现长三角地区联合检查常态化。

撰稿人：刘春扬 审稿人：黄小路

以工作创新为抓手 打造认证行政执法样板 提升认证监管有效性

——江苏出入境检验检疫局2011年认证监管工作概况

2011年，在国家质检总局和国家认监委的正确领导和关心、支持下，江苏出入境检验检疫局（以下简称"江苏局"）认证监管工作紧紧围绕国家认监委和江苏局中心工作，以服务经济发展方式转变为主线，以国家质检总局"抓质量、保安全、促发展、强质检"为主导，认真落实江苏局打造"五区"铸强局的工作目标，深入开展打造"认证行政执法监管样板"的活动，全面提升认证监管工作水平。

一、基本业务统计

出口商品注册登记。截至12月底，共有545家企业申请出口商品注册登记，比2010年同期增长31.9%，其中通过审核426家，办理临时注册119 家，比2010年同期增长25.2 %。全省共有机电、玩具、日用陶瓷注册企业1 277家，其中机电803家，玩具446家，日用陶瓷28家（输美日用陶瓷认证企业13家），有效证书1 538份。产品出口金额达117亿美元。

认证行政监管。截至12月底，共受理免办证明申请5 388 份，已办理4 684份。全省系统共出动执法检查870人次，检查企业计289家。发现问题总数78个，涉及企业35家、机构14家。7家认证机构和1家认证咨询机构存在违反相关法律法规的行为，已对3家认证机构作出了处罚，共处罚金20万人民币，4家机构已立案，1家认证咨询机构已停业；对6家认证机构发出了问题整改通知书，对6家获证企业发出了行政提示书，对28起轻微违规行为进行通报告诫。全省强制性产品认证获证产品共抽样检查8批，抽取样品17台，7批合格，1批不合格。

二、主要工作开展情况

（一）抓质量，全力打造"认证行政执法样板"

根据江苏局"打造五区铸强局"的奋斗目标，制定下发了《江苏检验检疫局"认证行政执法监管样板"建设工作指导意见》作为指导分支局开展"认证行政执法监管样板”建设工作的总纲领。一是将认证行政执法纳入日常工作，做到“两个结合”。按照江苏局的统一安排，各分支局主动将体系认证行政执法监管纳入日常工作，积极开展检查活动。体系认证行政执法监管做到“两个结合”，即与出口商品注册登记/出口食品企业备案的现场审核相结合，与对《CCC免办证明》进口产品的后续监管相结合。二是开展强制性认证（CCC）产品“双打”活动。在打击侵犯知识产权和制售假冒伪劣商品专项行动中加强强制性产品认证行政监管工作，严把强制性产品认证市场准入关，取得了明显成效。据统计，此次专项行动出动执法人员650多人次，检查7大类产品，涉及450余家企业，发现问题货物60批，问题主要集中在货证不符、未加贴CCC标志、冒用CCC证书等。对问题货物均作了退运、销毁和现场整改处理。“六一”儿童节前夕，组织全省系统认证监管部门会同轻纺等业务部门，共同对辖区内的内外兼销的玩具生产企业进行“CCC”认证情况的专项检查。三是创新工作举措，打击非法认证。根据国家认监委的文件精神，制定方案，实现自愿性认证有效性监管工作日常化，将监管重心下移，由各分支局根据辖区内获得自愿性认证的情况制订计划、组织检查，取得了明显效果。如苏州局对辖区内管理体系认证是由未经国家认监委批准的境外认证机构认证的企业，发出了行政提示书。

（二）保安全，强化风险防范措施

一是完善制度，制定出台《出口商品注册登记（质量许可）企业年度监督检查方案》，强化对获证企业的监督检查机制。2011年的监督抽查活动突出针对性，注重规范性，增强有效性。采取检测机构集中抽样、监督抽样过程、盲样检测等有效措施。共对全省270家电线电缆、输欧玩具和日用陶瓷产品出口企业抽样382批，占出口商品注册登记企业总数的21%。针对抽查产品不合格的企业，分类别召开分析会、座谈会，帮助企业查找原因，摸排隐患，及时整改。二是加强专项督查，对连云港、徐州、淮安、苏州、无锡、吴江等六个分支局开展认证监管工作专项督查。与分支局和企业开展面对面的交流，查找问题，提出改进意见的同时，收集意见和建议。

（三）促发展，推进企业转型升级

一是以机制创新为动力，助推监管能力提升。第一，优化CCC免办委托审批工作。授权苏州局、无锡局、昆山局办理辖区内的“免于办理强制性产品认证证明”，在吴江局试点无纸化报检核销工作模式。第二，关口前移，拓展服务外延。指导太仓一注册企业建立危害分析与关键控制点（HACCP）体系认证，及时推荐其对欧盟注册。启用检测处理程序，使泰州一家企业避免了191台压缩机将作退运或销毁处理带来的损失。第三，大力推进新型认证的实施，全省共推广低碳认证28家。在多方的共同努力下，中国信息安全认证中心在江苏设立了第一家分支机构。二是以促企业转型为己任，服务发展成效显著。第一，大力开展宣传、培训活动。全面开展出口食品企业质量管理人员培训提升工程。对全省932家企业质量管理人员进行职业道德、专业知识水平、管理能力的培训，并进行考核。对全省400多家出口玩具企业的质量管理人员，分别开展有针对性的、系统的、全面的培训。指导苏州、镇江、无锡、昆山和扬州等分支局对辖区内的企业开展强制性产品认证制度宣传、《CCC免办证明》业务知识介绍及申办指南、《CCC免办证明》核销指南及后续监管要求、网上申报系统使用等开展培训活动。此举得到了地方政府领导的充分肯定，也得到了包括《国门时报》在内的新闻媒体广泛宣传和报道。第二，处室领导与出口食品、机电、玩具以及进口CCC产品等重点企业建立联系制度。第三，指导企业迎接国外官方检查，扩大出口市场，建立长效机制，形成策划、预查、跟踪、迎检的一整套工作模式。2011年，共指导7家出口企业顺利通过国外官方检查。

（四）强质检，提升认证认可影响

一是以“创先争优”活动为抓手，加强认证监管队伍建设，党支部设立了“创先争优”园地，营造争创氛围。年初在全省系统“两证”评审员中开展以“认证监管公正严明，创先争优勇当楷模”为主题的创先争优活动。省局卫生注册科荣获省级“青年文明号”。制定《江苏检验检疫局出口商品注册登记评审员管理办法》，编印下发《江苏出入境检验检疫系统“两证”评审员审核工作手册》，进一步规范现场评审活动。二是在全省系统开展“体系认证有效性监管”岗位技能竞赛，大力营造“比学赶帮超”的创先争优浓厚氛围。三是加强理论研究，扩展认证认可社会影响。将认证认可工作信息宣传工作纳入全局绩效考核指标体系。积极组织全省系统参加国家认监委“我与认证认可十年”征文活动，两篇文章分获三等奖和优秀奖，江苏局荣获“优秀组织奖”，另有3篇论文入选国家质检总局“12个如何”征文。

撰稿人：赵金伟　审稿人：陆永贵

彰显认证认可效能 服务江苏经济社会发展

——江苏省质量技术监督局2011年认证监管工作概况

江苏省质量技术监督局（以下简称“江苏省质监局”或“省局”）认证认可工作思路是认真贯彻落实科学发展观，按照全国认证认可工作会议精神，遵循省局党组“四增一保”的总体要求，坚持以服务经济发展方式转变为主线，以深入推进认证认可工作为抓手，以不断强化监管为手段，以稳步提高认证有效性为落脚点，努力围绕全省“三大计划”和地方产业发展规划，充分发挥认证认可对转变经济发展方式和“两型”社会建设的基础保障作用，努力为质量安全提供有力技术支撑，为提升江苏省质监工作社会效力作出应有的贡献。

一、认证推进工作

江苏省质监局紧紧围绕全省质监系统“争先进位创三甲”的总体目标，大力推进体系认证、强制性产品认证等各项工作，充分发挥认证认可在质量管理和安全保障方面的基础作用，促进经济发展质量和产品质量安全水平的提高。

（一）大力推进体系认证等自愿性认证工作

大力推进ISO 9001质量管理体系认证、ISO 14001环境管理体系认证、OHSAS 18001职业健康安全管理体系认证等自愿性认证，着力提高认证认可对经济发展的贡献率。截至2011年底，全省企业累计获得各类管理体系及自愿性产品认证证书67 106张，其中ISO 9001质量管理体系认证证书47 595张，继续位于全国第一。ISO 14001环境管理体系认证证书10 678张，位居全国第二。OHSAS 18001职业健康安全管理体系认证证书4 267张，跃居全国第一。

（二）加大强制性认证目录产品的实施力度

加强强制性认证产品新版认证实施规则的宣贯工作，及时在省局网站发布相关信息，督促相关企业及时改进管理方式，严格按照新修订的认证实施规则要求组织生产，落实产品质量管理与检验，让企业和消费者及时了解国家相关政策。为了做好江苏省7个类别的31种消防产品的强制性认证工作，省局及时在省质监局网站发布有关公告与实施规则，主动与江苏省消防总队进行了联系，了解全省目录内生产企业的生产经营及分布情况，同时要求各市局积极对辖区内的有关生产企业进行摸底排查，督促列入目录内产品企业按时间节点要求取得强制性认证证书，确保企业按要求组织生产。截至2011年底，全省共有9 258家企业获得强制性产品认证（CCC）证书69 192张，较2010年底净增701家企业、7 576张证书。

（三）不断拓展认证新领域

一是稳步推进能源管理体系认证。省局在全省能源管理体系认证二家试点企业取得成功经验的基础上，要求全省各市深入宣贯GB/T 23331《能源管理体系 要求》标准，采取有效措施，认真遴选能源管理体系认证试点企业，帮助试点企业查找能源因子，确立能源基准，明确能源标杆，协调解决认证过程中的相关问题，积极指导、帮助、扶持试点单位建立能源管理体系。2011年，江苏省有4家企业获得能源管理体系认证证书，另有3家企业正在积极申报过程中。二是拓展节能环保产品认证新领域。江苏省局与中国质量认证中心南京分中心合作，确定了南通海安的变压器企业和镇江扬中的线缆桥架企业作为节能产品认证试点对象，通过推广节能产品认证，为节能降耗，创建环境友好型社会做出贡献，截至11月底，全省共有150家企业获得节能产品认证证书，居全国证书总数第二位，其中电缆桥架企业10家，占全国证书数的100%。通风机生产企业4家，占全国证书数的50%。江苏省企业获得了全国首张商用车节能产品认证证书。

（四）积极开展“国家有机产品认证示范创建基地”创建工作

根据国家认监委《关于开展“有机产品认证示范区”创建活动的通知》要求，为树立江苏省有机产品认证典型，推广有机产品发展经验，促进辖区有机产业健康、稳步发展。一是选择对象。根据全省有机产业发展认证现状、有机产品获证企业分布、地方政府重视程度等情况，江苏省质监局选择了宝应县作为国家有机产品认证示范创建县。二是组织申报。根据创建要求，省局分管局长亲自带领相关人员，赴宝应县现场指导创建工作，对宝应县创建国家有机产品认证示范区工作提出了具体标准和要求，在材料申报过程中，省局组织有关专家对照申报条件，详细讲解相关填报要求，明确申报企业范围，帮助地方政府按要求及时将申请材料上报国家认监委。三是现场指导。在国家认监委现场检查组实施现场检查时，省局派员再赴宝应，详细了解现场评审情况，协调沟通评审中有关问题，使宝应县顺利通过国家认监委专家组评审，并获得国家认监委首批"国家有机产品认证示范创建县"称号。

宝应县获得国家认监委首批"国家有机产品认证示范创建县"，有力地促进了当地有机产业产、供、销平台的搭建，促进了当地有机产业的健康发展，为当地区域发展提供了有力支持，在全省实施绿色发展，建设节约型、环境友好型社会方面做出了积极探索和实践。

二、认证监管工作

贵州省质监局切实履行监管职能，坚持强化监管力度，通过加强监管体系和能力建设、健全监管长效工作机制、转变监管方式，不断提高认证监管水平和监管效能。

（一）落实区域监管责任制，强化强制性产品认证监管

按照分类管理的原则，及时更新、完善全省CCC产品获证企业质量档案，加强对CCC认证获证企业的管理，针对全省现有CCC认证获证企业情况，结合产品监督抽查中省抽、国抽及与认证机构信息沟通情况，经分类筛选，确定了273家重点检查的企业，并将名单下发给市局，要求各市明确专人负责，实施任务分解，逐家落实现场检查，并切实做好检查记录，填写检查表格，督促存在问题的企业落实改进，促进产品质量稳定提高。对检查中发现存在严重问题的企业，要立即与认证机构沟通，并督促认证机构现场检查。2011年，全省各市根据实际情况对324家CCC认证获证企业实施现场检查，基本完成CCC认证现场巡查工作。通过巡查，帮助企业查找原因，制订改进措施，督促企业落实整改。

（二）加强对体系认证获证企业监管

以关注认证最终结果为重点，筛选出历年信誉不良、有违规或被投诉记录的26家认证机构作为对象，在年初认证认可工作会上将名单印发给各市。同时向各市下发了全省管理体系认证获证企业名单，要求各市按照比例，组织实施全省质量管理体系获证企业现场检查，全省要求检查体系认证获证企业3 500家。通过检查，一方面帮助企业查找存在的问题，督促企业落实改进，达到体系正常有效运转的目的；另一方面掌握认证机构、认证人员在江苏省的认证质量情况，督促认证机构、认证人员强化自律各市认证主管部门迅速有效开展现场检查。截至2011年底，全省共对3 831家体系认证获证企业实施了现场巡查。

（三）开展CCC认证产品监督抽查

根据国家认监委《国家认监委关于进一步加强强制性产品认证目录内玩具产品行政监管工作的通知》统一部署，全省在"六一"儿童节前，对辖区内玩具产品生产厂家集中进行一次全面监督检查，重点检查需强制性认证而未获证的玩具产品出厂、销售行为，一经发现，严格依法查处，切实维护强制性认证制度的严肃性。全省共出动人员476人次，检查了涉及CCC认证的玩具生产企业103家。

根据国家认监委统一部署，在全省流通领域组织开展了强制性认证电动工具类产品的专项监督抽查，制订详细的抽查计划，分别对江苏省南通地区、扬州地区和南京地区的25家电动工具销售企业进行了抽样，共抽样40批次，对不合格产品，已通知获证企业和认证机构，对本省不合格产品生产企业，已监督整改。

根据国家质检总局《关于开展电线电缆生产企业专项整治工作的通知》有关要求，江苏省质监系统结合本省实际，制定印发了《江苏省电线电缆产品专项整治行动方案》，对全省电线电缆专项整治工作进行了全面部署，要求各级质监部门统一领导，坚持打防结合的原则，集中力量，发挥优势，依法抓好专项整治工作，共检查强制性认证企业652家，暂停了45家强制性认证获证企业的90张证书，注销了38家获证企业63张证书，督促整改落实的企业32家。

（四）认真开展家电下乡产品质量核查

为保证家电下乡产品质量，确保家电下乡政策取得完美的实效，保障广大农村消费安全，根据国家总局和认监委的安排，江苏省质监局联合中国质量认证中心南京分中心共同开展了家电下乡生产企业CCC产品的市场核查工作。一是依据江苏省家电下乡的实际情况，按照国家要求，制订仔细周密的检查行动方案。二是确定市场核查的区域，将核查区域主要安排在市级以下家电销售部门，并在淮安、镇江、泰州和南京选择销售单位实施核查。三是严格核查工作重点，重点检查市场流通领域家电下乡产品与其CCC认证获证的一致性及符合性，并收集其它违法违规信息，追踪产品生产源头，通过现场检测发现产品可能存在的质量问题，并对发现的问题进行后续处理。四是明确核查产品，重点检查家电下乡中标企

业生产的冰箱、洗衣机、彩电、电脑四大类不少于80个型号的产品。

（五）组织开展质量管理体系获证企业专项检查

根据国家认监委统一部署，9月21日～28日，国家认监委在江苏省高淳县开展“2011年第三阶段管理体系获证组织专项检查”检查组由国家认监委认可管理部生飞主任、陈悦副主任带队，来自各省市共21名检查人员分成七组，对高淳县100家获证企业进行了检查，重点核查企业基本条件、管理体系建设、内部审核开展、生产现场规范以及认证机构审核情况等多个方面。检查结果高淳县受检企业中的81%达到了合格水平。

（六）开展江苏省有机螃蟹企业紧急调查

根据国家认监委《关于紧急调查有机螃蟹相关情况的通知》的要求，江苏省质监局紧急制订本省有机螃蟹检查计划，收集江苏省获得有机螃蟹认证的生产企业信息，组织认证监管、稽查人员对南京、扬州、苏州、盐城、宿迁和泰州六市开展了有机螃蟹的专项检查和调查工作。全省共调查有机螃蟹认证企业和重点农贸市场、超市、饭店391家，充分了解了有机螃蟹市场生产、销售情况。在检查的基础上，省局进一步与进出口检验检疫局、工商局、海洋渔业局以及部分生产企业和认证机构联系沟通，并在全省范围内进行了有机认证螃蟹产品的普遍巡查。通过检查，目前在江苏省内未发现生产企业存在冒用有机产品认证证书以及标识标志的情况。

国家认监委车文毅主任带领有关负责同志，在南京召开了江苏省有机螃蟹情况调研会，车主任认真听取了关于江苏省有机螃蟹综合状况的汇报，并对江苏省有机螃蟹养殖、销售监管工作给予了充分的肯定。

（七）开展认证机构办事处专项监督检查

江苏省局对驻苏的认证机构办事机构进行了专项监督检查，重点依据《认证机构管理办法》对办事机构的综合情况进行了摸底，充分掌握了本地办事机构的综合运行情况，对不符合《办法》要求的机构下达了整改通知，责令定期整改到位，为下一步加强认证机构办事机构管理打下了良好的基础。

三、认证行政许可工作

（一）积极开展食品检验机构资质认定工作

为深入贯彻落实《食品安全法》，按照国家质检总局《食品检验机构资质认定管理办法》和国家认监委《食品检验机构资质认定评审准则》的要求，部署开展江苏省食品检验机构资质认定工作，认证处面向全省进行了多层面、多形式的宣传，形成全社会共同关注食品检验机构资质认定工作的氛围。在省局网站及时增挂了食品检验机构设立申报的宣传文件信息，以及相关法律法规，组织了食品检验机构资质认定管理办法与评审准则宣贯会议，及时向食品检验机构通报了食品检验机构资质认定的信息。

一是认真组织，积极准备，切实规范食品检验机构资质认定评审工作要求。组织食品检验机构资质认定评审员培训，研究食品检验机构资质认定评审难点和重点，就食品检验机构资质认定工作依据、资质认定对象、工作要求、现场评审等具体事项进行了确认和部署，为规范开展食品检验机构资质认定评审工作做好思想和技术两手准备。分批次、分对象对食品检验机构资质认定申请进行受理，确保审核工作有条不紊开展，截至2011年底，全省已有29家食品检验机构提出食品检验机构资质认定申请，其中23家通过评审，并获得食品检验机构资质认定证书。

二是根据国家质检总局的统一部署，为应对食品安全突发性事件，认证处按照国家认监委有关开展“食品中非法添加物检测”资质认定紧急扩项工作的要求，组织对全省系统内食品检验机构申请非法添加物检测项目的能力比对和紧急扩项评审，通过比对，共同意系统内省市质检机构14家开展“罗丹明B”检测工作，有效地解决了“罗丹明B”的专项抽查问题，另针对突发“塑化剂”事件，对6家食品检验机构实施了紧急扩项，确保应对突发事件。

（二）组织资质认定获证实验室专项监督检查工作

一是加强对全省实验室资质认定的行政监管。根据国家认监委《关于开展2011年实验室资质认定专项监督检查工作的通知》要求，江苏省质监局认真制定检查工作方案，明确检查工作重点，对全省汽车配件、手机、食品添加剂、机动车安全技术检验四大类151家获证实验室部署开展专项监督检查。省局与各市级局联合行动，重点检查了资质认定获证实验室是否存在违法违规行为、是否持续符合法定条件和管理体系是否能有效运行。通过检查，督促存在问题的实验室进行整改，进一步提升了实验室的法律意识和管理水平，确保检验工作质量。

二是开展建设工程类获证实验室专项监督检查，全年组织对全省100家建设工程类实验室的专项监督检查，旨在督促资质认定获证实验室持续满足《实验室资质认定评审准则》的要求，提高管理水平，确保检测结果的公正、准确、可靠。通过综合分析近几年来对获证实验室的监督评审结果情况，将容易发生的问题以及社会各界反映比较普遍、突出的问题作为此次专项监督检查工作的主要内容，重点是检查资质认定获证实验室有无违法违规行为、检测工作是否可追溯、检测能力是否持续保持等情况。

三是组织开展能力验证活动。为进一步提升检验机构检测能力，江苏省质监局在全省范围内组织开展获证检验机构金属材料和复混肥料检测能力验证工作，参加单位相当重视，积极参与，认真准备，全省共有71家检验机构参与了金属材料能力验证，合格率91.5%。77家检验机构参与了复混肥料能力验证，合格率98%。

（三）加强检验机构行政管理

截至2011年底，江苏省受理检验机构计量认证申请537家，安排评审495家，476家检验机构取得（或扩项）资质认定证书，部署安排了全年502家检验机构监督评审工作。完善了检验机构数据库建设，要求在检验机构领取资质认定证书前必须将有关信息录入数据库，经认证处审核后在省局网站上向社会发布。在此基础上，认证处根据政府政务公开建设的统一部署，积极做好网上行政审批工作，要求所有新申请的检验机构必须经过网上行政审批系统报送申请材料。

四、认证基础工作

江苏省质监局坚持贯彻“寓监管于服务”的方针，将认证监管与服务有机结合，做到边监管边指导，真心实意为企业服务，积极帮助企业解决存在的问题和困难。全心全意为消费者服务，严厉打击各类认证违法行为。

一是开展调研学习活动。为进一步做好江苏省有机产品示范区建设，学习、借鉴兄弟省有机产品示范区建设工作的先进经验，更好地服务于全省经济发展大局，就如何寓监管于服务之中、在服务中体现监管，把认证认可监管工作切实放入服务于社会、服务于经济发展的大局中去考虑。

二是开展“世界认可日”宣传活动。按照国家认监委《关于组织“世界认可日”宣传活动推动认证认可信息宣传深入开展的通知》要求。全省十三个市在当地新闻媒体都有新闻报道。苏州《姑苏晚报》刊登了“为企业提供高产的本地服务”，《连云港广播电视报》对认证认可知识进行了系列报道，镇江局开展了三走进报道活动，走进电视台、电台，走进商场，走进校园系列活动，效果非常明显，得到了地方政府的认可。同时要求全省各地各行业积极参与“我与认证认可十周年”征文活动。苏州市昆山质量技术监督局撰写的《强制性产品认证执法监管体系建设之体会》以及相城质量技术监督局撰写的《我与认证认可十年》等文章已上传国家质检总局。为营造“世界认可日”宣传氛围，增强全社会对认证认可知识的了解，省局在国家认监委印制《世界认可日宣传画》的基础上，专门编印了的《认证认可知识手册》20 000册，同时将两份材料邮寄给各市局，各地在机关、学校、街道等处广为张贴、发放。省局在6月6日的《江南时报》上，整版刊登了认证认可知识，向社会各届广泛宣传认证认可对社会经济的促进作用。

三是加强认证监管队伍建设。江苏省质监局为加强认证认可监督管理工作，各省辖市增设认证监管机构，设立认证认可监督管理处。为推动认证认可工作的顺利开展，尽快提高认证监管人员认证认可专业知识和工作能力，掌握监管技能，7月下旬，省局在南京开展全省系统认证认可业务培训，全省13个市局认证处处长及工作人员近30人参加了培训。

为提升基层认证认可行政监管人员执法监管能力和水平，江苏省质监局在南京举办全省系统认证认可行政监管人员培训班，重点对获证实验室、认证机构、有机产品获证企业、CCC获证企业及管理体系获证企业进行行政执法、监督检查等方面进行了培训，各市、县（区）局认证监管工作人员100多人参加了此次培训。

联合培训中心举办了8期实验室资质认定内审员培训班，帮助相关检测机构熟悉、掌握评审准则，培养资质认定管理的工作队伍，满足内部审核实施的需要。

撰稿人：谢亚东 审稿人：姚 迅

积极探索 扎实推进 有效发挥认证监管对浙江经济发展的促进作用

——浙江出入境检验检疫局2011年认证监管工作概况

2011年，浙江出入境检验检疫局（以下简称“浙江局”）按照国家质检总局、国家认监委和浙江局党组的统一部署，认真实践科学发展观，紧密结合浙江经济社会发展实际，积极开拓、勇于创新、扎实进取，取得了一定的成绩。截至2011年底，共发放出口质量许可（注册登记）证证书344家，暂停报检24家，自动失效2家，注销21家，累计有效证书980家；发放出口食品备案(注册)证书232家，自动失效46家，暂停报检33家，累计有效证书605家；向国外推荐食品卫生注册企业105家次，新获注册80家次，累计获注册594家次；办理免办强制性产品认证（CCC）证明5 693份；累计获得国家计量认证/CNAS认可系统实验室20家；备案社会实验室2家，累计备案11家；评定企业实验室16家，累计评定33家。

一、积极行动，在“双打”专项行动中全面加强认证监管工作

浙江局在“双打”的大环境下全面加强认证监管工作，突出认证监管的工作重点，取得新的成效。一是抓进口认证产品监管。组织对流通领域进口有机产品进行专项检查，共抽查销售网点50多家，进口有机产品62批，涉及12个国家和地区，查出了未加施中国有机产品认证标志的产品占93.5%，摸清了对有机产品认证制度不甚了解、口岸内地工作脱节等情况，为下一步深入开展有机产品认证监管工作探索了路子。二是抓重点认证领域监管。组织开展了管理体系认证证书有效性大检查，通过利用认监委网站信息系统，全面核查获证企业认证证书的真伪性和有效性，共抽取证书417份，发现问题证书17份。各分支局结合日常监管情况，重点抽取了92家获证企业实施现场检查，对16家涉嫌违反认证信息宣传相关规定的企业进行执法稽查，责令3家不如实宣传认证信息的企业限期整改。三是抓敏感产品监管。开展了对64家出口玩具质量许可（注册登记）企业的专项监督检查，对286批玩具产品的监督抽查，对16家出口食品备案企业的飞行检查。开展了对60家美国食品药品管理局（FDA）注册的低酸罐头和酸化食品企业的检查和清理，清理了39家失效或不符合企业，督促和帮扶21家企业进行整改提升，其中9家经验证合格被列入认监委公布的通过验证企业名单。

二、努力探索，不断加大认证执法监管工作力度

（一）开展对认证机构的飞行检查，促进认证行为规范

2011年，浙江局首次对认证机构实施飞行检查。通过“抓两头、促中间”的方式，积极探索行之有效的监管模式，通过抓认证量多和认证量少的认证机构这两头，积极引入风险分析理念，强化跟踪检查。突出监管重点，有针对性地制订证机构现场评审监管计划，将可能存在问题的认证机构列入重点监督对象。突击检查认证机构是否能够严格谨慎、客观公正地开展认证活动，重点关注认证机构认证过程的规范性，以及是否存在超范围开展认证活动等行为。2011年3月～12月，浙江局派出行政执法人员1 512人次，对90家次认证机构实施飞行检查，对387家管理体系认证企业、192家食品农产品认证企业、101家207批免办CCC认证企业开展了监督检查。通过这种监管方式，对检查发现的4家违法违规认证机构实施了依法查处，使认证机构更好地履行职责，提高了检验检疫部门执法监管的威慑力和有效性。

（二）主动作为，创新认证有效性监管新模式

浙江局在总结多年来认证全过程执法监管工作经验的基础上，积极作为，大力推进“政府主导，部门联合，行业自律”的联动模式，促进出口企业提高产品质量保证能力。首次尝试与地方政府联合建立企业管理体系认证评价与奖励机制，将浙江局对企业管理体系运行和认证有效性的检查评价结果，作为地方政府对企业认证工作奖励和经费补贴的一道前置审批环节，将浙江局认证有效性监督检查结果纳入地方评选出口产品质量奖的重要依据，以优良的出口企业引领地方产业的质量提升和健康发展，有力推进了认证有效性监督检查工作的深入、有效开展。

三、加强领导，有力推动食品检验机构资质认定工作

为把食品实验室资质认定工作真正落到实处，浙江局组织召开由240多人参加的浙江检验检疫系统实验室主任视频会议，举办食品检验机构资质认定宣贯培训班和实验室内审员培训班，进一步贯彻落实《食品检验机构资质认定管理办法》，明确食品检测实验室做好体系文件的转版、内审的工作要求。组织开展了饮料中苯甲酸、山梨酸和糖精钠含量检测的比对试验，提升食品检测实验室技术水平。在各实验室自查自纠的基础上，组织专家组对8个分支局12家实验室就贯彻落实食品检验机构资质认定情况进行专项检查，重点对实验室体系运行、人员管理、设备维护、质量控制、食品实验室与《食品检验机构资质认定评审准则》要求的符合性等方面进行监督检查。进一步强化实验室依法设立、依法资质认定、依法检验、依法出具报告、依法承责、依法监督的责任。通过积极的宣传推动，浙江局所属各食品检测实验室有70%通过了食品检验机构资质认定。

四、强化培训，努力增强认证监管人员履职本领

2011年，浙江局举办了认证行政监管、实验室管理、国外法规等6期培训班，接受培训人员480人，为新进人员、轮岗人员上岗任职提供基础培训，为业务岗位人员专业水平的进一步提升提供持续培训。加强实战本领的培养，组织开展出口质量许可、卫生注册评审员的评审能力评价工作，对全省系统22名评审组长和78名评审员进行见证评审。通过对评审员的行为规范、评审工作质量、评审技术及能力、工作协调配合等方面的客观评价，促进评审员提高业务水平、责任意识和工作水平，有效增强了认证监管人员的履职本领，建立了一支政治强、业务精、素质高的认证监管队伍。

五、广泛宣传，提高社会各界对认证认可工作的认知度

（一）成功举办“世界认可日·浙江论坛”

2011年6月9日，浙江局在杭州举办了“世界认可日·浙江论坛”，庆祝第四个“世界认可日”。浙江局全体党组成员、当地政府部门、认证机构、检测机构、获证企业及检验检疫局代表近200人参加了论坛。在此次论坛上，浙江局向评选出的16家“管理体系认证优秀企业”和16名“优秀管理者代表”，颁发了奖牌和荣誉证书，并号召获证企业以优秀企业为榜样，共同维护认证市场秩序。与会代表还围绕“世界认可日”主题进行了演讲，畅谈了认证认可在促进产品质量安全和社会经济发展所发挥的作用，交流了利用认证认可提高企业管理水平和产品质量安全的经验和体会。此次活动得到了社会各界的一致好评，《国门时报》、钱江电视台、浙江在线等媒体对此进行了专门报道。

（二）积极宣传国家质检总局141号令和142号令

国家质检总局第141号令《认证机构管理办法》和第142号令《出口食品生产企业备案管理规定》发布后，浙江局通过多种方式，积极宣贯，专门印发小册子，主动向社会广泛宣传，扩大影响；组织研究学习，领会新精神，把握新要求，审查并对外公布3家外资认证机构在浙江辖区设立办事处的备案申请。结合工作实际，制定了《浙江局出口食品生产企业备案工作规范》，为有力执行新规章打实基础。

（三）积极参加“我与认证认可十年”征文活动

浙江局积极组织系统内外人员参加国家认监委举办的“我与认证认可十年”征文活动，选送征文作品29篇，荣获“优秀组织奖”和征文三等奖。积极采编认证认可各类信息，采用率连续五年位居全国质检系统前列。浙江局以综合评分第一的优异成绩荣获2010年～2011年度全国认证认可信息宣传先进单位。

六、扎实开展认证认可课题研究和立法后评估调查工作

（一）开展 “出口功能食品备案企业风险调查”

针对出口功能食品风险高、监管制度不健全等工作难点，立题开展了“出口功能食品备案企业风险调查”，对浙江辖区31家功能食品生产企业进行了现场调研和分析，重点对功能食品的原辅材料控制、合法使用食品添加剂、法规标准的国内外差异、行政监管链的接口等现状进行摸底，为下一步完善功能食品企业备案条件，制定有效监管措施，防范行业安全风险起到积极作用。

（二）开展《强制性产品认证机构、检查机构和实验室管理办法》立法后评估工作

为践行科学立法、民主立法、开门立法，浙江局抓住了法规修订征求意见的契机，在浙江辖区开展了《强制性产品认证机构、检查机构和实验室管理办法》立法后评估工作，发放调查问卷852份，召开有地方政府部门、

从业机构、获证组织和地方两局共20多家单位代表参加的座谈会，收集社会各界对规章执行情况、实施效果和存在问题的反映60多条。在广泛调研的基础上，浙江局结合新形势、新情况，提出修改建议，为下一步修订和完善规章提供了调查基础。

七、加强对外交流与合作，促进出口贸易持续健康发展

（一）配合国家认监委举办国外法规培训班

2011年3月6日～12日，国家认监委与美国食品药品管理局（FDA）联合在浙江举办美国《FDA食品安全现代化法》研讨培训班、输美低酸罐头和酸化食品热力杀菌培训班，在企业现场开展中美低酸罐头深度技术交流活动，加深了外贸企业和检验检疫人员对美国法规的理解，架起了与美国FDA沟通的桥梁，全国检验检疫系统和相关企业共计400余人参加了培训交流活动。

（二）积极迎接和顺利通过了韩国农林水产食品部对浙江6家水产企业的检查

2011年11月6日～12日，韩国农林水产食品部水产品检查团根据2009年检查浙江省水产企业和水生动物养殖场的情况，从中选取浙江6家企业再次接受检查，这是国外官方在我国首次对检查过的企业进行现场跟踪验证。检查结果，韩方对受检的6家企业的生产规模、软硬件设施、卫生管理、食品安全防护措施等情况表示满意，对检验检疫机构监管工作有效性表示赞赏，同时也对企业在防止交叉污染等方面提出了改进意见。通过这种现场检查和交流方式，增进了双方的相互了解和信任，促进了企业食品生产安全卫生控制水平与国际接轨。

撰稿人：金映红 审稿人：章晓氡

创新制度 规范监管 深化两省一市认证认可互认合作

浙江省质量技术监督局2011年认证监管工作概况

2011年，是实施“十二五”规划开局之年。浙江省质量技术监督局（以下简称“浙江省质监局”或“省局”）紧紧围绕国家质检总局、国家认监委“抓质量、保安全、促发展、强质检”十二字方针和浙江省质监局“十五字”方针及推进“一强三大一评议”和“三个质监”建设总体部署要求，科学监管、优化服务，突出重点、狠抓落实，各项工作取得明显成效。

（一）抓规范提升，深入开展“提升认证质量，服务质量强省”和“规范检测管理，提升检测质量”活动

2011年，浙江省质监局在认真总结“百家认证机构自律，万家认证企业帮扶”活动的基础上，从2010年起开展了为期3年的“提升认证质量，服务质量强省”活动。通过召开认证监管工作现场会，组织认证技术专家进企帮扶，认证示范机构和企业创建，认证企业管理培训提升等多种方式，近百家认证机构签署了《认证机构自律公约》，近万家企业签署了《企业认证诚信承诺》，全年共组织206位认证专家对55个主导产业714家认证企业开展技术帮扶和认证服务，解决问题264个，有力提升了企业管理水平，增强了企业管理体系运行有效性，得到社会各方的高度关注和充分肯定。国家总局副局长、国家认监委主任孙大伟在2011年、2012年工作报告中两次肯定了浙江省的做法。为巩固深化检测工作整顿活动成果，提升全省检验机构检测工作质量，2011年，浙江省质监局开展了为期4个月的“规范检测管理，提升检测质量”活动，共出动执法人员以及专家4 014人次，检查检验机构1 185家，累计抽取了18 837份检验报告和原始记录、10 756份设备档案，查阅检验标准和各类制度15 790份。根据监督检查情况，对全省检验机构进行了分类，对检查发现违法行为的机构依法进行查处。全年共立案查处检验机构违法案件15起，注销75家检验机构的资质，通报批评69家。还分别召开“规范检测管理，提升检测质量”活动经验交流现场会和检验机构计量认证资质认定行风评议会议，有力促进了全省检验机构“规范提升”活动和计量认证资质评审工作的健康有序开展。此外，按照

"规范一家、审批一家"的原则，圆满完成了浙江省司法鉴定机构资质认定试点工作。截至2011年底，全省55家司法鉴定机构中有46家按要求建立了质量管理体系并已运行，占总数的70%，23家通过了资质认定。

（二）抓政策引导，积极服务地方经济社会和产业转型升级

围绕服务质量强省建设，积极推动自愿性认证各项工作。在省政府2011年出台的《关于加快建设质量强省的若干意见》和《关于进一步加强农业标准化工作的若干意见》中，浙江省质监局把建立健全质量技术支撑体系、提升产品质量管理水平、加快建立服务业质量管理体系、推进农产品质量管理体系认证等认证认可工作指标要求明确写入其中。并积极会同有关部门协调沟通，分解好认证认可各项目标任务，制定考核细则，要求各地鼓励和引导有关单位开展认证工作。全年新增通过各类认证企业2 624家，规模以上企业的质量、环境管理体系认证持证率新增4.5%。围绕国家质检总局和国家认监委年初提出"提升服务地方经济水平"和省委"双服务"的有关要求，浙江省各级合格评定监管部门深入基层企业一线，首次组织开展了认证技术专家进企帮扶活动。要求2011年内102家认证机构在浙江开展认证知识培训、座谈会、研讨会、学术论坛等现场服务原则上每家不少于2次，各市质监局原则上要组织不少于100家企业开展"一对一"、"点对面"指导帮扶活动。浙江省质监局还通过组织5月上虞认证技术专家进企帮扶活动启动现场会、8月新昌"百家企业"认证知识培训班和10月嵊州中小电机和油烟机企业质量技术帮扶活动，对300余家中小企业进行面对面帮扶，突显了认证认可为经济发展提供技术支撑和服务保障作用，受到了当地中小企业的热烈欢迎，得到省委"双服务"领导小组和省局领导的充分肯定。

（三）抓典型推动，持续推进认证执法监管试点工作

2011年，浙江省质监局首先在落实监管责任、健全工作机制上下工夫，"以认证监管机构为主导，以专职执法机构为主力，以法制工作机构为监督"的认证执法监管工作格局进一步形成。其次，通过试点单位引路，抓好工作推动。继续对4个试点市县强化业务指导和跟踪，鼓励试点单位大胆创新认证监管新方法，取得良好成效。如及时总结建德市质监局开展自愿性认证执法监管试点工作的经验，指导该局从严查处，着力打击认证违法行为，形成了一套比较有效的"重证据"、"讲道理"、"重效果"的认证执法方法。2011年，建德市入选全国首批十一个"国家有机产品认证示范创建区"，成为推动浙江省有机产业健康发展的试验田。第三，明确督察重点，强化认证执法。浙江局积极调动和发挥质监系统内部和社会各相关部门力量，重点对实施强制认证的家用电器、儿童玩具、汽摩配、低压电器、电线电缆等产品，加大了专项执法检查和举报投诉查处力度。第四，围绕强制性产品认证（CCC）产品网上贸易新动向，积极探索监管方式创新。针对淘宝网店销售未经CCC认证的家电产品的投诉（举报）逐渐增多的情况，为落实企业主体责任，浙江局会同杭州市局、西湖区局，三级联动推出了三项帮扶新举措，引导和支持淘宝网公司建立CCC认证产品内部管理和检测服务平台。

（四）抓市场监管，努力确保CCC产品质量安全和严把资质准入关

加强强制性产品认证和自愿性认证执法查处力度。重点开展了全省强制性认证产品、"平安六一"玩具产品、电线电缆生产企业和以有机产品为重点的食品农产品认证专项执法检查和整治工作，有效震慑了不法分子，维护了企业和消费者的合法权益。据统计，全年共出动认证监管执法检查人员6 332人次，检查强制性认证产品生产企业3 385家，其中立案查处182件；检查商场、超市616家，其中立案查处 7件；检查自愿性认证生产企业944家，其中立案查处20件；检查有机产品生产企业和销售企业 725家，查处认证机构和认证企业 3 起。涉案货值640万元，罚款371万元。

强化检验机构计量认证证后监管，严把资质准入关，规范检验行为。全年共受理检验机构计量认证资质的共771家，批准723家，现场不予通过3家，现场复查98家机构，对4起检验机构违法行为举报案件进行取证核实。加强能力验证工作。组织479家（次）的检验机构开展了纺织品中顶破强力、pH值、耐汗渍色牢度测定等5类9项参数的能力验证活动，有力提升了质量监督、建筑交通工程、环境监测、卫生疾控和纺织服装等行业领域的检测能力。全面开展2011年机动车安全技术检验机构资格许可普查专项行动取得了良好的效果，一些历史遗留的问题也基本能够得到有效推动和解决。扎实开展食品检验机构资质认定工作，对全省食品检验机构监管人员和110名食品检验机构的评审人员和食品检验机构相关负责人进行了宣贯和培训，建立了浙江省食品检验机构资质认定的评审员队伍，建立食品检验机构信息库并向社会公告，积极为处理食品突发事件提供计量认证技术支撑。通过证后监管，检验机构的技术能力和管理水平有了明显提升。

(五)抓创新协作,进一步深化长三角认证认可互认合作

7月20日,浙江省、江苏省、上海市质监局在浙江省嘉兴市共同召开江浙沪两省一市认证认可互认合作工作会议。国家认监委副主任王大宁等领导出席会议并作重要讲话。本着“服务经济、加强合作、深化互认、信息共享、协同发展”的原则,江浙沪两省一市质监局认证监督管理部门就进一步提升层次、拓展内涵、丰富内容、扩大合作领域,共同促进长三角认证认可工作的一体化建设等方面达成了五点合作意见,并首次启动开展了长三角食品农产品认证专项监督检查活动。7月下旬,由江浙沪两省一市质监局分别成立三个检查组,以跨省互查和联合检查等方式,对浙江嘉兴、湖州,江苏溧阳、宜兴,上海杨浦、松江等地区部分认证企业和认证机构进行检查。通过检查,促进了认证机构认证质量的提升和企业质量诚信意识的增强,进一步完善食品农产品认证监管体系,初步实现了“区域实施、齐抓共管”的新局面。认证认可宣传力度进一步加大。认真做好6月9日“国际认可日”为重点的系列宣传活动,正式发布了浙江省首个合格评定事业发展专项报告《浙江省合格评定事业发展蓝皮书(2006年~2010年)》,有力提升了合格评定工作的社会影响力。浙江省质监局还被国家认监委评为2010年度信息宣传工作先进单位。

撰稿人:郦 东 审稿人:陈振华

抓质量 保安全 促发展

——宁波出入境检验检疫局2011年认证监管工作概况

2011年,既是国家“十二五”开局之年,也是宁波出入境检验检疫局(以下简称“宁波局”)认证监管工作深化之年。2011年,宁波局按照全国认证认可工作会议要求,围绕“抓质量、保安全、促发展、强质检”核心任务,深入思考认证监管工作切入点、深入分析认证监管工作漏洞、深入探讨认证监管工作成效;努力创新认证监管工作模式、努力改进创新认证监管工作手段、努力拓展创新认证监管领域,不断适应国家产业结构调整和产业发展需要。

一、严把市场准入,服务出口企业发展

宁波局通过努力提升工作质量和工作效率,严把市场准入关,不断提升出口产品质量、服务出口企业发展。截至2011年底,宁波局共完成对118家出口许可证企业的工厂审核和证书发放、变更工作,相比2010年同期增长143%,其中包括76家玩具企业、16家危包企业、7家轻工企业和19家机电企业。截至2011年12月,宁波地区共有正式出口许可证获证企业312家。

组织实施了对67家出口食品生产企业的考核评审工作。截至2011年12月,宁波地区共有出口食品备案企业148家,2011年新增备案企业5家,取消备案资格企业6家。

通过强制性产品认证(CCC)免办电子审批系统在宁波地区的全面推广,CCC免办申请批次逐步增多。截至2011年底,宁波局共计签发CCC免办证明480份,与2010年同期相比增长13.4%;出具CCC目录外确认报检联系单126份。

二、立足依法行政,逐步规范工作程序

完善的规章制度是做好工作的前提和保障。为全面做好认证监管工作,充分发挥出口商品注册登记工作的市场准入作用,宁波局经深入调研对《宁波地区出口商品注册登记与危包质量许可管理工作实施细则》进行了不断完善,陆续出台了《出口商品注册登记审核员管理规范》、《出口商品注册登记企业质量保证能力审核规范》等工作规范,进一步明确了工厂审核工作的相关要求,规范了对审核员队伍的管理。通过不断完善制度建设,推动出口商品注册登记工作迈上新台阶。

三、强化队伍管理,开展岗位能力培训

为了持续加强认证监管队伍建设,培养和造就一支高素质的审核员队伍,不断提升监管能力和工作水平,保证出口商品注册登记工厂条件审核效果,宁波局把学习

作为有效履职的基本前提，把培训作为提升能力的重要手段，根据年初计划和重点工作安排分别于5月和6月组织举办了2期出口商品注册登记与危包质量许可审核员岗位能力认定培训班，共有108人参加了培训。通过此次培训，进一步提高了宁波局认证监管工作人员的业务能力和执法水平，统一了行政执法的目光，规范了审核工作的具体做法，为今后做好出口商品注册登记管理工作打下了坚实的基础。

四、发挥监管职能，打击违法违规行为

（一）在认证认可领域开展“双打”

一方面做好获证企业的监督管理。宁波局要求各执行机构严格做好辖区内出口商品注册登记获证企业的日常监督管理，制订并报送年度监督审核计划，在监督审核中除关注企业是否持续符合许可证相关要求外，还需重点关注企业的证书使用情况，是否有伪造、冒用、借证、证书超期、超范围使用以及未及时申请变更等违法违规情况。在本次“双打”行动中共完成对51家企业的监督审核工作，出动执法检查人员120余人次。另一方面强化入境验证工作。要求各口岸部门加强货证核查的抽查力度，加大对手机、汽车配件、家电、玩具等CCC认证产品的货证核查抽查比例，重点关注伪造或冒用他人厂名厂址、认证标志，超期、超范围使用强制性产品认证证书等行为；同时组织人员抽查通过申请免办证明入境的产品，做好CCC免办产品的后续监督工作，累计抽查24批次，出动执法人员48人次。

（二）开展管理体系认证有效性检查

为进一步规范认证行业健康有序发展，充分发挥管理体系对企业产品质量、环保、健康安全控制的基础保障作用，宁波局充分发挥认证监管职能，开展了2011年度出口企业管理体系认证有效性监督检查工作，以检查宁波地区各类管理体系(QMS、EMS、OHSAS)获证企业体系运行状况为切入点，对在宁波地区从事认证活动的各认证机构、咨询机构、从业人员、获证企业开展认证监管。一方面充分利用国家认监委的自愿性认证执法监管信息系统，从系统中认证机构上报的当前认证活动中选取本辖区待审核的出口企业，于审核期间赴现场抽查见证，并将检查结果在系统中报送。另一方面要求各地局结合对辖区内企业的日常检验检疫、注册登记审核、卫生注册管理、退货和国外通报调查、型式试验和周期实验结果及其他专项监督检查结果，选取部分管理体系获证企业实施认证有效性监督检查。截至2010年底共完成对48家企业的认证有效性检查。

（三）开展入境CCC获证产品监督抽查

为充分发挥强制性产品认证对产品质量安全的监督保障作用，加强入境产品的监督管理，根据国家认监委的有关要求，宁波局组织开展了强制性产品认证获证产品监督抽查工作。在国家认监委划拨专项抽查经费的基础上宁波局从财务预算中另拨5万元专项配套资金，支持此次监督抽查工作。按照宁波局6月份发布的抽查方案，在各相关部门的紧密配合下，通过口岸拦截和市场采购等途径，共计抽查各类进口CCC产品13批次，其中玩具8批次，汽车零部件4批次，小家电1批次。经送检，宁波地区进口CCC产品本身质量都能符合相关标准的要求，企业也能按我国相关要求取得CCC证书。但检测中也发现了进口玩具无中文说明书和标识、CCC证书已注销但产品仍在销售等问题，宁波局对相关企业进行了政策宣贯，并督促企业尽快落实整改。通过此次抽查进一步维护了强制性产品认证制度的严肃性和有效性，明确了今后的监管方向。

（四）创新监管工作方式，建立监管新机制

2011年，根据宁波局对出口食品备案/注册企业后续监管工作计划安排，建立由日常监管、定期监管、不定期监督组成的各有侧重、灵活有效的监督管理体系。充分发挥各执行部门主动性和基础作用，日常监管、定期监督工作整体由执行部门组织实施，宁波局组织做好对后续监管的督查工作和对企业的重点抽查验证工作，充分发挥认证监管的职能作用。

（五）发挥执行部门的积极性，进一步落实监管责任

为确保监管工作的有效实施，要求各执行部门对每一家出口食品备案/注册企业指派一名具备《质量许可和卫生注册登记评审员管理办法》和《进出口卫生注册评审员注册管理细则》规定的基本条件的检验检疫工作人员(即注册监管负责人)，负责对备案/注册企业的监管。日常监管方面，要求注册监管负责人结合出口食品检验检疫的现场检验、查验等工作，生产季节每月应至少对负责企业进行1次日常监督检查，注册监管负责人如发现企业存在影响食品安全的重大问题，应在3个工作日内填写《出口食品生产企业日常监督管理记录》上报宁波局。定期监管方面，要求各执行部门根据出口食品生产企业类型及生产季节性特点，制定书面的监督检查计划，重点加强对对外注册企业及六大类需危害分析与关键控制点（HACCP）体系认证验证的监督检查。

（六）整合检验检疫资源，实施“一站式”检查

本着在“把关中服务”的理念，为避免重复检查，

减轻企业负担和优化整合检验检疫资源，在继续做好出口食品备案监管工作的基础上，整合食品安全整顿、认证有效性检查(食品农产品认证监管)、分类管理年度监督检查等内容，实现对出口食品备案/注册企业的"一站式"检查，推进出口食品备案/注册企业监督管理工作的全面有效实施。

（七）加强风险分析，发挥注册备案监管工作的基础性作用

根据年初制定的后续监管工作方案，宁波局于10月中旬起对各执行部门2011年的出口食品备案企业后续监管工作质量展开督察。纵观2011年宁波地区监管总体情况，各执行部门能切实按照监管计划要求，制定本辖区的年度监管计划并认真做好后续监管工作。截至2011年底，对148家企业全部完成后续监管。

监管中发现出口企业主要存在企业管理水平、人员素质和生产规模不匹配，企业人员培训不到位，企业实验室自检自控能力较弱等问题。针对这些问题，宁波局积极加强监督指导，帮助企业建立完善的质量档案，督促企业完善内审制度，要求企业管理层定期对质量档案和体系文件实施审查，规范产品质量档案，达到对质量问题可追溯的效果；提升企业管理者卫生防范意识，加强企业人员卫生意识培训，落实企业卫生质量体系监督机制；督促企业加强硬件改造，完善必要卫生防护措施；同时，帮助企业完善食品安全防护计划，使食品安全防护计划切实可行，起到实效。

五、强化四个"提升"，做好免办审批工作

宁波局围绕四个"提升"认真做好进口CCC产品的审批和签发工作。一是提升服务意识，做好对企业的咨询服务。针对企业尤其是首次申请CCC免办的企业由于对政策、流程、要求等的不了解而容易产生的种种疑问，在局网站及时发布、更新《CCC免办申请指南》、《2011年强制性产品认证参考目录与HS编码对照表》等信息，同时公开多部电话和网络在线咨询，进一步做好对企业的服务。二是提升业务技能，提高CCC免办工作效果。为提高CCC免办工作效果，宁波局要求免办工作人员首先要全面掌握相关文件要求，以便能对企业的申请快速做出正确判断；其次，要熟练使用CCC免办电子审批系统的各项功能；再次，针对免办工作的多样性，通过加强业务人员之间和兄弟局之间的探讨与交流，逐步提高业务水平。三是提升工作效率，为企业节省时间。CCC免办电子审批系统的使用大大提高了免办的工作效率。宁波局将CCC免办的办理时限一缩再缩，使其平均审批工作时限从2010年的2.5个工作日缩减到1.88个工作日。四是提升核查力度，确保免办工作的有效性。一是要求相关口岸加强入境CCC货物的货证一致性核查的抽查力度；二是定期督促未及时办理核销的企业尽快办理核销；三是加强后续监管，抽查企业在免办产品的申请和使用过程中是否存在违法违规现象。

六、积极稳妥地发展对外注册工作，帮扶和促进地方经济和"三农"经济的发展

对外注册工作是卫生注册登记工作的重中之重，遵照国家质检总局、国家认监委的要求，严格风险评估、严格审查，成熟一家，发展一家，巩固一家，主动服务地方经济和"三农"经济，积极稳妥地发展对外注册工作。

2011年新推荐企业对外注册共30家，其中对印尼注册企业18家，对美注册低酸罐头企业5家，对越南注册企业2家，对巴西注册企业2家，对欧盟注册企业1家，对俄罗斯注册企业1家，对韩国注册企业1家，相比往年有大幅度的提升，实现了量上的飞跃。完成了宁波新弘食品有限公司等7家企业对美国食品药品管理局（FDA）注册的危害分析与关键控制点（HACCP）体系认证验证工作。通过多年的努力，截至2011年底，宁波地区共发展对外注册企业104家，其中获得对美注册资格22家，获得对欧盟注册资格13家，获得对韩注册资格28家，获得对俄罗斯注册资格10家，对日注册资格1家，获得对加拿大注册资格2家，对越南注册资格7家，对新加坡注册资格1家，对巴西注册资格2家，对印尼注册资格18家，有力地促进了宁波地区食品农产品出口贸易的发展。

七、认真组织做好宁波地区输美低酸罐头和酸化食品生产企业验证工作

根据国家认监委相关要求同时结合宁波地区特点，统筹部署，通过五项措施完成并做好输美低酸罐头和酸化食品生产企业的验证工作。一是制定监督检查方案，确定检查范围，统一工作程序，明确检查要求。二是组织相关检验检疫人员和企业卫生质量负责人认真学习理解出口食品卫生注册等有关规定和美国21CFR 108、110、113和114等法规要求，督促企业按要求组织生产和管理，落实食品安全主体责任。三是组织各相关业务执行机构对所辖地区出口低酸罐头和酸化食品生产企业进行调查摸底，全面、及时了解企业的基本情况。四是认真组织并选派专家组按照美国21CFR 108、110、113和114等法规要求，结合HACCP验证评审及监督检查工作，对企业进行符合性验证评审，其中因卫生标准操作程序（SSOP）执行不符合要求、对FDA相关法规理解执行不到位、无法提供热分布检测和热渗透试验报告等原因取消部分企业输美资格。五是组织协调局相关职能部门对

推荐企业在符合性验证评审的基础上再次进行监督抽查，严格把关，对抽查中发现不能持续符合输美相关法规要求的企业取消推荐。经验证评审，宁波地区现阶段共有5家输美低酸罐头和酸化食品生产企业符合对美出口要求，有力地保障了对美出口食品安全。

八、开展《美国食品安全现代化法》宣贯培训工作

《美国食品安全现代化法》已于年初颁布，作为美国食品安全监管体系70年来的最大一次调整和改变，该法从强化食品企业注册、加强对企业的监督检查、要求所有企业建立实施HACCP体系、采信第三方认证机构的审核结果等多个方面对《食品、药品和化妆品法》进行了修订和补充。为帮助一线检验检疫人员和监管人员充分了解新的法规变化，研讨法规变化对注册备案监管及检验检疫工作的影响，帮助指导企业采取相关应对措施。宁波局于5月份全面开展对《美国食品安全现代化法》的培训工作，对该新法作了宣贯及深入解析，全系统40余人参加培训。

九、全面做好出口食品备案相关工作

1.征求意见

根据国家认监委要求，宁波局就《出口食品生产企业备案管理规定》相关配套文件广泛征求意见，并组织局有关部门和出口食品卫生注册专家对配套文件进行专题研讨，结合出口食品卫生注册工作经验，提出宁波局的专业意见和建议。

2.宣贯培训

8月，宁波局组织召开优秀卫生注册评审员注册监管工作交流会，共召集宁波局优秀卫生注册评审员以及相关处室主要负责人共20余人就《出口食品生产企业备案管理规定》进行了先期学习。为做好新法规的普及宣贯工作，分别对出口食品生产企业和备案评审员进行培训，学习领会新法规精神，统一部署备案及后期监管工作。

3.组织协调

《出口食品生产企业备案管理规定》（总局第142号令）于2011年7月颁布，从10月1日起正式实施，同时原《出口食品生产企业卫生注册管理规定》（总局第20号令）废止。为顺利完成新旧规定的交替更新，宁波局周密部署，内外并重，充分准备：一方面做好对企业的告知工作，通过宁波局网站公布新规定以及配套文件，供企业查询下载；编写印制《出口食品生产企业备案指南》，分发各执行部门出口食品备案受理窗口，方便企业领取；另外，通过公布联系电话、邮件等方式，随时接受企业咨询，为企业答疑解惑。

十、检企沟通，帮扶企业发展

1. 政策宣传到户

“兵马未动、粮草先行”，为扶持企业发展，帮助企业成功申请国外注册，宁波局积极做好法律法规及相关要求的宣贯工作，一方面，实施以点对面的普及工作，如面向象山地区27家出口食品生产企业，举办国外注册检企座谈会，全面助推国外注册工作。通过授课讲解，检企互动交流的方式，帮助企业了解国外注册的流程、规定及其他相关要求。除此之外，通过宣传国外注册的优势所在，鼓励推动企业积极发展国外注册，促进企业软硬件、自检自控水平提升，确保产品质量安全。另一方面，为帮助企业顺利通过注册考核关，对企业质量管理人员开展点对点的培训，帮助企业切实了解掌握国外法律法规要求，提升质量管理能力和水平。以象山南方水产食品有限公司为例，该企业有意向欧盟申请对外注册，但企业无论从软件还是硬件上距离欧盟要求还有不小的差距。针对企业现状，宁波局从政策法规入手，对企业品管人员进行指导培训，并通过安排企业自学、专家现场指导以及考试验收等一系列环节，帮促企业人员熟悉法规，夯实理论基础，提升自检自控能力。

2.开展针对性检查

为体现国外注册考核的特殊性和针对性，宁波局一方面组织专人对国外法律法规进行深入学习，总结归纳注册特殊要求，另一方面，通过派遣有经验有资质的评审专家，对企业实施动态考核。以推荐向印尼注册的水产企业为例，通过事先研究印尼水产品法律法规，概括出产品容器的冰水排放设施、原料寄生虫感观检验等几个检查要点，并在现场考核时加以重点关注，提高了对外注册检查的针对性以及考核检查的工作效率。

3.检验监管紧密结合

为了保证宁波地区对外注册企业推荐质量，确保企业持续符合注册国要求，宁波局从日常监管和检验检疫工作入手，融入国外特殊要求，“控源头、查生产、检产品”，加强生产全过程管理，关注企业不符合项“闭环”整改落实情况，确保宁波地区出口食品质量安全。

4.提前介入，深入帮扶

为帮助企业科学设计，规范建造，合理布局，宁波局大力推进提前介入工作，即食品企业新建或改造前，宁

波局组织相关部门及专家，根据注册规范和生产工艺标准，对企业图纸提前介入审核，审查图纸是否合理，是否符合相关要求，同时深入企业进行现场指导，为企业出谋划策。截至2011年底，有7家出口食品企业通过提前介入审核工作，投入生产改造，通过此项工作的开展，使企业少走弯路、少花冤枉钱，同时促进宁波地区出口食品企业逐步走向整体规范，软硬件一流，引导并逐步形成宁波局对外注册水平走向全国前列的良好趋势。

十一、不断加强认证认可信息宣传

宁波局在认真完成各项工作任务的同时，紧密围绕年度工作重点，虚实结合、上下联动、内外兼顾，全面加强信息宣传工作，针对“双打”、“质量月”、入境CCC抽查等专项行动和“3·15” 消费者权益日、“6·9”世界认可日等重要活动，及早策划，突出亮点，开展宣传。在2010年成功组织“认证认可与信息化”征文活动的基础上，2011年在认监委成立十周年之际，宁波局又认真组织参与了“我与认证认可十年”征文活动，获得了宁波地区社会各界的踊跃参与，经挑选，已选送9篇优秀征文报至国家认监委。通过一系列的深入宣传，逐步引起社会各界对认证认可事业的更加关注，有效发挥出信息宣传在提高认证认可的社会影响力、推动认证监管工作开展、树立检验检疫良好形象等方面的重要作用。

十二、做好外商投资认证机构办事机构备案工作

对2011年9月1日起施行的《认证机构管理办法》，宁波局快速反应、积极应对。一是对该办法组织了学习、探讨，对各项要求做了部署。二是组织了相关人员对该办法进行了学习、宣贯。三是根据该管理办法要求，做好外商投资认证机构办事机构备案工作并制订备案配套表格，截至10月底，已有3家办事机构完成备案工作。

撰稿人：郭德淮 审稿人：蔡文彪

加强理论学习 严格食品监管 服务地方经济

——安徽出入境检验检疫局2011年认证监管工作概况

2011年，在国家质检总局、国家认监委的正确领导下，安徽出入境检验检疫局（以下简称“安徽局”）认证监管工作坚持贯彻科学发展观，以“以质取胜、创先争优”活动为契机，紧密围绕国家质检总局“抓质量、保安全、促发展、强质检”的总体要求，严格贯彻执行国家质检总局、国家认监委2011年的工作部署和总体要求，较好地完成了各项工作。

出口食品生产企业备案。全年共对75家出口食品生产企业进行了备案，截至2011年12月底，安徽局辖区共有257家有效出口食品备案企业，其中备案（注册）企业185家，备案（登记）企业72家。

出口质量许可证。发放出口产品质量许可证书54份，现有效证书187份。

备案基地。对42家出口植物源性食品原料基地和1家出口蜂产品养蜂基地进行了备案，现有效出口植物源性食品原料种植基地130个/53.16万亩；出口蜂产品养蜂基地备案17个/35.01万群。

民品入境验证和强制性产品认证（CCC）免办。民品入境验证142批，货值467万美元；出具免办证明240份，货值6 042万美元。

认证活动监管。在各分支机构和业务处室的共同努力下，开展了管理体系和食品农产品认证有效性执法检查，全年派出监管人员360余人次，检查企业160多家；通过在流通领域抽取样品的方式，对3类进口CCC获证产品进行了抽样检测。

其他方面。对1家社会实验室进行了资质综合认定；对1家外商投资认证机构在安徽行政区域设立办事机构进行了备案审查。

一、加强理论学习，努力提高人员素质

安徽局按照国家质检总局和国家认监委的统一安排，紧紧围绕国家认监委《2011年认证认可工作要点》，加强政治学习。集中组织学习了胡锦涛总书记“七一”讲话精神、十七届六中全会和全国质检工作会议、全国认

证认可工作会议精神，重点组织学习了支树平局长在全国质检系统半年工作总结会议和视察安徽局时的讲话，广泛开展“破题建言，共谋发展”大讨论，从理论上、方法上、措施上深入探索如何提升认证监管工作质量，为开创认证监管新局面建言献策。

安徽局2011年先后派员参加了国家认监委举办的管理体系认证市场监管工作会议、强制性产品认证获证产品与企业监管系统全国推广工作会议、认证机构行政审批专家培训班和美国食品药品管理局（FDA）低酸罐头和酸化食品培训、《美国食品安全现代化法》研讨及培训、出口果蔬汁产品、食品防护计划等培训，系统学习了认证监管方面的业务知识，为提高认证监管工作质量奠定了基础。

二、严格出口食品监管

（一）加强食品添加剂监管检查工作

在国务院要求严厉打击食品非法添加行为，切实加强食品添加剂监管后，安徽局将严厉打击食品非法添加和滥用食品添加剂专项工作作为2011年度出口食品原料基地监督检查和出口食品备案企业定期监管的一项新增内容，加大了对非法添加和滥用食品添加剂的监管力度，督促企业落实食品安全主体责任，牢固树立食品生产安全防护意识。

（二）加强有机认证食品的监督检查

近年来，社会各界对伪造、冒用、超期、超范围使用有机产品认证证书、认证标志和违规认证、咨询、数据不可查询等问题反映强烈，在社会上造成了恶劣影响，根据国家认监委要求，安徽局制定了开展有机认证获证企业的“拉网式”检查的工作方案，要求各分支机构和业务处室在2011年食品农产品认证行政监管的基础上，根据各自分工，开展对辖区内已获有机认证的出口企业的监督检查工作，较好地完成此项工作。

（三）加强对注册企业的监督管理工作

根据国家认监委有关要求，2011年初，安徽局下发了2011年度出口食品备案企业的定期监管计划，对141家备案（注册）企业安排了193次定期监管任务，具体落实到监管单位和监管负责人，并严格要求了监管频率和时间，对定期监管的内容、具体要求、注意事项和监管记录也一并做了要求，并对定期监管情况进行了专项督查。

三、强化认证监管，严格市场准入制度

（一）进一步加强管理体系和食品农产品认证行政监管工作

本着建立健全长效机制，将行政监管工作日常化，提高行政监管的科学性、有效性和权威性，更好地维护消费者和获证企业合法权益，更好地为社会经济发展大局服务，安徽局编制了2011年管理体系和食品农产品认证行政监管工作计划，有针对性地开展管理体系、食品农产品认证的执法检查工作。

（二）改进提高出口食品备案企业的监管力度

安徽局对近几年来各分支局和检验处室开展日常监管工作中出现的问题进行了总结，并对2011年监管工作提出了具体要求：一是按照10%的比例实施异地监管；二是对输美水产品由认监处组织专家进行危害分析与关键控制点（HACCP）体系认证官方验证；三是要求监管单位对备案企业食品添加剂使用和食品添加剂生产企业进行重点监管。每月定期公布上月监管任务的完成情况，布置下月监管计划的要求，派员参与定期监管任务的执行等。同时，安徽局还对监督管理工作质量进行了专项督查。

（三）加大出口质量许可证年度监管力度

在2011年初召开的安徽检验检疫系统认证监管工作会议上，安徽局对出口质量许可证的年度监管提出了明确要求，制定了年度监管方案。在各分支机构、业务处室的大力配合和积极努力下，年度监督审核工作取得了明显突破，对质量管理等不能持续满足规定要求的企业暂停或注销证书，全年共暂停、注销证书各3份。

四、采取多种措施，促进地方经济发展

（一）加强对外注册企业推荐工作

根据部省合作备忘录有关促进安徽优势特色农产品扩大出口方面的要求，安徽局积极推荐辖区内有关出口食品、农产品企业对外注册。2011年，经安徽局组织专家现场评审合格的有3家水产企业、1家肠衣企业、1家罐头企业分别向美国、欧盟、俄罗斯、巴西、韩国推荐注册，安徽局辖区内共有42家次出口食品备案企业获得了国外卫生注册资格。

（二）开展针对性培训，努力提高企业管理水平

针对安徽省出口玩具的具体情况，经过周密策划和精心准备，举办了2期出口玩具质量许可证内审员培训班。为使培训班达到预期效果，安徽局精心选定培训教材、编制课件和练习题，采用了课堂讲解、课上互动、课后练习、分组讨论和考试相结合的培训模式。来自安徽省出口玩具一线的有近200名质量管理人员参加了培训，培训教师认真授课、答疑，广大学员带着问题学，培训效果显著，受到了所有学员的一致好评。

合肥大陆马牌轮胎公司是合肥市重点招商引资项目，由于生产设备主要来自国外，需要大量的进口备件和维备件，而该公司由于新成立不久，业务人员对我国的强制性产品认证制度了解不够，导致涉及CCC认证的零部件在进口报关、后续处理上出现较多问题。为了解决上述问题，安徽局采取送政策、送培训到企业的方式，对企业进出口业务、仓储和工程维护等方面的人员开展了专门的培训和交流，使企业认识到遵守强制性产品认证的法律法规的重要性，使企业完善了进口零部件的报检通关和后续监管的各项制度。

（三）完善认证监管信息化工作

在国家认监委的统一部署下，安徽局先后采用了出口食品生产企业备案信息化系统、免于办理强制性产品认证审批系统和认证市场监管信息化系统，为认证监管信息化做了大量工作，从而方便了申请企业，缩短了发证时间，节省了企业办理费用。

五、其他工作

1.积极推进出口食品农产品质量安全示范区建设

为了贯彻落实省部合作备忘录的要求，巩固推广砀山出口果蔬质量安全示范区建设经验，进一步推进出口质量安全示范区建设，安徽局克服人数少、任务重、协调难度大的困难，在各部门的大力配合下，成功协调召开了安徽省出口茶叶质量安全示范区建设（休宁）现场会，完成了会议前期准备工作，会议期间承担了会务工作。休宁出口茶叶质量安全示范区已被国家质检总局认定为全国第二批典型重点示范区。

安徽局起草的《关于加快推进出口食品农产品质量安全示范区建设的意见》，以安徽省政府办公厅名义出台，并成立了由安徽局牵头的促进出口食品农产品质量安全示范区建设工作领导小组，明确省直各有关部门推进示范区建设的职责和任务。这些工作得到了国家质检总局、省政府和企业的充分肯定。

2.组织召开了2011年度认证监管工作会议

对2011年认证监管工作做出了全面安排，并采取以会代训的方式对全局40余名监管人员进行了认证监管培训。

3.开展“世界认可日”活动

2011年6月9日，联合淮北市人民政府在淮北市举办安徽“世界认可日”主题宣传现场会，来自政府、企业和新闻媒体等共80余人参加了会议。

4.承办了认监委在合肥举办的输美低酸和酸化食品培训班

这次会议全国有近100人参会，会务工作和接待任务繁重，通过全局精心准备，认真工作，圆满完成任务，受到国家认监委领导的好评。

5.制定了安徽局出口食品、农产品生产企业宣传教育培训方案（2011年～2015年）

根据这个培训方案，2011年11月完成了南方片企业有关法律法规的培训工作。

撰稿人：于亚军　审稿人：吴忠仁

夯实基础 严格把关 提高认证监管的有效性

——安徽省质量技术监督局2011年认证监管工作概况

2011年，安徽省质量技术监督局（以下简称“安徽省质监局”或“省局”）认真贯彻国家质检总局和国家认监委的工作部署，认证监管工作以“抓质量、保安全、促发展、强质检”为工作方针，强化认证认可监管的有效性，抓好卫生注册登记评审员队伍建设，使得安徽辖区的认证认可工作取得明显成效。

一、资质认定管理工作

（一）推进食品检验机构资质认定换证评审工作

1.及时组织宣贯学习和培训

为确保食品检验机构尽快了解有关规定和要求，推动工作的迅速展开，先后举办了3期宣贯培训班，培训了全省各市局食品检验机构监管人员、食品检验机构的主要负责人和质量管理者近300人。

2.加强食品检验机构评审员及教师队伍建设

一是挑选4名拥有丰富现场评审知识和评审经验专业技术人员，推荐参加国家认监委组织的“食品检验机构资质认定评审员暨师资培训班”，做好师资储备；二是结合全省资质认定评审员到期换证时机，组织开展食品检验机构资质认定评审员培训考核，共有108人取得食品检验机构资质认定评审员资格。

3.组织编制《食品检验机构现场评审要点》

为提高评审质量，规范食品检验机构资质认定现场评审的行为，组织编制了《安徽省食品检验机构资质认定现场评审要点》管理规范，并经过评审组长工作例会的讨论修改后，发布试行。

4.布置开展系统内技术机构的调查摸底工作

为了解系统内市县级食品检验机构能力现状，组织开展了本省市县级技术机构食品检验能力的调查工作。一是编发《食品检验机构检验能力调查表》，组织收集相关数据；二是抽取了肥西、濉溪、霍山、绩溪等技术机构现场调查核实，了解技术机构落实评审准则的进度，听取基层单位的意见。通过对上报数据的比较分析，对市级技术机构和县级技术机构的食品检验能力、人员专业现状以及存在的问题有了较为清晰的了解。对于今后进一步提升系统内基层食品检验机构的检验能力提供了较为权威的调查结果。

5.及时开通食品中非法添加物和易滥用的食品添加剂资质认定绿色通道

为确保安徽省相关实验室在涉及卫生部公布的“食品中非法添加物和易滥用的食品添加剂检测名单（第1～6批）”的检验项目上具备法定资质，能够及时开展上述检验任务，按照国家认监委统一部署，迅速落实有关工作。一是迅速通知各市质监局将国家认监委文件内容通知辖区实验室，指导实验室确认检测能力、帮助做好填报申请。二是对于需要新增检测项目，应对突发性事件的实验室申请，采取临时资质认定措施。通过组织有关专家进行预先验证的方式，确保实验室新增项目在最短时间内开展检测工作。三是及时公布已取得国家级和省级资质认定、可开展“食品中非法添加物和易滥用食品添加剂”检测的检验机构信息，方便社会查询和使用。

6.加强食品检验信息化建设工作

一是建立食品检验机构资质认定获证实验室基础信息数据库。充实包括技术负责人、授权签字人等关键人员等获证实验室的大量信息，实行动态管理。对一次性采集录入的数据实行多层面多类别统计分析处理，提升食品检验机构资质认定的信息管理水平。

二是通过省局网站，及时发布《食品检验机构资质认定管理办法》、《食品检验机构资质认定评审准则》等法规、技术规范以及配套表格材料，方便社会各界了解此项工作的进展情况，熟悉掌握申请从事食品检验工作的具体规定要求，推动食品检验机构资质认定工作的顺利进行。

（二）提高评审质量，创新证后监管模式

1.完善制度，加强管理

先后制定《关于加强实验室资质认定现场评审管理

工作的意见》、《安徽省实验室资质认定现场评审观察员管理规定》、《安徽省资质认定评审报告编制指南》等管理办法，规范实验室现场评审观察员工作行为、明确责任、堵塞漏洞，严格评审现场管理，切实降低行政许可风险。同时，制定《认评处评审档案管理规定》，对照国家认监委和省局关于档案管理的要求，加强管理。对实验室应存档的资料进行全面整理，并实行专人负责制，严格资料调阅管理，定期核查，确保档案完整。

2.开展实验室资质认定专项监督检查

按照国家认监委《关于开展2011年实验室资质认定专项监督检查工作的通知》（国认实函[2011]103号）部署，7月～10月，安徽省局组织开展了全省实验室资质认定专项监督检查工作。检查内容为：一是着重检查资质认定获证实验室是否存在违法违规行为，是否持续符合法定条件和管理体系，是否能有效运行；二是检查市级质监部门资质认定工作的质量。

在自查自纠基础上，省局组成8个检查组现场检查，共计抽查了全省17个地市的72家实验室、5个市级质监局。

抽查表明，省内已获证实验室法人地位基本清晰；检测人员和检测设备基本满足工作要求；能够按照批准的能力范围开展工作，检测活动基本规范；未发现超范围检验等违法违规现象，检测能力得到基本保持。但同时，部分实验室还存在管理体系运行的有效性不够等二个方面的问题。

在本次专项检查中，芜湖市产品质量监督检验所、巢湖市居巢区建设工程质量检测中心等2家实验室因诚信守法文明服务，制度建设和质量体系建设完善，日常管理规范，有效控制检验质量，省局予以表扬。同时，对无为县疾病预防控制中心等4家实验室部分检验能力不能维持，决定调整该实验室资质认定证书附表，撤消其相关项目。

3.组织开展能力验证

2011年，继续在风险较大、影响公共安全和百姓生活、社会关注度较高的领域开展了实验室能力验证工作，共开展了复混肥料中缩二脲含量检测等9类项目参数的能力验证活动。

本次能力活动得到了全省获证实验室的高度重视，共有669家（次）的实验室报名参加，达到并超过已获证实验室的50%。能力验证范围覆盖了质量监督、建筑建材、公路交通、地质勘探、农业粮油、环境监测、 食品药品、纺织服装和水利工程等行业领域。

能力验证的结果表明，全省获证实验室的总体检验能力、相关项目参数的技术人员能力和检测设备的性能继续符合标准要求。同时对项目参数技术能力和工作质量不能满足的个别检测机构，要求在规定的期限内完成整改。

4.实行获证实验室分类监管

对全省获证实验室实行省市分类监管，科学划分监管范围，明确职责，重点加强获证实验室的监督评审管理、投诉调查等工作，继续落实省局《于实验室资质认定监督评审工作有关事项的通知》（皖质办函[2010]120号）要求，继续实行零报告制度。

5.定期召开评审组长和骨干评审员座谈会

重点解决现场评审中发现的专业问题、疑难问题，统一评审尺度。2011年，已先后召开3次会议，并同时邀请省局法规处领导进行讲课，时刻提醒和要求评审人员，保持良好的职业道德、严格遵守行为准则。

6.完成实验室资质认定评审员换发证工作

按照国家认监委《实验室资质认定评审员管理办法》（国家委2007年第24号公告）的规定，组织全省实验室资质认定评审员到期换证培训考核，并根据实验室检测范围扩大和项目发展的需求，补充、吸收一批责任心强、职业素养高、经验丰富、专业熟悉的人员通过严格考核选入评审员队伍，实现评审人员的专业资源对所申请项目的覆盖。

二、机动车安检机构监管工作

（一）总体情况

1.设置规划及实施情况

按照《安徽省机动车安全技术检验机构中长期（2009年～2013年）设置方案》，全省规划设置安检机构111家，共设180条汽车检测线、124条摩托车检测线。

截至2011年底，已设立安检机构87家、共设113条汽车检测线、70条摩托车检测线（其中含汽摩一体线22条），规划新增安检机构5家。

2.许可情况

已设立的87家安检机构中，已完成许可并取得资质认定及资格许可证书的机动车安检机构共82家，占比95%。未取得许可的机构芜湖市吉安机动车检测有限责任公司、繁昌县安保机动车安全技术检测有限责任公司、安徽省黟县平安机动车检测站、和县畅安汽车服务有限责任公司均已停业；另有青阳县九华车辆检测有限责任公司曾取得许可、后被撤销。

（二）监管工作情况

1.国家质检总局对安徽省安检机构抽查情况

根据《关于开展机动车安全技术检验机构资格管理工作检查的通知》（质检监函［2011］45号）要求，国家质检总局检查组于2011年8月25日起对安徽省10家（合肥、芜湖、马鞍山、黄山、滁州5市各抽查2家）安检机构进行了专项检查，占全省比例为12%。本次检查的10家机构共发现不符合项32项，其中A类（基础必备条件）不符合项20项、B类（重要基础要求）不符合项12项。

检查中发现的主要问题为：人员（共出现不符合6项次，占18.7%）、法律法规、行政规章、技术标准和管理制度（共出现不符合15项次，占46.9%）、检测仪器设备（共出现不符合6项次，占18.7 %）、总体布局（共出现不符合2项次，占6.2 %）、检验厂房（共出现不符合3项次，占9.4%）。为此，省局发出《关于国家质检总局机动车安检机构资格管理工作专项检查情况的通报》（皖质函［2011］275号），明确了整改要求及完成时限。

2.“三查三看”普查专项行动情况

按照《关于进一步加强机动车安全技术检验机构资格许可和监管工作的通知》部署，省质监局、省公安厅联合下发了《关于进一步加强机动车安全技术检验机构监管工作的通知》（皖质发［2011］23号），联合组织开展“三查三看”普查专项行动。

共检查机动车安检机构86家，检查中共发现问题337项，其中不符合项166项、基本符合项171项。现场责令停止检验工作的机动车安检机构1家（旌德县新安机动车安全检测有限公司），因其许可证书到期未及时复查。发现擅自变更行为2起（歙县机动车安全技术检测站已迁址未重新申请许可、广德县机动车辆检测站新增一条固定式小型车检测线未取得许可）。

通过普查取得的主要成果有四个方面：一是加快推进安检机构行政许可；二是进一步提高了安检工作的技术水平，通过现场检查确保安检机构做到设备100%检定、人员100%持证上岗，通过开展能力验证促进安检机构提高检测数据的准确性；三是促进部门协作，各级质监、公安交管部门在落实普查工作要求的同时，进一步加强联系、密切协作、共同监管；四是加快推进远程监管平台建设。

普查结束后，省局与省公安厅联合发出《关于机动车安检机构普查专项行动检查情况的通报》（皖质发［2011］70号），全面总结了普查专项行动情况，明确了整改要求。

11月22日，省局与省公安厅交警总队联合召开了专项行动总结会。各市质监局认评科、交警支队车管所负责同志，全省纳入设置规划的86家机动车安检机构负责同志参加了会议。会议全面总结了普查专项行动情况，并就下一步监管工作进行了部署。省交警总队车管处、省质监局认评处分别通报了“三查三看”普查专项行动结果、2011年度能力验证结果，省质监局副局长高宗宏、省交警总队常务副总队长王革到会并做重要讲话。

3.组织开展能力验证活动

按照《关于开展机动车技术检验机构能力验证活动的通知》（皖质函［2011］184号）要求，省局组织开展了全省机动车技术检验机构能力验证活动。本次能力验证的项目为：轮重、制动率、前照灯（左/右）远光发光强度、转向轮横向侧滑量。能力验证方式为实验室间比对，比对路径为花瓣式，由6个圆环式比对组成，每个单独的圆环式比对保证试验车辆的唯一性及技术参数的一致性。参加本次能力验证的检验机构共136家，其中安检机构81家、综检机构55家。共报告检验结果数据合计677个，其中安检机构共报告数据405个、综检机构共报告数据272个。

宁国市源盛机动车辆综合性能检测有限公司未报告前照灯（左/右）远光发光强度检验结果；铜陵市通悦综合服务有限责任公司未报告转向轮横向侧滑量检验结果。

参加本次能力验证的136家检验机构中，有36家检验机构（其中，20家安检机构，占24.7%；16家综检机构，占29.1%）报告的检验数据中出现有问题或不满意，占26.5%。其余100家检验机构所报告的检验数据均为满意结果，占73.5%。

省局发出《关于2011年度机动车技术检验机构能力验证活动结果的通报》（皖质函［2011］314号），明确了处理意见。其中，对各单项数据出现最大离群值的机构，如凤阳县机动车辆安全技术检测站（轮重）、歙县泰盛汽车检测中心（制动率）、亳州市运通汽车综合性能检测站（前照灯远光发光强度）、淮北华兴机动车辆安全技术环保检测有限公司（转向轮横向侧滑量），省局作出暂停其相应参数检测工作三个月的处罚。

4.组织实施机动车技术检验人员考核注册

按照《关于组织开展机动车技术检验人员资格考试和注册工作的通知》（皖质函［2011］283号）要求，省局建立并实施了机动车技术检验人员考核注册制度，自4月份起对全省机动车技术检验人员分期进行考核。截至2011年底，已举办8期考核，计1 100人已分别通过理论考试、面试及实际操作考核，已注册504人。

4月11日，安徽省首批机动车技术检验人员资格考试工作在合肥举行。省局领导汪韧副局长、省公安厅交警总队王革副总队长出席资格考试培训班开幕式并作重要讲话。省局党组书记、局长朱琳同志于10月16日赴安徽省机动车技术人员考试基地调研指导工作，省局分管领导高宗宏副局长、张文静副局长、李玉平纪检组长和党组成员、政治部主任丁祖权同志到操作考核现场检查指导工作，对考核工作给予了充分肯定。

5.组织实施残疾人驾驶汽车安全技术检验工作

根据中国残疾人联合会、国家质量监督检验检疫总局等七部门联合下发的《关于切实做好残疾人驾驶汽车相关工作的通知》（残联发［2011］29号）及国家质量监督检验检疫总局、中国残疾人联合会、工业和信息化部联合下发的《关于加强残疾人驾驶机动车辅助装置监管有关问题的通知》（国质检监联［2011］359号）要求，为切实做好安徽省残疾人驾驶汽车安全技术检验工作，确保检验数据准确、可靠，省局印发了《关于做好残疾人驾驶汽车安全技术检验工作的通知》（皖质函［2011］185号），对相关工作进行了部署。文件要求各安检机构要加强标准学习宣贯、严格依据标准开展检验、设立“绿色通道”，提供优质服务、及时做好行政许可变更相关工作。

为满足残疾人驾驶汽车安全技术检验工作需要，省局制定了临时授权工作程序，既落实了安检机构管理的法制要求，又为残疾人驾驶汽车安全技术检验提供了便利条件。

6.修订全省安检机构中长期设置方案

为稳步推进机动车安全技术检验社会化工作，适应机动车安全技术检验工作需要，省局适时调整规划，修订全省安检机构中长期设置方案。

省局、省公安厅联合发出《关于开展安检机构规划实施情况调研的通知》（皖质发［2011］9号），分两次对8个市安检机构规划落实情况进行了调研。

在充分调研基础上，按照各市局上报的调整建议，结合安徽省实际，经商省交警总队同意，省局发出了《关于印发<安徽省机动车安全技术检验机构中长期（2009年～2013年）设置方案>的通知》（皖质函［2011］352号），对原《安徽省机动车安检机构常规检验资格许可中长期（2009年～2013年）设置规划方案》（皖质函［2011］178号）作适当调整，并更名为《安徽省机动车安全技术检验机构中长期（2009年～2013年）设置方案》。

7.加快推进安检机构行政许可工作

根据《关于进一步加强机动车安全技术检验机构资格许可和监管工作的通知》（国家质检总局、公安部、国家认监委国质检监联［2011］179号）要求，所有安检机构应于2011年6月30日前，完成计量认证和资格许可工作。省局发出《关于推进机动车安检机构行政许可工作的通知》（皖质办函［2011］159号），对加快推进许可工作进行了部署，明确了工作要求。针对部分机构可能因未取得许可必须停止安检工作的情况，要求各地提前预见到可能发生的问题，并分别规定了有关安检机构及其所在市、县两级质监部门应提前采取的应对措施。

8.妥善处理有关信访事项

按照国家质检总局《关于调查信访人反映安徽池州市青阳县九华车辆检测有限公司有关问题的函》（质检监函［2010］105号）要求，省局向相关信访人发出了《关于信访人反映青阳县九华车辆检测有限公司有关问题调查处理情况的复函》（皖质函［2011］14号），对其所反映的有关问题调查处理情况进行了回复。

针对有关信访人反映“青阳县九华车辆检测有限责任公司”存在“擅自修改立项文件、非法用地、弄虚作假骗取机动车辆安检许可、违规实施安检”等问题，省局向该公司发出了《关于提供相关证明文件的通知》（皖质函［2011］256号），对信访事项进行了调查处理。省局于3月31日发出（皖）质技监（认评）撤字［2011］第1号文件“质量技术监督撤销行政许可决定书”，依法撤销了该公司实验室资质认定、安检机构检验资格许可证书。

9.加强安检机构证后监管

除开展普查专项行动、能力验证活动外，省局积极利用技术手段加强安检机构证后监管。

按照省公安厅与省局联合发出的《关于加强机动车安全技术检验监管工作的通知》（皖公通［2011］13号）要求，各级公安、质量技术监督部门建立联合监督检查和信息通报制度，采取定期明察暗访（每月不少于一次）、检测数据核查、电话回访车主等多种形式，排查机动车安全技术检验中存在的突出问题，在各自的职责范围内认真落实对安检机构的监管职责。各级质监部门配合公安部门积极做好检测线检测上限核定、联网视频监控及搭建数据监管平台工作。

按照省局、省公安厅《关于进一步加强机动车安全技术检验机构监管工作的通知》（皖质发［2011］23号）要求，各安检机构将联网检测计算机管理系统基础信息上报省局、省公安厅，作为进行现场监督工作的依据，有效预防了安检机构出现擅自改变检测设备准确度、分辨率，在检测数据中弄虚作假的违法行为。

10.统一机动车安全技术检验报告格式

为加强机动车安全技术检验工作的规范性、科学性和准确性，便于各级公安交管部门统一把关，省质监局、公安厅联合发出《关于征求机动车安全技术检验报告格式意见的通知》（皖质发［2011］69号），拟在全省范围内统一机动车安全技术检验报告格式。

三、认证监管工作情况

（一）召开认证监管工作会议

为传达和贯彻落实全国认证认可工作会议、全省质监工作会议精神，全面总结“十一五”期间以及2010年度的认证认可工作，研究确定认证认可工作“十二五”规划，部署今年工作任务，省局于3月29日召开全省认证监管工作会议。各市、县（区）局分管局长、认评科长参加了会议。会议期间，对基层认证监管组织开展了相关业务培训。

（二）启用自愿性认证监管系统

按照《关于建立自愿性认证活动执法监管信息动态上报制度的通知》（国认法［2010］59号）文件要求，省局完成了信息系统架设，为各市、县局统一分配了系统账户和密码，下发了《关于启用自愿性认证活动执法监管信息系统有关事项的通知》（皖质办函［2011］40号），并对各市、县局认证监管人员进行了培训。

全省各地累计完成现场检查2 214次，其中，完成检查次数最多为合肥市局计354次、比例最高为宿州市局计88.2%；除阜阳市局未启用该系统外，完成比例最低为亳州市局仅为1.25%。

根据系统运行情况并结合监管工作需要，省局拟组织制定相关规范性文件，进一步提高监管有效性。

（三）组织开展强制性认证产品国家监督抽查

根据国家认监委《关于开展2011年强制性产品认证获证产品监督抽查工作的通知》（国认证函［2011］5号）文件要求，省局承担国家认监委下达的轮胎产品国家监督抽查任务。国家认监委下拨专项经费20万元，指定青岛市质检所为承检机构。

省局向国家认监委报送了监督抽查实施方案，并指定合肥市局配合开展抽样工作。共抽取了25家企业37批轮胎，涉及安徽、江苏、浙江、山东、福建、黑龙江、江西、上海、天津等9省市企业产品。

抽样工作于7月20日完成，承检单位于8月30日完成所有样品检测，并向省局提交了样品检测报告和总结。本次抽查中的两家不合格产品生产企业，均申请了复检。经承检单位复检，仍有1家企业的产品不合格。省局已要求企业进行整改，并督促其在整改完成后重新检验。

本次抽查的37批轮胎中，检验合格36批，合格率为97.3%；检验不合格1批，不合格率4%。不合格产品为轿车轮胎，不合格项目为脱圈性能。本次监督抽查共涉及生产企业数为25家。其中大型企业10家，合格率100%；中型企业12家，合格率100%；小型企业3家，合格率66.7%。

（四）组织开展电线电缆生产企业强制性产品认证（CCC）专项检查

为落实国家质检总局《关于开展电线电缆生产企业专项整治工作的通知》（国质检监函［2011］191号）部署，省局印发了《关于开展电线电缆生产企业CCC认证专项检查的通知》（皖质办函［2011］173号），在全省组织开展电线电缆生产企业CCC认证专项检查工作。

检查内容为：强制性产品认证标志专项检查、获证企业质量保证能力专项检查。对于曾取得强制性产品认证证书，其后因各种原因证书被暂停、注销及撤销的企业，重点检查其是否存在非法使用认证标志的违法行为；对证书仍在有效期内的企业，开展质量保证能力专项检查，核查必备检测条件及出厂检测情况。

共检查安徽省电线电缆CCC认证生产企业338家，其中：正常生产企业277家，停产企业61家。检查中督促整改企业56家，共销毁涉嫌侵权假冒他人产品的电线共计8 000米。

通过检查发现存在的主要问题为：使用未经批准的原材料供应方的原材料；在电线上印刷的识别标志与模压认证标志批准文件不一致；检测设备配备不全，或配备不合理；检测设备少检、漏检、超期；少数企业的检测设备到无计量检定资质的单位进行检定；部分企业检测原始记录不全，不规范，部分企业出厂检测记录检测项目不全，或没有按规定去做；部分企业强检计量器具未取得检定证书，检定单位出具的是校准证书或测试报告。

（五）组织开展目录内玩具产品监管工作

按照国家认监委《关于进一步加强强制性产品认证目录内玩具产品行政监管工作的通知》（国认证函［2011］73号）要求，省局下发了《转发国家认监委关于进一步加强强制性产品认证目录内玩具产品行政监管工作的通知》（皖质办函［2011］138号），按照CCC认证数据库提供的基础信息，组织开展对全省目录内玩具产品生产企业开展专项检查，加强对玩具产品监管。省局要求：一是要加强对无证产品的查处。对从未获得强制性认证的目录内玩具产品生产企业，重点调查核实和查处其无证生产违法行为。对于曾取得强制性产品认证证书，但因各种原因现证书被暂停、注销及撤销的企业，重点检查其是否仍在生产该产品或目录内其他产品和非法使用强制性认证产品标志等。二是加强日常监管，加大巡查力度，强化监管手段，严肃查处目录内玩具产品认证违法行为。

（六）组织强制性认证产品生产企业调查处理

按照《关于对2010年第四季度国家监督抽查强制性产品目录产品未获证企业进行调查处理的通知》（认办证函［2011］28号）要求，省局下发了《关于对有关强制性认证产品生产企业进行调查处理的通知》（皖质办函[2011]75号），指定黄山、池州市局对辖区内有关生产企业进行调查处理，并根据两局调查处理结果向国家认监委报送了《关于对有关强制性认证产品国抽不合格生产企业进行调查处理情况的报告》（皖质函［2011］171号）。

（七）组织开展食品农产品认证专项监督检查

为进一步加强食品农产品认证监管，保证认证有效性，省局印发了《关于开展食品农产品认证有效性专项监督检查的通知》（皖质函［2011］16号），组织开展食品农产品认证有效性专项监督检查。

本次检查范围是：部分获得食品安全管理体系认证的企业。按照国家认监委公布的统计数据，安徽省该类认证有效证书数量为206张。本次抽查的171家企业共持有认证证书175张，占84.5%。

检查内容为：认证有效性，产品实物质量安全状况。重点检查企业相关管理制度运行的有效性，同时验证认证机构认证审核时的公正性和规范性，查处获证企业、产品不能持续符合认证标准要求及买证、卖证，超期、超范围使用认证证书、认证标志等违法行为。

本次检查共发现违规行为11起，已对5家企业责令整改、立案查处3起，并督促部分不具备产品出厂检验能力的企业完善了委托检验手续。检查中发现的主要问题是：个别认证机构认证后监督不规范；企业重认证、轻管理；认证证书及标志使用不规范。

（八）对有关强制性认证产品违法行为进行确认

按照有关市局的请示，省局分别下发六安市局《关于广东美的商用空调设备有限公司涉嫌冒用认证标志有关问题的复函》（皖质办函［2011］133号）、下发巢湖市局《关于单项费控智能电能表产品CCC认证情况的复函》（皖质办函［2011］74号），对有关产品是否属于强制性认证产品目录范围进行了界定，保证了强制性认证执法工作的准确性。

（九）组织开展认证机构办事机构备案

按照国家认监委《关于做好认证机构办事机构备案工作的通知》（国认可［2011］54号）文件精神要求，进一步做好认证机构办事机构的备案工作，统一规范备案工作过程和备案文件资料要求，省局制定下发《关于做好认证机构办事机构备案工作的通知》（皖质办函［2011］270号），规定由各市局负责辖区内认证机构办事机构备案材料审查受理及备案后监督管理工作，省局按市局审查结果审批并将认证机构办事机构备案信息在省局网站或以适当形式向社会公布。截至2011年底，已有2家认证机构安徽办事机构通过备案，省局已将办事机构的相关信息通过网站进行公布。

四、下一步工作打算

（一）实验室资质认定评审

1.高度重视获证实验室内审人员、质量负责人的管理工作，切实提高管理的有效性

检查表明，部分已获证实验室存在质量管理体系运行有效性低的现象，集中体现在实验室内部的质量负责人尤其是内审人员素质不能符合要求，内审工作不到位等方面。迫切需要加强规范全省内审员的培训考核管理工作，试行持证上岗。

2.进一步拓展能力验证工作的覆盖行业范围，继续提升活动的质量

能力验证活动是促进和推动获证实验室不断保持已有检验能力的有效方式和重要手段，是资质认定现场评审中验证项目检测能力的较为科学客观的一种方式。应继续扩大能力验证活动的覆盖比例，继续开展各行业内重要检验项目的能力验证，与此同时，进一步提高承办单位方案设计和数据统计的能力和水平。

（二）机动车安检机构监管

1.巩固普查专项行动成果

一是切实抓好后续整改工作。各地质监、交管部门要按照普查专项行动通报要求，督促有关安检机构落实整改要求，按期报送整改完成情况；二是加强许可后监管，通过到期换证、监督评审、能力验证，确保安检机构保持获证时的技术条件；三是许可为手段，推动安检机构实施软硬件升级改造，不断改善检测条件、提高服务能力和水平；四是巩固公安、质监齐抓共管的协作机制，着手建立相关制度，进一步明确监管职责分工，定期沟通信息、联合开展日常监管；五是进一步发挥远程监管平台的作用，加强安检数据监管。

2.进一步完善监管体系

（1）加强监管制度建设

一是要进一步明确责任分工。要界定清楚质监、公安交管部门各自承担的监管职责；界定清楚省局和市县局的层级分工。二是要细化监管要求，编制简便易行的监管指南，规定日常监管的内容、程序、记录和违规行为处理要求。三是要加强信息通报。要制定信息通报制度，力争做到对安检工作中出现的问题早发现、早处理。

（2）加强监管人员队伍建设

各市县局要完善相应的岗位考核标准，明确安检机构监管岗位任职资格条件；监管人员应当具备相关学历和工作经历。现有监管人员要加强自身学习，省局加强对基层监管人员的培训和业务指导。

（3）利用先进技术手段

省交警总队已建立了全省统一的安检数据监管平台，今后所有安检报告将全部上传到监管平台，进行校验并保存在专用服务器上。质监系统要在此基础上，进一步加强与交警部门的信息交换，配合交警部门加强对安检机构本地数据库、检验行为规范性的监管。

（4）加强责任追究

按照有关规定，切实加强对审查、许可、监管工作人员及安检机构、检验人员的责任追究。一是安检机构的规划、许可工作中，要做到条件公平、程序透明、结果公开，受理、审查及许可办理过程中要严格把关、主动接受监督；在监管工作中，要做到严谨认真、不讲情面，对发现的有关违法违规行为要当场纠正、立即处理；二是对日常监管、群众举报、数据监管中发现涉嫌违法违规的安检机构及其检验人员，要一查到底；经查实确有违规行为的，依法严肃处理、公开曝光。

（三）认证监管

1.加强调研，做好质监系统体制调整后的应对准备

针对质监系统体制调整后认证监管工作外部行政环境的重大变化，进一步加强调研，按照各地质监系统划转地方后职能定位、机构设置和人员配备情况，理清思路、突出重点，做好应对。

2.加强基层监管人员队伍建设

进一步加强对基层监管工作的业务指导，以培训为主要手段、以专项检查工作为抓手，着力解决基层监管人员在业务知识和工作技能方面存在的不足，通过工作实践培养和锻炼队伍，提高监管人员队伍的整体素质。

3.加强检查考核

随着体制调整要求的落实，要防止因上下业务部门、监管人员调整而出现的信息不畅、指挥失灵问题。通过对专项工作任务完成情况、重要事项的督察督办和年度业务工作的综合考核，多措并举、狠抓落实，以确保履职到位、全面完成监管工作任务。

撰稿人：荀 浩 审稿人：王 麟

强化监管职能　提升监管成效　服务检验检疫事业跨越发展

——福建出入境检验检疫局2011年认证监管工作概况

2011年，福建出入境检验检疫局（以下简称“福建局”）认证监管工作紧紧围绕质检“十二字方针”和“单项争第一、综合创一流，努力打造口岸业务强局和服务海西示范局”的目标，以创先争优的干劲和精神，深入贯彻落实国家认监委和福建局党组的各项部署，扎实推动认证认可工作开展，有效地发挥了认证认可在“抓质量、保安全、促发展、强质检”中的基础性作用。

一、积极发挥认证认可在“抓质量”方面的作用

（一）不断强化出口企业准入把关

一是制定实施《出口食品注册备案企业抽样验证实施方案》，对部分出口食品企业产品进行抽样验证。二是调整质量许可和输美日用陶瓷认证评审管理流程，授权分支机构直接受理申请并组织评审，提高了行政许可工作效率。三是强化注册备案和质量许可准入材料审查，全年共退回10份评审材料。四是根据需要组织异地评审活动，共派出6个异地评审组12位主任评审员对推荐对欧盟、美国注册的6家企业进行异地评审。五是及时清理不符合备案注册条件的企业，共清理自动失效备案注册食品企业38家。在强化准入把关和清理的情况下，2011年新增与换证出口食品备案企业186家（总数达514家），新增与换证出口质量许可企业54家（总数达332家），有效保证了注册备案和质量许可工作对出口食品质量安全的基础把关作用得到发挥。

（二）深入开展出口食品源头治理

一是大力推进良好农业规范（GAP）认证示范工作，在长乐、三明、宁德开展鳗鱼、大黄鱼GAP认证示范创建工作，着力推动以农业合作为组织形式的GAP体系，同时在对虾、蛋制品、禽肉、茶叶、蔬菜、柑橘等大宗农产品生产基地全面推行GAP，辖区300多个种植养殖基地建立了GAP体系。二是组织推广《出口食品原料安全管理体系建立指南》，在7个分支机构183家企业建立出口食品原料安全管理体系，并针对35家企业在体系建立过程中存在的问题提出了指导性意见和解决方案。

（三）努力推进强制性产品认证，开展打击“侵犯知识产权和制售假冒伪劣商品”活动

一是对列入“双打”范围的凭强制性产品认证证书入境的102批家用电器，实施批批核查证书以及后续监管。二是对以免于强制性产品认证证明入境的193批低压电器等相关产品中的92批开展了后续监管工作。三是开展出口产品加贴认证标志的真实性和有效性专项检查。自“双打”专项行动开展以来，对2起出口柴油发电机组生产企业在未取得有效的国外认证机构认证的情况下在产品外包装上贴CE、GS等标识的行为，依法进行了查处。四是认真组织对流通领域进口强制性认证产品进行监督抽查，抽查了自动榨汁机、玩具等进口产品。

（四）扎实开展第三方认证行政监管工作

一是结合辖区实际，及时将2011年食品农产品认证监管的重点调整为对绿色食品、有机产品获证企业及其认证机构的专项监督检查。二是充分发挥第三方认证监管职能，以绩效考评为手段，推动作为国家认监委第二批认证执法监管体系建设试点单位相关各项工作的开展，2011年已对辖区300多家企业实施了监督检查。三是进一步加大打击违法违规认证行为的力度，对1家认证机构实施行政处罚，向9家认证机构发送行政建议书。

二、积极发挥认证认可在“保安全”方面的作用

（一）主动应对日本核泄漏事件

一是对国内有关实验室进行调查和评估，确定2家专业实验室为福建局食品农产品放射性物质检测技术服务机构。二是对照有关国家标准和世界卫生组织（WHO）有关规定，提出重点开展核素检测、慎重配置放射性物质检测设备的建议。三是及时印发关于开展食品农产品放射性物质委托检测工作的通知，指导分支机构做好放射性物质委托检测工作。

（二）积极应对《美国食品安全现代化法》

一是举办法案培训班，共有39名食品检验监管人员和300多名企业人员参加了培训。二是密切关注法案实施动向，积极跟踪美方配合新法案实施的、即将制定的一系列规章和指引。三是督促企业主动应对新法案，提出九条有效应对措施。四是派出技术人员120多人次，帮助输美食品企业严格按美国新法案要求组织生产管理，确保食品全过程的卫生控制与管理符合美方新法案的要求。

三、积极发挥认证认可在“促发展”方面的作用

（一）努力推荐辖区企业对国外注册认证

辖区对外注册食品企业399家次，位居全国前列。其中，2011年首次对印尼注册企业94家，占全国1/3，位居全国第一；首次对美国注册低酸罐头和酸化食品企业5家，对美注册企业达73家，位居全国第四；对其他国家和地区注册认证数量也有一定增长；输美陶瓷认证企业92家，位居全国第二。

（二）大力推动有机产品认证示范区建设

积极帮促安溪县推进有机茶业建设，组织迎接国家认监委对安溪县“有机产品认证示范区”项目评审，协助安溪县获得我国首批11个“国家有机产品认证示范创建县/市”称号的县市之一，这对于进一步提升安溪铁观音的品牌和形象、推动安溪茶叶质量安全示范区建设、加快安溪县域经济发展具有十分重要的意义。

（三）继续开展出口企业能力促进工作

一是持续深入开展出口企业质量安全自控能力促进工作，促进辖区企业不断健全质量安全控制体系，支持和帮助机电、日用陶瓷等产品质量示范区建设。二是继续组织出口食品卫生注册备案企业安全卫生管理人员水平测试，完成第三次水平测试工作，参加测试人员达334名。

四、积极发挥认证认可在“强质检”方面的作用

（一）进一步巩固检测整顿工作成果

一是加强《食品检验机构资质认定管理办法》、《食品检验机构资质认定评审准则》的宣贯，推动系统内食品检验机构加快申请和获得资质认定。二是组织食品检验复检机构申报材料的审查和上报工作，使福建局技术中心成为国家认监委认定的食品检验复检机构之一。三是在全国系统率先组织检测整顿“回头看”活动，按照既定方案推动各实验室加强自查、整改和总结提高活动，进一步提升实验室检测技术和工作质量水平。四是修订《福建检验检疫局实验室资质管理办法》，突出加强系统内实验室能力验证管理，并成功组织福建局保健中心承办全局系统保健分中心开展蠓类、蝇类的实验室间比对试验活动。五是首次组织福建局实验室质量管理体系运行总体有效性分析，为加强实验室管理的决策提供重要参考依据。六是组织开展实验室质量风险研讨活动，进一步推动实验室加强质量风险管理。

（二）进一步推动一线检验监管人员管理体系基础知识的培训

一是加强《出口食品生产企业备案管理规定》、《认证机构管理办法》宣贯活动，同时组织全系统卫生注册主任评审员进行技术交流和研讨。二是组织3期质量管理体系基础知识和审核技术培训班，共培训一线检验检疫人员74名。

（三）进一步强化注册备案和质量许可工作质量监督

一是制定了专项督查验证工作方案，明确督查验证的目标、范围、时间安排、检查方式和内容。二是已对10家分支机构注册备案工作实施督查验证，抽查33家企业档案并进行现场验证，发现问题均反馈给分支机构和有关企业。三是对泉州局德化辖区出口日用陶瓷质量许可及输美认证实施了督查验证，抽查5家企业监管档案，对其中3家企业进行现场验证，最后将督查验证情况正式反馈泉州局，指出其企业监管中存在的问题以及今后监管应关注的重点。

（四）进一步加强认证认可工作宣传

深入组织开展了2011年“世界认可日”系列宣传活动，派员参加大型现场宣传咨询活动和福建省检验检疫协会所属成员企业QQ群的“世界认可日”专题互动。

撰稿人：黄振坤　审稿人：连文钦

夯实认证监管工作基础 服务地方经济社会发展

——福建省质量技术监督局2011年认证监管工作概况

2011年，福建省质量技术监督局（以下简称“福建省质监局”或“省局”）贯彻落实国家质检总局、国家认监委认证工作会议精神，紧扣“高标准快发展”目标，认真思考和分析福建认证监管工作的现状，规范行政许可，加强认证监管，创新工作理念，完善工作机制，提高认证工作的社会影响力，更好地为地方经济社会服务。

一、抓重点重实效，有序开展实验室资质认定许可工作

（一）规范技术评审环节，降低技术评审风险

依据《实验室和检查机构资质认定管理办法》和《实验室资质认定评审准则》，对全省评审员重新培训登记，通过考试确认192人，其中，37人为正高职称，123人为副高职称，为保证评审人员的技术能力和评审工作的有效性，采取退出机制，对18名考试达不到要求的评审员不予重新登记发证；通过培训统一了技术要求，明确了技术评审环节的作业方式方法，进一步提高了评审人员的技术能力，同时加强对评审员的监督管理，到现场评审，要求评审员挂牌上岗。

组织了51名评审组长进行为期2天的集中培训，以研讨和交流形式，按行业特点进行分组讨论，把在实际评审中发现和把握不准的问题提交研讨会进行探讨，针对评审环节中流程的问题进行梳理，针对收集到的200余条问题进行了探讨，初步形成了关于政策上、管理上、技术上的改进意见及建议，为福建省局出台实验室评审管理办法提供决策依据。

组织开展2011年度实验室监督和复评审，同时将监督评审的重心下移，对实验室采取以设区市为单位的划片管理，使设区市局更好地了解和掌握辖区内实验室运作情况，强化设区市局的监管责任。

为保持获得资质认定实验室应有的检测水平，以及监控其持续保持能力，保证检测数据的可靠性和有效性，组织开展全省实验室能力验证工作，重点完成对食品和建材类实验室进行能力验证。

加强实验室资质认定许可后的巡查监管，组织不预先通知的飞行检查，重点关注高危行业的实验室。完成对泉州、厦门地区部分实验室的飞行检查。

为保证实验室资质认定评审工作科学、严谨、公正、有效，规范资质认定评审工作及评审人员的职业和职务行为，组织制定《实验室资质认定评审专项经费管理办法》，每年福建省局将安排专项评审费用150万元，并列入预算。

（二）做好食品检验机构资质认定全面开展的准备工作

按照国家认监委的要求，2011年11月前完成全省食品检验机构资质认定工作，为做好福建省食品检验机构资质认定，下发了《福建省实施食品检验机构资质认定的通知》，制定了《福建省食品检验机构资质认定工作指南》，及时与省直有关部门配合，对食品检验机构资质认定的新要求进行宣贯。

组织并委托局干部学校完成食品检验机构资质认定评审员的培训考核工作，截至2011年底，共确认了39人具备资质；按照食品检验机构资质认定新规定，组织食品类评审组长分别在晋江、武夷山市质量计量检测所和福州市疾病预防控制中心进行食品检验机构现场评审的观摩活动，提出了食品检验机构资质认定技术评审活动中的具体要求，统一了评审标准和尺度的把握，为即将全面开展的食品检验机构资质认定的评审提供参照范本。

组织并委托福建省标准化与认证认可协会完成了食品检验机构负责人和内审员的培训考核工作。

严格执行资质认定工作程序中各项规定。全年收取申请件317件，作出不予受理9件，不予许可1件，发出认定证书89件，完成变更218件，公告注销7个实验室。

积极配合福建省局信息中心调试新版管理系统，并对食品检验机构资质认定的新要求进行了充分的沟通，提出了明确要求，经修改后，已基本能够按照国家认监委对食品检验机构资质认定新要求应用新版管理系统进行运行。

为提高食品检验能力，满足设区市质检所和相关省中心对食品检验人员的需求，与福州大学化学化工学院

共同组织召开质监专场学生供需见面会，各设区市质检所长、技术负责人及涉及食品检验的省中心负责人与50多名即将毕业的相关专业硕士、博士研究生进行双向交流，见面会反响热烈，有近30名硕士以上学历的毕业生与各质检所（省中心）达成了实习及就业意向，取得很好的效果。

二、创新工作思路和方法，加强认证监管工作

（一）开展食品农产品认证监管专项行动

制定并下发《关于加强食品农产品认证监管工作的通知》、《2011年加强食品农产品认证监管工作实施方案》，全省出动检查人员1 955人次，共检查527家认证企业，涉及获证产品792张证书。按照国家认监委紧急通知要求，国庆期间组织有机螃蟹的专项检查。

（二）结合“双打”专项行动，联合开展强制性认证产品监督检查

制定并下发《关于印发全省质监系统打击侵犯知识产权和制售假冒伪劣商品专项行动方案的通知》，在“双打”专项行动期间，将列入强制性产品认证目录范围的汽车配件、手机、涂料、低压电器、家用电器、电动工具等产品作为重点，联合相关部门开展监督检查。共检查生产企业和商贸1 311家，查处无强制认证生产销售产品案件76起，货值约94.3万元；“六一”儿童节期间，针对强制性产品认证目录内玩具产品进行了集中检查， 重点检查童车、电玩具、塑胶玩具、金属玩具、弹射玩具、娃娃玩具等产品。

组织开展国家认监委2011年强制性产品认证获证产品（电源适配器）监督抽查工作，组织召开“2011年福建省电源适配器CCC监督抽查质量分析会”，帮助抽查结果不合格企业分析不合格原因，查找有效控制产品质量的方法，督促企业增强产品质量意识，严格执行国家标准和技术要求，并将抽查情况上报国家认监委。

制定《福建省2011年管理体系认证有效性监督检查工作方案》，并组织开展检查。利用国家认监委认证查询专区——管理体系认证证书监管查询系统和往年监督检查情况，对福建省管理体系认证情况进行摸底调查，对获证企业进行分类。全省共出动执法人员2 653人次，检查各类获证企业1 252家，涉及证书1 273张，重点检查企业的管理体系运行情况、证书及标识使用情况、执行法律法规情况、组织管理情况以及认证机构和认证从业人员的工作有效性规范性等。通过检查，证书在有效期内的企业管理体系认证有效性情况基本良好，但检查中仍发现存在问题的企业31家，问题企业涉及发证机构1家，不能持续符合认证条件的企业27家，涉及发证机构17家，查证属实实施行政处罚的案件2件，进行行政处罚的案件1件。

三、服务百姓，积极开展“实验室开放日”活动

积极开展“实验室开放日”活动，邀请人大代表、政协委员、相关行业协会负责人、新闻媒体和消费者代表等走进食品检测实验室，参观食品检测工作流程、实验室建设、仪器装备及功能等情况。举办食品安全检测讲座，指导消费者代表如何查看食品检测检验报告。

四、抓好信息宣传报道工作

信息宣传报道是提高福建省质监工作影响力的重要手段，改变重埋头干活、轻宣传报道的工作方式，提高对信息宣传报道重要性的认识，福建省局积极向国家质检总局和国家认监委报送认证工作宣传信息。在全国认证认可信息宣传工作会议上，国家认监委对2010年～2011年度全国认证认可信息宣传工作先进单位进行通报表扬，福建省局荣获全国认证认可信息宣传工作先进单位称号。

撰稿人：刘美官 邹 愚 陈志海 黄 蓁

审稿人：程建军 张跃萍

创新工作机制 服务社会经济发展

——厦门出入境检验检疫局2011年认证监管工作概况

2011年，厦门出入境检验检疫局（以下简称“厦门局”）贯彻执行国家质检总局“以服务科学发展为主题，以促进转变经济发展方式为主线，以从严治检、强化监管为着力点，抓质量、保安全、促发展、强质检，全面建设法治质检、科技质检、和谐质检，为促进经济平稳较快发展和社会和谐稳定提供质量保障”的工作思路，以作为国家认监委“重点推动认证执法监管体系建设单位”为契机，全方位开展认证监管工作。

一、认证监管工作基本情况

2011年，厦门检区新增包装注册企业23家、换证21家、失效25家；新增玩具注册企业8家，失效4家；新增机械注册企业7家，失效8家；新增陶瓷注册企业2家，失效3家，换证2家。新增备案企业45家，换证复查99家，取消和自动失效34家；新增对外注册企业61家次，其中，输美2家次，输美低酸罐头12家次，对加拿大低酸罐头注册1家次，对越南注册6家，对韩国注册6家，对印尼注册34家。

截至2011年底，厦门检区共有出口商品注册登记企业230家次（其中包装企业156家，玩具企业33家，机械企业33家次，陶瓷企业8家）；备案出口食品生产企业395家（其中对外注册149家次）。

2011年，厦门检区共受理并签发952份强制性产品认证（CCC）免办证明；截至12月31日，共审核验证入境的CCC产品9 093批次，货值1.31亿美元，其中不合格批次20批，货值11 911美元。

二、敢想爱拼才会赢，工作亮点频出

2011年，厦门局抓住海峡西岸经济区先行先试工作机遇，重点推动认证监管工作机制创新，服务地方经济，成效显著，亮点频出。

（一）推动台湾地区食品生产企业按照大陆食品安全管理体系标准完成认证

2011年，厦门局推动台湾金门酒厂申请大陆认证工作获得成功。中检厦门公司完成对金门酒厂申请的食品安全管理体系认证审核，中国质量认证中心为台湾地区获得的第一份由大陆认证机构颁发的自愿性认证证书，金门酒厂成为第一家获得大陆食品安全体系认证的台湾本土企业。5月30日，厦门局成功举办金门酒厂实业股份有限公司食品安全管理体系认证颁证仪式，厦门局詹思明局长、金门县李沃士县长、厦门市黄菱副市长等100余人出席颁证仪式。

颁证后，厦门局本着“同等优先、适当放宽、风险可控”原则，逐步尝试“社会认证、官方采信”的做法，对金门酒厂生产的输往大陆的高粱酒，在入境检验监管环节采取五项便捷措施，以此推动更多台湾食品生产企业按照大陆食品安全管理体系标准完成认证，获得通关检验便利。

（二）完成国家质检总局立项的《海峡两岸强制性产品认证制度研究》课题

2011年12月21日，厦门局完成了国家质检总局立项的《海峡两岸强制性产品认证制度研究》课题研究并通过鉴定，这是全国质检系统第一个也是目前唯一的认证认可对台课题。

该课题首次从法律法规框架、管理结构、认可支撑、监管目录、实施机构、技术标准、认证模式、通关要求和境外检测与认证结果接受等方面研究了海峡两岸强制性产品认证制度，通过全方位的比较、分析和研究，系统地总结了海峡两岸强制性产品检测认证体系的共同点和差异性，研究了检测和认证结果的互信基础，提出了海峡两岸强制性产品检测认证互认合作的政策与建议。在此基础上开发了海峡两岸强制性产品认证信息管理系统。

鉴定委员会认为该课题的研究成果填补了海峡两岸强制性产品认证制度的比较分析、互认可行性和认证信息管理系统等方面研究的空白，达到了领先水平。该研究成果可为海峡两岸相互借鉴经验、完善体系、开展务实合作、服务两岸贸易便利化提供有益的信息和技术支撑。所建立的海峡两岸强制性产品认证信息管理系统，有助于推动海峡两岸强制性产品认证工作的交流与合作，为业界和消费者提供了解台湾地区强制性产品认证制度的

一个平台。

(三)全面推进出口食品生产企业实验室能力建设促进计划

2011年，厦门局在检验检疫系统率先实施，全面推进出口食品生产企业实验室能力建设促进计划，着力提升企业自检自控水平。该计划被福建省食安办列为食品安全试点，并完成调查分析报告，为政府部门决策提供参考。

通过该计划，厦门局完成厦门检区253家注册类出口备案企业的实验室状况普查和现场调查。依据《食品安全法》，同时参考相关技术性规范，出台《出口食品生产企业实验室导则(试行)》，指导企业规范检测和对外委托检测行为。对检区约360名企业检验人员开展检测知识和操作技能培训培训，组织近百家出口食品生产企业参加实验室能力验证。印发《出口食品生产企业实验室建设管理情况评估表》，指导企业对照相关要求自行评估实验室能力建设管理情况。为保证促进计划实施效果，召开宣贯会向检区备案企业介绍促进计划，通报实验室普查结果，讲解企业实验室导则，动员企业积极参与，并结合全国“质量月”活动的开展，分别在厦门和漳州召开出口食品生产企业实验室能力建设标杆企业现场观摩会，促进企业间交流实验室建设与管理经验。并组织对检区各企业实验室建设情况进行评估验收，确定合格实验室的检测类别和检测能力。

(四)开展认证监管调查研究，有效推动质量管理

连续三年开展认证监管方面大规模调查研究，有效推动质量管理工作。厦门局扎实开展认证监管专项工作，挖掘监管工作潜力，深化工作成果，提升监管有效性，开展调查研究工作，形成了《厦门检区台资投资企业认证情况调查报告》、《厦门检区出口食品生产企业实验室情况调查报告》、《厦门检区出口食品农产品企业认证现状调查》等3篇调查报告并报送地方政府。调查研究得到了地方政府的高度重视，仅2011年来福建省政府就先后2次行文将厦门局报送的认证监管调查报告批转给政府相关部门，凸显认证监管工作服务地方发展大局的优势作用，体现了质检部门的“有为有位”。

(五)采用进出口电子监管系统，提高工作效率

2011年11月起，厦门局开始应用厦门局和国家质检总局研发的进出口电子监管系统，在全系统首先实施出口食品生产企业备案信息电子验证，减轻检务人员人工审核的工作量，减少检验人员人工判定的误差，从根本上杜绝了出口食品无证报检和超有效期、超范围出口的现象，实现了认证监管口岸把关的“闸口功能”和无纸化作业。

三、发挥质量管理优势，服务外贸发展大局

(一)厦门局积极推荐优秀生产企业向国外注册，加强对外注册企业监管，指导企业应对国外官方检查，面向企业开展国外法规培训

2011年，厦门局共推荐64家次企业对7个国家注册，另推荐7家次企业新增对外注册品种。全年共对42家次的对外注册企业实施了定期监督检查，以确保企业持续符合国外注册要求。6月，组织迎接美国食品药品管理局(FDA)和新加坡农业食品兽医局(AVA)官员来华检查，厦门检区2家输美低酸罐头生产企业和2家对新加坡注册肉类企业通过了检查。9月，分别在厦门和漳州对51家出口食品生产企业的生产和质量管理人员约95人开展了美国FDA最新版《水产品危害分析和关键控点(HACCP)指南》培训，帮助辖区企业及时了解和掌握相关技术指南的最新进展，对产品危害分析与关键控制点(HACCP)体系认证验证计划做出调整和修订，避免发生违规行为，进而影响企业产品的正常出口。同时，针对出口贝类产品加工企业日常监管发现的问题，要求各分支机构加强原料安全卫生监管，督促加工企业遵照进口国相关法律法规的规定，做好出口贝类原料加工卫生，切实把好原料验收关。

(二)总结对外注册迎检经验，加强检区输美低酸罐头和酸化食品生产企业监管工作

2011年初，厦门局组织开展了检区输美低酸罐头和酸化食品生产企业清查，以及6月接待美国FDA对检区2家企业的检查之后，厦门局于7月组织全局主任评审员、罐头专业评审员、罐头企业监管人员召开研讨会，通报迎检情况和企业整改进展，总结迎检经验，分析厦门检区监管工作中存在的问题，讨论改进方案，进一步落实监管责任人制度，明确了输美低酸罐头和酸化食品生产企业评审和监管要点，制成《输美低酸罐头和酸化食品生产企业评审监管要点》供评审员评审使用，确保检区输美企业持续符合相关要求。

(三)结合“质量月”活动，开展系列认证监管工作

一是开展各类认证监管有效性检查，认证认可对质量管理、质量保障的基础性作用得到充分发挥。二是关

注以危害分析和预防控制措施为核心的食品安全卫生控制体系，开展各类培训和政策宣讲活动，企业质量安全管理能力得到提升。三是营造氛围，调动企业积极性，大力推进出口食品生产企业实验室能力建设促进计划，企业实验室建设和管理能力得到促进。四是实施出口食品生产企业备案验证电子监管，将认证监管工作融入出口电子监管系统，政务信息进一步公开。

三、履行认证执法职能，严格市场准入制度

（一）开展专项检查，做好强制性产品认证监管工作

在“双打”专项行动的强制性产品认证行政监管工作中，厦门局在对2010年11月厦门诺雅贸易进出口公司进口的150台兄弟牌多功能一体机进行检验监管时，发现该产品不符合《强制性产品认证管理规定》要求，并且存在严重安全隐患的情况，厦门局及时上报国家认监委，并建议在今后部署有关强制性认证产品的市场监督抽查时，关注上述类别产品。该工作入选国家认监委2011年全国“双打”成果网上展示活动。在2011年6月～9月开展的年度强制性产品认证专项抽查工作中，确定信息技术设备、灯具、小家电产品为本年度强制性产品认证获证产品的监督抽查重点，共抽查国外品牌进口传真机、一体机、针式打印机、扫描仪和咖啡壶5种产品，涉及11个型号，31台样品，抽检样品检测结果100%合格。

（二）开展管理体系认证行政监管和食品农产品认证监管工作

一是开展管理体系认证行政监管工作。2011年，共抽查44家出口商品运输包装企业，重点监管ISO 9000和ISO 14000两种管理体系认证，抽查57张证书，涉及发证机构16家，未发现违规现象，提出3项建议。二是开展食品农产品认证监管工作，2011年，抽查检区取得危害分析和关键控制点（HACCP）体系或食品安全管理体系（GB/T 22000）的企业和有机产品认证的17家企业，共抽查HACCP证书10张，GB/T22000证书1张，有机产品证书4张，无公害农产品证书2张，绿色食品证书3张，其他证书2张。抽查有机产品认证1种产品，依据相关标准进行检测，共检测60多个项目。抽查发现有国外认证机构颁发的证书，且该机构尚未取得国家认监委许可资格。三是查处出口有机产品认证违规行为，2011年，厦门局对检区1家企业进行了专项调查，并将调查结果上报国家认监委。四是根据国家认监委的部署，对检区获得有机产品等食品农产品认证进行拉网式检查，共检查5家有机产品认证企业。五是开始实施自愿性认证审核活动实时实地抽查，并通过“自愿性认证活动执法监管系统”向国家认监委报送抽查情况。

（三）开展认证机构办事机构备案工作

2011年9月1日，国家质检总局发布的《认证机构管理办法》开始施行。办法规定，外商投资认证机构设立的办事机构，应向办事机构所在地直属检验检疫机构备案。厦门局发布通告，即日起开始受理外资认证机构在厦门检区设立办事机构的备案申请，截至2011年底，已有2家认证机构办事机构获得备案。

（四）《出口食品生产企业备案管理规定》的贯彻实施工作进展有序

2011年7月26日，国家质检总局公布第142号令，自2011年10月1日起实施《出口食品生产企业备案管理规定》，为确保在新规定要求下顺利开展出口食品生产企业备案工作，厦门局相继开展了一系列工作。一是向各相关单位及所有评审员转发规定和配套工作指导意见。二是召开宣贯会，通报厦门局贯彻实施意见，从行政许可法律角度和业务角度对《出口食品生产企业备案管理规定》进行解读和释义，规范工作要求。三是对相关工作人员开展政策和技术层面的培训。

四、推进认证监管信息化，夯实认证监管基础工作

（一）认证监管信息化工作取得新成绩

2011年，厦门局的“强制性产品认证入境验证设限数据库”、“自愿性认证活动执法监管系统”相继上线。出口食品生产企业备案信息也纳入电子监管系统，自11月1日起，实施出口食品生产企业备案验证电子监管，实现出口食品生产企业“凭证报检”的电子闸口功能。此项电子化监管措施可减轻检务人员人工审核的工作量，减少检验人员人工判定的误差，从根本上杜绝无证报检和超有效期、超范围出口的现象，有利于提高出口产品质量和检验检疫把关质量。同时，厦门局网站升级改版后，认证监管相关的各类注册、备案、许可企业/机构名录将在厦门局公众信息网站上对外公布，并每月更新，实现认证监管政务公开。

（二）评审员队伍得到充实，组织和推荐评审员参加各类培训

2011年，厦门局新增2名出口卫生注册评审员、2名出口日用陶瓷注册登记评审员以及6位出口卫生注册主任评

审员，现有主任评审员达20人。年初在全系统公布了出口卫生注册、商品注册登记（质量许可）评审员工作量统计情况。全年先后组织开展了认证监管人员培训班、《出口食品生产企业备案管理规定》及配套文件培训班、美国最新版《水产品危害分析与关键控制点（HACCP）体系认证指南》培训班等各类培训，并推荐相关业务人员参加国家认监委组织开展的各类培训，共计约200人次评审员参加了培训。

（三）积极开展科研活动，加强认证监管理论研究

2011年，厦门局在开展调查研究、提供政府决策参考方面取得新成绩，报送的《厦门检区台商投资企业认证情况调查报告》和《厦门检区出口食品生产企业实验室状况调查情况》两个调查报告得到省政府的重视，先后转发省、市相关部门研阅。在科研课题方面，2011年度完成《海峡两岸强制性产品认证制度研究》课题。2011年初，向国家认监委申请的进口葡萄酒国外生产企业注册管理可行性研究得到批复，目前研究进展顺利。10月，《出口食品生产企业实验室能力建设促进计划》申报省软科学课题，《海峡两岸强制性产品认证制度研究》申报省工农业社会发展重点项目。

（四）认证认可信息宣传工作取得佳绩

2010年～2011年，厦门局各单位在各级媒体刊发的认证认可信息宣传稿件60多篇，组织和参与认证认可宣传活动5次，认证认可政务信息工作在全国检验检疫系统中排名第四。郑建晖、胡致远撰写的论文分获国家认监委“认证认可与信息化”征文一等奖和“我与认证认可十年”征文活动三等奖。在“世界认可日”宣传活动中，通过在厦门局公众信息网开设专栏、在国检大厦显示屏展播宣传口号、在厦门主流媒体定制专版等方式，营造良好宣传氛围，提升认证认可社会影响度和认知度。

厦门局将继续贯彻执行国家总局、认监委的各项工作要求，以质取胜、创先争优，认真履行认证监管职能，进一步提高质量管理水平和自身发展能力，着力于制度建设与完善，着力于行政对象的监督管理，着力于人员的培训考核，着力于涉台工作的开拓尝试，加强与检验监管、认证稽查等方面的协调合作力度，把认证监管工作融入到质检工作大局之中，努力提高认证监管工作的有效性。

撰稿人：李盛杰　审稿人：黄德聪

抓基础　重实效　扎实开展认证监管工作

——厦门市质量技术监督局2011年认证监管工作概况

根据国家质检总局质量提升活动的总体部署和国家认监委、厦门市质量技术监督局（以下简称“厦门市质监局”）的工作部署，为贯彻落实2011年全国认证认可工作会议精神和市政府《关于加强认证工作的若干意见》（厦府办［2010］231号）文件精神，厦门市质监局进一步加强认证执法监管工作，规范认证市场和认证活动，取得一定成效。

一、认证监督检查工作主要情况

（一）强制性产品认证（CCC）监管方面

全市共有233家企业获得2 349张强制性产品认证证书，截至2011年底，共出动700多人次，检查企业266多家次，立案查处15起查处无强制认证生产销售产品案件。监督抽检30家强制性获证企业产品30批次，合格率100%。总体上获证企业能按要求开展生产经营，但在质保能力方面仍存在问题，如CCC标志领用记录不齐全、个别在用检测仪器超过检定合格有效期、出厂确认检验记录不够完善等。另根据省局《关于加强全省电源适配器获证产品监管工作的通知（闽质监科［2011］505号）》的要求，对厦门市4家不合格企业进行了处理。

（二）食品农产品认证方面

截至2011年，共出动执法人员470多人次，检查企业170多家次，监督抽查23批次通过食品农产品认证的食品，合格率100%。其中按照国家认监委《关于紧急调查有机螃蟹相关情况的通知》(国认注函[2011]172号)及《关于进一步规范有机产品等食品农产品认证活动的紧急通知》(国认注)[2011]70号)的要求，进行了有机螃蟹及有机产品专项检查。从检查的情况看，认证企业基本能持续符合认证标准要求，无超期、超范围使用认证证书、认证标志。

(三)管理体系认证方面

截至2011年底，共出动执法人员546人次，对157家获证企业涉及到的223张管理体系证书进行监督检查，厦门市质监局主要检查了获证企业计量器具检定校准、产品出厂检验、管理体系运行三方面。认证企业基本能持续符合认证标准要求，未发现企业存在认证违法行为。

二、采取的措施

(一)高度重视，精心组织认证监管工作

2011年初，印发《2011年厦门市认证执法监管工作方案》(厦质监[2011]20号)，明确认证监管工作目标、职责分工，要求进一步完善"事前预防、事中监督、事后监管"的联动监管机制和"以认证监管机构为主导，以专职执法机构为主力，以法制工作机构为执法监督、以认证专家为技术支撑"的认证执法工作体系以及健全覆盖全社会的监管网络。严厉查处一批有严重违法行为的无证制售强制性认证产品大案要案。食品农产品认证效用得到进一步发挥，认证活动基本规范，全社会认证意识全面加强。

(二)统筹策划，突出认证监管工作重点

印发《2011年全市质监系统认证工作意见》(厦质监[2011]61号)，明确提出2011年全市认证工作的总体要求：大力推进质量认证，以强制性产品认证、食品农产品认证为重点加强认证监管，进一步规范认证活动，加强中介机构诚信体系建设。围绕以上总体要求突出以下工作重点：强化认证工作政策引导，加强认证执法监管力度，增强认证意识及充分发挥社会监督作用，同时在认证执法监管工作中又突出加强强制性产品认证执法监督、加强食品农产品认证监管、加大自愿性认证监管力度、开展认证活动行政监督四项工作重点。

(三)加强培训，提升执法监管人员能力

印发《厦门市认证执法监管手册》，将有关认证监管法律法规条款、执法重点和技巧、案例等进行汇编，在调研认证监管法律法律及其他兄弟省市先进经验的基础上，选派认证监管人员赴省干校及湖南参加由省局和国家认监委组织的认证监管人员培训，并组织系统内相关认证监管人员进行内部研讨及培训，建立与各认证行业专家互动交流机制，不断提升监管人员的素质，确保监督检查实施重点及效果。

(四)加强宣贯，明确责任及促进行业自律

9月，在主流报纸媒体解读新发布实施的《认证机构管理办法》，强化认证中介组织及获证企业法律意识，并于10月组织召开在厦认证中介组织行业自律座谈会，签署《在厦认证中介组织自律承诺书》，明确认证中介组织主体责任，就行业自律相关问题进行研讨，搭建常态化的认证机构沟通、监管机制，同时在进行强制性产品认证及食品农产品认证监督检查工作中，要求获证企业签署相关诚信承诺书，进一步强化获证企业自律意识。

(五)建立档案，加强认证中介机构诚信建设

根据《厦门市市场中介机构管理办法》及《厦门市认证机构备案和信用信息采集办法》的要求，进一步完善认证中介组织备案及信用信息发布制度，同时结合厦门市质监局开展的强制性产品认证、管理体系认证有效性、食品农产品认证等专项监督检查工作，建立被查企业质量档案，内容涵盖企业名称、注册场所、生产地址、联系人、联系方式、产品名称及型号、相关证照有效情况(含营业执照、资质许可证书、认证证书等)、监抽情况等信息。

(六)加强宣传，推广认证及发挥社会监督作用

在6月9日"世界认可日"到来之际，围绕"认证认可，政府监管工作的支撑"这一主题，积极开展丰富多彩的"世界认可日"宣传活动。通过直播有机产品认证执法检查过程、印制分发《强制性产品认证手册》、《有机产品认证手册》等一系列专项认证宣传活动，提高全社会对认证工作的广泛关注和重视程度，为进一步营造人人了解认证、关注认证的社会氛围打下基础。充分发挥12365投诉举报热线作用。畅通渠道，努力形成社会各方面共同参与的认证质量和有效性监管网络。强化风险管理的意识和工作机制，加强投诉举报信息研究，做到及早发现、及早研判、及早报告、及早应对、及早处置，使认证执法监管工作真正发挥实效。

三、存在的问题

认证数据底数不清(如无法从国家认监委数据库下载辖区内管理体系认证企业数据)，导致无法掌握辖区全面认证数据。

监督检查工作中，发现部分中小型获证企业受人员素质、管理基础等条件制约管理体系运行情况较差，监管人员认为认证有效性欠缺，但调查取证存在难度以及就如何认定企业不能持续符合认证条件存在一定困难。

提升质量 服务发展 促进认证监管工作上新台阶
——江西出入境检验检疫局2011年认证监管工作概况

2011年，江西出入境检验检疫局（以下简称“江西局”）认证监管工作坚持以科学发展观为指导，深入贯彻落实全国认证认可工作会议精神，围绕鄱阳湖生态经济区建设和江西省“发展提升年”活动，大力开展创先争优活动，着力提升质量管理水平，深刻转变工作理念，严格规范工作质量，扎实推进认证认可各项工作的全面展开，推动国家质检总局与江西省政府签署的《合作协议》和《合作备忘录》的实施，为促进江西经济社会实现科学发展、进位赶超、绿色崛起作出新贡献。按照上述工作思路和工作要求，江西局全面落实认监委的各项工作部署，全年工作取得较好成效。

一、认证认可行政监管业务基本情况

全年认证认可行政监管业务健康扎实开展，发展态势良好。全年审批发证出口主要商品注册登记、食品企业备案等299家，出口企业有效证书599份；新增企业数52家，取消和自动失效企业共56家，净减4家；不予批准证书4家，比2011年全年增长100%；推荐8家水产品企业获得印尼注册，2家低酸罐头企业获得美国注册，1家肠衣企业对欧盟注册。

强制性产品认证（CCC）产品监管。2011年，共办理CCC免办证明109批，其中省局办理53批，九江局办理56批。通过CCC免办工作下放到九江局，实现了就地申请，就地获证，为九江相关进出口企业节约大量的人力、物力、财力和时间成本，实现了为企业减负增效的目的。

（一）着力构建江西局认证执法监管体系，完善认证监管制度

为推动江西认证监管的法治质检建设，根据国家认监委《关于加强认证执法监管体系建设的实施意见》（国认法［2009］52号）、《关于深入推进认证执法监管体系建设的通知》（认办法函［2011］4号）的要求，江西局结合辖区实际情况，制定了《江西出入境检验检疫局关于推进认证执法监管体系建设的工作方案》，创新性提出了江西局认证执法监管体系的整体构架，制定了八个工作规范，整理了各项认证执法监管工作的思路，部署了执法监管体系的建设任务，基本建立起以认证监管机构为主导的，覆盖认证认可监督管理范围的认证执法监管工作机制和风险管理机制，强化认证执法监管工作的规范性，加强认证执法监管队伍建设，从根本上提高认证执法监管效能。

（二）开展流通领域进口CCC认证产品的监督检查

根据国家认监委的工作部署要求，2011年5月，江西局启动了2011年强制性产品认证获证产品监督抽查工作，对江西省流通领域进口CCC认证获证产品进行了市场调研，了解了流通领域进口CCC认证获证产品的情况，制定了《江西局2011年强制性产品认证获证产品监督抽查工作实施方案》。

根据国家认监委《关于进一步加强强制性产品认证目录内玩具产品行政监管工作的通知》（国认证函［2011］173号）的要求，2011年6月，江西局组织相关业务处室及分支机构对全省范围内的出口玩具生产企业及进口单位开展了一次行政监督检查，重点检查相关企业的强制性认证目录内玩具产品是否获得强制性认证以及规范使用强制性认证标志，是否伪造或冒用强制性认证证书或标志等违法违规行为。

（三）在认证认可领域严格执法，积极开展“双打”

根据国家认监委《关于进一步做好认证认可领域打击侵犯知识产权和制售假冒伪劣商品专项行动有关工作的通知》要求，江西局结合日常质量许可（注册登记）的评审，以及对检验、检测、鉴定机构的日常监督，组织出动检查人员100余人次，检查企业45家，对各种质量许可（注册登记）企业进行了抽查，其中对10家认证企业及10多种进口小型家用及类似用途电器、玩具等强制性认证产品进行了检查，发现1批进口未获证产品（汽车轮胎），1家企业伪造ISO 9001证书，1家检验鉴定机构人员无证开展检验鉴定业务，已提交行政执法部门处理。

（四）组织举办了“世界认可日”宣传活动

为了进一步扩大认证认可工作的社会影响力，国家

认监委要求在6月9日“世界认可日”前后举办系列宣传活动，并下发了《关于组织“世界认可日”宣传活动 推动认证认可信息宣传深入开展的通知》，江西局及时制定并下发了《关于开展“世界认可日”主题宣传活动的通知》，组织本部门及各分支机向政府及相关职能部门送阅“世界认可日”宣传招贴画，并积极向各级政府和服务对象介绍认证认可工作的基本内容和重要作用，在窗口或办公场所醒目位置张贴“世界认可日”，努力争取各级政府部门对认证认可工作的关注、重视和支持。

二、主要工作特色和成效

（一）下放CCC免办审批权限助推企业发展

为扎实开展发展提升年活动，助推江西省进出口企业快速发展，江西局在充分运用进口CCC免办电子审批平台的基础上，将进口CCC免办审批权限下放到九江检验检疫局，在中部省份率先开展进口CCC免办电子审批业务下放基层检验检疫机构试点工作，把CCC免办审批服务从局门延伸到厂门，最大限度地减轻了企业的负担，促进了进出口企业快进快出。此次CCC免办审批权限下放至基层检验检疫机构，是江西局扩展电子政务平台，把检验检疫审批服务窗口向业务一线延伸的创新举措，将使江西省50%以上的CCC免办业务实现就地申请、就地获证，当天申报、当天领证。为九江相关进出口企业节约大量的人力、物力、财力和时间成本，实现了为企业减负增效的目的。此举受到省领导的高度评价，产生了良好的社会效应。

（二）大力推动食品农产品示范区建设，成功帮扶万载县荣获我国首批“国家有机产品认证示范区创建县”称号

开展有机产品认证示范区创建，是国家认监委充分利用认证认可手段，认真贯彻落实国家“绿色发展，建设资源节约型、环境友好型社会”要求的重大工作举措。江西局以高度的工作责任心和敏感性，积极帮扶万载县成功创建和申报国家“有机产品认证示范区”，切实帮助指导万载县做好前期申报准备，顺利迎接国家认监委创建项目现场评审。一是选派专业骨干，对口指导万载县组织多达200多页的申报材料，并在认真初审的基础上推荐上报国家认监委，从而保证了万载县顺利进入全国23个候选创建县（市）。二是派遣技术服务工作组，与万载县政府和有关企业一道，下基地、入农户、到企业、进车间、出主意、想办法，帮助建档立案，查漏补缺，全面做好迎接创建项目现场评审的各项准备。三是积极做好迎检工作，从而保证了国家认监委现场评审顺利完成，并取得满意的结果。现场评审总结会上，评审组在肯定万载县有机产业健康发展和“生态强县，有机富民”良好理念的同时，高度赞扬江西检验检疫部门积极推动“国家有机产品认证示范区”创建工作，成效显著。国家认监委在福州召开的全国食品农产品认证工作会议上正式宣布江西省万载县已经成功跻身全国首批11个“国家有机产品认证示范区创建县（市）”。

（三）帮扶企业对外注册，助推江西省出口食品企业发展提升

一是帮扶食品生产企业开展欧盟注册。江西海鑫贸易有限公司是江西省一家规模较大的出口肠衣加工企业，但由于没有取得欧盟注册，产品出口严重受阻。为了帮扶企业对欧注册，江西局多次派员上门服务，指导企业按照欧盟法规要求完善食品安全管理（HACCP）体系，有针对性地加强原料药物残留监控，构筑起牢固的出口肠衣卫生安全保障线。2011年初，江西局在最短的时间内向国家认监委推荐了该企业对欧盟注册，使得该企业有望成为2011年第一批取得欧盟注册资格的肠衣企业。

二是积极开展水产品对印尼注册，努力开拓江西省水产品出口的“新兴市场”。2011年，江西局积极推进辖区水产品实现出口市场“多元化”发展，引导江西省出口水产企业瞄准印尼、越南、巴西等“新兴市场”，拓展发展空间。3月，在帮助企业学习了解印尼水产品法令规章相关卫生要求，指导企业按照印尼法规完善相关硬件设施和卫生管理的基础上，积极推荐瑞金市红都水产食品有限公司等8家企业对印尼注册，并成功获得国家认监委和印尼官方批准，率先打通了江西省水产品进入印尼市场的“准入通道”。

三是努力拓展江西省出口罐头对外注册，大力促进江西省果蔬罐头这一传统优势产品扩大出口。江西省出口罐头企业普遍存在生产规模小、管理水平低、专业技术人才缺乏等不足，果蔬罐头出口难以发展壮大。对此，江西局将出口罐头企业作为2011年出口食品备案监管服务的重点对象，积极制定了系列服务举措，包括企业生产卫生管理人员和产品检验检测专业技术人员培训，生产过程卫生控制现场指导、危害分析与关键控制点（HACCP）体系认证实施咨询、企业实验室建设指导和能力评定等等。同时努力帮扶江西省罐头企业做好对美国、加拿大注册，积极开拓美加市场。2011年3月，已顺利完成江西翠微实业有限公司等5家果蔬罐头出口企业对美注册的推荐工作。

（四）勇接挑战，成功应对韩国官方对江西省输韩食品企业的检查

根据中韩双边协议，2011年韩国农林水产食品部指名检查江西省7家输韩水产企业。这是江西省出口企业第一次接受进口国官方检查，检查结果将不但影响受检企业对韩出口，同时还关乎国家形象。为了做好迎检工作，江西局成立了迎检领导小组，开展了深入细致的迎检准备工作，制定了详细的《迎检工作计划安排表》、《企业迎检统一要求》，亲赴7家受检企业现场，从细节着手，规范统一的企业迎检要求，指导帮助7家受检企业全面做好迎检准备。帮助企业自查，及时发现不足，堵塞漏洞。6月，顺利完成迎接韩方检查任务，迎检企业得到到了韩方高度评价，取得了满意的结果。

（五）勇于创新，积极做好出口食品农产品认证监督检查工作

根据《关于做好2011年食品农产品认证监管工作的通知》（国认注［2011］20号）和江西局重点工作安排，江西局在总结2010年食品农产品认证监督检查工作经验的基础上，制定了《关于落实好2011年出口食品农产品认证监管工作的通知》，全面安排部署了2010年的食品农产品认证监督检查工作，进一步明确了各业务部门的食品农产品认证监督工作职责分工，创新引入食品农产品认证监督检查的“日常监管”要求，全面开展食品农产品认证情况备案工作，强化执法查处和统计总结工作。

（六）“四抓四强化”，积极稳妥推进GAP认证示范创建工作

2010年，国家认监委将江西局确定为良好农业规范（GAP）认证示范创建试点单位，下达江西局14个示范创建项目，2011年是完成GAP认证示范创建工作任务的关键之年。为了继续扎实做好GAP认证示范创建工作，江西局确定了2011年度GAP认证示范创建“四抓四重点”的工作要求：一是抓住“点”，重点做好14个示范项目的完成和验收；二是抓好“面”，重点做好示范创建项目的引领和推广；三是抓实“基础”，重点做好示范创建工作的总结表彰和宣传；四是抓提升，重点组织完成两个指南的编写和定稿。这一系列的政策措施使得GAP认证示范创建各项工作有条不紊地开展。

三、经验启示

2011年，江西局的认证监管工作，坚持做好以下“三个结合”：一是将认证执法监管与服务地方经济发展相结合。贯彻落实国家质检总局“抓质量、保安全、促发展、强质检”和江西省“发展提升年”活动，推进国家质检总局与江西省政府签署的《合作协议》和《合作备忘录》实施，全面服务鄱阳湖生态经济区建设和江西“科学发展、进位赶超、绿色崛起”的发展目标。二是认证执法监管与检验检疫业务工作相结合。认证监管工作是检验检疫业务工作的基础和保障，是检验检疫工作的重要组成部分，只有将认证执法监管工作融入检验检疫业务工作，通过强化部门联动，做到相互配合、分工协作、权责一致，切实增强认证执法监管工作的有效性，才能发挥其能动性和创造性。三是认证执法监管专项工作与日常监管相结合。针对江西局的检验监管具体情况，结合“两证”日常的考核评审和定期监督工作，积极探索认证监管工作从专项性、阶段性向制度化、常态化转变的工作方法，建立长效机制，将认证有效性监督检查工作制度化、常态化，落实责任，明确对象，跟踪督促，融入日常工作计划，提高认证监管效率。

撰稿人：兰祥光　张凌峰　审稿人：张国清

突出六个围绕 扎实提升履职和服务能力

——江西省质量技术监督局2011年认证监管工作概况

2011年，江西省质量技术监督局（以下简称“江西省质监局”或“省局”）认证认可工作紧紧围绕“抓质量、保安全、促发展、强质监”十二字方针，以积极开展“发展提升年”活动为抓手，认真履行认证监管职能，积极创新认证监管理念，突出“六个围绕”，发挥了认证认可在服务江西质量兴省战略中的重要作用。强制性产品认证（CCC）和自愿性认证监管工作成效显著，实验室资质认定工作取得创新发展。

一、围绕质量兴省战略，加强宣传，扩大认证认可工作的社会影响

一是围绕“质量兴省”战略，结合“世界认可日”、质量月、监督检查等活动，深入开展认证认可知识普及，提高社会公众对认证认可工作的认知度，引导政府、企业、有关组织、消费者采信认证结果，形成全社会关注和重视认证认可工作的良好氛围，有效地提升了认证认可工作的社会影响力。二是加大对认证认可法律、法规知识的宣传力度。通过多种方式，积极宣贯国家质检总局第131号令《食品检验机构资质认定管理办法》和国家质检总局第141号令《认证机构管理办法》，组织学习领会新精神，把握新要求，并结合工作实际，制定具体工作要求，为有力执行新规章打实基础。三是加大对全省认证监管工作的宣传报道力度。2011年，国家认监委网站刊登出7篇江西开展认证监管工作的动态信息，江西省局网站和每日质监信息刊登了12篇认证监管工作动态信息。在7月份召开的全国认证认可信息宣传工作会上，江西省局受到国家认监委的表彰，荣获“2010年～2011年度”全国认证认可信息宣传工作先进单位和“我与认证认可十年”征文优秀组织奖。

二、围绕推进工业化进程，大力推动管理体系认证

为把质量兴省战略落到实处，充分发挥认证认可手段在提升企业管理水平，保障产品质量上的重要抓手作用，江西省局紧紧围绕服务加快经济发展方式转变这一主线，积极采取措施大力推进各类管理体系认证的开展。一是充分发挥质量主管部门的职能作用，积极引导和鼓励企业开展各类管理体系认证。在开展的江西名牌产品、江西省质量管理奖和节能产品评选认定活动中，都将企业通过质量管理体系（ISO 9000）认证作为认定的必备条件之一，同时食品生产企业还必须通过食品安全管理体系（ISO 22000）或危害分析与关键控制点（HACCP）体系认证。二是主动加强与地方政府联系，依靠各级政府的政策扶持，通过政府层面的高位推动促进管理体系认证。2011年，部分市县政府已陆续出台了奖励政策，鼓励本辖区企业开展管理体系认证。三是积极开展管理体系认证有效性的监督检查，确保认证的有效性。6月～9月，按照国家认监委相关要求，组织开展了管理体系认证有效性监督检查工作。此次全省质监部门出动行政监管人员884人次，共检查获证企业352家，涉及认证证书418张、发证机构98家。检查人员重点检查了获证组织的认证程序、认证企业产品标准、测量设备的检定与校准、产品质量检验、认证证书标志等情况。四是全面加强自愿性认证监管，严格规范认证活动。自国家认监委正式运行自愿性认证活动执法监管系统以来，江西省局加大了对自愿性认证活动的抽查频次,并派出认证监管人员对认证活动实施现场见证，使江西各类管理体系认证得到了快速发展。江西的认证证书总数达到8 523张，比2010年增加了1 216张，是年初制定的增加300张认证证书预定目标的四倍。

三、围绕推进农业现代化，积极推动无公害农产品、绿色食品和有机产品认证，扎实开展食品农产品认证专项监督检查

一是注重发挥合力。根据《江西省人民政府办公厅关于印发江西省绿色食品产业发展配套政策的通知》精神，紧贴江西省情，围绕做大做强江西绿色、有机食品和农产品产业，实现江西绿色崛起的目标，江西省局与江西省农业厅农产品质量安全监管局建立了沟通、协调机制。通过与省农业厅的共同努力，较好地推动了江西省绿色食品、无公害农产品、有机产品等农产品认证，其中有机产品认证证书数在全国名列前十，有效地促进了江西生态经济的发展。二是注重提升监管能力。为提升基层

认证认可行政监管人员执法监管能力和水平，尽快掌握认证认可专业知识和工作方法，省局连续两年组织基层一线认证监管人员参加认证监管业务知识培训，提高了监管人员的业务能力，为做好全省认证监管工作打下了坚实的基础。三是注重保障食品安全。根据国家认监委《关于做好2011年食品农产品认证监管工作的通知》精神， 7月～9月，组织开展了食品农产品认证专项监督检查工作。此次检查共出动检查人员286人次，检查食品农产品获证企业238家，涉及获证产品346个、认证机构21家，进一步规范了食品农产品认证活动，提高了食品农产品认证质量。

四、围绕推进社会各项事业协调发展，大力推进节能、节水等资源节约型产品认证，加强对强制性认证产品的监管

一是围绕鄱阳湖生态经济区建设，大力推进江西省节能产品认定工作。与省工信委、省财政厅一道，创新开展江西省节能产品认定工作。6月，组织专家对江西一变电器有限公司等3家企业的6个系列产品进行了江西省工业节能产品评审认定，并正式为该3家获证企业核发了第二批“江西省节能产品”证书，使获得认证的“江西省节能产品”数量达到16个。此举积极地引导了广大企业调整结构，调动了企业生产节能产品的积极性，深受广大企业欢迎。二是加强对强制性认证产品的监督检查，保障CCC产品质量安全，促进CCC产品质量水平提升。作为认证监管工作的重点，江西省局对南昌、上饶等电线电缆生产企业集中地市的检查情况进行了督导，通过与企业一起座谈，了解了企业的生产和管理状况，向企业宣传了认证认可的法律法规。组织对142家机动车辆及安全附件、小功率电动机、电线电缆、家用和类似用途设备、音视频设备等产品CCC认证获证生产企业开展监督检查，对其中存在问题的6家企业发出了《责令整改通知书》，责成设区市局帮助其整改，使其产品质量得到了稳步提高。

五、围绕全省检测能力的提升，依法科学加强对检测实验室的管理

一是严格实验室资质认定监管，提升实验室资质认定工作水平。为不断提高监管工作的有效性，确保实验室管理体系的持续有效运行，检验能力的不断提升，重点检查了获证实验室在完善组织、履行职能，加强制度建设，完善管理体系，落实技术标准、规范检测管理等方面的内容。实验室专项监督检查的有序开展，促进了全省获证实验室的健康发展。二是有序推进食品检验机构资格确认，严格管理食品检验机构资质认定。按照国家认监委对食品检验机构资质认定评审员要求的有关规定，加强评审员队伍建设，组织完成食品检验机构资质认定评审员考核。全省有21家食品检验机构通过《食品检验机构资质认定评审准则》技术评审并取得了食品检验机构资质认定证书。三是科学开展能力验证，进一步提升实验室的检测能力和管理水平。为加强对获证实验室的监督管理，提高检测能力，保证检测数据的准确可靠，江西省局下发了《关于开展2011年度全省实验室能力验证工作的通知》，组织开展了食品、环境和建材建工3大类检测实验室的能力验证活动，检验项目分别为食品中的蛋白质和亚硝酸盐、水中的六价铬、混凝土外加剂的减水率、石油沥青的针入度和软化点。共有324家实验室参加了能力验证，大部分实验室检验结果达到满意，检测能力能够保持持续有效。通过能力验证，进一步促进了江西省实验室技术能力的可持续发展。

六、围绕创建法治质监、科技质监、和谐质监，全力提升行政许可服务水平和效率

一是公开行政审批事项办理流程，对行政许可项目进行网上审批。通过依托江西省行政审批网和江西省局网站平台，及时公开行政审批事项，具体承办人员和办理时限等内容，让行政审批权力在阳光下运行，为前来办事人员提供了便利，节约了办事时间，保证了行政许可的时效性、透明性和公正性。二是组织开发使用获证实验室管理系统软件，对获证实验室进行分领域、分地域的动态管理，提升了实验室资质认定管理工作的效率。三是大力支持江西省重大项目建设。在收到江西省建筑工程质量检测中心资质认定扩项申请后，得知该中心是南昌地铁工程项目质量监督检测单位，省局为其开通绿色通道，派出技术专家第一时间赶赴现场进行技术评审，及时完成行政审批。为该中心赢得了时间，顺利开展了地铁工程项目检测，支持了地方重点工程的建设。另外，在获悉江西省水利厅工程质量检测中心站申请国家水利部甲级资质应首先取得相应项目的资质时，省局特事特办，以快捷、高效的服务举措替其办理复查换证，为该站获取水利检测甲级资质创造了条件。四是发挥职能优势，为赣粤高速公路工程有限责任公司制定企业标准化管理体系助推给力。在调研过程中了解到赣粤高速有限责任公司正在为自身发展过程中遇到的服务管理瓶颈而困惑时，江西省局积极为其制定赣粤高速标准化管理体系提供所需服务，组织邀请国务院发展研究中心李春苗研究员等9位资深专家对该标准体系的七项标准进行评审与备案，这也是江西第一家服务采用标准化管理的企业。从而使赣粤高速有限责任公司的服务管理更加科学、规范、高效，赢得了该公司的高度赞扬。

撰稿人：赖振胜　审稿人：周元根

多视角 全方位 谋划认证监管大篇章

——山东出入境检验检疫局2011年认证监管工作概况

2011年，山东出入境检验检疫局（以下简称“山东局”）认证监管工作在国家质检总局、国家认监委的正确领导下，以“抓质量、保安全、促发展、强质检”十二字方针为指导，以提高认证监管有效性为目标，以强化队伍建设为依托，以创新监管方式为手段，开拓创新，锐意进取，认证监管工作基础进一步夯实，认证监管工作已经迎来大发展、大跨越、大繁荣的难得机遇，正在步入科学化、规范化、制度化的发展轨道。

一、认证监管颁证情况

1.出口食品备案

截至2011年12月31日，新办理出口食品备案企业216家，办理吊销及自动失效194家，复查换证770家，累计有2 956家企业获得出口食品备案证书，占全国注册登记总数的22.27%。向国外推荐企业148家，新获国外注册132家，吊销不符合国外要求企业17家。全省累计共有1 425厂次的水产品、禽肉、兔肉、肠衣、熟肉制品等加工企业获国外注册。

2.出口质量许可

截至2011年12月31日，新颁发出口商品质量许可证企业135家；自动失效105家；复查换证252家；全省累计持有有效出口质量许可证的生产企业943家；共颁发了48个临时质量许可证。

3.强制性产品认证（CCC）免办

截至2011年底，共签发CCC免办证明2 600份，主要集中在青岛、威海、黄岛、烟台、济南、淄博等地。

二、突出重点，理清思路，不断探索工作模式创新转型

（一）大力开展综合管理体系建设

山东局高度重视综合管理体系建设工作，将体系建设作为2011年工作的首要任务，根据“学习—调研—决策—执行—监督—反思—改进—总结—提高”工作机制要求，结合山东认证监管工作实际，制定了认证监管程序文件和6个作业指导书，以ISO 9000管理体系的思想更系统地开展认证监管工作。在体系文件和作用指导书的编制过程中，多次召集有关人员进行集中讨论，集思广益，充分考虑了各分支局的意见。同时也借着管理体系建设的机会，对认证认可业务文件进行了重新梳理，使程序文件能更好地与实际相结合，更具有实际操作性，不断夯实认证监管工作的基础，提升体系运行有效性。同时，对认证监管各岗位进行了廉政风险点分析，在工作中进一步加强党风廉政建设，确保不出任何问题。

（二）积极开展备案/注册模式转变的试点工作

《出口食品备案管理规定》（总局令第142号）发布后，山东局不等不靠，充分发挥食品农产品出口大省、备案注册企业大省的优势，立即组织专家深入研究食品安全法和国家局的备案要求，探讨新规定在山东省落实办法以及操作的可行性和有效性，并于9月29日在青岛召开《出口食品备案管理规定》宣贯研讨会，就如何做好下一步的备案工作提出了明确要求：一是深刻理解新的备案管理规定；二是做好转换期的衔接过渡；三是落实企业主体责任意识；四是做好备案工作与第三方认证相结合；五是探索新的备案注册监管模式，改变对监管频率和监管形式的限制，提高监管的效能和有效性，进一步提高检验检疫监管工作的社会认知度；六是抓好人员队伍建设。与此同时，山东局结合辖区实际制定下发了《山东检验检疫局出口食品生产企业备案工作实施细则（试行）》，进一步指导和规范全省出口食品备案工作，确保了注册转备案工作的有序进行。试点工作中，在出口食品备案企业中推行以危害分析与关键控制点（HACCP）体系认证为抓手的备案模式转变，研究第三方认证采信规则，12月底，还承接了国家认监委《出口食品企业备案采用第三方认证结果办法指导意见》的研讨工作。同时，山东局加大了对备案企业的监管力度，通过日常监管、定期监管、飞行检查等方式，2011年共淘汰不符合出口食品备案要求的企业194家，淘汰率达到6.6%，确保备案有效性，也为试点工作的成功开展打下良好的基础。

（三）大胆探索备案认证融合发展思路

在认真分析、反复酝酿的基础上，山东局按照国家认监委的要求，进行了备案认证融合发展的初步尝试，率先在青岛出口食品备案企业中开展以推行HACCP体系认证为抓手的备案模式转变的试点工作，提高备案有效性，提升企业管理水平，服务外贸促进发展。

同时，立足本地实际，探索建立山东出口食品转型升级示范区。紧抓服务地方经济科学协调发展主题，帮助企业转方式调结构，以提升产品质量和发展半岛蓝色经济区为切入点，强化企业主体责任，通过企业自我声明提高企业自我举证意识，不断提升企业与HACCP法规、欧盟指令、美国食品安全现代化法等国际通用法规符合性。做好备案工作与第三方认证相结合，督促第三方认证机构发挥作用，通过对第三方认证机构的监管，提高认证的有效性和可采信度。从而通过建立示范区、革新把关服务方式，进一步推动备案注册工作转型、提高备案有效性，最终实现备案认证融合发展。

（四）主动参与认证认可风险管理研究

山东局积极参与国家认监委认证认可风险管理政策研究项目，结合山东地区认证监管工作实际和一线经验，从制度漏洞、人员能力、廉政风险等方面，尝试建立以社会需求为导向、以国际准则为依据、以风险分析为基础的认证认可风险管理方法体系。在该项工作中，山东局首先对认证认可工作中存在的风险点进行了全面分析，在出口食品备案、出口商品质量许可、自愿性体系认证和强制性产品认证等认证行政执法工作中共分析出200多个风险点。同时，山东局还参与到《创新发展：认证认可风险管理手册》的编制工作中。按照国家认监委的部署安排，最终实现在山东检验检疫系统认证认可工作中全面推行风险分析管理，做好风险识别、分析、研判、处置等工作，提高风险意识和防范风险能力，形成对认证监管质量安全风险的前期预警和防范，构建一个对认证认可风险管理具有一定指导意义和参考价值的方法体系，指导认证监管质量安全的风险防范工作。

（五）深入推进第三方认证机构执法监管

一是积极宣贯《认证机构管理办法》，组织召开认证机构办事机构座谈会，认真解读认证机构办事机构备案规则和程序，详细了解认证监管工作需求，明确认证机构监管重点。二是继续实施获证企业认证有效性专项检查，在19家外资认证机构所颁发的246张ISO 9000质量管理体系相关认证证书中实施抽样，选取具有代表性的50家获证企业开展了有效性专项检查。三是积极参与认证机构专项检查工作。首次承接了国家认监委第二阶段获证组织专项检查工作，对青岛辖区内80家获得第三方认证的出口生产企业以及涉及的30多个认证机构进行了认证有效性监督检查，进一步积累了执法监管工作经验。

三、创先争优，多方联动，大力构建认证监管工作合力

（一）开展创先争优活动，成功建立三级联动工作机制

根据国家认监委的具体安排，国家认监委注册部、山东检验检疫局认证处、青岛检验检疫局认证处成功在青岛启动“实施三级联动、开展创先争优、提高出口食品备案有效性活动”，在出口食品备案工作上形成了国家认监委、山东局、青岛局上下联动、协同配合、共同推动的三级联动机制，成为出口食品领域“创先争优”活动的重要内容和具体体现。三级联动机制建立以来，山东局已举办国外技术法规培训班6次，召开了“中美食品防护研讨会”专题研讨会，参与“阳光政务热线”2次，有效地推动了全省备案注册工作的开展。

特别是《美国FDA食品安全现代化法》出台后，山东局充分利用三级联动机制平台，联合山东省商务厅在第一时间召开全省《美国FDA食品安全现代化法》培训班。本次培训由商务厅提供培训经费，山东局邀请了国内检验检疫资深专家和美国食品药品管理局（FDA）驻华办公室官员前来授课，山东省各市商务局业务负责人、各分支检验检疫局负责美国食品出口监管人员、2010年对美出口食品100万美元以上的200余位企业品管人员约300人参加了本次培训。培训班详细介绍了法案的立法情况、要点与解读，帮助企业提前了解新法规，科学应对新变化，力争做到未雨绸缪，有备无患。本次培训班是开展“三级联动、创先争优”活动以来山东局在全国系统首次联合商务部门举办的服务企业活动，特别是山东省作为对美食品出口大省，对于帮助企业及时应对FDA新法的实施，确保对美食品出口健康平稳发展意义重大。此举也是落实国家质检总局“抓质量、保安全、促发展、强质检”的工作目标，是以信息直报、专题会议、研讨培训为载体等一系列活动的重要组成部分，丰富了三级联动的形式和内容，实现了业务工作与创先争优活动的有机结合，使创先争优活动真正体现在把关服务的工作实践中。

（二）推行示范区建设，努力形成检政合作工作平台

加强与省商务厅、农业厅等部门的沟通合作，共同推进示范区建设。在山东局牵头起草的《初级农产品安

全区域化管理体系 要求》(GB/T 26407—2011)国家标准2011年9月1日正式实施的基础上，组织商务、农业、检验检疫、企业等方面的相关专家起草并出版发行《<初级农产品安全区域化管理体系 要求>理解与实施》的配套宣贯教材，成为指导示范区建设的理论依据和实践参考。2011年4月和6月，联合省商务厅、农业厅相继在乳山市、海阳等地举办标准主题宣贯培训班。9月，与安丘市政府联合举办标准实施宣讲会，进一步增进了全省各地区对以区域化管理为核心的示范区建设内涵的理解，推进了示范区工作向纵深发展。2011年初，山东省委书记姜异康在安丘考察调研示范区建设工作时对山东局倡导的检政合作模式给予充分肯定。截至2011年底，在国家质检总局公布的55个示范区中山东占有20席，位居全国第一。

(三)打造认证监管队伍，不断优化良性互动工作格局

山东局历来重视认证监管队伍的建设，要求各分支机构专人负责认证监管工作。山东局“三定”后，青岛局和烟台局还专门成立了认证监管处，其中青岛局认证处人员达到14人，认证监管队伍得到进一步壮大。同时，山东局加强了评审员的互动沟通，充分发挥评审员技术执法的职能作用，推动认证监管工作有效开展。一是开展定期培训，连续多年开展对新进人员、评审员、主任评审员的业务培训和研讨，连续2年开展岗位轮训，形成了覆盖认证监管各业务领域的评审员队伍；二是开展技能比武，在5月31日举办首次出口食品备案评审员岗位技能比武，引入国际先进的现场见证审核考核模式，提高了评审员的评审水平；三是开展结对帮扶，定期组织西部业务量小、专业种类少、评审员力量相对薄弱的分支局的一线评审员到东部先进地区评审、考察，提高评审能力。经过一系列的学习与培训，山东局已形成一支素质优良、作风过硬、业务精湛的评审员队伍。其中出口商品质量许可证评审员117人，出口食品生产企业备案评审员286人，主任评审员101人，数量居全国第一。

四、融入大局，服务发展，有效推动地方经济快速发展

山东局共有1 425家出口食品企业获得国外注册，据国家质检总局发布的报告显示，2011年山东地区农产品出口遭遇的国外技术性贸易壁垒种次占全国的14.22%。在这种形势下，山东局充分运用注册、许可、认证等国际通行手段破解国外技术壁垒，全力帮扶企业扩大出口。2011年共有132家企业成功获得国外注册，先后接待日本、马来西亚、欧盟等8个国家和地区的肉类、水产等食品的官方检查，共计26厂次，均顺利通过。

新加坡农业食品与兽医局2011年4月宣布解除从山东地区进口冷冻猪肉类产品的禁令，这是2009年6月以来山东出口新加坡冷冻猪肉产品首次解禁。

2011年欧盟检查准备过程中，山东局食品处和认证处多次组织专家对企业从饲料厂、养殖场、屠宰加工厂、熟食加工厂的生产卫生管理、人员培训、不合格品处理、实验室检测以及对欧盟法规理解与执行等方面进行培训指导，从体系文件、硬件设施、生产记录等方面进一步进行梳理，确保迎检成功。山东局在迎检过程中不断完善迎检机制，合理分配资源，加大对迎检准备工作的检查力度，确保顺利通过各项国外官方检查，有效推动了地方经济快速发展。

撰稿人：应 骏 李雨亭 审稿人：乔华峰

落实企业主体责任 全力提升认证监管有效性

——山东省质量技术监督局2011年认证监管工作概况

2011年，山东省质量技术监督局（以下简称“山东省质监局”或“省局”）紧密结合山东省认证认可工作实际，按照“抓质量、保安全、促发展、强质检”的要求，着力在提升认证监管部门的履职能力上下功夫，围绕落实强制性产品认证（CCC）企业产品质量主体责任、认证机构认证主体责任和实验室检测质量主体责任，坚持严格依法行政，全面履行监管职责，全省认证认可工作又取得了新的成绩。截至2011年底，全省企业组织共获得自愿性认证证书32 304张，其中，质量管理体系认证证书17 651张，环境管理体系认证证书4 862张，职业健康安全管理体系认证证书2 930张，自愿性产品认证证书3 079张，食品安全管理体系认证证书942张；共有2 982个企业取得14 836张强制性产品认证证书；全省取得资质认定的检测机构达到1 627家。

一、以落实实验室主体责任为主线，扎实做好资质认定工作

（一）贯彻《食品安全法》对食品检验机构的新规定，落实好《食品检验机构资质认定管理办法》和《食品检验机构资质认定评审准则》

省局对全省食品检验机构数量分布、检测能力和人员配置等情况进行了调研，分析了食品检验机构存在的薄弱环节和主要问题，提出了食品检验机构管理工作的建议和对策。为了使全省食品检验机构及相关人员了解国家的新规定，省局分六期对食品检验机构管理人员600余人、资质认定评审人员110余人、市县两级执法监管人员180余人进行了培训，为顺利转版做好了准备。在此基础上，省局对全省食品检验机构的资质认定工作进行了全面部署，明确了已取得计量认证证书的食品检验机构的工作任务和时限，确定了初次申请资质认定食品检验机构的审批发证流程和条件，规定了各级质监部门对食品检验机构依法监管的工作要求。从2011年6月起，全省食品检验机构资质认定工作已按照新的要求进行。

（二）以提高监管有效性为目的，加大实验室的监督评审和能力验证工作力度

2011年，全省共有574家实验室到期需要定期监督评审，为了使监督评审工作更加有效，省局采取了五项措施：一是精心做好监督评审计划的编制工作，保证计划的均衡性和可操作性。二是采取了市地间一定比例交叉评审的方式，以降低人为因素对监督评审质量的影响。三是做好实验室监督评审详细计划的审核把关，最大限度地保证监督评审人员的专业能力和整体水平。四是采取现场抽查或电话抽查的方式，加强对监督评审工作纪律和评审质量的监督与考核。五是认真组织评审材料审查，对原资质认定项目不再具备技术能力的实验室，及时做出撤销其相关项目的处理；对评审结论为“不合格”的实验室及时做出暂停或撤销资质认定证书的决定。各市局严格按照省局的要求，精心组织，确保了监督评审任务的圆满完成。据统计，有573家实验室先后完成了3 734个不符合项的整改，对于规范实验室内部管理起到了很好的作用。通过监督评审，共有94家实验室的192个产品、966个产品的2 563个参数、48个检验方法因不再具备检测技术能力而被撤销资质认定；有8家实验室监督评审结论为不合格。在做好监督评审工作的同时，全省开展了实验室资质认定专项监督检查工作。各市局对辖区内重点行业、日常反映问题较多的246家实验室进行了重点检查，发现实验室内部管理问题108处，3家实验室存在严重问题被暂停资质；省局组织17个市局采取交叉检查的方式，对83家实验室进行了抽查验收，发现实验室内部管理问题266处，2家实验室因存在严重问题被暂停资质。

实验室能力验证是检查和督促实验室不断提高检测水平的重要手段。2011年，本着扩大验证范围和参加实验室覆盖面的原则，省局共组织开展了饮料、水、茶叶、混凝土减水剂、化妆品、润滑油、煤炭、食品塑料包装、纺织品、室内空气、蔬菜、金属材料等12种产品39个参数的24次能力验证，全省有2 336家（次）实验室参加，促进了实验室整体检测质量水平的提高。从检测的数据来看，共出具检测数据5 795个，满意数据4 890个，满意率为86%。其中饮料、水、茶叶、蔬菜4种食品（含农产品）出具检测数据1 714个，满意数据1 436个，满意率为84%。从涉及食品检测的实验室来看，共有847家（次）实验室

参加，满意率为74%，与2010年的满意率相比提高了9个百分点。从涉及的行业系统来看，质监、建设、卫生和环保系统共有1 702家（次）实验室参加了能力验证，占参加实验室数量的73%，各系统实验室满意率分别为：77%、75%、81%和72%，与2010年相比，质监系统实验室满意率保持了原有水平，建设、卫生、环保系统实验室满意率有较大提升。从全省17市地情况来看，有15个市地实验室满意率达到了70%以上，与2010年满意率达到70%以上的6个市地相比，检测结果质量有较大提升。这说明全省在加强资质认定实验室管理工作方面取得了明显的成效。在能力验证工作的同时，省局加强对验证结果的后处理工作，共有77家实验室142个参数因检测结果离群而被撤销检验资格；有11家实验室12个参数因检测结果可疑而被责令予以整改。

（三）积极开展行政许可改革工作，继续做好资质认定的审批工作

2011年，全省开展行政许可改革，从9月份起，实验室资质认定工作移交省局行政许可办公室统一负责。全年组织受理了810家实验室资质认定申请材料，经审定有36家不符合受理条件；组织完成了601家实验室资质认定审批发证。上半年台湾“塑化剂事件”发生后，积极组织检验机构申报该检测项目的资质认定，开辟快速审批通道，在严格规范的前提下，保证审批过程及时高效。

（四）全省开展了实验室法人履职报告活动

2011年，省局提出把落实检测机构的主体责任作为落实质量安全主体责任活动的重要内容，全省各市局加强了对实验室质量责任意识的培训，淄博、潍坊、枣庄、菏泽、滨州等市局分别召开了实验室法人履职报告会，宣讲国家对实验室管理方面的要求及法律责任，通报实验室管理方面存在的问题，督促各实验室不断提高管理水平和检验能力。

二、以落实认证机构认证活动和企业产品质量主体责任为主线，认真抓好认证监管工作

（一）认真贯彻《认证机构管理办法》

组织召开了驻鲁认证机构及认证机构办事处工作会议，学习国家质检总局新颁布的《认证机构管理办法》，明确认证机构在认证工作中应当承担的法律责任和社会义务，督促认证机构不断提高自律意识和法律意识，落实认证机构在认证活动中的主体责任。同时，按照要求做好认证机构驻鲁办事机构的备案工作，有6家认证机构的7个办事机构办理了备案，有2家认证机构的办事机构改为分支机构，有1家认证机构对原有的办事机构办理了撤销手续。

（二）落实强制性认证产品生产企业产品质量主体责任

组织有关人员编写了落实认证工作质量主体责任培训教材。青岛、济南、淄博等市局联合认证机构分别举办了CCC认证企业参加的质量主体责任履职报告会，请企业负责人讲述保证认证产品质量的经验和做法，结合工作实际介绍企业应当承当的质量责任和社会义务。“锦湖轮胎事件”发生后，省局组织在山东省开展轮胎产品强制性认证的中国质量认证中心青岛分中心和北京中化联合认证中心对省内的145家企业进行了普查，对于发现的问题由认证机构及时做出了暂停证书的处理。省质检院、青岛质检所圆满完成了国家认监委安排的CCC认证电焊机、轮胎产品的监督抽查任务，并及时报送了监督抽查报告和绩效评价报告。“六一”儿童节前后各市局开展了儿童玩具的强制性认证执法检查。在全省认证监管人员的共同努力下，强制性认证产品的质量合格率保持了较高的水平，在国家认监委组织的国家监督抽查中，共抽查山东省获证产品数123个，产品抽查合格数 109个，获证产品抽查合格率达到88.62%。

（三）密切关注社会热点，抓好有机产品和农产品认证监管工作

按照国家认监委的统一部署，山东省重点加强了对食品农产品的专项检查，积极配合国家认监委对省内14家企业的食品、农产品认证企业的监督检查。国家认监委《关于进一步规范有机产品等食品农产品认证活动的紧急通知》下发后，各市局对冒用有机认证标志问题开展了检查，青岛市局在检查中发现香港某认证机构未经批准在青岛开展有机产品认证业务的情况，并上报国家认监委。中央电视台《焦点访谈》播出山东有机蔬菜问题的报道后，省局及潍坊、泰安市局及时派出调查组，寿光、肥城两局积极配合当地政府应急处置，反映真实情况，及时消除了影响，维护了农民利益。

三、发挥认证工作的基础性作用，努力提高服务经济的能力

（一）大力推广质量管理体系认证

2011年，全省获得管理体系认证证书达到比2010年增加2 137张，其中，质量管理体系认证证书增加1 177张，环境管理体系认证证书增加616张，职业健康安全管

理体系认证证书增加344张，自愿性产品认证证书增加1 991张。

（二）结合节能减排工作，积极推动节能产品认证和能源管理体系认证

山东质量认证中心联合省节能办编制起草了《节能认证示范区建设工作方案》，积极探索推动山东省节能认证工作开展的措施；省局联合山东质量认证中心召开了近50家企业参加的机电产品节能认证推进会，宣传国家机电产品节能认证的政策，动员企业积极参加认证活动；山东鲁源节能认证中心积极开展能源管理体系认证，有8家企业通过了认证现场审核，获得了认证证书。

（三）积极组织“世界认可日”纪念活动

6月9日，各市质监局举办了不同形式的纪念活动，通过组织相关企业、检测机构举办宣贯会、张贴“世界认可日”宣传画等形式，深入宣传认证认可工作成效，引导全社会广泛关注和重视认证认可工作，增强了宣传工作的影响力。省局举办了“世界认可日”情况通报会，邀请省内10多家主流媒体到会，宣传认可工作的宗旨和目的，介绍了山东省检测实验室的情况。

（四）加强工作调研

完成了省政府安排的“用产品质量标准化和认证推动产业优化升级”课题的调研，省长姜大明在调研报告上做出重要批示：“十一五”期间，山东省大力推进质量兴省、标准化和名牌带动战略，取得的成绩应予肯定。同时，调查报告提出了一些工作建议，希望把产品质量标准化和认证工作同各地、各企业的自主创新有机结合起来，互为因果，相互促进，争取在“十二五”期间取得更大更好的工作成效。完成了《山东省“十二五”认证认可服务平台建设规划》的编写并通过论证。《山东省强制性认证产品质量分析报告》获山东省政府系统优秀调研成果二等奖。

另外，受国家认监委的委托，省局圆满完成了“国家食品检验机构资质认定工作布置会”、“国家司法鉴定机构资质认定试点工作总结座谈会”、“海峡两岸第二届计量检测认证工作研讨会”的组织和保障工作，受到了有关方面的好评。

撰稿人：展　红　审稿人：李子安

严格监管　服务发展

——河南出入境检验检疫局2011年认证监管工作概况

2011年，河南出入境检验检疫局（以下简称“河南局”）认真贯彻落实国家质检总局“抓质量、保安全、促发展、强质检”的十二字方针，着力通过制度创新和方法创新提升监管水平，正确履行职能，促进了河南省外向型经济的发展。

一、出口食品生产企业备案注册工作概况

（一）出口食品生产企业备案注册工作

河南省新增备案企业26家，全部备案企业为367家。新增国外卫生注册企业5家（次），全部对外注册企业为67家（次），国外注册的产品包括肉及肉制品、肠衣类、果蔬汁、水产品和罐头类，出口目标市场包括日本、韩国、俄罗斯、新加坡、欧盟、美国、加拿大等12个国家和地区。

（二）出口商品质量许可工作

河南省新增出口商品质量许可证企业51家，与2010年相比增加23家。全省出口商品质量许可获证企业总数为171家，其中玩具产品生产企业8家、危包产品生产企业44家、陶瓷产品生产企业40家、机电产品生产企业52家，机电产品生产企业临时许可证27家。

二、认证监管及相关工作概况

（一）出口食品备案注册企业的监管

为进一步强化监管工作，落实监管责任，提升出口食品生产企业的质量安全控制水平和能力，防止出口食

品发生食品安全质量事故，河南局在充分调研的基础上制定了《河南出口食品备案/注册企业监督管理办法（试行）》，提出了日常监管、定期监管和督查的三级监管模式，明确了监管内容、监管频率、监管方式和发现问题的处理及上报程序；下发了《2011年度出口食品卫生注册备案企业定期监督检查、监督抽查和换证复查计划》，落实了工作、进度、目标和责任人四对照。采用飞行督查、重点督查和随机督查等方法，提高督查效果。对国外注册企业的监管，重点是按照国外法律标准规定的监管频率、监管内容进行监管，同时注意与我国法律标准要求的协调性，在等效性上下功夫，节约监管资源。一年内，共督查了7个分支局、3个业务处及所辖的32家次企业，提出87条整改要求，进一步提高了检验检疫的监管水平和企业的质量安全控制能力。

由于在监管方面狠下功夫，大宗出口食品的质量安全保持良好的发展势头，出口数量明显增加，出口果汁（主要目标市场是美国、欧盟、加拿大）1.04亿美元，同比增长60.73%；出口禽肉（主要目标市场是日本、韩国）9 552万美元，同比增长46.3%；出口肠衣（主要目标市场是欧盟、日本、美国）4 732万美元，同比增长124%。

（二）食品农产品认证监管

根据国家认监委《关于做好2011年食品农产品认证监管工作的通知》（国认注［2011］20号）及《关于进一步规范有机产品等食品农产品认证活动的紧急通知》（国认注［2011］70号）精神，河南局研究制定了《河南检验检疫系统2011年食品农产品认证监管计划》（豫检认函［2011］195号）及《河南检验检疫系统有机产品等食品农产品获证企业监督检查实施方案》（豫检认［2011］271号），开展了2011年度有机产品等食品农产品认证监管工作检查。

河南局采取与出口食品备案注册日常监督管理、定期监督检查以及换证复查等工作相结合的多种方式开展监督检查工作。检查主要内容为在本辖区内从事认证活动的认证机构以及获得有机产品等食品农产品认证的生产企业、产品和相关认证标志使用情况，并重点关注获证企业及产品是否能持续符合认证标准要求，是否存在买证、卖证，超期、超范围使用认证证书、认证标志情况，认证机构是否依法有效实施跟踪调查和监管，是否存在违规收费等违法、违规行为。

河南局按照相关要求，对辖区内涉嫌伪造、冒用国外有机产品认证证书的某医药科技有限公司进行了专项调查，要求该公司严格遵守《认证认可条例》等法规，守法经营，按照德国欧格认证（BCS）的要求申请相关产品的有机认证，同时按照《出口食品生产企业卫生要求》办理备案，待获得所有资质条件后方能对欧盟出口。

（三）出口商品质量许可企业的监管

一是制订《出口商品质量许可/注册登记企业2011年度监督检查、监督抽查和换证复查计划》，明确了三级监管责任、监管进度。二是组织各分支局、办事处、业务监管处严格按照计划落实日常监管和定期监管工作，对于没有按时完成或完成质量不合要求的单位进行通报。三是结合复查换证工作加强了监管抽查，全年共完成监督抽查18家，超过了年初计划10%的抽查任务。四是要求企业对发现的不符合项目限期整改，确保实效。

（四）入境强制性认证（CCC）产品监管

完成2011年度进口领域强制性产品认证监督抽查工作。一是利用入境验证系统信息及相关认证信息，与有关认证机构及时沟通，了解相关产品的检测费用、技术要求等信息，确定河南局产品抽检范围。二是根据国家认监委相关要求，确定了监督抽查的产品、项目，制定了《2011年度河南强制性产品认证入境获证产品监督抽查工作方案》并及时上报国家认监委予以批准。三是认真实施，6月15日～8月30日进行布控，组织业务监管部门抽检、封样和送样。四是总结提高。本次抽检产品四批，两批医疗设备中有一批为不合格(已报河南局法制部门处理)，及时将结果进行汇总并上报国家认监委。

（五）加强评审员队伍建设

一是加强河南局网络培训平台的建设。8月，与认证监管有关的42个培训教材及640道试题进行维护，又补充了56个培训教材，修订了部分试题。二是派出20多人次参加肉类危害分析与关键控制点（HACCP）体系认证、低酸罐头和酸化食品等培训班。三是加强对外交流。2011年6月，派出1名同志赴墨西哥参加了注册评审工作；2011年7月，派出1名同志到福建参加了现场评审交流活动。四是提前应对。对河南局所有的出口食品卫生注册评审员进行了《美国FDA食品安全现代化法》的培训。五是强化管理。研究制定了评审员淘汰制度，以保证队伍的质量。

三、开展风险管理

依据《风险管理 原则与实施指南》（GB/T 24353—2009），针对认证监管工作的内外部环境信息，进行了风险识别、风险分析和风险评价，并对风险进行分类。将风险设定为四级，即轻微风险、一般风险、中度风险、重大风险。针对识别出来的13个中度风险、7个重大风险，都及时制定了防控措施并实施。对风险防控主要的方法是：学习和掌握国内外法律法规及标准，修订河南局内部控制文件和规范性文件，通过绩效考核和质量管理体系内审对具体的实施情况进行监督控制。

四、积极争取地方政府的支持，与畜牧部门通力合作，做好国外注册工作

与河南省畜牧局通力合作，促成河南众品食业股份公司（以下简称“河南众品公司”）的台式香肠获得新加坡注册。2010年4月，河南众品公司向新加坡官方提出注册申请，河南局与河南省畜牧局积极配合，对照新加坡的法律法规要求，提出众品公司应重点解决的问题。2011年6月21日～23日，新加坡农业食品与兽畜检验局（AVA）派员对河南局、河南省畜牧局和河南众品公司进行了现场检查，之后批准了河南众品公司的热加工猪肉对其出口，同时也批准该公司可为AVA批准的中国向新加坡出口热加工制品的9家企业提供原料肉。这标志着经过十多年的努力，河南热加工猪肉制品首次获得进入新加坡市场的通行证，这将引领河南更多类似的企业申请对新注册，推动河南省更多的优质食品农产品走向国际市场，也为河南省相关的肉类生产企业进入欧美高端市场奠定了良好的基础。

积极做好河南省潢川华英禽业集团总公司（以下简称“华英集团”）对欧盟出口鸭肉的注册工作。认真研究欧盟的法律法规，明确欧盟来华考察的范围，及时向河南省政府领导汇报，成立了“河南省推进河南华英集团对欧盟出口禽肉注册工作领导小组”，明确各相关方的责任。河南局袁长祥局长、分管领导丁美兰副局长多次召开专题研讨会议，带领河南局有关单位和部门的主要负责人赴华英集团公司现场办公，解决华英集团公司遇到的问题，对迎接欧盟检查进行具体部署。创新对外注册动物卫生的监管模式，充分发挥河南省畜牧部门的兽医资源优势，确定了由畜牧部门负责宰前、宰后检验检疫的具体实施，检验检疫负责监督管理的兽医运作模式，解决了对外注册官方兽医检验检疫的重大问题。2011年10月28日～30日，欧盟食品和兽医办公室第一考察组对河南局和华英集团进行现场考察，考察的结论是华英集团公司基本符合欧盟的要求，官方的公共卫生控制体系与欧盟法规的要求是等效的。

河南局对外注册取得的成效，一是因为河南局领导高度重视，对迎检工作周密部署；二是提前研究并掌握国外的法律法规和标准，并对企业进行培训；三是与地方畜牧部门沟通，认真组织国外的答卷；四是精心策划迎检，各有关部门通力合作；五是落实检查问题整改的跟踪验证。2011年，河南局成功接待了日本、韩国、新加坡、欧盟的检查。

撰稿人：高志宏　审稿人：周举文

履职尽责　切实提高认证监管水平

——河南省质量技术监督局2011年认证监管工作概况

认证认可工作对提升河南省质量安全水平、保障公共安全、规范企业生产、引导市场消费起到了积极作用。2011年，河南省质量技术监督局（以下简称“河南省质监局”或“省局”）认证监管工作认真贯彻落实科学发展观的要求，按照2011年全国认证认可工作会议和全省质监工作会议精神，加强认证监督管理工作，履职尽责，提质增效，积极探索认证全过程监管工作的新思路和新方法，努力提升认证监管工作的针对性和有效性，圆满地完成了全年各项工作任务。

河南省认证认可工作在国家认监委的领导下，认真贯彻《认证认可条例》，以提高认证有效性为目标，坚持监管与服务并举，寓监管于服务之中，积极探索新形势下做好认证认可工作的新方法新模式，完善了认证监管机制，规范了认证行为，促进了认证有效的不断提高，使获证企业的产品质量、服务质量和管理水平不断提高，认证认可对全省经济发展的促进作用越来越明显。

截至2011年底，全省5 500家企业获得各类管理体系认证证书13 252张，其中质量管理体系证书8 227张，环境管理体系认证1 969张，职业健康安全管理体系认证1 526张。1 200余家企业通过强制性产品认证，获得强制性产品认证（CCC）认证证书5 003张。全省现有2个经国家认可的认证审核分支机构，全省现有8个经国家认可备

案的认证机构驻河南办事处，2家经国家批准的认证内审员培训机构，12家备案咨询机构，2家承担强制性产品认证检测任务的检测机构。

一、制订年度工作计划和工作方案

省局党组对认证监管高度重视，认真研究，明确工作目标和要求，按照“1+4”工作法要求，制订年度工作计划和工作方案，召开全省认证监管工作会议，贯彻落实国家认监委工作要求，有组织、有计划、有步骤地开展认证监管工作和执法检查活动，规范认证市场秩序。

二、加强专业培训

一是组织认证机构免费为企业举办2场280多家企业参与的节能认证专题讲座。二是省局派出认证监管人员和执法稽查人员参加国家认监委组织的培训班。三是举办全省质量管理与认证科（处）长研修班，来自省辖市、县局的126名从事质量管理与认证监管工作的人员参加了学习研讨。四是在洛阳市举办CCC认证监管人员培训班，邀请省内外专家讲授强制性认证的相关法律法规、CCC认证产品执法检查要点等，并以互动的形式，结合当地工作实际有针对性的答疑解惑，收到良好效果，共培训认证监管和稽查大队人员120多人。通过强化业务培训，加强了认证监管队伍建设，提高了认证监管人员的素质。

三、大力开展普法宣传

认真组织宣传《认证认可条例》，结合“12·4”全国普法日、“3·15”消费者权益保护日、“6·1”儿童节等活动，利用现场咨询、新闻媒体和下企业检查等形式，积极开展《认证认可条例》和认证认可常识的宣传工作，再次扩大了社会影响。

四、实施分级监管

在2010年建档的基础上，2011年又进一步借助国家认监委的认证信息查询系统，对全省认证企业按地区、认证类型进行梳理分类，完善认证监管档案。同时及时收集、汇总全国各认证机构有关河南省获证企业的相关信息，将河南省新获、注销、暂停、撤销认证证书的企业（含体系认证、自愿认证、强制认证）动态一栏表挂在网上，供基层局查找，为执法和管理提供方便，强化了动态监管和有效监管。

五、积极开展重点产品专项整治行动

按照国家质检总局和国家认监委的统一部署，河南省开展电线电缆、有机产品等重点产品专项整治工作。各地投入大量人力物力全面摸底排查，建立了包括电线电缆、玩具、油漆涂料、汽车配件、装饰材料等CCC产品在内的重点产品生产企业质量档案。

六、加强日常认证监管

一是从源头上建立企业质量档案，对列入《目录》中的CCC认证企业和产品逐一建立了CCC认证企业质量档案。截至2011年底，已建立近1 000家企业质量档案。二是加强CCC认证宣传推动工作。及时把国家认证认可信息全面公示到省质监局质量信息网站上，指导全省开展认证监管工作。三是坚持开展管理体系认证监督抽查工作。近三年相继投入经费50万元，对2 000余家生产企业管理体系认证的有效性进行了监督抽。四是开展强制性认证行政执法检查工作。先后组织4次CCC认证专项集中执法检查工作，集中对不经认证，擅自出厂或销售的强制性认证产品，以及伪造、冒用、转让、非法买卖认证标志等违法行为，依法进行了查处，营造了良好的强制性产品认证制度实施环境。

七、对下一步认证监管工作的思考

一是要进一步加强对《认证认可条例》学习，并努力运用到实际工作中去，使河南省的认证监管工作更加规范化和标准化；二是进一步完善《认证认可条例》配套规章制度的建设，使河南省各级认证操作更加程序化；三是进一步加大对基层认证监管人员的培训力度，保证河南省监管工作科学性和一致性；四是严格认证机构的市场准入制度，坚决取缔非法认证、违规认证、扰乱认证的认证机构；五是为河南省认证监管管理提供充足的经费保证，全面支持各地方局依据本地实际情况开展的及时、有效的认证监管工作。

撰稿人：宋松林　审稿人：李凯军

提升认证监管工作效能　服务湖北经济科学发展

——湖北出入境检验检疫局2011年认证监管工作概况

2011年，按照“抓质量、保安全、促发展、强质检”的总体要求，湖北出入境检验检疫局（以下简称“湖北局”）认证监管工作以服务科学发展为主题，以促进转变经济发展方式为主线，紧密围绕湖北检验检疫工作大局，服务湖北“两圈一带”发展战略，维护湖北外贸经济安全，促进经济增长方式转变，发挥了强有力的职能把关服务作用。结合深入开展“创先争优”活动，突出抓好进出口质量安全和国门安全，在强化认证手段，提升监管质量和服务地方经济、促进整体质量水平提高等方面做出了显著成效。

2011年，湖北局共有302家出口食品企业已获得备案注册资格(注册141家，登记161家)，其中新增加备案注册企业有37家（注册24家，登记13家）。有27家出口企业获得出口商品有效注册登记证书68份，获证企业产品种类有机械类、玩具、陶瓷等三大类，其中新增加注册登记企业12家，证书数22张（含换证数量）。

一、进一步强化内部管理，提升认证监管工作水平

一是结合工作实际制定修改完善了工作程序。修改了《湖北局出口食品生产企业备案工作实施细则》，完善了出口商品注册登记工作程序。起草了出口食品生产企业备案工作作业指导书和监管工作作业指导书。

二是及时更新维护局内网、外网、CIQ2000系统与认证监管相关信息。一方面加强了内部信息沟通交流，另一方面让行政相关人员及时了解认证监管工作法律法规，知晓办事要求和程序，做到了公开、公正和公平。

三是加强档案记录工作。健全了企业档案，评审员和认证监管人员记录更加规范，评审员档案管理得到进一步强化。

四是做好认证监管信息收集、汇总和报送工作。各分支机构和业务处室及时向省局报送有关信息；认监处按时汇总信息并上报国家认监委。

二、加强队伍建设，提高人员素质

采取派员参加国家认监委各种培训班、举办本局系统评审员（含卫生注册评审员、出口商品评审员）和认证监管人员培训班、工作现场指导帮助等多种措施，提升相关人员专业素质和依法行政能力，进一步规范认证监管工作程序，为提高认证监管工作质量，提高认证监管有效性提供了较好的人力资源保障。对十堰、恩施、咸宁办事处新机构人员开展认证监管工作给予重点指导，使这几个新机构相关业务工作进展顺利，以高质量、高水平规范开展认证监管工作打下坚实基础。

三、严格依法行政，加强后续监管

依据国家质检总局和国家认监委相关法律法规，结合湖北局“三位一体”管理体系的持续推进，进一步夯实基础，完善制度，严格管理，创新机制，规范运行，全面提升检验检疫工作质量和效能。严格依法依规开展各项认证监管工作，保证备案/注册登记工作质量，把好出口产品质量第一关。

在严格准入门槛的同时，湖北局按照年初工作计划，组织开展2011年度全省出口备案注册企业定期监管工作。结合全国严厉打击进出口食品非法添加和滥用食品添加剂专项整治工作，突出重点，细化措施，重点组织开展危害分析与关键控制点（HACCP）体系认证验证、输美低酸罐头和酸化食品的验证工作，强化企业质量主体责任，督促企业持续符合备案注册要求，企业产品质量和体系质量得到进一步提升。对不符合备案注册要求的企业，及时按有关规定进行了处理，全年共取消14家备案注册企业的出口备案资格。

四、服务出口企业，促进质量提升

抓质量保安全是认证监管人员的主要职责，服务地方经济发展是认证监管的出发点和落脚点。一年来，全局评审员和认证监管人员找准切入点，把握关键点，继续强化服务措施，转变工作作风，帮助企业审核工厂设计图纸，指导企业建立健全质量体系，帮助和指导出口企业不断提高管理水平，切实保障了出口产品质量安全。

组织开展对企业有关人员进行卫生质量管理能力考核、食品防护计划的宣传推行工作，帮助企业人员提高

素质，提升质量管理水平。相关部门相互配合，共同帮助随州一家香菇出口企业顺利通过了美国食品药品管理局（FDA）的官方检查；襄阳局和恩施筹备处结合地方经济发展需要，帮助辖区内多家食品企业及时获得备案注册，扩大了出口。

五、加强业务建设，保障质量安全

2011年，湖北局在组织实施开展认证监管核心工作（出口食品生产企业备案、出口商品注册登记，评审员管理）的同时，对局系统日常监管工作、定期监管工作及强制性产品认证（CCC）免办工作进行不定期的监督检查，进一步规范了全局认证监管工作程序，强化了认证监管部门的责任意识和质量意识。

按照国家认监委的要求，制定了《湖北检验检疫局2011年强制性产品认证获证产品监督抽查方案》，按照抽查方案，对进口的轮胎和电饭锅等产品抽样送检，验证产品的安全性能和认证机构发证的有效性。积极推进“免于办理强制性产品认证管理系统”运行工作，制定了《湖北出入境检验检疫局无需办理和免于办理强制性产品认证工作管理办法》，统一规范CCC免办工作。

组织开展了出口食品备案验证系统的试运行工作。配合国家质检总局信息中心、国家认监委信息中心及北京信城通公司进行系统联调，推进了CCC入境验证设限数据库全国上线推广工作。同时组织实施了2011年度对认证机构和企业的见证审核活动，提高了认证监管工作的有效性。

为加强与“长江经济带”及兄弟检验检疫局之间开展认证监管工作交流合作，提升工作质量和水平，湖北局成功承办了泛长三角认证监管工作合作会议，为加强检检联合，交流各局认证监管工作经验和做法，形成了合作长效机制。

撰稿人：吕冰清 审稿人：游先洪

提高认识 狠抓落实 不断推动认证监管工作再上新台阶

——湖北省质量技术监督局2011年认证监管工作概况

2011年，湖北省质量技术监督局（以下简称“湖北省质监局”或“省局”）认证认可工作在国家质检总局领导和国家认监委的大力指导下，在省局党组的正确领导下，紧紧围绕“抓质量、保安全、促发展、强质检”工作方针和湖北“质量兴省”战略目标，牢牢抓住新时期认证认可工作促进经济发展这一主题，强化监管、突出服务、保证安全、狠抓落实，确保了认证认可工作的有效性，较好地完成了各项工作任务。

一、各项认证证书持有情况

截至2011年11月30日，全省有效期内质量管理体系认证证书7 291张，列全国第10位；环境管理体系认证证书1 679张，列全国第11位；职业健康安全管理体系认职业证证书1 201张，列全国第10位；强制性产品认证证书6 311张，列第8位；自愿性产品认证证书878张，列第8位；食品安全管理体系认证证书160张，列第10位；危害分析与关键控制点（HACCP）体系认证、有机产品等其他认证数与2010年相比稳中有升，特别是环境管理体系认证、职业健康安全管理体系认证、强制性产品认证在全国的位次都有2～3位的提升。全省通过CNAL认可的检测/校准实验室1 048家；通过湖北省“二合一”资质认定的产品质量监督检验机构135家，其中依法设置的82家、依法授权的53家。

二、认证有效性监管工作

（一）加大对管理体系的检查，确保认证有效性

按照国家认监委《关于2008年管理体系认证行政监管情况通报及2009年工作要求的通知》（国认可函［2009］20号）要求，组织各市局对2011年体系认证有效性进行了监督检查，对认证有效性监督检查的范围、检查内容、检查数量、检查时间及检查要求等做了进一步明确规定。全省共检查获证企业232家，其中单体系认证企业157家，两体系认证企业45家，三体系认证30企业

家，涉及证书335张。检查中重点检查了获证企业法律法规执行情况，组织管理情况，内审和管理评审，人力资源、采购供应、生产过程、质量审核、文件及记录控制以及是否正确使用认证证书和认证标志等情况。根据国家认监委《关于协助调查相关单位获得认证情况的函》（认可函［2011］52号）的要求，湖北省质监局组织了对宜昌市华康工贸有限责任公司等13个单位获得管理体系认证证书、认证机构和证书的有效性及目前状况情况进行了核查，并将结果及时上报了国家认监委。

（二）继续加强证后监管

组织各地市深入开展流通领域认证证书和标志使用情况的执法检查，通过对认证后认证证书、标志使用情况的市场监管，维护广大消费者的权益，提高认证标志和证书的权威性。按照国家认监委《关于进一步做好家电下乡市场核查工作有关要求的通知》（国认证函［2011］43号）要求，6月26日省局会同中国质量认证中心（CQC）武汉分中心在咸宁市直接在家电下乡产品销售终端中北仓储咸宁店、城郊横沟桥镇3家家电商场，对27个型号的冰箱、洗衣机、热水器等家电下乡产品进行了现场核查。

（三）加大对食品农产品监管力度

依据国家认监委《关于开展2009年度食品农产品认证监管工作的通知》（国认注［2009］6号）要求，组织各地市场按照省局2010年工作要点，为确保全省食品、农产品质量安全，制定了详细检查方案。截至11月10日，全省共组织抽查了436家（比10%要求超额完成了101家）涉及良好农业、有机产品、绿色食品、无公害家产品认证企业，组织各地市对120余家大型超市、100多家大中型集贸市场开展食品农产品认证标志的拉网检查。根据国家认监委下发的《关于紧急调查有机螃蟹相关情况的通知》（国认注函［2011］172号），省局领导高度重视，立即部署集中开展以武汉市为重点，对有机螃蟹销售情况进行了监督检查，全省共18个检查组出动321人次，检查38家集贸市场、40家超市和46家酒店（饭店）。10月24日～28日，组织有机认证专家对武汉市江夏区牛山湖渔场等全省共5家生产有机螃蟹企业进行了专项检查。通过检查，除监利县棋盘乡东港子大湖水域洪湖养殖场情况较好外，其他企业或多或少存在一些如获证企业在标志使用过程中没有严格执行有机标志使用相关规定、部分获证企业未向发证机构申请办理《有机产品销售许可证》、认证机构没有严格按照要求做好对获证企业的证后监督检查，保证获证产品的持续有效性等问题。针对检查出的问题，同武汉市质监局举办1期培训班，请方圆标志认证集团湖北有限公司培训部李作志部长（国家注册审核员）对生产企业负责人就相关有机产品知识进行了培训。

（四）完成了2011年强制性产品认证获证产品(电动工具类)监督抽查工作任务

根据国家质检总局《关于开展2011年强制性认证产品获证产品监督抽查工作的通知》（国认证函［2011］25号）通知要求，湖北省担负的监督抽查任务为电动工具类产品（流通领域）。为了保护广大消费者的合法权益，进一步促进“质量提升”和“质量兴省”活动的开展，结合全省电动工具类产品的实际情况，认真开展了监督抽查活动，制定了《2011年强制性产品认证获证产品监督抽查方案》，下发了《关于开展2011年强制性产品认证获证产品监督抽查工作的通知》，自6月上旬开始，对全省电动工具经销较集中的武汉、鄂州、黄冈、襄阳等地市进行了监督抽查，共出动21名人员共计31人次，在5个工作日内，对60家经销商进行了抽查，完成抽样的经销商为30家计40批次，涉及30家生产企业。抽查的产品包括电钻、电锤、角向磨光机、石材切割机、混凝土振动器等7个类别40批次的手持式电动工具。合格产品数为24批次，批次合格率为60.0%。湖北省石首市等三家生产混凝土振动器产品企业均合格，对不合格产品按规定要求进行了后处理并及时上报了总结情况。

（五）不断加强宣传和信息报送，扩大认证工作的影响

利用每年省举办“科技周”宣传活动，组织在鄂认证机构分支机构、咨询机构在人口密集区开展宣传活动，发放认证认可有关内容宣传材料2 000多份，提高了社会各界对认证认可相关知识的了解和认识。利用国家认监委网站和省局对外网络，加大认证工作信息报送和宣传。2011年，在国家认监委网站、省局网及认证监管QQ群报道相关信息10余篇，如上报的《国家认监委专家组充分肯定湖北省丹江口市“国家有机产品认证示范区”创建工作》及《湖北省质监局联合中国质量认证中心武汉分中心开展家电下乡产品核查》信息等得到国家认监委宣传处的好评。

（六）认真组织宣贯《认证机构管理办法》和认证机构办事机构的备案工作

《认证机构管理办法》（国家质检总局令第141号）已公布，自2011年9月1日实施。为了加大宣传力度，将《认证机构管理办法》挂局认证监管群文件共享栏，下发了《关于召开〈认证机构管理办法〉宣贯暨认证监管执法

工作研讨会的预备通知》通知(鄂质监电[2011]25号),要求各市局加大对《认证机构管理办法》的学习力度,同时要求各市认真总结近几年认证监管工作的经验及执法典型案例。根据《认证机构管理办法》第十五条的规定,积极做好认证机构设立在湖北的分支机构(办事处)的备案工作,截至2011年底,已有上海质量审核中心武汉办事处等7家机构来申请备案,待《认证机构湖北办事机构备案工作应用指南》批准后进一步落实和完善备案工作。

三、质检机构建设管理工作

(一)组织完成了全省系统食品检验机构资质认定普查、新的评审准则宣贯和评审员培训工作

53名评审员成功通过考核,充实了评审员专家库。组织编写了《湖北省食品检验机构资质认定评审工作指南》和《食品检验机构资质认定申请书模板范本》,明确了省局对湖北省食品检验机构申请资质认定的具体要求,为食品质检机构按照新的评审准则换发资质认定证书奠定了坚实基础。

(二)完成全省实验室资质认定工作数据的报送工作

完成了国家认监委组织的每季度一报全省实验室(含计量认证机构、机动车安检机构)资质认定工作数据的报送工作,共涉及各类实验室1 114家,并将按要求建立工作制度,实现每季度报送一次。

(三)积极组织开展并鼓励技术机构参加能力验证活动,提升实验室检测能力

组织参加国家认监委“植物油中苯并(a)芘含量检测”能力验证活动;武汉质检所参加英国权威机构FAPAS关于牛奶中三聚氰胺检测能力的能力验证,与国际同行竞技,以优异成绩通过,展示了湖北省质检机构的检测能力和水平。

(四)根据全省系统“十二五”发展规划,加大全省系统十大公共检测平台建设

纳入全省系统“十二五”发展规划的十大公共检测平台,每个平台规划建设一个国家质检中心,其规划建设事关“十二五”全省系统科学发展、跨越发展,是全省系统提升能力、拓展实力、激发活力,打造服务经济社会跨越发展技术支撑的重要基础工作。为了切实有效推进公共检测平台建设工作,湖北省质监局多次召开专题会议,讨论公共检测平台的建设方案等问题;深入基层,与地方政府、企业共同交流,为公共检测平台的建设争取政策支持。截至2011年底,规划建设的10大公共检测平台已有襄阳、黄石、十堰等8个公共检测服务平台规划建设分别启动,合计项目规划建设用地566亩。3月初,在考察学习广东、浙江、江苏等沿海省公共检测平台建设经验的基础上,结合湖北省实际,制定了全省系统质检中心建设的指导意见,编印了《国家质检中心申报批筹、公共检测平台项目建设相关文件资料》,印发全省系统指导公共检测平台和质检中心建设工作。

(五)2010年国家质检总局批准筹建的3个国家质检中心建设推进工作取得重大突破

2010年国家质检总局批准筹建了国家节能建材质检中心、国家纺织服装质检中心和国家家用电器效能质检中心,筹建工作正在加速推进。国家节能建材质检中心已被列入省政府“十大惠民”工程之一,争取到省政府9 800万元建设资金,该项目已经开工建设。国家纺织服装质检中心、国家家用电器效能质检中心也已在武汉市政府争取到土地20亩。2011年,国家质检总局新批准筹建国家动力电池产品质量监督检验中心和国家特殊钢产品质量监督检验中心,这是湖北省首次在市州设立的国家级质检中心,两个中心建设得到了各级政府的大力支持。目前该两个中心已经完成了概念设计,进入到项目立项程序。为了配套地方产业集群发展,依照地方政府要求,批准筹建了省瓦楞纸包装机械质检中心、省丹江口水库水产品质检中心、省汽车零部件质检中心、省食用油质检中心、省燃气具质检中心、省无损检测新技术评价中心和省家具产品质检中心。

截至2011年底,湖北省已建成或批筹在建国家级质检中心18家,其中,全省系统内已建成7家,批筹在建6家,系统外5家。已建成或批筹在建省级质检中心33家,其中,已建成13家,批筹在建20家。

撰稿人:马堂富　审稿人:柳文平

发挥认证工作职能 服务地方经济社会发展

——湖南出入境检验检疫局2011年认证监管工作概况

2011年，湖南出入境检验检疫局（以下简称“湖南局”）认证认可工作在国家质检总局、国家认监委以及湖南局党组的正确领导下，认真贯彻全国认证认可工作会议精神，紧扣“抓质量、保安全、促发展、强质检”工作方针和“找准定位、创新发展”，严格履行监管职责，持续保证认证工作有效，不断完善各项工作程序，开拓创新，扎实推进认证监管工作，为服务地方经济发展取得了新的进展。

一、认证认可工作基本情况

2011年，湖南局受理企业认证（注册、登记、备案和质量许可）申请616家，其中新申请企业277家（包括重新申请36家），复查换证企业339家。现场评审合格获证企业591家，不合格企业25家，获国外注册企业1家。截至2011年底，累计认证企业1 452家，其中食品备案企业135家，检疫登记107家，质量许可157家，国境口岸卫生许可57家，其他996家；国外注册企业14家，30厂次。2011年，网上审批签发免于强制性产品认证（CCC）免办证明194份；注销、取消认证企业资格62家，失效企业347家；行政处罚严重违反认证认可条例的认证机构 1家。组织专项检查低酸罐头和酸化食品生产企业17家。监督检查有机产品等食品农产品获证企业74家。抽查入境CCC获证产品1种。对美国食品药品管理局（FDA）提供计划来华检查的201家企业和输美产品被自动扣留的29家企业名单，完成甄别确认，其中地处湖南的企业各有3家，按规定上报国家认监委。编制《湖南认证监管工作质量手册》初稿，制定《湖南局出口食品生产企业备案工作程序规定》、《湖南外商投资认证机构办事机构办理备案工作要求》、《强制性产品抽查方案》。组织实习评审员考试46人次，评定全省出口食品企业评审员和实习评审员93人。

二、完善工作程序，提升工作质量

（一）编制《湖南认证监管工作质量手册》

着手编制《湖南认证监管工作质量手册》，对国家质检总局各项行政许可的要求，进一步细化，制定各类许可操作要点，作为每位行政许可审核人员工具书，截至2011年底，初稿已编写完毕，正在向各有关业务处征求收集意见阶段。

（二）完善工作程序

为贯彻落实国家质检总局《出口食品生产企业备案管理规定》（质检总局142号令）、《认证机构管理办法》（质检总局141号令）及CCC认证工作要求，湖南局相继制定了《湖南局出口食品生产企业备案工作程序规定》、《湖南外商投资认证机构办事机构办理备案工作要求》和《强制性产品抽查方案》。

（三）发挥现场评审的督查作用

湖南局认证监管处派员参加现场评审，均以督查员身份出现，主要是督查评审组是否按规定的程序和标准进行现场评审、被评审企业是否动态生产。截至2011年底，参加现场督查230家企业，其中有22家因为现场不符合要求或工厂处于非正常生产状态，均没有准予注册或登记备案或许可。

（四）持续有效地开展年审工作

根据2011年初制订的年审计划，结合日常检验检疫监管，开展认证企业的年审工作。针对年审过程中企业存在的企业卫生管理意识方面、设备设施维护保养方面、卫生质量体系记录方面、日常监控等方面的不足提出整改和处理意见。通过年度认证审核有效地提高了各出口企业的质量安全体系的完善性及运行有效性。同时，按年审要求，对2010年各部门和分支机构年度审核工作情况进行汇总和公布。

（五）清理收费依据

针对2010年湖南局开展的行政执法检查提出的问题，组织对各项行政许可（含参照行政许可管理）收费依据进行了全面清理，进一步规范了收费标准。

（六）开展工作质量自查

按照湖南局质量督查组的要求，对2011年认证工作进行了自查，对2010年～2011年认证档案进行了自查和评估，合格率达到98%。同时，对各单位和部门存在的不足提出了改进意见，要求落实到位，有效地提升了认证工作质量。

（七）加强认证队伍建设

2011年，湖南局先后组织了认证监管人员、食品农产品认证监管检查员、出口商品注册登记审核人员、免办CCC认证审批和监管人员、出口食品企业备案受理人员和初审人员、出口食品企业备案评审人员、认证联络员等培训，参加培训61人次。并对全省出口食品企业评审员和实习评审员 93人进行了分级评定。通过现场实习、专业培训和资质鉴定，组建了一支具备专业知识的认证监管队伍。

三、开展专项检查，确保认证工作有效

（一）组织对全省出口低酸罐头生产企业HACCP验证评审和监督检查

按照国家认监委《关于进一步做好出口低酸罐头和酸化食品生产企业HACCP验证评审和监督检查工作的通知》（国认注[2011]2号）要求，湖南局精心部署、认真组织，按辖区分组，每组检查人员由分支局主要负责人、具体从事检验监管人员以及认证指定的罐头检验监管方面专家组成，通过对全省17家出口低酸罐头和酸化食品生产企业现场检查、文件审核，截至2011年底，湖南有2家出口企业获美国食品药品管理局（FDA）备案。

（二）开展有机产品等食品农产品认证专项检查

按照国家认监委的关于《进一步规范有机产品等食品农产品认证活动的紧急通知》的要求，湖南局认真组织开展对湖南71家有机产品等食品农产品获证企业的监督检查。一是重点查处伪造、冒用、超期、超范围使用有机产品等食品农产品认证证书、认证标志的行为；二是重点检查辖区内所有有机认证等获证企业持续符合认证要求的情况；三是重点检查认证机构发证信息与“食品农产品认证信息系统”相一致的情况。对涉及违法违规和有问题的企业，依据《认证认可条例》、《认证机构管理办法》及相关法规严格处理，并将相关监督检查情况报国家认监委。

据统计，全系统共出动150人次（日），对持有效证书的66家（占93%）企业进行了认证现场检查，计95家次，共涉及6个认证种类的121种产品，其中获有机产品认证的企业6家计7张证书、32种产品、约16 500吨和7公顷。被检查企业覆盖全省14个地市州。

（三）开展入境强制性产品认证（CCC）获证产品监督抽查

按照国家认监委《关于开展2011年强制性产品认证获证产品监督抽查工作的通知》（国认证函［2011］26号》、《湖南出入境检验检疫局2011年强制性产品认证获证产品监督抽查方案》的要求，在入境产品加工/销售现场抽取了《实施强制性产品认证的产品目录》“九、信息技术设备”中的“击打式打印机”3台，寄送到指点检测机构，按《电气电子产品类强制性认证实施规则 信息技术设备》进行检测，结果合格，上报国家认监委。

四、加强对认证机构管理

（一）开展外资认证机构办事机构的备案

依据《认证认可条例》等有关法律法规规定，为落实国家质检总局2011年第141号颁布的《认证机构管理办法》精神，按照国家认监委《关于做好认证机构办事机构备案工作的通知》（国认可［2011］54号）要求，湖南局于2011年10月开始受理外商投资认证机构设立在湖南省的办事机构的备案工作。

（二）加强对认证机构执法力度

根据《认证认可条例》第六十条第一款第（三）项“未对其认证的管理体系实施有效的跟踪调查”要求，湖南局对1家认证机构在湖南实施管理体系认证审核过程中违反《条例》第二十七条、第二十三条规定的行为进行了行政处罚。

五、严格审批程序，提高审批质量

对企业申请材料按规定严格审查，不符合要求，一律不受理，2011年有3家出口食品生产企业因未办理食品生产许可证被不予受理备案申请；对22家现场评审时发现无动态生产或不符合要求的企业及时作出不予许可决定；严格退出机制，对连续一年没有出口业绩的，按规定公布失效。据统计，截至2011年底，公布失效企业347家，注销、取消许可资格62家，强化了认证工作的有效性。

六、加强对出口食品生产企业的监管，做好对外推荐注册工作

（一）逐步完善监管长效机制建设和落实监管责任制

为提高出口食品生产企业持续符合备案要求，最大

限度地消除出口食品企业质量安全隐患，逐步完善监管长效机制建设和落实监管责任制。2011年，对辖区130家出口食品生产企业进行了全面清查，对不能持续符合备案要求的1家企业吊销其备案资格，对1家卫生质量安全控制方面存在严重问题的企业做出了暂停报检3个月的处理，9家企业因一年未出口注册范围的产品，被公布失效，1家对美注册的罐头企业资格被取消。在清查工作中，积极创新工作模式，将日常监管、定期监管、国外见证检查有机结合起来，通过加大培训，强化监管等方式，使备案企业整体情况有了明显提升。

（二）召开《出口食品生产企业备案管理规定》宣贯大会

为帮助全省出口食品企业更好地适应《出口食品生产企业备案管理规定》（以下简称"《规定》"）的变化，2011年12月12日，湖南局组织全省120余家出口食品备案企业负责人进行宣贯和培训，邀请国家认监委专家就《规定》目的宗旨、重要条款、食品生产企业备案应当具备的条件、新规定与原规定的变化等进行培训。省食安委、商务厅有关负责人、湖南局认证负责人、主任评审员及评审员、认证联络员参加了大会。

（三）做好对外推荐注册工作

推荐备案企业国外注册是备案工作的重点，也是湖南局服务外贸企业发展的重要支撑。2011年，湖南局共向国家认监委推荐2家企业对外注册，其中1家水产企业已正式获得美国、欧盟注册。

七、加强强制性产品认证工作管理

（一）签发免于办理强制性产品认证证明（CCC免办证明）

在开展免于办理强制产品认证证明工作过程中，湖南局严格按照国家认监委《强制性产品认证管理规定》、《关于无需办理强制性产品认证及免于办理强制性产品认证工作有关部门问题的通知》的精神要求，认真审核企业申请免办材料，严格把关服务，对符合要求，签发免办证明；对不符合要求的耐心解释；对有条件符合的，向企业了解情况，提出补证要求，帮助企业排忧解难。针对一些进口金额较大或把握不准的产品，积极向国家认监委有关部门请示咨询，或向兄弟局取经请教，以保证CCC免办工作的顺利开展。截至2011年底，签发免办证明194份。

（二）开展免办CCC特殊检测程序

根据国家认监委2008年第38号公告规定，2011年11月，对1台进口用于生活消费的多媒体影音系统（设备），按照《免于强制性产品认证的特殊用途进口产品检测处理程序》要求接受了相关申请人的申请，并联系和安排送到指定实验室进行检测。

（三）支持地方开放性经济的发展

为配合国家设立"湖南省湘南承接产业转移示范区"决策的落实，方便湖南有关外向型企业进口的、符合免办CCC条件的产品快速通关，2011年12月1日起，湖南局委托衡阳、郴州检验检疫局试行办理各自辖区企业的CCC免办工作。

八、贯彻落实食品检验机构资质认定制度

2011年是我国全面实行食品检验机构资质认定制度的开启之年。湖南局实验室资质认定管理部门狠抓贯彻落实工作，组织召开了专门会议，采取以会代培的方式，请有关专家系统地介绍了包括食品检验机构资质认定制度在内的实验室管理基本制度，宣贯了国家质检总局《食品检验机构资质认定管理办法》、国家认监委《食品检验机构资质认定评审准则》等文件，并对全局系统的食品检验机构资质认定工作进行了细致安排。针对分支局实验室存在的一些实际困难，局实验室资质认定管理部门组织专家，下到郴州局、常德局等实验室，开展培训讲座和检测技术现场指导等帮扶活动。全年共有醴陵办事处等6个分支机构实验室通过了换证复评审（其中3个实验室现场评审时间为5月1日以后，属于"食品检验机构资质认定+计量认证+中国合格评定国家认可委员会实验室认可"性质），均有不同程度的扩项；烟花爆竹检测中心和保健中心通过了"计量认证+中国合格评定国家认可委员会实验室认可"的监督、换证复评审（技术中心按规定2011年无需接受评审，岳阳局实验室因故推迟到2012年）。顺利完成全年实验室资质认定特别是食品检验机构资质认定的评审工作任务。

九、组织2011年度实验室资质认定自查工作

湖南局实验室资质认定管理部门以国家认监委组织的2011年度资质认定专项监督检查为抓手，狠抓湖南局系统获证实验室的工作质量，要求各实验室提高认识，进一步提升实验室向社会出具公正、客观、准确数据和结果的法律意识，按照国家认监委规定的检查表逐一对照检查，认真开展自查自纠工作，收到了明显成效。自查情况表明，湖南局系统实验室整体情况良好，检测工作行为较为规范，管理体系运行有效且具备一定的持续改进能力，食品检验机构资质认定贯彻落实工作较为扎

实，履职把关、服务社会的技术支撑水平在不断提升。

十、加强认证认可宣传，提高权威性，扩大社会影响

以“世界认可日”为契机，广泛深入宣传认证认可重要性，不断提高进出口企业的质量安全水平，扎实推进认证认可信息宣传工作。全年利用现代信息化手段宣传认证认可，发布认证认可信息，向国家认监委报送认证认可政务信息、征文稿、新闻材料和年鉴素材，向各大媒体投稿等。据统计，2011年，共组织开展大型认证认可宣传活动4次，通过媒体发布新闻稿件13篇。湖南局将利用认证认可这一有效手段，助推更多的“中国制造”、“湖南制造”走出国门。

2011年，湖南局共发布《湖南出入境检验检疫局行政许可登记公告》12期；及时回复公众有关认证工作方面的留言3条，回复率100%。

十一、不断发挥政府监管工作的支撑作用

帮助企业建立和完善ISO 9000和危害分析与关键控制点（HACCP）体系认证，改进生产工艺及设施设备，提升自检自控能力，企业的质量水平整体有明显提升。

指导辖区企业全面建立质量档案，积极推动企业质量安全承诺制，与辖区内进出口企业签订了质量安全承诺书，强化企业质量安全意识。湖南省出口产品的主要特点：一是注册备案企业运行规范；二是企业出口市场日益多元化；三是出口产品结构优化，深加工产品出口数量迅速增长。2011年，湖南局着力构建长效监管机制，促进自身能力和监管成效得到显著提升，促进企业质量责任意识和守法诚信意识自觉加强，达到了质量提升全面化的效果。

撰稿人：毛 捷 杨 越 审稿人：王利兵

服务大局 严抓严管 落实认证监管各项任务

——湖南省质量技术监督局2011年认证监管工作概况

2011年，湖南省质量技术监督局（以下简称“湖南省质监局”或“省局”）认证认可工作按照全国认证认可工作电视电话会议精神，紧紧围绕省局在全省质量技术监督工作会议上提出的目标，紧密结合《国家认证认可事业发展“十二五”规划》，在创新工作方法、构建认证监督管理长效机制、切实提高工作有效性、强化行政监管服务等方面进行了一些有益的探索。

一、依法行政，稳步推进实验室资质认定工作

（一）食品检验机构资质认定工作全面启动

省局严格按照国家质检总局发布的《食品检验机构资质认定管理办法》和国家认监委的工作要求，从宣传发动入手，全面地部署了全省食品检验机构资质认定工作。一是为提高评审质量，确保食品检验机构资质认定工作的顺利进行，相继举办了多期食品检验机构评审员培训班和内审员培训班，积极宣贯《食品检验机构资质认定评审准则》。二是督促食品检验机构严格按照《食品检验机构资质认定管理办法》和国家认监委有关工作要求，及时提出申请，编制相关体系文件，确保在国家认监委规定的时限内取得资质。三是要求市州局对照《食品检验机构资质认定评审准则》对系统内市级食品检验机构进行了调查摸底，基本摸清了系统内食品检验能力底数。四是从5月开始，启动了全省食品检验机构资质认定工作，并根据食品检验机构现场评审情况，及时组织来自疾控、药监、劳动职业防护等行业的10多位评审专家召开了食品检验机构资质认定研讨会，就相关问题进行及时沟通，形成一致意见，规范了全省食品检验机构资质认定工作的评审行为。截至2011年底，已有11家食检机构通过了资质认定。五是认真开展相关实验室“食品中非法添加物”检测项目资质认定的扩项申请工作。根据国家认监委《关于开展“食品中非法添加物和滥用食品添加剂检测”资质认定紧急扩项和信息发布工作的通知》，及时部署各市州局按有关规定开展工作，对5家提出申请的实验室实施并通过了扩项评审。

（二）集中精力做好复查换证

组织相关专家制定了"消防检测领域项目表样表"、"建筑节能领域项目表示例"、"实验室资质认定评审准则在机动车检测领域的应用评审表"等相关文件，为统一评审标准、有效提高评审质量提供了便利。组织部署各市州及行业评审组开展实验室复查换证。全年下达评审计划504家（含定期监督评审计划），现场评审完成率100%。审批发证427家，名称、标准变更和地址变更发证116家。截至12月31日，全省获证实验室共1 350家（有效证书），其中本年度新增获证实验室155家。

（三）积极开展定期监督评审工作

为加强对资质认定获证实验室的监管，确保实验室的能力和管理体系的持续有效，省局下发了《关于做好2011年度资质认定获证实验室定期监督评审工作的通知》，明确了以民众比较关注的建设工程、公路工程和涉及生命财产安全的车辆安全技术检验机构为评审范围，重点安排对211家实验室开展定期监督评审。通过监督评审，注销1家、暂停1家实验室资质，同时有58家实验室进行了扩项或标准、人员、名称、场所的变更。

（四）扎实开展实验室专项监督检查

根据国家认监委《关于开展2011年度实验室资质认定专项监督检查的通知》（国认实函［2011］103号）精神，省局下发了《关于开展2011年度实验室资质认定专项监督检查工作的通知》（质监认函［2011］315号）。各地市将专项监督检查与定期监督评审或复查工作相结合，全省共对130家建设工程、公路工程检验实验室、81家机动车安全技术检验机构、50家食品添加剂检验实验室实施了专项检查。同时根据湖南省建筑节能实验室现状及群众反映，省局开展了建筑节能实验室专项监督检查，下发了《关于对建筑节能实验室进行专项监督检查的通知》（质监认函［2011］6号），组织有关专家制定了操作性强的技术要求检查表，历时1个多月，完成了22家建筑节能实验室的监督检查，针对所发现的问题进行分析并要求实验室进行了整改，对检查结果进行了通报。

（五）有效开展了不定期监督检查

根据群众举报，省局全年对湖南湖大土木建筑工程检测有限公司、湖南联智桥隧技术有限公司等4家实验室进行了突击检查并作出了相应处理。此举促使实验室增强了管理和质量意识，提升了资质认定工作的有效性和权威性。

（六）推进能力验证活动开展

按照《关于下达国家认监委2011年实验室能力验证计划的通知（国认实函[2011]30号）》要求，省局积极组织相关获证实验室参加国家认监委组织的能力验证活动。据初步统计，仅在建材领域，全省就有10余家实验室参加了相关实验室能力验证活动。

二、积极履职，强化强制性产品认证及自愿性认证工作

（一）进一步加强认证执法监管体系建设

各级质监部门强化监管职能，努力健全工作机制，继续建立"以认证监管机构为主导，以专职执法机构为主力，以法制工作机构为监督"的认证执法监管工作机制，积极推行"两级监管、重心下移"和"区域实施、齐抓共管"的工作格局，强化各级质监部门的执法权威，充分发挥各级质监部门的区域管理职能，对重点地区、重点企业、重点产品重点督促指导。

（二）积极履行监管职责

为切实加强强制性产品认证及自愿性认证监管工作，省局印发了《关于做好2011年强制性产品认证及自愿性认证行政监管工作通知》。各市州局根据省局的统一部署和要求，结合本地实际制定了工作实施方案，并在大力开展强制性产品认证（CCC）获证企业摸底普查、检查巡查和食品农产品认证获证企业监督检查等方面做了大量卓有成效的工作。长沙市局共对1 609张有效证书的287家强制性产品生产企业进行了巡查，特别对本年度新增证书255张的93家CCC产品生产企业进行了深入的监督检查，对230家取得体系认证的企业进行查验。湘潭市局检查强制性产品认证、质量管理体系认证、环境管理体系、绿色食品认证单位共72家。郴州市局检查强制性产品认证企业13家，自愿性认证企业50余家。株洲市局立案查处了一起质量管理体系认证证书暂停但仍使用证书案件及多起认证机构违规操作案件。永州市局共出动人员100多人次，检查企业30多家，立案6起，罚没款3万多元，打击了各类认证违法行为。张家界市局共检查企业37家，下达责令整改通知6份。怀化市局巡查CCC认证企业10余家，下达整改通知7份，先后立案查处认证认可违法案件11起，结案3起，罚款金额3万多元。

（三）开展CCC认证获证产品监督抽查

省局按照国家认监委《关于开展2011年强制性产品认证获证产品监督抽查工作的通知》，承担了流通领域强制性认证产品（玩具）的监督抽查任务，及时制定并上报了《湖南省强制性认证获证产品（玩具）监督抽查实施方案》。在此次监督抽查工作中，省局与长沙市局共出动人员75人次，一共抽查了50个单位生产的65个样品，所抽

产品基本上覆盖了湖南省销售的电玩具产品。最后送指定实验室广州威凯检测院检验，判定40批次产品合格，13批次产品安全项目不合格，抽查合格率为75.5%。

（四）实施做好家电下乡产品市场核查

为确保家电下乡产品的质量安全，按照国家认监委《关于进一步做好家电下乡市场核查工作有关要求的通知》，省局与CQC武汉分中心协调配合，制定了在长沙电器卖场实施核查的方案。在省局稽查总队等单位的大力支持配合下，对长沙市4个电器商场的67个批次产品进行了核查，并形成了核查工作报告。

（五）开展有机产品认证活动专项检查

根据国家认监委《关于进一步规范有机产品等食品农产品认证活动的紧急通知（国认注[2011]70号）》，结合湖南省实际，下发了《关于进一步规范全省有机产品等食品农产品认证活动的紧急通知》，有序展开了对有机产品等食品农产品获证企业、销售场所的监督检查。一是对销售场所伪造、冒用、超期、超范围使用有机产品等食品农产品认证证书、标志的行为的清查；二是对省内88家有机产品获证企业的现场检查；三是针对检查期间的当季消费品进行消费引导，将有机螃蟹生产企业信息用张贴公告的方式对消费者进行提示，指导广大群众明白消费，切实保护消费者利益。此次检查共出动检查人员800余人次，查处违法违规行为共3起。

（六）完成立法后评估和认证办事机构备案工作

按照国家认监委的工作部署，参加了《认证咨询机构管理办法》立法后评估工作。先后发放调查问卷170份，收回有效问卷99份。并召开省内认证机构、认证咨询机构座谈会，就基本法律制度的执行情况、对我国认证咨询机构规范健康发展的影响与作用、《认证咨询机构管理办法》在制度设定和执行中存在的问题等，进行了调研并形成了调研报告。调研活动历时5个月。同时，按照《认证机构管理办法》的要求，对中质协质量保证中心湖南办事处等5家办事机构进行了备案。

（七）积极推动自愿性认证工作

积极督促企业参与资源节约型、环境友好型社会建设，联合中国质量认证中心（CQC）在长沙举办了促进湖南低碳经济发展研讨与认证宣贯会议，进一步提出了推动节能、节水、节电、节油和可再生能源产品认证的工作要求。全省共有16家企业32个产品获得了节能环保产品认证，其中本年度参与节能环保认证企业8个获证16张。继续推进良好农业规范认证，结合农业标准化示范基地建设，督促相关生产企业申请良好农业规范认证。长沙市局推荐8家单位开展了管理体系认证。湘潭市局帮助指导平安电器、胖哥槟榔等企业完成了体系认证。郴州局组织指导郴州宏生纺织厂等4家企业建立ISO 9001、ISO 14001体系认证；帮助、指导桂东玲珑茶厂实施了危害分析与关键控制点（HACCP）体系认证。怀化市局加大对企业的服务力度，积极引导企业开展质量管理活动，使3家企业顺利通过了质量体系认证。

三、夯实基础，强化认证认可管理工作

（一）加快认证认可行政许可网上平台建设

为了进一步做好全省实验室资质认定行政监管工作，实现在网上对实验室资质认定工作从申请、复查、扩项和变更、发证等的全过程在线管理，并实现对获证实验室信息的各种动态查询和统计，省局组织开发了“实验室资质认定行政监管系统”，经过大半年的试运行和使用培训，10月，正式在全省全面推广使用，实现了实验室行政许可网上申报和审批，进一步提高了资质认定行政许可工作的规范性、透明度，提高了监管工作的准确性和有效性。

（二）加大信息工作力度

一是8月份省局在张家界市召开了全省质监系统认证认可暨信息管理工作会议，对今后的信息工作提出了具体要求。二是在湖南省质量技术监督信息网（315网站）上设置专栏，及时公布发证信息、评审计划、有关文件、技术资料及培训信息等，使社会各界和实验室能尽快获取相关信息。三是每月公布证书失效名单，通过这个举措有效遏制了实验室不按规定申请复查、证书失效仍出具报告的现象。四是广泛利用“自愿性认证活动执法监管信息系统”，及时掌握全省自愿性认证活动开展情况，进一步加强了自愿性认证执法监管工作。

（三）加强了培训考核

一是根据食品检验机构资质认定工作的要求，对拟参加食品检验机构资质评审工作的人员进行培训考核，全年共有163人取得食检机构评审员证。同时，举办4期培训班，为食品检验机构培训内审员381名。二是结合全省实验室的需求，继续开展车检机构检验人员、实验室内审人员以及授权签字人、技术负责人、质量负责人的培训考核工作，全年共150人取得内审员证，86人取得授权签字人、技术负责人、质量负责人培训合格证，253人取得“检测人员资格证”。三是为有效提高评审质量，于11月举办了“实验室资质认定评审员提高班”，邀请国家认监委实验室检测与监管部李文龙处长及多名经验丰富的国

家级评审员/讲师进行授课，提高了湖南省实验室资质认定评审员理论水平和现场评审技巧。

(四)强化认证认可工作宣传

为营造全社会重视质量安全、关注认证认可的氛围，以“世界认可日”为契机，强化认证认可工作宣传，举办了系列宣传活动。省局围绕主题在机关院内悬挂宣传条幅、张贴宣传画，召开了“世界认可日宣传暨食检机构资质认定研讨会”。永州市局积极开展《认证认可条例》和认证认可常识的宣传，组织现场咨询三次，印发宣传资料1 000多份，普及了认证认可知识，宣传了认证认可工作对经济发展的贡献，扩大了社会影响。

(五)制定“十二五”认证认可发展规划

根据省局要求和部署，在全面总结“十一五”发展成就的基础上，分析当前湖南省认证认可工作面临的形势，初步拟定了湖南省认证认可发展“十二五”规划，阐明未来湖南省认证认可发展战略构想，明确湖南省认证认可指导思想、发展目标、重点任务和工作措施。

撰稿人：刘社爱　审稿人：彭利锋

真抓实干　锐意进取　大力推动广东外贸经济发展

——广东出入境检验检疫局2011年认证监管工作概况

2011年广东出入境检验检疫局(以下简称“广东局”)紧紧围绕国家质检总局、国家认监委的工作部署，结合广东局工作重点和要求，贯彻落实“抓质量、保安全、促发展、强质检”的十二字方针，以提升认证监管能力为核心，采取“六抓六提升”的工作措施，全面推进广东局认证认可法制建设、工作机制建设、基础体系建设、行业建设和组织队伍建设，取得出色成绩。

截至2011年11月底，共受理企业申请1 359家次，组织评审企业982家次，审批发放各类证书1 880份。广东局辖区备案注册出口食品企业共有1 177家，其中备案注册企业1 000家，登记企业177家，备案注册企业中对外注册企业471家次；出口商品质量许可获证企业共1 907家，其中获输美陶瓷认证玩具企业328家，系统内获得认可的实验室52个。

一、抓监管，提升认证执法监管有效性

(一)修订规范性文件，完善认证执法监管长效机制

制定实施了《广东局食品农产品认证监督检查工作规范》，并对《广东局出口食品生产企业卫生注册登记工作程序规定》、《广东局卫生注册登记监督管理规定(试行)》、《广东局出口食品生产企业备案注册管理工作指南》以及《广东出入境检验检疫局实验室资质认定工作规范》等多个文件进行了修订，有效地推动了广东局认证监管工作制度化、规范化，保证了工作的科学性与有效性。

(二)加强风险分析研究，建立以预防为主的工作机制

一方面通过走访基层企业，及时收集相关工作信息、产品信息，进行风险信息综合分析，力求对重大安全隐患做到早发现、早研判、早预警、早处置，避免发生系统性、区域性和行业性质量安全问题。另一方面，积极搭建广东局内部认证监管工作信息交流平台，优化广东局网站认证监管内容，在形成政令畅通、信息互动局面的同时，也为全省分支机构认证监管人员提供了工作交流的平台，及时发现不良问题与苗头，起到风险预警作用。

(三)进一步转变认证监管模式，落实层级责任制

广东局积极推进认证监管执法体系建设，进一步完善落实“重心下移、统筹监管、落实辖区监管责任”的认证监管工作模式，形成“分支局履行对企业及认证从业机构监管、省局履行检查与督导”的认证监管工作格局，突出强化行政监管，着力建设认证监管工作巡查制度，落实层级责任制。

二、抓服务，提升企业转型升级和产品核心竞争能力

（一）服务广东加工贸易转型升级和产业转移

一是采取优化业务流程，大力帮扶“双转移”企业，对相关企业免于现场评审换发出口质量许可证，保证产品及时顺利出口。2011年，广东局为122家加工贸易转型升级企业免体系评审换发出口质量许可（注册登记）证书，占已发放证书的12%。

二是为帮助出口机电产品的企业了解国际认证规则的要求，协助举办泛珠三角出口产品的认证技术论坛。

三是强化“一企一策”工作机制，对出口食品备案注册企业开展调查摸底，了解企业产品质量管理状况、存在的问题和困难，研究制定相应的监管方案和服务措施，积极推行以技术扶持为主的服务模式。

（二）帮助企业拓展国外市场

2011年，广东局加大了对国外准入政策、技术法规、标准整理研究和宣传推介力度，突出认证认可在突破国外技术壁垒方面的基础保障作用，积极帮助企业提升管理水平和产品质量保证能力，符合国外相关要求，积极推荐向国外注册。

广东局还承办了由国家认监委、美国食品药品管理局（FDA）、美国农业部联合在广州举行的中美食品防护研讨培训会，先后接待了来自马来西亚兽医局和伊斯兰发展部以及美国FDA广州办事处对广东辖区出口食品企业的检查，并顺利完成。同时，加大对因日本强震海啸导致订单减少出口企业的帮扶力度，优先安排输日企业的产品注册考核，优先发放输日产品企业的出口质量许可（注册登记）证书。

（三）帮助地方政府培育特色产业和特色产品

广东局采取了多项措施全面落实广东局与湛江等7个地市政府签署的《共建出口食品农产品质量安全示范区的合作备忘录》、《国家质检总局关于促进广东省加工贸易转型升级的检验检疫工作措施的通知》、《国家质检总局关于广东海峡西岸经济区建设 大力推动粤东地区外经贸发展的意见》和《粤港合作框架协议》等多个文件精神与要求。

三、抓执法，提升企业产品与认证从业机构质量保证能力

（一）严格实施准入制度

一是强化强制性产品认证执法监管，对全辖区实施强制性产品认证（CCC）免办申请网上审批，同时按照谁审批谁负责的原则，对货物进行后续监管，简化了流程、提高了效率，保证了免办工作的准确性、有效性。全年广东局辖区共出具强制性产品认证免办证明5 657份。

二是根据国家认监委要求，及时对检测处理程序审批工作进行调整。广东局及时梳理审批流程，修订工作文书，调整工作节奏，做好口岸、分支局、检测机构之间的协调工作，更好地贯彻落实了新要求，完成了政策衔接工作，全年共受理检测处理程序申请321份。

三是全面推进食品农产品认证监管工作，确保食品农产品认证监管有效性。把食品农产品认证监管纳入日常监管工作内容，同时开展对分支局监管人员的技能培训，建立食品农产品认证获证企业档案。在加强对分支局食品农产品认证监管工作的督查力度的同时做好食品农产品认证监管工作宣传报道和质量分析报告。

截至2011年底，广东辖区内共有433家出口食品企业和出口农产品种养殖基地获得认证，其中248家获得危害分析与关键控制点（HACCP）体系认证，90家获得食品安全管理体系认证（ISO 22000）认证，41家获得无公害农产品认证，23家获得良好生产规范（GMP）认证，16家获得绿色食品认证，11家获得良好农业规范认证，4家获得有机产品认证。

（二）严格查处违法违规案件

2011年，广东局共派出3 000余人次对875家出口食品企业进行了监管，暂停了15家企业出口报检，办理了35家企业备案注册资格自动失效，取消备案注册资格15家。检查获第三方认证证书企业783家，涉及证书933张，涵盖了ISO 9001、HACCP、ISO 22000、有机产品等多种管理体系认证和产品认证。

2011年，还完成了认证认可领域“双打”专项活动。第一，建立由认证监管部门牵头组织实施、相关业务部门及各口岸办事处为执行主体的工作机制，发挥整体优势，形成工作合力，从根本上加大行政执法的组织保障力度。第二，以重点产品、重点问题为抓手，细化了工作要点，做到任务落实、人员落实、责任落实，防止行政监管工作流于形式。在专项活动中，广东局组织对44家低酸罐头和酸化食品生产企业进行了全面检查和清理，对列入强制性产品认证目录范围的重点产品进行100%查验，形成高压态势，打击违法行为，在对重点产品开展专项后续监管行动中，共对辖区289家企业，649批产品进行了后续监管。

四、抓培训，提升服务地方经济水平

（一）充分发挥技术优势，主动为企业提供免费培训

广东局分片区组织、指导分支局对辖区获证企业举办出口食品备案注册企业专业培训班，先后免费举办了3

期出口食品企业管理人员培训班，来自97家出口食品生产企业的163名管理人员参加了培训。

（二）加强与地方政府和相关职能部门的沟通与合作，形成认证监管合力

一方面联合地方质监、农业、海洋渔业、卫生等部门和行业协会，营造良好农业规范标准化试点、对外注册、对外迎检的良好社会氛围，让更多的出口企业符合国外技术标准和技术法规要求。另一方面，加强对辖区内企业质量管理能力和出口产品质量分析研究，并及时提供给地方政府，为政府决策外经贸发展战略提供科学依据。

五、抓基层，大力推进认证监管履职能力建设

（一）加大培训力度，进一步提升基层单位认证监管人员和评审员的综合素质和业务水平

先后举办了出口食品注册备案新法规讲解培训班、强制性产品认证监管培训班以及ISO 9000和ISO 14000国家注册审核员培训班，共培训分支局认证监管人员200多人次。

（二）加强帮促指导，促进基层单位能力建设

广东局加强对基层的走访调研，指导基层单位的认证监管部门结合上级要求和自身业务特点做好年初工作计划，做到工作重点鲜明，监管要求具体，责任人员明确，工作进度合理，检查督促到位，验收标准清晰，并自觉按照工作计划主动开展各项认证监管工作。例如，广东局采取了培训人员、资料审查、现场预审等方式帮扶基层单位的食品检验机构做好准备工作，各分支机构积极响应。截至2011年底，已上报国家认监委食品检验机构资质认定申请资料的实验室有16家，已通过现场评审并获得食品检验机构资质认定证书的有11家，广东局食品检验机构资质认定整体工作进度走在检验检疫系统的前列。

（三）帮扶促进基层单位的认证监管部门、检测实验室建设

一是进一步做好实验室认证认可工作，促进实验室管理和技术能力上新台阶，一年来组织了多家实验室接受实验室国家认可委员会的现场评审。截至2011年底，广东局获得认可的实验室达到52个。

二是修订《广东出入境检验检疫局实验室资质认定工作规范》，启动了实验室资质认定检查工作，完成资质认定检查员申报和培训工作，开展对广东局内21家实验室的资质认定检查的工作，实验室能力验证再获佳绩。参加国家认监委组织的食品转基因、乳制品、水产品、玩具、纺织品、饲料、金属材料、植物病毒、医学媒介生物等25个能力验证项目，取得满意结果的实验室合计146家次，位列全国检验检疫系统前茅。

六、抓宣传，提升认证监管的社会影响力

一是充分利用系统网络和“世界认可日”活动，多渠道广泛宣传认证认可有关知识，宣传认证认可对推动国民经济发展的重要意义和作用，提高社会对认证认可工作的认知度，引导企业、有关组织、消费者采信认证结果，形成全社会关注和重视认证认可工作的良好氛围。

二是利用网络平台进行认证认可制度宣传，在广东局外部网举办了1期认证认可业务在线访谈栏目，内容是强制性认证制度的问答，为社会各界了解我国强制性认证制度以及广东局相关审批业务情况打开了一扇窗口。

三是为了做好认证监管信息沟通，充分发挥信息宣传作用，建立了认证监管工作信息报送制度，成立广东局认证监管信息工作小组，有效调动了基层认证监管人员的工作积极性，对全省认证监管人员的信息互通、经验交流起到了相当的作用。全年，广东局共收集发布各类认证监管工作信息218条，上报国家认监委并被采用信息30多条。

撰稿人：林　仪　审稿人：李建华

加强制度创新 提升认证监管的有效性

——广东省质量技术监督局2011年认证监管工作概况

2011年，广东省质量技术监督局（以下简称“广东省质监局”或“省局”）认证认可监管工作，在省局党组的正确领导下，在各地市局的支持配合下，根据总局 “抓质量、保安全、促发展、强质检” 的十二字方针以及全国认证认可工作会议精神，认真贯彻国家质检总局和国家认监委的各项工作部署，进一步落实省局提出的“三服务”工作方针和“五个转变”工作要求。注重作风建设，狠抓工作落实，根据年初省局部署的工作要点，深化对全省认证市场及检测市场重点环节的监管，较好地完成了年初提出的工作目标和工作任务。

截至2011年11月底，全省共有10 249家企业取得了75 177张有效强制性产品认证（CCC）证书；41 707家企业取得了质量管理体系认证证书；有11 237家企业取得环境管理体系认证证书；3 467家企业取得了职业健康安全管理体系认证证书，节能节水产品认证企业634家；注册地在本省的认证机构有广东中鉴、广州中诚、广州赛宝、深圳南方、深圳环通、深圳鹏程国际、广州威凯7家；注册在本省的认证咨询机构有39家；全省获省级计量认证（CMA）且证书在有效期内的实验室有1 740家，获得质量监督检验机构认证（CAL）的实验室有175家；经广东省培训、考核、发证的省级资质认定评审员共有607名，实习评审员217名。

一、召开了全省质监系统认证监管工作会议

广东省质监局召开了全省质监系统认证监管工作会议，总结2010年的工作，安排部署2011年工作任务，对全省从事认证认可工作的广大干部员工进行动员，认清形势，振奋精神，认真履职，注重作风建设，狠抓工作落实。会议强调一是要充分认识认证认可工作的作用，增强风险意识和责任意识；二是要求真务实、多措并举，努力提升广东省认证认可工作的有效性；三是要积极探索、主动作为，不断探索广东省认证认可事业的发展。

二、积极推动质量管理体系和强制性产品认证（CCC）工作

根据质量强省工作目标，积极推动质量管理体系和CCC产品认证工作。制定质量强省认证认可工作方案，并部署落实省政府质量强省活动有关认证工作的开展，以市局为单位，结合各地实际，对“质量强省”目标进行分解。力争“十二五”规划期间全省有3万家以上上规模工业企业取得质量管理体系证书，CCC产品有效证书达到9万张以上，努力促进企业质量管理体系的有效运行，确实提升广东省企业质量管理水平。

三、进一步规范和完善实验室资质认定工作

（一）能力比对工作实施及通报

2011年，广东省质监局组织了全省实验室资质认定能力比对分析会，对2010年玩具产品油漆层中可迁移元素检测、电玩具产品温升测试、奶粉中镁检测、植物源性农产品中农药残留检测、自镇流荧光灯（节能灯）性能检测、电风扇产品检测、钢结构焊接质量超声波法检测和水泥检验能力验证进行总结和分析，对能力验证结果为不满意的实验室下达整改要求和进行通报，将其列入飞行检查计划的范畴，进行不定期检查，如还存在严重问题的，根据有关规定，将暂停或撤销其相关项目的资质认定。另外，省局还联合质监处对蓄电池产品检测、建筑材料放射性比活度和金属材料室温拉伸检测三个项目进行了能力比对。

（二）进一步加强对全省获证实验室的证后监管

一是制订年度监督评审计划，将列入计划内的全省共1 079家实验室分地区分类别进行监督评审；二是初步开展对广东省涉及人身健康安全民营实验室的飞行检查。2011年，省局结合有关投诉以及资质认定实验室评审后的复查，抽取了部分涉及人身健康安全民营实验室进行证后监督检查，发现问题的，马上督促其整改；情节严重者，移交稽查部门依法查办，并按规定撤销其资质。截至2011年底，已有1家机构经案审会同意进行吊证处理。

（三）加强建章立制，实行规范监管

一是以广东省2009年至2010年技术机构专项整顿

为契机，进一步规范检测机构相关罚则及管理细则等内容，修订了《广东省质量技术监督技术机构监督管理若干规定》；二是为规范辖区实验室资质认定评审工作，确保评审结果准确、统一和公正，结合广东省工作实际，编制了《广东省认证工作监管手册》、《广东省食品检验机构资质认定评审工作指南》，作为广东省实验室，特别是食品检验机构在资质认定申请时和有关评审人员在评审中的工作指引。

（四）组织资质认定评审员等相关人员进行培训

组织实验室资质认定评审员、管理者、授权签字人、质量负责人、技术负责人、检验员等进行人员培训。特别是对食品检验机构资质认定进行培训宣贯。一是举办全省食品检验机构评审员培训考证班。详细分析了广东省食品实验室发展现状和存在问题，对评审员工作提出了新要求。由资深讲师详细讲解了实验室现场评审方法与技巧，并统一答疑，结合实例对评审员进行了资质认定相关法律法规宣传及廉政教育。参加培训的评审员278人，考试合格169人，合格率为60.8 %。二是召开食品检验机构主要负责人培训班。详细解读了广东省检验机构概况及管理工作要求，检验机构资质认定相关法律法规；由资深讲师详细讲解了检验机构管理者职责及检测风险案例分析，食品检验机构资质认定评审准则特殊要求。三是举办了食品检验机构评审组长座谈会。就食品评审工作中可能遇到的问题以及如何做好评审工作的意见进行了探讨。

四、加强对认证机构、认证产品的监管工作

一是分片对全省各地市（县）局认证认可主要负责人进行业务培训。宣讲了质量、环境、安全管理体系认证及产品认证基础知识，开展认证工作的具体方法和有效措施以及体系认证监管的方法和要求；二是召开了全省认证机构工作会议，对《认证机构管理办法》进行宣贯，分析了全省认证机构工作情况，提出严肃办理重新备案工作，做好认证信息通报，加强认证行为规范的工作要求；三是根据国家认监委要求，安排广东质检院在流通领域对电磁灶产品进行抽查，牵头组织对广东、福建地区的食品、农产品生产企业和认证机构进行检查；四是部署各地市局对全省管理体系、食品及农产品获证企业进行检查。

五、对认证咨询相关机构进行监督检查

按照国家认监委《关于开展2011年度实验室资质认定专项监督检查的通知》（国认实函［2011］103号）和《关于开展2011年认证咨询机构行政审批工作执法监督检查的通知》（国认法函［2011］155号）的部署和安排，配合国家认监委检查小组，分别对省局资质认定、认证咨询机构工作和有关实验室进行监督检查。从检查组反馈的情况来看，总体情况良好。个别涉及整改的实验室，省局将继续进行监督，并将整改落实情况上报国家认监委。

六、加强风险排查

按照国家质检总局领导转变监管观念，抓好风险分析和风险管理的要求，从2010年开始对获CCC认证企业较多的地市，对其重点产品、重点企业的认证情况进行专题调研，现该报告已上报国家质检总局和国家认监委，为改进和完善该项制度提供有建设性的意见和建议。

七、存在的问题及风险

广东省认证机构、企业和实验室虽然数量多，但有相当一部分机构规模较小，人员流动大，设备不先进或不足，管理不规范，监管起来难度大。另外，根据《国务院办公厅关于调整省级以下工商质监行政管理体制加强食品安全监管有关问题的通知》（国办发［2011］48号）要求，省局正在逐步取消省级以下质监部门垂直管理，体制改革使当前广东省认证监管队伍面临一个人员磨合期，行政执法难以形成合力，认证执法监管力量削弱等问题随之显现。如何在推进改革的同时处理好面临的风险，将是省局工作的重中之重。省局认证监管工作必须在调整的同时，完善认证认可相关监管制度，加大推进依法行政、强化监督机制，切实在规范认证行为方面下功夫，争取抓出实效，才能进一步提高认证监管工作的有效性。

撰稿人：汪宣穗　审稿人：胡鉴锋

创新监管 严格把关 提升服务质量

——深圳出入境检验检疫局2011年认证监管工作概况

2011年，深圳出入境检验检疫局（以下简称“深圳局”）在国家认监委的坚强领导下，紧紧围绕国家质检总局“抓质量、保安全、促发展、强质检”的十二字方针，认真贯彻落实全国认证认可会议精神，服务大局、真抓实干、创先争优、锐意进取，认证认可工作再上新台阶。

一、创新监管抓质量

抓工作质量，首次开展了出口食品备案企业监管工作的督查。对出口食品企业日常监管工作的薄弱环节进行了集中筛查和点评，以提高日常监管的科学性和有效性。

抓产品质量，稳步推进强制性产品认证（CCC）获证产品专项监督抽查工作。在皇岗、文锦渡两个重点口岸，对进口玩具、小家电、信息技术产品和机动车零部件等4种产品进行了CCC认证获证产品监督抽查检测工作。

抓认证质量，联合深圳市市场监督管理局及广东、福建质检两局，共同开展华南地区食品农产品认证有效性专项监督检查。

二、严格把关保安全

严把出口食品准入关，确保出口食品生产企业符合备案要求。2011年10月1日《出口食品生产企业备案管理规定》施行后，深圳局第一时间制定了《深圳地区出口食品生产企业备案管理办法》，更新了办事流程、文书格式、网站信息等，实现了卫生注册工作向出口备案工作的全面过渡。

严把入境商品验证关，进一步加强口岸查验和后续监管。全年共签发CCC免办监管手册3 967份，落实CCC免办证明后续监管199份，共组织CCC入境验证5.4万次、货值809 369.4万美元，发现不合格61批，货值150.1万元。小批量汽车免于强制性认证申请方面，同意入境检测265批、750台。

严把出口质量许可关，认证处与各业务处室密切配合，严把申请资料审查关、型式试验产品抽样关和现场审查考核关，全年共核发出口质量许可证135份。

三、优质服务促发展

服务大运保障，积极参与大运会检验检疫手册编写，明确了大运物资入境CCC办理、免办、口岸查验等工作流程。

服务外贸发展，帮扶食品企业对外注册。利用技术优势，仅用一个月时间促成深圳市肉业龙头企业对港注册，缓解了香港猪肉供应偏紧的燃眉之急。首次推荐远洋捕捞渔船对欧盟注册，实现对外注册工作的新突破，为国家认监委正在起草的《捕捞渔船注册卫生规范》提供了重要参考。

服务节能减排，助力深圳建设低碳试点城市。推动能效标识管理监管工作，协助中国认证认可技术协会举办了中国碳排放认证认可技术国际报告会。

四、全面建设强质检

在法治建设上，立法后评估工作广泛深入。2011年，共组织6个分支机构派出调查人员362人次，在宝安、龙岗、南山、光明和坪山5个行政区域开展调查工作，共抽取181家获得CCC认证的出口企业发放调查问卷181份，收回问卷164份，问卷回收率90.6%，其中有效问卷163份。

在队伍建设上，发挥认证认可技术特长，将认证认可培训与其他业务培训有机融合，开展了国家质检总局142号令和美国食品药品管理局（FDA）水产品指南等最新法规的培训。

在信息化建设上，完成CCC入境验证设限数据库上线运行工作，实现与国家质检总局CIQ2000无缝对接。设计开发了“深圳检验检疫局CCC免办监管手册电子审批系统”，解决了企业的电子报检和辖区就近监管问题。

在实验室建设上，组织本局4个技术中心和保健中心开展自查自纠工作，确保了各实验室持续良好运作，有效保障了检测质量。

撰稿人：吴菁云 审稿人：孙 霓

深入贯彻十二字方针 唱响认证监管四部曲

——珠海出入境检验检疫局2011年认证监管工作概况

2011年，在国家质检总局和认监委的领导和统一部署下，坚持以科学发展观为指导，紧紧围绕“抓质量、保安全、促发展、强质检”十二字方针，按照珠海出入境检验检疫局（以下简称“珠海局”）“抢抓机遇、提升水平、突出特色、打造强局”的发展思路和“七加力七推进”的工作部署，深化认证执法监管体系建设，全力构建认证监管工作长效机制，形成了“重心下移、统筹监管、落实辖区监管责任”的工作格局和模式，为打造强局做出了应有的贡献。

一、创新手段抓质量

珠海局始终将“抓质量”作为首要职责，以严把关、广宣传、重创新等方式，不断提升质量水平。

一是严格实施准入制度，把好准入关。严格实施出口食品企业备案注册准入制度，完善审查程序。在严把新申请企业资料和图纸审核的基础上，制定了《企业情况核对与推荐表》，规范辖区局（处）对新申请企业的现场核查工作，初步建立“辖区前期现场核查，认监处资料审查、评审组现场评审，珠海局审批”的出口食品企业备案许可工作模式。全年共组织完成4家新申请企业和15家换证或扩项变更企业备案工作，组织开展40家企业的年审工作，注销7家备案资格。严格实施出口商品质量许可准入制度，完善退出机制，明确企业质量主体责任，督促要求企业完善供应商管理、进料把关、生产环节批次管理、污染防范等质量体系控制。全年共组织完成11家玩具企业、4家机电企业的换证和新申请企业行政许可，组织开展11家玩具、3家机电企业的年审工作，暂停1家玩具、注销1家机电企业许可证资格。

二是加大宣传力度，推动企业决策层加强质量工作和增强社会质量意识。免费举办质量讲座，推广先进质量管理体系模式，推进企业提高质量主体责任意识和持续改进完善质量管理体系。组织召开出口食品企业“质量月”活动暨国家质检总局第142号令宣贯会和出口玩具企业质量管理推广交流会，组织质量管理专家向140多位企业管理人员大力倡导和推广ISO 9000、危害分析与关键控制点（HACCP）体系认证等质量管理方法，进一步提高了企业质量管理体系理念和质量安全意识。联合珠海电视台等媒体向社会进行报道宣传，正面引导，增强了全社会关心质量、重视质量的意识。分支机构能够按照部署，积极召开“出口企业质量体系推广工作会议”，扎实推广先进质量管理体系模式，并按时上报相关工作情况。部分分支机构利用有多名体系审核员自身管理优势，深入出口食品生产企业，及时宣贯《出口食品生产企业备案管理规定》，共派员50多人次，深入17家企业，广泛宣传新规定，深受企业好评。

三是抓好“监管之监管”，提升监管工作质量。积极参与“4题12问”研讨和“我为抓质量做贡献”主题实践活动。全力抓好“监管之监管”，科学制定认证监管各项工作质量检查计划及量化考核标准，并将企业质量体系推广率纳入年度绩效考核，在检查过程中注重结合辖区实际监管情况，以检查促提升，不断规范、提高认证监管工作质量。

四是创新工作机制，联合质监部门开展强制性产品认证行政监管“双打”专项行动。加强与珠海市质监局沟通交流，建立大质量工作机制，实现了与地方质监部门联合执法。在执法中统一要求、统一行动，配合协作，保证了在珠海地区从口岸到流通领域的监管衔接，探索实现无缝监管模式。2011年，两局共出动执法人员50余人次对7家商场的近10个品牌的强制性认证（CCC）涉证产品开展现场抽查，基本摸清珠海市场销售的进口CCC产品的认证情况，查处涉及产品无中文标识、认证证书、认证标志及施加不符合要求的认证标志等一系列违法违规行为，配合质监局严肃查处了违法销售未经CCC认证产品的违法行为，有效维护了强制性认证制度的公信力及权威性。

二、严格监管保安全

牢固树立以人为本、监管为民的理念，认真履行“保安全”的重要职责，严守底线。

一是加强风险管理。结合国家质检总局“严格实施风险分析”的要求，在认证监管各层级全面开展风险分析，建立并推行认证监管风险管理制度。认真梳理监管对象、工作和队伍的风险隐患，加强风险识别、风险研判、风险监测和风险处置等工作，提高风险意识和防范风险能力。

二是严格认证市场监管。在总结珠海局3年来在管理体系认证监管方面经验的基础上，制定了以深化基层监管部门建章立制、设立监管人员准入门槛、建立多层次多方位监管工作质量考核制度为重点的工作方案，以“认证行政执法信息报送系统”和“自愿性认证活动执法监管信息系统”运行为抓手，有效落实分类监管和跟踪巡查制度。采用日常监管与专项检查相结合、认证监管与注册备案监管相结合、产品抽查与体系检查相结合的认证监督检查模式，组织完成74家企业的认证有效性行政监管，涉及104张证书，出动人员220多人次，完成178份现场检查记录，发现75个不符合项。同时对2010年发现的2家超范围认证机构进行了后续跟踪。在执法检查过程中，充分发挥技术优势，寓服务于执法中，既客观指出了企业存在的问题和不足，又提出建设性的指导意见，帮助企业完善质量管理体系，提升产品的核心竞争力。

三是加大强制性产品认证监管力度。制定相关工作规程，开展对口岸执法人员的业务培训，充分发挥珠海局CCC技术小组的监督协调作用，确保强制性认证产品入境验证工作有效开展；全面启用《CCC免办电子审批系统》，共办理免办证明907份，实现免办产品的申请、入境核销及后续监管的全过程控制；组织开展强制性产品认证获证产品的监督抽查工作，共抽取3个样品，通过对产品的安全性和一致性的检测，保证强制性产品认证的有效性。分支机构能够严格按照相关工作规程要求，在强制性产品产品目录判定、工作流程制定、免办证明入境数量核销、现场查验记录以及不合格情况上报等方面，较好地完成了强制性认证产品入境验证工作。

四是强化出口食品备案注册有效性监督检查。建立辖区局（处）监督检查与珠海局专项监督检查相结合的监督检查机制，实施对辖区获证企业监督检查全覆盖。辖区局（处）根据辖区企业分类和产品特点，制订年度监督检查计划并有效实施日常监管和定期监管工作，珠海局在辖区局（处）开展监督检查的基础上，组织开展对辖区局（处）监管工作和获证企业的专项监督抽查，上下联动确保监督检查取得实效。2011年对备案出口食品企业实施日常监管346次、 690人次，定期监管55次、160人次，换证评审15次、45人次，共发现248个不符合项并已整改合格。辖区局处在分析企业产品风险的基础上，制定了 “一厂一策”监管方案，并调动组织全办评审员按计划实施监管，同时及时将监管记录上传出口食品企业监管系统。

五是积极应对质量安全突发事件。为应对“塑化剂”风波，迅速组织珠海局专家开展技术中心食品实验室食品及食品接触材料中邻苯二甲酸酯类物质检测项目的临时资质认定工作，协助该项目于8月正式通过CNAS认可，保障了珠海局及时依法开展检测，有效应对突发食品安全问题，切实保护人民群众健康安全。针对有机产品的负面报道，根据国家认监委有关要求和部署，认真组织开展了有机螃蟹清查以及有机产品等食品农产品获证企业“拉网式”监督检查，出动56人次，检查20家获证企业。

三、强化服务促发展

珠海局始终把认证监管工作的落脚点放在“促发展”上，全面落实国务院和国家质检总局出台的支持广东以及珠海横琴新区的一系列政策措施，强化服务，全力支持横琴新区开发建设和珠海经济率先转型升级。

一是创新机制推动横琴开发。落实《国务院关于横琴开发有关政策的批复》精神，主动加强与上级部门的沟通和协调，争取政策支持横琴新区出口食品备案管理和出口商品注册管理模式创新，落实以敏感产品为监管重点、以鼓励企业获得质量管理体系认证、加强行政监管为基础保障的出口商品质量许可工作模式。

二是创新机制促进珠海出口加工贸易转型升级。积极参加研究出台落实《国家质检总局、广东省人民政府共同建设全国加工贸易转型升级示范区合作备忘录》工作方案，制定相关工作规程支持珠海辖区加工贸易企业转型升级，帮扶指导相关出口企业不停产换发出口商品质量许可证或办理生产许可证、CCC认证等国内市场准入手续，为珠海出口加工企业创造更加优良的政策环境和服务环境。

三是主动服务企业促发展。针对新投资的供澳门食品企业在工厂设计和污染预防方面存在的问题，主动联合地方招商部门到企业现场办公，帮助企业进行整改并达到基础卫生条件。积极帮助2家企业进行产品识别和分类，改进生产加工工艺，应对输美低酸罐头和酸化食品新要求。加大力度推荐出口食品企业向国外注册，拓展国外市场，2011年成功推荐获印尼注册2家次，对俄罗斯注册1家次，对美对欧盟变更3家次。

四、提升能力强质检

珠海局积极推动“法治质检、科技质检、和谐质检”三大建设，着力提升自身能力。

一是完善认证执法监管体系。新制定《认证监管工作质量检查管理办法（试行）》等6个管理办法，修订《珠海局出口食品生产企业备案注册及监督管理工作细则》等9个管理办法，完善认证执法监管体系，进一步明确和规范管理部门和执行部门的职责权限，实现认证监管规范执法、严格执法、责任执法。

二是积极参与良好农业规范（GAP）认证标准修订。积极参与并完成《水产养殖良好农业规范（GAP）》标准修订及GAP标准解读书稿编撰工作。

三是加强认证监管人才队伍建设。深入实施人才强检战略，大力推进学习型组织建设，把学习作为有效履职的基本前提，把培训作为提升能力的重要手段，全面提升认证监管队伍履职能力。积极组织参加认监委的各类培训，全年共派员10人次。编制教材，自主开展培训活动，全年共开展认证行政监管、出口商品质量许可、出口食品企业备案等岗位准入培训3次，共培训157人次。

撰稿人：陈　健　审稿人：汪先富

发挥认证认可的现代质量管理基础作用 保障海南进出口商品质量安全

——海南出入境检验检疫局2011年认证监管工作概况

2011年，在国家质检总局和国家认监委的正确领导下，海南出入境南检验检疫局（以下简称“海南局”）认真贯彻落实全国质检工作会议提出的“抓质量、保安全、促发展、强质检”十二字方针，紧紧围绕2011年全国认证认可工作会议的要求和2011年海南局认证认可工作的要点，以开展“以质取胜，创先争优”活动为抓手，充分发挥认证认可的现代质量管理基础作用，突出重点，依法监管，强化服务，促进发展，扎实抓好各项工作任务的落实，全力保障海南进出口商品质量安全，为海南国际旅游岛建设做出了积极贡献。

一、认真抓好出口食品备案工作，出口备案和检疫注册工作质量明显提高

（一）加强备案新法规的宣贯，实现备案工作有序衔接

《出口食品生产企业备案管理规定》（国家质检总局142号令）于2011年10月1日起正式实施，新规定在强化企业主体责任、简化备案程序、运用危害分析与预防控制措施、采用第三方认证结果和加强与地方政府沟通等方面做了重大调整。为更好地开展新法规实施后的出口食品生产企业备案工作，海南局及时组织对新法规及相关配套文件的学习和理解，举办了《出口食品生产企业备案管理规定》宣贯会和备案评审员培训班，编制了新的备案工作法规汇编，修订了新的备案评审记录和工作规程，从2011年10月1日起全面按照新的《出口食品生产企业备案管理规定》开展备案管理工作，实现了海南省出口食品生产企业备案工作的有序衔接。

（二）强化行政许可审批管理，出口企业注册备案等行政许可审批工作质量明显提高

一是加强出口食品农产品企业备案评审工作，规范企业备案管理，严格备案制度和备案评审程序，努力提高企业备案工作质量，促进备案企业切实提高管理水平。二是加强内部监督协调，优化行政许可审批工作模式，切实提高行政许可审批效能。2011年共完成64家出口食品生产企业的备案评审、危害分析与关键控制点（HACCP）体系认证验证和审批工作。其中新增备案企业6家，延续备案企业16家，变更和重新办理企业11家，HACCP验证企业31家。完成2家出境水生动物养殖场注册登记和1家供港澳活猪饲养场检疫注册的评审和审批工作。

（三）积极开展国外注册推荐工作，帮扶企业不断开拓新的国际市场

一是通过加强对推荐企业人员的培训，提高企业对进口国法律法规的执行能力，确保推荐企业产品持续符合进口国要求，帮扶企业尽快获得国际市场准入。同时认真把好国外注册企业准入关，提高国外注册企业质量，做到成熟一家推荐一家。2011年，海南局共推荐32家水产加工企业获得印尼注册资格和2家出口水产加工企业获得韩国注册资格。二是以欧盟迎检准备工作为契机，全力提升对欧盟注册企业迎检能力。同海南省政府相关部门加强沟通协作，派出3名业务骨干参加海南省欧盟迎检工作组的工作，指导和帮助24家对欧盟注册水产品加

工企业和15家配套出口水产品养殖场按欧盟法规要求全面整改。在海南省政府资金方面的大力支持下，海南省对欧盟注册企业的硬件、软件建设以及实验室检测设备有了明显改观，迎检能力进一步提升。

（四）强化专项检查和定期监管，确保注册/备案企业持续符合相关要求

2011年海南局共组织对86家备案/注册的出口食品生产企业进行了一次以上的定期监管，完成了对10家注册登记出境水生动物养殖场和8家出口食用动物饲用饲料登记备案企业的年审及监督管理工作，组织对91家出口食品备案企业进行了专项检查。依法对17家出口食品备案企业和5家出口检疫注册/登记/备案企业采取了相应的处理措施，取消了15家生产企业出口备案资格和1家生产企业输美水产品HACCP验证资格，暂停了1家生产企业出口备案证明，注销了1家水生动物养殖场、1家供港澳活猪饲养场、2家非食用动物产品生产企业、1家食用动物饲用饲料企业的注册/登记/备案资格。通过加强监管，使获证的备案企业质量有了明显的提高。

二、认真抓好认证执法监管工作，认证行政监管工作成效明显提升

一是组织开展了在“双打”行动中加强强制性产品认证行政监管工作。2011年，共入境验证强制性认证产品295批，共对2批1 590台进口打印机做出限期施加强制性认证标志方予放行处理。对一批凭免办证明进口的电器产品做出退货处理。二是分别组织实施《海南检验检疫局2011年度食品农产品认证监管工作计划》和《海南局2011年管理体系认证有效性监督检查实施方案》，共对10家管理体系认证获证出口企业和10家食品农产品获证出口企业以及1家认证机构进行监督检查。对检查发现的问题，认真督促获证企业和认证机构落实整改措施。三是按照国家认监委的工作要求，2011年第四季度组织开展了海南辖区有机产品等食品农产品认证企业的“拉网式”检查，共检查食品农产品获证出口企业26家。对检查中发现的突出问题督导获证企业和认证机构进行整改。四是组织实施《海南检验检疫局2011年强制性产品认证获证产品监督抽查实施方案》。监督抽查的样品为市场购买的进口电熨斗和传真机，按照相关标准要求送经指定的检测机构检测。检测结果显示所抽查的产品安全检测项目全部合格。五是推广良好农业规范认证（GAP）工作取得进展。共有15家出口水产品养殖基地向认证机构申请了良好农业规范（GAP）认证。年内已有7家水产养殖基地通过了中国质量认证中心组织的GAP认证现场审核并获得认证证书。通过不断强化认证行政监管，海南局辖区内的各种认证有效性不断得到提高。

三、认真抓好实验室检测能力建设，检验检疫技术保障能力稳步提高

一是加强对实验室资质认定工作的管理，不断提高技术保障能力。海南局技术中心实验室、隔检中心实验室着力加强新项目的研发和扩项检测工作。2011年，经国家认监委监督评审和扩项评审，技术中心实验室获批准的实验室检测能力范围达到42类产品535项检测项目和441个检测标准。其中，扩大认可检测项目170项，扩大检测项目认可标准78个，更新检测项目标准58个。其中，扩项170项，扩标78个，更新标准58个。与2010年相比，新认可的检测项目增加38.6%，使用的新标准增加28.2%。海南局隔检中心国家级重点实验室通过中国合格评定国家认可委员会（CNAS）监督评审。认可检测项目由原来的47项升至48项。通过复评审和扩项评审工作，极大地促进了实验室管理工作的规范和技术能力的提升。二是积极做好实验室检测能力验证工作。2011年，由海南局技术中心和隔检中心参加的实验室能力验证活动取得满意结果，在所参加的8个项目能力验证中，全部取得满意结果。技术中心食品安全实验室首次参加英国FAPAS分析实验室能力验证机构组织的虾肉组织中硝基呋喃代谢物的检测验证活动，也取得满意的结果。在来自世界104个实验室参加的验证检测中，海南局技术中心的验证检测结果中排名第九。通过组织技术部门参加实验室能力验证计划，极大地提升了海南局实验室检测技术能力，解决了工作中存在的薄弱环节和突出问题，更好地为检验检疫事业提供技术支撑。

四、认真抓好科研工作，不断提高科技水平

一是积极筹备沙滩认证研究工作。为贯彻落实国家质检总局和海南省人民政府签署的《共同推进海南国际旅游岛合作备忘录》对相关工作的要求，海南局积极向国家认监委提出拟对沙滩的管理与服务方面开展相关认证制度的研究请示，并获得国家认监委的同意和批复。在分管局长的直接组织和领导下，课题组完成了“关于开展海（沙）滩认证相关制度研究的调研报告”及前期的研究准备工作，为2012年全面开展该项科研工作打下了良好的基础。二是积极争取科研立项。2011年，海南局共获得国家质检总局和海南省科技厅、商务厅等省部级科研项目立项8项，获得科研立项经费219万元。在这8项科研项目中，由海南省商务厅立项的《出口水产品质量安全追溯体系研究》1项，由国家质检总局立项的科研项目有《基于近红外光谱的纸类产品质量快速检测系统的研

究》、《检验检疫行业云计算应用规范研究》、《汽油质量快速评定计算与系统研究》共3项，由海南省科技厅立项的科研项目《文心兰工厂化育苗关键技术产业化示范与推广》等4项。

撰稿人：何贤干 吴淑良 审稿人：贝景波

夯实基础 强化监管 服务地方经济发展

——海南省质量技术监督局2011年认证监管工作概况

2011年，海南省质量技术监督局（以下简称“海南省质监局”或“省局”）创新认证工作思路，以证后监管为工作机制，加大认证工作力度，推动认证事业发展。认证企业监督评审126家，复评企业41家。新获得ISO 22000、ISO 14000、ISO 9000、有机产品、良好农业规范（GAP）认证证书93张，累计有效证书达到787张。ACC、BRC、IFS等国外管理体系认证证书35张，累计发放证书212张。GSP认证证书11张。21家水产品养殖场（企业）获得无公害农产品产地认定与产品认证，认定无公害瓜果菜生产基地273个，面积1 580公顷。使认证企业做到了道道工序有序化管理，实现全过程质量控制，取得了较好的认证工作成绩。

实验室认可工作。按照《计量认证/审查认可（验收）评审准则（试行）》和《实验室资质认定评审准则》的要求，完成了对65家质检机构开展专项监督检查，21家79项计量标准的考核（复查）工作。联合省公安厅开展机动车安全技术检验机构和检验专项整治工作，全省5家安检机构新通过资格许可，累计资格许可的安检机构28家。

一、强化监管

提高监管能力，加强证后监管，督促获证企业提升质量管理水平。2011年，举办认证业务培训班2期，培训监管人员115人次，获证企业人员83人次。4月～10月，在全省范围内开展了食品农产品认证监管和管理体系认证有效性监督检查工作。共派出监管人员950余人次，监管食品农产品企业213家，检查各类体系认证企业185家。在监管检查中，各级领导身先士卒，带领检查人员排除种种干扰，扎实工作，在准确摸清辖区认证企业基本情况的基础上，建立、完善了管理体系认证企业档案。

二、强制性产品认证监管

完成国家认监委下达的强制性产品认证获证手机产品监督抽查工作。按照国家认监委《关于开展2011年强制性产品认证获证产品监督抽查工作的通知》（国认证［2011］25号）的要求，海南省质监局在流通领域开展了获得强制性产品认证（CCC）的手机产品监督抽查工作。为保证此次监督抽查任务的顺利完成，海南省坚持“抓质量，保安全，促发展，强质检”的工作方针，本着强化监管职能，保护消费者权益的宗旨，制定了符合实际的《海南省手机产品强制性认证监督抽查工作方案》，经国家认监委同意后组织实施。根据方案，省质监局组织人员在海口、三亚两地9家手机销售商场抽取了23家企业生产的31种型号手机样品。经深圳电子产品质量检测中心检测后确定合格产品28批，不合格产品3批，合格率90.3%。按照生产企业来统计，抽查产品共涉及生产企业23家，合格企业为20家，生产企业合格率为87%；不合格企业为3家，生产企业不合格率为13%。建立完善认证行政执法信息报送系统。按照国家认监委的统一要求，各直属单位积极配合，确定每个单位明确一名联络员，具体负责协调登录工作。经过开展CCC手机产品监督抽样检查工作，净化了海南省强制性认证产品流通市场，有效保证了消费者的权益。

三、机动车安检机构资格许可普查

为贯彻落实国家质检总局、公安部和国家认监委三部委《关于进一步加强机动车安全技术检验机构监管工作的通知》（国质检监联发［2011］179号）精神，进一步提高安检机构检验能力，强化对机动车安全技术检验机构（以下简称安检机构）检验行为的监督，维护机动车检验工作秩序，依法查处机动车检验工作中的违法违纪行为，省局会同省公安厅7月～12月在全省范围内组织开展了安检机构资格许可普查专项行动。普查专项行动的对象是全省区域内所有安检机构共31家。其中，28家取得资格许可，1家申请暂停检验业务，1家申请迁址。普查专项行动分自查自纠、集中普查阶段、督查总结3个阶段进行。检查发现，海南省安检机构存在以下问题：一是线上检测记录和检查报告内容填写不齐全、不规范。二是个别检查站使用软件还没有按照GB 21861—2008实施后进行升级。三是人工检验部分的检测记录和报告内容非常欠缺，检验记录流于形式，有些否决项未引起安检机构的足够重视，存在着严重的安全隐患。四是个别安检机构的移动检查线超许可范围开展检验工作。五是由于人员变动，很多安检机构新聘用的人员未取得资格证书就上岗。

针对检查清理出的问题，省局及时下达了整改通知，限期落实整改。对超范围开展检验工作和不具备检验条件的安检机构，责令限期进行清理和修缮；对检测数据严重失真的安检机构责令其查找原因，向省局提交整改到位的证实性材料；对未持证上岗的人员，责令其停止检验工作，参加省局举办的安检机构技术人员培训班，考核合格后持证上岗。

四、认证认可工作中存在的问题

在开展认证监管和有效性检查两项较大的工作过程中，海南省认证认可工作存在如下几个方面的不足和问题。

第一，监管人员少、业务能力偏低。全省仅有一名同志专职负责认证认可工作，各市直属因人员编制关系不能配备专职监管人员。因此，提高整体队伍业务能力的成效不明显。另外，认证组织相对集中在海口地区，而海口市质监局因人手少、工作量较大，监管不到位的问题较突出。

第二，对认证机构在属地开展工作的信息掌握不准。企业提出认证申请、认证机构对其实施认证和通过认证，特别是对新申请强制性认证的产品和认证后变更认证范围等信息掌握更加困难。

第三，认证机构在海南的办事机构备案工作关系尚未理顺。截至2011年底，仅有1家办事机构提出了备案申请，另有1家通报撤销办事机构。

撰稿人：杨 振 审稿人：符少宁

创新认证监管模式 增强服务广西经济社会发展的有效性

——广西出入境检验检疫局2011年认证监管工作概况

2011年，广西出入境检验检疫局（以下简称“广西局”）按照国家质检总局、国家认监委的统一部署，继续深入贯彻落实科学发展观，贯彻落实2011年全国认证认可工作会议精神，认真履行职责，健全监管体系，创新监管模式，加强队伍建设，较好地完成了2011年认证监管各项工作任务，监管能力和水平明显提高，服务广西经济发展的有效性明显增强。

目前，广西共有114家（次）出口食品企业取得欧盟、美国、韩国、俄罗斯等国注册，其中2011年新增25家，比2010年增长28.09%，创历史新高。共对105家出口食品农产品和商品企业进行现场评审以及危害分析与关键控制点（HACCP）体系认证验证，注销了31家出口食品农产品企业备案资格。

对25家出口商品企业进行现场评审，审批发证29家，新增出口商品注册企业12家，取消10家，新增输美陶瓷认证企业1家，暂停1家。全区现有80家出口商品注册企业。

对42家出口企业（涉及15家认证机构）进行了质量管理体系和食品农产品认证行政监管，2次派出监管专家参加国家认监委组织的管理体系认证专项检查活动。

办理强制性产品认证（CCC）免办证明38份，涉及进口货值超过1 000万美元，对涉及免办的产品和企业进行了有效的后续监管。

国家重点实验室建设工作取得新突破，有2家国家重点实验室通过国家质检总局核查验收。在资金紧张的情况下，调配70多万元资金为边境口岸办事处现场实验室配置了一批急需的仪器设备。配合国家认监委完成2011年广西局18个实验室资质认定专项监督检查工作。

一、推进认证监管体系建设，提升监管工作质量

（一）继续完善出口食品备案和商品注册工作层级管理机制，落实监管责任

强化认证监管处主管、各辖区分支机构具体监管、评审组对评审结果负责的分工负责机制，实行“谁评审，谁负责”、“谁监管，谁负责”、“谁推荐，谁负责”的责任追究制度和认证质量跟踪检查制度。对评审员进行了重新考核登记，加强了对评审质量的监督检查。

2011年，向美国、加拿大、韩国、印度尼西亚、越南等国家推荐了32家（次）食品企业国外注册，推荐通过率达100%。截至2011年底，广西现有出口食品备案企业190家，其中共有114家（次）出口食品企业取得欧盟、美国、韩国、俄罗斯、越南、新西兰、加拿大、印度尼西亚等国家注册。由于出口食品企业增强了食品安全管理体系的基础工作，使得出口食品质量安全有了保障，全年没有发生重大食品安全事故。

在出口商品质量许可证监管方面，广西局注重发挥各分支机构的作用，确保监管的工作质量和力度。2011年，广西辖区新增出口商品质量许可证企业12家，其中玩具出口质量许可证的企业增加到7家，新增输美陶瓷认证企业1家。由于监管工作质量的提升，确保了广西辖区的出口产品质量和安全。

（二）在管理体系认证和食品农产品认证监督检查中继续推行“两级监管、重心下移”的工作格局

按照国家认监委的部署，组织制定了广西局2011年管理体系认证有效性监督检查工作方案和食品农产品认证监督检查工作方案，由各分支机构具体实施。同时，对监督检查的全过程进行监督指导，采取有效性监督检查与出口食品备案、出口商品注册和各类检验监管模式的监督检查相结合的办法，将管理体系认证有效性监管融入检验检疫的日常工作之中，并派出专家到重点区域带领当地监管人员开展监督检查，通过“传、帮、带”，使一线监管队伍在要点把握和工作技巧方面得到锻炼和提高，进一步明确了监管责任、提升了监管能力，强化了服务意识、提高了监管效能。2011年，共计派出128人次对42家出口企业（涉及15家认证机构）进行了质量管理体系和食品农产品认证行政监管。2次派出监管专家参加国家认监委组织的管理体系认证专项检查活动。

（三）制定和完善业务工作制度，进一步规范认证监管工作管理，努力实现“有为必有据、有为必有序、有为必有责、有为必有果”

一是对出口商品注册工作程序进行了调整，整理、修改、完善相关工作表格，并起草发布了《广西出口质量许可（商品注册）评审员注册管理细则》，以此为准则对广西检验检疫系统出口质量许可制度评审员资格重新进行重新确认，进一步规范管理、提高效率。二是制定了《广西局管理体系认证行政监管工作规范》及相关工作程序，明确了工作职责和要求，提高针对性和操作性。

（四）加强国家重点实验室和基层实验室的建设，切实抓好实验室技术支撑和保障能力建设

2011年，经过多方努力，国家灵长类检测重点实验室、国家石油化工品检测重点实验室先后于2011年5月和8月通过了国家质检总局组织的现场核查验收。其中，国家灵长类检测重点实验室为目前国内第一家也是唯一一家国家级灵长类实验动物检测重点实验室。国家石油化工品检测重点实验室是我国西南地区第一家也是目前唯一一家国家石油化工品检测重点实验室，该实验室的建成标志着广西辖区拥有了石油化工品检测领域中全国最高级别的实验室。

注重加强分支机构综合实验室和口岸现场实验室等基层检测机构能力建设。按照国家质检总局《质检系统检验检测机构能力建设基本要求》的要求，开展基层检测能力建设达标工作，组织各分支机构分别制定了《检测机构能力建设实施方案》，明确了指导思想、工作目标、实施步骤等，有条不紊地抓好检测机构能力建设达标工作。

二、 强化对出口企业的监管，确保产品质量安全

（一）开展严厉打击食品非法添加和滥用食品添加剂专项行动

及时采取行动，对全区出口食品企业管理现状进行全面分析，对重点区域、重点企业和重点食品存在的安全隐患进行风险排查。组织督查组分赴来宾、柳州、荔浦、贺州等地开展调研和督查。一是督查自《食品安全法》实施以来，企业落实履行产品质量主体责任以及分支机构履行辖区进出口企业监管职责情况；二是对照卫生部公布的违禁、滥用食品添加剂名单，摸底排查出口食品生产企业添加剂备案、使用情况和非食用物质使用情况；三是督促检查推荐对美注册低酸罐头和酸化食品生产企业存在问题整改落实情况；四是听取企业对检验检疫部门工作的意见和建议，摸清企业需求，共同研究把好出口食品质量安全关的具体措施。每到一地均召集相关出口食品企业负责人座谈，对打击食品非法添加和滥用食品添加剂专项行动进行宣传和动员，对企业落实

食品质量安全主体责任提出更加明确、具体的要求。先后对广西一品鲜生物科技有限公司等7家企业进行了现场抽查，对部分存在问题且整改进度迟缓的企业提出了警告。这些措施显示了检验检疫部门严厉打击非法添加和滥用食品添加剂的力度，取得了显著的效果，确保了广西辖区出口食品安全。

（二）进一步加大“双打”力度，维护消费者合法权益

在前一阶段“双打”的基础上，“六一”儿童节前夕，广西局部署了全区各分支机构开展进口玩具强制性产品认证监督检查。对南宁市进口玩具的主要销售场所及供应商进行检查，重点检查产品认证证书的有效性、产品基本信息的一致性、中文说明、警告标识以及是否按规定加施CCC认证标志等玩具产品进口、销售中存在的问题，得到社会各界的高度关注，《南国早报》、广西新闻网及国家认监委网站均进行了报道。同时部署了广西辖区内进口强制性产品认证获证产品行政监管检查工作，对进口打印机、电熨斗等重点产品抽样送到相关检测机构进行安全性测试和一致性比对，对存在不合格的产品实行整改、下架、退运或销毁等处置措施，把“双打”工作进一步推向深入。圆满完成国家认监委2011年强制性产品认证获证产品监督抽查工作任务。

（三）开展输美注册备案、认证重点产品专项监督

2011年初，广西局对辖区输美低酸罐头和酸化食品企业进行了全面的摸底调查，梳理出企业普遍存在的对国内外食品安全法规理解不到位、主体责任意识和产品安全卫生质量意识有待提高等共性问题40条。针对这些问题立即组织人员深入生产一线，指导企业按照国家卫生注册规范、美国热力杀菌低酸罐头法规和酸化食品法规的要求，从硬件设施到质量管理体系各个方面进行整改，规范杀菌流程，确保杀菌效果，严格按照对美国备案要求组织生产并做好记录，确保做到随时能接受国外官方机构的检查。全区共有11家对美出口低酸罐头和酸化食品生产企业通过了危害分析与关键控制点（HACCP）体系认证符合性验证评审和监督检查，获得首批对美注册的企业资格。组织人员对已获输美证书的11家出口日用陶瓷企业进行了全面监督检查和复审，针对这些企业在年度检查和定期监管中发现的问题，及时提出意见和建议，督促企业切实履行产品质量第一责任人的职责，落实整改，加强企业自检自控能力建设。对不再符合输美认证条件的1家日用陶瓷企业暂停其认证资格。

三、创新认证监管服务模式，促进地方经济发展

（一）加大对广西重点出口企业培训力度，积极帮助企业提升质量管理水平

2011年，广西局举办了3期大规模的企业培训。一是应广西最大的出口陶瓷企业——三环集团的邀请，专门举办了2期培训班，对该集团共90多名中层管理人员进行了质量管理知识提升培训。二是举办了1期“罐头封口和热力杀菌技术培训班”。邀请国内杀菌权威技术公司专家进行培训授课。来自全区16家输美低酸罐头生产企业的85名质量管理人员、封口、杀菌关键岗位人员和部分分支机构从事罐头食品检验检疫监管人员参加了培训，为广西罐头食品生产企业管理水平的整体提高打下了坚实的基础。三是联系专业培训机构举办了出口食品生产企业备案管理规定理解与实施培训班，广西主要出口食品企业150多人参加了培训。

（二）为广西重点工程做好服务，指定人员专门负责CCC免办工作，保证随到随办

对南宁富士康、柳州上汽通用五菱等大型建设项目和北海电子工业园、出口加工区、保税区企业，广西局指定专门人员详细研究各类料件的免办条件，做好和海关对应部门、口岸检验检疫机构的沟通联系，耐心指导企业有关人员使用网上免办系统，准确申报免办信息，实现CCC免办工作的快速高效，对加工贸易电子账册进口料件、为拓展海外市场进行研究测试的进口部件等特殊需求实行特事特办。对中国—东盟博览会涉及强制性产品认证的业务，按照国家质检总局和国家认监委的最新要求，修改有关工作程序。支持广西外向型经济和大型建设项目的顺利发展。

（三）加强信息宣传工作，让社会更加了解认证监管工作，为广西经济建设发展服务

为迎接6月9日“世界认可日”，广西局专门制作了一期宣传板报，介绍认证认可知识和广西局认证认可工作成果，反响良好。据统计，2011年广西局上报工作信息被各类媒体、国家认监委网站采用共计41篇次。广西局因此获得国家认监委2010年～2011年全国认证认可信息宣传工作先进单位的荣誉表彰。

（四）起草免于强制性产品认证的小批量进口汽车有关工作程序

为配合钦州保税港区成为汽车整车进口口岸以及柳州国际汽车城建设，广西局积极调研，了解保税港区进口

汽车业务需求和柳州汽车企业进出口现状，学习国家认监委出台的最新规定精神，充分理解进口汽车审批工作的敏感性和重要性，做好风险分析，起草了《广西局免于强制性产品认证的特殊用途进口产品检测处理程序工作规范》，在进口汽车业务正式开展前做好了规范准备，确保有关检验检疫审批工作有序地进行。

四、狠抓认证监管和实验室队伍素质提高，增强认证监管履职能力

（一）加强认证监管业务培训，夯实人才强检基础

先后举办了进出口肉类和水产品检验监管、出口玩具质量许可、出口食品备案评审员4个培训班，累计培训250多人次。全年共计派出74人次参加国家质检总局和国家认监委举办的相关培训班和会议，提升了认证认可监管人员的整体素质，壮大了广西出口商品质量评审员和卫生注册评审员队伍，提高了新形势下做好认证监管工作的能力和水平。

（二）加强检验检测人员岗位技能培训工作

结合广西产业发展和进出境产品的检验检测需要，有重点地开展检验检测人员岗位技能培训工作，重点做好师资培训、承接产业转移检验检测人员培训、重点实验室人员培训、新进人员培训。2011年共举办各种技术培训164批，参加培训人数342人次，培训专业覆盖食品、化矿金、动检、植检、卫检、机电、纺织、危包、计量、放射性检测等领域。通过各种形式的培训学习，广西局实验室人员的专业技术水平、检测技术有了明显的提高，并培训了一批师资力量，为今后培训工作进一步发展打下了较好的基础。

（三）广西局实验室资质认定工作取得新的突破

完成中国合格评定国家认可委员会（CNAS）对广西局技术中心生物安全二级实验室的现场评审工作，这是广西局首家也是全国第三家通过国家生物安全二级实验室评审的实验室。

食品检测实验室资质认定工作取得进展。梧州局综合实验室年内率先完成实验室质量体系文件“三合一”整合，并顺利通过国家认监委和中国合格评定国家认可委员会的评审，首次取得食品检测机构资质认定证书。其他的食品检测实验室也在按计划积极准备之中。

完成保健中心、钦州、桂林局等实验室的扩项、监督评审等工作。

配合国家认监委完成2011年广西局18个实验室资质认定专项监督检查工作。

撰稿人：夏培志　审稿人：莫伟媛

强化认证监管 提高产品质量安全水平

——广西壮族自治区质量技术监督局2011年认证监管工作概况

2011年以来，广西壮族自治区质量技术监督局（以下简称“广西质监局”）以国家质检总局“抓质量、保安全、促发展、强质检”十二字方针为指导，紧紧围绕“严监管、护民生”工作思路，在国家质检总局和国家认监委的正确领导下，认真履行认证认可监管职责，扎实工作，狠抓落实，认证监管工作取得了一定的成绩。

一、加强证后监管，提高认证认可有效性

（一）组织开展全区认证专项监督检查，提高认证有效性

2011年4月～9月，为深入贯彻落实国家认监委《关于2010年管理体系认证行政监管情况通报及2011年工作要求的通知》（国认可［2011］3号）精神，加强对获证企业的监管，广西质监局采用随机抽查方式对全区通过管理体系认证（包括质量管理体系、环境管理体系、职业健康安全管理体系）和强制性产品认证（CCC）的部分企业，以检查获证企业管理体系运行情况为重点，组织开展了认证有效性监督检查。本次检查全区共派出行政监管人员625人次，检查各类获证企业253家，其中管理体系获证企业192家，强制性产品认证部分企业63家（有2家企业同时进行管理体系认证检查）。检查证书594份，其中管理体系认证证书434份、CCC认证证书160份，涉及发证机构91家。发现存在问题的企业7家，不能持续符合认证条件的企业3家，涉及到发证机构3家。

（二）组织开展资质认定获证实验室监督检查，进一步提高实验室的管理水平和检测质量

为加强对资质认定获证实验室的监督管理，确保实验室检测能力和管理体系持续有效，按照国家认监委《关于开展2011年实验室资质认定专项监督检查工作的通知》（国认实函［2011］103号）要求，广西质监局于2011年6月组织开展对资质认定获证实验室的专项监督检查工作，重点检查实验室的组织管理、仪器设备和环境、检测报告、检验行为等方面的情况。覆盖人身安全、节能、环境保护、建筑等领域254家实验室。对发现的不符合实验室资质认定条件的机构督促其限期整改，查处了3家违规企业和检验检测机构。在专项检查中积极探索监管新模式，对部分实验室采取异地交叉检查的方式进行，减少本地因素对检查工作的不良影响，确保检查公平公正，促进了学习交流，提高了检查成效。

（三）加强食品农产品认证监管，切实保护消费者利益

食品农产品认证关系广大消费者利益，关系“三农”问题和食品产业的健康发展，广西质监局高度重视食品农产品认证监管工作，采取多项措施加强监管工作，一是把食品农产品认证监管工作作为质监部门日常监管工作的重要内容列入当年工作目标，制订年度工作计划，并按照目标推进计划逐项完成。二是组织各市质监局积极开展食品农产品认证标志、认证证书使用情况的监督检查，加大对伪造、冒用、超期、超范围使用有机产品、绿色产品和无公害农产品认证标志、认证证书行为的查处力度。三是开展有机产品认证标志专项监督检查，有机产品认证是目前消费者、社会和舆论关注的焦点，广西质监局按照国家认监委的部署，组织人员深入有机产品等食品农产品获证企业、销售场所现场开展“拉网式”监督检查。四是加强食品农产品认证的宣传工作，组织获证企业利用各种渠道和形式向社会公众宣传食品农产品认证知识，特别是有机产品、绿色产品和无公害农产品的生产标准、标志使用、辨识方法等，增强消费者的辨别能力，扩大食品农产品认证的社会影响力。

通过加强证后监管，及时发现和纠正认证机构和获证企业存在的问题，打击认证违法违规行为，提高了认证有效性，维护了国家认证认可的权威性和质量声誉。

二、强化行政监管，促进强制性认证获证产品质量安全水平提高

2011年4月～9月，根据国家认监委《关于开展2011年强制性产品认证获证产品监督抽查工作的通知》（国认证［2011］25号）要求，广西质监局在自治区内流通领域对已经获得强制性产品认证的灯具产品开展了监督抽查工

作，在广东质检院的大力支持和配合下，按计划完成38家企业51批次样品抽样工作，除去2批次假冒某企业的产品外，实际有效抽查产品为49批次，其中有36批次产品不合格，13批次产品合格，产品合格率26.5%。抽查的38家企业中，合格企业9家，企业合格率23.4%。

三、狠抓落实，食品检验机构资质认定工作进展顺利

食品检验机构资质认定工作是国家质检总局、国家认监委贯彻落实《食品安全法》的重要举措，国家认监委2010年发布的《食品检验机构资质认定管理办法》于2011年5月1日起正式实施，广西质监局对此项工作高度重视，按照国家认监委的工作部署，积极推进广西食品检验机构资质认定工作。一是制定工作方案，明确职责分工；二是积极开展相关法律法规宣贯工作，2011年共培训考核省级食品检验机构资质认定评审员73名，建立了评审员数据库，并培训食品检验机构管理人员、内审员200多人，为全面实施《食品检验机构资质认定管理办法》打下良好基础；三是积极与自治区法制办、自治区政务服务中心沟通联系，及时更改相关行政许可资料，确保食品检验机构资质认定行政许可业务顺利实施。四是指导有关检验机构按照《食品检验机构资质认定评审准则》的要求编制和运行质量体系，利用食品检验机构复查换证、扩项、监督检查等时机，推动符合条件的机构申办资质认定，截至2011年12月31日已有30多家机构申请办理食品检验机构资质认定，获得证书有11家机构。

四、加强评审员队伍建设，提高技术评审质量

2011年8月，广西质监局创新思路，制定并发布实施《实验室资质认定评审人员分级与管理规范》，对资质认定专家数据库中的评审员实行分级动态管理，评审员按评审的资历和经验分为技术评审员、主任评审员和资深评审员三类，按评审分工不同分为组长、组员两种角色。评审员必须经过审核合格，分级注册进入评审员库后方可从事评审工作，根据评审员的资质能力以及工作表现进行升降级，通过分级管理，有效提高评审员监管的针对性和有效性。

五、积极开展能力验证活动，提高实验室的检测能力和管理水平

2011年，广西质监局组织环境监测类实验室开展水中石油类检测能力验证活动，将自治区环境监测中心站为本次能力验证主导实验室，共组织29个实验室参加能力验证比对，其中，环境监测系统实验室18（个）、疾病预防控制系统（1个）、研究院（所）实验室（2个）、城市供水系统（3个）和其他实验室（5个）。本次实验室能力验证比对结果满意的有23家，满意率为79.3%；结果可疑的有4家，不满意的有2家，对结果可疑和不满意的6家实验室督促其查找原因进行整改，确保检测数据准确可靠。

六、严格把关，确保行政许可审批工作质量

截至2011年12月31日，广西质监局共办理认证认可行政审批事项483件，其中实验室资质认定计量认证行政许可事项462件，审查认可18件，认证咨询机构审批3件，完成了82家实验室的首次申请考核以及78家实验室的复查换证工作。

七、国家质检中心认证认可工作稳步推进

广西质监局紧紧围绕地方产业特点，积极搭建公共检测平台，筹建国家质检中心，并积极做好已竣工的国家质检中心通过国家实验室认证认可的工作，推动质监技术机构技术实力上新台阶。截至2011年12月31日，国家松脂林化产品质检中心和国家橡胶产品质检中心已通过国家计量认证、审查认可以及实验室认可“三合一”现场评审并获国家授权，国家石化产品质检中心和国家茧丝绸产品质检中心已通过国家计量认证、审查认可以及实验室认可“三合一”现场评审。其余国家中心建设在稳步推进。

撰稿人：农贵林　审稿人：傅志忠

提高履职能力　强化认证监管

——重庆出入境检验检疫局2011年认证监管工作概况

2011年，重庆出入境检验检疫局（以下简称“重庆局”）围绕“抓质量、保安全、促发展、强质检”工作方针，按照2011年认证认可工作会议部署和重庆检验检疫工作要点，以落实国家质检总局（AQSIQ）与重庆市人民政府《关于加快建设内陆开放高地　推进质量强市战略合作备忘录》（以下简称“《局市合作备忘录》”）为抓手，结合实际工作开展“为民服务、创先争优”活动，切实提高履职能力和服务水平，提高认证监管工作的有效性，在服务重庆两翼农户万元增收、助推重庆打造内陆开放高地等方面发挥了积极作用。

一、加强制度建设，规范出口食品生产企业备案和认证行政监管工作

2011年，以重庆局综合行政管理体系改版和实施绩效管理为契机，加强与出口食品生产企业备案和认证行政监管有关的制度建设。结合实际工作和管理要求，重新设计与认证监管有关的体系文件架构，全面、系统地梳理与出口食品生产企业备案和认证行政监管有关的法律法规、管理规定，在体系文件中专门设立认证监管板块，该板块包含了与认证监管工作有关的《出口食品生产企业备案工作程序》、《强制性认证产品入境验证工作程序》、《自愿性认证行政监管工作程序》、《出口商品质量许可(注册登记)工作程序》4个程序文件和12个作业指导书，并通过内审和第三方审核，实施持续改进。

2011年，按照年度工作计划和体系文件要求，开展出口食品生产企业备案和认证行政监管工作。通过在出口企业中开展“打击侵犯知识产权和制售假冒伪劣商品专项行动”、在出口食品生产企业中开展“打击食品非法添加和滥用食品添加剂专项行动”，加大违法违规查处力度。通过对认证监管各项工作实施目标管理和绩效考核，实现了对外发证差错为0、工作时限符合率100%、获证企业档案符合率100%、监管计划完成率100%的年度管理目标。

二、出口食品生产企业备案/注册工作

按照《出口食品生产企业备案工作程序》和备案评审、备案企业监督管理、对外注册推荐、评审人员/监管人员管理4个作业指导书规定，开展出口食品生产企业备案管理工作。利用“出口食品生产企业卫生注册登记（备案）信息化管理系统”，实现了备案工作的网上受理、网上评审、网上审批。成立了备案工作领导小组，发挥评审专家的专业、技术优势，研究、解决备案工作中的难点、疑点。编制《出口食品生产企业备案工作指南》，指导备案工作和企业进行备案申请。开展每半年一次的备案工作质量分析、总结，找出薄弱环节，使监督管理工作有针对性。通过确定目标、过程监控、结果考核、分析改进，确保了备案工作质量。

（一）出口食品生产企业备案管理情况

截至12月31日，辖区内获备案的出口食品生产企业有85家，比2010年同期减少4家，具体情况见下表。

2011年出口食品生产企业备案基本情况													合计
备案类别	01	03	04	05	08	11	12	15	16	17	21	D	
企业数量（家）	18	10	6	6	1	5	3	4	1	16	7	8	85

备案产品有罐头、调味品、肉类、榨菜、肠衣等类别，出口量较大的产品为榨菜、肠衣、肉类罐头。

2011年，对新申请备案/换证复查的36家企业进行了评审，对59家备案企业开展了监督管理工作，对长期未生产出口产品和不能持续保持获证条件的18家企业的备案资格予以注销。按照《出口食品生产企业备案管理规定》的要求，对5家出口食品添加剂生产企业自10月1日起不再实施备案管理。

在出口食品生产企业监督管理工作中，一是运用残留监控和主要产品质量分析结果，实施风险评估，对备案企业实施动态管理。对同类产品生产企业根据其生产条件、管理水平以及产品检验合格情况进行风险分析，实行排名末位警示制度，强化企业食品安全责任意识。年内有3家企业被警示并要求对存在的问题进行整改。二是在监督管理工作中试行“企业自证、抽查验证”的监督管理模式，加强企业诚信管理和分类指导，使企业持续保持获证条件。对监督管理中发现的问题要求企业限期整改并进行跟踪验证。针对5家出口肠衣加工企业产品溯

源体系不健全的问题，指导企业制定切实有效的整改措施，完善产品溯源体系。三是发挥评审员的信息、管理、技术等优势，开展食品生产企业帮扶工作，无偿为新申请企业提供咨询服务和申请前指导工作，为新建、扩建企业实施实地指导，帮助、指导企业进行厂区选址、车间布局、工艺流程设计、设施设备安装、安全卫生控制体系的建立与完善等。

（二）对外推荐注册情况

充分发挥检验检疫在人才、信息、技术等方面的优势，帮助企业破解贸易性技术壁垒，加大对外推荐注册力度，扩大重庆优势农产品出口。为应对美国《食品安全现代化法》，3月，举办出口食品生产企业内审员培训班，学习《美国食品安全现代化法》、输美食品企业注册及检查要求、输美低酸罐装食品和酸化食品的生产加工要求和食品安全控制等内容，指导帮助企业建立食品防护计划，按照"成熟一家、推荐一家"的工作思路，先后有重庆市涪陵榨菜集团股份有限公司、重庆市鱼泉榨菜（集团）有限公司、重庆市涪陵区咸亨食品有限公司、重庆三冠食品有限公司等4家企业获输美低酸罐头备案。抓住香港扩大冰鲜牛肉进口这一契机，指导重庆恒都食品有限公司按照供港冰鲜牛肉要求完善体系文件、调整生产工艺、加强源头控制，通过指导企业实施科学管理、加强产品生产过程控制、强化产品自检自控能力，企业顺利通过香港食环署现场检查并获供港冰鲜牛肉资格。年内，1家冰鲜牛肉生产企业和4家榨菜生产企业对外推荐注册获得成功，5家肠衣加工企业继续保持对欧盟注册资格。

三、认证行政监管工作

按照《强制性认证产品入境验证工作程序》和有关作业指导书，开展强制性认证（CCC）产品入境验证、免于办理强制性认证产品审批、特殊用途进口小批量强制性认证产品审批以及强制性认证产品的监督抽查工作。编制《入境验证工作手册》，加强对强制性认证产品入境验证工作的指导。按照《自愿性认证行政监管工作程序》，开展管理体系认证、食品农产品认证的行政监管工作。

（一）强制性产品认证（CCC）行政证监工作

1.CCC产品入境验证工作

2011年，由重庆口岸入境的CCC产品共4 473批次，主要涉及信息技术设备、医疗器械产品、音视频设备、机动车辆及安全附件、安全玻璃、家用和类似用途设备、玩具等大类产品。12月，开展CCC产品入境验证工作质量检查，抽查了《入境货物报检单》中货物监管条件有"L"的单证26份。9月，开展CCC目录外产品统一确认工作，对入境货物监管条件有"L"但不属于CCC目录内产品的，需经重庆局认证监管处确认并签发《CCC目录外产品确认书》，年内共签发《CCC目录外产品确认书》64份。

2.CCC产品免办工作

2011年，共办理《免于办理强制性产品认证证明》（以下简称"《免办证明》"）317份，比2010年增长28.9%，免办产品货值1.36亿元，涉及机动车辆及其零部件、低压电器、电线电缆、小功率电动机、家用电器、信息技术设备、电信终端设备等多个大类。基于诚信管理，将免办产品的后续监管和核销作为免办工作重点，监督企业按申请目的使用免办产品并按有关规定对免办产品进行管理。年内，对21家企业申办的185份《免办证明》涉及的产品的使用情况进行了监督检查，对11家企业申办的126份《免办证明》涉及的产品按照规定进行了核销。并首次为重庆新感觉外贸有限公司进口的15辆MV AGUSTA摩托车、重庆力帆实业（集团）进出口有限公司进口的15辆MV AGUSTA摩托车办理了小批量进口审批手续。

3.CCC获证产品监督抽查工作

按照重庆局《2011年强制性产品认证获证产品监督抽查经费预算方案和实施方案》（渝检认函［2011］189号），开展了CCC获证产品监督抽查工作。抽取位于重庆西永综合保税区的达丰（重庆）有限公司生产的Pavilion g4型笔记本电脑的1个进口批的2台笔记本电脑，送上海市质量监督检验技术研究院，按照《信息技术设备强制性认证实施规则》（CNCA-01C-020：2010）的要求进行了31个项目的检测，检测结果全部为符合。

（二）自愿性认证行政监管工作

1.管理体系认证行政监管工作

按照重庆局《2011年管理体系认证行政监管工作方案》（渝检认［2010］53号），2011年，对中国质量认证中心、四川三峡认证有限公司、北京新世纪认证有限公司、北京大陆航星质量认证中心有限公司、法立德国际质量认证有限公司、深圳环通认证中心有限公司、北京世标认证中心有限公司等7家认证机构认证的14家出口企业（其中包括5家出口商品质量许可获证企业、4家出口危险货物包装容器质量许可获证企业、5家出口食品备案企业）的质量管理体系的有效性进行了检查，总体情况较好，未发现违法违规情形。

2.食品农产品认证行政监管工作

按照《2011年食品农产品认证监管工作计划》(渝检认函[2011]139号),对5家出口食品生产企业的危害分析与关键控制点(HACCP)体系认证/食品安全管理体系运行的有效性进行了检查,并指导企业对问题进行整改,进一步优化体系文件,提高企业管理能力和管理水平,提高企业及其产品的市场竞争能力。

3.开展认证机构办事机构备案工作

根据《认证机构管理办法》,重庆局制定了《外商投资认证机构办事机构备案管理办法(试行)》(渝检认[2011]200号),对符合备案条件的江苏艾凯艾国际标准认证有限公司重庆办事处、莱茵检测认证服务(中国)有限公司重庆办事处予以备案。

四、发挥认证监管基础保障作用,制定具体举措,落实《局市合作备忘录》有关要求

2011年6月,《局市合作备忘录》正式签署,针对《局市合作备忘录》中涉及认证监管的内容,制定了具体举措。一是对重庆两江新区出口食品生产企业、需办理出口商品质量许可(注册登记)的企业申请行政许可时予以优先安排,简化办理流程,缩短办理时限,必要时提供上门服务,进行政策宣传和现场指导。对企业进口CCC产品符合免办条件的,申请后当日发放《免办证明》,方便企业便捷通关。二是按照“政府主导、部门联动、龙头带动、市场运作”的模式,加强与重庆市对外贸易经济委员会、农业委员会、科学技术委员会的合作,起草《重庆市出口食品农产品质量安全示范区管理办法(试行)》,共同推动示范区建设,支持重庆优势农产品实行标准化管理,支持重庆农产品树品牌、开拓国际市场,更好地服务于重庆两翼农户万元增收、新农村建设等。

五、强化信息公开工作,加强法律法规宣传

在重庆局网站公开与出口食品生产企业备案、出口商品质量许可(注册登记)等行政许可有关的管理规定和办理流程、申请要求、办理时限等,公开获证企业名录;公开与CCC有关的管理规定,公开《免办证明》的申办要求、办理流程和免办产品监督管理要求等;公开认证机构办事机构备案的工作流程和管理要求,公开已获备案的认证机构办事机构有关信息。通过信息公开,提高了工作透明度,便于公众查阅与认证监管有关信息并接受社会监督,提高认证监管工作质量。

利用重庆局网站、“世界认可日” 活动、“质量月”活动,宣传《食品安全法》、《认证认可条例》等有关法律法规,开展备案评审人员培训和认证监管人员培训工作,开展送法到企业活动,学习、宣传2011年发布实施的《认证机构管理办法》、《出口食品生产企业备案管理规定》及其配套文件,提高管理规定的执行力,强化认证监管工作。

撰稿人:孔凡义 审稿人:陈开茂

以创新激发活力 以开拓增添动力 全力推动认证认可事业又好又快发展

——重庆市质量技术监督局2011年认证监管工作概况

2011年，在国家质检总局、国家认监委的正确领导下，重庆市质量技术监督局（以下简称“重庆市质监局”）紧密围绕“抓质量、保安全、促发展、强质检”的工作要求，按照围绕一个重点、准确把握两个关键点、切实抓好五个着力点的“125”工作思路，高奏“认证促发展、认证促和谐”行动（以下简称“双促行动”）的主旋律，创新思路、增添举措、创造佳绩，推动了重庆市认证认可事业迈步向前。

一、坚持统筹统抓，“双促行动”谱写事业发展新篇章

坚持不懈地筑固“双促行动”主载体，在2011年初制定“双促行动”的实施意见，把认证认可监督管理各项工作做到统一部署、层层落实，形成了监管合力。2011年，全市管理体系认证有效证书数量7 992张，同比增长6.8%，强制性产品认证（CCC）有效证书6 321张，强制性产品认证证书数量保持西部首位。全市资质认定获证实验室382家，同比增长11%。国家认可实验室60家，同比增长22.4%。对全市499家强制性产品认证获证企业进行了证后巡查，跟踪检查141家食品农产品获证企业的认证标志使用情况和679家管理体系认证获证组织认证有效性，立案查处认证认可领域的违法案件314家，案件数量同比增长8.1%。

二、坚持创新创优，四项创新性工作激活事业发展新动力

（一）创新行政许可技术把关手段

建立并推行实验室资质认定评审材料专家复查机制，集中组织专家对实验室资质认定评审组提供的评审材料进行再复查、再把关。该项复查机制自2011年4月正式推行以来，组织专家对239份评审材料从技术角度进行了复查，其中发现评审报告和整改材料中存在的不足或瑕疵达300余个，有效降低了行政许可的潜在风险，提升行政许可结果的科学性和公信力。

（二）创新认证工作普及推广手段

围绕落实国家质检总局与市政府签订的部市合作协议以及重庆市质监局与重庆市区县政府签订的区域合作协议，自主提出开展全市认证认可特色项目建设工作，经过基层推荐、现场调研等筛选工作，择优选择9个具有区域特色、辐射带动效应和较大社会经济效益的项目作为认证认可特色项目，安排了专项经费给予项目补助，以点带面地推进认证工作普及应用。

（三）创新认证机构违法证据收集方法

创造性地开展了认证行为的集中审查工作，对某认证机构在渝认证项目进行了统一部署、统一时间、统一要求的执法检查，收集了该认证机构的违法证据，为打击违规认证机构提供了有力证明。

（四）创新认证有效性监管新模式

在全国率先试行国家认监委、省级和基层质监局三级联动的监管模式，由国家认监委行政监管专家和区县局执法监管人员共同组成检查小组，对重庆市100家管理体系认证获证组织进行了专项检查，详实掌握了40余家认证机构在渝认证活动的情况。

三、坚持严格把关，实验室资质认定工作迈上新台阶

组织召开了“重庆市第二次实验室资质认定工作会议”，更加注重发挥行业主管部门、基层质监局、评审员等多方力量，加强实验室资质认定工作，扎实推进司法鉴定机构认证认可工作，组织召开了食品检验机构资质认定宣贯会，培训食品检验机构人员189名，培养食品检验机构资质认定评审员33名。持续加强定期监督评审、不定期监督检查、日常监督检查和能力验证四位一体的实验室证后监管工作，定期监督评审实验室109家，区县局日常监督实验室322家，注销实验室检验资质8家，查处存在违法违规行为的实验室3家，组织了331家（次）实验室开展沥青、水、水泥等三个重点项目的能力验证活

动，并推行实验室能力验证质量分析制度，召开了“2011年全市实验室能力验证质量分析会议”，邀请专家分析造成检测数据可疑和离群的原因，来自全市117家实验室的217名代表参加了会议。建立了实验室“黑名单”制度，对未参加能力验证的实验室纳入了“黑名单”并予以通报，纳入不定期执法检查范围，并责成基层局对其进行严加检查。实验室资质认定各项工作得到了国家认监委实验室资质认定行政许可检查组的高度肯定。

四、坚持能力提升，认证认可领域基层基础建设创添新业绩

（一）提升监管能力，证后监管工作更具实效

建立了强制性产品认证获证产品监督抽查制度，对全市获得强制性产品认证证书的1 212个批次产品进行质量监督抽查，基本覆盖了全市所有强制性产品认证获证企业。顺利完成了国家认监委2011年强制性产品认证监督抽查工作任务，对全市汽车零部件重点流通区域所销售的23个批次机动车制动软管进行了监督抽查。开展了涉及电线电缆、儿童玩具、有机产品、实验室等领域的八大专项监督检查工作，维护认证认可工作的公信力。

（二）提升建设能力，促进基础工作更加强化

印发了《关于加强实验室资质认定日常监督工作的通知》，进一步明确了区县质监局在实验室区域监管职责和工作要求。与市公安局、市发改委和部分区县政府等累计签订合作协议25份，把推进认证认可工作作为重要的合作内容，合心合力促进全市认证认可事业发展。完成了“全市实验室发展现状分析与对策研究”课题，承担了《强制性产品认证机构、检查机构和实验室管理办法》（国家质检总局65号令）的立法后评估工作。扎实做好信息报送和媒体宣传工作，国家认监委采用信息10篇和简报1篇，《中国质量报》和市内媒体刊登新闻稿件5篇，电视专题1个。

（三）提升服务能力，促进服务成效更加丰富

一是服务企业认证工作，重庆市质监系统帮扶指导企业开展自愿性认证达361家次。二是服务实验室建设，全面组织各基层局开展实验室“互学互访”活动，促进实验室间结对帮扶、互访互通、共同提升，近400家实验室及其行业主管部门领导参与了此项活动，实验室的参与率达到了99%。召开了实验室纠正与纠正措施专题分析会，邀请专家讲解实验室科学运用纠正和纠正措施持续改进检验检测工作的方法和技巧，促进实验室管理水平提升。三是服务认证认可行业建设，协助重庆市认证认可协会召开会员大会、开展“世界认可日”宣传活动、举办重庆市检验检测实验室羽毛球比赛，努力营造检测行业文化氛围，增强行业凝聚力。

（四）提升培育能力，促进队伍建设更加有力

以“队伍建设和人才引进突破”为2011年工作主题，举办了“全系统2011年认证认可监督管理骨干人员培训班”，邀请国家认监委、浙江质监局、成都质监局、相关认证机构和检测检验机构的专家以及基层局的认证监管骨干人员为学员们讲授认证执法监管方法，全面增强监管队伍的“战斗力”。建立了264名评审员组成的实验室（食品）资质认定评审专家库，注重增强实验室资质认定评审员队伍的素质提升。

五、坚持精益管理，信息化监管措施科学运用迈出新步伐

一是自主研发了“强制性产品认证和自愿性认证获证组织信息管理系统”，把国家认监委的食品农产品认证、强制性产品认证、管理体系认证和自愿性产品认证等数据库与重庆市质监局自主建立的产品质量监督抽查、执法案件等管理信息系统进行有机整合，建立起动态化、信息化的认证获证组织的电了监管档案，解决了以往工作中存在的“数据更新不及时、情况掌握不全面、信息上报不准确”的问题。二是科学运用国家认监委开发的“认证行政执法信息报送系统”和“自愿性认证活动执法监管系统”，现场监督612家企业的管理体系认证现场审核活动，多次得到国家认监委相关部门的肯定。三是升级改版“重庆市检验检测实验室”网站，丰富了实验室机构信息、检测设备、标准物资供求信息等板块的内容和功能，特别增设了“珠宝质检报告查询”版块，为消费者提供了查询珠宝质检真实性和合法性的渠道，构筑了面向全社会的实验室资质认定工作宣传服务阵地。四是全面推行实验室资质认定网上申报，增强行政许可工作的便捷性和透明度。

撰稿人：周 雪 审稿人：王戈阳

围绕十二字方针 做好认证监管工作

——四川出入境检验检疫局2011年认证监管工作概况

2011年，四川出入境检验检疫局（以下简称“四川局”）认真贯彻落实全国认证认可工作会议精神，围绕“抓质量、保安全、促发展、强质检”质检工作方针，找准定位，创新监管模式，加强认证监管体系建设，进一步提升了认证认可保障质量安全、服务经济发展的有效性，较好地完成了2011年各项工作。

一、认证认可主要工作及成效

（一）抓备案注册，充分发挥认证认可对质量的基础保障作用

1.严格准入，提升备案注册企业质量安全保障水平

重点强化备案注册关键环节的审查把关。一是严把评审关。坚持异地评审制度，重点加强对原辅料、添加剂、关键控制点等环节的审核，2011年，有4家企业现场评审不合格。二是严格不符合项的跟踪整改关。对评审组提出的不符合项企业需100%完成整改后才予以推荐备案注册。三是严把时效关。通过台账管理加强对工作全过程的时限跟踪和监督，提高工作效率。2011年，共办理出口食品备案注册企业78家，其中，新增备案企业21家，换证复查57家；办理11家出口危包企业质量许可、6家出口商品生产企业注册登记工作。

2.加强备案注册管理规定的宣贯，确保出口食品备案管理工作顺利进行

一是加强学习培训，做好宣贯工作。2011年，国家质检总局、国家认监委颁发《出口食品生产备案管理规定》及其配套规范性文件后，四川局及时利用内外网站进行宣传公示，并举办了出口食品备案管理培训班，来自有关业务部门和分支机构的60余人参见了培训。二是结合实际对过渡期备案工作做出部署，确保工作有条不紊开展。三是制定制度，规范工作。制定了《四川出口食品生产企业备案工作规范》和《四川出口食品备案企业监督管理方案》。

（二）抓监管，充分发挥认证监管工作在“保安全”方面的重要作用

1.加强备案注册企业的后续监管，消除质量安全隐患。

一是强化备案注册企业的日常监管。年初及时制订2011年备案注册企业监督管理计划，明确要求，落实责任，强化备案注册企业日常监督管理。二是加强重点企业和关键环节的监管，积极开展行业风险分析和产品的危害分析，在风险分析的基础上调整监管重点，重点加强了肉类、速冻蔬菜、罐头等敏感产品生产企业的监管和关键控制点（CCP）的监控，及时消除安全隐患，确保安全底线。三是组织专项检查。组织专家组对7家输美低酸罐头和酸化食品企业进行专项验证检查，其中3家企业通过，其余4家企业暂停对美出口。四是加强对不符合项的跟踪整改。对日常监管和定期监管发现的问题，跟踪督查企业整改，提升监管的有效性。2011年，共完成日常监管和定期监管964厂次，对251家企业开具了1 329个不符合项，99.6%限期整改完成。全年注销备案企业24家，暂停报检企业1家，对2家违规食品企业给予警告并责令停止出口。

2. 强制性认证（CCC）产品入境验证和CCC免办工作，确保入境产品安全

一是确保强制性产品认证设限数据库正常运行。高度重视强制性产品认证设限数据库建设，通过检务、科技和口岸等部门的共同协作，确保数据库的正常运行，极大地提高了CCC入境验证效率。二是强化CCC免办和后续监管。一方面严格网上审批程序，认真核查，规范流程时限；另一方面加强后续监管，对免办产品实施书面审核和现场审核相结合的闭环管理。2011年共办理免办证明308份，现场核单验证率100%，后续监管率100%，有效避免了免办产品流入国内流通领域。三是积极开展“双打”活动。开展了辖区内3家进口汽车销售、维修单位的专项市场监督检查，在流通领域对2个品牌3个型号的小家电产品抽样送指定实验室进行安全检测，检测结果符

合国家标准。

3.加大自愿性认证行政监管工作力度，努力规范认证市场

一是创新监管模式，提高管理体系认证监管的有效性。将管理体系认证监管与检验检疫专项检查、日常监管、备案注册评审等检验检疫工作有机结合，并根据历年来辖区内认证机构开展认证活动的信誉情况，有针对性地制订认证监管工作计划。将认证监管工作与检验检疫监管工作一并部署、一并检查，通过对企业质量管理体系的官方验证审核，倒查第三方认证活动的规范性和有效性，提高了监管工作的针对性。2011年，四川局对60家获证出口企业开展了认证有效性检查，涉及证书71张。经检查发现8家获证企业存在记录不完善、企业实际操作和文件规定不一致等现象，已责成企业整改并通报认证机构。严厉查处认证机构发放无效认证证书、超范围认证等违法违规行为，2011年，共查处了2家认证机构，有力地打击了违法违规行为。

二是丰富认证监管手段，提高监管的时效性。充分利用“自愿性认证活动执法监管信息系统”，对辖区内19次认证活动组织实施了现场监管，发现1家机构未按计划实施，1家外资认证机构20余次错报认证信息，均及时进行通报并抄报国家认监委相关部门。

（三）抓服务，充分发挥认证认可在“促发展”方面的作用

1.促进出口食品企业优化出口产品结构

一是前移服务关口。对申请备案注册的企业积极开展送标准、送技术、送信息“三上门”服务，向112家企业提供了《出口食品生产企业安全卫生质量管理学习读本》，对20余家改建和新建的企业开展了技术指导，帮扶食品企业改造升级，提升质量安全管理水平，优化出口产品结构。二是寓监管于服务之中，积极帮扶藏区食品企业提升质量安全水平。全年共组织21人次赴甘孜、阿坝、凉山州等藏区和偏远山区，对13家企业实施现场食品安全管理知识的培训和指导，帮助其提高卫生控制措施，提升生产品质量安全水平，扩大出口 。三是加强对外注册。对部分企业加强《美国食品安全现代化法》的培训，指导企业接受国外注册检查。2011年，指导1家食品企业成功接受了美国食品药品管理局（FDA）的官方检查，帮助2家企业获得国外注册。

2.积极推动认证技术的应用

在“世界认可日”与四川省质监局联合举办了以“认证认可与低碳行动”为主题的座谈会，质检两局相关人员和省内部分知名企业代表近百人参加了会议，对低碳认证的推广起到了良好的促进作用。

3.服务四川会展经济和开放型经济发展

在CCC免办中积极服务富士康、仁宝等重大产业转移项目和四川省第十二届西博会，其中为富士康公司量身定制的“一次审批，一月有效，多次放行”的监管模式在确保产品质量安全的前提下，极大地提高了通关效率，受到了四川省政府领导的批示表扬。

（四）抓认证执法监管体系建设，提升履职能力

1.加强执法队伍建设，提高认证监管人员业务能力

一是坚持下移认证监管工作重心，继续在基层局和相关业务处推行认证监管联络员制度。在2010年确定的认证联络员的基础上，增加了农产品认证监管联络人员，扩充了认证监管联络员队伍，细分了认证监管专业队伍，建立动态管理数据库，有效解决了基层认证监管人力资源不足的问题。二是丰富教育培训载体，加强业务培训。充分利用四川局内网教育平台、举办培训班、专家现场指导、交流执法检查等方式对认证监管人员进行分类指导和培训，强化认证队伍的专业素质，统一执法标准，提升监管能力。据统计，2011年四川局举办了3期专业培训班，培训认证监管人员80人次。

2.加强制度建设，提高依法行政的能力

一是完善了CCC产品入境验证、出口食品生产企业备案工作规范及监督管理制度等4项规章制度；二是在局外网上及时公布认证监管制度、法规以及企业信息，加大工作透明度，自觉接受社会各界监督；三是运用“三位一体”综合行政管理体系进一步规范内部工作程序，加强绩效考评，提升工作质量。

二、面临形势及存在问题

第一，《美国食品安全现代化法》的实施，提出了更严格的食品安全要求，对检验检疫监管人员业务能力、监管模式等提出了新的挑战。第二，认证认可执法人员业务素质有待进一步提高。认证认可工作政策性、技术性较强，认证监管人员、备案评审员业务及政策水平还不同程度的存在不能适应认证监管工作需要的问题。第三，食品生产企业人员整体素质不高，企业作为食品安全第一责任人的作用未有效发挥。随着经济的发展，四川出口食品生产企业硬件条件已显著改善，但在管理运行方面还存在诸多问题，企业自我持续改进的能力不强。第四，认证认可有效性有待进一步提高。部分认证机构

过于追求商业利益，认证企业也不同程度存在以取得证书为目的的现象，因此认证活动流于形式，认证有效性不高，认证监管工作任务十分艰巨。

撰稿人：张映彤　审稿人：雷　燕

以“十二字”方针为指针　认真落实“四转四加强”全力推进四川省认证认可工作开展

——四川省质量技术监督局2011年认证监管工作概况

2011年，四川省质量技术监督局（以下简称“四川省质监局”或“省局”）认证监管工作在国家质检总局和国家认监委的正确领导下， 以“抓质量、保安全、促发展、强质检”十二字方针为中心，以省局党组四转四加强作为工作的“重头戏”，结合四川省实际，认真贯彻落实全国认证认可工作会议精神，解放思想、开拓创新，坚持用科学发展观研究新问题、应对新挑战，忠实履职尽责，服务全省经济发展。

一、以“创先争优”为抓手，全面部署全年工作

召开了四川省认证认可工作会议，印发了《2011年认证评审工作要点》，对2011年认证评审工作做了详细的部署和安排。与各市州局签订了《强制性产品认证监管目标责任书》。

将争创活动与提升认证认可工作有效结合，认真做好全面争创工作，以办实事、解难事为突破口，将推进环境管理体系、能源管理体系认证等认证认可工作纳入四川省“十二五”质量发展规划（修改稿），大力助推认证服务于经济发展、服务于检测机构能力提升。

二、抓质量，切实提高产品质量总体水平

1.开展食品农产品认证监管工作

食品农产品认证监管是认证监管工作的重点之一，有机产品认证监管则是认证监管的重中之重。组织在全省范围内对所有有机产品获证企业进行了一次认证有效性监督检查，重点检查了认证证书和标志使用情况、有机产品获证企业的有效性、认证机构、咨询机构开展活动的规范性。

2.开展管理体系认证有效性监督检查

组织开展管理体系认证有效性监督检查，检查的主要内容是认证证书真伪及合法有效性等情况以及2010年有效性检查中发现问题的纠正情况。为了认真贯彻落实全省质量提升、质量监管试点工作部署，根据调研情况，将2011年管理体系认证有效性监督检查比例提高，全年监督抽查达到762家。

3.组织检测机构的资质认定审查、发证及证后监管工作

抓好检测机构的资质认定审查、发证及证后监管工作，全年完成200家检测机构的审查发证工作。

对实验室一次性授权食品中罗丹明B等项目检验资质，为检验机构完成专项监督抽查任务提供了合法性支撑。

根据群众举报，组成调查组对屏山县建设工程质量检测所等3家机构进行了调查，并根据《行政许可法》、《实验室和检查机构资质认定管理办法》及相关管理规定对其违规行为作出了暂停资质认定证书的决定，有效维护了资质认定的严肃性和有效性。

为加强对资质认定获证实验室的监督管理，确保检测工作的公正性、科学性和有效性，根据资质认定实验室定期监督检查计划，重点检查实验室日常管理，检验行为的公正性、规范性，共检查实验室108家。

对2010年资质认定实验室监督检查情况进行了通报，按照2011年度四川省资质认定（计量认证）复查评审计划认真组织复查评审工作。

根据国家认监委103号文精神，对资质认定实验室专项监督检查工作进行了部署，要求凡未列入2011年度资质认定实验室到期复查评审计划和定期监督检查计划的

检测机构，均须按认监委要求进行自查。

4. 认真抓好食品检测机构资质认定工作

起草并下发了《关于对食品检验机构开展资质认定的通知》，组织召开了宣贯会议，确保食品检验机构及时了解和掌握《食品检验机构资质认定管理办法》等法律、规范的要求。对食品检验机构按要求做好申报工作进行了部署，确保了食品检测机构资质认定工作的顺利开展。积极主动开展了“食品中非法添加物和滥用食品添加剂检测”资质认定紧急扩项，认真落实了国务院办公厅关于严厉打击食品非法添加行为、切实加强食品添加剂监管的精神。

三、保安全，维护广大人民群众的健康安全

强制性产品认证是最基础的安全认证，是产品质量的基本保证。2011年，对强制性产品认证监管工作提出了新的要求，要求从落实监管责任、加大执法力度等七个方面去抓落实。

按照省局“双打”专项行动要求，对列入强制性产品认证（CCC）认证目录范围的汽车配件（安全玻璃、灯具）等7类产品进行重点监管，严把强制性产品认证市场准入关。

组织各市州局在“六一”儿童节前后，在开展“双打”行动的基础上集中对玩具产品进行一次监督检查，重点查处未获强制性认证的目录内玩具产品出厂、销售或者在其他经营活动中使用的问题。

督促和协助相关认证机构进一步加大家电下乡中标产品CCC认证市场核查力度。与中国质量认证中心成都分中心联合开展了家电下乡产品市场核查，现场核查133个批次产品，发现涉嫌不合格31批次，对发现问题的企业由认证机构开展了特殊检查。

在流通领域对获得CCC认证的MP3/MP4录放机产品开展了专项监督抽查。共抽查40个批次产品，总体合格率为92.5%。对不合格产品，依法进行了处理并通报了认证机构。通过专项监督抽查，了解了四川省市场上 MP3/MP4录放机产品的符合性状况，发现了认证企业存在的问题并及时进行了解决和处理，对打击CCC认证违法违规行为、维护CCC认证的权威性和产品质量声誉，提高消费者对CCC认证 MP3/MP4录放机产品的信心以及维护广大消费者合法权益都起到重要的作用。

认真开展强制性产品认证企业建档、巡查、监管工作，全年建档企业1 000家。

与方圆认证机构携手启动食品包装安全环保认证宣贯，旨在通过第三方严格规范的合格评定程序，对食品包装产品质量、产品安全与环保性能以及企业生产过程的质量保证能力进行综合考虑，为公众健康安全再加一把锁。

四、促发展，推进经济社会科学发展

在国家认监委组织开展的“有机产品认证示范区”创建活动中，四川省南充市西充县、广元市旺苍县顺利通过了专家组的严格评审，荣膺“国家有机产品认证示范创建县”荣誉称号，在首批创建成功的十一个名额中占据了宝贵的两席，走在了全国前列。

会同四川省司法厅就四川少数民族地区司法鉴定机构资质认定工作开展了联合调研，决定在政策制定、硬件建设、队伍培养等方面，给予民族地区支持和帮助，促进民族地区鉴定机构资质认定工作的开展。

推动节能减排有关的认证，促进新能源等战略性新兴产业发展，起草了《四川省合同能源管理项目节能量审核机构管理办法》（试行）。

根据《认证机构管理办法》规定，及时召开了全省认证机构办事机构工作会议，起草了《认证机构四川办事机构备案工作应用指南》，进一步规范中资认证机构在四川行政区域内设立办事机构备案的审批程序，持续做好认证机构办事机构的备案工作。

加强认证机构咨询机构监督管理工作。要求认证咨询机构对其工作进行四方面的自查，并向省局上报总结报告，省局根据报告有针对性地进行评估核查。同时，加强了证后监管，制定了监督检查制度，对获得行政审批的认证咨询机构进行定期或不定期监督检查，检查共分为四方面24条，满足了明确细致、统一的要求。

五、强质监，全面提升队伍素质

传达学习了省局“打非”工作视频会议精神，并结合认证工作实际，制定了贯彻落实《国务院办公厅严厉打击食品非法添加行为 切实加强食品添加剂监管的通知》的措施。

组织召开了评审组长座谈会，传达了国家认监委关于食品检验机构资质认定工作的相关部署和要求，强调了评审组长要充分认识实验室资质认定工作在经济社会发展中的地位和作用，充分认识现场评审在实验室资质认定工作的重要性，增强做好评审工作责任感和使命感。

选派了3名技术专家到北京进行了食品检验机构资质认定评审员暨师资培训。师资培训后，举办了食品检验机构资质认定评审员培训班，使评审员对食品检验机构资质认定有了全方位的认知，建立了一支科学规范的食品检验机构资质认定评审员队伍。

为进一步增强各单位认证监管能力，组织部分市州

局认证监管人员参加国家认监委举办的认证监管培训，进行了管理体系标准、行政认证监管要点、强制产品认证监管、CCC目录内产品界定等知识的培训。

开展了食品添加剂山梨酸的测定、汽车综合性能检测、纺织品检验等3个项目的能力验证，通过能力验证和比对考核，帮助和促进检测机构发现管理和技术中存在的问题，提高能力水平。

六、以信息宣传为手段，提高认证认可社会认知度

与四川检验检疫局联合举办了以“认证认可与低碳行动”为主题的四川省“世界认证认可日”座谈会，同时在全省范围采取多种形式，扎实开展“世界认可日”主题宣传活动，深入宣传认证认可工作成效，全面提升认证认可宣传覆盖面和影响范围，引导全社会广泛关注和重视认证认可工作。

按照“十二字”方针和“四转变四加强”的工作要求及全省“质量月”活动的安排部署，以省质检院为主会场、20个市州质检所为分会场举办了“2011年四川省食品检测实验室开放日”活动。

加大认证认可信息资源的整合力度，深化行政监管业务的信息化，把认证认可信息、可公开的数据向社会公布，加强了认证认可的宣传，推动了认证认可事业的发展。加快市州局数据库设立进度，全面运行认证行政执法信息报送系统和自愿性认证活动执法监管信息系统，简化工作程序，大大提高数据统计和分析效率。

撰稿人：韩 军　审稿人：胡利庆

开拓进取 扎实工作 全面提升履职能力

——贵州出入境检验检疫局2011年认证监管工作概况

2011年，贵州出入境检验检疫局（以下简称“贵州局”）按照国家质检总局和国家认监委的要求，紧紧围绕“抓质量、保安全、促发展、强质检”的工作方针，结合贵州检验检疫实际，创新发展找准定位，组织制定了“围绕一个中心，构建两个平台，提升三种能力，突出四个重点，建立五个体系”的工作要点，认真履行工作职责，在贵州省委和省政府“三个建设年”活动中以为服务地方经济发展、促进贵州经济社会又好又快发展为目的，推进贵州省外经贸企业出口及认证认可和目标绩效，切实履行监管职责，扎实推进各项工作，实现了“十二五”的良好开局。

一、解放思想、转变观念，全面落实科学发展观，切实提高履职能力

认真组织学习《十二五规划》、《政府工作报告》、《习近平同志在贵州省党政领导干部座谈会上的讲话》、《王岐山副总理考察中国计量科学研究院的讲话》、《支树平局长在全国认证认可会议上的讲话》和《支树平在全国质检信息化工作会议上的讲话》以及结合贵州省委十届十一次、十二次会议精神，切实解放思想、转变观念，全面落实科学发展观，提高自身综合素质，进一步增强为人民服务的宗旨。严格执行国家的法律法规，按照国家质检总局的“十不准”、“五公开”的原则，认真履行职责，依法行政，严格把关，不断转变工作作风，将服务地方经济的发展落实到日常的工作实践和行动中。

二、认证监管工作

（一）认证监管基本情况

共组织辖区完成卫生备案换证复查20家。其中，新增出口食品卫生备案企业8家，换证复查、变更、新增品种12家。年度全面检查71家备案出口食品生产企业，注消17家到期未申请换证、工厂搬迁或二年以上未出口企业的备案资格。截至2011年12月31日，辖区内共有54家出口食品备案企业。

共受理强制性产品认证（CCC）免办审核通过发放证明33份，较2010年同期增长约254%。不符合免办条件退回未办理2份，约占受理总数的6%。强化CCC免办工作，做好CCC获证产品抽查。

对16家获得ISO 14000认证、有机产品认证、危害分

析与关键控制点(HACCP)体系认证的企业、1家认证机构进行了认证有效性和规范性监督检查,抽查档案17份。共组成4个检查组,出动57人次。未发现买证、卖证及伪造、冒用、超期、超范围使用认证证书的情况。

严把出口危险品包装许可及出口商品质量许可关,按贵州局"三位一体"考核要求,认证监管处进一步修订完善了辖区内出口危险品包装容器和出口商品质量许可工作的程序,并组织审核组对到期的2家出口危险品包装容器企业进行了审查、2011年12月31日贵州省危险品包装许可证有效期内共5家。工业产品质量许可换证复查4家。

(二)出口食品生产企业卫生备案及监督检查工作

按照贵州局绩效管理要求,将卫生备案的出口企业的监督检查列入贵州局绩效考核的重点目标。在实施监督检查之前,明确了"积极参与、形成合力,制定方案、细化措施,狠抓落实、取得实效,有序开展、扎实推进"的工作指导方针。组织实施对贵州省71家备案的出口食品生产加工企业开展了企业基本情况、质量管理、生产现场、实验室检测、原辅料供给等五方面情况的监督检查并取得了实效。在监督检查中,贵州局共出动187人次,向企业反馈信息78条,提出整改意见43条。

组织15家出口备案企业参加全国"质量月"活动,并签订《贵州出口企业质量诚信承诺书》,切实落实企业第责任人。

(三)开展体系、食品农产品、有机认证有效性监督检查

2011年,贵州局组织开展了体系、食品农产品、有机产品认证有效性监督检查工作,制定实施方案、计划,指导各业务处及分支机构具体工作。

根据国家认监委《关于做好2011年食品农产品认证监管工作的通知》要求,为做好食品农产品认证有效性监管工作,维护贵州省消费者和获证企业的权益,制订了2011年度食品农产品认证有效性监督检查监管计划。对贵州省获得食品农产品认证证书的出口食品企业展开突击监督检查,采用查现场、查生产、查记录等方式,检查是否存在超范围认证的情况,严查证书使用情况。重点检查了获得食品安全管理体系、有机产品、绿色食品、无公害农产品认证的企业及获得多个产品和多项认证的企业。在检查中,暂未发现企业滥用、冒用、买卖、超期和超范围使用认证证书、认证标志。组织开展了对从事食品农产品认证活动的认证机构的监督检查,重点检查认证活动是否符合相应法规、认证规则和标准的要求,认证机构是否依法实施跟踪调查、是否按规定收费。对在检查中发现的问题,如一些企业的内审员流动比较大,人员发生变化后,未及时补充,部分企业未严格按照食品农产品认证体系管理要求正常运行,认证有效性不足,体系运行不够理想,与获证时相比有一定的差距,部分认证机构审核的人天数不够,审核过程不充分,审核人员在审核机构中缺少专业说明等,已督促企业和认证机构整改。

(四)强制性产品认证获证产品监督抽查及CCC免办入境产品进行后续监管

为贯彻落实国家质检总局2011年"抓质量、保安全、促发展、强质检"的工作方针,切实发挥强制性产品认证对产品质量安全的监督保障作用,根据国家认监委《关于开展2011年强制性产品认证获证产品监督抽查工作的通知》(国认证[2011]26号)要求,制定了《2011年强制性产品认证获证产品监督抽查经费预算方案和实施方案》,并按计划抽样、送样、指定实验室检验,上报抽查结果。

对辖区内通过免于办理强制性产品认证途径入境的产品,开展了专项后续监管检查。

为强化CCC免办工作,针对工作程序制定了审批流程表,加强管理。并在免办工作中主动与企业沟通征求意见和建议,改进工作方式,更好地为企业服务。

(五)开展了打击侵犯知识产权和制售假冒伪劣产品专项行动

认真开展打击侵犯知识产权和制售假冒伪劣产品专项行动,严厉打击侵犯知识产权和制售假冒伪劣产品的违法行为。在以往工作的基础上,继续加强宣传报道,扩大社会影响,在认证认可领域开展专项行动。在报检大厅等显著位置悬挂了打击假冒伪劣、保护知识产权的标语、横幅和专题布告栏,开展"3·15"消费者权益保护日、"4·26"世界知识产权日宣传活动,与贵州省知识产权局、贵州省质量技术监督局、贵阳海关等部门联合组成宣传队,设立宣传台,开展现场咨询宣传活动,发放宣传资料,宣传"双打"专项行动的目的、意义和措施,宣传地理标志产品保护知识和检验检疫法律法规及认证认可相关法规,对违法违规企业和不法分子起到了震慑作用。同时与商务部门联合开展知识产权进企业活动,选派检验检疫业务骨干深入重点企业,讲解国外技术法规和标准,提醒企业重视知识产权保护。加强与工商、公安等部门的联合协作、信息沟通与报送,形成专项行动合力,推动"双打"战役的开展。

三、强化业务培训

2011年11月,组织举办了贵州局贯彻落实国家质检总

局的142号令及相关配套文件的宣贯培训，并举行了1期评审员培训班。对业务一线的评审员进行了“评审技巧、评审方法、评审程序、评审员管理办法”的培训，结合142号令及相关配套文件精神针对实际工作中易出现的难点及薄弱环节进行了研讨，培训结束吸收了部分新生力量，增强了评审员队伍建设。

四、加强信息宣传工作

“3·15”活动期间，贵州局将宣传与贯彻落实全国认证认可工作会议精神相结合，与当地政府和部门配合，紧扣“认证认可，政府监管工作的支撑”主题，开展了形式多样的宣传活动，向社会广发宣传材料，扩大了社会、地方和政府对认证认可工作的重视和关注，推动了认证认可工作取得新进展。

在贵州局网站链接国家认监委网站“世界认可日”宣传专栏。按照国家认监委的统一部署，在“在世界认可日”前后，利用横幅、LED电子显示屏、网站、宣传栏发布“世界认可日”宣传口号和相关知识，张贴“世界认可日”宣传招贴画，引导全社会广泛关注和重视认证认可工作。

结合日常认证监管工作和赴企业开展出口食品企业备案工作之际，有针对性地对企业进行相关认证认可知识的宣传。

向外贸企业介绍如何通过国家认监委网站查询假冒认证证书和非法认证机构。

收集外贸企业在认证有效性、认证监管工作中存在问题等方面的意见和建议，为探讨如何不断提高认证有效性收集资料。

认真组织开展了“我与认证认可十周年”征文活动。

注重加强信息宣传，完善认证认可信息的收集与上报，截至2011年11月30日，共向国家质检总局和国家认监委报送各类文件信息20余份。

组织编纂了认证认可年鉴稿件（2010卷），标题为《加强认证监管工作　推动经济社会发展》的认证认可年鉴稿件全面反映了贵州局2010年的认证监管工作。

撰稿人：陶晓薇　审稿人：田　虹

扎实推进认证认可工作　服务贵州经济社会发展

——贵州省质量技术监督局2011年认证监管工作概况

2011年，贵州省质量技术监督局（以下简称“贵州省质监局”或“省局”）按照国家质检总局和国家认监委的工作部署，认真贯彻认证认可工作会议精神，坚持“抓质量、保安全、促发展、强质检”的工作方针，结合贵州省实际，为地方经济发展服务，扎实推进认证认可工作，为贵州经济的后发赶超贡献了一份力量。

一、规范食品检验机构资质认定工作

为确保各食品检验机构按照新的要求运行并于2012年11月1日以前完成省内食品检验机构复评换证工作，重点开展了以下工作。第一，组织各市（州）质量技术监督局分管局长及认证监管部门负责人、各食品检验机构法定代表人，省局相关处（室）宣贯了新的《食品检验机构资质认定管理办法》及其评审准则，并提出了关于规范食品检验机构资质认定和监督管理工作意见，明确了各级监管机构的监管职责和任务。第二，指导各级质监局建立了辖区内食品检验机构档案，全面掌握各机构的基本情况。第三，各市（州）局结合本地实际按照计划与机构自愿申请相结合的原则制订本辖区复评换证工作计划，并对申请资料和机构准备情况认真组织审核，确保复评换证工作质量。

为有效组织和指导系统内食品检验机构开展复评换证工作，省局党组高度重视，成立了食品检验机构复评换证工作领导小组，加强此项工作的组织领导力度。组织和指导各市（州）局对辖区系统内食品检验机构对照新的要求在设备、人员、检验环境方面进行了全面梳理，并提出了改进计划。

加强食品检验机构资质认定评审员队伍建设和管理。省局按照新的要求组织贵州省食品检验机构资质认定评审员培训，建立食品检验机构资质认定评审员信息库，确保了换证评审的工作要求。为保证各检验机构及时掌握和理解新的要求，督促机构按照新的要求运行，按时限通过复评换证，对全省所有食品检验机构内审员进行重新培训考核。

二、加强资质认定实验室证后监管

（一）开展对全省法定授权的检验机构全面检查

按照2011年认证监管工作要求和省局党组工作安排，组织了对获得法定授权的检验机构进行全面检查清理的工作，对56家法定授权的检验机构的检验人员资质、资质认定检验项目的检验能力（设备配置、设备状况、设备检测范围、检测环境）等情况进行全面检查清理。对全省80家机动车安全检测线组织了监督检查。省局对在检查中存在问题的单位组织各市（地）级质监部门落实了整改工作。

（二）开展检测能力比对，提高检测水平

为进一步规范获得实验室资质认证（计量认证／授权／验收）检验检测机构的监督管理，提升检测能力，按照国家质检总局《实验室和检查机构资质认定管理办法》的要求，组织全省建材质检机构参加建材类检验项目的检测能力验证。本次能力验证项目为水泥物理性能和物理性能。有88家检验机构参加水泥能力比对，在规定的时间内报出结果，结果报出率为93.6%，有6家检验机构未按规定时间报出检验结果，占6.4%，满意率为88.64%。有99个实验室报名参加钢筋力学性能能力验证，其中97个实验室报送了检验结果，满意率为91.8%。通过能力验证活动开展，提高了质检机构的质量意识和服务意识。为指导有关实验室的检验检测工作，结合比对结果有针对性地组织了相关检验测技术讲座。

（三）加大对通过资质认定实验室的监管

为加强对获得资质认定的检验检测机构的监管，确保其检测能力和管理体系的持续有效，对获得资质认定的部分产品质量监督检验机构组织开展了监督检查。发现少数机构不同程度的存在体系运行不规范，记录信息量不够、授权签字人变更手续不全、在用检测设备未按时检定等问题，针对存在的问题，检查人员督促有关检验机构进行了整改，进一步提高了实验室管理体系运行质量和水平。

三、加强认证执法体系建设

为进一步建立和完善认证执法监管工作机制，提高认证执法监管工作的有效性，确保各项认证工作有序开展，制定并下发《贵州省认证执法监管体系建设实施方案》，力争用二年时间，基本建立起“以认证监管机构为主导，以专职执法机构为主力，以法制工作机构为监督”的认证执法监管工作机制，构建科学、公正、高效和保障有力的认证执法监管体系。积极推行“两级监管、重心下移”和“区域实施、齐抓共管”的工作格局，建立层级化、区域化的执法监管体系，完善考核机制，落实监管责任，提升认证监管的有效性。

四、食品农产品认证监管工作

围绕“抓质量、保安全、促发展、强质监”的总体目标，结合工作实际，以质量安全风险和隐患较大的产品为重点，加大检查指导和依法查处力度，提高认证有效性。根据贵州省获证企业和产品分布情况，重点检查有机产品、绿色食品、无公害农产品等自愿性产品认证，其中尤其是乳制品、肉制品、白酒、辣椒制品和茶叶等为监管重点，特别是获得多个产品和多项认证的企业。通过监督检查活动，不断促进认证机构提升认证质量，逐步完善食品农产品认证监管体系，创新认证监管模式，推进地方认证监管部门牵头相关部门配合执法监督工作新机制的建立，逐步实现“区域实施、齐抓共管”的新局面。通过对食品农产品认证有效性的监督检查，促进了食品农产品认证有效性和相关企业诚信意识的提高。

五、强制性产品认证（CCC）产品的监管

（一）对贵州省销售的溶剂型木器涂料进行监督抽样

共抽取了20家企业生产的40个批次样品（每家企业抽2个样品），出动执法人员60人次，执法车辆20台次。

本次共抽查40批次产品，经检验，36批次产品合格，合格率为90%，4批次产品不合格，占抽查批次10%。从产品检验情况来看，通过CCC认证的大部分企业已具有CCC认证产品质量控制基本意识，如苯含量、可溶性重金属含量的控制很好，未出现不合格情况。个别企业对挥发性有机化合物（VOC）含量、甲苯、二甲苯、乙苯含量总和、游离二异氰酸酯（TDI、HDI）含量总和、卤代烃含量控制力度不够，极个别企业还出现严重超标情况。

（二）开展CCC目录内玩具产品执法检查工作

主要对强制性产品认证目录内儿童车、电玩具、塑胶玩具、金属玩具、弹射玩具、娃娃玩具六大类玩具进行了检查。为确保儿童的身体健康，维护我国强制性产品认证制度的权威性和严肃性，将进一步加强领导，明确责任。一是加强对强制性认证产品目录内的玩具产品的宣传力度，增强广大群众尤其是各销售者的了解认识，提高其安全意识和法制意识。二是加强监督检查工作，依法

打击无证生产行为。

六、加大宣传力度，扩大认证认可工作的影响

积极向国家认监委、新闻媒体报送全省认证工作信息，其中“买玩具请认准CCC标志”，被贵州省都市报刊登；CCC产品电线电缆、电插座生产过程、标准变更等问题答百姓观众，于2011年6月18日贵州省电视台法制频道播出。省质监局为“三创一办”搞好服务，被省政府网站采用。组织全省9个市（州、地）开展“世界认可日”宣传活动。6月9日前后，全省先后组织18场“认证认可与政府监管工作的支撑”为主题的宣传活动。全省出动宣传人员196人次，发放宣传资料7 000多份，张贴宣传画300多张，悬挂横幅18幅，接受群众咨询5 000多人次，获电视报道二次，获公众信息网报道3次，获报刊报道2次。

七、承办国家认监委在遵义召开的会议

协助国家认监委在贵州遵义召开三个会议。《出口食品生产备案管理规定》宣贯会、认证机构行政许可审批专家培训班、强制性产品认证免办工作监督抽查方案研讨会等3个全国性会议和培训班。由国家认监委组织、贵州省局和遵义市局承办，国家认监委副主任王大宁出席了会议并作了认证认可工作重要讲话。王大宁副主任在国家认监委领导碰头会上评价此次组办会议是合并开会的成功尝试。这次会议的特点：一是三个会议合并召开，是国家认监委工作作风转变的一个尝试；二是贵州省局承办这样大的全国性会议属第一次，接待工作分三个地方（重庆、贵阳、遵义），来自国家认监委的领导和各省的120多名代表，在遵义参加认证认可规定的学习，探讨进一步提高认证监管工作有效性、规范性的措施。三个全国性会议在贵州成功召开，为省内认证认可工作人员提供了一次很好的学习交流机会，会务组织工作也得到与会代表和国家认监委有关负责人的肯定。

撰稿人：左渊洁　审稿人：胡宝华

提升履职能力　推动创新发展

——云南出入境检验检疫局2011年认证监管工作概况

云南出入境检验检疫局（以下简称“云南局”）以“抓质量、保安全、促发展、强质检”十二字方针为指导，着力抓好“3+1”防线体系建设研究和应用，切实推动认证认可工作创新发展，提升认证认可监管履职能力，为云南面向西南开放“桥头堡”建设服务。

一、出口食品生产企业备案注册工作概况

2011年度，云南局共收到出口食品生产企业备案申请175件，其中变更8件、扩项25件；发证130份。截至2011年10月31日，云南局有效的出口食品备案企业共338家。另办理推荐国外注册4家，选址、设计卫生审查3家。共派出监管人员676人次，完成定期监管316厂次；派出监管人员636人次，完成日常监管443厂次；共发现117个企业存在不合项目256个；未发现严重不符合的情况；对6家出口食品备案企业实施了自动失效处理。

二、认证监管及相关工作概况

2011年，云南局受理机电出口商品质量许可申请10份，考核发证4份，延期换证20份，当年有效的出口机电生产企业共23家。受理危包许可申请8件，办毕发证10份，当年有效的危包企业共28家。办理强制性产品认证（CCC）免办证明8份。开展了管理体系和食品农产品认证行政监督管理，对24家获得体系认证和食品农产品认证的企业（涉及63张认证证书、13家认证机构）实施了行政监督检查。对21家获有机产品认证及23家曾经获有机产品认证的出口食品生产企业及其产品，实施了有机产品认证证书和标志使用的专项检查。对获强制产品认证的进口打印机进行了监督抽查。

三、认证监管重点工作情况

（一）强对罐头类生产企业的监督管理，将安全风险防范在前

根据国家认监委风险分析结果，云南局对全省12家出口罐头生产企业进行全面监督检查。重点检查封口、杀菌、酸化等关键工序是否符合相关法规要求；相关人员

是否具备专业知识；热力杀菌是否进行热分布和热穿透试验；相关工艺参数的制定是否有依据；以及产品检验验证情况等。对因不在产季而申请推迟检查的5家出口罐头企业进行卫生备案，按规定暂时冻结封存，直至其正常生产并通过监督检查后，才逐一重新恢复出口报检。

（二）对出口乳制品企业进行全面清理

2011年4月1日，云南省质监局发布按照2010版新实施细则对全省46家乳制品生产企业进行重新审查结果，除14家企业仍获企业食品生产许可（QS）证书外，其余32家被注销乳制品生产许可证。根据这一情况，云南局自4月2日开始，组织对云南省6家出口乳及乳制品备案企业进行了专项清查。其中，2家企业因QS证书被注销不再具备乳制品生产资质，其出口备案证书予以注销；1家企业生产的出口干酪素，在取得质监局不须办理QS的书面证明、并经大理局监督检查合格的基础上，保留其出口备案资质，其余3家企业取得QS证书且本次监督检查合格，出口备案资质不受影响。

（三）健全应急处置机制，科学处置质量安全事件

根据中央电视台焦点访谈关于“假葡萄酒”和“健美猪”的报道，云南局及时收集有关文字和视频资料，通过办公自动化系统向食检处、动检处和各分支局发布风险警示信息。动检处还针对“健美猪”问题对出口备案企业进行排查，未发现同类问题。

（四）加强出口备案企业监管，提高出口食品生产企业自控能力

云南局自2006年实施定期监管计划管理以来，监管工作由原来的自发开展，逐步向有计划的定期开展转变，成为分支局和业务处的一项重点工作，监管效果有了较大的提高。为加强对监管工作的实时跟踪，2011年11月，云南局首次在对各监管单位报送的定期监管计划完成数据进行汇总和分析的基础上，进行监管情况通报。并在年底前，组织有关人员采用抽样检查的方式，对分支局和业务处监管档案建立情况开展了内部督查，以进一步提高监管覆盖率和有效性。

（五）开展认证行政监管，对涉及安全质量的企业从严监管

云南局对24家获得体系认证和食品农产品认证的企业（涉及63张认证证书、13家认证机构）实施了行政监督检查。从检查的总体情况看，多数认证和咨询机构基本能够按照认证规范操作，认证程序完整，相关记录和公开文件基本具备。由于进出口相关企业生产条件、管理水平相对较好，加之辖区内检验检疫部门的严格监督管理，多数获证企业体系运行正常。通过几年来持续进行的认证行政监督工作，有力地促进了认证市场的健康发展，加之2011年连续开展了“双打”行动、有机产品认证证书和标志专项检查、食品添加剂专项检查、质量月活动等，此次的检查情况明显好于上年。

云南局按照CCC专项抽查检查计划，对昆明市场在售的泰国产“OKI”彩色页式激光打印机和越南产“佳能”喷墨打印机，各抽取一个型号样品，送北京出入境检验检疫局机电产品检测中心进行检测。所抽查的安全项目全部检测合格，产品一致性符合认证档案记录。说明进口打印机经过CCC认证和入境验证，能够保证产品安全符合我国强制要求，能够保护使用者的安全和健康。

（六）进一步加强评审员管理

云南局重新确定和完善加强了卫生注册评审员资格评定领导小组建设，组织现任评审员进行评审工作总结，在培训合格基础上开展新增评审员的申请评定工作。对任期已满三年的95名原评审员进行再评定，对其中70名予以续任；对新申请的35名进行增补评定。对12名主任评审员进行考评，推荐其中10名续任，并另有6名评审员获国家认监委批准新任主任评审员。截至2011年底，云南局共有主任评审员16名，评审员105名，切实加强了评审员队伍建设。

（七）协助国家认监委举办全国系统主任评审员培训班

2011年10月，国家认监委在昆明举办了主任评审员培训班，这是自国家质检总局142号令发布实施后的第一个培训班，对理解和贯彻新备案规定具有重要意义。云南局党组高度重视，相关部门精心组织，顺利完成了培训班的会务工作，受到国家认监委领导和兄弟局参训人员的一致好评。

（八）认真做好信息宣传工作

云南局于2011年度推荐8篇文章参加国家认监委举办的“我与认证认可十周年”征文活动；推荐9篇论文入选国家认监委“第9届全国HACCP应用与认证研讨会”；并因在认证认可方面新闻、简报、信息以及征文等宣传成绩突出，荣获国家认监委“2010年～2011年度全国认证认可信息宣传工作先进单位”表彰。

撰稿人：张壮耘 审稿人：钱亚林

完善制度 加强监管 维护消费者的合法利益

——云南省质量技术监督局2011年认证监管工作概况

2011年，云南省质量技术监督局（以下简称“云南省质监局”或“省局”）在省局党组的正确领导下，在分管局领导的具体关心支持下，按照国家质检总局、国家认监委和省局工作部署，紧紧围绕“抓质量、保安全、促发展、强质检”的总体要求，以实现“质量兴省”战略和全省经济社会发展目标为动力，加强基础建设，认真履行职责，狠抓工作落实，切实提高认证认可有效性，增强科学性，树立权威性。深化实验室规范化建设，落实监管责任、强化机构自律意识。完善体制机制建设，全方位构建认证认可监管体系，保障质量安全。

一、加强基础建设，全面提升履职服务能力

（一）建立健全制度，进一步规范行政审批工作

在深入开展创先争优和“四亮四评”主题实践活动中，为落实省局工作会和纪检监察工作会精神，严格规范行政许可工作，切实履行“受理、审查、批准三分离”制度，云南省质监局认真梳理了全部认证认可工作职责和工作流程，制定了《关于进一步规范认证认可行政许可工作及工作流程的（暂行）规定》，并以省局文件下发到全省质监系统，进一步完善和明确了认证认可审批规程，使认证认可的行政许可审批工作更加公开化、科学化、规范化。

截至2011年12月，共受理实验室资质认定申请387家，审批发证384家；受理机动车安全技术检验机构检验资格许可和计量认证申请94家，审批发证91家，受理扩项并通过评审5家。

（二）组织培训考核，加强评审员和检验员队伍建设

一是为深入贯彻落实《食品安全法》及其实施条例，认真执行《食品检验机构资质认定管理办法》等规章，确保云南省食品检验机构资质认定工作顺利开展并严格实施，3月，召开了云南省食品检验机构资质认定宣贯暨培训会议。省疾控中心、省药检所、省农科院质量标准与检测技术研究所负责人，各州、市质监局分管领导，综合检测中心负责人，各州、市疾控中心负责人，全省食品检验机构资质认定评审员共150多人参加了会议。国家认监委副主任谢军应邀出席了会议并指导了培训考核工作。会议传达了全国食品检验机构资质认定工作会议精神，讲解了食品检验机构资质认定有关制度和规定。对食品检验机构评审员进行了培训和考核，给考核合格的75人颁发了《食品检验机构资质认定评审员》证书。二是加强机动车安检机构检验人员的持证上岗培训考核工作，2011年的1月和2月依托昆明理工大学质量发展研究院，8月和10月依托云南省认证认可协会，分别各组织了2期机动车安检机构检验员和主任检验员的培训和上岗资格考核，并给考核合格的417名检验员颁发了《云南省机动车安全技术检验员证书》，给考核合格的126主任检验员颁发了《云南省机动车安全技术主任检验员证书》。通过培训增强了检验人员的法律法规和主体责任意识，进一步提高了安检机构检验人员的持证上岗率。

（三）加强学习研讨，统一思想认识，提升实验室资质认定质量

2011年5月1日起食品检验机构资质认定开始执行新的评审准则，为抓好新准则的贯彻落实，进一步规范实验室资质认定评审工作，云南省质监局召开了实验室资质认定评审组长评审工作研讨会。会上组织评审组长学习了实验室资质认定的相关要求，对实验室资质评定，特别是食品检验机构资质认定评审工作中的新问题和难点问题进行了深入研讨，同时也对评审组长提出了新的要求，通过学习讨论使大家进一步统一认识、统一标准、统一程序、统一评价，进一步明确规范了资质认定工作体系，提升了资质认定的评审水平和认定对象的一致性，同时也为食品检验机构资质认定评审工作的顺利开展做好充分准备。

（四）完善信息档案，准确掌握实验室和安检机构信息

一是在2010年对实验室进行调查、统计核实、摸清

底数的基础上，按照国家质检总局的统一格式和要求，进一步完善了816家实验室的基础信息档案。二是2011年初安排各州、市质量技术监督局认真清查、统计上报了本辖区内安检机构的信息，经过审核汇总，建立了全省164家机动车安全技术检验机构的全部基础信息档案。通过实验室和安检机构基础信息档案的建立和完善，全面掌握安检机构基本信息，为受理审查发证、证后监督、执法查处等工作的开展提供了基本条件。同时，为加强对实验室和安检机构监管工作，与各州、市质量技术监督局、检测机构建立了信息定期报送制度，实验室和安检机构要向质监部门报送检验工作信息，下级质监部门要向上级质监部门报送检测机构监管信息。

二、开展专项整治，推动认证执法监管深入进行

在“双打”行动中加强强制性产品认证（CCC）行政监管工作，组织全省质监系统执法人员2 649人次，车辆892台次，对辖区内的强制性产品认证生产企业、超市、经销店、汽修厂、建筑工地等进行了检查，查处销售环节使用未通过强制性认证的产品和商家涉案货值金额125万元。

在元旦、春节等重要节日期间，组织全省质监系统出动执法人员1 162人次，车辆78台次，检查食品农产品认证企业421家，获证产品727个，其中有机产品84个、绿色食品216个、食品安全管理体系38个、危害分析与关键控制点（HACCP）体系认证产品29个、无公害农产品356个、无公害农产品产地认定3个、良好农业规范认证1个。加大对伪造、冒用、超期、超范围使用有机产品、绿色食品和无公害农产品认证标志、认证证书行为的检查力度，提高认证标志、认证证书的可信力，维护消费者和获证企业的合法权益。对有机产品专项监督抽查不合格的企业进行跟踪检查，并布置了2011年食品农产品认证监管工作。

按照国家认监委的要求，组织建立了全省“认证行政执法信息报送系统”和“自愿性认证活动执法监管信息系统”，为全省各州、市质监局和各县、区质监局建立了2个认证监管系统，方便基层质监部门适时查询认证监管信息和上报执法监管信息。

按照国家认监委《关于2010年管理体系认证行政监管情况通报及2011年工作要求的通知》（国认可［2011］3号）文件要求和部署，省局高度重视，及时召开会议研究全省管理体系认证行政监管工作，制定《云南省质量技术监督局关于2011年管理体系认证行政监管工作要求的通知》（云质监局函［2011］107号）文件下发到16个州市局，并认真组织开展管理体系认证监督检查。全省根据辖区内管理体系认证工作开展情况和认证有效性变化情况，把开展专项认证监督检查工作与日常监管业务结合起来。重点检查认证过程是否符合有关法律法规的规定，积极探索建立管理体系认证各实施主体的质量可追溯体系和责任追究体系。检查覆盖16个州（市）129个县，共出动执法人员1 114人，执法车辆557台次，检查获证企业480家，涉及证书584份，涉及发证机构296个。检查中查出存在问题的企业15家，涉及发证机构15个。未发现认证违法违规行为。通过监督检查，找出薄弱环节和存在的突出问题，严厉查处各类认证违法违规行为，以点带面地推进认证认可监管工作科学规范发展，以监督检查带动长效机制的建立，切实提高了全省质监系统的认证监管能力。

按照国家认监委《国认证函［2011］25号》文件精神的总体部署和要求，7月～9月，认真组织了云南省流通领域电风扇强制性产品认证专项监督抽查活动，并按照国家认监委的指定，委托成都市产品质量监督检验院依法对所抽产品进行了检验。抽样检验的41个批次产品样品的合格率为70.7%，不合格率为29.3%，之后编写了抽检情况分析报告，并发函至抽样产品的认证机构和原生产地中国质量认证中心、广东省质量技术监督局进行了后处理。

“六一”儿童节期间，为确保强制性产品认证目录内玩具产品的质量，保护少年儿童的安全和健康，进一步发挥强制性产品认证对提升质量保障能力的基础作用，根据国家认监委的部署，结合云南省实际在全省范围内，组织各州、市质量技术监督局重点开展了对童车、电玩具、塑料玩具、金属玩具、弹射玩具、娃娃玩具等六类玩具产品的监督检查工作。

三、组织能力验证，努力提升实验室检测能力水平

按照国家认监委《关于下达国家认监委2011年实验室能力验证计划的通知》要求，结合云南省实验室和检测机构的实际，为有效判断和监控云南省通过资质认定的各级环境监测机构和有关实验室的水质分析检测能力，同时也为配合国家对重金属污染防控的要求，按照《实验室和检查机构资质认定管理办法》及相关要求，组织开展了2011年云南省环境监测机构（实验室）水中铜、铅、锌、镉检测项目的能力验证。云南省环境、疾控、质检、地矿水文、城市供水等系统的196个已获得计量认证的实验室参加了本次能力验证。

做好2010年云南省钢材理化性能能力验证的后处理工作。2010年，省局组织全省208家实验室参加的云南省钢材理化性能能力验证项目完成后，对于存在离群结果

的实验室，进行了复测，复测后共有205家实验室的结果为满意。对复测后结果仍然离群的云南路桥试验检测有限公司等3家实验室，采取了暂停钢筋拉伸试验项目的认定资质的处理。要求被暂停单位应采取纠正措施进行整改并验证整改效果，直到完成纠正活动，提交整改报告，经确认后，方可恢复认定资质。

通过连续两年认真组织开展实验室检验检测能力验证工作和有效的后处理工作，进一步提升了云南省实验室资质认定工作的有效性，使实验室的检验检测能力水平得到了持续提高。

四、严格监督管理，进一步规范检验检测行为

根据国家质检总局、公安部和国家认监委《关于进一步加强机动车安全技术检验机构资格许可和监管工作的通知》（国质检监联［2011］179号）要求，云南质监局积极协调省公安交警总队联合制定了《关于印发〈云南省机动车安全技术检验机构资格许可和监管工作专整治方案〉的通知》下发各州、市质监局和公安交警支队以及安检机构实施专项整治，方案结合云南实际情况，明确了整治工作的目标、重点、措施和要求，并把整治工作细划为自查自纠、考核检查、验收总结三个阶段实施。5月～7月，各州、市质监局和公安交警支队以及安检机构按照方案要求，从六个方面围绕19个要素逐个开展检查。全省各州、市质监局和公安交警部门以及安检机构，100%的完成专项整治工作任务。

8月，根据国家质检总局《关于开展机动车安全技术检验机构资格管理工作检查的通知》（质检监函［2011］45号）精神，省局与省公安交警总队联合制定了《关于开展云南省机动车安全技术检验机构资格管理工作联合交叉检查的通知》，并组织省质监局和省交警总队联合抽调各地州、市质监局和公安交、警车管部门人员共36人，组成7个检查组，于8月10日～18日采取召开首次会议，说明检查目的、要求、人员分工和检查的重要性，并送达《机动车安全技术检验机构联合交叉检查通知书》，查阅资料和档案、听取检测站负责人汇报，实施现场检查，反馈检查意见以及就相关的问题与检测站人员分析研究，最后提出解决方案的形式分别对文山、红河、玉溪、曲靖、版纳、普洱等12个地州的51个机动车安全技术检验机构资格管理工作进行联合交叉检查。

通过专项整治和联合交叉检查的开展，有效地促进了机动车安全技术检验机构检测工作的进一步规范，全面提升了检测机构的整体水平，各项整顿工作取得了明显的成效，使云南省在9月份国家质检总局组织的监督检查中受到专家组的好评。

五、加大信息宣传，认证认可社会认知度进一步扩大

国家认监委成立十周年之际开展的“认证认可信息化征文”，云南省选送的33篇优秀论文有4篇入围全国优秀论文集名单，对其余的29篇论文中评选出6篇优秀论文分获一、二、三等奖。

2011年，省局共收集、编写简报22期，向国家认监委上报简报22份，被国家认监委网站采用12条。

撰稿人：赵红梅　审稿人：符亚杰

扎实工作 努力推进西藏认证认可事业发展

——西藏出入境检验检疫局2011年认证监管工作概况

2011年，西藏出入境检验检疫局（以下简称“西藏局”）在国家质检总局的领导下，按照认监委及西藏局工作的总体要求，落实全国质检会议和全区经济工作会议精神，紧紧围绕“抓质量、保安全、促发展、强质检”十二字方针，从维护社会稳定，促进对外贸易发展的大局出发，扎实工作，认真履行把关服务职能，加强西藏辖区认证企业和认证产品的监督管理工作，努力推进西藏认证认可事业发展。

一、认真落实工作部署，积极推行质量管理体系建设

为认真贯彻落实国家质检总局关于在全国质检系统开展“质量兴检”的统一部署，全面提升西藏地区进出口产品质量和安全水平，推进大质检文化建设，巩固和扩大“质量和安全年”重要成果，西藏局党组制定了着力提升自我发展能力，全面推行“三位一体”综合行政管理体系的工作目标，认真落实工作任务，全面推进“三位一体”综合行政管理体系建设。其中，质量管理体系的推行和运用，充分调动全局干部职工的工作积极性和创造性、促进检验检疫事业工作质量提升，进一步提高把关服务能力和水平。

截至2011年底，西藏局质量管理体系建设方面，完成了处级以上干部的培训和全局内审员培训工作，并于2011年11月1日正式运行了质量管理体系。

二、制定认证监管工作目标，认真履行工作职责

按照2011年的认证监管工作任务，西藏局围绕国家局“创先争优，以质取胜”活动的工作要求，积极开展出口食品企业卫生备案工作。会同西藏局相关四个部门组成了评审组和复审组，对西藏冰川矿泉水有限公司等3家企业的出口食品卫生备案申请分别进行了评审和复审。西藏冰川矿泉水有限公司、西藏天地绿色饮品开发有限公司、西藏拉萨啤酒厂3家企业已通过备案注册，产品已分别顺利出口。

会同自治区质监局、农牧厅组成联合工作组于2011年6月～8月集中对全区食品农产品获证企业进行了监督检查工作。此次工作检查内容有：一是组织开展食品农产品认证标志、证书使用情况的监督检查；二是组织开展对从事食品农产品认证活动的认证机构的专项监督检查；三是继续做好对获证企业、产品持续符合认证要求的监督检查。检查中了解到地方政府部门对企业进行认证给予了大力支持，企业对获得食品农产品认证的积极性很高，已获得食品农产品认证的企业表示认证对其增强自身管理、提升企业形象以及提高产品销售量等方面均能起到积极作用。检查中还发现获证企业的体系运行质量普遍不高、多数获证企业不重视标志的使用、区外认证机构与监管部门衔接联系不够等问题；还认识到认证监管人员业务能力有待提高，需要积极争取国家认监委的支持，加大对监管人员的培训力度。

按照国家认监委的统一部署，西藏局完成“认证行政执法信息报送系统”西藏局本部和分支机构的账号建立和权限分配工作，积极利用信息化手段开展认证行政执法案件统计、评查工作，系统业已正式运行。

三、协力抓好“双打”专项行动和“质量月”活动

认证监管处配合西藏局打击侵犯知识产权和制售假冒伪劣商品专项行动领导小组、“质量月”活动领导小组分别完成“双打”专项行动、“质量月”活动相关工作，做好文书、信息、材料、数据等综合事务性工作。

四、西藏中检集团的成立推进西藏局认证认可工作的顺利开展

西藏中检集团（以下简称“西藏公司”）于2011年8月25日正式挂牌成立，这不仅是国家质检总局援藏项目的重要内容之一，也是中检集团、地方两局2011年工作上的一件大事，西藏公司的成立填补了西藏地区没有第三方权威检验认证机构的空白。

（一）稳步推进加强认证培训业务

由西藏局提出考核要求，按照西藏公司质量目标和

绩效考核办法，对各部门制定了不同质量指标和考核要求，并分解落实质量目标。截至2011年10月31日，西藏公司上半年各项质量目标基本完成：企业等级评定率100%，企业业务信息维护率100%，材料上报差错率0，内部合格评定率100%，审核工作完成率50%以上。共审核企业36家，其中初审企业4家，再认证企业9家，监督审核企业23家。向企业发放质量管理体系（QMS）认证证书2张，危害分析与关键控制点（HACCP）体系认证证书1张，监督审核合格证9张。已实现收入110万元，到2011年底还审核了企业25家，其中初审企业6家。为地方两局“三位一体”建设培训内审员10人次，为企业培训内审员146人次。

（二）调整人力资源结构适应西藏认证认可事业发展

根据西藏公司的发展需要编制了公司的人员发展规划，调整了部门职责，充实了部门人员。2011年西藏公司通过了中国质量认证中心（CQC）的内部审核以及中国合格评定国家认可委员会（CNAS）质量管理体系关键场所的认可，派员赴北京、杭州参加总部和集团公司人力资源管理会，赴广州参加节能减排检查员学习。西藏公司经过一系列的人力资源调整，其审核平台完成了15人次的质量管理体系、环境管理体系、职业健康安全管理体系以及工程建设、食品等专业的审核员、技术专家的聘用和专业申请工作。

（三）把关与服务并重

一是严格审核要求。西藏公司要求审核员不断加强业务学习，企业有项目现场必须实施现场审核检查，截至2011年底，完成了西藏区内36家企业的现场审核，坚决对2家不符合体系运行要求的企业进行了证书停用。二是确保涉及环境、安全、食品等的质量安全。对有出口要求矿泉水、啤酒等，除按正常要求审核外，严格抽样水质、添加剂等指标检测，加强对产品生产源头、生产原材料监控力度，将审核要求延伸至原材料的控制。三是做好新增业务的熟悉工作。梳理新增认证范围3种，组织审核员对业务流程进行学习，掌握业务的基本情况及生产工艺，协助企业做好体系的实施和运行工作。

2011年，西藏公司充分发挥业务职能优势，提高效率，在严格服务的同时，推行人性化服务，促进西藏地方经济的发展。

一是出台措施。为贯彻自治区党委政府关于进一步加西藏地方经济发展的若干意见，按照地方两局支持地方经济发展的相关要求，西藏公司继续支持西藏本土有机牛羊肉生产发展，专门成立了农食部积极与自治区有关部门接洽，就西藏特色产业和绿色食品推行国际管理体系认证的可行性做了深入细致的调研。二是服务政府。西藏公司积极向党政机关和基层党组织推行质量管理体系要求，为政府规范化建设实施有效的服务。三是开展“助企”活动。对西藏空港航食、安多顶峰矿泉水有限公司等，主动跟进帮扶，组成工作组深入企业进行帮扶，宣讲自治区政府的政策法规及产地证政策，实地了解了企业产能运能、跟进质量体系运行、实验检测等现状。针对企业存在的体系运行、人力资源等方面的问题，提出帮扶、解决方案。

撰稿人：傅金波　审稿人：米玛次仁

做好认证认可工作 推动经济社会发展

——西藏自治区质量技术监督局2011年认证监管工作概况

2011年度，西藏自治区质量技术监督局（以下简称“西藏质监局”）以服务发展稳定大局、服务民生为抓手，认真落实全国质检工作会议和全国认证认可工作会议精神，积极有效地开展认证认可各项工作，认真履行认证认可监管工作职能，大力提高认证认可工作的有效性和公信力，有效发挥了认证认可在产品质量安全保障、质量管理等方面的重要作用，为西藏实现“保增长、保民生、保稳定”的目标任务做出了积极贡献。

一、强化基础，资质认定工作有效开展

按照《实验室和检查机构资质认定管理办法》和《西藏自治区质量技术监督局实验室资质认定工作暂行办法》的要求认真开展实验室资质认定的各项工作，在受理阶段仔细审核材料。在现场评审阶段严格评审，认真开展实验室资质认定的各项工作。2011年，完成9家实验室资质认定审查工作，其中新申请实验室3家、4家复审换证、扩项2家。截至2011年12月底，全区取得计量认证实验室50家（其中，国家级发证4家、省级发证46家）。

为充分掌握西藏实验室基本情况，发挥认证认可系统实验室的监督管理职责，同时有效提升自治区各类实验室的管理水平和检验检测水平，实现实验室资源共享，为西藏经济建设更好地服务，西藏质监局制定了《关于在全区开展资质认定实验室摸底调查工作的实施方案》（藏质监认［2011］3号）下发地市局，重点调查实验室主体情况、管理制度情况、人员配备情况以及仪器设备情况，同时调查未申请资质认定实验室情况。调查发现，实验室整体管理水平较差，有待进一步提高，部分实验室由于人员频繁调整，技术人员经常变动，影响检测工作的正常开展，对于此类情况，西藏质监系统工作人员，对实验室管理层提出建议，要求规范实验室管理。通过此次摸底调查既对全区实验室进行了有效地监督管理，又掌握了实验室整体状况。

完成资质认定评审员专家库建档更新工作。在2010年培训全区实验室资质认定评审组长暨评审员的基础上，完成了专家库的建设，完善了人员档案，为全区资质认定工作的开展提供了技术保障。专家库成员有来自西藏质监系统及自治区农科院、建设厅、药检所等相关专家共计49名。

根据国家质检总局《食品检验机构资质认定管理办法》和《关于实施食品检验机构资质认定有关问题的通知》精神和要求，西藏质监局向各地市质监局、全区相关食品检验机构下发了《关于在我区开展食品检验机构资质认定相关工作的通知》（藏质监认［2011］5号），明确了食品检验机构资质认定的对象、范畴、程序和内容，并对食品检验机构换证时限做了相应要求，为自治区食品检验机构按新的评审准则取证换证顺利过渡奠定了基础。全年完成1家食品检验机构资质认定的现场审查工作。

开展全区建设和交通行业实验室比对工作。为加强对自治区建设和交通类实验室的管理，提高建设和交通行业实验室检测结果的可靠性，检查实验室的实际检测能力和技术水平，确保建设和交通行业实验室检测的科学性和准确性，西藏质监局组织全区建设和交通行业实验室比对工作。此次比对工作共有19家实验室参加，比对项目包含水泥和钢筋两大类8个参数。此次实验室的比对结果均在误差范围之内，说明自治区建设和交通实验室具备准确检测能力。在下一步的工作中，西藏质监局将进一步做好其他实验室的能力比对工作，不断提高实验室管理水平。

配合国家认监委专家组对西藏自治区获证实验室进行了专项监督检查工作。根据《关于开展2011年实验室资质认定专项监督检查工作的通知》（国认实函［2011］103号）文件要求，为查找资质认定工作和获证实验室存在的突出问题和薄弱环节，进一步提升实验室管理水平和检验的准确性，国家认监委派出专家组于9月5日～15日对昌都、林芝、拉萨三个地区共7家获证实验室开展了监督检查工作。专家组认真细致地对相关实验室进行了检查，查找了实验室存在的问题与不足，同时与实验室进行了良好的沟通，对存在的问题耐心逐条讲解，使实验室对自身存在的问题有了进一步的了解和认识。实验室也表示将有效改进不足，在工作中严格按照规范开展检验工作，不断提高检测水平。专家组也对自治区认证评审

处的工作进行了检查指导，对认证评审处的工作给予了高度评价，同时也对存在的问题进行了指正。通过此次专项检查，使西藏自治区实验室的管理水平和检验水平得以进一步完善和提高，同时认证监管人员的监管能力和水平有了一定的提升，为规范实验室工作奠定了坚实基础。

二、齐抓共管，食品农产品认证监管全面推进

根据国家认监委《关于做好2011年食品农产品认证监管工作的通知》（国认注［2011］20号）的通知精神，为持续做好自治区食品农产品认证监管工作，维护消费者和获证企业合法权益，提升全区食品农产品质量安全水平，营造良好的食品农产品消费环境，西藏质监局制定了《2011年全区食品农产品认证监管工作方案》，积极部署全区的食品农产品认证监管活动。针对自治区各地市质监局认证监管力量相对薄弱的现状，西藏质监局采取部门协作的方式，积极有效地整合监管力量，6月～8月，由西藏质监局牵头，会同农牧、检验检疫等部门，组成联合工作组集中对全区食品农产品获证企业进行监督检查，进一步提升了监管水平，确保食品农产品认证获证企业的有效运行。工作结束后，西藏质监局会同农牧、检验检疫三个部门，以联合行文的方式将工作情况上报了自治区人民政府。

三、措施有力，管理体系认证监管工作有序开展

为进一步提高全区生产加工企业服务质量和管理水平，规范企业管理体系及技术要求，掌握管理体系及自愿性产品认证企业的发展进程，结合西藏实际，西藏质监局制定了《全区管理体系及自愿性产品认证获证企业调查和监督检查方案》，对7个地市质监局辖区内获得管理体系（质量、环境、职业健康）和自愿性产品认证的生产加工企业进行全面调查和监督检查。

全区获得管理体系证书的生产加工企业所占比重较少。获得质量管理体系认证的生产加工企业有39家，占获得质量管理体系认证证书的30.5%；获得环境管理体系认证的生产加工企业有9家，占获得环境管理体系认证证书的25%；获得职业健康管理体系认证的生产加工企业有9家，占获得职业健康管理体系认证证书的25%；获得自愿性产品认证的生产加工企业有3家企业的9种产品，占获得自愿性产品认证证书的100%。

2011年，获得管理体系及自愿性产品认证的企业有51家（质量管理体系认证25家，环境管理体系认证13家，职业健康管理体系认证13家），其中复审的有24家，占47.1%，新增27家，占52.9%，新增的获证类别分别是质量管理体系有效证书13张（3个生产加工企业）、环境管理体系有效证书7张（1个生产加工企业）、职业健康安全管理体系有效证书7张（无生产加工企业）。

通过开展两查工作，表明自治区的管理体系和自愿性产品认证工作较以往有所提高，表现在社会各界申请认证的积极性明显提高，认证领域有所拓宽，认证效果有所增强，但仍存在一些问题。一是认证的意识不明确，观念不到位。二是获证企业的体系运行质量普遍不高。三是与区外认证机构衔接联系不够。四是多数获证企业不重视标志的使用。五是认证监管人员业务能力有待提高。

随着社会经济的发展，管理体系（质量、环境、职业健康安全等）所具有的高度科学性、实效性、权威性对于从根本上提高企业整体管理水平，保证产品质量和服务水平及规避国际技术壁垒发挥着极大的促进作用，为使企业进一步认识管理体系建立及认证的重要性，社会各界关心和支持管理体系认证工作，西藏质监局制定下发了《全区开展管理体系宣传工作的方案》（藏质监认［2011］3号），开展了形式多样、内容丰富的宣传，使宣传切实达到实效。

四、突出重点，强制性认证产品监管工作进一步深入

为确保自治区强制性产品认证（CCC）获证产品的质量，落实强制性认证产品获证企业动态监管机制，依据《全区强制性产品认证行政监管工作方案》（质监认［2011］2号）要求和西藏质监局2011年度工作安排，结合自治区强制性产品认证获证企业全部集中在拉萨市的实际，工作人员于5月11日～12日对拉萨市内的强制性产品认证获证生产企业开展了巡查工作。巡查了辖区内全部强制性认证产品获证生产企业，检查了获证企业的准入条件、生产环境、生产记录、检测记录、产品的一致性以及其他有关质量安全规定的执行情况。

在巡查中发现了不同程度的问题，主要表现在：一是部分企业质量管理和控制人员短缺或不能理解和执行认证要求，生产设备和检测仪器能力不足，不能满足产品质量标准要求。二是缺少相应的设备仪器，企业对产品例行检验和确认检验的控制不能完全满足认证要求，存在不进行检验或检验规范不符合规定要求的情况。三是部分企业缺少工艺参数规定和监控记录，缺少运行检查记录，对生产设备的维护保养管理不善，致使生产过程控制和检验管理不能达到CCC认证要求。

针对巡查中强制性产品认证获证企业存在的问题，

工作人员对相关企业提出了整改要求。今后西藏质监局将加大工厂检查力度，根据产品特性、行业特点以及管理情况，对高风险产品、质量管理薄弱、缺乏诚信的企业加大现场检查力度，尤其要对经常出现问题的企业加大现场检查力度，使不符合问题得到有效整改，确保CCC产品质量。

根据国家认监委《关于进一步加强强制性产品认证目录内玩具产品行政监管工作的通知》精神，西藏质监局迅速安排，在"六一"儿童节前夕对全区流通领域强制性产品认证目录内的儿童玩具产品进行专项检查。重点对辖区内的超市、商店、玩具批发和零售店，特别是对学校附近的商店进行监督检查。查处销售无CCC标志、冒用认证证书、使用过期或注销认证证书的违法行为，净化自治区儿童玩具市场，确保儿童玩具的质量安全。此次专项检查，全系统出动100余人次执法人员对辖区内的超市、商店、玩具批发和零售专卖店等108家流通场所进行了严格的监督检查，检查中发现部分强制性产品认证目录内的儿童玩具存在无CCC标志、无中文标识、进货渠道不明等问题，个别销售商对销售CCC玩具的安全意识不强，针对存在的问题，各地市局对无CCC标志的产品进行了下架处理，要求销售商限期整改，并对销售商进行了宣传教育，确保了CCC玩具产品的质量。

2011年，为贯彻质检总局"抓质量、保安全、促发展、强质检"的工作方针，按照国家认监委部署，要求各局在辖区内开展强制性产品认证获证产品监督抽查工作。西藏质监局组织抽查了流通领域室内加热器、液体加热器，重点对拉萨市、日喀则、那曲三地流通领域的室内加热器、液体加热器进行监督抽查，共抽查30组样，送往成都市质检院进行了检验，合格率达90%以上，对不合格的产品，西藏质监局与销售商沟通，让其与生产厂家联系进行了召回。通过对流通领域重点强制性认证产品的监督抽查，进一步保证了流通领域强制性认证产品的质量，营造了自治区良好的消费环境。

五、多种途径，宣传自治区认证认可工作

1.高度重视，提高年鉴编撰质量

《中国认证认可年鉴》是逐年记载中国认证认可事业发展进程的编年史册，也是宣传各地方局认证认可工作的一个平台，为了更好地展示、宣传质监系统认证认可工作，西藏质监局认真分析总结2010年认证认可工作，以较高质量圆满完成了2010年中国认证认可年鉴西藏部分的编撰工作，现中国认证认可年鉴（2011）已发行，进而向全国宣传了西藏质监系统认证认可工作。

2.加强宣传，做好认证认可信息报送工作

2011年，西藏质监局进一步加强了信息报送工作。对重要工作的开展情况向国家认监委、自治区人民政府办公厅报告。可以公开的信息在西藏质监局官方网站上公开发布。通过及时上报信息及材料，使认证认可工作的宣传力度得以加强，同时也加强了与地市局间信息的交流。

撰稿人：滕蕴娴　审稿人：王滢红

强化认证监管工作 服务地方经济发展
——陕西出入境检验检疫局2011年认证监管工作概况

2011年，陕西出入境检验检疫局（以下简称“陕西局”）按照国家质检总局和国家认监委的统一部署，进一步转变观念，强化认证行政监管职能，全面贯彻落实全国认证认可工作会议，紧扣“抓质量、保安全、促发展、强质检”工作方针，强化风险管理，创新监管模式，加强队伍建设，提升监管能力，服务地方经济发展。截至12月底，陕西地区出口食品生产卫生注册(备案)企业累计89家，通过危害分析与关键控制点（HACCP）体系认证验证企业36家，注销企业17家，出口危险品包装企业质量许可13家，办理《免于办理强制性产品认证证明》284份；进口强制性产品认证（CCC）目录外商品认定412批。

一、巩固深化“质量提升”活动，做好认证监管工作

（一）强化对出口食品生产企业注册备案工作管理，做好备案企业评审和后续监管工作

1.加强日常监管和定期监管，扎实推进食品安全整顿工作

2011年，陕西局制定了《2011年陕西地区出口食品卫生注册备案企业检查计划》，对企业进行有计划的检查。全年，陕西局共派出定期监管小组170厂次，派出监管人员350人次，对51家企业开具不符合项159个，并对企业发现的问题进行了监督整改。

2.结合争优创先活动，开展顾客满意度调查

2011年初，为了规范陕西省出口食品生产企业的备案工作，更好地服务企业，配合陕西局争优创先活动的开展。对陕西省的出口食品生产企业进行了备案工作满意度调查，及时了解了企业的需求，就企业提出的建议和意见进行了回复。

3.做好备案企业评审工作

2011年，陕西局受理备案申请企业31家，其中换证复查企业22家。2011年由于企业到期换证复查、果汁企业榨季缩短等因素，现场评审工作较为繁忙，加上陕西局相关部门人员少，难度较往年更大一些。陕西局克服重重困难，调动一切可利用的资源，组织好对企业的现场评审，坚持评审标准和程序的同时，为企业提供了优质高效的服务。

4.帮助企业建立食品防护计划

2011年，陕西局继续把帮助、督促出口食品企业建立《食品安全防护计划》作为重要工作来抓。尤其对于新申请的企业，利用多种形式让企业了解食品防护计划的概念、建立食品防护计划的重要性以及食品防护计划文件的建立、编写、实施及审核等相关知识，并将《食品安全防护计划》作为提交申请材料的一项重要内容来要求。

5.组织开展出口食品备案企业的全面清查

2011年，安排各分支局、办事处、有关业务处加强对出口食品、农产品注册备案企业的监督管理，对获证企业提出了检查和后续的监管要求，从企业建立的质量体系文件运行的有效性、原料控制、生产加工、添加剂的使用清单、辅助材料、有毒有害物品、实验室、食品防护等各个环节中存在的问题进行分析，消除可能发生的隐患，预防和避免食品安全事故在陕西省的出口企业中发生。截至10月底，陕西局共对17家存在问题或《备案证明》到期未申请的企业进行了注销《备案证明》的处理。

6.积极探索企业HACCP体系的建设

2011年，国家认监委把陕西省列为实施HACCP体系的试点地区之一。陕西局在征求各业务处意见的基础上初步制定了实施方案，打算在陕西省除了果蔬汁加工企业外，从对有条件的植物提取物加工企业逐步实行HACCP体系管理，逐渐延伸到苹果干、猕猴桃蜜饯等生产企业。

（二）强化强制性产品认证（CCC）的行政监管，做好进口强制性产品认证的入境验证和进口强制性产品认证的免办工作

结合陕西地区实际，制定了《2011年强制性产品认证

获证产品监督抽查工作实施方案》，并上报国家认监委进行确认。最终将抽查产品确定为榨汁机（德国），并确定中国家用电器检测所为检测单位，于2011年9月中旬顺利完成了抽样、送样工作。经检验，该样品所检项目均符合标准要求并形成工作总结上报国家认监委。

做好出口企业强制性产品认证的过程监管工作，确保出口商品注册登记工作落到实处。根据国家质检总局和国家认监委的规定，对实施出口商品注册登记制度的同时也获得CCC的出口产品不在实施出口商品注册登记，但必须加强获证产品的过程监管工作，为此，陕西局结合中国质量认证中心（CQC）西安分中心的监督检查安排，定期对有出口任务的相关企业进行监督检查，确保制度的有效落实。

（三）严把出口危包质量许可关，加强后续监督管理

加强出口危险货物包装容器质量许可企业的监督管理工作。2011年，组织审核组对陕西地区1家初次申请和3家证书到期的出口危险货物包装容器的企业进行了评审工作。会同轻纺处对全省其他12家许可证有效期内的企业进行了全面的检查。对检查中发现的问题，要求企业限期整改。

（四）深化系统内资质认定实验室的证后监管工作，确保检测数据的准确性和公正性

1.强化实验室管理，积极组织做好实验室资质认定工作

进一步强化实验室管理体系的运行和不断完善，2011年组织落实认可/计量认证“二合一”评审工作。陕西局保健中心综合实验室、榆林出入境检验检疫局综合实验室及汉中出入境检验检疫局综合实验室都完成了CNAS“二合一”认可的现场监督审核工作。

2.强化对社会委托实验室的监管

组织评审组对宝鸡制桶厂、西北纸箱厂等委托实验室进行了换证审核工作，督促其体系有效运行，确保检测结果的准确性和公正性。

（五）强化对认证活动的监管，开展认证有效性监督检查工作

加强对获证企业认证有效性监督管理，制定专项监督检查工作方案，组织对50家获得质量体系和HACCP认证的食品生产企业进行了专项监督检查。

二、加强认证监管执法人员队伍建设，开展认证监管知识持续培训活动

（一）对卫生备案注册评审员进行持续培训

为了适应新形势下不断变化的出口形势，2011年6月，对陕西局内的评审员进行了为期2天的培训，接受培训的评审员对《食品安全法》、美国和欧盟对食品的各项法规以及HACCP体系进行了全面的学习，对平时现场评审中常见的问题进行了交流和统一。

（二）开展《出口食品生产企业备案管理规定》的宣贯

为保证《出口食品生产企业备案管理规定》的顺利实施，2011年11月举办了《出口食品生产企业备案管理规定》宣贯培训会。80余家出口食品生产企业的负责人和品管负责人参加了此次宣贯会。此次宣贯会，陕西局还邀请有关专家结合美国食品药品管理局（FDA）2012年在陕西地区的检查安排，向企业就美国FDA对食品企业基于良好操作规范法规（GMP）的检查做了讲解，并和企业就备案工作中的有关问题进行了解答和交流，取得了良好的效果。

三、加强与地方质监部门协作，提升认证监管工作合力

与陕西省技术监督局认证监管处联合开展工作，在2011年开展的“双打”行动中，两局联动，共同下发了《关于在打击侵犯知识产权和制销假冒伪劣商品专项行动中加强强制性产品认证行政监管工作的通知》（陕质监联［2011］1号），相互配合，共同组成检查组，对下乡家电产品的CCC认证情况进行了监督检查，进一步增强了认证监管工作的协调性和全面性。

自2010年8月，国家质检总局和陕西省人民政府签订《关于开展质量兴省建设西部强省合作备忘录》以来，陕西局认证监管处在局党组的正确领导下，严格按照《合作备忘录》确定的主要任务和重点目标，积极参与期中的部分工作，协助陕西省技术监督局认证处开展了大量富有成效的工作。一是积极参与富平乳制品企业良好生产规范（GMP）和HACCP认证的推广工作。二是参与洋县有机产品基地的建立和推广工作。

2011年4月，协助陕西省技术监督局认证处成功举办了第十五届西洽会中国认证认可高层论坛。来自全国各省（自治区、直辖市）质量技术监督部门、出入境检验检疫部门、全国认证从业机构及部分国内重点认证获证企业

的300余名代表参会。陕西省政府高度重视此次论坛，吴登昌副省长亲临会议并发表致辞。论坛的成功举办受到各界一致关注和好评。

撰稿人：杜 桦 审稿人：戴素霞

立足新起点 抢抓新机遇 努力推动陕西认证认可事业创新发展

——陕西省质量技术监督局2011年认证监管工作概况

2011年，陕西省质量技术监督局（以下简称“陕西省局”或“省局”）认证认可监管工作，在省局党组的正确领导下，全面贯彻落实国家质检总局和国家认监委的工作部署，紧密围绕全国认证认可工作会议精神和陕西省质监工作“一二三八”总体思路确定的主要任务和重点工作，以“抓质量、保安全、促发展、强质检”为指导思想，深入开展创先争优和质量提升活动，在认真履行认证认可监管职责，努力实现陕西认证认可工作快速发展、创新发展的同时，积极拓宽认证认可工作领域，完善监管制度，创新监管手段，提升监管水平，规范监管行为，着力提高认证认可工作有效性、公信度和社会影响力，为全面推动质量兴省战略、促进陕西经济社会全面协调可持续发展做出了新的贡献。

一、加强宣传，努力提升认证认可工作社会影响力

一是成功举办了第十五届西洽会中国认证认可高层论坛。国家质检总局副局长、国家认监委主任孙大伟率领国家认监委十多位部门领导亲赴论坛现场，并发表了主旨演讲。来自全国各省（自治区、直辖市）质量技术监督部门、出入境检验检疫部门、全国认证从业机构及部分国内重点认证获证企业的300余名代表围绕“发挥认证认可积极作用，助推区域经济健康发展”这一主题进行了广泛而又深入的探讨和交流。论坛的举办开启了国家质检总局、国家认监委与省级地方人民政府联合举办认证认可专业性论坛的先河，对宣传陕西省乃至全国认证工作起到了积极的促进作用。

二是对全省优秀认证企业和优秀认证管理工作者进行了表彰。对全省在认证工作中作出突出成绩的19家优秀认证企业及15名优秀认证管理工作者进行了集中表彰。表彰工作受到了全省企业的关注，也使认证工作和认证管理人员在企业中的地位得到了进一步的提升。

三是积极组织开展“6·9”世界认可日，“11·1”认证认可条例颁行日以及“质量月食品农产品认证”的宣传。通过发放宣传册，在省局网站发布祝贺信息，组织系统各相关单位在省级主流媒体上发布祝贺专版，广泛宣传“认可–政府监管工作的支撑”的纪念日主题及认证认可基础知识。

通过广泛宣传，认证认可工作受到全省各类组织的关注。截至2011年底，陕西省共获强制性产品认证证书2 473张，获质量管理体系、环境管理体系及职业健康安全管理三大体系认证证书6 677张，食品农产品认证证书720张，证书数量近万张，位居西北第一。

二、扎实推动，全面落实《合作备忘录》工作要求

一是支持洋县获得“全国有机产品认证示范县”称号。为提升洋县在开展有机认证方面的知名度，服务当地主导产业发展，在“第十五西洽会中国认证认可高层论坛”期间，邀请国家认监委孙大伟主任、车文毅副主任及相关部门领导赴洋县进行参观考察，同时将洋县“五彩米”等有机产品确定为论坛指定礼品，将陕西有机产品推向全国；组织中国农业大学、西北农林科技大学、西农有机认证中心等高等院校和认证机构的专家教授赴洋县实地调研，为当地部门和乡镇领导、农业技术推广人员、企业基地生产操作人员、基地农户开展多层次的有机产品标准培训和技术指导，为洋县有机产业发展提供技术支持；2011年9月向国家认监委推荐洋县申报全国首批“全国有机认证示范县”，顺利通过国家认监委组织的现场评审。2011年11月，洋县正式被国家认监委授予“全国有机认证示范县”称号，成为全国首批11家“有机产品认证创建示范县”中的一员。

二是加快渭北果业有机认证基地建设。在相关单位的支持配合下，充分发挥农业标准化优势，扶持陕西省洛川县发展有机苹果种植，并上报洛川县参加“全国有机示范县”创建活动。截至2011年底，洛川县已具有50万亩苹果生产能力，已建成有机苹果生产基地10万亩，有2.78万亩已通过有机产品认证，并计划在“十二五”末达到通过有机认证5万亩的生产规模。

三是稳步推进富平县乳制品质量安全区域化建设。与国家认监委相关领域专家协商，制定了“富平县乳制品质量安全区域化建设培训方案”，邀请国家认监委相关专家对富平县乳制品企业经理、质量主管及相关工作负责人进行了企业诚信体系建设、危害分析与关键控制点（HACCP）体系认证培训等。帮助富平县建立乳品加工监督及安全风险预警机制，进一步强化关键环节控制。截至2011年12月，富平县已建成乳制品加工企业5家，年加工能力2万吨，奶山羊养殖存栏量达到32万只。富平县生产经营和使用饲料、兽药单位已100%签订《产品质量安全承诺书》和《产品质量安全责任状》，逐步实现了机械化挤奶和拉羊挤奶全覆盖；奶山羊养殖和乳制品生产企业使用添加剂已100%在监管部门备案，质量安全区域化建设初见成效。

四是陕西省乳品生产企业认证工作取得新进展。在国家认监委的支持下，与中方委陕西审核中心一起，努力推动陕西省乳制品生产企业开展相关认证工作。截至2011年底，全省乳制品企业中已有11家通过危害分析与关键控制点（HACCP）体系认证，有8家通过乳制品良好生产规范（GMP）认证，获证企业数量都比2010年增长了4家，使全省乳制品质量安全水平进一步得到了保证。

三、固本强基，着力加强基层监管队伍和检验机构能力建设

一是选派基层认证认可监管人员参加国家认监委组织的培训班。考虑到陕西省认证监管工作实际，为了能够扩大培训覆盖面，积极向国家认监委请示，选派了11名基层认证认可监管人员参加了国家认监委在长沙组织召开2011年全国认证监管人员培训，本次培训为期7天，通过对认证监管工作系统的学习，进一步提升了认证认可监管人员的专业能力和执法水平。

二是举办了陕西省认证认可监管人员培训班。为进一步提升基层监管人员的能力，举办了全省重点市县区认证认可监管工作人员业务培训班。为保证培训质量，特别邀请国家认监委相关专家来陕授课，通过他们深入浅出的辅导，取得了非常好的培训效果。同时，为了使陕西省认证认可社会义务监督员更加熟悉认证工作，使有关认证从业机构掌握相关法律法规的要求，此次培训也邀请在陕的认证认可社会义务监督员和认证从业机构参加了此次培训，加深了他们对认证工作和相关法律规定的了解。

三是组织召开了陕西省产品质量监督检验机构资质认定及检测工作整顿总结会议。为巩固和扩大“质量提升”活动和检测工作整顿活动成果，组织召开了检测整顿工作总结会议，来自全省各质检站有关负责同志约200人参会，会议对2010年开展的全省检测工作整顿活动及近年来质检机构资质认定工作进行了总结，同时组织交流了质检机构管理工作经验，以促进质检机构管理水平和检测技术水平持续提升。

四是举办了陕西省质检站所长培训班。全省80余家质检站负责人参加培训，共同就有关检验检测法律法规、规范以及实验室内部管理的业务知识进行了学习。通报了2011年度省局组织开展的监督评审、监督检查、检验报告评比及能力验证相关工作情况，重点对工作中存在的问题进行了说明，要求各机构负责人加强责任意识，更加注重业务学习，避免有关问题再次发生。

五是组织开展了资质认定评审员评审技术交流活动。组织召开了全省实验室资质认定评审员评审技术交流培训会，共有评审组长、评审员约120人参加了会议，共同对资质认定评审中比较集中的技术问题进行了研讨，就评审工作中有关重点方面发表了个人见解，达到共识，形成统一评审要求，对提高评审员的评审水平和能力起到了积极的促进作用。

六是组织开展《食品检验机构资质认定评审准则》的宣贯培训等工作。为配合《食品安全法》和《食品检验机构资质认定管理办法》的贯彻实施，组织举办了《食品检验机构资质认定评审准则》宣贯培训班，共有约160家食品检验机构选派人员参加了培训;同时组织举办了2期省级食品检验机构资质认定评审员培训班，参加培训约180人，经过考核171人取得资质认定评审员资格。

七是组织开展了全省产品质量监督检验机构检验报告质量评比活动。在充分听取有关专家意见的基础上，编制了检验报告（含原始记录）质量评比评比细则和检验报告现场抽取细则，组织对抽样人员进行了培训，明确了抽样要求，派出抽样组对省内66家检验机构进行报告抽样。

四、履行职责，扎实开展认证认可监督管理工作

一是强化强制性产品认证（CCC）生产企业监管工作。制订下发《进一步加强强制性产品认证行政监管工作的通知》（陕质监认［2011］13号），要求各基层局对照国家取证企业数据库，对辖区CCC认证产品生产企业建立

健全质量档案，确保摸清底数。并建立了对强制性认证生产企业的日常巡查工作机制，明确了责任分工、巡查范围、巡查重点和频次等，同时规定了工作情况上报要求。

二是组织对重点强制性认证产品开展监督抽查。“六一”儿童节期间，组织下发了《关于开展强制性产品认证目录内玩具产品监督检查的通知》，组织基层单位对辖区内超市、商场及批发市场上销售的目录内玩具产品进行了监督检查。同时，根据国家认监委通知要求，组织开展了陕西省2011年度强制性产品认证电吹风监督抽查工作，对市场上销售的45个品牌和批次的电吹风产品进行抽查检验。

三是组织开展食品农产品认证机构和有机认证产品的监督检查。根据国家认监委“2011年食品农产品认证专项监督检查工作整体安排”，牵头开展了西北地区食品农产品认证机构的监督检查工作，对西北农林科技大学认证中心和新疆环境科学研究所认证中心两家认证机构进行了监督检查。

四是组织开展质检机构专项监督检查工作。按照国家认监委要求，对全省监督检查工作进行了全面部署，要求列入检查领域内的87家机构按要求进行全面自查并上报自查情况总结。在此基础上，组织相关评审员和技术专家进行了专项培训，明确监督检查抽查的工作任务、检查内容、检查时限、工作要求，制定了监督检查表及报告等相应工作文书，对其中15家机构进行了抽查，对检查中发现的问题和薄弱环节进行了明确，并要求机构进行彻底整改。

五、探索研究，不断完善认证认可监管机制

一是受国家认监委的委托，牵头开展“认证认可工作风险分析评价机制”课题研究。组织相关专家召开“认证认可风险分析座谈会”，就如何开展认证认可风险管理，建立健全风险防范机制，构建较为完善的风险预警及管理模式进行了研讨交流。并组织成立课题小组进行“认证认可工作风险分析评价机制”课题研究。

二是承担了国家质检总局《强制性产品认证机构、检查机构和实验室管理办法》的立法后评估工作。通过向省内强制性产品认证获证企业、社会群众发放《调查问卷》，召开企业代表专题座谈会，征求法律专家的意见等手段，结合陕西省强制性产品认证行政监管工作实际，形成了“强制性产品认证机构、检查机构和实验室管理办法立法后评估报告”并报送国家认监委。

三是建立联动机制，形成监管合力。在2011年开展的“双打”行动中，与陕西出入境检验检疫局联合开展工作，两局共同下发《关于在打击侵犯知识产权和制销假冒伪劣商品专项行动中加强强制性产品认证行政监管工作的通知》（陕质监联［2011］1号），相互配合，组成联合检查组，对家电下乡产品的CCC认证情况进行了监督检查，进一步增强了认证监管工作的全面性。

四是组织实施全省质检机构资质认定申请备案制度。为进一步加强陕西省质检机构资质认定监管工作，印发了《关于实施质检机构资质认定申请备案制度有关事项的通知》和《关于规范质监系统检测机构资质认定、实验室认可工作的通知》，要求各市质监局对辖区质检机构建立管理档案，并实施申请备案制度，并要求各获证质检机构及时上报相关信息，便于各基层局掌握辖区质检机构的日常工作情况，建立监管平台，强化日常监管工作。

撰稿人：王 龙 审稿人：刘蓬勃

紧扣“十二字”方针 探索监管新思路
——甘肃出入境检验检疫局2011年认证监管工作概况

2011年，甘肃出入境检验检疫局（以下简称“甘肃局”）认证认可工作在国家认监委的正确领导下，紧扣“抓质量、保安全、促发展、强质检”工作方针，认真贯彻落实全国认证认可工作会议精神，严格履行监管职责，服务地方经济发展，按计划完成了各项工作任务。

一、认证认可工作开展情况

（一）出口食品生产企业备案工作

为了做好出口食品企业备案和监督管理工作，履行“抓质量、保安全”的重大职责，2011年初，甘肃局制定了《2011年度出口食品生产企业监督管理和复查计划》，以日常监督检查、定期监督检查、监督抽查等形式，力求对备案企业做到100%的监督检查，将监管的重点放在检查企业卫生质量管理体系运行的有效性、食品添加剂的使用、有毒有害化学品的管理等方面。截至2011年11月底，已完成备案企业定期监管、监督抽查109家次，派出监管人员249人次。通过监督检查，吊销不符合要求的备案肠衣企业1家，暂停出口限期整改企业2家，办理自动失效企业4家。对不规范行为进行整治，保障了出口食品生产加工过程的卫生质量安全。

全年受理新申请备案和复查换证企业29家，扩项改造企业4家，共33家；经审核不合格企业2家，现场考核企业31家；已发备案证书30家，不予行政许可1家。同时甘肃局还主动为17家新建和扩项改造企业进行了现场技术指导。

截至2011年11月底，甘肃局辖区内有效备案企业共84家。其中，脱水果蔬类企业21家、罐头类企业16家、果汁类企业7家、其他企业40家。对外注册企业共11家次，产品种类主要为肠衣类、果汁类，注册国别主要为欧盟、日本、阿根廷、巴西、美国。

同时，为了加强出口食品企业卫生注册评审员队伍建设，持续提升卫生注册评审员岗位技能水平，5月1日至6月10日，甘肃局依托“网络培训平台”开展了“2011年出口食品企业卫生注册评审员持续培训”活动。各分支局、业务处共24位评审员分“网络教材学习”和“网络统一考试”两个阶段参加了培训。本次培训突破了传统培训模式、创新了岗位培训方法，通过在线培训和考核提高了培训效率、节省了培训经费。特别是网络培训平台让评审员能够结合自身岗位工作情况，合理安排学习和考试时间，既不影响日常繁重的检验检疫工作，又使卫生注册评审技能水平得到了持续有效的提升，获得了良好的培训效果。

（二）进口强制性认证（CCC）产品专项抽查和CCC免办工作

为了贯彻落实国家认监委《关于开展2011年强制性产品认证获证产品监督抽查工作的通知》要求，6月，甘肃局认证监管人员深入甘肃省内主要商场和家电专营市场，调查和了解各类进口产品的实际情况，考虑到甘肃省境内无进出口贸易口岸，甘肃局将监督抽查CCC获证产品的范围确定为流通领域进口通信设备和玩具产品。

8月中旬，甘肃局顺利完成了日本博朗传真机、美国芭比娃娃2类进口产品的抽样、送样工作。经北京出入境检验检疫局机电产品检测中心和中国上海进出口玩具检测中心检测，抽查的2类产品安全性能检测项目测试结果为合格，但产品一致性核查方面日本产博朗传真机存在不合格情况。由于计划早、落实迅速，甘肃局提前完成此项工作，并将抽查分析报告上报了国家认监委。截至2011年11月30日，甘肃局审核办理CCC免办证书23份，货值约1 660万元人民币。

二、认证认可重点工作目标落实情况

（一）探索质检两局认证有效性联合执法的新思路

为了深入贯彻全国认证认可工作会议精神，落实甘肃地方两局《关于推进大质检文化建设构建大质量工作机制合作备忘录》的工作部署，2011年初，甘肃局主动联系召开了“质检两局认证监管工作联席会议”，商议确定了两局认证监管部门加强联合的领域及方式；以联合开展认证有效性检查为契机，两局商讨确定了2011年联合

检查方案、工作计划、抽查企业名单等事宜。本次联合检查抽取了甘肃省三个市区9家获得管理体系认证的企业，涉及了食品、化工、机械、电子、服务等五大行业，涵盖了自愿性管理体系认证的四大类别及7家认证机构。其中，质量体系认证证书8份，环境认证证书2份，职业安全和健康管理体系（OHSMS）认证1份，危害分析与关键控制点（HACCP）体系认证/食品安全管理体系（FSMS）证书4份。出动了包括检验检疫系统（省局、天水局）、省质监系统（省局、兰州局、定西局、天水局）行政监管人员近百人次。这是甘肃省开展管理体系认证行政监管工作以来覆盖范围最广的一次检查，同时也是甘肃地方两局联合执法规模最大的一次。通过检查和座谈，两局认证监管部门掌握了甘肃省认证市场的多方面情况和现状，了解了亟需加强与整顿的环节，为今后深入推进管理体系认证行政监管收集了详实的资料信息，甘肃省政府及两局领导对此项工作给予了充分的肯定。

（二）积极开展出口食品备案企业的风险分析

为确保出口食品安全，甘肃局制定了《出口食品备案/注册企业风险分析办法（试行）》，规定了风险分析工作的目标、范围、方法、频率，制定详细、可操作的分析办法。从企业生产工艺水平、体系运行、产品特性、自检自控能力、出口产品质量、诚信水平、监管反馈等13个方面对当时在册的86家备案企业进行了初步分析评价。7月，在总结上半年风险分析工作的基础上，修改细化了《出口食品备案企业风险分析办法》。积极将风险分析的意识贯穿到具体的现场评审、监督检查工作之中，及时获取、汇总风险信息进行分析研判，于11月组织完成了在册企业风险分析工作，形成了《出口食品备案企业风险分析评价表》和《甘肃检验检疫局出口食品备案企业风险分析报告》。通过汇总评审、监管工作情况，分析产品质量安全风险，起到了预防和控制系统性食品安全事件的作用，为2012年食品企业监管计划的制订提供了有针对性的依据。

（三）实施CCC免办产品全过程监管

为了更好地建立健全免于办理强制性产品认证（以下简称“CCC免办”）质量安全溯源体系，加强CCC免办证后监管，甘肃局将实现CCC免办产品全过程监管列入重点工作计划。2011年初，认监处与各分支局、机电处、检务处等相关处室相互沟通，完善了CCC免办产品入境验证时的监管环节，进一步规范了CCC免办监管程序。从6月份起，认监处批批向分支局、业务处发放《CCC免办验证记录》，对所有在甘肃辖区报检的进口CCC免办产品，进行现场验证，该工作已取得初步成效。通过实现全过程监管，健全了CCC免办质量安全溯源体系，防止逃检、漏检、擅自改变使用用途等情况的发生，使CCC免办管理工作更科学规范和透明，有效维护了强制性产品认证制度的严肃性和完整性。

（四）制定并公布《出口食品生产企业备案申请指南》

10月1日，《出口食品生产企业备案管理规定》（质检总局142号令）正式施行，替代原《出口食品生产企业卫生注册登记管理规定》（20号令）。甘肃局充分认识到做好注册登记工作向备案管理转换的重要性，为确保相关企业申请、评审、发证、监管工作有序衔接过渡，食品企业出口不受影响，将其作为新的重点工作目标，组织相关人员认真学习深入研究142号令及《出口食品生产企业安全卫生要求》、《备案工作规范指导意见》等5个相关文件和规范要求。结合过渡期实际工作情况与甘肃省出口食品企业水平和特点，制定并公布实施了甘肃局《出口食品生产企业备案申请指南（试行）》，设计确定新的备案工作流程，指导省内出口食品生产企业备案申请和办理工作。同时，将备案工作相关的“政策法规”、“申请指南”、“申请表格”等通过电子邮件及时发放到全部在册备案企业和各部门评审员手中，确保了出口食品企业备案工作有序衔接过渡。

撰稿人：杨 振 审稿人：常 林

规范监管服务 助推甘肃发展
提高认证认可工作服务经济发展的有效性
——甘肃省质量技术监督局2011年认证监管工作概况

2011年，甘肃省质量技术监督局（以下简称“甘肃省质监局”或“省局”）认证认可工作在国家质检总局、国家认监委和省局的正确领导下，以科学发展观为统领，以《认证认可条例》为依据，按照“抓质量、保安全、促发展、强质检”工作方针，紧紧围绕全省经济社会发展战略目标，充分运用认证认可手段，着力在推进质量振兴、提升产品质量中发挥技术支撑作用，较好履行了认证认可监管职能。

一、规范行政许可行为，强化实验室监管

一是严格按照法定程序，实施实验室资质认定行政许可工作。全年共受理实验室资质认定申请109家，完成考核发证105家。截至2011年底，甘肃省有457家实验室取得了计量认证证书，其中，质监系统获证实验室36家，授权站24家。二是强化实验室监管。组织对115家取证满18个月的实验室进行了监督评审，对监督评审中发现的2家问题较突出的检验机构做出了暂停检验进行整改的处理。对8家资质认定证书有效期满未按时提出申请的实验室，以公告的形式，注销其检验资质。三是加强了实验室评审员的管理，采取个人报名、单位推荐、市州局审查，省局集中培训考核的方式，分批、分专业对评审员进行了集中培训，254名实验室资质认定评审员和71名食品检验机构资质认定评审员经考核取得了评审员证书。四是部署了食品检验机构资质认定工作。分两批组织各市州质监科（处）长、系统内质检机构负责人和系统外食品检验机构负责人对《食品检验机构资质认定管理办法》和《食品检验机构资质认定评审准则》等法规进行了集中宣贯，对甘肃省食品检验机构资质认定工作进行了安排部署，明确了甘肃省食品检验机构资质认定工作的实施时间，方法步骤等。截至2011年底，全省已有6家实验室取得了食品检验机构资质。五是组织开展了实验室内审员培训，有285人参加了培训。六是配合国家认监委完成了对甘肃省实验室资质认定工作专项检查。主要做了三方面工作：一是迅速向各市州局、实验室下发了做好迎检的通知，并就提高思想认识，完善相关制度、资料等提出了具体要求。二是按照《通知》精神，集中一个月时间，组织各实验室对照《资质认定获证实验室检查表》实施自查，重点从规范检测活动、杜绝违法违规行为，加强制度建设、保障管理体系有效运行两大部分25个方面查找实验室管理中存在的问题和薄弱环节，并针对存在的问题进行整改完善。从各市州局上报的自查总结报告看，各单位行动迅速，措施得力，效果明显。同时，省局以针对实验室资质认定行政许可工作进行了自查和完善，做了相应的准备。三是配合检查组对甘肃省实验室资质认定行政许可管理工作和12家实验室进行了检查，从检查情况看，总体比较好，但仍有部分实验室存在管理松弛，制度落实不到位，检验工作不规范等问题。

另外，根据国家认监委《关于开展2011年认证咨询机构行政审批工作执法监督检查的通知》要求，对照《2011年认证咨询机构行政审批工作执法监督检查自查表》内容，重点从衔接工作的总体落实、行政审批对外公开、批准书的管理和过错责任追究制的建立等10个方面进行了自查，结果表明，甘肃省认证咨询机构行政审批及管理工作基本符合相关要求。

二、采取多项措施，加强机动车安检机构的监督管理

一是在元旦、春节期间，组织市州局对全省34家机动车检验机构开展了以“提高检验质量，确保两节安全”为主要内容的监督检查，进一步强化了安检机构主体责任。二是针对2010年国家质检总局飞行检查中发现甘肃省10家安检机构存在的问题，组织安检机构进行了整改，提出了具体整改意见和要求，并由所在市州对整改情况进行验收，从验收情况看，存在问题的安检机构通过整改基本达到相关要求，并于4月中旬将整改情况书面报送国家质检总局。三是积极推进分类监管。专门下发了《关于进一步加强机动车安全技术检验机构监管工作的通知》，要求各市州局对辖区内获证安检机构从执行法律法规、技术规范、检验标准、内部管理、关键岗位人员能力素质情况、机构诚信意识情况、落实法人主体责任

和检验质量等8个方面，按照监管风险的高低进行分类，省、市两级分别建立了安检机构检验质量档案。四是积极督促对4家资格许可证书有效期已满的安检机构进行复查申请、审核换证工作，确保证书连续性。五是加强了证后监管，对日常检查和监督评审中发现的3家有问题的安检机构进行查处，责令其停业整改。六是全面落实国家质检总局、公安部、国家认监委《关于进一步加强机动车安全技术检验机构资格许可和监管工作的通知》精神，并结合甘肃省实际就安检机构资格许可和日常监管方面进一步细化各自责任，提出具体的工作要求。七是认真落实2010年两部门开展机动车专项整治中建立的联席会议制度，与省交警总队共同召开了联席会议，双方互通了2011年以来各部门的监管情况，对监管中存在的问题进行了协调、沟通。八是组织对证书到期和新从事机动车检验工作的检验员进行了上岗资格培训，有340人经过培训取得了上岗资格证书。通过采取以上措施，有力地提高了甘肃省机动车安检工作监管工作的有效性和针对性。

三、不断加强认证行政执法力度，着力规范认证市场秩序

为进一步加强认证执法监管，提高认证的权威性和有效性，甘肃省质监部门采取了一系列措施。一是组织开展了食品农产品认证执法监督检查。全省获得各类食品农产品认证证书共计440张。检查期间，共出动监管和执法人员737人次，检查企业229户，占获证企业的52%。从检查的情况看，大部分获证企业能够按照标准组织生产，管理、记录、标志基本符合要求，但也有1家企业生产的有机产品在国家认监委组织的监督抽查中抗生素残留超标，说明企业和认证机构仍存在问题，食品安全仍存在隐患。二是对3家认证咨询机构上报的总结进行了审查，并向认监委提交了审查报告。三是加大了管理体系等自愿性认证的监管力度。截至2011年底，甘肃省在有效期内的管理体系及自愿性产品认证证书共计2 546张。为切实发挥认证认可服务全省经济跨越式发展和质量振兴的基础保障作用，省局与甘肃出入境检验检疫局建立了协同机制，并联合组织对兰州、定西、天水等市开展了认证有效性执法检查，强化了认证单位和获证企业的责任意识。四是重点抓好强制性认证产品的监督抽查和日常监管。按照国家认监委的统一部署，2011年，甘肃省质监部门对兰州市内流通领域的强制性认证获证产品电饭锅进行了抽样，共抽查企业36家，抽查样品42组，合格率为83.3%。各市州局按照省局要求，定期对强制性产品生产企业开展了日常巡查和监督检查。五是根据国家认监委关于开展有机产品监督检查的紧急通知部署，对全省有机产品获证企业再次进行了监督检查，通过不断强化认证行政执法力度，认证市场秩序进一步规范。

四、不断扩大检测整顿成果，着力抓好技术机构能力建设

在2010年开展检测工作整顿的基础上，2011年省局又出台了《关于继续规范全省质监系统技术机构检验检测行为的通知》，对2011年技术机构规范行为的六项重点工作和检查考核分工进行安排部署，细化了目标任务，明确了各级责任，要求各级质监部门和技术机构将狠抓行风建设、规范检验检测行为作为能力提升的一项长期任务常抓不懈。为进一步加强对市州规范检测行为工作的指导，省局专门组成督查组对天水、陇南两个市局和8个技术机构规范检测行为情况进行了督促检查，对2个县级局拟新上食品检验项目在基础设施、设备配置、人员职称、技术能力等方面情况进行了全面调查摸底。各市州局和相关处室按照职责分工，分别对规范检测行为工作进行了考核验收。通过不断完善工作机制，有效地落实各项制度，甘肃省质监部门技术机构责任意识和服务意识明显增强，委托检验进一步规范，检测抽样、各项记录和出具的报告进一步规范。

五、坚持宣传造势，提升认证工作知名度和影响力

一是加强了认证认可宣传力度。坚持正面宣传，通过各种媒体，对认证认可助推经济发展的作用和甘肃省认证认可工作情况进行宣传、报道。二是利用“3·15”消费者权益日、6·9世界认可日和质量月等大型活动，采取设立咨询台、召开座谈会和张贴标语、宣传画册等形式进行集中宣传。三是组织开展了实验室开放日活动，主动邀请四大班子和社会各界人士参观实验室，全省质监系统共开放实验室9个，接待社会各界人士1 100多人次，让参观者零距离接触到了产品检测的全过程，进一步增强社会各界对质检工作认识和了解，也提高了参与认证、采信认证结果的信心，提升认证工作知名度和影响力。

撰稿人：詹久斌　审稿人：刘爱国

认真贯彻总局十二字方针 严把出口食品农产品安全

——青海出入境检验检疫局2011年认证监管工作概况

2011年，青海出入境检验检疫局（以下简称“青海局”）认真贯彻国家质检总局和国家认监委的工作部署，青海局认证监管工作以“抓质量、保安全、促发展、强质检”为工作方针，在工作中结合青海地区出口企业的实际，全面履行监管职责，抓重点，促出口，认真抓好出口食品农产品企业卫生注册登记工作，以促进地方经济尤其是外向型经济发展为目的，主动作为，加强与地方商务部门、农业部门等的合作与沟通，强化认证认可监管的有效性，抓好卫生注册登记评审员队伍建设，使得青海局的认证认可工作取得明显成效。

一、抓质量，成效更加显著

首先，坚持自身业务学习，提高素养。一是利用质检系统培训平台认真学习认证监管的各种业务知识，提高了自身的业务素质；二是认真学习142号令《出口食品生产企业备案管理规定》，积极应对“争先创优”活动，使得出口卫生注册登记备案工作顺利进行。

其次，认真履行本职工作，深抓工作质量。一是按照新出台的《出口食品企业卫生备案管理办法》和要求，认真做好出口食品企业卫生备案工作。截至2011年11月15日，青海辖区有效卫生注册登记（备案）企业共27家，与2010年同期相比减少3家，有效证书数为29份。全年出口食品没有发生质量事件，没有出口退货及被国外主管当局通报的情况。二是做好管理体系认证市场行政监管工作，按照国家认监委的要求和安排，拟定《青海检验检疫局管理体系行政监管方案》和抽样计划，对青海局辖区内的出口生产企业进行了行政监管。内容包括ISO 9000质量管理体系、ISO 14000环境管理体系和职业健康安全管理体系认证（OHSMS）。按照认监委的规定，抽查比例确定为10%的比例。抽查企业为青海大自然地毯纱有限公司、西安国际空港食品有限公司等4家企业。对检查中发现的问题及时通知相关机构进行整改。检查结果及时以书面报告的形式上报国家认监委。通过对管理体系获证企业的检查，在一定程度上强化了认证机构和获证组织的质量意识，提高了企业质量管理水平和产品质量第一责任人的意识，进一步规范认证机构及从业人员的行为，防止违规违法行为发生，完善行政监管工作。三是认真做好出口强制性认证（CCC）产品认证监管工作和进口CCC免办工作。根据国家认监委的部署制定《青海检验检疫局强制性产品认证行政监管工作方案》，按时完成青海地区进口强化自行产品认证市场监管工作。全面开展网上快速免办系统的实行，全年完成2批CCC免办工作，并做好后续监管工作，保障了青海地区进口CCC产品的使用安全。四是认真做好青海地区出口危险品包装企业和出口机电产品质量许可企业监管工作，严格按照国家质检总局、国家认监委和青海局的有关规定，先后对3家出口危险品包装企业进行监管，对2家出口危险品生产企业的许可证进行换证复核，对2家出口机电类产品质量许可企业进行了换证复核，对监管过程中发现的问题及时提出，要求企业限期整改。

二、保安全，体系更加完善

认真落实国家质检总局、国家认监委和青海局党组的工作要求，积极开展“争先创优”活动，先后编制《2011年青海检验检疫局出口卫生注册登记企业监管方案》、《2011年青海检验检疫局出口卫生注册登记企业定期监管计划》、《2011年青海检验检疫局出口卫生注册登记企业日常监管计划》、《2011年青海检验检疫局管理体系认证行政监管方案》、《青海局2011年强制性产品认证获证监督抽查经费预算方案和实施方案》等一系列认证监管文件和计划，按时完成相关工作，并将相关工作总结及时上报国家认监委。

三、促发展，行动更加主动

针对青海地区出口食品企业生产特点，在生产季节前积极主动到企业进行生产前安全卫生质量风险评估。并在企业投入生产后认真做好出口食品农产品生产企业的监督管理工作，截至11月15日，共对青海地区27家出口食品农产品注册登记（备案）企业进行大约80次现场监管（包括日常监管、定期监管）、帮扶和咨询，出动监管人员160人次，发现出口食品生产企业6大类问题，对其中不合规定的出口食品生产企业开出85项不符合项。企业对所开出的不符合项基本能及时整改完成，某些硬件不符合的项目也在逐步的整改之中。对很多出口企业现场指导、帮扶多次，始终做到热情认真服务。在2011年的食品农产品专项整治中，认真贯彻执行青海局党组和局领导的指示，积极配合局内各项活动的开展，并将食品农产品监管分析报告上报国家认监委。

四、强质检，措施更加务实

根据国家认监委有关文件要求，对进口强制性产品进行了市场抽查，通过在市场环节抽样、调取认证原始资料和指定实验室检测，及时向国家认监委和指定认证机构反馈和沟通。抽查结果表明青海地区流通市场玩具类产品符合有关要求。经过严格的抽查与检验，充分发挥市场监管的作用，保护消费者安全。

进一步完善出口生产企业备案档案管理工作，建立和完善青海地区所有出口产品生产企业档案。对企业的出口产品质量进行跟踪和监管，防止不合格产品出口事件的发生。对出口食品生产企业进行风险评估，把问题扼杀在萌芽阶段。对29家出口食品生产企业的44名员工进行了《出口食品生产企业办案管理规定》和《出口食品生产企业安全卫生要求》宣贯培训，积极做好对出口食品企业的监管工作。

及时上报各种工作信息、工作总结和工作报告，对青海地区土特农产品出口情况进行及时跟踪，提前采取应对措施，对拟出口的企业积极进行帮扶、咨询，对企业提出的问题认真、热情地进行解答，多次到拟出口企业进行现场帮扶和咨询，帮助企业了解出口卫生备案要求。

积极开展认证认可宣传，在世界认可日张贴宣传画，利用“3·15”和“扶贫日活动”在公开场合进行宣传。鼓励认证机构和获证组织对行政监管工作进行监督。

五、存在的主要问题和风险

在管理体系获证企业的检查中发现，普遍性问题是获证组织对认证的认识有待加强，对获证后的体系日常运行关注不够；对认证的目的存在一定的误解，认为企业获得了认证主要为了对外销售时的宣传作用和向相关部门申请项目资金的用途，对于自身企业和产品质量的管理上台阶不太重视。相关认证机构，仅仅对注册审核和监督审核时获证组织的状况进行关注，对获证组织体系的日常运行关注不够或很少关注，审核相对简单，审核人天数不能满足要求。

在监管与服务的关系问题上，由于青海地区出口产品生产企业整体素质较低，企业的硬件和软件都较差，因此把关和服务存在矛盾。工作中由于过度注重服务，使得监管工作相对薄弱，没有充分发挥监管工作的重要作用。部分企业对青海局的审核和监管重视力度不够，对审核监管后出示的整改要求不放在心上，整改流于纸面上，希望下一步能加强监管处罚力度。

在出口食品企业监管工作中，由于青海地区出口食品生产企业整体素质较低，规模较小，企业的硬件和软件都不太完善。大部分企业为季节性生产，且出口不稳定，有的较长时间不在生产状态。监管工作有一定的局限性和时限性，监管的有效性、权威性有待提高。

撰稿人:逯仲甫　审稿人: 朱雪迎

创新工作思路 创新工作机制 有效开展认证执法工作

——青海省质量技术监督局2011年认证监管工作概况

为认真贯彻实施《认证认可条例》，服务企业和保护消费者的合法权益，严格依法办案，切实提高认证行政执法工作的能力和水平。2011年，青海省质量技术监督局（以下简称“青海省质监局”或“省局”）在认证执法监管领域中严格执行国家有关法律法规，坚持以提高认证执法能力为重点，以提高认证行政执法人员教育培训实效为基础，以提高认证行政执法信息化水平为途径，努力创新工作思路，创新工作机制，主要做了以下几项工作。

一、强化学习，提高水平

认证认可是相对比较新的一项工作，为搞好此项工作，青海省质监局认真学习认证认可的相关知识，并进一步组织各州地市相关行政执法人员进行重点培训。学习中，执法人员掌握了《认证认可条例》等法律法规，详细解读了国家实施强制性产品认证目录产品范围，熟知了认证知识和认证程序。通过学习，全体执法人员提高了认证认可的知识，为有效的实施认证监管打下了坚实的基础。

二、加强领导，明确目标

认证执法是一项长期的工作。青海省质监局领导高度重视这项工作，提出要结合青海省强制性认证（CCC）产品生产企业及认证单位自身特点，结合实际，坚持以科学发展观为指导，按照政府推动、市场引导、企业为主、分类指导、分步实施的工作原则，首先积极向企业宣传认证执法工作的重要性和必要性，认真听取企业负责人、市场负责人和行业协会等社会各界对认证执法工作的建议，取得理解支持。其次与相关职能部门及时沟通认证执法工作在进展过程中发现的问题，争取部门的配合。然后把认证执法工作的进程确定为宣传发动、摸底建档、集中整治、教育处理四个大的阶段。确定了认证执法工作的阶段和长远目标，要求完成宣传摸底建档工作，进行专项整治，促进辖区内涉及CCC产品的企业取得认证，使青海省认证环境得到改进和提高，从而基本上消除流通领域认证违法现象。通过调动一切力量，为分步骤、按计划、有重点地推进全省认证执法工作提供了组织保证、制度保证、目标保证，也初步建立了一套切实可行的认证监管的长效机制。

三、开展宣传，取得共识

认证认可涉及的企业和产品范围很广，同时和百姓的生活息息相关，要做好监管工作，就必须让全社会了解认证、熟知认证、自觉维护认证，怎样解决这个问题？怎样和企业百姓建立起认证沟通的桥梁？是认证执法工作取得实效的首要问题。青海省质监局把认证宣传工作分为三步走，第一步是努力宣贯《认证认可条例》，达到让社会对认证的初步认知；第二步是深入企业和商场，把《认证认可条例》和宣传资料广泛发放，并且进行面对面的讲解，使企业和经销商对认证认可知识充分了解；第三步是充分利用“3·15”和“质量月”等活动，把集中宣传和日常宣传结合起来，通过在广场、街道上设立宣传台的方式，将《认证认可条例》和强制性认证的产品知识编制成通俗易懂的宣传资料，发放讲解，达到向全社会普及的目的。

2011年，青海省质监局共深入企业、市场500人（次），设立宣传台50余个，发放宣传资料3 000余份。认证认可知识也得到全社会和百姓的广泛认知，为开展认证执法工作奠定了坚实的基础。

四、突出重点、兼顾全面

在认证执法检查工作中，省局始终坚持突出重点、兼顾全面的工作方法。针对西宁市、海东地区、格尔木市等重点城市（地区），在开展认证执法检查中紧扣三个重点。一是要抓住重点产品，集中力量开展电线电缆、电灶、玩具、插头插座等关系百姓生活的产品；二是抓住重点区域，针对西宁市CCC生产企业进行重点检查，并辐射其他市场和领域，带动整体工作的推进；三是对一些群众投诉多、反映强烈、质量问题多发的产品集中力量进行重点整治，狠抓大案要案查处。

在开展认证执法检查工作中，全局系统统一协调，上下联动，职责明确，通过宣传发动、建立档案、总结汇报、获证生产企业的监管及专项检查工作，对认证执法检查发现的问题进行分类、归纳、分析，并报局案件审理委员会统一研究处理。一是全面完善辖区CCC产品生产企业档案，建立CCC认证企业分类监管制度。二是开展了认证监督检查，对相关商场进行调查摸底，基本摸清辖区内各商场经销强制性产品认证的情况，共抽取各商场样品电器类产品13家80余批次，玩具类产品12家80余批次，手机产品4家。共要求5家无证生产企业限期办理强制CCC证书，有效推动了青海省体系认证、产品认证工作的有序开展。

不断加强质量信用监管工作。第一，加大监督执法工作力度，惩戒失信行为。加强对认证产品的质量监管，深入实施产品质量监督抽查制度，推进执法打假工作，及时处理质量失信行为，建立违法企业黑名单制度。第二，依法保护消费者合法权益，省局积极开通便捷、快捷的产品质量投诉和维权通道（12365投诉电话），建立健全维护消费者合法权益的相关制度，为消费者解决质量纠纷，保障消费者因出现质量问题时，依法获得赔偿。第三，强化企业质量第一责任人的意识，促进企业诚信经营。要求企业牢固树立质量第一的思想，建立质量责任制度，切实落实质量安全责任人。积极推进并落实企业产品质量主题责任。进一步加强对企业的教育和宣传，宣传质量法律法规，增强法制观念和社会责任感，形成诚实守信的自律机制，使诚信经营成为企业的自觉行为。与相关企业签订质量诚信承诺书。第四，加强质量诚信宣传，充分发挥新闻媒体的舆论导向作用。利用电视、广播、报刊、信息网络等，广泛开展内容丰富、形式多样的宣传教育，推进广大企业和全社会不断增强诚信意识。

通过日常检查和专项检查，省局认证认可事业取得了阶段性的成果。企业对各类认证也有了正确的认识，而且对取得认证的积极性有了很大的提高；认证执法工作得到了加强，相关企业基本上建立进货验收制度和识别CCC认证标志的能力，能够自觉执行国家强制性产品认证制度。

五、存在的问题与思考

认证领域是庞大复杂的，但又与人民生活密不可分的，青海省质监局深深体会到应该在以下三个方面需要加强。一是认证知识需要不断的提高，这要求相关人员自己不断的学习，更希望上级单位能多组织专项的培训和交流的机会。二是应建立便利快捷的认证查询系统和地域之间协调协作机制，使认证执法检查取得实在的效果。三是应探索建立获证企业属地登记制度，认证是第三方行为，企业是否通过认证，只有在日常检查中才可以发现，才能履行监管职责，信息掌握滞后，如果建立起企业获证后即向当地质监部门登记的制度，这样就可以在第一时间掌握获证企业的相关信息，做到有的放矢，更好地履行监管职能。

认证执法是调整和规范市场经济秩序的一把利剑，工作任重而又道远。作为实施认证执法工作的质监部门，省局有责任、有义务承担起这项艰巨的任务，在国家质检总局和省委、省政府的帮助支持下，不断摸索完善工作机制，加大执法力度，切实维护广大企业、消费者的合法权益，为实现青海经济建设又好、又快的发展保驾护航。

撰稿人：严　丹　审稿人：党宁一

履行认证监管职责 努力提升服务 地方经济发展的能力

——宁夏出入境检验检疫局2011年认证监管工作概况

2011年，宁夏出入境检验检疫局(以下简称“宁夏局”)按照国家质检总局和国家认监委的工作部署，认真贯彻全国认证认可工作会议精神，紧扣“抓质量、保安全、促发展、强质检”工作方针，依照宁夏局“围绕一条主线，推进两个转变，实施三大战略，着力做好十项重点工作”的工作思路，严格履行监管职责，扎实推进认证认可工作，为服务地方经济发展做出了应有的贡献。

一、出口食品生产企业备案及监管工作

截至2011年底，宁夏局颁发出口食品生产企业备案证明18张，自动失效/注销13家，复查换证10家，累计有效备案食品企业53家。先后出动定期监管人员55人次，对出口食品生产企业19家进行了定期监管。

(一)召开备案监管研讨会，提升评审员审核能力

为增强评审员使命感，强化评审员责任意识，提高评审员业务素质和履行职责的能力，增强备案监管队伍建设，2011年5月6日，宁夏局召开了备案监管研讨会。会上，评审员针对企业的厂区设计和环境卫生、车间更衣室和人员卫生、生产布局和设施设备、包装材料和存储、原辅料的控制、水质卫生、有毒有害物品控制、实验室管理、质量管理等方面的内容进行了研讨，同时对食品添加剂企业是否纳入备案注册工作范围、对已备案的食品添加剂企业的监管模式、对示范区内基地对应的加工企业是否由政府统一审核后提出推荐、对出口检测产品连续三批以上不合格时，是否可以进行暂停报检处罚等进行了研讨。通过研讨达成了共识，统一了监管尺度，提高了执法监管有效性。

(二)加强法规宣贯培训，提高业务保障能力

《出口食品生产企业备案管理规定》于2011年10月1日正式发布施行，《出口食品生产企业备案管理规定》在管理理念和内容上作了一些明显的调整，增加了对食品生产出口企业的约束性，更加适应了现阶段出口食品现状，也对出口食品生产企业备案管理工作提出了更高的要求。为使评审人员及时掌握新规定的具体要求，宁夏局举办了《出口食品生产企业备案管理规定》宣贯培训班。培训班结合宁夏地区出口食品企业现状，就出口食品生产企业备案管理体制、备案监管部门职责、出口食品生产企业责任、出口食品生产企业安全卫生要求等方面做了详细解读。在随后的研讨会上，评审员对出口食品生产企业备案管理工作遇到的新情况新问题进行了热烈的讨论，大家进一步统一了评审角度、统一了备案监管工作尺度。

二、开展各类专项检查工作

(一)规范添加剂使用，打击非法添加和滥用食品添加剂工作

为贯彻胡锦涛总书记视察天津质检院讲话精神，落实国家质检总局关于严厉打击非法添加和滥用食品添加剂专项行动，提高出口食品质量安全，宁夏局制定了《宁夏局食品添加剂安全整顿工作方案》，启动了出口领域严厉打击非法添加行为专项行动。从2011年4月以来，对全区37家已获得出口食品生产备案企业和出口食品原料基地进行全面检查和整顿。执法人员从企业资质情况、企业制度建设情况、企业标准执行情况、企业标识标注符合法规及标准情况和企业台账及记录情况等五个方面对企业生产和经营情况进行逐项检查，认真查阅企业质量档案，仔细核实所用添加剂种类、用量、入出库台账、合格供应商档案等情况。对企业在使用添加剂过程中存在的记录不全和管理不严等问题，要求企业及时整改。同时，各检查组确定了以出口添加剂、枸杞原汁、枸杞酒、葡萄酒、马铃薯淀粉和挂面为重点检查对象，以制度建设、过程控制、标签管理、风险监控为重点检查内容，帮助企业建立健全食品添加剂安全使用制度，提高生产经营企业食品安全责任意识。

2011年8月16日，宁夏局举办了出口食品农产品质量安全监管会议，会议就添加剂食品安全法律法规、食品防护、质量诚信体系建立等方面知识进行了宣贯，向与会代表分发了《宁夏打击非法添加和滥用食品添加剂宣传

知识工作手册》，签订了《出口食品农产品生产企业质量安全承诺书》，企业代表纷纷表示，将严格落实质量安全主体责任，切实加强整改，把确保食品安全作为首要目标，做到诚信自律、守法经营，在保障食品安全、维护群众利益、确保安全方面切实承担起应尽的社会责任，履行好食品安全第一责任人的责任，全力确保出口食品质量安全。

（二）开展强制性产品抽查，保障强制性产品质量

为切实发挥强制性产品认证对产品质量安全的监督保障作用，宁夏局制定了《宁夏局2011年强制性产品认证获证产品监督抽查工作方案》，在银川市进口流通市场，对05类电动工具(共16种)、07类家用和类似用途设备（共18种）、09类信息技术设备（共12种）、22类玩具（共6种）进行了摸底调查。根据产品销售情况的调查，工作组在银川市新华百货大楼东方红店购买了芭比经典小黑裙，在银川市新华百货大楼现代城购买了飞利浦蒸汽电熨斗。上海局检测结果显示，飞利浦蒸汽电熨斗检测的八个项目(接地电阻、泄露电流、电气强度、电磁兼容、出入功率和电流、非正常试验、一致性、标志)符合标准要求。芭比娃娃检测的六个项目（机械和物理性能、燃烧性能、特定元素的迁移、可溶性元素、玩具标识、使用说明）符合标准要求。

通过强制性产品认证获证产品监督抽查，对强制性产品认证管理工作进行了宣传，使商场管理者对强制性产品认证有了更深的认识，提高了经销单位的质量管理意识，促进强制性产品认证有效性的提高。

（三）开展认证有效性监管，规范认证市场秩序

为贯彻落实国家认监委《关于通报2010年度食品农产品认证监管情况并部署2011年度监管工作的通知》要求，宁夏局制定了《宁夏检验检疫局2011年度食品农产品认证监督检查工作计划》，明确了工作目标、检查日期、检查人员、检查企业及检查内容。在10家企业监管现场，监管人员依据国家认监委下发的《管理体系认证现场检查要点》，重点检查了认证机构在获证企业进行认证的各项活动是否符合相关规定、证书和认证标志使用情况、认证变更情况、企业产品能否持续符合认证标准要求、是否有买证、卖证、超期、超范围使用认证证书、认证标志情况、认证机构是否依法有效实施跟踪调查、是否违规收费等情况。同时，对企业质量管理体系和食品安全管理体系运行情况和执行法律法规情况、组织管理情况等进行了检查。

通过检查发现，大部分企业基本能够按照管理体系的要求运行，认证机构的工作规范性也基本符合要求，但也发现个别认证机构及企业存在一些问题。如认证机构没有提出问题就予以认证、审核人日数不够、初次审核与第一次监督审核间隔超长、企业现场提供不出认证相关资料等问题。

三、创先争优做表率，服务中阿经贸论坛当先锋

近几年，宁夏的食品、农产品出口额不断增加，特别是具有地方特色的清真食品，深受国外穆斯林国家的青睐，成为中国清真产品集散地和出口基地,在国际贸易上的影响和地位日趋提升。宁夏局以中阿经贸论坛为重要载体，深入开展“为民服务创先争优”主题实践活动，在展会现场宣传发放《出口食品生产企业备案管理规定》和《认证机构管理办法》，对来自24个国家地区的展位进行了强制性认证产品的现场监管。同时，充分发挥涉外执法部门职能作用，积极推进中国与阿拉伯各国清真食品认证标准互认。2011年9月22日，中阿清真食品认证机制对接会举办，刘卓慧总工程师代表国家质检总局和国家认监委做了重要讲话，进一步推动了宁夏回族自治区清真食品国际认证中心与沙特阿拉伯、埃及、卡塔尔的清真食品认证机构签订了清真食品标准互认合作协议。

2011年9月24日，宁夏自治区政府副主席李锐在宁洽会暨中阿经贸论坛展会现场视察时，对宁夏局实施的现场报检、现场检测、现场监管、现场咨询的“一站式服务”表示肯定，称赞检验检疫部门工作细致、保障出色，有力配合了中阿经贸论坛的举办。第二届中阿经贸论坛共签订投资合作项目143个，投资总额2 078.64亿美元。宁夏局被自治区授予保障服务工作先进单位称号。

四、完善制度建设及评审员队伍建设工作

（一）建章立制，规范备案监管机制

随着《出口食品生产企业备案管理规定》于2011年10月1日正式发布施行，宁夏局结合宁夏地区进出口情况，制定了《宁夏检验检疫局出口食品生产企业备案监督管理工作规范》和《宁夏检验检疫局出口食品生产企业备案工作规范实施细则》，有效地规范了出口生产企业备案和监管工作。

（二）加大培训力度，强化评审员队伍建设

2011年，随着国家质检总局“三定”方案的实施，宁夏局工作人员进行了较大幅度调整。为保证评审工作的持续开展，宁夏局确定了新一届的评审员资格评定小组，举办了各级评审员培训班，培训内容涉及《质量许可和卫生注册评审员管理办法》、《进出口卫生注册评审员注册

管理细则》和《进出口卫生注册评审员资格评定大纲》。通过培训，4名同志发展为见习评审员，2名见习评审员提升为评审员。截至2011年底，宁夏局有主任评审员3名，评审员5名，见习评审员4名。

撰稿人：徐勤伟 审稿人:乔惠同

贯彻国家认监委的部署 积极做好认证监管工作

——新疆出入境检验检疫局2011年认证监管工作概况

2011年是我国“十二五”规划的开局之年，新疆出入境检验检疫局（以下简称“新疆局”）以邓小平理论、“三个代表”重要思想为指导，深入学习落实科学发展观，紧密围绕总局“抓质量、保安全、促发展、强质检”十二字工作方针，认真学习和贯彻落实国家质检总局及认监委各项工作精神，按照认监委及新疆检验检疫局2011年的工作安排和部署，以新疆局“三服务、三强化”为实践载体，紧紧围绕中心工作，加强大局意识、服务意识和责任意识，积极服务新疆外贸发展大局，努力推动新疆局认证监管工作实现新发展。

一、认证监管工作基本情况

（一）出口食品生产企业备案工作

截至2011年底，辖区共有出口食品备案证明生产企业253家。其中，备案21类企业188家，占总数74.3%；备案其他类企业65家，占总数25.7%。

2011年，共受理出口食品生产企业备案申请77家，其中新申请企业19家，延续备案58家；变更申请（包括变更法人、扩项等）31家；办理注销或自动失效企业34家。

截至2011年底，辖区内共有8家企业的3个品种产品获得3个国家或地区官方的注册。

（二）出口危险货物包装容器质量许可工作

截至2011年底，受理（含换证复审）、考核、审批、发证共计4家企业，完成13家获证企业的现场监管。新疆区内共有获证企业17家，其中塑料编织袋企业9家、钢桶企业5家、纸箱企业2家、钢罐企业1家。

（三）强制性产品认证（CCC）管理工作

截至2011年底，共受理免于办理强制性产品认证申请9份，出具《免于办理强制性产品认证证明》9份。

（四）认证有效性监督检查工作

2011年，共对40家获证企业进行了认证有效性的监督检查，尤其对新疆辖区大宗出口番茄酱产品基地进行了多次重点检查，进一步提升了企业的自检自控能力，通过监管使企业切实受益，在管理上更加规范化。对认证机构的认证活动进行抽查，根据认证机构的评审计划，通过委派工作人员进行见证审核的形式，对认证机构的认证活动进行监督。检查结果，未发现超范围认证、买卖证书行为，无伪造、冒用、超范围、超期使用认证证书行为，认证行为基本规范，获证企业产品能够持续符合认证要求。

二、各项认证监管工作开展的情况

（一）加强出口食品生产企业监管工作

按照新疆局“质量月”实施方案部署，结合出口食品企业备案现场考核及日常监管工作，先后派出50 余人次对近20家番茄酱生产企业进行了《食品安全法》、食品安全管理体系和国家质检总局《出口食品生产企业备案管理规定》（142号令）等法规文件的学习和宣贯。在学习和宣贯中，重点强调企业是食品生产的第一责任人，监管部门各负其责，强调把关与服务的关系，强调过程控制，要求企业在生产过程中确定关键控制点、人员培训和建立食品防护计划等。广泛征求企业对出口食品生产企业备案考核过程到获得备案证明实现过程的意见。同时下发通知，要求各分支机构和相关处室，做好辖区内《出口食品生产企业备案管理规定》（142号令）及相关配套规定的宣贯工作。

（二）积极开展督查检查工作

为确保认证机构和获证企业监管工作的有效性，确实提高企业的国际竞争力，稳步促进检验监管模式的转变，结合工作实际，积极开展监督检查工作：一是明确检查范围，统一检查内容；二是结合出口食品企业备案考核工作，一并实施管理体系有效性监管；三是充分发挥各分支局和业务处的地缘优势，结合抽样检验实施监管；四是根据认证机构的评审计划，委派工作人员进行见证审核。组织有关人员对新疆辖区的开展食品农产品认证的出口企业进行了梳理；制订上报了2011年的食品农产品行政监管计划并积极落实，加大检查力度，按照国家认监委的要求统一了检查表格，统一检查内容，要求各分支局和相关业务处，结合抽样检验实施监管；结合出口食品生产企业备案考核工作，一并实施管理体系等有效性的监管。

（三）积极完成国家认监委组织安排的自愿性认证监管任务

2011年5月16日～19日，派员参加国家认监委在河北张家口举办的“2011年食品农产品认证监督检查培训会”；6月7日～10日，派员参加国家认监委在陕西和新疆等地组织的食品农产品认证（有机产品）监督检查工作；7月20日～21日，派员参加国家认监委在福建福州举办的食品农产品认证机构专项监督检查总结工作；6月13日～17日，派员参加国家认监委在海南省海口市召开的认证市场监管工作会议；7月25～8月3日，派员参加国家认监委在青岛举办的2011年第二阶段管理体系获证组织专项检查。10月底，及时上报认监委《新疆检验检疫局2011年食品农产品有效性认证监管总结》。

（四）CCC认证行政监管及免于办理工作

根据认监委《关于进一步加强强制性产品认证目录内玩具产品行政监管工作的通知》（国认证函［2011］73号）精神，结合新疆区内玩具生产和流通的实际情况，向各分支局及新疆局相关业务处转发了文件并提出具体要求，与轻纺处联合对乌鲁木齐市5家流通领域的5个品牌的进口玩具进行了排查并完成总结报送工作。

圆满完成2011年度强强制性产品认证获证产品监督抽查工作。根据国家认监委在青海西宁召开的“2011年强制性产品认证获证产品监督抽查工作会议”部署和要求，进行流通领域的市场调研，制定《新疆局2011年强制性产品认证获证产品监督抽查实施方案》并报国家认监委审批，按照实施方案组织抽取、购买及送检样品，监测结束后，将监测结果通报了被抽样企业，按时将监督抽查工作进行总结，并将总结报送认监委，按时完成认监委下达的2011年强制性产品认证获证产品监督抽查工作。

完成2011年“中国—亚欧博览会”期间入境强制性产品认证展品的免办及现场监管工作。

（五）卫生处理单位监管工作

根据国家质检总局《关于开展2011年全国检验检疫系统口岸卫生处理质量安全监督检查活动的通知》（国质检卫函［2011］第317号）的要求，积极配合6月开展的主题为“安全责任，重在落实”的全国安全生产月活动，切实加强口岸卫生处理监管能力，提升口岸卫生处理工作质量和安全管理水平，对新疆九洲熏蒸消毒有限责任公司阿拉山口分公司及乌鲁木齐机场营业部进行了卫生处理单位抽查，对检查中发现的问题及时反馈，提出整改意见，并将监督整改落实情况。

三、不断加强内部管理，提升认证监管能力

（一）完善认证监管程序文件和作业指导书

根据《出口食品生产企业备案管理规定》（142号令）以及配套文件的规定，对认证监管程序文件及作业指导书中相应的内容进行全文修改，通过审批后在新疆局质量管理体系信息系统发布。

（二）积极开展业务培训工作

召开了“出口危险货物包装及强制性产品认证监管工作会议”，邀请了江苏检验检疫局的相关专家到会讲座，重点讲解了出口危险货物包装及强制性产品认证监管工作有关法律法规及如何进一步做好出口危险货物包装获证企业的行政监管工作，组织会议代表赴出口危险货物包装生产企业进行现场观摩和调研，分管局领导及业务工作人员27人参加了会议。

举办了1期出口食品企业备案评审员及《出口食品生产企业卫生注册登记（备案管理）信息化管理系统》操作培训班，特邀国家认监委信息中心及北京局2位专家针对《出口食品生产企业卫生注册登记（备案管理）信息化管理系统》的使用以及认证监管要求及使用技巧等进行了培训，30人参加此次培训。

举办了《出口食品生产企业备案管理规定》（142号令）及其配套文件宣贯会，新疆局领导到会并讲话，强调做好备案工作要求。一要深刻理解新的备案管理规定；二要做好转换期的衔接过渡；三要落实企业主体责任意识；四要做好备案工作与第三方认证相结合；五要探索新的备案注册监管模式；六要抓好人员队伍建设。

企业培训。举办了1期出口罐头产品及危害分析与关键控制点（HACCP）体系认证培训班，来自全国出口罐头食品企业代表及各地检验检疫局工作人员近50人参加了此次培训，主要对出口罐头食品国内外相关法律法规、食品防护、美国现代化法案及HACCP体系建立与实施进行了重点讲解。

外派学习培训。分别派员参加了海南三亚“上海合作组织认证认可和标准化研讨会”；西安“第十五届中国东西部合作与贸易洽谈会中国认证认可高层论坛”；大连“2011年全国认证认可信息宣传工作会议”；哈尔滨“食品农产品认证示范区创建工作研讨会”；杭州“输美低酸罐头和酸化食品热力杀菌培训班”；长沙“2011年认证监管人员培训班”；合肥“出口低酸罐头和酸化食品企业注册备案监管培训班”；遵义《出口食品生产企业备案管理规定》宣贯会和认证机构行政许可评审专家培训班；昆明“2011年度卫生注册主任评审员培训班”。

（三）加强评审员队伍建设

国家认监委下发《关于印发卫生注册主任评审员名单的通知》（认办注函[2011]第11号）文件，新疆检验检疫系统新增卫生注册主任评审员6名，截至2011年底，新疆检验检疫系统有主任评审员13名。

新疆局卫生注册评审员评定小组依据《进出口卫生注册评审员注册管理细则》（国检认[2010]226号）和《进出口卫生注册评审员资格评定大纲》要求，根据各分支局、处的推荐，对评审员及到期的评审员共计24人进行了评定， 经评定小组讨论与综合评定，确定共计22名人员取得进出口卫生注册评审员资格及续任资格。截至2011年底，新疆局共有审核员38人。

四、加强实验室认证管理，提高实验室检测技术能力

（一）加强设备投入，提供基础保障

2011年，在国家质检总局的支持和帮助下，新疆局在实验室建设中坚持“统筹兼顾、突出重点、合理布局、资源共享”的原则，围绕安全、卫生、健康、环保和反欺诈等检测要求，全面加强重点地区、重点领域以及基层技术机构实验室的能力建设，合理调整实验室仪器设备投入方向，加大对基层技术机构大型仪器设备的投入力度。着重加强了农残、番茄酱转基因、食品微生物和棉花、化工品及放射性检测手段。2011年，向基层技术机构投入50万元以上仪器设备22台套，20万元以上仪器设备55台套，投入金额比2010年增长了128%，确保了实验室在当地经济社会发展和检验检疫行政执法中发挥突出作用。

（二）实验室资质认定专项监督检查工作

为了增强新疆检验检疫系统检测执行力，确保获证实验室检测工作安全、准确，新疆局根据国家认监委的统一部署，及时下发了《关于开展2011年新疆检验检疫系统实验室资质认定专项监督检查工作的通知》。2011年9月，结合国家质检总局“质量月”活动，组织专家组对部分分支局实验室进行了专项检查，检查是否存在违法违规行为、是否持续符合法定条件和管理体系、是否能有效运行等，较大地提高了系统内获证实验室向社会出具公正、客观、准确数据和结果的法制意识、管理水平和技术水平。

（三）食品检验机构资质认定工作

根据《食品安全法》、《食品检验机构资质认定管理办法》以及《食品检验机构资质认定评审准则》，为推进食品检验机构资质认定工作的顺利开展，2011年6月，组织召开了新疆检验检疫系统食品检验机构资质认定体系文件编制会，来自全疆检验检疫食品实验室的25名专业人员参加了此次会议。会议安排布置了各局食品实验室体系文件完成编制及申请评审的时间，并邀请专家对食品检验机构资质认定相关法律法规、评审准则进行了详细的解读，讲授了实验室资质认定体系文件编写的依据和方法。2011年12月，组织举办了全疆实验室管理及检测技术交流会议，会议邀请了北京、天津两局实验室管理和检测技术专家，就如何将食品检验机构资质认定评审要求编入实验室的管理体系文件中，提高程序文件和作业指导书的可操作性；怎样用检验检疫局检测机构自身优势，结合当地产业特色，建设检验检测公共技术服务平台；如何保证实验室内审及管理评审的有效性；如何做好仪器设备和标准物质的期间核查；SOP文件与检测标准、标准偏离、非标方法的区别，如何编制SOP文件等专题进行讲授及交流。辖区检验检疫系统的8个单位的实验室管理人员及技术负责人共32人参加了此次会议。

2011年4月～8月，新疆检验检疫系统3家单位的实验室均通过了国家认监委、认可委的“二合一”复评审和扩项评审。2011年10月，喀什检验检疫局综合技术服务中心成为了新疆检验检疫系统首家通过实验室认可/资质认定和食品检测机构资质认定“三合一” 现场评审的检测机构。

2011年12月，新疆局检验检疫技术中心顺利完成了2011年度国家认监委能力验证计划中12个A类项目之一的“马铃薯甲虫成虫识别与鉴定”（CNCA－11－A03）的组织工作，这是新疆局首次承担国家认监委A类能力验证项目。2011年新疆检验检疫系统共参加国家认监委、认可委组织的能力验证40项，国际间比对试验2项，结果均

为满意；组织系统内部共完成15类、35项比对试验。通过参见能力验证和比对试验，进一步提升了新疆检验检疫系统实验室的检测能力和检测水平。

五、专项业务工作

（一）食品安全整顿工作评估考核工作情况

依据《关于开展全区食品安全整顿工作评估考核的通知》（新政办发明电［2011］69号）的要求，对照考核细则制定了详细的工作方案，落实责任到人，共对259家注册备案企业的档案进行了清查。通过检查所有的档案，许可程序规范，文档齐全，均在许可有效期内。清查了出口食品企业备案资格，共对259家注册备案企业进行注册备案企业有效期的再确认工作。2011年，共有74家到期换证复审的企业，并向三个月以内到期的企业发出通知。组织人员与各分支局和相关业务处进行联系，对注册备案企业进行摸底调查，对不符合许可条件的（自动失效等）备案企业进行清理，全年共注销了34家不符合条件企业，因而保证了注册备案的有效性。

（二）良好农业规范（GAP）认证的推广工作

根据国家认监委推广良好农业规范的有关精神，在大力推广良好农业规范和推行出口认证示范区的同时，有重点的做好基地管理的样板，选定了出口番茄种植认证示范区，确定了1 500亩认证示范区。多次为企业提供形式多样的培训，给予现场指导，充分体现了寓管理与服务之中。3月23日～24日，组织人员对新疆昊汉集团进行认证示范区的建设进行指导，引导企业采用国际标准，促进企业规范化生产，确实提高企业的认证质量，从源头做好食品安全工作，保证食品安全。此外，新疆局申报了2012年《创建出口番茄种植认证示范区体系的研究》的课题，旨在通过研究建立良好的食品安全防控体系从源头保证新疆大宗商品的质量安全。

（三）与质量技术监督局联合举办“世界认可日”宣贯座谈会

6月9日是“世界认可日”，新疆局与质量技术监督局在乌鲁木齐吐哈石油大厦联合举办了“世界认可日”宣贯座谈会，从事出口食品生产加工、出口危险货物包装容器生产、制造业、认证机构等12家企业20余名代表参加了会议。会上向与会代表发放了宣传张贴画和2011中国认证认可发展报告等宣传材料。通过多方位、多角度对认证认可工作进行了大力宣传，会前新疆局向各处室、认证机构及出口企业发放了宣传张贴画，并在网上连续发表了认证认可系列知识连载。通过一系列的举措，使企业及相关人员对认可有了更进一步的了解，学习了其他企业的先进经验，通过对比找到了差距。

（四）双打专项工作

按照国家认监委《关于在“双打”活动中加强强制性产品认证行政监管工作的通知》的统一部署和新疆局的具体要求，结合强制性产品认证行政监管工作职责积极开展“双打”专项行动，认真抓好“双打”专项行动中加强CCC产品市场监管，组成2个工作组对乌鲁木齐市汽车配件、照明灯具市场的30余家企业、100多间库房、2 000余种产品进行了全面排查，并抽取样品进行检测。

（五）支持和推行有机产品认证示范区工作

为了贯彻执行《关于开展“有机产品认证示范区”活动的通知》（国认注［2011］34号），新疆局认真组织“有机产品认证示范区”项目的申报和审核，积极支持“有机产品认证示范区”有机产业的发展，动态监管“有机产品认证示范区”创建工作，喀什地区泽普县10万亩红枣种植基地通过了国家认监委组织的专家考核，获得我国首批“国家有机产品示范县/市”称号，为新疆有机农业的发展，确定了示范标准，为新疆今后林果业的产业化种植、栽培建立了模式，为进一步推广打下了基础。

撰稿人：郭伟杰　王文广　审稿人：库来西　许继业

抓效能 转作风 围绕“十二字”方针创认证认可事业上新水平

——新疆维吾尔自治区质量技术监督局2011年认证监管工作概况

2011年，新疆维吾尔自治区质量技术监督局（以下简称“新疆质监局”）在自治区党委和人民政府的正确领导下，以机关效能建设年活动为契机，紧紧围绕国家总局提出的“抓质量、保安全、促发展、强质监”十二字方针，狠抓行政效能建设工作，转变观念和工作作风，在完善制度、创新机制、服务基层、服务群众上找准认证认可工作创新亮点，克服工作难点。全面履行认证认可监管工作职能，运用认证认可手段推进资质认定，强制性产品认证和自愿性认证的监管和服务。充分发挥认证认可工作在确保质量安全工作中的基础性作用，为实现新疆跨越式发展做出贡献。

一、依法履职，服务为先，行政许可工作水平得到提升

组织完成277家实验室的资质认定评审和审批发证工作，完成2家认证咨询机构到期复查审批工作。

贯彻落实国家《食品检验机构资质认定条件》做好食品检验机构资质认定工作。在国家认监委的大力支持下，组织举办了150余人参加的食品检验机构资质认定评审员培训和《准则》宣贯班，有68人经考核取得食品检验机构资质认定评审员证书，有6家食品检验机构通过食品检验机构资质认定现场评审并取得证书。

二、重点突出，整体推进，科学监管水平得到提升

加强重点领域强制性产品认证产品证后监督，组织对强制性认证产品溶剂型木器涂料产品开展监督抽查，共抽取了50个批次的产品并进行了检验，产品抽样合格率为90%。将不合格生产企业名单通报了发证机构和所在地质量技术监督局，发证机构做出暂停证书的相应处理。

加大对有机认证产品的证后监管。针对媒体报道的假冒有机螃蟹的信息，根据国家认监委的安排部署，对首府市场13家销售有机螃蟹的农贸批发市场、部分超市、酒店经销的1 279.5千克有机螃蟹进行了专项监督检查。

三、多措并举，提升能力，实验室技术水平得到提升

加强对获证实验室的证后监管力度，通过监督检查、现场评审抽查等方式对145家获证实验室进行了监督评审。在全疆范围内组织对从事水泥、建筑防水卷材、沥青、土工等检测项目实验室开展了能力验证活动。有315家实验室参加了能力验证，检测结果满意的实验室267家，占参加能力验证实验室总数的84.76%，检测结果不满意的实验室49家，占参加能力验证实验室总数的15.55%。对不符合实验室进行了整改。

四、固本强基，重视基层，自身建设水平得到提升

为加强基层认证认可监管人员和兼职执法人员的业务水平，分别在乌鲁木齐和阿克苏市举办2期认证认可监管人员培训班。对地、县两级500人次认证认可监管人员进行了业务培训。并建立了基层局认证认可监管工作人员信息档案，提高了县级局认证认可监管人员工作能力。针对基层单位认证认可工作专职人员少、兼职人员多、基础条件差等问题。充分利用电子信息网络开发了认证监管信息平台软件，借助信息化手段，为基层认证认可监管工作提供技术支持。各基层局已利用该软件录入当地获证企业信息，为加强对认证认可工作的监管奠定了基础。

五、紧贴中心，宣传引领，社会关注度得到提升

充分利用“3·15”消费日、“6·9”世界认可日、质量月等活动，积极开展认证认可基础知识宣传活动，扩大认证认可的社会知名度。召开“6·9”世界认可日座谈会，在“质量月”活动期间，组织全疆19个地州市质监局开展“实验室开放日”活动。国家认监委副主任谢军和自治区质监局局长闫国灿亲临现场，出席自治区质量技术监督检验检测研究基地实验室开放日活动并致辞。有关方面群众和企业代表150余人参观了检验检测实验室。

2011年是“十二五”开局之年，又时值中央新疆工作座谈会和全国质检系统援疆座谈会胜利召开，两会的召开对推进新疆跨越式发展和长治久安，提高各族人民生活水平、具有重大和深远的意义。为新疆认证认可事业提供了机遇，认证认可事业机遇和责任并重，新疆质监局广大认证认可监管人员深感肩负责任重大。新疆质监局将继续围绕认证认可传递信任，服务发展的工作宗旨，不断提升认证监管效能和有效性，提高认证认可社会公信力。全面推进新疆自治区认证认可事业的全面、协调、可持续发展。

撰稿人：王 龙 审稿人：丁鹤云

2012

Yearbook of Certification and Accreditation of China

第十七部分 认证及相关机构

Part Seventeen Certification Bodies and Certification-related Bodies

中国检验认证（集团）有限公司

认真贯彻十二字方针 不断拓展业务领域 提升服务质量

2011年，中国检验认证集团（以下简称“中检集团”）面对国际金融危机蔓延和行业竞争加剧的影响，根据国家质检总局支树平局长“做到四个能力更强”和孙大伟副局长“抓好三个关键环节”的指示精神，抓质量、促业务，抓机遇、促增长，抓投资、促扩张，抓改革、促发展，抓管理、促效率，抓队伍、促和谐，团结一致、开拓创新，取得显著成效，总收入、税后利润、资产总额均实现快速增长。

一、认真贯彻落实“十二字工作方针”

2011年，中检集团按照国家质检总局党组“十二字工作方针”推进各项工作。

1.抓质量扎实有效

深入开展质量月活动，进一步健全质量管控体系，2011年将4 228批、约23万吨不合格废物堵截在境外，旧机电产品装运前检验初检不合格（可技术处理）为10.9万台/套，不合格率为93.91%，货值19.95亿美元；实现认证飞行检查1.87万家，特殊检查2 500多家，注销、撤销、暂停CCC证书近11万张，各类管理体系认证证书5 600多张，全年没有发生一起重大质量安全事故，进一步提升了检验认证有效性。

2.保安全严格到位

积极构建风险防控长效机制，有效处置突发事件。积极妥善应对日本核泄漏事故，2011年驻日两家公司共检出156批放射性不合格原料；南美公司检出2个集装箱混有子弹等爆炸物；韩国公司将企图从韩国出口到中国的900吨日本废五金退回日本。全年完成1 160船的舞毒蛾检查，发现5船含有舞毒蛾成虫或卵块；持续开展家电下乡产品市场核查，派出48个检查组，核查样品1 215个，发现涉嫌问题产品119个，并对电线电缆、农食产品等安全隐患多、社会关注高的行业开展专项检查，保证了国门、厂门安全和人民生命健康安全。

3.促发展措施有力

积极配合国家质检总局实施进口商品预检验制度、强制性产品认证制度，全年签发装运前检验合格证书28万多份，颁发各类认证证书17万余张；大力推进新能源、节能减排、低碳环保等质量服务项目，全力为各级政府、行业组织和企业事业单位提供技术服务支持，在优化经济结构，服务产业升级，促进外贸发展和国际合作交流等方面发挥了积极作用。

4.强质检成效显著

中检集团作为质检工作的重要组成部分，充分利用自身优势，密切配合地方两局开展认证执法检查、产品市场核查，认真做好强制性产品认证和装船前检验两大授权业务，积极开展输非、输伊协检和出口北美船舶毒蛾检查工作；顺利完成了国家质检总局《中国检测机构科学发展战略研究》和《第三方检验认证机构竞争力评价研究》等重点课题；全力配合做好中国质检代表团访问欧盟、韩国，中美消费品安全峰会服务工作，在建设法治质检、科技质检、和谐质检方面做出了积极贡献。

二、业务领域不断拓展

紧密跟踪政府、企业和消费者关心的热点产品，提供全面技术服务。取得大连、郑州和华西村商品交易所相关商品检验资格；推出了新能源、节能环保等23个自愿性认证项目，并率先开发了陶瓷产品碳足迹审核、LED照明产品节能认证、城市轨道交通领域碳核查等新业务；CDM审定核查、光伏组建监造、有机产品认证、能耗标识服务等新业务大幅增长，车辆鉴定、无损检测、乳制品GMP认证、监狱病残犯伤残鉴定、放射性委托检测以及大豆、大米、棉籽、牛羊皮等农产品检验鉴定业务整体推进，卓越绩效评价、质量经理、精益生产、6S现场管理等中高端培训课程不断推出。

三、实验室建设力度加大

成功控股收购深圳电检中心，是中检集团进入高新技术检测服务业的重要举措，为建设中检集团华南电子电器产品测试基地打下基础；苏电院成功上市，中检中原农食产品检测公司筹建顺利，进口原木、木材项目稳步推进。根据发展需要，2011年国内外公司还建成涉及汽车、石油化矿、纺织、油脂等各类实验室19家并投入运营；广东、江苏、上海、深圳、福建、澳门等公司实验室新增检测项目600余项，中检集团综合检测能力得到大幅提升。

四、工作服务质量不断提升

一是创新服务模式，健全管控体系。启动了客户服务指南编制工作，编制了《业务质量事故处理办法》和《体系认证客户增值服务和科学管理手册》，对客户实行分类管理，建立“联系人”制度，通过定期走访和召开客户交流会等方式，加强沟通，及时了解客户需求。二是修订技术规范，扩展服务资质。梳理流程和收费标准，加强自验企业管理。51家海内外公司通过17020复评换证，到期的22家公司获得国家质检总局装船前检验资质续延；马来西亚和泰国公司新增旧机电检验资质，推进中检集团实验室资质认定和认可。三是完善基础建设，梳理风险隐患。修订中检集团实验室质量文件，编印《工厂检查报告评定中风险评估案例集》，启动工厂检查报告风险评估机制，对标准换版、失信企业、国地抽不合格企业等检查报告进行分类评定，重点监控。对227家已签约的检测机构重新评估，17家不再续签，23家发出整改通知。

五、对外公关合作成果显著

与国家质检总局有关司局召开座谈会，形成很多共识，带动多项业务。进口大米、食用油、木材项目已经启动，代理报检业务取得重大进展，知名品牌示范区评审项目文件编制完成。密切与工信部和国管局合作，建立了政府采购清单数据库总体框架和相关子库，认证成果被高效照明补贴、电机节能惠民工程采信；成为财政部、发改委“十二五”首批第三方节能量审核机构，截至2011年底，已完成六省一市的148个节能审核项目；承担发改委、科技部涉及循环经济、低碳认证、节能产品等领域的多个重大项目课题。国内外公司还与各级海事、海关、工商和行业组织展开技术服务合作，为中粮、佳能、东芝等企业提供整体解决方案，与日本、美国、德国、越南、伊朗等国家和地区的有关机构签署合作协议，深度开发了中煤、中机、五矿、中石化、中国风电、双汇、四川烟草、绿洲石油等大客户。

六、战略布局更趋完善

在国内，成立了西藏公司，山东、江苏、四川、云南、江西公司共新设立7个分子公司或办事处。在海外，研究推进在斯里兰卡、南非、巴西、柬埔寨和东欧等地设立分支机构，其中南非、东欧、柬埔寨、斯里兰卡设立分支机构已获主管部门批准，正在积极筹建。

七、基础建设显著增强

一是进一步理顺内部关系，起草办事规则和会议制度并试行，积极推进资产划转和地方公司财务分配体制改革工作，健全经营管理机制，改进指标制定和下达流程，指标管理全面覆盖业务平台及地方、海外公司。二是启动中检集团质量管理体系建设，正在起草体系文件。三是加强财务管理，以财务NC信息系统为手段，加大了海外公司应收账款清收力度，实现了预算的过程控制与监督，统筹资金账户管理，提高了全集团的财务决算质量和资金收益；进一步强化财务监督，认真开展内部审计、财务财政收支专项审计和“小金库”复查整改工作。四是加强信息化建设，完成了舞毒蛾检查业务系统、新版认证人员管理系统建设，完善了认证CMS2.0系统，启动了OA办公系统、检测资源信息系统建设，机房建设正在推进。五是加强督办督查，加大对重要事项的督办力度，建立月度工作例会制度，及时通报有关情况，确保各项决策部署落实到位。

八、人才队伍建设得到加强

完善了人力资源子规划，拟订了中检集团在京单位干部交流、人才引进、人才培养指导性意见；发布了中检集团公司负责人薪酬管理暂行办法、基本年薪确定办法和经营业绩考核暂行办法；启动了中检集团人力资源管理项目。2011年集团充实了三名班子成员，组织选拔20名部门负责人，地方公司配备领导班子成员28名，海外公司内派人员14名，调回9名。22人次参加国家质检总局司局级领导人员自主选学课程培训；开发了网上培训课程，推荐3名干部赴美学习。

九、党建、廉洁从业建设稳步推进

一是党建和企业文化建设得到加强。起草了《关于加强和改进新形势下党建工作的实施意见》，印发了《关于实行企务公开制度的实施办法》。积极开展“为民服务、创先争优”活动，三个重点项目正在逐步解决落实；开展了以庆祝建党90周年为主题的系列活动和捐建捐助活动，召开了“三八”妇女节、“五四”表彰及青年节座谈会，举办了羽毛球、摄影比赛。二是廉洁从业建设稳步推进。制修订行为规范、信访投诉办法、廉洁谈话等4项制度，编发6期警示教育案例，实地参观警示教育基地，开展“三重一大”及行为规范落实情况监督检查，编制廉政风险分析报告，认真落实党风廉政建设责任制，持续开展模范优秀工厂检查员评选。

撰稿人：李胜武 审稿人：张利强

中国信息安全认证中心

夯实基础 积极发展产品认证、管理体系认证及服务认证

2011年是“十二五”开局之年。这一年是业务发展继续快速增长的一年，是基础建设取得丰硕成果的一年，是机构建设取得突破的一年，是信息安全认证社会影响不断扩大的一年。一年来，中国信息安全认证中心以邓小平理论和“三个代表”重要思想为指导，深入贯彻科学发展观，以“抓质量、保安全、促发展、强质检”的十二字方针为指引，全面落实全国质量监督检验检疫工作会议和全国认证认可工作会议精神，紧密围绕国家信息安全保障工作大局及总局、认监委的总体工作部署，以创先争优活动为抓手，破解发展难题，大力拓展核心业务，深化认证制度与技术研究，开展合作网络建设；大力推进科研开发，强化能力建设和基础建设；大力推进思想政治工作、党风廉政建设和文化建设，各项工作稳步推进，实现了“十二五”的良好开局。

一、产品认证成效显著

信息安全产品认证是信息安全认证认可体系的重要组成部分。信息安全产品认证制度实施到2011年面临着扩大规模数量、提高采信度、扩大覆盖范围等难题。面对挑战，中心多管齐下，推进了相关工作：一是加大与认监委、财政部、工信部的沟通力度，就明确这一制度的适用范围、扩展这一制度覆盖范围等事宜进行了深入探讨，明确了下一步推进思路；二是加强与各级政府采购中心、行业主管部门的联系，推动了程序衔接、证书采信等工作；三是加大宣传力度，提高自身服务水平，使产品认证工作保持了较快的增长势头。

为了适应信息安全产品认证面临的新形势，满足新的认证要求，拓宽业务领域，中心围绕信息技术产品的信息安全认证，积极推进新业务研发。制定了十大类信息技术产品信息安全认证的实施规则；编制完成了《信息技术产品安全技术要求制修订与使用管理办法》及实施细则；编制完成了8大类产品的安全技术要求；编制了《信息技术产品信息安全认证实验室管理办法》，建立了信息技术产品认证的工作流程、程序文件和认证用表单，正式开始了IT产品信息安全认证的实施工作。

截至12月底，中心新颁发116张产品证书，其中国家信息安全产品认证证书59张，无线局域网产品认证证书25张，IT产品信息安全认证证书22张，支付系统认证证书10张，信息安全产品认证的覆盖面有了进一步扩大，各类产品认证有效证书已达到459张，比2010年增长34%，信息安全产品认证制度的作用得到了较好体现。

二、管理体系认证树立品牌

信息安全管理体系认证是信息安全认证的重要种

类。围绕着国家信息安全保障需求，本着“扩大市场、优化服务、提高质量”的原则，中心充分利用政府和行业部门出台的与体系认证相关的政策要求，深挖客户需求，拓展服务层次，加大对重要领域和行业的业务开拓力度，主动参与竞标活动，让市场检验实力、传递信任，从而确保了业务的快速增长。全年新颁发体系认证证书88张，其中信息安全管理体系认证证书46张、信息技术服务管理认证证书42张，认证客户已覆盖金融、电力、通信、民航、石油、质检等基础和重要信息系统，其中金融领域的客户已形成了“1234”格局（即一批银行总部、两大证券交易所、三大期货、四大资产管理公司），还逐渐形成了“规范、高效、精准”的审核特色，赢得了业内高度认可，树立起了体系认证的权威品牌，体系认证客户数量与质量较2010年有了大幅度提高，体系认证有效证书达到140张，比2010年增长169%，体系认证收入快速增长，认证市场份额在持续扩大。

三、服务资质认证取得新突破

针对社会需求，根据GB/T 20261—2006《信息技术系统安全工程 能力成熟度模型》，制定了完备的信息系统安全集成服务资质认证实施规则，启动了信息安全集成服务资质认证，受到了企业的欢迎。同时，探索了灾难备份与恢复服务资质认证，初步制定了部分技术文件，以改进服务为手段，推动了应急处理、风险评估两种服务资质认证的稳定增长。全年中心共完成了40家单位的信息安全风险评估和应急处理服务资质认证审核，新颁发信息安全服务资质认证证书19张，服务资质认证有效证书数量已经达到90张，比2010年增长27%。由中心颁发的信息安全应急处理服务资质认证证书得到了国家互联网应急中心和业内认可，成为评选网络安全应急服务支撑单位的重要参考指标。

四、培训及人员认证增势明显

充分发挥培训的市场先导和人力资源开发作用，积极配合认证业务的开展，深挖客户需求，组织举办了9期信息安全管理体系审核员培训班、3期信息安全管理体系咨询师培训班，新颁培训证书222张；在2010年试点经验的基础上，2011年正式启动了信息安全保障从业人员认证，并选择风险管理、安全管理和网络攻防为方向进行重点推广，颁发证书220张。这项认证得到了国资委的采信，增长势头明显。

同时，培训基础建设也取得了新的进展。中心培训网站成功改造，增加了在线学习功能，3门课程上线；完成了3个方向培训课程的建设；信息安全保障从业人员认证相关体系文件、培训业务体系文件正式发布。培训及人员认证工作逐步走向正轨。

五、科研工作取得新成果

在既定科研项目研发方面。顺利完成了国家发改委信息安全专项“关键IT产品安全性评价服务能力”、“十一五”科技支撑计划项目“信息安全产品认证关键技术研究”的研发，并通过了验收，得到专家们的一致好评；完成了“数据备份与恢复产品技术要求和测试方法”、“网站恢复产品技术要求与评介方法”、“反垃圾邮件产品技术要求与评价方法”三项标准草案的国标报批工作；完成了网络安全设备的模拟实验平台等4个测试工具的研发并顺利通过验收；新获得软件著作权证书1个。

在新项目申报方面，完成了发改委信息安全专项中“无线智能终端安全检测服务项目”的项目申报和答辩工作，完成了“射频识别技术”项目申报工作，以及国家科技重大专项中“移动智能终端安全评估技术研究”、总局公益项目“智能卡类产品安全评价技术研究”、国家科技“十二五规划”中“信息技术产品安全认证关键技术研究”的立项申请工作。

在自主科研项目方面，完成了“国内外信息安全服务管理制度与实践研究”、“信息安全审核员素质和能力评估模型建立”、“信息安全保障从业人员管理模式研究”、“信息安全产品认证认可制度国际互认研究”以及“IT风险管理框架模型及平台研究”的研究工作。

六、服务部门和行业取得新成绩

配合人民银行对第三方非金融支付机构管理制度的实施，帮助建立支付系统信息安全认证制度。受人民银行委托，组织召开了关于非金融机构支付服务业务系统检测机构资格的评审工作，参与了关于非金融支付系统技术标准符合性和安全性检测认证相关管理办法和技术规范等文件的编制和修订工作，开展非金融机构支付服务业务系统检测报告评审工作；配合工信部关于加大政府部门信息安全投入政策的制定，开展政府部门信息安全财政投入课题的研究。受工信部委托，开展了“信息安全经费项目开支范围及预算标准研究”的课题研究，完成了课题研究报告编写，目前工信部会同财政部组织评审。

七、服务质检取得新成效

发挥技术优势，积极为总局系统的信息安全保障工作作贡献。与国家质检总局信息中心签署了信息安全保障合作协议，提供设备、派出骨干参与了总局组织的信息安全与保密检查；全面启动了与相关质检两局和直属单位签订的信息安全保障合作协议，信息安全认证工作已逐渐融入质检工作的大体系中。

八、国内外合作取得新进展

在国内合作方面，先后与信息产业部计算机安全技术检测中心、安天电子公司、西电捷通公司等研究机构和企业建立了合作关系，合作网络进一步扩大。在国际合作方面，连续五年组团代表我国参加了第十二届国际信息安全评估通用准则大会；组团赴比利时布鲁塞尔参加"全球论坛——引领未来2011年会"；组团赴德国、瑞典分别对ATSEC、CSEC（FMV）等信息安全认证测评机构进行访问交流；派员参加了ISO/IEC JTC1 SC27年会、世界质量与创新大会、第23届FIRST大会；派员赴美国与NIST专家、美国国务院官员、微软公司要员进行了会面和交流；邀请ATSEC信息安全专家来中心进行了技术培训交流。中心正实质性地融入国际信息安全交流与合作框架中，影响力逐步显现。

撰稿人：王铁亮 审稿人：亓明和

北京五洲天宇认证中心

售后服务认证引领服务标准化大潮

北京五洲天宇认证中心是由中华人民共和国商务部推荐(商建函[2007]28号)，国家认监委按照《认证认可条例》审查批准设立的。该中心拥有一批高水平的专职队伍，是至今为止，国内、国际专业从事全国商品售后服务评价体系认证的唯一机构。近年来，五洲天宇认证中心建立了全套严格而科学的管理制度，制定了切实可行的操作流程，确保认证工作公正、公平、公开、权威、可靠。该中心的宗旨和目的是通过认证，树立企业样板，带动全社会提高整体服务水平，促进企业转变经营方式，形成以服务促销售，以销售促生产，以质量求效益的良好经营机制，使消费者放心购物，安全消费。

一、从"产品"角度设计服务认证需求

售后服务认证或许使那些获证的企业得到服务质量的改进和提升，并最终为商品增值，但这项认证更大的意义在于，为服务认证打开一扇窗户，透过这扇窗户，可以看到一条以产品认证为模型的服务认证需求设计路径。

在中国的认证认可行业，服务认证至今在国内没有大规模开展。近年来，从国外引进的各种关于服务或服务认证的新思想和新理念也有很多，但真正能在我国企业的实践中得以很好体现的并不多。特别是在营销活动中常常有意或无意地把产品和服务割裂开来，把为消费者提供服务当作企业的一种促销手段。服务的规模经济难以实现，服务认证更无从谈起。但这并不等于我国企业没有开展服务认证的基础和需求，而是这种需求尚没有找到满足的出口，也没有组织去设计并引导这种认证需求。

售后服务认证给了我国企业一个重要启示，那就是把服务标准体系纳入企业标准体系和企业质量体系，作为企业标准体系的必要组成部分，用以补充产品标准和管理标准，使企业标准种类齐全配套。同时，从为客户提供解决方案这一点来说，服务和产品没什么区别，也是产品的一部分。

当前我国绝大多数企业都是从营销的角度去设计企业服务的实施过程，企业服务基本上是一种以市场营销规律为基础的营利性活动。那么现在，企业需要对其"服务"进行设计、研发、推广、检验并逐步走上标准化道路。这里的服务不只停留在售后服务上，而应贯穿于产品设计、产品制造、管理以及销售的全过程。这方面，摩托罗拉公司是个很好的例子，其对服务技术和产品技术同等重视，为了使服务创造更高价值，该公司在北京还设立了服务技术研究中心，把服务作为公司的研发项目并最后连同有形产品提供给顾客。

服务认证需要企业和认证组织乃至全社会达成一个共识，就是把服务当作企业的产品，是企业参与市场竞争的最后一张王牌。唯其逐步走向标准化并保持有效性

和持续性才能融入企业文化，为品牌增值。

对于为服务提供者提供认证服务的组织而言，就像商家引导消费需求一样去引导服务认证需求，像做产品认证一样去做服务认证，就像帮助企业生产标准化的产品一样去帮助企业建立标准化的服务体系，是当今服务认证领域值得借鉴的一种理念。

其次，服务认证首要的工作是有针对性地进行服务调研、服务设计，建立适合中国国情、行业行规的服务评价体系，不同的领域，如医疗服务认证、旅游服务认证等需要不同的服务标准化流程设计，通过标准的建立来缩减服务的突发和不确定因素，这是服务标准设计所应考虑的重要问题。进而，虽然服务具有质量不确定性，但服务的质量是可以测评的，所以，一个完整、科学的服务评价体系同样至关重要。

二、售后服务评价体系机制设计与价值取向的相关问题解答

1.问：商品售后服务评价体系认证，是哪一个类别的认证？

答：《认证认可条例》规定：我国的认证分“产品、服务、管理体系”三类认证。其中如“CCC”、“绿色食品”等属于产品认证类别；“ISO 9001质量管理体系”、“ISO 14001环境管理体系”等属于管理体系认证类别。还有一类就是服务认证，商品售后服务评价体系认证属于服务认证类别，是运用《商品售后服务评价体系》（GB/T 27922—2011），对企业的服务能力进行审核，对服务水平做出评价。

2.问：商品售后服务评价体系，可以对什么类型的企业认证？是否只对有形“商品”的企业认证？

答：只要是在中华人民共和国内合法经营的企业都可以申请认证，包括制造有形商品的企业、销售有形商品的企业、提供无形商品（服务）的企业。商品是进入消费领域的产品。商品除了有形的产品外，还包括无形的服务。工业品和民用消费品都属于商品。有形商品具有外观形式和内在质量以及促销成分，如品质、包装、品牌、造型、款式、色调、文化等。无形商品包括劳务和技术服务，如金融服务、会计服务、营销策划、创意设计、管理咨询、法律咨询、程序设计等。无形商品一般随着有形商品而发生，也随着有形的基础设施而发生，如航空服务、旅店服务、美容服务等。所以，凡有独立法人地位的生产、贸易、服务企业都可申请认证。

3.问：《商品售后服务评价体系》（GB/T 27922—2011）中“售后服务评价”的范围是什么？

答：标准提出的“售后服务评价”是广义概念，“评价”是结合规划、体系、资源、特性、数量、时间和活动、过程、效果等进行的判断，所以对“售后服务”的评价必然涵盖对整体服务系统的的要求（包括售前需要准备的工作）。如商品知识和文化宣传，售前对顾客的告知和承诺，在商场、景区、机场、服务网点等建立的设施，以及组织为实现服务而进行的人员和资源配置方面，而不是仅是“商品售出以后的维护服务”。

标准原文：“售后服务包括但不局限于以下方面：

（1）随合同签订而提供的活动，例如测量、规划、咨询、策划、设计等；

（2）在商品售出到投入正常使用期间所涉及的活动，例如送货、安装、技术咨询与培训等；

（3）商品质量涉及到的活动，例如退换、召回、维修、保养、检测、配件供应等；

（4）以获得顾客反馈或维系顾客关系而开展的活动，例如满意度调查、顾客联谊、商品使用情况跟踪等；

（5）以商品为基础，为顾客提供相关信息的活动，例如商品使用知识宣传、商品或服务文化宣传、网站或短信传递服务、新品推荐等；

（6）在有形产品或设施基础上提供文化理念或相关服务的活动，例如景区、餐饮、酒店、商场的服务。”

4.问：如何获得商品售后服务评价体系认证证书？

答：企业如想要获得售后服务评价体系认证证书，首先需要按照《商品售后服务评价体系》（GB/T 27922—2011）建立起服务体系（必要时可寻求咨询机构的帮助），在体系运行3个月之后，向北京五洲天宇认证中心提出申请认证，认证中心收到企业提供的资料后，与企业签订认证合同，按照公正、合理、规范的原则，对企业建立起的服务体系进行评审和评分，评审合格，按照最终的评分结果颁发相应的星级证书。

5.问：获得商品售后服务评价体系认证的意义何在？

答：（1）权威认证，通过认证的企业，证明其在全国全行业范围的服务领先性。

（2）大型企事业单位招投标、政府采购等活动的重要参考和资质要求。

（3）消费者认可，通过认证企业在产品及包装上可标识“售后服务认证”星级标志，具有说服力和证实性，供消费者放心选购。

（4）企业服务达标，通过认证的企业服务能力达到国家标准，能强化服务管理水平及服务能力。

（5）持续改进服务，完善服务体系，建立良好售后服务口碑，持续改进服务质量，增强服务利润链持续收益。

6.问：其他认证一般要求建立企业的体系文件，那么商品售后服务评价体系认证是否要求企业建立服务体系文件呢？

答：是的。标准5.1.4.1条款有明确要求：“对售后服务

中的各项活动和流程，制定相应的制度和规范，明确产品/服务范围、职能设计、组织分工、运转机制，并以企业文件形式体现，形成完整的售后服务手册。"

认证是一个发现证据的过程，只有先有了文件和手册，才能按制度管理和实施服务。如果连文件都没有，那么实施是无从谈起的。

相关制度文件归纳在一起，一个整体的系统，就是体系文件。叫做"服务手册"，或者"服务体系文件"都是可以的。

7.问：管理体系认证和商品售后服务评价体系认证，都有"体系认证"四个字，那么管理体系认证和商品售后服务评价体系认证有什么区别？

答：有以下三方面不同。

（1）名称含义的不同。商品售后服务评价体系认证，"评价体系"是标准的名称，指该标准是对"商品售后服务"进行评价的一个系统，该系统包括了评价方法、评价指标等。商品售后服务评价体系认证，是指运用该系统对企业进行外部审核和认证。"管理体系"是一个专有名词，也可称为"管理方法的集合"，指企业在质量控制上采取的管理措施。管理体系认证的关键词是在"管理体系"四个字上，意思就是对"管理体系"进行认证。比如质量管理体系ISO 9001，认证的结果是证明企业按照ISO 9001的要求进行了管理。两者一个是对企业服务能力的认证，一个是对企业管理措施的认证。

（2）认证类别的不同。《认证认可条例》第十七条规定："国家根据经济和社会发展的需要，推行产品、服务、管理体系认证"。

我国目前共有上述三类认证。商品售后服务评价体系认证是服务认证类别，颁发"服务认证证书"。而管理体系认证是管理体系认证类别，颁发"管理体系认证证书"。还有一类认证是产品认证，是对产品的理化特性等进行认证（是否达到了某项技术指标，如电气特性、农药残留量等），如CCC认证、绿色食品认证等，颁发"产品认证证书"。三类认证是并列的、平行的，其性质不同，认证结果也不同，不能混淆。

《中华人民共和国认证认可条例》第二十五条规定："获得认证证书的，应当在认证范围内使用认证证书和认证标志，不得利用产品、服务认证证书、认证标志和相关文字、符号，误导公众认为其管理体系已通过认证，也不得利用管理体系认证证书、认证标志和相关文字、符号，误导公众认为其产品、服务已通过认证"。

（3）评价要求和结果的不同。《商品售后服务评价体系》（GB/T 27922—2011）是一个评价性质的标准，认证目的是评出优秀。认证的结果是证明企业按照标准实施了售后服务，并达到了某一个高度（星级）。它是评分制的认证，是按评价的分值来衡量服务能力的高低，达到70分（含70分）以上，达标级售后服务；达到80分（含80分）以上，三星级售后服务；达到90分（含90分）以上，四星级售后服务；达到95分（含95分）以上，五星级售后服务。

而管理体系认证是审核企业的管理方法和活动是否全部符合其标准规定（有不符合则不能通过认证），也没有分值要求。

8.问：各种类别的认证都需要通过审核来证明企业是否能通过认证。那么商品售后服务评价体系认证的审核有什么特点？

答：审核，在商品售后服务评价体系认证里称为评审。

特点1：认证标准是评分制，评审员到企业现场按标准要求进行检查，还要进行评分。评审不要求全部条款符合（95分以上即为最高星级）。

特点2：认证时要对企业总部和下属服务网点进行评审。一般情况下评审组除了在企业总部现场，还会分散到企业在各地的服务网点去检查，最后得出综合的评价结论。所以企业在提交商品售后服务评价体系认证申请表时，需要提交服务网点的明细和清单，评审时会对网点进行抽样。

9.问：企业的售后服务认证工作由哪个部门牵头为好？

答：一般国外企业的情况，是分生产、销售、服务三架马车并驾齐驱，服务部门是极为重要的部门，掌握大量资源，甚至成立独立的服务公司。

售后服务体系的建立、执行以及改进，并不是售后服务部门一个部门的事，而是关系到企业全局，与质量、品牌、生产各环节密不可分。

有些企业在实施ISO 9001认证时，会设立权限极高的质控部（体系部）。

在进行售后服务认证时，应由企业最高管理人或授权人任命一名专职负责人（可以是体系部或质控部的负责人）为售后服务体系的负责人（管理者代表），有极高的权限来建设、整合、修订企业的服务体系，并由售后服务部门牵头，其他部门（如人力资源、生产、产品改进等部门）协助完成认证工作。

GB/T 27922—2011中5.1.1.1提出："设立或指定专门从事售后服务工作的部门，并有合理的职能划分和岗位设置"。

执行售后服务工作的部门及相关的管理和支持部门（标准条款中提到的部门）都与认证相关，如：生产管理部门、服务文化的宣贯部门、服务策略的制定部门、服务网点管理部门、人员培训部门、工具和资源保障部门、监督部门、研究和改进部门、商品信息管理部门、配送和维修执行部门、商品质量保证(采购)部门、废弃品处置部门、客户关系维系部门、投诉接听和反馈部门、销售部门、设计部门等。

10.问:商品售后服务评价体系认证,是按企业获得的分数来判定最后获得的星级,评分是非常严格的。那么在评分的时候,有没有加分项?

答:没有额外的加分项,但售后服务管理师数量在标准总分中有5分。

GB/T 27922—2011中5.1.2.2提出:按服务管理人员总数的10%配置售后服务管理师,负责对售后服务工作的管理和对售后服务活动的指导。

服务管理人员有两个层面:一是在组织总部,在服务有关部门、服务有关环节和岗位的负责人,包括基层管理人员和中、高层管理人员;二是在下属分公司、服务网点的管理人员。

11.问:如何培训售后服务管理师?

答:中国商业联合会在全国范围内开展的"售后服务管理师职业资质认证"培训工作,截至2011年底,已培训35期。售后服务管理师的资质培训是对学员进行系统专业的岗位培训,从法律和实践的角度剖析点评典型案例,采用专家教学、专业理论和实物操作相结合的教学手段,为学员提供一整套便于理解、易于掌握、操作性强的售后服务方法与技巧,培训结束后参加全国统一试卷考试,由权威专家进行评价审核及成绩认定。目前由中国商业联合会对考培合格者颁发资质证书,国家人力资源和社会保障部颁发结业证书。

北京五洲天宇认证中心 供稿

江苏九州认证有限公司

务求实效——认证是手段,更是服务

江苏九州认证有限公司(原江苏质量保证中心),是国内起步较早的管理体系认证机构之一,十余年来,始终坚持以顾客满意为服务宗旨,以"客观公正,热情服务、崇尚信誉、严谨务实"的质量方针服务企业、服务社会,赢得了省内外各获证组织、社会各界及政府监督部门的广泛赞誉,经由国家认监委组织的全国认证机构认证服务获证组织满意度调查表明:"九州认证"的获证组织满意度、获证组织忠诚度逐年上升,均处于同行业先进水平。经过多年的不懈努力,被认可委认定为"A类机构";在中国认证认可协会组织的"公平竞争(价格检查)"中被评定为"免查单位";促进了"九州认证"品牌的美誉度,为我国认证认可事业持续健康发展做出了应有的贡献,创造了巨大的社会效益。

回顾"十一五"期间取得的长足进步,展望未来,与时俱进,越来越认识到认证活动是手段,更重要的是服务,务求实效是认证活动的生命。

一、始终坚持"顾客满意度和信赖"的服务理念是认证服务工作之魂

强化"顾客满意和信赖"的服务理念,辛勤耕耘、踏实服务,不断提高服务的针对性,才能以优异的服务质量赢得用户的信赖和口碑。

一是强化审核组长负责制,获证组织在有效期内,主动了解顾客的服务要求,及早反馈,及时服务。每次现场审核都填写《获证组织管理体系运行情况调查表》,同时反馈用户的服务要求,及时改进建议,再认证前,填写《上一认证周期的绩效评价表》,并提出再认证审核需关注的问题和改进建议,既可以指导"现场审核",又提出有针对性的"培训需求",开展有针对性的服务,做到"什么缺、什么弱"就"补什么",克服了泛泛的培训,取得了较好的实效。

二是强化顾客分类管理,根据企业质量管理成熟度分类,有针对性地开展增值服务。对A类企业可结合发展

需求，开展“超越9000”、“卓越绩效评价准则”、“战略管理”、“社会责任”、“风险管理”等知识培训，进一步促进企业质量管理的迅速提升、涌现了一批在行业中知名的省、市质量奖的获证组织和先进企业；对C类企业，重点关注企业的法规遵守、资质、执行标准、人员能力、加工和检测手段等，并制定《关于进一步加强对认证组织的产品标准、计量器具、特种设备管理的合格性审核的管理办法》等有关文件、提高现场审核和审核服务的质量，严把认证发证底线，并协助这类企业实现产品质量保证能力的达标运作，

三是强化针对重点行业组织的专项服务。如针对食品行业的“HACCP七大原理及方法”培训；针对电子行业的“ROHS、WEEE指令及国家相关标准”培训；针对化工行业的“REACH、PFOS指令”培训；针对汽车配件的材料行业的“五大工具应用”培训；针对服务行业的“服务质量管理体系要求”培训；高耗能行业的“能源管理体系要求”培训；针对南京市138家污染企业进行了“清洁生产审核”培训，深受企业欢迎。

四是强化对顾客服务的监测、考评活动。公司设有客户服务部建立的“售后服务、客户维护、信息收集”的“三位一体”的客户服务系统。除了每年的《顾客满意度》调查外，每次现场审核后皆有 “电话访问记录”，发现问题以及处理问题的结果都纳入审核员的绩效考评。2011年机构评选出了3名优秀审核员并给予通报表扬，配发高档手提笔记本电脑。

顾客满意了，企业质量绩效提高了，企业对机构的认可和信赖深深地激励着“九州人”务求实效地做好自己的工作。

二、始终坚持提高“服务能力”是认证服务工作的基础

在服务认证中，如何才能“务求实效”呢？实践告诉我们必须不断提高机构审核员的“服务能力”建设，这是做好认证服务工作的基础。

（一）强化认证机构的风险控制管理

1.强化对认证人员的管理，把握认证机构认证底线

（1）对一线认证人员建立一套既切实可行又有强制性约束力的管理办法

要求所有认证人员均签署长期聘用合同（协议），同时附加行为约束条款、公正性条款、保密承诺等，从法律层面来掌握和控制对从业人员管理的主动权。切实加强对审核现场的控制力度，机构每日都有专人负责对当日实施的项目进行电话调查，从审核组和受审核方两面了解情况，发现异常按规范要求及时调控和处置。确保了所有的审核项目都能按照审核任务书的指令进行，实现了机构对审核组现场审核这一关键过程活动的动态监控。

（2）对内部管理人员严格选拔、管理和考核

首先，在创新管理、建章立制上投入了空前的人力、物力和财力，提高了现有内部管理人员的待遇水平；第二，从实习审核员和技术专家队伍中，引进和培养一批熟悉行业特点，具有强烈事业心和行业风险意识的专职管理型人才；第三，通过网站、人才招聘会等形式，从众多的应聘者中择优录用了基础条件较好，热爱认证认可事业的大学生充实到机构的管理队伍之中。

2.认真做好认证风险控制的基础管理

一是组织机构技委会专家识别过程，明确风险控制五阶段（市场开发、合同评审、现场审核、认证决定、认证证书的管理）的职责和要求，并形成文件。二是对认证敏感行业和高风险行业（如食品和建筑等行业），实施重点管理；从认证申请受理开始，严把合同评审关，法规和资质不符合要求的不予受理申请；在审核项目安排过程中，配备充足的审核资源；在认证决定过程中对于资料审查发现的问题都要逐一进行整改落实；对于不符合标准要求的申请认证组织，机构均给出不予认证注册的决定。

（二）强化认证机构人才梯队建设

持续加强审核员能力的提升和专职审核员队伍的建设，以确保机构在认证人员的数量、能力和职业化方面持续满足认证审核业务开展的需要。

1.加强审核员队伍能力的培养和培训

每月安排内容丰富的培训内容，涉及CC01标准和新版认可规范学习、最新法规和标准、国内外先进的管理理念和方法、编制专业审核作业指导书161份、各项自查中显现问题所采取的对策和要求等内容。通过持续的和有针对性的培训，审核员的专业能力得到了较大的提高。

2.开展课题研究

机构参与了认可委的“十一五”国家科技支撑计划《服务质量评价技术研究及其在公共服务领域的应用》及“企业社会责任”课题研究；对审核员按大类分组开展专题研讨，取得了很多成果。《过程方法审核研讨》、《食品或化工类审核方法研讨》、《建筑行业审核关注要点》等多篇论文在《中国认证》等刊物上发表。

3.加强审核员专业能力的考评

除了对审核计划执行的管理，对审核项目即时的电话回访和确认，并对回访结果进行考核外，重点是依据

《审核员能力评价准则（含专业能力及综合能力）》每年由专业评定人员对审核员进行能力评定。

（三）强化认证机构的信息化建设

在2012年机构继续以信息上报、标准和法规跟踪工作为突破口，着力加强了公司的信息化建设。投资10万余元，更换和升级了绝大多数的办公用计算机，并对软件进行改进，进一步完善软件功能；投资80多万元改善工作环境，提高工作效率。

三、始终坚持现场审核的“过程方法”是认证服务工作的关键

各类管理体系审核的符合性、有效性、适宜性、充分性关键就是现场审核活动的“务求实效”。

一是在机构内部开展“如何实施增值服务？”、“怎样才能实现增值服务？”的大讨论，在过去现场审核要求的“三重三轻”、“五多五少”以及“四个切忌”的要求的基础上，又进一步提出了“顾客可持续发展”，即提出“三个揭示”企业实现“六个持续”的活动要求。

二是结合ISO 9001：2008标准换版之机，又提出现场审核必须要做到的“三个突出、三个发现”的“过程方法”要求。现场审核中，第一要突出“输出至关重要”的审核原则，企业大有大过程，小有小过程，应明确过程的“结果”到底如何？来发现那些“按程序文件（或作业指导书）做仍然是不符合（或不合格）发生”的过程，即“符合程序文件”仍然“无效”或“效果不理想”的问题；第二要突出“谁对过程结果负责”的审核，来发现“谁都按程序文件做了，结果仍然不好，而谁都不需要负责”的问题，来发现企业分工就分家的职能管理的弊端，强化贯彻过程管理、系统管理方法；第三要突出“贯彻的结果是什么？怎么测量？测量的结果是否有效？”的审核，来发现那些结果模糊、不可测量、测量并无实效的管理过程的问题。

实践证明，坚持“过程方法”的“三个突出、三个发现”现场审核要求，能极大地提高审核员现场发现问题的能力，而发现的问题往往都是企业已习以为常的或一直难以解决的问题。这个方法给企业震动很大，深受企业的欢迎。

适逢《质量发展纲要》、《国家认证认可事业发展“十二五”规划》的颁布，党中央、国务院“质量强国战略”给认证认可事业的发展提供了难得的战略机遇期。江苏九州认证有限公司将继续坚持科学发展、和谐发展，紧紧围绕服务于经济工作这一中心，与时俱进，为服务社会和认证事业的可持续发展做出贡献。

江苏九州认证有限公司　供稿

中铁铁路产品认证中心

坚持规范 确保安全 突显特色 全心服务

2011年，在国家认监委和铁路产品认证管理委员会的领导下，在铁道行业有关单位和部门的支持与配合下，中铁铁路产品认证中心（CRCC）积极稳妥地推动铁路产品的认证工作，始终以“努力促进产品质量提高，确保运输安全，服务于绿色铁路”为宗旨，强化风险管理，坚持科学规范原则，不断提升工作水平和服务质量，推动铁路产品认证的有效性和权威性，为铁道行业提高产品质量、严守路用产品准入关口、保证铁路运输安全和铁路建设而努力工作，并取得了显著成效。

一、坚持科学规范，增强行业管理，促进铁路产品认证工作的有序进行

2011年2月，“认管委［2011］1号《关于发布第七批实施认证的铁路产品目录的通知》”批准“机车空调机组、铁路用减水剂、铁路用防水材料、液压复轨器”4种产品实施认证。截至2011年底，管委会批准的认证目录7批77种产品， 现有CNAS认可的产品18种，涉及产品标准、技术规范或CRCC补充技术规范47个。

针对列入目录的产品，管委会组织CRCC认真制定并发布相关产品的认证实施规则，并根据铁路技术、标准的发展变化以及认证实施情况，及时对实施的规则进行修订。截至2011年年底，CRCC共发布产品认证实施规则68项。

2011年1月～12月31日，CRCC受理初次认证申请企业80家，其中复评企业27家，受理扩大产品认证65厂项、受理获证后变更107厂项。发布产品认证公告12期，颁布新获证证书169张，原获证企业扩项、变更证书136张。认证未通过37个厂项。至此CRCC共颁发认证证书1 347张，已获证企业395个，其中颁布标识CNAS注册编号的认证证书430张，涉及167家企业。

二、确保运输安全，加强证后监督，保证产品认证的可靠性和有效性

为确保铁路运输的安全，CRCC对于已经获证的企业采用多种形式的监督方式。每年正常的年度监督，同时还借助多种行政方式即与铁道部行政许可、监督抽查、专项检查、产品验收、事故处理等协调统一、互联互动。通过监督抽查、专项检查或事故处理的结果的及时反馈，强化获证产品的一致性和有效性，对不合格的产品实行质量追踪制度，常规与行政方式双管齐下，提高获证产品公信力，进一步保证产品认证的可靠性、可信性、可用性。

截至2011年12月31日，CRCC完成获证后监督评审294家，监督复查检查和检验31家，暂停证书77张，涉及54个企业26种产品。撤销证书14张，涉及10个企业8种产品。注销证书21张，涉及16个企业14种产品。证后监督对保证产品认证的一致性和有效性、规范铁路产品市场秩序起到了积极作用。

三、突显行业特色，扩大认证业务范围，开展机车车辆重要部件的第二方审核和城市轨道交通认证业务

2011年，进一步加大检测技术装备的投入和检测能力的扩展，为适应铁路产品认证的发展提供基础。

2011年9月，国家发改委城市轨道交通设备国产化办公室下发《关于同意开展城市轨道交通装备认证工作的复函》，批准同意中铁铁路产品认证中心开展城市轨道交通装备认证工作，标志着CRCC具有开展城市轨道交通认证工作的能力。

2011年10月10日，在北京召开第一届城市轨道交通装备认证工作委员会全体会议。会议通过城市轨道交通装备认证工作委员会的组成方案，审议《城市轨道交通装备认证工作委员会章程》，明确工委会是认证机构的领导机构，工委会秘书处设在中国交通运输协会城市轨道交通专业委员会。

为加强铁路货车重要零部件生产管理和采购控制，确保铁路货车配件制造质量和行车安全，受铁道部运输局装备部委托，由CRCC组织、车辆验收系统的检查人员

以及运输局装备部指派的技术专家参与，开展铁路货车重要部件生产资质认证的第二方审核。2011年圆满完成部运输局装备部委托的货车资质认证、客车资质认证，以及对南、北车集团下属等企业生产客车A类零部件的检查工作。

四、全心周到服务，提高行业服务水平，开展顾客满意度测评工作

CRCC每年制定计划和实施方案，采取抽样现场走访方式进行客户回访和顾客满意度调查，调查回访内容涉及审核员的行为规范、审核能力、工作纪律、行业作风、机构的服务意识、工作效率、有关的意见或建议等。

2011年，委托上海市质协用户评价中心作为第三方中介开展顾客满意度测评工作。主要针对CRCC产品认证管理与服务，征询顾客意见，以便于持续推动服务水平的提升，不断满足顾客的需求。

测评结果显示，客户对CRCC的服务满意度为87.14分，处于较满意至满意区间。具体分析，客户对具体环节的满意度相对比较均衡。“评审过程”的满意度相对略高，为87.99分，而对“评审申请受理”的评价相对略低。希望CRCC能继续保持并重视起每个服务环节，为客户提供更温馨周到的服务。

五、优化人员管理，注重人才培养，建设一支高水平的检查员队伍

2011年，CRCC认证部从事产品认证的管理工作人员40人，全部为大专以上学历，大学以上36人，高级技术职称29人，中级技术职称8人。目前备案的检查员640人，其中专职检查员42人（高级检查员26人，检查员16人），兼职检查员人员598（高级检查员223人，检查员375人）。

2011年CRCC根据新修订的《认证机构专业能力评价与控制程序》，为进一步完善风险评价体系，包括认证项目风险的识别及能力分析、各类认证工作人员专业能力评价和控制、认证能力完善和风险控制对策、能力评价的再评价和改进等，对三方审核、认证人员进行专业8位码重新赋码、评定工作，及对CRCC技术专家进行重新评定、聘任及备案建档工作。

截至2011年12月31日，共组织CCAA继续教育面授培训、CCAA继续教育网络培训、铁路产品认证检查员培训、认证机构管理办法等培训9项10次，培训人数341人次，培训课时176小时，笔试、面试合格率均为100%，圆满完成全年培训计划，培训计划完成率100%。通过笔试、面试结果和各站的反馈及中心的顾客满意度调查结果以及CNAS外审结果显示，2011年质检中心培训是充分和有效的。在质检和认证工作中，中心人员无论在资质上和工作能力上均能满足体系有效运行的要求。

中铁铁路产品认证中心 供稿

2012

Yearbook of Certification and Accreditation of China

第十八部分　认证实效

Part Eighteen　Effectiveness of Certification

中国国际核聚变能源计划执行中心

建立并实施高效的质量管理体系是顺利开展国际大科学工程的基本保障

我国是一个发展中大国，能源需求问题突出，日益成为实现经济社会长期可持续发展的重大瓶颈问题。国际热核聚变实验堆（ITER）计划是目前我国以平等、全权伙伴身份参加的规模最大的国际科技合作计划（其他主要成员包括欧盟、美国、日本、韩国、印度和俄罗斯）。ITER计划将建造、运行一个可持续燃烧的托卡马克型聚变实验堆，以验证聚变反应堆的工程技术可行性。参加ITER计划是党中央高瞻远瞩，为我国未来能源可持续发展做出的重大战略部署，通过参加ITER装置的建造和运行，我国将掌握世界领先的磁约束核聚变研究和技术成果，锻炼、培养一支高水平聚变科研和工程技术人才队伍，同时带动其他相关领域的技术发展（包括材料技术、超导技术、复杂系统控制技术、等离子体技术、大功率微波技术、成套设备制造技术等），进一步推动国内核聚变能源的研究与发展，提升我国核聚变能源领域的自主创新能力，为我国未来自主设计、制造核聚变示范堆奠定坚实基础。

2008年10月，经中共中央编制委员会办公室批准，国家科学技术部成立中国国际核聚变能源计划执行中心（简称“ITER中心”），负责组织参与ITER计划相关活动和ITER组织管理，保障中国作为ITER计划平等伙伴的各项权益，履行中国参加ITER计划的承诺和义务。

ITER计划是以核聚变能为可再生能源从而解决人类能源问题，为最终目标的大科学工程计划，确保工程质量至关重要。ITER的建设与航天工程建设等其他大科学工程类似，多数部件（产品）具有后期不可检测性，只有加强过程控制，严格遵守要求，才能实现最低的、可接受的故障率。ITER装置建造地点设在法国，法国政府在核设施安全与质量管理方面实施了健全的管理体系，并具有丰富的建造和管理经验。参与ITER计划的欧盟、美国、日本等其他方在核聚变领域已具备世界先进的工业基础。ITER计划各方已采购包方式完成相关部件或产品的设计或加工制造任务，各方工作接口复杂，在设计、制造等方面相互联系、相互检验。中方ITER计划相关工作面临着很大的挑战。

在各方的积极推动下，ITER中心结合国际原子能机构、法国核安全局及ITER组织相关管理要求，在充分重视工程组织管理的系统性和完整性的基础上，建立了ISO 9001质量管理体系，将上万个管理环节通过制度性、规范性的文件进行了全面反映，对中方ITER计划各项工作进行了规范。

质量管理体系的建立和有效实施对中方ITER计划的实施具有重要意义：

一是为高效、有序地开展ITER计划各项工作奠定了基础。ITER装置技术难度及管理要求不亚于国际空间站等世界上任何国际大科学工程，质量管理体系的建立和实施对ITER计划工程管理内容进行了规范和优化，实现了“凡事有章可循，凡事有人负责，凡事有据可查，凡事有人检查”的既定目标。

在质量管理体系的有效实施下，ITER计划中方承担采购包任务相继开展，磁体系统环向场假导体等第一批采购物项已相继运往目的地并达到了相关质量验收要求。在国际合作方面，ITER中心积极参加双边、多变核聚变领域科技合作与交流，逐渐归纳、总结出了一整套适用于组织、开展各类国际活动的管理机制，切实保障了中方相关各项权益。在研发领域，ITER中心从自身出发，做好定位，为国家核聚变领域相关项目的实施及管理发挥了重要支撑作用。

二是进一步适应了国际化管理的需要，有力地带动了中方ITER计划全链条、全流程的“大质量管理体系”建设工作。ITER中心在体系建立过程中，以ISO 9001质量管理标准为主线，有机地结合了法国AQ84核设施安全与质量管理条令及国内HAF003核电厂质量保证安全规定有关内容，重点对核设施加工制造过程控制及技术状态管理等环节进行了梳理，适应了ITER国际组织及法国核安全局对基础核设施安全与质量管理要求。

通过对ITER国际组织、ITER中心及国内ITER计划任务承担单位三级机构的接口控制及工作流程的调整和优化，带动了中方ITER计划全链条、全流程的“大质量管理体系”建设，进一步突出了质量管理对ITER计划的重要意义。

三是为中方积累ITER计划工程管理经验，有能力保存全部工程管理及技术数据打下了坚实的基础。ITER中心将以体系的实施为基础，利用工程信息管理系统等先进的管理手段，及时吸收和消化ITER计划知识产权，科学、有序地保存工程管理和技术文件，为我国未来核聚变领域的发展提供充分参考依据。

ISO 9001质量管理体系的成功建立和实施是ITER中心迈向ITER计划科学化、系统化、规范化管理的第一步。我国加入ITER计划最终目的是要充分积累我国核聚变领域研发和管理经验，积极带动相关产业链的发展，为我国未来自主建造核聚变试验堆奠定基础。ITER中心将不断优化和完善质量管理体系，积极借鉴和采用其他先进的管理模式，逐渐探索出一整套具有中国特色的适用于我国未来核聚变产业发展的工程管理机制。

撰稿人：邢　超　李向宾

中国信达资产管理股份有限公司

强化科学管理　探索转型新路

中国信达资产管理股份有限公司（以下简称“中国信达”）前身为中国信达资产管理公司，成立于1999年4月20日，是中国政府为抵御亚洲金融危机的影响、有效化解银行不良资产风险、维护金融体系稳定而组建的第一家金融资产管理公司。2010年6月28日，公司整体改制为股份有限公司，建立了规范的“三会一层”（股东大会、董事会、监事会、经营管理层）公司治理架构。

公司自成立以来，共接收和处置来自国家开发银行、中国建设银行、中国银行、中国工商银行、交通银行等多家银行及其他金融机构的不良资产。中国信达不良资产处置经营业务始终保持行业领先地位，同时积极参与多家证券公司、信托公司等问题机构的托管清算和风险事件的专业化处置工作，在支持国有商业银行改制上市、化解金融风险、维护金融市场秩序等方面发挥了重要作用。

中国信达2012年乃至今后一个时期，在向商业化转型的过程中，将继续以不良资产管理处置经营和托管重组为主业，积极开展证券、基金、期货、保险、信托、金融租赁、投资等多元化金融服务业务。公司将围绕“改革、创新、发展”的主线，通过改革来实现体制机制的转换，建立与市场化经营相适应的管理体制和运行机制；通过业务创新、管理创新，最大限度地激发公司的活力；把发展作为第一要务，选择正确的发展道路，实现优质高效内涵式增长，把中国信达打造知名的金融服务品牌，为经济社会健康发展做出更大的贡献。

对外合作

中国信达成立以来，以不良资产处置主业为纽带，积极与各级政府机构协作，签署战略合作协议，提升金融业对地方经济深度发展的服务支持，促进经济结构优化和发展模式转变。同时与国内外金融机构、大型企业集团在发展战略规划、资产重组、资本运作、财务顾问、投行与咨询业务等方面开展了全方位、多层次的合作，在业内赢得了良好声誉，为公司业务的顺利开展以及商业化转型奠定了坚实的基础，也为公司在未来取得更大的发展创造了良好的外部环境。

社会责任

中国信达通过收购、处置银行剥离的不良贷款，支持了国有商业银行改制上市，化解银行风险；受托对问题金融机构进行托管、关闭和清算，参与处置危机事件，扮演“国家金融救火队”的角色，维护了金融稳定；运用法律手段制止恶意逃废金融债务行为，诉讼案件累计达上万件，保全和追偿濒危债权，维护了社会信用秩序。

为落实国家政策性破产及军工、天然林保护、有色金属、纺织、国家贫困县以及资源枯竭的矿山、煤炭等减免政策，中国信达核销减免金融债权，协助安置职工就业，帮助国企改革脱困，配合支持了国家产业布局和经济结构的调整。

中国信达热心参与社会公益事业，自2002年以来，公司积极对青海乐都县进行扶贫帮困，改建信达希望小学，组织员工资助特困学生就学，建设饮用水窖，热心为当地政府和群众排忧解难。“5·12”汶川大地震后，信达集团及员工踊跃捐款，震区周边的成都、兰州、贵州、昆明等地分支机构全力投入抗震救灾，为保护群众的生命财产安全而努力。

管理体系

2006年，中国信达通过了英国标准协会（BSI）和中国质量认证中心（CQC）的ISO 9001质量管理体系认证，标志着公司管理体系获得了国际和国内的认可。

2007年，中国信达通过了ISO 27001信息安全管理体系认证和ISO 20000IT服务管理体系认证，成为国内第一家获得IT服务管理体系和信息安全管理体系国际、国内双认证的金融机构。

ISO 9001质量管理体系与ISO 27001信息安全管理体系、ISO 20000 IT服务体系的成功导入，为中国信达业务的快速发展、内控体系的完善和品牌价值的提升，创造了重要条件。

信息化建设

中国信达不断加大投入，大力推动集团信息化建设。一直把信息化建设作为支持集团业务发展和加强内部控制的主要手段，并坚持在信息技术应用上走自主创新的道路，自主设计开发了多个适合公司管控和业务发展的应用系统。高水准的信息化管理已经成为中国信达核心竞争力的重要组成部分。

市场研究

中国信达组建由国内外专业研究人员加盟的金融风险研究中心，与国务院发展研究中心、北京大学、中国社会科学院和亚洲开发银行等机构在金融风险研究和不良资产市场研究领域保持密切合作。

专业团队

中国信达积极实施人才强司战略，紧抓培养、吸引和用好人才三个关键环节，造就了一支政治过硬、能征善战、业务精通、具有国际视野、熟悉市场规则的专业团队。

风险管理

中国信达根据集团管控和综合经营的需要，建立健全了集团风险管理的组织架构，并着手建立公司风险监控指标及报告体系，制定覆盖全集团的风险管理制度，规范风险管理操作流程，落实加强集团管控的具体要求。

中国信达还通过健全和完善授权制度、财务管理制度、综合考评体系、业务协同机制，加强内部审计监督、法律把关及合规管理，严格防控各分公司和子公司的重大决策和经营管理风险。

中国信达资产管理股份有限公司 供稿

国家体育总局体育彩票管理中心

落实质量管理体系 推动体彩开奖工作规范化、科学化发展

中国体育彩票是国家批准、部门发行、社会受益的国家公益彩票。国家体育总局体育彩票管理中心（以下简称“体彩中心”）是中国体育彩票发行机构，负责全国体育彩票发行和组织销售工作。各省、自治区、直辖市体育彩票管理中心作为体育彩票销售机构，负责本行政区域的体育彩票销售工作。目前，全国有31个省级体育彩票销售机构，各类体彩销售网点逾12万个遍布全国城乡，从事体育彩票工作的人员达到30多万人。

1994年，经国务院批准，中国体育彩票正式发行。18年来，体育彩票筹集的公益金对于社会公益事业和体育事业的发展发挥了积极的作用。截至2012年6月30日，中国体育彩票共销售5 122.44亿元，累计为社会筹集公益金超过1 531.26亿元。作为公益事业的助推器，体育彩票公益金广泛用于各项社会公益事业的发展。如补充全国社会保障基金、支持红十字会人道主义救助事业、设立城镇和农村医疗救助基金、支持教育助学、资助残疾人事业、支持青少年学生校外活动场所建设和维护、支持中国艺术节等。同时，作为体育事业的生命线，体育彩票公益金对于构建公共体育服务体系、建设惠及全民的公共体育设施、支持开展丰富多彩的全民健身活动、资助高水平竞技体育的发展起到了保障作用。

作为国家公益彩票，中国体育彩票始终秉持“来之于民，用之于民”的发行宗旨，坚持“公开、公平、公正”的发行原则，发扬“责任、诚信、团结、创新”的体彩精神，科学严谨地开展工作。作为体育彩票最受关注的工作内容之一，开奖工作不仅是体现科学管理、公正透明的重要工作内容，更是打造体育彩票诚信基石的重要环节。为了进一步加强开奖工作的科学管理，提高开奖工作的公开透明，持续完善监督机制，不断提升体育彩票公信力，总局体彩中心于2011年启动了ISO 9001质量管理体系认证工作。自ISO 9001质量管理体系全面启动以来，开奖相关部门严格落实工作部署，扎实抓好质量认证工作的各个环节，以ISO 9001质量认证体系工作为重点，开奖及其相关业务协调推进。在工作中，体彩中心将体育彩票开奖工作分为8个小组，分别为：开奖数据组、节目制作组、新闻制作组、网络直播组、运行保障组、彩民接待组、美工设计组和文秘组。在本职开奖工作与认证工作同时进行的情况下，建立运行质量管理体系，使开奖工作在安全、稳定、不间断运行的同时，不断规范完善管理制度，员工素质同步提升，不仅圆满完成了通过质量认证的既定计划，也为体育彩票开奖工作长期安全稳定运行、开奖过程更加阳光透明提供了有力保障。

一、明确目标，落实责任

职责清晰、目标明确，是ISO质量认证管理体系的基础。工作中，体彩中心明确了日常开奖、新闻制作、网络直播等多个工作项目的明确职责，对各项工作内容进行了明确界定。各小组结合各自职责，确定了工作任务和目标，制定了细化的工作流程、工作规范、工作方案及服务标准。开奖工作的目标要求明确具体，对开奖节目的制作、网络直播等重点工作都明确了责任人，并向全体开奖工作人员公示后进行实施。

二、完善制度、规范文件

编写制度文件是ISO质量认证工作的重要环节，一套重点突出、科学实用的质量管理体系文件对日常开奖工作的指导和规范具有举足轻重的作用。因此，管理者代表组织各小组负责人，对开奖工作原有的工作框架、流程体系、质量控制的关键环节等进行了详细的摸底调查，找出了制约开奖工作质量管理体系有效性的主要问题并在建立体系的过程中重点关注。随后，对原有制度文件进行了收集、整理、调查，把符合体系标准、适合开奖工作要求的部分纳入质量管理体系文件。

三、严格执行、加强监控

完善了开奖工作的各项规章制度之后，各小组配合制度文件，制定了一系列具体的工作计划和员工培训计划，同时，规定各小组全体工作人员对汇总后的制度文件进行学习与培训，各小组人员按文件规定执行并做好工作记录。通过一系列质量文件的运行，全体工作人员充分认识到自觉执行体系程序的重要性，均按照质量管理体系的要求进行工作分工，以确保各个环节安全、有序的

进行。

四、效果显著、持续改进

认证的过程是辛苦的，认证的成果同样是显著的，通过实施ISO 9001质量管理体系认证工作，开奖工作全体工作人员规范的建立和修订了多项内部管理制度，使多个小组、多个环节实现了有序、高效的运作；明确划分了各小组的工作职责与权限，明确员工的岗位责任；增进了小组之间工作的透明度及小组间、组员间的互相沟通，营造了良好的工作氛围，树立了严谨规范的工作意识。

ISO 9001质量管理体系的实施，是中国体育彩票开奖走向科学化管理的一个开端，不仅有利于提升体彩开奖的工作质量，规范日常管理，实现内部高效沟通，更是体育彩票公正、公平、公开开奖的有力保障和支持，它需要长期有效的执行下去，坚持不断完善与改进，切实保障和实现体育彩票的安全开奖，维护体育彩票开奖的社会公信力。

中国体育彩票的开奖工作通过ISO 9001质量管理体系标志着体育彩票顺利完成了“开奖三步走”，即摇奖过程网络直播、开奖场地向社会全面开放、通过ISO 9001质量管理认证，它也预示着中国体育彩票的开奖工作向规范化、科学化迈出了重要一步，也对《彩票管理条例》及其实施细则的深入贯彻具有重要的战略意义。开奖工作也会以实施质量管理为契机，继续提高安全意识、完善监督、加强学习，按照ISO 9001质量管理体系标准的要求，在科学化、标准化和规范化管理上不断取得新的进展。体育彩票的“阳光开奖”，必将为体育彩票不断创新发展提供良好的发展环境，为体育彩票的公信力建设夯实基础。

国家体育总局体育彩票管理中心 供稿

中国人民银行清算总中心

坚持持续改进 提升管理水平

2011年中国人民银行清算总中心支付系统开发中心办公秩序进一步规范，项目管理工作坚持持续改进，进一步制度化、规范化，项目管理水平得到提高。

一、积极开展软件质量保证活动

开发中心软件开发管理水平不断提高，在取得CMMI四级认证的基础上，正按CMMI五级进行改进。

CMMI四级和五级引入了量化项目管理，对CMMI二级和三级的各个过程进一步强化，四级制定了软件过程和产品质量的详细而具体的度量标准。因为软件过程被明确的度量标准所度量和操作，不言而喻，软件产品的质量就可以预见和得以控制，软件组织的能力是可预见的。组织的度量工程保证所有项目对生产率和质量进行度量，并作为重要的软件过程活动。具有良好定义及一致的度量标准来指导软件过程，并作为评价软件过程及产品的定量基础。在开发组织内已建立软件过程数据库，保存收集到的数据，用于各项目的软件过程改进。

目前五级重点是优化，整个组织特别关注软件过程改进的持续性，防止缺陷及问题的发生。不断地提高组织的过程能力，加强定量分析，通过来自过程的质量反馈和吸收新观念、新科技，使软件过程能不断地得到改进；根据软件过程的效果，从成功的软件过程实践中吸取经验，加以总结。把最好的创新成绩迅速向全组织转移；对失败的案例，由软件过程小组进行分析以找出原因，能找出过程的不足并预先改进，把失败的教训告知全体组织以防止重复以前的错误。从而实现不断地系统地改进软件过程。

根据开发中心工作的实际情况，修订了原有项目管理手册，形成了《开发中心项目管理和质量手册Edition2.0》。开发中心对项目进度执行情况、模板以及规范符合情况进行了定期的过程和产品方面审计，引导项目按规范执行，提高了项目的可视性。2011年，开发中心共组织多次专业评审和PMO会议。评审领域包括：网上支付跨行清算系统项目、上海中心集成项目、CCPC改造实施项目、二代实验室测试项目等。

二、开发和技术支持能力不断增强

开发中心技术力量不断壮大，技术能力不断增强。从新员工入职开始，采取一带一的指导方式，使新员工遇到问题有人答、遇到难题有人帮、遇到困惑不迷茫，尽快进入角色、融入开发团队。培养了一批熟悉支付应用系统、掌握系统集成和测试知识、具备一定项目实施经验的技术骨干；加强支付清算系统总体技术研究，系统分析了目前支付系统急需解决的重大技术问题及其形成的原因，提出了针对性的解决措施，为支付清算系统的持续改进和长远发展奠定了技术基础，进一步改进了产品和运行维护管理。

三、全面提高系统测试能力

（一）实验室标准化测试

2011年开发中心进一步完善实验室标准化测试，不断提升实验室测试水平，以接近满分的成绩通过了国家应用软件产品质量监督检验中心的实验室间软件效率能力审核。

完成多项实验室标准化测试，包括：北京主站主机升级改造集成测试、支付报文传输平台参与者接入端测试报告等项目测试。

执行第二代支付系统实验室测试。为保障第二代支付系统正常、稳定、按时上线，开发中心成立测试项目组，对第二代支付系统架构、特性进行分析、研究，详细制定了测试方法和测试策略，同步设计开发自动化测试工具。

（二）支付系统自动化测试框架课题研究以及自动化测试平台工具研发

开发中心在进行应用软件和相关的系统软件产品测试时，除界面功能验证外，通常需要开发报文发生器。近几年随着支付系统各子系统的项目建设，开发中心自主开发了一些测试工具，在应用系统的测试和二线技术支持测试中发挥了积极的作用。通过借鉴业界内成功案例的先进经验，定制标准自动化测试框架，针对业务规则和系统架构的特点，量身定做符合支付系统测试特点的自动化测试平台，从根本上提高测试效率和测试水平。

针对课题研究方向，开发中心组建专门的团队进行自动化平台的调研和设计工作，目前自动化测试平台工具基本功能已经开发完毕，并应用到支付司三轮业务测试和开发中心多轮实验室测试中。

目前开发中心技术力量不断壮大，一支拥有正规资质和经验的项目团队正在成长；项目管理工作得到加强，新软件的缺陷率持续下降，软件缺陷的修正周期持续缩短；软件配置管理得到进一步加强，各软件版本完整、连续、一致、安全。我们将继续发扬坚持持续改进，提升管理水平的理念，为支付清算事业奉献一份力量。

撰稿人：翁景然

北京首都国际机场股份有限公司

持续改进制度体系建设　打造大型国际枢纽

北京首都国际机场股份有限公司（BCIA）隶属于首都机场集团公司，主要负责北京首都国际机场的安全和运营管理。1999 年 10 月 13 日，国家经贸委批准北京首都国际机场作为独家发起人，以发起方式设立北京首都国际机场股份有限公司，并于1999 年 10 月 15 日在北京正式注册成立。2000年2月1日成功在香港联交所上市交易，成为中国内地首家在香港联交所上市交易的机场公司。2000年5月18日，经国家对外经济贸易合作部批准，成为外商投资股份有限公司。

作为首都机场的管理机构，首都机场股份公司全面开展首都机场的安全保障、运行服务、环境保护和公共事务管理工作，统一协调、管理首都机场的生产运营，维护首都机场正常秩序，为航空运输企业及其他驻场单位、旅客和货主提供公平、公正、便捷的服务。

2011年，首都机场航班起降架次、旅客吞吐量和货邮吞吐量分别达到53.3万架次、7 867.5万人次和163万吨，旅客吞吐量位列全球第2名。国际机场协会（ACI）旅客总体满意度达到4.82，首次进入全球机场排名第3位，并获得“四千万级以上最佳机场第二名”；继续保持SKYTRAX四星机场，并获得“中国最佳机场奖”及“中国及东北亚地区机场营销奖”；首都机场网站首次获得IMA 2010年度运输类网站杰出表现奖。同时，公司还获得了“全国文明单位”、“2010年度中国最具影响力企业”、“全国职工职业道德建设标兵单位”、“2010年服务质量先进单位”等奖项。

面对激烈的市场竞争，公司制定了“十二五”发展规划。为保证该目标顺利实现，公司以建设大型国际枢纽机场的战略选择为路径，以完善资源补充、提升服务管理能力、提升人力资源管理水平三大系统作为支持和保障，全面实现持续安全、客户满意、效益提升三项目标。

为全面检验公司综合管理体系的符合性和有效性，公司质量安全部于11月3日～12月2日组织2011年度内审工作，对16个部门66个模块实施了内审，形成审核发现问题点191项，其中不符合项67项，建议项124项，表扬项12项。公司结合上述问题进行跟踪整改后，于2011年12月14日～16日接受中国质量认证中心的外部管理体系监督审核工作，并顺利通过认证。

2012年公司将紧密围绕持续改进制度体系建设，转变体系管理工作方法，促进管理品质提升开展工作，具体分解为以下几方面：

第一，固化核心制度和企业标准建设工作模式，做好制度和标准的试运行、发布实施工作。在核心制度和企业标准发布试运行后，一方面加大制度和标准执行与推广的力度，及时地跟踪反馈，适时地调整与修订，建立有机的制度体系；另一方面，固化核心制度模块负责制和企业标准建设工作组的工作模式，规范各部门对核心制度的修订和对标工作，逐步形成企业的制度文化。

第二，将核心制度和企业标准的持续改进纳入常态管理，完善公司、部门两级质量监察机制。以公司级质量监察为示范，指导、组织各部门定期地、自觉地开展核心制度和企业标准监督检查工作，针对制度、标准缺失情况，制定修编安排，确保制度、标准的完整性；加强对国家及行业的法律、法规、标准等引用文件的控制，根据引用文件的失效情况及时更新制度、标准，确保其合法性；运用八项质量管理原则和P-D-C-A过程方法，阶段性地开展制度、标准评估工作，从而确保制度、标准建设与贯标执行工作的一致性和有效运行。

第三，强化培训，持续提升工作人员质量能力，为开展全面质量管理工作提供人员基础。一方面推动各部门内审员岗位化、职业化，将进一步确定内审员岗位职责，使内审员成为服务于部门各项体系工作的开展，安全、服务监督，日常检查，各项工作品质评价的核心工作人员。另一方面确保公司内部工作人员持续接受审核能力培训。2012年将持续有组织的开展不同管理层级工作人员审核能力培训，促进工作人员质量意识提升，促使工作人员可以应用质量工具指导工作实践。

历经十余年的发展，首都机场股份公司正在稳步迈向“世界一流机场管理公司”的宏伟愿景，公司全体员工将担负起“推动行业发展，展示国门形象”的光荣使命，贯彻“倡行中国服务，打造国际枢纽”的工作理念，按照“固化成绩、持续提升、对标先进、创新一流”的工作方针，为首都机场枢纽战略的最终实现而努力奋斗！

撰稿人：刘 远

特变电工股份有限公司

建立科学有效的管理体系 增强企业的市场竞争力

伴随改革开放的伟大进程，特变电工股份有限公司（以下简称“特变电工”）围绕“输变电高端制造、新材料、新能源”国家三大战略性新兴产业，坚持走新型工业化道路，以现代文化为引领，以科技、人才为支撑，创新求变、科学发展，不断加快自主创新能力建设，深入推进“一高两新”战略。一高：输变电高端装备制造业；二新：煤电化多晶硅联合新能源循环经济产业链，煤电化电子铝箔新材料循环经济产业链。已发展成为我国输变电行业的龙头企业，我国最大的电子铝箔新材料基地、大型太阳能光伏系统集成商。变压器年产能达2亿kVA，位居亚洲第一位，世界前三位。截至2011年底，公司总资产达到400亿元，净资产达到200亿元。2011年，全集团实现销售收入225亿元，利税35亿元。

目前，公司拥有员工1.96万人，建有新疆、辽宁、山东、天津、上海、湖南、陕西、四川全国八大区域基地及印度海外基地，在全国31个省、自治区、直辖市及美国、印度、俄罗斯、巴西等60余个国家和地区建有销售网点。在输变电领域，公司先后承担了世界首条1 000千伏特高压交流晋东南–南阳–荆门试验示范工程，世界首条±800千伏特高压直流云南–广州试验示范工程、世界输送容量最大的特高压直流±800千伏四川—上海试验示范工程，百万千瓦台山核电主变等十余个大型核电站，80万千瓦糯扎渡等大型水电站，江苏大唐百万千瓦超临界及超超临界大型火电产品等一系列国家重点科技攻关研制任务。

多年来，公司的发展得到了党和国家领导人的高度关注和亲切关怀。胡锦涛、吴邦国、温家宝、贾庆林、李长春、习近平、李克强、贺国强、周永康等党和国家领导人先后莅临公司视察，对公司的发展给予了高度评价和殷切期望。中央领导同志的关怀，社会各界的认可，极大地激励和鼓舞了奋战在产业报国道路上的万名特变电工人，化作了推动三大产业又好又快发展的动力。

“十二五”期间，特变电工将专注于“输变电、新材料、新能源”领域的开拓与协同发展，以绿色高效、低碳环保的技术和装备，服务人类的进步和可持续发展。为全面贯彻落实中央经济工作会议和中央新疆工作座谈会精神，公司提出到2015年打造具有国际竞争力、产销500亿的高新技术企业集团，即：新疆输变电产业百亿基地、沈阳输变电产业百亿基地、衡阳输变电产业百亿基地、新疆新材料产业百亿基地、新疆新能源产业百亿基地。

特变电工高度重视质量管理体系的建设工作，下属各单位均按要求通过了ISO 9000的认证，并建立了较为完善的质量管理体系。每年通过邀请审核专家对公司的体系运行的有效性进行审核，发现体系运行中存在的问题和不足，不断完善公司的质量管理体系。公司也已建立了一支富有审核经验的内审团队，通过全面体系审核或循环审核等方式，定期的对公司的体系运行情况进行审核，并跟踪落实问题的整改。通过上述的内外部体系审核工作，使得公司建立了一套即符合ISO 9000标准要求又适应企业的具体情况的质量管理体系，不断提升着企业的质量管理水平。

围绕实施全面质量管理，确保产品质量的目标，公司从销售合同签订、设计输入输出评审、工艺及检验的评审、原材料采购质量的控制、生产过程的管控、现场安装服务质量等进行了全面的管控，重点是对上述每个环节的流程制度进行建立或完善，确保每项工作做得“有章可循、有人负责”，避免出现质量管理的漏洞。通过梳理规范每个环节的管控流程制度，确保每个环节的工作质量，最终确保了产品的质量，提升了产品质量水平。

质量管理已是公司经营的重要组成部分。面对日益激烈的市场竞争，高质量的产品和服务是公司市场竞争力的重要保障。公司通过不断完善质量管理体系，建立和规范自身的质量管理流程，提升了公司的质量服务水平和质量管理水平，提升了公司的市场竞争力，使公司在面对金融危机及市场竞争激烈的环境下，企业的规模不断扩大，占据了国内输变电领域的龙头地位！

特变电工股份有限公司 供稿

无锡普洛菲斯电子有限公司

善用其效 尽享其能

无锡普洛菲斯电子有限公司（以下简称“无锡电子”），是世界500强施耐德电气旗下的核心工厂，其前身是2001年由日本Digital投资建设的专业生产触摸屏的工厂。2002年被施耐德电气收购以后，在保留原有产品的基础上，公司积极引进施耐德集团内部的各种新项目。经过十多年的发展现在公司的业务已横跨集团内5个BU，20多个产品系列，产品包括中低压电器，楼宇自动化照明系统、楼宇自动化及空调控制系统、楼宇自动化安防系统、工业自动化控制装置、新型显示器件。年产值达到15亿人民币。人均产值居同类企业前列。公司占地面积38 000平方米，员工300余人。近年来公司先后被评为“无锡市优秀企业”，“无锡市高科技企业”，多次获得“无锡市税收贡献单位”称号。公司通过ISO 9000质量体系认证，ISO 14000及OHSAS 18000环境安全认证。无锡电子是一家高科技，多类别的新型企业。

公司从建立到现在始终走科技创新的道路，坚持质量为先的生产原则。在日本Digital时期公司生产的人机交互界面产品在业内享有很高声誉，被施耐德电气收购后作为施耐德电气的一部分，依托施耐德电气世界五百强的强大实力，与集团内部的各个实体展开了密切的交流和沟通。先后与美国PELCO合作建立了视频监控产品生产线，成为亚太地区唯一一家PELCO的本地化生产企业。秉承PELCO产品作为行业领导者的100%客户满意度承诺、极具竞争力的价格、快速的供货能力，为中国区的每一客户提供全方位的技术支持与服务。 与法国研发部门合作建立了适用不同场合的断路器。控制器及脱扣器产线，是施耐德全球供应链的一环。

近年来无锡普洛菲斯电子有限公司逐渐从最初的电子加工制造核心工厂向电子能力中心转化。2012年酝酿已久的ECC在普洛菲斯正式宣布成立，新建的SMT（表面贴装技术）拥有独立的波峰焊，回流焊机台，以及X光机，检验实验室等设施，已经初具规模。现在已经能承担公司内部部分产品的电路板供应，并且这个比例还在逐渐的增加，预计在未来的几年可实现公司内各种产品电路板的自产自销，并且承担起集团内部的其他实体所需产品的电路板的供应。成为中国乃至整个亚太地区的电子能力中心。

公司运营管理使用企业管理解决方案SAP的管理系统，SAP系统覆盖了公司管理的各个方面，公司的的各部门都可以通过该系统来实时的管理自己部门的业务，不同部门间也可以通过该系统来实现信息交互，保证公司内部的沟通流畅，信息的及时准确。公司以此为依据，建立了行之有效的管理系统，保证对客户要求的实现。

公司一直以客户满意为公司质量方针，以六西格玛概念，作为企业质量管理概念，寻求质量的持续改进，流程的优化，以稳定的质量管理体系来保证产品的质量目标的实现。公司积极开展质量管理体系认证和国内外各种产品质量认证活动，将质量管理体系的标准和产品质量认证控制要求与公司的生产经营活动紧密结合。2003年在同行业率先完成了ISO 9001：2000的认证，2005年公司通过了ISO 14001的认证，并在2009年完成了ISO 9001：2008、ISO 14001：2008、OHSAS 18001认证。通过质量管理体系的有效实施，公司的生产管理水平得以进一步的提高，依照质量管理体系的要求结合公司实际和集团整体管理要求，建立起一套适行之有效的质量管理体系。在产品的最初阶段有供应商质量管理工程师来确认物料的准备无误，建立物料的供应商管理计划来保证原料的供应质量，库房管理有质量部牵头建立起切实可行的管理方案。在生产的过程中通过质量部的首检，流程检查，最终检查来实现对生产过程的质量控制。

产品方面，公司生产的电动机保护器完成了强制性产品认证（CCC），并在历年的CCC年检总顺利通过；在新的电能表产品中，单相三相电能表通过了中国计量器具CMC认证、欧盟计量器具MID认证。多个类别产品通过ROSS认证、美国国家实验室UL、加拿大标准协会CSA认证、韩国安规、新西兰安规、俄罗斯安规等各种认证。这些认证的取得不仅是对产品本身的肯定，也是对公司质量管理体系的认证。同时通过这些认证的取得也让公司更了解产品的行业标准，从而更好的监督管理产品的质量。

在未来的发展中公司将始终坚持客户满意的质量方针，通过六西格玛等质量工具来管控生产流程，持续改进。不仅仅为客户提供安全可靠的产品，更为客户提供整体的解决方案，助您善用其效尽享其能。

无锡普洛菲斯电子有限公司 供稿

烟台乐星汽车部件有限公司

创新+产品+服务+增值

以科技创新为源动力，以精诚的产品为保证，以完善的服务为依托，与顾客携手共增值。

烟台乐星汽车部件有限公司位于美丽的海滨城市——烟台，成立于2005年9月，由韩国LS Mtron（原LG Cable）公司、烟台亚新利自动控制有限公司共同投资，公司主要从事机动车软管及汽车软管总成系列产品的开发、生产和销售，年生产能力达100万套，随着企业的发展壮大，将不断的调整生产规模，生产规模计划为200万套。公司新建厂房18 000平米，注册资本2 250万元。公司具有完善的技术开发、生产管理、市场营销、仓储物流体系，可以高效率、高质量的实现汽车行业零部件国产化

技术来源于韩国LS Mtron公司，烟台乐星汽车部件有限公司能够得到LS Mtron公司和日本日立（HCL）公司的技术支持，并与整车厂能进行联合同步开发，目前合作的有一汽轿车、上海汽车、通用汽车、北京汽车、上汽通用五菱等大型整车厂，并得到了顾客的一致认可。

烟台乐星汽车部件有限公司的技术人员、品质人员、生产人员，完全能够按整车厂要求进行设计和图纸转换等工作，并使用本公司自有实验设备进行开发阶段的性能匹配试验设备，输出满足整车厂要求的产品。公司实验室可以独立完成国标试验项目，韩国总部实验室与烟台烟台乐星汽车部件有限公司完全共享。公司具有完善的技术开发体系，具备与整车厂同步设计能力，可以高效率、高质量的实现汽车行业零部件产品开发。 产品质量的先期规划按照整车厂汽车零部件的要求，限定计划目标和内容，做好产品设计开发和工程设计开发的优化组合。

公司采用了一流的生产、检测、试验设备，所采用的生产设备全部从国外引进，韩国LS Mtron公司对烟台乐星汽车部件有限公司进行技术、生产、质量体系管理、质量检测全方位的培训，并派出优秀的工作人员参与公司的技术、生产、质量控制过程管理工作，确保公司生产的产品满足用户需求，并达到国际一流水平。

烟台乐星汽车部件有限公司在创业、发展的过程中，坚持以人为本，吸收人才，挖掘人才，运用完善的人力资源管理体系，严格的培训方式，对公司员工进行管理，技术、生产、品质人员均派到韩国LS Mtron有限公司接受了系统的和严格的岗位及技能培训，以不断增强企业的核心竞争能力，构建一支具有创新精神、责任意识、团结、敬业的优秀队伍。

公司本着“技术领先、科学管理、质量第一、精益求精、用户至上”的方针，于2006年通过ISO/TS 16949首次认证，并于2009年顺利通过2008版ISO/TS 16949换证审核，公司建立之初，烟台乐星就引用了韩国LS Mtron (原LG Cable)公司的管理体系，并进行了很好的延续和改进，保证了产品质量。公司于2011年顺利通过GB/T 24001和GB/T 28001的双体系认证，将公司的各项管理趋于完善。

自2006年以来，先后开发并生产的13种汽车制动软管总成相继通过了国家强制性产品认证（CCC），并顺利通过了历年的CCC认证工厂监督审查，在认证过程中公司对各种认证的标准有了进一步的认识，同时在产品的设计开发、生产过程控制及产品性能测试等方面严格按照各项产品质量认证的标准要求来组织产品的设计和制造，并不断提高。

烟台乐星汽车部件有限公司 供稿

中粮屯河股份有限公司

保证产品质量和食品安全，体系管理是关键

中粮屯河股份有限公司（以下简称“中粮屯河公司”，COFCO Tunhe）是世界500强企业中粮集团有限公司控股的A股上市公司。

中粮屯河公司是我国领先的果蔬食品生产供应商，拥有番茄、食糖两大产业，是领先的番茄酱生产企业，国内最大的食糖生产和贸易企业，主营番茄加工、食糖加工贸易、果蔬罐头贸易、种业和品牌产品业务，致力于成为果蔬食品行业的领导者和品质一流的食品企业。

为保障产品质量和食品安全，进一步提高企业核心竞争力，中粮屯河公司针对旗下产品，实施全产业链监控，形成种子研发、种植、采收拉运、加工、物流、品牌推广、食品销售的完整全产业链格局。“从田间到餐桌”，严格把控每一个生产环节，保证产品质量和食品安全，达到出口欧美的食品安全认证。

一、六大主营业务

（一）番茄产业

在种植方面，中粮屯河公司拥有10万亩自种番茄基地，50万亩社会番茄种植地，通过高效率种植，机械化作业，保证番茄原料质量高、成本稳定、供应均衡、品质安全。在加工方面，在中国新疆、内蒙古、宁夏、甘肃等地的番茄优势种植区域和河北省，共建有23家番茄加工工厂，54条番茄生产线，鲜番茄加工能力为7万吨/天，具有年产大包装番茄酱50万吨、小包装8万吨、番茄粉3 000吨、番茄红素10吨的生产能力。

大包装番茄酱出口/内销公司生产的超粘热破、超粘冷破、低酸等高端产品和常规大包装番茄酱产品，可满足不同区域和市场的国际客户的高质量、个性化的需求，产品出口到欧洲、美洲、日韩、独联体、东南亚、中东、大洋洲等80多个国家和地区，是亨氏、联合利华、雀巢、卡夫、日本可果美、日本地扪等国际知名企业的重要供应商和战略合作伙伴。小包装番茄酱OEM 公司在河北廊坊、内蒙古巴彦淖尔有2家小包装工厂，具有年产小包装番茄酱8万吨的能力，主要销往非洲、欧洲、中东、澳大利亚、日本、俄罗斯、东南亚、美国等国家和地区。

中粮屯河公司是世界知名的杏浆产品供应商，拥有4家工厂，年产2万吨杏浆。产品除供应国内市场外，还大量出口到欧美、日韩及中西亚、俄罗斯和阿拉伯国家，占国际杏浆市场贸易量的40%。

（二）食糖产业

中粮屯河公司拥有国内最大的甜菜糖和具有原料优势的甘蔗糖生产基地，包括国内9家甜菜糖厂、2家甘蔗糖厂，年产糖70万吨、颗粒粕16万吨、糖蜜19万吨。公司在澳大利亚拥有1家甘蔗糖厂，年产糖25万吨。

澳大利亚Tully糖厂于2011年加入中粮集团，成为中粮在海外的第一家制糖企业。Tully甘蔗种植区位于澳大利亚昆士兰州的东北部，年均气温23度，年降水量4 300mm，是澳大利亚最适宜甘蔗生长的地区之一。甘蔗含糖量高达14.1%，全球领先，单产可以达到6吨/亩。

中粮屯河公司生产的绵白糖和白砂糖产品在国内、国际享有良好声誉。公司的“四方”牌、“屯河”牌白砂糖获得“绿色食品”、“中国名牌产品”等多个奖项。产品主要供应可口可乐、卡夫、日本三菱、蒙牛、伊利等国内外知名客户。

（三）糖业进出口业务

中粮屯河公司的糖业进出口部专业从事食糖贸易，已有近六十年历史。作为国内最大的食糖进口商和食糖进口主渠道，近年来每年进口食糖100万吨以上，占全国进口食糖量的三分之二以上。现主要经营品种有原糖、白糖和精幼砂糖。

（四）种业

中粮屯河公司旗下的中粮屯河种业有限公司是集农作物种子科研、育种、引种、良种繁育、栽培技术研究、贸易为一体的专业化机构。

公司自创立之初就坚持“产、学、研”结合，与中国农科院、新疆农业科学院、美国亨氏公司、美国孟山都公司、联合利华、日本地扪公司等建立了紧密的合作关系，研发具有自有知识产权的农用种子，力求从品种和农业技术角度充分满足客户的个性化需求，在农业生产方面为产业的健康、稳步、可持续发展提供技术支撑，不断提

升产品的市场竞争力，发展成为国内知名的种业公司。

（五）食品贸易业务

中粮屯河公司食品贸易业务（中粮工业食品进出口有限公司）经营罐头食品的国内外销售，水果和水产品等进出口业务，拥有60年的历史，销售市场遍及欧洲、东南亚、中东、非洲、大洋洲等地区。旗下拥有数十年历史的"梅林"、"水仙花"、"象山"、"天坛"、"珠江桥"等罐头品牌，深受海内外消费者的喜爱。中粮品牌罐头产品主要有肉类罐头、鱼类罐头、水果和蔬菜罐头，如：火腿、五香肉丁、豆豉鲮鱼、蘑菇、荔枝、马蹄、菠萝、蚕豆等二十余个产品，产品规格多样。

进口业务主要包括水产品和水果。进口水产品包括龙虾、螃蟹、三文鱼等，进口水果主要包括葡萄、苹果、樱桃、橙、猕猴桃等。

（六）品牌业务

近几年来，屯河终端消费品牌快速成长，致力于奉献"绿色、营养的健康食品"，现拥有"屯河"牌 果蔬汁、番茄红素软胶囊、番茄调味品、林果，以及 "屯河"牌、"福临门"牌小包装糖等产品。还有果蔬汁（番茄汁、杏汁、石榴汁、枣酪、黑加仑汁）、番茄红素软胶囊、林果、番茄调味品（番茄酱 、番茄丁、原汁整番茄、番茄沙司）、小包装糖（白砂糖、绵白糖、幼砂糖、红糖、冰糖）等。

二、全产业链模式

粮食是一种生生不息的资源，而从粮食到食品的过程是一个持续稳定的过程，中粮屯河公司通过打造全产业链，管理好这个过程，把研发创新能力、加工能力、物流能力、品牌渠道和销售能力连结到一起，为全社会提供有附加值的服务。中粮屯河公司秉承"全产业链"理念，以食品安全为核心，严格把控番茄与食糖产业的种子研发、种植、采收、拉运、加工、销售各个环节，建立"全流程、全过程、全方位、可追溯"的质量管理体系。 中粮屯河公司拥有国家级食品分析检测研究中心，它是集食品安全检测、食品常规检测、土壤分析、环境检测、新产品研发功能为一体的专业检测研究机构，是全产业链安全食品最重要的检测关卡。

中粮屯河公司已通过质量认证中心（CQC）质量管理体系、危害分析和关键控制点（HACCP）体系认证，并通过英国零售商协会（British Retail Consortium，简称BRC）认证以及清真、犹太认证。通过体系认证，借助外力以不同视角识别体系运行中的薄弱环节，以点带面不断改进和完善公司的体系管理。为使管理体系的各项要求切实落实到生产一线，中粮屯河公司每年组织形式多样的管理体系培训活动，多次请中国质量认证中心新疆评审中心的认证专家就企业审核发现的问题做专题培训，已达到触类旁通、举一反三的效果，使体系认证和企业管理紧密结合。积极培训公司内部体系审核人员，以便于公司内部有能力自我发现和改进体系运行的问题，目前公司共有内审人员230余人。生产工厂每年组织员工进行管理体系培训，确保每一位员工都了解并执行管理体系的各项要求。

同时中粮屯河公司积极与新疆出入境检验检疫局加强联系，要求指导和监督出口食品生产企业工作，本公司生产的番茄酱、杏酱、白砂糖等产品均获得出口食品生产企业备案证明，确保了出口产品的质量，使中粮屯河股份有限公司出口产品在国际市场上拥有很好的声誉。

随着中粮屯河公司业务的逐渐拓展，中粮屯河公司体系管理也随之深入到各个领域，为公司健康发展起到良好的推动作用。无论是番茄酱还是杏酱，无论是白砂糖还是颗粒粕，统一的体系要求，使公司不同业务单元中有了清晰明了的连接纽带。中粮屯河公司结合自身特点，将各体系管理相融合，分层次抽调各类专家，组成内审小组对各部、各分子公司进行内审，各项管理体系要求已深入到每一项工作中去，使每一位员工了解标准、形成规范、养成习惯，最终形成为一种企业文化。

国家认监委还组织地方质监局和检验检疫局开展管理体系获证组织网格化、全面覆盖专项监督检查活动，计划对新疆区域内获得质量体系认证的80家企业进行抽查。国家认监委认证认可管理处处长、专家、自治区认监处专家及昌吉州、市质监局领导一行6人对中粮屯河昌吉番茄公司的质量管理体系工作进行了现场检查。通过对中粮屯河公司质量、食品安全管理体系认证证书、体系文件、内/外审体系审核计划、记录、审核报告及公司生产现场、内部审核记录进行了抽查，审核组对中粮屯河公司质量、食品安全管理体系运行情况及公司内部审核给予了高度评价。国家认监委认证认可管理处林峰处长在审核会议指出，能够结合本公司实际需要对内审工作进行拓展，对各类体系进行了很好的合并，值得借鉴、推广，特别是公司内审工作扎实，值得检查小组人员借鉴学习。在此次获证企业检查中昌吉番茄公司获得了满分5分的好成绩。

中粮屯河公司致力于成为果蔬食品行业的领导者，引导国内消费者的消费方式，打造涵盖从上游种子研发到下游终端产品的全产业链食品企业。中粮屯河公司正在加快糖业的整合发展，开展国内外糖业的并购重组，扩大产业规模，并进行深加工开发新品类产品。中粮屯河公司不断努力成为客户可信赖的合作伙伴，成为安全食品生产企业和国内外知名的品牌企业。

撰稿人：董丽红

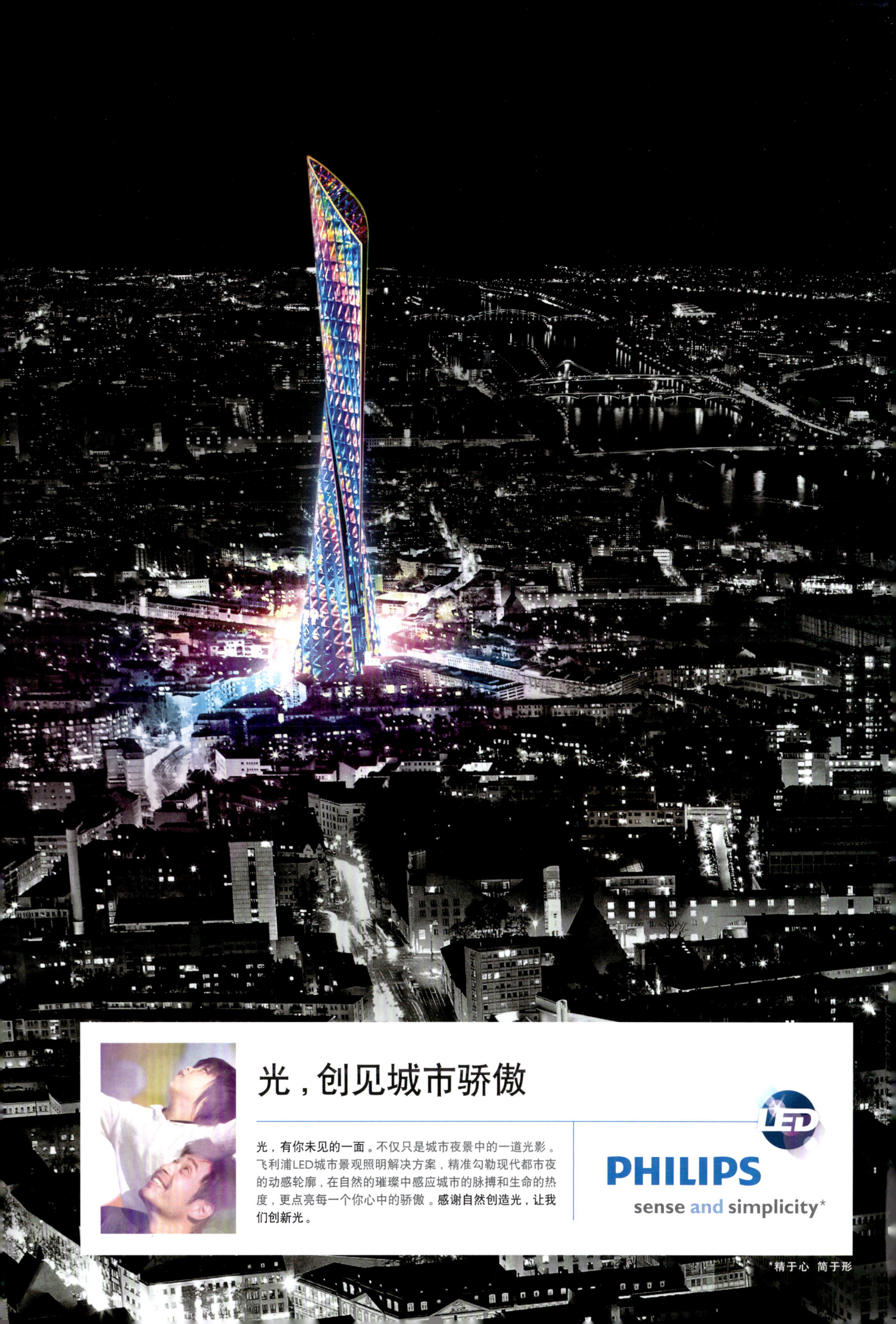

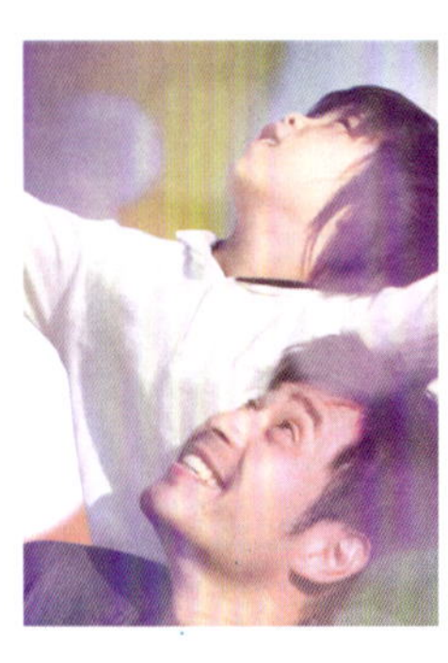

LED
PHILIPS
sense and simplicity*

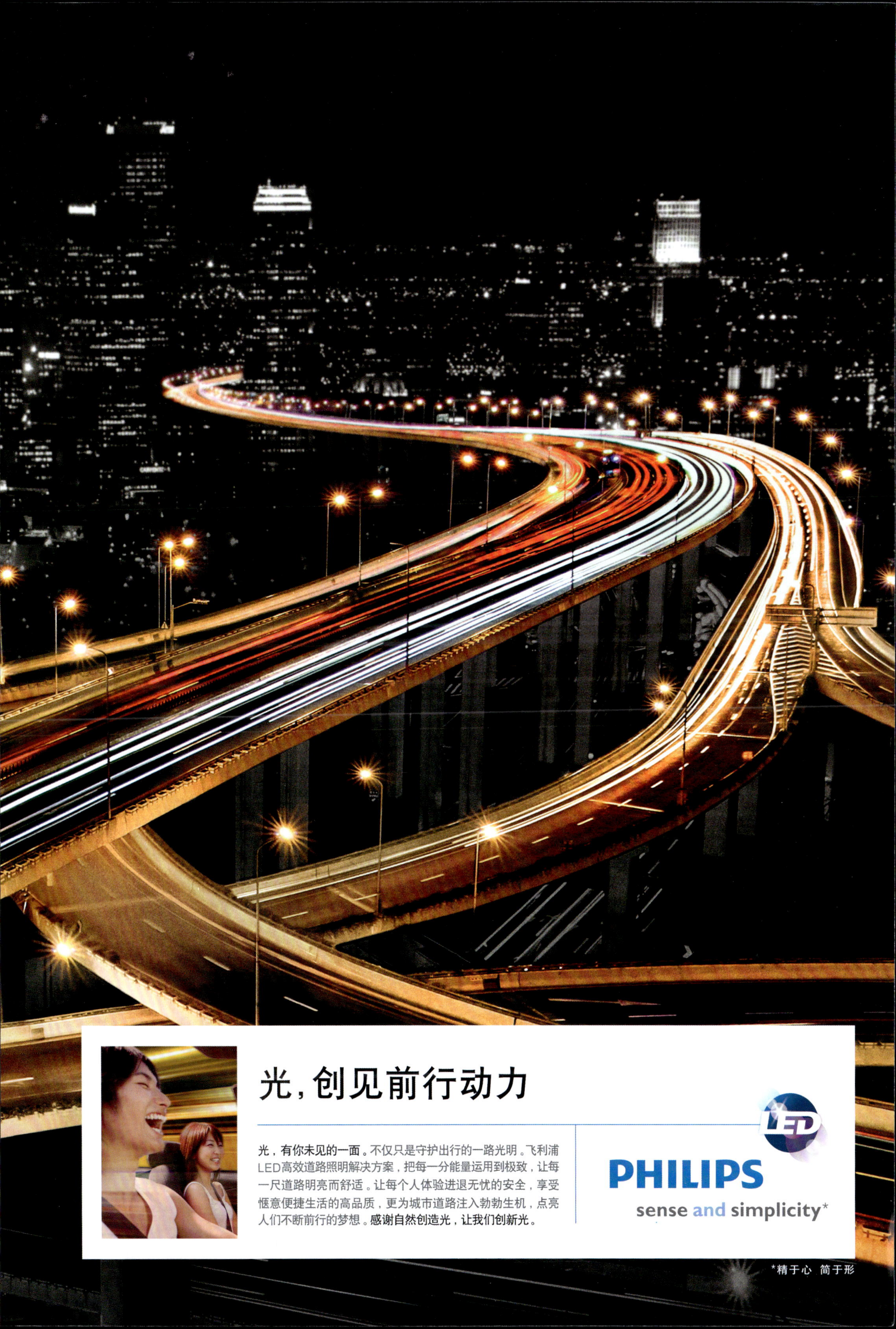
光，创见前行动力
光，有你未见的一面。不仅只是守护出行的一路光明。飞利浦LED高效道路照明解决方案，把每一分能量运用到极致，让每一尺道路明亮而舒适。让每个人体验进退无忧的安全，享受惬意便捷生活的高品质，更为城市道路注入勃勃生机，点亮人们不断前行的梦想。感谢自然创造光，让我们创新光。
LED
PHILIPS
sense and simplicity*
*精于心 简于形

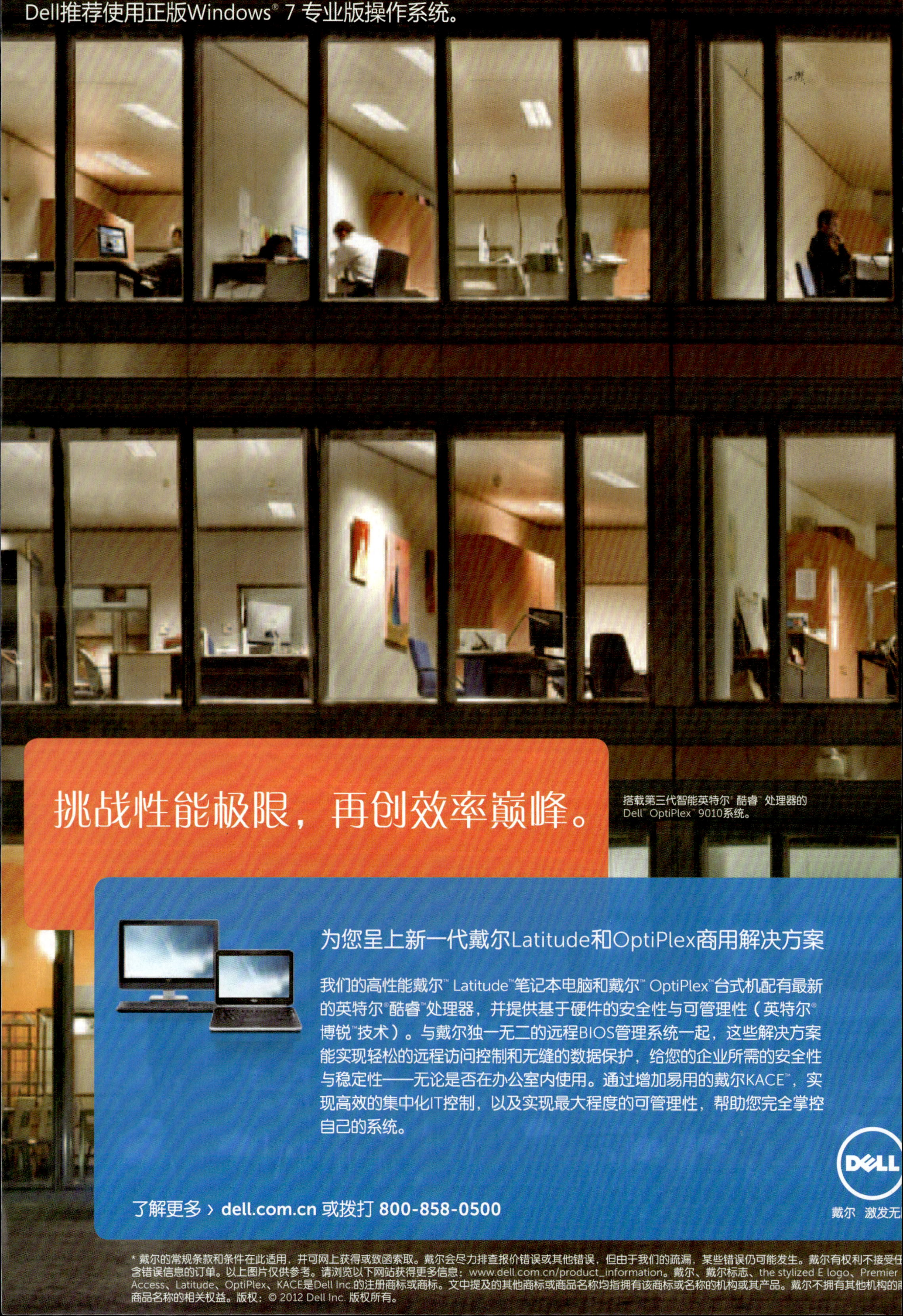
Dell推荐使用正版Windows® 7 专业版操作系统。
挑战性能极限，再创效率巅峰。
搭载第三代智能英特尔® 酷睿™ 处理器的
Dell™ OptiPlex™ 9010系统。
为您呈上新一代戴尔Latitude和OptiPlex商用解决方案
我们的高性能戴尔™ Latitude™笔记本电脑和戴尔™ OptiPlex™台式机配有最新的英特尔®酷睿™处理器，并提供基于硬件的安全性与可管理性（英特尔®博锐™技术）。与戴尔独一无二的远程BIOS管理系统一起，这些解决方案能实现轻松的远程访问控制和无缝的数据保护，给您的企业所需的安全性与稳定性——无论是否在办公室内使用。通过增加易用的戴尔KACE™，实现高效的集中化IT控制，以及实现最大程度的可管理性，帮助您完全掌控自己的系统。
DELL
戴尔 激发无
了解更多 › dell.com.cn 或拨打 800-858-0500
* 戴尔的常规条款和条件在此适用，并可网上获得或致函索取。戴尔会尽力排查报价错误或其他错误，但由于我们的疏漏，某些错误仍可能发生。戴尔有权利不接受任含错误信息的订单。以上图片仅供参考。请浏览以下网站获得更多信息：www.dell.com.cn/product_information。戴尔、戴尔标志、the stylized E logo、Premier Access、Latitude、OptiPlex、KACE是Dell Inc.的注册商标或商标。文中提及的其他商标或商品名称均指拥有该商标或名称的机构或其产品。戴尔不拥有其他机构的商品名称的相关权益。版权：© 2012 Dell Inc. 版权所有。

铂金系列

PORTEGE Z930

厚积澎湃底蕴 薄发凌厉劲能

东芝128GB大容量固态硬盘（SSD）

薄至约15.9mm（最薄处仅约8.3mm）

重约1.12Kg的盈薄机身

东芝信息机器（杭州）有限公司是由株式会社东芝在杭州经济开发区出口加工区内设立的IT制造企业，2003年4月正式投产以来，全体员工本着“齐心协力、持续改善、精益求精”的企业精神，致力于笔记本电脑的研发和生产，在短期间内获得了ISO9001、ISO1400，及OHSAS18001、中国CCC认证、中国节能认证等。至2011年每年还连续获得杭州市和杭州经济技术开发区颁发的优秀企业的殊荣，出口额度也历年处于中国50强之列。

本公司经过创业以来10年不懈地努力，已确立了体现东芝品牌价值，汇集东芝数码产品的生产基地的地位。在内部推行了Innovation（革新）活动，在研发上，积极开发具有差异化的笔记本电脑商品，在生产上，无止境地挑战品质和生产性的向上。08年建设了浙江省第一座10米法电波暗室，并取得了美国NVLAP认证认可。

面对多变多彩的市场，本公司把提供优良品质的IT产品给全球客户为己任，积极创造更新、更高的TOSHIBA品质价值。

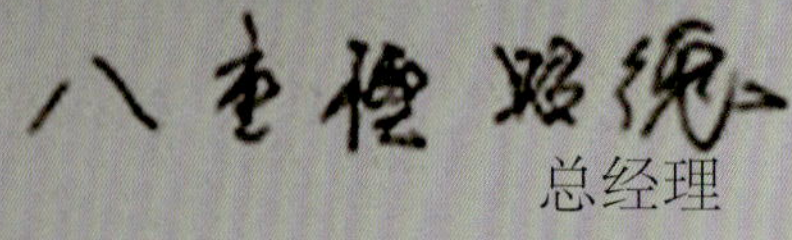

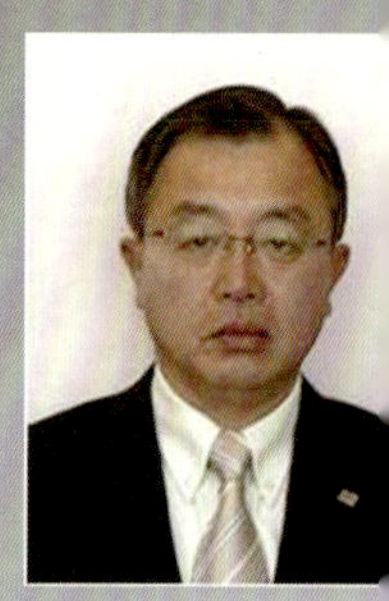

总经理

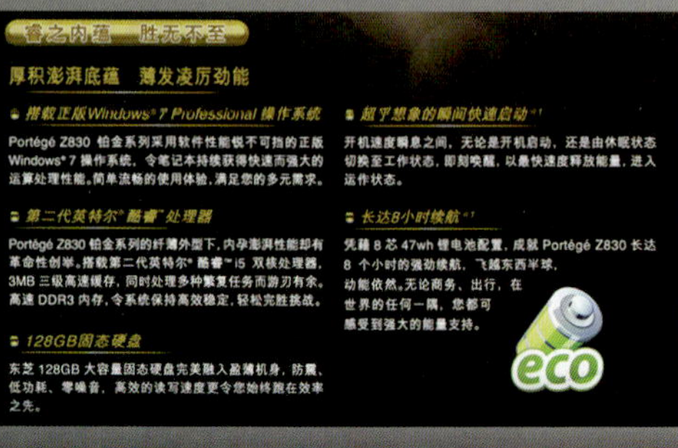

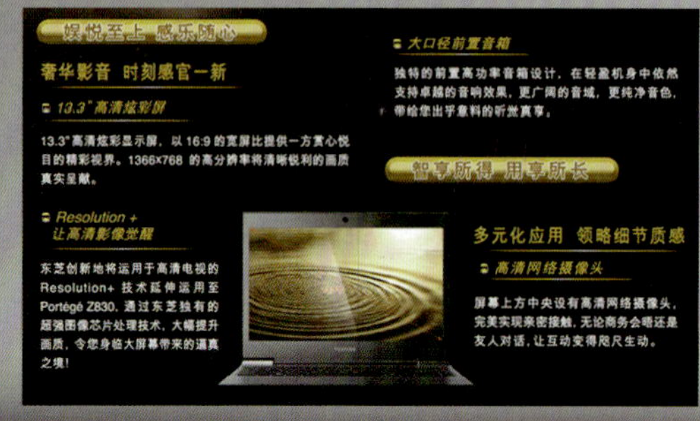

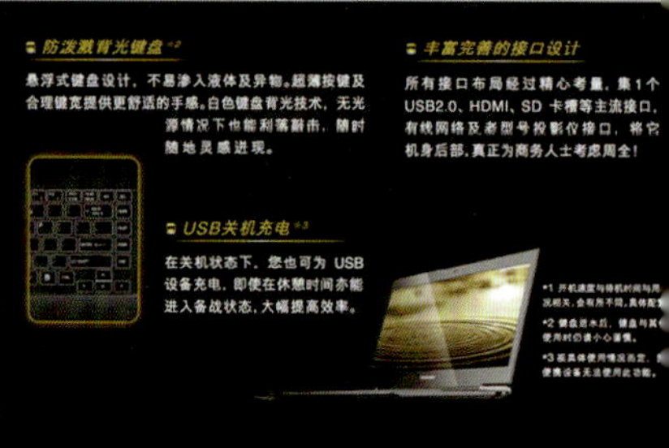

富士施乐高科技（深圳）有限公司

董事长 岡地俊彦

富士施乐高科技（深圳）有限公司成立于 1995 年，是由国际知名企业“日本富士施乐株式会社”在深圳创建的现代化高科技大型企业，其注册资金 3800 万美元，投资总额 5900 万美元，现有职工 10000 余人。公司自创建以来，凭借集团雄厚的经济实力和强大的技术支持，为不断变化的全球市场提供着性能卓越的激光打印机、复印机，集打印、传真、扫描、复印四大功能于一体的多功能数码激光复合机、暗盒及相关零部件，产品全部出口到包括欧美、东南亚及日本在内的全球市场。公司在 2011 年实现了 113 亿元的销售额。

公司以追求卓越的企业品质为目标，先后通过了 ISO9002 及 ISO9001:2000 版国际质量管理体系认证。自成立以来公司获得各种奖项 100 余项，连年被政府授予“全国外商投资双优企业”、“深圳市劳动和谐关系企业”、“深圳市工业百强企业”等荣誉称号。

公司还一贯倡导节约能源、资源有效利用和废弃物循环使用，2000 年 11 月取得了 ISO14001 环境管理体系认证，2003 年取得了 OHSAS18001 职业健康安全管理体系认证，2005 年，被国家环境保护部授予“国家环境友好企业”光荣称号。2007 年 3 月，公司正式被国家安全生产监督管理总局核准为“机械制造行业国家安全质量标准化一级企业”。

公司还十分热心社会公益事业，先后在全国多所大中院校设立了“富士施乐奖学金、奖教金”，在甘肃省敦煌市偏远地区捐资兴建“富士施乐希望小学”，在河北省滦平县、云南省会泽县捐建了两所富士施乐环保小学，将扶贫助学和环保理念宣传相结合。

“扎根深圳，创建真正的冠军企业”，经过十多年的苦心磨练，富士施乐高科技（深圳）有限公司凭借不断推进的改革活动、先进的信息化管理、强大的生产能力、完善的产品质量，生产规模不断扩大，现已成为富士施乐集团在海外的较大生产基地。公司将继续以建立被客户和社会所信赖的“以人为本”的“强大、亲和、愉悦”的一流企业为宗旨，为地区社会和文化的发展做出应有的贡献。

美蓓亚集团在华五大生产基地
Beijing Office
Dalian Office
Wuhan Office
Shanghai Office
Shenzhen Office
HK Office
美蓓亚电子科技(苏州)有限公司(江苏省苏州市)
上海顺鼎科技有限公司(上海市闵行区)
上海美蓓亚精密机电有限公司(上海市青浦区)
第一精密产业有限公司(广东省东莞市)
珠海美蓓亚精密马达有限公司(广东省珠海市)
NMB
Minebea
公司网址：http://minebea.com.cn/
中国各地营业部门联络电话：
美蓓亚贸易（上海）有限公司：86-21-5405-0707/FAX：86-21-5404-7007
美蓓亚贸易（深圳）有限公司：86-755-82668846/FAX：86-755-82668843 ~ 82668844
美蓓亚贸易（香港）有限公司：TEL：852-2730-9913/FAX：852-2735-4535
美蓓亚贸易（大连）有限公司：TEL：86-411-8369-9920
上海美蓓亚精密机电有限公司
上海工场 Shanghai Plant
上海市青浦区沪青平公路 8313 号
邮编：201721
TEL：86-21-5929-0113
FAX：86-21-5929-0260
西岑工场 Xicen Plant
上海市青浦区沪青平公路 5202 号
邮编：201721
TEL：86-21-5929-3680
FAX：86-21-5929-3677
上海顺鼎科技有限公司
上海市闵行区颛桥镇中春路 1290 号
邮编：201109
TEL：86-21-6490-9166
FAX：86-21-6490-6230

Minebea

上海美蓓亚精密机电有限公司

Our Operations in China

创立日期　1951 年成立日本微型轴承有限公司

资 本 金　68,258 百万日元（774 百万美元）

年销售额　228,446 百万日元（2,455 百万美元）

员工人数　51,905 人

经营范围　研发、生产、销售机械加工零部件、电子设备旋转器械零部件、及精密零部件等

生产基地　在全球 16 个国家拥有 30 个生产基地，39 个销售基地、17 个研发基地

其　　他　总部设在日本东京，日本东证一部上市

1、日本东京总部
2、上海工厂废水处理设施
3、上海工厂鸟瞰图
4、西岑工厂
5、日本轻井泽母工厂

1、FAN MOTOR

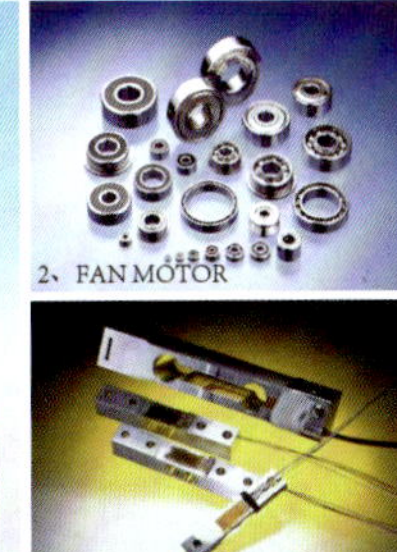

2、FAN MOTOR

3、FAN MOTOR

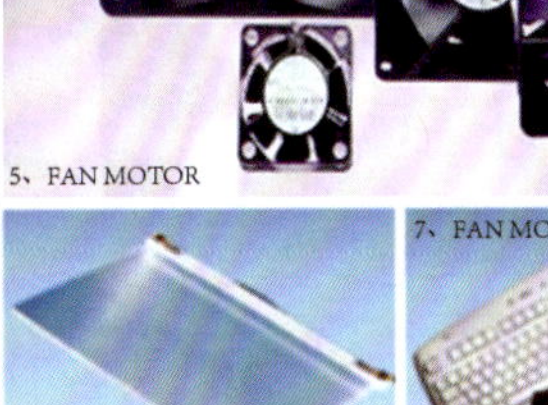

5、FAN MOTOR

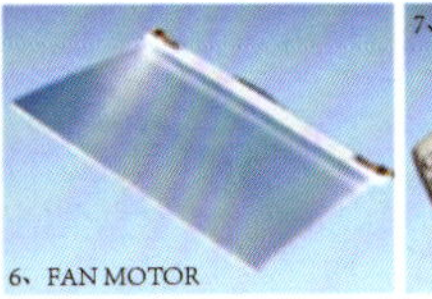

6、FAN MOTOR

7、FAN MOTOR

4、FAN MOTOR

1、风扇微电机
2、微型小口径滚珠轴承
3、计测器
4、传动轴
5、轴流风扇马达
6、发光装置
7、电脑键盘

珠海美蓓亚精密马达有限公司
广东省珠海市香洲区兴华路 194 号
邮编：519002
TEL：86-756-265-0011
FAX：86-756-265-0191

第一精密产业有限公司
广东省东莞市莞城区莞龙路段狮龙路莞城科技园　邮编：523119
TEL：86-769-2265-2155
FAX：86-769-2265-2156

美蓓亚电子科技（苏州）有限公司
江苏省苏州市胜浦镇同胜路 1 号
邮编：215126
TEL：86-512-6257-2207

YAMING LED

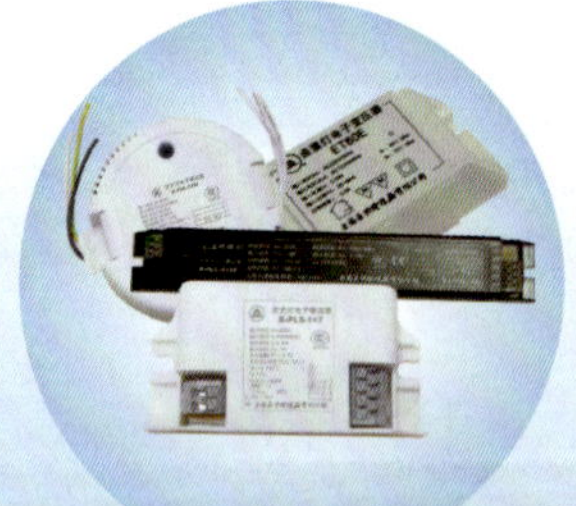

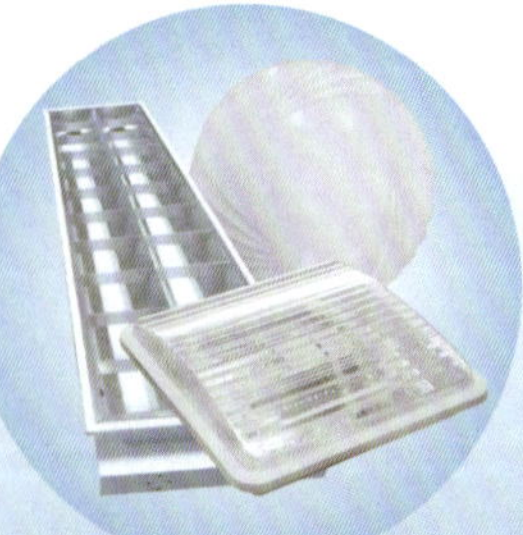

上海亚明照明有限公司
SHANGHAI YAMING LIGHTING CO., LTD.

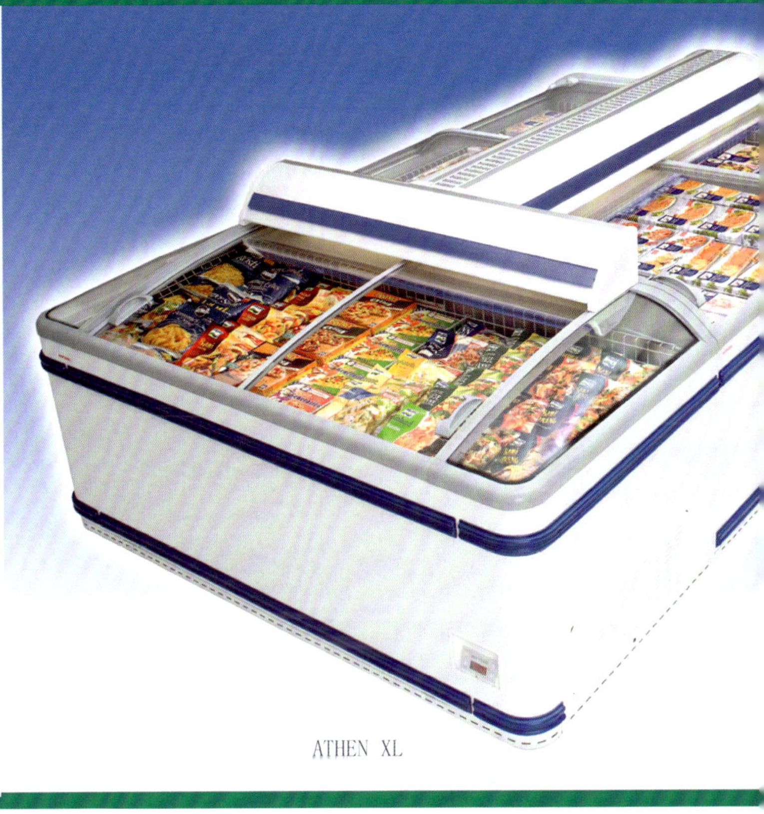

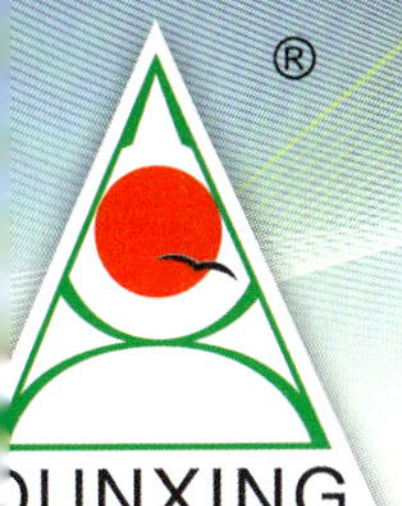

国驰名商标

票代码 002575

廣東群興玩具股份有限公司

GUANGDONG QUNXING TOYS JOINT-STOCK CO,.LTD

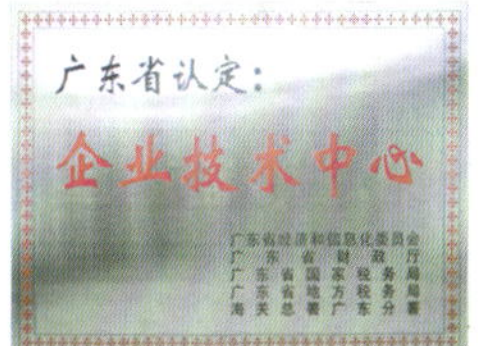

公司简介

广东群兴玩具股份有限公司是一家集专业设计、研发、生产、销售各类电子电动塑胶玩具产品、并享有自出口权的企业。座落于广东省汕头市澄海莱美工业区，配套现代化生产厂房，宽敞的办公楼和舒适的员工近10万平方米，总资产约8.74亿人民币。2011年，公司年营业额达4.9亿人民币。

2011年4月22日，公司在深圳证券交易所正式挂牌上市，证券简称【群兴玩具】，证券代码【002575】。

公司拥有的企业荣誉有国家高新技术企业；中国驰名商标；国家AAA级信用企业；中国质量诚信企业；省民营科技企业；广东省著名商标；广东省名牌产品企业；广东省出口名牌企业；海关AA类企业；省企业技术中心和广东省动漫创意玩具工程技术研究开发中心；广东省创新试点企业；广东省自主创新标业；AAAA级标准化良好行为企业；国家火炬计划汕头澄海智能玩具创意设计与制造基地"的首批骨干企一；汕头市知识产权优势培育企业；童车系列产品被评为"高新技术产品"和"广东省自主创新产品"。

公司自2002年以来，先后获准《出口产品质量许可证书》、通过ISO9001:2008国际质量管理体系认证、14001：2004环境管理体系认证、3C认证和ICTI-COBP《国际玩具行业协会商业行为守则》；的产品遵守欧盟有关指令，符合EN71、EN62115等欧盟玩具安全标准和ASTM F963美国安全规范，并用国际标准产品标志"。

公司产品采用业内最先进的电脑加工技术研制开发、生产制造。产品包括童车、电脑学习机、电动车、婴具和玩具手机等五大系列。集情感性、竞技性、趣味性、益智性、教育性和"光、电、声"于一体的创意，具有现代风格、时代气息和文化内涵，技术含量高，符合国内外有关质量要求。主要畅销欧美、中东、亚以及国内各大中城市。

广东群兴玩具股份有限公司坚持"质量为本、信誉为魂、追求卓著、独树品牌"的可持续发展理念，打造强势企业和自主创新的知名品牌，做强、做大、做优群兴产品。在面临国内外经济形势的严峻和激烈的市场竞争中，公司依靠技术创新，品牌带动，走内涵提升之路；以崇高的信誉、卓越的品质、的服务，与全体客户携手并肩，奋发创业，共同谱写发展灿烂的新诗篇！

www.qunxingtoys.com 电话：86-754-85505187
广东省汕头市澄海区莱芜经济开发试验区莱美工业区

信宇工藝玩具有限公司

廣東信宇工藝玩具有限公司始於 1997 年成立，是一家專業從事玩具開發、製造、銷售、服務為一體的公司。公司自成立以來一直遵守行業操守，先後通過 ICTI、 BSCI、TRU、FCCA、GSV 等認証，並在 2010 年更取得 ISO9001:2008 國際質量管理體系標準認証和 ISO14001:2004 環境管理體系認証。

信宇产品不斷追求卓越，並以"卓越＆品質"為質量方針，創立和推广 XQ 品牌，品牌涵意為"EXCELLENT（卓越的）"和"QUALITY（品質）"的組合。信宇组建的實驗室通過廣東省出入境檢驗檢疫局的兩個認可。同时信宇是中國首批獲得"CCC"品質認証的企業之一，2008 年至今四度榮獲德國紐倫堡國際玩具展授予"中國展團分展商的優秀質量獎"，並得到中國玩具協會等国内外媒體的報導與肯定。

信宇推行汽車品牌的經營策略，產品分別得到法拉利、奧迪、寶馬、奔馳、豐田、福特、蘭博基尼、本田、日產及通用等車廠的授權；同时信宇一直坚持自主創新，研發自有知识产权产品；獲得了數十項專利。多次榮獲中國玩具創星大賽"金、銀、銅"和入圍獎。2010 年信宇和中國科學院深圳分院合作，設立研發小組，為信宇搭建一個更高的技術平台。

廣東信宇工藝玩具有限公司本著"誠信務實、創新產品、高效管理和服務客戶"的經營理念，以原創性和高品質的產品及完善的服務，多年來贏得了客戶的讚譽和肯定，同時获得各级政府授予多项榮譽稱號。產品暢銷全球每个角落， 深受消費者的好评。

X.Q TOYS

超级梦想
信宇科技
宝马X6

超级梦想
信宇科技
雷克萨斯 RX450h

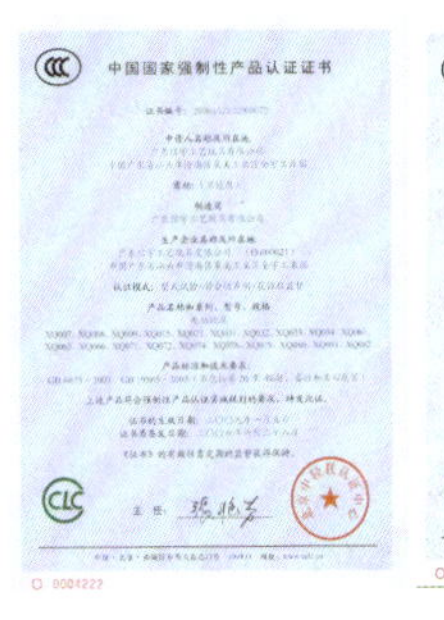
中国国家强制性产品认证证书

中国国家强制性产品认证证书

信宇科技
MotoGP 世界摩托车大奖赛 本田2011
Repsol Honda 2011

超级梦想
信宇科技
兰博基尼 艾文塔多

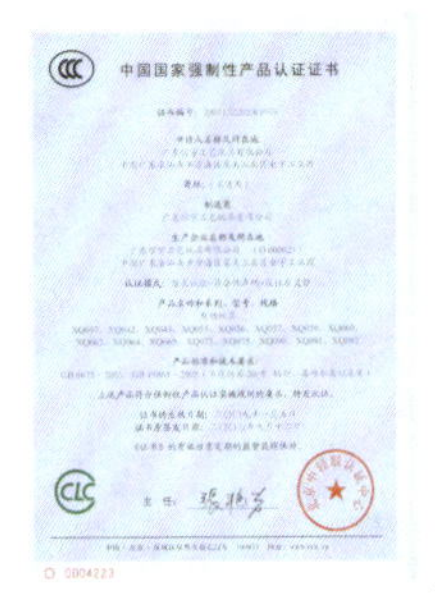
中国国家强制性产品认证证书

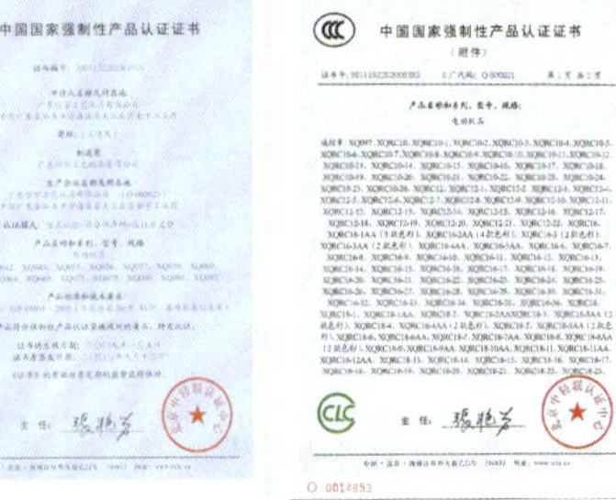
中国国家强制性产品认证证书

奔逸
信宇科技
法拉利 FXX

信宇科技
Toyota 丰田 酷路泽
FJ CRUISER

奔逸
信宇科技
F430 挑战者

努力让顾客感动！
格兰仕欢迎您！

美的冰箱

美的冰箱事业部位于安徽省会合肥，是美的集团旗下一家以研发、制造冰箱及相关冷冻产品的家电企业，通过并购整合，美的冰箱目前拥有在合肥、广州、荆州拥有四大生产基地，具备年产能1600万台的冰箱（含冷柜）生产制造能力，具有完整的冰箱生产链，是中国最具规模的冰箱生产基地和出口基地之一。

目前，美的冰箱旗下拥有 “美的”、“华凌”、“小天鹅”三个知名品牌，其中“美的”、“小天鹅” 均为中国驰名商标。

冰箱事业部营销网络和售后服务网络遍布全国各地。目前根据经营形式区分，全国共有32个产品管理中心及5个销售公司，近30000个零售网点，2900多家售后维修网点；而放眼全球，事业部产品远销全球100多个国家和地区，为伊莱克斯、GE、家乐福等全球知名的家电品牌运营商提供全线产品，并在东南亚、中东非洲等国家推广美的自主品牌。

如今，美的冰箱事业部拥有各类生产线共29条，其中冰箱生产线21条、冷柜生产线6条、酒柜生产线1条、展示柜生产线1条。所有产品均通过了国家强制3C认证，并通过了ISO9001、ISO14001、QCO80000、OHSAS18001、SA8000等管理体系认证，其中14064（温室气体排放）冰箱行业首家通过认可。实验室获得CNAS证书以及获得CSA、UL认可的测试证书。

美的冰箱事业部拥有行业一流的研发能力，共有各类工程技术人员近300人，其中外籍专家10人，涵盖了结构、性能、电控、电装、制冰机等各个技术领域；博士、博士后1人、硕士占6%、本科占77%、大专占16%；按专业人才组成：结构、制冷、电控分别占52%、17%、10%。按职称结构：顾问2人、首席工程师及专家5人，高级工程师7人，主任工程师占16%，工程师占59%。技术方面拥有多元发泡、CAE仿真平台、对开门技术、多门冰箱技术、节能技术、风冷技术、保鲜技术、深冷技术、欧款冰箱、变频技术、法式对开门技术、冰箱智能化、新材料、杀菌技术、恒温恒湿等多项行业内领先技术。企业拥有634项有效专利，2011年新申请并受理专利1119项，其中新申请发明专利481项，占比43%，实用新型247项，占比22%。新申请国际专利42项，获得新增授权专利337项，其中授权发明专利实现产业化。

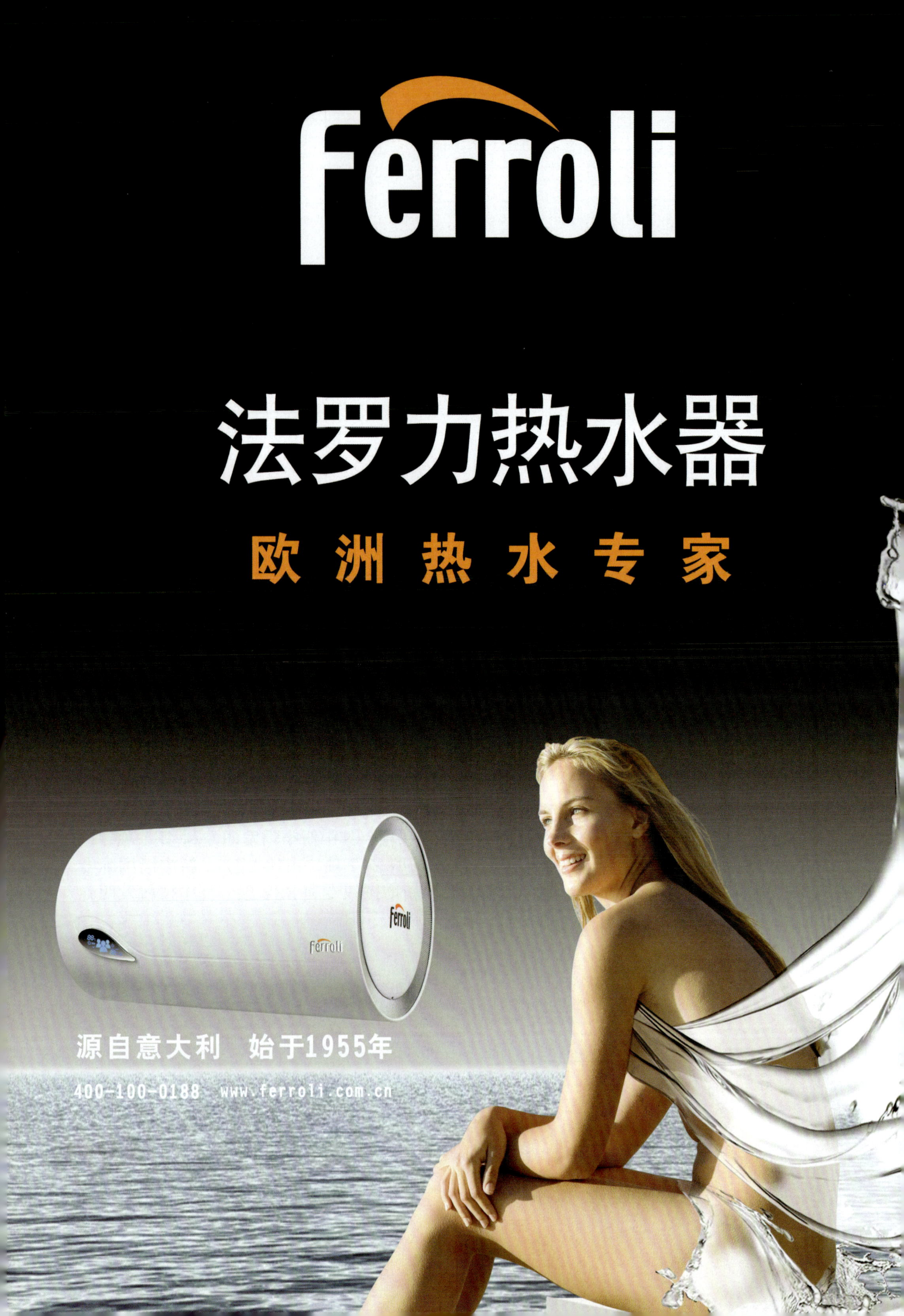
Ferroli
法罗力热水器
欧 洲 热 水 专 家
源自意大利　始于1955年
400-100-0188　www.ferroli.com.cn

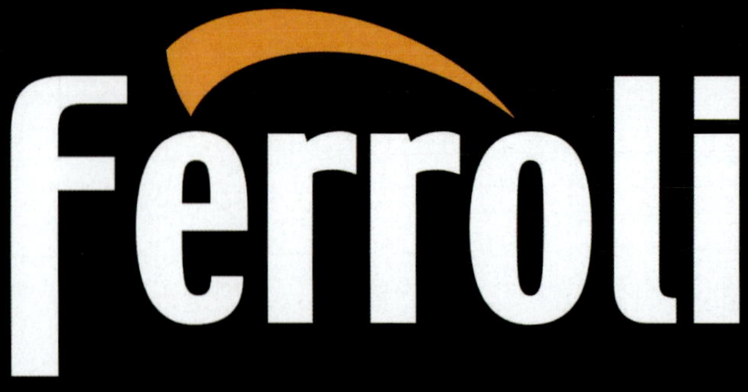

上海中日家用电器有限公司坐落于上海枫泾工业园区，是一家专业从事洗衣机、电冰箱等家用电器生产和销售的企业。公司产品自产自销。现有员工 1050 名。

上海中日家用电气有限公司是以创始人张方敏先生为法人代表的四个经营实体（浙江兰华模具厂、上海小珍珠电器有限公司、上海中日家用电器有限公司、江西中日电器有限公司）中的一个经营实体。企业的前身是创建于 1992 年的浙江兰华模具厂。经过 16 年的发展，企业已经从一个专业为国内外家电企业提供模具的加工制造企业，逐步发展成为今天的集模具研发制造、电冰箱、洗衣机生产与销售为一体的综合性企业，完成了从制造到创造、从幕后到台前，从积累到展现的企业发展历程。

目前，企业拥有洗衣机生产线 3 条，冰箱生产线 3 条，已经成功开发出六大系列、58 款冰箱产品及两大系列 35 款洗衣机产品。企业通过了 ISO9001 : 2000 版质量管理体系认证、ISO14001 环境管理系统认证，产品的技术指标严格按照国家标准，并通过国家 CCC 认证，产品已加入了电子监管网，质量得到了市场的认可和顾客的好评。

经过多年的市场运作，企业已经组建了遍布全国的销售网络和服务网络，目前企业在国内拥有八大区营销管理中心、48 个营销办事处，通过完善的销售、服务网络以及完善的物流配送体系，让企业的产品走进千家万户，并依靠良好的产品品质和售后服务，在市场上树立了良好的口碑。

博世电动工具（中国）有限公司

博世电动工具是全球领先的手持式电动工具及附件生产商，其产品在品质、技术革新及售后服务方面一直保持高标准。它拥有博世、世纪和 Dremel 三个品牌，并有 5 大类产品：手持式电动工具、附件、园林工具、台式工具和测量工具。

博世电动工具于 1995 年在风景秀丽的杭州成立合资公司，目前博世电动工具（中国）有限公司已成为博世集团独资企业，厂区占地面积约 14 万平方米，拥有博世电动工具亚太区最大的产品培训中心和亚太研发中心。

在中国，博世电动工具生产全系列产品，包括锤钻、冲击钻、曲线锯、电镐、角磨机、电刨和砂磨机，适用于混凝土、木工和金属各行业。创新的锂电充电式电动工具也同样适用于家具厂商、装修行业人士和“自己动手”一族。另外，博世电动工具在中国出售超过 1000 种博世电动工具附件产品。博世在上海、北京、广州、武汉和沈阳设立了博世售后服务中心，并且拥有全国性的售后服务网络。

主要产品：博世 BOSCH 电动工具

服务电话：4008268484

向荣集团有限公司位于国家火炬计划电力电器产业基地——江苏省扬中市，系江苏省地方特色产业集群——扬中工程电器产业集群内规模骨干企业，主要从事高低压成套电气设备、母线槽系统、金属封闭母线系统等产品的研发、生产和销售。自成立以来，公司不断推进工程电器产业升级和延伸发展，取得了显著的经济社会效益，荣获高新技术企业、江苏省企业信息化应用示范单位、江苏省企业知识产权标准化管理示范单位、苏商500强排头兵企业。

为实现企业持续、健康发展，公司积极与高等院校、科研院所合作，推动向荣发展新跨越。与南京理工大学合作研发的“多光谱图像融合的智能信息感知系统”项目被列入2012年国家战略性新兴产业专项，同时设立了企业院士工作站。

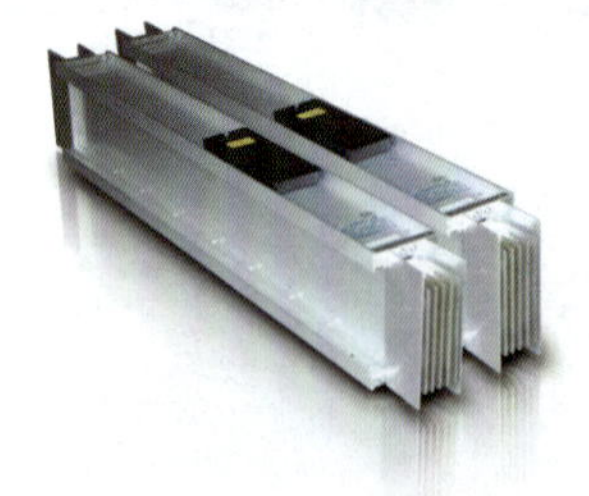

木欣欣以向荣，泉涓涓而始流。公司秉承“厚德载物、兴业报国”的宗旨，坚持“团结、创新、合作、发展”的理念，以市场为龙头、以科技为驱动、以管理为保证、以效益为中心，打造向荣核心竞争力，跻身世界知名品牌行列，建设绿色向荣、和谐向荣、百年向荣。

地址：江苏省扬中市新坝科技园区联中路5号
电话：0511-88428288
传真：0511-88428266
www.xiangrong.net

浙江博大实业有限公司

浙江博大实业有限公司位于“中国五金之都”——浙江永康经济开发区，交通便利，环境优美。公司成立于1992年，注册资金2000万元，厂区面积5万多平方米，员工600多人。

公司目前已发展成为以内销为主外销为辅，集研发、制造、销售于一体的专业电动工具制造商。公司营销网络覆盖全国，在各大中城市均设有经销机构和专业的售后服务中心，并扩大到部分县级城市。产品同时销往俄罗斯、巴西等20余个国家和地区。同时公司通过超前决策、科学管理、良好的服务，企业规模、效益、品牌知名度在国内同行名列前茅。

博大实业公司，诚信经营多年，先后荣获浙江省名牌产品、浙江省著名商标、中国电器工业协会电动工具分会理事单位、省信用AAA级单位、省工商企业A级守合同重信用单位、省“十五”制造业信息化工程示范企业、“中国名牌产品”、“国家免检产品”等多种殊荣。

2012年，博大牌商标再次荣获“中国驰名商标”。目前公司将一如既往地坚持锐意进取、开拓创新，以脚踏实地、精益求精的专业精神和优异的服务，创造超越用户期望的产品和领先服务能力，抓全面市场管理、质量管理、技术开发管理一丝不苟，不断采用新工艺、新技术、新装备，以百倍的努力培育百年品牌，用百分之百的信心与热忱携手共创你我共同拥有的博大世界，以著优的成效回报社会。

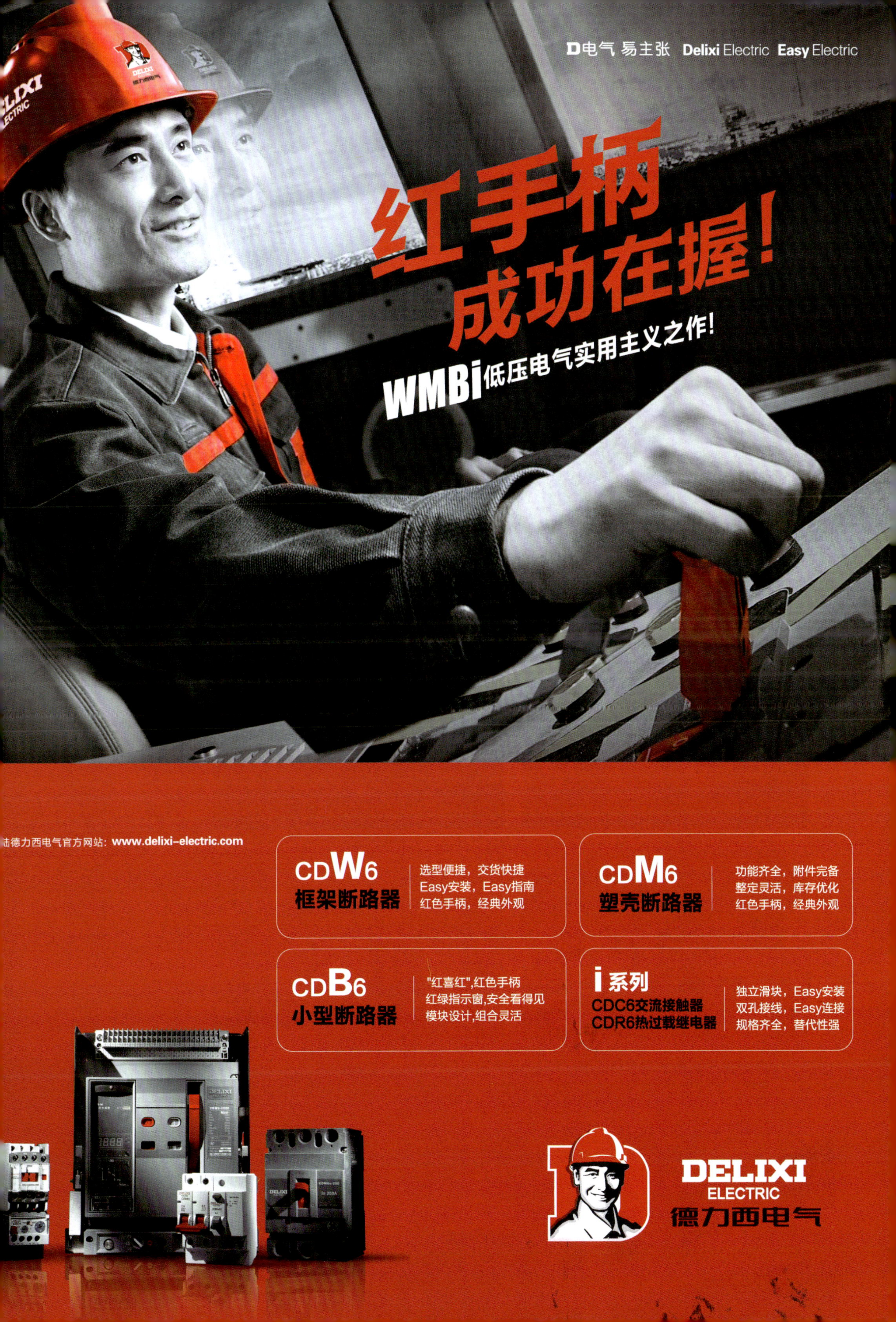

D电气 易主张 Delixi Electric Easy Electric
红手柄
成功在握！
WMBi低压电气实用主义之作！
陆德力西电气官方网站：www.delixi-electric.com
CDW6 框架断路器
选型便捷，交货快捷
Easy安装，Easy指南
红色手柄，经典外观
CDM6 塑壳断路器
功能齐全，附件完备
整定灵活，库存优化
红色手柄，经典外观
CDB6 小型断路器
"红喜红",红色手柄
红绿指示窗,安全看得见
模块设计,组合灵活
i 系列
CDC6交流接触器
CDR6热过载继电器
独立滑块，Easy安装
双孔接线，Easy连接
规格齐全，替代性强
DELIXI
ELECTRIC
德力西电气

天然
营养
健康

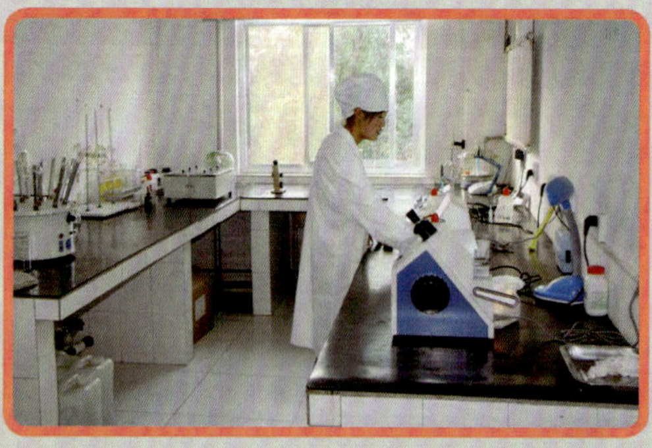

陆桥质检印务有限公司概况介绍

陆桥质检印务有限公司是国家质量监督检验检疫总局直属的中国检验检疫科学研究院的院属企业。主要承担政府检验检疫通关单证、CCC强制性产品认证标识等印制工作，是全国唯一印制此项业务的企业。

公司成立于1996年，注册资金2097.34万元，厂区占地面积为50余亩，厂房建筑面积为10000余平方米。

印刷经营许可证

（副 本）

（冀）新出印证字3160202890号

名 称	三河陆桥质检印务有限公司
经营场所	三河市燕郊燕高路
法定代表人(负责人)	韩秀东
企业类型	有限责任
经营范围	包装装潢、其它印刷品印刷
有效期限	3年

发证机关（盖章）

2012年03月20日

（副本）

认证证书

兹证明

三河陆桥质检印务有限公司

GB/T 19001-2008 idt ISO 9001:2008

ISO 9001

公司资质

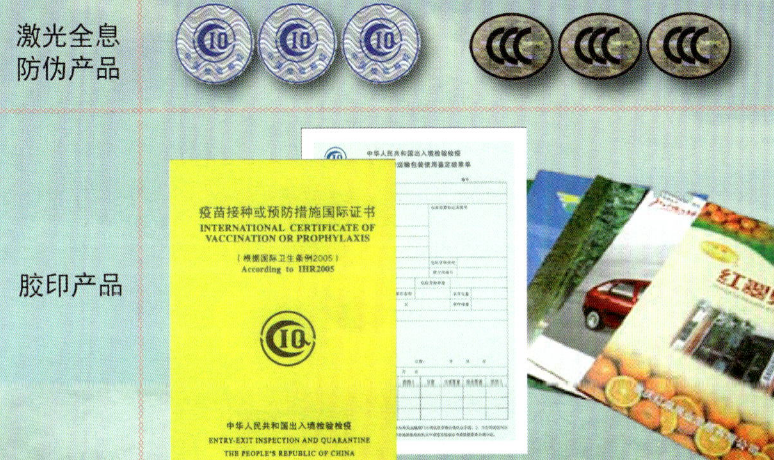

经过十余年的发展，在坚持以客户需求为核心，不断强化服务功能和水平的经营理念下，印前、印中、印后的作业能力，在地区行业内处于领先地位，2007年和2011年先后被河北省新闻出版局、廊坊文化广电新闻出版局评为**“强势印刷企业”**。

目前公司业务范围涵盖：

胶版印刷、凹版印刷及柔版印刷三大部分，胶版业务以单证、书籍、宣传册为主；凹版及柔版业务以标志、标签为主。

在激烈的市场竞争中，对内公司坚持科学有效的管理，对外坚持市场主导型和综合服务型运作，突出管理创新和技术创新，注重印刷质量和标准体系建设，公司除具备防伪票据、标识生产许可证印刷业务资质外，还通过了ISO9001：2008质量管理体系认证和RoHS认证，是中国防伪协会理事单位成员之一。

地址：三河市燕郊开发区燕高路73号 电话：010-61594080/8768 传真：0316-3317387

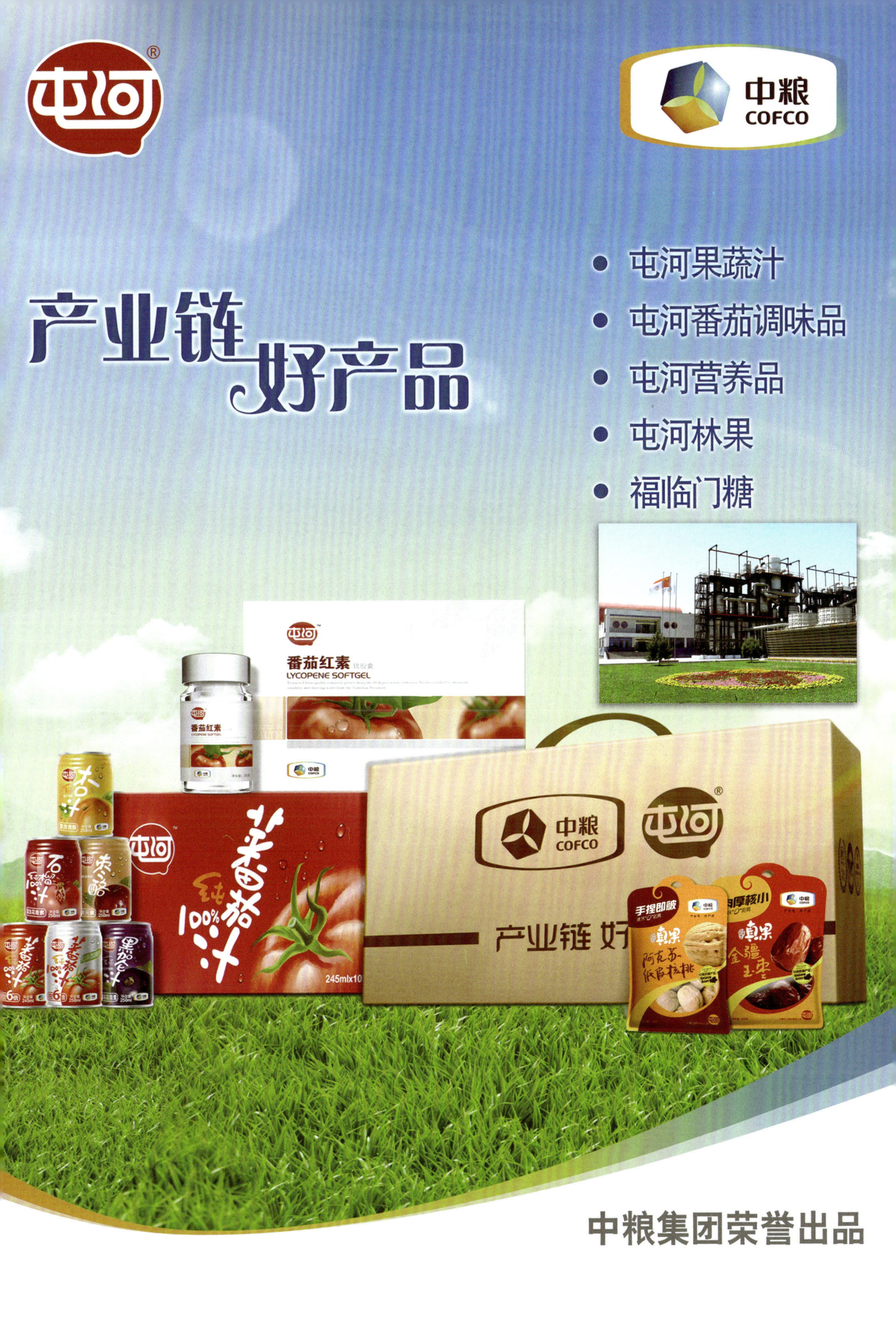
屯河
中粮
COFCO
产业链
好产品
屯河果蔬汁
屯河番茄调味品
屯河营养品
屯河林果
福临门糖
番茄红素
LYCOPENE SOFTGEL
纯
100%
番茄汁
245mlx10
中粮
COFCO
屯河
产业链 好
手捏即破
阿克苏纸皮核桃
肉厚核小
金疆玉枣
中粮集团荣誉出品

2012

Yearbook of Certification and Accreditation of China

第十九部分　国家认监委机关综合管理工作

Part Nineteen　Administrative Management of CNCA

一、认真落实十七届五中、六中全会精神，深入开展党建工作

（一）以学习型党组织为目标，提高理论武装成效

把推进学习型党组织建设作为落实五中、六中全会精神，提高理论武装和思想建设成效的重要抓手，按照“坚持以人为本、注重集体参与、形成共同愿景、激发行为改变”的原则，在国家认监委推进学习型党组织建设。

1.党组带头，建设学习型领导班子

国家认监委党组以执政能力建设和先进性建设为主线，不断提高驾驭全局，指导认证认可科学发展的能力。2011年初研究制定出台《认证认可事业发展“十二五”规划》作为认监委党组贯彻落实十七届五中全会的具体举措。认证认可“十二五”规划，明确了证认可事业未来五年的发展的目标和任务，成为今后一段时间国家认监委各项工作的指导性文件。同时，党组制定了《关于2011年认监委党组中心组学习计划》。按照学习计划，党组围绕学习十七届五中全会精神、胡锦涛总书记“七一”重要讲话、《关于做好新形势下群众工作》、十七届六中全会精神等内容进行了四次集中学习。继续做好党组中心组学习的服务工作，做好学习计划和工作总结，为党组成员购买和配备政治、经济、管理、法律和有关业务书籍20余种，同时通过网络和会议等方式做好学习情况的传达和通报，以中心组学习带动各级党组织的理论学习活动。

2.以人为本，培育学习型党支部

围绕2011年度党中央国务院的历次重要会议，以加强廉洁自律，提高科学发展能力为目标，组织广大党员深入学习了十七届五中、六中全会精神，学习中央纪委六次全会和国务院第四次廉政工作会议精神、中央关于《党员领导干部廉洁从政若干准则》廉洁从政的各项规定，学习质检系统《关于加强廉政风险防控的指导意见》以及优秀党员领导干部杨善洲、杨志明同志的先进事迹。

完善党内选举制度，对任期届满的党组织和认证部、注册部、科标部等部门领导调整后的支部及时进行换届选举，服务中心、信息中心分别成立党总支，新的党支部书记上任后，持续做好该支部的党建与理论学习工作。

3.注重参与，坚定党员理想信念

为纪念中国共产党成立90周年，全面贯彻党的十七大和十七届四中、五中全会精神，高举中国特色社会主义伟大旗帜，深入贯彻落实科学发展观，唱响共产党好、社会主义好、改革开放好、伟大祖国好、各族人民好的时代主旋律，激励广大干部职工坚定中国特色社会主义理想和信念，认监委制定了建党90周年活动方案，根据活动方案开展了包括“参加一次庆祝大会、组织一次系列读书活动、组织一次创先争优表彰活动、开展一次主题党日活动、组织一次认证认可历史展览、举办一次演讲比赛、举办一次入党积极分子培训班、组织一次廉洁自律自查、组织一次参观活动、开展一次慰问座谈活动、组织一次群众性系列文化活动”等10个方面主题鲜明、内容丰富的专题活动。

4.深入探讨，提升理论研究水平

组织党员干部积极参加由中央国家机关工委研究室、中央国家机关党建研究会、紫光阁杂志社共同举办的“创先争优：理论与实践”征文活动，共有三位同志3篇文章获得了全国质检系统“创先争优：理论与实践”征文活动一等奖。同时，继续开展了2011年度的党建和思想政治工作论文评选活动，指导党员结合认证认可工作实际，围绕落实五中全会精神，推进学习型党组织建设、加强党内民主等重大理论问题进行研究，认证认可机关和下属单位论文共有66篇论文参加了评选，26篇论文获奖。

其中，有4篇论文获得总局思想政治工作论文评选特别奖和二等奖，在论文质量上，较前两年有了较大程度的提升。

5.加大培训，提高党务干部素质

2011年，国家认监委将提高党务干部的履职意识和履职能力作为提高机关党建工作水平的基础来抓，全面加大对党务干部的培训力度。全年多次组织入党积极分子培训班、党委宣传委员和工会干部培训班等，通过培训，对认监委机关及下属单位100名专（兼职）党、政、工干部进行了轮训，培训中注重将中央最新要求和工作实际相结合，注重学习研讨和调研交流相结合，取得了良好的效果。

（二）以创先争优活动为契机，注入组织发展活力

1.紧密结合业务，不断提升创先争优实效

增强窗口意识，改进服务作风。坚持以人为本、监管为民，牢固树立人人是窗口、事事是窗口、处处是窗口的意识。加强与工作服务对象（地方两局、认证机构、实验室、企业、消费者等）沟通，密切联系，自觉接受服务对象的批评和监督。修订完善行政审批业务受理窗口的服务规范和各岗位工作质量标准，并向社会公示，接受群众监督。进一步明晰各项行政审批程序和业务流程，明确岗位职责。利用满意度评价器、问卷调查等机制，分析群众反馈意见，认真查找工作中的薄弱环节，采取针对性措施，提高为民服务能力。

2.增强党员素质，提高服务能力

加强党性观念，牢记党的宗旨，把实现好、维护好、发展好最广大人民根本利益作为一切工作的出发点和落脚点。开展江苏、广东的认证市场专项检查工作，并不断地总结监管经验和措施，同时结合《认证机构管理办法》，指导地方两局的基层网格化检查，以点带面，争取用2～3年时间，对重点地区的所有的获证组织的认证有效性有一个公正、客观、全面的了解，并培训、锻炼一支业务能力强的认证监管队伍。

3.创新活动方式，不断丰富创先争优内容

认监委直属机关各级党组织按照“为民服务、创先争优”活动的总体部署，紧密结合党建制度建设、纪律教育月、“质量提升、服务先行”、“党员质量示范岗”、“党旗下质检人”学习宣传等活动为载体，广泛开展“三亮、三创、三比、三评”活动。

4.加强正面引导，做好表彰评优工作

按照国家质检总局表彰评优工作的要求，在认监委机关和下属单位开展了先进基层党组织、优秀共产党员和优秀党务工作者的评选，对在抓质量、保安全、促发展、强质检，以及日常履职工作中表现突出的党组织和党员进行了表彰。在评选活动中，认监委直属机关5个基层党组织、10名党员和5名党务工作者得到了总局直属机关党委的表彰；4个基层党组织、11名党员和5名党务工作者得到了认监委直属机关党委的表彰，在直属机关形成了较好的示范带头作用。

（三）以文化建设为抓手，激发职工队伍生机活力

1.加强文化建设，增强队伍凝聚力

为了提高认监委管理机制、强化发展机制，提高组织的自律水平和整体素质，形成认证认可行业“合心、合力、合作”的良好局面。自2010年7月启动文化建设以来，认监委委托认证技术杂志社和北大纵横咨询公司开展了荣誉室建设和文化体系核心理念的提炼工作。经过一年时间的努力,认监委文化建设工作取得了阶段性成果，荣誉室已全面完成并对外开放，同时还开展了文化建设理念提炼与文化建设三年规划的起草工作，全力打造认监委核心价值体系。通过对认监委及下属单位的深入调研和访谈，以及专家会议、无领导小组、网络、信箱、结构化问卷等形式，对认监委直属10个部门、下属3个单位、代管5个单位的领导和员工，共计206人开展访谈；并向全委发放文化调查问卷，其中发放委里86份，实收77份，有效率89.5%；发放直属单位共发放36份，实收31份，有效率86.1%。通过以上基础性工作，第一阶段调研工作已顺利完成，形成了《认监委文化现状调研诊断分析报告》、《认监委文化讨论汇编》（送审稿）、《认监委文化理念体系讨论》（送审稿）、《认监委组织文化理念体系讨论汇编》（送审稿）、《认监委员工行为规范》（送审稿）、《认监委组织文化三年建设规划》（送审稿）等文件。

2.开展“唱红歌，跟党走”等系列活动

以多种途径开展丰富多彩的群众活动，配合总局“文化年”的总体要求，在认监委系统掀起文化活动的热潮，健全和完善文娱等俱乐部，组织开展了羽毛球比赛、登山比赛、三八妇女节活动、篮球比赛、卡拉OK比赛、摄影比赛，新春团拜会和参加总局10周年文艺汇演、建党90周年文艺演出，搭建互相交流的平台，丰富干部职工文娱活动，进一步增强队伍凝聚力。

二、认真落实全国质检系统纪检监察工作会议要求，将“以人为本、执政为民”理念贯彻到反腐倡廉建设全过程

（一）在反腐倡廉教育中切实抓好廉洁自律各项规定的落实

1.以多种形式开展党纪政纪教育

一是党组带头开展廉洁自律教育。认监委党组始终将党纪政纪和中央关于反腐倡廉工作的有关部署作为中心组学习的重要内容。2011年党组开展了4次中心组集体学习，其中2次对反腐倡廉工作有关要求进行专题学习。重点学习了温家宝总理在国务院廉政工作会议上的讲话和中央关于进一步做好党政机关厉行节约工作的有关要求。在认监委纪念建党90周年座谈会上，党组书记孙大伟同志就认监委反腐倡廉形势进行了深入分析，反复强调要清醒地认识认监委领导干部廉洁从政中存在的问题和差距，要深入开展廉洁自律教育，弘扬良好作风。二是深入学习反腐倡廉的最新要求。2011年组织党员干部职工围绕十七届中纪委六次全会精神、《中国共产党党员领导干部廉洁从政若干准则实施办法》、《党风廉政建设责任制规定》以及《李华森案件的情况通报》等内容开展廉洁自律学习和警示教育。

2.扎实推进纪律教育月活动

以“坚持以人为本监管为民理念，发扬密切联系群众优良作风”为主题开展纪律教育月活动。指导各支部组织一次集中学习、召开一次民主生活会、举行一次党课报告、组织一次党日活动、开展一次警示教育、推出一批先进典型等“六个一”活动。

3.建立廉政教育经常化制度

为推进廉政教育制度化、常态化，认监委逐步建立起廉政教育与业务培训同步进行的教育模式。在认监委组织的各类业务培训中，加入反腐倡廉教育的有关内容。2011年，在直属机关处级干部培训班、财务干部培训班上都专题开设廉洁从业专题讲座，由纪检监察工作负责同志针对参加培训人员特点讲解反腐倡廉工作的最新要求以及不同岗位的特殊要求，参加培训150人次，提高了廉政教育的针对性和时效性。

（二）在制度建设中加大反腐倡廉制度创新力度

1.做好反腐倡廉任务分工与检查落实

根据国家质检总局2011年反腐倡廉工作任务分工，对工作任务逐一分解，制定了认监委的反腐倡廉任务分工，确定了6个方面44项具体工作措施，明确了牵头单位和责任单位。在认监委一年一度的党建和纪检监察工作会议上，对2011年的反腐倡廉工作进行了专题部署，并于12月对反腐倡廉任务分工落实情况进行了检查，确保工作有布置、有落实。同时，按照总局监察局的要求，还对认监委机关和下属四个单位2008年～2011年惩防体系制度建设情况进行检查，特别是对制度建设情况进行汇总，通过检查，共梳理涉及权力行使、财务管理、人事管理等各类制度114项，为推进惩防体系2008年～2012年五年工作规划的完成奠定基础。

2.推进廉政风险防控工作

加强廉政风险防控，从源头上预防腐败是今后一段时间反腐倡廉工作的重点，认监委按照总局的总体部署，重点做好两方面的工作。一是对近年来开展廉政风险防控和权力监督运行机制建设情况进行总结，形成《建立风险防控机制构筑反腐倡廉防线》的专题报告，在质检系统纪检监察工作会议上进行交流；二是对系统推进廉政风险防控工作作出部署，专题召开党风廉政建设领导小组会议，传达总局关于加强廉政风险防控工作的具体要求，同时结合认监委实际，制定《国家认监委关于加强廉政风险防控的实施方案》，对廉政风险防控的实施步骤、实施方法、推进时间等作出了具体部署。

（三）在监督工作中强化对党员领导干部的监督

1.召开党员领导干部民主生活会

在深入学习、广泛征求意见、认真谈心的基础上，委党组和各单位领导班子召开了18场不同层次的民主生活会，全体处级以上党员领导干部进行了重点自我剖析。在民主生活会上，党员领导干部联系思想和工作实际，对照胡锦涛总书记在建党90周年大会上的讲话以及党的群众工作的有关路线方针政策，从树立群众观点，加强党性修养和作风养成等方面开展了批评和自我批评。

2.落实个人事项报告和谈话制度

2011年，按照《关于党员领导干部报告个人有关事项的规定》，认监委66名处级以上干部对个人有关事项进行了申报，其中司局级干部16人、处级干部50人。2011年以来，机关党委、纪委负责同志对机关12名新提拔的处级干部进行了任前廉政谈话。党委、纪委负责同志还分别与下属的服务中心、信息中心、研究所、认可中心、信安中心、协会、中检集团七个单位班子成员分别进行了廉政谈话，谈话根据当前质检和认证认可系统反腐倡廉工作

形势，结合各单位在信访举报中反映出来的主要问题和不同特点进行了针对性提醒。

3.做好廉洁自律自查工作

为加强对认监委党员领导干部的管理和监督，进一步明确廉洁自律要求，做到预防为先、关口前移，首次在机关全体干部职工中开展廉洁自律自查工作。自查根据《中华人民共和国公务员法》、《中国共产党党员领导干部廉洁从政若干准则》、《中国共产党纪律处分条例》等规定，发放了《国家认监委机关干部廉洁从政自查表》，干部职工对照10个方面27个具体问题进行了逐一自查。委机关110名干部职工均按要求完成了自查工作。

（四）在行风建设中着力提升行风建设制度化水平

1.起草《认证认可行风建设实施办法》

为促进认证认可事业发展，规范认证认可行业管理、推进系统党风政风行风建设，维护群众利益，维护行业形象，认监委在多年开展认证认可行风检查和调研的基础上，起草了《认证认可行风建设实施办法》，作为认证认可行风建设和纠风工作的指导性文件。为提高《实施办法》的针对性和有效性，先后在北京、宁夏召开3次征求意见座谈会，重点征求了从业机构和委机关各部室的意见和建议，下一步将继续在行业内征求意见，并对测评、调研、反馈等制度进行完善。

2.组织开展第八次认证认可行风检查

开展行风检查是认监委落实“管行业就要管行风”要求，推进认证认可行风建设的重要举措。12月，党委、纪委在湖南、湖北等地开展第八次认证认可行风检查，重点对认监委干部职工落实《廉政准则》情况以及从业机构落实廉洁从业要求的情况进行检查和调研。检查中，通过座谈解答、实地检查、个别访谈、问卷测评等方式听取了地方两局认证认可监管和纪检监察部门、有关认证机构和实验室、以及获证企业对认证认可行风的意见和建议。

（五）在查办案件工作中继续加大查办违纪案件的力度

1.对举报信进行批转

2011年，认监委纪检监察部门共收到举报信16件，较2010年同期增长200%。根据对被举报人员的管理权限和反映内容的重要程度，对举报信进行批转，其中6件由认监委纪检监察部门直接处理，7件转中检集团处理，1件转认可中心处理，1件转协会处理，1件转地方局处理。

2.对举报信进行核实

2011年纪委直接组织调查组在广州、大连、江西、北京等地对4封举报信进行了7次调查，在调查中对举报信提供的事实进行了一一核实，均已调查完毕。其中1封举报信反映内容不属实，3封举报信反映内容部分属实，由于涉及到人员为体系评审员和工厂检查员，已责成认证认可协会、中检集团及中国质量认证中心对相关人员进行了处理。

3.提出政策建议

为发挥查办案件的治本作用，纪检监察部门在党建工作会、纪检监察干部会等会议中及时通报信访举报反映出的突出问题，加强警示和提醒。同时对举报信反映出的行政监管和行业监管中的共性问题和系统性问题，特别是对在行政审批人员、体系审核员和工厂检查员管理中暴露出来的问题，向有关部门提出有针对性的政策建议，以降低廉政风险。

三、深入贯彻落实全国认证认可工作会议精神，努力推进信息宣传工作

（一）以“五个一”主题宣传活动为载体，扎实开展认监委成立十周年系列宣传活动

为纪念国家认监委成立十周年，策划实施了“出版一本宣传画册、一册纪念首日封和邮册、举办一次征文比赛、一次十件大事评选和一次儿童画展”的“五个一”主题宣传活动，取得了良好的宣传效果，推动认证认可宣传工作提升到新的水平。

宣传画册全面反映认监委成立十年来的光辉历程。画册内容涵盖了认监委成立十年来富于代表性的照片和图表。纪念邮册主题突出，制作精美。纪念邮册选取了与认证认可事业相关的邮票，并设计了带有认监委标志的个性化邮票。

征文和十件大事评选活动积极动员，广泛参与。在委网站和两报刊登了“我与认证认可十年”征文和“认证认可事业发展十件大事”评选的启事。征文活动历时八个月，共收到稿件407篇。征文数量多，参与面广，代表性强，总体质量较好，充分反映了社会各界对认证认可工作的关注和支持。十件大事评选活动从认监委成立以来的重大事件中严格甄选，并向各方征求意见，最终确立了25件大事作为备选，社会各界积极参与评选活动，网上投票踊跃，共收到近选票近2 000张，评选出了“认监委成立”、“实施强制性产品认证管理制度”等具有代表意义

的十件大事。

"地球家园未来"儿童画展吸引了系统内职工子女的积极参与，共收到35幅儿童画作。认监委十周年纪念日当天，由CQC制作展板，在"求真务实促发展，创先争优谱新篇"主题演讲会场展出。支树平局长、孙大伟副局长和王凤清主任都对画展表达了关注和肯定，支局长特别肯定了儿童画展这种形式，既传达了温馨感动的效果，又让人们看到了质检事业发展的希望。

除了做好"五个一"宣传工作外，积极把握宣传时机，在8月29日当天，与机关党委共同策划组织了"求真务实促发展，创先争优谱新篇"主题活动，以演讲比赛的形式，回顾了十年来认证认可工作的成绩。这些活动既扩大了认监委的社会知名度，也促进了委机关内部的文化建设，增强了组织的凝聚力。为配合8月29日当天的宣传，还在两报两刊刊登了纪念认监委成立十周年的专题稿件，同时配发了十件大事的评选结果，进一步提升了宣传效果。

（二）以"世界认可日"为宣传平台，拓宽思路、创新方法，联合地方政府共同开展认证认可宣传

2011年6月9日是第四个世界认可日，开展世界认可日宣传活动被列入总局和认监委的宣传工作要点。本届认可日活动主题是"认证认可——政府监管工作的支撑"，为突出宣传这一主题，提前谋划，联合上海地方两局共同参与，邀请总局和上海市人民政府于6月9日在上海举办了"世界认可中国日"主题活动。来自国家质检总局、部际联席会议成员单位、上海地方两局、上海卫生局等政府部门、合格评定机构、获证组织等单位的350名代表参加了活动。这是开展"世界认可日"宣传活动以来，国家认监委首次联合地方政府组织的大型宣传活动。实践证明，这种宣传活动既契合了地方政府重视认证认可工作，希望通过认证认可促进地方经济发展的需要，也进一步拓宽了认证认可宣传工作的思路，为形成宣传合力、增强宣传效果打下了良好基础。

为了增强上下联动的宣传效果，提前向地方两局下发关于开展"世界认可日"宣传活动的通知，组织认可中心专门印制了"世界认可日"主题宣传画16万张，分发到地方两局，鼓励地方认证监管部门结合自身工作实际，在当地开展认证认可宣传。6月9日，新疆两局、西藏检验检疫局等近20个地方局举办了形式多样的宣传活动并报送了相关信息。

（三）针对社会关注热点和媒体炒作焦点，加强正面应对，主动与媒体沟通，消除了不良影响

针对某些媒体关于有机产品认证的负面新闻和不实报道，主动应对，多次向国务院领导上报调查汇报材料，并组织中央电视台、新华社等中央媒体赴北京、新疆、江苏等地采访有机产品认证示范区建设和执法监管活动，曝光违法使用有机产品认证标志的不法行为。在10月底《新华视点》刊发有机认证专题节目引发较大负面影响后，及时制作专题节目并迅速在中央电视台一套和新闻频道播出长达10余分钟的专题节目，既正面宣传了认证认可的工作，又向社会再次公布举报咨询电话，表达了国家认监委严格监管的工作态度和决心。节目播出后，社会反响强烈，有力地回应了不实报道，消除了不良影响，维护了有机产品认证的形象。

（四）配合重点工作，积极开展宣传工作，宣传热点频现，认证认可社会影响不断扩大

2011年宣传工作热点频出、媒体聚焦认证认可工作，引发了接连不断的宣传高潮，认证认可工作新闻在中央电视台新闻联播中已播出3次，在中央电视台新闻30分、整点新闻、朝闻天下等栏目中共播出总计15条新闻，这在近5年的宣传工作中也是绝无仅有的。包括国家认监委颁发第一张食品检验机构资质认定证书活动，"食品检测实验室开放日"活动、世界认可日宣传活动、有机产品监督抽查活动等。

配合总局和国家认监委"质量月"活动安排，扎实做好宣传活动。为做好"食品检测实验室开放日"宣传工作，组织相关媒体赴活动现场采访报道，央视《新闻联播》、《新闻直播间》等栏目均对启动仪式作了报道。9月16日，国家认监委与公安部消防局在京联合召开消防产品强制性认证新闻发布会。为了组织好本次新闻发布会，积极组织协调，扎实开展各项工作，保障了新闻发布会的圆满举行，多家媒体报道了新闻发布会相关新闻，社会反响强烈。质量月期间，还对国家认监委举办的"认证认可建立信任"质量大讲堂活动进行了报道，并参与制作"认证推动低碳生活"宣传短片，在委网站上进行发布。

（五）持续稳步提升政务信息报送和管理工作

2011年，各部室、地方两局和下属单位积极落实质检12字方针和全国认证认可工作会议精神，积极主动开展新闻宣传活动，加强政务信息报送工作，突出抓好政务信息报送质量，采用率大幅提升。全年共报送信息1 278条，采用1 064条，采用率比2010年同期提高6.4%，地方两局报送信息覆盖率已达84.8%。编发《认证认可工作简报》16期，《信息专报》、《舆情摘报》10期，向总局报送"质量月"活动简报3期，向总局新闻办、信息处报送信息135条，被《质检动态》、《质检信息》、《质检专报》采用26篇，其中"2011年认证认可工作将以'安全认证''绿色认证’为主题”、“节能减排认证深入开展成效明显”、“我国有机产品质量稳定”、“中美就加强食品防护展开交流”、“我国出口食品生产企业备案管理新规定出台”、“国家认监委对山东省寿光市、肥城市有机产品认证实行风险预警”等6篇信息被总局《质检专报》采用。

四、多措并举，全力提高机关各项工作质量

（一）提高效率、创新手段，提高办公效率

1.以整合多种内部管理措施为核心，抓好会议管理，提升会议质量和效率

针对2011年上半年国家认监委会议中存在的计划外会议数量明显多于计划内会议，地方两局参加认监委会议压力过大以及会议通知失控等原因，根据大伟主任“要充分认识精简会议的重要意义，切实落实相关规定和要求，采取治本措施，务求见到实效，研究进一步落实部门和层级管理责任”和文毅副主任“今后在会议形式、内容、效果上多下功夫，提高会议效率”的批示精神，广泛调研，征求各部室和有关单位意见和建议，群策群力，确定了认监委会议管理的“四项原则”和“六大措施”，以期通过整合机关内部目前正在运行的管理措施，全方位加强会议管理，提升会议效率和质量，切实减轻有关单位特别是地方两局参会的压力，更好地服务于基层认证认可执法监管工作和当地经济社会发展。

2.以提倡办文“零差错”为目标，切实提高机关基础工作质量

公文是机关工作最核心的产品，确保认监委公文高质量、高效率的处理一直是办公室最重要的工作，国家认监委将工作差错率列入全委质量目标，并建立了公文运转时间登记制度。在不断提高公文质量的基础上，还认真做好减少公文的工作，该发的文件确保质量和效率，不该发的文件力争在审核环节就取消。近年来，国家认监委公文数量逐渐减少，公文质量稳步提升，确保了认证认可工作健康发展。

认真办理发文和内部签报。截至2011年底，共处理签报533份，党组发文15份，委发文73份，委发函194份，公告31份，办文39份，办函274份，外函74份，共处理签报、发文1 233份，较2010年同期下降10.4%。

严格控制公文差错。截至2011年底，发文700件，出错文件5件，差错率为0.7%，较2010年差错率1.8%明显下降，机关公文质量进一步提升。

收文工作规范有序。截至2011年底，机要收文1 124份，会签、阅研文1 019份，下属单位、地方两局、企事业单位来文620份，处理涉密文件317份，没出现任何丢文漏事现象。

（二）以“电子化”和量化指标为核心，提供高效率服务

1.开发信息管理系统

开发建设绩效考核信息管理系统。一年来，会同信息中心完成了信息系统的需求分析和软件规划，提出了一期建设的目标要求，经过两个部门的协同配合，该信息系统的一期于2011年12月底前正式运行，为2011年的绩效考核管理工作提供了有效的技术支持。

“认监委质量管理体系文件信息化管理系统”投入试运行。在信息中心的积极配合下，经过一年的努力，“认监委质量管理体系文件信息化管理系统”从10月份开始试运行，该系统实现了在线查询、下载、编辑和使用的功能，为大家繁忙的日常工作提供了帮助，节省了时间和印刷成本、提高了效率、方便了使用，也解决了版本混乱的问题。

2.初步建成一套量化的质量管理体系评价指标体系

共提出65项分质量目标和54项量化的基础评价指标，初步形成了定量评价认监委各项工作质量和工作效率变化的指标体系，为科学决策和优质服务打下了基础。通过组织年中自查和年底的内审，大家反复对目标和基础评价指标的适宜性进行了深入的探讨，为2012年进一步改进和完善指标体系奠定了基础。

3.以信息化、电子化为核心，提高机关办公效率

提高办公自动化系统的使用率。为严格贯彻落实国务院关于“厉行节约”的办公要求，2011年上半年，着重加强了对办公自动化系统使用情况的督查力度。2010年，国家认监委质量目标之一即是公文电子化率达到90%，2010年没有完成目标，全年公文电子化率仅为80%左右。2011年，全委除规定可以不使用办公自动化系统运转的公文外，公文电子化率已经达到95%以上。通过不断加强使用办公自动化系统，机关公文运转效率明显提升，从发文时间上看，全年委发文运转时间稳定在6天左右，委发函发文运转时间稳定在4天左右，并呈逐渐减少的趋势。

4.启用与地方两局的电子公文传输系统

国家认监委于2011年7月1日建党90周年之际，正式启用认监委电子公文传输系统，自运行以来，不但极大地提高了公文运转的效率，而且降低了公文邮寄费用，每月快递邮寄费从1.5万元降低到1万元左右，降低了1/3。针对

突发性事件，电子公文传输极大地方便了认监委与地方两局的沟通，2011年10月，国务院领导对“有机螃蟹”一事进行批示后，在委领导的领导下，各部门通力合作，当晚即把认监委有关加强整顿的文件印发两局，有力地推动了工作的发展。

5.完善了办公自动化系统与档案管理系统的接口问题

由于办公自动化系统与档案管理系统分别由两家公司设计，在档案管理系统试运行过程中出现了一些问题，办公室及时联系两家公司，对系统的设计进行优化，并解决问题，截至年底，认监委办公自动化系统中运转的工作，已能无障碍转移到档案系统中进行归档处理。

（三）以质量管理体系为抓手，促使机关工作规范运转

2011年以来，在国家质检总局“坚定不移推进质量管理体系工作”的统一部署下，认监委体系建设工作时刻围绕创建“服务政府、责任政府、法治政府和廉洁政府”的需要，坚持“立足实际，导入理念；全员参与，力求实效；循序渐进，有机衔接；积极探索，不断创新”的工作原则，建立了覆盖10个部室、25个处、167个工作岗位的质量管理体系。2011年，以“稳步推进”、“全员参与”和“外部评审”为重点推动认监委质量管理体系的发展，进一步强化委机关内部管理，规范和完善工作责任制度和定期定量检查评价制度，紧密结合职责履行和年度工作重心，精心准备，周密安排，为各项工作的顺利开展打下了基础。

五、进一步深入加强人力资源管理

（一）加强人事管理，提升人事工作水平

1.狠抓人员招录和调配工作质量，从源头严把人员质量关

严把人员入口关，做好招录和调配工作，确保新进人员质量。人员招录和调配是为干部队伍建设注入新鲜力量的主要途径之一，从源头严把人员质量关，是提高干部队伍质量的根本措施之一。制定并上报了2012年度机关人员录用计划，在资格审查阶段，国家认监委公布的4个拟录职位，共有4 671人报名，经过严格审查，共有4 322人通过审查，349人审查未通过，审查合格人数与计划总人数比例达到1080:1，其中“人事处岗位”报名审查合格人数为3 320人，为中央国家机关公布的招考职位第3名。同时，还印发了《国家认监委直属事业单位公开招聘实施办法（试行）》，确保事业单位招聘工作规范有序。

2.狠抓人事基础工作质量，提升人事工作水平

认真做好人事档案管理工作，保证人事档案安全。干部人事档案管理维护工作。加强了干部档案室的硬件设备配置，2011年整理、复核、校对案卷140余卷，整理历年留存的人事文书档案200余卷，为做好干部人事管理工作提供了有力的档案依据。

3.坚持做好退休干部服务工作

委人事部门始终坚持做好退休干部的服务管理工作，认真落实老干部的政治、生活待遇，保障老干部活动经费。第一，通过定期组织政治理论学习、订阅报刊读物等，切实加强老干部思想建设、党支部建设；第二，通过建立完善医药费报销、就医保障等机制，落实生病探访、定期家访等制度，健全老干部保障机服务体系；第三，组织退休人员参加了“总局老干部局组织的建党90周年系列活动”、“认监委成立十周年系列活动”、青岛休养、重阳节郊游等活动，丰富了退休干部的业余生活；第四，组织退休干部在创造争优活动中进行公开承诺，发挥退休干部自身优势，组织他们在一些座谈会上对认证认可的历史、背景进行宣讲，对在岗人员了解认证事业及认证发展起到了很好的推动作用，引导老干部发挥余热、再做贡献。

4.做好工资薪酬管理

完成委管事业单位2010年度工资总额计划执行情况的检查和2011年度工资总额批复工作。保质保量按时完成了统发工资审核报送、津补贴调整发放、工资转移支付等工作，全年共计调整核发700余人次。

5.做好人事基础信息统计工作

认真做好机关及下属单位人员信息维护、总局人事信息系统数据维护及任职资格统计工作。配合委财务部及机关服务中心做好有关预算及购房补贴数据核报工作。完成公务员法实施至今委机关参照公务员法管理自查工作并撰写自查报告；做好2010年度公务员统计表、事业单位工作人员统计表和劳动工资统计表的统计报送工作。

（二）干部选拔任用和年度考核工作规范性不断加强

1.机关干部选拔任用工作规范有序

一是严格按照《干部选拔任用条例》选拔任用机关各级干部。2011年认监委机关共发生干部调整19人次，

其中，调入正局级领导干部1人，调出并交流提拔正局级干部1人，竞争性选拔部门主任1人，部门领导职务转非领导职务1人，提拔国家局副司级领导干部3人，处级领导干部12人，完成委机关19名处以上干部试用期满正式任职以及6人次的新录用公务员试用期满转正定级工作；目前正在办理1个部门主任及1个部门巡视员及部分处级非领导职务的选拔任用工作。在干部选拔任用过程中，严格按照《干部选拔任用条例》和四项监督制度的有关规定，十分注重群众参与度，探索在民主推荐环节扩大参加推荐人员范围，充分听取民意，形成了两次投票、任职考察、会前听取纪检监察机关意见、三上党组会、任前公示、任期试用期等规范的干部选拔任用工作机制，做到坚持原则不动摇、执行标准不走样、履行程序不变通、遵守纪律不放松，进一步提高了选准用好干部的工作水平。

二是加强对干部监督工作制度建设。为了进一步落实干部选拔任用四项监督制度，提高选人用人公信度，协同纪检监察部门对2011年收到的干部选拔任用工作方面的群众来信，进行了认真调查，坚持正面教育为主，提出了解决的意见和建议报委党组或下属单位领导班子参考，干部监督工作取得了实效。组织机关及下属单位所有符合报告条件的275名处级以上干部认真做好2010年度党员领导干部个人重大事项报告工作，进一步加强了对领导干部的监督和管理。

三是重视干部选拔任用工作满意度测评的分析和改进。根据总局召开直属系统提高选人用人满意度工作座谈会精神，深入分析了委机关2010年“一报告两评议”结果，提出了有关加强和改进工作的意见和建议报委党组研究，并在干部选拔任用工作中加以落实和改进。

2.委管单位干部任用审批、备案管理工作规范严格

加强对下属单位中层干部任用的审批和备案管理，是认监委对下属单位人事管理的重要组成部分，是干部管理和对选拔任用工作进行监督的一个重要方面。2011年，下属单位共报送任职审批请示22人次、备案20人次，不予审批1人，不予备案1人。

3.做好年度考核工作

按照国家质检总局统一部署和要求，加强对考核工作细节、程序的梳理和把握，有关工作程序、规定的解释宣传工作，保证了2010年度干部考核工作的顺利完成。2010年，委机关及共有24名同志被评为优秀等次，其中正局级干部1名、国家局正司级干部3名，国家局副司级干部4名，处及级以下干部17名。同时，还协助总局人事司顺利完成了对认可中心、信安中心、认证认可协会、中检集团领导班子的年度考核工作。

（三）加强培训，提高机关工作人员管理能力

1.教育培训管理工作显实效

一是内部培训重质量，涉外培训效果明显。截至12月底，2011年委内部培训（国内）14项计划全部完成，共计培训1 412人次，发放业务培训证书189张。2011年对部分业务培训实施了联合办班管理模式，通过对认可部和认证部联合主办的行政监管人员培训班进行的跟班督查，可以看出联合办班的模式可以更加有效、系统地从政策法规层面及专业技术等方面全方位了解掌握认证认可相关知识，可以更好地提高培训效率、节约时间和经费成本以及提供交流机会。内部培训管理实现了一次有效的整合提高。在认监委组织的涉外培训方面，2011年首次成功申请了3个外专局培训项目，共组织系统内61名干部出国进行培训学习，累计培训时间达到1 281天。认监委承办的外专局培训项目从计划申报到组织筹备、从境外实施到回国总结，各个环节运行规范到位，组织严密高效，成绩效果显著。

二是外部培训重提高，自主选学服务到位。全年共完成103人次外出培训选派工作，其中，国家局正司级42人次、国家局副司级10人次、处级37人次、科级14人次。培训类别呈现丰富多样的特点，包括中央党校、井冈山干部学院、国家行政学院培训4人次、司局级干部选课学习33人次、更新知识培训25人次、专门业务培训32人次、境外培训9人次。全年机关干部累计培训时间总和达到961天，人均8.7天。认真组织委机关及直属单位15名司局级干部参加自主选学，并为认监委司局级干部选学提供了优良的服务。

三是专题培训重实效，处级干部综合管理能力明显提升。举办了计划内的处级（中层）干部综合管理能力提升培训班，共计培训委机关及下属单位处级学员86人，培训内容主要涉及对“七一”讲话和认证认可“十二五”发展规划的解读，廉政意识的培养、与人沟通的方式方法、公关危机处理以及保密等多个专题，培训班组织周密，服务到位；课程设置合理，针对性和实用性高；师资力量强，授课效果好，达到了预期的培训目标。

2.办公室牵头的培训项目高质高效

组织了赴加拿大“人力资源绩效管理专题”专题培训项目。系统内分管人事工作的领导及人事干部在为期21天的培训中，围绕绩效管理的主题进行了13场专题共计56个学时的培训学习，组织召开了9次小组讨论会、2次全体团员讨论会、1次以“为民服务，创先争优”为主题的临时党支部活动，系统学习了西方发达国家在人力资源方面尤其是在绩效管理领域取得的成功经验及最新研

究成果，结合各自工作实际，汇总形成了集机关、事业、企业绩效考核研究与思考于一身、共计12万字的专题培训调研报告，开拓了机关绩效管理思路，为认监委系统进一步开展和推动绩效考核工作打下了较为坚实的理论基础，提出了很好的建议意见。

举办了2期质量管理体系标准知识培训班。2011年4月和6月，举办了2期机关工作人员质量管理体系标准知识培训，共培训45人（其中部室负责人5名、处级5名），占总人数的40.9%。培训班主要讲解了ISO 9000质量管理系列标准概述及发展、八项质量管理原则、GB/T 19001—2008标准的理解和实施、质量管理体系审核的基本概念、审核的基本内容和程序、审核的技巧和方法、审核人员的基本要求等。通过为期5天的培训，达到了“知其然并知其所以然”的目的，使机关工作人员初步理解并掌握了与质量管理体系标准及审核有关的基本知识、管理理念和最新发展动态，为更好地开展日常监管工作奠定了基础。

六、加强内部管理和外事服务

（一）加强内部管理，减少工作风险

1.扎实做好保密工作

年初召开了委保密委员会全体会议，按照保密工作突出重点，常抓落实的要求，委保密办会同信息中心在各单位保密工作自查的基础上，对委机关涉密计算机、涉密移动存储介质管理使用情况、机要文件管理借阅情况、涉密人员管理等方面进行了4次检查（含配合国务院机要局进行的一次保密电话检查）。按照新的保密法要求和程序，对认监委成立以来的涉密文件进行了清理解密。对涉密计算机进行了调整，由19台调整为12台。为强化保密意识，9月份邀请国家保密局有关专家举办了保密警示教育，在办公室内、电脑旁等醒目位置张贴警示标语等，进一步提高大家的防范意识，确保了党和国家秘密的安全。

2.踏实做好信访工作

国家认监委一向高度重视信访工作，采取换位思考的方式，设身处地的为人民群众办实事，想群众之所想，急群众之所急，真心实意了解和帮助群众解决实际困难。2011年，共收到信访件49件，所有信件均在规定的时间内办结，办结率为100%。

3.全方位提升档案安全管理水平

2011年，国家质检总局开展了档案安全专项检查，认监委以此为契机，对委内档案保管安全情况、档案利用安全情况、档案库房安全情况进行了严格的自查，受到了总局的好评。一是认监委的档案资料齐全完整。二是档案利用安全可控，做到每借阅一份档案都有登记，并及时催还、核销。三是档案库房安全水平进一步提升。配置了加湿器和除湿机，确保档案库房温湿度处于适宜的指标范围之内，制定了《国家认监委档案库房管理制度》。四是高度重视档案信息安全。档案管理系统只在认监委内网运行，涉密文件只通过传统的纸质方式运转，扫描形成的涉密电子档案也没有在内网的档案管理系统中挂接，而是安装了一套单机版，集中管理涉密档案，并且该单机经过了严格的处理，符合保密要求。通过以上安全措施的施行，保证了认证认可史料的安全存放。

（二）倡导“精品化”的服务理念，加强外事管理工作

外事管理工作严格细致，在热情服务中体现规范管理。高度重视外事管理工作，时刻牢记“外事无小事”的工作原则，加强了外事管理与服务。

一是加强对外事出国团组、特别是境外培训项目团组的外事教育。2011年，国家认监委有3个赴境外的外专局培训项目，团组在外时间长、人员多、任务重，每次团组出发前，均派人到会进行专题外事教育，提出赴外期间有关纪律要求，有关人员和团长签订相关责任书，确保每一团组在外的安全。二是加强对护照的管理。针对2011年出国境（团组）多、时间紧的特点，进一步严格护照管理。针对委机关出现护照丢失和私自涂改护照的情况，要求丢失护照人员进行说明和检查，向外交部去函注销已丢失的护照，并将该人员新的出访任务进行了换人调整；同时，对涂改护照有关人员进行了批评，并将此事上报外交部注销护照。此外，还及时完成了国家认监委因私出境人员备案的报送工作。三是进一步加强邀请外国人来华的管理工作。2011年共邀请外国人来华88人次，委机关及下属单位均未发生外国人来华滞留问题。四是进一步提高外事服务水平和工作效率。截至2011年底，国家认监委共计组团160个，出访总人数共计568人次，尚未发生外事事故。

七、努力推进制度建设和理论研究，运用“规范化”措施确保工作有序开展

（一）加强“管人、管事”制度建设，确保工作有序开展

用制度管人、管事，是现代管理思想的精髓之一，在日常管理工作中，需要充分运用制度化的措施，规范工作。

2011年，在保密工作方面制定了印发了《关于对部分涉密文件资料解密的通知》；在档案管理方面建立了《国

家认监委档案借阅制度》，设置了《档案借阅登记表》和《档案借阅审批单》，将档案管理工作纳入了管理体系范围内，绘制了《档案借阅流程图》；在人事档案的专项管理中起草了《认监委干部人事档案工作管理十项职责、八项制度》；在干部监督工作方面制定并印发了《国家认监委干部监督工作联席会议制度实施意见》，在建立和完善干部监督工作协调机制、加强对干部选拔任用工作监督力度方面进行了制度探索，此外，还及时转发《中央纪委、中组部关于进一步做好两项法规贯彻实施工作的意见》；在外事工作方面，根据外交部2010年年底有关会议精神，针对认监委及下属单位近年来不断增加的邀请外国人来华的实际，提出了“谁邀请、谁负责”的原则，要求发出邀请的单位或部门签订“保证书”，确保被邀请的外国人在完成规定任务后按时离境。用制度管人，通过不断强化制度建设，不但使办公质量不断提高，而且降低了工作中的风险，既推动了工作的发展，又保护了自己。

（二）以制度建设为核心，支撑事业发展

1.管理为先，保障扶持，促进下属企业做强做大

制订并印发了《中检集团公司负责人薪酬管理暂行办法》、《中检集团公司负责人基本年薪确定办法》及《中检集团公司负责人经营业绩考核暂行办法》。组成工作组赴香港启动对中检公司的年度考核工作，建立了内派干部进行年度考核的制度化机制，并进行了中检公司负责人薪酬管理调研工作。通过竞争上岗为集团增配2名副总裁、通过交流轮岗从委机关调出1名国家局正司级干部进入集团领导班子，配合总局人事司对即将到龄的班子成员进行职务调整，办理相关退休手续。完成了企业所属境外机构内派人员备选库配套信息平台软件升级工作，协助中检公司完成了2011年度人员轮换工作，商借6人赴香港中检公司工作、1人赴越南中检公司工作、1人赴三亚帮助工作；完成中检集团2011年海外公司的轮换和增派工作，涉及人员共计30人。此外还办理了中检公司、中检集团班子成员分别赴外执行出访任务的批复13人次。

2.积极推进认证认可高级专业技术职务评审管理工作

起草并印发了《认证认可专业中、高级技术职称任职资格评审条件》，该评审条件规定了申报认证认可专业高级技术职称任职条件要求，对认证认可行业从业的广大技术人员申报相应的高级技术职称资格具有较好的导向作用，也有较强的操作性。

3.开展国家职业分类大典修订工作

根据人社部、国家质检总局、国家统计局《关于做好国家职业分类大典修订工作的通知》要求，就认证认可职业分类大典修订工作进行了深入研究，明确由认证认可协会牵头组织职业大典的修订工作，并指导协调相关工作的开展，截至2011年底，认证认可职业中的认可人员和认证人员两类职业超过1 000人次的信息采集工作已经完成，信息的分析整理汇总工作正在进行中。

（三）加强理论研究

1.加强绩效管理体系建立运行的理论研究

申报了《机关绩效考核模式研究》“短、平、快”科研项目，与实际工作相结合，边工作边研究。一方面从理论上支持体系的建立、运行和改进；另一方面用实际工作中取得的数据和经验，丰富对相关理论的理解和研究，截至年底，该项目已进入验收阶段。

2.制定《人才发展规划》，认证认可人才工作实现可持续发展

根据《国家中长期人才发展规划纲要（2010～2020年）》和质检总局《全国质检系统“十二五”人才发展规划》等有关文件精神，结合认监委及认证认可工作实际，制订的五年期《人才发展规划》。《人才发展规划》明确了新时期认证认可人才工作的指导思想、基本原则和总体目标，提出了要以建设高素质的党政人才队伍、能力强的认证行政执法人才队伍、复合型的事业单位管理人才队伍、高层次的专业技术人才队伍和职业化的企业经营管理人才队伍为主要任务，建立并健全人才考核评价、选拔使用、培养引进、发展保障四项工作机制，并实现人才工作的全面、统筹、可持续的发展。

3.启动《国家行政机关质量管理体系理论与实践研究》课题

召开了总局批准立项的“国家行政机关质量管理体系理论与实践研究”课题（编号：2010IK122）启动会，印发了《工作方案》，向107家机构发出了《关于开展国家行政机关质量管理体系有效性问卷调查的函》，走访了31家认证机构，明确了第36大类“公共行政管理”的类别与界定，对收集到的1 060家获证客户、751名审核员、31家认证机构领导、130名市场与客户服务人员的访谈和问卷调查信息进行了汇总整理，2011年底前已完成课题大报告的框架。

八、国家认监委财务管理工作

2011年，国家认监委财务管理工作按照财务管理科学化、精细化的要求，努力提高预决算、专项经费管理、系统财务监管、收费监管和内部审计等工作质量，为认证

认可中心工作提供财务保障。

1.预算管理

一是加大预算编报力度，使2012年项目经费预算同比增长13%；二是提升预算执行均衡性，2011年预算执行达到100%，多次获得国家质检总局通报表扬；三是开展预算项目绩效评价工作，全部项目经测评均属有效等级。

2.日常财务管理

一是修定机关财务管理办法，制定公务卡、政府采购、固定资产等管理办法，并对相关内容进行宣贯；二是贯彻落实中央厉行节约精神，完成压缩“三公经费”目标；三是加强资金管理，保障重点工作，为开展“质量月”活动、“以质取胜、创先争优”活动、有机食品监督检查等工作提供经费保障。

3.公务卡改革

为机关工作人员申办公务卡，组织公务卡培训和宣传，制定发布《国家认证认可监督管理委员会机关公务卡管理暂行办法》，全年使用公务卡结算金额有较大增长。

4.政府采购和资产管理

制定发布了机关政府采购管理办法和机关固定资产管理办法，明确责任，加强监督。组织开展对政府采购和资产管理执行情况的督促检查、政府采购计划申报和执行统计、国有资产年度决算等工作，确保国有资产的安全与完整。

5.系统财务监管

一是对重大财务事项进行前期调研和后期跟踪检查，严格审批程序，办理了下属单位13个重大财务事项的审批工作；二是继续加强财务报表管理，组织各单位报送季度、年度决算报表并进行财务数据的对比、分析；编报境内外企业年度决算报表，并连续第六次荣获“质检系统企业决算编报工作先进单位”称号；三是组织国家认监委机关和下属共124家法人单位开展“小金库”专项治理，并对2009年～2011年的“小金库”专项治理工作进行总结；四是研究改进企业管理模式，对中国检验认证（集团）有限公司5家境外子公司、2个地方检验检疫局及2家地方公司进行实地调研和检查。

6.认证认可收费监督管理

一是开展认可收费和认证人员考核注册培训等收费标准的重新申请核定工作，组织上报申请材料，并配合国家发改委组织召开由认证机构、培训机构、企业参加的征求意见座谈会，推动收费标准的出台；二是继续开展认证认可收费专项监督检查，组织专家对部分强制性产品认证机构、检测机构的收费情况进行实地检查；三是针对第十一届人大四次会议代表第6225号建议，召开指定认证机构座谈会进行研究，并与人大代表进行沟通，推动有关问题的及时解决。

7.内部审计工作

一是制定发布内审工作管理办法，于2011年2月印发《国家认证认可监督管理委员会内部审计工作管理办法（试行）》；二是建立健全经济责任审计联席会议机制，印发《国家认监委经济责任审计工作联席会议制度》，并于2011年3月召开了首次联席会议；三是组织中国检验认证（集团）有限公司、认监委机关服务中心开展了2010年度财务收支专项审计，并向国家质检总局上报了有关材料。

九、委机关后勤服务保障工作

2011年，国家认监委机关服务中心紧紧围绕认证认可工作大局，以“服务”为宗旨、以“质量”为根本、以“管理”为手段、以“安全”为目标，不断增强服务意识、改进服务作风、创新服务模式、提升服务质量，找准定位，创新发展，开创了机关后勤服务保障工作的新局面。

（一）抓好机关后勤服务管理，确保委机关的安全有序运行

服务中心本着“寓管理于服务、以服务促管理”的原则，积极创新思路、改进方法，在固定资产管理、政府采购、住房管理、会务承办等方面迈出了新步伐。

第一，加强固定资产管理，认真做好固定资产的出入库登记、领用发放、维修保养、清查盘点、报废处置等工作，实行“实名责任制”管理，做到账实相符、责任到人。

第二，抓好政府采购，本着精打细算、厉行节约的原则，科学编制政府采购计划，精细预算、规范执行，全年共完成政府采购计划50项，无超预算采购项目。

第三，加强职工住房管理，及时更新住房档案数据库，准确上报职工住房信息；按规定对委机关职工住房未达标一次性补贴、提职职工住房级差补贴、外地调京干部住房级差补贴进行核算和公示；协助委财务部、人事部完成2010年住房补贴决算和2012年住房补贴预算工作。

第四，抓好会务承办，加强与办会部门的信息沟通对接，做好大型会议的会场布置、住宿餐饮、车辆调度等

工作，努力做到会议服务细致周到、优质高效。

第五，加强公务用车管理，本着“安全第一”的原则，严格执行“一车一档、一车一卡”、里程登记、出车申请等管理制度，加强对车辆的日常清洁、维护、保养及安全检查，及时排除安全隐患，确保公务用车安全无事故。

第六，做好重大活动的支持保障，为纪念国家认监委成立十周年，服务中心按照上级指示，负责对认监委荣誉室实施装修改造，认真做好荣誉室的内部装饰、展品制作等工作。8月29日，认监委荣誉室顺利揭牌投入使用。

（二）抓好强制性产品认证（CCC）标志发放管理，为获证企业提供优质高效服务

服务中心秉承“高效准确、热情服务”的宗旨，以“为民服务，创先争优”活动为载体，指导所属实体标志中心深入开展“双优服务窗口”建设，切实提升群众满意度。

第一，加强争创“青年文明号”建设，把精神文明和职业道德建设落实到实际工作中去，实行科学化、精细化、人性化的服务和管理，荣获了“2009年～2010年度中央国家机关青年文明号”称号，为服务中心及认监委赢得了荣誉。

第二，走访地方两局、标志发放分中心及获证企业，调研、掌握CCC标志发放、使用、管理情况，广泛收集“改进工作、提升服务”的第一手资料。

第三，加快推进标志发放管理网络平台建设，经过严格测试、准确评估，完善了系统优化升级改造方案，为进一步提升信息化建设提供了可靠保障。

第四，未雨绸缪，制定完成CCC标准规格标志编码规则调整方案，预防并解决标志重码问题，确保标志编码的有效性、安全性。

第五，加强双语服务平台建设，以“认证标志信息备案查询、标志申请受理、标志业务咨询全部实现双语化”为目标，竭力消除语言障碍、打破受理瓶颈，为国外企业营造良好的服务“软”环境。

第六，配合信息安全认证中心完成国推自愿性产品认证（CC）标志制作、发放管理系统研发、人员培训、设备购置等前期筹备工作，为全面启动CC标志发放管理工作奠定了坚实基础。

第七，协助委认证部做好CCC标志发放数据统计分析工作，完成了2002年至 2010年强制性产品目录下43大类产品标志的数据分类、排序、分析和汇总。

第八，组织召开全国CCC认证标志发放管理工作会，加强与各地分中心的交流和沟通，研究解决标志发放工作中的重点及难点问题，为全面优化工作机制、提升服务质量指明了方向。

（三）抓好节能减排和安全建设，为驻楼单位打造安全稳定的办公环境

服务中心始终把节能减排和安全工作放在突出位置，多项举措，齐头并举，全力为驻楼单位创造健康、环保、安全、稳定的办公环境。

第一，加强节约型机关建设，有计划、有步骤地对大型耗能设备设施进行节能改造，全年共节约电费近27万元；在浴室统一安装“一卡通”收费装置，实行计时、计量收费，全年共节约水费3万余元。

第二，加强食品卫生安全管理，以创建“健康食堂”为契机，深入开展禁止使用非法添加剂和滥用食品添加剂专项整治工作，加强对食品加工环节的监督检查；严格执行农药残留快速检测制度、食品留样制度、持证上岗制度，强化餐饮服务各环节的规范化管理；持续开展“厨房开放日”活动，让用餐群众走进厨房，了解餐厅管理及卫生环境，提高食品安全建设的规范化和透明度。

第三，加强消防安全管理，开展“防灾减灾灭灾”教育培训，开展消防实战演练，加大安全检查，切实起到提高认识、增强责任、锻炼能力的良好效果。

第四，抓好安保管理，坚持人防与技防相结合原则，严格执行持证上岗制度、24小时值班制度、来访登记制度；完善监控设备设施，确保安全保卫不留死角、不出断层；组织开展电梯事故救援演习，提高紧急突发事件的处置能力。

国家认监委办公室　供稿

2012

Yearbook of Certification and Accreditation of China

第二十部分 法规

Part Twenty Regulations

认证机构管理办法

第一章 总则

第一条 为加强对认证机构的监督管理，规范认证活动，提高认证有效性，根据《中华人民共和国认证认可条例》（以下简称认证认可条例）等有关法律、行政法规的规定，制定本办法。

第二条 本办法所称认证机构是指依法经批准设立，独立从事产品、服务和管理体系符合标准、相关技术规范要求的合格评定活动，并具有法人资格的证明机构。

第三条 在中华人民共和国境内从事认证活动，以及对认证机构的监督管理，适用本办法。

第四条 国家质量监督检验检疫总局（以下简称国家质检总局）统一负责认证机构的监督管理工作。

国家认证认可监督管理委员会（以下简称国家认监委）负责认证机构的设立和相关审批及其从业活动的监督管理工作。

省、自治区、直辖市人民政府质量技术监督部门（以下简称省级质量技术监督部门）和直属出入境检验检疫机构（以下简称直属检验检疫机构）依照本办法的规定，按照职责分工负责所辖区域内认证活动的监督管理工作。

第五条 认证机构从事认证活动应当遵循公正公开、客观独立、诚实信用的原则，维护社会信用体系。

第六条 认证机构及其人员对其从业活动中所知悉的国家秘密、商业秘密和技术秘密负有保密义务。

第二章 设立与审批

第七条 设立认证机构，应当经国家认监委批准，并依法取得法人资格后，方可从事批准范围内的认证活动。

未经批准，任何单位和个人不得从事认证活动。

第八条 设立认证机构，应当具备下列条件：

（一）具有固定的办公场所和必备设施；

（二）具有符合认证认可要求的章程和管理制度；属于认证新领域的，还应当具有可行性研究报告；

（三）注册资本不得少于人民币300万元；出资人符合国家有关法律法规以及相关规定要求，并提供相关资信证明；

（四）具有10名以上相应领域执业资格和能力的专职认证人员；

（五）认证机构董事长、总经理（主任）和管理者代表（以下统称高级管理人员）应当符合国家有关法律、法规以及国家质检总局、国家认监委相关规定要求，具备履行职务所必需的管理能力；

（六）其他法律法规规定的条件。

从事产品认证活动的认证机构，还应当具备与从事相关产品认证活动相适应的检测、检查等技术能力。

第九条 外方投资者在中国境内设立认证机构除应当具备本办法第八条规定的条件外，还应当符合下列要求：

（一）外方投资者为在中国境外具有3年以上相应领域认证从业经历的机构，具有所在国家或者地区有关当局的合法登记，无不良记录；

（二）外方投资者取得其所在国家或者地区认可机构相应领域的认可或者有关当局的承认；

（三）设立中外合资、合作经营认证机构的中国合营、合作者应当为经国家认监委批准的具有3年以上认证从业经历的认证机构或者依法取得资质认定的检查机构、实验室，并无不良从业记录；外方投资者应当符合本条第一、二项；

外方投资者在中国境内设立认证机构还应当符合有关外商投资法律、行政法规和国家有关外商投资产业指导政策等规定。

第十条 设立认证机构的审批程序：

（一）设立认证机构的申请人（以下简称申请人），应当向国家认监委提出申请，并提交符合本办法第八条、第九条规定条件的有效证明文件和材料；

（二）国家认监委应当对申请人提交的申请材料进行初步审查，并自收到申请材料之日起5日内作出受理或者不予受理申请的书面决定，对申请材料不齐全或者不符合法定形式的，应当一次性告知申请人需要补正的全部内容；

（三）国家认监委应当自受理认证机构设立申请之日起90日内，作出是否批准的决定。决定批准的，向申请人出具认证机构设立通知书，决定不予批准的，应当书面通知申请人，并说明理由；

（四）国家认监委应当根据需要组织有关专家对申请人的认证、检测等技术能力进行评审，并书面告知申请人。专家评审的时间为30日，不计算在国家认监委作出批准的期限内；

（五）申请人凭国家认监委出具的认证机构设立通知书，依法办理有关登记手续，凭依法办理的登记手续领取《认证机构批准书》；

（六）国家认监委应当向社会公告，并在其网站上公布依法设立的认证机构名录。

国家认监委实施认证机构审批工作中应当遵循资源合理配置、便利高效、公开透明的原则。

第十一条 《认证机构批准书》有效期为4年。

认证机构需要延续《认证机构批准书》有效期的，应当在《认证机构批准书》有效期届满前90日向国家认监委提出申请。

国家认监委应当对提出延续申请的认证机构按照本办法规定的设立条件和审批程序进行复查，并在《认证机构批准书》有效期届满前作出是否准予延续的决定。

第十二条 认证机构设立子公司、分公司应当依照认证机构审批程序进行，经国家认监委批准，并依法取得公司登记机关登记后，方可从事批准范围内的认证活动。

第十三条 认证机构设立子公司应当符合下列条件：

（一）认证机构从业2年以上，并且2年内无违法违规行为；

（二）子公司符合本办法第八条规定的设立条件，同时符合其他法律、行政法规的规定；

（三）子公司由认证机构全资或者控股。

第十四条 认证机构设立分公司应当符合下列条件：

（一）认证机构从业2年以上，并且2年内无违法违规行为；

（二）分公司具有固定的办公场所和必备设施；

（三）分公司具有5名以上相应领域执业资格和能力的专职认证人员；

（四）分公司所在地具有获得本机构认证的组织；

（五）分公司具有符合认证认可的相关管理制度；

（六）其他法律法规规定的条件。

第十五条 认证机构可以设立从事批准范围内的业务宣传和推广活动的办事机构，并自设立之日起30日内，中资认证机构向办事机构所在地省级质量技术监督部门备案；外商投资认证机构向办事机构所在地直属检验检疫机构备案。备案内容包括：名称、地址、负责人、业务范围、隶属认证机构等。

省级质量技术监督部门和直属检验检疫机构应当公布依法备案的办事机构名录，并向国家认监委报送所辖区域内备案的认证机构所属办事机构的名录。

第十六条 境外认证机构可以在中国境内设立从事其业务范围内的宣传和推广活动的代表机构，并自设立之日起30日内向国家认监委备案。备案内容包括：名称、地址、负责人、登记证明文件、国外认可机构证明文件、隶属认证机构等。

国家认监委应当公布依法备案的代表机构名录。

第十七条 认证机构通过合约方式分包境外认证机构的认证业务，应当经国家认监委批准，并承担因分包而造成的认证风险和相关责任。

申请从事分包业务的认证机构应当首先取得相应认证领域的从业批准。

第十八条 有下列情形之一的，认证机构应当依法向国家认监委申请办理相关变更手续：

（一）认证机构缩小批准业务范围的；

（二）认证机构变更法人性质、股东、注册资本的；

（三）认证机构合并或者分立的；

（四）认证机构变更名称、住所、法定代表人、高级管理人员的；

（五）认证机构发生其他重大事项变更的。

认证机构申请扩大业务范围的，认证机构应当从业1年以上，并且1年内无违法违规行为。

扩大业务范围的申请由国家认监委参照本办法第十条的规定予以办理。

第三章 行为规范

第十九条 认证机构应当公正、独立和客观开展认证活动，建立风险防范机制，对其认证活动可能引发的风险和责任，采取合理、有效措施，并承担相应的社会责任。

认证机构及其子公司、分公司、办事机构不得与认证咨询机构和认证委托人在资产、管理或者人员上存在利益关系。

第二十条 认证机构应当建立保证认证活动规范有效的质量体系，按照认证基本规范和认证规则规定的程序实施认证，并作出认证结论。

国家认监委尚未制定认证规则的，认证机构可以自行制定认证规则，并报国家认监委备案。

第二十一条 认证机构应当通过网站或者以其他形式公布其认证范围、认证规则、收费标准以及其设立的子公司、分公司和办事机构的名称、业务范围、地址等信息内容，并保证信息内容真实、有效。

第二十二条 认证机构及其分公司、子公司同时开展活动时，除应当遵守法律法规规定的责任义务外，还应当遵守以下要求：

（一）认证机构在工商注册登记的地址，为核心办公场所，统一发布和报送认证信息。

（二）认证机构有多个办公场所开展认证活动时，应当确保所有办公场所采用相同质量管理体系和程序，控制所有人员和认证过程。

第二十三条 认证机构应当建立健全认证人员管理制度，定期对认证人员的能力进行培训和评价，保证认证人员的能力持续符合要求，并确保认证审核过程中具备合理数量的专职认证人员和技术专家。

认证机构不得聘任或者使用国家法律法规禁止从事认证活动的人员。

第二十四条 认证机构应当对认证委托人委托认证的领域、产品和内容是否符合相关法律法规以及其法人资格等资质情况进行核实，根据认证委托人的规模、性质和组织及产品的复杂程度，对认证全过程进行策划，制定具体实施、检测、检查和监督等方案，并委派具有相应能力的认证人员和技术专家实施认证。

第二十五条 认证机构应当按照认证基本规范、认证规则规定的程序对认证全过程实施有效控制，确保认证和产品测试过程完整、客观、真实，并具有可追溯性，不得增加、减少或者遗漏认证程序和活动，并配备具有相应能力和专业的认证人员对上述过程进行评价。

认证机构应当制定相应程序对认证结果进行评定和有效控制，并对认证证书发放、暂停或者撤销有明确规定及评价要求。

第二十六条 认证机构应当对认证全过程做出完整记录，保留相应认证资料。记录应当真实、准确，以证实认证活动得到有效实施。记录、资料应当使用中文，归档留存时间应当与认证证书有效期一致。

第二十七条 认证机构及其认证人员应当及时做出认证结论，并保证认证结论客观、真实。认证结论经认证人员签字，由认证机构提供给认证委托人。认证机构及其认证人员应当对认证结果负责并承担相应法律责任。

第二十八条 认证机构对认证结论符合要求的，应当及时向认证委托人出具认证证书、准许使用认证标志，认证证书应当经认证机构授权的人员签发。

认证证书应当载明获证组织的名称、地址、覆盖范围或者产品、认证依据的标准或者相关技术规范、有效期等内容，认证证书所含内容应当符合认证实施的实际情况。

认证机构的认证证书式样应当在确定后30日内报国家认监委备案。

认证机构应当向公众提供查询认证证书有效性的方式。

第二十九条 经合并或者分立的认证机构应当对其发生变更之前出具的认证证书作出处理，并按照规定程序转换相关认证证书。

认证机构被注销、撤销批准资格后，持有该机构有效认证证书的获证组织，可以向经国家认监委批准的认证机构转换认证证书；受理证书转换的认证机构应该按照规定程序进行转换，并将转换结果报告国家认监委。

第三十条 认证机构应当要求获证组织在认证范围内正确使用认证证书和认证标志，对误用和未按照规定使用认证证书和认证标志的，应当采取有效的纠正措施。

第三十一条 认证机构应当按照认证基本规范、认证规则的要求对其认证的产品、服务、管理体系实施有效的跟踪监督，确定合理的监督检查频次，以保证通过认证的产品、服务、管理体系持续符合认证要求；对不能持续符合认证要求的，认证机构应当暂停或者撤销其认证证书，及时向社会公布，并采取有效措施避免无效认证证书和认证标志继续使用。

第三十二条 认证机构设立的子公司、分公司应当以认证机构的名义从事其批准范围内的认证活动，并依照本办法的规定和认证基本规范、认证规则的要求开展工作。

认证机构子公司、分公司不得以其他形式设立与认证活动有关的机构或者委托他人从事认证活动。

第三十三条 认证机构设立的办事机构和境外认证机构在中国境内设立的代表机构及人员，不得从事签订认证合同、组织现场审核（检查）、出具审核（检查）报告、实施认证决定、收取认证费用等活动，不得直接或者变相从事认证培训和认证咨询活动。

第四章　监督检查

第三十四条 国家质检总局、国家认监委对认证机构遵守认证认可条例和本办法的情况进行监督。

国家认监委负责对认证机构的运行情况进行检查，对认证结果和认证活动进行抽查，并公布检查、抽查结果和相关认证机构及获证组织名单。

第三十五条 国家认监委对认证机构实行认证业务信息报送和年度工作报告审查制度。

认证机构应当按照相关规定向国家认监委报送认证业务信息，包括：获得认证的组织详细情况、暂停或撤销认证证书情况以及与认证结果相关的业务信息情况。

国家认监委应当及时汇总认证机构报送的相关信息和数据，并予以公布。

认证机构应当于每年2月底之前将上一年度工作报告报送国家认监委，报告内容包括：从业基本情况、人员、业务状况、质量分析以及符合国家资质要求的会计师事务所出具的财务会计审计报告等。

第三十六条 各级质量技术监督部门和各地出入境检验检疫机构（以下统称地方认证监督管理部门）应当按照各自职责，定期对所辖区域的认证活动实施监督，查处认证违法行为，并建立相应的监督协调工作机制。

第三十七条 国家质检总局、国家认监委应当对省级质量技术监督部门和直属检验检疫机构实施的认证机构办事机构备案以及认证执法工作进行监督和指导。

省级质量技术监督部门应当对所属市、县质量技术监督部门实施的认证执法工作进行监督和指导。直属检验检疫机构应当对其所属分支出入境检验检疫机构实施的认证执法工作进行监督指导。

省级质量技术监督部门和直属检验检疫机构应当于每年3月底之前将上一年度所辖区域认证监督管理工作情况报送国家认监委。

第三十八条 国家认监委和地方认证监督管理部门在行政管理中发现下列问题，经调查核实后，应当给予认证机构告诫并责令其改正：

（一）设立的办事机构未向所在地省级认证监管部门备案的；

（二）境外认证机构在中国境内设立的代表机构未向国家认监委备案的；

（三）自行制定的认证规则未向国家认监委备案的；

（四）认证机构的高级管理人员违反本办法有关规定的；

（五）认证证书、认证标志未备案或者向获证组织、产品出具的证书、标志与备案证书、标志不符的。

第三十九条 国家鼓励认证机构通过认可机构的认可，以证明其实施认证的能力符合要求；法律、行政法规规定应当取得认可的，认证机构应当按照法定要求通过认可。

认可机构应当对取得认可的认证机构进行有效跟踪监督，对认证结果的符合性进行抽查。对不能持续符合认可要求的认证机构，应当作出暂停或者撤销认可资格的处理。对认可监督中发现的违法违规行为，及时报告国家认监委。

第四十条 认证认可协会应当加强认证机构的行业自律管理工作，对认证机构遵守法律法规、履行行业自律规范的情况进行评议，发现认证机构的违法违规行为，应当及时向国家认监委报告。

第四十一条 认证机构和获证组织应当对国家认监委和地方认证监督管理部门实施的监督检查工作予以配合和协助，对有关事项的询问和调查如实提供相关材料和信息。

第四十二条 对于获证组织出现产品质量安全事故、环境污染或者职业健康安全事故以及经行政机关监督抽查中发现不符合法定要求产品的，认证机构应当根据具体情形依法暂停或者撤销认证证书，及时向国家认监委、地方认证监督管理部门以及相关部门通报，并配合有关行政机关对获证组织进行跟踪监督检查。

第四十三条 认证机构有下列情形之一的，国家认监委应当依法办理《认证机构批准书》注销手续：

（一）《认证机构批准书》有效期届满，未申请延续的；

（二）《认证机构批准书》有效期届满，经复查不符合延续批准决定的；

（三）认证机构依法终止的；

（四）法律法规规定的应当注销的其他情形。

第四十四条 下列情形之一的，国家认监委根据利害关系人的请求或者依据职权，可以撤销对认证机构作出的批准决定：

（一）国家认监委工作人员滥用职权、玩忽职守作出批准决定的；

（二）超越法定职权作出批准决定的；

（三）违反法定程序作出批准决定的；

（四）对不具备申请资格或者不符合法定条件的申请人准予批准的；

（五）认证机构已经不具备或者不能持续符合法定条件和能力的；

（六）依法可以撤销批准决定的其他情形。

第四十五条 任何单位和个人对认证活动中的违法违规行为，有权向国家质检总局、国家认监委或者地方认证监督管理部门投诉或者举报，国家认监委或者地方认证监督管理部门应当及时调查处理，并为举报人保密。

第五章　法律责任

第四十六条 申请人隐瞒有关情况或者提供虚假材料申请认证机构设立等审批事项的，国家认监委不予受理或者不予批准，并给予警告；申请人在1年内不得再次申请设立认证机构等审批事项。

第四十七条 申请人以欺骗、贿赂等不正当手段获得认证机构设立等审批事项批准证书的，国家认监委应当撤销其批准证书；申请人在3年内不得再次申请设立认证机构。

第四十八条 认证机构未经批准，擅自设立子公司或分公司从事认证活动的，地方认证监管部门应当责令其子公司或分公司停止认证活动，处10万以上50万以下罚款，有违法所得的，没收违法所得；国家认监委给予认证机构停业整顿6个月，对负有责任的认证人员，给予停止执业1年的处罚；情节严重的，国家认监委撤销认证机构批准证书，对负有责任的认证人员，撤销其执业资格，并予公布。

第四十九条 认证机构设立的办事机构从事签订认证合同、组织现场审核（检查）、出具审核（检查）报告、实施认证决定、收取认证费用等认证活动的，地方认证监管部门应当撤销其备案，处10万元以上50万元以下罚款，有违法所得的，没收违法所得；国家认监委给予认证机构停业整顿6个月，对负有责任的认证人员，给予停止执业1年的处罚，并予公布。

第五十条 境外认证机构在中国境内设立的代表机构从事签订认证合同、组织现场审核（检查）、出具审核（检查）报告、实施认证决定、收取认证费用等认证活动的，地方认证监管部门应当责令其停止违法行为，处10万元以上50万元以下罚款，有违法所得的，没收违法所得；情节严重的，国家认监委应当撤销其备案，并予公布。

第五十一条 认证机构设立的子公司、分公司以其他形式设立机构或者委托他人从事认证活动的，地方认证监管部门应当处10万元以上50万元以下罚款，有违法所得的，没收违法所得；国家认监委撤销子公司、分公司的批准资格，并对其认证机构停业整顿6个月，对负有责任的认证人员，给予停止执业1年的处罚；情节严重的，国家认监委撤销认证机构批准证书，对负有责任的认证人员，撤销其执业资格，并予公布。

第五十二条 认证机构未经国家认监委批准，分包境外认证机构认证业务的，国家认监委应当责令其改正，给予警告；情节严重的，给予其停业整顿6个月，并予公布；对负有责任的认证人员，给予停止执业1年的处罚；有违法所得的，没收违法所得。

第五十三条 认证机构有下列情形之一的，国家认监委或者地方认证监管部门应当责令其改正，给予警告，并予以公布：

（一）专职认证人员发生变更，其数量和执业资格不符合要求的；

（二）认证机构发生变更事项，未按照规定办理变更手续的；

（三）未按时提交年度审查报告、获证组织等信息或者提交的材料失实的；

（四）其他违反本办法规定的。

第五十四条 认证机构有下列情形之一的，国家认监委或者地方认证监管部门应当责令其限期改正，逾期未改正的，可以处3万元以下罚款：

（一）对已经暂停和撤销的认证证书，未向社会公布的；

（二）未向认证委托人提供认证审核文件的；

（三）审核时间严重不足，低于认证基本规范、认证规则规定的；

（四）从事认证咨询活动的；

（五）获证组织的产品不符合相关法律法规要求或者产品生产标准未按照法定要求备案，认证机构未按照规定暂停其认证证书或者未采取其他纠正措施的；

（六）在行政机关的监督检查中，拒绝提供反映其从业活动的情况或者隐瞒有关情况、提供虚假材料的；

（七）其他违反本办法规定的。

第五十五条 认证机构有下列情形之一的，地方认证监管部门应当责令其改正，处5万元以上10万元以下罚款，有违法所得的，没收违法所得；情节严重的，国家认监委应当责令其停业整顿6个月直至撤销其批准证书，并予公布：

（一）聘用未经国家注册（确认）的人员或者使用不符合认证要求和能力的人员从事认证审核、检查活动的；

（二）增加、减少、遗漏认证基本规范、认证规则规定程序要求，认证人员未到审核现场或者未对认证委托人的纠正措施进行有效验证即出具认证证书的；

（三）内部管理混乱、多办公场所作出认证决定，导致未按照认证基本规范、认证规则的程序和要求对其认证的产品、服务、管理体系实施有效的认证或者跟踪监督，造成不良社会影响的；

（四）认证的产品、服务、管理体系不能持续符合认证要求，认证机构未按照规定暂停或者撤销认证证书，并对外公布的；

（五）其他违反认证基本规范、认证规则规定的。

第五十六条 认证机构有下列情形之一的，地方认证监管部门应当责令其改正，处10万元以上20万元以下罚款，有违法所得的，没收违法所得；情节严重的，国家认监委应当撤销其批准证书，并予公布：

（一）超出批准范围开展认证活动的；

（二）涂改、伪造《认证机构批准书》，或者以其他形式非法转让批准资格的；

（三）停业整顿期间，继续从事认证活动的；

（四）停业整顿期满后，仍未按照整改要求从事认证活动的。

第五十七条 认证机构存在出具虚假认证结论或者出具的结论严重失实的，国家认监委应当撤销其批准证书，并予公布；对直接负责的主管人员给予警告，对负有直接责任认证人员，撤销其执业资格；构成犯罪的，依法追究刑事责任；造成损失的，依法承担赔偿责任。

第五十八条 对于认证机构的其他违法行为，依照《认证认可条例》等有关法律法规予以处罚。

第五十九条 国家认监委和地方认证监管部门及其工作人员应当依法对认证活动实施监督，有滥用职权、徇私舞弊、玩忽职守等违法行为的，依法给予行政处分；构成犯罪的，依法追究刑事责任。

第六章　附则

第六十条 香港、澳门和台湾地区的认证机构在大陆设立认证机构或者代表机构，依照本办法第二章关于境外认证机构的规定办理相关审批手续，并遵守本办法的规定。

第六十一条 本办法由国家质检总局解释。

第六十二条 本办法自2011年9月1日起施行。

出口食品生产企业备案管理规定

第一章 总则

第一条 为了加强出口食品生产企业食品安全卫生管理，规范出口食品生产企业备案管理工作，依据《中华人民共和国食品安全法》、《中华人民共和国进出口商品检验法》及其实施条例等有关法律、行政法规的规定，制定本规定。

第二条 国家实行出口食品生产企业备案管理制度。

第三条 在中华人民共和国境内的出口食品生产企业备案管理工作适用本规定。

第四条 国家质量监督检验检疫总局（以下简称国家质检总局）统一管理全国出口食品生产企业备案工作。

国家认证认可监督管理委员会（以下简称国家认监委）组织实施全国出口食品生产企业备案管理工作。

国家质检总局设在各地的出入境检验检疫机构（以下简称检验检疫机构）具体实施所辖区域内出口食品生产企业备案和监督检查工作。

第五条 出口食品生产企业应当建立和实施以危害分析和预防控制措施为核心的食品安全卫生控制体系，并保证体系有效运行，确保出口食品生产、加工、储存过程持续符合我国有关法定要求和相关进口国（地区）的法律法规要求以及出口食品生产企业安全卫生要求。

第二章 备案内容与程序

第六条 出口食品生产企业未依法履行备案法定义务或者经备案审查不符合要求的，其产品不予出口。

第七条 出口食品生产企业备案时，应当提交书面申请和以下相关文件、证明性材料，并对其备案材料的真实性负责：

（一）营业执照、组织机构代码证、法定代表人或者授权负责人的身份证明；

（二）企业承诺符合出口食品生产企业卫生要求和进口国(地区)要求的自我声明和自查报告；

（三）企业生产条件（厂区平面图、车间平面图）、产品生产加工工艺、关键加工环节等信息、食品原辅料和食品添加剂使用以及企业卫生质量管理人员和专业技术人员资质等基本情况；

（四）建立和实施食品安全卫生控制体系的基本情况；

（五）依法应当取得食品生产许可以及其他行政许可的，提供相关许可证照；

（六）其他通过认证以及企业内部实验室资质等有关情况。

第八条 直属检验检疫机构应当自出口食品生产企业申请备案之日起5日内，对出口食品生产企业提交的备案材料进行初步审查，材料齐全并符合法定形式的，予以受理；材料不齐全或者不符合法定形式的，应当一次告知出口食品生产企业需要补正的全部内容。

为便利企业出口，直属检验检疫机构可以根据工作需要，委托其分支机构受理备案申请并组织实施评审工作。

第九条 直属检验检疫机构自受理备案申请之日起10日内，组成评审组，对出口食品生产企业提交的备案材料的符合性情况进行文件审核。

需要对出口食品生产企业实施现场检查的，应当在

30日内完成。因企业自身原因导致无法按时完成文件审核和现场检查的，延长时间不计算在规定时限内。

从事评审的人员应当经国家认监委或者直属检验检疫机构考核合格。

第十条 有下列情形之一的，直属检验检疫机构应当对出口食品生产企业实施现场检查：

（一）进口国（地区）有特殊注册要求的；

（二）必须实施危害分析与关键控制点（HACCP）体系验证的；

（三）未纳入食品生产许可管理的；

（四）根据出口食品风险程度和实际工作情况需要实施现场检查的。

国家认监委制定、调整并公布必须实施危害分析与关键控制点（HACCP）体系验证的出口食品生产企业范围。

经直属检验检疫机构确认，有效的第三方认证等符合性评定结果可以被采用。

第十一条 评审组应当在完成出口食品生产企业评审工作5日内，完成评审报告，并提交直属检验检疫机构。

直属检验检疫机构应当自收到评审报告之日起10日内，对评审报告进行审查，并做出是否备案的决定。符合备案要求的，颁发《出口食品生产企业备案证明》（以下简称《备案证明》）；不予备案的，应当书面告知出口食品生产企业，并说明理由。

直属检验检疫机构应当及时将出口食品生产企业备案名录报国家认监委，国家认监委统一汇总公布，并报国家质检总局。

第十二条 《备案证明》有效期为4年。

出口食品生产企业需要延续依法取得的《备案证明》有效期的，应当至少在《备案证明》有效期届满前3个月，向其所在地直属检验检疫机构提出延续备案申请。

直属检验检疫机构应当对提出延续备案申请的出口食品生产企业进行复查，经复查符合备案要求的，予以换发《备案证明》。

第十三条 直属检验检疫机构按照出口食品生产企业备案编号规则对予以备案的出口食品生产企业进行编号管理。

第十四条 出口食品生产企业的企业名称、法定代表人、营业执照等备案事项发生变更的，应当自发生变更之日起15日内，向所在地直属检验检疫机构办理备案变更手续。

第十五条 出口食品生产企业生产地址搬迁、新建或者改建生产车间以及食品安全卫生控制体系发生重大变更等情况的，应当在变更前向所在地直属检验检疫机构报告，并重新办理相关备案事项。

第三章 备案管理

第十六条 国家认监委对直属检验检疫机构实施的出口食品生产企业备案工作进行指导、监督。

直属检验检疫机构应当依法对辖区内的出口食品生产企业进行监督检查，发现违法违规行为的，应当及时查处，并将处理结果上报国家认监委。

第十七条 直属检验检疫机构应当根据有关规定和出口食品风险程度，制定相应备案监管工作方案和年度计划，确定对不同类型产品的出口食品生产企业的监督检查频次，并报国家认监委。

对仅通过文件审核予以备案的出口食品生产企业，直属检验检疫机构应当结合出口食品的抽检情况，根据需要进行现场检查。

第十八条 出口食品企业应当建立食品安全卫生控制体系运行及出口食品生产记录档案，保存期限不得少于2年。

出口食品生产企业应当于每年1月底前向其所在地直属检验检疫机构提交上一年度报告。

第十九条 直属检验检疫机构应当建立出口食品生产企业备案管理档案，及时汇总信息并纳入企业信誉记录，审查出口食品生产企业年度报告，对存在相关问题的出口食品生产企业，应当加强监督、检查。

直属检验检疫机构应当将有关出口食品生产企业备案工作情况向所在地人民政府通报。

第二十条 出口食品生产企业发生食品安全卫生问题的，应当及时向所在地直属检验检疫机构报告，并提交相关材料、原因分析和整改计划。直属检验检疫机构应当对出口食品生产企业的整改情况进行现场监督检查。

第二十一条 出口食品生产企业有下列情况之一的，直属检验检疫局应当注销《备案证明》，予以公布，并向国家认监委报告：

（一）《备案证明》有效期届满，未申请延续的；

（二）《备案证明》有效期届满，经复查不符合延续备案要求的；

（三）出口食品生产企业依法终止的；

（四）2年内未出口食品的；

（五）法律法规规定的应当注销的其他情形。

第二十二条 出口食品生产企业有下列情况之一的，直属检验检疫机构应当责令其限期整改，整改期间暂停使用《备案证明》，并予以公布：

（一）出口食品安全卫生管理存在隐患，不能确保其产品安全卫生的；

（二）出口食品生产企业出口的产品因安全卫生方面的问题被进口国（地区）主管当局通报的；

（三）出口食品经检验检疫时发现存在安全卫生问题的；

（四）不能持续保证食品安全卫生控制体系有效运行的；

（五）未依照本规定办理变更或者重新备案事项的。

第二十三条 出口食品生产企业有下列情况之一的，直属检验检疫机构应当撤销《备案证明》，予以公布，并向国家认监委报告：

（一）出口食品发生重大安全卫生事故的；

（二）不能持续符合我国食品有关法定要求和进口国（地区）法律法规标准要求的；

（三）以欺骗、贿赂等不正当手段取得《备案证明》的；

（四）向检验检疫机构隐瞒有关情况、提供虚假材料或者拒绝提供其活动情况的真实材料的；

（五）出租、出借、转让、倒卖、涂改《备案证明》的；

（六）拒不接受监督管理的；

（七）出口食品生产、加工过程中非法添加非食用物质、违规使用食品添加剂以及采用不适合人类食用的方法生产、加工食品等行为的。

因前款第（三）项行为被撤销《备案证明》的，出口食品生产企业3年内不得再次申请备案；因其他行为被撤销《备案证明》的，出口食品生产企业1年内不得再次申请备案。

第二十四条 出口食品生产企业违反《中华人民共和国食品安全法》、《中华人民共和国进出口商品检验法》及其实施条例等有关法律、行政法规规定的，依照相关规定予以处罚。

第二十五条 国家认监委和检验检疫机构的工作人员在实施备案和监督管理工作中，滥用职权、徇私舞弊、玩忽职守的，依法给予行政处分；构成犯罪的，依法追究刑事责任。

第四章 附则

第二十六条 出口食品生产企业需要办理国外卫生注册的，应当按照本规定取得《备案证明》，依据我国和进口国有关要求，向其所在地直属检验检疫机构提出申请，并由国家认监委统一对外推荐。

第二十七条 本规定所称的出口食品生产企业不包括出口食品添加剂、食品相关产品的生产、加工、储存企业。

第二十八条 供港澳食品、边境小额和互市贸易出口食品，国家质检总局有规定的，从其规定。

第二十九条 本规定由国家质量监督检验检疫总局负责解释。

第三十条 本规定自2011年10月1日起施行。原国家质量监督检验检疫总局2002年4月19日公布的《出口食品生产企业卫生注册登记管理规定》同时废止。

2012

Yearbook of Certification and Accreditation of China

第二十一部分　大事记

Part Twenty-one　Major Events

1 月

1月4日 国家认监委谢军副主任出席了国家质检总局蒲长城副局长主持召开的2011年立法计划协调会。

1月5日 (一)国家认监委孙大伟主任，车文毅、王大宁、谢军、顾基平副主任，刘卫军总工程师出席了国家认监委文化建设评估报告阶段性成果汇报会。(二)国家认监委车文毅副主任主持召开了2011年第一次主任办公室会议，谢军副主任、刘卫军总工程师出席了会议。会议研究了商务部直属事业单位中国国际电子商务中心开展“电子商务信用认证”调查情况的有关问题。(三)国家认监委谢军副主任出席了法律部、实验室部2010年度干部考核暨“创先争优”领导点评活动。(四)国家认监委王大宁副主任出席了注册部2010年度干部考核暨“创先争优”领导点评活动。

1月6日~7日 国家认监委孙大伟主任，车文毅、王大宁、谢军、顾基平副主任，刘卫军总工程师出席了全国质量监督检验检疫工作会议。

1月7日 (一)国家认监委王大宁副主任出席了科标部、研究所2010年度干部考核暨“创先争优”领导点评活动。(二)国家认监委顾基平副主任出席了财务部、服务中心2010年度干部考核暨“创先争优”领导点评活动。(三)国家认监委刘卫军总工程师出席了中国质量认证中心2010年度工作总结会。

1月10日 (一)国家认监委孙大伟主任出席了全国假日旅游部际协调会议第七次全体会议。(二)国家认监委孙大伟主任会见了美国消费品安全委员会(CPSC)主席特南鲍姆一行。双方就中美消费品安全领域合作等议题进行了友好交流。(三)国家认监委组织召开了竞争选拔司局级领导干部工作动员大会，孙大伟主任、车文毅副主任出席了会议并讲话，王大宁、谢军、顾基平副主任，刘卫军总工程师及委机关全体人员参加会议。(四)国家认监委车文毅副主任出席了认可部2010年度干部考核暨“创先争优”领导点评活动。(五)国家认监委车文毅副主任出席了科标部、认证部会议并宣布国家质检总局有关人事任免的决定，王大宁副主任、刘卫军总工程师分别参加了相关活动。车文毅、顾基平副主任出席了国家认监委直属机关党委2010年工作总结会暨总局直属机关党委“创先争优”点评认监委直属机关党委工作会。朱守钧代表国家质检总局直属机关党委对国家认监委直属机关党委“创先争优”工作进行了点评，车文毅副主任作了总结发言。(六)国家认监委刘卫军总工程师出席了国际合作部、认证监管部2010年度干部考核暨“创先争优”领导点评活动。

1月11日 (一)国家认监委孙大伟主任出席了中央党校中央国家机关分校国家质检总局第十五期党校班毕业典礼并作了讲话。(二)国家认监委孙大伟主任出席了国家质检总局党组会议。(三)国家认监委车文毅副主任出席了中检集团会议并宣布了国家质检总局有关人员任职决定。(四)国家认监委车文毅副主任出席了办公室2010年度干部考核暨“创先争优”领导点评活动。(五)国家认监委谢军副主任出席了实验室部党支部、认可中心党委“创先争优 共创和谐”座谈会。(六)国家认监委刘卫军总工程师会见了国台办有关领导。

1月12日 (一)国家认监委孙大伟主任出席了中法食品文化与地理标志交流高峰论坛。(二)国家认监委在北京召开了第九次全国认证认可工作部际联席会议，国家质检总局支树平局长出席了会议并作了讲话。会议由孙大伟主任主持，车文毅、王大宁、谢军、顾基平副主任，刘卫军总工程师出席了会议。谢军副主任就认证认可事业发展“十二五”规划起草情况进行了说明。来自住房和城乡建设部、铁道部、水利部的代表就2010年本单位开展认证认可工作情况进行了发言。22个部际联席会议的成员单位代表参加了会议。(三)国家认监委谢军副主任出席了实验室能力验证项目总结验收会。

1月13日 (一)国家认监委孙大伟主任出席了国家质检总局局务会议，车文毅副主任列席了会议。(二)国家认监委车文毅副主任出席了信息中心2010年度干部考核暨“创先争优”领导点评活动。(三)国家认监委车文毅副主任出席了中国信息安全认证中心2010年工作总结暨表彰大会。(四)国家认监委王大宁副主任陪同国家质检总局支树平局长会见了加拿大渔业和海洋部部长。(五)国家认监委谢军副主任出席了质检系统认证执法监管工作座谈会并讲话。(六)国家认监委谢军副主任出席了2010年实验室能力验证计划项目总结验收会并作了讲话。(七)国家认监委刘卫军总工程师出席了委外事国际合作工作会议。

1月14日 (一)国家认监委孙大伟主任出席了外商机构知识产权保护座谈会。(二)国家认监委车文毅副主任赴上海出席了中国信息安全认证中心向中国农业银行数据中心颁发信息安全管理体系ISMS认证证书仪式并作了讲话。(三)国家认监委谢军副主任出席了法律部党支部、中国认证认可协会党总支"创先争优推动认证认可法制建设和行业自律协调发展"座谈会。

1月17日 (一)国家认监委孙大伟主任，谢军、顾基平副主任，刘卫军总工程视察了中认大厦物业管理工作。(二)国家认监委王大宁副主任在人民大会堂出席了院士专家新春联谊会。(三)国家认监委谢军副主任出席了国家质检总局蒲长城副局长主持召开的食品安全整顿工作例会。(四)国家认监委顾基平副主任出席了2010年度机关服务中心工作总结会并作了讲话。

1月18日 国家认监委孙大伟主任出席了国家质检总局专题会议，学习贯彻中央有关会议精神。

1月19日 (一)国家认监委召开了2010年度领导班子年度考核大会，孙大伟主任主持会议，并代表国家认监委党组做工作总结。车文毅、王大宁、谢军、顾基平副主任，刘卫军总工程师先后进行了述职述廉。国家质检总局人事司干部监督室主任谷保中等出席了会议。会议按规定程序进行了测评和评议，机关副处级以上干部及各直属单位领导班子成员参加了会议。(二)国家认监委召开了司局级领导干部竞争上岗民主测评大会，孙大伟主任，车文毅、王大宁、谢军、顾基平副主任，刘卫军总工程师出席了会议。国家质检总局人事司有关人员现场监票，机关处级以上干部及直属单位负责人参加会议并投票。(三)国家认监委谢军副主任出席了食品检测机构资质认定评审员培训大会。

1月20日 (一)国家认监委孙大伟主任看望了老干部甄成寿。(二)国家质检总局支树平局长专程听取了全国认证认可工作会议筹备情况，国家认监委孙大伟主任介绍了相关工作，车文毅、王大宁、谢军、顾基平副主任，刘卫军总工程师及各部室负责人参加了会议。(三)中国合格评定国家认可委员会(CNAS)第二届专门委员会第一次会议在北京召开。车文毅副主任出席了会议并发表了讲话。(四)国家认监委在北京召开了2010年纪检监察和反腐倡廉工作总结及2011年工作部署会议，车文毅、顾基平副主任，委直属机关党委纪委及下属单位相关人员参加了会议。(五)国家认监委谢军副主任出席了认监委政策研究座谈会。(六)国家认监委谢军副主任到中国检验检疫科学研究院进行了工作调研。(七)国家认监委谢军副主任出席了食品检验机构资质认定评审员暨师资培训班开班仪式并作了讲话。

1月21日 (一)国家认监委孙大伟主任主持召开了信息安全产品认证工作专题会，刘卫军总工程师出席了会议。(二)中国合格评定国家认可中心在北京召开2010年度工作总结表彰暨迎新春联欢会。孙大伟主任出席了会议并讲话。车文毅、王大宁、谢军、顾基平副主任，刘卫军总工程师出席了会议。(三)国家认监委孙大伟主任出席了认监委干部大会并讲话，车文毅、王大宁、谢军、顾基平副主任，刘卫军总工程师及委机关副处级以上干部、直属单位领导班子成员参加了会议。(四)国家认监委谢军副主任出席了国家质检总局蒲长城副局长主持召开的"十二五"规划专题会议和法律顾问委员会年度例会。

1月23日 (一)2010年资质认定(国家计量认证)行业评审组总结座谈会在北京召开，国家认监委谢军副主任到会并讲话。(二)国家认监委刘卫军总工程师出席了信息安全标准化委员会主任委员办公会议。

1月24日 (一)国家认监委孙大伟主任出席了国家质检总局党组会议，车文毅副主任列席了会议。(二)国家认监委谢军副主任出席了行业评审组工作座谈会。(三)国家认监委谢军副主任出席了司法鉴定认证认可工作座谈会。(四)国家认监委顾基平副主任检查指导了标志中心工作。(五)国家认监委刘卫军总工程师会同认证部、信安中心商谈了信息安全认证工作。

1月25日 (一)国家认监委在北京召开了全国认证认可工作会议(视频)。国家质检总局支树平局长出席并作了重要讲话，孙大伟主任作了工作报告，车文毅副主任主持了会议，王大宁、谢军、顾基平副主任，刘卫军总工程师出席了会议。上海检验检疫局、广东检验检疫局、山东省质监局和陕西省质监局代表地方两局作了经验交流发言。来自中纪委、司法部、审计署的代表应邀出席了会议，国家质检总局有关司局、标准委和在北京直属单位负责人，认监委机关副处级以上干部及下属单位班子成员在主会场参加了会议；各省、自治区、直辖市、新疆生产建设兵团、计划单列市和副省级城市质量技术监督局、深圳市市场监管局，各直属检验检疫局的主要负责人、分管认证认可工作的局领导和相关处室干部，各检验检疫分支局和市、县、区质量技术监督局分管负责人在各地分会场参加了会议，与会代表共计11 000余人。(二)国家认监委谢军副主任出席了法律部和中国合格评定国家认可中心

“打击侵犯知识产权和制售假冒伪劣商品专项行动”座谈会。

1月26日 (一)国家认监委孙大伟主任对中国信息安全认证中心、中国认证认可协会和中国检验认证(集团)有限公司“创先争优”活动进行了领导点评，并走访慰问了窗口服务一线的干部职工。(二)国家认监委谢军副主任出席了全国质检系统食品安全监管工作电视电话会议。(三)国家认监委顾基平副主任视察了三河陆桥质检印务有限公司中国强制性产品认证标志印刷工作。(四)国家认监委刘卫军总工程师陪同国家质检总局魏传忠副局长会见了欧盟商会主席戴杰。

1月27日 (一)国家认监委孙大伟主任出席了国家质检总局局长办公会议，车文毅副主任列席了会议。(二)国家认监委孙大伟主任出席了国家质检总局党组会议。(三)国家认监委在北京召开2010年工作总结暨新春联欢会。孙大伟主任出席了会议并总结了2010年工作。车文毅副主任主持会议，王大宁、谢军、顾基平副主任，刘卫军总工程师及认监委机关、服务中心、信息中心、研究所全体人员，下属单位负责人200余人参加了会议。

1月28日 (一)国家认监委孙大伟主任出席了中国-蒙古国国际科技援助清单交接仪式。(二)国家认监委孙大伟主任，车文毅、王大宁、谢军、顾基平副主任，刘卫军总工程师和委全体干部参加了总局2011年新春团拜会。

1月30日 国家认监委孙大伟主任召集了专题会议研究中缅油气管输有关问题。

1月31日 国家认监委组织文化建设理念体系研讨会在北京召开。孙大伟主任，车文毅、王大宁、谢军、顾基平副主任，刘卫军总工程师参加了会议。会议围绕认监委文化建设的组织使命、组织目标和价值观等方面进行了讨论。机关党委以及文化建设领导小组办公室有关人员参加了会议。

2月

2月1日 国家认监委孙大伟主任出席了中共中央、国务院在人民大会堂举办的2011年春节团拜会。

2月9日 (一)国家认监委车文毅副主任出席了信息安全产品认证工作机制联络会议。(二)国家认监委刘卫军总工程师出席了2010年度全国信息安全标准化技术委员会会议。

2月10日 国家认监委车文毅副主任，刘卫军总工程师会同有关业务部门研究了信息安全产品认证工作。

2月11日 (一)国家认监委孙大伟主任出席了商务部对外援助部际协调机制成员会议。(二)国家认监委车文毅副主任出席了中检集团领导班子年度工作述职及2010年年度考核测评会议。(三)国家认监委王大宁副主任出席了认证认可“十二五”规划重大科技需求座谈会并讲话。(四)国家认监委刘卫军总工程师与工信部商谈了信息安全产品认证工作事宜。

2月11日~12日 国家认监委孙大伟主任出席了中检集团“2011年全球总经理会暨集团成立30周年庆典”并作了讲话，车文毅、王大宁、谢军、顾基平副主任，刘卫军总工程师出席了会议。

2月14日~20日 国家认监委谢军副主任赴瑞士日内瓦出席国际电工委员会电工产品合格与认证组织(IECEE)官员会议并会见国际电工委员会(IEC)秘书长阿米特先生。

2月14日~22日 国家认监委车文毅副主任率团赴英国、荷兰出席了全球食品安全论坛并演讲。出访期间分别与食品安全倡议组织(GFSI)董事会成员和荷兰食品安全认证基金会(Foundation for Food Safety Certification)进行了会谈，并到中检集团伦敦公司、欧洲公司视察了工作，看望了外派干部。

2月15日 (一)国家认监委孙大伟主任出席了国家质检总局党组会。(二)国家认监委孙大伟主任主持召开了专题会议研究落实国务院领导指示的措施。(三)国家认监委顾基平副主任出席了国家质检总局扩大进口专题会议。(四)国家认监委顾基平副主任出席了《中国质检工作手册》编辑出版专题会。

2月16日 (一)国家认监委孙大伟主任出席了妇女儿童工作领导(协调)小组联席会议。(二)国家认监委王大宁、顾基平副主任，刘卫军总工程师出席了全国质检系统党风廉政建设工作视频会议。

2月16日~17日 国家认监委王大宁副主任出席了认证认可技术研究所2010年度工作总结会并讲话。

2月17日 国家认监委顾基平副主任出席了认监委公务卡实务培训会并讲话，刘卫军总工程师及委全体人员参加了会议。

2月18日 国家认监委孙大伟主任出席了国家质检总局局长办公会，王大宁副主任列席了会议。

2月19日 国家认监委孙大伟主任在中央党校参加了省部级主要领导干部社会管理及其创新专题研讨班。

2月21日 国家认监委王大宁、谢军副主任出席了国家质检总局竞争上岗面试工作培训会议 。

2月22日 (一)国家认监委谢军副主任出席了认监委风险分析专题会议 。(二)国家认监委顾基平副主任出席了全国特种设备安全监察工作会议。

2月22日~23日 国家认监委王大宁、谢军副主任担任国家质检总局司局级领导干部竞争上岗面试考官。

2月22日~24日 国家认监委孙大伟主任赴广西南宁出席了省部合作座谈会，期间出席了广西检验检疫局与南宁市政府签署《关于促进南宁市外向型经济发展合作备忘录》签字仪式并致辞。

2月23日~25日 国家认监委谢军副主任赴广东东莞出席了全国质检系统法制工作会议和国家集成电路质量监督检验中心筹建论证会。

2月24日 国家认监委王大宁副主任出席了2011年全国标准化工作会议。

2月25日 （一）国家认监委孙大伟主任出席了贯彻落实国务院支持中关村"1+6"政策和规划纲要动员大会。（二）国家认监委车文毅副主任出席了国家质检总局保密委员会工作会议。（三）国家认监委车文毅副主任出席了信息中心2010年度总结表彰大会并讲话。

2月27日~3月3日 国家认监委刘卫军总工程师赴以色列、巴勒斯坦，参加了第五届中以经贸联委会,并同以色列工贸部和巴勒斯坦经济部就认证认可合作进行了沟通与交流。

2月28日 （一）国家认监委孙大伟主任，车文毅、王大宁、谢军、顾基平副主任出席了国家质检总局领导班子和领导干部2010年度考核会议。（二）国家认监委谢军副主任出席国家质检总局食品安全整顿例会。

3月

3月1日 （一）国家认监委孙大伟主任主持召开了2011年认监委第一次委务会，车文毅、王大宁、谢军、顾基平副主任出席了会议。会议审议并原则通过了2011年会议计划、培训计划和外事计划；审议并通过了2011年认证认可重要工作任务分解表。机关各部室及直属单位负责人出席会议。（二）国家认监委党组书记孙大伟同志主持召开了2011年认监委第一次党组会议，党组成员车文毅、王大宁、谢军、顾基平同志出席了会议。会议听取了人事部门关于委机关、直属单位有关干部2010年年度考核情况的汇报，研究确定了"优秀"等次人员名单，并要求人事部门根据干部管理权限按程序办理有关手续。

3月2日 （一）国家认监委孙大伟主任参加了朱光亚同志遗体告别仪式。（二）国家认监委孙大伟主任出席了国家质检总局党组会议,车文毅副主任列席了会议。（三）国家认监委孙大伟主任陪同国家质检总局支树平局长会见了宁夏自治区主席王正伟。（四）国家认监委孙大伟主任出席了中国信息安全认证中心干部大会并宣布有关人事任免决定。

3月3日 （一）国家认监委在上海召开了全国钢铁行业能源管理体系建设推进现场会,孙大伟主任出席了会议，并就进一步开展能源管理认证工作作了重要讲话,上海市艾宝俊副市长出席了会议并讲话。车文毅副主任主持了会议。来自工信部、行业协会的相关负责人和鞍钢集团、江苏沙钢集团、河北钢铁集团、山钢集团、首钢集团等60余个钢铁企业的近200名代表参加了会议，并实地考察了宝钢建立实施能源管理体系的有关情况。（二）国家认监委王大宁副主任出席了"十一五"国家科技支撑计划重点项目"国家重点领域认证认可推进工程"课题"信息安全产品认证关键技术研究"验收会。（三）国家认监委王大宁、顾基平副主任出席了国家质检总局第二次党组中心组扩大学习暨2011年第一次质检大讲堂。（四）国家认监委谢军副主任陪同国家质检总局张纲总工程师对中粮集团食品质量安全管理工作进行了调研。

3月4日 （一）国家认监委孙大伟主任出席了国家质检总局局长办公会议，王大宁副主任列席了会议。（二）国家认监委孙大伟主任出席了国家质检总局党组会议。（三）国家认监委车文毅副主任赴江苏太仓出席了江苏检验检疫局认证监管工作会议并讲话。（四）国家认监委刘卫军总工程师出席了强制性产品认证质量分析工作部署会并讲话。（五）国家认监委刘卫军总工程师到鉴衡认证中心考察调研了新能源认证工作。

3月7日 （一）国家认监委孙大伟主任主持召开了认监委周工作例会，车文毅、王大宁、谢军、顾基平副主任，刘卫军总工程师出席了会议。（二）国家认监委车文毅副主任出席了认监委2011年第一次保密委员会会议并讲话，保密委员会成员参加，各单位保密联络员列席了会议。

3月8日 （一）国家认监委车文毅副主任陪同总局魏传忠副局长会见江西省副省长洪礼和。（二）国家认监委王大宁副主任出席了认证认可高级专业技术职务评审条件审定会。

3月8日~10日 国家认监委在山西太原召开检验检疫标准化专业技术委员会工作会议，王大宁副主任出席会议并讲话。

3月9日 （一）国家认监委孙大伟主任参加了吴阶平同志遗体告别仪式。（二）国家认监委车文毅副主任出席了全国两会代表委员推动实施"质量强国"战略座谈会。（三）国家认监委谢军副主任主持召开了案审会议。（四）国家认监委刘卫军总工程师主持召开对台合作工作会议。

3月10日~11日 （一）由国家认监委承担的国家质检总局科技计划项目《国家行政机关质量管理体系理论与实践研究》课题组第一次工作会议在北京召开，车文毅副主任出席了会议并讲话。来自认证机构、有关科研单位的研究人员就课题的研究重点和工作方案进行了集中研讨。（二）国家认监委顾基平副主任出席了认监委内审工作座谈会并讲话。

3月11日 国家认监委谢军副主任出席了国家质检总局研究食品安全事故调查处理办法专题工作会议。

3月14日 (一)国家认监委党组书记孙大伟同志主持召开了2011年认监委第二次党组会议,党组成员车文毅、谢军、顾基平,刘卫军同志出席了会议。会议研究确定了拟向总局推荐为全国质检系统先进集体和先进工作者候选名单。(二)国家认监委车文毅副主任主持召开了认监委"全国质量监督检验检疫系统先进集体和先进工作者"候选对象推荐大会,会上传达了人社部和总局有关文件精神,顾基平副主任、刘卫军总工程师出席了会议。认监委机关及直属单位全体人员参加了会议,并按程序对先进集体候选单位和先进工作者候选人进行了投票推荐。(三)国家认监委谢军副主任出席了2011年"3·15"中国质量消费维权论坛。

3月14日~15日 国家认监委王大宁副主任赴山东青岛出席了"山东省应对美国FDA食品安全现代化法培训班"并授课。

3月15日 国家认监委孙大伟主任出席了国家质检总局局长办公会议,车文毅副主任列席了会议。

3月16日 (一)国家认监委孙大伟主任出席了国家质检总局党组会议。(二)国家认监委车文毅副主任出席了国家质检总局信息化工作领导小组第十三次会议。(三)国家认监委王大宁副主任出席了国家质检总局《食品安全舆情处置指导意见(试行)》专题会议。

3月16日~20日 国家认监委谢军副主任赴昆明出席了云南省认证认可工作暨食品检验机构资质认定宣贯会,期间视察了普洱市筹建中的国家普洱茶质检中心、景洪市国家橡胶及橡胶制品质检中心,并赴云南检验检疫局和云南省质量技术监督局调研。

3月17日 国家认监委王大宁副主任出席了认证认可"十二五"课题验收试剂盒评价关键技术研究示范项目论证会。

3月18日 国家认监委车文毅副主任赴中检集团考察竞争选拔总局直属单位副局级领导干部差额对象。

3月18日~19日 国家认监委刘卫军总工程师出席了商务部中俄总理定期会晤委员会经贸分委会中方联席工作会议。

3月19日 国家认监委刘卫军总工程师出席了国家质检总局锦湖轮胎质量问题专题会议。

3月21日 (一)国家认监委孙大伟主任出席了国家质检总局局长办公会议,刘卫军总工程师列席了会议。(二)国家认证认可标准化技术委员会(TC261)主任委员王凤清、国家认监委王大宁副主任听取了TC261年会筹备情况汇报。(三)国家认监委谢军副主任出席认监委认证认可事业发展"十二五"规划修订研讨会并讲话。

3月21日~23日 (一)国家认监委孙大伟主任在杭州出席了中欧地理标志研讨会并会见了欧洲委员会农业与农村发展委员达契安•乔罗什,双方就中欧地理标志产品保护双边协议的研究和签署进行了交流。(二)国家认监委谢军副主任赴福建厦门出席了全国质检系统质量管理工作会议。

3月22日 (一)全国质检系统"五五"普法先进表彰会议在北京召开,国家认监委顾基平副主任出席并代表认监委作了题为《深化认证认可法制宣传,推进认证认可依法行政》的工作经验交流报告。(二)国家认监委刘卫军总工程师出席IEC认证体系同行评审会议。(三)国家认监委刘卫军总工程师出席了国家质检总局高级专业技术人才培训座谈会。

3月23日 (一)国家认监委王大宁副主任出席了国家质检总局党风廉政建设领导小组会议。(二)国家认监委刘卫军总工程师出席了国家质检总局节能减排领导小组会议。

3月23日~25日 (一)国家认监委孙大伟主任赴福建厦门出席了全国进出口商品检验监管工作会议并讲话,福建省副省长叶双瑜到会致辞。期间孙大伟主任还就质检部门支持福建落实海峡西岸经济区发展规划、加强进出口商品检验监管等进行了深入调研,并出席了厦门检验检疫局与中国检验有限公司战略合作协议签署暨中国检验有限公司台湾分公司揭牌仪式。(二)由国家质检总局、国家认监委和美国质量学会(ASQ)共同举办的首届中美质量论坛在深圳举行,车文毅副主任出席并发表了题为"认证认可 传递信任"的主旨演讲。期间还就深圳检验检疫局实验室建设情况进行了调研。

3月24日 国家认监委刘卫军总工程师出席了国家质检总局锦湖轮胎专题工作会议。

3月24日~25日 国家认监委刘卫军总工程师参加了国际部党支部"国际合作支持地方经济发展"主题活动。

3月25日 (一)国家认监委车文毅副主任出席了国家质检总局应对日本核泄漏事件工作专题会议,并同王大宁副主任召集委有关部门研究了落实意见。(二)国家认监委王大宁副主任陪同国家质检总局支树平局长会见了欧盟委员会农业与乡村发展委员乔•罗什。(三)国家认监委谢军副主任出席了国家质检总局乳制品电子信息追溯系统建设工作协调会。(四)国家认监委谢军副主任出席了国家质检总局开展打击制售假冒侵权进口葡萄酒专项行动工作协调会。

3月28日 国家认监委孙大伟主任、车文毅副主任出席了国家质检总局学习贯彻国务院第四次廉政工作会议。

3月28日~30日 (一)国家认监委王大宁副主任赴深圳出席"中国碳排放认证认可技术国际报告会"并致辞。来自国家级科研院所、国内外著名认证检测机构、大型知名企业嘉宾,分别就国际国内碳排放评价准则现状及发展趋势、国际标准发展现状及趋势等专题发表了演讲。(二)国家认监委顾基平副主任赴贵州出席了全国质检系统2011年计划财务工作会议。

3月29日 (一)国家认监委孙大伟主任赴上海出席了张江国家自主创新示范区部际协调小组第一次会议和建设动员大会。(二)中国合格评定国家认可委员会(CNAS)第二届全体委员会第二次会议在北京召开,CNAS主任王凤清、认监委车文毅副主任出席会议并讲话。(三)国家认监委谢军副主任出席了全国质检系统先进集体和先进工作者表彰对象评选会议。(四)国家认监委刘卫军总工程师出席了全国节能减排标准化技术联盟成立大会暨第一次成员代表大会。

3月30日 国家认监委孙大伟出席了国家质检总局党组民主生活会。

3月30日~4月1日 国家认监委在广东汕头召开进口食品国外生产企业注册研讨会,王大宁副主任出席并讲话。辽宁、上海、浙江、福建、厦门、山东、广东、深圳等检验检疫局的代表就进口水产品国外企业注册相关工作交流经验并提出了建议。

3月31日 (一)国家认监委车文毅副主任主持了2011年认监委直属机关党委第一次会议。会议研究审议了认监委直属机关党委2011年工作目标;审议通过了2010年认监委党费收缴使用情况;通报了认监委机关和下属单位党支部任期届满情况;研究了信息中心、研究所党员发展、转正事宜。(二)国家认监委车文毅副主任陪同总局支树平局长考察北京地区乳制品生产企业。

3月31日~4月2日 国家认监委谢军副主任赴南京出席了《认证咨询机构管理办法》立法后评估研讨会并讲话,国家质检总局法规司等单位代表近40人参加了会议。期间,谢军副主任前往江苏省质量技术监督局和江苏出入境检验检疫局考察调研。

4 月

4月1日 (一)中国认证认可协会二届二次理事会暨第二次常务理事会在北京召开,孙大伟主任、王凤清会长出席并讲话。会上,审议通过了《关于成立中国认证认可协会行业自律委员会》、关于修订《认证审核员转换执业机构暂行规定(审议稿)》、关于调整《中国认证认可协会人员注册技术与申诉委员会职责和人员》的提案,并对中国认证认可协会"十二五"规划进行了讨论。(二)国家认监委孙大伟主任出席了国家质检总局党组会议。(三)国家认监委孙大伟主任出席了国家质检总局局长办公会议,顾基平副主任列席了会议。

4月2日 (一)国家认监委谢军副主任赴南京陪同国家质检总局刘平均副局长出席了江苏质量安全工程研究院在南京财经大学的挂牌仪式。(二)国家认监委刘卫军总工程师出席了国家质检总局应对日本核泄漏事件领导小组第二次全体会议。

4月6日~7日 国家认监委王大宁副主任赴四川出席了全国标准化工作会议。

4月6日~8日 国家认监委刘卫军总工程师赴海南出席了上海合作组织认证认可和标准化研讨会并致辞。上海合作组织成员国中国、俄罗斯、哈萨克斯坦、吉尔吉斯斯坦、塔吉克斯坦、乌兹别克斯坦等国的60余名代表出席了会议,并分别就各自的认证认可体系进行了介绍和研讨。

4月7日 (一)国家认监委谢军副主任出席了国家质检总局援藏援疆工作进展情况汇报会。(二)国家认监委谢军副主任陪同国家质检总局蒲长城副局长会见了匈牙利地方发展部国务秘书采尔万•哲尔吉,双方就进一步加强质检领域的合作及进出口贸易议题进行了交流。(三)国家认监委顾基平副主任出席了国家质检总局乳制品及婴幼儿配方奶粉生产企业重新审核督导工作总结会议。

4月7日~8日 第十五届中国东西部合作与投资贸易洽谈会中国认证认可高层论坛在西安召开,论坛以"发挥认证认可积极作用,助推区域经济健康发展"为主题。国家认监委孙大伟主任出席了论坛并讲话,车文毅副主任出席了论坛。会后,孙大伟主任赴汉中洋县朱鹮保护区有机食品产业基地和洋县黑米酒厂等企业考察调研,听取了当地县委、县政府有机产业发展的情况汇报,并看望了汉中地方两局干部职工;考察了西安咸阳国际机场检验检疫局,慰问看望了一线工作的检验检疫人员。

4月11日 国家认监委车文毅副主任听取中检集团工作汇报。

4月11日~13日 国家认监委谢军副主任赴河南出席了国家智能电网控制设备质检中心论证及智能电网检测研讨会。

4月12日 国家认监委王大宁副主任出席了科技部"十一五"国家科技支撑计划重点项目"国家重点领域认证认可推进工程"项目验收会。

4月13日 (一)国家认监委车文毅、顾基平副主任出席了认监委内网建设阶段工作情况汇报及需求调研会议。(二)国家认监委刘卫军总工程师会见了以色列驻华使馆商务专员艾立仁(Eliran Elimelech)。

4月14日 (一)全国认证认可标准化技术委员会(SAC/TC 261)第八次全体委员会在北京召开。国家认监委孙大伟主任、王凤清主任委员出席了会议并讲话。会议由王大宁副主任主持,谢军副主任、刘卫军总工程师等领导出席。(二)国家认监委孙大伟主任出席了国务院有关会议。

4月14日~16日 国家认监委谢军副主任赴重庆出席了

《节能产品认证管理办法》立法研讨会并讲话。期间对相关实验室和企业进行了考察。

4月15日 （一）国家认监委孙大伟主任主持认监委党组中心组学习，车文毅、王大宁、谢军副主任出席了会议。（二）国家认监委王大宁副主任出席了碳排放认证认可工作研讨会。（三）国家认监委顾基平副主任出席了质检系统2011年督察内审工作视频会议。

4月18日 （一）国家质检总局召开全国质检系统先进表彰暨科技表彰大会，支树平局长出席了会议并讲话，孙大伟副局长宣读了《关于授予方向等四位同志“全国质量监督检验检疫‘科技兴检’突出贡献奖”的决定》。国家认监委车文毅、王大宁、谢军、顾基平副主任，刘卫军总工程师出席了会议。（二）国家认监委孙大伟主任主持2011年认监委第二次委务会议，车文毅、王大宁、谢军、顾基平副主任，刘卫军总工程师出席了会议，各部室及下属单位负责人参加了会议。会议听取了办公室2010年委机关质量管理体系质量目标完成情况的汇报，研究确定了2011年委质量目标；听取了办公室关于编写《中国质检工作手册 认证认可监管分卷》有关工作的汇报；听取了办公室、认可中心关于2011年“世界认可日”活动安排的汇报。（三）国家认监委车文毅副主任出席了能源管理体系认证试点工作交流会并讲话。会议总结了能源管理体系认证试点工作开展一年来取得的成效，要求以创新认证模式、关注认证结果为着力点继续开展认证试点工作。国家认可委、认证认可协会以及各行业认证试点机构的代表参加了会议。

4月19日 （一）国家认监委孙大伟主任出席了国务院有关会议。（二）国家认监委车文毅副主任会见了全球食品安全行动倡议（GFSI）董事会主席尤夫斯•雷（Yves REY）先生及GFSI技术委员会代表，双方就中国“危害分析与关键控制点（HACCP）体系认证”与GFSI互认合作问题进行了会谈。（三）国家认监委王大宁副主任与发改委气候司进行了工作会谈。（四）国家认监委谢军副主任赴山东济南出席了食品检验机构资质认定工作布置会并讲话。会议期间，谢军副主任考察了山东省产品质量监督检验研究院。（五）国家认监委刘卫军总工程师陪同国家质检总局刘平均副局长会见了美国公路交通管理局局长大卫•斯特里克兰。

4月19日~20日 国家认监委王大宁副主任赴上海出席了出入境检验检疫标准化管理工作会议并讲话。会议通报了2010年检验检疫标准化工作任务完成情况，就2011年检验检疫标准化重点工作和要求进行了部署。各直属检验检疫局、中国检科院和标法中心等单位的75名代表参加了会议。

4月19日~21日 国家认监委车文毅副主任赴上海出席了国家质检总局直属系统离退休干部工作会议。

4月20日 国家认监委孙大伟主任出席了全国知识产权宣传周启动仪式。

4月20日~21日 国家认监委谢军副主任赴济南出席了全国司法鉴定机构认证认可试点工作总结座谈会并讲话，司法部司法鉴定管理局局长霍宪丹出席了会议。会议期间，谢军副主任对山东司法鉴定机构进行了调研。

4月21日 （一）国家认监委王大宁副主任出席了中国检测机构科学发展战略研究会议并讲话。（二）国家认监委王大宁副主任陪同国家质检总局支树平局长会见了泰国农业与合作部部长提拉•翁萨穆一行。（三）国家认监委王大宁副主任出席了全国严厉打击食品非法添加和滥用食品添加剂专项工作电视电话会议。（四）国家认监委王大宁副主任会见了泰国农业部食品与农产品标准局局长萨克差一行。

4月21日~22日 国家认监委车文毅副主任赴海口与海南省有关部门商谈了国际旅游岛服务认证事宜。

4月22日 （一）国家认监委孙大伟主任出席国家质检总局第9次党组（扩大）会议，王大宁副主任列席了会议。（二）国家认监委刘卫军总工程师参加了认证监管部党支部主题实践活动。

4月25日 国家认监委王大宁副主任出席了国家质检总局打击侵犯知识产权和制售假冒伪劣产品专项行动工作专题会。

4月25日~27日 （一）国家认监委孙大伟主任赴济南出席了海峡两岸第二届计量检验认证认可及消费品安全研讨会。刘卫军总工程师、山东省副省长才利民、国台办经济局局长徐莽、台湾检测验证协会顾问梁国新等出席开幕式。海峡两岸相关管理部门、认可机构、认证机构和企业代表120余人参加了会议。（二）国家认监委刘卫军总工程师出席了海峡两岸低碳认证认可专题研讨会并致辞。

4月26日 （一）国家认监委孙大伟主任出席了中编办研究完善地理标志保护管理机制工作会议。（二）国家认监委车文毅、谢军副主任参加了认监委西山八大处登山活动，退休老干部、委机关及下属单位90余人参加。（三）国家认监委王大宁副主任出席了全国质检系统严厉打击食品非法添加和滥用食品添加剂专项工作电视电话会议。（四）国家认监委谢军副主任陪同国家质检总局支树平局长会见英国劳氏集团董事会主席托马斯•德森先生一行。

4月27日 （一）国家认监委孙大伟主任，车文毅、王大宁、谢军、顾基平副主任出席了国家质检总局干部大会。（二）国家认监委孙大伟主任出席了国家质检总局党组会议。（三）国家认监委王大宁副主任出席了国家审计署、国家标准委联合举办的财经信息技术国家标准实施新闻发布会。（四）国家认监委谢军副主任陪同国家质检总局杨刚副局长听取广西出入境检验检疫局工作汇报。

5月

5月3日 国家认监委孙大伟主任、刘卫军总工程师出席了国务院参事调研座谈会。

5月3日~6日 国家认监委车文毅副主任参加总局司局级领导干部自主选学。

5月4日 （一）国家认监委孙大伟主任，谢军、顾基平副主任，刘卫军总工程师出席了国家质检总局党组中心组学习。（二）国家认监委谢军副主任出席了国家质检总局蒲长城副局长主持的风险监测工作专题会议。（三）国家认监委谢军副主任出席了质检系统援藏援疆工作视频会议。

5月5日 （一）国家认监委车文毅副主任出席了认监委2011年度党建和纪检监察工作会议。（二）国家认监委谢军副主任主持召开了认监委风险分析和援藏援疆专题工作会议。（三）国家认监委顾基平副主任出席了认监委经济责任审计联席工作会暨小金库专项治理领导小组工作会议。

5月6日 国家认监委王大宁副主任出席了国家质检总局严厉打击食品非法添加和滥用食品添加剂专项工作领导小组会议和食品安全整顿工作例会。

5月6日~7日 刘卫军总工程师赴辽宁抚顺出席了国际电工委员会防爆电气产品认证体系（IECEx）实验室复评工作会议。

5月8日~9日 国家认监委刘卫军总工程师赴深圳观摩了第26届世界大学生夏季运动会检验检疫综合应急演练活动。

5月9日 （一）国家认监委孙大伟主任出席了温家宝总理出访有关工作部际协调会议。（二）国家认监委谢军副主任出席了国家质检总局产品质量状况分析报告会商会议。（三）国家认监委谢军副主任出席了国家质检总局打击侵犯知识产权和制售假冒伪劣产品领导小组工作会议。

5月9日~13日 国家认监委顾基平副主任参加了国家质检总局司局级领导干部自主选学。

5月10日 （一）国家认监委王大宁副主任陪同国家质检总局支树平局长会见了荷兰副首相兼农业大臣费尔哈亨。（二）国家认监委谢军副主任到中国电子标准化研究所调研。（三）国家认监委刘卫军总工程师同公安部消防局商谈了工作。

5月11日 （一）国家认监委孙大伟主任出席了国家质检总局党组会议。（二）国家认监委车文毅副主任赴深圳出席了苏州电器科学研究院股份有限公司上市仪式。（三）国家认监委、美国农业部和美国食品药品管理局联合在北京举办中美食品防护研讨会议。王大宁副主任、美国驻华大使馆辛思凯公使衔参赞、北京出入境检验检疫局伦立广副局长分别代表中美会议主办方、会议承办方致辞。来自出口食品企业、研究机构、认证机构和相关出入境检验检疫局的130余名代表参加了研讨会。

5月11日~13日 国家认监委刘卫军总工程师赴福州出席了质量技术监督系统强制性产品监督抽查部署及强制性产品工作研讨会。

5月12日 国家认监委谢军副主任主持召开了认监委打击侵犯知识产权和制售假冒伪劣产品专项行动工作专题会议。

5月13日 国家认监委王大宁副主任赴广州出席了中美食品安全防护研讨会。

5月14日 国家认监委车文毅、谢军、顾基平副主任参加了国家质检总局司局级领导干部自主选学必修课学习。

5月16日 （一）国家认监委孙大伟主任参加了国家质检总局老干部张明追悼会。（二）国家认监委车文毅副主任出席了国家质检总局食品安全工作例会暨打击非法食品添加剂领导小组会议。（三）国家认监委车文毅副主任主持召开了认监委打击非法食品添加剂专题工作会议。王大宁、谢军、顾基平副主任出席了会议，各部室负责人参加了会议。（四）国家认监委车文毅副主任出席了注册部会议并宣布总局有关人事任免的决定，王大宁副主任出席了会议。

5月17日 国家认监委孙大伟主任，中国认证认可协会会长、全国认证认可标准化技术委员会主任委员王凤清，王大宁副主任出席了全国认证认可标准化技术委员会（SC/TC 261）秘书处工作会议。

5月18日 国家认监委孙大伟主任出席了加强境外非政府组织在华活动管理工作部际联席会议第六次全体会议。

5月18日~19日 国家认监委顾基平副主任赴山东青岛出席了强制性产品认证标志发放管理工作会议并就中检集团改制工作进行了调研。

5月19日 国家认监委孙大伟主任，车文毅副主任、刘卫军总工程师出席了国家质检总局第四次党组中心组学习（扩大）暨第三次质检大讲堂“计量历史•文化内涵——计量发展史、计量文化以及计量在社会发展中的地位和作用”。

5月19日~20日 国家认监委谢军副主任赴银川出席了宁夏医科大学附属医院医学实验室国家认可颁证暨授牌仪式并讲话。宁夏自治区政协副主席张乐琴出席了会议。

5月20日 （一）国家认监委孙大伟主任、王大宁副主任、刘卫军总工程师出席了国家质检总局领导陪同王岐山副总理视察计量院昌平实验基地活动。（二）国家认监委孙大伟主任出席了国家质检总局党组会议。（三）国家认监委刘卫军总工程师会见了香港标准检定中心（STC）冯立中总裁一行，双方就内地与香港在检测认证领域的合作交换了意见。

5月20日~21日 （一）国家认监委车文毅副主任赴江苏南京出席了船级社董事局会议。（二）国家认监委顾基平副主任赴黑龙江就中检集团改制工作进行了调研。

5月22日~25日 国家认监委王大宁副主任赴河南郑州出席了国家质检总局2010年度副高级专业技术职务任职资格评审会。

5月23日 （一）国家认监委孙大伟主任出席了国家质检总局局务会议。（二）国家认监委孙大伟主任出席了国家质检总局局长办公会议，车文毅副主任列席了会议。（三）国家认监委车文毅副主任出席了国家质检总局质检事业发展专家咨询座谈会。

5月23日~27日 国家认监委谢军副主任参加了国家质检总局司局级领导干部自主选学。

5月24日 （一）国家认监委孙大伟主任出席了国家发展改革委召开的上海"两个中心"建设部际协调机制第二次会议。（二）国家认监委孙大伟主任，车文毅、谢军、顾基平副主任，刘卫军总工程师出席了国家质检总局领导干部会议。（三）国家认监委孙大伟主任、车文毅副主任陪同国家质检总局支树平局长会见了商务部部长陈德铭。（四）国家认监委车文毅、顾基平副主任，刘卫军总工程师出席了认监委第三次委务会议，传达学习了王岐山副总理在计量院考察工作时的重要讲话精神。各部室和直属单位负责人参加了会议。（五）国家认监委车文毅副主任出席了《中国质检工作手册 认证认可监管分卷》编写大纲审稿会议。（六）国家认监委刘卫军总工程师主持召开了中俄质检工作组预备会议。

5月25日 国家认监委车文毅副主任出席了国家质检总局打击侵犯知识产权和制售假冒伪劣产品专项行动领导小组工作会议。

5月25日~26日 国家认监委王大宁副主任赴上海出席了第五届中国国际有机食品博览会开幕式并致辞。

5月25日~27日 国家认监委刘卫军总工程师赴青海西宁出席了检验检疫系统2011年强制性产品认证获证产品监督抽查部署工作会议并讲话。各直属检验检疫局39名代表参加了会议。会议期间赴青海省质量技术监督局进行了工作调研 。

5月26日 （一）国家认监委车文毅副主任出席了国家质检总局食品安全工作专题会议。（二）国家认监委车文毅副主任听取了认可中心关于"世界认可日"活动筹备情况汇报。

5月26日~27日 国家认监委孙大伟主任，车文毅、顾基平副主任出席了认监委信息化工作领导小组第七次会议。会议审议通过了认证认可"十二五"信息化专项规划，表彰了认证认可信息化工作先进集体与先进工作者，并进行了信息安全培训。

5月27日 国家认监委王大宁副主任出席了"十五"、"十一五"国家科技计划生物安全课题总结会议。科技部、质检总局等单位领导出席了会议。

5月30日 （一）国家认监委车文毅副主任出席了认监委直属机关党委第二次会议。（二）国家认监委谢军副主任出席了认监委锦湖轮胎相关问题处理专题会。（三）国家认监委刘卫军总工程师出席了强制性产品认证质量分析中期交流会议并讲话。

5月31日 （一）国家认监委孙大伟主任出席了国家质检总局党组会议。（二）国家认监委车文毅副主任赴江苏南京出席了信息安全产品认证工作会议。（三）国家认监委谢军出席了国家质检总局打击非法食品添加剂应急预案工作会议。（四）国家认监委刘卫军总工程师出席了国家质检总局玩具质量专题工作会议。

6月

6月1日 国家认监委谢军副主任主持召开了IEC理事局（IEC/CB）的有关工作专题会议。

6月1日~3日 国家认监委车文毅副主任陪同国家质检总局支树平局长赴海南签署合作备忘录并调研。

6月2日~17日 国家认监委王大宁副主任赴乌拉圭、巴西、智利、美国进行了工作访问。期间，与乌拉圭农业部有关负责人会谈并检查乌拉圭肉类企业；与巴西农业畜牧和食品供应部司长Luiz Carlos de Oliveira会谈，并出席了2011年巴西全球良好农业操作认证（GLOBALGAP）年会；与智利出口商协会（ASOEX A.G.）董事会主席RONALD S.BOWN F会谈，探讨进一步加深中智良好农业规范合作事宜；与美国食品市场研究院（FMI）副总裁ROBERT L.GARFIELD进行会谈，探讨共同加深食品领域认证合作等事宜；与美国食品药品管理局（FDA）副局长Mike Taylor进行会谈，就《美国FDA食品安全现代化法案》相关问题进行了深入探讨。

6月3日 （一）国家认监委顾基平副主任出席了发展改革委低碳认证制度建立研究项目讨论会。（二）国家认监委刘卫军总工程师出席了商务部中韩锦湖轮胎工作会议。

6月7日 国家认监委孙大伟主任与国家质检总局其他领导一同观看质检系统庆祝建党90周年书画摄影展。

6月8日 （一）国家认监委谢军副主任出席了国家质检总局打击侵犯知识产权和制售假冒伪劣产品专项行动工作领导小组会议。（二）国家认监委刘卫军总工程师会见了西门子标准化及政策法规部亚太地区总经理富乐喜先生

（Mr.Froehlich），双方就新能源认证等议题进行了交流。

6月9日 （一）“世界认可日”主题活动在上海举办。国家质检总局局长支树平、上海市市长韩正、中国合格评定国家认可委员会主任王凤清、水利部副部长胡四一、公安部科技信息化局总工程师马晓东出席并讲话。国家认监委孙大伟主任、车文毅副主任主持了会议。来自政府部门、认证认可从业机构、企业和社会各界代表近300人参加了本次活动。（二）国家认监委谢军副主任出席了国家质检总局质量发展纲要（2011～2020）专家咨询组论证会。（三）国家认监委刘卫军总工程师陪同国家质检总局蒲长城副局长会见了美国肉类出口协会总裁菲利普•森。

6月10日 （一）国家认监委谢军副主任出席了国家质检总局工作领导小组会议。（二）国家认监委谢军副主任出席了国家质检总局研究《国务院关于加快培养和发展战略性新兴产业的决定》专题工作会议。（三）国家认监委顾基平副主任出席了国家质检总局蒲长城副局长主持召开的食品安全工作专题会议。（四）国家认监委刘卫军总工程师主持召开了第8次中韩国际合格评定分委会准备会。

6月12日 国家认监委孙大伟主任，谢军、顾基平副主任出席观看了全国质检系统纪念建党90周年文艺展演活动。

6月12日～19日 国家认监委刘卫军总工程师赴英国伦敦出席了IECEx会议。

6月13日 （一）国家认监委孙大伟主任赴河南郑州出席了中原经济区建设调研见面会。（二）国家认监委顾基平副主任陪同国家质检总局支树平局长会见了丹麦驻华大使裴德盛先生。

6月13日～14日 国家认监委车文毅副主任赴海南海口出席了2011年管理体系认证市场监管工作会议并讲话。

6月13日～17日 国家认监委谢军副主任赴瑞士日内瓦出席了IEC理事局会议。

6月14日 （一）国家认监委孙大伟主任出席了国务院研究外贸有关工作会议。（二）国家认监委顾基平副主任参加了财务部党支部、服务中心党支部活动——参观国家博物馆复兴之路大型展览。

6月15日 （一）国家认监委车文毅副主任陪同国家质检总局蒲长城副局长会见了新西兰农林部副总干事卡罗尔•巴尔奥。（二）国家认监委顾基平副主任出席了国家质检总局“打击侵犯知识产权和制售假冒伪劣产品专项行动”领导小组全体成员会议。

6月16日 （一）国家认监委孙大伟主任出席了国家质检总局局长办公会议，车文毅副主任列席了会议。（二）国家认监委孙大伟主任出席了国家质检总局党组会议。（三）国家认监委顾基平副主任主持召开了认监委2012年预算编报布置会。

6月16日～19日 （一）国家认监委孙大伟主任赴福建出席了质检系统2011年科技管理工作会议和海峡项目成果交易会。（二）国家认监委顾基平副主任赴新疆出席了全国质检系统援疆工作现场会并调研。

6月17日 国家认监委车文毅副主任出席了国家质检总局食品安全监管配套规章专题会议。

6月19日～30日 国家认监委车文毅副主任赴匈牙利、奥地利、英国进行了工作访问。期间，出席了在匈牙利首都布达佩斯召开的第55届欧洲质量组织（EOQ）年会并做了主旨发言，介绍了中国认证认可制度和国家认监委的主要职能。并与EOQ的前任主席Viktor Seitschek及现任主席M.Niyazi Akdas就双方合作、交流等事宜进行了会谈。与匈牙利认可机构（NAT）管理董事Dr.RÖzsa Ring女士进行了会谈，双方就认证机构认可、实验室和检测机构认可、人员认证机构认可等工作的开展情况进行了交流。访问了奥地利品质保证协会设立的质量认证公司OQS，向该公司首席执行官KONRAD SCHEIBER先生全面介绍了OQS公司业务领域、管理模式、发展方向、与欧盟其他组织的合作关系等情况，双方就认证人员管理、获证组织有效性持续符合等问题进行了充分的交流。

6月20日 国家认监委谢军副主任出席了国家质检总局打击侵犯知识产权和制售假冒伪劣产品专项行动工作专题会议。

6月21日 （一）国家认监委孙大伟主任出席了国家质检总局局务会议，王大宁副主任列席了会议。（二）国家认监委谢军副主任主持召开了打击侵犯知识产权和制售假冒伪劣产品专项行动成果网络展览认证认可领域专家组会议。

6月22日 （一）国家认监委孙大伟主任出席了自主创新能力建设规划编制工作领导小组第二次会议。（二）国家认监委王大宁副主任出席了我国低碳产品认证制度和标准研讨会。（三）国家认监委谢军副主任主持召开了食品复检机构公布领导小组会议。

6月23日 （一）国家认监委谢军副主任主持召开了IECEE中国代表团工作会议。（二）国家认监委谢军副主任出席了风险监测工作乳品电子信息追溯工作部际协调会议。（三）国家认监委刘卫军总工程师会见了美国房车工业协会（RVIA)主席库恩（Richard Coon），双方就旅居车CCC认证相关事宜交换了意见。

6月24日 （一）国家认监委孙大伟主任，中国合格评定国家认可委员会主任委员、中国认证认可协会会长王凤清到公安部物证鉴定中心听取了工作情况介绍并参观了实验室。（二）国家认监委谢军副主任出席了国家质检总局风险监管工作专题会议。

6月26日 国家认监委孙大伟主任赴天津出席了2011年

国际生物经济大会。

6月26日~27日 国家认监委谢军副主任赴土耳其出席了IECEE认证管理委员会（CMC）第十四届年会。

6月26日~7月2日 国家认监委谢军副主任赴土耳其伊斯坦布尔出席了国际电工委员会电工产品合格测试与认证组织（IECEE）官员会议和国际电工委员会电工产品合格测试与认证组织认证管理委员会（IECEE-CMC）第十四届年会。

6月27日 国家认监委孙大伟主任出席了对台工作先进集体、先进个人表彰大会和内部通报会议。

6月27日~28日 国家认监委王大宁副主任赴嘉兴中国电器科学研究院华东分院调研。

6月28日 国家认监委刘卫军总工程师赴商务部宣讲了认证认可工作。

6月29日 （一）国家认监委孙大伟主任，王大宁、顾基平副主任，刘卫军总工程师出席了认监委纪念中国共产党成立90周年座谈会。（二）国家认监委孙大伟主任出席了国家质检总局局长办公会。

6月30日 （一）国家认监委孙大伟主任出席了党旗下的质检人——全国质检系统纪念中国共产党成立90周年风采展”开幕式。（二）国家认监委孙大伟主任，王大宁副主任出席了国家质检总局直属机关纪念中国共产党成立90周年红歌演唱会。顾基平副主任，刘卫军总工程师率领国家认监委红歌队参加了演唱。

7 月

7月1日 （一）国家认监委孙大伟主任，王大宁、顾基平副主任，刘卫军总工程师出席了国家质检总局组织集体收看庆祝中国共产党成立90周年大会实况转播。（二）国家认监委刘卫军总工程师出席了国家质检总局打击侵犯知识产权和制售假冒伪劣商品专项行动工作领导小组会议。

7月4日 （一）国家认监委孙大伟主任出席了国家质检总局党组中心组学习。（二）国家认监委孙大伟主任，谢军副主任，刘卫军总工程师出席了认监委及下属单位羽毛球比赛颁奖仪式。（三）国家认监委谢军副主任主持召开了认监委打击侵犯知识产权和制售假冒伪劣商品专项行动工作领导小组会议。（四）国家认监委顾基平副主任出席了财政部、审计署有关工作专题会议。

7月5日 （一）国家认监委孙大伟主任主持召开了认监委2011年第三次党组会议和党组中心组第三次学习（扩大）会议。车文毅、王大宁、谢军、顾基平副主任，刘卫军总工程师出席了会议。会议研究了干部人事工作的实施方案，要求人事部门根据会议决定精神按照规定开展工作。（二）国家认监委孙大伟主任、谢军副主任听取了广东省质监局工作汇报。（三）国家认监委孙大伟主任会见了辽宁省副省长邴志刚。（四）国家认监委谢军副主任出席了2011年实验室资质认定专项监督检查工作任务布置会并讲话。

7月5日~9日 国家认监委刘卫军总工程师赴韩国首尔出席了中韩第八次合格评定分委会工作会议。期间，与韩国技术标准局（KATS）联合举办了应对气候变化研讨会。

7月6日 （一）国家认监委车文毅、王大宁、谢军、顾基平副主任参观“党旗下的质检人——全国质检系统纪念中国共产党成立90周年风采展”。（二）国家认监委车文毅、顾基平副主任陪同国家质检总局杨刚副局长听取了中检集团工作汇报。（三）国家认监委车文毅副主任出席了认监委2011年第三次直属机关党委会议。（四）国家认监委谢军副主任参加了法律部党支部活动。（五）国家认监委谢军副主任会见了国际电工委员会（IEC）理事局CB成员野村淳二先生。

7月7日 （一）国家认监委孙大伟主任，车文毅、王大宁、谢军、顾基平副主任出席了认监委干部大会。（二）国家认监委孙大伟主任、车文毅副主任陪同国家质检总局支树平局长会见了河北省省长陈全国并出席了国家质检总局与河北省人民政府合作备忘录签字仪式。（三）国家认监委孙大伟主任主持召开了认监委2011年第四次党组会议，车文毅、王大宁、谢军顾基平副主任出席了会议。会议研究了干部人事工作，确定了认可部、认证部、科标部副主任职位的考察人选，要求人事部门根据会议决定按规定程序开展下一步工作。

7月8日 （一）国家认监委孙大伟主任、车文毅副主任陪同国家质检总局支树平局长出席了质检总局与中国科学院签署合作协议仪式。（二）国家认监委谢军副主任出席了国家质检总局蒲长城副局长主持召开的行政审批制度改革工作领导小组会议。（三）国家认监委谢军副主任出席了国家质检总局打击侵犯知识产权和制售假冒伪劣商品专项行动领导小组成员会议。

7月11日 （一）国家认监委车文毅副主任陪同国家质检总局支树平局长会见了韩国驻华大使李揆亨。（二）国家认监委谢军副主任出席了国家质检总局食品安全工作整顿领导小组会议。

7月12日 （一）国家认监委孙大伟主任出席了中关村人才特区建设工作大会。（二）国家认监委孙大伟主任出席了国资委与质检总局合作备忘录签署仪式。（三）国家认监委车文毅副主任出席了认监委直属机关工会文娱俱乐部成立仪式并向文娱俱乐部副主席、秘书长以及各分会会长、联络员颁发了聘书。（四）国家认监委谢军副主任出席了国家质检总局电梯安全专题工作会议。（五）国家认监委刘卫军总工程师出席了国际电工委员会电工产品测试证书相互认可体系（IECEE-CB）实验室扩项工作会议。

7月13日 （一）国家认监委孙大伟主任出席了国家质检总局党组会议。（二）国家认监委孙大伟主任出席了国家质检总局局长办公会议，车文毅副主任列席了会议。（三）国家认监委刘卫军总工程师主持召开了国际电工委员会电工产品测试证书相互认可体系（IECEE－CB）电磁兼容（EMC）工作会议，谢军副主任出席了会议。

7月14日 （一）国家认监委车文毅副主任出席了国家质检总局魏传忠副局长主持召开的专题工作会议。（二）国家认监委车文毅副主任、刘卫军总工程师出席了认监委强制性产品认证工作专题会议。（三）国家认监委顾基平副主任出席了国家质检总局质检系统预算执行情况通报视频会议。

7月15日 国家认监委王大宁副主任出席了2012年度国家科技计划认证认可备选项目研讨会。

7月17日～18日 国家认监委孙大伟主任，车文毅副主任出席了国家质检总局机关2011年上半年工作总结会议。

7月18日 （一）国家认监委孙大伟主任出席了第四次全国社会发展科技工作会议。（二）国家认监委孙大伟主任出席了国家质检总局党组会议。（三）国家认监委刘卫军总工程师赴苏州出席了认证认可协会宣传工作座谈会。

7月19日 （一）国家认监委王大宁副主任陪同国家质检总局支树平局长会见了阿根廷农渔业部部长多明戈并签署协议。（二）国家认监委谢军副主任出席了国家质检总局刘卓慧总工程师主持召开的全国"质量月"活动专题会议。（三）国家认监委谢军副主任出席了国家质检总局打击侵犯知识产权和制售假冒伪劣商品专项行动领导小组工作例会。

7月20日 （一）国家认监委谢军副主任出席了认监委2011年国家产品质检中心专项监督检查工作部署会并讲话。（二）国家认监委谢军副主任赴中国合格评定认可中心就食品检验机构资质认定等工作进行了专题调研。

7月20日～21日 国家认监委王大宁副主任赴浙江嘉兴出席了江浙沪两省一市认证认可工作会议。

7月20日～23日 国家认监委孙大伟主任，车文毅副主任赴四川成都出席了2011年质检系统半年工作总结会议。

7月21日 国家认监委谢军副主任赴天津参加了实验室部党支部主题党日活动，就如何当好食品安全的守卫者，与天津质监局和天津质检院的领导和同志们座谈，并进行了调研活动。

7月22日 国家认监委王大宁副主任出席了"十二五"国家科技支撑计划项目"碳排放和碳减排认证认可关键技术研究与示范"项目启动会并讲话。发展改革委员会、科学技术部、工业信息化部、环境保护部、总局科技司的代表及项目组成员60余人参加会议。

7月25日 （一）国家认监委孙大伟主任主持召开了认监委2011年第五次党组（扩大）会议，车文毅、王大宁、谢军、顾基平副主任，刘卫军总工程师出席了会议。各部室、下属单位负责人列席了会议。会议传达学习国家质检总局机关和质检系统半年工作总结会议的主要情况和国家质检总局领导的讲话精神；研究认监委上半年工作总结召开的时间、地点和主要议程。（二）国家认监委孙大伟主任出席了国家质检总局党组会议，车文毅副主任列席了会议。（三）国家认监委谢军副主任出席了国家质检总局打击侵犯知识产权和制售假冒伪劣商品专项行动领导小组工作例会。

7月26日 国家认监委谢军副主任赴辽宁兴城出席了辽宁省质监系统认证执法监管人员培训班并讲话。

7月27日 （一）国家认监委孙大伟主任，车文毅副主任出席了国家质检总局传达国务院有关会议精神专题会议。（二）国家认监委孙大伟主任主持召开了认监委第四次委务会议，车文毅、王大宁、谢军顾基平副主任，刘卫军总工程师、各部室和直属单位负责人出席了会议。会议传达了国家质检总局做好安全生产工作的紧急会议精神，要求各部门高度重视安全工作，防止发生各类事故。（三）国家认监委谢军副主任出席了国家质检总局上半年质量状况分析报告会商会议。

7月27日～28日 国家认监委孙大伟主任，王大宁、谢军、顾基平副主任，刘卫军总工程师出席了认监委2011年上半年工作总结会议，车文毅副主任主持了会议。各部室及直属单位负责人汇报上半年工作情况及下半年工作打算。

7月28日 （一）国家认监委孙大伟主任，车文毅、谢军副主任出席了国家质检总局党组中心组学习暨质检大讲堂。（二）国家认监委孙大伟主任、谢军副主任出席了食品检验机构资质认定推进会议。卫生部、农业部、质检总局及相关食品检验机构和企业的代表出席了会议。

7月29日 （一）国家认监委孙大伟主任出席了国家质检总局局长办公会议。（二）国家认监委孙大伟主任出席了国家质检总局党组会议。（三）国家认监委谢军副主任会同实验室部学习贯彻国家质检总局半年工作总结会议精神。

7月31日 国家认监委孙大伟主任出席了质检系统司局级领导干部领导科学专题培训班结业式。

8 月

8月1日 （一）国家认监委孙大伟主任主持召开了2011年认监委第六次党组会议，车文毅、谢军副主任，刘卫军总工程师出席了会议。会议研究了干部人事工作。（二）国家认监委孙大伟主任，车文毅、谢军、顾基平副主任，刘卫军总工程师出席了认监委的军队转业干部、复员军人座谈会。(三)国家认监委刘卫军总工程师会同认证部、国际部学习贯彻国家质检总局半年工作总结会议精神。

8月2日 (一)国家认监委谢军副主任出席了国家质检总局打击侵犯知识产权和制售假冒伪劣商品专项行动网展工作例会。(二)国家认监委车文毅副主任主持召开了认监委2011年第2次主任办公会会议,谢军副主任、刘卫军总工程师出席了会议。会议研究了关于对从事国家统一推行污染控制认证、检测活动的认证机构、实验室开展确认工作的有关问题。

8月3日 国家认监委车文毅副主任出席了国家质检总局刘平均副局长主持召开的“质量月”专题工作会议,会后召集有关部门负责人安排部署相关工作。

8月4日 国家认监委刘卫军总工程师出席了国际部与方圆认证集团工作座谈会。

8月5日~7日 国家认监委刘卫军总工程师赴山西大同参加了认证部党支部“服务企业、服务基层、创先争优”主题活动。

8月8日 国家认监委王大宁副主任出席了国家质检总局打击侵犯知识产权和制售假冒伪劣商品专项行动领导小组工作会议。

8月9日 (一)国家认监委孙大伟主任陪同国家质检总局支树平局长会见了科技部万钢部长并出席了“关键技术标准推进工程”专项验收会。(二)国家认监委王大宁副主任出席了中药材输台工作座谈会。

8月10日 (一)国家认监委车文毅副主任出席了国家质检总局研究“瘦身钢筋”专题工作会议。(二)国家认监委王大宁副主任赴清华大学出席了食品安全讲座。(三)国家认监委王大宁副主任陪同国家质检总局魏传忠副局长会见了美国惠普公司全球执行副总裁托德•布拉德利。

8月10日~11日 国家认监委谢军副主任赴辽宁大连出席了辽宁沿海经济区认证执法监管工作协调协作机制启动暨第一次工作会议并致辞。

8月10日~12日 国家认监委孙大伟主任率团赴俄罗斯伊尔库茨克出席了中俄总理定期会晤委员会经贸合作分委会中俄标准计量认证和检验监管常设工作组第九次会议。常设工作组中方主席、国家质检总局副局长、国家认监委主任孙大伟与工作组俄方主席、俄罗斯技术调节和计量署符•尼•克鲁季科夫副署长共同主持了会议。会议回顾了上次会议以来的合作进展,就进一步加强标准、计量、认证认可、检验监管合作以及地区间合作等议题进行了广泛深入的交流,并签署了会议纪要。

8月11日~12日 国家认监委车文毅副主任赴江苏昆山出席了全国认证机构工作会议并讲话。江苏检验检疫局、昆山市、委相关部门、认可中心、协会、研究所等单位的代表及174家认证机构和部分境外认证机构驻华代表处的近280名代表参加了会议。

8月12日 (一)国家认监委王大宁副主任出席了国家质检总局食品安全整顿工作例会。(二)国家认监委谢军副主任出席了国家质检总局研究“质量月”宣传工作方案专题会议。(三)国家认监委刘卫军总工程师会见了美国商务部副助理部长彼得•曼奴•佩雷兹及美国贸易代表办公室副助理贸易代表提摩西•N•怀兰德,双方就中美电信设备认证互认,亚太经济合作组织电信互认协议及中美商贸联委会中有关议题进行了会谈。

8月13日~17日 国家认监委孙大伟主任率团赴荷兰海牙与卫生福利与体育大臣艾迪斯•斯奇普斯共同签署了《关于消费品安全合作谅解备忘录》。

8月15日 国家认监委王大宁副主任列席了国家质检总局局长办公会议。

8月15日~16日 国家认监委谢军副主任赴宁波出席了良好实验室规范(GLP)实验室监控体系建设推进会,并考察了质检系统首家获得国家认监委批准的GLP实验室——宁波化学品安全评价中心。

8月16日 国家认监委顾基平副主任出席了国家质检总局打击侵犯知识产权和制售假冒伪劣商品专项行动领导小组工作会议。

8月18日 国家认监委孙大伟主持召开认监委第七次党组会议,车文毅、王大宁、谢军、顾基平、刘卫军出席了会议,会议研究了干部人事工作。

8月19日 (一)国家认监委车文毅副主任陪同国家质检总局魏传忠副局长会见了墨西哥卫生部长卡尔多瓦。(二)国家认监委王大宁副主任出席了标准化“十二五”规划座谈会。

8月22日 (一)国家认监委车文毅副主任列席了国家质检总局局长办公会议。(二)国家认监委谢军副主任出席了国家质检总局打击侵犯知识产权和制售假冒伪劣商品专项行动领导小组工作例会。

8月22日~23日 国家认监委孙大伟主任赴沈阳出席了认证提升价值——获证组织经验交流会。辽宁省常务副省长许卫国、认证认可协会会长王凤清出席了会议并讲话。

8月23日 国家认监委谢军副主任出席了国家质检总局打击侵犯知识产权和制售假冒伪劣商品专项行动领导小组工作会议。

8月24日 (一)国家认监委车文毅副主任出席了国家认监委支部书记会议,传达部署了中央和质检总局关于在窗口单位和服务行业开展“为民服务 创先争优”活动的有关工作。(二)国家认监委车文毅副主任会见了英国标准学会(BSI)中国区董事总经理高毅民先生。(三)国家认监委车文毅副主任到国家博物馆参观了“全国窃密泄密案例警示教育展”，委机关及下属单位100人参加了参观活动。

8月24日~26日 国家认监委顾基平副主任赴福建出席了国家质检总局全国质检信息化工作会议。

8月24日~28日 国家认监委王大宁副主任赴西藏出席了质检系统援藏工作会议并调研。

8月26日 （一）国家认监委孙大伟主任出席了中关村创新平台专项工作签约仪式。（二）国家认监委谢军副主任主持召开了“质量月”活动专题工作会议。

8月29日 （一）国家认监委孙大伟主任出席了国家质检总局党组会议。（二）国家认监委组织“求真务实促发展，创先争优谱新篇”主题演讲活动。国家质检总局支树平局长，国家认监委孙大伟主任，协会会长、中国合格评定国家认可委员会主任王凤清出席主题演讲活动并讲话。演讲活动开始前，领导们还会见了认监委退休的老领导，为“认证认可发展展示”揭幕；演讲活动结束后，参观了以“地球、家园、未来”为主题的认监委职工子女画展。车文毅副主任主持了演讲活动。王大宁、谢军、顾基平副主任，刘卫军总工程师，质检总局有关司局领导、认监委退休老领导老同志、全体干部职工以及下属单位领导班子成员150余人参加了主题演讲活动。

8月30日 国家认监委刘卫军总工程师赴工信部商谈了信息安全产品认证工作。

8月30日~31日 国家认监委王大宁副主任赴沈阳出席了辽宁省科技周活动。

8月30日~9月3日 国家认监委孙大伟主任赴云南出席了国家质检总局与云南省人民政府合作备忘录联席会议。期间，孙大伟主任出席了国家热带农副产品质量监督检验中心、国家橡胶及乳胶制品质量监督检验中心、国家太阳能热水器产品质量监督检验中心（昆明）授牌仪式，并深入瑞丽、腾冲边境口岸考察检验检疫工作。

8月31日 国家认监委车文毅、谢军、顾基平副主任，刘卫军总工程师出席了认监委“质量月”活动领导小组会议。各部门主任及下属单位负责人参加了会议。

9月

9月1日 （一）国家认监委车文毅、王大宁副主任出席了国家认监委召开的有机产品认证监管工作座谈会，有关部室及下属单位30余人参加了会议。（二）国家认监委王大宁副主任出席了科标部党支部民主生活会议。

9月1日~11月4日 国家认监委程方副主任在中央党校学习。

9月2日 （一）国家认监委王大宁副主任出席了国家认监委有机产品认证示范区评审工作会议。（二）国家认监委谢军副主任出席了国家质检总局食品安全整顿工作例会。（三）国家认监委谢军副主任出席了法律部党支部民主生活会议。

9月2日~3日 国家认监委车文毅副主任赴延安参加了认可部党支部活动。

9月4日~11日 国家认监委刘卫军总工程师赴克罗地亚斯普利特出席了国际电工委员会防爆电气安全认证体系（IECEx）年会。

9月5日 （一）国家认监委孙大伟主任、顾基平副主任出席了国家质检总局2011年全国“质量月”活动领导小组会议。（二）国家认监委车文毅副主任出席了2011年国家认监委处级干部综合管理能力提升培训班并讲话。部分委机关处级干部和下属单位中层管理干部80余人参加了培训。

9月5日~6日 国家认监委王大宁副主任赴合肥出席了国家认监委全国出口低酸罐头和酸化食品企业注册备案监管培训班并讲话。各地检验检疫机构、部分出口企业100余人参加了培训。

9月5日~7日 国家认监委谢军副主任赴四川省调研了认证执法监管体系建设试点和国家产品质检中心建设情况。

9月6日 国家认监委孙大伟主任出席了国务院研究中俄总理定期会晤委员会会议筹备会。

9月6日~9日 国家认监委顾基平副主任赴上海参加了高级会计人员继续教育培训班。

9月7日 国家认监委孙大伟主任出席了第八期全国市（地）领导干部“质量发展与质量安全”专题研究班开班仪式。

9月8日 （一）国家认监委孙大伟主任出席了信息安全认证中心领导班子民主生活会议。（二）国家认监委谢军副主任赴承德出席了第三届中国第三方检测实验室发展论坛暨实验室展览会并讲话。

9月9日 （一）国家认监委孙大伟主任出席了全国“质量月”总局系列活动——“食品检测实验室开放日”活动启动仪式。国家质检总局总工程师刘卓慧，车文毅、谢军副主任参加活动。（二）国家认监委孙大伟主任出席了中国合格评定国家认可中心领导班子民主生活会议。

9月13日 （一）国家认监委车文毅副主任出席了信息中心民主生活会议。（二）国家认监委王大宁副主任出席了研究所民主生活会议 。（三）国家认监委谢军副主任出席了国家质检总局“双打”领导小组工作会议。（四）国家认监委刘卫军总工程师出席了认证部党支部民主生活会议 。

9月14日 （一）国家认监委孙大伟主任出席了国家行政学院质检总局第七期司级领导干部行政管理培训班开班仪式。（二）国家认监委谢军副主任出席了实验室部党支

部民主生活会议 。(三)国家认监委谢军副主任检查指导了中国信息安全认证中心基准实验室建设工作。(四)国家认监委刘卫军总工程师主持召开了国家认监委对台工作布置会议。

9月14日~18日 国家认监委王大宁副主任赴新疆检查指导了有机产品认证示范区工作。

9月15日 (一)国家认监委谢军副主任出席了国家质检总局蜂蜜产品进出口有关工作专题会议。(二)国家认监委谢军副主任参加了清华大学司局级领导干部自主选学。(三)国家认监委顾基平副主任出席了财务部、服务中心党支部民主生活会议 。(四)国家认监委刘卫军总工程师会见了美国商务部副助理部长克雷格•艾伦(Craig Allen),就强制性产品认证与RoHS认证事宜进行了交流。

9月15日~17日 国家认监委孙大伟主任赴甘肃出席了省部合作联席会议。期间,甘肃省副省长虞海燕、酒泉市委书记马光明陪同孙大伟主任参观了酒泉新能源装备制造产业园,并亲切看望了质检两局全体工作人员。

9月16日 (一)国家认监委谢军副主任主持召开了“学习十二字方针,破解十二个问题”专题研讨会。各部室及下属单位主要负责人20余人参会。(二)国家认监委刘卫军总工程师出席了国家认监委和公安部消防局在北京联合召开的消防产品强制性认证新闻发布会。国家质检总局、认监委、公安部消防局、中国合格评定国家认可中心、中国认证认可协会、有关认证技术机构、生产企业和媒体的代表约80人出席了发布会。

9月18日~29日 国家认监委顾基平副主任率团组赴美国、加拿大、日本对海外公司财务管理工作进行了检查调研。

9月19日 (一)国家认监委车文毅副主任出席了国家食品工业企业诚信信息公共服务平台开通仪式。(二)国家认监委车文毅副主任出席了办公室党支部民主生活会议。(三)国家认监委车文毅副主任出席了国家质检总局“双打”领导小组工作例会。(四)国家认监委刘卫军总工程师陪同国家质检总局魏传忠副局长会见了美国俄勒冈州州长基察伯。

9月19日~21日 国家认监委谢军副主任赴新疆出席了新疆质监系统认证监管人员和实验室资质认定评审员培训班并讲话。新疆各地、州、市质监局、各基层县(市)局和实验室资质认定评审员约130人参加了培训。

9月19日~23日 国家认监委王大宁副主任参加北京大学司局级领导干部自主选学。

9月20日 (一)国家认监委孙大伟主任出席了全国质量工作先进单位和先进个人表彰大会。(二)国家认监委车文毅副主任出席了认可部党支部民主生活会议。

9月22日 (一)国家认监委孙大伟主任出席了国务院会议,汇报了中俄总理定期会晤委员会第十五次会议筹备情况。(二)国家认监委孙大伟主任,王大宁、谢军副主任,刘卫军总工程师出席了国家质检总局“质量月”活动内容之一“质量大讲堂——认证认可建立信任”研讨会。车文毅副主任主持了会议。来自全国认证认可部际联席会议成员单位,国家质检总局各司局、全国认证认可标准化技术委员会委员单位、委机关及下属单位、认证机构、检测机构的代表100余人参加会议。(三)国家认监委党组书记孙大伟主持召开2011年认监委第八次党组会议,副书记车文毅,成员王大宁、谢军、刘卫军出席了会议。会议研究了人事工作;研究了2012年机关工作人员录用计划;学习了中共中央、国务院《关于分类推进事业单位改革的指导意见》等关于事业单位改革的文件精神。(四)国家认监委党组副书记车文毅主持召开了认监委党组民主生活会议,党组成员王大宁、谢军、刘卫军出席了会议,办公室和机关党委主任列席了会议。会议围绕“坚持以人为本,执政为民理念,发扬联系群众优良作风”的主题开展了批评与自我批评。

9月23日 (一)国家认监委孙大伟主任出席了中检集团公司领导班子民主生活会议。(二)国家认监委车文毅副主任出席了机关党委党支部民主生活会议。(三)国家认监委谢军副主任出席了中国民族卫生协会民族医药卫生标准专业委员会成立大会。

9月24日 (一)国家认监委车文毅副主任主持召开有机食品专题研讨会,王大宁、谢军副主任出席了研讨会。(二)国家认监委谢军副主任出席了国家质检总局召开的国务院质量工作座谈准备会。

9月25日 国家认监委孙大伟主任出席了国家质检总局与广东省政府合作备忘录签字仪式,车文毅、谢军副主任,刘卫军总工程师出席签字仪式。

9月26日~28日 国家认监委谢军副主任赴上海出席了国家产品质检中心筹建论证会,并出席了软件领域检测暨国家质检中心布局研讨会。

9月26日~29日 国家认监委王大宁副主任赴贵州出席了认证认可业务综合会议(《出口食品生产企业备案管理规定》宣贯会、强制性产品认证免办工作研讨会和认证机构行政许可评审专家培训班)并讲话。贵州省质监局、贵州检验检疫局及遵义市人民政府有关领导出席了会议,各直属检验检疫局、部分省、自治区、直辖市质监局代表110人参加了会议。

9月27日 (一)国家认监委孙大伟主任出席了国务院质量工作座谈会。(二)国家认监委刘卫军总工程师出席了IECEE体系新增CB实验室迎接国际同行评审动员暨体系规则培训会议。获准推荐的18家检测机构的负责人和技术专家约60人参加了会议。

9月28日 (一)国家认监委车文毅副主任出席了认可

中心2011年度中期战略评估会暨上半年工作总结会议并讲话。(二)国家认监委刘卫军总工程师出席了国际部党支部民主生活会议。

9月29日 (一)国家认监委孙大伟主任出席了认监委干部大会并讲话。会上国家质检总局人事司副司长孔忠宣布了质检总局党组、质检总局关于程方同志任认监委党组成员、副主任的决定。会议由车文毅副主任主持,王大宁、谢军副主任,刘卫军总工程师出席了会议。委机关全体干部、下属单位主要负责人90余人参加了会议。(二)国家认监委车文毅副主任主持召开食品工业企业诚信体系建设工作开展情况汇报会。王大宁、谢军副主任出席了会议。(三)国家认监委谢军副主任主持召开了北京振业兴管理体系认证有限公司未审核即发证案审会。(四)国家认监委刘卫军总工程师出席了中国质检出版社挂牌仪式。

9月30日 (一)国家认监委孙大伟主任出席了国家质检总局局长办公会议,车文毅副主任列席了会议。(二)国家认监委孙大伟主任出席了国家质检总局党组会议。(三)国家认监委刘卫军总工程师出席了全国信息安全标准化技术委员方(TC 261)主任办公会议。

10 月

10月8日 国家认监委刘卫军总工程师出席了认证部强制性产品认证质量分析会议。

10月9日 (一)国家认监委孙大伟主任、刘卫军总工程师出席了第二届国家信息安全产品认证管理委员会执委会第一次会议。各有关部门执委会委员参加了会议。(二)国家认监委孙大伟主任、王大宁副主任出席了全国质检系统节能减排工作电视电话会议。(三)国家认监委车文毅副主任出席了国家质检总局"粉末砖头"专题工作会议。(四)国家认监委王大宁副主任会见了全球食品安全倡议(GFSI)董事会副主席伊夫先生和消费品论坛副总裁克劳迪内•穆斯塔利女士。

10月9日~10日 国家认监委谢军副主任赴长沙出席了第六期全国出入境检验检疫实验室负责人培训班并讲话。各直属检验检疫局的227名代表参加了培训。期间,谢军副主任赴湖南检验检疫局、质监局进行了工作调研。

10月10日 国家认监委刘卫军总工程师陪同国家质检总局魏传忠副局长会见了德国联邦议院食品、农业和消费者保护委员会主席汉斯•米夏埃尔•戈尔德曼。

10月10日~12日 国家认监委孙大伟主任率团赴加拿大出席了中加消费品安全磋商机制会议。

10月11日 (一)国家认监委车文毅副主任主持召开了国家质检国家认监委副处级以上干部会议,传达学习总局有关会议精神。王大宁副主任出席了会议。(二)国家认监委王大宁副主任陪同国家质检总局支树平局长会见了俄罗斯联邦农业部部长斯科伦尼女士。(三)国家认监委刘卫军总工程师与环保部商谈了环保认证相关事宜。

10月12日 国家认监委刘卫军总工程师陪同国家质检总局支树平局长会见了澳大利亚驻华大使孙芳安。

10月12日~13日 国家认监委谢军副主任赴贵阳出席了西部地区国家产品质检中心负责人培训班并讲话。西部地区的76名国家产品质检中心负责人参加了培训。

10月13日 (一)国家认监委车文毅副主任出席了国家质检总局信息化工作领导小组第14次会议。(二)国家认监委车文毅副主任会见了江苏省昆山市市长路军并共同商谈建立服务认证示范区合作事宜。

10月13日~19日 国家认监委孙大伟主任赴美国出席了"第四届中美消费品安全峰会"并与美国消费品安全委员会主席伊内兹•特南鲍姆举行了会谈,会后赴洛杉矶视察中检集团北美公司,并与公司班子成员座谈。

10月14日 (一)国家认监委车文毅副主任主持召开了认监委"质量月"活动领导小组第三次会议暨"质量月"活动总结会议。谢军、顾基平副主任出席了会议。(二)国家认监委顾基平副主任主持召开了认监委公车治理领导小组专题工作会议。(三)国家认监委刘卫军总工程师出席了2011年世界标准日大会。

10月14日~17日 国家认监委王大宁副主任赴云南出席了全国卫生注册主任评审员培训班并讲话。各直属检验检疫局的66名学员参加了培训。

10月16日~19日 国家认监委顾基平副主任参加了国家质检总局财务工作培训班。

10月17日~19日 国家认监委谢军副主任赴辽宁出席了沈阳市质监系统加强认证执法监管,规范认证市场工作座谈会并到铁西质监分局实地调研基层一线认证执法监管工作。

10月18日 国家认监委车文毅副主任会见了英国标准协会(BSI)集团首席执行官霍华德•科尔。双方就能源管理体系、服务认证等议题进行了交流。

10月18日~19日 国家认监委刘卫军总工程师赴山东东营市参加了IECEx国际战略研讨暨推介会活动。

10月19日 (一)国家认监委孙大伟主任出席了国家质检总局党组会议。(二)国家认监委王大宁、谢军、顾基平副主任出席了国家质检总局机关及直属系统绩效管理试点工作动员视频会议。(三)国家认监委谢军副主任出席了国家产品质检中心负责人培训会议并讲话。

10月20日 (一)国家认监委孙大伟主任、谢军副主任出席了全国质监局长工作会议。(二)国家认监委谢军副主任会见了美国标准学会(ANSI)总裁巴提亚先生,双方就未来合作项目等议题进行了交流。

10月20日~21日 国家认监委王大宁副主任赴青岛出席了国际官定分析检测协会（AOAC）中国区2011年会暨食品安全技术与标准国际研讨会。国家质检总局、有关部委及国际组织、科研机构、知名企业等300余名代表参加了会议。会后王大宁副主任赴山东检验检疫局、青岛检验检疫局调研。

10月20日~23日 国家认监委孙大伟主任赴广西出席了第八届中国东盟博览会开幕式，并出席第一届中国—东盟TBT合作部长会议。

10月21日 （一）国家认监委车文毅副主任出席了国家质检总局党风廉政建设领导小组会议。（二）国家认监委谢军副主任出席了国家质检总局全国知名品牌创建示范区建设工作座谈会。（三）国家认监委刘卫军总工程师赴中编办协调工作。

10月22日~29日 国家认监委谢军副主任赴澳大利亚出席了第75届国际电工委员会（IEC）大会。在本次会议上，中国正式成为IEC常任理事国。

10月24日 国家认监委车文毅副主任主持召开了认监委党风廉政建设领导小组会议。

10月24日~29日 国家认监委孙大伟主任赴香港出席了“内地贵宾访港赞助计划”活动。期间视察中国检验有限公司。

10月25日 （一）国家认监委车文毅副主任主持召开了认监委质量管理体系内审末次会议。（二）国家认监委刘卫军总工程师出席了强制性产品认证工作座谈会并讲话。中国质量认证中心及各指定认证机构和指定实验室的代表80余人参加了会议。（三）国家认监委刘卫军总工程师应邀出席了全国总工会局级干部应聘选拔活动。

10月25日~26日 国家认监委顾基平副主任赴南昌出席了认监委全面预算管理培训会议并讲话。

10月26日 国家认监委刘卫军总工程师出席了中德电动车认证研究项目启动会。德国经济和技术部、驻华大使馆，中德认证机构、检测机构、生产企业代表40余人参加了会议。

10月26日~11月6日 国家认监委王大宁副主任率团赴瑞士、法国和英国调研了碳排放认证认可制度。期间，与瑞士联邦经济事务部、瑞士生态市场研究所、法国标准协会（AFNOR）、英国标准协会（BSI）等政府部门和相关机构就碳排放认证认可制度及认证认可领域交流合作交换了意见，并专程参观考察了英国废金属回收企业。

10月27日 国家认监委刘卫军总工程师出席了国家质检总局打击侵犯知识产权和制售假冒伪劣产品专题工作会议。

10月27日~28日 国家认监委顾基平副主任赴南京出席了全国质检系统办公室工作会议。

10月27日~11月5日 国家认监委车文毅副主任率团出访了加拿大、美国。期间，访问了天祥认证集团（Intertek）和美国AQA国际认证公司，会谈双方共同商讨了管理体系认证新领域合作事宜，并介绍了新近发布实施的《认证机构管理办法》。

10月28日 国家认监委刘卫军总工程师陪同标准委陈钢主任会见了SGS集团首席执行官柯睿智。

10月31日 （一）国家认监委孙大伟主任，顾基平副主任出席了质检信息化展览会开幕式。（二）国家认监委孙大伟主任出席了国家质检总局党组会议。（三）国家认监委谢军副主任出席了国家质检总局质监系统省级以下行政机构体制调整工作专题会议。（四）国家认监委谢军副主任出席国家质检总局质量统计分析专题会议。

11 月

11月1日 （一）国家认监委孙大伟主任出席了国务院第22届中美商贸联席会筹备工作会议。（二）国家认监委刘卫军总工程师陪同国家质检总局支树平局长会见了西班牙农业部长罗莎•阿吉拉尔。

11月2日 （一）国家认监委孙大伟主任会见了UL总裁威廉仕，双方就进一步合作等问题交换了意见。（二）国家认监委孙大伟主任会见了加拿大渔业及海洋部部长艾史柯，双方就中加质检领域共同关心的议题深入交换了意见。（三）国家认监委谢军副主任陪同国家质检总局支树平局长会见了德国食品农业和消费者保护国务秘书米勒。

11月2日~4日 国家认监委刘卫军总工程师赴杭州出席了IEC三大认证体系工作机制年会。

11月3日 （一）国家认监委孙大伟主任出席了第七次国家质检总局党组中心组（扩大）学习暨第五次“质检大讲堂”报告会——绩效管理培训，谢军副主任、委机关副处以上干部参加了学习。（二）国家认监委谢军副主任陪同国家质检总局杨刚副局长会见马来西亚农业和农机产业部部长诺奥玛。（三）国家认监委顾基平副主任出席了认监委认证认可信息化专题培训暨统计工作会议，委信息化工作领导小组成员单位50余人参加了会议。

11月4日 （一）国家认监委孙大伟主任出席了纪念中央革命根据地创建暨中央苏维埃共和国成立80周年座谈会。（二）国家认监委孙大伟主任出席了国家质检总局党组会议。（三）国家认监委谢军副主任出席了食品复检机构名录公布专家组第五次会议。（四）国家认监委谢军副主任会见了美国食品药品管理局（FDA）副局长麦克•泰勒。双方就美国食品现代化法案、第三方认证认可制度、出口食品生产企业注册、食品防护计划等问题进行了会谈。（五）国家认监委顾基平副主任出席了2011中外服务贸易洽谈会开幕式并参观了认证认可展区。

11月7日 国家认监委王大宁副主任会见了全球食品安全倡议（GFSI）董事会主席奕傅睿先生，双方就开展食品安全领域认证认可相关合作交换了意见，并签署合作谅解备忘录。

11月8日 （一）国家认监委孙大伟主任视察了北京市出口工业产品分类管理工作情况。（二）国家认监委车文毅、程方、王大宁、谢军、顾基平副主任，刘卫军总工程师出席了认监委处级以上干部大会。（三）国家认监委孙大伟主任、谢军副主任出席了中国成为国际电工委员会（IEC）常任理事国专题工作会议。

11月9日 国家认监委党组书记孙大伟主持召开了认监委2011年第10次党组会议，党组副书记车文毅，党组成员程方、王大宁、谢军、顾基平、刘卫军出席了会议。会议根据国家质检总局党组对委领导班子进行调整的决定，对党组成员的分工进行了调整；会议研究了有关干部问题；会议对近期重点工作进行了研究部署。（二）国家认监委车文毅副主任赴上海参加了英国天祥公司业务发展研讨会。（三）国家认监委程方副主任出席了国家质检总局创先争优领导小组会议。（四）国家认监委王大宁副主任出席了国家质检总局科技进步一等奖评选活动。

11月9日~11日 国家认监委刘卫军总工程师赴云南出席了欧美汽车业第七届强制性产品认证制度交流会并讲话。财政部、国家税务总局、相关直属检验检疫局、欧洲汽车工业协会（ACEA）、日本自动车工业会（JAMA）、国内有关认证机构和检测机构以及欧美主要汽车厂商等41家单位的100多名代表参加了会议。

11月10日 （一）国家认监委孙大伟主任、王大宁副主任出席了国家质检总局科学技术委员会第一次全体会议。（二）国家认监委车文毅副主任出席国家林业局与森林管理委员会（FSC）举办的亚太林业认证工作会议。（三）国家认监委程方副主任走访了国家知识产权局、铁道部。（四）国家认监委王大宁副主任会见了英国标准协会（BSI）执行董事安•弗兰克女士，双方就认证认可对社会、经济发展的贡献和对企业管理的提升等共同关注的问题进行了探讨。（五）国家认监委谢军副主任到国家食品质量监督检验中心调研。

11月11日 （一）国家认监委孙大伟主任出席第八次总局党组中心组（扩大）学习暨第六次“质检大讲堂”报告会——信息化知识培训，车文毅、程方、王大宁、谢军副主任，委机关部分干部职工参加了学习。（二）国家认监委谢军副主任听取了国家食品质检监督检测中心工作汇报并检查了该中心检验工作质量。（三）国家认监委王大宁副主任出席了认监委、标准委、认证认可协会联合举办以“贯通上下游　携手创佳绩”为主题的“为民服务　创先争优”活动。

11月11日~14日 国家认监委顾基平副主任陪同国家质检总局杨刚副局长赴海南视察了中检公司有关基建项目并对质检工作进行调研。

11月14日 国家认监委车文毅副主任列席了国家质检总局局长办公会议。

11月14日~15日 国家认监委孙大伟主任赴厦门出席了中国合格评定国家认可委员会（CNAS）执行委员会会议。会议期间，孙大伟主任、中国合格评定国家认可委员会主任王凤清会见了福建省副省长叶双瑜、厦门市市长刘可清。

11月14日~16日 国家认监委谢军副主任赴上海出席了贯彻落实国办发［2011］48号文暨涉及认证认可相关工作体制调整研讨会。会后，谢军副主任就加快推进高新产业领域技术机构建设和认证认可工作、促进上海战略性新兴产业发展进行调研。

11月15日 （一）国家认监委程方副主任走访了工业和信息化部、科技部。（二）国家认监委王大宁副主任出席了国家质检总局节能减排工作领导小组会议，会后安排部署了认监委节能减排工作。（三）国家认监委刘卫军总工程师出席了中美电子产品污染认证（RoHS）制度研讨会并讲话，美国商务部、美国驻华使馆及企业界代表30余人参加了会议。

11月16日 （一）国家认监委孙大伟主任会见了荷兰基础设施及环境部国务秘书约普•阿斯玛，并签署了《在贸易产品环境要求领域合作的框架协议》。（二）国家认监委孙大伟主任会见了重庆市质监局局长张宗清。（三）国家认监委程方副主任走访了卫生部、国家工商总局。（四）国家认监委程方副主任主持召开了认监委“创先争优、深入基层、为民服务”活动专题会议。（五）国家认监委刘卫军总工程师参加了国际部周业务练兵活动。

11月16日~17日 国家认监委车文毅副主任赴深圳国家电子产品质量检测中心调研。

11月17日 （一）国家认监委孙大伟主任出席了国家质检总局局长办公会议。（二）国家认监委程方副主任走访了环境保护部。（三）国家认监委谢军副主任出席了国家质检总局地沟油检测科技攻关专题会议。（四）国家认监委谢军副主任参加国家质检总局司局级领导干部自主选学。（五）国家认监委顾基平副主任出席了公安部、科技部、认监委、认可中心共同举办的“科技创先、携手前行”座谈会。（六）国家认监委刘卫军总工程师出席了中德“电动交通安全日”活动并讲话。工业和信息化部、德国交通部相关代表参加了活动。

11月18日 （一）国家认监委程方副主任走访了商务部、国家食品药品监督管理局。（二）国家认监委王大宁副主任陪同国家质检总局支树平局长会见了美国农业部部长威尔萨克。（三）国家认监委谢军副主任出席了国家质检总局行政审批制度改革工作领导小组专题工作会议。（四）国家认监委刘卫军总工程师赴天津参加了认证部党支部创先争优下基层活动。

11月21日 （一）国家认监委党组书记孙大伟主持召开了认监委2011年第11次党组会议。党组副书记车文毅，党组成员程方、王大宁、谢军、顾基平、刘卫军出席了会议。会议研究了有关干部问题；会议进一步学习了国务院办公厅《关于调整省级以下工商质监行政管理体制加强食品安全监管问题的通知》（国办发［2011］48号）。（二）国家认监委党组书记孙大伟组织认监委党组中心组学习，会议学习了《关于<中共中央关于深化文化体制改革推动社会主义文化发展大繁荣若干重大问题的决定>的说明》。党组成员车文毅、程方、王大宁、谢军、顾基平、刘卫军参加了学习。（三）国家认监委程方副主任走访了国家林业局。（四）国家认监委谢军副主任出席了国家质检总局产品质量分类监管工作专题会议。（五）国家认监委顾基平副主任赴中国检验检疫科学研究院印刷厂调研了CCC认证标志质量及标志发放管理工作。

11月22日 （一）国家认监委孙大伟主任、刘卫军总工程师出席了国家信息安全产品认证专家顾问座谈会议。（二）国家认监委程方副主任走访了住房与建设部。（三）国家认监委顾基平副主任出席了审计署经济执法审计工作座谈会。（四）国家认监委刘卫军总工程师陪同国家质检总局支树平局长会见了土库曼斯坦国家标准总局局长奥拉佐夫。

11月23日 （一）国家认监委谢军副主任出席了中国检科院获得良好实验室规范（GLP）技术评价合格证书颁证仪式。（二）国家认监委刘卫军总工程师出席了交通产品认证交流大会并讲话。交通部有关单位，行业学会、协会，科研院所，检测机构及有关企业的400多名代表参加了会议。

11月23日~24日 国家认监委顾基平副主任赴江苏对中检集团投资苏州电器科学研究院股份有限公司项目后期管理进行了调研。

11月24日 （一）国家认监委车文毅、程方副主任赴江苏昆山开展了“下基层、访民情、强质检”活动暨出席国家认监委与昆山花桥国际商务城获证企业座谈会。（二）国家认监委王大宁副主任出席了认监委科技项目论证会议。（三）国家认监委谢军副主任、刘卫军总工程师参加第九次总局党组中心组（扩大）学习暨第八次质检大讲堂报告会——学习贯彻党的十七届六中全会精神。委机关全体干部职工参加了学习。

11月24日~26日 国家认监委孙大伟主任赴上海出席了“和谐质检”建设课题研究鉴定会暨“质检文化”主题活动并调研。

11月25日 国家认监委车文毅、程方副主任赴江苏昆山出席了认证认可工作部际联席会议联络员会议。认证认可工作部际联席会议19个成员单位的代表分别介绍了各单位开展认证认可工作的情况。国务院法制办工交司司长赵晓光应邀出席会议并讲话。

11月25日~27日 （一）国家认监委王大宁副主任赴福州出席了认监委2011年食品农产品认证技术论坛，认证认可研究所、中国合格评定认可中心、中国认证认可协会，有关质监局、检验检疫局科研机构，认证机构及食品生产企业130余人参加了会议。（二）国家认监委谢军副主任赴宁波国家气动产品质量监督检验中心调研。

11月28日 （一） 国家认监委孙大伟主任主持召开了认监委2011年第三次主任办公会议。车文毅、程方、顾基平副主任，刘卫军总工程师出席了会议。会议听取了认证部关于强制性产品认证质量分析的汇报；通报了质检总局入世10周年活动安排，要求相关部门做好入世10周年宣传活动；听取了法律部开展“坚持十二字方针，破解十二个问题”有关情况汇报。（二）国家认监委车文毅副主任出席了国家质检总局食品安全工作例会。（三）国家认监委王大宁副主任赴福州安溪开展了“下基层、访民情、强质检”活动暨调研基层有机认证示范区建设情况。（四）国家认监委谢军副主任赴云南腾冲出席了机械行业检验机构年会，并带队在云南开展了“走基层、访民情、强质检”调研活动。

11月28日~29日 国家认监委刘卫军总工程师会见了以色列工业贸易劳动部产业政策司司长瑞秋•郝斯切女士。

11月29日 （一）国家认监委孙大伟主任会见了法国农业部副部长埃里克•阿兰。（二）国家认监委车文毅、顾基平副主任出席了中检公司三亚项目工作汇报会。

11月29日~30日 国家认监委王大宁副主任赴厦门出席了进口酒类备案注册工作方案研讨会。会后，王大宁副主任在象屿保税区进口酒类企业调研。

11月29日~12月1日 国家认监委谢军副主任赴云南出席了机械工业质检机构年会，并开展了“下基层、访民情、强质检”活动，调研实验室资质认定监管工作，督导食品检验机构资质认定工作。

11月30日 （一）国家认监委孙大伟主任听取了标准化研究院科研工作汇报。（二）国家认监委程方副主任主持召开了认监委入世10周年宣传工作会议。

12月

12月2日 （一）国家认监委孙大伟主任，车文毅、王大宁副主任出席了认监委有机产品认证工作专题会议。(二)国家认监委孙大伟主任出席了国家质检总局局长办公会议，车文毅副主任列席了会议。(三)国家认监委程方副主任主持召开了自愿性认证评价评估工作研讨会议。(四)国家认监委王大宁副主任出席了国家质检总局科技委认证认可专业委员会第一次会议。(五)国家认监委刘卫军总工程师走访了中国气象局，与宇如聪副局长就认证认可服务气象管理工作进行了交流，并参观了中央气象台、国家卫星气象中心等部门。

12月6日 国家认监委孙大伟主任、刘卫军总工程师出席了全国技术性贸易措施部际联席会议第12次成员会议和技术性贸易措施研讨会。

12月7日 (一)国家认监委孙大伟主任，车文毅、谢军副主任出席了认证认可政策研究研讨会并讲话。认监委各部室、下属单位、相关认证检测机构及政策研究项目组的40余名代表参加了会议。(二)国家认监委孙大伟主任会见了香港特别行政区海关副关长欧阳可乐并签署《消费品安全合作安排》。(三)国家认监委王大宁副主任与山东出入境检验检疫局、山东省质量技术监督局研究部署了有机产品认证风险预警工作。(四)国家认监委谢军副主任出席了国家质检总局研究省级以下质监行政管理体制调整工作专题会议。(五)国家认监委刘卫军总工程师到中编办商谈了工作。

12月8日 (一)国家认监委孙大伟主任出席了国家质检总局局长办公会议，车文毅副主任列席了会议。(二)国家认监委孙大伟主任主持召开了有机产品认证工作专题会议，车文毅、程方、王大宁副主任出席了会议。(三)国家认监委谢军副主任出席了食品检测机构资质认定工作专题会议。(四)国家认监委刘卫军总工程师出席了国家发展改革委员会校车工作专题会议。

12月9日 (一)国家认监委孙大伟主任会见了湖南省副省长何报翔。(二)国家认监委孙大伟主任出席了国家质检总局党组会议。(三)国家认监委车文毅副主任主持召开了认监委有机产品认证工作应急领导小组会议。王大宁副主任出席了会议。(四)国家认监委王大宁副主任陪同国家质检总局支树平局长会见了澳大利亚农林渔业部长、参议员乔•路德维希。(五)国家认监委王大宁副主任出席了国家质检总局直属机关党委会议。

12月12日 (一)国家认监委程方副主任到认证认可协会研究了工作。(二)国家认监委谢军副主任出席了国家质检总局与深圳市政府合作备忘录签署仪式。

12月13日 (一)国家认监委党组书记孙大伟主持召开了认监委党组会议，副书记车文毅，党组成员程方、王大宁、谢军、刘卫军出席了会议。会议研究了有关干部人事工作。(二)国家认监委程方副主任主持召开了入世10周年认证认可宣传工作专题会议。(三)国家认监委谢军副主任出席了计量促进经济社会可持续发展国际研讨会。(四)国家认监委谢军副主任到中国标准化研究院调研。(五)国家认监委顾基平副主任出席了国家质检总局职工住房配售领导小组工作会议。

12月14日 (一)国家认监委孙大伟主任，车文毅、程方、王大宁、顾基平副主任，刘卫军总工程师出席了国家质检总局传达贯彻中央有关会议精神干部大会。(二)国家认监委车文毅副主任主持召开了有机产品认证工作应急领导小组会议。(三)国家认监委党组成员程方主持召开了认监委直属机关党委会议，党组副书记车文毅出席了会议。(四)国家认监委车文毅、程方、王大宁、顾基平副主任，刘卫军总工程师出席了认监委处级以上干部会议。(五)国家认监委王大宁副主任出席了“十二五”国家科技支撑计划“碳排放和碳减排认证认可关键技术研究与示范”项目年度汇报会并讲话。

12月15日 国家认监委孙大伟主任出席了云南检验检疫局石油及天然气检测能力对口帮扶工作中期总结会议。

12月15日~16日 (一)国家认监委孙大伟主任、车文毅副主任出席了国家质检总局机关2011年工作总结会议。(二)国家认监委王大宁副主任赴广东出席了中国质量认证中心华南绿色设计基地“贯通上下游　携手创佳绩”业务交流活动，并参观了中山长虹公司。

12月16日 (一)国家认监委孙大伟主任出席了海峡两岸关系协会成立20周年纪念大会。(二)国家认监委车文毅、程方副主任出席了认监委纪检监察工作总结会议。(三)国家认监委谢军副主任出席国家质检总局校车安全条例专题会议。

12月19日 国家认监委党组副书记车文毅，党组成员程方、谢军、顾基平出席2011年认监委直属机关党委第六次(扩大)会议，机关各部室党支部书记、下属单位党办主任及各部室35岁以下青年40余人参加了会议。会上传达了国家质检总局出席党的十八大代表候选人预备人选提名工作动员会精神和《关于对质检系统基层党组织和党员开展创先争优活动情况进行群众评议的实施意见》，听取了《国家认监委关于建立认证认可廉政风险防控网络体系的实施方案》汇报，组织参加了国家质检总局“下基层、访民情、强质检”活动的代表进行了体会交流。

12月20日 (一)国家认监委孙大伟主任，车文毅、王大宁副主任出席了国务院食品安全委员会办公室组织召开的有机产品认证座谈会。(二)国家认监委谢军副主任出席了国家质检总局《质量发展纲要》研讨会。

12月21日 国家认监委孙大伟主任，刘卫军总工程师出席了国家网络与信息安全协调小组第一次会议。(二)国家认监委谢军副主任主持召开了案审会。

12月22日 (一)国家认监委孙大伟主任出席了国家质检总局局务会议。(二)国家认监委孙大伟主任出席了国家质检总局局长办公会议,程方副主任列席了会议。(三)国家认监委孙大伟主任,车文毅、程方、王大宁、谢军、顾基平副主任,刘卫军总工程师出席了认监委2011年工作总结汇报会议。

12月23日 (一)国家认监委孙大伟主任出席了国家质检总局党组向国务院领导汇报工作会。(二)国家认监委车文毅副主任出席了国家质检总局《职业分类大典》拟新增职业审定会议。(三)国家认监委谢军副主任出席了中国航天301所国家质检中心成立大会。(四)国家认监委谢军副主任出席了工信部系统国家质检中心筹建工作汇报会,并出席了国家标准件产品质量监督检验中心(北京)和国家机械电子产品环境与可靠性质量监督检验中心揭牌仪式。北京市副市长苟仲文、国家质检总局总工程师刘卓慧等领导出席了揭牌仪式。

12月26日 (一)国家认监委孙大伟主任、车文毅副主任出席了国家质检总局传达国务院领导工作指示会议。(二)国家认监委程方副主任主持召开了认监委直属机关党委会议。(三)国家认监委程方副主任主持召开了认监委处以上干部廉政教育会议并讲话。王大宁、顾基平副主任,刘卫军总工程师出席了会议。认监委机关处以上干部、下属单位负责人参加了会议。(四)国家认监委谢军副主任出席了上海市食品检验机构监管工作会议并讲话。(五)国家认监委刘卫军总工程师出席了认监委2011年国际合作及外事工作总结会议并讲话。

12月27日 国家认监委孙大伟主任主持召开了第十次全国认证认可工作部际联席会议。国家质检总局支树平局长、水利部胡四一副部长、住房和城乡建设部陈重总工程师、铁道部何华武总工程师、国家知识产权局贺化副局长、国家旅游局杜江副局长、国家食品药品监管局边振甲副局长出席了会议并讲话。车文毅、程方、谢军、顾基平副主任,刘卫军总工程师出席了会议。全国认证认可部际联席会议21个成员单位联络员、委各部门负责人50余人参加了会议。(二)国家认监委谢军副主任出席了中国建材检验认证股份有限公司创立大会。(三)国家认监委刘卫军总工程师出席了国家质检总局综合业务工作会议。

12月27日~28日 国家认监委王大宁副主任赴山西太原出席了山西省质量技术监督局有机产品认证报告会暨广灵县荣获国家有机产品认证示范创建县称号授牌仪式并调研。山西省副省长张建欣出席了相关活动。

12月28日 (一)国家认监委孙大伟出席了国家质检总局局长办公会议,车文毅、谢军副主任列席了会议。会议听取了认监委关于进一步加强有机产品认证监管工作的汇报。(二)国家认监委孙大伟主任出席了国家质检总局党组会议。(三)国家认监委谢军副主任出席了国家工业建构筑物质量安全监督检验中心授权成立大会。

12月29日 (一)国家认监委孙大伟主任,车文毅、顾基平副主任出席了中检集团2011年工作总结暨迎春联欢会。(二)国家认监委党组成员程方主持召开认监委2011年党建工作汇报会议。国家质检总局直属机关党委常务副书记朱光沛、专职副书记朱守钧,委党组副书记车文毅,机关各支部书记和下属单位的党委(党总支)书记40余人参加了会议。

12月30日 (一)国家认监委孙大伟主任、程方副主任,刘卫军总工程师会见了铁道部副部长卢春房。(二)国家认监委孙大伟主任出席了国家质检总局领导集体会见李天初院士等科技人员并座谈。(三)国家认监委谢军副主任出席了国家质检总局立法计划专题会议。(四)国家认监委谢军副主任陪同国务院参事葛志荣、张纲到筹建中的国家汽车产品质检中心(北京)调研。(五)国家认监委顾基平副主任出席了委机关服务中心2011年工作总结会议并检查中认大厦安全工作。

12月30日~31日 国家认监委车文毅副主任赴广东出席了海洋大学相关活动。

12月31日 国家认监委谢军副主任出席了国家质检总局与北京市人民政府合作备忘录联席工作会议。

2012

Yearbook of Certification and Accreditation of China

第二十二部分 统计资料

Part Twenty - two Statistics

截至2011年12月31日，全国共批准认证机构174家，其中通过中国合格评定国家认可委员会（CNAS）认可的有127家，批准培训机构36家，批准咨询机构301家。

截至2011年12月31日，各认证领域共颁发有效认证证书914 810份，其中强制性产品认证证书299 542份，自愿性产品（不包含食品农产品）认证证书124 592份；颁发体系认证证书447 445份，其中质量管理体系认证证书314 324份，环境管理体系认证证书72 124份；食品农产品认证证书57 369份；出口食品生产企业备案13 591份；颁发的服务认证有效证书219份。

截至2011年12月31日，现行有效的涉及认证认可的法律、行政法规、部门规章共50部，其中法律18部，行政法规17部、部门规章15部；国家产品质检中心授权476家，国家级计量认证实验室2 667家；2011年，共发布检验检疫行业标准529项；国家标准委正式发布认证认可国家标准8项，现行有效的认证认可国家标准81项；2011年备案认证技术规范36项，科研项目验收21项。

一、机构信息

机构	当前有效	获得认可
认证机构	174	126
培训机构	36	—
咨询机构	301	—
总 计	511	126

二、强制性产品认证信息

按产品大类统计证书数及企业数（统计截至2011年12月31日的当前有效）

大类名称	当前有效	
	证书数	企业数
电线电缆	14 102	5 051
电路开关	10 162	2 205
低压电器	73 254	11 699
小功率电动机	4 987	2 179
电动工具	1 955	209
电焊机	3 133	672
家用设备	46 615	4 800
音视频设备	12 715	1 603
信息技术	20 155	2 660
照明电器	7 853	1 959
机动车辆	57 373	5 632
机动轮胎	3 031	469
安全玻璃	11 640	2 545
农机产品	722	395
乳胶制品	226	70
电信终端	14 106	2 545
医疗器械	1 038	339
消防	3 670	323

续表

大类名称	当前有效	
	证书数	企业数
安全技术防范	1 123	321
无线局域	41	14
装饰装修	3 945	1 845
玩具	7 696	1 747
合计	299 542	45 661

三、体系及自愿性产品认证信息

（一）按认证标准统计体系认证证书情况

主要体系	证书情况		CNAS标志数	其他标志数
	证书数	比例/%		
质量管理	314 324	70	213 794	98 619
环境管理	72 124	16	52 446	17 188
其他	60 997	14	38 996	6 312
合计	447 445	100	305 236	122 119

（二）按认证标准统计自愿性认证证书情况

主要产品	证书情况		CNAS标志数
	证书数	比率/%	
良好农业规范	652	0.4	297
其他	166 592	99.6	12 403
合计	167 244	100	12 700

四、出口食品生产企业卫生备案信息

按产品类别情况统计

分类名称	有效数	注销数	撤销数
备案	13 591	1 516	254
罐头类	1 008	137	14
水产品类（不包括活品和晾晒品）	1 511	158	17
肉及肉制品	571	88	12
茶类	295	64	5
肠衣类	124	35	5
蜂产品类（不包括蜂蜡）	118	25	3
蛋制品类（不包括鲜蛋）	26	5	1
速冻果蔬类、脱水果蔬类（不包括晾晒品）	1 183	131	20
糖类（指蔗糖、甜菜糖）	109	8	1
乳及乳制品类	123	25	10
饮料类（包括固体饮料）	486	60	8
酒类	315	59	3
花生、干果、坚果制品类（不包括炒制品）	199	10	1
果脯类	156	23	8
粮食制品及面、糖制品类	1 156	80	16
食用油脂类	205	15	4
调味品类（不包括天然的香辛干料及粉料）	417	40	5
速冻方便食品类	211	21	3
功能食品类	351	33	3
食品添加剂类（专指食用明胶）	59	15	
腌渍菜类	514	53	5
其他	143	7	1
其中境外推荐	6	7	

五、CNAS认可机构年报

截至2011年12月31日，CNAS认可各类认证机构、实验室及检查机构三大门类共计14个领域的5 294家机构。其中，累计认可各类认证机构127家，认证机构领域总计409个，涉及业务范围类型8 784个；累计认可实验室4 835家，其中，检测实验室4 102家、校准实验室589家、医学实验室86、生物安全实验室32家、标准物质生产者6家、能力验证提供者20家；累计认可检查机构332家。

截至2011年12月31日，获得认可的认证机构颁发的当前有效认证证书共604 343份。其中，质量管理体系认证证书203 899份，环境管理体系认证证书49 456份，职业健康安全管理体系认证证书31 354份，食品安全管理体系认证证书4 769份；软件过程及能力成熟度评估证书20份；自愿性产品认证证书9 271份；强制性产品认证证书299 794份；有机产品认证证书4 810份；良好农业规范认证证书339份，信息安全认证证书631份。

（一）认可的认证机构统计信息（截至2011年12月31日）

领域				数量	业务范围类型	分支机构
认证机构	1	质量管理体系（QMS）认证		87	2 156	102
		通讯业质量管理体系（TL 9000）认证		5	19	—
		工程建设施工企业质量管理体系认证		44	652	—
		中国共产党基层组织质量管理体系认证		9	9	1
	2	环境管理体系（EMS）认证		79	1 763	65
	3	职业健康安全管理体系（OHSMS）认证		75	1 895	60
	4	食品安全管理体系（FSMS）认证		29	120	35
	5	信息安全管理体系（ISMS）认证		5	18	—
	6	产品认证		72	2 145	12
		其中	常规产品认证	36	2 044	12
			服务认证	1	1	—
			良好农业规范（GAP）认证	14	44	—
			有机产品认证	21	56	—
	7	软件过程及能力成熟度评估（SPCA）		3	5	—
	8	人员认证		1	2	—
认证机构总计：127 其中产品认证机构总计：58				合计：409	认证机构业务范围类型合计：8 784 其中管理体系认证机构业务范围类型合计：6 632	合计：275

（二）认可的实验室等机构统计信息

项目	数量
检测实验室	4 102
校准实验室	589
医学实验室	86
生物安全实验室	32
标准物质生产者	6
能力验证提供者	20
合计	4 835

（三）认可的检查机构统计信息

项目	数量
检查机构	332

（四）对认证证书的分类统计

认证领域	标准类型/认证规范	证书数	比率/%
质量管理体系认证	GB/T 19001—2008/ISO 9001:2008	198 670	32.874
	TL 9000 4.0	30	0.005
	中国共产党基层组织质量管理体系	61	0.010
	工程建筑施工企业质量管理体系	5 138	0.850
环境管理体系认证	GB/T 24001—2004/ISO 14001:2004	49 456	8.183
职业健康安全管理体系认证	GB/T 28001—2001	31 354	5.188
食品安全管理体系认证	GB/T 22000—2006/ISO 22000:2005	4 769	0.789

续表

认证领域	标准类型/认证规范	证书数	比率/%
软件过程及能力成熟度评估	SJ/T 11234或SJ/T 11235	20	0.003
产品认证	自愿性产品认证	9 271	1.534
	强制性产品认证	299 794	49.607
有机产品认证	GB/T 19630—2005	4 810	0.796
良好农业规范	GB/T 20014.1～11—2005	339	0.056
信息安全认证	GB/T 22080—2008/ISO/IEC 27001:2005	631	0.104
总 计		604 343	100

六、CCAA年报

（一）工厂检察员注册情况统计

分类	人项数	比例/%
强制性产品	2 961	41
自愿性产品	4 338（有机产品881）	59
合计	7 299	100

（二）咨询师注册情况统计

分类	人项数	比例/%
质量管理	1 901	52
职业健康安全	700	19
其他	1 040	29
合计	3 641	100

（三）审核员注册情况统计

注册类别	质量管理		环境管理		职业健康安全		食品安全		合计	
	人项数	比率/%	人项数	比率/%	人项数	比率/%	人项数	比率/%	人项数	比率/%
实习审核员	10 025	30	6 596	44	4 654	43	895	45	22 170	36
审核员	13 280	40	4 733	31	3 437	31	666	33	22 117	36
高级审核员	9 660	30	3 811	25	2 845	26	452	22	16 769	28
合计	32 965	100	15 140	100	10 936	100	2 013	100	61 057	100

长虹品牌价值 786.75 亿元

2012 年 6 月 28 日，世界品牌实验室 (WBL) 在京发布 2012 年（第九届）《中国 500 最具价值品牌》排行榜，长虹凭借智能生态全产业链建设，搭建起了规模增长和价值增长的发展体系，品牌价值达到 786.75 亿元。出席发布会的牛津大学赛德商学院教授斯蒂芬·沃格博士从品牌价值角度分析，虽然中国品牌仍然遭受'中国制造'的可靠性、安全性和产品召回问题的困扰，但是随着中国企业品牌意识的提升，华为、长虹、联想等企业已经站上了全球舞台。

基于财务分析、消费者行为分析和品牌强度分析，世界品牌实验室认为，近年来长虹在智能生态产业链建设、白电产业经营、新兴产业培育等领域取得显著成就。长虹成功构建了"黑白产业融合、横纵交互驱动"的智能生态产业链体系，坚持商业模式创新引导下的技术创新，聚焦端云一体化、物联网等，强化内外部资源协同与整合，促进集成创新，在与外资品牌竞争中引领中国家电产业突围。其中，白电经营成为长虹的新亮点，成功将华意、美菱带入良性发展轨道，压缩机产业有望明年成为世界第一大。

同时，依托品牌优势，长虹开拓新兴产业初见成效。先后进入 IT 通讯、废旧家电回收、厨卫、小家电、照明等领域，其中，长虹佳华销售额超过百亿。长虹还发起成立了中智盟、OLED 产业联盟、四川工业创新设计联盟等一批行业组织，与清华大学、电子科技大学、西安交大等院校签署合作协议，深化产学研合作，促进科技成果转化。

在品牌建设方面，长虹通过续约再次成为中国乒乓球队主赞助商和战略合作伙伴，深化双方在市场推广、品牌推广等方面的合作，延续"企业 + 体育"携手共赢的成功典范。双方在全国 13 个城市共 25 所学校，启动"快乐小乒乓进校园活动"，普及青少年乒乓球运动。另外，长虹还以"长虹企业战略、管控创新、企业文化建设、长虹领导力"四个案例课题入选清华大学经济管理学院中国工商管理案例中心研究案例。

2011 年，长虹公司整体销售规模达到 723 亿元，同比增长近 20%，连续三年实现跨百亿增长。根据中企联发布数据显示，长虹在 2011 年中国企业 500 强中提升至第 141 位，在制造业 500 强中提升至第 64 位，在电子百强中提升至第 7 位，在川企百强中重登第一位。

广州美的制冷设备有限公司

广东美的制冷设备有限公司是美的集团的二级产业集团之一，下辖中国营销总部、国际营销总部、家用空调事业部、冰箱事业部、洗衣机事业部、中央空调事业部、压缩机事业部共七个经营单位。目前共有员工 9.6 万人，拥有美的、小天鹅、荣事达、华凌等多个品牌有着中国最大最完整的空调产业链，主要生产家用空调、商用空调、大型中央空调、冰箱洗衣机等家电产品以及空调压缩机、冰箱压缩机等家电核心配件，生产基地遍及全国，除顺德总部外，在国内的广州、合肥、芜湖、无锡、武汉、荆州、重庆、邯郸以及国外越南、埃及、巴西、印度等地建有生产基地。此外，广东美的制冷设备有限公司在全国各地设有强大的营销网络，国内共 64 个具有独立法人资格的区域制冷产品销售公司，45 个区域暖通公司并在美国、德国、加拿大、英国、法国、意大利、西班牙、迪拜、日本、香港、韩国、印度菲律宾、新加坡、泰国、俄罗斯、巴拿马、马来西亚、越南等地设有二十多个海外机构。

2011年美的集团实现销售收入1400亿元。其中，广东美的制冷设备有限公司整体销售收入突破746亿元，同比增长58%；家用空调国内销售名列前茅，同时连续六年保持了出口第一的良好势头；中央空调稳居国内品牌第一；冰箱、洗衣机均已进入行业前二位。在200年获得 “全国质量奖”，2010年该奖项复评成功。

广东美的制冷设备有限公司一直致力于品牌、技术、服务、质量等综合优势的培育，建立面向全球客户的一体化组织运作体系和“柔性化”生产销售模式，从家用空调向商用空调延伸，从空调产品向冰洗产品延伸，从国内市场向海外市场拓展；以“秉承科技领先、为消费者创造一流服务”为市场理念，引导市场消费潮流；积极开展对外技术合作与交流，通过引进、消化和吸收各项核心及前沿技术，提升技术研发能力；建立科学、系统的人力资源体系，并运用世界一流的信息技术，推动企业管理水平向科学化和国际化稳步迈进。

面向未来，广东美的制冷设备有限公司将继续秉承“为人类创造美好生活”的经营理念，不断致力于企业的变革创新和持久发展，通过奉行“价值为尊，利益共享”的核心价值观，进一步发挥企业的综合竞争优势，塑造和培养企业的核心竞争能力，确保美的空调、冰箱、洗衣机以及压缩机在未来继续保持持续、稳健的发展。

是空调
也是格调缔造者

浙江美大实业股份有限公司

ZHEJIANG MEIDA INDUSTRIAL CO., LTD.

浙江美大实业股份有限公司——创建于2001年，是美大集团的核心企业，中国集成灶行业的开创者与领导者，公司于2012年5月25日成功登陆中国A股市场（股票简称：浙江美大；股票代码：002677）。浙江美大以科技和市场为导向，开创了集成厨电系列健康环保产品，掌握核心技术和工艺，形成了完整的产业链；是一家集研发、生产、销售于一体的现代化新型高科技公司，是国内具有研发实力和规模化生产能力的集成灶专业制造商。

美大集成灶创新于下排风设计，运用微空气动力学原理、流体包络面专利技术，将油烟“往上走”改为“向下排”，把油烟与环境双向隔离，实现吸排距离最小化，360°净吸，高效吸除油烟。经国家日用电器质量监督检验中心权威验证：气味降低度（油烟吸净率）高达99.6%，同时，还大为降低燃烧废气的排放，保持空气清爽，呵护您和家人健康！美大集成灶，除烟干净，造型美观，优化空间，满足了现代厨房节能、健康、漂亮的需求，推倒厨房间一堵墙，带来开阔和健康，使开放式厨房完美实现！

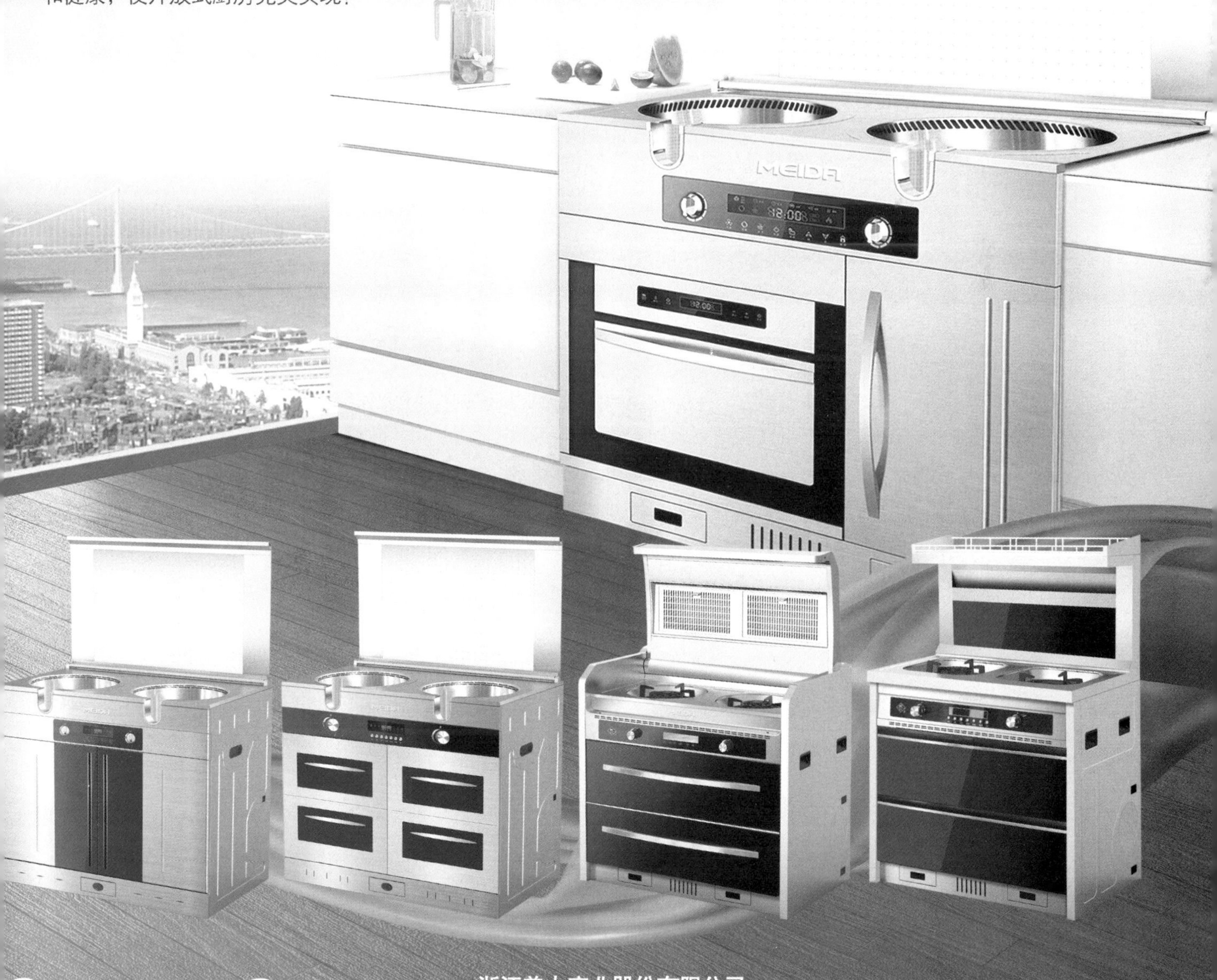

全国免费销售电话：4008873397
全国免费服务电话：4008879882
浙江美大实业股份有限公司 Http://www.meida.com E-mail:meida@vip.163.com
地址:浙江省海宁市袁花镇谈桥81号(海宁市东西大道60km) 传真:0573-87817171

南京 LG 熊猫电器有限公司

南京 LG 熊猫电器有限公司于 1995 年12 月由韩国 LG 电子株式会社与南京熊猫电子合资成立，启动资本为 1,570 万美元。目前 LG 电子占 70% 股份，熊猫电子占 30% 股份。建厂至今，十余年来公司以每年 30%以上的增长率飞速发展，取得了良好的经济效益和社会效益，成为了南京极具影响的企业，多次获得各级政府的嘉奖表彰和国际设计大奖。目前已经是除韩国本部以外全球最大的 LG 洗衣机生产、研发基地。

公司每年投入大量的研发经费，确保产品的竞争力。2005 ~ 2007 三年中，公司通过 NPI Process 遵守、产学合作研究、中韩合作开发等手段，分别投入 11,113 万元、8,355 万元、8,941 万元用于产品的研究开发。

公司的未来，是向着世界最强企业迈进，为实现这一目标，我们将再接再厉，开拓进取，以人为本，关爱职工，依法经营，奉献社会，为促进南京的经济发展做出更大的贡献，为建设和谐社会而努力，树立新时期外资企业新形象！

LG DD Motor

耐久性（10 年品质保证）

安静（低噪音低震动）

经济（变频节能）

动力强大，控制精确

六维矢量控制

广东惠而浦家电制品有限公司

Whirlpool Corporation Named to 'World's Most Ethical Companies' and 'Most Respected U.S. Companies' Lists

WSD Vision :Be the Top Team in Whirlpool -to create the most efficient ,innovative,high quality microwave factory in the world.

广东惠而浦家电制品有限公司

GuangDong Whirlpool Electrical Appliances Co.. Ltd Whirlpool…A Great Place to Build Your Career Guangdong Whirlpool Electrical Appliances Co.,Ltd is a subsidiary of Whirlpool Corporation in US. Whirlpool Corporation is a Fortune 500 Company and is the world's leading manufacturer and marketer of major home appliances,with annual sales of over USD 18 billion. In 2006, Whirlpool once again took the top global industry position as the world's best selling major appliance brand. The company is a joint venture specialized in producing microwave ovens. The company is located in Beijiao Town, Shunde District, Foshan City, Guangdong Province. It covers 63,000 square meters, withfirst class facilities, possesses lot of world patents, and has 2,300 employees. 95% of the products produced in the company exports all over the world, With the recent expansion of the business, we are looking for high caliber candidates to fill the following positions. We offer attractive compensation and benefits, and provide excellent training and development opportunities.

Our VisionWe

create quality home appliances which make life easier and more enjoyable for all people. Our goal is a Whirlpool product in

Every Home... Everywhere with Pride, Passion, Performance

Pride... in our work and each other

Passion... for creating unmatched customer loyalty for our brands

Performance.. . results that excite and reward global investors with superior returns.

We bring this dream to life through the power of our unique global enterprise and our outstanding people... working together... everywhere.

Our Value

Respect Integrity Diversity with inclusion Teamwork Spirit of winning

顺德惠而浦的远景：打造惠而浦顶尖团队，力作全球最富成效，最具创新，最高品质的微波炉制造商。

惠而浦…展示你职业生涯的精彩舞台！

广东惠而浦家电制品有限公司是世界家电业楚翘——美国惠而浦集团投资专业生产微波炉的企业。世界500强之一的美国惠而浦，是世界领先的白色家电制造企业和供应商，年销售额超过180亿美元。公司位于广东省佛山市顺德区北 镇。占地面积63,000平方米，工作、生活设施完善，环境优美，拥有员工2,300多人。公司拥有一流的技术队伍和先进的生产设备，拥有多项世界专利，产品95%销往世界各地。公司提供丰富而完整的福利项目，各种专业技能培训以及个人良好的发展空间。

地址：顺德区北滘镇工业大道2号　　电话：0757-2866 6168

股票代码：002502

骅威科技股份有限公司

骅威科技股份有限公司是中国玩具行业知名的龙头企业之一，是中国玩具行业同时获得“中国驰名商标”、“中国名牌产品”和“出口免验”证书殊荣的玩具企业。公司一直致力于高新技术与益智娱乐于一体的玩具系列产品设计开发、制造和市场营销。通过产品创意设计与动漫影视传播，提高公司产品的市场影响力，形成了公司主导产品在品质和品牌方面的领先优势。

2010 年 11 月 17 日，公司在深圳证券交易所正式挂牌交易，证券简称【骅威股份】，证券代码【002502】。

骅威科技股份有限公司成立于 1997 年，注册资本 8800 万元人民币，拥有花园式工业园，各类配套设施齐全。公司通过动漫创意引导公司转向升级，始终注重研发创新，为市场提供优质娱乐产品，目前已形成智能玩具、塑胶玩具、模型玩具、动漫玩具和其他玩具等五大系列，产品远销全球五大洲。

公司不断改进和完善 ISO9001：2008 质量管理体系、ISO14001：2004 环境管理体系和有害物质控制体系，注重过程质量控制，倡导全员参与，把质量管理视为公司战略管理的重要组成部分，始终保持产品质量的领先优势，持续赢得客户和消费者的信赖。公司搭建了以“广东省企业技术中心”、“广东省智能型电动玩具工程技术研究开发中心”为重点平台的产品研发技术体系，持续进行研发投入，吸引优秀人才，鼓励创新，宽容失败。

公司累积了十多年在国际玩具市场上开拓的经验和智慧，洞悉玩具行业的发展趋势。把先进的玩具设计理念植入到产品研发设计之中，通过玩具创意与动漫影视结合，大力拓展国内外市场，努力实现公司在国内和国外市场同时比翼双飞的发展战略。

展望未来，公司将继续秉承“实干、开拓、学习、创新”的企业精神，以追求非凡品质、营造卓越管理、打造世界品牌、铸就一流企业为目标，持之以恒、锲而不舍，用五年时间把公司发展成为集玩具创意、动漫影视、终端连锁、高新科技为一体的大型企业，不断为股东、员工和社会创造新的价值。

联系方式：

电话：0754-85889555

传真：0754-85854777

地址：广东省汕头市澄海区

澄华工业园玉亭路

网址：www.huaweitoys.com

广东实丰玩具实业有限公司

广东实丰玩具实业有限公司 是一家集专业设计、研发、生产、销售各类电子塑胶玩具、合金玩具并享有进出口权的高新技术企业。公司创建于1992年，占地面积约7万平米，员工人数超过3000人。公司拥有近400条产品生产、装配流水线和200多台先进注塑机和压铸机。每年生产总值超过6.8个亿，是国内玩具四大出口龙头企业之一，同时，也是玩具协会及工艺品协会会长单位，为国内所有会员单位的标杆与楷模；并于2011年被中国联合商报社、中国品牌营销促进会、中国国际品牌学会、中国管理科学研究院、中国智慧工程研究会共同审核评定实丰公司为：中国玩具行业十大影响力品牌及中国品牌500强两项崇高荣誉。

公司成立以来，获得了高新技术企业、广东省民营科技企业、广东省汕头市知识产权优势培育企业、汕头市出口名牌企业、“国家火炬计划汕头澄海智能玩具创意设计与制造基地”，实丰“SF”商标更是“广东省著名商标”。拥有各项专利89项、5项发明专利、24项实用新型、60项外观专利。

自2002年，实丰公司取得了汕头检验检疫局《出口产品生产企业实验室许可证》；公司通过了国际玩具行业理事会ICTI认证、GSV反恐认证，以及迪士尼等大客户委托SGS、INTERTEK等公证行的认证。

实丰生产的所有产品均取得了国家3C证书，实施3C认证7年以来，产品品质得到了很大的提升；且实丰“SF”商标也获得在欧盟注册，全部产品都严格遵守欧盟的所有指令，并完全符合EN71、EN62115等欧盟玩具安全标准和ASTM F963、HR4040等美国玩具安全规范，且“采用国际标准产品标志”；很长一段时间实丰是美国迪士尼玩具中国大陆主要授权加工、生产及进出口机构。

地　　址：广东省汕头市澄海区文冠路澄华工业区　　邮政编码：515800

电　　话：0086-0754-85899699　　传　　真：0086-0754-85898699

电子信箱：sales@sunfuntoys.com　　公司网址：www.sunfuntoys.com

隆成集团

隆成集團由：中山市隆成日用制品有限公司和小天使嬰童用品（中山）有限公司組成，是中山市第一家台商投资企业，中山基地占地达 300,000 平方米。公司曾多次荣获广东省高出口创汇企业、双优企业、外商投资出口先进企等称号。专业生产婴儿手推车、围床、餐椅、摇椅、床护栏、学步车、电动车、汽车座椅等系列产品。中山市隆成日用制品有限公司成立于 1988 年，隆成集团成立于 1995 年，集团致力于婴童用品和医疗器材专业研究及制造，营销遍及亚、欧、美、澳四大洲，深得客户信赖。

集團于中山、上海建立了生产基地，产品开发及技术研究设于台湾及中山，优秀的研发团队显示出强大的研发能力， 以 ODM 方式制造及销售产品。本集团拥有许多产品设计之专利权，目前有超过 300 种产品逾 800 项注册专利权，产品的设计开发一直走在世界前列，每年参加德国科隆、美国拉斯韦加斯博览会均获得盛誉。

公司历来把质量管理工作，放在管理系统的首位，积极推行质量管理工作，1996 年中山隆成日用制品有限公司通过挪威认证机构 DNV 的 ISO9002 国际质量体系认证，跨入了世界级合格供货商的行列；1997 年积极投入开发设计符合国人使用的婴儿产品，开展更多专业营销代理；1998 年公司股票公开在香港上市，同年 4 月 30 号，成立小天使日用制品有限公司，开始在国内成功打造自己的品牌；1999 年开始生产电动骑行车，引入旋转盛形塑料模具生产设备，生产大型的户内及户外婴儿用品；2000 年进一步拓展产品种类，生产哺育用品及婴儿服装；2007 年成立流通事业群，在全国各地成立连锁店“幼幼天地”，推出自己品牌“小天使”、“欣康熊”、“小骑士”、“星星”、“月亮”、“太阳”等，致力打开国内市场，为国内的婴幼儿提供更优质的产品。

崧顺电子（深圳）有限公司

公司打造以研发为核心、生产为基石、销售为主导、品牌为动力、售后服务为保障的产业体系，致力成为自主研发拥有核心知识产权的科技型企业。我们致力于开关电源、智能充电器、逆变器、LED电源的开发设计、生产、销售与服务。以积累多年的专业智慧与规模实力为客户提供全方位的电源、充电器解决方案。我们的产品主要应用于高端家用电器和通讯产品、电动工具、电脑周边设备、办公设备、太阳能、风能和光电一体化等的配套产品领域。

产品介绍

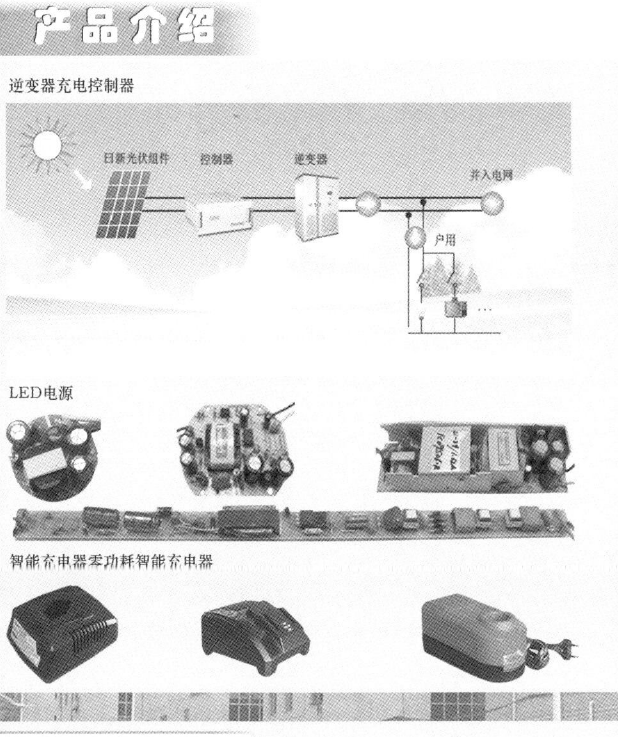

服务网络

顾客至上 互信互尊 沟通合作 责任承诺

秉持至臻至善的服务理念，并与松下、三星、华为等众多国内国际知名客户保持良好的合作伙伴关系，唯其如此，我们获得与众多国际一流客户共同成长的机会。

公司产品获得以下安规认证

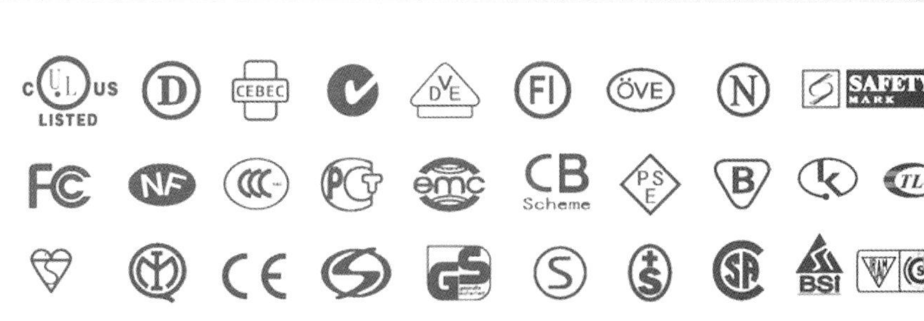

凭藉全方位优质产品满足不同领域的客户需求，我们以量身定造的技术创新方案，及时应对瞬息万变的市场风云，致力成为最富竞争优势全球企业的首选合作伙伴。对全球电源产品市场的卓越洞察，成就我们渴求超越的梦想与行动。

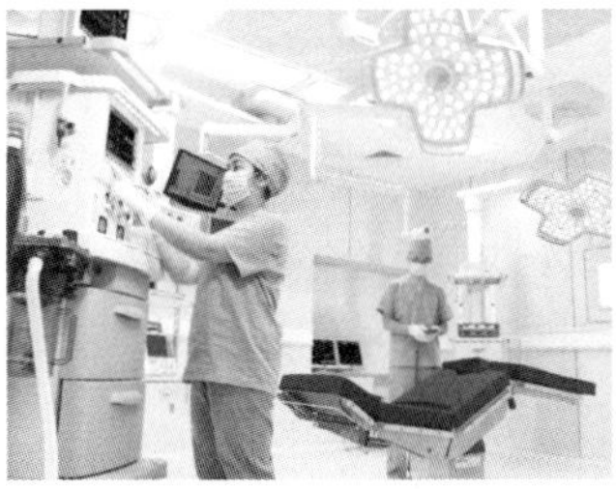

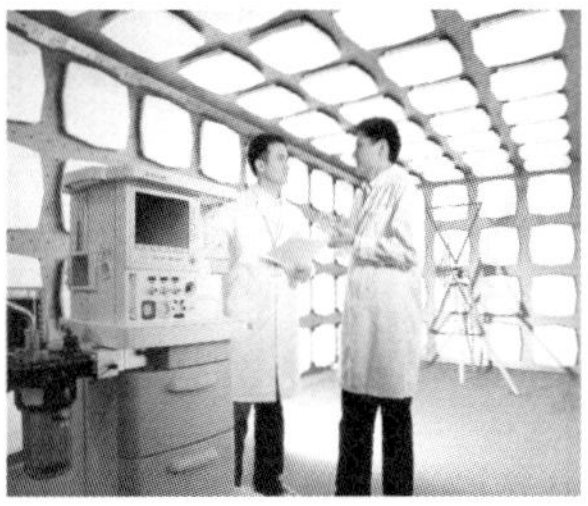

TI Automotive
邦迪管路系统

邦迪管路系统有限公司

TI汽车集团（中文译名：邦迪管路系统有限公司）是全球化的汽车零部件供应商，向顾客提供完整的燃油储存和输送系统及制动管路系统产品。TI汽车集团综合了两大世界顶级公司—WALBRO和BUNDY的实力，形成了全球汽车零件供应商中一支不可缺少的生力军，具有在电子油泵、多层油箱、油箱总成、多层尼龙软管、硬管和快装接头等方面的领先技术，为世界汽车工业提供全面的解决方案。集团在六大洲27个国家拥有100多家企业和机构，超过18000名的员工在世界范围内为顾客提供全面的服务，已成为全球汽车行业中具有领先地位的系统供应商。

作为全球燃油储存和输送系统的主要开发供应商之一，TI汽车集团于2002年2月24日在中国天津投资建设中国首家生产塑料油箱系统的独资企业—TI天津工厂，为丰田汽车集团在华合资企业天津一汽丰田提供多款轿车的塑料油箱和加油管总成，能满足欧IV排放标准，近年来TI天津更是获得了飞速发展，业务范围不断扩大，合作伙伴也在不断增多，东风标致、一汽大众、福建戴姆勒、东风日产、广汽丰田也都先后成为我们的客户，生产规模、销售额及员工数量逐年增长。

我们真诚期待您的加入，和我们一起与中国汽车行业共同发展。

欢迎访问公司网站（www.tiautomotive.com）了解更多信息。

核心价值观

● 客户导向　● 专注绩效　● 注重沟通　● 业务领先　● 以人为本

愿景

目标成为公认的“世界水准”的燃油系统首选供应商

使命

力争以行业顶级水准的技术、质量和成本为燃油整体系统的设计、开发和供货提供全球服务。

取得认证

ISO/TS16949:2002

ISO 14001:2004

OHSAS 18001:2008

百家丽中国生产基地

百家丽集团简介

▲百家丽意大利总部

▲太阳能光伏发电系统

百家丽集团于1982年由Gian Piertro Beghelli先生创立。在意大利乃至整个欧洲，百家丽目前已成为应急照明领域的领导者，产品涉及节能照明领域、太阳能光伏发电系统、家用电子产品、工业、民用安全系统。

多年来，公司一直致力于开发市场需求，凭借在产品质量与品牌建设上的多年投入和努力，百家丽在意大利的品牌知名度高达92.9%（资料来源于Doxa），为集团的业务拓展与新项目开发奠定了坚实的市场基础。

在不断挖掘欧洲及北美潜在市场的同时，百家丽集团也在积极拓展海外市场。

百家丽集团总部

Beghelli S.P.A 位于博洛尼亚市Monteveglio区，是百家丽集团总部，负责集团发展战略制订以及子公司在制造、销售和资金等方面的协调。它不仅是百家丽集团意大利和欧洲市场的行政和物流中心，还担负着实验基地的功能。产品研发、设计、工程管理、品质测试和认证都在此完成。

百家丽集团于1998年在意大利米兰上市，包括7个海外的独资子公司负责研发、生产和市场销售。

百家丽（中国）照明电器有限公司

百家丽（中国）照明电器有限公司成立于2002年，是一家中意合作的合资公司并于2007年2月成为百家丽集团在中国全资拥有的子公司。目前百家丽（中国）是百家丽集团重要的灯具制造基地和产品研发中心，而且已成为亚洲较大的灯具工业照明产品生产基地，拥有从意大利和德国引进的全套生产设备。

杭州松下家用电器有限公司

杭州松下家用电器有限公司成立于1994年10月1日，是由日本松下电器株式会社和杭州金鱼电器集团有限公司合资组建。主要生产经营洗衣机、干衣机、洗碗机及其部件。

公司成立至今，先后通过了质量管理体系、环境管理体系，职业健康安全管理体系认证，从1995年起就被确认为技术先进型企业，历年被评为全国外商投资企业双优企业，位居全国外商投资企业500强之列。公司奉行“为人类生活的改善和提高而创造，为世界文明的进步和发展而追求”的宗旨，以先进的产品设计、现代化的生产体系、优良的品质为社会提供服务，市场占有率位居全国第二位，合资品牌位居全国第一位，拥有较强的竞争实力，公司生产的洗衣机、干衣机已得到广大消费者认可。

2006年5月公司从市区整体搬迁至杭州经济技术开发区松下电器杭州工业园内，成为松下电器全球较大的洗衣机生产基地，生产的Panasonic品牌洗衣机产销量名列中国市场前茅。

松下阿尔法洗衣机
——今冬，让温暖无处不在

智能烘干，让温暖无处不在

冬天，羊绒衫、高档毛衣等是很多人的最爱，然而这些衣服在洗涤之后久晾不干，还容易产生异味，这无疑让品质生活大打折扣。而松下斜式滚筒洗衣干衣机阿尔法系列智能烘干技术的运用，可以解决晾晒难题，实现品质生活轻松享。

该洗衣机采用全新的阿尔法烘干技术，能够在烘干时轻柔地抖散衣物，达到受热均匀，蓬松自然的烘干效果。它还具有高效冷凝式烘干方式，通过循环系统从顶部吸入新鲜空气，经松下智能PTC电辅发热装置加热后，形成大面积暖风，带走湿衣服中的水分。

创新除菌，让健康随身而行

松下特别为阿尔法系列洗衣机搭载了创新的光动银除菌技术，通过发挥银离子和羟基自由基的双重除菌威力，让衣物在洗净的同时还能享受到一场特别的健康“SPA”。

烘出春天般的温暖 松下阿尔法温馨领航

雪的唯美，冬的诗意，让冬天成为充满惊喜和期待的季节。但是，冬季御寒衣物厚重繁多，洗涤后久晾不干和细菌滋生问题却让人很是烦恼，品质生活也无从谈及。而松下最新研发的斜式滚筒洗衣干衣机阿尔法系列，它卓越的烘干和除菌功能，就能让温暖和健康优雅绽放，品质生活悠然而生。

长城电器集团有限公司

CHANGCHENG ELE.EQUIPMENT GROUP CO.,LTD.

长城电器集团是一家以工业电器为主导，集研发、制造、贸易、服务等功能于一体，并涉及房地产、投资、能源、物流、信息等多个领域的国家大型企业。公司创建于1988年，1997年经国家工商总局批准晋升为全国无区域企业集团。主要生产高低压电器及元件、成套设备、仪器仪表、防爆电器、高科技电子控制设备等100多个系列，20000多个品种规格的产品。其注册商标CNC为中国驰名商标。

集团厂房面积15万平方米，员工8000多人，拥有9家控股公司，60余家成员企业，600多家国内销售公司和6个国外办事机构。长城电器产品不仅畅销国内，而且出口欧美、中东等50多个国家和地区，综均由中国人民保险公司承担质量责任保险。

集团通过了ISO9001国际质量管理体系、ISO14001环境管理体系、OHSMS18001职业健康安全管理体系认证。主导产品全部取得CCC认证，部分产品取得欧盟CE认证和国际电工委员会CB认证，所有产品均由中国人民保险公司承担质量责任保险。均由中国人民保险公司承担质量责任保险。

集团高度重视技术研发与改进，不仅建立了自己的省级企业技术研发中心，还与清华大学、浙江大学、西安交大、上海电器科研所等重点院校和科研单位建立了合作关系。

在社会各界的关怀和全体长城人的共同努力下，长城电器集团取得了巨大的成就，先后荣获“全国名优产品售后服务先进单位”、“全国出口创汇先进企业”、“全国用户满意产品”、“中国消费者协会推荐产品”、“中国市场知名品牌”、“中国电气工业百强”、“中国成长企业百强第二位”、“全国最具影响力企业”、“全国乡镇企业管理先进单位”、“浙江省质量管理奖”、“国家级高新技术企业”、“浙江省‘五个一批’重点骨干企业”、“浙江省科技进步优秀企业”等一系列荣誉称号。集团产品覆盖各个领域，集团是中国石化一级网络供应商、中国石油一级网络供应商、中国三峡工程供应商。

面对新经济的挑战，全体员工正满怀信心，以“创世界一流企业、铸长城造福人类”的企业理念及“科技服务人类”的品牌理念，创新发展，为打造形象卓越、管理科学、规模宏大的国际知名企业而努力奋斗。

追日电气
SURPASS SUN ELECTRIC

电话：0577-61373333　　传真：0577-27870019
地址：浙江乐清市柳市镇东风工业区腾飞路 17 号　　邮编：325604
网址：http://www.tenfee.cn/　　邮箱：tengfei@tenfee.com

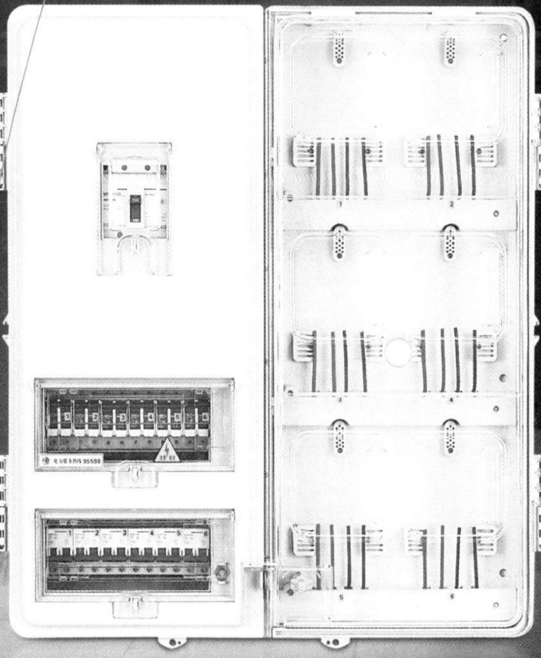

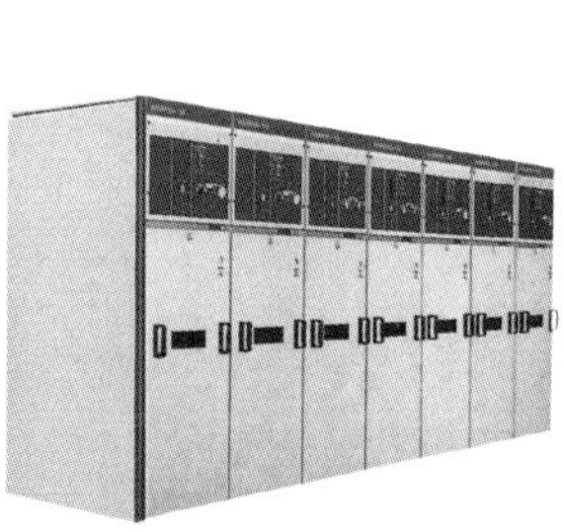

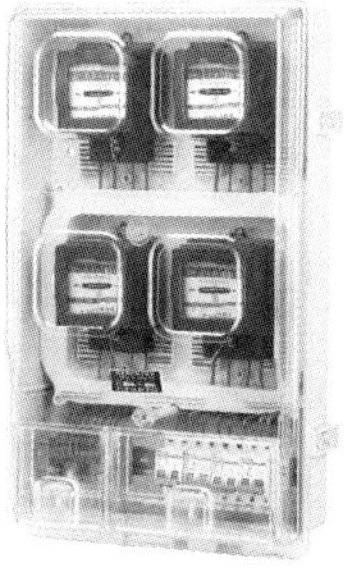

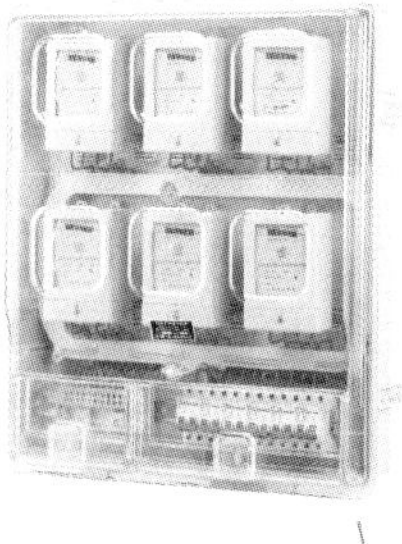

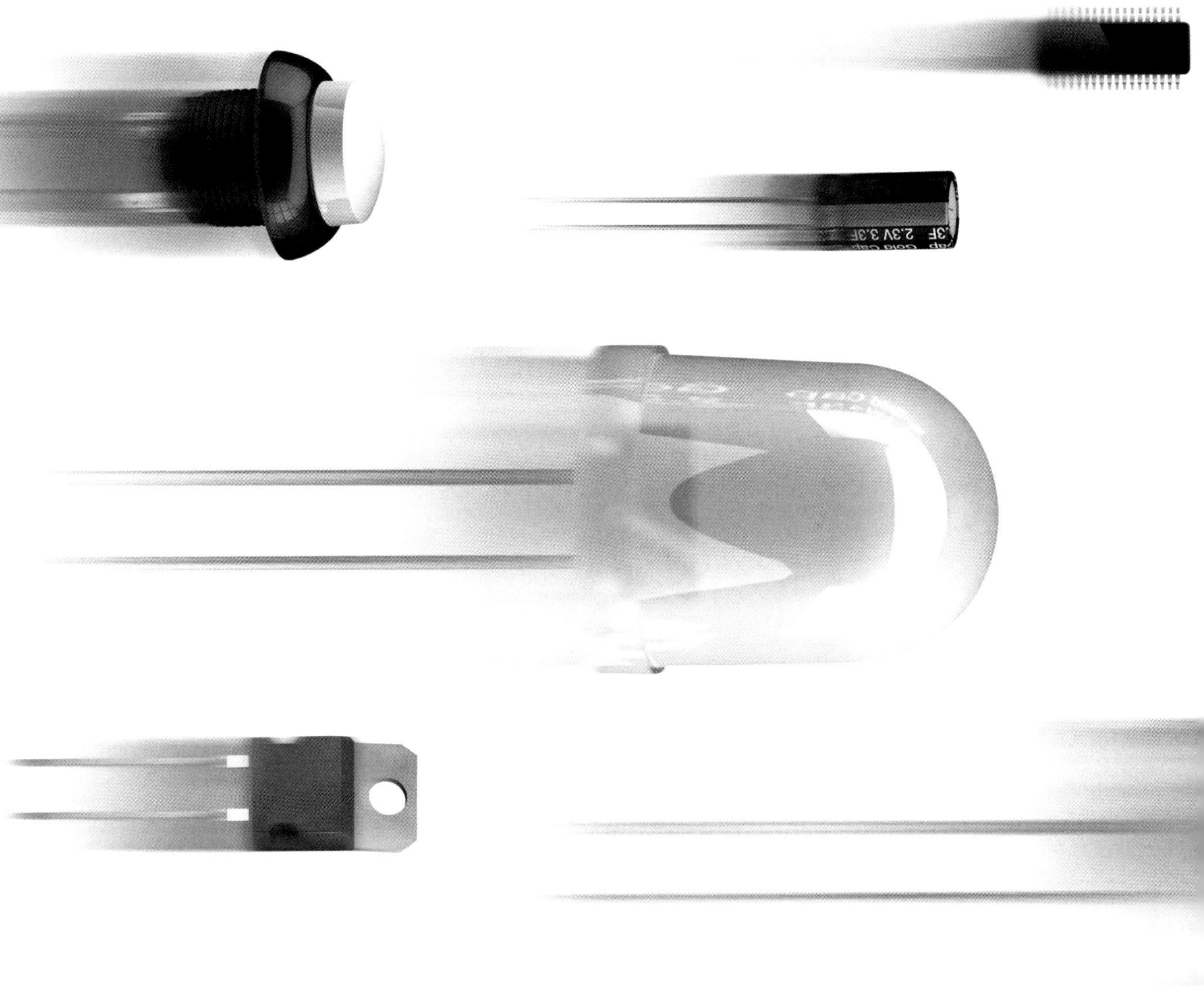

广东西屋康达空调有限公司

中美合资——广东西屋康达空调有限公司，是由美国西屋产业国际控股公司和佛山康达空调设备有限公司共同出资组建的一家大型中调生产制造企业，是集研发、生产、营销、服务于一体，在海外享有较高知名度和美誉的跨国工业集团。

美国西屋产业国际控股公司拥有世界一流的中央空调系列产品研发试验基地，以其雄厚的科研能力和精湛的制造技术而闻名世界，一注于产品品质和市场开研。佛山康达拥有12年的制造经验，在中国空调制造业中以提供环保、节能、健康的产品为己任，在生产、营销和方面执着奋进。二者优势补，战略联合，共同打造“西屋康达”————中央空调第一品牌。

西屋康达依托美国西屋的技术优势，设计上运用美方的技术专利和专有方案，制造上引进了美国OAK换热器生产线和日本AMADA数金生产线，生产上采用先进的TPM、ERP等管理系统，保证产品的优良品质和超高性能。公司通过了ISO9001：2000质量管理体系国际认是广东省高新技术企业，与广东科技厅、发展改革委、经贸委共同组建了“广东省节能、环保中央空调工程技术研发中心”，与佛山市政同组建了“洁净和节能型空调设备工程技术研究开发中心”。公司与多家国际集团建立了深度战略合作伙伴关系，注重发挥人才的比较优汇聚吸纳海内外的产业精英，培养和造就一批训练有素的专业技术人员，把现代化的大型生产加工基地变成了高水平和客户服务平台。

西屋康达已研制生产出水冷螺杆双级（热回收）冷水机组、风冷螺杆（热回收）冷（热）水机组、模块式风冷冷（热）水机组、环保冷（热）水机组、恒温恒湿机组、医用净化空调机组、水源热泵机组、风冷管道式机组、单元式空调机组、风机盘管机组、柜式空调机组合式空调机组等系列产品，覆盖商用、民用、工业用中央空调等不同应用领域。公司能够为客户提供量身订制式服务，在产品设计、选购装、维护方面进行全程跟踪式服务。公司拥有专业而完善的营销网络和顺畅的物体系，产品行销中国30多个省、市、地区、部分产品远销欧、东南亚等10多个国家。

西屋康达以品质为保证、以科技为动力、以节能健康为目标、以创造舒适生活和精密空气环境为宗旨，本着执着的发展信念、不断超非凡勇气和“十年磨一剑，百年铸基业”的宏大胸怀稳步迈进中央空调名牌制造企业行列。

西屋康达，愿与您携手共创未来美好生活！

TOUVE® 托维 | 佛山市托维环境亮化工程有限公司

佛山市托维环境亮化工程有限公司（原佛山市顺德区托维国际照明有限公司）是港丰集团成员之一，集团固定资产15.5亿元人民币，企业占地面积25万平方米，其中厂房面积占地为28万平方米。公司成立于1996年，专业生产照明电器，包括室内灯具、户外灯具、LED大功率路灯、LED灯具、电器配件、镇流器及光源等等，是集科研、生产、工程、销售服务于一体的综合性外资企业。

公司位于广东省佛山市顺德区龙江镇，注册资本2.1亿人民币，现有员工3200余人，工程技术人员200余人，中高层管理及质量控制人员180人。公司拥有全自动压铸机、全自动冲压机、全自动喷粉生产线、全自动电子贴片生产线、全自动插件机、波峰焊机、全自动电子镇流器及老化检测系统、电子镇流器综合性能测试系统、EMC性能测试系统、RoHS监测系统、LED半导体照明应用实验室、太阳能光伏应用实验室、微风发电实验室。

2008年公司投资1800万人民币建成国家级托维光电研发中心，组建一支强厚的研发团队（60多位工程师、研究员、专家）针对市场及照明行业发展进行新产品的研发工作，凭借多年的照明灯具经验，以“发展绿色节能新光源，营造和谐健康光环境，促进社会节能减排”为己任，公司以“TOUVE托维”为品牌，“亮化中国、普照世界”为使命，竭诚致力于照明应用系列产品的研发、生产、销售、城市及道路照明节能改造工程的投资、运营管理、设计、施工、维护等一条龙、全方位服务。

让我们的光世界更加的节能、环保、健康和绚丽，托维一路伴您同行！！！

公司网址：http://www.chinatouve.com　销售热线：0757-29222111

LED庭院灯

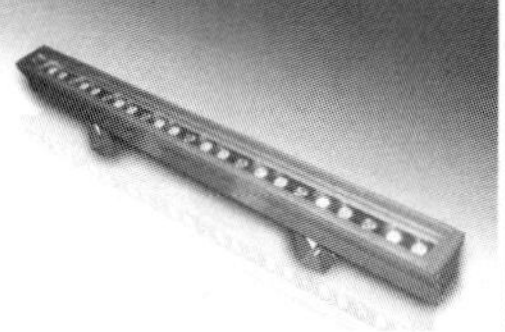
LED洗墙灯

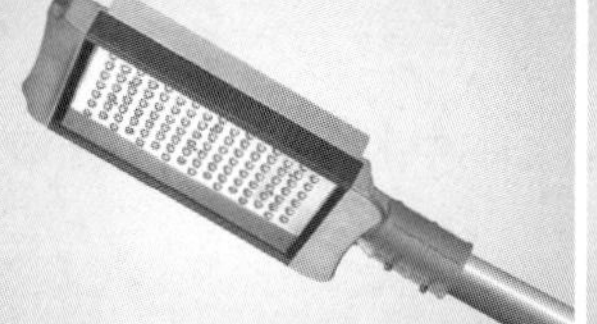
LED路灯

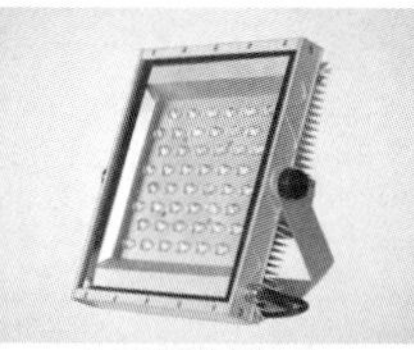
LED隧道灯

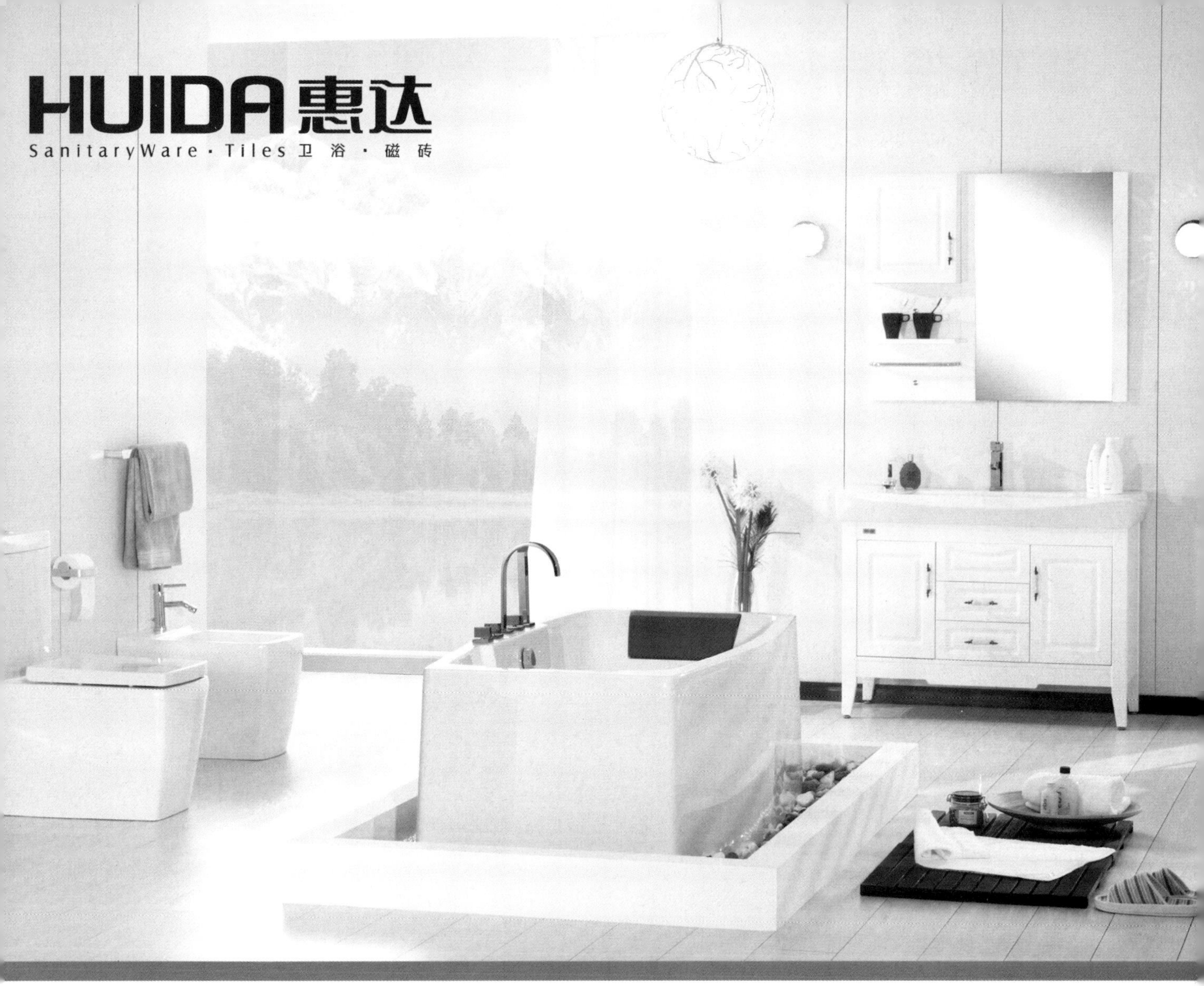

湖南长城信息金融设备有限责任公司

湖南长城信息金融设备有限责任公司成立于2007年2月，坐落于长沙经济技术开发区长城信息工业园内，占地面积275亩，是长城信息产业股份有限公司下属的全资子公司。长城信息的前身是湖南省无线电厂，成立于1969年，经过40多年的风雨历程，目前已发展成为湖南省IT行业的龙头、中国电子集团的核心企业，下属7个子公司，主要从事金融电子、高新电子、医疗电子、软件园、软件系统集成与服务、电子制造等业务，其中，湖南长城信息金融设备有限责任公司是长城信息旗下最大的子公司，注册资本1.5亿元，拥有其传统业务与核心业务，专注于金融电子设备的研发、生产、销售和服务，是国内领先的金融行业信息技术应用整体解决方案提供商。

秉承数十年的技术积累和行业经验，金融公司具备雄厚的技术实力，以多名国家级专家、突出贡献的科技工作者、高级工程师为核心的长城金融研发团队，在金融电子领域掌握了包括针式打印头，自助处理模组在内的多项核心技术，是国内唯一拥有针式打印头自主知识产权的企业。同时，公司对外积极开展多层次、全方位的技术合作，与包括Microsoft、Intel、华为等在内的众多知名企业和科研院校建立了技术合作伙伴关系，是微软的全球银牌合作伙伴。在产品结构上，已形成自助终端、存折打印机、瘦客户机、移动终端、键卡类外设等五大类数十款产品，是国内唯一具备金融网点全系列设备的设计生产公司。作为全国工、农、建、交、中各大银行和邮政储蓄，农村信用社等中小银行与商业银行的重要供应商，湖南长城信息金融设备有限责任公司主流产品在全国行业市场均占用25%-30%的份额，其核心产品自助设备的产品种类与销售规模处于行业龙头地位。

长城信息生产用地达30000多平方米，拥有16条金融设备生产线，100多台/套主要生产设备和3个面积200多平方米的高温老化考机房。现代化的流水生产线，一流的电子产品生产设备，一流的电子产品工艺技术，使公司具有年产100万台整机的大规模生产能力。公司从美国、日本等国家引进检测设备50多台/套，配置了800多平方米的实验室及多台大型高低温潮热试验箱，综合应力筛选试验箱，振动台（三方向），EMC试验设备。2008年，公司通过了ISO9001质量管理体系和ISO14001环境管理体系认证。湖南长城信息金融设备有限责任公司以出色的硬件设施和内部管理给予产品有力的高品质保障。

站在行业发展的潮头浪尖，湖南长城信息金融设备有限责任公司将积极营造为客户创造价值，为员工提供发展的共赢平台，把握机遇，迎接挑战，努力为营造和谐社会和发展地方经济做出更大的贡献。

四川空分设备（集团）有限责任公司

四川空分设备（集团）有限责任公司主要从事大、中、小型空气分离设备及液化设备，低温液体（液态氧、氮、氩、二氧化碳、乙烯、液化天然气、液氢等）贮槽、集装槽、低温液体运输（半挂）车及汽化设备，低温绝热气瓶和绝热输液管道，天然气（油田气）液化分离设备，各类透平膨胀机、低温液体泵、中小型活塞压缩机、低温和常温专用阀门，板式换热器等上千个品种、规格的产品设计、制造、销售和安装以及工业气体生产和营销。公司系全国大型一档企业，国家机械行业骨干企业，我国深冷设备主要设计制造基地之一，是四川省重大装备制造行业重点骨干企业之一。

公司现有员工2000余人，其中工程技术人员400余人，年产值超过20亿元，占地面积1200余亩，主要生产设备2000余台套；公司具有雄厚的技术力量、精良的工艺装备，先后荣获“国家二级企业”、“国家一级计量单位”，并取得“A1、A2、C2、C3级压力容器设计、制造许可证”、“B3级气瓶制造许可证书”、AX级低温绝热管及管件制造许可证、“GB/T19001idtISO9001质量体系认证证书”、“GJB9001B-2009军品质量管理体系认证证书”、“美国机械工程师学会的ASME授权证书及U、U2钢印”、出口欧盟的CE认证等多项资质。公司1988年开始开发、设计、制造低温液体运输（半挂）车，目前已有多种不同型号、规格的低温液体运输（半挂）车，具有批量生产低温液体运输（半挂）车能力。产品设计技术成熟，制造工艺可靠，严格执行国家、行业现行有关标准和法规，产品质量、性能稳定，达到安全、环保要求。公司具备较强的生产一致性保证能力。

KQF9402GDFYSD（容积：22立方米 介质：液氩）

KQF9409GDYFSD（容积：53立方米 介质：LNG）

KQF9400GDYFSD-1（容积：26.5立方米 介质：液氧

地址：四川省简阳市建设中路239号　　电话：028-23187321

YANKON LIGHTING 阳光照明

浙江阳光照明电器集团股份有限公司

浙江阳光照明电器集团股份有限公司创建于1975年，前身系上虞灯泡厂，1996年改为股份有限公司，2000年7月，“浙江阳光”A股在上海证券交易所挂牌上市，成为国内照明行业首家民营高科技上市企业。浙江阳光照明电器集团股份公司是国家级重点高新技术企业、国家大型企业、中国最大的节能灯生产出口基地之一，同时已被列为国家300家重点企业及浙江省重点扶持的大企业集团，国家级重合同、守信用单位。公司现有员工4500余人，各类专业技术人才1250多人，总资产30亿元。其主要产品及生产规模为：年产一体化电子灯3亿只、紧凑型稀土节能荧光灯管3.5亿支、T5直管大功率节能荧光灯及配套灯具1200万套、T5灯管2000万支，户外灯及LED配套灯具20万套，被认为是我国照明电器行业的排头兵、国内最大的节能灯生产和出口基地之一。已形成以上虞、江西为制造基地，厦门为LED产业孵化基地，印度、越南建立生产工厂，比利时、美国、香港建立境外销售公司，国内拥有3000多家经销和分销商的生产和销售格局。

地址：浙江省上虞市经济开发区通江中路

邮编：312300　　资料信箱：yugm@yankon.com

联系人：俞光明　　电话/传真：0575-82189818/0575-82027737

全国统一节能热线：400-8899-528

杭州鸿雁电器有限公司

杭州鸿雁电器有限公司成立于1984年，具有二十余年的专业生产各类建筑配电产品的历史，是国内著名的建筑电器产品的生产、经营企业，公司为《浙江名牌》企业，同时也是国家863计划CIMS（计算机机集成制造系统）应用工程示范企业、浙江省高新技术企业、浙江省专利示范企业和杭州市信息化试点企业。

公司为中国电器工业协会电器附件分会副理事长单位。公司占地面积8万平方米，建筑面积10万平方米，下属控股公司八个，产品事业部5个，中外合资企业一家。

公司多次被中国质量管理协会、全国用户委员会评定为“全国用户满意企业”、“实施卓越绩效先进企业”；鸿雁产品也屡获“全国用户满意产品”称号。1994年在同行业中率先通过ISO9001质保体系认证。同时公司还勇于承担社会责任，强调企业与社会的和谐同步发展，大力推进环保产品，并在2004年通过了ISO14001环境管理体系认证。1994年被评为全国60家质量效益型先进企业之一，鸿雁商标同年被评为浙江省著名商标；2000年鸿雁商标被国家工商行政管理局商标局认定为“中国驰名商标”,2011年被杭州市人民政府授于“杭州市政府质量奖”。

公司在产品研发方面居于同行前列，2004年被授予杭州市企业高新技术研究发展中心，并成为行业内首批获得“国家认可实验室”称号的企业之一。经过多年的努力，公司已形成比较完善的“鸿雁电工”、“鸿雁照明”、“鸿雁塑胶”、“鸿雁智能”、四大支柱产业。

公司把建设一个强大的营销网络作为企业的核心竞争能力来培育，已在全国建立了30多个办事处和分公司，各级经销网点3000多个，市场网络遍布全国。

同时，公司拥有一支专业的售后服务队伍。服务人员全部从一线优秀员工中选出，经过严格培训考核，每一名服务人员都具有丰富的工作经验，能够确保快捷有效的完成售后服务工作，解决客户的后顾之忧。

在过去20余年中，经过鸿雁人的努力奋斗，公司在各方面取得了骄人的成绩和一系列的荣誉。随着市场竞争的日趋激烈，社会对企业产品质量水平的要求也在日益提高。这几年来，公司坚持以质量效益型企业作为企业求生存之路，以创名牌、保名牌作为公司发展的方向。在越来越激烈的市场竞争中，鸿雁公司将继续坚持科技创新、坚持质量第一、坚持满足顾客需求作为工作中心，进一步实施名牌战略，不断向更高的目标发展，让鸿雁这个民族品牌走入千家万户。

中汽商用汽车有限公司

CHINA NATIONAL COMMERCIAL AUTOMOBILE CO.,LTD

中汽商用汽车有限公司（杭州）成立于 2001 年 4 月，是国家批准的专用汽车制造企业。2008 年被认定为国家重点扶持的高新技术企业、杭州市最具成长型中小工业企业，2009 年被国家认监委列为“优秀获证事业单位”。公司是中国汽车工业协会专用车分会副理事长单位、中国城市环境卫生协会常务理事、中国标准化协会会员、杭州市中小企业协会副会长单位。公司总经理傅燕桥是中国高新技术企业专家委员会常务委员，公司董事长陈永兴当选为中国汽车工业杰出人物，光荣载入共和国汽车产业发展史册!

公司地处长三角经济发达、人杰地灵的浙江省会杭州，公司占地 17 万平方米，建筑面积 8.5 万平方米，具备较强的生产能力和完备的检测手段。

多年来，公司致力于“中汽”牌专用汽车的研发和生产。公司的产品研发中心是浙江省省级高新技术研发中心，具备较强的产品研发能力和市场应变能力。产品使用领域涉及环卫、文化、市政、电力电信、医疗卫生、专业运输等行业，拥有中国专利 41 项。“中汽”牌流动舞台车是国家重点新产品，荣获国家文化部第二届创新奖，产销量居全国前列!“中汽”牌垃圾中转站系列成套设备具有国内领先水平，是国家火炬计划项目，产品畅销全国城镇;“中汽”牌电缆敷设车填补国内空白，是城市电缆放线施工新型设备，受到国家电网高度重视!

公司 2003 年通过 CCC 认证初始工厂检查，并经每年监督检查持续保持和改进，产品质量和生产一致性得到切实保证。

中汽商用汽车有限公司（杭州）
地址：浙江省杭州市西湖区转塘镇凌家桥
邮编：310024
电话：（0571）87323076
（0571）87090666
传真：（0571）87311610
E-mail:zq0571@126.com
网址：www.e-cnca.cn

延锋百利得（上海）汽车安全系统有限公司

公司由延锋伟世通汽车饰件系统有限公司同美国百利得安全系统公司（KEY SAFETY SYSTEMS, INC.）共同投资成立。公司总投资 3250 万美元，坐落在上海浦东康桥工业园区。公司主要从事汽车被动安全系统的设计、开发、测试、制造和销售，产品包括安全气囊模块、安全带、方向盘以及汽车安全系统集成。其技术中心为美国百利得公司全球三大研发中心之一，工程开发业务涵盖亚太地区。

延锋百利得公司占地面积为 106672 平方米，建筑面积为 11163 平方米，目前拥有员工 1000 多名，其中从事工程涉及开发技术人员达 175 名，公司通过德国莱茵公司 TS16949：2000 以及 ISO14001 的体系评审以及 ISO14001 环保体系认证和 OHSAS18001 的职业健康安全体系认证，技术中心实验室已经获得了 ISO/IEC17025 的认证，已经具备了优异的新产品研发和制造能力。公司在 2011 年通过了“高新技术企业”的复审，公司的技术中心已经获得了上海市市级认定技术中心的称号，2010 年公司获得了上海市科技小巨人的称号。

公司业务涵盖国内各大主要的主机厂，比如上海通用、上海大众、一汽大众、上海汽车、江淮汽车、奇瑞汽车、吉利汽车、长城汽车、神龙汽车、北京现代、宝马汽车、长安铃木、长安福特、郑州日产等，公司产品已经出口欧美日等国。公司销售从成立当年的 3000 万元，增长到 2011 年的 14.6 亿元。

麦格纳闭锁系统

麦格纳（Magna）集团总部位于加拿大安大略省的奥罗
是全球生产汽车零部件种类最多的供应商之一。Magna
设计，开发和制造汽车系统，组装件，模块和零部件，
且为整车厂生产，组装整车。

麦格纳闭锁系统（Magna Closures）在提供动力闭
统和模组给全球汽车工业方面处于领先地位，在闭锁模
构产品开发、设计、工程、测试和验证方面拥有 20 多年经
麦格纳闭锁系统的产品包括整门系统，侧门模组，滑门模
摇窗系统，锁系统，动力滑门和后门。

昆山麦格纳汽车系统有限公司（Magna Closu
(Kunshan)）坐落于中国江苏昆山出口加工区，成立于 2
年 12 月，是麦格纳闭锁系统在华投资的第一家子公司。
动范围包括项目转移，策划，产品设计，制造线本地
组装摇窗机构、门锁、把手及拉索并发运给全球的各个顾

昆山工厂目前有 1000 人左右，2009 年在苏州工业
成立苏州分工厂（麦格纳汽车系统（苏州）有限公司）
企业文化欧美化，追求人性化管理。办公室员工 95% 的
科以上学历，是一个即年轻又充满朝气活力的团队。公
集人事行政，采购，制造，销售，质量职能具全，并有
己独立的专业研发中心和测试中心。

昆山厂和苏州厂目前都取得了 TS16949 及 IS014001 的
证，昆山厂实验室取得了 IS017025 认证，内销侧门锁产
也都取得了 3C 认证。

锦湖轮胎

锦湖轮胎是韩国八大集团之一锦湖韩亚集团下属的子公司，从上世纪六十年代发展至今，拥有超过50年的发展历史。锦湖轮胎是一个全球化的轮胎公司。胎在全球拥有八大工厂-韩国三家工厂、中国四家工厂、越南一家工厂。锦湖轮胎还在全球拥有四家技术研发中心，分别位于韩国光州、中国天津、美克隆州、英国伯明翰。目前，锦湖轮胎每年生产6500万条左右轮胎，向220余个国家和地区出口轮胎产品。

2006年5月锦湖在中国上海成立了销售有限公司，全面负责锦湖在中国四大工厂的产品销售工作，实行产销分离。目前中国成立了五大销售地区，东北地北方地区、华东地区、南方地区、西部地区。下辖北京、上海、广州等15个办事处，建立起了一个拥有近200家一级经销商、超过2500家签约店面、5000上销售店面的庞大销售网络。

锦湖轮胎南京工厂

创办于1995年，总投资2.92亿美元，现年产能力达到1300万条。

2003年03月30日 CCC强制性产品认证
2005年04月30日 ISO/TS16949质量管理体系认证
2005年08月19日 ISO14001环境管理体系认证
2006年10月01日 OHSAS18000职业健康安全管理体系认证

锦湖轮胎南京TBR工厂

2008年11月7日竣工首期总投资为1.68亿美元,占地面积约30万平方米，年产全钢丝子午线轮胎44万条。

2008年09月28日 CCC强制性产品认证
2008年10月27日 ISO9001质量管理体系认证

锦湖轮胎天津工厂

总投资额达5.61亿美元，2005年7月竣工，年产量达到1200万条子午线轮胎。

2006年04月21日 CCC强制性产品认证
2007年07月 ISO14001环境管理体系认证
2008年01月 ISO/TS16949质量管理体系认证

锦湖轮胎长春工厂

总投资达到2.89亿美元。一期投产后实现年产424万条子午线轮胎。

2007年05月25日 CCC强制性产品认证
2011年10月24日 ISO/TS16949质量管理体系认证
2012年03月02日 ISO14001环境管理体系认证
2012年03月06日 ISO9001质量管理体系认证

安徽省舒城三乐童车有限责任公司

安徽省舒城三乐童车有限责任公司，创建于1994年8月。成立以来，在社会各界的关心和支持下，通过全体员工的共同努力，以市场为依托，以科技为先导，使公司不断发展壮大。现已发展成为占地面积16.4万平方米，建筑面积6.4万平方米，拥有总资产2.19亿元，现有员工1400多人的安徽省规模最大的专业生产童车、床及相关产品的民营企业。

公司主要专业从事童床、儿童三轮车、婴儿学步车、儿童推车、儿童健身车五大系列近百个品种产品的生产和销售。产品自投放市场以来，以其完善的功能、卓越的品质，深受消费者青睐。产品畅销全国各地，出口美洲、非洲、东南亚以及中东和独联体等几十个国家和地区，2011年实现销售收入30892万元。公司2001年被安徽省工商局授予"守合同重信用企业"；"三乐"牌商标2004年、2008年被评为"安徽省著名商标"；2006年、2009年"三乐"牌童车被评为"安徽省名牌产品"、"安徽省质量奖"；2007年公司被安徽省经委授予"专、精、特、新"企业；2007年12月"三乐"牌系列童车荣获"国家免检产品"。2008年、2011年公司被评为"高新技术企业"。2010年获得"AAA"级标准化良好行为企业、"两化融合"示范企业。

销售电话：0564-8731358 0564-8710707
厂址：安徽省舒城县经济技术开发区龙潭北路

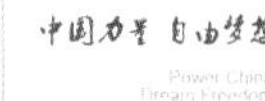

宗申产业集团有限公司(Zongshen Industrial Group Co.,Ltd.)始建于1992年，主要业务范围分为3大板块。第一是以宗申动力（001696）为龙头的多领域动力系统业务板块；第二是以宗申派姆（ZPP）为龙头的终端动力产品业务板块；第三是以宗申地产为龙头的房地产业务板块。其他业务包括：生物工程、矿业等。

宗申商标被国家工商总局认定为中国驰名商标，"宗申"牌摩托车荣获"中国名牌产品"称号。从1999年起，宗申集团连续12年入选重庆工业企业50强。宗申集团还连续数年入选中国企业500强、中国制造500强、中国机械500强。

2004年4月，宗申集团与意大利比亚乔集团正式合资合作。宗申集团还与美国、法国等一批国际知名企业展开了良好的合作。宗申集团积极实施"走出去"战略，在越南、泰国、巴西等国设立工厂，实现本地化生产。

宗申集团技术中心于2004年10月经国家发展改革委、财政部、海关总署、国家税务总局认定为国家级企业技术中心，其检测中心进入国家实验室名录。宗申集团投资30亿元的"赛科•龙"计划是国内摩托车行业规模最大的自主研发计划。

宗申集团的战略愿景是：**全球影响力 百年生命力**！

服务电话 400-700-3088 地址：重庆市巴南区宗申工业园 邮编：400054 网址 http://www.zongshen.cc

上海浦东车灯有限公司

上海浦东车灯有限公司，创建于 1958 年，目前与东风汽车公司、江西五十铃、重庆五十铃等公司建立了良好的配套合作关系，是一家内主要的汽车灯具供应商。公司自二 OO 四年十月八日迁址上海浦东机场镇工业园区，交通便利，离浦东国际机场仅二公里左右。厂区占地面22000 平方米，生产厂房面积 7000 平方米，办公、仓库面积达 5000 平方米，还可建造厂房 5000 平方米以上，有很大的发展空间。

公司现有员工 186 人，其中工程技术人员 21 人，拥有较先进的设计开发与生产制造系统，具有独立设计、开发与制造各类汽车灯具的能产品研发方面，采用 CAD/CAM、CNC 一体化系统进行产品设计与模具制造，实现产品造型电子化、出图加工电子化。公司拥有各类压力机、拉伸焊接机、真空镀铝机和粘接机等专业生产制造设备，拥有灯具粘接、装配等多条流水线，生产制造系统完整，工艺水平较高。

在质量管理方面，公司拥有较强的产品质量控制和质量保证能力。公司于 1998 年通过中国汽车产品认证委员会 ISO9001 质量体系认证建立了一套严格而完整的质量保证体系。为了满足包括江铃公司在内的国内主要整车厂对汽车配套体系质量管理的需要，为了持续提高本公司量管理和产品质量水平，本公司于 2001 年 7 月份通过了 QS9000、VDA6.1 的体系认证，2005 年公司生产的汽车灯具产品，全部通过中汽车证中心 3C 认证，2006 年 7 月通过了 TS16949:2002 质量体系认证，并于 2008 年 7 月通过了 EMS 环境管理体系认证。目前公司拥有各类检测试设备 20 余台，包括振动、冲击、盐雾、高低温、淋雨、防尘、绝缘等专用试验设备，建有配光测试中心和计量室以及丰富的检验测试手和较为完善的质量管理制度，使公司对产品能进行有效的质量检测和过程控制，产品质量水平稳定，曾多次荣获江铃公司、东风公司等合格分供优秀供应商的荣誉称号。

公司还曾先后获得上海市、浦东新区文明单位和浦东新区安全自律单位。公司将通过不断的持续改进，加强与江西五十铃、东风汽车公司重庆五十铃等公司的配套合作关系，并积极开拓新市场，推进向多领域产品方向的发展！

公司网址：http://www.pdchedeng.cn

附生产设备、检测设备

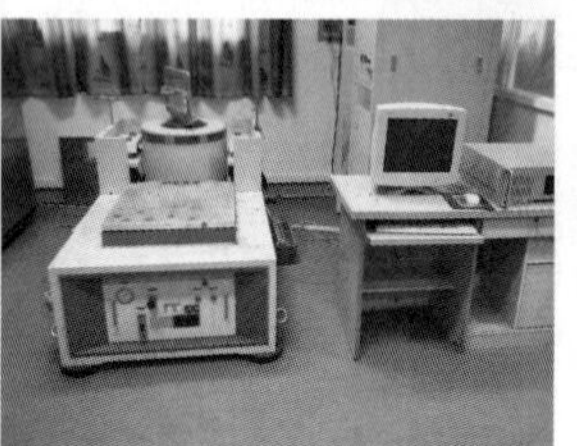

惠州玛骐摩托车有限公司

惠州玛骐摩托车有限公司成立于1993年，为中外合资企业。是国内首家与台湾光阳技术合作的厂家，也是国家第一批摩托车下乡的生产企业之一，具有国家五部委公告的《具有出口资质的摩托车整车生产企业》目录。

公司实施ISO9001—9002质量体系认证和ISO14001环境体系认证以及“3C”中国国家强制性产品认证；通过国家摩托车生产企业“准入制度”。目前公司生产基地占地面积达42万平方米，其中厂房面积5万平方米，具备年产发动机50万台和整车50万辆的生产能力。

公司生产的“麦科特”、“MCT”品牌以优良的品质和优质的服务在市场上获得了很高的知名度和信誉度。多次荣获中国质量协会、中国消费者协会、中国商品协会等国家权威机构授予的“全国十佳品牌”、“中国质量过硬放心品牌”“最受欢迎产品”“向消费者推荐产品”“明明白白消费”等多项荣誉，并成功创造了国产摩托21万公里无大修的行驶记录。

本着“以人为本”的经营理念，坚持“目标、责任、实干、绩效”的企业精神，贯彻“企业与人为本，质量以严为纲，以市场为导向、以顾客为中心”的经营方针，以“创建一流企业，营造一流环境，生产一流产品，培育一流人才”为目标，麦科特摩托正向美好而辉煌的明天奋进、攀登。

丹阳谊善车灯设备制造有限公司

丹阳谊善车灯设备制造有限公司成立于1998年7月，原名为丹阳市新晨车灯厂，是一家专业生产汽车灯具的中韩合资企业，现拥有员工265人，占地面积30000平方米，固定资产8000万元。

公司现已通过ISO/TS16949:2002质量体系认证，国内市场产品通过了国家3C强制认证。现有高层管理人员7名，高级顾问1名，总工程师1名，高级工程师2名，工程师12名，聘请大专院校和主机生产厂家工程技术人员8名，中层管理人员40多名。公司具有独立的研发、生产、销售体系，具有与主机厂同步开发、同步设计的能力，并有完备的产品检测手段和工艺控制手段。

公司现与吉利集团、韩国MOBIS、东风二汽、北汽克莱斯勒、长城汽车、 上汽依维柯红岩、菲亚特、中兴汽车、众泰汽车等主机厂家和全球采购公司配套，同时也扩大了意大利、韩国、马来西亚等对外贸易。我们的产品和服务赢得了广大客户的信赖，曾被多家客户评为“优秀供应商” 和“核心供应商” 。

公司坚持以“精益求精，顾客满意”为宗旨，以产品质量、成本控制、科技创新、科学管理为基本点，深化公司“爱心、诚信、创新”的核心理念，立志成为中国汽车零部件和相关服务领域的领先企业，成为行业中有较强竞争力的知名企业。

前组合灯装配线

热板焊接机

注塑课

模具存放区

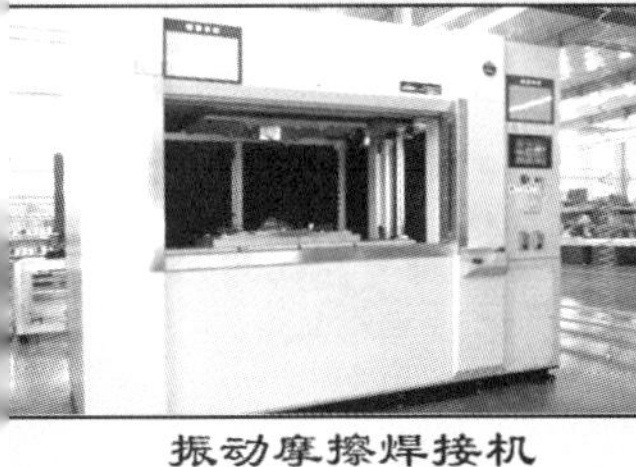
振动摩擦焊接机

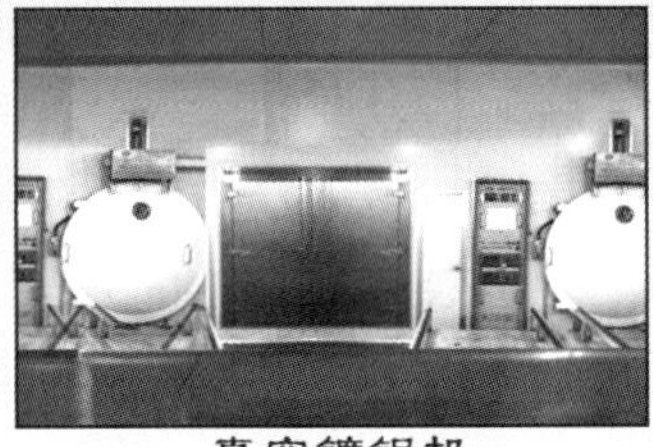
真空镀铝机

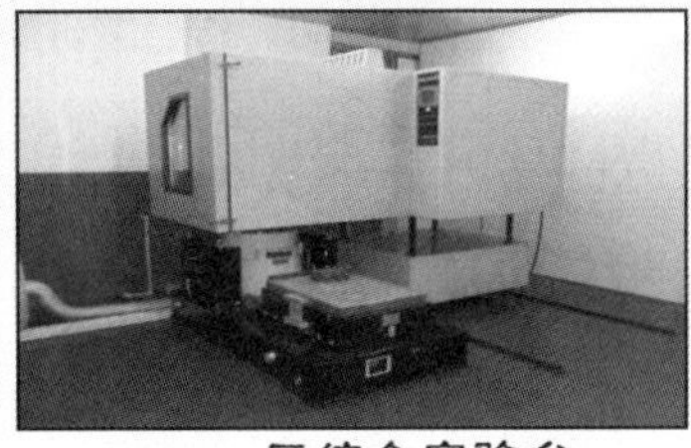
三综合实验台

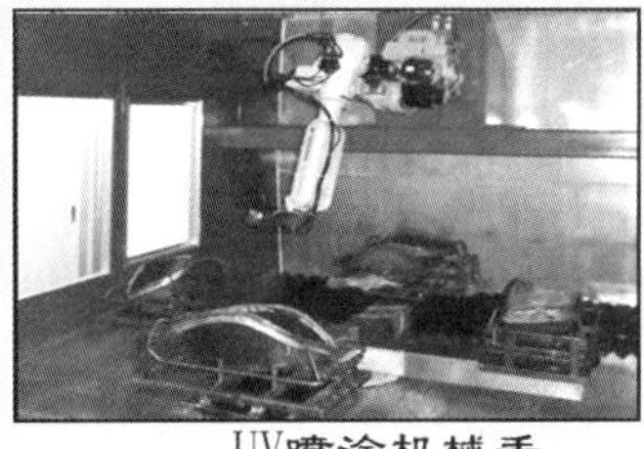
UV喷涂机械手

丹阳谊善车灯设备制造有限公司

地址：中国江苏省丹阳市新桥镇

电话：+86-511-86308887

传真：+86-511-86352831

网址：http://www.jsyishan.cn

上海江森汽车金属零部件有限公司

公司正式成立于2007年5月，专业从事汽车座椅相关金属零部件的设计、研发与生产制造。公司是由美国江森自控集团和上海延锋江森座椅有限公司共同出资组建的中美合资公司，公司目前注册资金2000万美元，现有员工1000余人。

公司具有强大的汽车座椅骨架研发能力和丰富的制造经验，产品辐射国内十余个城市，不仅为上海大众、上海通用、东风神龙、奇瑞汽车、合肥江淮等国内整车厂生产的许多车型配套供应汽车座椅金属骨架及零部件，同时还为日本尼桑系列车型配套生产座椅骨架，产品大量出口海外。

我们的使命

我们信奉坦诚和进取。无论是客户、员工、股东、供应商还是社会团体，我们都一视同仁，以坦诚、自尊、公正和尊敬的态度对待，并以最高的道德标准来规范企业的经营行为。

地址：上海市嘉定区安亭镇安晓路255号
邮编：201805
电话：021-39583000
传真：02139583199

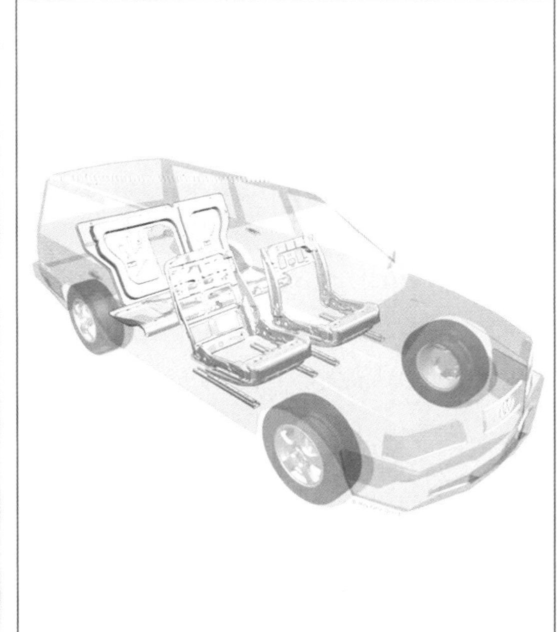

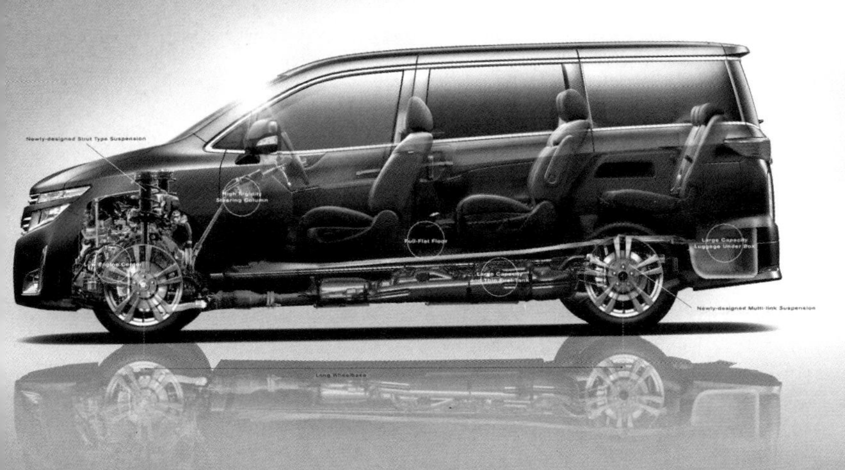

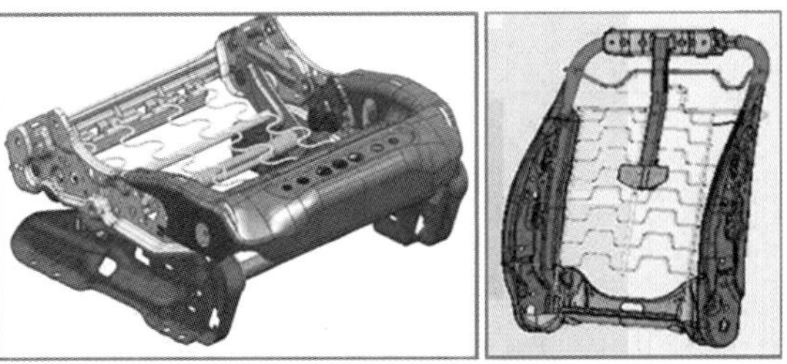

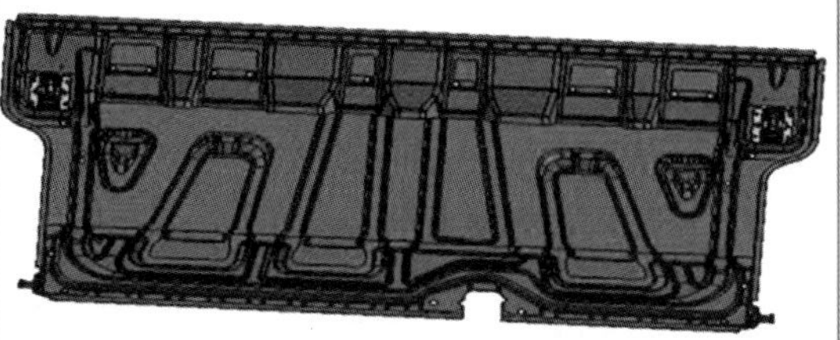

伟巴斯特车顶系统中国有限公司

Webasto 中国
Webasto 是一家有着 110 年历史的德国企业，我们为汽车行业研发并生产汽车零部件已超过 75 年。作为世界 100 强汽车零配件供应商和德国 15 强汽车零部件供应商，Webasto 目前有两项主营业务：可折叠车顶、汽车天窗与车身系统（CRB），以及全球舒乘系统（GCS）—加热器、空调、通风系统。

2001 年 Webasto 开始在中国开展天窗业务，并将总部设在上海。经过10多年的持续努力发展，目前 Webasto 在中国上海、长春，重庆，广州，北京建立了五家独资子公司。另外，在北京我们还同韩国东熙共同成立了一家合资公司—Webasto 东熙。

Webasto 在中国的主要业务是为全球的主机厂开发、国产化及生产天窗系统。Webasto 在中国配套客户包括上海通用、一汽大众、上海大众、长安福特、北京奔驰、华晨宝马、武汉神龙、东风日产、北京现代、东风悦达起亚等著名汽车合资企业，同时也为上海汽车、一汽轿车、奇瑞汽车、长城汽车、长安汽车、广州汽车、众泰汽车等众多中国自主品牌汽车制造商提供优质的汽车天窗配套服务，得到各汽车制造商的认可和荣誉。

为了提升产品质量及技术能力，一方面 Webasto 引进国际先进设备，不断派遣专业技术人员前往国外学习先进技术。同时我们也更加关注国产化并不断增加对研发的投入。2004 年中国研发及测试中心在上海成立。目前 Webasto 在中国已拥有多条国产化组装线、多个产品平台以及嵌入式玻璃生产线。在不同的平台上研发出 20 多种天窗产品，满足客户的不同需求。

以客户的需求为导向不断研发、创新，持续深入的进行产品国产化进程是我们前进的动力。Webasto 将进一步整合全球技术和本土研发资源，设计出更适合中国市场和客户的产品，最终实现天窗的 100% 国产化。

关于 Webasto:
Webasto 集团总部设于德国慕尼黑附近的斯多克道夫，是一家成立于 1901 年的家族企业，在全球有超过 50 个分支机构（包含 30 多个生产基地），致力于汽车天窗及加热系统的研发与销售。Webasto 是世界汽车零部件百强供应商。在全球 9500 多名员工的努力下，集团于 2011 年创造了超过 23 亿欧元的销售额，同比增长 12.6%。公司的核心竞争力包括汽车天窗和敞篷车顶系统及乘用车、房车、船舶、商用车和特种车的加热系统、空调系统和通风系统的研发和生产。
更多信息请登录：www.webasto.cn

世界最大的聚碳酸酯汽车天窗 -Smart Fortwo

Webasto 在中国生产的奔驰 E 级轿车全景天窗

即将在 Webasto 中国生产的新奥迪 A6L 全景天窗

丰田汽车仓储贸易（上海）有限公司

丰田汽车仓储贸易（上海）有限公司成立于 2001 年 12 月，负责向华东地区的 4S 店供应丰田品牌维修零部件，以及向全国 4S 店供应各种丰田品牌润滑油、化学溶剂及其他产品。

位于江苏省的常熟分公司 2011 年下半年开业，将建成全世界丰田第三大零件中心。

为了使每一位顾客都能够满意，我们秉承贯彻着“顾客至上”的宗旨，在供应及物流服务中积累技术与经验，为创造优质服务积极开拓丰富多彩的新事业。

总公司地址：上海市外高桥保税区日滨路 88 号 A 楼　　联系电话（总机）：（021）5869-0363

分公司地址：江苏省常熟市东南开发区丰田路 2 号　　联系电话（总机）：（0512）5235-8883

奥托立夫中国

统计数据表明，每年全球有超过一百万人死于交通事故，还有更多的人在事故中严重受伤。如果这种趋势持续下去，到2020年时每年死亡的人数将会翻倍。在人们承受了无法计算的痛苦的同时，估计全社会每年用于医疗、康复和因此而造成的金钱损失将超过千亿美元。

基于此事实，奥托立夫决定了我们努力的方向和目标：尽全力减少上述数字。我们每天都在为此而努力，我们的安全产品每年可以拯救25,000条生命，更使以十倍于此的人在交通事故中免于严重伤害。印象非常深刻的数字。但我们还有更多的工作需要完成。所以我们的愿景是：实质上降低汽车交通事故、致死及致伤；我们的使命是：创新、制造及销售最新技术的汽车安全系统。

奥托立夫正以不懈地努力开发新产品，致力于成为能够提供包括驾驶员气囊、乘员气囊、方向盘、头部气帘、行人保护及防滑气囊、侧气囊、膝部气囊、夜视系统、雷达、鞭打保护系统、集成式儿童增高座垫、行人保护用引擎盖提升器、电控单元及安全带等产品的安全系统集成供应商。

我们拥有拯救生命的激情；我们全心全意地为顾客提供满意的服务，重视他们的驾驶安全；我们尽力提高员工的技术、知识及创造性；我们始终坚持最高标准的道德伦理行为；我们企业是建在全球化思维和因地制宜的本地化运作基础上的。

为了实现我们的使命，奥托立夫在中国进行了一系列的投资。

1990年建立了中国第一家安全带生产企业：南京宏光奥托立夫汽车安全装备有限公司（已于2009年更名为南京奥托立夫汽车安全系统有限公司）。

1994在长春建立生产安全带的长春宏光奥托立夫汽车安全装备有限公司。

1999年建立了生产安全气囊的上海奥托立夫汽车安全系统有限公司。

2002生产安全带及安全气囊的长春奥托立夫贸鸿汽车安全系统有限公司（已于2007年更名为长春奥托立夫汽车安全系统有限公司）。

2002年后，伴随着中国汽车市场进入了新一轮快速发展的轨道，我们实施了更大规模的投资。

2005年建立了生产安全带及安全气囊的广州奥托立夫汽车安全系统有限公司。

2006年建立了生产汽车安全电子产品的上海奥托立夫电子有限公司，生产气体发生器的奥托立夫（上海）气体发生器有限公司，生产方向盘的上海奥托立夫汽车方向盘有限公司。

2007年建立了生产安全带织带的太仓维欧爱申达特种纺织品有限公司。

2009年奥托立夫（上海）管理有限公司、奥托立夫汽车安全系统研发有限公司、上海奥托立夫汽车安全系统有限公司新址落成，全资收购南京宏光奥托立夫汽车安全装备有限公司，更名为南京奥托立夫汽车安全系统有限公司。

2010年上海奥托立夫汽车安全系统有限公司自产安全气囊气袋。

2011年南京新工厂建成并投入使用。

这些新的投资业务，一方面是为了适应中国市场的高速增长，另一方面是为了实现奥托立夫先进成本国家战略，以满足亚太地区需求。

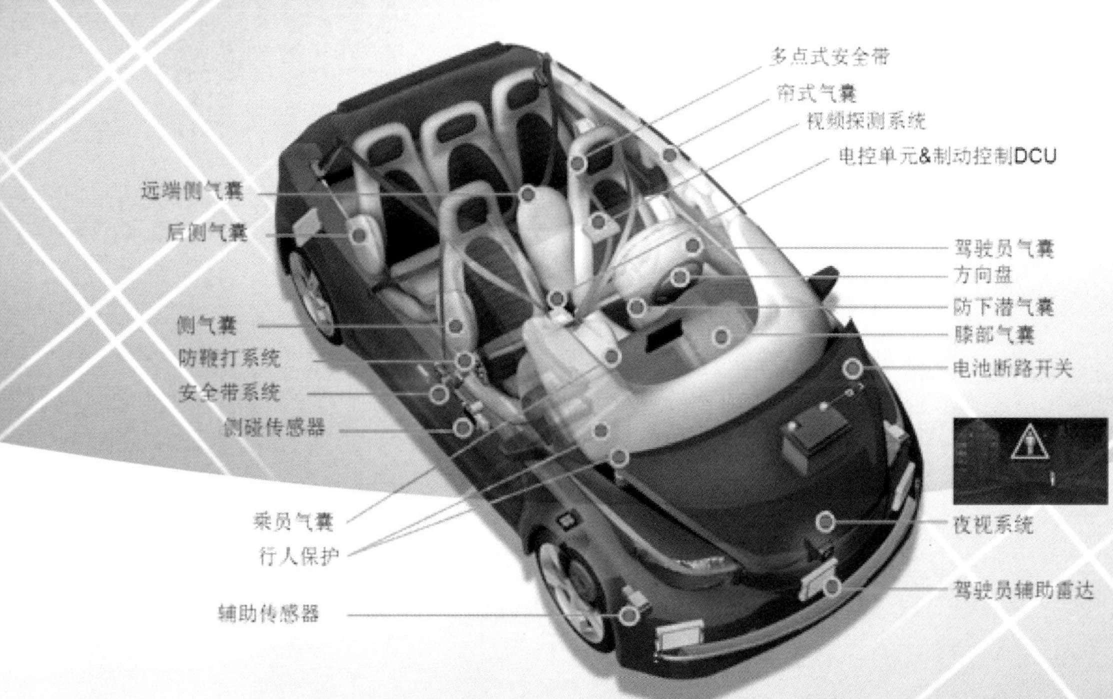

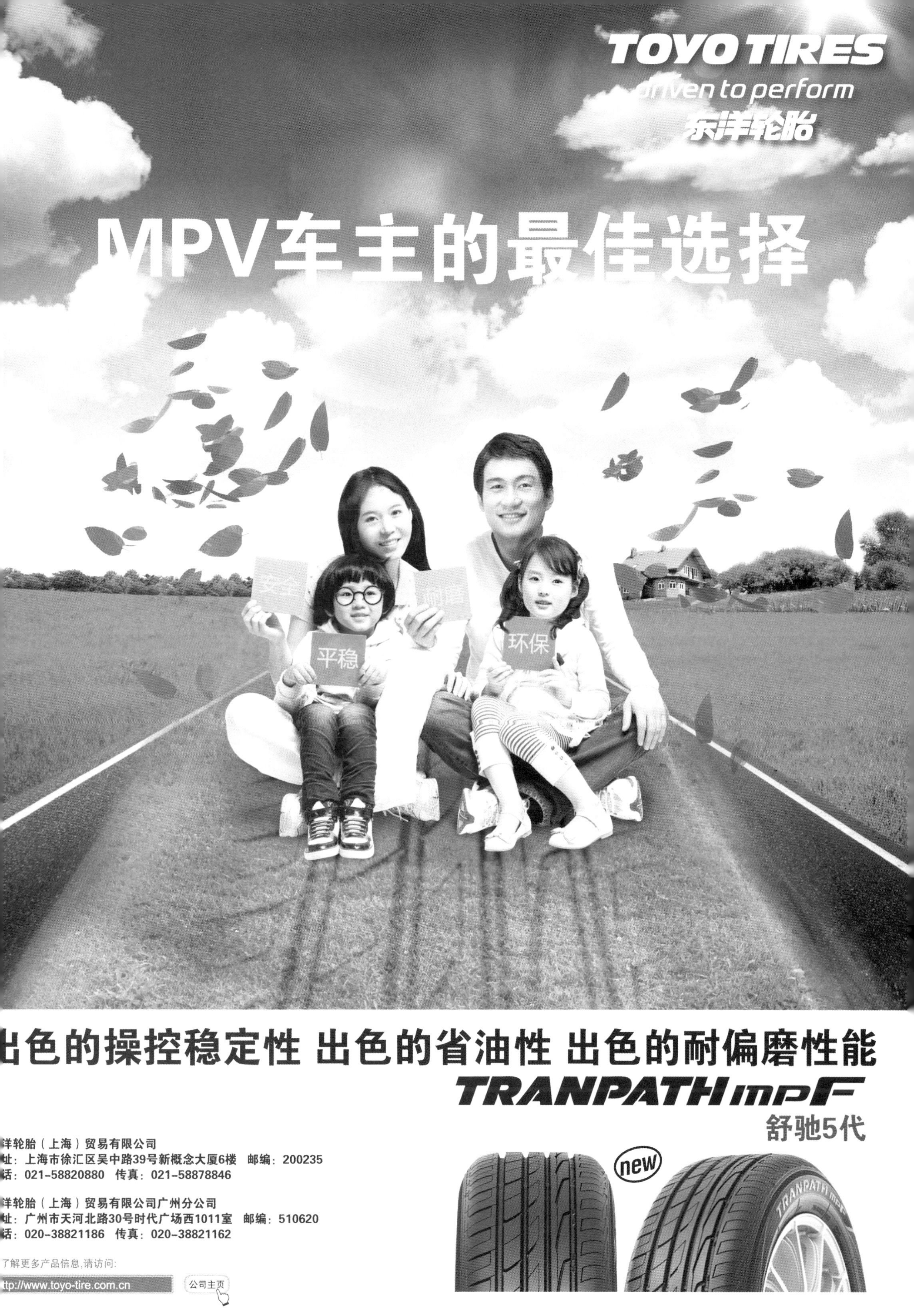
TOYO TIRES
driven to perform
东洋轮胎
MPV车主的最佳选择
安全
耐磨
平稳
环保
出色的操控稳定性 出色的省油性 出色的耐偏磨性能
TRANPATH mpF
舒驰5代
洋轮胎（上海）贸易有限公司
址：上海市徐汇区吴中路39号新概念大厦6楼 邮编：200235
话：021-58820880 传真：021-58878846
洋轮胎（上海）贸易有限公司广州分公司
址：广州市天河北路30号时代广场西1011室 邮编：510620
话：020-38821186 传真：020-38821162
了解更多产品信息,请访问:
ttp://www.toyo-tire.com.cn
公司主页
new
TRANPATH mpF

马自达汽车株式会社
Mazda Motor Corporation

马自达汽车株式会社（Mazda Motor Corporation）成立于1920年，其前身是“ 洋工 株式会社”，1984年正式更名为“マツダ株式会社”。“Mazda”这一公司名称源自与西亚人类文明发祥地同时诞生的智慧、理性、和谐之神 “Ahura Mazda”，表达了马自达对世界和平与汽车产业光明前景的祝愿。此外、“Mazda”与公司创始人松田重次郎（Matsuda Junjiro）的日语发音很相近也是缘由之一。

“创造新价值，以最好的汽车和最令人满意的服务把喜悦和感动带给顾客”是马自达矢志不渝的企业理念。以不屈不挠的精神投身于转子发动机的开发，是世界上唯一将转子发动机实用化的汽车企业。1991年第59届法国勒芒24小时耐力赛中，搭载4转子引擎的Mazda787B赛车获得了日本汽车史上最初的综合冠军。以马自达6为开端，新一代马自达车型完美地传承了“Zoom-Zoom”精神，以动感不凡的造型、出色的操控、舒适人性化的设计赢得了全世界客户的青睐，全球销量超过130万台。

在中国，马自达是最早取得CCC车辆认证的国际汽车企业之一。严格遵守中国的技术法规，认真履行认证义务，赢得了各个政府部门及检测中心的信任与支持。也为马自达中国业务的扩大做出了扎实的贡献。马自达在中国的关联企业有：马自达（中国）企业管理有限公司、一汽马自达汽车销售有限公司、长安福特马自达汽车有限公司、长安福特马自达发动机有限公司等。在华销售车型有Mazda6，Mazda5，Mazda3，Mazda3 Sport，Mazda2，Mazda MX-5等。陆续将有更多富有特色的马自达产品提供给广大中国消费者。

江铃控股有限公司

作为国内优秀的自主品牌企业，江铃控股公司始终坚持以“让顾客满意”为质量目标，建立了一整套高标准、严要求的质量保证体系。公司相继通过ISO9001、ISO/TS 16949、GJB9001A、ISO14001、GB/T28001一体化管理体系及3C、欧洲型式产品等国内外多项权威认证。迄今为止，陆风汽车共取得100多项全国越野大赛冠军，其中陆风X8在中国汽车工程学会主办的2011年度“中国汽车工业科学技术奖”评选中，荣膺中国汽车工业科学技术奖一等奖。

随着陆风XUV—“创行不凡” 新的传播口号推出，“只有打破常规，才能开创不凡天地”，陆风服务将通过“主动、快捷、执行、准确、规范”的行动，创造全新的“陆风关爱”服务模式，全程关怀客户从买车、用车到换车全过程，不断满足用户的需求和期望。在提供高品质产品的同时，适时提供优质服务，真正让顾客感受到购买陆风产品放心、省心、舒心。

目前，江铃控股根据企业发展现状和市场变化，制定了“两步走”发展战略，通过建立质量和服务口碑，逐步把陆风打造成SUV自主品牌的标杆，走出一条民族自主品牌汽车创新发展之路。

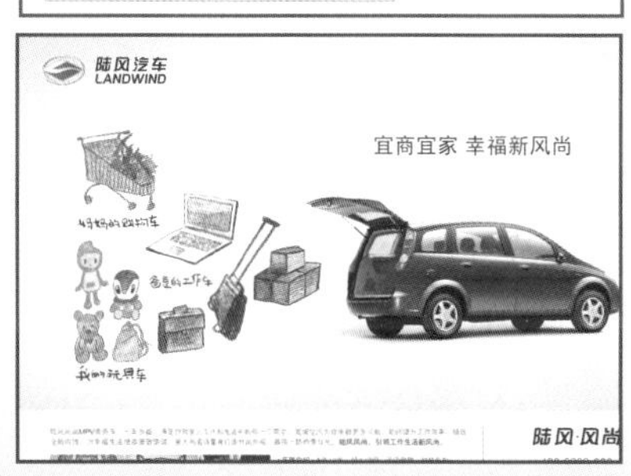

2012

Yearbook of Certification and Accreditation of China

第二十三部分 附 录

Part Twenty-Three Appendixes

一、2011年国家认监委发布的公告（选登）

关于“认证认可申诉投诉处理办法”发布实施公告

2011年第1号

根据《中华人民共和国认证认可条例》及国务院赋予国家认证认可监督管理委员会的职能，我委制定了《认证认可申诉投诉处理办法》，现予以公告，自发布之日起施行。原2002年3月5日发布的《认证认可申诉、投诉处理办法》同时废止。

附件：《认证认可申诉投诉处理办法》

二〇一一年一月十一日

附件:

认证认可申诉投诉处理办法

第一章　总 则

第一条　为及时、准确、公正地处理认证认可申诉、投诉，规范认证认可申诉、投诉处理工作，保护当事人的合法权益，依据国家相关法律法规的规定，制定本办法。

第二条　任何组织或个人均有权依据本办法向国家认证认可监督管理委员会（以下简称国家认监委）提出申诉、投诉。

第三条　本办法所称申诉，是指当事人直接受到有关认证认可工作机构作出决定的影响时提出的异议。

本办法所称投诉，是指任何组织或个人认为有关认证认可工作机构、工作人员或者获证组织存在违法违规问题的举报。

本办法所称认证认可工作机构，是指从事认证认可工作的认可机构、人员注册机构、认证机构、认证咨询机构、认证培训机构以及相关的实验室和检查机构等。

本办法所称的认证认可工作人员，是指认可评审员、认证审核员、工厂检查员、认证咨询师、认证培训师以及认可、人员注册、认证、认证培训和认证咨询机构的业务管理人员。

第四条　处理申诉、投诉应当遵循以下原则：

（一）以事实为依据，以法律法规为准绳原则；

（二）保护当事人合法权益原则；

（三）合法性与合理性原则；

（四）公开、公平、公正原则；

（五）高效与经济原则。

第五条　负责处理申诉、投诉的工作人员，与申诉、投诉事件有直接利害关系的，应当回避。

第六条　负责处理申诉、投诉的工作人员对涉及到任何与申诉、投诉有关的非公开情况负有保密责任。

第二章　申诉的处理程序

第七条　当事人对有关认证认可工作机构的决定有异议的，应当向作出决定的机构提出申诉，对处理结果仍存有异议的，可以向国家认监委提出申诉。

当事人认为认证认可工作机构的行为严重侵害了自身的合法权益的，也可以直接向国家认监委提出申诉。

第八条　当事人申诉应当采用书面形式，一式两份，并载明下列事项：

（一）当事人的名称、地址、联系电话、邮政编码（当事人为自然人的应当写明：姓名、住址、联系电话、邮政编码）；

（二）被申诉人的名称、地址、联系电话、邮政编码；

（三）申诉的要求、理由及相关的事实根据。

当事人委托代理人进行申诉的，应当向国家认监委提交授权委托书。

第九条　当事人向国家认监委提出申诉应当符合下列条件：

（一）有明确的被申诉方；

（二）有具体的申诉请求、事实和理由；

（三）属于认证认可工作范畴。

第十条　下列申诉不予受理或者终止受理：

（一）法院、仲裁机构或者其他行政机关已经受理或者处理的；

（二）申诉事项已被法院作为诉讼证据予以采信的；

（三）当事人无法证实自己权益受到侵害的；

（四）不属于认证认可工作范畴的。

第十一条　国家认监委应当自收到申诉书之日起15日内，作出以下处理：

（一）申诉符合本办法规定的予以受理；

（二）申诉不符合本办法规定的，应当通知申诉人，并告知不予受理的理由。

第十二条　国家认监委受理当事人申诉后，应当在10日内将申诉书副本发送被申诉人，被申诉人收到申诉书副本后，应当在15日内提交答辩书和有关证据。

第十三条　申诉人应当对自己的申诉提供证据。国家认监委认为有必要收集证据的，可以根据法律、行政法规及部门规章的规定，自行收集或者召集有关当事人进行调查，有关当事人应当配合。

第十四条　国家认监委可以委托有关认可、人员注册、认证机构协助调查、取证，受委托的认可、人员注册、认证机构应当予以协助。

第十五条　国家认监委对专门性问题认为需要鉴定或者检测的，可以交由当事人约定的法定鉴定或者检测机构鉴定、检测，也可以由国家认监委指定并经当事人同意的法定鉴定或者检测机构鉴定、检测。鉴定或者检测费用由申诉人或者被申诉人预付，处理终结时，该费用由责任方承担。鉴定、检测的时间不计入申诉处理时间。

第十六条　当事人提出的申诉案件属于不需要承担行政责任的，可以采用调解方式予以处理。

国家认监委调解达成一致意见的，应当制作调解书。调解书由申诉人、被申诉人、承办人签名，加盖国家认监委印章送达当事人。

第十七条 对被申诉人的违规行为，国家认监委应当依照有关规定作出相应行政处理。

第十八条 对被申诉人的违法行为，依照国家有关法律、行政法规以及《国家认证认可监督管理委员会实施认证认可行政处罚若干规定》规定的程序进行处理。

第十九条 国家认监委应当在受理当事人申诉之日起60日内办结；情况复杂的，经国家认监委主管委领导批准，可适当延长办理期限，但延长期限不得超过30日。

申诉案件办结后，承办人应当将处理结果告知申诉人。

第三章 投诉的处理程序

第二十条 向国家认监委提出的有效投诉应当包括下列事项：

（一）有明确的被投诉方；

（二）有具体的投诉事实，并提供相关初步证据；

（三）投诉人的有效联系方式等。

第二十一条 国家认监委接到投诉后，进行初步核实，下列投诉不予受理，或者终止受理：

（一）法院、仲裁机构或者其他行政机关已经受理或者处理的；

（二）投诉事项已被法院作为诉讼证据予以采信的；

（三）涉及的内容不属于认证认可工作范畴的；

（四）投诉事实不清，且无法核实的；

（五）不符合本办法第二十条有效投诉规定的；

（六）对同一投诉事项已经作出处理，且没有新情况、新理由的；

属于前款第（四）、（五）项规定的情形的，国家认监委将在日常及专项监督检查工作中予以重点关注。

第二十二条 国家认监委应当自收到投诉书之日起15日内，作出以下处理：

（一）投诉符合本办法规定的予以受理；

（二）投诉不符合本办法规定的，不予受理，投诉人有有效联系方式的，告知投诉人不予受理的理由。

第二十三条 处理投诉案件，国家认监委认为有必要收集证据的，可以根据法律、行政法规及部门规章的规定，自行收集证据或者组织人员到现场进行调查，有关方面应当配合，如实提供相关证据。

第二十四条 国家认监委可以将受理的投诉案件委托认可、人员注册机构、认证机构或地方认证监督管理部门进行调查，接受委托的机构或者部门应当按要求将调查结果报国家认监委。

第二十五条 属于地方认证监督管理部门具有管理权的投诉，国家认监委受理后可以将受理的投诉交地方认证监督管理部门进行处理。地方认证监督管理部门应当按要求将处理结果报国家认监委。

第二十六条 对被投诉人的违规行为，国家认监委应当依照有关规定作出相应行政处理。

第二十七条 对被投诉人的违法行为，依照国家有关法律、行政法规以及《国家认证认可监督管理委员会实施认证认可行政处罚若干规定》规定的程序进行处理。

第二十八条 国家认监委应当在受理当事人投诉之日起60日内办结；情况复杂的，经国家认监委主管委领导批准，可适当延长办理期限，但延长期限不得超过30日。

投诉案件办结后，投诉人有有效联系方式的，应当将处理结果告知投诉人。

第四章 监督管理

第二十九条 国家认监委应当对外公布申诉、投诉邮寄地址、电话、传真、电子邮箱等联系方式，并保持畅通。

第三十条 国家认监委应当定期检查申诉、投诉案件的处理情况，发现问题及时纠正。

第五章 附 则

第三十一条 本办法由国家认监委负责解释。

第三十二条 本办法自公布之日起施行。原2002年3月5日发布的《认证认可申诉、投诉处理办法》同时废止。

关于成立强制性产品认证目录产品与海关HS编码对照协调技术专家组的公告

2011年第2号

根据强制性产品认证入境验证监管工作需要，我委决定成立强制性产品认证目录产品与海关HS编码对照协调技术专家组（强制性产品认证技术专家组TC25），并依据《强制性产品认证技术专家组章程》开展相关研究和技术支撑工作。专家组的组长、秘书、成员及协调员名单详见附件。

特此公告。

附件：强制性产品认证目录产品与海关HS编码对照协调技术专家组名单

二〇一一年一月二十四日

附件:

强制性产品认证目录产品与海关HS编码对照协调技术专家组名单

组　长	金立萍	国家认证认可监督管理委员会认证监管部
副组长	许士玉	国家认证认可监督管理委员会认证监管部
副组长	刘　平	中国质量认证中心
秘书兼协调员	汪俊峰	国家认证认可监督管理委员会认证监管部
成　员	（依姓名拼音排序）	
	曹增辰	中国建筑材料检验认证中心有限公司
	陈慧慧	浙江出入境检验检疫局
	樊亚军	北京国建联信认证中心有限公司
	巩金龙	中汽认证中心
	郭　立	中国安全技术防范认证中心
	胡继红	北京东方凯姆质量认证中心
	胡群明	公安部消防产品合格评定中心
	梁泽荣	广东出入境检验检疫局
	林晓平	深圳出入境检验检疫局
	凌伟栋	北京出入境检验检疫局
	毛可昕	中国质量认证中心
	逄　华	北京中化联合认证有限公司
	齐志宇	国家质检总局通关业务司
	石　巍	江苏出入境检验检疫局
	王江东	中国质量认证中心
	王思越	辽宁出入境检验检疫局
	薛　未	上海出入境检验检疫局
	闫小良	国家认监委信息中心
	闫玉芳	山西出入境检验检疫局
	杨廷剑	天津出入境检验检疫局
	张　士	北京中轻联认证中心
	郑　深	方圆标志认证集团
	邹　力	珠海出入境检验检疫局

关于注销北京九鼎国联汽车管理体系认证有限责任公司认证机构批准书的公告

2011年第3号

北京九鼎国联汽车管理体系认证有限责任公司是国家认证认可监督管理委员会于2002年批准设立的从事质量管理体系认证的认证机构（批准号CNCA-R-2002-103），认证机构批准证书有效期至2010年12月10日。因其专职人员数量不能满足《中华人民共和国认证认可条例》第十条规定的认证机构的设立条件，国家认证认可监督管理委员会未批准该公司延续认证机构批准书有效期的申请。经研究，决定自2010年12月11日起，注销北京九鼎国联汽车管理体系认证有限责任公司的认证机构批准书。自注销之日起，北京九鼎国联汽车管理体系认证有限责任公司不再具有认证资质。

持有北京九鼎国联汽车管理体系认证有限责任公司颁发的有效认证证书的企业，可按照自愿原则选择经国家认监委批准的具有相关认证业务资格的认证机构转换认证证书。

特此公告。

二〇一一年二月九日

关于启用食品检验机构资质认定证书及标志的公告

2011年第5号

根据《中华人民共和国食品安全法》和《食品检验机构资质认定管理办法》的规定，国家认监委决定，启用食品检验机构资质认定证书及标志。现将有关事项和要求公告如下：

一、食品检验机构资质认定证书（格式见附件1）由国家认监委统一印制，国家认监委和各省级质量技术监督局分别发放，证书按照统一规则实施编号。

二、食品检验机构资质认定证书编号采用11位编号方法，第一位为字母，2～11位为阿拉伯数字：

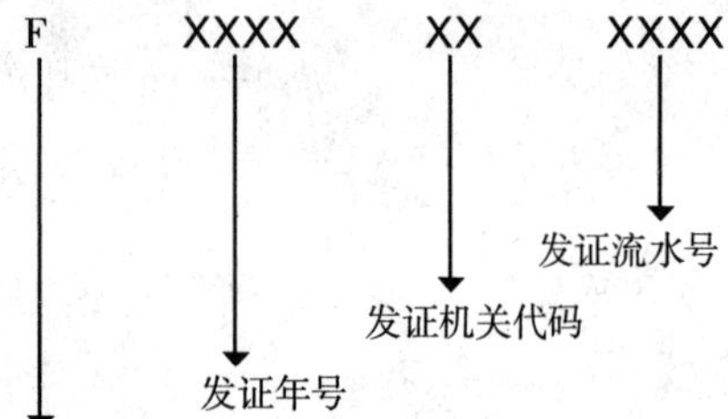

第1位字母“F”：代表食品检验机构；

第2～5位数字：发证年号；

第6～7位数字：发证机关代码；

31个省、自治区、直辖市发证机关的编码规则分别为：

01北京，02天津，03河北，04山西，05内蒙古，06辽宁 07吉林，08黑龙江，09上海，10江苏，11浙江，12安徽，13福建，14江西，15山东，16河南，17湖北，18湖南，19广东，20广西，21海南，22重庆，23四川，24贵州，25云南，26西藏，27陕西，28甘肃，29青海，30宁夏，31新疆，国家认监委代码为00。

第8～11位为数字：发证流水号。

三、食品检验机构资质认定标志为CMA Ⓕ（格式见附件2）。

标志的含义：沿用中国实验室资质认定的CMA标志；右下角Ⓕ中的F是英文Food的第一个大写字母，表明食品检验机构资质认定。

标志的整个图形由字母CMA和Ⓕ组成。C上下对称，MA在C内上下居中；Ⓕ的左切线与C的右边线重合；Ⓕ的下切线与CMA的下切线在同一水平线上。其他以图上所标尺寸为准。

标志的规格：标志使用时，可酌情按设计尺寸的等比例缩放。

标志的颜色：在正式采用标志时（如广告、包装、打印文件等），其颜色应印制成红色。色值为：C：0；M：100；Y：100；K：10。

四、取得《食品检验机构资质认定证书》的检验机构，在批准的能力范围内开展检验活动时，可在其检验报告上使用此标志。标志应印在检验报告封面页的左上方，并在标志下印上获得批准的证书号。

五、食品检验资质认定证书及标志自发布之日起正式启用。

附件：1.食品检验机构资质认定证书格式（略）

2.食品检验机构资质认定标志格式（略）

二〇一一年三月十六日

关于获得2010年认监委能力验证满意结果实验室名单的公告

2011年第6号

国家认监委2010年实验室能力验证所有项目均已顺利实施完毕，并通过专家总结验收。现将参加2010年国家认监委组织的能力验证项目并取得满意结果的实验室名单予以公布（见附件）。

根据有关规定，对取得满意结果的实验室，计入实验室参加能力验证活动的记录，并在2011至2012年度进行资质认定（计量认证/审查认可）、验收（授权）或实验室认可评审时，可以免除该项目的现场实验。

附件：获得2010年国家认监委能力验证满意结果实验室名单

二〇一一年四月二十七日

附件:

2010年国家认监委能力验证结果满意实验室名单

一、 蜂蜜中喹诺酮类药物残留测定能力验证项目（41家）

编号	机构名称	备注（满意参数）
1	云南出入境检验检疫局技术中心食品检验实验室	环丙沙星、诺氟沙星
2	厦门出入境检验检疫局检验检疫技术中心	环丙沙星、诺氟沙星
3	重庆出入境检验检疫局食品卫生理化实验室	环丙沙星、诺氟沙星
4	辽宁出入境检验检疫局检验检疫技术中心	环丙沙星、诺氟沙星
5	山东出入境检验检疫局检验检疫技术中心	环丙沙星、诺氟沙星
6	珠海出入境检验检疫局检验检疫技术中心	环丙沙星、诺氟沙星
7	广西出入境检验检疫局检验检疫技术中心	环丙沙星、诺氟沙星
8	上海出入境检验检疫局动植物与食品检验检疫技术中心	环丙沙星、诺氟沙星
9	吉林出入境检验检疫局检验检疫技术中心	环丙沙星、诺氟沙星
10	河北出入境检验检疫局检验检疫技术中心	环丙沙星、诺氟沙星
11	湖北出入境检验检疫局检验检疫技术中心	环丙沙星、诺氟沙星
12	浙江出入境检验检疫局检验检疫技术中心动植物检疫实验室	环丙沙星、诺氟沙星
13	河南出入境检验检疫局检验检疫技术中心	环丙沙星、诺氟沙星
14	黑龙江出入境检验检疫局检验检疫技术中心	环丙沙星、诺氟沙星
15	宁夏出入境检验检疫局检验检疫综合技术中心	环丙沙星、诺氟沙星
16	江西出入境检验检疫局检验检疫综合技术中心	环丙沙星、诺氟沙星
17	四川出入境检验检疫局检验检疫技术中心	环丙沙星、诺氟沙星
18	湛江出入境检验检疫局技术中心	环丙沙星、诺氟沙星
19	秦皇岛出入境检验检疫局技术中心	环丙沙星、诺氟沙星
20	盐城出入境检验检疫局综合检测中心	环丙沙星、诺氟沙星
21	宁波出入境检验检疫局技术中心	环丙沙星、诺氟沙星
22	湖南出入境检验检疫局	环丙沙星、诺氟沙星
23	吉林省产品质量监督检验院	环丙沙星、诺氟沙星
24	山东省产品质量监督检验研究院	环丙沙星、诺氟沙星
25	天津市产品质量监督检测技术研究院	环丙沙星、诺氟沙星
26	上海市质量监督检验技术研究院	环丙沙星、诺氟沙星
27	广州市质量监督检测研究院	环丙沙星、诺氟沙星
28	成都市质量监督检测研究院	环丙沙星、诺氟沙星
29	福建省中心检验所	环丙沙星、诺氟沙星
30	国家副食品质量监督检验中心/国贸食品科学研究所	环丙沙星、诺氟沙星

续表

编号	机构名称	备注（满意参数）
31	江苏省产品质量监督检验研究院	环丙沙星、诺氟沙星
32	湖北省产品质量监督检验研究院	环丙沙星、诺氟沙星
33	河北省食品质量监督检验研究院	环丙沙星、诺氟沙星
34	浙江省质量技术监督检测研究院	环丙沙星、诺氟沙星
35	农业部畜禽产品质量安全监督检验测试中心（青岛）	环丙沙星、诺氟沙星
36	农业部畜禽产品质量安全监督检验测试中心（南京）	环丙沙星、诺氟沙星
37	农业部畜禽产品质量安全监督检验测试中心（郑州）	环丙沙星、诺氟沙星
38	南京中谱检测有限公司	环丙沙星、诺氟沙星
39	杭州蜂之语蜂业股份有限公司检测中心	环丙沙星、诺氟沙星
40	新日本检定协会（日本）	环丙沙星、诺氟沙星
41	江苏省食品药品检验所	环丙沙星、诺氟沙星

二、茶叶中铜、镉等重金属的测定能力验证项目（142家）

编号	机构名称	备注（满意参数）
1	国家食品质量安全监督检验中心/北京市海淀区产品质量监督检验所	铜，镉
2	农业部食品质量监督检验测试中心（上海）/上海市动物疫病预防控制中心	铜，镉
3	云南省大理州综合技术检测中心	铜，镉
4	江西省产品质量监督检测院	铜，镉
5	广西桂林出入境检验检疫局综合实验室	铜，镉
6	上海市质量监督检验技术研究院	铜，镉
7	江苏出入境检验检疫局动植物中心食品实验室	铜，镉
8	新疆昌吉回族自治州产品质量检验所	铜，镉
9	大理出入境检验检疫局综合技术中心	铜，镉
10	青海省产品质量监督检验所	铜，镉
11	阿克苏出入境检验检疫局综合实验室	铜，镉
12	福建省中心检验所	铜，镉
13	汕头出入境检验检疫局技术中心食品实验室	铜，镉
14	南京市产品质量监督检验院	铜，镉
15	农业部环境质量监督检验测试中心（天津）	铜，镉
16	北京市产品质量监督检验所	铜，镉
17	长沙市食品质量安全监督检测中心/中国商业联合会农副商（产）品质量监督检验测试中心（长沙）	铜，镉
18	天津市药品检验所	铜，镉
19	广西壮族自治区产品质量监督检验院	铜，镉
20	山东省茶叶质量监督检验站/日照市质量技术监督局	铜，镉
21	湖南省食品测试分析中心	铜，镉
22	广州市质量监督检测研究院	铜，镉
23	新疆巴音郭楞蒙古自治州疾病预防控制中心	铜，镉
24	温州出入境检验检疫技术中心	铜，镉
25	潮州市疾病预防控制中心	铜，镉
26	上海市南汇区计量质量检测所食品实验室	铜，镉
27	国家轻工业食品质量检测上海站/上海源本食品质量检验有限公司	铜，镉
28	北京市西城区疾病预防控制中心	铜，镉
29	江苏省产品质量监督检验研究院（南京）	铜，镉
30	上海市崇明县计量质量检测所	铜，镉
31	安徽出入境检验检疫局技术中心化学分中心	铜，镉
32	四川省产品质量监督检验检测院	铜，镉
33	四川出入境检验检疫局检验检疫技术中心	铜，镉
34	涪陵出入境检验检疫局综合实验室	铜，镉
35	吉林省产品质量监督检验院	铜，镉
36	北京出入境检验检疫局检验检疫技术中心	铜，镉
37	大庆市绿色农产品监测中心	铜，镉
38	湖州出入境检验检疫局综合技术服务中心综合实验室	铜，镉
39	海南省产品质量监督检验所	铜，镉
40	农业部农产品质量监督检验测试中心（昆明）	铜，镉
41	河北出入境检验检疫局检验检疫技术中心	铜，镉

续表

编号	机构名称	备注(满意参数)
42	浙江省检验检疫科学技术研究院食品安全实验室/浙江出入境检验检疫局检验检疫技术中心	铜,镉
43	国家茶叶质量监督检验中心(福建)/安溪县乌龙茶质量检测中心站	铜,镉
44	宁波市产品质量监督检验研究院	铜,镉
45	中华全国供销总社广州蜂产品质量监督检验测试中心/广州市蜂产品研究所	铜
46	中国肉类食品综合研究中心检验实验室	铜,镉
47	农业部食品质量监督检验测试中心(佳木斯)/黑龙江省农垦科学院	铜,镉
48	金华出入境检验检疫局技术中心	铜,镉
49	杭州市余杭区农产品监测中心	铜,镉
50	宝应县产品质量监督检验所	铜,镉
51	黑龙江出入境检验检疫局检验检疫技术中心	铜,镉
52	岳阳出入境检验检疫局农畜食品综合实验室	铜,镉
53	开平出入境检验检疫局综合技术服务中心综合实验室	铜,镉
54	广东省微生物分析检测中心	铜,镉
55	国家水产品质量监督检验中心/中国水产科学研究院黄海水产研究所检测实验室	铜,镉
56	贵港市疾病预防控制中心	铜,镉
57	吉林出入境检验检疫局检验检疫技术中心	铜,镉
58	中国验证认证集团山东检测有限公司	铜,镉
59	农业部食品质量监督检验测试中心(成都)	铜,镉
60	辽宁省锦州市产品质量监督检验所	铜,镉
61	厦门出入境检验检疫局技术中心	铜,镉
62	广东省潮州市质量计量监督检测所	铜,镉
63	中检(澳门)检验分析有限公司	铜,镉
64	北京市昌平区疾病预防控制中心	铜,镉
65	河南出入境检验检疫技术中心	铜,镉
66	农业部农产品质量监督检验测试中心(郑州)	铜,镉
67	汉中市产品质量监督检验所	铜,镉
68	德宏出入境检验检疫局检验检疫综合服务中心综合实验室	铜,镉
69	库尔勒出入境检验检疫局综合实验室	铜,镉
70	广东出入境检验检疫局检验检疫技术中心食品实验室	铜,镉
71	通标标准技术服务(上海)有限公司检测中心	铜,镉
72	广东省产品质量监督检验研究院	铜,镉
73	国家副食品质量监督检验中心/国贸食品科学研究所	铜,镉
74	河北省疾病预防控制中心/河北省卫生检测中心/河北省医学科学院	铜,镉
75	山东出入境检验检疫局检验检疫技术中心	铜,镉
76	深圳市计量质量检测研究院	铜,镉
77	天津市产品质量监督检测技术研究院	铜,镉
78	农业部农产品质量安全监督检验测试中心(杭州)/农业部农药残留质量监督检验测试中心(杭州)/浙江省农药检定管理所	铜,镉
79	新疆伊犁出入境检验检验局综合技术服务中心综合实验室	铜,镉
80	重庆市计量质量检测研究院	铜,镉
81	山东省产品质量监督检验研究院	铜,镉
82	江门市出入境检验检疫局检验检疫技术中心	铜,镉
83	内蒙古自治区产品质量检验所	铜,镉
84	农业部农产品质量监督检验测试中心(乌鲁木齐)/新疆农业科学院	铜,镉
85	东兴出入境检验检疫局检验检疫综合实验室	铜,镉
86	雅安市产品质量监督检验所	铜,镉
87	深圳出入境检验检疫局食品检验检疫技术中心	铜,镉
88	济南市产品质量监督检验所/济南市质监局食品质量监督检验中心	铜,镉
89	重庆出入境检验检疫局技术中心	铜,镉
90	湖北出入境检验检疫局技术中心	铜,镉
91	云南省产品质量监督检验研究院/国家热带农副产品质量监督检验中心	铜,镉
92	成都市产品质量监督检验院	铜,镉
93	喀什出入境检验检疫局综合技术服务中心综合实验室	铜,镉
94	辽宁省产品质量监督检验院	铜,镉
95	沈阳产品质量监督检验院	铜,镉
96	哈尔滨市产品质量监督检验院	铜,镉
97	湖北省产品质量监督检验研究院	铜,镉
98	舟山市质量技术监督检测院/国家海洋食品质量监督检验中心	铜,镉

续表

编号	机构名称	备注(满意参数)
99	北京市茶叶质量监督检验站	铜,镉
100	乌鲁木齐市疾病预防控制中心	铜,镉
101	农业部食品质量监督检验测试中心(湛江)	铜,镉
102	湖南省食品质量监督检测所	铜,镉
103	上海市副食品质量监督检验站	铜,镉
104	通标标准技术服务有限公司青岛分公司检测中心	铜,镉
105	德阳市产品质量监督检验所	铜,镉
106	大连市产品质量监督检验所	铜,镉
107	天津出入境检验检疫局动植物与食品检测中心	铜,镉
108	泉州出入境检验检疫局综合检测中心	铜,镉
109	上海金山区计量质量检测所	铜,镉
110	上海市粮油制品质量监督检验站	铜,镉
111	珠海出入境检验检疫局技术中心	铜,镉
112	江苏省产品质量监督检验研究院(溧阳)	铜,镉
113	广西出入境检验检疫局检验检疫技术中心	铜,镉
114	国家农副加工食品质量监督检验中心/安徽国家农业标准化与监测中心	铜,镉
115	上海市奉贤区计量质量检测所	铜,镉
116	福建出入境检验检疫局检验检疫技术中心	铜,镉
117	贵州出入境检验检疫局检验检疫综合技术中心	铜,镉
118	北京市昌平区产品质量监督检验所	铜,镉
119	农业部食品质量监督检验测试中心(杨凌)	铜,镉
120	宁夏回族自治区食品检测中心	铜,镉
121	宜宾市产品质量监督检验所	铜,镉
122	农业部农业环境质量监督检验测试中心(昆明)/云南省农业环境保护监测站	铜,镉
123	成都市成华区疾病预防控制中心	铜,镉
124	国家轻工业农品质量监督检测天津站	铜,镉
125	中山出入境检验检疫局检验检疫技术中心	铜,镉
126	福建省古田县产品质量检验所	铜,镉
127	广州金域医学检验中心有限公司	铜,镉
128	江西省疾病预防控制中心	铜,镉
129	江西检验检疫局检验检疫综合技术中心	铜,镉
130	云南省分析测试中心	铜,镉
131	农业部农产品质检中心(贵阳)	铜,镉
132	贵州省农产品质检中心	铜,镉
133	中国检验检疫科学研究院综合检测中心	铜,镉
134	东莞出入境检验检疫局检验检疫综合技术中心	铜,镉
135	广东省质量监督茶叶检验站	铜,镉
136	浙江省质量技术监督检测研究院/浙江方圆检测集团股份有限公司	铜,镉
137	湖南省出入境检验检疫局检验检疫技术中心	铜,镉
138	黑龙江绥芬河检验检疫局综合技术中心	镉
139	农业部热带农产品质量监督检验测试中心	铜
140	克拉玛依市独山子区疾病预防控制中心	铜
141	新疆克拉玛依市疾病预防控制中心	铜
142	农业部食品质量监督检验测试中心(济南)	铜

三、矿泉水中溴酸盐含量测定能力验证项目(100家)

编号	机构名称	编号	机构名称
1	国家农副加工食品质量监督检验中心/安徽国家农业标准化与监测中心	9	北京市理化分析测试中心
2	北京市昌平区疾病预防控制中心	10	国家食品质量安全监督检验中心/北京市海淀区产品质量监督检验中心
3	中国检验检疫科学研究院综合检测中心	11	国家城市供水水质监测网福州监测站/福州市自来水有限公司
4	北京市朝阳区疾病预防控制中心	12	福建省出入境检验检疫局技术中心
5	北京市产品质量监督检验所	13	福建省中心检验所
6	北京出入境检验检疫局检验检疫技术中心	14	福建省宁德市产品质量检验所
7	中国食品发酵工业院研究院检验实验室/中国食品发酵工业院研究院	15	漳州出入境检验检疫局农产品食品实验室/漳州出入境检验检疫局
8	北京市崇文区疾病预防控制中心	16	厦门出入境检验检疫局技术中心食品理化实验室

续表

编号	机构名称	编号	机构名称
17	广州市质量监督检测研究院	59	辽宁省产品质量监督检验院
18	广州市城市排水监测站	60	辽宁出入境检验检疫技术中心庄河分中心
19	深圳市计量质量检测研究院	61	内蒙古自治区产品质量检验所
20	广东产品质量监督检验研究院	62	国家城市供水水质监测网银川监测站/银川市自来水总公司
21	通标标准技术服务有限公司广州分公司检测中心	63	青海省产品质量监督检验所
22	广东省微生物分析检测中心	64	国家水质监测网西宁监测站
23	广东省疾病预防控制中心	65	青岛市产品质量监督检验所
24	深圳出入境检验检疫局食品检验检疫技术中心	66	山东省产品质量监督检验研究院
25	农业部食品质量监督检验测试中心（湛江）	67	中国检验认证集团山东检测有限公司
26	珠海出入境检验检疫局技术中心	68	山西省食品质量监督检验中心
27	广西贵港市疾病预防控制中心	69	山西出入境检验检疫局技术中心
28	广西柳州市产品质量监督检验所	70	陕西省产品质量监督检验所
29	广西壮族自治区产品质量监督检验院	71	陕西省饮用水产品质量监督检验站/陕西省地址矿产实验研究院
30	广西出入境检验检疫局技术中心	72	上海市浦东新区计量质量检测站
31	贵州省矿产品黄金宝石制品质量监督检验站/贵州省地质矿产中心实验室	73	统一企业（中国）投资有限公司昆山研究开发中心食品检测实验室/统一企业（中国）投资有限公司昆山研究开发中心
32	海南省产品质量监督检验所	74	上海市供水调度监测中心水质监测站
33	国家葡萄、葡萄酒质量监督检验中心（秦皇岛）/秦皇岛市产品质量监督检验所	75	上海市松江区疾病预防控制中心
34	河北出入境检验检疫局检验检疫技术中心	76	上海市质量监督检验技术研究院
35	石家庄市疾病预防控制中心	77	上海市疾病预防控制中心
36	河北省矿泉水产品质量监督检验站	78	四川出入境检验检疫局检验检疫技术中心
37	河南省产品质量监督检验院	79	成都市产品质量监督检验院
38	国土资源部郑州矿产资源监督检测中心	80	四川省产品质量监督检验检测院
39	哈尔滨市产品质量监督检验院	81	德阳市产品质量监督检验所
40	湖北省黄石市产品质量监督检验所	82	蓟县产品质量监督检验所
41	湖北省产品质量监督检验研究院	83	天津市产品质量监督检测技术研究院
42	湖北出入境检验检疫局技术中心工业品检验所	84	天津出入境检验检疫局动植物与食品检测中心
43	农业部食品质量监督检验测试中心（武汉）	85	西藏出入境检验检疫局检验检疫技术中心
44	湖南省食品质量监督检测所	86	云南省产品质量监督检验研究所/国家热带农副产品质量监督检验中心/云南省产品质量监督检验研究院
45	湖南出入境检验检疫局技术中心	87	云南省大理州综合技术中心
46	湖南省产商品质量监督检验院	88	云南出入境检验检疫局技术中心食品实验室
47	国家城市供水水质监测网株洲监检测站	89	宁波市产品质量监督检验研究院
48	国家饮用水产品质量监督检验中心/白山市产品质量检验所	90	宁波出入境检验检疫局技术中心
49	吉林省产品质量监督检验院	91	浙江省城市供水水质监测网绍兴监测站/绍兴市水务集团有限公司
50	国家果酒及果蔬饮品质量监督检验中心	92	国家水产品及加工食品质量监督检验中心/杭州市质量技术监督检测院
51	江苏省产品质量监督检验研究院	93	浙江省检验检疫科学技术研究院食品安全实验室/浙江出入境检验检疫局检验检疫技术中心
52	南京市产品质量监督检验院	94	浙江省饮用水质量检验中心/淳安县质量计量监测中心
53	江苏出入境检验检疫局动植食中心食品实验室	95	温州市质量技术监督检测院
54	国家洗漱用品质量监督检验中心/扬州市产品质量监督检验所	96	舟山市质量技术监督检测院
55	江西省产品质量监督检测院	97	重庆市计量质量检测研究院
56	大连市产品质量监督检验所	98	重庆出入境检验检疫局技术中心
57	沈阳产品质量监督检验院	99	浙江省质量技术监督检测院/浙江方圆检测集团股份有限公司
58	鞍山市城市供水水质检测中心	100	河北省食品质量监督检验研究院/国家果类及农副加工产品质量监督检验中心

四、蔬菜中毒死蜱、嘧霉胺等农药残留检测能力验证项目(106家)

编号	机构名称	备注(满意参数)
1	重庆出入境检验检疫局技术中心	毒死蜱
2	吉林出入境检验检疫局检验检疫技术中心	毒死蜱
3	三明出入境检验检疫局综合技术服务中心理化微生物实验室	毒死蜱
4	韶关出入境检验检疫局综合技术服务中心综合实验室	毒死蜱
5	太仓市农产品质量监督检验测试中心	毒死蜱
6	杭州市余杭区农产品监测中心	毒死蜱
7	宁波市产品质量监督检验研究院	毒死蜱
8	莱州市出入境检验检疫局综合实验室	毒死蜱
9	上海市松江区食用农产品安全监督检测中心	毒死蜱
10	北京市理化分析测试中心	毒死蜱
11	上海出入境检验检疫局动植物与食品检验检疫技术中心	毒死蜱
12	熙可农残检测实验室	毒死蜱
13	深圳市计量质量检测研究院	毒死蜱
14	安徽出入境检验检疫局技术中心化学分中心	毒死蜱
15	北京市产品质量监督检验所	毒死蜱
16	中国商业联合会农副商(产)品质量监督检验测试中心(长沙)/长沙市食品质量安全监督检测中心	毒死蜱
17	江苏省产品质量监督检验研究院	毒死蜱
18	江苏省产品质量监督检验研究院	毒死蜱
19	河南省产品质量监督检验院	毒死蜱
20	甘肃省产品质量监督检验中心	毒死蜱
21	沈阳产品质量监督检验院	毒死蜱
22	湖北省产品质量监督检验院	毒死蜱
23	中国食品发酵工业院研究院检验实验室	毒死蜱
24	山东省产品质量监督检验研究院	毒死蜱
25	农业部食品质量监督检验测试中心(佳木斯)	毒死蜱
26	山东省农业科学院中心实验室	毒死蜱
27	上海市崇明县计量质量检测所	毒死蜱
28	上海市青浦区农业委员会食用农产品检测中心	毒死蜱
29	增城出入境检验检疫局综合技术服务中心综合实验室	毒死蜱
30	农业部农产品质量监督检验测试中心(深圳)/深圳市无公害农产品质量监督检验站	毒死蜱
31	四川省产品质量监督检验检测院	毒死蜱
32	国家水产品及加工食品质量监督检验中心/杭州市质量技术监督检测院	毒死蜱
33	天津市产品质量监督检测技术研究院	毒死蜱
34	广西出入境检验检疫局检验检疫技术中心	毒死蜱
35	南京市产品质量监督检验院	毒死蜱
36	舟山市质量技术监督检测院(国家海洋食品质量监督检验中心)	毒死蜱
37	辽宁出入境检验检疫局技术中心庄河分中心	毒死蜱
38	湖南出入境检验检疫局检验检疫技术中心	毒死蜱
39	济南市产品质量监督检验所	毒死蜱
40	湖南省无公害蔬菜监测中心/长沙市农产品质量监测中心	毒死蜱
41	承德出入境检验检疫局综合实验室	毒死蜱
42	上海市疾病预防控制中心	毒死蜱
43	东莞市东正农产品检测有限公司	毒死蜱
44	汕头出入境检验检疫局技术中心食品检测实验室	毒死蜱
45	江门检验检疫局检验检疫技术中心	毒死蜱
46	国家质检总局食品安全重点实验室/中国检验检疫科学研究院	毒死蜱
47	江苏出入境检验检疫局动植食中心食品实验室	毒死蜱、嘧霉胺、乙草胺
48	云南出入境检验检疫局技术中心食品检验实验室	毒死蜱、嘧霉胺、乙草胺
49	河北出入境检验检疫局检验检疫技术中心	毒死蜱、嘧霉胺、乙草胺
50	农业部环境质量监督检验测试中心(天津)	毒死蜱、嘧霉胺、乙草胺
51	天津出入境检验检疫局动植物与食品检测中心	毒死蜱、嘧霉胺、乙草胺
52	中山出入境检验检疫局技术中心	毒死蜱
53	湖北出入境检验检疫局技术中心	毒死蜱、嘧霉胺、乙草胺
54	秦皇岛出入境检验检疫局检验检疫技术中心	毒死蜱、嘧霉胺、乙草胺
55	宁波出入境检验检疫局技术中心	毒死蜱、嘧霉胺、乙草胺
56	中国检验检疫科学研究院综合检测中心	毒死蜱、嘧霉胺、乙草胺

续表

编号	机构名称	备注(满意参数)
57	金华出入境检验检疫局技术中心	嘧霉胺、乙草胺
58	厦门出入境检验检疫局检验检疫技术中心(同安分中心)	毒死蜱、嘧霉胺
59	国家副食品质量监督检验中心/国贸食品科学研究所	毒死蜱、嘧霉胺、乙草胺
60	广州市质量监督检测研究院	毒死蜱、嘧霉胺、乙草胺
61	农业部农产品质量监督检验测试中心(昆明)	毒死蜱、嘧霉胺、乙草胺
62	绍兴出入境检验检疫局综合技术服务中心	毒死蜱
63	山西出入境检验检疫局技术中心	毒死蜱、乙草胺
64	上海市副食品质量监督检验站	毒死蜱
65	国家蔬菜质量监督检验中心/潍坊市产品质量监督检验所	毒死蜱
66	农业部食品质量监督检验测试中心(湛江)	毒死蜱、嘧霉胺、乙草胺
67	上海市金山区计量质量检测所	毒死蜱
68	青岛市产品质量监督检验所	毒死蜱、乙草胺
69	吉林省产品质量监督检验院	毒死蜱、嘧霉胺、乙草胺
70	农业部农产品质量安全监督检验测试中心(大连)	毒死蜱、嘧霉胺、乙草胺
71	宁波出入境检验检疫局技术中心奉化分中心	毒死蜱、嘧霉胺、乙草胺
72	内蒙古出入境检验检疫局技术中心	毒死蜱、嘧霉胺、乙草胺
73	荣成出入境检验检疫局综合实验室	毒死蜱、乙草胺
74	农业部农产品质量监督检验测试中心(沈阳)	毒死蜱、嘧霉胺、乙草胺
75	江西检验检疫局检验检疫综合技术中心	毒死蜱、嘧霉胺、乙草胺
76	农业部农产品质量监督检验测试中心(乌鲁木齐)	毒死蜱、嘧霉胺、乙草胺
77	河南出入境检验检疫局检验检疫技术中心	毒死蜱、嘧霉胺、乙草胺
78	福建出入境检验检疫局检验检疫技术中心	毒死蜱、嘧霉胺、乙草胺
79	农业部食品质量监督检验测试中心(上海)	毒死蜱、嘧霉胺
80	滨州出入境检验检疫局综合实验室	毒死蜱、嘧霉胺、乙草胺
81	青岛捷安信检验技术服务有限公司	毒死蜱、嘧霉胺、乙草胺
82	陕西出入境检验检疫局技术中心食品室	毒死蜱、嘧霉胺、乙草胺
83	珠海出入境检验检疫局检验检疫技术中心	毒死蜱、嘧霉胺、乙草胺
84	慈溪出入境检验检疫局食化实验室	毒死蜱
85	贵州省农产品质量安全监督检验测试中心	毒死蜱、嘧霉胺、乙草胺
86	辽宁出入境检验检疫局检验检疫技术中心丹东分中心	毒死蜱、嘧霉胺、乙草胺
87	深圳出入境检验检疫局食品检验检疫技术中心	毒死蜱、嘧霉胺、乙草胺
88	烟台出入境检验检疫局检验检疫技术中心	毒死蜱、嘧霉胺、乙草胺
89	厦门出入境检验检疫局检验检疫技术中心	毒死蜱、嘧霉胺
90	喀什出入境检验检疫局综合技术服务中心综合实验室	毒死蜱
91	农业部农产品质量监督检验测试中心(郑州)	毒死蜱
92	农业部热带农产品质量监督检验测试中心	毒死蜱、嘧霉胺
93	国家食品质量安全监督检验中心/北京市海淀区产品质量监督检验所	毒死蜱、嘧霉胺
94	聊城出入境检验检疫局综合实验室	毒死蜱、嘧霉胺
95	北京出入境检验检疫局检验检疫技术中心	毒死蜱、嘧霉胺、乙草胺
96	广东出入境检验检疫技术中心食品实验室	毒死蜱、乙草胺
97	四川出入境检验检疫局技术中心	毒死蜱、乙草胺
98	黑龙江出入境检验检疫局检验检疫技术中心	毒死蜱、嘧霉胺、乙草胺
99	成都市产品质量监督检验院	毒死蜱、乙草胺
100	上海市质量监督检验技术研究院	毒死蜱、乙草胺
101	云南省产品质量监督检验研究院/国家热带农副产品质量监督检验中心	毒死蜱、乙草胺
102	龙口出入境检验检疫局综合技术服务中心	毒死蜱、乙草胺
103	绥芬河出入境检验检疫局技术中心食品理化室	乙草胺
104	盐城出入境检验检疫局综合检测中心	毒死蜱
105	青岛顺昌食品有限公司	毒死蜱、嘧霉胺、乙草胺
106	农业部检测中心贵阳	毒死蜱、嘧霉胺、乙草胺

五、果汁中多菌灵和阿维菌素检测能力验证项目（63家）

编号	机构名称	备注（满意参数）
1	沧州出入境检验检疫局综合实验室/沧州出入境检验检疫局	多菌灵、阿维菌素
2	河南出入境检验检疫局检验检疫技术中心	多菌灵、阿维菌素
3	河北出入境检验检疫局检验检疫技术中心	多菌灵、阿维菌素
4	国家农副加工食品质量监督检验中心/安徽国家农业标准化与监测中心	多菌灵、阿维菌素
5	天津出入境检验检疫局动植物与食品检测中心	多菌灵、阿维菌素
6	农业部环境质量监督检验测试中心（天津）	多菌灵、阿维菌素
7	重庆出入境检验检疫局技术中心	多菌灵、阿维菌素
8	江苏出入境检验检疫局动植食中心食品实验室	多菌灵、阿维菌素
9	云南出入境检验检疫局技术中心食检室	多菌灵、阿维菌素
10	广东出入境检验检疫技术中心食品实验室	多菌灵
11	国家果类及农副加工产品质量监督检验中心	多菌灵、阿维菌素
12	盐城出入境检验检疫局综合检测中心	多菌灵
13	山西出入境检验检疫局技术中心	多菌灵、阿维菌素
14	邢台出入境检验检疫局	多菌灵、阿维菌素
15	浙江省检验检疫科学技术研究院食品安全实验室	多菌灵、阿维菌素
16	吉林省产品质量监督检验院	多菌灵、阿维菌素
17	深圳市计量质量检测研究院	多菌灵
18	湖北省产品质量监督检验研究院	多菌灵、阿维菌素
19	绥芬河出入境检验检疫局技术中心食品理化室	多菌灵、阿维菌素
20	青海省产品质量监督检验所	多菌灵、阿维菌素
21	山东出入境检验检疫局检验检疫技术中心	多菌灵、阿维菌素
22	江西检验检疫局检验检疫综合技术中心	多菌灵
23	福建出入境检验检疫局检验检疫技术中心	多菌灵、阿维菌素
24	河南省产品质量监督检验院	多菌灵
25	农业部农产品质量监督检验测试中心（昆明）	多菌灵、阿维菌素
26	喀什出入境检验检疫局综合技术服务中心综合实验室	多菌灵、阿维菌素
27	国家食品质量安全监督检验中心/北京市海淀区产品质量监督检验所	多菌灵、阿维菌素
28	江西省产品质量监督检测院	多菌灵
29	农业部农产品质量监督检验测试中心/新疆农业科学院	多菌灵、阿维菌素
30	中国检验认证集团山东检测有限公司	多菌灵、阿维菌素
31	台州出入境检验检疫局检验检疫技术检测中心/台州出入境检验检疫局	多菌灵、阿维菌素
32	兵团食品质量检验测试中心/新疆农垦科学院	多菌灵
33	农业部枸杞产品质量监督检验测试中心/宁夏农林科学院	多菌灵、阿维菌素
34	黑龙江省质量监督检测研究院	多菌灵、阿维菌素
35	山东省产品质量监督检验研究院	多菌灵
36	吉林出入境检验检疫局检验检疫技术中心	多菌灵、阿维菌素
37	农业部食品质量监督检验测试中心（湛江）	多菌灵、阿维菌素
38	北京出入境检验检疫局检验检疫技术中心	多菌灵、阿维菌素
39	宁波出入境检验检疫局检验检疫技术中心	多菌灵、阿维菌素
40	深圳出入境检验检疫局食品检验检疫技术中心	多菌灵、阿维菌素
41	宁波市产品质量监督检验研究院	多菌灵
42	中华人民共和国厦门出入境检验检疫局检验检疫技术中心	多菌灵、阿维菌素
43	上海市质量监督检验技术研究院	多菌灵、阿维菌素
44	珠海出入境检验检疫局技术中心	多菌灵
45	成都市产品质量监督检验院	多菌灵
46	国家果酒及蔬菜饮品质量监督检验中心	多菌灵、阿维菌素
47	福建省中心检验所	多菌灵、阿维菌素
48	大连市产品质量监督检验所/大连市产品质量监督检验所	多菌灵
49	新疆伊犁出入境检验检疫局综合技术服务中心综合实验室/伊犁出入境检验检疫局综合技术服务中心	多菌灵、阿维菌素
50	云南省产品质量监督检验研究院、国家热带农副产品质量监督检验中心/云南省产品质量监督检验研究院	多菌灵、阿维菌素
51	湖南出入境检验检疫局技术中心食品安全实验室	多菌灵、阿维菌素
52	国家水产品及加工食品质量监督检验中心/杭州市质量技术监督检测院	多菌灵
53	青岛诚誉食品检测有限公司	多菌灵、阿维菌素
54	上海市崇明县计量质量检测所	多菌灵、阿维菌素
55	农业部食品质量监督检验测试中心（上海）/上海市动物疫病预防控制中心	多菌灵、阿维菌素
56	慈溪出入境检验检疫局食化实验室/慈溪出入境检验检疫局综合技术服务中心	多菌灵

续表

编号	机构名称	备注（满意参数）
57	承德出入境检验检疫局综合实验室/承德出入境检验检疫局	阿维菌素
58	上海市疾病预防控制中心/上海市预防医学研究院/上海疾控安全健康保健评价中心	多菌灵
59	上海市农业科学院农产品质量标准与检测技术研究所/上海市农业科学院	多菌灵
60	辽宁出入境检验检疫局检验检疫技术中心丹东分中心	多菌灵、阿维菌素
61	中国检验检疫科学研究院综合检测中心	多菌灵、阿维菌素
62	浙江省质量技术监督检测研究院/浙江方圆检测集团股份有限公司	多菌灵、阿维菌素
63	漳州出入境检验检疫局农产品、食品实验室/漳州出入境检验检疫局	多菌灵、阿维菌素

六、乳制品中阪崎肠杆菌定性检测能力验证项目（99家）

编号	机构名称	编号	机构名称
1	深圳出入境检验检疫局食品检验检疫技术中心微生物实验室	36	厦门出入境检验检疫局检验检疫技术中心
2	江门检验检疫局技术中心	37	浙江省衢州出入境检验检疫局综合实验室
3	河南检验检疫局技术中心微生物实验室	38	吉林省疾病预防控制中心
4	内蒙古出入境检验检疫局检验检疫技术中心	39	广西壮族自治区疾病预防控制中心
5	安徽出入境检验检疫局生物技术分中心	40	宁夏回族自治区疾病预防控制中心
6	新疆出入境检验检疫局技术中心动植检室	41	安徽省疾病预防控制中心
7	大连市甘井子区疾病预防控制中心微生物实验室	42	四川省疾病预防控制中心微生物检验所
8	湖北出入境检验检疫局技术中心	43	陕西省疾病预防控制中心
9	陕西出入境检验检疫局检验检疫技术中心	44	广东省疾病预防控制中心
10	福建出入境检验检疫局检验检疫技术中心	45	山西省疾病预防控制中心
11	浙江省检验检疫科学技术研究院 微生物室	46	河北省疾病预防控制中心/河北省卫生监测中心/河北省医学科学院/河北省职业病防治院
12	北京出入境检验检疫局检验检疫技术中心	47	山东省疾病预防控制中心
13	云南出入境检验检疫局微生物检测中心实验室	48	河南省疾病预防控制中心
14	宁波出入境检验检疫局技术中心	49	江苏省疾病预防控制中心
15	江西检验检疫局检验检疫综合技术中心	50	乌鲁木齐市疾病预防控制中心
16	江苏出入境检验检疫局动检实验室	51	北京市昌平区疾病预防控制中心
17	山西出入境检验检疫局技术中心动植检实验室	52	上海市疾病预防控制中心/上海市预防医学研究院/上海疾控安全健康保健评价中心
18	辽宁出入境检验检疫局检验检疫技术中心生物科	53	重庆市计量质量检测研究院
19	黑龙江出入境检验检疫局检验检疫技术中心	54	四川省产品质量监督检验检测院
20	广东出入境检验检疫局检验检疫技术中心食品实验室	55	吉林省产品质量监督检验院
21	湖南出入境检验检疫局检验检疫技术中心	56	湖南省产商品质量监督检验院
22	宁夏出入境检验检疫局检验检疫综合技术中心	57	福建省中心检验所
23	广西出入境检验检疫局检验检疫技术中心	58	哈尔滨市产品质量监督检验院
24	海南出入境检验检疫局检验检疫技术中心	59	广州市质量监督检测研究院
25	重庆出入境检验检疫局技术中心	60	湖北省产品质量监督检验研究院
26	吉林出入境检验检疫局技术中心	61	国家农副加工食品质量监督检验中心/安徽国家农业标准化与监测中心
27	山东出入境检验检疫局检验检疫技术中心	62	国家副食品质量监督检验中心/国贸食品科学研究所
28	贵州出入境检验检疫局检验检疫综合技术中心	63	内蒙古自治区产品质量检验所
29	中国检验检疫科学研究院食品安全研究所	64	国家乳制品质量监督检验中心/黑龙江省乳品工业技术开发中心
30	张家港出入境检验检疫局综合技术中心	65	农业部乳品质量监督检验测试中心（北京）/北京奶牛中心
31	苏州出入境检验检疫局综合技术中心化妆品（食品）实验室	66	江西省产品质量监督检测院
32	中山出入境检验检疫局技术中心	67	沈阳产品质量监督检验院
33	汕头出入境检验检疫局检验检疫技术中心动物疫病检疫实验室	68	中国食品发酵工业研究院检验实验室/中国食品发酵工业研究院
34	黑河出入境检验检疫局检验检疫综合技术中心	69	南京市产品质量监督检验院
35	阿拉山口检验检疫局综合技术服务中心动植物食品纺织实验室	70	国家食品质量安全监督检验中心/北京市海淀区产品质量监督检验所

续表

编号	机构名称	编号	机构名称
71	山西省食品质量监督检验中心	86	圣元营养食品有限公司中心实验室/圣元营养食品有限公司
72	青海省产品质量监督检验所	87	上海天祥质量技术服务有限公司玩具及轻工产品部
73	山东省产品质量监督检验研究院	88	广东产品质量监督检验院
74	宁波市产品质量监督检验研究院	89	云南省产品质量监督检验研究院
75	深圳市计量质量检测研究院	90	温州市质量技术监督检测院
76	长沙市食品质量安全监督检测中心	91	农业部食品质量监督检验测试中心（上海）/上海市动物疫病预防控制中心
77	天津天狮集团有限公司检测中心	92	舟山市质量技术监督检测院
78	农业部乳品质量监督检验测试中心/天津市质量监督检验站第五十八站/天津市乳品食品监测中心	93	牡丹江市产品质量监督检验所
79	云南省大理州综合技术检测中心	94	上海市质量监督检验技术研究院
80	北京市产品质量监督检验所	95	明一（福建）婴幼儿营养品有限公司检测中心
81	广东雅士利集团股份有限公司中心实验室/广东雅士利集团股份有限公司	96	济南出入境检验检疫局检验检疫技术中心
82	通标标准技术服务（上海）有限公司检测中心/通标标准技术服务（上海）有限公司	97	石家庄市疾病预防控制中心（石家庄市卫生监测中心）
83	成都市产品质量监督检验院	98	广州金域医学检验中心有限公司/广州金域医学检验中心有限公司
84	陕西省产品质量监督检验所	99	农业部畜禽产品质量监督检验测试中心
85	广东省微生物分析检测中心		

七、饮料中碱性橙II染料检测能力验证项目（40家）

编号	机构名称	编号	机构名称
1	国家食品质量监督检验中心（北京）/北京市海淀区产品质量监督检验所	21	国家轻工业食品质量监督检测天津站
2	中国食品发酵工业研究院检验实验室/中国食品发酵工业研究院	22	国家农副产品质量监督检验中心（南京）/南京市产品质量监督检验院
3	国家食品质量监督检验中心（上海）/上海市质量监督检验技术研究院	23	浙江省疾病预防控制中心
4	广州市质量监督检测研究院	24	厦门市产品质量检验所
5	国家农业深加工产品质量监督检验中心/吉林省产品质量监督检验院	25	湖北省产品质量监督检验研究院
6	国家加工食品及添加剂质量监督检验中心/沈阳产品质量监督检验院	26	珠海出入境检验检疫局检验检疫技术中心
7	四川省产品质量监督检验检测院	27	广东省疾病预防控制中心
8	湖南省产商品质量监督检验院	28	北京市产品质量监督检验所
9	山东省产品质量监督检验研究院	29	重庆市计量质量检测研究院
10	江苏省产品质量监督检验研究院	30	武汉产品质量监督检验所
11	河北省食品质量监督检验研究院/国家果类及农副加工产品质量监督检验中心（河北）	31	青岛市产品质量监督检验所
12	河南省产品质量监督检验院	32	宁波市产品质量监督检验研究院
13	国家农副加工食品质量监督检验中心	33	宁波出入境检验检疫局技术中心
14	浙江省质量技术监督检测研究院/浙江方圆检测集团股份有限公司	34	成都市产品质量监督检验院
15	大连市产品质量监督检验所	35	上海市副食品质量监督检验站
16	福建省海洋环境与渔业资源监测中心	36	新会出入境检验检疫局综合技术服务中心综合检验检疫实验室
17	云南省大理州综合技术检测中心	37	上海市崇明县计量质量检测所
18	天津出入境检验检疫局动植物与食品检测中心	38	福建省工商行政管理局商品质量检验分局
19	湖北出入境检验检疫局	39	青海省产品质量监督检验所
20	国家副食品质量监督检验中心	40	新疆喀什出入境检验检疫局

八、猪肉中硝基呋喃类代谢物呋喃唑酮、呋喃它酮的检测能力验证项目(103家)

编号	机构名称	备注(满意参数)
1	中国检验检疫科学研究院综合检测中心	呋喃唑酮代谢物、呋喃它酮代谢物
2	厦门出入境检验检疫局技术中心	呋喃唑酮代谢物、呋喃它酮代谢物
3	北京出入境检验检疫局技术中心	呋喃唑酮代谢物、呋喃它酮代谢物
4	河南省兽药监察所[农业部畜禽产品质量安全监督检验测试中心(郑州)]	呋喃唑酮代谢物、呋喃它酮代谢物
5	广东出入境检验检疫局技术中心食品实验室	呋喃唑酮代谢物、呋喃它酮代谢物
6	天津市产品质量监督检测技术研究院	呋喃唑酮代谢物、呋喃它酮代谢物
7	青岛诚誉食品检测有限公司	呋喃唑酮代谢物、呋喃它酮代谢物
8	深圳出入境检验检疫局食品检验检疫技术中心	呋喃唑酮代谢物、呋喃它酮代谢物
9	江西检验检疫局检验检疫综合技术中心	呋喃唑酮代谢物、呋喃它酮代谢物
10	浙江出入境检验检疫局技术中心	呋喃唑酮代谢物、呋喃它酮代谢物
11	浙江省质量技术监督检测研究院/浙江方圆检测集体股份有限公司	呋喃唑酮代谢物、呋喃它酮代谢物
12	国家农副加工食品质量监督检测中心,国家农业标准化与监测中心(安徽)	呋喃唑酮代谢物、呋喃它酮代谢物
13	天津出入境检验检疫局动植物与食品检测中心	呋喃唑酮代谢物、呋喃它酮代谢物
14	湖北省产品质量监督检验研究院	呋喃唑酮代谢物、呋喃它酮代谢物
15	上海出入境检验检疫局动植物与食品检验检疫技术中心	呋喃唑酮代谢物、呋喃它酮代谢物
16	中国肉类食品综合研究中心检验实验室	呋喃唑酮代谢物、呋喃它酮代谢物
17	山东华食佳食品有限公司检测中心	呋喃唑酮代谢物、呋喃它酮代谢物
18	河南出入境检验检疫局检验检疫技术中心	呋喃唑酮代谢物、呋喃它酮代谢物
19	云南出入境检验检疫局技术中心	呋喃唑酮代谢物、呋喃它酮代谢物
20	农业部农产品质量监督检验测试中心(郑州)	呋喃唑酮代谢物、呋喃它酮代谢物
21	北京华都肉鸡公司检测中心	呋喃唑酮代谢物、呋喃它酮代谢物
22	甘肃出入境检验检疫局综合技术中心实验室	呋喃唑酮代谢物、呋喃它酮代谢物
23	国家食品质量安全监督检验中心、北京市海淀区产品质量监督检验所	呋喃唑酮代谢物、呋喃它酮代谢物
24	福建省中心检验所,福建省产品质量检验研究院	呋喃唑酮代谢物、呋喃它酮代谢物
25	四川检验检疫局技术中心南充综合实验室	呋喃唑酮代谢物、呋喃它酮代谢物
26	农业部食品质量监督检验测试中心(上海)、上海市动物疫病预防控制中心	呋喃唑酮代谢物、呋喃它酮代谢物
27	武汉产品质量监督检验所	呋喃唑酮代谢物、呋喃它酮代谢物
28	上海市疾病预防控制中心/上海市预防医学研究院/上海疾控安全健康保健评价中心	呋喃唑酮代谢物、呋喃它酮代谢物
29	海南照丰水产有限公司检测中心	呋喃唑酮代谢物、呋喃它酮代谢物
30	阳江万事达海洋食品有限公司检测中心	呋喃它酮代谢物
31	国家果类及农副加工产品质量监督检验中心/河北省食品质量监督检验研究院	呋喃唑酮代谢物、呋喃它酮代谢物
32	四川出入境检验检疫局技术中心	呋喃唑酮代谢物、呋喃它酮代谢物
33	成都市产品质量监督检验院	呋喃唑酮代谢物、呋喃它酮代谢物
34	四川出入境检验检疫局检验检疫技术中心内江综合实验室	呋喃它酮代谢物
35	吉林出入境检验检疫局技术中心	呋喃唑酮代谢物、呋喃它酮代谢物
36	东莞出入境检验检疫局技术中心	呋喃唑酮代谢物、呋喃它酮代谢物
37	南海出入境检验检疫局综合技术服务中心检测中心	呋喃唑酮代谢物、呋喃它酮代谢物
38	东山出入境检验检疫局综合技术服务中心农食水产品实验室	呋喃唑酮代谢物、呋喃它酮代谢物
39	潍坊检验检疫局技术中心	呋喃唑酮代谢物、呋喃它酮代谢物
40	莱阳安诺食品检测技术服务有限公司	呋喃唑酮代谢物、呋喃它酮代谢物
41	三明出入境检验检疫局综合技术服务中心理化微生物实验室	呋喃唑酮代谢物、呋喃它酮代谢物
42	南通出入境检验检疫局综合技术中心	呋喃唑酮代谢物、呋喃它酮代谢物
43	辽宁出入境检验检疫局技术中心色谱实验室	呋喃唑酮代谢物、呋喃它酮代谢物
44	嘉兴市农产品监测中心/嘉兴市产品质量监督检验所	呋喃唑酮代谢物、呋喃它酮代谢物
45	新疆出入境检验检疫局技术中心食品实验室	呋喃唑酮代谢物、呋喃它酮代谢物
46	福清出入境检验检疫局技术中心	呋喃唑酮代谢物、呋喃它酮代谢物
47	徐州出入境检验检疫局食品化矿(胶合板)实验室	呋喃唑酮代谢物、呋喃它酮代谢物
48	莆田出入境检验检疫局检验检疫技术中心	呋喃唑酮代谢物、呋喃它酮代谢物
49	辽宁出入境检验检疫局技术中心庄河分中心	呋喃唑酮代谢物、呋喃它酮代谢物
50	广东产品质量监督检验研究院	呋喃唑酮代谢物、呋喃它酮代谢物
51	诸城绿安检测有限公司	呋喃唑酮代谢物、呋喃它酮代谢物
52	中国检验认证集团山东检测有限公司	呋喃唑酮代谢物、呋喃它酮代谢物
53	江西省产品质量监督检测院(国家果蔬产品及加工食品质检中心)	呋喃唑酮代谢物、呋喃它酮代谢物
54	国家水产品及加工食品质量监督检验中心/杭州市质量技术监督检测院	呋喃唑酮代谢物、呋喃它酮代谢物
55	农业部食品质量监督检验测试中心(杨凌)	呋喃唑酮代谢物
56	河南省产品质量监督检验院	呋喃唑酮代谢物、呋喃它酮代谢物
57	上海市兽药饲料检测所	呋喃唑酮代谢物、呋喃它酮代谢物
58	深圳市计量质量检测研究院	呋喃唑酮代谢物、呋喃它酮代谢物

续表

编号	机构名称	备注（满意参数）
59	山东省产品质量监督检验研究院	呋喃唑酮代谢物、呋喃它酮代谢物
60	山东出入境检验检疫局技术中心	呋喃唑酮代谢物、呋喃它酮代谢物
61	江苏出入境检验检疫局动植食中心食品实验室	呋喃唑酮代谢物、呋喃它酮代谢物
62	湖北出入境检验检疫局技术中心	呋喃唑酮代谢物、呋喃它酮代谢物
63	青岛九联集团股份有限公司检测中心	呋喃唑酮代谢物、呋喃它酮代谢物
64	河北出入境检验检疫局技术中心	呋喃唑酮代谢物、呋喃它酮代谢物
65	青岛市饲料兽药检测站/农业部畜禽产品质量安全监督检验测试中心（青岛）	呋喃唑酮代谢物、呋喃它酮代谢物
66	福建出入境检验检疫局技术中心	呋喃唑酮代谢物、呋喃它酮代谢物
67	上海市水产品质量监督检验站	呋喃唑酮代谢物、呋喃它酮代谢物
68	广州市质量监督检测研究院	呋喃唑酮代谢物、呋喃它酮代谢物
69	上海市质量监督检验技术研究院	呋喃唑酮代谢物、呋喃它酮代谢物
70	农业部畜禽产品质量监督检验测试中心	呋喃唑酮代谢物、呋喃它酮代谢物
71	农业部农产品质量监督检验测试中心（宁波）/宁波市农产品质量检测中心	呋喃唑酮代谢物、呋喃它酮代谢物
72	农业部食品质量监督检验测试中心（济南）	呋喃唑酮代谢物、呋喃它酮代谢物
73	珠海中美和平食品检测中心有限公司	呋喃唑酮代谢物、呋喃它酮代谢物
74	中国兽医药品监察所安全评价室	呋喃唑酮代谢物、呋喃它酮代谢物
75	珠海出入境检验检疫局检验检疫技术中心	呋喃唑酮代谢物、呋喃它酮代谢物
76	广西出入境检验检疫局检验检疫技术中心	呋喃唑酮代谢物、呋喃它酮代谢物
77	农业部热带农产品质量监督检验测试中心	呋喃唑酮代谢物、呋喃它酮代谢物
78	农业部食用菌产品质量监督检验测试中心（上海）/上海市农业科学研究院	呋喃唑酮代谢物
79	莱茵技术监护（深圳）有限公司	呋喃唑酮代谢物、呋喃它酮代谢物
80	广西壮族自治区食品药品检验所（广西壮族自治区医疗器械检测中心、广西壮族自治区药品包装材料容器产品检测中心）	呋喃唑酮代谢物、呋喃它酮代谢物
81	汕头出入境检验检疫局技术中心食品检测实验室	呋喃唑酮代谢物、呋喃它酮代谢物
82	湖南出入境检验检疫局技术中心食品安全实验室	呋喃唑酮代谢物、呋喃它酮代谢物
83	中检（澳门）检验分析有限公司	呋喃唑酮代谢物、呋喃它酮代谢物
84	农业部食品质量监督检验测试中心（湛江）	呋喃唑酮代谢物、呋喃它酮代谢物
85	吉林省产品质量监督检验院	呋喃唑酮代谢物、呋喃它酮代谢物
86	江门出入境检验检疫局技术中心动植物实验室	呋喃唑酮代谢物、呋喃它酮代谢物
87	盐城出入境检验检疫局综合检测中心	呋喃唑酮代谢物、呋喃它酮代谢物
88	湛江出入境检验检疫局检验检疫技术中心食品检测实验室	呋喃唑酮代谢物、呋喃它酮代谢物
89	威海海都食品集团有限公司中心实验室/威海金海食品有限公司	呋喃唑酮代谢物、呋喃它酮代谢物
90	黑龙江出入境检验检疫局技术中心	呋喃唑酮代谢物、呋喃它酮代谢物
91	山东新冷大食品集团有限公司检测中心	呋喃唑酮代谢物、呋喃它酮代谢物
92	漳州出入境检验检疫局农产品食品实验室	呋喃唑酮代谢物、呋喃它酮代谢物
93	舟山出入境检验检疫局综合技术服务中心	呋喃唑酮代谢物、呋喃它酮代谢物
94	农业部农产品质量安全监督检验测试中心（大连）、大连市农产品质量监测中心	呋喃唑酮代谢物、呋喃它酮代谢物
95	临沂出入境检验检疫局检验检疫技术中心	呋喃唑酮代谢物、呋喃它酮代谢物
96	顺德检验检疫局综合技术中心食品室	呋喃唑酮代谢物、呋喃它酮代谢物
97	广州市赛特检测有限公司	呋喃唑酮代谢物、呋喃它酮代谢物
98	番禺出入境检验检疫局综合技术服务中心实验室	呋喃唑酮代谢物、呋喃它酮代谢物
99	海南高远食品有限公司检测中心	呋喃唑酮代谢物、呋喃它酮代谢物
100	重庆市计量质量检测研究院	呋喃唑酮代谢物、呋喃它酮代谢物
101	农业部畜禽产品质量监督检验测试中心（成都）/四川省畜产品安全检测中心/四川省饲料工作总站	呋喃唑酮代谢物、呋喃它酮代谢物
102	内蒙古出入境检验检疫局技术中心理化实验室	呋喃唑酮代谢物、呋喃它酮代谢物
103	宁波出入境检验检疫局技术中心	呋喃唑酮代谢物、呋喃它酮代谢物

九、果汁饮料中总黄酮含量的检测能力验证项目（78家）

编号	机构名称	编号	机构名称
1	海南省产品质量监督检验所	7	北京市海淀区产品质量监督检验所/国家食品质量安全监督检验中心
2	武汉产品质量监督检验所	8	四川省产品质量监督检验检测院
3	国家轻工业食品质量监督检测上海站/上海源本食品质量检验有限公司	9	中国肉类食品综合研究中心检验实验室
4	国家蔬菜质量监督检验中心/潍坊市产品质量监督检验所	10	深圳市计量质量检测研究院
5	河南省产品质量监督检验院	11	河南省疾病预防控制中心
6	江西省产品质量监督检测院	12	延边朝鲜族自治州产品质量监督检验所

续表

编号	机构名称	编号	机构名称
13	湖南省产商品质量监督检验院	46	云南省产品质量监督检验研究院/国家热带农副产品质量监督检验中心
14	山西省食品质量监督检验中心	47	南京市产品质量监督检验院
15	广西壮族自治区产品质量监督检验院	48	江苏省泰兴市疾病预防控制中心
16	吉林省产品质量监督检验院	49	福建省中心检验所
17	河北省食品质量监督检验研究院（国家果类及农副加工产品质量监督检验中心）	50	宝应县产品质量监督检验所
18	青海省产品质量监督检验所	51	贵州省产品质量检验检测院
19	江苏省产品质量监督检验研究院	52	大连市产品质量监督检验所
20	天津出入境检验检疫局动植物与食品检测中心	53	新疆维吾尔自治区产品质量监督检验研究院
21	哈尔滨市产品质量监督检验院	54	国家水产品及加工食品质量监督检验中心/杭州市质量技术监督检测院
22	四川省疾病预防控制中心	55	阿克苏地区质量与计量检测所
23	沈阳产品质量监督检验院	56	白山市产品质量检验所
24	山西出入境检验检疫局技术中心	57	湖北省随州市产品质量监督检验所
25	广州市质量监督检测研究院	58	潜江市产品质量监督检验所
26	甘肃省产品质量监督检验中心	59	湖北省咸宁市产品质量监督检验所
27	国家农副加工食品质量监督检验中心/安徽国家农业标准化与监测中心	60	湖北省黄石市产品质量监督检验所
28	广东省药品检验所	61	京山县产品质量监督检验所
29	辽宁省产品质量监督检验院	62	孝感市产品质量监督检验所
30	上海市质量监督检验技术研究院	63	沙洋县质量计量检验检测所
31	重庆市计量质量检测研究院	64	麻城市产品质量监督检验所
32	中国食品发酵工业研究院检验实验室	65	武汉市蔡甸区质量技术监督检验所
33	内蒙古自治区产品质量检验所	66	黄冈市产品质量监督检验所
34	泰州市产品质量监督检验所	67	鄂州市产品质量监督检验所
35	广西壮族自治区食品药品检验所	68	应城市产品质量监督检验所
36	中国科学院西北高原生物研究所生物化学分析测试部	69	荆门市产品质量监督检验所
37	浙江省质量技术监督检测研究院/浙江方圆检测集团股份有限公司	70	仙桃市产品质量监督检验所
38	宁波市产品质量监督检验研究院	71	罗田县质量计量检验检测所
39	山东省产品质量监督检验研究院	72	汉川市产品质量监督检验所
40	上海市疾病预防控制中心	73	武汉市质量技术监督局江夏分局质量技术监督检验所
41	成都市产品质量监督检验院	74	劲牌有限公司检测中心
42	北京市食品及酿酒产品质量监督检验一站	75	宜昌市产品质量监督检验所
43	喀什出入境检验检疫局综合技术服务中心综合实验室	76	恩施土家族苗族自治州产品质量监督检验所
44	北京市产品质量监督检验所	77	赤壁市产品质量监督检验所
45	黑龙江省产品质量监督检测研究院	78	荆州市产品质量监督检验所

十、白酒中酒精度和己酸乙酯含量的检测能力验证项目（116家）

编号	机构名称	备注（满意参数）
1	宁夏回族自治区食品检测中心	酒精度、己酸乙酯
2	国家果酒及果蔬饮品质量检测中心	酒精度、己酸乙酯
3	云南省产品质量监督检验研究院	酒精度、己酸乙酯
4	西藏出入境检验检疫局技术中心	酒精度、己酸乙酯
5	广东产品质量监督检验研究院	酒精度、己酸乙酯
6	青海省产品质量监督检验所	酒精度、己酸乙酯
7	青海出入境检验检疫局综合技术中心农食畜实验室	酒精度
8	上海市酒类产品质量监督检验站	酒精度、己酸乙酯
9	湖南省产商品质量监督检验院	酒精度、己酸乙酯
10	中国商业联合会食品质量监督检验测试中心（哈尔滨）	酒精度、己酸乙酯
11	南京市产品质量监督检验院	酒精度、己酸乙酯
12	吉林省产品质量监督检验院	酒精度、己酸乙酯
13	中国食品发酵工业院研究院检验实验室	酒精度、己酸乙酯
14	农业部食品质量监督检验测试中心	酒精度、己酸乙酯
15	内蒙古自治区产品质量检验研究院	酒精度、己酸乙酯
16	湖北省产品质量监督检验研究院	酒精度、己酸乙酯
17	大连市产品质量监督检验所	酒精度、己酸乙酯

续表

编号	机构名称	备注（满意参数）
18	农业部食品质量监督检验测试中心（佳木斯）	酒精度、己酸乙酯
19	福建省中心检验所	酒精度、己酸乙酯
20	新疆出入境检验检疫局技术中心	酒精度、己酸乙酯
21	中国商业联合会肉禽蛋食品质量监督检测中心	酒精度、己酸乙酯
22	国家轻工业食品质量检测上海站	酒精度、己酸乙酯
23	山西出入境检验检疫局技术中心	酒精度、己酸乙酯
24	国家水产品及加工食品质量监督检验中心	酒精度、己酸乙酯
25	国家农副加工食品质量监督检测中心	酒精度、己酸乙酯
26	烟台市产品质量监督检验所	酒精度、己酸乙酯
27	国家轻工业食品质量检测郑州站	酒精度、己酸乙酯
28	辽宁出入境检验检疫技术中心	酒精度
29	国家食品质量安全监督检验中心	酒精度、己酸乙酯
30	新疆维吾尔族自治区产品质量监督检验研究院	酒精度、己酸乙酯
31	成都市产品质量监督检验院	酒精度、己酸乙酯
32	国家轻工业食品质量检测天津站	酒精度、己酸乙酯
33	贵州省产品质量监督检验院	酒精度、己酸乙酯
34	武汉市产品质量监督检验所	酒精度、己酸乙酯
35	济南出入境检验检疫局检验检疫技术中心	酒精度
36	黑龙江出入境检验检疫局技术中心	酒精度、己酸乙酯
37	宁波产品质量监督检验研究院	酒精度、己酸乙酯
38	江西省产品质量监督检测院	酒精度、己酸乙酯
39	沈阳产品质量监督检验院	酒精度、己酸乙酯
40	甘肃省产品质量监督检验中心	酒精度、己酸乙酯
41	山西省产品质量监督检验中心	酒精度、己酸乙酯
42	江苏省产品质量监督检验研究院（溧阳）	己酸乙酯
43	江苏省产品质量监督检验研究院（南京）	酒精度、己酸乙酯
44	广州市质量监督检测研究院	酒精度、己酸乙酯
45	国家轻工业食品质量监督检测南京站	酒精度、己酸乙酯
46	国家副食品质量监督检验中心	酒精度、己酸乙酯
47	上海出入境检验检疫局动植物与食品检验检疫技术中心	酒精度
48	重庆市计量质量检测研究院	酒精度、己酸乙酯
49	深圳市计量质量检测研究院	酒精度、己酸乙酯
50	国家轻工业黄酒产品质量监督检测中心	酒精度、己酸乙酯
51	陕西省产品质量监督检验所	酒精度、己酸乙酯
52	河南省产品质量监督检验院	酒精度、己酸乙酯
53	吉林出入境检验检疫局检验检疫技术中心	酒精度、己酸乙酯
54	广西壮族自治区产品质量监督检验院	酒精度、己酸乙酯
55	河南粮油饲料产品质量监督检验站	酒精度、己酸乙酯
56	贵州出入境检验检疫局检验检疫综合技术中心	酒精度
57	江西检验检疫局检验检疫综合技术中心	酒精度
58	农业部甘蔗及制品质量监督检验测试中心	己酸乙酯
59	山东省产品质量监督检验研究院	酒精度、己酸乙酯
60	福建出入境检验检疫局技术中心	酒精度
61	济南市产品质量监督检验所	酒精度、己酸乙酯
62	青岛市产品质量监督检验所	酒精度、己酸乙酯
63	北京市产品质量监督检验所	酒精度、己酸乙酯
64	国家轻工业食品质量监督检测沈阳站	酒精度
65	上海市质量监督检验技术研究院	酒精度、己酸乙酯
66	贵州茅台（白酒）检测实验室	酒精度、己酸乙酯
67	舟山市质量技术监督检测院	酒精度
68	宜宾市产品质量监督检验所	酒精度、己酸乙酯
69	珠海出入境检验检疫局检验检疫技术中心	酒精度
70	邯郸市食品质量安全监督检验中心	酒精度、己酸乙酯
71	德阳市产品质量监督检验所	酒精度、己酸乙酯
72	天津市西青区产品质量监督检验所	酒精度、己酸乙酯
73	蓟县产品质量监督检验所	己酸乙酯
74	四川省宜宾高洲酒业有限公司	酒精度、己酸乙酯
75	喀什地区产品质量监督检验所	酒精度、己酸乙酯
76	克拉玛依市产品质量监督检验所	酒精度

续表

编号	机构名称	备注（满意参数）
77	湛江出入境检验检疫局检验检疫技术中心食品检测实验室	酒精度
78	东莞出入境检验检疫局检验检疫综合技术中心	酒精度
79	国家黄酒产品质量监督检验中心/绍兴市质量技术监督检测院	酒精度、己酸乙酯
80	厦门出入境检验检疫局检验检疫技术中心	酒精度
81	广州市酒类检测中心	酒精度、己酸乙酯
82	云南省大理州综合技术检测中心	酒精度、己酸乙酯
83	苏州泰事达检测技术有限公司	己酸乙酯
84	阜阳市产品质量监督检验所	酒精度、己酸乙酯
85	汉中市产品质量监督检验所	酒精度、己酸乙酯
86	张家港市产品质量监督检验所	酒精度、己酸乙酯
87	海南省三亚质量技术监督技术所	酒精度
88	伊犁哈萨克自治州产品质量检验所	酒精度
89	肇庆出入境检验检疫局综合技术中心	酒精度
90	北京红星股份有限公司中心化验室	酒精度、己酸乙酯
91	四川水井坊股份有限公司检测中心	酒精度、己酸乙酯
92	新疆昌吉回族自治州产品质量监督检验所	酒精度、己酸乙酯
93	天津市汉沽区产品质量监督检验所	酒精度
94	上海市金山区计量质量检测所	酒精度、己酸乙酯
95	安徽迎驾贡酒有限公司化验室	酒精度、己酸乙酯
96	天津市宁河县产品质量监督检验所	酒精度、己酸乙酯
97	四川剑南春（集团）有限责任公司质量检验处	酒精度、己酸乙酯
98	天津市质量技术监督宝坻检测中心	酒精度、己酸乙酯
99	云南省楚雄州质量技术监督综合检测中心	酒精度
100	河南省新郑市质量技术监督检验测试中心	己酸乙酯
101	四川出入境检验检疫局技术中心泸州综合实验室	酒精度、己酸乙酯
102	云南省分析测试中心	酒精度、己酸乙酯
103	宜兴市产品质量监督检验所	酒精度、己酸乙酯
104	宜宾五粮液股份有限公司	酒精度、己酸乙酯
105	福建省南平市中心检验所	酒精度、己酸乙酯
106	浙江省质量技术监督检测研究院	酒精度、己酸乙酯
107	广东省酒类检测中心	酒精度、己酸乙酯
108	天津出入境检验检疫局检验检疫技术中心	酒精度
109	天津市产品质量监督检测技术研究院	酒精度、己酸乙酯
110	重庆出入境检验检疫局检验检疫技术中心	酒精度、己酸乙酯
111	海南省产品质量技术监督检验所	酒精度、己酸乙酯
112	黑龙江省质量监督检测研究院	酒精度、己酸乙酯
113	广西出入境检验检疫局检验检疫技术中心	酒精度
114	浙江检验检疫局检验检疫技术中心	酒精度
115	中国检验检疫科学研究院综合检测中心	酒精度
116	湖南出入境检验检疫局检验检疫技术中心	酒精度

十一、成蚊形态学鉴定能力验证项目（28家）

编号	机构名称	备注（检测人员）
1	昆明市疾病预防控制中心	杨健、苏洪海
2	烟台出入境检验检疫局技术中心	王颖
3	澳门卫生局疾病预防控制中心传染病防制暨疾病监测部	吴兆祥、刘伟业、郭咯良
4	香港食物环境卫生署防治虫鼠事务咨询组	张家润
5	宁波检验检疫局医学媒介生物检测实验室	吴薇
6	中国检验检疫科学研究院	张晓龙
7	江苏出入境检验检疫局医学媒介生物监测实验室	杨庆贵
8	上海检验检疫局医学媒介鉴定室	曹敏
9	四川出入境检验检疫局检验检疫技术中心机场实验室	赵锋
10	广州机场出入境检验检疫局综合技术服务中心综合实验室	符玉飞
11	黄埔出入境检验检疫局农化矿检测中心医学媒介生物实验室	林厚炳、温碧泉
12	国家质检总局福建医学媒介生物监测实验室	黄恩炯
13	国家医学媒介生物（蚤、蠓）监测与检测重点实验室	冯梅
14	河北检验检疫局区域性医学媒介生物监测实验室	聂维忠、刘恩东
15	成都军区疾病预防控制中心	邓成玉

续表

编号	机构名称	备注（检测人员）
16	国家质检总局珠海医学媒介生物监测中心实验室	柯明剑、廉国胜
17	国家质检总局天津医学媒介生物监测中心实验室	王可、冯磊、马宝珠
18	凭祥出入境检验检疫局检验检疫综合实验室	梁中平
19	青岛机场检验检疫局医学媒介生物实验室	康增佐、薛晓宁
20	辽宁出入境检验检疫局国家级医学媒介生物监测检测重点实验室	程晓兰
21	国家质检总局广东医学媒介生物监测综合实验室	曹秀娟、詹永有
22	黑龙江出入境检验检疫局医学媒介生物检测实验室	温占清
23	北京出入境检验检疫局检验检疫技术中心首都机场分中心	田洁、张丽杰、任彤
24	南沙出入境检验检疫局综合技术服务中心实验室	叶婷婷
25	喀什出入境检验检疫局综合技术服务中心综合实验室	李焱
26	国家质检总局重庆医学媒介生物监测中心实验室	文海燕
27	山东省疾病预防控制中心	王学军、景晓
28	二连浩特国家级鼠疫检测重点实验室	魏怀波、田丽

十二、烟草环斑病毒定性检测能力验证项目（38家）

编号	机构名称	备注（检测人员）
1	海南出入境检验检疫局热带植物隔离检疫中心	刘富秀
2	天津出入境检验检疫局动植物与食品检测中心	郭京泽
3	宁波出入境检验检疫局技术中心生物安全检测分中心	闻伟刚、张颖
4	福建出入境检验检疫局检验检疫技术中心	沈建国
5	南海出入境检验检疫局综合技术服务中心检测中心	谈珺
6	重庆出入境检验检疫局检疫检疫技术中心	孔德英
7	舟山出入境检验检疫局动植物检疫实验室	李孝军、王勇、叶露飞
8	甘肃出入境检验检疫局检验检疫综合技术中心中心实验室	文朝慧、宋蕤
9	防城港出入境检验检疫局生物检测实验室	奚国华、邱世明
10	浙江出入境检验检疫局技术中心植物检验检疫实验室	张明哲、陈曦
11	山东农业大学植物病毒研究室	李向东、王洁
12	山东出入境检验检疫局检验检疫技术中心	吴兴海、孟怡
13	云南出入境检验检疫局检验检疫技术中心	李旻
14	黑龙江出入境检验检疫局检验检疫技术中心	刘忠梅、刘洪义
15	新疆出入境检验检疫局检验检疫技术中心	王翀
16	湖北出入境检验检疫局检验检疫技术中心	王振华、余浩
17	辽宁局检验检疫技术中心植物隔离检疫实验室	王秀芬
18	江苏出入境检验检疫局动植物与食品检测中心植物检疫实验室	李彬
19	安徽出入境检验检疫局技术中心生物分中心	李云飞
20	广西壮族自治区农业科学院植物保护研究所	秦碧霞、蔡健和
21	贵州出入境检验检疫局检验检疫综合技术中心	陈雷、高博
22	广东检验检疫技术中心植物检疫实验室	冯黎霞
23	中山出入境检验检疫局检验检疫技术中心植物实验室	陈定虎、杨雷亮
24	连云港出入境检验检疫局植物检疫实验室	杨万凤
25	深圳出入境检验检疫局动植物检验检疫技术中心	郑耘
26	凭祥出入境检验检疫局检验检疫综合实验室	甘晓静
27	苏州出入境检验检疫局外来有害生物防控实验室	陈云芳
28	喀什出入境检验检疫局综合技术服务中心综合实验室	尹梦亭
29	吉林出入境检验检疫局检验检疫技术中心	魏春艳、刘金华
30	广东省植物检疫站植物检疫实验室	王琳、姚挺、孙嘉祥
31	中国检疫检验科学研究院动植物检疫研究所进出境有害生物防控技术安全实验室	马洁
32	湖南出入境检验检疫局检验检疫技术中心	莫瑾
33	烟台出入境检验检疫局动植物检疫实验室	粟智平、王真
34	北京世农种苗有限公司管理部检查室	杨国吉
35	国家果树脱毒种质资源室内保存中心/华南农业大学	周菊芳、王利平
36	青岛农业大学植物病毒室	黄金光、王彩霞
37	上海出入境检验检疫局动植物与食品检验检疫中心	杨翠云、于翠
38	厦门出入境检验检疫局技术中心	廖富荣

十三、松材线虫检疫鉴定能力验证项目(88家)

编号	机构名称	备注(检测人员)
1	阿拉山口检验检疫局综合技术服务中心动植物实验室	莫善明、沙阿丽、李兰
2	安徽检验检疫局技术中心生物分中心植检实验室	李云飞、姚剑、陈雪娇
3	澳门民政总署园林绿化部自然护理处植物检疫实验室	陈志明、李志锐、卢雪梅、廖明
4	北京出入境检验检疫局检验检疫技术中心	江丽辉、边勇
5	北京出入境检验检疫局检验检疫技术中心首都机场分中心植物检疫实验室	黄习军、刘若思、郑春生
6	北仑出入境检验检疫局综合测试实验室	郭立新
7	大理出入境检验检疫局综合技术中心	张玉元
8	东莞出入境检疫检疫局综合技术中心动植部	杨红霞、邓雪华
9	东兴出入境检验检疫局检验检疫综合实验室	林敏敏
10	番禺出入境检验检疫局综合技术服务中心实验室	钟卫华、张洪铃
11	防城港出入境检验检疫局生物检测实验室	黄胜光、卢兆山、邱世明
12	福建出入境检验检疫局检验检疫技术中心	林阳武
13	高明出入境检验检疫局检测中心	张永瑜
14	广东检验检疫技术中心植检室	赵立荣
15	广州出入境检验检疫局综合技术服务中心新沙实验室	黄挺、华丽
16	贵州出入境检验检疫局检验检疫综合技术中心	陈霄
17	桂林出入境检验检疫局综合实验室	赵代龙
18	国家质检总局检疫处理重点实验室	詹国平
19	海南出入境检验检疫局热带植物隔离检疫中心	韩玉春
20	河南出入境检验检疫局技术中心植物检疫实验室	宋南、江志毅
21	黑龙江出入境检验检疫局检验检疫技术中心	刘洪义、刘忠梅、周志强
22	湖北出入境检验检疫局检验检疫技术中心	王振华、李凤新
23	湖南出入境检验检疫局检验检疫技术中心	姜金林
24	花都出入境检验检疫局综合技术服务中心综合实验室	伍伟亮
25	华南农业大学植物线虫研究室	廖金铃、卓侃、王宏洪
26	黄埔出入境检验检疫局农化矿检测中心植物检疫实验室	林惠娇、陈国弥
27	吉林出入境检验检疫局检验检疫技术中心	魏春艳
28	济南出入境检验检疫局技术中心	李建勇
29	江门出入境检验检疫局检验检疫技术中心	黄萍、孙小冰
30	江苏出入境检验检疫局动植物与食品检测中心植物检疫实验室	朱宏斌、杨静
31	江西出入境检验检疫局综合技术中心	黄丽莉
32	喀什出入境检验检疫局综合技术服务中心综合实验室	尹梦亭
33	开平出入境检验检疫局综合技术服务中心综合实验室	李振洽、黎运维
34	连云港出入境检验检疫局植物检疫实验室	秦国勋、刘翔、杨万风
35	辽宁出入境检验检疫技术中心大连机场分中心	刘雪华、毕艳明
36	辽宁出入境检验检疫局技术中心植物检验科	姜丽
37	辽宁出入境检验检疫局检验检疫技术中心丹东分中心	张吉良
38	辽宁出入境检验检疫局检验检疫技术中心锦州分中心	闫超杰
39	辽宁出入境检验检疫局检验检疫技术中心开发区分中心	江晓帆、于娟娟、索一婷
40	辽宁出入境检验检疫局辽检检疫处理实验室	苏海滨、娄振涛
41	临沧出入境检验检疫局检验检疫综合技术中心综合实验室	王学胤
42	临沂出入境检验检疫局检验检疫技术中心	伦才智、张立东
43	柳州出入境检验检疫局检验检疫综合实验室	谢晓雁、殷积奎
44	茂名出入境检验检疫局综合实验室	章志英、李海林
45	南海出入境检验检疫局综合技术中心检测中心	谈珺、刘晓红
46	南京农业大学植物保护学院植物病原线虫实验室	汪沛
47	南通出入境检验检疫局有害生物检疫实验室	阎升
48	宁波局山水盆景重点实验室	顾建锋
49	凭祥出入境检验检疫局检验检疫综合实验室	甘晓静　龚秀泽
50	莆田局林木检验检疫实验室	叶剑雄、郑茂灿
51	普洱出入境检验检疫局检验检疫综合实验室	周剑
52	钦州出入境检验检疫局检验检疫综合实验室	张艳玲
53	清远出入境检验检疫局综合技术服务中心综合检测中心动植物检疫实验室	谭卫钧、邵屯
54	泉州出入境检验检疫局综合检测中心	曾思海、陈劲松、魏秋学、庄剑波
55	日照出入境检验检疫局综合技术中心农产品实验室	胡萌
56	山东出入境检验检疫局检验检疫技术中心	王英超
57	山西出入境检验检疫局技术中心	李惠萍
58	陕西出入境检验检疫局检验检疫技术中心	梁靓
59	汕头出入境检验检疫局植检实验室	陈捷先、刘玉莉

续表

编号	机构名称	备注(检测人员)
60	商丘师范学院生命科学系植病室	洪权春
61	上海出入境检验检疫局植物与食品检验检疫技术中心	戚龙君
62	韶关出入境检验检疫局综合实验室植检实验室	郭弘伟、王静波
63	深圳出入境检验检疫局动植物检验检疫技术中心植检室	李一农、李芳荣、龙海
64	沈阳出入境检验检疫局检验检疫综合技术中心	付海滨
65	沈阳农业大学北方线虫研究所	陈立杰、王东
66	顺德出入境检验检疫局综合技术服务中心植检室	沈阳
67	苏州出入境检验检疫局外来有害生物防控实验室	陈云芳、高渊
68	绥芬河出入境检验检疫局综合技术中心植检实验室	张箭
69	腾冲出入境检验检疫局综合技术服务中心植物检疫实验室	李锡林、李柱、梅华全
70	天津出入境检验检疫局动植物与食品检测中心	王金城
71	无锡出入境检验检疫局外来有害生物检疫实验室	李艳华、朱林娟
72	芜湖出入境检验检疫局综合实验室	王明华、胡家春
73	西藏出入境检验检疫局检验检疫技术中心植物检疫实验室	文艺
74	厦门检验检疫局技术中心植检实验室	王宏毅
75	新会出入境检验检疫局综合技术服务中心综合检验检疫实验室	薛卓联、陈达新、伍长春
76	新疆出入境检验检疫局检验检疫技术中心	张伟
77	阳江检验检疫局综合技术服务中心综合实验室	阮富标、周伟光
78	云浮出入境检验检疫局综合技术服务中心	邓继棠
79	云南出入境检验检疫局检验检疫技术中心植物检验检疫实验室	杜宇
80	云南农业大学植物线虫研究室	胡先奇
81	增城出入境检验检疫局技术服务中心综合实验室	韦昌华、陈晓路、吕燕青
82	张家港出入境检验检疫局综合技术中心	周培
83	浙江出入境检验检疫局技术中心植物检验检疫实验室	陈吴健
84	浙江大学农业与生物技术学院生物所植物线虫实验室	郑经武
85	中国农业科学院植物保护研究所线虫室	彭德良
86	重庆出入境检验检疫局检验检疫技术中心	孔德英
87	舟山出入境检验检疫局动植物检疫实验室	杨赛军、王筱筱、陈宇、叶露飞
88	珠海出入境检验检疫局检验检疫技术中心	迟远丽

十四、水泡性口炎竞争酶联免疫吸附试验能力验证项目(36家)

编号	机构名称	编号	机构名称
1	东莞出入境检验检疫局检验检疫综合技术中心/动检实验室	19	广西出入境检验检疫局检验检疫技术中心食品动植物实验室
2	湖北出入境检验检疫局检验检疫技术中心	20	东莞市动物疫病预防控制中心
3	国家质检总局进出口动物检疫重点实验室	21	宁波出入境检验检疫局检验检疫技术中心
4	辽宁出入境检验检疫局技术中心动检实验室	22	瑞丽出入境检验检疫局检验检疫综合技术中心
5	陕西出入境检验检疫局技术中心	23	阿拉山口出入境检验检疫局综合技术服务中心动植食品纺织实验室
6	河口出入境检验检疫局综合实验室	24	珠海出入境检验检疫局检验检疫技术中心
7	江苏出入境检验检疫局动植物与食品检测中心动物检疫实验室	25	湖南出入境检验检疫局检验检疫技术中心
8	吉林出入境检验检疫局检验检疫技术中心	26	山东出入境检验检疫局检验检疫技术中心
9	云南出入境检验检疫局检验检疫技术中心	27	浙江出入境检验检疫局技术中心动检实验室
10	黑龙江出入境检验检疫局检验检疫技术中心	28	北京出入境检验检疫局检验检疫技术中心
11	天津出入境检验检疫局动植物与食品检测中心	29	喀什出入境检验检疫局综合技术服务中心
12	新疆出入境检验检疫局检验检疫技术中心动植检室	30	伊犁出入境检验检疫局综合技术服务中心综合实验室
13	厦门出入境检验检疫局检验检疫技术中心	31	上海出入境检验检疫局动植物与食品检验检疫技术中心
14	西藏出入境检验检疫局检验检疫技术中心动物检疫实验室	32	山西出入境检验检疫局检验检疫技术中心动检实验室
15	广东出入境检验检疫局检验检疫技术中心动物检疫实验室	33	江西出入境检验检疫局综合技术中心
16	重庆出入境检验检疫局检验检疫技术中心	34	河南出入境检验检疫局技术中心
17	烟台检验检疫局技术中心	35	四川出入境检验检疫局检验检疫技术中心
18	廊坊检验检疫局燕郊办事处动检实验室	36	天津市动物疫病预防控制中心

十五、塑料玩具中镉含量测定能力验证项目(85家)

编号	机构名称	编号	机构名称
1	广东省汕头市质量计量监督检测所	44	吉林省产品质量监督检验院
2	中国赛宝实验室/工业和信息化部电子第五研究所/中国电子产品可靠性与环境研究所	45	中国家用电器研究院(中国家用电器检测所)
3	山东出入境检验检疫局检验检疫技术中心	46	绍兴出入境检验检疫局综合技术服务中心
4	江苏省优联检测技术服务有限公司	47	山东省产品质量监督检验研究院
5	广东出入境检验检疫局检验检疫技术中心 化矿金属材料实验室	48	消费品安全检测实验室/东莞出入境检验检疫局检验检疫综合技术中心
6	广州市纤维产品检测院	49	天津津滨华测产品检测中心
7	天祥(广州)技术服务有限公司科学城分公司	50	上海出入境检验检疫局机电产品检测技术中心(上海电器产品检测实验室、中国上海进出口玩具检测中心)
8	深圳市计量质量检测研究院	51	温州质量技术监督院
9	天祥(天津)质量技术服务有限公司	52	香港标准及检定中心
10	宁波市产品质量监督检验所	53	中山永辉化工有限公司实验室
11	东莞标检产品检测有限公司	54	浙江出入境检验检疫局检验检疫技术中心
12	深圳天祥质量技术服务有限公司	55	国家鞋类检测中心(莆田实验室)
13	福建出入境检验检疫局检验检疫技术中心	56	福建省中心检验所
14	泉州出入境检验检疫局综合检测中心	57	重庆计量质量监督检测研究院
15	黑龙江出入境检验检疫局检验检疫技术中心	58	莱茵技术监护(深圳)有限公司
16	无锡天祥质量技术服务有限公司	59	湖南出入境检验检疫局检验检疫技术中心
17	浙江省质量技术监督检测研究院/浙江方圆检测集团股份有限公司	60	云南省产品质量监督检验研究院
18	深圳出入境检验检疫局玩具检测技术中心	61	晋江市产品质量监督检验所
19	金华出入境检验检疫局检验检疫技术中心	62	东莞市环美检测技术有限公司
20	义乌出入境检验检疫局综合技术服务中心	63	嘉兴出入境检验检疫局综合实验室
21	清华大学深圳研究生院工业生态与环境检测中心	64	江苏省塑料及塑料包装产品质量监督检验中心
22	东莞兴利五金塑胶有限公司化学实验室	65	成都市产品质量监督检验院
23	深圳市龙岗区布吉南岭华泰玩具厂化学实验室	66	湖北出入境检验检疫局技术中心 工业品检验所
24	广东出入境检验检疫局检验检疫技术中心玩具实验室	67	莱茵技术(上海)有限公司产品和环境分析实验室
25	广州市杰信检验技术服务有限公司	68	深圳天祥质量技术服务有限公司(纺织鞋类测试部)
26	天祥(天津)质量技术服务有限公司青岛分公司	69	广州市质量监督检测研究院
27	江苏检验检疫自行车检测中心	70	深圳市华测技术股份有限公司顺德RHS实验室/深圳市华测技术股份有限公司顺德分公司
28	佛山市南海区新和新美玩具厂	71	通标标准技术服务有限公司深圳分公司检测中心南山实验室
29	广东出入境检验检疫局检验检疫技术中心轻工实验室	72	厦门中迅德检测技术有限公司
30	国家鞋类检测中心(晋江)	73	通标标准技术服务有限公司青岛分公司检测中心
31	深圳市安姆特检测技术有限公司	74	广州市立德技术检测有限公司
32	谱尼测试科技(北京)有限公司	75	宁波出入境检验检疫局轻工产品检测中心/慈溪出入境检验检疫局食化实验室
33	岛津(广州)检测技术有限公司	76	江苏捷通检验认证有限公司
34	深圳市安姆特检测技术有限公司昆山分公司	77	深圳市博林达检测服务有限公司
35	泉州远东检验技术有限公司	78	上海申美商品检测有限公司
36	台州出入境检验检疫局检验检疫技术检测中心	79	国家质量监督检验检疫总局危险品中心实验室/天津出入境检验检疫局工业产品安全技术中心
37	珠海出入境检验检疫局检验检疫技术中心	80	中国检科院综合检测中心
38	韶关出入境检验检疫局综合技术服务中心综合实验室	81	通标标准计算服务(天津)有限公司
39	杭州杭美质量技术服务有限公司	82	通标标准计算服务(上海)有限公司
40	温州出入境检验检疫技术中心	83	宁波出入境检验检疫局技术中心工业品分中心
41	中华制漆(深圳)有限公司检测中心	84	喀什出入境检验检疫局综合技术服务中心综合实验室
42	东莞启汇技术服务有限公司	85	汕头出入境检验检疫局检验检疫技术中心
43	北京出入境检验检疫局检验检疫技术中心玩具实验室		

十六、防水涂料拉伸性能测定能力验证项目（73家）

编号	机构名称	编号	机构名称
1	广州市白云建设工程质量检测中心	38	中国水利水电第三工程局有限公司中心实验室
2	盐城市建设工程质量检测中心有限公司	39	四川省建筑工程质量检测中心
3	北京恒基筑嘉建设工程质量检测所	40	河南省建材工业产品质量监督检验站
4	徐州市建设工程检测中心	41	平顶山市建设工程检测技术中心
5	国家建筑装修材料质量监督检验中心	42	洛阳市豫三建筑检测有限公司
6	海洋化工研究院检验测试中心	43	北京北方龙湖科技有限公司龙湖科技技术中心
7	北京东方建宇混凝土科学技术研究院有限公司	44	安徽省建筑工程质量监督检测站
8	广州建设工程质量安全检测中心有限公司	45	国家高分子材料与制品质量监督检验中心
9	连云港科建工程质量检测有限公司	46	湖北省建材产品质量监督检验站
10	昆山正大工程质量检测有限公司	47	开封市建设工程质量检测站
11	深圳市太科检验有限公司	48	江苏省产品质量监督检验研究院
12	南京工大建设工程技术有限公司	49	深圳市鹏盛达工程测试有限公司
13	北京紫衡轩建筑工程检测有限公司	50	山东省产品质量监督检验研究院
14	天津市建筑工程质量检测中心	51	深圳市计量质量检测研究院
15	广州铁诚工程质量检测有限公司	52	北京科筑建筑工程质量监测有限公司
16	北京东方雨虹防水材料检测有限公司	53	汕头市工程质量监督站检测试验室
17	四川省产品质量监督检验所	54	天津市质量监督检验站第21站
18	山西省建筑科学研究院	55	厦门市捷航建筑工程质量检测有限公司
19	西安市产品质量监督检验所	56	云南省建筑材料产品质量监督检验站
20	湛江市建筑工程质量检测站	57	上海市质量监督检验技术研究院
21	武汉产品质量监督检验建材站	58	国家建筑材料工业建筑防水材料产品质量监督检验测试中心
22	扬州市建伟建设工程检测中心	59	郑州市建设工程质量检测站
23	大连市建材产品质量监督检验站	60	广东产品质量监督检验研究院
24	佛山市顺德区建设工程质量安全监督检测中心	61	沈阳市建设工程质量检测中心
25	北京市建设工程质量第六检测所	62	上海市建筑科学研究院实验室
26	甘肃土木工程科学研究院/中国有色金属工业建设工程质量检测中心	63	厦门市建筑工程检测中心有限公司
27	国家建筑工程质量监督检验中心	64	深圳市建设工程质量检测中心
28	国家化学建材质量监督检验中心	65	天津市大港区城建建筑材料试验室
29	苏州市建设工程质量检测中心有限公司	66	湖南湖大土木建筑工程检测有限公司
30	山东铁正工程试验检测中心有限公司	67	国家建筑五金材料产品质量监督检验中心/杭州市质量技术监督检验院
31	新疆昌吉回族自治州产品质量检验所	68	陕西省装饰装修材料质量监督检验站
32	重庆市建设工程质量检验测试中心	69	曲靖市质量技术监督综合技术检测中心
33	北京天仪建设工程质量检测所	70	福建省中心检验所
34	佛山市建筑工程质量检测站	71	吉林省产品质量监督检验院
35	国家涂料质量监督检验中心	72	葛洲坝集团试验检测有限公司
36	北京城建检测科技有限公司	73	宁夏建材产品质量监督检验站
37	贵州省建筑材料行业产品质量监督检验站		

十七、陶瓷包装容器萃取液铅、镉溶出量检验能力验证项目（102家）

编号	机构名称	编号	机构名称
1	国家农副加工食品质量监督检验中心/安徽国家农业标准化与监测中心	12	海南省产品质量监督检验所
2	福建出入境检验检疫局检验检疫技术中心	13	河北省疾病预防控制中心
3	福建省中心检验所	14	国家轻工业陶瓷质量监督检测唐山站
4	厦门出入境检验检疫局检验检疫技术中心化矿金化学实验室	15	河南省产品质量监督检验院
5	潮州出入境检验检疫局综合技术服务中心（检测中心）	16	湖南出入境检验检疫局检验检疫技术中心
6	广东出入境检验检疫技术中心食品实验室	17	吉林出入境检验检疫局检验检疫技术中心
7	河源出入境检验检疫局综合技术服务中心综合实验室/河源出入境检验检疫局综合技术服务中心	18	吉林省产品质量监督检验院
8	汕头出入境检验检疫局检验检疫技术中心化矿金属产品检测实验室	19	江苏省产品质量监督检验研究院
9	深圳市计量质量检测研究院	20	无锡出入境检验检疫局检验检疫综合技术中心
10	广西壮族自治区轻工产品质量监督检验站	21	江苏检验检疫陶瓷检测实验室/宜兴出入境检验检疫局
11	广西壮族自治区产品质量监督检验院	22	国家陶瓷产品质量监督检验中心（江西）

续表

编号	机构名称	编号	机构名称
23	江西省产品质量监督检测院	63	玉林出入境检验检疫局检验检疫综合实验室
24	临沂出入境检验检疫局检验检疫技术中心	64	广西出入境检验检疫检验检疫技术中心
25	青岛市产品质量监督检验所	65	肇庆出入境检验检疫局检验检疫综合技术中心
26	山西出入境检验检疫局检验检疫技术中心	66	河南出入境检验检疫技术中心
27	陕西出入境检验检疫局技术中心化矿实验室	67	东莞出入境检验检疫局检验检疫综合技术中心
28	上海市质量监督检验技术研究院	68	沈阳产品质量监督检验院
29	国家食品药品监督管理局药品包装材料科研检验中心	69	成都市产品质量监督检验院
30	四川省产品质量监督检验检测院	70	广州市质量监督检测研究院
31	新疆维吾尔自治区产品质量监督检验研究院	71	国家陶瓷与耐火材料产品质量监督检验中心
32	国家水产品及加工食品质量监督检验中心(杭州市质量技术监督检测院)	72	广东产品质量监督检验研究院
33	浙江省质量技术监督检测研究院	73	甘肃省产品质量监督检验中心
34	宁波出入境检验检疫局检验检疫技术中心	74	云南省产品质量监督检验研究院
35	宁波市产品质量监督检验研究院	75	喀什出入境检验检疫局技术服务中心综合实验室
36	涪陵出入境检验检疫局综合实验室	76	天祥公证行有限公司
37	重庆市计量质量检测研究院	77	辽宁出入境检验检疫局检验检疫技术中心
38	重庆出入境检验检疫局检验检疫技术中心	78	舟山市质量技术监督检测院(国家海洋食品质量监督检验中心)
39	泉州市产品质量检验所(福建省建筑陶瓷产品质量监督检验中心)	79	大连市产品质量监督检验所
40	泉州出入境检验检疫局综合检测中心	80	云南出入境检验检疫局检验检疫技术中心
41	黑龙江出入境检验检疫局检验检疫技术中心	81	佛山市陶瓷研究所检测有限公司
42	哈尔滨市产品质量监督检验院	82	上海天祥质量技术服务有限公司玩具及轻工产品部
43	台州出入境检验检疫局检验检疫技术检测中心/台州出入境检验检疫局	83	国家高分子材料与制品质量监督检验中心/中国石油化工股份有限公司北京化工研究院
44	广西日用陶瓷产品质量监督检验中心	84	湖北省产品质量监督检验研究院
45	三明出入境检验检疫局综合技术服务中心理化微生物实验室	85	辽宁省建筑材料监督检验院/辽宁省建筑材料科学研究所
46	山东出入境检验检疫局检验检疫技术中心	86	河北省食品质量监督检验研究院/国家环保产品质量监督检验中心
47	南京市产品质量监督检验院	87	岛津(广州)检测技术有限公司
48	上海出入境检验检疫局机电产品检测技术中心(上海电器产品检测实验室/中国上海进出口玩具检测中心)	88	珠海出入境检验检疫局技术中心
49	承德出入境检验检疫局综合实验室	89	江苏省优联检测技术服务有限公司
50	天祥(广州)技术服务有限公司科学城分公司	90	辽宁省纤维检验局
51	湖南省陶瓷产品质量监督检验授权站/湖南省陶研后勤服务中心	91	湖南省产商品质量监督检验院
52	深圳市天祥质量技术服务有限公司	92	莱茵技术(上海)有限公司产品及环境分析实验室
53	天祥(天津)质量技术服务有限公司	93	湖南省玻璃陶瓷制品质量监督检验中心
54	广东出入境检验检疫局检验检疫技术中心化矿金属材料实验室	94	通标标准技术服务(天津)有限公司
55	国家食品药品监督管理局浙江药品包装材料检验中心/浙江省食品药品检验所	95	通标标准技术服务有限公司青岛分公司检测中心
56	国家陶瓷及水暖卫浴产品质量监督检验中心/潮州市质量计量监督检测所	96	蚌埠市产品质量监督检测中心
57	济南出入境检验检疫局检验检疫技术中心	97	四川出入境检验检疫局检验检疫技术中心四川酒类检测实验室/四川出入境检验检疫局
58	上海市食品药品包装材料测试所	98	四川出入境检验检疫局技术中心南充综合实验室
59	湛江出入境检验检疫局检验检疫技术中心	99	宜兴市产品质量监督检验所(江苏省陶瓷耐火材料产品质量监督检验中心)
60	江门出入境检验检疫局检验检疫技术中心	100	湖南省怀化市产商品质量监督检验所
61	金华出入境检验检疫局技术中心	101	上海市疾病预防控制中心/上海市预防医学研究院/上海市疾控安全健康评价中心
62	温州出入境检验检疫技术中心	102	天津出入境检验检疫局工业产品安全技术中心

十八、建筑门窗气密性能检测能力验证项目（77家）

编号	机构名称	编号	机构名称
1	宁夏产品质量监督检验所	39	淮安市建筑工程检测中心有限公司
2	陕西省产品质量监督检验所	40	福建省建筑工程质量检测中心有限公司
3	北京市建设工程质量第一检测所	41	安徽省产品质量监督检验研究院
4	湖南中大建设工程检测技术有限公司	42	上海市建筑科学研究院实验室（国家建筑工程材料质量监督检验中心）
5	天津建科建筑节能环境监测有限公司	43	北京市产品质量监督检验所（国家家具及室内环境监督检验中心）
6	安徽省黄山市建设工程质量监督检测中心	44	青海省建筑工程质量检测站
7	宁夏回族自治区建筑科学研究院建筑工程质量监督检验站	45	深圳市计量质量检测研究院
8	天津市津泰建设工程检测有限公司	46	甘肃省产品质量监督检验中心
9	天津市产品质量监督检测技术研究院	47	北海市建设工程质量安全监督检测站
10	河北省产品质量监督检验院	48	四川省绵阳市产品质量监督检验所
11	中国建筑材料检验认证中心有限公司	49	天津市建筑材料产品质量监督检测中心
12	四川恒固建设工程检测有限公司	50	湖南省产品质量监督检验院
13	国家轻工业眼镜玻璃搪瓷产品质量监督检测长沙站	51	大连市产品质量监督检验所
14	珠海市建设工程质量监督检测站	52	长春市产品质量监督检验院
15	江西省产品质量监督检测院	53	辽宁省建设科学研究院工程质量检测中心
16	西安市建设工程质量检测中心	54	深圳市铁科检测工程有限公司
17	兴平市建设工程质量监测站	55	宜宾市产品质量监督检验所
18	上海市质量监督检验技术研究院	56	吉林省建筑工程质量检测中心
19	沈阳产品质量监督检验院	57	国家陶瓷及水暖卫浴产品质量监督检验中心（佛山市质量计量监督检测中心）
20	河北省建筑机械材料设备产品质量监督检验站（河北世纪建筑材料设备检验有限公司）	58	广西壮族自治区产品质量监督检验院
		59	安徽省建筑工程质量第二监督检测站
21	北京恒基筑嘉建设工程质量检测所	60	四川省产品质量监督检验检测院
22	山西省产品质量监督检验所	61	广东建科建筑工程质量检测中心
23	山东省建设机械质量监督检测中心（山东省建筑科学研究院）	62	葛洲坝集团试验检测有限公司
24	江苏省产品质量监督检验研究院	63	青海省产品质量监督检验所
25	包头市产品质量计量检验所	64	湖南省建设新技术推广中心/建筑环境检测中心
26	青岛市产品质量监督检验所	65	上海同标质量检测技术有限公司
27	佛山市建筑工程质量检测站	66	江苏省质量技术监督建筑工程产品质量检验站/江苏省建筑工程质量检测中心有限公司
28	重庆市计量质量检测研究院	67	国家高分子材料与制品质量监督检验中心
29	山东省产品质量监督检验研究院	68	上海中测行工程检测咨询有限公司
30	福建省中心检验所	69	东营市建筑工程质量检测站
31	济南市产品质量监督检验所	70	河南省建筑科学研究院有限公司检验中心
32	山西省建筑科学研究院	71	上海浦东新区建设工程技术监督有限公司
33	云南省产品质量监督检验研究院	72	广州穗监工程质量安全检测中心
34	武汉产品质量监督检验所	73	宝鸡市新星建筑节能检测中心
35	苏州市建设工程质量检测中心	74	广东省建设工程质量安全监督检测总站
36	上海建筑门窗检测站	75	广州市建筑材料工业研究所有限公司
37	北京天仪检测所	76	浙江省质量技术监督检测研究院（国家化学建材质量监督检验中心）
38	广州建设工程质量安全检测中心有限公司	77	河南省产品质量监督检验院

十九、木制品和家具产品中木材防腐剂五氯苯酚残留量的检测能力验证项目(24家)

编号	机构名称	编号	机构名称
1	宜家中国测试及培训中心	13	广东省产品质量监督检验研究院
2	天津出入境检验检疫局工业产品安全技术中心	14	通标标准技术服务有限公司青岛分公司检测中心
3	广西出入境检验检疫局检验检疫技术中心	15	深圳市天祥质量技术服务有限公司
4	顺德出入境检验检疫局综合技术服务中心	16	深圳市计量质量检测研究院
5	湖南省产商品质量监督检验院	17	海南出入境检验检疫局技术中心工业品实验室
6	东莞出入境检验检疫局综合技术中心	18	深圳出入境检验检疫局工业品检测技术中心化学实验室
7	江门出入境检验检疫局检验检疫技术中心	19	上海天祥质量技术服务有限公司
8	广东出入境检验检疫局检验检疫技术中心化矿金属材料实验室	20	福建出入境检验检疫局技术中心
9	广东出入境检验检疫局检验检疫技术中心轻工实验室	21	宁波中普检测技术服务有限公司
10	徐州出入境检验检疫局胶合板实验室	22	通标标准技术服务有限公司广州分公司
11	中国检验认证集团山东检测有限公司	23	珠海出入境检验检疫局技术中心
12	深圳市赛德检测技术有限公司	24	莱茵技术(上海)有限公司产品及环境分析实验室

二十、乳粉中营养元素的测定能力验证项目(33家)

编号	机构名称	备注(满意参数)
1	圣元营养食品有限公司中心实验室/圣元营养食品有限公司	蛋白质、钙、锌
2	河源出入境检验检疫局综合技术服务中心综合实验室/河源出入境检验检疫局综合技术服务中心	蛋白质
3	国家乳制品质量监督检验中心/黑龙江省乳品工业技术开发中心	蛋白质、钙、锌
4	多美滋婴幼儿食品有限公司实验室	蛋白质、钙、锌
5	河南出入境检验检疫局检验检疫技术中心漯河分中心	蛋白质、钙、锌
6	湖南亚华乳业有限公司中心实验室	蛋白质、钙、锌
7	北京市疾病预防控制中心	蛋白质、钙、锌
8	广东雅士利集团股份有限公司中心实验室/广东雅士利集团股份有限公司	蛋白质、钙、锌
9	农业部乳品质量监督检验测试中心(哈尔滨)/黑龙江省农垦乳品检测中心	蛋白质、钙、锌
10	中国商业联合会食品质量监督检验测试中心(兰州)/甘肃省食品质量监督检验站	蛋白质
11	工业品检验所/湖北出入境检验检疫局技术中心	蛋白质、钙、锌
12	蒙牛乳业(北京)有限责任公司质量中心实验室	蛋白质、钙
13	质量一中心和林格尔分中心检验三处/内蒙古蒙牛乳业股份(有限)公司	蛋白质
14	蒙牛乳业(集团)股份有限公司分析中心实验室	蛋白质、钙、锌
15	蒙牛乳业(马鞍山)有限公司质量中心实验室	蛋白质
16	河北三元食品有限公司质量检测中心/河北三元食品有限公司	蛋白质、钙、锌
17	新疆昌吉回族自治州产品质量检验所	蛋白质、钙、锌
18	上海市浦东新区计量质量检测所	蛋白质、钙、锌
19	湛江出入境检验检疫局/检验检疫技术中心食品检验实验室	蛋白质、锌
20	内蒙古蒙牛乳业包头市有限责任公司	蛋白质
21	辽宁省本溪市疾病预防控制中心	蛋白质、钙、锌
22	农业部奶及奶制品质量监督检验测试中心(北京)	蛋白质、钙、锌
23	北京稻香村食品有限责任公司检测中心/北京稻香村食品有限责任公司	蛋白质
24	内蒙古蒙牛阿拉乳制品有限责任公司技术管理部化验室	蛋白质、钙、锌
25	库尔勒检验检疫局综合实验室	蛋白质、锌
26	四川铁骑力士实业有限公司测试中心	蛋白质、钙、锌
27	内蒙古伊利实业集团股份有限公司检测及校准实验室	蛋白质、钙、锌
28	浙江熊猫乳品有限公司	蛋白质
29	上海市金山区计量质量检测所	蛋白质、钙、锌
30	上海市副食品质量监督检验站	蛋白质、钙、锌
31	上海市奉贤区计量质量检测所	蛋白质、钙、锌
32	国家轻工业食品质量监督检测上海站/上海源本食品质量检验有限公司	蛋白质、钙、锌
33	湖北省产品质量监督检验研究院	蛋白质、钙、锌

二十一、水产品中组胺的检测能力验证项目（32家）

编号	机构名称	编号	机构名称
1	辽宁出入境检验检疫局检验检疫技术中心（丹东分中心）	17	东兴出入境检验检疫局检验检疫综合实验室
2	黑龙江出入境检验检疫局检验检疫技术中心	18	福清出入境检验检疫局检验检疫技术中心
3	龙口出入境检验检疫局综合技术服务中心	19	蓬莱京鲁渔业有限公司检测中心/蓬莱京鲁渔业有限公司
4	荣成出入境检验检疫局综合实验室/荣成出入境检验检疫局	20	通标标准技术服务（上海）有限公司检测中心
5	宁波出入境检验检疫局技术中心奉化分中心/奉化出入境检验检疫局	21	通标标准技术服务有限公司厦门分公司食品实验室
6	威海出入境检验检疫局检验检疫技术中心（威海市农副产品检测中心）	22	通标标准技术服务（上海）有限公司农产品实验室
7	日照出入境检验检疫局综合技术服务中心（农产品实验室）	23	通标标准技术服务有限公司广州分公司检测中心
8	宁波出入境检验检疫局技术中心	24	国家水产品质量监督检验中心/中国水科院黄海实验室
9	深圳出入境检验检疫局食品检验检疫技术中心	25	福建省中心检验所
10	重庆出入境检验检疫局技术中心	26	上海市水产品质量监督检验站
11	台州出入境检验检疫局检验检疫技术中心/台州出入境检验检疫局	27	上海市崇明县计量质量检测所
12	东山出入境检验检疫局综合技术服务中心农食水产品实验室/东山县水产品检测中心	28	山东省产品质量监督检验所研究院
13	福建出入境检验检疫局检验检疫技术中心	29	珠海市疾病预防控制中心/珠海市卫生检验中心
14	广东出入境检验检疫局检验检疫技术中心食品实验室	30	上海市南汇区计量质量检测所
15	厦门出入境检验检疫局技术中心	31	宝应县产品质量监督检验所
16	舟山出入境检验检疫局综合技术服务中心	32	烟台出入境检验检疫局技术中心

二十二、婴幼儿米粉中磷的测定能力验证项目（36家）

编号	机构名称	编号	机构名称
1	玉溪市综合技术检测中心	19	通标标准技术服务（上海）有限公司检测中心/通标标准技术服务（上海）有限公司
2	贵州省理化测试分析研究中心	20	浙江公正检验中心有限公司
3	北京农产品质量检测与农田环境监测技术研究中心	21	中国商业联合会食品质量监督检验测试中心（兰州）/甘肃省食品质量监督检验站
4	中山市农产品质量监督检验检测中心	22	通标标准技术服务（天津）有限公司食品实验室/通标标准技术服务（天津）有限公司
5	上海市质量监督检验技术研究院	23	大连市产品质量监督检验所
6	贵港市产品质量监督检验所	24	北海市产品质量监督检验所
7	湖北省产品质量监督检验研究院	25	农业部农产品质量监督检验测试中心（乌鲁木齐）/新疆农业科学院
8	浙江省质量技术监督检测研究院/浙江方圆检测集团股份有限公司	26	廊坊出入境检验检疫局综合实验室
9	农业部乳品质量监督检验测试中心（哈尔滨）/黑龙江省农垦乳品检测中心	27	喀什出入境检验检疫局综合技术服务中心综合实验室
10	国家乳制品质量监督检验中心/黑龙江省乳品工业技术开发中心	28	蒙牛乳业（集团）股份有限公司分析中心实验室
11	北京市营养源研究所	29	广东省疾病预防控制中心
12	北京康朴尼检测技术有限公司	30	杭州娃哈哈集团有限公司科委分析中心
13	广东雅士利集团股份有限公司中心实验室	31	四川铁骑力士实业有限公司测试中心
14	茂名市质量计量监督检测所	32	上海市崇明县计量质量检验所
15	圣元营养食品有限公司中心实验室	33	辽宁省出入境检验检疫局食品理化中心
16	农业部稻米及制品质量监督检验测试中心	34	沈阳产品质量监督检验院
17	国家轻工业食品质量监督检测上海站（上海源本食品质量检验有限公司）	35	荆州市产品质量监督检验所
18	农业部食品质量监督检验测试中心（成都）	36	安琪酵母股份有限公司检测中心

二十三、麻痹性贝类毒素、腹泻性贝类毒素和失忆性贝类毒素检测能力验证项目（23家）

编号	机构名称	备注（满意参数）
1	宁波出入境检验检疫局检验检疫技术中心	麻痹性贝类毒素、腹泻性贝类毒素
2	上海市疾病预防控制中心	麻痹性贝类毒素、腹泻性贝类毒素
3	农业部渔业产品质量监督检验测试中心（大连）	麻痹性贝类毒素、腹泻性贝类毒素、失忆性贝类毒素
4	大连市长海县水产技术推广站	麻痹性贝类毒素、腹泻性贝类毒素
5	大连金州新区水生动物疫病防治站	麻痹性贝类毒素、腹泻性贝类毒素
6	农业部渔业产品质量监督检验测试中心（南京）	麻痹性贝类毒素、腹泻性贝类毒素
7	大连市旅顺口区水产技术推广站	麻痹性贝类毒素、腹泻性贝类毒素
8	秦皇岛出入境检验检疫局检验检疫技术中心	麻痹性贝类毒素、腹泻性贝类毒素
9	国家水产品质量监督检验中心	麻痹性贝类毒素、腹泻性贝类毒素
10	中国检验检疫科学研究院综合检测中心	麻痹性贝类毒素、腹泻性贝类毒素
11	上海出入境检验检疫局动植物与食品检验检疫技术中心	麻痹性贝类毒素、腹泻性贝类毒素、失忆性贝类毒素
12	广东出入境检验检疫局检验检疫技术中心食品实验室	腹泻性贝类毒素
13	农业部水产品质量监督检验测试中心（上海）	麻痹性贝类毒素、腹泻性贝类毒素
14	浙江舟山出入境检验检疫局综合技术服务中心	麻痹性贝类毒素、腹泻性贝类毒素
15	辽宁出入境检验检疫局检验检疫技术中心庄河分中心	麻痹性贝类毒素、腹泻性贝类毒素、失忆性贝类毒素
16	辽宁出入境检验检疫局检验检疫技术中心东港分中心	麻痹性贝类毒素、腹泻性贝类毒素
17	威海时进食品检测服务有限公司	麻痹性贝类毒素、腹泻性贝类毒素
18	厦门出入境检验检疫局技术中心	麻痹性贝类毒素、腹泻性贝类毒素
19	珠海出入境检验检疫局检验检疫技术中心	腹泻性贝类毒素
20	浙江省疾病预防控制中心卫生毒理所	腹泻性贝类毒素
21	威海出入境检验检疫局检验检疫技术中心	麻痹性贝类毒素、腹泻性贝类毒素
22	农业部渔业环境及水产品质量监督检验测试中心（舟山）	麻痹性贝类毒素、腹泻性贝类毒素
23	宁波市海洋与渔业研究院分析测试中心（宁波市渔业环境与产品质量检验监测中心）	麻痹性贝类毒素、腹泻性贝类毒素

二十四、基孔肯雅病毒核酸荧光PCR检测能力验证项目（24家）

编号	机构名称	备注（检测人员）
1	厦门国际旅行保健中心	杨坤宇
2	广州市疾病预防控制中心	李魁彪
3	安徽省疾病预防控制中心微生物检验室	史永林
4	凭祥出入境检验检疫局检验检疫综合实验室	万道正
5	福建国际旅行卫生保健中心综合实验室	王宇平
6	北京出入境检验检疫局检验检疫技术中心首都机场分中心	郭惠琳
7	珠海国际旅行卫生保健中心国家级腹泻病检测重点实验室	莫秋华
8	吉林出入境检验检疫局检验检疫技术中心生物检测室	刘阳
9	四川出入境检验检疫局检验检疫技术中心机场实验室	赵锋
10	广东省疾病预防控制中心微生物检验所	吴德
11	广东省惠州市疾病预防控制中心	严宇斌
12	广州机场出入境检验检疫局综合技术服务中心综合实验室	孙薇
13	中山出入境检验检疫局技术中心卫检实验室	岳巧云
14	中国检验检疫科学研究院外来医学媒介生物检测重点实验室	燕清丽
15	江苏出入境检验检疫局医学媒介生物监测实验室	朱临
16	辽宁出入境检验检疫局医学媒介生物控制中心	高玉峰
17	江苏省疾病预防控制中心病原微生物研究所	彭海燕　吴涛
18	上海市疾病预防控制中心微生物实验室	朱兆奎
19	深圳出入境检验检疫局医学媒介生物实验室	杨燕秋　史蕾
20	天津国际旅行卫生保健中心海港实验室	李智慧
21	天津国际旅行卫生保健中心空港实验室	刘振宇
22	广东国际旅行卫生保健中心实验室	陈姗　韩彦玲
23	深圳市南山区疾病预防控制中心微生物检验实验室	鞠长燕
24	福建省疾病预防控制中心	翁育伟

二十五、巴西豆象等仓储豆象鉴定能力验证项目（56家）

编号	机构名称	备注（检测人员）
1	腾冲出入境检验检疫局综合技术服务中心	李柱
2	河南出入境检验检疫局技术中心植物检疫实验室	宋南
3	无锡出入境检验检疫局外来有害生物检疫实验室	李艳华
4	西双版纳出入境检验检疫局技术中心植物检疫实验室	邓裕亮
5	凭祥出入境检验检疫局检验检疫综合实验室	甘晓静
6	湖北出入境检验检疫局检验检疫技术中心	王振华
7	钦州出入境检验检疫局检验检疫综合实验室	张艳玲
8	山东出入境检验检疫局检验检疫技术中心	王妍婷
9	连云港出入境检验检疫局植物检疫	刘翔
10	伊犁出入境检验检疫局综合技术服务中心综合实验室	陆平
11	防城港出入境检验检疫局生物监测实验室	奚国华
12	湛江出入境检验检疫局检验检疫技术中心	马新华
13	勐腊出入境检验检疫局综合技术中心	白永华
14	新疆出入境检验检疫局检验检疫技术中心	张伟
15	辽宁出入境检验检疫局技术中心	胡强
16	顺德出入境检验检疫局综合技术服务中心	沈阳
17	舟山出入境检验检疫局动植物检疫实验室	陈宇
18	广东出入境检验检疫局检验检疫技术中心植检室	林莉
19	天津出入境检验检疫局动植物与食品检测中心	董志珍
20	吉林出入境检验检疫局检验检疫技术中心	李爱军
21	文山出入境检验检疫局检验检疫技术中心综合实验室	段禄华
22	大理出入境检验检疫局综合技术中心	张玉元
23	阿拉山口出入境检验检疫局综合技术服务中心动植物实验室	莫善明
24	瑞丽出入境检验检疫局综合技术中心	吴贵宏
25	泉州出入境检验检疫局综合检测中心	曾思梅
26	浙江出入境检验检疫局检验检疫技术中心植物检验检疫实验室	林晓佳
27	新会出入境检验检疫局综合技术服务中心综合检验检疫实验室	薛卓联
28	苏州出入境检验检疫局外来有害生物防控实验室	高渊
29	德宏出入境检验检疫局检验检疫综合技术服务中心综合实验室	李生贵
30	烟台出入境检验检疫局技术中心	王颖
31	江西出入境检验检疫局检验检疫综合技术中心	孙玲
32	南通出入境检验检疫局有害生物检疫实验室	肖杰文
33	湖州出入境检验检疫局植物检疫实验室	刘鹏程
34	南海出入境检验检疫局综合技术服务中心检测中心	李凯兵
35	临沧出入境检验检疫局检验检疫综合技术中心综合实验室	李明灿
36	山西出入境检验检疫局技术中心	李惠年
37	重庆出入境检验检疫局检验检疫技术中心	孔德英
38	黄埔出入境检验检疫局农化矿检测中心	王新国
39	北京出入境检验检疫局技术中心植物实验室	江丽辉
40	江苏出入境检验检疫局动植食中心植物检疫实验室	徐梅
41	番禺出入境检验检疫局综合技术服务中心实验室	钟卫华
42	绥芬河出入境检验检疫局综合技术中心	郑超
43	莆田出入境检验检疫局林木检验检疫实验室	叶剑雄
44	西藏出入境检验检疫局检验检疫技术中心植物检疫实验室	文艺
45	宁波出入境检验检疫局技术中心	石岩
46	佛山出入境检验检疫局动植物与食品实验室	曹娟
47	安徽出入境检验检疫局技术中心生物分中心	李云飞
48	喀什出入境检验检疫局技术服务中心综合实验室	李焱
49	满洲里出入境检验检疫局技术中心	刘玮琦
50	厦门出入境检验检疫局检验检疫技术中心	黄蓬英
51	深圳出入境检验检疫局动植中心	娄定风
52	黑龙江出入境检验检疫局技术中心	刘洪义
53	东莞出入境检验检疫局综合技术中心动植检部	杨红霞
54	广州机场出入境检验检疫局综合技术服务中心综合实验室	孙薇
55	上海出入境检验检疫局技术中心动植室中心植检实验室	印丽萍
56	河口出入境检验检疫局综合技术服务中心	孙兵召

二十六、苹果蠹蛾幼虫的识别与鉴定能力验证项目(38家)

编号	机构名称	备注(检测人员)
1	阿拉山口出入境检验检疫局综合技术服务中心动植物实验室	莫善明
2	重庆市出入境检验检疫局检验检疫技术中心	孔德英
3	甘肃出入境检验检疫综合技术中心	刘箐
4	宁波出入境检验检疫局技术中心	石岩
5	舟山出入境检验检疫局动植物检疫实验室	王勇
6	浙江出入境检验检疫局技术中心植物检验检疫室	卓怡群
7	绥芬河出入境检验检疫局检验检疫综合服务中心	郑超
8	阿勒泰出入境检验检疫局综合实验室	余永杰
9	北京出入境检验检疫局技术中心植物检疫实验室	江丽辉
10	广东出入境检验检疫局检验检疫技术中心植检室	梁帆
11	黑河出入境检验检疫局检验检疫综合技术中心	徐艳辉
12	库尔勒出入境检验检疫局	华鹏
13	连云港出入境检验检疫局植物检疫实验室	刘翔
14	伊犁出入境检验检疫综合技术服务中心综合实验室	陆平
15	河南出入境检验检疫技术中心植物检疫实验室	宋南
16	喀什出入境检验检疫局综合技术服务中心综合实验室	李焱
17	塔城出入境检验检疫局综合实验室	夏力哈尔
18	山西出入境检验检疫局技术中心	李惠萍
19	中国检验检疫科学研究院检疫处理重点实验室	李丽
20	佛山出入境检验检疫局动植物与食品实验室	曹娟 李新芳
21	山东出入境检验检疫局检验检疫技术中心	王妍婷
22	新疆维吾尔自治区农业厅哈密植物检疫工作站	潘俊鹏
23	霍尔果斯出入境检验检疫局	克尤木
24	吉林出入境检验检疫局检验检疫技术中心	李爱军
25	黑龙江出入境检验检疫局技术中心植检室	刘洪义
26	云南出入境检验检疫局技术中心植物检疫实验室	刘忠善
27	辽宁出入境检验检疫局检验检疫技术中心	胡强
28	广州机场出入境检验检疫局综合技术服务中心综合实验室	孙薇
29	烟台出入境检验检疫局	方绍庆
30	内蒙古出入境检验检疫局检验检疫技术中心	杨永生
31	深圳出入境检验检疫局动植物检验检疫技术中心	陈志粦
32	湖北出入境检验检疫局检验检疫技术中心	王振华
33	天津出入境检验检疫局动植物与食品检测中心	霍蕾
34	江苏出入境检验检疫局动植食中心植物检疫实验室	徐梅
35	阿克苏出入境检验检疫局综合实验室	沈慧慧
36	上海出入境检验检疫局动植物与食品检验检疫技术中心植物与粮食实验室	李军
37	辽宁出入境检验检疫局检验检疫技术中心丹东分中心	张吉良
38	新疆林业有害生物鉴定中心	阿地力、沙塔尔

二十七、栎树猝死病菌鉴定能力验证项目(21家)

编号	机构名称	编号	机构名称
1	深圳出入境检验检疫局动植物检验检疫技术中心植检实验室	12	北京出入境检验检疫局检验检疫技术中心植物实验室
2	江苏出入境检验检疫局动植物与食品检测中心植物检疫实验室	13	福建出入境检验检疫局技术中心植检实验室
3	吉林出入境检验检疫局检验检疫技术中心植检实验室	14	伊犁出入境检验检疫局综合技术服务中心综合实验室
4	舟山出入境检验检疫局动植物检疫实验室	15	黑龙江出入境检验检疫局检验检疫技术中心植检实验室
5	厦门出入境检验检疫局检验检疫技术中心植检实验室	16	上海出入境检验检疫局动植物与食品检验检疫技术中心植检实验室
6	宁波出入境检验检疫局检验检疫技术中心植检实验室	17	中山出入境检验检疫局检验检疫技术中心植检实验室
7	天津出入境检验检疫局动植物与食品检测中心植物检疫实验室	18	内蒙古出入境检验检疫局检验检疫技术中心植检实验室
8	安徽出入境检验检疫局检验检疫技术中心生物分中心植检实验室	19	湖北出入境检验检疫局检验检疫技术中心植物检疫实验室
9	新疆出入境检验检疫局检验检疫技术中心植检实验室	20	喀什出入境检验检疫局综合技术服务中心综合实验室
10	广东检验检疫技术中心植物检疫实验室	21	阿拉山口出入境检验检疫局综合技术服务中心动植食品纺织室
11	浙江出入境检验检疫局检验检疫技术中心植检实验室		

二十八、鲤鱼春季病毒血症病毒定性检测能力验证项目(28家)

编号	机构名称	编号	机构名称
1	珠海出入境检验检疫局技术中心	15	上海出入境检验检疫局动植物与食品检验检疫技术中心
2	宁波出入境检验检疫局技术中心生物安全检测分中心	16	广东出入境检验检疫局技术中心动检实验室
3	山东省海水养殖研究所病害防治实验室	17	天津出入境检验检疫局动植物与食品检测中心
4	厦门出入境检验检疫局检验检疫技术中心	18	湖北出入境检验检疫局技术中心
5	辽宁出入境检验检疫局技术中心动物检验科	19	海南出入境检验检疫局检验检疫技术中心动物检疫实验室
6	深圳出入境检验检疫局动植物检验检疫技术中心水生动物实验室	20	北京海森通生物科技有限公司
7	河北省水产品质量检验检测站	21	福建出入境检验检疫局检验检疫技术中心
8	连云港出入境检验检疫局动植物实验室	22	江西出入境检验检疫局检验检疫综合技术中心
9	农业部渔业产品质量监督检验测试中心(烟台)/山东省海洋水产研究所	23	廊坊检验检疫局燕郊办动检实验室
10	天津市水产养殖病害防治中心	24	烟台出入境检验检疫局动植检实验室
11	浙江出入境检验检疫局技术中心动检实验室	25	中国检验检疫科学研究院 动植物检疫研究所 水生动物疾病研究中心
12	舟山出入境检验检疫局动植物检验检疫实验室	26	中国检验检疫科学研究院综合检测中心毒力实验室
13	北京市水产技术推广站	27	大连海洋大学水产动物医学实验室
14	江苏省水产技术推广站(江苏省水生动物疫病预防控制中心)	28	吉林出入境检验检疫局检验检疫技术中心

二十九、猴B病毒(猕猴疱疹病毒Ⅰ型)ELISA检测能力验证项目(29家)

编号	机构名称	编号	机构名称
1	广东省质量监督实验动物检验站	16	贵港出入境检验检疫局检验检疫综合实验室
2	江苏出入境检验检疫局动植物与食品检测中心，动物检疫实验室	17	玉林市洪峰实验动物驯养繁殖中心
3	广西雄森灵长类实验动物养殖开发有限公司	18	深圳出入境检验检疫局动物植物检验检疫技术中心
4	北海出入境检验检疫局检验检疫综合实验室	19	海南出入境检验检疫局检验检疫局技术中心
5	上海实验动物研究中心	20	云南出入境检验检疫局技术中心动物检疫实验室
6	湖北出入境检验检疫局检验检疫技术中心	21	广西玮美生物科技有限公司
7	广东出入境检验检疫局检验检疫技术中心，动物检疫实验室	22	广西壮族自治区疾病预防控制中心
8	吉林出入境检验检疫局检验检疫技术中心	23	北京出入境检验检疫局检验检疫技术中心
9	浙江省实验动物质量监督检验站	24	天津出入境检验检疫局动植物与食品检测中心
10	苏州西山生物技术有限公司	25	凭祥出入境检验检疫局检验检疫综合实验室
11	广西桂东灵长类开发实验有限公司	26	山西出入境检验检疫局检验检疫技术中心
12	宁波出入境检验检疫局检验检疫技术中心	27	福建出入境检验检疫局检验检疫技术中心
13	梧州出入境检验检疫局检验检疫综合实验室	28	河北出入境检验检疫局检验检疫技术中心
14	东兴出入境检验检疫局检验检疫综合实验室	29	海南金港生物技术股份有限公司
15	永福县新桂野生动物养殖有限公司		

三十、牛传染性鼻气管炎病毒PCR方法定性检测能力验证项目(35家)

编号	机构名称	编号	机构名称
1	宁波出入境检验检疫局技术中心	11	阿拉山口出入境检验检疫局综合技术服务中心动植食品纺织实验室
2	深圳出入境检验检疫局动植物检验检疫技术中心动检实验室	12	珠海出入境检验检疫局技术中心
3	吉林出入境检验检疫局检验检疫技术中心	13	山东出入境检验检疫局检验检疫技术中心
4	新疆出入境检验检疫局技术中心动植检实验室	14	烟台出入境检验检疫局技术中心
5	北京出入境检验检疫局检验检疫技术中心	15	上海出入境检验检疫局动植物与食品检验检疫技术中心
6	广西出入境检验检疫局检验检疫技术中心	16	新疆伊犁出入境检验检疫局综合技术服务中心综合实验室
7	江苏出入境检验检疫局动植食检测中心动物检疫实验室	17	华南农业大学兽医学院外科实验室
8	重庆出入境检验检疫局技术中心动物检疫实验室	18	广东省农业科学院兽医研究所猪病研究室
9	湖北出入境检验检疫局技术中心	19	中国检验检疫科学研究院国家质检总局进出口动物检疫重点实验室
10	厦门出入境检验检疫局检验检疫技术中心	20	云南出入境检验检疫局技术中心动检实验室

续表

编号	机构名称	编号	机构名称
21	天津出入境检验检疫局动植物与食品检测中心	29	天津市动物疫病预防控制中心
22	河南出入境检验检疫局技术中心	30	黑龙江出入境检验检疫局技术中心
23	四川出入境检验检疫局技术中心	31	福建出入境检验检疫局技术中心
24	内蒙古出入境检验检疫局检验检疫技术中心微生物实验室	32	惠州出入境检验检疫局检验检疫综合技术中心
25	浙江出入境检验检疫局技术中心动检实验室	33	东莞出入境检验检疫局技术中心
26	舟山出入境检验检疫局动植物检验检疫实验室	34	华中农业大学农业微生物学国家重点实验室
27	中国农业大学动物医学院传染病微生物学实验室	35	河北出入境检验检疫局技术中心
28	喀什出入境检验检疫局综合技术服务中心综合实验室		

三十一、水貂阿留申病对流免疫电泳检测能力验证项目（35家）

编号	机构名称	编号	机构名称
1	中国动物卫生与流行病学中心国家外来动物疫病诊断中心	19	厦门出入境检验检疫局检验检疫技术中心
2	中国检验检疫科学研究院综合检测中心	20	北京出入境检验检疫局检验检疫技术中心
3	辽宁出入境检验检疫局检验检疫技术中心	21	重庆出入境检验检疫局检验检疫技术中心
4	沈阳出入境检验检疫局检验检疫综合技术中心	22	海南出入境检验检疫局检验检疫技术中心
5	黑龙江出入境检验检疫局检验检疫技术中心	23	浙江出入境检验检疫局动植物实验室
6	济南出入境检验检疫局检验检疫技术中心	24	江西出入境检验检疫局检验检疫综合技术中心
7	烟台出入境检验检疫局检验检疫技术中心	25	河南出入境检验检疫局检验检疫技术中心
8	广东出入境检验检疫局检验检疫技术中心动物检疫实验室	26	上海出入境检验检疫局动植物与食品检验检疫技术中心
9	深圳出入境检验检疫局动植物检验检疫技术中心	27	四川出入境检验检疫局检验检疫技术中心
10	惠州出入境检验检疫局检验检疫综合技术中心	28	云南出入境检验检疫局检验检疫技术中心
11	东莞出入境检验检疫局检验检疫综合技术中心	29	中山出入境检验检疫局检验检疫技术中心
12	广西出入境检验检疫局检验检疫技术中心	30	长春市动物疫病预防控制中心
13	湖北出入境检验那检疫局检验检疫技术中心	31	吉林大学畜牧兽医学院分子免疫学实验室
14	山西出入境检验检疫局检验检疫技术中心	32	吉林省动物疫病预防控制中心
15	天津出入境检验检疫局动植物与食品检测中心	33	吉林省畜牧兽医科学研究院中心实验室
16	内蒙古出入境检验检疫局检验检疫技术中心	34	吉林农业大学动物生产及产品质量安全教育部重点实验室
17	江苏出入境检验检疫局动植物与食品检测中心	35	中国农业科学院特产研究所经济动物预防研究室
18	福建出入境检验检疫局检验检疫技术中心		

三十二、洗涤剂中五氧化二磷检测能力验证项目（24家）

编号	机构名称	编号	机构名称
1	北京市理化分析测试中心	13	山东省产品质量监督检验研究院
2	福建省产品质量检验研究院	14	陕西省渭南市产品质量监督检验所
3	广州市质量监督检测研究院	15	上海和黄白猫有限公司技术中心分析室
4	江苏省产品质量监督检验研究院	16	上海天祥质量技术服务有限公司
5	国家轻工业香料化妆品洗涤用品质量监督检测广州站	17	上海香料研究所香料香精化妆品检验实验室
6	国家轻工业香料洗涤用品质量监督检测天津站	18	深圳市计量质量检测研究院
7	中国日用化学工业研究院分析测试中心	19	沈阳产品质量监督检验院
8	国家洗漱用品质量监督检验中心	20	通标标准技术服务（上海）有限公司检测中心
9	海南省产品质量监督检验所	21	新疆昌吉回族自治州产品质量检验所
10	杭州市质量技术监督检测院	22	中检（澳门）检验分析有限公司
11	河南省产品质量监督检验院	23	重庆市计量质量检测研究院
12	南京市产品质量监督检验院	24	上海市质量监督检验技术研究院

三十三、纺织品中邻苯二甲酸酯的测定能力验证项目(60家)

编号	机构名称	编号	机构名称
1	广州市纤维产品检测院	31	苏州出入境检验检疫局技术中心
2	通标标准技术服务有限公司广州分公司检测中心	32	湖北出入境检验检疫局技术中心
3	通标标准技术服务(天津)有限公司	33	北京市纺织纤维检测所
4	天祥(天津)质量技术服务有限公司	34	福建省纤维检验所
5	嘉兴出入境检验检疫局综合实验室	35	浙江省质量技术监督检测研究院/浙江方圆检测集团股份有限公司
6	深圳市天祥质量技术服务有限公司	36	浙江省质量技术监督检测研究院/国家皮革质量监督检验中心(浙江)
7	天祥(广州)技术服务有限公司	37	上海市纤维检验所
8	宜家中国测试及培训中心	38	上海市纺织科学研究院纺织工业南方科技测试中心
9	广东省汕头市质量计量监督检测所	39	深圳市华测检测技术股份有限公司宁波分公司
10	国家纺织制品质量监督检验中心	40	胜邦(香港)公证有限公司
11	无锡天祥质量技术服务有限公司	41	江苏省优联检测技术服务有限公司
12	浙江传化股份有限公司检测中心	42	绍兴出入境检验检疫局综合技术服务中心
13	宁波出入境检验检疫局技术中心奉化分中心	43	重庆市纤维织品检验所
14	深圳天祥质量技术服务有限公司(纺织鞋类测试部)	44	上海染料研究所有限公司检测中心
15	金华出入境检验检疫局技术中心	45	上海出入境检验检疫局工业品与原材料检测技术中心
16	中国检验认证集团山东检测有限公司	46	通标标准技术服务有限公司宁波分公司化学实验室
17	温州出入境检验检疫技术中心	47	厦门中迅德检测技术有限公司
18	通标标准技术服务(上海)有限公司检测中心	48	广东出入境检验检疫局检验检疫技术中心玩具实验室
19	江苏出入境检验检疫局纺织工业产品检测中心	49	广州杰信检验技术服务有限公司
20	上海天伟纺织质量技术服务有限公司	50	温州中测环保检测技术有限公司
21	通标标准技术服务有限公司杭州分公司	51	东莞市倍通检测技术有限公司认证检测中心
22	江苏盛虹纺织品检测中心有限公司	52	香港标准及检定中心
23	广州立德技术检测有限公司	53	广州市纺织工业研究所纺织品检验中心
24	广东检验检疫技术中心纺织实验室	54	江苏出入境检验检疫局工业品中心纺织实验室
25	青岛市纺织纤维检验所	55	宁波市纤维检验所
26	东莞市中鼎检测技术有限公司	56	通标标准技术服务有限公司青岛分公司检测中心
27	上海胜邦质量检测有限公司	57	广东省中山市质量计量监督检测所
28	国家纤维质量监督检验中心	58	莱茵技术(上海)有限公司
29	义乌出入境检验检疫局综合技术服务中心	59	浙江中鼎检测技术有限公司
30	湖州出入境检验检疫局综合技术服务中心综合实验室	60	宁波出入境检验检疫局技术中心

三十四、钢的脱碳层深度的测定能力验证项目(38家)

编号	机构名称	编号	机构名称
1	中国电力科学研究院	20	常州光洋轴承有限公司试验中心
2	首钢总公司技术中心中心试验室	21	苏信特钢中心试验室/江苏省苏信特钢有限公司
3	中国航天标准化研究所紧固件检测试验室	22	张家港市海宇金属材料测试有限公司
4	天津钢管集团股份有限公司检测中心	23	江苏永钢集团有限公司理化检测中心
5	信息产业部专用材料质量监督检验中心	24	上海金艺材料检测技术有限公司
6	天津市金属产品质量监督检验站/天津赛达鑫源检验检测有限公司	25	国家金属材料质量监督检验中心(上海材料研究所检测中心)
7	鞍钢股份有限质量检验中心	26	通标标准技术服务(上海)有限公司检测中心材料试验室
8	鞍钢股份有限公司鲅鱼圈钢铁分公司管控化检验中心	27	上海电气核电设备有限公司质保部理化室
9	秦皇岛市恒正机械产品检测有限公司	28	国家标准件产品质量监督检验中心
10	济南汽车检测中心	29	浙江省质量技术监督检测研究院/浙江方圆检测集团股份有限公司
11	郑州永通特钢有限公司检测中心	30	浙江铁流离合器股份有限公司检测中心
12	西安航天发动机厂计量理化处	31	宁波市产品质量监督检验研究院
13	中国石油乌鲁木齐石化公司监测中心	32	浙江华电器材检测研究所
14	四川精迅产品质量检测有限公司	33	广东省冶金产品质量监督检测中心
15	四川科特石油工业质量安全监督测评中心	34	广东出入境检验检疫局检验检疫技术中心化矿金属材料实验室
16	中国兵器装备集团西南技术工程研究所环境试验检测中心(国防科技工业自然环境试研研究中心)	35	深圳市材料表面分析检测中心
17	湖北省冶金产品质量监督检验站理化实验室	36	福建龙溪轴承(集团)股份有限公司检测实验中心
18	江苏省机械研究设计院有限责任公司机械检测中心	37	重庆市特种设备质量安全检测中心
19	江苏省电力试验研究院有限公司	38	南通市产品质量监督检验所

三十五、工业用精对苯二甲酸酸值、对羧基苯甲醛和对羧基苯甲酸的测定能力验证项目(22家)

编号	机构名称	备注(满意参数)
1	江苏检验检疫局石油化工品检测实验室	酸值 4-CBA p-TOL
2	翔鹭石化股份有限公司环安品保部化验课	酸值 4-CBA
3	宁波三菱化学有限公司品质管理科	酸值 4-CBA p-TOL
4	南通出入境检验检疫局检验检疫综合技术中心	酸值 4-CBA p-TOL
5	绍兴远东石化有限公司质检中心	酸值 4-CBA p-TOL
6	浙江逸盛石化有限公司实验室	酸值 4-CBA p-TOL
7	台塑关系企业台化兴业(宁波)有限公司品管课	酸值
8	张家港出入境检验检疫局检验检疫综合技术中心	酸值 4-CBA p-TOL
9	中国石油化工股份有限公司镇海炼化分公司质量技术中心	酸值 4-CBA p-TOL
10	浙江检验检疫科学研究院舟山分院石油及化矿实验室	酸值 4-CBA p-TOL
11	宁波化学品安全评价中心	酸值 4-CBA p-TOL
12	宁波环境监测中心	酸值 4-CBA p-TOL
13	奉化出入境检验检疫局综合实验室	酸值 4-CBA p-TOL
14	广东出入境检验检疫局技术中心化矿金属材料实验室	酸值 4-CBA p-TOL
15	上海出入境检验检疫局工业品与原材料检测技术中心	酸值 4-CBA p-TOL
16	中国检验认证集团宁波有限公司镇海液体化工实验室	酸值 4-CBA p-TOL
17	钦州出入境检验检疫局检验检疫综合实验室	酸值 4-CBA p-TOL
18	浙江科正石油产品质量检测有限公司	酸值 4-CBA p-TOL
19	江西出入境检验检疫局综合技术中心	酸值 4-CBA p-TOL
20	宁海出入境检验检疫局综合技术服务中心	酸值 4-CBA p-TOL
21	亚东石化(上海)有限公司实验室	酸值 4-CBA p-TOL
22	上海市石油化工产品质量监督检验站	p-TOL

三十六、皮革中富马酸二甲酯的测定能力验证项目(60家)

编号	机构名称	编号	机构名称
1	温州出入境检疫检疫局技术中心	31	莱茵技术上海有限公司
2	天祥(天津)质量技术服务有限公司	32	顺德出入境检验检疫综合技术服务中心
3	中国皮革和制鞋工业研究院检测中心	33	深圳天祥质量技术服务有限公司玩具、食品及杂货部
4	天祥公证行有限公司玩具、食品及杂货部	34	通标标准技术服务有限公司深圳分公司玩具实验室
5	江苏出入境检验检疫局轻工产品与儿童用品检测中心玩具实验室	35	惠州出入境检验检疫局检验检疫综合技术中心
6	浙江省质量技术监督检测研究院/浙江方圆检测集团股份有限公司/国家皮革质量监督检验中心(浙江)	36	辽宁检验检疫局技术中心
7	广州立德技术检测有限公司	37	宁波出入境检验检疫局技术中心工业品分中心
8	颛泓(上海)测试技术服务有限公司	38	宁波中普检测技术服务有限公司
9	泉州远东检验技术有限公司	39	通标标准技术服务(天津)有限公司检测中心
10	湖北检验检疫局	40	晋江市产品质量监督检验所
11	倍科电子技术服务(深圳)有限公司	41	深圳市赛德检测技术有限公司
12	岛津(广州)检测技术有限公司	42	通标标准技术服务(重庆)有限公司检测中心
13	广东出入境检验检疫技术中心纺织实验室	43	厦门中迅德检测技术有限公司
14	嘉兴出入境检验检疫局综合实验室	44	通标标准技术服务(青岛)有限公司检测中心
15	珠海出入境检验检疫局技术中心	45	通标标准技术服务(上海)有限公司检测中心
16	广州纤维产品检测院	46	广东出入境检验检疫局检验检疫技术中心轻工实验室
17	无锡天祥质量技术服务有限公司	47	上海出入境检验检疫局机电产品检测技术中心
18	深圳市安姆特检测技术有限公司	48	东莞市中鼎检测技术有限公司
19	广东出入境检验检疫技术中心化矿金属材料实验室	49	福建省纤维检验所
20	江苏优联检测技术服务有限公司	50	中山市立创检测技术服务有限公司
21	中国检验认证集团山东检测有限公司	51	四川出入境检验检疫局检验检疫技术中心
22	天祥(广州)技术服务有限公司科学城分公司	52	台州出入境检验检疫局检验检疫技术中心
23	福建出入境检验检疫局检验检疫技术中心	53	国家鞋类检测中心莆田实验室
24	深圳市安姆特检测技术有限公司昆山分公司	54	嘉兴市皮毛和制鞋工业研究所
25	扬州市产品质量监督检验所	55	黑龙江出入境检验检疫局检验检疫技术中心
26	上海申美商品检测有限公司	56	国家鞋类检测中心晋江实验室
27	通标标准技术服务有限公司广州分公司检测中心	57	东莞市优越检测技术服务有限公司实验室
28	深圳天祥质量技术服务有限公司纺织鞋类测试部	58	上海天祥质量技术服务有限公司玩具及轻工产品部
29	通标标准技术服务有限公司深圳分公司检测中心南山实验室	59	上海出入境检验检疫局工业品与原材料检测技术中心
30	莱茵技术监护(深圳)有限公司	60	深圳出入境检验检疫局工业品检测技术中心

三十七、化妆品中汞检测能力验证项目(53家)

编号	机构名称	编号	机构名称
1	秦皇岛出入境检验检疫局检验检疫技术中心	28	辽宁省产品质量监督检验院
2	义乌出入境检验检疫局综合技术服务中心	29	广西贵港市疾病预防控制中心
3	金华出入境检验检疫局技术中心	30	广西轻工产品质量监督检验站
4	宁波出入境检验检疫局技术中心理化实验室	31	上海出入境检验检疫局动植物与食品检验检疫技术中心
5	温州市质量技术监督检测院	32	上海香料研究所香料香精化妆品检验实验室
6	国家质检总局化妆品安全重点实验室	33	上海天祥质量技术服务有限公司玩具及轻工产品部
7	北京市理化分析测试中心	34	上海市崇明县计量质量检测所
8	国家轻工业化妆品洗涤用品质量监督检测北京站	35	上海市疾病预防控制中心
9	深圳出入境检验检疫局食品检验检疫技术中心	36	新疆喀什地区产品质量检验所
10	厦门出入境检验检疫局检验检疫技术中心	37	福建省产品质量检验研究院
11	深圳天祥质量技术服务有限公司	38	福清出入境检验检疫局检验检疫技术中心
12	珠海出入境检验检疫局检验检疫技术中心食品室	39	中国检验认证集团山东检测有限公司
13	东莞出入境检验检疫局检验检疫综合技术中心	40	山东省产品质量监督检验研究院
14	增城出入境检验检疫局综合技术服务中心综合实验室	41	重庆出入境检验检疫局检验检疫技术中心
15	肇庆出入境检验检疫局检验检疫综合技术中心	42	河南出入境检验检疫局检验检疫技术中心
16	广州市质量监督检测研究院	43	江西出入境检验检疫局检验检疫综合技术中心
17	深圳市药品检验所	44	湖北省疾病预防控制中心
18	广东出入境检验检疫局检验检疫技术中心食品实验室	45	广东省保化检测中心有限公司
19	通标标准技术服务有限公司广州分公司化学实验室	46	国家轻工业香料化妆品洗涤用品质量监督检测广州站
20	海南省疾病预防控制中心	47	天津出入境检验检疫局动植物与食品检测中心
21	海南省药品检验所	48	中国日用化学工业研究院分析测试中心
22	海南省产品质量监督检验所	49	辽宁出入境检验检疫局检验检疫技术中心食品理化实验室
23	常州市产品质量监督检验所	50	花都出入境检验检疫局综合技术服务中心综合实验室
24	无锡出入境检验检疫局检验检疫综合技术中心	51	广州金域医学检验中心有限公司
25	张家港市产品质量监督检验所	52	喀什出入境检验检疫局综合实验室
26	南京市产品质量监督检验院	53	上海天祥质量技术服务有限公司食品部
27	南通出入境检验检疫局检验检疫综合技术中心		

三十八、室内环境指标中的总挥发性有机物(TVOC)含量检测能力验证项目(38家)

编号	机构名称	编号	机构名称
1	上海市浦东新区疾病预防控制中心	19	上海申丰检测有限公司
2	深圳市龙岗区工程质量检测中心	20	上海松冈建设工程质量检测有限公司
3	南京市产品质量监督检验院	21	机械工业办公自动化设备检验所(国家办公设备及耗材质量监督检验中心)
4	赤峰市建设工程质量检测中心	22	上海聚星环境检测有限公司
5	天津市大港区城建建筑材料试验室	23	新疆石油管理局室内环境污染检测中心
6	河南省建筑装饰装修质量监督检验站	24	天津天石伟业建筑工程检测有限公司
7	广东省中山市检通建设工程质量检测有限公司	25	广州赛特检测有限公司
8	佛山市建筑工程质量检测站	26	北京市昌平疾病预防控制中心
7	广东省中山市检通建设工程质量检测有限公司	27	中山市金正建筑工程材料检验检测有限公司
8	佛山市建筑工程质量检测站	28	天津津滨建质工程试验检测有限公司
9	克拉玛依市环境科研监测中心站	29	天津市建筑工程质量检测中心
10	四川省创晖德盛环境检测有限公司	30	上海市卢湾区疾病预防控制中心
11	宁波三江检测有限公司	31	天津凯利尔环境检测服务有限公司
12	深圳市计量质量检测研究院	32	天津静海县腾飞建筑工程试验室
13	上海天祥质量技术服务有限公司玩具及轻工产品部	33	青岛中一监测有限公司
14	上海市计量测试技术研究院(上海市环境保护产品质量监督检验总站)	34	天津市众望室内环境检测技术服务有限公司
15	上海同标质量检测技术有限公司	35	国家空调设备质量监督检验中心(中国建筑科学研究院)
16	天津市塘沽区质量监督检验所	36	天津建科建筑节能环境检测有限公司
17	邯郸市产品质量监督检验所	37	环境保护部华南环境科学研究所
18	安徽六安中皖建筑质量安全检测有限公司	38	青岛京诚检测科技有限公司

三十九、球团矿检测能力验证项目（39家）

编号	机构名称	备注（满意参数）
1	上海出入境检验检疫局工业品与原材料检验技术中心矿产品检测室	全铁、硫含量
2	江西出入境检验检疫局综合技术服务中心	全铁、硫含量
3	宁波出入境检验检疫局铁矿检测中心	全铁、硫含量
4	鲅鱼圈出入境检验检疫局综合技术服务中心	全铁、硫含量
5	天津出入境检验检验局化矿金属材料检测中心	全铁、硫含量
6	镇江出入境检验检疫局检验检疫综合技术中心	全铁、硫含量
7	国家冶金产品及原料检测重点实验室	全铁、硫含量
8	内蒙古满洲里出入境检验检疫局技术中心	全铁
9	连云港出入境检验检疫局综合技术中心化矿实验室	全铁、硫含量
10	嵊泗出入境检验检疫局综合技术服务中心	全铁、硫含量
11	山东检验检疫技术中心	全铁、硫含量
12	广东出入境检验检疫局检验检疫技术中心化矿金属材料实验室	全铁、硫含量
13	福建出入境检验检疫局技术中心	全铁、硫含量
14	海南出入境检验检疫局技术中心	全铁、硫含量
15	北海检验检疫局检验检疫综合实验室	全铁
16	南通出入境检验检疫局综合技术中心化矿实验室	全铁、硫含量
17	陕西龙门钢铁有限责任公司质量保证部质检中心	全铁、硫含量
18	首钢矿业公司质量检验中心实验室	全铁、硫含量
19	宝钢集团八钢公司制造管理部理化检验中心	全铁、硫含量
20	辽宁省地质矿产研究院	硫含量
21	有色金属华北地质矿产测试中心	全铁、硫含量
22	青海省地质矿产测试应用中心	全铁、硫含量
23	新疆维吾尔自治区有色地质勘查局703队实验室	全铁
24	新疆地矿局第六地质大队实验测试中心	全铁、硫含量
25	国土资源部南京矿产资源监督检测中心	全铁、硫含量
26	河南出入境检验检疫局检验检疫技术中心安阳分中心	全铁、硫含量
27	新疆地矿局第四地质大队实验室	全铁
28	河北省地矿中心实验室	全铁、硫含量
29	深圳出入境检验检疫局工业品检测技术中心化学实验室	全铁、硫含量
30	国家化矿产品检测重点实验室（云南）	全铁、硫含量
31	防城港出入境检验检疫局有色金属矿产品检测实验室	全铁、硫含量
32	河南出入境检验检疫局检验检疫技术中心洛阳分中心	全铁、硫含量
33	珠海出入境检验检疫局检验检疫技术中心	全铁、硫含量
34	新疆维吾尔自治区地质矿产局第三地质大队实验室	全铁、硫含量
35	陕西出入境检验检疫局检验检疫技术中心	全铁、硫含量
36	甘肃出入境检验检疫局检验检疫综合技术中心	全铁、硫含量
37	新疆维吾尔自治区矿产实验研究所	全铁、硫含量
38	新疆局检验检疫技术中心	全铁、硫含量
39	钦州出入境检验检疫局检验检疫综合实验室	全铁、硫含量

关于沈阳化工研究院有限公司安全评价中心良好实验室规范（GLP）评价合格的公告

2011年第7号

根据国家认监委2008年第17号公告《良好实验室规范（GLP）原则》（试行）和《良好实验室规范（GLP）符合性评价程序》（试行）的有关要求和程序，经国家认监委组织中国合格评定国家认可中心进行技术评价合格，现正式批准沈阳化工研究院有限公司安全评价中心成为国家认监委承认的符合良好实验室规范（GLP）的实验室，该实验室可以在化学品"水生和陆生生物的环境毒性研究"方面开展GLP研究，并出具GLP研究报告。

沈阳化工研究院有限公司安全评价中心的GLP实验室资格有效期为2011年4月12日～2014年4月11日。

特此公告。

二〇一一年四月二十七日

关于暂停天津西凯质量认证有限公司开展认证业务的公告

2011年第8号

天津西凯质量认证有限公司根据其英国国际认证公司（BM TRADA）的要求向国家认监委提出申请，暂停天津西凯质量认证有限公司在华的一切认证业务。

在停业期间，持有天津西凯质量认证有限公司颁发的有效认证证书的企业，可依照自愿原则选择国家认监委批准的具有相关认证业务资格的认证机构转换认证证书。

公告之日起生效。

二〇一一年四月二十八日

关于修订电器附件产品强制性认证实施规则的公告

2011年第9号

为了进一步规范强制性产品认证活动，确保认证实施各环节的有效性和一致性，国家认监委本着“简化认证流程、降低认证费用、便利企业执行”的原则，依据《中华人民共和国认证认可条例》和《强制性产品认证管理规定》（国家质检总局第117号令）的相关要求，对电器附件产品强制性认证实施规则进行了修订。本公告发布的新版规则自2011年8月1日起实施，请各有关单位遵照执行。

修订后的实施规则内容及修改说明详见附件。

附件：

1.《电气电子产品类强制性认证实施规则 电线电缆产品 电线组件》（编号：CNCA-01C-001: 2011）

2.《电气电子产品类强制性认证实施规则 电路开关及保护或连接用电器装置 家用和类似用途插头插座》（编号：CNCA-01C-003: 2011）

3.《电气电子产品类强制性认证实施规则 电路开关及保护或连接用电器装置 家用和类似用途固定式电器装置的开关》（编号：CNCA-01C-004: 2011）

4.《电气电子产品类强制性认证实施规则 电路开关及保护或连接用电器装置 工业用插头插座和耦合器》（编号：CNCA-01C-005: 2011）

5.《电气电子产品类强制性认证实施规则 电路开关及保护或连接用电器装置 家用和类似用途器具耦合器》（编号：CNCA-01C-006: 2011）

6.《电气电子产品类强制性认证实施规则 电路开关及保护或连接用电器装置 热熔断体》（编号：CNCA-01C-007: 2011）

7.《电气电子产品类强制性认证实施规则 电路开关及保护或连接用电器装置 家用和类似用途固定式电器装置电器附件外壳》（编号：CNCA-01C-008: 2011）

8.《电气电子产品类强制性认证实施规则 电路开关及保护或连接用电器装置 小型熔断器的管状熔断体》（编号：CNCA-01C-009: 2011）

9.电器附件产品强制性认证实施规则修订说明

二〇一一年五月九日

编号：CNCA-01C-001:2011

电气电子产品类强制性认证实施规则
电线电缆产品 电线组件

2011-05-10发布 2011-08-01实施

1 适用范围

本实施规则适用于家用和类似用途设备所用的电线组件和互连电线组件。

本实施规则不适用于工业用电线组件，也不适用于电线加长组件。

2 认证模式

型式试验 + 初始工厂检查+ 获证后监督。

3 认证的基本环节

3.1 认证的申请

3.2 型式试验

3.3 初始工厂检查

3.4 认证结果评价与批准

3.5 获证后的监督

4 认证实施的基本要求

4.1 认证申请

4.1.1 申请单元划分

4.1.1.1 根据连接器和插头的型式划分申请单元。

型式、结构基本相同、功能相同、所用材料相同的同一类产品可以作为一个申请单元。

同一申请单元内有多个型号时，应对同一单元内所有型号做出确切描述。

4.1.1.2 原则上按申请单元申请认证。同一生产者（制造商）、同一产品型号，不同生产企业（不同生产场地）生产的产品应作为不同的申请单元，型式试验仅在一个生产企业（生产场地）的样品上进行，必要时，其他生产企业（生产场地）的产品需送样进行一致性核查，并出具报告。

同一生产企业（同一生产场地），不同生产者（制造商）生产的相同产品，应作为不同的申请单元，必要时送样进行一致性核查，并出具报告。

4.1.2 申请文件

申请认证应提交正式申请，并根据需要随附以下文件：

（1）产品总装图等；

（2）关键零部件和/或主要原材料清单（见附件2）。

（3）同一申请单元内各个型号与主检型号产品之间的差异说明；

（4）其他需要的文件。

4.2 型式试验

4.2.1 型式试验的送样

4.2.1.1 型式试验的送样原则

型式试验送样应按照产品所属的类型（参见GB 17465系列标准活页）从认证申请单元中选取代表性样品进行型式试验。根据需要，申请单元覆盖的其他产品需送样做补充差异试验。

4.2.1.2 样品真实性

通常情况，型式试验的样品由认证委托人按认证机构的要求选送，必要时，认证机构可采取现场抽样或者现场封样后由认证委托人送样等抽样方式获得样品。

认证委托人应保证其提供的样品与实际生产的产品一致，认证机构应当对认证委托人提供样品的真实性进行审查，实验室对样品真实性有疑义的，应当向认证机构说明情况，并作出相应处理。

4.2.1.3 送样数量

型式试验的样品由认证委托人负责按认证机构的要求选送，并对选送样品负责。

代表性样品（主检样品）的送样数量为15条，覆盖样品送样数量各6条。若插头、连接器、插头连接器、软电缆（软线）已取得CCC认证证书，则提供6条电线组件样品，覆盖样品送样数量各3条。

4.2.1.4 型式试验样品及相关资料的处置

型式试验后，应以适当方式处置试验样品和/或相关资料。

4.2.2 型式试验的检测标准、项目及方法

4.2.2.1 检测标准

GB 15934《电器附件 电线组件和互连电线组件》

GB/T 26219《电器附件 Y型电线组件和Y型互连电线组件》

注：型式试验应采用上述对应标准的现行有效版本。

4.2.2.2 检测项目

产品检测项目为标准规定的全部适用项目。

4.2.2.3 检测方法

依据标准规定的和/或引用的方法和/或标准进行检测。

4.2.3 型式试验报告

型式试验结束后，实验室出具《型式试验报告》。

型式试验项目部分不合格时，允许认证委托人进行整改；整改应在认证机构规定的期限内完成，未能按期完成整改的，视为认证委托人放弃申请；认证委托人也可主动终止申请。

认证机构按照规定的内容组织制定统一的《型式试验报告》格式。《型式试验报告》内容应准确、清晰、完整，并包含对申请单元内所有产品和认证相关信息的描述。

认证机构/实验室应及时向认证委托人提供《型式试验报告》，认证委托人应保证在其生产企业内能获得完整有效的《型式试验报告》。

4.3 初始工厂检查

4.3.1 检查内容

工厂检查的内容为工厂质量保证能力检查和产品一致性检查。

4.3.1.1 工厂质量保证能力检查

按照确保产品一致性、促进认证结果持续有效的原则，由认证机构针对工厂的“职责和资源，文件和记录，采购和进货检验，生产过程控制和过程检验，例行和确认检验，检验试验仪器设备，不合格品的控制，内部质量审核，认证产品的一致性，包装、搬运和储存”等内容制定相应产品的工厂质量保证能力检查实施细则，报国家认监委备案后公布实施。此外，还应按照《电线组件工厂质量控制检测要求》（见附件1）进行检查。

4.3.1.2 产品一致性检查

工厂检查时，应在生产现场对申请认证的产品进行一致性检查。若认证涉及多个单元的产品，则一致性检查应对每个生产者（制造商）、本类产品至少抽取一个规格型号，重点核实以下内容：

（1）认证产品的标志和包装物上所标明的产品名称、规格、技术参数、型号与型式试验报告上所标明的应一致；

（2）认证产品的结构应与型式试验时的样品一致；

（3）认证产品所用的零部件和材料应与型式试验时申报并经认证机构所确认的一致。

在工厂检查时，对产品安全性能可采取现场见证试验。

4.3.1.3 检查范围

工厂质量保证能力检查和产品一致性检查应覆盖申请认证的产品和加工场所。

4.3.2 检查时间

一般情况下，型式试验合格后，再进行初始工厂检查。特殊情况下，型式试验和工厂审查可以同时进行，但应满足认证机构的相关要求。初始工厂检查时，工厂应生产申请认证范围内的产品。

工厂检查时间根据所申请认证产品的单元数量和工厂的生产规模确定，一般每个加工场所为1～4个人日。

型式试验结束后，工厂检查原则上应在一年内完成，否则应重新进行型式试验。

4.3.3 检查结论

检查组向认证机构报告检查结论。检查结论为不合格的，检查组直接向认证机构报告不合格结论；工厂检查存在不符合项时，工厂应在认证机构规定的期限内完成整改，认证机构（检查组）采取适当方式对整改结果进行验证。未能按期完成整改的，按工厂检查结论不合格处理。

4.4 认证结果评价与批准

4.4.1 认证结果评价与批准

由认证机构负责组织对型式试验、工厂检查结果进行综合评价，评价合格后，由认证机构对认证委托人颁发认证证书（每一个申请单元颁发一张认证证书）。认证证书的使用应符合《强制性产品认证管理规定》的要求。

4.4.2 认证时限

认证时限指自受理认证申请之日起至颁发认证证书时止所实际发生的工作日，包括型式试验时间、工厂检查时间及检查后提交报告时间、认证结果评价和批准时间，以及证书制作时间。

型式试验时间一般为30个工作日（因检验项目不合格，企业进行整改和复试的时间不计算在内）。从收到样品和检验费之日起计算时间。

工厂检查后提交报告时间为5个工作日。以检查员完成现场检查，收到生产企业提交符合要求的不符合项纠正措施报告之日起计算。

认证结果评价、批准时间一般不超过5个工作日（从收到认证费用之日起计算时间）。

4.4.3 认证终止

当产品型式试验或工厂检查结论不合格时，认证机构应做出不合格决定，终止认证。

4.5 获证后的监督

4.5.1 获证后监督的内容

获证后的监督包括年度监督检查，以及认证机构对其认证的产品实施有效的跟踪调查。

4.5.2 年度监督检查

认证机构在进行正常年度监督检查时，应优先安排在企业的生产季内进行，应优先采用不预先通知被检查方的方式进行检查。同一生产企业、不同生产者（制造商），均应接受监督检查。

特殊监督原则上采取不预先通知被检查方的方式进行。

认证委托人应在规定的周期内接受监督，否则按不能接受监督处理。

4.5.2.1 年度监督检查的频次

一般情况下，从该类产品的初始工厂检查起，每12个月内至少对工厂进行一次监督检查。若发生下述情况之一可增加监督频次：

（1）获证产品出现严重质量问题或用户提出投诉，并经查实为认证委托人/生产者（制造商）/生产企业责任的；

（2）认证机构有理由对获证产品与标准要求的符合性提出质疑时；

（3）有足够信息表明生产者（制造商）、工厂因变更组织机构、生产条件、质量管理体系等，可能影响产品符合性或一致性时。

4.5.2.2 年度监督检查的内容

获证产品一致性检查的内容与工厂初始检查时的产品一致性检查内容基本相同。同时，关键零部件和材料的更换应符合变更要求。

此外，还应检查“CCC”标志和认证证书的使用情况。

获证后监督的方式采用：工厂质量保证能力复查＋认证产品一致性检查，必要时可抽取样品送实验室检测。

按照确保产品一致性、促进认证结果持续有效的原则，由认证机构制定相应产品的工厂质量保证能力监督检查实施细则，报国家认监委备案后公布实施。

监督检查所需的时间，需根据获证产品的单元数量确定，并适当考虑工厂的生产规模，一般为1～2个人日。

4.5.2.3 年度监督检查的抽样检测

需要时，本实施规则涉及的产品进行抽样检测。

抽样检测的样品应在工厂生产的合格品中（为切实保证认证产品的一致性和真实性，抽样场所可以根据实际情况选择市场/企业销售网点现场、整机企业、生产线末端、仓库等）随机抽取。抽样检测由指定的实验室负责。具体抽样方法和要求按认证机构有关规定执行。

认证检测采用的标准所规定的项目均可作为抽样检测项目。

认证机构可针对不同产品的不同情况，以及其对产品安全性能影响程度，进行部分或全部项目的检测。

4.5.2.4 年度监督检查结论

4.5.2.4.1 年度监督检查中的质量保证能力复查

检查组向认证机构报告监督检查结论。监督检查结论为不合格的，检查组直接向认证机构报告不合格结论；发现不符合项的，工厂应在40个工作日内完成整改，认证机构采取适当方式对整改结果进行验证；未能按期完成整改的，按工厂检查结论不合格处理。

4.5.2.4.2年度监督检查中的抽样检测

年度监督抽样检测中有不合格项的，按年度监督抽样检验结论不合格处理。

4.5.2.5 年度监督检查结果的评价

监督复查合格后，可以继续保持认证资格，使用认证标志。不合格的，按照5.3规定执行。

4.5.3 认证机构的跟踪调查

认证机构应根据《认证认可条例》的要求对其认证的产品实施有效的跟踪调查，并根据跟踪调查的结果对认证证书的状态进行相应的处理。

4.5.4 获证后监督检查结果的评价

获证产品年度监督检查合格的，方可继续保持认证资格、使用认证标志。不合格的，按照5.3规定执行。

5 认证证书

5.1 认证证书的保持

5.1.1 证书的有效性

本规则覆盖产品认证证书的有效期为5年。有效期内，证书的有效性依赖认证机构组织的获证后监督获得保持。

认证证书有效期届满，需要延续使用的，认证委托人应当在认证证书有效期届满前90天内申请办理。

5.1.2 认证产品的变更

5.1.2.1 变更申请

获证后的产品，如果其关键零部件及原材料的型号或牌号、规格、生产者（制造商）变更，或其涉及安全的设计、结构等发生变更，以及认证证书的相关信息、标准等发生变化时，应向认证机构提出变更批准/备案的申请。

关键零部件和材料的更换应符合变更要求。

5.1.2.2 变更的评价和批准

认证机构根据变更的内容和提供的资料进行评价，确定是否可以变更或需送样品进行测试，如需送样试验，测试合格后方能批准变更。

原则上，应以最初进行全项型式试验的主检型号产品为变更评价的基础。

5.2 认证产品的扩展

5.2.1 扩展程序

认证委托人需要扩展已经获得认证产品单元覆盖范围时，应从认证申请开始办理手续。认证机构应核查扩展产品与原认证产品的一致性，确认原认证结果对扩展产品的有效性。需要时，针对差异做补充检测或检查。确认合格后，可根据认证证书持有者的要求单独颁发认证证书或换发认证证书。

原则上，应以最初进行全项型式试验的主检型号产品为扩展的基础。

5.2.2 样品要求

认证委托人应先提供扩展产品的有关技术资料，需要送样时，应按本规则4.2的要求选送样品进行核查。必要时，对样品进行检测，检测结果报认证机构核查。

5.3 认证证书的暂停、注销和撤销

认证证书的注销、暂停和撤销依据《强制性产品认证管理规定》和《强制性产品认证证书的注销、暂停和撤销实施规则》及认证机构的有关规定执行。证书暂停、申请恢复证书的，认证机构原则上应按初始工厂检查的要求对工厂进行检查，必要时，抽取样品进行试验。

认证机构应采取适当方式对外公告被注销、暂停、撤销的认证证书。

5.4 认证证书的使用

认证证书的使用应符合《强制性产品认证管理规定》的要求。

6 强制性产品认证标志的使用

6.1 基本要求

证书持有者必须遵守《强制性产品认证管理规定》和《强制性产品认证标志管理办法》的规定。

6.2 准许使用的标志样式

6.3 变形认证标志的使用

本规则覆盖的产品不允许加施任何形式的变形认证标志。

6.4 加施方式

可以采用国家认监委统一印制的标准规格标志（标签）、印刷式、模制式三种方式中的任何一种。

6.5 标志位置

认证标志可加施在产品本体明显位置上，或者加施在最小包装物上。

7 收费

认证收费由认证机构和实验室按国家有关规定收取。

附件1:

电线组件工厂质量控制检测要求

说明:

(1)例行检验是在生产的最终阶段对生产线上的产品进行的100%检验,通常检验后,除包装和加贴标签外,不再进一步加工。确认检验是为验证产品持续符合标准要求进行的抽样检验,确认试验应按标准的规定进行。

(2)例行检验允许用经验证后确定的等效、快速的方法进行。

(3)确认检验时,若工厂不具备测试设备,可委托实验室试验。

产品名称	认证依据标准	试验项目	确认检验 (标准条款编号)	例行检验 (标准条款编号)
电线组件	GB 15934 GB/T 26219	1. 标志	1次/年 (GB 15934§5.2.4, GB/T 26219§7)	√ (GB 15934§5.2.4, GB/T 26219§7)
		2. 电气连续性和极性	1次/年 (§6)	—
		3. 极性检查	—	√ (标准的附录A的A.2)
		4. 接地连续性	—	√ (标准的附录A的A.3)
		5. 电气强度试验	—	√1) (标准的附录A的A.4)

"√"表示需要检验;"—"表示不需要检验。

注:(1)除标准的附录A的A.4的要求外,在相线(L)与中性线(N)之间也需要进行电气强度试验,试验方法采用附录A的A.4。

(2)生产企业应拥有满足例行试验要求的检测设备。

(3)工厂监督抽样检测不能替代确认检验。

附件2:

电线组件关键零部件和材料及其申报要求

1.电线组件和互连电线组件产品关键零部件和材料参见插头、连接器、插头连接器、软电缆或软线产品的关键零部件和材料。若插头、连接器、插头连接器、软电缆或软线已取得CCC认证证书,只需提供CCC证书复印件。

2.电线组件的Y型接头部分的要求见下表:

产品名称	关键零部件和材料	要求申报的信息和资料
电线组件的Y型接头	外壳(外皮)	材料名称、型号或牌号,主要成分,生产者(制造商)名称
	内架	材料名称、型号或牌号,主要成分,生产者(制造商)名称
	端子	材料名称、型号或牌号,主要成分,生产者(制造商)名称
	其它关键零部件	材料名称、型号或牌号,主要成分,生产者(制造商)名称

编号：CNCA-01C-003:2011

电气电子产品类强制性认证实施规则
电路开关及保护或连接用电器装置
家用和类似用途插头插座

2011-05-10发布　　　　2011-08-01实施

1 适用范围

本实施规则涉及的家用和类似用途插头插座产品是适用于户内或户外使用的、家用和类似用途的、仅用于交流电、额定电压在50V以上但不超过440V、额定电流不超过32A的、带或不带接地触头的插头和固定式、移动式插座。

对装有无螺纹端子的固定式插座，额定电流最大仅限为16A。

本实施规则也适用于装在电线组件中的插头和装在电线加长组件中的插头和移动式插座，还适用于作为电器的一个部件的插头插座，在有关电器标准上另有说明除外。

插头插座类产品包括：

（1）单相两极插头、插座、器具插座；

（2）单相两极带接地插头、插座、器具插座；

（3）三相插头和插座。

2 认证模式

型式试验＋初始工厂检查+ 获证后监督。

3 认证的基本环节

3.1 认证的申请

3.2 型式试验

3.3 初始工厂检查

3.4 认证结果评价与批准

3.5 获证后的监督

4 认证实施的基本要求

4.1 认证申请

4.1.1 申请单元划分

4.1.1.1 按照产品的极数、可拆线与不可拆线、有无螺纹端子等划分申请单元。

结构基本相同、功能相同、所用材料相同的同一类产品可以作为一个申请单元（见附件1）。

同一申请单元内有多个型号时，应对同一单元内所有型号做出确切描述。

4.1.1.2 原则上按申请单元申请认证。同一生产者（制造商）、同一产品型号，不同生产企业（不同生产场地）生产的产品应作为不同的申请单元，型式试验仅在一个生产企业（生产场地）的样品上进行，必要时，其他生产企业（生产场地）的产品需送样进行一致性核查，并出具报告。

同一生产企业（同一生产场地），不同生产者（制造商）生产的相同产品，应作为不同的申请单元，必要时送样进行一致性核查，并出具报告。

4.1.2 申请文件

申请认证应提交正式申请，并根据需要随附以下文件：

（1）产品总装图等；

（2）关键零部件和/或主要原材料清单（见附件2）；

（3）同一申请单元内各个型号与主检型号产品之间的差异说明；

（4）其他需要的文件。

4.2 型式试验

4.2.1 型式试验的送样

4.2.1.1 型式试验的送样原则

型式试验送样应从认证申请单元中选取代表性样品进行型式试验。根据需要，申请单元覆盖的其他产品需送样做补充差异试验。

4.2.1.2 样品真实性

通常情况，型式试验的样品由认证委托人按认证机构的要求选送，必要时，认证机构可采取现场抽样或者现场封样后由认证委托人送样等抽样方式获得样品。

认证委托人应保证其提供的样品与实际生产的产品一致，认证机构应当对认证委托人提供样品的真实性进行审查，实验室对样品真实性有疑义的，应当向认证机构说明情况，并作出相应处理。

4.2.1.3 送样数量

型式试验的样品由认证委托人负责按认证机构的要求选送，并对选送样品负责。

样品的送样数量见附件1的规定。

4.2.1.4 型式试验样品及相关资料的处置

型式试验后，应以适当方式处置试验样品和/或相关资料。

4.2.2 型式试验的检测标准、项目及方法

4.2.2.1 检测标准

GB 2099.1《家用和类似用途插头插座 第1部分：通用要求》

GB 2099.2《家用和类似用途插头插座 第2部分：器具插座的特殊要求》

GB 2099.4《家用和类似用途插头插座 第2部分：固定式无联锁带开关插座的特殊要求》

GB 2099.5《家用和类似用途插头插座 第2部分：固定式有联锁带开关插座的特殊要求》

GB 1002《家用和类似用途单相插头插座 型式、基本参数和尺寸》

GB 1003《家用和类似用途三相插头插座 型式、基本参数与尺寸》

注：型式试验应采用上述对应标准的现行有效版本。

4.2.2.2 检测项目

产品检测项目为标准规定的全部适用项目。

4.2.2.3 检测方法

依据标准规定的和/或引用的方法和/或标准进行检测。

4.2.3 型式试验报告

型式试验结束后，实验室出具《型式试验报告》。

型式试验项目部分不合格时，允许认证委托人进行整改；整改应在认证机构规定的期限内完成，未能按期完成整改的，视为认证委托人放弃申请；认证委托人也可主动终止申请。

认证机构按照规定的内容组织制定统一的《型式试验报告》格式。《型式试验报告》内容应准确、清晰、完整，并包含对申请单元内所有产品和认证相关信息的描述。

认证机构/实验室应及时向认证委托人提供《型式试验报告》，认证委托人应保证在其生产企业内能获得完整有效的《型式试验报告》。

4.3 初始工厂检查

4.3.1 检查内容

工厂检查的内容为工厂质量保证能力检查和产品一致性检查。

4.3.1.1 工厂质量保证能力检查

按照确保产品一致性、促进认证结果持续有效的原则，由认证机构针对工厂的“职责和资源，文件和记录，采购和进货检验，生产过程控制和过程检验，例行和确认检验，检验试验仪器设备，不合格品的控制，内部质量审核，认证产品的一致性，包装、搬运和储存”等内容制定相应产品的工厂质量保证能力检查实施细则，报国家认监委备案后公布实施。此外，还应按照《家用和类似用途插头插座工厂质量控制检测要求》（见附件3）进行检查。

4.3.1.2 产品一致性检查

工厂检查时，应在生产现场对申请认证的产品进行一致性检查。若认证涉及多个单元的产品，则一致性检查应对每个生产者（制造商）、每“种”产品（参见附件4）至少抽取一个规格型号，重点核实以下内容：

（1）认证产品的标志和包装物上所标明的产品名称、规格、技术参数、型号与型式试验报告上所标明的应一致；

（2）认证产品的结构应与型式试验时的样品一致；

（3）认证产品所用的零部件和材料应与型式试验时申报并经认证机构所确认的一致。

在工厂检查时，对产品安全性能可采取现场见证试验。

4.3.1.3 检查范围

工厂质量保证能力检查和产品一致性检查应覆盖申请认证的产品和加工场所。

4.3.2 检查时间

一般情况下，型式试验合格后，再进行初始工厂检查。特殊情况下，型式试验和工厂审查可以同时进行，但应满足认证机构的相关要求。初始工厂检查时，工厂应生产申请认证范围内的产品。

工厂检查时间根据所申请认证产品的单元数量和工厂的生产规模确定，一般每个加工场所为1~4个人日。

型式试验结束后，工厂检查原则上应在一年内完成，否则应重新进行型式试验。

4.3.3 检查结论

检查组向认证机构报告检查结论。检查结论为不合格的，检查组直接向认证机构报告不合格结论；工厂检查存在不符合项时，工厂应在认证机构规定的期限内完成整改，认证机构（检查组）采取适当方式对整改结果进行验证。未能按期完成整改的，按工厂检查结论不合格处理。

4.4 认证结果评价与批准

4.4.1 认证结果评价与批准

由认证机构负责组织对型式试验、工厂检查结果进行综合评价，评价合格后，由认证机构对认证委托人颁发认证证书（每一个申请单元颁发一张认证证书）。认证证书的使用应符合《强制性产品认证管理规定》的要求。

4.4.2 认证时限

认证时限指自受理认证申请之日起至颁发认证证书时止所实际发生的工作日，包括型式试验时间、工厂检

查时间及检查后提交报告时间、认证结果评价和批准时间，以及证书制作时间。

型式试验时间一般为30个工作日（因检验项目不合格，企业进行整改和复试的时间不计算在内）。从收到样品和检验费之日起计算时间。

工厂检查后提交报告时间为5个工作日。以检查员完成现场检查，收到生产企业提交符合要求的不符合项纠正措施报告之日起计算。

认证结果评价、批准时间一般不超过5个工作日（从收到认证费用之日起计算时间）。

4.4.3 认证终止

当产品型式试验或工厂检查结论不合格时，认证机构应做出不合格决定，终止认证。

4.5 获证后的监督

4.5.1 获证后监督的内容

获证后的监督包括年度监督检查，以及认证机构对其认证的产品实施有效的跟踪调查。

4.5.2 年度监督检查

认证机构在进行正常年度监督检查时，应优先安排在企业的生产季内进行，应优先采用不预先通知被检查方的方式进行检查。同一生产企业、不同生产者（制造商），均应接受监督检查。

特殊监督原则上采取不预先通知被检查方的方式进行。

认证委托人应在规定的周期内接受监督，否则按不能接受监督处理。

4.5.2.1 年度监督检查的频次

一般情况下，从该类产品的初始工厂检查起，每12个月内至少对工厂进行一次监督检查。若发生下述情况之一可增加监督频次：

（1）获证产品出现严重质量问题或用户提出投诉，并经查实为认证委托人/生产者（制造商）/生产企业责任的；

（2）认证机构有理由对获证产品与标准要求的符合性提出质疑时；

（3）有足够信息表明生产者（制造商）、工厂因变更组织机构、生产条件、质量管理体系等，可能影响产品符合性或一致性时。

4.5.2.2 年度监督检查的内容

获证产品一致性检查的内容与工厂初始检查时的产品一致性检查内容基本相同。同时，关键零部件和材料的更换应符合变更要求。

此外，还应检查“CCC”标志和认证证书的使用情况。

获证后监督的方式采用：工厂质量保证能力复查 + 认证产品一致性检查，必要时可抽取样品送实验室检测。

按照确保产品一致性、促进认证结果持续有效的原则，由认证机构制定相应产品的工厂质量保证能力监督检查实施细则，报国家认监委备案后公布实施。

监督检查所需的时间，需根据获证产品的单元数量确定，并适当考虑工厂的生产规模，一般为1~2个人日。

4.5.2.3 年度监督检查的抽样检测

本实施规则涉及的产品需要进行抽样检测。

抽样检测的样品应在工厂生产的合格品中（为切实保证认证产品的一致性和真实性，抽样场所可以根据实际情况选择市场/企业销售网点现场、整机企业、生产线末端、仓库等）随机抽取。抽样检测由指定的实验室负责。具体抽样方法和要求按认证机构有关规定执行。

认证检测采用的标准所规定的项目均可作为抽样检测项目。

认证机构可针对不同产品的不同情况，以及其对产品安全性能影响程度，进行部分或全部项目的检测。

4.5.2.4 年度监督检查结论

4.5.2.4.1 年度监督检查中的质量保证能力复查

检查组向认证机构报告监督检查结论。监督检查结论为不合格的，检查组直接向认证机构报告不合格结论；发现不符合项的，工厂应在40个工作日内完成整改，认证机构采取适当方式对整改结果进行验证；未能按期完成整改的，按工厂检查结论不合格处理。

4.5.2.4.2 年度监督检查中的抽样检测

年度监督抽样检测中有不合格项的，按年度监督抽样检验结论不合格处理。

4.5.2.5 年度监督检查结果的评价

监督复查合格后，可以继续保持认证资格，使用认证标志。不合格的，按照5.3规定执行。

4.5.3 认证机构的跟踪调查

认证机构应根据《认证认可条例》的要求对其认证的产品实施有效的跟踪调查，并根据跟踪调查的结果对认证证书的状态进行相应的处理。

4.5.4 获证后监督检查结果的评价

获证产品年度监督检查合格的，方可继续保持认证资格、使用认证标志。不合格的，按照5.3规定执行。

5 认证证书

5.1 认证证书的保持

5.1.1 证书的有效性

本规则覆盖产品认证证书的有效期为5年。有效期内，证书的有效性依赖认证机构组织的获证后监督获得保持。

认证证书有效期届满，需要延续使用的，认证委托

人应当在认证证书有效期届满前90天内申请办理。

5.1.2 认证产品的变更

5.1.2.1 变更申请

获证后的产品，如果其关键零部件及原材料的型号或牌号、规格、生产者（制造商）变更，或其涉及安全的设计、结构等发生变更，以及认证证书的相关信息、标准等发生变化时，应向认证机构提出变更批准/备案的申请。

关键零部件和材料的更换应符合变更要求。

5.1.2.2 变更的评价和批准

认证机构根据变更的内容和提供的资料进行评价，确定是否可以变更或需送样品进行测试，如需送样试验，测试合格后方能批准变更。

原则上，应以最初进行全项型式试验的主检型号产品为变更评价的基础。

5.2 认证产品的扩展

5.2.1 扩展程序

认证委托人需要扩展已经获得认证产品单元覆盖范围时，应从认证申请开始办理手续。认证机构应核查扩展产品与原认证产品的一致性，确认原认证结果对扩展产品的有效性。需要时，针对差异做补充检测或检查。确认合格后，可根据认证证书持有者的要求单独颁发认证证书或换发认证证书。

原则上，应以最初进行全项型式试验的主检型号产品为扩展的基础。

5.2.2 样品要求

认证委托人应先提供扩展产品的有关技术资料，需要送样时，应按本规则4.2的要求选送样品进行核查。必要时，对样品进行检测，检测结果报认证机构核查。

5.3 认证证书的暂停、注销和撤销

认证证书的注销、暂停和撤销依据《强制性产品认证管理规定》和《强制性产品认证证书的注销、暂停和撤销实施规则》及认证机构的有关规定执行。证书暂停、申请恢复证书的，认证机构原则上应按初始工厂检查的要求对工厂进行检查，必要时，抽取样品进行试验。

认证机构应采取适当方式对外公告被注销、暂停、撤销的认证证书。

5.4 认证证书的使用

认证证书的使用应符合《强制性产品认证管理规定》的要求。

6 强制性产品认证标志的使用

6.1 基本要求

证书持有者必须遵守《强制性产品认证管理规定》和《强制性产品认证标志管理办法》的规定。

6.2 准许使用的标志样式

6.3 变形认证标志的使用

本规则覆盖的产品不允许加施任何形式的变形认证标志。

6.4 加施方式

可以采用国家认监委统一印制的标准规格标志（标签）、模制式、丝印式或铭牌印刷四种方式中的任何一种。

6.5 标志位置

应在产品本体明显位置上加施认证标志。

7 收费

认证收费由认证机构和实验室按国家有关规定收取。

附件1：

单元划分及送样数量表

<table>
<tr><th>序号</th><th>产品名称</th><th>规格</th><th>样品数量</th></tr>
<tr><td>1</td><td>两极可拆线插头</td><td>10A 250V</td><td rowspan="2">主检型号送9个试样和3个备用样品，其它型号各送3个样品</td></tr>
<tr><td>2</td><td>两极带接地可拆线插头</td><td>10A、16A 250V</td></tr>
<tr><td>3</td><td>两极不可拆线插头</td><td>6A、10A 250V</td><td rowspan="2">主检型号送15个试样和3个备用样品，其它型号送6个样品</td></tr>
<tr><td>4</td><td>两极带接地不可拆线插头</td><td>6A、10A、16A 250V</td></tr>
<tr><td>5</td><td>两极不可拆线插头</td><td>16A 250V</td><td>主检型号送15个试样和3个备用样品，其它型号送6个样品</td></tr>
<tr><td>6</td><td>可拆线有螺纹端子两极插座</td><td>10A、16A 250V</td><td rowspan="2">主检型号（有密封圈）送6个（9个）试样和3个备用样品，其它型号送3个样品。
注：不同的端子型式，为不同的单元。若在同一产品上有两种端子，以数量多的端子为主要划分型式</td></tr>
<tr><td>7</td><td>可拆线有螺纹端子两极带接地插座</td><td>10A、16A 250V</td></tr>
<tr><td>8</td><td>可拆线无螺纹端子两极插座</td><td>10A、16A 250V</td><td rowspan="2">主检型号（有密封圈）送14个（17个）试样和5个备用样品，其它型号送3个样品</td></tr>
<tr><td>9</td><td>可拆线无螺纹端子两极带接地插座</td><td>10A、16A 250V</td></tr>
<tr><td>10</td><td>可拆线移动式插座</td><td>10A、16A 250V</td><td>主检型号送9个试样和3个备用样品，其它型号各送3个样品</td></tr>
<tr><td>11</td><td>不可拆线移动式插座</td><td>10A、16A 250V</td><td>主检型号送12个试样和3个备用样品，其它型号送3个样品</td></tr>
</table>

续表

序号	产品名称	规格	样品数量
12	电线加长组件	10A、16A 250V	主检型号送15个试样和3个备用样品，其它型号送3个样品
13	器具插座	10A、16A 250V	主检型号送9个试样和3个备用样品，其它型号各送3个样品
14	三相四极插头	16A、25A、32A	主检型号送9个试样和3个备用样品，其它型号送3个样品
15	三相四极插座	16A、25A、32A	主检型号送9个试样和3个备用样品，其它型号送3个样品
16	组合型模块插座 （组合型模块插座可覆盖其中的功能件）		有螺纹端子产品：主检型号（有密封圈）送6个（9个）试样和3个备用样品，其它型号送3个样品。 无螺纹端子产品：主检型号（有密封圈）送14个（17个）试样和5个备用样品，其它型号送3个样品。 注：不同的端子型式，为不同的单元。若在同一产品上有两种端子，以数量多的端子为主要划分型式
17	同一底座的多位固定式插座	10A 、16A 250V	主检型号送9个试样和3个备用样品，覆盖型号各送3个样品。 注1：单相两极插座（含多位）为一单元。 注2：单相两极带接地插座（含多位）为一单元。 注3：多位不同孔型组合插座为一单元。 注4：不同的端子型式，为不同的单元。若在同一产品上有两种端子，以数量多的端子为主要划分型式
18	带有辅助装置的固定式插座	10A 、16A 250V	主检型号送9个试样和3个备用样品，覆盖型号各送3个样品。 注1：辅助装置按相应的标准考核。 注2：不同的端子型式，为不同的单元。若在同一产品上有两种端子，以数量多的端子为主要划分型式
19	固定式无联锁带开关插座	10A 、16A、25A、32A	有螺纹端子产品：主检型号送9个试样和3个备用样品，其它型号送3个样品。 无螺纹端子产品：主检型号送17个试样和5个备用样品，其它型号送3个样品。 注1：不同的端子型式，为不同的单元。若在同一产品上有两种端子，以数量多的端子为主要划分型式。 注2：带开关的插座可以覆盖结构基本相同的不带开关的插座
20	固定式有联锁带开关插座	10A 、16A、25A、32A	有螺纹端子产品：主检型号送9个试样和3个备用样品，其它型号送3个样品。 无螺纹端子产品：主检型号送17个试样和5个备用样品，其它型号送3个样品。 注1：不同的端子型式，为不同的单元。若在同一产品上有两种端子，以数量多得端子为主要划分型式。 注2：带开关的插座可以覆盖结构基本相同的不带开关的插座

附件2：

插头插座关键零部件和材料及其申报要求

产品名称	关键零部件和材料	要求申报的信息和资料
插头	外壳	材料名称、型号或牌号，主要成分，生产者（制造商）名称
	内架	材料名称、型号或牌号，主要成分，生产者（制造商）名称
	插销	材料名称、型号或牌号，生产者（制造商）名称
	软电缆（软线）	型号规格，生产者（制造商）名称，CCC证书复印件
	接线端子（包括螺钉）	材料名称、型号或牌号，主要成分，生产者（制造商）名称
	其它关键零部件	材料名称、型号或牌号，主要成分，生产者（制造商）名称

续表

产品名称	关键零部件和材料	要求申报的信息和资料
固定式插座	面板	材料名称、型号或牌号，主要成分，生产者（制造商）名称
	底座	材料名称、型号或牌号，主要成分，生产者（制造商）名称
	插套	材料名称、型号或牌号，厚度，生产者（制造商）名称
	接线端子（包括螺钉）	材料名称、型号或牌号，主要成分，生产者（制造商）名称
	保护门	材料名称、型号或牌号，主要成分，生产者（制造商）名称
	其它关键零部件	材料名称、型号或牌号，主要成分，生产者（制造商）名称
移动式插座	面板	材料名称、型号或牌号，主要成分，生产者（制造商）名称
	底座	材料名称、型号或牌号，主要成分，生产者（制造商）名称
	插套	材料名称、型号或牌号，厚度，生产者（制造商）名称
	接线端子（包括螺钉）	材料名称、型号或牌号，主要成分，生产者（制造商）名称
	保护门	材料名称、型号或牌号，主要成分，生产者（制造商）名称
	开关功能件	型号规格，生产者（制造商）名称，证书编号
	软电缆（软线）	型号规格，生产者（制造商）名称，CCC证书复印件
	其它关键零部件	材料名称、型号或牌号，主要成分，生产者（制造商）名称
器具插座	面板	材料名称、型号或牌号，主要成分，生产者（制造商）名称
	底座	材料名称、型号或牌号，主要成分，生产者（制造商）名称
	插套	材料名称、型号或牌号，厚度，生产者（制造商）名称
	接线端子（包括螺钉）	材料名称、型号或牌号，主要成分，生产者（制造商）名称
	保护门	材料名称、型号或牌号，主要成分，生产者（制造商）名称
	其它关键零部件	材料名称、型号或牌号，主要成分，生产者（制造商）名称
电线加长组件	插头	型号规格，生产者（制造商）名称，CCC证书复印件
	软电缆（软线）	型号规格，生产者（制造商）名称，CCC证书复印件
	移动式插座	型号规格，生产者（制造商）名称，CCC证书复印件
	其它关键零部件	材料名称、型号或牌号，主要成分，生产者（制造商）名称
带开关插座	面板	材料名称、型号或牌号，主要成分，生产者（制造商）名称
	底座	材料名称、型号或牌号，主要成分，生产者（制造商）名称
	插套	材料名称、型号或牌号，厚度，生产者（制造商）名称
	接线端子（包括螺钉）	材料名称、型号或牌号，主要成分，生产者（制造商）名称
	保护门	材料名称、型号或牌号，主要成分，生产者（制造商）名称
	开关跷板	材料名称、型号或牌号，主要成分，生产者（制造商）名称
	开关动触点	材料名称、型号或牌号，主要成分，生产者（制造商）名称
	开关静触点	材料名称、型号或牌号，主要成分，生产者（制造商）名称
	其它关键零部件	材料名称、型号或牌号，主要成分，生产者（制造商）名称

附件3：

家用和类似用途插头插座工厂质量控制检测要求

说明：

（1）例行检验是在生产的最终阶段对生产线上的产品进行的100%检验，通常检验后，除包装和加贴标签外，不再进一步加工。确认检验是为验证产品持续符合标准要求进行的抽样检验，确认试验应按标准的规定进行。

（2）例行检验允许用经验证后确定的等效、快速的方法进行。

（3）确认检验时，若工厂不具备测试设备，可委托实验室试验。

产品	认证依据标准	试验项目（标准条款编号）	确认检验	例行检验
家用和类似用途插头插座	GB 2099.1 GB 2099.2 GB 2099.4 GB 2099.5 GB 1002 GB 1003	1. 标志	1次/年（§8）	√
		2. 极性检查	—	√1)
		3. 接地连续性	—	√2)
		4. 尺寸的检查	1次/年（§9）	—
		5. 电气强度	1次/年（§17.2）	√3)
		6. 正常操作	1次/年（§21）	—
		7. 拔出插头所需的力	1次/年（§22）	—
		8. 软缆及其连接	1次/年（§23）	—
		9. 机械强度	1次/年（§24）	—
		10. 耐热	1次/年（§25）	—
		11. 绝缘材料的耐非正常热、耐燃和耐电痕化	1次/年4)（§28）	—

"√"表示需要检验；"—"表示不需要检验。

注：(1) 例行检验的极性检查仅对不可拆线插头插座需要测试，试验方法参见GB 2099.1的附录A的A.2。

(2) 例行检验的接地连续性仅对不可拆线插头插座需要测试，试验方法参见GB 2099.1的附录A的A.3。

(3) 电气强度试验不必预先进行潮湿处理。例行检验的电气强度试验仅对不可拆线插头插座进行测试。例行检验的电气强度试验方法参见GB 2099.1的附录A的A.4。在相线（L）与中性线（N）之间也需要进行电气强度试验，试验方法采用附录A的A.4。

(4) 相同材料、同一供应商的只做一次。若能提供下述的《非金属材料证明文件要求》证明性文件，可免除此项目的确认检验。

(5) 生产企业应拥有满足例行试验要求的检测设备。

(6) 工厂监督抽样检测不能替代确认检验。

《非金属材料证明文件要求》

标准中对其耐热、耐燃、耐电痕化等性能有要求的非金属材料（如插座底座、插头内架等），应有与其对应的红外光谱曲线、差示扫描量热曲线、热重分析曲线等证明性文件。出具此证明文件的实验室需具有相关标准的CNAS认可资质并由认证机构认可，如认证委托人不能提供，则由认证机构推荐相关实验室出具。

红外光谱曲线、差示扫描量热曲线和热重分析曲线依据标准如下：

试验项目	标准
红外光谱	GB/T 6040
差示扫描量热	GB/T 19466.1， GB/T 19466.2， GB/T 19466.3
热重分析	ISO 11358

附件4：

监督抽样检验的插头插座产品种类

种类	产品名称
1	单相可拆线插头
2	单相不可拆线插头
3	单相固定式插座
4	单相固移动式插座
5	单相器具插座
6	三相插头
7	三相插座
8	电线加长组件
9	固定式无联锁带开关插座
10	固定式有联锁带开关插座

编号：CNCA-01C-004:2011

电气电子产品类强制性认证实施规则
电路开关及保护或连接用电器装置
家用和类似用途固定式电器装置的开关

2011-05-10发布　　　　2011-08-01实施

1 适用范围

本实施规则涉及的产品为：适用于户内或户外使用的，仅用于交流电、额定电压不超过440V、额定电流不超过63A的家用和类似用途固定式电气装置的手动操作的一般用途开关。

2 认证模式

型式试验 + 初始工厂检查+ 获证后监督。

3 认证的基本环节

3.1 认证的申请

3.2 型式试验

3.3 初始工厂检查

3.4 认证结果评价与批准

3.5 获证后的监督

4 认证实施的基本要求

4.1 认证申请

4.1.1 申请单元划分

4.1.1.1 按照产品的操作方式、极数、有无螺纹端子等划分申请单元。

对同一类型且结构相同的开关，额定电流大的开关可以覆盖额定电流小的开关。

同一申请单元内有多个型号时，应对同一单元内所有型号做出确切描述。

4.1.1.2 原则上按申请单元申请认证。同一生产者（制造商）、同一产品型号，不同生产企业（不同生产场地）生产的产品应作为不同的申请单元，型式试验仅在一个生产企业（生产场地）的样品上进行，必要时，其他生产企业（生产场地）的产品需送样进行一致性核查，并出具报告。

同一生产企业（同一生产场地），不同生产者（制造商）生产的相同产品，应作为不同的申请单元，必要时送样进行一致性核查，并出具报告。

4.1.2 申请文件

申请认证应提交正式申请，并根据需要随附以下文件：

（1）产品总装图等；

（2）关键零部件和/或主要原材料清单（见附件2）；

（3）同一申请单元内各个型号与主检型号产品之间的差异说明；

（4）其他需要的文件。

4.2 型式试验

4.2.1 型式试验的送样

4.2.1.1 型式试验的送样原则

型式试验送样应从认证申请单元中选取代表性样品进行型式试验。根据需要，申请单元覆盖的其他产品需送样做补充差异试验。

4.2.1.2 样品真实性

通常情况，型式试验的样品由认证委托人按认证机构的要求选送，必要时，认证机构可采取现场抽样或者现场封样后由认证委托人送样等抽样方式获得样品。

认证委托人应保证其提供的样品与实际生产的产品一致，认证机构应当对认证委托人提供样品的真实性进行审查，实验室对样品真实性有疑义的，应当向认证机构说明情况，并作出相应处理。

4.2.1.3 送样数量

型式试验的样品由认证委托人负责按认证机构的要求选送，并对选送样品负责。

样品的送样数量见附件1的规定。

4.2.1.4 型式试验样品及相关资料的处置

型式试验后，应以适当方式处置试验样品和/或相关资料。

4.2.2 型式试验的检测标准、项目及方法

4.2.2.1 检测标准

GB 16915.1《家用和类似用途固定式电气装置的开关　第1部分：通用要求》

注：型式试验应采用上述对应标准的现行有效版本。

4.2.2.2 检测项目

产品检测项目为标准规定的全部适用项目。

4.2.2.3 检测方法

依据标准规定的和/或引用的方法和/或标准进行检测。

4.2.3 型式试验报告

型式试验结束后，实验室出具《型式试验报告》。

型式试验项目部分不合格时，允许认证委托人进行

整改；整改应在认证机构规定的期限内完成，未能按期完成整改的，视为认证委托人放弃申请；认证委托人也可主动终止申请。

认证机构按照规定的内容组织制定统一的《型式试验报告》格式。《型式试验报告》内容应准确、清晰、完整，并包含对申请单元内所有产品和认证相关信息的描述。

认证机构/实验室应及时向认证委托人提供《型式试验报告》，认证委托人应保证在其生产企业内能获得完整有效的《型式试验报告》。

4.3 初始工厂检查

4.3.1 检查内容

工厂检查的内容为工厂质量保证能力检查和产品一致性检查。

4.3.1.1 工厂质量保证能力检查

按照确保产品一致性、促进认证结果持续有效的原则，由认证机构针对工厂的“职责和资源，文件和记录，采购和进货检验，生产过程控制和过程检验，例行和确认检验，检验试验仪器设备，不合格品的控制，内部质量审核，认证产品的一致性，包装、搬运和储存”等内容制定相应产品的工厂质量保证能力检查实施细则，报国家认监委备案后公布实施。此外，还应按照《固定式电气装置的开关工厂质量控制检测要求》（见附件3）进行检查。

4.3.1.2 产品一致性检查

工厂检查时，应在生产现场对申请认证的产品进行一致性检查。若认证涉及多个单元的产品，则一致性检查应对每个生产者（制造商）、每“种”产品（参见附件4）至少抽取一个规格型号，重点核实以下内容：

（1）认证产品的标志和包装物上所标明的产品名称、规格、技术参数、型号与型式试验报告上所标明的应一致；

（2）认证产品的结构应与型式试验时的样品一致；

（3）认证产品所用的零部件和材料应与型式试验时申报并经认证机构所确认的一致。

在工厂检查时，对产品安全性能可采取现场见证试验。

4.3.1.3 检查范围

工厂质量保证能力检查和产品一致性检查应覆盖申请认证的产品和加工场所。

4.3.2 检查时间

一般情况下，型式试验合格后，再进行初始工厂检查。特殊情况下，型式试验和工厂审查可以同时进行，但应满足认证机构的相关要求。初始工厂检查时，工厂应生产申请认证范围内的产品。

工厂检查时间根据所申请认证产品的单元数量和工厂的生产规模确定，一般每个加工场所为1～4个人日。

型式试验结束后，工厂检查原则上应在一年内完成，否则应重新进行型式试验。

4.3.3 检查结论

检查组向认证机构报告检查结论。检查结论为不合格的，检查组直接向认证机构报告不合格结论；工厂检查存在不符合项时，工厂应在认证机构规定的期限内完成整改，认证机构（检查组）采取适当方式对整改结果进行验证。未能按期完成整改的，按工厂检查结论不合格处理。

4.4 认证结果评价与批准

4.4.1 认证结果评价与批准

由认证机构负责组织对型式试验、工厂检查结果进行综合评价，评价合格后，由认证机构对认证委托人颁发认证证书（每一个申请单元颁发一张认证证书）。认证证书的使用应符合《强制性产品认证管理规定》的要求。

4.4.2 认证时限

认证时限指自受理认证申请之日起至颁发认证证书时止所实际发生的工作日，包括型式试验时间、工厂检查时间及检查后提交报告时间、认证结果评价和批准时间，以及证书制作时间。

型式试验时间一般为30个工作日（因检验项目不合格，企业进行整改和复试的时间不计算在内）。从收到样品和检验费之日起计算时间。

工厂检查后提交报告时间为5个工作日。以检查员完成现场检查，收到生产企业提交符合要求的不符合项纠正措施报告之日起计算。

认证结果评价、批准时间一般不超过5个工作日（从收到认证费用之日起计算时间）。

4.4.3 认证终止

当产品型式试验或工厂检查结论不合格时，认证机构应做出不合格决定，终止认证。

4.5 获证后的监督

4.5.1 获证后监督的内容

获证后的监督包括年度监督检查，以及认证机构对其认证的产品实施有效的跟踪调查。

4.5.2 年度监督检查

认证机构在进行正常年度监督检查时，应优先安排在企业的生产季内进行，应优先采用不预先通知被检查方的方式进行检查。同一生产企业、不同生产者（制造商），均应接受监督检查。

特殊监督原则上采取不预先通知被检查方的方式进行。

认证委托人应在规定的周期内接受监督，否则按不能接受监督处理。

4.5.2.1 年度监督检查的频次

一般情况下，从该类产品的初始工厂检查起，每12个月内至少对工厂进行一次监督检查。若发生下述情况之一可增加监督频次：

（1）获证产品出现严重质量问题或用户提出投诉，并经查实为认证委托人/生产者（制造商）/生产企业责任的；

（2）认证机构有理由对获证产品与标准要求的符合性提出质疑时；

（3）有足够信息表明生产者（制造商）、工厂因变更组织机构、生产条件、质量管理体系等，可能影响产品符合性或一致性时。

4.5.2.2 年度监督检查的内容

获证产品一致性检查的内容与工厂初始检查时的产品一致性检查内容基本相同。同时，关键零部件和材料的更换应符合变更要求。

此外，还应检查"CCC"标志和认证证书的使用情况。

获证后监督的方式采用：工厂质量保证能力复查＋认证产品一致性检查，必要时可抽取样品送实验室检测。

按照确保产品一致性、促进认证结果持续有效的原则，由认证机构制定相应产品的工厂质量保证能力监督检查实施细则，报国家认监委备案后公布实施。

监督检查所需的时间，需根据获证产品的单元数量确定，并适当考虑工厂的生产规模，一般为1～2个人日。

4.5.2.3 年度监督检查的抽样检测

本实施规则涉及的产品需要进行抽样检测。

抽样检测的样品应在工厂生产的合格品中（为切实保证认证产品的一致性和真实性，抽样场所可以根据实际情况选择市场/企业销售网点现场、生产线末端、仓库等）随机抽取。抽样检测由指定的实验室负责。具体抽样方法和要求按认证机构有关规定执行。

认证检测采用的标准所规定的项目均可作为抽样检测项目。

认证机构可针对不同产品的不同情况，以及其对产品安全性能影响程度，进行部分或全部项目的检测。

4.5.2.4 年度监督检查结论

4.5.2.4.1 年度监督检查中的质量保证能力复查

检查组向认证机构报告监督检查结论。监督检查结论为不合格的，检查组直接向认证机构报告不合格结论；发现不符合项的，工厂应在40个工作日内完成整改，认证机构采取适当方式对整改结果进行验证；未能按期完成整改的，按工厂检查结论不合格处理。

4.5.2.4.2年度监督检查中的抽样检测

年度监督抽样检测中有不合格项的，按年度监督抽样检验结论不合格处理。

4.5.2.5 年度监督检查结果的评价

监督复查合格后，可以继续保持认证资格，使用认证标志。不合格的，按照5.3规定执行。

4.5.3 认证机构的跟踪调查

认证机构应根据《认证认可条例》的要求对其认证的产品实施有效的跟踪调查，并根据跟踪调查的结果对认证证书的状态进行相应的处理。

4.5.4 获证后监督检查结果的评价

获证产品年度监督检查合格的，方可继续保持认证资格、使用认证标志。不合格的，按照5.3规定执行。

5 认证证书

5.1 认证证书的保持

5.1.1 证书的有效性

本规则覆盖产品认证证书的有效期为5年。有效期内，证书的有效性依赖认证机构组织的获证后监督获得保持。

认证证书有效期届满，需要延续使用的，认证委托人应当在认证证书有效期届满前90天内申请办理。

5.1.2 认证产品的变更

5.1.2.1 变更申请

获证后的产品，如果其关键零部件及原材料的型号或牌号、规格、生产者（制造商）变更，或其涉及安全的设计、结构等发生变更，以及认证证书的相关信息、标准等发生变化时，应向认证机构提出变更批准/备案的申请。

关键零部件和材料的更换应符合变更要求。

5.1.2.2 变更的评价和批准

认证机构根据变更的内容和提供的资料进行评价，确定是否可以变更或需送样品进行测试，如需送样试验，测试合格后方能批准变更。

原则上，应以最初进行全项型式试验的主检型号产品为变更评价的基础。

5.2 认证产品的扩展

5.2.1 扩展程序

认证委托人需要扩展已经获得认证产品单元覆盖范围时，应从认证申请开始办理手续。认证机构应核查扩展产品与原认证产品的一致性，确认原认证结果对扩展产品的有效性。需要时，针对差异做补充检测或检查。确认合格后，可根据认证证书持有者的要求单独颁发认证证书或换发认证证书。

原则上，应以最初进行全项型式试验的主检型号产品为扩展的基础。

5.2.2 样品要求

认证委托人应先提供扩展产品的有关技术资料，需要送样时，应按本规则4.2的要求选送样品进行核查。必要时，对样品进行检测，检测结果报认证机构核查。

5.3 认证证书的暂停、注销和撤销

认证证书的注销、暂停和撤销依据《强制性产品认证管理规定》和《强制性产品认证证书的注销、暂停和撤销实施规则》及认证机构的有关规定执行。证书暂停、申请恢复证书的，认证机构原则上应按初始工厂检查的要求对工厂进行检查，必要时，抽取样品进行试验。

认证机构应采取适当方式对外公告被注销、暂停、撤销的认证证书。

5.4 认证证书的使用

认证证书的使用应符合《强制性产品认证管理规定》的要求。

6 强制性产品认证标志的使用

6.1 基本要求

证书持有者必须遵守《强制性产品认证管理规定》和《强制性产品认证标志管理办法》的规定。

6.2 准许使用的标志样式

6.3 变形认证标志的使用

本规则覆盖的产品不允许加施任何形式的变形认证标志。

6.4 加施方式

可以采用国家认监委统一印制的标准规格标志（标签）、模制式、丝印式或铭牌印刷四种方式中的任何一种。

6.5 标志位置

应在产品本体明显位置上加施认证标志。

7 收费

认证收费由认证机构和实验室按国家有关规定收取。

附件1：

单元划分及送样数量表

序号	产品名称	样品数量	
		螺纹夹紧型端子	无螺纹端子
1	单极开关或双控开关	主检型号送12个试样和3个备用样品，其它型号各送3个样品	主检型号送14个试样和3个备用样品，其它型号各送3个样品
2	两极开关	主检型号送15个试样和3个备用样品，其它型号各送3个样品	主检型号送18个试样和3个备用样品，其它型号各送3个样品
3	三极开关	主检型号送15个试样和3个备用样品，其它型号各送3个样品	主检型号送18个试样和3个备用样品，其它型号各送3个样品

注：（1）连接方式不同的开关为不同的单元，但双控开关可覆盖单极开关。

（2）起动方法不同的开关为不同的单元，如，跷板开关和旋转开关应为不同的申请单元。

（3）安装方法不同的开关为不同的单元，如，明装式开关和暗装式开关为不同的申请单元。

（4）不同的端子型式，为不同的单元。若在同一产品上有两种端子，以数量多的端子为主要划分依据。

附件2:

固定式电气装置的开关关键零部件和材料及其申报要求

产品名称	关键零部件和材料	要求申报的信息和资料
开关	触点	材料名称、型号或牌号,主要成分,厚度,生产者(制造商)名称
	动/静触片	材料名称、型号或牌号,主要成分,材料厚度,生产者(制造商)名称
	载流连接条(片)	材料名称、型号或牌号,主要成分,生产者(制造商)名称
	接线端子(包括螺钉)	材料名称、型号或牌号,主要成分,生产者(制造商)名称
	弹簧	材料名称、型号或牌号,主要成分,主要尺寸,生产者(制造商)名称
	面板	材料名称、型号或牌号,主要成分,生产者(制造商)名称
	底座	材料名称、型号或牌号,主要成分,生产者(制造商)名称
	跷板按钮	材料名称、型号或牌号,主要成分,生产者(制造商)名称
	跷板滑块(弹簧与触片之间的部件)	材料名称、型号或牌号,主要成分,生产者(制造商)名称
	固定跷板按钮的部件/安装支架	材料名称、型号或牌号,主要成分,生产者(制造商)名称
	无螺纹端子的松弛扣	材料名称、型号或牌号,主要成分,生产者(制造商)名称
	无螺纹端子弹簧片	材料名称、型号或牌号,主要成分,生产者(制造商)名称
	其它关键零部件	材料名称、型号或牌号,主要成分,生产者(制造商)名称

附件3:

固定式电气装置的开关工厂质量控制检测要求

说明:

(1)例行检验是在生产的最终阶段对生产线上的产品进行的100%检验,通常检验后,除包装和加贴标签外,不再进一步加工。确认检验是为验证产品持续符合标准要求进行的抽样检验,确认试验应按标准的规定进行。

(2)例行检验允许用经验证后确定的等效、快速的方法进行。

(3)确认检验时,若工厂不具备测试设备,可委托实验室试验。

产品名称	认证依据标准	试验项目	确认检验	例行试验
固定式电气装置的开关	GB 16915.1	1. 标志	1次/年(§8)	√
		2. 电气强度	1次/3个月1)(§16.2)	—
		3. 正常操作	1次/年(§19)	—
		4. 机械强度	1次/年(§20)	—
		5. 耐热	1次/年(§21)	—
		6. 爬电距离和电气间隙	1次/年(§23)	—
		7. 绝缘材料的耐非正常热、耐燃和耐漏电起痕	1次/年3)(§24)	—
		8. 通断检查2)	—	√2)

"√"表示需要检验;"—"表示不需要检验。

注:(1)电气强度试验不必预先进行潮湿处理。工厂应具备电气强度试验设备。

(2)通断检查指检查开关是否能够正常接通和断开电路。可以用电指示器、灯等方式显示通断状态。

(3)相同材料、同一供应商的只做一次。若能提供下述的《非金属材料证明文件要求》证明性文件,可免除此项目的确认检验。

(4)生产企业应拥有满足例行试验要求的检测设备。

(5)工厂监督抽样检测不能替代确认检验。

《非金属材料证明文件要求》

标准中对其耐热、耐燃、耐漏电起痕等性能有要求的非金属材料（如开关底座等），应有与其对应的红外光谱曲线、差示扫描量热曲线、热重分析曲线等证明性文件。出具此证明文件的实验室需具有相关标准的CNAS认可资质并由认证机构认可，如认证委托人不能提供，则由认证机构推荐相关实验室出具。

红外光谱曲线、差示扫描量热曲线和热重分析曲线依据标准如下：

试验项目	标准
红外光谱	GB/T 6040
差示扫描量热	GB/T 19466.1， GB/T 19466.2， GB/T 19466.3
热重分析	ISO 11358

附件4：

监督抽样检验的开关产品种类

种类	产品名称
1	拉线开关
2	旋转开关
3	倒扳开关
4	跷板开关
5	按钮开关

编号：CNCA-01C-005:2011

电气电子产品类强制性认证实施规则
电路开关及保护或连接用电器装置
工业用插头插座和耦合器

2011-05-10发布　　　　2011-08-01实施

1 适用范围

本实施规则涉及的产品主要作工业用途的户内和户外使用的额定工作电压不超过690V d.c.或a.c.和500Hz a.c.，额定电流不超过250A的插头和插座、电缆耦合器和器具耦合器。

安装在电气设备里的或固定于电气设备的插座或器具输入插座在本实施规则范围之内。本规则亦适用于预定用于特低电压装置里的电器附件。

本实施规则不适用于主要作家用的及类似一般用途的电器附件。

本实施规则覆盖的产品有：工业用插头、插座、连接器、器具输入插座、耦合器。

2 认证模式

型式试验＋初始工厂检查+ 获证后监督。

3 认证的基本环节

3.1 认证的申请

3.2 型式试验

3.3 初始工厂检查

3.4 认证结果评价与批准

3.5 获证后的监督

4 认证实施的基本要求

4.1 认证申请

4.1.1 申请单元划分

4.1.1.1 按照产品的型式、电流、结构、可拆线与不可拆线等划分申请单元。

结构基本相同、功能相同、所用材料相同的同一类产品可以作为一个申请单元。

同一申请单元内有多个型号时，应对同一单元内所有型号做出确切描述。

4.1.1.2 原则上按申请单元申请认证。同一生产者（制造商）、同一产品型号，不同生产企业（不同生产场地）生产的产品应作为不同的申请单元，型式试验仅在一个生产企业（生产场地）的样品上进行，必要时，其他生产企业（生产场地）的产品需送样进行一致性核查，并出具报告。

同一生产企业（同一生产场地），不同生产者（制造商）生产的相同产品，应作为不同的申请单元，必要时送样进行一致性核查，并出具报告。

4.1.2 申请文件

申请认证应提交正式申请，并根据需要随附以下文件：

（1）产品总装图等；

（2）关键零部件和/或主要原材料清单（见附件2）；

（3）同一申请单元内各个型号与主检型号产品之间的差异说明；

（4）其他需要的文件。

4.2 型式试验

4.2.1 型式试验的送样

4.2.1.1 型式试验的送样原则

型式试验送样应从认证申请单元中选取代表性样品进行型式试验。根据需要，申请单元覆盖的其他产品需送样做补充差异试验。

4.2.1.2 样品真实性

通常情况，型式试验的样品由认证委托人按认证机构的要求选送，必要时，认证机构可采取现场抽样或者现场封样后由认证委托人送样等抽样方式获得样品。

认证委托人应保证其提供的样品与实际生产的产品一致，认证机构应当对认证委托人提供样品的真实性进行审查，实验室对样品真实性有疑义的，应当向认证机构说明情况，并作出相应处理。

4.2.1.3 送样数量

型式试验的样品由认证委托人负责按认证机构的要求选送，并对选送样品负责。

代表性样品的数量为12个，覆盖样品的数量各3个。

4.2.1.4 型式试验样品及相关资料的处置

型式试验后，应以适当方式处置试验样品和/或相关资料。

4.2.2 型式试验的检测标准、项目及方法

4.2.2.1 检测标准

GB/T 11918《工业用插头插座和耦合器　第1部分：通用要求》

GB/T 11919《工业用插头插座和耦合器　第2部分：带插销和插套的电器附件的尺寸互换性要求》

注：型式试验应采用上述对应标准的现行有效版本。

4.2.2.2 检测项目

产品检测项目为标准规定的全部适用项目。

4.2.2.3 检测方法

依据标准规定的和/或引用的方法和/或标准进行检测。

4.2.3 型式试验报告

型式试验结束后，实验室出具《型式试验报告》。

型式试验项目部分不合格时，允许认证委托人进行整改；整改应在认证机构规定的期限内完成，未能按期完成整改的，视为认证委托人放弃申请；认证委托人也可主动终止申请。

认证机构按照规定的内容组织制定统一的《型式试验报告》格式。《型式试验报告》内容应准确、清晰、完整，并包含对申请单元内所有产品和认证相关信息的描述。

认证机构/实验室应及时向认证委托人提供《型式试验报告》，认证委托人应保证在其生产企业内能获得完整有效的《型式试验报告》。

4.3 初始工厂检查

4.3.1 检查内容

工厂检查的内容为工厂质量保证能力检查和产品一致性检查。

4.3.1.1 工厂质量保证能力检查

按照确保产品一致性、促进认证结果持续有效的原则，由认证机构针对工厂的“职责和资源，文件和记录，采购和进货检验，生产过程控制和过程检验，例行和确认检验，检验试验仪器设备，不合格品的控制，内部质量审核，认证产品的一致性，包装、搬运和储存”等内容制定相应产品的工厂质量保证能力检查实施细则，报国家认监委备案后公布实施。此外，还应按照《工业用插头插座和耦合器工厂质量控制检测要求》（见附件1）进行检查。

4.3.1.2 产品一致性检查

工厂检查时，应在生产现场对申请认证的产品进行一致性检查。若认证涉及多个单元的产品，则一致性检查应对每个生产者（制造商）、每“种”产品（参见附件3）至少抽取一个规格型号，重点核实以下内容：

（1）认证产品的标志和包装物上所标明的产品名称、规格、技术参数、型号与型式试验报告上所标明的应一致；

（2）认证产品的结构应与型式试验时的样品一致；

（3）认证产品所用的零部件和材料应与型式试验时申报并经认证机构所确认的一致。

在工厂检查时，对产品安全性能可采取现场见证试验。

4.3.1.3 检查范围

工厂质量保证能力检查和产品一致性检查应覆盖申

请认证的产品和加工场所。

4.3.2 检查时间

一般情况下，型式试验合格后，再进行初始工厂检查。特殊情况下，型式试验和工厂审查可以同时进行，但应满足认证机构的相关要求。初始工厂检查时，工厂应生产申请认证范围内的产品。

工厂检查时间根据所申请认证产品的单元数量和工厂的生产规模确定，一般每个加工场所为1～4个人日。

型式试验结束后，工厂检查原则上应在一年内完成，否则应重新进行型式试验。

4.3.3 检查结论

检查组向认证机构报告检查结论。检查结论为不合格的，检查组直接向认证机构报告不合格结论；工厂检查存在不符合项时，工厂应在认证机构规定的期限内完成整改，认证机构（检查组）采取适当方式对整改结果进行验证。未能按期完成整改的，按工厂检查结论不合格处理。

4.4 认证结果评价与批准

4.4.1 认证结果评价与批准

由认证机构负责组织对型式试验、工厂检查结果进行综合评价，评价合格后，由认证机构对认证委托人颁发认证证书（每一个申请单元颁发一张认证证书）。认证证书的使用应符合《强制性产品认证管理规定》的要求。

4.4.2 认证时限

认证时限指自受理认证申请之日起至颁发认证证书时止所实际发生的工作日，包括型式试验时间、工厂检查时间及检查后提交报告时间、认证结果评价和批准时间，以及证书制作时间。

型式试验时间一般为35个工作日（因检验项目不合格，企业进行整改和复试的时间不计算在内）。从收到样品和检验费之日起计算时间。

工厂检查后提交报告时间为5个工作日。以检查员完成现场检查，收到生产企业提交符合要求的不符合项纠正措施报告之日起计算。

认证结果评价、批准时间一般不超过5个工作日（从收到认证费用之日起计算时间）。

4.4.3 认证终止

当产品型式试验或工厂检查结论不合格时，认证机构应做出不合格决定，终止认证。

4.5 获证后的监督

4.5.1 获证后监督的内容

获证后的监督包括年度监督检查，以及认证机构对其认证的产品实施有效的跟踪调查。

4.5.2 年度监督检查

认证机构在进行正常年度监督检查时，应优先安排在企业的生产季内进行，应优先采用不预先通知被检查方的方式进行检查。同一生产企业、不同生产者（制造商），均应接受监督检查。

特殊监督原则上采取不预先通知被检查方的方式进行。

认证委托人应在规定的周期内接受监督，否则按不能接受监督处理。

4.5.2.1 年度监督检查的频次

一般情况下，从该类产品的初始工厂检查起，每12个月内至少对工厂进行一次监督检查。若发生下述情况之一可增加监督频次：

（1）获证产品出现严重质量问题或用户提出投诉，并经查实为认证委托人/生产者（制造商）/生产企业责任的；

（2）认证机构有理由对获证产品与标准要求的符合性提出质疑时；

（3）有足够信息表明生产者（制造商）、工厂因变更组织机构、生产条件、质量管理体系等，可能影响产品符合性或一致性时。

4.5.2.2 年度监督检查的内容

获证产品一致性检查的内容与工厂初始检查时的产品一致性检查内容基本相同。同时，关键零部件和材料的更换应符合变更要求。

此外，还应检查“CCC”标志和认证证书的使用情况。

获证后监督的方式采用：工厂质量保证能力复查 + 认证产品一致性检查，必要时可抽取样品送实验室检测。

按照确保产品一致性、促进认证结果持续有效的原则，由认证机构制定相应产品的工厂质量保证能力监督检查实施细则，报国家认监委备案后公布实施。

监督检查所需的时间，需根据获证产品的单元数量确定，并适当考虑工厂的生产规模，一般为1～2个人日。

4.5.2.3 年度监督检查的抽样检测

需要时，进行抽样检测。抽样检测的样品应在工厂生产的合格品中（为切实保证认证产品的一致性和真实性，抽样场所可以根据实际情况选择市场/企业销售网点现场、生产线末端、仓库等）随机抽取。抽样检测由指定的实验室负责。具体抽样方法和要求按认证机构有关规定执行。

认证检测采用的标准所规定的项目均可作为抽样检测项目。

认证机构可针对不同产品的不同情况，以及其对产品安全性能影响程度，进行部分或全部项目的检测。

4.5.2.4 年度监督检查结论

4.5.2.4.1 年度监督检查中的质量保证能力复查

检查组向认证机构报告监督检查结论。监督检查结论为不合格的，检查组直接向认证机构报告不合格结论；发现不符合项的，工厂应在40个工作日内完成整改，认证机构采取适当方式对整改结果进行验证；未能按期完成整改的，按工厂检查结论不合格处理。

4.5.2.4.2年度监督检查中的抽样检测

年度监督抽样检测中有不合格项的，按年度监督抽样检验结论不合格处理。

4.5.2.5 年度监督检查结果的评价

监督复查合格后，可以继续保持认证资格，使用认证标志。不合格的，按照5.3规定执行。

4.5.3 认证机构的跟踪调查

认证机构应根据《认证认可条例》的要求对其认证的产品实施有效的跟踪调查，并根据跟踪调查的结果对认证证书的状态进行相应的处理。

4.5.4 获证后监督检查结果的评价

获证产品年度监督检查合格的，方可继续保持认证资格、使用认证标志。不合格的，按照5.3规定执行。

5 认证证书

5.1 认证证书的保持

5.1.1 证书的有效性

本规则覆盖产品认证证书的有效期为5年。有效期内，证书的有效性依赖认证机构组织的获证后监督获得保持。

认证证书有效期届满，需要延续使用的，认证委托人应当在认证证书有效期届满前90天内申请办理。

5.1.2 认证产品的变更

5.1.2.1 变更申请

获证后的产品，如果其关键零部件及原材料的型号或牌号、规格、生产者（制造商）变更，或其涉及安全的设计、结构等发生变更，以及认证证书的相关信息、标准等发生变化时，应向认证机构提出变更批准/备案的申请。

关键零部件和材料的更换应符合变更要求。

5.1.2.2 变更的评价和批准

认证机构根据变更的内容和提供的资料进行评价，确定是否可以变更或需送样品进行测试，如需送样试验，测试合格后方能批准变更。

原则上，应以最初进行全项型式试验的主检型号产品为变更评价的基础。

5.2 认证产品的扩展

5.2.1 扩展程序

认证委托人需要扩展已经获得认证产品单元覆盖范围时，应从认证申请开始办理手续。认证机构应核查扩展产品与原认证产品的一致性，确认原认证结果对扩展产品的有效性。需要时，针对差异做补充检测或检查。确认合格后，可根据认证证书持有者的要求单独颁发认证证书或换发认证证书。

原则上，应以最初进行全项型式试验的主检型号产品为扩展的基础。

5.2.2 样品要求

认证委托人应先提供扩展产品的有关技术资料，需要送样时，应按本规则4.2的要求选送样品进行核查。必要时，对样品进行检测，检测结果报认证机构核查。

5.3 认证证书的暂停、注销和撤销

认证证书的注销、暂停和撤销依据《强制性产品认证管理规定》和《强制性产品认证证书的注销、暂停和撤销实施规则》及认证机构的有关规定执行。证书暂停、申请恢复证书的，认证机构原则上应按初始工厂检查的要求对工厂进行检查，必要时，抽取样品进行试验。

认证机构应采取适当方式对外公告被注销、暂停、撤销的认证证书。

5.4 认证证书的使用

认证证书的使用应符合《强制性产品认证管理规定》的要求。

6 强制性产品认证标志的使用

6.1 基本要求

证书持有者必须遵守《强制性产品认证管理规定》和《强制性产品认证标志管理办法》的规定。

6.2 准许使用的标志样式

6.3 变形认证标志的使用

本规则覆盖的产品不允许加施任何形式的变形认证标志。

6.4 加施方式

可以采用国家认监委统一印制的标准规格标志（标签）、模制式、丝印式或铭牌印刷四种方式中的任何一种。

6.5 标志位置

应在产品本体明显位置上加施认证标志。

7 收费

认证收费由认证机构和实验室按国家有关规定收取。

附件1：

工业用插头插座和耦合器工厂质量控制检测要求

说明：

（1）例行检验是在生产的最终阶段对生产线上的产品进行的100%检验，通常检验后，除包装和加贴标签外，不再进一步加工。确认检验是为验证产品持续符合标准要求进行的抽样检验，确认试验应按标准的规定进行。

（2）例行检验允许用经验证后确定的等效、快速的方法进行。

（3）确认检验时，若工厂不具备测试设备，可委托实验室试验。

产品名称	认证依据标准	试验项目	确认检验（标准条款编号）	例行检验（标准条款编号）
工业用插头插座和耦合器	GB/T 11918 GB/T 11919	1. 标志	1次/年（GB/T 11918的§7）	√（GB/T 11918的§7）
		2. 尺寸	1次/年（GB/T 11918的§8）	—
		3. 防触电保护	1次/年（GB/T 11918的§9）	—
		4. 最小拔出力	1次/年（GB/T 11919第15.1条）	—
		5. 绝缘电阻和介电强度	1次/年[1]（GB/T 11918的§19）	—
		6. 分断能力	1次/年（GB/T 11918的§20）	—
		7. 温升	1次/年[2]（GB/T 11918的§22）	—
		8. 机械强度	1次/年（GB/T 11918的 §24）	—
		9. 耐热、耐燃和耐漏电起痕	1次/年[3]（GB/T 11918的§27）	—

“√”表示需要检验；“—”表示不需要检验。

注：（1）介电强度试验不需要进行预先潮湿处理。

（2）做温升试验前，不需要进行正常操作试验。

（3）相同材料、同一供应商的只做一次。若能提供下述的《非金属材料证明文件要求》证明性文件，可免除此项目的确认检验。

（4）生产企业应拥有满足例行试验要求的检测设备。

（5）工厂监督抽样检测不能替代确认检验。

《非金属材料证明文件要求》

标准中对其耐热、耐燃、耐漏电起痕等性能有要求的非金属材料（如插座底座、插头内架等），应有与其对应的红外光谱曲线、差示扫描量热曲线、热重分析曲线等证明性文件。出具此证明文件的实验室需具有相关标准的CNAS认可资质并由认证机构认可，如认证委托人不能提供，则由认证机构推荐相关实验室出具。

红外光谱曲线、差示扫描量热曲线和热重分析曲线依据标准如下：

试验项目	标准
红外光谱	GB/T 6040
差示扫描量热	GB/T 19466.1， GB/T 19466.2， GB/T 19466.3
热重分析	ISO 11358

附件2：

工业用插头插座和耦合器关键零部件和材料及其申报要求

产品名称	关键零部件和材料	要求申报的信息和资料
插头	外壳	材料名称、型号或牌号，主要成分，生产者（制造商）名称
	内架	材料名称、型号或牌号，主要成分，生产者（制造商）名称
	插销（含镀层）	材料名称、型号或牌号，主要成分，生产者（制造商）名称
	接线端子（包括螺钉）	材料名称、型号或牌号，主要成分，生产者（制造商）名称
	其它关键零部件	材料名称、型号或牌号，主要成分，生产者（制造商）名称
插座	外壳	材料名称、型号或牌号，主要成分，生产者（制造商）名称
	底座	材料名称、型号或牌号，主要成分，生产者（制造商）名称
	插套	材料名称、型号或牌号，主要成分，厚度，生产者（制造商）名称
	接线端子（包括螺钉）	材料名称、型号或牌号，主要成分，生产者（制造商）名称
	其它关键零部件	材料名称、型号或牌号，主要成分，生产者（制造商）名称
连接器	外壳	材料名称、型号或牌号，主要成分，生产者（制造商）名称
	底座	材料名称、型号或牌号，主要成分，生产者（制造商）名称
	插套	材料名称、型号或牌号，主要成分，厚度，生产者（制造商）名称
	接线端子（包括螺钉）	材料名称、型号或牌号，主要成分，生产者（制造商）名称
	其它关键零部件	材料名称、型号或牌号，主要成分，生产者（制造商）名称
器具输入插座	外壳	材料名称、型号或牌号，主要成分，生产者（制造商）名称
	底座	材料名称、型号或牌号，主要成分，生产者（制造商）名称
	插销	材料名称、型号或牌号，主要成分，厚度，生产者（制造商）名称
	接线端子（包括螺钉）	材料名称、型号或牌号，主要成分，生产者（制造商）名称
	其它关键零部件	材料名称、型号或牌号，主要成分，生产者（制造商）名称

附件3：

监督抽样检验的工业用插头插座和耦合器产品种类

种类	产品名称
1	工业用插头
2	工业用插座
3	工业用连接器
4	工业用器具输入插座
5	工业用耦合器

编号：CNCA-01C-006:2011

电气电子产品类强制性认证实施规则
电路开关及保护或连接用电器装置
家用和类似用途器具耦合器

2011-05-10发布　　2011-08-01实施

1 适用范围

本实施规则涉及的产品为：适用于家用和类似用途的、有接地触头或无接地触头的，额定电压不超过250 V，额定电流不超过16A，仅为交流的两极器具耦合器（或互连耦合器）。该耦合器用于将电源软线连接到电源频率为50Hz或60Hz的电气器具或其他电气设备上。也适用于安装在器具或设备上以及与器具或设备形成一体的器具输入插座。

器具耦合器类产品包括：

（1）器具耦合器：包括连接器和器具输入插座两部分

a. 按相应的器具输入插座的插销温度划分：

—— 用于冷条件下的器具耦合器（插销温度不超过70℃）；

—— 用于热条件下的器具耦合器（插销温度不超过120℃）；

—— 用于酷热条件下的器具耦合器（插销温度不超过155℃）。

b. 按被连接的器具或设备的类型划分：

—— 用于Ⅰ类器具或设备的器具耦合器；

—— 用于Ⅱ类器具或设备的器具耦合器。

（2）连接器：

—— 可拆线连接器；

—— 不可拆线连接器。

（3）互连耦合器：包括插头连接器和器具输出插座两部分

按被连接的器具或设备的类型划分：

—— 用于Ⅰ类器具或设备的互连耦合器；

—— 用于Ⅱ类器具或设备的互连耦合器。

（4）插头连接器：

—— 可拆线插头连接器；

—— 不可拆线插头连接器。

（5）防护等级高于IPX0的器具耦合器

（6）靠器具重量啮合的耦合器

注：互连电线组件移入《电线组件》（规则编号：CNCA-01C-001）规则中。

2 认证模式

型式试验＋初始工厂检查+ 获证后监督。

3 认证的基本环节

3.1 认证的申请

3.2 型式试验

3.3 初始工厂检查

3.4 认证结果评价与批准

3.5 获证后的监督

4 认证实施的基本要求

4.1 认证申请

4.1.1 申请单元划分

4.1.1.1 根据标准活页、产品尺寸图表、可拆线或不可拆线等要求的不同划分申请单元。

结构基本相同、所用材料相同的同一类产品可以作为一个申请单元（见附件1）。

同一申请单元内有多个型号时，应对同一单元内所有型号做出确切描述。

4.1.1.2 原则上按申请单元申请认证。同一生产者（制造商）、同一产品型号，不同生产企业（不同生产场地）生产的产品应作为不同的申请单元，型式试验仅在一个生产企业（生产场地）的样品上进行，必要时，其他生产企业（生产场地）的产品需送样进行一致性核查，并出具报告。

同一生产企业（同一生产场地），不同生产者（制造商）生产的相同产品，应作为不同的申请单元，必要时送样进行一致性核查，并出具报告。

4.1.2 申请文件

申请认证应提交正式申请，并根据需要随附以下文件：

（1）产品总装图等；

（2）关键零部件和/或主要原材料清单（见附件2）；

（3）同一申请单元内各个型号与主检型号产品之间的差异说明；

（4）其他需要的文件。

4.2 型式试验

4.2.1 型式试验的送样

4.2.1.1 型式试验的送样原则

型式试验送样应从认证申请单元中选取代表性样品进行型式试验。根据需要，申请单元覆盖的其他产品需送样做补充差异试验。

4.2.1.2 样品真实性

通常情况，型式试验的样品由认证委托人按认证机构的要求选送，必要时，认证机构可采取现场抽样或者现场封样后由认证委托人送样等抽样方式获得样品。

认证委托人应保证其提供的样品与实际生产的产品一致，认证机构应当对认证委托人提供样品的真实性进行审查，实验室对样品真实性有疑义的，应当向认证机构说明情况，并作出相应处理。

4.2.1.3 送样数量

型式试验的样品由认证委托人负责按认证机构的要求选送，并对选送样品负责。

样品的送样数量见附件1的规定。

4.2.1.4 型式试验样品及相关资料的处置

型式试验后，应以适当方式处置试验样品和/或相关资料。

4.2.2 型式试验的检测标准、项目及方法

4.2.2.1 检测标准

GB 17465.1《家用和类似用途器具耦合器 第1部分：通用要求》

GB 17465.2《家用和类似用途器具耦合器 第2部分：家用和类似设备用互连耦合器》

GB 17465.3《家用和类似用途器具耦合器 第2部分：防护等级高于IPX0的器具耦合器》

GB 17465.4《家用和类似用途器具耦合器 第2部分：靠器具重量啮合的耦合器》

注：型式试验应采用上述对应标准的现行有效版本。

4.2.2.2 检测项目

产品检测项目为标准规定的全部适用项目。

4.2.2.3 检测方法

依据标准规定的和/或引用的方法和/或标准进行检测。

4.2.3 型式试验报告

型式试验结束后，实验室出具《型式试验报告》。

型式试验项目部分不合格时，允许认证委托人进行整改；整改应在认证机构规定的期限内完成，未能按期完成整改的，视为认证委托人放弃申请；认证委托人也可主动终止申请。

认证机构按照规定的内容组织制定统一的《型式试验报告》格式。《型式试验报告》内容应准确、清晰、完整，并包含对申请单元内所有产品和认证相关信息的描述。

认证机构/实验室应及时向认证委托人提供《型式试验报告》，认证委托人应保证在其生产企业内能获得完整有效的《型式试验报告》。

4.3 初始工厂检查

4.3.1 检查内容

工厂检查的内容为工厂质量保证能力检查和产品一致性检查。

4.3.1.1 工厂质量保证能力检查

按照确保产品一致性、促进认证结果持续有效的原则，由认证机构针对工厂的“职责和资源，文件和记录，采购和进货检验，生产过程控制和过程检验，例行和确认检验，检验试验仪器设备，不合格品的控制，内部质量审核，认证产品的一致性，包装、搬运和储存”等内容制定相应产品的工厂质量保证能力检查实施细则，报国家认监委备案后公布实施。此外，还应按照《家用和类似用途器具耦合器工厂质量控制检测要求》（见附件3）进行检查。

4.3.1.2 产品一致性检查

工厂检查时，应在生产现场对申请认证的产品进行一致性检查。若认证涉及多个单元的产品，则一致性检查应对每个生产者（制造商）、每“种”产品（参见附件4）至少抽取一个规格型号，重点核实以下内容：

（1）认证产品的标志和包装物上所标明的产品名称、规格、技术参数、型号与型式试验报告上所标明的应一致；

（2）认证产品的结构应与型式试验时的样品一致；

（3）认证产品所用的零部件和材料应与型式试验时申报并经认证机构所确认的一致。

在工厂检查时，对产品安全性能可采取现场见证试验。

4.3.1.3 检查范围

工厂质量保证能力检查和产品一致性检查应覆盖申请认证的产品和加工场所。

4.3.2 检查时间

一般情况下，型式试验合格后，再进行初始工厂检查。特殊情况下，型式试验和工厂审查可以同时进行，但应满足认证机构的相关要求。初始工厂检查时，工厂应生产申请认证范围内的产品。

工厂检查时间根据所申请认证产品的单元数量和工厂的生产规模确定，一般每个加工场所为1～4个人日。

型式试验结束后，工厂检查原则上应在一年内完成，否则应重新进行型式试验。

4.3.3 检查结论

检查组向认证机构报告检查结论。检查结论为不合格的，检查组直接向认证机构报告不合格结论；工厂检查存在不符合项时，工厂应在认证机构规定的期限内完成整改，认证机构（检查组）采取适当方式对整改结果进行验证。未能按期完成整改的，按工厂检查结论不合格处理。

4.4 认证结果评价与批准

4.4.1 认证结果评价与批准

由认证机构负责组织对型式试验、工厂检查结果进行综合评价，评价合格后，由认证机构对认证委托人颁发认证证书（每一个申请单元颁发一张认证证书）。认证证书的使用应符合《强制性产品认证管理规定》的要求。

4.4.2 认证时限

认证时限指自受理认证申请之日起至颁发认证证书时止所实际发生的工作日，包括型式试验时间、工厂检查时间及检查后提交报告时间、认证结果评价和批准时间，以及证书制作时间。

型式试验时间一般为30个工作日（因检验项目不合格，企业进行整改和复试的时间不计算在内）。从收到样品和检验费之日起计算时间。

工厂检查后提交报告时间为5个工作日。以检查员完成现场检查，收到生产企业提交符合要求的不符合项纠正措施报告之日起计算。

认证结果评价、批准时间一般不超过5个工作日（从收到认证费用之日起计算时间）。

4.4.3 认证终止

当产品型式试验或工厂检查结论不合格时，认证机构应做出不合格决定，终止认证。

4.5 获证后的监督

4.5.1 获证后监督的内容

获证后的监督包括年度监督检查，以及认证机构对其认证的产品实施有效的跟踪调查。

4.5.2 年度监督检查

认证机构在进行正常年度监督检查时，应优先安排在企业的生产季内进行，应优先采用不预先通知被检查方的方式进行检查。同一生产企业、不同生产者（制造商），均应接受监督检查。

特殊监督原则上采取不预先通知被检查方的方式进行。

认证委托人应在规定的周期内接受监督，否则按不能接受监督处理。

4.5.2.1 年度监督检查的频次

一般情况下，从该类产品的初始工厂检查起，每12个月内至少对工厂进行一次监督检查。若发生下述情况之一可增加监督频次：

（1）获证产品出现严重质量问题或用户提出投诉，并经查实为认证委托人/生产者（制造商）/生产企业责任的；

（2）认证机构有理由对获证产品与标准要求的符合性提出质疑时；

（3）有足够信息表明生产者（制造商）、工厂因变更组织机构、生产条件、质量管理体系等，可能影响产品符合性或一致性时。

4.5.2.2 年度监督检查的内容

获证产品一致性检查的内容与工厂初始检查时的产品一致性检查内容基本相同。同时，关键零部件和材料的更换应符合变更要求。

此外，还应检查“CCC”标志和认证证书的使用情况。

获证后监督的方式采用：工厂质量保证能力复查 + 认证产品一致性检查，必要时可抽取样品送实验室检测。

按照确保产品一致性、促进认证结果持续有效的原则，由认证机构制定相应产品的工厂质量保证能力监督检查实施细则，报国家认监委备案后公布实施。

监督检查所需的时间，需根据获证产品的单元数量确定，并适当考虑工厂的生产规模，一般为1～2个人日。

4.5.2.3 年度监督检查的抽样检测

本实施规则涉及的产品需要进行抽样检测。

抽样检测的样品应在工厂生产的合格品中（为切实保证认证产品的一致性和真实性，抽样场所可以根据实际情况选择市场/企业销售网点现场、整机企业、生产线末端、仓库等）随机抽取。抽样检测由指定的实验室负责。具体抽样方法和要求按认证机构有关规定执行。

认证检测采用的标准所规定的项目均可作为抽样检测项目。

认证机构可针对不同产品的不同情况，以及其对产品安全性能影响程度，进行部分或全部项目的检测。

4.5.2.4 年度监督检查结论

4.5.2.4.1 年度监督检查中的质量保证能力复查

检查组向认证机构报告监督检查结论。监督检查结论为不合格的，检查组直接向认证机构报告不合格结论；发现不符合项的，工厂应在40个工作日内完成整改，认证机构采取适当方式对整改结果进行验证；未能按期完成整改的，按工厂检查结论不合格处理。

4.5.2.4.2年度监督检查中的抽样检测

年度监督抽样检测中有不合格项的，按年度监督抽样检验结论不合格处理。

4.5.2.5 年度监督检查结果的评价

监督复查合格后，可以继续保持认证资格，使用认证标志。不合格的，按照5.3规定执行。

4.5.3 认证机构的跟踪调查

认证机构应根据《认证认可条例》的要求对其认证的产品实施有效的跟踪调查，并根据跟踪调查的结果对认证证书的状态进行相应的处理。

4.5.4 获证后监督检查结果的评价

获证产品年度监督检查合格的，方可继续保持认证资格、使用认证标志。不合格的，按照5.3规定执行。

5 认证证书

5.1 认证证书的保持

5.1.1 证书的有效性

本规则覆盖产品认证证书的有效期为5年。有效期内，证书的有效性依赖认证机构组织的获证后监督获得保持。

认证证书有效期届满，需要延续使用的，认证委托人应当在认证证书有效期届满前90天内申请办理。

5.1.2 认证产品的变更

5.1.2.1 变更申请

获证后的产品，如果其关键零部件及原材料的型号或牌号、规格、生产者（制造商）变更，或其涉及安全的设计、结构等发生变更，以及认证证书的相关信息、标准等发生变化时，应向认证机构提出变更批准/备案的申请。

关键零部件和材料的更换应符合变更要求。

5.1.2.2 变更的评价和批准

认证机构根据变更的内容和提供的资料进行评价，确定是否可以变更或需送样品进行测试，如需送样试验，测试合格后方能批准变更。

原则上，应以最初进行全项型式试验的主检型号产品为变更评价的基础。

5.2 认证产品的扩展

5.2.1 扩展程序

认证委托人需要扩展已经获得认证产品单元覆盖范围时，应从认证申请开始办理手续。认证机构应核查扩展产品与原认证产品的一致性，确认原认证结果对扩展产品的有效性。需要时，针对差异做补充检测或检查。确认合格后，可根据认证证书持有者的要求单独颁发认证证书或换发认证证书。

原则上，应以最初进行全项型式试验的主检型号产品为扩展的基础。

5.2.2 样品要求

认证委托人应先提供扩展产品的有关技术资料，需要送样时，应按本规则4.2的要求选送样品进行核查。必要时，对样品进行检测，检测结果报认证机构核查。

5.3 认证证书的暂停、注销和撤销

认证证书的注销、暂停和撤销依据《强制性产品认证管理规定》和《强制性产品认证证书的注销、暂停和撤销实施规则》及认证机构的有关规定执行。证书暂停、申请恢复证书的，认证机构原则上应按初始工厂检查的要求对工厂进行检查，必要时，抽取样品进行试验。

认证机构应采取适当方式对外公告被注销、暂停、撤销的认证证书。

5.4 认证证书的使用

认证证书的使用应符合《强制性产品认证管理规定》的要求。

6 强制性产品认证标志的使用

6.1 基本要求

证书持有者必须遵守《强制性产品认证管理规定》和《强制性产品认证标志管理办法》的规定。

6.2 准许使用的标志样式

6.3 变形认证标志的使用

本规则覆盖的产品不允许加施任何形式的变形认证标志。

6.4 加施方式

可以采用国家认监委统一印制的标准规格标志（标签）、模制式、丝印式或铭牌印刷四种方式中的任何一种。

6.5 标志位置

应在产品本体明显位置上加施认证标志。

7 收费

认证收费由认证机构和实验室按国家有关规定收取。

附件1:

单元划分及送样数量表

序号	产品名称	规格	样品数量
1	器具耦合器	0.2A、2.5A、6A、10A、16A	主检产品规格送15套样品，覆盖产品规格各送6套样品
2	互连耦合器	2.5A、10A、16A	主检产品规格送15套样品，覆盖产品规格各送6套样品
3	（不）可拆线连接器	0.2A、2.5A、6A、10A、16A	主检产品规格送15个样品，覆盖产品规格各送6个样品
4	器具输入插座	0.2A、2.5A、6A、10A、16A	主检产品规格送12个样品，覆盖产品规格各送6个样品
5	（不）可拆线插头连接器	2.5A、10A、16A	主检产品规格送15个样品，覆盖产品规格各送6个样品
6	器具输出插座	2.5A、10A、16A	主检产品规格送12个样品，覆盖产品规格各送6个样品
7	防护等级高于IPX0的器具耦合器	≤10A	主检产品规格送18套样品，覆盖产品规格各送12套样品
8	靠器具重量啮合的耦合器	≤16A	主检产品规格送15套样品，覆盖产品规格各送6套样品

注：对于产品尺寸不是标准活页所规定的器具耦合器，按上表对应的产品名称的样品数量送样。

附件2:

器具耦合器关键零部件和材料及其申报要求

产品名称	关键零部件和材料	要求申报的信息和资料
器具耦合器	外壳（外皮）	材料名称、型号或牌号，主要成分，生产者（制造商）名称
	内架	材料名称、型号或牌号，主要成分，生产者（制造商）名称
	插销（含镀层）	材料名称、型号或牌号，生产者（制造商）名称
	插套	材料名称、型号或牌号，厚度，生产者（制造商）名称
	接线端子（包括螺钉）或端头	材料名称、型号或牌号，主要成分，生产者（制造商）名称
	软电缆（软线）	型号规格，生产者（制造商）名称，CCC证书复印件
	其它关键零部件	材料名称、型号或牌号，主要成分，生产者（制造商）名称

附件3:

家用和类似用途器具耦合器工厂质量控制检测要求

说明：

（1）例行检验是在生产的最终阶段对生产线上的产品进行的100%检验，通常检验后，除包装和加贴标签外，不再进一步加工。确认检验是为验证产品持续符合标准要求进行的抽样检验，确认试验应按标准的规定进行。

（2）例行检验允许用经验证后确定的等效、快速的方法进行。

（3）确认检验时，若工厂不具备测试设备，可委托实验室试验。

产品名称	认证依据标准	试验项目	确认检验（标准条款编号）	例行检验
器具耦合器	GB 17465.1 GB 17465.2 GB 17465.3 GB 17465.4	1.标志	1次/年（§8）	√
		2.尺寸和互换性	1次/年（§9）	—
		3.极性检查	—	√[1)]
		4.接地连续性	—	√[2)]
		5.电气强度	1次/年（§15.3）	√[3)]

续表

产品名称	认证依据标准	试验项目	确认检验（标准条款编号）	例行检验
器具耦合器	GB 17465.1 GB 17465.2 GB 17465.3 GB 17465.4	6.插入和拔出连接器所需的力	1次/年（§16）	—
		7.分断容量	1次/年（§19）	—
		8.软线及其连接	1次/年（§22）	—
		9.机械强度	1次/年（§23）	—
		10.耐热和抗老化性能	1次/年（§24）	—
		11.绝缘材料的耐热、耐燃和耐电痕化	1次/年4)（§27）	—

"√"表示需要检验；"—"表示不需要检验。

注：(1) 例行检验的极性检查仅对不可拆线器具耦合器需要测试，试验方法参见GB 17465.1的附录A的A.1。

(2) 例行检验的接地连续性仅对不可拆线器具耦合器需要测试，试验方法参见GB 17465.1的附录A的A.2。

(3) 电气强度试验不必预先进行潮湿处理。例行检验的电气强度试验仅对不可拆线器具耦合器进行测试。例行检验的电气强度试验方法参见GB 17465.1的附录A的A.3。在相线（L）与中性线（N）之间也需要进行电气强度试验，试验方法采用附录A的A.3。

(4) 相同材料、同一供应商的只做一次。若能提供下述的《非金属材料证明文件要求》证明性文件，可免除此项目的确认检验。

(5) 生产企业应拥有满足例行试验要求的检测设备。

(6) 工厂监督抽样检测不能替代确认检验。

《非金属材料证明文件要求》

标准中对其耐热、耐燃、耐电痕化等性能有要求的非金属材料（如连接器内架等），应有与其对应的红外光谱曲线、差示扫描量热曲线、热重分析曲线等证明性文件。出具此证明文件的实验室需具有相关标准的CNAS认可资质并由认证机构认可，如认证委托人不能提供，则由认证机构推荐相关实验室出具。

红外光谱曲线、差示扫描量热曲线和热重分析曲线依据标准如下：

试验项目	标准
红外光谱	GB/T 6040
差示扫描量热	GB/T 19466.1，GB/T 19466.2，GB/T 19466.3
热重分析	ISO 11358

附件4：

监督抽样检验的器具耦合器产品种类

种类	产品名称
1	器具耦合器
2	互连耦合器
3	（不）可拆线连接器
4	器具输入插座
5	（不）可拆线插头连接器
6	器具输出插座
7	防护等级高于IPX0的器具耦合器
8	靠器具重量啮合的耦合器

编号: CNCA-01C-007:2011

电气电子产品类强制性认证实施规则
电路开关及保护或连接用电器装置
热熔断体

2011-05-10发布　　　　2011-08-01实施

1 适用范围

本实施规则涉及的产品为: 适用于安装在一般户内环境下使用的电器、电子设备及其组件里, 用以防止它们在发生故障情况下出现超温的热熔断体。

只要热熔断体所处环境的气候和其他条件和本规则规定的相类似, 则本实施规则也可用于非室内条件下使用的热熔断体。

本实施规则适用于简单形状的热熔断体, 如熔断片或熔断丝, 只要工作时排出的熔融材料不会影响设备的安全使用, 尤其对手持式或便携式设备, 无论其使用位置如何, 均不会影响它们的安全使用。

本实施规则适用于额定电压不超过交直流690V、额定电流不超过63A的热熔断体。本规则不适用于用在频率低于45Hz或高于62Hz的交流电路上的热熔断体。

本实施规则不适用于在腐蚀性或爆炸性大气等极端环境条件下使用的热熔断体。

2 认证模式

型式试验 + 初始工厂检查+ 获证后监督。

3 认证的基本环节

3.1 认证的申请

3.2 型式试验

3.3 初始工厂检查

3.4 认证结果评价与批准

3.5 获证后的监督

4 认证实施的基本要求

4.1 认证申请

4.1.1 申请单元划分

4.1.1.1 原则上按申请单元申请认证。结构、工艺、关键零部件材料、尺寸等影响产品电气安全的各方面都相同的产品作为同一单元处理。

同一单元内的产品允许有不同的额定电流和额定电压。

同一申请单元内有多个型号时, 应对同一单元内所有型号做出确切描述。

4.1.1.2 原则上按申请单元申请认证。同一生产者(制造商)、同一产品型号, 不同生产企业(不同生产场地)生产的产品应作为不同的申请单元, 型式试验仅在一个生产企业(生产场地)的样品上进行, 必要时, 其他生产企业(生产场地)的产品需送样进行一致性核查, 并出具报告。

同一生产企业(同一生产场地), 不同生产者(制造商)生产的相同产品, 应作为不同的申请单元, 必要时送样进行一致性核查, 并出具报告。

4.1.2 申请文件

申请认证应提交正式申请, 并根据需要随附以下文件:

(1)产品总装图等;

(2)关键零部件和/或主要原材料清单(见附件1);

(3)同一申请单元内各个型号与主检型号产品之间的差异说明;

(4)其他需要的文件。

4.2 型式试验

4.2.1 型式试验的送样

4.2.1.1 型式试验的送样原则

型式试验送样应按所申请认证单元的每个动作温度点进行送样。

4.2.1.2 样品真实性

通常情况, 型式试验的样品由认证委托人按认证机构的要求选送, 必要时, 认证机构可采取现场抽样或者现场封样后由认证委托人送样等抽样方式获得样品。

认证委托人应保证其提供的样品与实际生产的产品一致, 认证机构应当对认证委托人提供样品的真实性进行审查, 实验室对样品真实性有疑义的, 应当向认证机构说明情况, 并作出相应处理。

4.2.1.3 送样数量

型式试验的样品由认证委托人负责按认证机构的要求选送, 并对选送样品负责。

每一个动作温度点的样品送样数量为45个。在样品尺寸较小的情况下, 需要提供外壳和封口的绝缘材料料块5块(尺寸: 15mm×15mm×3mm)。

如果生产者(制造商)声明要求进行附加的试验(例如GB 9816标准附录D)或样品有多于一个的额定值且需

要进行附加试验时，需按相应的标准条款要求提供额外的样品。

4.2.1.4 型式试验样品及相关资料的处置

型式试验后，应以适当方式处置试验样品和/或相关资料。

4.2.2 型式试验的检测标准、项目及方法

4.2.2.1 检测标准

GB 9816《热熔断体的要求和应用导则》

注：型式试验应采用上述对应标准的现行有效版本。

4.2.2.2 检测项目

产品检测项目为标准规定的全部适用项目。

同一申请单元中，最高额定动作温度、最低额定动作温度的样品按标准进行全部条款的试验，其他额定动作温度的样品只进行第10.6条的断开电流和第11章的温度试验。

同一申请单元中，若有多个额定电流、额定电压值，则选取一组或若干组最严酷的额定电压、电流值按标准进行测试，并覆盖其余额定值。

4.2.2.3 检测方法

依据标准规定的和/或引用的方法和/或标准进行检测。

4.2.3 型式试验报告

型式试验结束后，实验室出具《型式试验报告》。

型式试验项目部分不合格时，允许认证委托人进行整改；整改应在认证机构规定的期限内完成，未能按期完成整改的，视为认证委托人放弃申请；认证委托人也可主动终止申请。

认证机构按照规定的内容组织制定统一的《型式试验报告》格式。《型式试验报告》内容应准确、清晰、完整，并包含对申请单元内所有产品和认证相关信息的描述。

认证机构/实验室应及时向认证委托人提供《型式试验报告》，认证委托人应保证在其生产企业内能获得完整有效的《型式试验报告》。

4.3 初始工厂检查

4.3.1 检查内容

工厂检查的内容为工厂质量保证能力检查和产品一致性检查。

4.3.1.1 工厂质量保证能力检查

按照确保产品一致性、促进认证结果持续有效的原则，由认证机构针对工厂的“职责和资源，文件和记录，采购和进货检验，生产过程控制和过程检验，例行和确认检验，检验试验仪器设备，不合格品的控制，内部质量审核，认证产品的一致性，包装、搬运和储存”等内容制定相应产品的工厂质量保证能力检查实施细则，报国家认监委备案后公布实施。此外，还应按照《热熔断体工厂质量控制检测要求》（见附件2）进行检查。

4.3.1.2 产品一致性检查

工厂检查时，应在生产现场对申请认证的产品进行一致性检查。若认证涉及多个单元的产品，则一致性检查应对每个生产者（制造商）、每“种”产品（参见附件3）至少抽取一个规格型号，重点核实以下内容：

（1）认证产品的标志和包装物上所标明的产品名称、规格、技术参数、型号与型式试验报告上所标明的应一致；

（2）认证产品的结构应与型式试验时的样品一致；

（3）认证产品所用的零部件和材料应与型式试验时申报并经认证机构所确认的一致。

在工厂检查时，对产品安全性能可采取现场见证试验。

4.3.1.3 检查范围

工厂质量保证能力检查和产品一致性检查应覆盖申请认证的产品和加工场所。

4.3.2 检查时间

一般情况下，型式试验合格后，再进行初始工厂检查。特殊情况下，型式试验和工厂审查可以同时进行，但应满足认证机构的相关要求。初始工厂检查时，工厂应生产申请认证范围内的产品。

工厂检查时间根据所申请认证产品的单元数量和工厂的生产规模确定，一般每个加工场所为1～4个人日。

型式试验结束后，工厂检查原则上应在一年内完成，否则应重新进行型式试验。

4.3.3 检查结论

检查组向认证机构报告检查结论。检查结论为不合格的，检查组直接向认证机构报告不合格结论；工厂检查存在不符合项时，工厂应在认证机构规定的期限内完成整改，认证机构（检查组）采取适当方式对整改结果进行验证。未能按期完成整改的，按工厂检查结论不合格处理。

4.4 认证结果评价与批准

4.4.1 认证结果评价与批准

由认证机构负责组织对型式试验、工厂检查结果进行综合评价，评价合格后，由认证机构对认证委托人颁发认证证书（每一个申请单元颁发一张认证证书）。认证证书的使用应符合《强制性产品认证管理规定》的要求。

4.4.2 认证时限

认证时限指自受理认证申请之日起至颁发认证证书时止所实际发生的工作日，包括型式试验时间、工厂检

查时间及检查后提交报告时间、认证结果评价和批准时间，以及证书制作时间。

型式试验时间一般为65个工作日（因检验项目不合格，企业进行整改和复试的时间不计算在内）。从收到样品和检验费之日起计算时间。

工厂检查后提交报告时间为5个工作日。以检查员完成现场检查，收到生产企业提交符合要求的不符合项纠正措施报告之日起计算。

认证结果评价、批准时间一般不超过5个工作日（从收到认证费用之日起计算时间）。

4.4.3 认证终止

当产品型式试验或工厂检查结论不合格时，认证机构应做出不合格决定，终止认证。

4.5 获证后的监督

4.5.1 获证后监督的内容

获证后的监督包括年度监督检查，以及认证机构对其认证的产品实施有效的跟踪调查。

4.5.2 年度监督检查

认证机构在进行正常年度监督检查时，应优先安排在企业的生产季内进行，应优先采用不预先通知被检查方的方式进行检查。同一生产企业、不同生产者（制造商），均应接受监督检查。

特殊监督原则上采取不预先通知被检查方的方式进行。

认证委托人应在规定的周期内接受监督，否则按不能接受监督处理。

4.5.2.1 年度监督检查的频次

一般情况下，从该类产品的初始工厂检查起，每12个月内至少对工厂进行一次监督检查。若发生下述情况之一可增加监督频次：

（1）获证产品出现严重质量问题或用户提出投诉，并经查实为认证委托人/生产者（制造商）/生产企业责任的；

（2）认证机构有理由对获证产品与标准要求的符合性提出质疑时；

（3）有足够信息表明生产者（制造商）、工厂因变更组织机构、生产条件、质量管理体系等，可能影响产品符合性或一致性时。

4.5.2.2 年度监督检查的内容

获证产品一致性检查的内容与工厂初始检查时的产品一致性检查内容基本相同。同时，关键零部件和材料的更换应符合变更要求。

此外，还应检查“CCC”标志和认证证书的使用情况。

获证后监督的方式采用：工厂质量保证能力复查 + 认证产品一致性检查，必要时可抽取样品送实验室检测。

按照确保产品一致性、促进认证结果持续有效的原则，由认证机构制定相应产品的工厂质量保证能力监督检查实施细则，报国家认监委备案后公布实施。

监督检查所需的时间，需根据获证产品的单元数量确定，并适当考虑工厂的生产规模，一般为1～2个人日。

4.5.2.3 年度监督检查的抽样检测

本实施规则涉及的产品需要进行抽样检测。

抽样检测的样品应在工厂生产的合格品中（为切实保证认证产品的一致性和真实性，抽样场所可以根据实际情况选择市场/企业销售网点现场、整机企业、生产线末端、仓库等）随机抽取。抽样检测由指定的实验室负责。具体抽样方法和要求按认证机构有关规定执行。

认证检测采用的标准所规定的项目均可作为抽样检测项目。

认证机构可针对不同产品的不同情况，以及其对产品安全性能影响程度，进行部分或全部项目的检测。

4.5.2.4 年度监督检查结论

4.5.2.4.1 年度监督检查中的质量保证能力复查

检查组向认证机构报告监督检查结论。监督检查结论为不合格的，检查组直接向认证机构报告不合格结论；发现不符合项的，工厂应在40个工作日内完成整改，认证机构采取适当方式对整改结果进行验证；未能按期完成整改的，按工厂检查结论不合格处理。

4.5.2.4.2年度监督检查中的抽样检测

年度监督抽样检测中有不合格项的，按年度监督抽样检验结论不合格处理。

4.5.2.5 年度监督检查结果的评价

监督复查合格后，可以继续保持认证资格，使用认证标志。不合格的，按照5.3规定执行。

4.5.3 认证机构的跟踪调查

认证机构应根据《认证认可条例》的要求对其认证的产品实施有效的跟踪调查，并根据跟踪调查的结果对认证证书的状态进行相应的处理。

4.5.4 获证后监督检查结果的评价

获证产品年度监督检查合格的，方可继续保持认证资格、使用认证标志。不合格的，按照5.3规定执行。

5 认证证书

5.1 认证证书的保持

5.1.1 证书的有效性

本规则覆盖产品认证证书的有效期为5年。有效期内，证书的有效性依赖认证机构组织的获证后监督获得保持。

认证证书有效期届满，需要延续使用的，认证委托

人应当在认证证书有效期届满前90天内申请办理。

5.1.2 认证产品的变更

5.1.2.1 变更申请

获证后的产品，如果其关键零部件及原材料的型号或牌号、规格、生产者（制造商）变更，或其涉及安全的设计、结构等发生变更，以及认证证书的相关信息、标准等发生变化时，应向认证机构提出变更批准/备案的申请。

关键零部件和材料的更换应符合变更要求。

5.1.2.2 变更的评价和批准

认证机构根据变更的内容和提供的资料进行评价，确定是否可以变更或需送样品进行测试，如需送样试验，测试合格后方能批准变更。

原则上，应以最初进行全项型式试验的主检型号产品为变更评价的基础。

5.2 认证产品的扩展

5.2.1 扩展程序

认证委托人需要扩展已经获得认证产品单元覆盖范围时，应从认证申请开始办理手续。认证机构应核查扩展产品与原认证产品的一致性，确认原认证结果对扩展产品的有效性。需要时，针对差异做补充检测或检查。确认合格后，可根据认证证书持有者的要求单独颁发认证证书或换发认证证书。

原则上，应以最初进行全项型式试验的主检型号产品为扩展的基础。

5.2.2 样品要求

认证委托人应先提供扩展产品的有关技术资料，需要送样时，应按本规则4.2的要求选送样品进行核查。必要时，对样品进行检测，检测结果报认证机构核查。

5.3 认证证书的暂停、注销和撤销

认证证书的注销、暂停和撤销依据《强制性产品认证管理规定》和《强制性产品认证证书的注销、暂停和撤销实施规则》及认证机构的有关规定执行。证书暂停、申请恢复证书的，认证机构原则上应按初始工厂检查的要求对工厂进行检查，必要时，抽取样品进行试验。

认证机构应采取适当方式对外公告被注销、暂停、撤销的认证证书。

5.4 认证证书的使用

认证证书的使用应符合《强制性产品认证管理规定》的要求。

6 强制性产品认证标志的使用

6.1 基本要求

证书持有者必须遵守《强制性产品认证管理规定》和《强制性产品认证标志管理办法》的规定。

6.2 准许使用的标志样式

6.3 变形认证标志的使用

本规则覆盖的产品允许加施变形认证标志。

6.4 加施方式

可以采用国家认监委统一印制的标准规格标志（标签）、印刷式或模制式三种方式中的任何一种。

6.5 标志位置

应在产品本体明显位置上加施认证标志。

7 收费

认证收费由认证机构和实验室按国家有关规定收取。

附件1：

热熔断体关键零部件和材料及其申报要求

产品名称	关键零部件和材料	要求申报的信息和资料	备注
热熔断体	感温合金	主要成分，生产者（制造商）	如适用
	外壳材料	成分、型号或牌号，生产者（制造商）	
	引出线	成分，生产者（制造商）	
	封口材料	成分，生产者（制造商）	
	助溶剂	成分，生产者（制造商）	如适用
	触点	成分，生产者（制造商）	如适用
	弹簧	成分、型号或牌号，生产者（制造商）	如适用
	热敏有机物	主要成分（分子式），生产者（制造商）	如适用
	其他关键零部件	成分、型号或牌号，生产者（制造商）	

附件2:

热熔断体工厂质量控制检测要求

说明:

(1) 例行检验是在生产的最终阶段对生产线上的产品进行的100%检验，通常检验后，除包装和加贴标签外，不再进一步加工。确认检验是为验证产品持续符合标准要求进行的抽样检验，确认试验应按标准的规定进行。

(2) 例行检验允许用经验证后确定的等效、快速的方法进行。

(3) 确认检验时，若工厂不具备测试设备，可委托实验室试验。

产品名称	认证依据标准	试验项目	确认检验（标准条款编号）	例行检验
热熔断体	GB 9816	1. 标志	1次/年（§7）	√[1]
		2. 电气强度	1次/年（§10.3）	√[2]
		3. 绝缘电阻	1次/年（§10.4）	—
		4. 断开电流	1次/年（§10.6）	—
		5. 额定动作温度	1次/年（§11.2）	—
		6. 最高极限温度	1次/年（§11.3）	—
		7. 老化	1次/年（§11.4）	—
		8. 电路连通性	—	√[3]
		9. 接触电阻	—	√[4]

"√"表示需要检验；"—"表示不需要检验。

注：(1) 仅需视检。

(2) 电气强度和绝缘电阻试验只在10.6、11.2和11.3条试验后进行，不必预先进行潮湿处理。例行检验的电气强度测试仅适用于易融合金型热熔断体，测试部位仅为带电部件与外壳之间（参见GB 9816表4），试验时间可缩短，按每批量的5%抽检。

(3) 电路连通性测试仅适用于易融合金型热熔断体。

(4) 接触电阻测试仅适用于有机物感温型热熔断体。

(5) 生产企业应拥有满足例行试验要求的检测设备。

(6) 工厂监督抽样检测不能替代确认检验。

附件3:

监督抽样检验的热熔断体产品种类

类别	产品名称
1	易融合金类热熔断体
2	有机物感温类热熔断体
3	简单形状类热熔断体（如熔断片或熔断丝）
4	其他类型热熔断体

编号：CNCA-01C-008:2011

电气电子产品类强制性认证实施规则
电路开关及保护或连接用电器装置
家用和类似用途固定式电器装置电器附件外壳

2011-05-10发布　　2011-08-01实施

1 适用范围

本实施规则涉及的产品为：适用于户内或户外使用的额定电压不超过440V的家用和类似用途固定式电器装置的电器附件安装盒、外壳或外壳部件。

外壳类产品包括：安装盒、盖或盖板、面板、空白电气箱体。

2 认证模式

型式试验＋初始工厂检查+获证后监督。

3 认证的基本环节

3.1 认证的申请

3.2 型式试验

3.3 初始工厂检查

3.4 认证结果评价与批准

3.5 获证后的监督

4 认证实施的基本要求

4.1 认证申请

4.1.1 申请单元划分

4.1.1.1 按外壳的材料性质、安装方法、安装性质、温度范围、最高温度、防直接接触、防固体物质进入和防有害进水的保护等级和有无悬吊装置进行认证申请单元划分。

划分为同一单元的产品应是所用材料相同、结构基本相同的同一类产品。

同一申请单元内有多个型号时，应对同一单元内所有型号做出确切描述。

4.1.1.2 原则上按申请单元申请认证。同一生产者（制造商）、同一产品型号，不同生产企业（不同生产场地）生产的产品应作为不同的申请单元，型式试验仅在一个生产企业（生产场地）的样品上进行，必要时，其他生产企业（生产场地）的产品需送样进行一致性核查，并出具报告。

同一生产企业（同一生产场地），不同生产者（制造商）生产的相同产品，应作为不同的申请单元，必要时送样进行一致性核查，并出具报告。

4.1.2 申请文件

申请认证应提交正式申请，并根据需要随附以下文件：

（1）产品总装图等；

（2）关键零部件和/或主要原材料清单（见附件1）；

（3）同一申请单元内各个型号与主检型号产品之间的差异说明；

（4）其他需要的文件。

4.2 型式试验

4.2.1 型式试验的送样

4.2.1.1 型式试验的送样原则

型式试验送样应从认证申请单元中选取代表性样品进行型式试验。根据需要，申请单元覆盖的其他产品需送样做补充差异试验。

4.2.1.2 样品真实性

通常情况，型式试验的样品由认证委托人按认证机构的要求选送，必要时，认证机构可采取现场抽样或者现场封样后由认证委托人送样等抽样方式获得样品。

认证委托人应保证其提供的样品与实际生产的产品一致，认证机构应当对认证委托人提供样品的真实性进行审查，实验室对样品真实性有疑义的，应当向认证机构说明情况，并作出相应处理。

4.2.1.3 送样数量

型式试验的样品由认证委托人负责按认证机构的要求选送，并对选送样品负责。

代表性样品的数量为6个，申请单元覆盖产品的样品数量各3个。

4.2.1.4 型式试验样品及相关资料的处置

型式试验后，应以适当方式处置试验样品和/或相关资料。

4.2.2 型式试验的检测标准、项目及方法

4.2.2.1 检测标准

GB 17466.1《家用和类似用途固定式电气装置电器附件安装盒和外壳　第1部分：通用要求》

GB 17466.21《家用和类似用途固定式电气装置的电器附件安装盒和外壳　第21部分：用于悬吊装置的安装盒和外壳的特殊要求》

GB 17466.23《家用和类似用途固定式电气装置的电

器附件安装盒和外壳　第23部分：地面安装盒与外壳的特殊要求》

GB 17466.24《家用和类似用途固定式电气装置的电器附件安装盒和外壳　第24部分：住宅保护装置和类似电源功耗装置的外壳的特殊要求》

注：型式试验应采用上述对应标准的现行有效版本。

4.2.2.2 检测项目

产品检测项目为标准规定的全部适用项目。

4.2.2.3 检测方法

依据标准规定的和/或引用的方法和/或标准进行检测。

4.2.3 型式试验报告

型式试验结束后，实验室出具《型式试验报告》。

型式试验项目部分不合格时，允许认证委托人进行整改；整改应在认证机构规定的期限内完成，未能按期完成整改的，视为认证委托人放弃申请；认证委托人也可主动终止申请。

认证机构按照规定的内容组织制定统一的《型式试验报告》格式。《型式试验报告》内容应准确、清晰、完整，并包含对申请单元内所有产品和认证相关信息的描述。

认证机构/实验室应及时向认证委托人提供《型式试验报告》，认证委托人应保证在其生产企业内能获得完整有效的《型式试验报告》。

4.3 初始工厂检查

4.3.1 检查内容

工厂检查的内容为工厂质量保证能力检查和产品一致性检查。

4.3.1.1 工厂质量保证能力检查

按照确保产品一致性、促进认证结果持续有效的原则，由认证机构针对工厂的“职责和资源，文件和记录，采购和进货检验，生产过程控制和过程检验，例行和确认检验，检验试验仪器设备，不合格品的控制，内部质量审核，认证产品的一致性，包装、搬运和储存”等内容制定相应产品的工厂质量保证能力检查实施细则，报国家认监委备案后公布实施。此外，还应按照《家用和类似用途固定式电器装置电器附件外壳工厂质量控制检测要求》（见附件2）进行检查。

4.3.1.2 产品一致性检查

工厂检查时，应在生产现场对申请认证的产品进行一致性检查。若认证涉及多个单元的产品，则一致性检查应对每个生产者（制造商）、每“种”产品（参见附件3）至少抽取一个规格型号，重点核实以下内容：

（1）认证产品的标志和包装物上所标明的产品名称、规格、技术参数、型号与型式试验报告上所标明的应一致；

（2）认证产品的结构应与型式试验时的样品一致；

（3）认证产品所用的零部件和材料应与型式试验时申报并经认证机构所确认的一致。

在工厂检查时，对产品安全性能可采取现场见证试验。

4.3.1.3 检查范围

工厂质量保证能力检查和产品一致性检查应覆盖申请认证的产品和加工场所。

4.3.2 检查时间

一般情况下，型式试验合格后，再进行初始工厂检查。特殊情况下，型式试验和工厂审查可以同时进行，但应满足认证机构相关要求。初始工厂检查时，工厂应生产申请认证范围内的产品。

工厂检查时间根据所申请认证产品的单元数量和工厂的生产规模确定，一般每个加工场所为1～4个人日。

型式试验结束后，工厂检查原则上应在一年内完成，否则应重新进行型式试验。

4.3.3 检查结论

检查组向认证机构报告检查结论。检查结论为不合格的，检查组直接向认证机构报告不合格结论；工厂检查存在不符合项时，工厂应在认证机构规定的期限内完成整改，认证机构（检查组）采取适当方式对整改结果进行验证。未能按期完成整改的，按工厂检查结论不合格处理。

4.4 认证结果评价与批准

4.4.1 认证结果评价与批准

由认证机构负责组织对型式试验、工厂检查结果进行综合评价，评价合格后，由认证机构对认证委托人颁发认证证书（每一个申请单元颁发一张认证证书）。认证证书的使用应符合《强制性产品认证管理规定》的要求。

4.4.2 认证时限

认证时限指自受理认证申请之日起至颁发认证证书时止所实际发生的工作日，包括型式试验时间、工厂检查时间及检查后提交报告时间、认证结果评价和批准时间，以及证书制作时间。

型式试验时间一般为30个工作日（因检验项目不合格，企业进行整改和复试的时间不计算在内）。从收到样品和检验费之日起计算时间。

工厂检查后提交报告时间为5个工作日。以检查员完成现场检查，收到生产企业提交符合要求的不符合项纠正措施报告之日起计算。

认证结果评价、批准时间一般不超过5个工作日（从收到认证费用之日起计算时间)。

4.4.3 认证终止

当产品型式试验或工厂检查结论不合格时，认证机构应做出不合格决定，终止认证。

4.5 获证后的监督

4.5.1 获证后监督的内容

获证后的监督包括年度监督检查，以及认证机构对其认证的产品实施有效的跟踪调查。

4.5.2 年度监督检查

认证机构在进行正常年度监督检查时，应优先安排在企业的生产季内进行，应优先采用不预先通知被检查方的方式进行检查。同一生产企业、不同生产者（制造商），均应接受监督检查。

特殊监督原则上采取不预先通知被检查方的方式进行。

认证委托人应在规定的周期内接受监督，否则按不能接受监督处理。

4.5.2.1 年度监督检查的频次

一般情况下，从该类产品的初始工厂检查起，每12个月内至少对工厂进行一次监督检查。若发生下述情况之一可增加监督频次：

（1）获证产品出现严重质量问题或用户提出投诉，并经查实为认证委托人/生产者（制造商）/生产企业责任的；

（2）认证机构有理由对获证产品与标准要求的符合性提出质疑时；

（3）有足够信息表明生产者（制造商）、工厂因变更组织机构、生产条件、质量管理体系等，可能影响产品符合性或一致性时。

4.5.2.2 年度监督检查的内容

获证产品一致性检查的内容与工厂初始检查时的产品一致性检查内容基本相同。同时，关键零部件和材料的更换应符合变更要求。

此外，还应检查“CCC”标志和认证证书的使用情况。

获证后监督的方式采用：工厂质量保证能力复查+认证产品一致性检查，必要时可抽取样品送实验室检测。

按照确保产品一致性、促进认证结果持续有效的原则，由认证机构制定相应产品的工厂质量保证能力监督检查实施细则，报国家认监委备案后公布实施。

监督检查所需的时间，需根据获证产品的单元数量确定，并适当考虑工厂的生产规模，一般为1～2个人日。

4.5.2.3 年度监督检查的抽样检测

本实施规则涉及的产品需要进行抽样检测。

抽样检测的样品应在工厂生产的合格品中（为切实保证认证产品的一致性和真实性，抽样场所可以根据实际情况选择市场/企业销售网点现场、生产线末端、仓库等）随机抽取。抽样检测由指定的实验室负责。具体抽样方法和要求按认证机构有关规定执行。

认证检测采用的标准所规定的项目均可作为抽样检测项目。

认证机构可针对不同产品的不同情况，以及其对产品安全性能影响程度，进行部分或全部项目的检测。

4.5.2.4 年度监督检查结论

4.5.2.4.1 年度监督检查中的质量保证能力复查

检查组向认证机构报告监督检查结论。监督检查结论为不合格的，检查组直接向认证机构报告不合格结论；发现不符合项的，工厂应在40个工作日内完成整改，认证机构采取适当方式对整改结果进行验证；未能按期完成整改的，按工厂检查结论不合格处理。

4.5.2.4.2年度监督检查中的抽样检测

年度监督抽样检测中有不合格项的，按年度监督抽样检验结论不合格处理。

4.5.2.5 年度监督检查结果的评价

监督复查合格后，可以继续保持认证资格，使用认证标志。不合格的，按照5.3规定执行。

4.5.3 认证机构的跟踪调查

认证机构应根据《认证认可条例》的要求对其认证的产品实施有效的跟踪调查，并根据跟踪调查的结果对认证证书的状态进行相应的处理。

4.5.4 获证后监督检查结果的评价

获证产品年度监督检查合格的，方可继续保持认证资格、使用认证标志。不合格的，按照5.3规定执行。

5 认证证书

5.1 认证证书的保持

5.1.1 证书的有效性

本规则覆盖产品认证证书的有效期为5年。有效期内，证书的有效性依赖认证机构组织的获证后监督获得保持。

认证证书有效期届满，需要延续使用的，认证委托人应当在认证证书有效期届满前90天内申请办理。

5.1.2 认证产品的变更

5.1.2.1 变更申请

获证后的产品，如果其关键零部件及原材料的型号或牌号、规格、生产者（制造商）变更，或其涉及安全的设计、结构等发生变更，以及认证证书的相关信息、标准等发生变化时，应向认证机构提出变更批准/备案的申请。

关键零部件和材料的更换应符合变更要求。

5.1.2.2 变更的评价和批准

认证机构根据变更的内容和提供的资料进行评价，确定是否可以变更或需送样品进行测试，如需送样试验，测试合格后方能批准变更。

原则上，应以最初进行全项型式试验的主检型号产品为变更评价的基础。

5.2 认证产品的扩展

5.2.1 扩展程序

认证委托人需要扩展已经获得认证产品单元覆盖范围时，应从认证申请开始办理手续。认证机构应核查扩展产品与原认证产品的一致性，确认原认证结果对扩展产品的有效性。需要时，针对差异做补充检测或检查。确认合格后，可根据认证证书持有者的要求单独颁发认证证书或换发认证证书。

原则上，应以最初进行全项型式试验的主检型号产品为扩展的基础。

5.2.2 样品要求

认证委托人应先提供扩展产品的有关技术资料，需要送样时，应按本规则4.2的要求选送样品进行核查。必要时，对样品进行检测，检测结果报认证机构核查。

5.3 认证证书的暂停、注销和撤销

认证证书的注销、暂停和撤销依据《强制性产品认证管理规定》和《强制性产品认证证书的注销、暂停和撤销实施规则》及认证机构的有关规定执行。证书暂停、申请恢复证书的，认证机构原则上应按初始工厂检查的要求对工厂进行检查，必要时，抽取样品进行试验。

认证机构应采取适当方式对外公告被注销、暂停、撤销的认证证书。

5.4 认证证书的使用

认证证书的使用应符合《强制性产品认证管理规定》的要求。

6 强制性产品认证标志的使用

6.1 基本要求

证书持有者必须遵守《强制性产品认证管理规定》和《强制性产品认证标志管理办法》的规定。

6.2 准许使用的标志样式

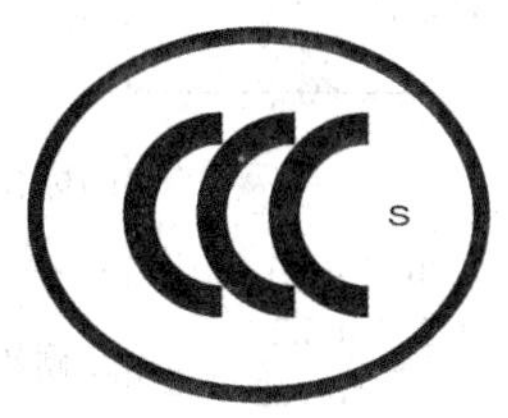

6.3 变形认证标志的使用

本规则覆盖的产品不允许加施任何形式的变形认证标志。

6.4 加施方式

可以采用国家认监委统一印制的标准规格标志（标签）、模制式、丝印式或铭牌印刷四种方式中的任何一种。

6.5 标志位置

应在产品本体明显位置上加施认证标志。

7 收费

认证收费由认证机构和实验室按国家有关规定收取。

附件1：

电器附件外壳关键零部件和材料及其申报要求

产品名称	关键零部件和材料	要求申报的信息和资料
电器附件外壳	壳体	材料名称、型号或牌号，主要成分，生产者（制造商）名称
	面板	材料名称、型号或牌号，主要成分，生产者（制造商）名称
	接线端子（包括螺钉）	材料名称、型号或牌号，主要成分，生产者（制造商）名称
	绝缘支撑件	材料名称、型号或牌号，主要成分，生产者（制造商）名称
	其它关键零部件	材料名称、型号或牌号，主要成分，生产者（制造商）名称

附件2:

电器附件外壳工厂质量控制检测要求

说明:

(1) 例行检验是在生产的最终阶段对生产线上的产品进行的100%检验，通常检验后，除包装和加贴标签外，不再进一步加工。确认检验是为验证产品持续符合标准要求进行的抽样检验，确认试验应按标准的规定进行。

(2) 例行检验允许用经验证后确定的等效、快速的方法进行。

(3) 确认检验时，若工厂不具备测试设备，可委托实验室试验。

产品名称	认证依据标准	试验项目	确认检验（标准条款编号	例行检验
电器附件外壳	GB 17466.1 GB 17466.21 GB 17466.23 GB 17466.24	1. 标志	1次/年 (§8)	√
		2. 耐热	1次/年 (§16)	—
		3. 耐非正常热和耐燃	1次/年[1)] (§18)	—

"√"表示需要检验；"—"表示不需要检验。

注：(1) 相同材料、同一供应商的只做一次。若能提供下述的《非金属材料证明文件要求》证明性文件，可免除此项目的确认检验。

(2) 生产企业应拥有满足例行试验要求的检测设备。

(3) 工厂监督抽样检测不能替代确认检验。

《非金属材料证明文件要求》

标准中对其耐热、耐燃、耐漏电起痕等性能有要求的非金属材料（如面板、底盒等），应有与其对应的红外光谱曲线、差示扫描量热曲线、热重分析曲线等证明性文件。出具此证明文件的实验室需具有相关标准的CNAS认可资质并由认证机构认可，如认证委托人不能提供，则由认证机构推荐相关实验室出具。

红外光谱曲线、差示扫描量热曲线和热重分析曲线依据标准如下：

试验项目	标准
红外光谱	GB/T 6040
差示扫描量热	GB/T 19466.1， GB/T 19466.2， GB/T 19466.3
热重分析	ISO 11358

附件3:

监督抽样检验的电器附件外壳产品种类

种类	产品名称
1	安装盒
2	盖或盖板
3	面板
4	空白电气箱体

编号：CNCA-01C-009：2011

电气电子产品类强制性认证实施规则
电路开关及保护或连接用电器装置
小型熔断器的管状熔断体

2011-05-10发布　　　　2011-08-01实施

1 适用范围

本实施规则适用于保护通常在户内使用的电气装置、电子设备和其中元件的小型熔断器的管状熔断体和印制电路用的超小型熔断体。

2 认证模式

型式试验＋初始工厂检查+ 获证后监督。

3 认证的基本环节

3.1 认证的申请

3.2 型式试验

3.3 初始工厂检查

3.4 认证结果评价与批准

3.5 获证后的监督

4 认证实施的基本要求

4.1 认证申请

4.1.1 申请单元划分

4.1.1.1 原则上按申请单元申请认证。按小型熔断器的标准规格单划分认证申请单元。

同一申请单元内有多个型号时，应对同一单元内所有型号做出确切描述。

4.1.1.2 原则上按申请单元申请认证。同一生产者（制造商）、同一产品型号，不同生产企业（不同生产场地）生产的产品应作为不同的申请单元，型式试验仅在一个生产企业（生产场地）的样品上进行，必要时，其他生产企业（生产场地）的产品需送样进行一致性核查，并出具报告。

同一生产企业（同一生产场地），不同生产者（制造商）生产的相同产品，应作为不同的申请单元，必要时送样进行一致性核查，并出具报告。

4.1.2 申请文件

申请认证应提交正式申请，并根据需要随附以下文件：

（1）产品总装图等；

（2）关键零部件和/或主要原材料清单（见附件2）；

（3）同一申请单元内各个型号与主检型号产品之间的差异说明；

（4）其他需要的文件。

4.2 型式试验

4.2.1 型式试验的送样

4.2.1.1 型式试验的送样原则

型式试验送样应从认证申请单元中选取样品进行型式试验。

4.2.1.2 样品真实性

通常情况，型式试验的样品由认证委托人按认证机构的要求选送，必要时，认证机构可采取现场抽样或者现场封样后由认证委托人送样等抽样方式获得样品。

认证委托人应保证其提供的样品与实际生产的产品一致，认证机构应当对认证委托人提供样品的真实性进行审查，实验室对样品真实性有疑义的，应当向认证机构说明情况，并作出相应处理。

4.2.1.3 送样数量

型式试验的样品由认证委托人负责按认证机构的要求选送，并对选送样品负责。

管状熔断体申请认证单元中每一电流值熔断体的送样数量为48只；超小型熔断体申请认证单元中，符合标准规格单1和2中的产品每一电流值的数量为66只，符合标准规格单3和4中的产品每一电流值的数量为51只。

4.2.1.3 型式试验样品及相关资料的处置

型式试验后，应以适当方式处置试验样品和/或相关资料。

4.2.2 型式试验的检测标准、项目及方法

4.2.2.1 检测标准

GB 9364.1《小型熔断器 第1部分：小型熔断器定义和小型熔断体通用要求》

GB 9364.2《小型熔断器 第2部分：管状熔断体》

GB 9364.3《小型熔断器 第3部分：超小型熔断体》

注：型式试验应采用上述对应标准的现行有效版本。

4.2.2.2 检测项目

产品检测项目为标准规定的全部适用项目。

4.2.2.3 检测方法

依据标准规定的和/或引用的方法和/或标准进行检

测。

4.2.3 型式试验报告

型式试验结束后，实验室出具《型式试验报告》。

型式试验项目部分不合格时，允许认证委托人进行整改；整改应在认证机构规定的期限内完成，未能按期完成整改的，视为认证委托人放弃申请；认证委托人也可主动终止申请。

认证机构按照规定的内容组织制定统一的《型式试验报告》格式。《型式试验报告》内容应准确、清晰、完整，并包含对申请单元内所有产品和认证相关信息的描述。

认证机构/实验室应及时向认证委托人提供《型式试验报告》，认证委托人应保证在其生产企业内能获得完整有效的《型式试验报告》。

4.3 初始工厂检查

4.3.1 检查内容

工厂检查的内容为工厂质量保证能力检查和产品一致性检查。

4.3.1.1 工厂质量保证能力检查

按照确保产品一致性、促进认证结果持续有效的原则，由认证机构针对工厂的“职责和资源，文件和记录，采购和进货检验，生产过程控制和过程检验，例行和确认检验，检验试验仪器设备，不合格品的控制，内部质量审核，认证产品的一致性，包装、搬运和储存”等内容制定相应产品的工厂质量保证能力检查实施细则，报国家认监委备案后公布实施。此外，还应按照《小型熔断器工厂质量控制检测要求》（见附件1）进行检查。

4.3.1.2 产品一致性检查

工厂检查时，应在生产现场对申请认证的产品进行一致性检查。若认证涉及多个单元的产品，则一致性检查应对每个生产者（制造商）、每“种”产品（见附件3）至少抽取一个规格型号，重点核实以下内容：

（1）认证产品的标志和包装物上所标明的产品名称、规格、技术参数、型号与型式试验报告上所标明的应一致；

（2）认证产品的结构应与型式试验时的样品一致；

（3）认证产品所用的零部件和材料应与型式试验时申报并经认证机构所确认的一致。

在工厂检查时，对产品安全性能可采取现场见证试验。

4.3.1.3 检查范围

工厂质量保证能力检查和产品一致性检查应覆盖申请认证的产品和加工场所。

4.3.2 检查时间

一般情况下，型式试验合格后，再进行初始工厂检查。特殊情况下，型式试验和工厂审查可以同时进行，但应满足认证机构的相关要求。初始工厂检查时，工厂应生产申请认证范围内的产品。

工厂检查时间根据所申请认证产品的单元数量和工厂的生产规模确定，一般每个加工场所为1～4个人日。

型式试验结束后，工厂检查原则上应在一年内完成，否则应重新进行型式试验。

4.3.3 检查结论

检查组向认证机构报告检查结论。检查结论为不合格的，检查组直接向认证机构报告不合格结论；工厂检查存在不符合项时，工厂应在认证机构规定的期限内完成整改，认证机构（检查组）采取适当方式对整改结果进行验证。未能按期完成整改的，按工厂检查结论不合格处理。

4.4 认证结果评价与批准

4.4.1 认证结果评价与批准

由认证机构负责组织对型式试验、工厂检查结果进行综合评价，评价合格后，由认证机构对认证委托人颁发认证证书（每一个申请单元颁发一张认证证书）。认证证书的使用应符合《强制性产品认证管理规定》的要求。

4.4.2 认证时限

认证时限指自受理认证申请之日起至颁发认证证书时止所实际发生的工作日，包括型式试验时间、工厂检查时间及检查后提交报告时间、认证结果评价和批准时间，以及证书制作时间。

型式试验时间一般为30个工作日（因检验项目不合格，企业进行整改和复试的时间不计算在内）。从收到样品和检验费之日起计算时间。

工厂检查后提交报告时间为5个工作日。以检查员完成现场检查，收到生产企业提交符合要求的不符合项纠正措施报告之日起计算。

认证结果评价、批准时间一般不超过5个工作日（从收到认证费用之日起计算时间）。

4.4.3 认证终止

当产品型式试验或工厂检查结论不合格时，认证机构应做出不合格决定，终止认证。

4.5 获证后的监督

4.5.1 获证后监督的内容

获证后的监督包括年度监督检查，以及认证机构对其认证的产品实施有效的跟踪调查。

4.5.2 年度监督检查

认证机构在进行正常年度监督检查时，应优先安排在企业的生产季内进行，应优先采用不预先通知被检查方的方式进行检查。同一生产企业、不同生产者（制造商），均应接受监督检查。

特殊监督原则上采取不预先通知被检查方的方式进行。

认证委托人应在规定的周期内接受监督，否则按不能接受监督处理。

4.5.2.1 年度监督检查的频次

一般情况下，从该类产品的初始工厂检查起，每12个月内至少对工厂进行一次监督检查。若发生下述情况之一可增加监督频次：

（1）获证产品出现严重质量问题或用户提出投诉，并经查实为认证委托人/生产者（制造商）/生产企业责任的；

（2）认证机构有理由对获证产品与标准要求的符合性提出质疑时；

（3）有足够信息表明生产者（制造商）、工厂因变更组织机构、生产条件、质量管理体系等，可能影响产品符合性或一致性时。

4.5.2.2 年度监督检查的内容

获证产品一致性检查的内容与工厂初始检查时的产品一致性检查内容基本相同。同时，关键零部件和材料的更换应符合变更要求。

此外，还应检查“CCC”标志和认证证书的使用情况。

获证后监督的方式采用：工厂质量保证能力复查 + 认证产品一致性检查，必要时可抽取样品送实验室检测。

按照确保产品一致性、促进认证结果持续有效的原则，由认证机构制定相应产品的工厂质量保证能力监督检查实施细则，报国家认监委备案后公布实施。

监督检查所需的时间，需根据获证产品的单元数量确定，并适当考虑工厂的生产规模，一般为1～2个人日。

4.5.2.3 年度监督检查的抽样检测

本实施规则涉及的产品需要进行抽样检测。

抽样检测的样品应在工厂生产的合格品中（为切实保证认证产品的一致性和真实性，抽样场所可以根据实际情况选择市场/企业销售网点现场、整机企业、生产线末端、仓库等）随机抽取。抽样检测由指定的实验室负责。具体抽样方法和要求按认证机构有关规定执行。

认证检测采用的标准所规定的项目均可作为抽样检测项目。

认证机构可针对不同产品的不同情况，以及其对产品安全性能影响程度，进行部分或全部项目的检测。

4.5.2.4 年度监督检查结论

4.5.2.4.1 年度监督检查中的质量保证能力复查

检查组向认证机构报告监督检查结论。监督检查结论为不合格的，检查组直接向认证机构报告不合格结论；发现不符合项的，工厂应在40个工作日内完成整改，认证机构采取适当方式对整改结果进行验证；未能按期完成整改的，按工厂检查结论不合格处理。

4.5.2.4.2年度监督检查中的抽样检测

年度监督抽样检测中有不合格项的，按年度监督抽样检验结论不合格处理。

4.5.2.5 年度监督检查结果的评价

监督复查合格后，可以继续保持认证资格，使用认证标志。不合格的，按照5.3规定执行。

4.5.3 认证机构的跟踪调查

认证机构应根据《认证认可条例》的要求对其认证的产品实施有效的跟踪调查，并根据跟踪调查的结果对认证证书的状态进行相应的处理。

4.5.4 获证后监督检查结果的评价

获证产品年度监督检查合格的，方可继续保持认证资格、使用认证标志。不合格的，按照5.3规定执行。

5 认证证书

5.1 认证证书的保持

5.1.1 证书的有效性

本规则覆盖产品认证证书的有效期为5年。有效期内，证书的有效性依赖认证机构组织的获证后监督获得保持。

认证证书有效期届满，需要延续使用的，认证委托人应当在认证证书有效期届满前90天内申请办理。

5.1.2 认证产品的变更

5.1.2.1 变更申请

获证后的产品，如果其关键零部件及原材料的型号或牌号、规格、生产者（制造商）变更，或其涉及安全的设计、结构等发生变更，以及认证证书的相关信息、标准等发生变化时，应向认证机构提出变更批准/备案的申请。

关键零部件和材料的更换应符合变更要求。

5.1.2.2 变更的评价和批准

认证机构根据变更的内容和提供的资料进行评价，确定是否可以变更或需送样品进行测试，如需送样试验，测试合格后方能批准变更。

原则上，应以最初进行全项型式试验的主检型号产品为变更评价的基础。

5.2 认证产品的扩展

5.2.1 扩展程序

认证委托人需要扩展已经获得认证产品单元覆盖范围时，应从认证申请开始办理手续。认证机构应核查扩展产品与原认证产品的一致性，确认原认证结果对扩展产品的有效性。需要时，针对差异做补充检测或检查。确认合格后，可根据认证证书持有者的要求单独颁发认证证书或换发认证证书。

原则上，应以最初进行全项型式试验的主检型号产品为扩展的基础。

5.2.2 样品要求

认证委托人应先提供扩展产品的有关技术资料，需要送样时，应按本规则4.2的要求选送样品进行核查。必要时，对样品进行检测，检测结果报认证机构核查。

5.3 认证证书的暂停、注销和撤销

认证证书的注销、暂停和撤销依据《强制性产品认证管理规定》和《强制性产品认证证书的注销、暂停和撤销实施规则》及认证机构的有关规定执行。证书暂停、申请恢复证书的，认证机构原则上应按初始工厂检查的要求对工厂进行检查，必要时，抽取样品进行试验。

认证机构应采取适当方式对外公告被注销、暂停、撤销的认证证书。

5.4 认证证书的使用

认证证书的使用应符合《强制性产品认证管理规定》的要求。

6 强制性产品认证标志的使用

6.1 基本要求

证书持有者必须遵守《强制性产品认证管理规定》和《强制性产品认证标志管理办法》的规定。

6.2 准许使用的标志样式

6.3 变形认证标志的使用

本规则覆盖的产品允许加施变形认证标志。

6.4 加施方式

可以采用国家认监委统一印制的标准规格标志（标签）、印刷式或模制式三种方式中的任何一种。

6.5 标志位置

应在产品本体明显位置上加施认证标志。

7 收费

认证收费由认证机构和实验室按国家有关规定收取。

附件1：

小型熔断器工厂质量控制检测要求

说明：

（1）例行检验是在生产的最终阶段对生产线上的产品进行的100%检验，通常检验后，除包装和加贴标签外，不再进一步加工。确认检验是为验证产品持续符合标准要求进行的抽样检验，确认试验应按标准的规定进行。

（2）例行检验允许用经验证后确定的等效、快速的方法进行。

（3）确认检验时，若工厂不具备测试设备，可委托实验室试验。

产品名称	认证依据标准	试验项目	确认检验（标准条款编号）	例行试验
小型熔断器	GB 9364.1 GB 9364.2 GB 9364.3	1. 尺寸的检查	1次/年（8.1）	—
		2. 标志	1次/年（6）	√1)
		3. 电压降	1次/年（9.1）	—
		4. 时间/电流特性	1次/年（9.2）	—
		5. 冷态电阻	—	√2)

"√"表示需要检验；"—"表示不需要检验。

注：（1）仅需视检。

（2）冷态电阻测试在室温下进行。冷态电阻的限值由生产者（制造商）规定，限值基于GB 9364.1的9.1规定测量的电压降值。冷态电阻可用直流的电阻测量仪测量，但测量电流不大于0.1倍额定电流值。

（3）生产企业应拥有满足例行试验要求的检测设备。

（4）工厂监督抽样检测不能代替确认检验。

附件2：

小型熔断器关键零部件和材料及其申报要求

产品名称	关键零部件和材料	要求申报的信息和资料	备注
管状熔断体	熔断元件	材料名称、型号或牌号，主要成分，生产者（制造商）名称	
	端帽	材料名称、型号或牌号，主要成分，生产者（制造商）名称	
	填充料	材料名称、型号或牌号，主要成分，生产者（制造商）名称	（如适用）
	壳体材料	材料名称、型号或牌号，主要成分，生产者（制造商）名称	
	焊锡材料	材料名称、型号或牌号，主要成分，生产者（制造商）名称	（如适用）
	其它零部件和材料	材料名称、型号或牌号，主要成分，生产者（制造商）名称	
超小型熔断体	熔断元件	材料名称、型号或牌号，主要成分，生产者（制造商）名称	
	端帽	材料名称、型号或牌号，主要成分，生产者（制造商）名称	
	填充料	材料名称、型号或牌号，主要成分，生产者（制造商）名称	（如适用）
	壳体材料	材料名称、型号或牌号，主要成分，生产者（制造商）名称	
	焊锡材料	材料名称、型号或牌号，主要成分，生产者（制造商）名称	（如适用）
	引出线	材料名称、型号或牌号，主要成分，生产者（制造商）名称	
	其他零部件和材料	材料名称、型号或牌号，主要成分，生产者（制造商）名称	

附件3：

监督抽样检验的小型熔断器产品种类

类别	产品名称
1	高分断能力管状熔断体
2	低分断能力管状熔断体
3	增强分断能力管状熔断体
4	低分断能力超小型熔断体

电器附件产品强制性认证实施规则修订说明

一、实施要求

《电气电子产品类强制性认证实施规则 电线电缆产品 电线组件》(编号: CNCA-01C-001: 2011)、《电气电子产品类强制性认证实施规则 电路开关及保护或连接用电器装置 家用和类似用途插头插座》(编号: CNCA-01C-003: 2011)、《电气电子产品类强制性认证实施规则 电路开关及保护或连接用电器装置 家用和类似用途固定式电器装置的开关》(编号: CNCA-01C-004: 2011)、《电气电子产品类强制性认证实施规则 电路开关及保护或连接用电器装置 工业用插头插座和耦合器》(编号: CNCA-01C-005:2011)、《电气电子产品类强制性认证实施规则 电路开关及保护或连接用电器装置 家用和类似用途器具耦合器》(编号: CNCA-01C-006: 2011)、《电气电子产品类强制性认证实施规则 电路开关及保护或连接用电器装置 热熔断体》(编号: CNCA-01C-007: 2011)、《电气电子产品类强制性认证实施规则电路开关及保护或连接用电器装置 家用和类似用途固定式电器装置电器附件外壳》(编号: CNCA-01C-008: 2011)、《电气电子产品类强制性认证实施规则 电路开关及保护或连接用电器装置小型熔断器的管状熔断体》(编号: CNCA-01C-009: 2011)分别是电线组件、家用和类似用途插头插座、家用和类似用途固定式电器装置的开关、工业用插头插座和耦合器、家用和类似用途器具耦合器、热熔断体、家用和类似用途固定式电器装置电器附件外壳、小型熔断器的管状熔断体强制性产品认证实施依据。

上述认证实施规则(以下简称新版规则)自实施之日起分别替代《电气电子产品类强制性认证实施规则 电线电缆产品 电线组件》(编号: CNCA-01C-001: 2001)、《电气电子产品类强制性认证实施规则 电路开关及保护或连接用电器装置 家用和类似用途插头插座》(编号: CNCA-01C-003: 2001)、《电气电子产品类强制性认证实施规则 电路开关及保护或连接用电器装置 家用和类似用途固定式电器装置的开关》(编号: CNCA-01C-004: 2001)、《电气电子产品类强制性认证实施规则 电路开关及保护或连接用电器装置 工业用插头插座和耦合器》(编号: CNCA-01C-005:2001)、《电气电子产品类强制性认证实施规则 电路开关及保护或连接用电器装置 家用和类似用途器具耦合器》(编号: CNCA-01C-006: 2001)、《电气电子产品类强制性认证实施规则 电路开关及保护或连接用电器装置 热熔断体》(编号: CNCA-01C-007: 2001)、《电气电子产品类强制性认证实施规则 电路开关及保护或连接用电器装置 家用和类似用途固定式电器装置电器附件外壳》(编号: CNCA-01C-008: 2001)、《电气电子产品类强制性认证实施规则 电路开关及保护或连接用电器装置 小型熔断器的管状熔断体》(编号: CNCA-01C-009: 2001)(以下简称旧版规则)。

二、新、旧版规则的主要差异

(一)依据《强制性产品认证管理规定》(国家质检总局第117号令, 以下简称117号令)等法律法规进行调整。

1.明确了认证证书的5年有效期及有效期届满时换证的要求。

2.与相关法规和认证规则衔接, 统一了认证证书的注销、暂停、撤销规定要求, 明确需遵照《强制性产品认证管理规定》和《强制性产品认证证书注销、暂停、撤销实施规则》执行。

3.根据117号令, 调整了认证机构根据产品特点、质量状况等具体情况实施监督检查分类管理和合理确定监督检查频次的要求。

4.根据117号令, 补充了对样品真实性的要求, 明确了相关职责。

(二)单元划分的合理化。

单元划分更加合理, 在控制认证有效性的前提下, 适度放宽单元划分原则, 提高了单元划分的可操作性。

1.家用和类似用途插头插座

(1)简化产品单元划分, 如在旧版规则的附件3《单元划分及送样数量表》中第7点: "两极不可拆线移动式插座、两极带接地不可拆线移动式插座" 和第8点: "两极可拆线移动式插座、两极带接地可拆线移动式插座", 现简化为 "不可拆线移动式插座" 和 "可拆线移动式插座"。

(2)明确旧版规则的《单元划分及送样数量表》中的概念 "或"。为了便于理解和操作, 将原表中的用到 "或" 地方, 分开之, 如原表第11点: "三相四极插头或插座", 现分开为 "三相四极插头" 和 "三相四极插座"。

(3)由于固定式插座的新设计不断出现, 根据产品的结构, 在《单元划分及送样数量表》中增加第17点: "同一底座的多位固定式插座"。

(4)若固定式插座采用不同的端子型式, 则产品结构也不相同, 所以对这种情况分为不同的单元。

2.家用和类似用途固定式电器装置的开关。

（1）连接方式不同的开关为不同的单元，但双控开关可覆盖单极开关。

（2）若开关采用不同的端子型式，则产品结构也不相同，所以对这种情况分为不同的单元。若在同一产品上有两种端子，以数量多的端子为主要划分依据。

（3）起动方法不同的开关为不同的单元，如，跷板开关和旋转开关为不同的申请单元。

（4）安装方法不同的开关为不同的单元，如，明装式开关和暗装式开关为不同的申请单元。

3.电线组件规则的适用范围中补充了互连电线组件产品。因为GB 15934—2008《电器附件 电线组件和互连电线组件》已明确覆盖了强制性认证目录内器具耦合器（家用和类似用途）中的“互连电线组件”产品，且该产品已从GB 17465.2—2009《家用和类似用途器具耦合器 第2部分：家用和类似设备用互连耦合器》中移出。“互连电线组件”产品适用的实施规则由《家用和类似用途器具耦合器实施规则》（实施规则编号：CNCA-01C-006）更改为《电线组件实施规则》（实施规则编号：CNCA-01C-001）。

根据国家认监委2009年第7号公告《关于电线组件产品标准换版有关要求的公告》，将旧版标准中所涉及“一拖二”形式的电线组件的新版标准GB/T 26219《电器附件 Y型电线组件和Y型互连电线组件》列入第4.2.2.1条检测标准中。

（三）按照产品逐一明确其关键零部件和材料，便于认证各方理解和掌握，提高了可操作性和检测一致性。

（四）调整了《工厂质量保证能力要求》的相关规定。

《工厂质量保证能力要求》由认证机构按认证实施规则中规定的原则及要求自行制定并报国家认监委备案后实施。

（五）其他认证要求的合理化修改。

1.补充了申请时需提交的文件资料。

2.根据认证实际操作情况，对认证时限要求进一步完善。

3.明确年度监督检查应优先安排在生产季、优先采用不预先通知被检查方的方式进行。

4.明确监督抽样中的家用和类似用途插头插座、家用和类似用途固定式电器装置的开关、工业用插头插座和耦合器、家用和类似用途器具耦合器、热熔断体、家用和类似用途固定式电器装置电器附件外壳、小型熔断器的管状熔断体产品种类，便于实际操作。

5.安全确认检验频次由“一次/半年或一次/批” 统一修改为“一次/年”。

6.修改了电线组件、家用和类似用途插头插座、家用和类似用途器具耦合器、家用和类似用途固定式电器装置电器附件外壳检测标准的名称，并调整了检测标准适用版本的说明。

7.家用和类似用途插头插座规则中调整了产品的例行检验项目，更加符合产品实际情况，便于操作。

8.家用和类似用途固定式电器装置的开关规则中删除了例行试验项目的“电气强度”试验，补充了例行试验项目“通断检查”要求，更加便于操作。

9.热熔断体规则中按照新版标准要求修改了型式试验送样原则、试验送样数量。删除了例行试验项目的“保持温度”试验，明确“电气强度”测试仅适用于易融合金型热熔断体，补充了例行试验项目“电路连通性”、“接触电阻”要求，更加便于操作。

10.电线组件规则中，为了便于操作，保证产品质量，按照GB 15934-2008《电器附件 电线组件和互连电线组件》和GB/T 26219《电器附件 Y 型电线组件和Y 型互连电线组件》标准的附录A 补充了例行试验项目。

11.小型熔断器的管状熔断体规则中删除了例行试验项目的“尺寸的检查”试验，补充了“冷态电阻”， 更加便于操作。

12.外壳规则中删除了例行试验项目的“耐热”试验，增强了可操作性。

13.工业用插头插座和耦合器规则中删除了例行试验项目的“防触电保护”、“电气强度”试验，增强了可操作性。

14.家用和类似用途器具耦合器规则中明确了例行检验的项目仅对不可拆线器具耦合器需要测试，增强了可操作性。

15.明确了生产企业应拥有满足例行试验要求的检测设备。

16.明确了工厂监督抽样检测不能替代确认检验。

（六）规范性文字修改。

1.统一了零部件和材料名称。

2.对规则适用范围中的产品名称按照《第一批实施强制性产品认证的产品目录》（国家质检总局、国家认监委2001年联合公告第33号）和《强制性认证产品目录描述与界定表》（国家认监委2007年公告第9号）进行规范性修改。

3.按照《强制性产品认证管理规定》（国家质检总局第117号令）统一使用“生产者（制造商）”、“生产企业”、“实验室”等规范称谓。

关于发布消防产品强制性认证实施规则的公告

2011年第11号

根据《中华人民共和国认证认可条例》、《强制性产品认证管理规定》，国家认监委修订了《消防产品类强制性认证实施规则 火灾报警产品》、《消防产品类强制性认证实施规则 消防水带》、《消防产品类强制性认证实施规则 喷水灭火产品》，制定了《消防产品类强制性认证实施规则 泡沫灭火设备产品》、《消防产品类强制性认证实施规则 灭火剂产品》、《消防产品类强制性认证实施规则 消防装备产品》、《消防产品类强制性认证实施规则 建筑耐火构件》（具体见附件），现予以公告。

本公告发布的实施规则自2011年10月1日起实施。

二〇一一年六月十五日

编号：CNCA-09C-044：2011

消防产品类强制性认证实施规则
火灾报警产品

2011-06-15发布 2011-10-01实施

1 适用范围

本规则适用的产品范围为：在中华人民共和国境内出厂、销售、进口或者在其他经营活动中使用的火灾报警产品，包括火灾探测器、手动火灾报警按钮、火灾报警控制器、消防联动控制系统设备、电气火灾监控系统设备、火灾声和/或光警报器、火灾显示盘等。

2 认证模式

工厂质量管理体系审核+认证发证检验+认证后监督

3 认证的基本环节

认证的申请

工厂质量管理体系审核

认证发证检验

认证结果评价与批准

认证后监督

4 认证实施的基本要求

4.1 认证的申请

4.1.1 申请单元划分

4.1.1.1 产品认证的申请单元划分见附件1《火灾报警产品强制性认证单元划分》。

4.1.1.2 产品单元划分相同且安全结构设计和对产品安全性能有影响的元器件均相同、仅型号不同的产品可作为一个单元申请认证。

4.1.1.3 不同工厂的产品不能划在同一单元。

4.1.2 申请文件

认证申请所需要提交的资料见附件2《火灾报警产品强制性认证申请资料》。

4.2 工厂质量管理体系审核

4.2.1 审核内容

4.2.1.1 工厂质量管理体系审核

工厂质量管理体系审核按GB/T 19001标准要求进行。

4.2.1.2 产品一致性检查

应在生产现场/成品库对申请认证的每单元产品至少抽取一件样品进行产品一致性检查，核查其与全性能委托检验报告及指定检验机构确认的产品特性文件的一致性。

4.2.1.3 工厂质量管理体系审核和产品一致性检查应覆盖申请认证产品的所有加工场所。

4.2.1.4 工厂一致性控制见附件3《火灾报警产品强制性认证工厂一致性控制要求》。

4.2.2 工厂质量管理体系审核时间

文件审核符合要求的，再进行工厂质量管理体系审核。工厂质量管理体系审核时间根据所申请认证产品的单元数量确定，并适当考虑工厂的生产规模，一般每个加工场所为4～8个人日。

4.2.3 审核组组成

质量管理体系现场审核由指定认证机构安排、组织。指定认证机构确定审核组长，选择若干名符合要求的审核员组成质量管理体系审核组并规定审核时限，审核的具体时间由审核组长确定。

4.2.4 质量管理体系审核要求

质量管理体系审核的方式、方法及内容等，按照指定认证机构对该类产品认证的有关规定要求执行。

4.2.5 质量管理体系审核报告

质量管理体系审核的审核报告应由参加该次审核的全体审核员及受审核方代表确认签字。质量管理体系审核有关资料由审核组长负责汇总，在审核结束后，将全部审核资料（含经审核组长确认的不合格报告）按规定上报指定认证机构。

4.2.6 质量管理体系审核结论为推荐通过或不推荐通过。

4.2.7 质量管理体系审核结论为不推荐通过的，终止本次认证。

4.3 认证发证检验

4.3.1 样品

认证发证检验样品的选择、送样按指定认证机构的规定进行。

检验的样品应在工厂生产的合格品中（包括生产线、仓库）随机抽取。检验的数量及要求见附件4《火灾报警产品强制性认证检验项目和检验依据》。样品应满足以下条件：

（1）样品基数应满足规定的要求；

（2）样品必须为本年度或近10个月内生产的；

（3）至少两人抽封样品并在抽样单上签字；

（4）工厂负责人在抽样单上签字并加盖单位印章确认。

4.3.2 委托方将抽封的样品按规定送达指定检验机构进行认证发证检验。

4.3.3 认证发证检验项目

认证发证检验项目按照附件4《火灾报警产品强制性认证检验项目和检验依据》的规定执行。

4.3.4 检验

指定检验机构应按规定的检验周期完成产品认证发证的全部检验。产品认证发证检验不合格的，终止不合格产品认证。

4.3.5 检验报告

指定检验机构应按指定认证机构的有关规定出具检验报告，并按规定时限要求向指定认证机构提交。

4.4 认证结果评价与批准

4.4.1 认证结果评价与批准

指定认证机构对工厂质量管理体系审核和认证发证检验结果进行综合评价。对符合要求的，经指定认证机构证书签发人批准，颁发认证证书。认证结果不符合要求的，终止本次认证。

4.4.2 认证结果的公布

指定认证机构应对外公布获准认证的证书信息。

4.5 认证后监督

4.5.1 认证后监督频次

4.5.1.1 获证产品从证书批准之日起，即可安排认证后监督。认证后监督每12个月内不少于一次。

4.5.1.2 若发生下述情况之一可增加监督频次：

（1）获证产品出现严重质量问题或用户对产品有投诉并经查实；

（2）指定认证机构有足够理由对获证产品与标准要求的符合性提出质疑时；

（3）有足够信息表明因变更组织机构、生产条件、质量管理体系等，从而可能影响产品符合性或一致性时。

4.5.2 认证后监督的内容

4.5.2.1 监督方式

（1）监督审核和监督检验；

（2）监督审核；

（3）监督检验。

4.5.2.2 监督审核

监督审核按指定认证机构规定的监督审核要求进行。审核场所既可为工厂，也可为流通或使用场所。监督审核的时间每个加工场所一般为2～4个人日。

监督审核必须进行产品一致性核查。

4.5.2.3 监督检验

监督检验项目由指定认证机构视具体情况确定。监督检验由指定认证机构下达要求，指定检验机构按计划实施，并应在规定的检验周期内完成全部检验。检验结束后，指定检验机构将检验报告及时报指定认证机构。

监督检验结论为合格或不合格。

4.5.3 指定认证机构根据监督情况做出监督结论，并将监督结论通知证书持有者，监督结论分为通过和不通过两种。凡存在下列情况之一的，监督结论为不通过：

（1）产品一致性核查不符合；

（2）工厂质量管理体系监督审核不通过或不合格项整改时间超过1个月；

（3）监督检验不合格。

4.5.4 监督结论通过的，指定认证机构保持其证书；监督结论不通过的，指定认证机构按规定暂停或撤销其证书。

4.5.5 监督结论为不通过的，证书持有者应在5个工作日内将产品认证证书上交指定认证机构，并封存认证标志。

4.5.6 指定认证机构应及时将监督结论向社会公布。

4.5.7 证书持有者应按时缴纳监督费用。

4.5.8 对不能按指定认证机构监督要求接受监督的，指定认证机构暂停并收回认证证书。

5 认证证书

5.1 认证证书的有效期

产品认证证书有效期为五年。

5.2 认证证书的保持

认证证书的有效性依靠通过指定认证机构定期和不定期的监督获得保持。

5.3 认证证书的变更

5.3.1 变更的类型

5.3.1.1 不涉及产品安全使用性能的变更。如：由于产品命名方法的变化引起的获证产品名称、型号变更；产品型号变更、内部结构不变；证书持有者、制造商名称或地址变更；生产厂名称或地址变更（没有搬迁）等。

5.3.1.2 涉及产品安全使用性能的变更。如：生产厂搬迁；产品认证所依据的标准、规则等发生了变化；明显影响产品的设计发生了变化（如：获证产品的关键零部件/原材料/元器件更换）；制造商或生产厂的质量体系发生重大变化等。

5.3.2 变更程序

5.3.2.1 证书持有者需要变更已经获得的认证证书信息或产品时，应向指定认证机构提交变更申请并提交相关证明文件。

5.3.2.2 指定认证机构在接到变更申请及有关资料后进行审核，核查变更信息或产品与原获证信息或产品的一致性，必要时安排变更工厂确认审核和/或确认检验。

5.3.2.3 根据变更确认的结果,按规定程序评定，符合变更要求的，经指定认证机构批准后向证书持有者换发证书或发出变更确认通知。不符合变更要求的，经指定认证机构准后向证书持有者发出不予变更确认的通知。

5.4 认证范围的扩大

证书持有者在原有认证基础上增加新的认证单元和在认证单元内增加新的产品型号，应按本规则4.1.2的规定提出申请，经审查（必要时安排工厂质量管理体系审核和/或产品检验）、评价，结论为通过的颁发或换发证书。

5.5 证书延续

证书持有者应在证书有效期届满前6个月向指定认证机构提出证书延续申请，并按本规则附件2《火灾报警产品强制性认证申请资料》的规定提交申请资料。证书延续工作应按照指定认证机构的有关要求执行。

6. 认证标志

证书持有者必须遵循《强制性产品认证标志管理办法》的有关规定使用认证标志。

6.1 准许使用的标志样式

6.2 加施方式和位置

标志的加施方式应遵循《强制性产品认证标志管理办法》的有关规定。认证标志一般应加施于产品明显位置。

6.3 变形认证标志

本规则覆盖产品不允许加施任何形式的变形认证标志。

7 认证证书的暂停、撤销和注销

认证证书的暂停、撤销和注销，按《强制性产品认证管理规定》的规定执行。自认证证书注销、撤销之日起或者认证证书暂停期间，不符合认证要求的产品，不得继续出厂、销售、进口或者在其他经营活动中使用。

暂停证书的恢复使用应由证书持有者向指定认证机构提出申请，指定认证机构按规定进行工厂质量管理体系审核和/或产品检验。符合《强制性产品认证管理规定》和本规则要求的，指定认证机构批准恢复使用证书。

8 收费

认证收费由指定认证机构按国家有关规定统一收取。

附件1:

火灾报警产品强制性认证单元划分

序号	产品名称	单元划分原则	认证依据标准
1	火灾报警控制器	1.基本原理不同,不能作为一个申请单元; 2.主要电路布局、元器件及主要参数设置不同,不能作为一个申请单元; 3.基本原理、基本电路设计相同,但存在对产品性能产生影响的较大差别,不能作为一个申请单元	GB 4717—2005
2	点型感烟火灾探测器	1.基本原理不同,不能作为一个申请单元; 2.主要电路布局、元器件及主要参数设置不同,不能作为一个申请单元; 3.放射源片、光信号发射和接收器件不同,不能作为一个申请单元; 4.结构不同,不能作为一个申请单元; 5.基本原理、基本电路设计相同,但存在对产品性能产生影响的较大差别,不能作为一个申请单元	GB 4715—2005
3	点型感温火灾探测器	1.基本原理不同,不能作为一个申请单元; 2.主要电路布局、元器件及主要参数设置不同,不能作为一个申请单元; 3.感温元件不同,不能作为一个申请单元; 4.结构不同,不能作为一个申请单元; 5.基本原理、基本电路设计相同,但存在对产品性能产生影响的较大差别,不能作为一个申请单元	GB 4716—2005
4	消防联动控制系统	1.基本原理不同,不能作为一个申请单元; 2.主要电路布局、元器件及主要参数设置不同,不能作为一个申请单元; 3.基本原理、基本电路设计相同,但存在对产品性能产生影响的较大差别,不能作为一个申请单元	GB 16806—2006
5	手动火灾报警按钮	1.基本原理不同,不能作为一个申请单元; 2.主要电路布局、元器件及主要参数设置不同,不能作为一个申请单元; 3.触点不同,不能作为一个申请单元; 4.结构不同,不能作为一个申请单元; 5.基本原理、基本电路设计相同,但存在对产品性能产生影响的较大差别,不能作为一个申请单元	GB 19880—2005
6	独立式感烟火灾探测报警器	1.基本原理不同,不能作为 个申请单元, 2.主要电路布局、元器件及主要参数设置不同,不能作为一个申请单元; 3.放射源片、光信号发射和接收器件不同,不能作为一个申请单元; 4.结构不同,不能作为一个申请单元; 5.基本原理、基本电路设计相同,但存在对产品性能产生影响的较大差别,不能作为一个申请单元	GB 20517—2006
7	火灾显示盘	1.基本原理不同,不能作为一个申请单元; 2.主要电路布局、元器件及主要参数设置不同,不能作为一个申请单元; 3.基本原理、基本电路设计相同,但存在对产品性能产生影响的较大差别,不能作为一个申请单元	GB 17429—1998
8	线型光束感烟火灾探测器	1.基本原理不同,不能作为一个申请单元; 2.主要电路布局、元器件及主要参数设置不同,不能作为一个申请单元; 3.光信号发射、接收器件不同,不能作为一个申请单元; 4.结构不同,不能作为一个申请单元; 5.基本原理、基本电路设计相同,但存在对产品性能产生影响的较大差别,不能作为一个申请单元	GB 14003—2005
9	点型紫外火焰探测器	1.基本原理不同,不能作为一个申请单元; 2.主要电路布局、元器件及主要参数设置不同,不能作为一个申请单元; 3.紫外光敏元件不同,不能作为一个申请单元; 4.结构不同,不能作为一个申请单元; 5.基本原理、基本电路设计相同,但存在对产品性能产生影响的较大差别,不能作为一个申请单元	GB 12791—2006
10	点型红外火焰探测器	1.基本原理不同,不能作为一个申请单元; 2.主要电路布局、元器件及主要参数设置不同,不能作为一个申请单元; 3.紫外光敏元件不同,不能作为一个申请单元; 4.结构不同,不能作为一个申请单元; 5.基本原理、基本电路设计相同,但存在对产品性能产生影响的较大差别,不能作为一个申请单元	GB 15631—2008

续表

序号	产品名称	单元划分原则	认证依据标准
11	吸气式感烟火灾探测器	1.基本原理不同,不能作为一个申请单元; 2.主要电路布局、元器件及主要参数设置不同,不能作为一个申请单元; 3.感烟探测器件不同,不能作为一个申请单元; 4.结构不同,不能作为一个申请单元; 5.基本原理、基本电路设计相同,但存在对产品性能产生影响的较大差别,不能作为一个申请单元	GB 15631—2008
12	图像型火灾探测器	1.基本原理不同,不能作为一个申请单元; 2.主要电路布局、元器件及主要参数设置不同,不能作为一个申请单元; 3.镜头不同,不能作为一个申请单元; 4.结构不同,不能作为一个申请单元; 5.基本原理、基本电路设计相同,但存在对产品性能产生影响的较大差别,不能作为一个申请单元	GB 15631—2008
13	点型一氧化碳火灾探测器	1.基本原理不同,不能作为一个申请单元; 2.主要电路布局、元器件及主要参数设置不同,不能作为一个申请单元; 3.气敏元件不同,不能作为一个申请单元; 4.结构不同,不能作为一个申请单元; 5.基本原理、基本电路设计相同,但存在对产品性能产生影响的较大差别,不能作为一个申请单元	GB 15631—2008
14	火灾声和/或光警报器	1.基本原理不同,不能作为一个申请单元; 2.主要电路布局、元器件及主要参数设置不同,不能作为一个申请单元; 3.发光器件、声响器件不同,不能作为一个申请单元; 4.结构不同,不能作为一个申请单元; 5.基本原理、基本电路设计相同,但存在对产品性能产生影响的较大差别,不能作为一个申请单元	GA 385—2002
15	防火卷帘控制器	1.基本原理不同,不能作为一个申请单元; 2.主要电路布局、元器件及主要参数设置不同,不能作为一个申请单元; 3.基本原理、基本电路设计相同,但存在对产品性能产生影响的较大差别,不能作为一个申请单元	GA 386—2002
16	电气火灾监控设备	1.基本原理不同,不能作为一个申请单元; 2.主要电路布局、元器件及主要参数设置不同,不能作为一个申请单元; 3.基本原理、基本电路设计相同,但存在对产品性能产生影响的较大差别,不能作为一个申请单元	GB 14287.1—2005
17	剩余电流式电气火灾监控探测器	1.基本原理不同,不能作为一个申请单元; 2.主要电路布局、元器件不同,不能作为一个申请单元; 3.结构不同,不能作为一个申请单元; 4.基本原理、基本电路设计相同,但存在对产品性能产生影响的较大差别,不能作为一个申请单元	GB 14287.2—2005
18	测温式电气火灾监控探测器	1.基本原理不同,不能作为一个申请单元; 2.主要电路布局、元器件不同,不能作为一个申请单元; 3.结构不同,不能作为一个申请单元; 4.基本原理、基本电路设计相同,但存在对产品性能产生影响的较大差别,不能作为一个申请单元	GB 14287.3—2005

说明:

1.基本原理:探测器类产品的基本原理是指产品的探测工作原理、传感器类别等;控制和指示装置类产品的基本原理是指产品的通讯方式、信号处理方式、内部总线结构、显示方式、关键元器件、工作原理、结构等。

2.基本电路设计:指产品主电路及附属电路的设计。

3.结构:适用于探测器类产品,指探测火灾参数的机械结构(例如点型感烟探测器的迷宫、手动火灾报警按钮的启动零件)、防护结构(例如防水、防尘、防爆等)。

4.较大差别:指通过试验验证,试验结果不同(比如:点型感烟探测器的响应阈值不同)。

附件2：

火灾报警产品强制性认证申请资料

消防产品认证委托方向指定认证机构提交申请，并随附下列资料：

1. 委托方/制造商/工厂的资质证明包括：营业执照、组织机构代码、有关合作协议；

2.《消防产品强制性认证合同书》；

3. 全性能委托检验报告及指定检验机构盖章确认的产品特性文件（原材料/元器件/零配件或产品描述文件）；

4. 质量管理体系文件；

5. 申请认证的产品及使用的原材料/元器件/零配件符合国家或行业相关法律、法规、规定及标准要求的资料（必要时）；

6. 产品认证证书（证书延续申请时）；

7. 其他要求的文件。

附件3：

火灾报警产品强制性认证工厂一致性控制要求

为保证工厂批量生产的认证产品与发证检验合格样品的一致性，认证产品的生产应满足本文件规定的一致性控制要求。

1 产品一致性控制文件

1.1 工厂应建立并保持认证产品一致性控制文件，一致性控制文件至少应包括：

（1）针对具体认证产品型号的设计要求、产品结构描述、物料清单（应包含所使用的关键元器件的型号、主要参数及供应商）等技术文件；

（2）针对具体认证产品的生产工序工艺、生产配料单等生产控制文件；

（3）针对认证产品的检验（包括进货检验、生产过程检验、成品例行检验及确认检验）要求、方法及相关资源条件配备等质量控制文件；

（4）针对获证后产品的变更（包括标准、工艺、关键件等变更）控制、标志使用管理等程序文件。

1.2 产品设计标准或规范应是一致性控制文件的其中一个内容,其要求应不低于有关该产品的认证实施规则中规定的标准要求。

2 关键件和材料的检验/验证

工厂应建立并保持对供应商提供的关键元器件和材料的检验或验证的程序，以确保关键件和材料满足认证所规定的要求。

关键件和材料的检验可由工厂进行，也可以由供应商完成。当由供应商检验时,工厂应对供应商提出明确的检验要求.

工厂应保存关键件和材料检验或验证记录、供应商提供的合格证明及有关检验数据等。

3 批量生产产品的一致性

工厂应采取相应的措施，确保批量生产的认证产品至少在以下方面与型式试验合格样品保持一致：

（1）认证产品的铭牌、标志、说明书和包装上所标明的产品名称、规格和型号；

（2）认证产品的结构、尺寸和安装方式；

（3）认证产品的电路布局、元器件及参数设置。

4 例行检验和确认检验

4.1 工厂应制定并保持文件化的例行检验和确认检验程序，以验证产品满足规定的要求。检验程序中应包括检验项目、内容、方法、判定准则等。应保存检验记录。

4.2 例行检验是在生产的最终阶段对生产线上的产品进行的100%检验，通常检验后，除包装和加贴标签外，不再进一步加工。例行检验允许采用经验证的等效快速的在线检验方法进行。例行检验至少应包括以下检验项目：

（1）点型感烟火灾探测器产品：一致性试验；

（2）点型感温火灾探测器产品：响应时间试验；

（3）火灾报警控制器产品：主要部（器）件检查、火灾报警功能试验、火灾报警控制功能试验、故障报警功能试验、屏蔽功能试验、监管功能试验、自检功能试验、绝缘电阻试验、泄漏电流试验；

（4）消防联动控制器产品：控制功能试验、故障报警功能试验；

（5）气体灭火控制器产品：控制和显示功能试验、故障报警功能试验；

（6）消防电气控制装置产品：功能试验；

（7）消防设备应急电源产品：供电功能试验、显示功能试验、保护功能试验、控制功能试验、转换试验、充放电试验、故障报警功能试验、输出性能试验；

（8）消防应急广播设备产品：基本功能试验；

（9）消防电话产品：消防电话总机性能试验、消防电话分机性能试验、消防电话插孔性能试验；

(10)传输设备产品：火灾报警信息的接收与传输功能试验、故障报警信息的接收与传输功能试验、手动报警功能试验、本机故障报警功能试验；

(11)消防控制室图形显示装置产品：基本功能试验、状态显示试验、通讯故障报警功能试验、信息记录功能试验、信息传输功能试验；

(12)模块产品：基本性能试验；

(13)消防电动装置产品：基本性能试验；

(14)消火栓按钮产品：动作性能试验；

(15)手动火灾报警按钮产品：动作性能试验；

(16)独立式感烟火灾探测报警器产品：功能试验、一致性试验；

(17)火灾显示盘产品：基本功能试验；

(18)线型光束感烟火灾探测器产品：一致性试验；

(19)点型紫外火焰探测器产品：一致性试验；

(20)点型红外火焰探测器产品：一致性试验；

(21)火灾声和/或光警报器产品：外观检查、基本功能试验；

(22)防火卷帘控制器产品：主要部件检查试验、基本功能试验、电源试验、电源瞬变试验、绝缘电阻试验、耐压试验；

(23)电气火灾监控设备产品：监控报警功能试验、控制输出功能试验、故障报警功能试验；

(24)剩余电流式电气火灾监控探测器产品：报警性能试验、监控报警试验(适用独立式)；

(25)测温式电气火灾监控探测器产品：外观检查、基本性能试验、监控报警试验(适用独立式)；

(26)吸气式感烟火灾探测器产品：基本性能试验、一致性试验；

(27)图像型火灾探测器产品：响应阈值试验；

(28)点型一氧化碳火灾探测器产品：一致性试验。

工厂生产现场应具备上述相应认证产品检验项目的检验能力。

4.3 确认检验是为验证产品持续符合标准(产品认证实施规则中规定的标准)要求进行的抽样检验。确认检验至少应包括以下检验项目：

(1)点型感烟火灾探测器产品：重复性试验、方位试验、电压波动试验、低温(运行)试验、恒定湿热(运行)试验、冲击试验、碰撞试验、射频电磁场辐射抗扰度试验、射频场感应的传导骚扰抗扰度试验、电快速瞬变脉冲群抗扰度试验、浪涌(冲击)抗扰度试验、火灾灵敏度试验；

(2)点型感温火灾探测器产品：方位试验、动作温度试验、高温响应试验、电源参数波动试验、环境试验前响应时间试验、低温(运行)试验、冲击(运行)试验、碰撞(运行)试验、射频电磁场辐射抗扰度试验、射频场感应的传导骚扰抗扰度试验、电快速瞬变脉冲群抗扰度试验、浪涌(冲击)抗扰度试验、S型/R型探测器附加试验；

(3)火灾报警控制器产品：信息显示与查询功能试验、电源功能试验、电气强度试验、射频电磁场辐射抗扰度试验、射频场感应的传导骚扰抗扰度试验、静电放电抗扰度试验、电快速瞬变脉冲群抗扰度试验、浪涌(冲击)抗扰度试验、恒定湿热(运行)试验；

(4)消防联动控制器产品：屏蔽功能试验、自检功能试验、信息显示与查询功能试验、电源功能试验、绝缘电阻试验、泄漏电流试验、电气强度试验、射频电磁场辐射抗扰度试验、射频场感应的传导骚扰抗扰度试验、静电放电抗扰度试验、电快速瞬变脉冲群抗扰度试验、浪涌(冲击)抗扰度试验、恒定湿热(运行)试验；

(5)气体灭火控制器产品：自检功能试验、电源功能试验、绝缘电阻试验、泄漏电流试验、射频电磁场辐射抗扰度试验、射频场感应的传导骚扰抗扰度试验、静电放电抗扰度试验、电快速瞬变脉冲群抗扰度试验、浪涌(冲击)抗扰度试验、恒定湿热(运行)试验；

(6)消防电气控制装置产品：电压波动试验、重复动作试验、机械操作性能试验、负载能力试验、绝缘电阻试验、电气强度试验、射频电磁场辐射抗扰度试验、射频场感应的传导骚扰抗扰度试验、静电放电抗扰度试验、电快速瞬变脉冲群抗扰度试验、浪涌(冲击)抗扰度试验、恒定湿热(运行)试验；

(7)消防设备应急电源产品：绝缘电阻试验、电气强度试验、射频电磁场辐射抗扰度试验、射频场感应的传导骚扰抗扰度试验、静电放电抗扰度试验、电快速瞬变脉冲群抗扰度试验、浪涌(冲击)抗扰度试验、恒定湿热(运行)试验；

(8)消防应急广播设备产品：绝缘电阻试验、电气强度试验、射频电磁场辐射抗扰度试验、射频场感应的传导骚扰抗扰度试验、静电放电抗扰度试验、电快速瞬变脉冲群抗扰度试验、浪涌(冲击)抗扰度试验、恒定湿热(运行)试验；

(9)消防电话产品：电源性能试验、绝缘电阻试验、泄漏电流试验、射频电磁场辐射抗扰度试验、射频场感应的传导骚扰抗扰度试验、静电放电抗扰度试验、电快速瞬变脉冲群抗扰度试验、浪涌(冲击)抗扰度试验、恒定湿热(运行)试验；

(10)传输设备产品：监管报警信息的接收与传输功能试验、屏蔽信息的接收与传输功能试验、自检功能试验、电源性能试验、绝缘电阻试验、电气强度试验、射频电磁场辐射抗扰度试验、射频场感应的传导骚扰抗扰度试验、静电放电抗扰度试验、电快速瞬变脉冲群抗扰度试验、浪涌（冲击）抗扰度试验、恒定湿热（运行）试验；

（11）消防控制室图形显示装置产品：射频电磁场辐射抗扰度试验、射频场感应的传导骚扰抗扰度试验、静电放电抗扰度试验、电快速瞬变脉冲群抗扰度试验、浪涌（冲击）抗扰度试验、恒定湿热（运行）试验；

（12）模块产品：绝缘电阻试验、射频电磁场辐射抗扰度试验、射频场感应的传导骚扰抗扰度试验、静电放电抗扰度试验、电快速瞬变脉冲群抗扰度试验、浪涌（冲击）抗扰度试验、恒定湿热（运行）试验；

（13）消防电动装置产品：重复动作试验、绝缘电阻试验、射频电磁场辐射抗扰度试验、射频场感应的传导骚扰抗扰度试验、静电放电抗扰度试验、电快速瞬变脉冲群抗扰度试验、浪涌（冲击）抗扰度试验、恒定湿热（运行）试验；

（14）消火栓按钮产品：测试手段检查、电源参数波动试验、射频电磁场辐射抗扰度试验、射频场感应的传导骚扰抗扰度试验、静电放电抗扰度试验、电快速瞬变脉冲群抗扰度试验、浪涌（冲击）抗扰度试验、低温（运行）试验 、交变湿热（运行）试验、冲击（运行）试验；

（15）手动火灾报警按钮产品：可靠性试验、电源参数波动试验、高温（运行）试验、低温（运行）试验、交变湿热（运行）试验、冲击（运行）试验、碰撞（运行）试验、静电放电抗扰度试验、射频电磁场辐射抗扰度试验、射频场感应的传导骚扰抗扰度试验、电快速瞬变脉冲群抗扰度试验、浪涌（冲击）抗扰度试验；

（16）独立式感烟火灾探测报警器产品：外观检查、电池故障报警试验、极性反接试验、声压试验、音响器件检查试验、电源试验、通电试验、重复性试验、方位试验、电压波动试验、湿热试验、冲击试验、绝缘电阻试验、耐压试验、静电放电试验、辐射电磁场试验、电瞬变试验、火灾灵敏度试验；

（17）火灾显示盘产品：主要部件检查试验、通电试验、电源试验、电瞬变脉冲试验、绝缘电阻试验、耐压试验、静电放电试验、辐射电磁场试验、恒定湿热试验；

（18）线型光束感烟火灾探测器产品：热干扰试验、重复性试验、遮挡快速变化试验、遮挡慢速变化试验、电源参数波动试验、光路长度相依性试验、光路定向相依性试验、高温（运行）试验、低温（运行）试验、恒定湿热（运行）试验、射频电磁场辐射抗扰度试验、静电放电抗扰度试验、电快速瞬变脉冲群抗扰度试验、射频场感应的传导骚扰抗扰度试验、浪涌（冲击）抗扰度试验、环境光线干扰试验、火灾灵敏度试验；

（19）点型紫外火焰探测器产品：重复性试验、方位试验、电源参数波动试验、环境光线干扰试验、低温（运行）试验、恒定湿热（运行）试验、冲击试验、碰撞试验、射频电磁场辐射抗扰度试验、射频场感应的传导骚扰抗扰度试验、静电放电抗扰度试验、电快速瞬变脉冲群抗扰度试验、浪涌（冲击）抗扰度试验、火灾灵敏度试验；

（20）点型红外火焰探测器产品：重复性试验、方位试验、电源参数波动试验、环境光线干扰试验、低温（运行）试验、恒定湿热（运行）试验、冲击试验、碰撞试验、射频电磁场辐射抗扰度试验、射频场感应的传导骚扰抗扰度试验、静电放电抗扰度试验、电快速瞬变脉冲群抗扰度试验、浪涌（冲击）抗扰度试验、火灾灵敏度试验；

（21）火灾声和/或光警报器产品：耐久性试验、电压波动试验、绝缘电阻试验、耐压试验、辐射电磁场试验 、静电放电试验 、电瞬变脉冲试验 、低温试验、恒定湿热试验；

（22）防火卷帘控制器产品：主要部件检查试验、基本功能试验、通电试验、电源试验、电源瞬变试验、绝缘电阻试验、耐压试验、静电放电试验 、电瞬变脉冲试验 、辐射电磁场试验、恒定湿热（运行）试验 、碰撞试验；

（23）电气火灾监控设备产品：自检功能试验、电源功能试验、低温（运行）试验、恒定湿热（运行）试验、绝缘电阻试验、耐压试验、报警信号过输入适应性试验；

（24）剩余电流式电气火灾监控探测器产品：绝缘电阻试验、耐压试验、冲击试验、低温（运行）试验、恒定湿热（运行）试验；

（25）测温式电气火灾监控探测器产品：重复性试验、绝缘电阻试验、耐压试验、低温试验、恒定湿热试验、腐蚀试验；

（26）吸气式感烟火灾探测器产品：主要部件性能试验、重复性试验、电源参数波动试验、绝缘电阻试验、泄漏电流试验、低温（运行）试验、恒定湿热（运行）试验、冲击试验、碰撞试验、射频电磁场辐射抗扰度试验、射频场感应的传导骚扰抗扰度试验、静电放电抗扰度试验、电快速瞬变脉冲群抗扰度试验、浪涌（冲击）抗扰度试验、火灾灵敏度试验；

（27）图像型火灾探测器产品：重复性试验、电源参数波动试验、环境光干扰试验、低温（运行）试验、恒定湿热（运行）试验、射频电磁场辐射抗扰度试验、射频场感应的传导骚扰抗扰度试验、静电放电抗扰度试验、电快速瞬变脉冲群抗扰度试验、浪涌（冲击）抗扰度试验；

（28）点型一氧化碳火灾探测器产品：基本性能试验（适用独立式）、气体干扰试验、重复性试验、方位试验、长期稳定性试验、高浓度淹没试验、一氧化碳响应敏感度试验、电源参数波动试验、气流试验、低温（运行）试验、恒定湿热（运行）试验、冲击试验、射频电磁场辐射抗扰度试验、射频场感应的传导骚扰抗扰度试验、静电放电抗扰度试验、电快速瞬变脉冲群抗扰度试验、浪涌（冲击）抗扰度试验。

工厂不具备检验条件的确认检验项目，可委托具有相应能力的检测实验室检验。

5 获证产品的变更控制

工厂应建立文件化的变更控制程序，确保认证产品的设计、采用的关键件和材料以及生产工序工艺、检验条件等因素的变更得到有效控制。获证产品涉及到如下的变更，工厂在实施前应向指定认证机构申报，获得批准后方可执行：

(1)产品设计（原理、结构等）的变更；

(2)产品采用的关键件和关键材料的变更；

(3)关键工序、工序及其生产设备的变更；

(4)例行检验和确认检验条件和方法变更；

(5)生产场所搬迁、生产质量体系换版等变更；

(6)其他可能影响与相关标准的符合性或型式试验样机的一致性的变更。

附件4：

火灾报警产品强制性认证检验项目和检验依据

1 基本要求

1.1 申请消防联动控制系统、火灾探测器、手动火灾报警按钮、火灾显示盘、火灾声和/或光警报器或防火卷帘控制器产品认证，应同时申请与其构成系统的火灾报警控制器产品认证，或应与已通过强制性认证的火灾报警控制器产品构成系统；申请火灾报警控制器产品认证，应同时申请与其构成系统的火灾探测器、手动火灾报警按钮、火灾显示盘、火灾声和/或光警报器或防火卷帘控制器产品认证，或应与已通过强制性认证的火灾探测器、手动火灾报警按钮、火灾显示盘、火灾声和/或光警报器或防火卷帘控制器产品构成系统。

1.2 申请认证的火灾报警产品，其安全可靠性确需试验验证的，应进行必要的配接试验。

2 分型产品

2.1 分型产品与主型产品的基本原理、基本电路设计相同，主要性能和主电路部分应相同。火灾报警产品的以下不同可作为其分型产品。

2.1.1 火灾探测器、火焰探测器、火灾声和/或光警报器、手动火灾报警按钮、消火栓按钮分型产品与主型产品仅允许存在以下差别：

a. 不具备地址编码电路；

b. 仅存在不致于对产品性能产生影响的微小差别。

2.1.2 火灾报警控制器和消防联动控制系统分型产品与主型产品仅允许存在以下差别：

a. 报警回路数不同和由此而导致的机械尺寸及电源容量不同；

b. 警报输出或控制输出回路数不同和由此而导致的机械尺寸及电源容量不同；

c. 面板的布局设计不同；

d. 报警回路数不同而导致的软件不同；

e. 安装方式不同；

f. 不具备地址编码电路；

g. 仅存在不致于对产品性能产生影响的微小差别。

2.1.3 火灾显示盘分型产品与主型产品仅允许存在以下差别：

a. 面板布局设计不同；

b. 仅存在不致于对产品性能产生影响的微小差别。

2.1.4 防火卷帘控制器分型产品与主型产品仅允许存在以下差别：

a. 面板的布局设计不同；

b. 仅存在不致于对产品性能产生影响的微小差别。

2.1.5 电气火灾监控系统

2.1.5.1 电气火灾监控设备分型产品与主型产品仅允许存在以下差别：

a. 控制输出回路数不同和由此而导致的机械尺寸、软件及电源容量不同；

b. 面板的布局设计不同；

c. 仅存在不致于对产品性能产生影响的微小差别。

2.1.5.2 剩余电流式电气火灾监控探测器分型产品与主型产品仅允许存在以下差别：

a. 报警设定值不同而导致软件不同；

b.仅存在不致于对产品性能产生影响的微小差别。

2.1.5.3 测温式电气火灾监控探测器分型产品与主型产品仅允许存在以下差别：

a. 温度报警设定值不同而导致软件不同；

b. 仅存在不致于对产品性能产生影响的微小差别。

3 生产厂的生产设备和检验设备应满足产品生产工艺及产品标准的要求，生产条件、劳动保护及环境保护条件应符合国家有关法律法规的要求。

4 检验项目

4.1 全性能委托检验

全性能委托检验应进行其相应的产品标准规定的全部试验项目的检验，分型产品的检验项目由指定认证机构根据分型产品与主型产品的差别确定。

4.2 认证发证检验

4.2.1 主型产品检验项目

4.2.1.1 点型感烟火灾探测器主型产品认证发证检验项目为GB 4715—2005《点型感烟火灾探测器》规定的除恒定湿热（耐久）试验、腐蚀试验外的全部检验项目。

4.2.1.2 点型感温火灾探测器主型产品认证发证检验项目为GB 4716—2005《点型感温火灾探测器》规定的除高温（耐久）试验、恒定湿热（耐久）试验、SO_2腐蚀（耐久）试验外的全部检验项目。

4.2.1.3 火灾报警控制器主型产品认证发证检验项目为GB 4717—2005《火灾报警控制器》规定的除恒定湿热（耐久）试验外的全部检验项目。

4.2.1.4 消防联动控制系统

4.2.1.4.1 消防联动控制器认证发证检验项目为GB 16806—2006《消防联动控制系统》规定的除恒定湿热（耐久）试验以外的全部试验项目。

4.2.1.4.2 气体灭火控制器认证发证检验项目为GB 16806—2006《消防联动控制系统》规定的除振动（正弦）（运行）试验以外的全部试验项目。

4.2.1.4.3 消防电气控制装置认证发证检验项目为GB 16806—2006《消防联动控制系统》规定的除振动（正弦）（耐久）试验以外的全部试验项目。

4.2.1.4.4 消防设备应急电源认证发证检验项目为GB 16806—2006《消防联动控制系统》规定的除恒定湿热（运行）试验以外的全部试验项目。

4.2.1.4.5 消防应急广播设备认证发证检验项目为GB 16806—2006《消防联动控制系统》规定的除振动（正弦）（运行）试验以外的全部试验项目。

4.2.1.4.6 消防电话认证发证检验项目为GB 16806—2006《消防联动控制系统》规定的除恒定湿热（耐久）试验、振动（正弦）（运行）试验、振动（正弦）（耐久）试验以外的全部试验项目。

4.2.1.4.7 传输设备认证发证检验项目为GB 16806—2006《消防联动控制系统》规定的除振动（正弦）（运行）试验以外的全部试验项目。

4.2.1.4.8 消防控制室图形显示装置认证发证检验项目为GB 16806—2006《消防联动控制系统》规定的除恒振动（正弦）（运行）试验以外的全部试验项目。

4.2.1.4.9 模块认证发证检验项目为GB 16806—2006《消防联动控制系统》规定的除恒定湿热（耐久）试验以外的全部试验项目。

4.2.1.4.10 消防电动装置认证发证检验项目为GB 16806—2006《消防联动控制系统》规定的除恒定湿热（耐久）试验以外的全部试验项目。

4.2.1.4.11 消火栓按钮认证发证检验项目为GB 16806—2006《消防联动控制系统》规定的除恒定湿热（耐久）试验、SO_2腐蚀（耐久）试验以外的全部试验项目。

4.2.1.5 手动火灾报警按钮主型产品认证发证检验项目为GB 19880—2005《手动火灾报警按钮》除高温（耐久）试验、恒定湿热（耐久）试验、SO_2腐蚀（耐久）试验外的全部检验项目。

4.2.1.6 独立式感烟火灾探测报警器主型产品认证发证检验项目为GB 20517—2006《独立式感烟火灾探测报警器》规定的除通电试验、腐蚀试验外的全部检验项目。

4.2.1.7 火灾显示盘主型产品认证发证检验项目为GB 17429—1998《火灾显示盘通用技术条件》规定的除通电试验外的全部检验项目。

4.2.1.8 线型光束感烟火灾探测器主型产品认证发证检验项目为GB 14003—2005《线型光束感烟火灾探测器》规定的除恒定湿热（耐久）试验、腐蚀试验外的全部检验项目。

4.2.1.9 点型紫外火焰探测器主型产品认证发证检验项目为GB 12791—2006《点型紫外火焰探测器》规定的除恒定湿热（耐久）试验、腐蚀试验外的全部检验项目。

4.2.1.10 特种火灾探测器

4.2.1.10.1 点型红外火焰探测器主型产品认证发证检验项目为GB 15631—2008《特种火灾探测器》除恒定湿热（耐久）试验、腐蚀试验外的全部检验项目。

4.2.1.10.2 吸气式感烟火灾探测器主型产品认证发证检验项目为GB 15631—2008《特种火灾探测器》除恒定湿热（耐久）试验、腐蚀试验外的全部检验项目。

4.2.1.10.3 图像型火灾探测器主型产品认证发证检验项目为GB 15631—2008《特种火灾探测器》除恒定湿热（耐久）试验、腐蚀试验外的全部检验项目。

4.2.1.10.4 点型一氧化碳火灾探测器主型产品认证发证检验项目为GB 15631—2008《特种火灾探测器》除长期稳定性试验、恒定湿热（耐久）试验、腐蚀试验外的全部检验项目。

4.2.1.11 火灾声和/或光警报器主型产品认证发证检验项目为GA 385—2002《火灾声和/或光警报器》规定的除腐蚀试验外的全部检验项目。

4.2.1.12 防火卷帘控制器认证发证检验项目为GA 386—2002《防火卷帘控制器》规定的除通电试验以外的全部试验项目。

4.2.1.13 电气火灾监控系统

4.2.1.13.1 电气火灾监控设备认证发证检验项目为GB 14287.1—2005《电气火灾监控系统 第1部分：电气火

灾监控设备》规定的除高温（运行）试验外的全部检验项目。

4.2.1.13.2 剩余电流式电气火灾监控探测器认证发证检验项目为GB 14287.2—2005《电气火灾监控系统 第2部分：剩余电流式电气火灾监控探测器》规定的除振动（正弦）（耐久）试验以外的全部试验项目。

4.2.1.13.3 测温式电气火灾监控探测器认证发证检验项目为GB 14287.3—2005《电气火灾监控系统 第3部分：测温式电气火灾监控探测器》规定的除腐蚀试验以外的全部试验项目。

4.2 2 分型产品检验项目

分型产品认证发证检验项目，由指定认证机构根据分型产品与主型产品的差别确定。

5 样品

5.1 全性能委托检验样品数量

5.1.1 点型感烟火灾探测器样品数量，主型产品20只，分型产品20只。

5.1.2 点型感温火灾探测器样品数量，可复位式探测器主型产品15只，分型产品6只；不可复位式探测器主型产品68只，分型产品46只。

5.1.3 火灾报警控制器样品数量，主型产品2台（集中区域兼容型控制器4台），分型产品1台（集中区域兼容型控制器2台）。

5.1.4 消防联动控制系统

5.1.4.1 消防联动控制器样品数量，主型产品2台，分型产品1台。

5.1.4.2 气体灭火控制器样品数量，主型产品2台，分型产品1台。

5.1.4.3 消防电气控制装置样品数量，主型产品2台，分型产品1台。

5.1.4.4 消防设备应急电源样品数量，主型产品1台，分型产品1台。

5.1.4.5 消防应急广播设备样品数量，主型产品2套，分型产品1套。

5.1.4.6 消防电话样品数量，主型产品2套，分型产品1套。

5.1.4.7 传输设备样品数量，主型产品2台，分型产品1台。

5.1.4.8 消防控制室图形显示装置样品数量，主型产品1台，分型产品1台。

5.1.4.9 模块样品数量，主型产品2台，分型产品1台。

5.1.4.10 消防电动装置样品数量，主型产品2台，分型产品1台。

5.1.4.11 消火栓按钮样品数量，主型产品13只，分型产品4只。

5.1.5 手动火灾报警按钮样品数量，主型产品13只，分型产品4只。

5.1.6 独立式感烟火灾探测报警器样品数量，主型产品18只，分型产品18只。

5.1.7 火灾显示盘样品数量，主型产品3台，分型产品1台。

5.1.8 线型光束感烟火灾探测器样品数量，主型产品8套，分型产品4套。

5.1.9 点型紫外火焰探测器样品数量，主型产品10只，分型产品4只。

5.1.10 特种火灾探测器

5.1.10.1 点型红外火焰探测器样品数量，主型产品10只，分型产品4只。

5.1.10.2 吸气式感烟火灾探测器样品数量，主型产品4只，分型产品2只。

5.1.10.3 图像型火灾探测器样品数量，主型产品4只，分型产品2只。

5.1.10.4 点型一氧化碳火灾探测器样品数量，主型产品16只，分型产品6只。

5.1.11 火灾声和/或光警报器样品数量，主型产品3只。分型产品2只。

5.1.12 防火卷帘控制器样品数量，主型产品2台，分型产品1台。

5.1.13 电气火灾监控系统

5.1.13.1 电气火灾监控设备样品数量，主型产品2台，分型产品1台。

5.1.13.2 剩余电流式电气火灾监控探测器样品数量，主型产品为5只，分型产品2只。

5.1.13.3 测温式电气火灾监控探测器样品数量，主型产品5只，分型产品2只。

5.2 认证发证检验抽样基数

5.2.1 点型感烟火灾探测器每种型号产品的抽样基数不少于400只。

5.2.2 点型感温火灾探测器每种型号产品的抽样基数不少于200只。

5.2.3 火灾报警控制器每种型号产品的抽样基数不少于5台。

5.2.4 消防联动控制系统

5.2.4.1 消防联动控制器每种型号产品的抽样基数不少于5台。

5.2.4.2 气体灭火控制器每种型号产品的抽样基数不少于5台。

5.2.4.3 消防电气控制装置每种型号产品的抽样基数不少于5台。

5.2.4.4 消防设备应急电源每种型号产品的抽样基数

不少于3台。

5.2.4.5 消防应急广播设备每种型号产品的抽样基数不少于5台。

5.2.4.6 消防电话每种型号产品的抽样基数不少于5台。

5.2.4.7 传输设备每种型号产品的抽样基数不少于5台。

5.2.4.8 消防控制室图形显示装置每种型号产品的抽样基数不少于3台。

5.2.4.9 模块每种型号产品的抽样基数不少于5台。

5.2.4.10 消防电动装置每种型号产品的抽样基数不少于5台。

5.2.4.11 消火栓按钮每种型号产品的抽样基数不少于100只。

5.2.5 手动火灾报警按钮每种型号产品的抽样基数不少于100只。

5.2.6 独立式感烟火灾探测报警器每种型号产品的抽样基数不少于400只。

5.2.7 火灾显示盘每种型号产品的抽样基数不少于5台。

5.2.8 线型光束感烟火灾探测器每种型号产品的抽样基数不少于20套。

5.2.9 点型紫外火焰探测器每种型号产品的抽样基数不少于20只。

5.2.10 特种火灾探测器

5.2.10.1 点型红外火焰探测器每种型号产品的抽样基数不少于20只。

5.2.10.2 吸气式感烟火灾探测器每种型号产品的抽样基数不少于10只。

5.2.10.3 图像型火灾探测器每种型号产品的抽样基数不少于10只。

5.2.10.4 点型一氧化碳火灾探测器每种型号产品的抽样基数不少于50只。

5.2.11 火灾声和/或光警报器每种型号产品的抽样基数不少于20只。

5.2.12 防火卷帘控制器每种型号产品的抽样基数不少于5台。

5.2.13 电气火灾监控系统

5.2.13.1 电气火灾监控设备每种型号产品的抽样基数不少于5台。

5.2.13.2 剩余电流式电气火灾监控探测器每种型号产品的抽样基数不少于20只。

5.2.13.3 测温式电气火灾监控探测器每种型号产品的抽样基数不少于20只。

5.3 认证发证检验样品数量

5.3.1 点型感烟火灾探测器样品数量，主型产品22只，分型产品22只。

5.3.2 点型感温火灾探测器样品数量，可复位式探测器主型产品17只，分型产品6只；不可复位式探测器主型产品70只，分型产品46只。

5.3.3 火灾报警控制器样品数量，主型产品2台（集中区域兼容型控制器4台），分型产品1台（集中区域兼容型控制器2台）。

5.3.4 消防联动控制系统

5.3.4.1 消防联动控制器样品数量，主型产品2台，分型产品1台。

5.3.4.2 气体灭火控制器样品数量，主型产品2台，分型产品1台。

5.3.4.3 消防电气控制装置样品数量，主型产品2台，分型产品1台。

5.3.4.4 消防设备应急电源样品数量，主型产品1台，分型产品1台。

5.3.4.5 消防应急广播设备样品数量，主型产品2套，分型产品1套。

5.3.4.6 消防电话样品数量，主型产品2套，分型产品1套。

5.3.4.7 传输设备样品数量，主型产品2台，分型产品1台。

5.3.4.8 消防控制室图形显示装置样品数量，主型产品1台，分型产品1台。

5.3.4.9 模块样品数量，主型产品2台，分型产品1台。

5.3.4.10 消防电动装置样品数量，主型产品2台，分型产品1台。

5.3.4.11 消火栓按钮样品数量，主型产品15只，分型产品4只。

5.3.5 手动火灾报警按钮样品数量，主型产品15只，分型产品4只。

5.3.6 独立式感烟火灾探测报警器样品数量，主型产品22只，分型产品18只。

5.3.7 火灾显示盘样品数量，主型产品3台，分型产品1台。

5.3.8 线型光束感烟火灾探测器样品数量，主型产品10套，分型产品4套。

5.3.9 点型紫外火焰探测器样品数量，主型产品12只，分型产品4只。

5.3.10 特种火灾探测器

5.3.10.1 点型红外火焰探测器样品数量，主型产品12只，分型产品4只。

5.3.10.2 吸气式感烟火灾探测器样品数量，主型产品5只，分型产品2只。

5.3.10.3 图像型火灾探测器样品数量，主型产品5只，分型产品2只。

5.3.10.4 点型一氧化碳火灾探测器样品数量，主型产品18只，分型产品6只。

5.3.11 火灾声和/或光警报器样品数量，主型产品5只，分型产品2只。

5.3.12 防火卷帘控制器样品数量，主型产品2台，分型产品1台。

5.3.13 电气火灾监控系统

5.3.13.1 电气火灾监控设备样品数量，主型产品2台，分型产品1台。

5.3.13.2 剩余电流式电气火灾监控探测器样品数量，主型产品为7只，分型产品2只。

5.3.13.3 测温式电气火灾监控探测器样品数量，主型产品7只，分型产品2只。

6 检验规则

6.1 全性能委托检验

6.1.1 产品进行检验时，满足某一试验项目的全部技术要求，判定该试验项目合格，否则判定该试验项目不合格。

6.1.2 在检验过程中出现的试验项目不合格不超过下述范围时，允许对不合格的试验项目进行补做，试验补做应执行以下规定：

a. 产品标准规定的试验项目总数不少于15项时，任一试验项目补做超过2次或补做累计超过4次时，停止补做，判定产品不合格；

b. 产品标准规定的试验项目总数少于15项时，任一试验项目补做超过2次或补做累计超过3次时，停止补做，判定产品不合格；

c. 试验补做的整改工作如在6个月内不能完成，停止补做，判定产品不合格；

d. 试验补做用样品应予加倍（火灾报警控制器、消防联动控制系统、火灾显示盘、火灾声和/或光警报器、防火卷帘控制器、电气火灾监控设备、吸气式感烟火灾探测器、图像型火灾探测器除外）。

6.1.3 产品全部试验项目合格（包括经补做合格），判定产品检验满足标准的技术要求，否则判定产品检验不满足标准的技术要求。

6.2 认证发证检验

6.2.1 产品进行检验时，满足某一试验项目的全部技术要求，判定该试验项目合格，否则判定该试验项目不合格。

6.2.2 在检验过程中出现的试验项目不合格不超过下述范围时，允许对不合格的试验项目进行补做，试验补做应执行以下规定：

a. 产品标准规定的试验项目总数不少于15项时，任一试验项目补做超过2次或补做累计超过3 次时，停止补做，判定产品不合格；

b. 产品标准规定的试验项目总数少于15项时，任一试验项目补做超过2次或补做累计超过2次时，停止补做，判定产品不合格；

c. 试验补做的整改工作如在6个月内不能完成，停止补做，判定产品不合格；

d. 试验补做用样品应予加倍（火灾报警控制器、消防联动控制系统、火灾显示盘、火灾声和/或光警报器、防火卷帘控制器、电气火灾监控设备、吸气式感烟火灾探测器、图像型火灾探测器除外）。

6.2.3 产品全部试验项目合格（包括经补做合格），判定产品合格，否则判定产品不合格。

7 检验周期

检验周期是自正式签订检验合同之日起至上报检验报告实际发生的时间，具体时限如下：

序号	产品类别	检验周期（天）
1	火灾报警控制器	60
2	点型感烟火灾探测器	40
3	点型感温火灾探测器	40
4	手动火灾报警按钮	40
5	消防联动控制系统	60
6	独立式感烟火灾探测报警器	60
7	火灾显示盘	50
8	线型光束感烟火灾探测器	60
9	点型紫外火焰探测器	60
10	特种火灾探测器	60
11	火灾声和/或光警报器	40
12	防火卷帘控制器	60
13	电气火灾监控系统	50

编号：CNCA-09C-078：2011

消防产品类强制性认证实施规则
建筑耐火构件

2011-06-15发布 2011-10-01实施

1 总 则

1.1 根据《中华人民共和国消防法》和《中华人民共和国认证认可条例》制定本实施规则。

1.2 本实施规则适用于在中华人民共和国境内出厂、销售、进口或者在其他经营活动中使用的建筑耐火构件产品认证，包括防火窗等产品。

1.3 本实施规则由通则及附件组成。

1.4 按本实施规则认证的产品应符合国家有关法律、法规及国家、行业标准的相关规定。

2 认证模式

型式试验+初始工厂检查+获证后监督

3 认证的基本环节

认证的申请

型式试验

工厂检查

认证结果评价与批准

获证后监督

4 认证实施的基本要求

4.1 认证的申请

4.1.1 认证单元划分

认证单元划分见附件1《建筑耐火构件产品强制性认证单元划分说明》。

同一制造商、同一产品型号，不同工厂的产品为不同认证单元。

4.1.2 申请文件

认证申请所需要提交的资料见附件2《建筑耐火构件产品强制性认证申请资料》。

4.2 型式试验

4.2.1 型式试验的送样

4.2.1.1 送样原则

原则上每个申请认证单元作为一个送样单元。单元的主型样品应选取有代表性的样品。

4.2.1.2 送样数量

型式试验的样品由委托方按规则的要求选送，并对选送样品负责，送样数量及要求见附件3《建筑耐火构件产品强制性认证检验项目和检验依据》。样品必须是近10个月生产并经工厂检验合格的产品，并且在产品有效期内。

4.2.1.3 型式试验样品和资料的处置

型式试验后，应以适当方式处置试验后的样品和资料。国家有规定的，按相关规定执行。

4.2.2 指定检验机构

检验由指定认证机构委托指定检验机构实施。

4.2.3 检验程序

4.2.3.1 指定检验机构应在检验前对样品的完整性等进行核查。

4.2.3.2 指定检验机构应执行本规则附件3《建筑耐火构件产品强制性认证检验项目和检验依据》所规定的检验依据、检验项目、抽样方法和判定规则。

4.2.3.3 检验结束后，指定检验机构应及时向指定认证机构提交型式试验报告。

4.3 初始工厂检查

4.3.1 工厂检查人员

对型式试验合格的委托方，指定认证机构组织安排工厂检查组。检查组的人员由具有规定资质的人员组成。对同一工厂检查的检查员不少于2名。

4.3.2 工厂检查时间

工厂检查时间根据委托认证产品的单元及覆盖产品型号数量确定，并考虑工厂的生产规模，一般每个加工场所为4～8个人日。

4.3.3 工厂检查内容

初始工厂检查的内容为工厂质量保证能力检查和产品一致性检查。

4.3.3.1 工厂质量保证能力检查

工厂检查人员对生产厂按照附件4《建筑耐火构件产品强制性认证工厂质量保证能力要求》进行工厂质量保证能力的检查。同时，还应按照附件5《建筑耐火构件产品强制性认证工厂一致性控制要求》进行核查。

4.3.3.2 产品一致性检查

应在生产现场/成品库对申请认证的每单元产品至少抽取一件样品进行产品一致性检查，核查其与型式试验报告及指定检验机构确认的产品特性文件的一致性。

4.3.4 工厂质量保证能力和产品一致性检查应覆盖委托认证产品的所有工厂。

4.4 认证结果评价与批准

4.4.1 认证结果评价与批准

指定认证机构对产品检验和工厂检查结果进行综合评价。经指定认证机构评定，认证结果符合要求的，按照认证单元颁发认证证书；认证结果不符合要求的，终止本次认证。

4.4.2 认证时限

认证时限指自认证合同生效至颁发认证证书期间的工作日，包括工厂检查时间、认证结果评价和批准时间、证书制作时间等。

产品检验时限自样品送达指定检验机构并正式受理检验之日计算，产品检验应在公布的检验时限内完成，提交产品检验报告一般不超过5个工作日。

提交工厂检查报告不超过5个工作日，以检查组完成现场检查，收到工厂递交的不符合项整改资料之日起计算。

工厂检查时间，认证结果评价、批准时间及证书颁发时间一般不超过60个工作日。

4.5 获证后监督

4.5.1 获证后监督频次

4.5.1.1 获证产品从证书批准之日起，即可安排证后监督。证后监督每12个月内不少于一次。

4.5.1.2 若发生下述情况之一可增加监督频次：

（1）获证产品出现严重质量问题或用户对产品有投诉并经查实；

（2）指定认证机构有足够理由对获证产品与本实施规则中规定的标准要求的符合性提出质疑时；

（3）有足够信息表明工厂因变更组织机构、生产条件、质量管理体系等，从而可能影响产品符合性或一致性时。

4.5.2 获证后监督方式

（1）监督检查和监督检验；

（2）监督检查；

（3）监督检验。

4.5.3 监督检查

监督检查内容按指定认证机构规定的监督要求进行。监督检查既可在工厂，也可在流通或使用场所进行。监督检查的时间为每个场所2～4个人日。

监督检查必须进行产品一致性核查，产品一致性核查按本规则4.3.3.2的规定执行。

首次获证后的第5年，应按附件4《建筑耐火构件产品强制性认证工厂质量保证能力要求》和附件5《建筑耐火构件产品强制性认证工厂一致性控制要求》的规定对工厂进行检查。检查内容和人日数与初次工厂检查相同。

4.5.4 监督检验

监督检验既可从工厂抽样，也可在使用场所抽样，受检样品的选择、样品数量及检验项目由指定认证机构规定。

监督检验结论为合格或不合格。

4.5.5 监督结论

指定认证机构经评价做出监督结论，并将监督结论通知证书持有者，监督结论分为通过和不通过两种。凡存在下列情况之一的，监督结论为不通过：

（1）产品一致性核查不符合；

（2）工厂质量保证能力检查不通过或不合格项整改时间超过1个月；

（3）监督检验不合格。

监督结论为通过的，指定认证机构保持其证书；监督结论为不通过的，指定认证机构按规定暂停或撤销其证书。

保持认证证书的，继续使用认证标志。暂停或撤销认证证书的，停止使用认证标志，并对外公告。

5 认证的保持、变更、扩大、暂停、撤销和注销

5.1 认证证书的保持

认证证书的有效性依靠通过指定认证机构定期和不定期的监督获得保持。

5.2 认证证书的变更

5.2.1 变更的类型

5.2.1.1 不涉及产品安全使用性能的变更。如：由于产品命名方法的变化引起的获证产品名称、型号变更；产品型号变更、内部结构不变；证书持有者、制造商名称或地址变更；生产厂名称或地址变更（没有搬迁）等。

5.2.1.2 涉及产品安全使用性能的变更。如：生产厂搬迁；产品认证所依据的标准、规则等发生了变化；明显影响产品的设计发生了变化（如：获证产品的关键零部件/原材料/元器件更换）；制造商或生产厂的质量体系发生重大变化等。

5.2.2 变更程序

5.2.2.1 证书持有者需要变更已经获得的认证证书信息或产品时，应向指定认证机构提交变更申请并提交相关证明文件。

5.2.2.2 指定认证机构在接到变更申请及有关资料后进行审核，核查变更信息或产品与原获证信息或产品的一致性，必要时安排变更工厂确认检查和/或确认检验。

5.2.2.3 根据变更确认的结果,按规定程序评定，符合变更要求的，经指定认证机构批准后向证书持有者换发证书或发出变更确认通知。不符合变更要求的，经指定认证机构准后向证书持有者发出不予变更确认的通知。

5.3 认证范围的扩大

证书持有者在原有认证基础上增加新的认证单元和在认证单元内增加新的产品型号，应按本规则4.1.2的规定提出申请，经审查（必要时安排工厂质量保证能力检查和/或产品检验）、评价，结论为通过的颁发或换发证书。

5.4 认证证书的暂停、撤销和注销

认证证书的暂停、撤销和注销，按《强制性产品认证管理规定》的规定执行。自认证证书注销、撤销之日起或者认证证书暂停期间，不符合认证要求的产品，不得继续出厂、销售、进口或者在其他经营活动中使用。

暂停证书的恢复使用应由证书持有者向指定认证机构提出申请，指定认证机构按规定进行工厂质量保证能力检查和/或产品检验。符合《强制性产品认证管理规定》和本规则要求的，指定认证机构批准恢复使用证书。

6 认证证书的有效期

本规则覆盖产品认证证书的有效期为5年。

认证证书有效期届满，需要延续使用的，认证委托方应当在认证证书有效期届满前90天内申请办理。证书延续工作应按照指定认证机构的有关要求执行。

7 认证标志

证书持有者必须遵循《强制性产品认证标志管理办法》的有关规定使用认证标志。

7.1 准许使用的标志样式

7.2 加施方式和位置

标志的加施方式应遵循《强制性产品认证标志管理办法》的有关规定。认证标志一般应加施于产品明显位置。

7.3 变形认证标志

本规则覆盖产品不允许加施任何形式的变形认证标志。

8 申诉和投诉

8.1 委托方如对指定认证机构或指定检验机构的认证活动和/或做出的决定不满意，可提出正式的申诉或投诉。任何人或单位对获证单位的产品表示不满意，可向指定认证机构提出正式的投诉。

8.2 指定认证机构制定申诉、投诉程序，并由专门部门负责受理来自各方的申诉、投诉，经调查核实批准后，采取处理措施。

8.3 指定认证机构保存所有产品认证申诉、投诉的处理结果记录。

9 收 费

认证收费由指定认证机构按国家有关规定统一收取。

附件1:

建筑耐火构件产品强制性认证单元划分说明

一、防火窗

序号	产品名称	产品类型	单元划分说明	认证依据的标准	产品型式试验抽样数量
1	钢质隔热防火窗	活动式	材质、使用功能分类、耐火性能分类、耐火等级、结构不同为不同单元	GB 16809—2008	防火窗2樘。热敏感元件15件
		固定式	材质、使用功能分类、耐火性能分类、耐火等级、结构不同为不同单元	GB 16809—2008	防火窗2樘
2	木质隔热防火窗	活动式	材质、使用功能分类、耐火性能分类、耐火等级、结构不同为不同单元	GB 16809—2008	防火窗2樘。热敏感元件15件
		固定式	材质、使用功能分类、耐火性能分类、耐火等级、结构不同为不同单元	GB 16809—2008	防火窗2樘
3	钢木复合隔热防火窗	活动式	材质、使用功能分类、耐火性能分类、耐火等级、结构不同为不同单元	GB 16809—2008	防火窗2樘。热敏感元件15件
		固定式	材质、使用功能分类、耐火性能分类、耐火等级、结构不同为不同单元	GB 16809—2008	防火窗2樘
4	其他材质隔热防火窗	活动式	材质、使用功能分类、耐火性能分类、耐火等级、结构不同为不同单元	GB 16809—2008	防火窗2樘。热敏感元件15件
		固定式	材质、使用功能分类、耐火性能分类、耐火等级、结构不同为不同单元	GB 16809—2008	防火窗2樘

注:

(1) 材质分类是指钢质防火窗、木质防火窗、钢木复合防火窗、其他材质防火窗。

(2) 使用功能分类指固定式防火窗、活动式防火窗。

(3) 耐火性能类别是指隔热防火窗(A类)。

(4) 耐火等级是指0.50小时、1.00小时、1.50小时、2.00小时、3.00小时。

(5) 结构是指窗框及扇框的成型结构,防火玻璃的结构、厚度和数量,密封材料、五金件、启闭控制装置。

(6) 材质、使用功能分类、耐火性能分类、耐火等级、结构相同的同一单元产品,其外形尺寸和玻璃尺寸(宽X高)大的覆盖外形尺寸和玻璃尺寸(宽*高)小的。

附件2:

建筑耐火构件产品强制性认证申请资料

消防产品认证委托方向指定认证机构提交申请,并随附下列资料:

1. 委托方/制造商/工厂的基本信息及资质证明(营业执照、组织机构代码证、有关合作协议等);

2. 《消防产品强制性认证合同书》;

3. 型式试验报告及指定检验机构盖章确认的产品特性文件(原材料/元器件/零配件或产品描述文件);

4. 申请认证的产品及使用的原材料/元器件/零配件符合国家或行业相关法律、法规、规定及标准要求的资料(必要时);

5. 指定认证机构要求的其他文件。

附件3:

建筑耐火构件产品强制性认证检验项目和检验依据

第1部分:防火窗

一、防火窗产品型式试验的检验项目和检验依据

1.1 外观质量

防火窗的外观质量应符合GB 16809—2008《防火窗》的第7.1.1条要求。

1.2 防火玻璃

1.2.1 防火窗上使用的防火玻璃的外观质量应符合GB 16809—2008《防火窗》的第7.1.2.1条要求。

1.2.2 防火窗上使用的防火玻璃的厚度允许偏差应符合GB 16809—2008《防火窗》的第7.1.2.2条要求。

1.3 尺寸

防火窗的尺寸应符合GB 16809—2008《防火窗》的第7.1.3条要求。

1.4 抗风压性能

防火窗的抗风压性能应符合GB 16809—2008《防火窗》的第7.1.4条要求。

1.5 气密性能

防火窗的气密性能应符合GB 16809—2008《防火窗》的第7.1.5条要求。

1.6 耐火性能

防火窗的耐火性能应符合GB 16809—2008《防火窗》的第7.1.6条要求。

1.7 热敏感元件的静态动作温度

活动式防火窗的热敏感元件的静态动作温度应符合GB 16809—2008《防火窗》的第7.2.1条要求。

1.8 活动窗扇尺寸

活动式防火窗的活动窗扇尺寸应符合GB 16809—2008《防火窗》的第7.2.2条要求。

1.9 窗扇关闭可靠性

活动式防火窗的窗扇关闭可靠性应符合GB 16809—2008《防火窗》的第7.2.3条要求。

1.10 窗扇自动关闭时间

活动式防火窗的窗扇自动关闭时间应符合GB 16809—2008《防火窗》的第7.2.4条要求。

二、单项判定准则

防火窗通用检验项目不合格分类应按表1规定。

表1 防火窗通用检验项目不合格分类

序号	检验项目	要求条款	试验方法条款	不合格分类
1	外观质量	7.1.1	8.2	C
2	防火玻璃外观质量	7.1.2.1	8.3	C
3	防火玻璃厚度公差	7.1.2.2	8.3	B
4	窗框高度公差	7.1.3	8.5	C
5	窗框宽度公差	7.1.3	8.5	C
6	窗框厚度公差	7.1.3	8.5	C
7	窗框对角线长度差	7.1.3	8.5	C
8	抗风压性能	7.1.4	8.9	B
9	气密性能	7.1.5	8.10	B
10	耐火性能	7.1.6	8.13	A

活动式防火窗附加检验项目不合格分类应按表2规定。

表2 活动式防火窗附加检验项目不合格分类

序号	检验项目	要求条款	试验方法条款	不合格分类
1	热敏感元件的静态动作温度	7.2.1	8.4	A
2	活动窗扇高度公差	7.2.2	8.6	C
3	活动窗扇宽度公差	7.2.2	8.6	C
4	活动窗扇框架厚度公差	7.2.2	8.6	C
5	活动窗扇对角线长度差	7.2.2	8.6	C
6	活动窗扇与窗框的搭接宽度偏差	7.2.2	8.7	C
7	活动窗扇扭曲度	7.2.2	8.8	C
8	窗扇关闭可靠性	7.2.3	8.11	A
9	窗扇自动关闭时间	7.2.4	8.12	A

三、产品综合判定准则

防火窗产品综合判定按GB 16809-2008《防火窗》中9.2.4的规定进行。

四、检验周期

检验周期是自正式签订检验合同之日起至上报检验报告实际发生的时间，具体时限如下：

序号	产品名称	检验周期（天）
1	防火窗	40

附件4:

建筑耐火构件产品强制性认证工厂质量保证能力要求

为保证批量生产的建筑耐火构件产品与已获型式试验合格的样品的一致性，工厂应满足本文件规定的产品质量保证能力要求。

1 职责和资源

1.1 职责

工厂应规定与质量活动有关的各类人员职责及相互关系，且工厂应在组织内指定一名质量负责人，无论该成员在其他方面的职责如何，应具有以下方面的职责和权限：

a. 负责建立满足本文件要求的质量体系，并确保其实施和保持；

b. 确保加贴强制性认证标志的产品符合认证标准的要求；

c. 建立文件化的程序，确保认证标志的妥善保管和使用；

d. 建立文件化的程序，确保不合格品和获证产品变更后未经指定认证机构确认，不加贴强制性认证标志。

质量负责人应具有充分的能力胜任本职工作。

1.2 资源

工厂应配备必须的生产设备和检验设备以满足稳定生产符合强制性认证标准的产品要求；应配备相应的人力资源，确保从事对产品质量有影响工作的人员具备必要的能力；建立并保持适宜产品生产、检验、试验、储存等必备的环境。

2 文件和记录

2.1 工厂应建立、保持文件化的认证产品的质量计划或类似文件，以及为确保产品质量的相关过程有效运作和控制需要的文件。质量计划应包括产品设计目标、实现过程、检验及有关资源的规定，以及产品获证后对获证产品的变更、标志的使用管理等的规定。

产品设计标准或规范应是质量计划的一个内容,其要求应不低于有关该产品的国家标准要求。

2.2 工厂应建立并保持文件化的程序以对本文件要求的文件和资料进行有效的控制。这些控制应确保：

a. 文件发布前和更改应由授权人批准，以确保其适宜性；

b. 文件的更改和修订状态得到识别，防止作废文件的非预期使用；

c. 确保在使用处可获得相应文件的有效版本。

2.3 工厂应建立并保持质量记录的标识、储存、保管和处理的文件化程序，质量记录应清晰、完整以作为产品符合规定要求的证据。

质量记录应有适当的保存期限。

3 采购和进货检验

3.1 供应商的控制

工厂应制定对关键元器件和材料的供应商的选择、评定和日常管理的程序，以确保供应商具有保证生产关键元器件和材料满足要求的能力。

工厂应保存对供应商的选择评价和日常管理记录。

3.2 关键元器件和材料的检验/验证

工厂应建立并保持对供应商提供的关键元器件和材料的检验或验证的程序及定期确认检验的程序，以确保关键元器件和材料满足认证所规定的要求。

关键元器件和材料的检验可由工厂进行，也可以由供应商完成。当由供应商检验时，工厂应对供应商提出明确的检验要求。

工厂应保存关键件检验或验证记录、确认检验记录及供应商提供的合格证明及有关检验数据等。

4 生产过程控制和过程检验

4.1 工厂应对关键生产工序进行识别，关键工序操作人员应具备相应的能力，如果该工序没有文件规定就不能保证产品质量时，则应制定相应的工艺作业指导书，使生产过程受控。

4.2 产品生产过程中如对环境条件有要求，工厂应保证工作环境满足规定的要求。

4.3 可行时，工厂应对适宜的过程参数和产品特性进行监控。

4.4 工厂应建立并保持对生产设备进行维护保养的制度。

4.5 工厂应在生产的适当阶段对产品进行检验，以确保产品及零部件与认证样品一致。

5 例行检验和确认检验

工厂应制定并保持文件化的例行检验和确认检验程序，以验证产品满足规定的要求。检验程序中应包括检验项目、内容、方法、判定等。并应保存检验记录。具体的例行检验和确认检验要求应满足相应产品的认证实施规则的要求执行。

例行检验是在生产的最终阶段对生产线上的产品进行的100%检验，通常检验后，除包装和加贴标签外，不再进一步加工。

确认检验是为验证产品持续符合标准要求进行的抽样检验。

6 检验试验仪器设备

用于检验和试验的设备应定期校准和检查，并满足检验试验能力。

检验和试验的仪器设备应有操作规程，检验人员应能按操作规程要求，准确地使用仪器设备。

6.1 校准和检定

用于确定所生产的产品符合规定要求的检验试验设备应按规定的周期进行校准或检定。校准或检定应溯源至国家或国际基准。对自行校准的，则应规定校准方法、验收准则和校准周期等。设备的校准状态应能被使用及管理人员方便识别。

应保存设备的校准记录。

6.2 运行检查

对用于例行检验和确认检验的设备除应进行日常操作检查外，还应进行运行检查。当发现运行检查结果不能满足规定要求时，应能追溯至已检验过的产品。必要时,应对这些产品重新进行检验。应规定操作人员在发现设备功能失效时需采取的措施。

运行检查结果及采取的调整等措施应记录。

7 不合格品的控制

工厂应建立不合格品控制程序，内容应包括不合格品的标识方法、隔离和处置及采取的纠正、预防措施。经返修、返工后的产品应重新检验。对重要部件或组件的返修应作相应的记录，应保存对不合格品的处置记录。

8 内部质量审核

工厂应建立文件化的内部质量审核程序，确保质量体系的有效性和认证产品的一致性，并记录内部审核结果。

对工厂的投诉尤其是对产品不符合标准要求的投诉，应保存记录，并应作为内部质量审核的信息输入。

对审核中发现的问题，应采取纠正和预防措施，并进行记录。

9 认证产品的一致性

工厂应对批量生产产品与型式试验合格的产品的一致性进行控制，以使认证产品持续符合规定的要求。

工厂应建立产品关键元器件和材料、结构等影响产品符合规定要求因素的变更控制程序，认证产品的变更（可能影响与相关标准的符合性或型式试验样机的一致性）在实施前应向指定认证机构申报并获得批准后方可执行。

10 包装、搬运和储存

工厂所进行的任何包装、搬运操作和储存环境应不影响产品符合规定标准要求。

附件5:

建筑耐火构件产品强制性认证工厂一致性控制要求

为保证工厂批量生产的认证产品与型式试验合格样品的一致性，认证产品的生产应满足本文件规定的一致性控制要求。

1 产品一致性控制文件

1.1 工厂应建立并保持认证产品一致性控制文件，一致性控制文件至少应包括：

1）针对具体认证产品型号的设计要求、产品结构描述、物料清单（应包含所使用的关键元器件的型号、主要参数及供应商）等技术文件；

2） 针对具体认证产品的生产工序工艺、生产配料单等生产控制文件；

3）针对认证产品的检验（包括进货检验、生产过程检验、成品例行检验及确认检验）要求、方法及相关资源条件配备等质量控制文件；

4）针对获证后产品的变更（包括标准、工艺、关键件等变更）控制、标志使用管理等程序文件。

1.2 产品设计标准或规范应是一致性控制文件的其中一个内容,其要求应不低于有关该产品的认证实施规则中规定的标准要求。

2 关键件和材料的检验/验证

工厂应建立并保持对供应商提供的关键元器件和材料的检验或验证的程序，以确保关键件和材料满足认证所规定的要求。

关键件和材料的检验可由工厂进行，也可以由供应商完成。当由供应商检验时,工厂应对供应商提出明确的检验要求。

工厂应保存关键件和材料检验或验证记录、供应商提供的合格证明及有关检验数据等。

3 批量生产产品的一致性

工厂应采取相应的措施，确保批量生产的认证产品与型式试验合格样品保持一致。

防火窗至少在以下方面确保产品的一致性：

1） 认证产品的铭牌、标志、说明书和包装上所标明的产品名称、规格和型号；

2）认证产品的材质、使用功能、耐火类别、耐火等级、结构、尺寸和安装方式；

4 例行检验和确认检验

4.1 工厂应制定并保持文件化的例行检验和确认检

验程序，以验证产品满足规定的要求。检验程序中应包括检验项目、内容、方法、判定准则等。应保存检验记录。

4.2 例行检验是在生产的最终阶段对生产线上的产品进行的100%检验，通常检验后，除包装和加贴标签外，不再进一步加工。例行检验允许采用经验证的等效快速的在线检验方法进行。

防火窗例行检验至少应包括以下检验项目：

（1）防火窗通用检验项目：

序号	检验项目
1	外观质量
2	防火玻璃外观质量
3	防火玻璃厚度公差
4	窗框高度公差
5	窗框宽度公差
6	窗框厚度公差
7	窗框对角线长度差

（2）活动式防火窗附加检验项目：

序号	检验项目
1	活动窗扇高度公差
2	活动窗扇宽度公差
3	活动窗扇框架厚度公差
4	活动窗扇对角线长度差
5	活动窗扇与窗框的搭接宽度偏差
6	活动窗扇扭曲度

工厂生产现场应具备上述相应认证产品检验项目的检验能力。

4.3 确认检验是为验证产品持续符合标准（产品认证实施规则中规定的标准）要求进行的抽样检验。防火窗确认检验至少应包括以下检验项目：

（1）防火窗通用检验项目：

序号	检验项目
1	抗风压性能
2	气密性能
3	耐火性能

（2）活动式防火窗附加检验项目

序号	检验项目
1	窗扇关闭可靠性
2	窗扇自动关闭时间
3	热敏感元件的静态动作温度

工厂不具备检验条件的确认检验项目，可委托具有相应能力的检验实验室检验。

5 获证产品的变更控制

工厂应建立文件化的变更控制程序，确保认证产品的设计、采用的关键件和材料以及生产工序工艺、检验条件等因素的变更得到有效控制。获证产品涉及到如下的变更，工厂在实施前应向指定认证机构申报，获得批准后方可执行：

（1）产品设计（原理、结构等）的变更；

（2）产品采用的关键件和关键材料的变更；

（3）关键工序、工序及其生产设备的变更；

（4）例行检验和确认检验条件和方法变更；

（5）生产场所搬迁、生产质量体系换版等变更；

（6）其他可能影响与相关标准的符合性或型式试验样机的一致性的变更。

编号：CNCA-09C-076：2011

消防产品类强制性认证实施规则
灭火剂产品

2011-06-15发布　　　　2011-10-01实施

1 总 则

1.1 根据《中华人民共和国消防法》和《中华人民共和国认证认可条例》制定本实施规则。

1.2 本实施规则适用于在中华人民共和国境内出厂、销售、进口或者在其他经营活动中使用的灭火剂产品认证，包括泡沫灭火剂、水系灭火剂、干粉灭火剂、超细干粉灭火剂、二氧化碳灭火剂、七氟丙烷（HFC227ea）灭火剂、惰性气体灭火剂等产品。

1.3 本实施规则由通则及附件组成。

1.4 按本实施规则认证的产品应符合国家有关法律、法规及国家、行业标准的相关规定。

2 认证模式

型式试验+初始工厂检查+获证后监督

3 认证的基本环节

认证的申请

型式试验

工厂检查

认证结果评价与批准

获证后监督

4 认证实施的基本要求

4.1 认证的申请

4.1.1 认证单元划分

认证单元划分见附件1《灭火剂产品强制性认证单元划分说明》。

同一制造商、同一产品型号，不同工厂的产品为不同认证单元。

4.1.2 申请文件

认证申请所需要提交的资料见附件2《灭火剂产品强制性认证申请资料》。

4.2 型式试验

4.2.1 型式试验的送样

4.2.1.1 送样原则

原则上每个申请认证单元作为一个送样单元。单元的主型样品应选取有代表性的样品。

4.2.1.2 送样数量

型式试验的样品由委托方按规则的要求选送，并对选送样品负责，送样数量及要求见附件3《灭火剂产品强制性认证检验项目和检验依据》。样品必须是近10个月生产并经工厂检验合格的产品，并且在产品有效期内。

4.2.1.3 型式试验样品和资料的处置

型式试验后，应以适当方式处置试验后的样品和资料。国家有规定的，按相关规定执行。

4.2.2 指定检验机构

检验由指定认证机构委托指定检验机构实施。

4.2.3 检验程序

4.2.3.1 指定检验机构应在检验前对样品的完整性等进行核查。

4.2.3.2 指定检验机构应执行本规则附件3《灭火剂产品强制性认证检验项目和检验依据》所规定的检验依据、检验项目、抽样方法和判定规则。

4.2.3.3 检验结束后，指定检验机构应及时向指定认证机构提交型式试验报告。

4.3 初始工厂检查

4.3.1 工厂检查人员

对型式试验合格的委托方，指定认证机构组织安排工厂检查组。检查组的人员由具有规定资质的人员组成。对同一工厂检查的检查员不少于2名。

4.3.2 工厂检查时间

工厂检查时间根据委托认证产品的单元及覆盖产品型号数量确定，并考虑工厂的生产规模，一般每个加工场所为4～8个人日。

4.3.3 工厂检查内容

初始工厂检查的内容为工厂质量保证能力检查和产品一致性检查。

4.3.3.1 工厂质量保证能力检查

工厂检查人员对生产厂按照附件4《灭火剂产品强制性认证工厂质量保证能力要求》进行工厂质量保证能力的检查。同时，还应按照附件5《灭火剂产品强制性认证工厂一致性控制要求》进行核查。

4.3.3.2 产品一致性检查

应在生产现场/成品库对申请认证的每单元产品至少抽取一件样品进行产品一致性检查，核查其与型式试验报告及指定检验机构确认的产品特性文件的一致性。

4.3.4 工厂质量保证能力和产品一致性检查应覆盖委托认证产品的所有工厂。

4.4 认证结果评价与批准

4.4.1 认证结果评价与批准

指定认证机构对产品检验和工厂检查结果进行综合评价。经指定认证机构评定，认证结果符合要求的，按照认证单元颁发认证证书；认证结果不符合要求的，终止本次认证。

4.4.2 认证时限

认证时限指自认证合同生效至颁发认证证书期间的工作日，包括工厂检查时间、认证结果评价和批准时间、证书制作时间等。

产品检验时限自样品送达指定检验机构并正式受理检验之日计算，产品检验应在公布的检验时限内完成，提交产品检验报告一般不超过5个工作日。

提交工厂检查报告不超过5个工作日，以检查组完成现场检查，收到工厂递交的不符合项整改资料之日起计算。

工厂检查时间，认证结果评价、批准时间及证书颁发时间一般不超过60个工作日。

4.5 获证后监督

4.5.1 获证后监督频次

4.5.1.1 获证产品从证书批准之日起，即可安排证后监督。证后监督每12个月内不少于一次。

4.5.1.2 若发生下述情况之一可增加监督频次：

（1）获证产品出现严重质量问题或用户对产品有投诉并经查实；

（2）指定认证机构有足够理由对获证产品与本实施规则中规定的标准要求的符合性提出质疑时；

（3）有足够信息表明工厂因变更组织机构、生产条件、质量管理体系等，从而可能影响产品符合性或一致性时。

4.5.2 获证后监督方式

（1）监督检查和监督检验；

（2）监督检查；

（3）监督检验。

4.5.3 监督检查

监督检查内容按指定认证机构规定的监督要求进行。监督检查既可在工厂，也可在流通或使用场所进行。监督检查的时间为每个场所2～4个人日。

监督检查必须进行产品一致性核查，产品一致性核查按本规则4.3.3.2的规定执行。

首次获证后的第5年，应按附件4《灭火剂产品强制性认证工厂质量保证能力要求》和附件5《灭火剂产品强制性认证工厂一致性控制要求》的规定对工厂进行检查。检查内容和人日数与初次工厂检查相同。

4.5.4 监督检验

监督检验既可从工厂抽样，也可在使用场所抽样，受检样品的选择、样品数量及检验项目由指定认证机构规定。

监督检验结论为合格或不合格。

4.5.5 监督结论

指定认证机构经评价做出监督结论，并将监督结论通知证书持有者，监督结论分为通过和不通过两种。凡存在下列情况之一的，监督结论为不通过：

（1）产品一致性核查不符合；

（2）工厂质量保证能力检查不通过或不合格项整改时间超过1个月；

（3）监督检验不合格。

监督结论为通过的，指定认证机构保持其证书；监督结论为不通过的，指定认证机构按规定暂停或撤销其证书。

保持认证证书的，继续使用认证标志。暂停或撤销认证证书的，停止使用认证标志，并对外公告。

5 认证的保持、变更、扩大、暂停、撤销和注销

5.1 认证证书的保持

认证证书的有效性依靠通过指定认证机构定期和不定期的监督获得保持。

5.2 认证证书的变更

5.2.1 变更的类型

5.2.1.1 不涉及产品安全使用性能的变更。如：由于产品命名方法的变化引起的获证产品名称、型号变更；产品型号变更、内部结构不变；证书持有者、制造商名称或地址变更；生产厂名称或地址变更（没有搬迁）等。

5.2.1.2 涉及产品安全使用性能的变更。如：生产厂搬迁；产品认证所依据的标准、规则等发生了变化；明显影响产品的设计发生了变化（如：获证产品的关键零部件/原材料/元器件更换）；制造商或生产厂的质量体系发生重大变化等。

5.2.2 变更程序

5.2.2.1 证书持有者需要变更已经获得的认证证书信息或产品时，应向指定认证机构提交变更申请并提交相关证明文件。

5.2.2.2 指定认证机构在接到变更申请及有关资料后进行审核，核查变更信息或产品与原获证信息或产品的一致性，必要时安排变更工厂确认检查和/或确认检验。

5.2.2.3 根据变更确认的结果，按规定程序评定，符合变更要求的，经指定认证机构批准后向证书持有者换发证书或发出变更确认通知。不符合变更要求的，经指定认证机构准后向证书持有者发出不予变更确认的通知。

5.3 认证范围的扩大

证书持有者在原有认证基础上增加新的认证单元和在认证单元内增加新的产品型号，应按本规则4.1.2的规定提出申请，经审查（必要时安排工厂质量保证能力检查和/或产品检验）、评价，结论为通过的颁发或换发证书。

5.4 认证证书的暂停、撤销和注销

认证证书的暂停、撤销和注销，按《强制性产品认证管理规定》的规定执行。自认证证书注销、撤销之日起或者认证证书暂停期间，不符合认证要求的产品，不得继续出厂、销售、进口或者在其他经营活动中使用。

暂停证书的恢复使用应由证书持有者向指定认证机构提出申请，指定认证机构按规定进行工厂质量保证能力检查和/或产品检验。符合《强制性产品认证管理规定》和本规则要求的，指定认证机构批准恢复使用证书。

6 认证证书的有效期

本规则覆盖产品认证证书的有效期为5年。

认证证书有效期届满，需要延续使用的，认证委托方应当在认证证书有效期届满前90天内申请办理。证书延续工作应按照指定认证机构的有关要求执行。

7 认证标志

证书持有者必须遵循《强制性产品认证标志管理办法》的有关规定使用认证标志。

7.1 准许使用的标志样式

7.2 加施方式和位置

标志的加施方式应遵循《强制性产品认证标志管理办法》的有关规定。认证标志一般应加施于产品明显位置。

7.3 变形认证标志

本规则覆盖产品不允许加施任何形式的变形认证标志。

8 申诉和投诉

8.1 委托方如对指定认证机构或指定检验机构的认证活动和/或做出的决定不满意，可提出正式的申诉或投诉。任何人或单位对获证单位的产品表示不满意，可向指定认证机构提出正式的投诉。

8.2 指定认证机构制定申诉、投诉程序，并由专门部门负责受理来自各方的申诉、投诉，经调查核实批准后，采取处理措施。

8.3 指定认证机构保存所有产品认证申诉、投诉的处理结果记录。

9 收 费

认证收费由指定认证机构按国家有关规定统一收取。

附件1:

灭火剂产品强制性认证单元划分说明

序号	产品名称	单元划分原则	认证依据标准	型式试验送样数量
1	泡沫灭火剂	原材料、组成不同，不能作为一个申请单元。	GB 15308—2006	混合比不大于3%的产品50L，大于3%的产品70L
2	水系灭火剂		GB 17835—2008	40 L
3	干粉灭火剂		GB 4066—2004	50kg
4	超细干粉灭火剂		GA 578—2005	50kg
5	二氧化碳灭火剂		GB 4396—2005	10kg
6	七氟丙烷（HFC227ea）灭火剂		GB 18614—2002	10kg
7	惰性气体灭火剂		GB 20128—2006	10kg

附件2:

灭火剂产品强制性认证申请资料

消防产品认证委托方向指定认证机构提交申请，并随附下列资料：

1. 委托方/制造商/工厂的基本信息及资质证明（营业执照、组织机构代码证、有关合作协议等）；

2.《消防产品强制性认证合同书》；

3. 型式试验报告及指定检验机构盖章确认的产品特性文件（原材料/元器件/零配件或产品描述文件）；

4.申请认证的产品及使用的原材料/元器件/零配件符合国家或行业相关法律、法规、规定及标准要求的资料（必要时）；

5. 认证机构要求的其他文件。

附件3:

灭火剂产品强制性认证检验项目和检验依据

委托人应提供出厂检验合格的样品进行型式试验。型式试验的检验项目和检验依据如下：

一、泡沫灭火剂

1 凝固点

1.1 低倍泡沫灭火剂应符合GB 15308—2006《泡沫灭火剂》的第4.2.1.1条的要求；

1.2 中倍泡沫灭火剂应符合GB 15308—2006《泡沫灭火剂》的第4.2.2.1条的要求；

1.3 高倍泡沫灭火剂应符合GB 15308—2006《泡沫灭火剂》的第4.2.2.2条的要求；

1.4 灭火器用泡沫灭火剂应符合GB 15308—2006《泡沫灭火剂》的第4.2.4条的要求。

2 抗冻结、融化性（适用时）

2.1 低倍泡沫灭火剂应符合GB 15308—2006《泡沫灭火剂》的第4.2.1.1条的要求；

2.2 中倍泡沫灭火剂应符合GB 15308—2006《泡沫灭火剂》的第4.2.2.1条的要求；

2.3 高倍泡沫灭火剂应符合GB 15308—2006《泡沫灭火剂》的第4.2.2.2条的要求；

2.4 灭火器用泡沫灭火剂应符合GB 15308—2006《泡沫灭火剂》的第4.2.4条的要求。

3 沉淀物/（体积分数）%（适用时）

3.1 低倍泡沫灭火剂应符合GB 15308—2006《泡沫灭火剂》的第4.2.1.1条的要求；

3.2 中倍泡沫灭火剂应符合GB 15308—2006《泡沫灭火剂》的第4.2.2.1条的要求；

3.3 高倍泡沫灭火剂应符合GB 15308—2006《泡沫灭火剂》的第4.2.2.2条的要求；

3.4 灭火器用泡沫灭火剂应符合GB 15308—2006《泡沫灭火剂》的第4.2.4条的要求。

4 比流动性

4.1 低倍泡沫灭火剂应符合GB 15308—2006《泡沫灭火剂》的第4.2.1.1条的要求；

4.2 中倍泡沫灭火剂应符合GB 15308—2006《泡沫灭火剂》的第4.2.2.1条的要求；

4.3 高倍泡沫灭火剂应符合GB 15308—2006《泡沫灭火剂》的第4.2.2.2条的要求。

5 pH值

5.1 低倍泡沫灭火剂应符合GB 15308—2006《泡沫灭火剂》的第4.2.1.1条的要求；

5.2 中倍泡沫灭火剂应符合GB 15308—2006《泡沫灭火剂》的第4.2.2.1条的要求；

5.3 高倍泡沫灭火剂应符合GB 15308—2006《泡沫灭火剂》的第4.2.2.2条的要求；

5.4 灭火器用泡沫灭火剂应符合GB 15308—2006《泡沫灭火剂》的第4.2.4条的要求。

6 表面张力（适用时）

6.1 低倍泡沫灭火剂应符合GB 15308—2006《泡沫灭火剂》的第4.2.1.1条的要求；

6.2 中倍泡沫灭火剂应符合GB 15308—2006《泡沫灭火剂》的第4.2.2.1条的要求；

6.3 高倍泡沫灭火剂应符合GB 15308—2006《泡沫灭火剂》的第4.2.2.2条的要求；

6.4 灭火器用泡沫灭火剂应符合GB 15308—2006《泡沫灭火剂》的第4.2.4.2条的要求。

7 界面张力（适用时）

7.1 低倍泡沫灭火剂应符合GB 15308—2006《泡沫灭火剂》的第4.2.1.1条的要求；

7.2 中倍泡沫灭火剂应符合GB 15308—2006《泡沫灭火剂》的第4.2.2.1条的要求；

7.3 高倍泡沫灭火剂应符合GB 15308—2006《泡沫灭火剂》的第4.2.2.2条的要求；

7.4 灭火器用泡沫灭火剂应符合GB 15308—2006《泡沫灭火剂》的第4.2.4.2条的要求。

8 扩散系数(适用时)

8.1 低倍泡沫灭火剂应符合GB 15308—2006《泡沫灭火剂》的第4.2.1.1条的要求;

8.2 中倍泡沫灭火剂应符合GB 15308—2006《泡沫灭火剂》的第4.2.2.1条的要求;

8.3 高倍泡沫灭火剂应符合GB 15308—2006《泡沫灭火剂》的第4.2.2.2条的要求;

8.4 灭火器用泡沫灭火剂应符合GB 15308—2006《泡沫灭火剂》的第4.2.4.2条的要求。

9 腐蚀率

9.1 低倍泡沫灭火剂应符合GB 15308—2006《泡沫灭火剂》的第4.2.1.1条的要求;

9.2 中倍泡沫灭火剂应符合GB 15308—2006《泡沫灭火剂》的第4.2.2.1条的要求;

9.3 高倍泡沫灭火剂应符合GB 15308—2006《泡沫灭火剂》的第4.2.2.2条的要求;

9.4 灭火器用泡沫灭火剂应符合GB 15308—2006《泡沫灭火剂》的第4.2.4条的要求。

10 发泡倍数

10.1 低倍泡沫灭火剂应符合GB 15308—2006《泡沫灭火剂》的第4.2.1.1条的要求;

10.2 中倍泡沫灭火剂应符合GB 15308—2006《泡沫灭火剂》的第4.2.2.1条的要求;

10.3 高倍泡沫灭火剂应符合GB 15308—2006《泡沫灭火剂》的第4.2.2.2条的要求;

10.4 灭火器用泡沫灭火剂应符合GB 15308—2006《泡沫灭火剂》的第4.2.4.2条的要求。

11 析液时间

11.1 低倍泡沫灭火剂应符合GB 15308—2006《泡沫灭火剂》的第4.2.1.1条的要求;

11.2 中倍泡沫灭火剂应符合GB 15308—2006《泡沫灭火剂》的第4.2.2.1条的要求;

11.3 高倍泡沫灭火剂应符合GB 15308—2006《泡沫灭火剂》的第4.2.2.2条的要求;

11.4 灭火器用泡沫灭火剂应符合GB 15308—2006《泡沫灭火剂》的第4.2.4.2条的要求。

12 灭火性能

12.1 低倍泡沫灭火剂对非水溶性液体燃料的灭火性能应符合GB 15308—2006《泡沫灭火剂》的第4.2.1.2条的要求;

12.2 低倍泡沫灭火剂对水溶性液体燃料的灭火性能应符合GB 15308—2006《泡沫灭火剂》的第4.2.3.4条的要求;

12.3 中倍泡沫灭火剂对非水溶性液体燃料的灭火性能应符合GB 15308—2006《泡沫灭火剂》的第4.2.2.1条的要求;

12.4 中倍泡沫灭火剂对水溶性液体燃料的灭火性能应符合GB 15308—2006《泡沫灭火剂》的第4.2.3.4条的要求;

12.5 高倍泡沫灭火剂对非水溶性液体燃料的灭火性能应符合GB 15308—2006《泡沫灭火剂》的第4.2.2.2条的要求;

12.6 高倍泡沫灭火剂对水溶性液体燃料的灭火性能应符合GB 15308—2006《泡沫灭火剂》的第4.2.3.4条的要求;

12.7 灭火器用泡沫灭火剂的灭火性能应符合GB 15308—2006《泡沫灭火剂》的第4.2.4.3条的要求。

二、干粉灭火剂

1 主要组分含量

1.1 BC干粉灭火剂应符合GB 066.1—2004《干粉灭火剂 第1部分: BC干粉灭火剂》的第4条要求;

1.2 ABC 干粉灭火剂应符合GB 4066.2—2004《干粉灭火剂 第2部分: ABC干粉灭火剂》的第4条要求。

1.3 干粉灭火剂的主要灭火组分含量不应低于干粉灭火剂总量的50%(质量分数)。

2 松密度

2.1 BC干粉灭火剂应符合GB 4066.1—2004《干粉灭火剂 第1部分: BC干粉灭火剂》的第4条要求;

2.2 ABC 干粉灭火剂应符合GB 4066.2—2004《干粉灭火剂 第2部分: ABC干粉灭火剂》的第4条要求。

3 含水率

3.1 BC干粉灭火剂应符合GB 4066.1—2004《干粉灭火剂 第1部分: BC干粉灭火剂》的第4条要求;

3.2 ABC 干粉灭火剂应符合GB 4066.2—2004《干粉灭火剂 第2部分: ABC干粉灭火剂》的第4条要求。

4 吸湿率

4.1 BC干粉灭火剂应符合GB 4066.1—2004《干粉灭火剂 第1部分: BC干粉灭火剂》的第4条要求;

4.2 ABC 干粉灭火剂应符合GB 4066.2—2004《干粉灭火剂 第2部分: ABC干粉灭火剂》的第4条要求。

5 抗结块性

5.1 BC干粉灭火剂应符合GB 4066.1—2004《干粉灭火剂 第1部分: BC干粉灭火剂》的第4条要求;

5.2 ABC 干粉灭火剂应符合GB 4066.2—2004《干粉灭火剂 第2部分: ABC干粉灭火剂》的第4条要求。

6 斥水性

6.1 BC干粉灭火剂应符合GB 4066.1—2004《干粉灭火剂 第1部分: BC干粉灭火剂》的第4条要求;

6.2 ABC 干粉灭火剂应符合GB 4066.2—2004《干粉灭火剂 第2部分: ABC干粉灭火剂》的第4条要求。

7 粒度分布

7.1 BC干粉灭火剂应符合GB 4066.1—2004《干粉灭火剂 第1部分：BC干粉灭火剂》的第4条要求；

7.2 ABC 干粉灭火剂应符合GB 4066.2—2004《干粉灭火剂 第2部分：ABC干粉灭火剂》的第4条要求。

8 耐低温性

8.1 BC干粉灭火剂应符合GB 4066.1—2004《干粉灭火剂 第1部分：BC干粉灭火剂》的第4条要求；

8.2 ABC 干粉灭火剂应符合GB 4066.2—2004《干粉灭火剂 第2部分：ABC干粉灭火剂》的第4条要求。

9 电绝缘性

9.1 BC干粉灭火剂应符合GB 4066.1—2004《干粉灭火剂 第1部分：BC干粉灭火剂》的第4条要求；

9.2 ABC 干粉灭火剂应符合GB 4066.2—2004《干粉灭火剂 第2部分：ABC干粉灭火剂》的第4条要求。

10 颜色

10.1 BC干粉灭火剂应符合GB 4066.1—2004《干粉灭火剂 第1部分：BC干粉灭火剂》的第4条要求；

10.2 ABC 干粉灭火剂应符合GB 4066.2—2004《干粉灭火剂 第2部分：ABC干粉灭火剂》的第4条要求。

11 喷射性能

11.1 BC干粉灭火剂应符合GB 4066.1—2004《干粉灭火剂 第1部分：BC干粉灭火剂》的第4条要求；

11.2 ABC 干粉灭火剂应符合GB 4066.2—2004《干粉灭火剂 第2部分：ABC干粉灭火剂》的第4条要求。

12 灭火性能

12.1 BC干粉灭火剂应符合GB 4066.1—2004《干粉灭火剂 第1部分：BC干粉灭火剂》的第4条要求；

12.2 ABC 干粉灭火剂应符合GB 4066.2—2004《干粉灭火剂 第2部分：ABC干粉灭火剂》的第4条要求。

三、水系灭火剂

1 凝固点

应符合GB 17835—2008《水系灭火剂》的第5条要求。

2 抗冻结、融化性

应符合GB 17835—2008《水系灭火剂》的第5条要求。

3 pH值

应符合GB 17835—2008《水系灭火剂》的第5条要求。

4 表面张力

应符合GB 17835—2008《水系灭火剂》的第5条要求。

5 腐蚀率

应符合GB 17835—2008《水系灭火剂》的第5条要求。

6 毒性

应符合GB 17835—2008《水系灭火剂》的第5条要求。

7 灭火性能

应符合GB 17835—2008《水系灭火剂》的第5条要求。

四、超细干粉灭火剂

1 松密度

1.1 BC超细干粉灭火剂应符合GA 578—2005《超细干粉灭火剂》的第5条要求；

1.2 ABC超细干粉灭火剂应符合GA 578—2005《超细干粉灭火剂》的第5条要求。

2 含水率

2.1 BC超细干粉灭火剂应符合GA 578—2005《超细干粉灭火剂》的第5条要求；

2.2 ABC超细干粉灭火剂应符合GA 578—2005《超细干粉灭火剂》的第5条要求。

3 吸湿率

3.1 BC超细干粉灭火剂应符合GA 578—2005《超细干粉灭火剂》的第5条要求；

3.2 ABC超细干粉灭火剂应符合GA 578—2005《超细干粉灭火剂》的第5条要求。

4 斥水性

4.1 BC超细干粉灭火剂应符合GA 578—2005《超细干粉灭火剂》的第5条要求；

4.2 ABC超细干粉灭火剂应符合GA578—2005《超细干粉灭火剂》的第5条要求。

5 抗结块性

5.1 BC超细干粉灭火剂应符合GA 578—2005《超细干粉灭火剂》的第5条要求；

5.2 ABC超细干粉灭火剂应符合GA 578—2005《超细干粉灭火剂》的第5条要求。

6 耐低温性

6.1 BC超细干粉灭火剂应符合GA 578—2005《超细干粉灭火剂》的第5条要求；

6.2 ABC超细干粉灭火剂应符合GA 578—2005《超细干粉灭火剂》的第5条要求。

7 90%粒径

7.1 BC超细干粉灭火剂应符合GA 578—2005《超细干粉灭火剂》的第5条要求；

7.2 ABC超细干粉灭火剂应符合GA 578—2005《超细干粉灭火剂》的第5条要求。

8 电绝缘性

8.1 BC超细干粉灭火剂应符合GA 578—2005《超细干粉灭火剂》的第5条要求；

8.2 ABC超细干粉灭火剂应符合GA 578—2005《超

细干粉灭火剂》的第5条要求。

9 灭火性能

9.1 BC超细干粉灭火剂应符合GA 578—2005《超细干粉灭火剂》的第5条要求;

9.2 ABC超细干粉灭火剂应符合GA 578—2005《超细干粉灭火剂》的第5条要求。

五、七氟丙烷灭火剂

1 纯度

应符合GB 18614—2002《七氟丙烷(HFC227ea)灭火剂》的第4条要求。

2 酸度

应符合GB 18614—2002《七氟丙烷(HFC227ea)灭火剂》的第4条要求。

3 水分

应符合GB 18614—2002《七氟丙烷(HFC227ea)灭火剂》的第4条要求。

4 蒸发残留物

应符合GB 18614—2002《七氟丙烷(HFC227ea)灭火剂》的第4条要求。

5 悬浮物或沉淀物

应符合GB 18614—2002《七氟丙烷(HFC227ea)灭火剂》的第4条要求。

六、二氧化碳灭火剂

1 纯度

应符合GB 4396—2005《二氧化碳灭火剂》的第3条要求。

2 水含量

应符合GB 4396—2005《二氧化碳灭火剂》的第3条要求。

3 油含量

应符合GB 4396—2005《二氧化碳灭火剂》的第3条要求。

4 醇类含量

应符合GB 4396—2005《二氧化碳灭火剂》的第3条要求。

5 总硫化物含量

应符合GB 4396—2005《二氧化碳灭火剂》的第3条要求。

七、惰性气体灭火剂

1 G-01惰性气体灭火剂

1.1 氩气含量

应符合GB 20128—2006《惰性气体灭火剂》的第4.2.1条要求。

1.2 水分含量

应符合GB 20128—2006《惰性气体灭火剂》的第4.2.1条要求。

1.3 悬浮物或沉淀物

应符合GB20128—2006《惰性气体灭火剂》的第4.2.1条要求。

2 G-100惰性气体灭火剂

2.1 氮气含量

应符合GB 20128—2006《惰性气体灭火剂》的第4.2.2条要求。

2.2 水分含量

应符合GB 20128—2006《惰性气体灭火剂》的第4.2.2条要求。

2.3 氧含量

应符合GB 20128—2006《惰性气体灭火剂》的第4.2.2条要求。

3 G-55惰性气体灭火剂

3.1 氩气含量

应符合GB 20128—2006《惰性气体灭火剂》的第4.2.3条表3的要求。

3.2 氮气含量

应符合GB 20128—2006《惰性气体灭火剂》的第4.2.3条表3的要求。

3.3 组分气体纯度

应符合GB 20128—2006《惰性气体灭火剂》的第4.2.3条表4的要求。

3.4 组分气体水分含量

应符合GB 20128—2006《惰性气体灭火剂》的第4.2.3条表4的要求。

4 G-541惰性气体灭火剂

4.1 二氧化碳含量

应符合GB 20128—2006《惰性气体灭火剂》的第4.2.4条表5的要求。

4.2 氩气含量

应符合GB 20128—2006《惰性气体灭火剂》的第4.2.4条表5的要求。

4.3 氮气含量

应符合GB 20128—2006《惰性气体灭火剂》的第4.2.4条表5的要求。

4.4 组分气体纯度

应符合GB 20128—2006《惰性气体灭火剂》的第4.2.4条表6的要求。

4.5 组分气体水分含量

应符合GB 20128—2006《惰性气体灭火剂》的第4.2.4条表6的要求。

4.6 组分气体氧含量

应符合GB 20128—2006《惰性气体灭火剂》的第4.2.4条表6的要求

八、取样要求、试验方法及判定准则

取样应确保样品具有代表性，数量见附件1《灭火剂产品强制性认证单元划分说明》，试验方法及判定准则按相应的标准执行。

九、检验周期

检验周期是自正式签订检验合同之日起至上报检验报告实际发生的时间，具体时限如下：

序号	产品名称	检验周期（天）
1	泡沫灭火剂	45
2	水系灭火剂	45
3	干粉灭火剂	35
4	超细干粉灭火剂	35
5	二氧化碳灭火剂	20
6	七氟丙烷（HFC227ea）灭火剂	20
7	惰性气体灭火剂	20

附件4:

灭火剂产品强制性认证工厂质量保证能力要求

为保证批量生产的灭火剂产品与已获证型式试验合格的样品的一致性，工厂应满足本文件规定的产品质量保证能力要求。

1 职责和资源

1.1 职责

工厂应规定与质量活动有关的各类人员职责及相互关系，且工厂应在组织内指定一名质量负责人，无论该成员在其他方面的职责如何，应具有以下方面的职责和权限：

a. 负责建立满足本文件要求的质量体系，并确保其实施和保持；

b. 确保加贴强制性认证标志的产品符合认证标准的要求；

c. 建立文件化的程序，确保认证标志的妥善保管和使用；

d. 建立文件化的程序，确保不合格品和获证产品变更后未经认证机构确认，不加贴强制性认证标志。

质量负责人应具有充分的能力胜任本职工作。

1.2 资源

工厂应配备必须的生产设备和检验设备以满足稳定生产符合强制性认证标准的产品要求；应配备相应的人力资源，确保从事对产品质量有影响工作的人员具备必要的能力；建立并保持适宜产品生产、检验、试验、储存等必备的环境。

2 文件和记录

2.1 工厂应建立、保持文件化的认证产品的质量计划或类似文件，以及为确保产品质量的相关过程有效运作和控制需要的文件。质量计划应包括产品设计目标、实现过程、检验及有关资源的规定，以及产品获证后对获证产品的变更、标志的使用管理等的规定。

产品设计标准或规范应是质量计划的一个内容，其要求应不低于有关该产品的国家标准要求。

2.2 工厂应建立并保持文件化的程序以对本文件要求的文件和资料进行有效的控制。这些控制应确保：

a. 文件发布前和更改应由授权人批准，以确保其适宜性；

b. 文件的更改和修订状态得到识别，防止作废文件的非预期使用；

c. 确保在使用处可获得相应文件的有效版本。

2.3 工厂应建立并保持质量记录的标识、储存、保管和处理的文件化程序，质量记录应清晰、完整以作为产品符合规定要求的证据。

质量记录应有适当的保存期限。

3 采购和进货检验

3.1 生产商的控制

工厂应制定对关键原材料的生产商的选择、评定和日常管理的程序，以确保生产商具有保证生产关键原材料满足要求的能力。

工厂应保存对生产商的选择评价和日常管理记录。

3.2 关键原材料的检验/验证

工厂应建立并保持对生产商提供的关键原材料的检验或验证的程序及定期确认检验的程序，以确保关键原材料满足认证所规定的要求。

关键原材料的检验可由工厂进行，也可以由生产商完成。当由生产商检验时，工厂应对生产商提出明确的检验要求。

工厂应保存关键原材料的检验或验证记录、确认检验记录及生产商提供的合格证明及有关检验数据等。

4 生产过程控制和过程检验

4.1 工厂应对关键生产工序进行识别，关键工序操作人员应具备相应的能力，如果该工序没有文件规定就不能保证产品质量时，则应制定相应的工艺作业指导书，使生产过程受控。

4.2 产品生产过程中如对环境条件有要求,工厂应保证工作环境满足规定的要求。

4.3 可行时,工厂应对适宜的过程参数和产品特性进行监控。

4.4 工厂应建立并保持对生产设备进行维护保养的制度。

4.5 工厂应在生产的适当阶段对产品进行检验,以确保产品及零部件与认证样品一致。

5 例行检验和确认检验

工厂应制定并保持文件化的例行检验和确认检验程序,以验证产品满足规定的要求。检验程序中应包括检验项目、内容、方法、判定等。并应保存检验记录。具体的例行检验和确认检验要求应满足相应产品的认证实施规则的要求执行。

例行检验是在生产的最终阶段对生产线上的产品进行的100%检验,通常检验后,除包装和加贴标签外,不再进一步加工。

确认检验是为验证产品持续符合标准要求进行的抽样检验。

6 检验试验仪器设备

用于检验和试验的设备应定期校准和检查,并满足检验试验能力。

检验和试验的仪器设备应有操作规程,检验人员应能按操作规程要求,准确地使用仪器设备。

6.1 校准和检定

用于确定所生产的产品符合规定要求的检验试验设备应按规定的周期进行校准或检定。校准或检定应溯源至国家或国际基准。对自行校准的,则应规定校准方法、验收准则和校准周期等。设备的校准状态应能被使用及管理人员方便识别。

应保存设备的校准记录。

6.2 运行检查

对用于例行检验和确认检验的设备除应进行日常操作检查外,还应进行运行检查。当发现运行检查结果不能满足规定要求时,应能追溯至已检验过的产品。必要时,应对这些产品重新进行检验。应规定操作人员在发现设备功能失效时需采取的措施。

运行检查结果及采取的调整等措施应记录。

7 不合格品的控制

工厂应建立不合格品控制程序,内容应包括不合格品的标识方法、隔离和处置及采取的纠正、预防措施。经返修、返工后的产品应重新检验。对重要部件或组件的返修应作相应的记录,应保存对不合格品的处置记录。

8 内部质量审核

工厂应建立文件化的内部质量审核程序,确保质量体系的有效性和认证产品的一致性,并记录内部审核结果。

对工厂的投诉尤其是对产品不符合标准要求的投诉,应保存记录,并应作为内部质量审核的信息输入。

对审核中发现的问题,应采取纠正和预防措施,并进行记录。

9 认证产品的一致性

工厂应对批量生产产品与型式试验合格的产品的一致性进行控制,以使认证产品持续符合规定的要求。

工厂应建立产品关键原材料、工艺等影响产品符合规定要求因素的变更控制程序,认证产品的变更(可能影响与相关标准的符合性或型式试验样机的一致性)在实施前应向认证机构申报并获得批准后方可执行。

10 包装、搬运和储存

工厂所进行的任何包装、搬运操作和储存环境应不影响产品符合规定标准要求。

附件5:

灭火剂产品强制性认证工厂一致性控制要求

为保证工厂批量生产的认证产品与型式试验合格样品的一致性,认证产品的生产应满足本文件规定的一致性控制要求。

1 产品一致性控制文件

1.1 工厂应建立并保持认证产品一致性控制文件,一致性控制文件至少应包括:

(1)针对具体认证产品的工艺设计要求、主要物料清单(应包含所使用主要原材料的型号规格、主要参数及生产商)等技术文件;

(2)针对具体认证产品的生产工序工艺、生产配料单等生产控制文件;

(3)针对认证产品的检验(包括进货检验、生产过程检验、成品例行检验及确认检验)要求、方法及相关资源条件配备等质量控制文件;

(4)针对获证后产品的变更(包括标准、工艺、主要原材料等变更)控制、标志使用管理等程序文件。

1.2 企业产品标准或规范应是一致性控制文件的其中一个内容,其要求应不低于有关该产品的认证实施规则中规定的标准要求。

2 主要原材料的检验/验证

工厂应建立并保持对供应商提供的主要原材料的检验或验证的程序，以确保主要原材料满足认证所规定的要求。

主要原材料的检验可由工厂进行，也可以由供应商完成。当由供应商检验时，工厂应对供应商提出明确的检验要求。

工厂应保存主要原材料检验或验证记录、生产商提供的合格证明及有关检验数据等。

3 批量生产产品的一致性

工厂应采取相应的措施，确保批量生产的认证产品至少在以下方面与型式试验合格样品保持一致：

(1) 认证产品的铭牌、标志、说明书和包装上所标明的产品名称、规格和型号；

(2) 认证产品的适用范围及主要技术参数；

(3) 主要原材料的型号规格、等级及生产商；

(4) 配方及生产工艺。

4 例行检验和确认检验

4.1 工厂应制定并保持文件化的例行检验和确认检验程序，以验证产品满足规定的要求。检验程序中应包括检验项目、内容、方法、判定准则等，应保存检验记录。

4.2 例行检验是在生产的最终阶段对生产线上的产品进行的100%检验，通常检验后，除包装和加贴标签外，不再进一步加工。例行检验允许采用经验证的等效快速的在线检验方法进行。例行检验至少应包括以下检验项目，技术指标应不低于相应认证规则规定标准的要求：

(1) 泡沫灭火剂产品：凝固点、pH值、表面张力（适用时）、发泡倍数、析液时间；

(2) 水系灭火剂产品：凝固点、pH值、表面张力；

(3) 干粉灭火剂产品：主要组分含量、松密度、含水率、斥水性、粒度分布；

(4) 超细干粉灭火剂产品：松密度、斥水性、90%粒径。

(5) 七氟丙烷灭火剂产品： 纯度、水分；

(6) 二氧化碳灭火剂产品： 纯度、水含量；

(7) 惰性气体灭火剂产品： 纯度（或含量）；

工厂应具备上述相应认证产品检验项目的检验能力。

4.3 确认检验是为验证产品持续符合标准（产品认证实施规则中规定的标准）要求进行的抽样检验。确认检验至少应包括以下检验项目：

(1) 泡沫灭火剂产品：发泡倍数、析液时间、灭火性能；

(2) 水系灭火剂产品：凝固点、灭火性能；

(3) 干粉灭火剂产品：抗结块性、耐低温性、流动性、灭火性能；

(4) 超细干粉灭火剂产品：抗结块性、90%粒径、灭火性能；

(5) 七氟丙烷灭火剂产品： 纯度、水分、酸度；

(6) 二氧化碳灭火剂产品： 纯度、水含量；

(7) 惰性气体灭火剂产品： 纯度（或含量）。

工厂不具备检验条件的确认检验项目，可委托具有相应能力的检验实验室检验。

5 获证产品的变更控制

工厂应建立文件化的变更控制程序，确保认证产品的配方、采用的主要原材料以及生产工序工艺、检验条件等因素的变更得到有效控制。获证产品涉及到如下的变更，工厂在实施前应向认证机构申报，获得批准后方可执行：

产品配方的变更；

(1) 产品采用的主要原材料的变更；

(2) 生产工艺及其主要生产设备的变更；

(3) 例行检验和确认检验条件和方法变更；

(4) 生产场所搬迁、生产质量体系换版等变更；

(5) 其他可能影响与相关标准的符合性或型式试验样品的一致性的变更。

编号：CNCA-09C-075：2011

消防产品类强制性认证实施规则
泡沫灭火设备产品

2011-06-15发布　　2011-10-01实施

1 总 则

1.1 根据《中华人民共和国消防法》和《中华人民共和国认证认可条例》制定本实施规则。

1.2 本实施规则适用于在中华人民共和国境内出厂、销售、进口或者在其他经营活动中使用的泡沫灭火设备产品认证，包括比例混合装置、泡沫发生装置、泡沫泵、专用阀门及附件、泡沫喷射装置、泡沫消火栓箱、轻便式泡沫灭火装置、闭式泡沫—水喷淋装置等产品。

1.3 本实施规则由通则及附件组成。

1.4 按本实施规则认证的产品应符合国家有关法律、法规及国家、行业标准的相关规定。

2 认证模式

型式试验+初始工厂检查+获证后监督

3 认证的基本环节

认证的申请

型式试验

工厂检查

认证结果评价与批准

获证后监督

4 认证实施的基本要求

4.1 认证的申请

4.1.1 认证单元划分

认证单元划分见附件1《泡沫灭火设备产品强制性认证单元划分说明》。

同一制造商、同一产品型号，不同工厂的产品为不同认证单元。

4.1.2 申请文件

认证申请所需要提交的资料见附件2《泡沫灭火设备产品强制性认证申请资料》。

4.2 型式试验

4.2.1 型式试验的送样

4.2.1.1 送样原则

原则上每个申请认证单元作为一个送样单元。单元的主型样品应选取有代表性的样品。

4.2.1.2 送样数量

型式试验的样品由委托方按规则的要求选送，并对选送样品负责，送样数量及要求见附件3《泡沫灭火设备产品强制性认证检验项目和检验依据》。样品必须是近10个月生产并经工厂检验合格的产品，并且在产品有效期内。

4.2.1.3 型式试验样品和资料的处置

型式试验后，应以适当方式处置试验后的样品和资料。国家有规定的，按相关规定执行。

4.2.2 指定检验机构

检验由指定认证机构委托指定检验机构实施。

4.2.3 检验程序

4.2.3.1 指定检验机构应在检验前对样品的完整性等进行核查。

4.2.3.2 指定检验机构应执行本规则附件3《泡沫灭火设备产品强制性认证检验项目和检验依据》所规定的检验依据、检验项目、抽样方法和判定规则。

4.2.3.3 检验结束后，指定检验机构应及时向指定认证机构提交型式试验报告。

4.3 初始工厂检查

4.3.1 工厂检查人员

对型式试验合格的委托方，指定认证机构组织安排工厂检查组。检查组的人员由具有规定资质的人员组成。对同一工厂检查的检查员不少于2名。

4.3.2 工厂检查时间

工厂检查时间根据委托认证产品的单元及覆盖产品型号数量确定，并考虑工厂的生产规模，一般每个加工场所为4～8个人日。

4.3.3 工厂检查内容

初始工厂检查的内容为工厂质量保证能力检查和产品一致性检查。

4.3.3.1 工厂质量保证能力检查

工厂检查人员对生产厂按照附件4《泡沫灭火设备产品强制性认证工厂质量保证能力要求》进行工厂质量保证能力的检查。同时，还应按照附件5《泡沫灭火设备产品强制性认证工厂一致性控制要求》进行核查。

4.3.3.2 产品一致性检查

应在生产现场/成品库对申请认证的每单元产品至少

抽取一件样品进行产品一致性检查，核查其与型式试验报告及指定检验机构确认的产品特性文件的一致性。

4.3.4 工厂质量保证能力和产品一致性检查应覆盖委托认证产品的所有工厂。

4.4 认证结果评价与批准

4.4.1 认证结果评价与批准

指定认证机构对产品检验和工厂检查结果进行综合评价。经指定认证机构评定，认证结果符合要求的，按照认证单元颁发认证证书；认证结果不符合要求的，终止本次认证。

4.4.2 认证时限

认证时限指自认证合同生效至颁发认证证书期间的工作日，包括工厂检查时间、认证结果评价和批准时间、证书制作时间等。

产品检验时限自样品送达指定检验机构并正式受理检验之日计算，产品检验应在公布的检验时限内完成，提交产品检验报告一般不超过5个工作日。

提交工厂检查报告不超过5个工作日，以检查组完成现场检查，收到工厂递交的不符合项整改资料之日起计算。

工厂检查时间，认证结果评价、批准时间及证书颁发时间一般不超过60个工作日。

4.5 获证后监督

4.5.1 获证后监督频次

4.5.1.1 获证产品从证书批准之日起，即可安排证后监督。证后监督每12个月内不少于一次。

4.5.1.2 若发生下述情况之一可增加监督频次：

（1）获证产品出现严重质量问题或用户对产品有投诉并经查实；

（2）指定认证机构有足够理由对获证产品与本实施规则中规定的标准要求的符合性提出质疑时；

（3）有足够信息表明工厂因变更组织机构、生产条件、质量管理体系等，从而可能影响产品符合性或一致性时。

4.5.2 获证后监督方式

（1）监督检查和监督检验；

（2）监督检查；

（3）监督检验。

4.5.3 监督检查

监督检查内容按指定认证机构规定的监督要求进行。监督检查既可在工厂，也可在流通或使用场所进行。监督检查的时间为每个场所2～4个人日。

监督检查必须进行产品一致性核查，产品一致性核查按本规则4.3.3.2的规定执行。

首次获证后的第5年，应按附件4《泡沫灭火设备产品强制性认证工厂质量保证能力要求》和附件5《泡沫灭火设备产品强制性认证工厂一致性控制要求》的规定对工厂进行检查。检查内容和人日数与初次工厂检查相同。

4.5.4 监督检验

监督检验既可从工厂抽样，也可在使用场所抽样，受检样品的选择、样品数量及检验项目由指定认证机构规定。

监督检验结论为合格或不合格。

4.5.5 监督结论

指定认证机构经评价做出监督结论，并将监督结论通知证书持有者，监督结论分为通过和不通过两种。凡存在下列情况之一的，监督结论为不通过：

（1）产品一致性核查不符合；

（2）工厂质量保证能力检查不通过或不合格项整改时间超过1个月；

（3）监督检验不合格。

监督结论为通过的，指定认证机构保持其证书；监督结论为不通过的，指定认证机构按规定暂停或撤销其证书。

保持认证证书的，继续使用认证标志。暂停或撤销认证证书的，停止使用认证标志，并对外公告。

5 认证的保持、变更、扩大、暂停、撤销和注销

5.1 认证证书的保持

认证证书的有效性依靠通过指定认证机构定期和不定期的监督获得保持。

5.2 认证证书的变更

5.2.1 变更的类型

5.2.1.1 不涉及产品安全使用性能的变更。如：由于产品命名方法的变化引起的获证产品名称、型号变更；产品型号变更、内部结构不变；证书持有者、制造商名称或地址变更；生产厂名称或地址变更（没有搬迁）等。

5.2.1.2 涉及产品安全使用性能的变更。如：生产厂搬迁；产品认证所依据的标准、规则等发生了变化；明显影响产品的设计发生了变化（如：获证产品的关键零部件/原材料/元器件更换）；制造商或生产厂的质量体系发生重大变化等。

5.2.2 变更程序

5.2.2.1 证书持有者需要变更已经获得的认证证书信息或产品时，应向指定认证机构提交变更申请并提交相关证明文件。

5.2.2.2 指定认证机构在接到变更申请及有关资料后进行审核，核查变更信息或产品与原获证信息或产品的一致性，必要时安排变更工厂确认检查和/或确认检验。

5.2.2.3 根据变更确认的结果，按规定程序评定，符合变更要求的，经指定认证机构批准后向证书持有者换发证书或发出变更确认通知。不符合变更要求的，经指定认证机构准后向证书持有者发出不予变更确认的通知。

5.3 认证范围的扩大

证书持有者在原有认证基础上增加新的认证单元和在认证单元内增加新的产品型号，应按本规则4.1.2的规定提出申请，经审查（必要时安排工厂质量保证能力检查和/或产品检验）、评价，结论为通过的颁发或换发证书。

5.4 认证证书的暂停、撤销和注销

认证证书的暂停、撤销和注销，按《强制性产品认证管理规定》的规定执行。自认证证书注销、撤销之日起或者认证证书暂停期间，不符合认证要求的产品，不得继续出厂、销售、进口或者在其他经营活动中使用。

暂停证书的恢复使用应由证书持有者向指定认证机构提出申请，指定认证机构按规定进行工厂质量保证能力检查和/或产品检验。符合《强制性产品认证管理规定》和本规则要求的，指定认证机构批准恢复使用证书。

6 认证证书的有效期

本规则覆盖产品认证证书的有效期为5年。

认证证书有效期届满，需要延续使用的，认证委托方应当在认证证书有效期届满前90天内申请办理。证书延续工作应按照指定认证机构的有关要求执行。

7 认证标志

证书持有者必须遵循《强制性产品认证标志管理办法》的有关规定使用认证标志。

7.1 准许使用的标志样式

7.2 加施方式和位置

标志的加施方式应遵循《强制性产品认证标志管理办法》的有关规定。认证标志一般应加施于产品明显位置。

7.3 变形认证标志

本规则覆盖产品不允许加施任何形式的变形认证标志。

8 申诉和投诉

8.1 委托方如对指定认证机构或指定检验机构的认证活动和/或做出的决定不满意，可提出正式的申诉或投诉。任何人或单位对获证单位的产品表示不满意，可向指定认证机构提出正式的投诉。

8.2 指定认证机构制定申诉、投诉程序，并由专门部门负责受理来自各方的申诉、投诉，经调查核实批准后，采取处理措施。

8.3 指定认证机构保存所有产品认证申诉、投诉的处理结果记录。

9 收 费

认证收费由指定认证机构按国家有关规定统一收取。

附件1:

泡沫灭火设备产品强制性认证单元划分说明

序号	产品名称		单元划分原则	型式试验样品数量
1	比例混合装置	压力式比例混合装置	1.泡沫液储罐结构不同（如无隔膜储罐或有隔膜储罐、立式罐或卧式罐）不能作为一个单元申请。 2.比例混合器结构不同不能作为一个单元申请。 3.压力范围不同不能作为一个单元申请。 4.泡沫液储罐罐体材质不同不能作为一个单元申请	主型：1套； 比例混合器1只； 分型：1套
		平衡式比例混合装置	1.装置的组成或工作方式不同不能作为一个单元申请。 2.泡沫液泵结构不同（如齿轮泵、螺旋转子泵等）不能作为一个单元申请。 3.比例混合器结构不同不能作为一个单元申请。 4.平衡阀结构不同不能作为一个单元申请。 5.压力范围不同不能作为一个单元申请	主型：1套； 平衡阀2只； 电磁阀1只； 分型：1套
		管线式比例混合器	1.结构不同（混合比可调式、混合比固定式）不能作为一个单元申请。 2.压力范围不同不能作为一个单元申请。 3.壳体材料不同不能作为一个单元申请	主型：2套； 分型：1套

续表

序号	产品名称		单元划分原则	型式试验样品数量
1	比例混合装置	环泵式比例混合器	1.结构不同（混合比可调式、混合比固定式）不能作为一个单元申请。 2.压力范围不同不能作为一个单元申请。 3.壳体材料不同不能作为一个单元申请	主型：2套； 分型：1套
2	泡沫发生装置	低倍数空气泡沫产生器	1.结构不同（横式、立式）不能作为一个单元申请。 2.压力范围不同不能作为一个单元申请。 3.壳体材料不同不能作为一个单元申请	主型：2套； 分型：1套
		高背压泡沫产生器	1.结构不同（喷嘴结构、吸气结构、安装方式）不能作为一个单元申请 2.压力范围不同不能作为一个单元申请。 3.本体材料不同不能	主型：2套； 分型：1套
		泡沫钩管	1.空气管结构不同不能作为一个单元申请。 2.压力范围不同不能作为一个单元申请。 3.空气管材料不同不能作为一个单元申请	主型：1套； 分型：1套
		中倍数泡沫产生器	1.结构不同（喷嘴结构、吸气结构、安装方式）不能作为一个单元申请。 2.压力范围不同不能作为一个单元申请。 3.壳体材料不同不能作为一个单元申请	主型：2套； 分型：1套
		高倍数泡沫产生器	1.叶轮驱动方式不同（如水力驱动式、电机驱动式等）不能作为一个单元申请。 2.泡沫液吸入方式不同（自吸式或非自吸式）。 3.压力范围不同不能作为一个单元申请。 4.叶轮材料不同不能作为一个单元申请	主型：2套（移动式3套）； 分型：1套
		泡沫喷头	1.结构不同（框架、溅水盘、发泡网）不能作为一个单元申请。 2.压力范围不同不能作为一个单元申请。 3.框架材料不同不能作为一个单元申请	主型：22只； 分型：6只
3	泡沫泵	泡沫泵	1.结构形式不同（如齿轮泵、螺旋转子泵等）不能作为一个单元申请。 2.泵体、泵转子材质不同不能作为一个单元申请。 3.与平衡式比例混合装置一并申请	1套
4	专用阀门及附件	泡沫消火栓	1.结构不同（单出口、双出口、旋转式等）不能作为一个单元申请。 2.额定工作压力不同不能作为一个单元申请。 3.阀体材料不同不能作为一个单元申请	主型：2具； 分型：1具
		连接软管	1.基体结构不同（有无护套保护层）不能作为一个单元申请。 2.额定工作压力不同不能作为一个单元申请	主型：1套； 分型：1套
5	泡沫喷射装置	泡沫炮	1.控制方式不同（手动、电控、液控等）不能作为一个单元申请。 2.安装方式不同（固定式、移动式）不能作为一个单元申请。 3.回转部件、泡沫产生部件、炮筒结构不同不能作为一个单元申请； 4.泡沫液吸入方式不同（自吸式或非自吸式）。 5.压力范围不同不能作为一个单元申请。 6.回转部件、泡沫产生部件、炮筒材料不同不能作为一个单元申请	主型：2套； 分型：2套
		泡沫枪	1.枪体、枪筒结构不同不能作为一个单元申请； 2.泡沫液吸入方式不同（自吸式或非自吸式）不能作为一个单元申请。 3.压力范围不同不能作为一个单元申请。 4.枪体、枪筒材料不同不能作为一个单元申请	主型：3只； 分型：2只
6	泡沫消火栓箱	泡沫消火栓箱	1.箱体结构不同不能作为一个单元申请。 2.配套部件不同（比例混合器、泡沫枪、软管卷盘、消防水带）不能作为一个单元申请。 3.压力范围不同不能作为一个单元申请。 4.箱体材料不同不能作为一个单元申请	主型：2套； 分型：1套

续表

序号	产品名称		单元划分原则	型式试验样品数量
7	轻便式泡沫灭火装置	半固定式（轻便式）泡沫灭火装置	1.装置的组成部件不同（比例混合器、泡沫产生装置、连接部件）不能作为一个单元申请。 2.泡沫液储罐结构形式不同不能作为一个单元申请。 3.比例混合器结构形式不同不能作为一个单元申请。 4.泡沫喷射装置结构形式不同（泡沫枪、泡沫产生器）不能作为一个单元申请。 5.压力范围不同不能作为一个单元申请。 6.泡沫液储罐材料不同不能作为一个单元申请	主型：2套； 分型：1套。
8	闭式泡沫-水喷淋装置	闭式泡沫-水喷淋装置	1.装置组成部件不同（报警阀、泡沫液控制阀、压力泄放阀）不能作为一个单元申请。 2.比例混合装置结构形式不同不能作为一个单元申请。 3.泡沫液储罐结构形式不同不能作为一个单元申请。 4.压力范围不同不能作为一个单元申请。 5.泡沫液储罐材料不同不能作为一个单元申请	主型：1套； 分型：1套。

附件2:

泡沫灭火设备产品强制性认证申请资料

消防产品认证委托方向指定认证机构提交申请，并随附下列资料：

1. 委托方/制造商/工厂的基本信息及资质证明（营业执照、组织机构代码证、有关合作协议等）；

2. 《消防产品强制性认证合同书》；

3. 型式试验报告及指定检验机构盖章确认的产品特性文件（原材料/元器件/零配件或产品描述文件）；

4. 申请认证的产品及使用的原材料/元器件/零配件符合国家或行业相关法律、法规、规定及标准要求的资料（必要时）；

5. 认证机构要求的其他文件。

附件3:

泡沫灭火设备产品强制性认证检验项目和检验依据

委托人应提供合格的样品进行型式试验。型式试验的检验项目和检验依据如下：

1 低倍数空气泡沫产生器

1.1 型式试验项目

1.1.1 主型产品

主型产品检验项目为GB 20031—2005《泡沫灭火系统及部件通用技术条件》中5.2.1和5.2.2全部适用项目。

1.1.2 分型产品

分型产品检验项目为GB 20031—2005《泡沫灭火系统及部件通用技术条件》中5.2.1.1a、5.2.1.2、5.2.1.4、5.2.2.1 、5.2.2.3、5.2.2.4的适用项目。

1.2 单项判定准则

低倍数空气泡沫产生器每个检验项目不合格分类及合格判定数应按表1规定。

表1 低倍数空气泡沫产生器每个检验项目不合格分类及合格判定数

检验项目	不合格分类			合格判定数		
	A类	B类	C类	A类	B类	C类
外观与标志	标志牌腐蚀后内容不可识别	1.标志非永久性； 2.标志内容不全	1. 钣金件、冲压件表面有重皮、明显机械损伤与凹凸不平等缺陷； 2. 焊接件焊缝不均匀，有裂纹、烧穿、咬边等缺陷； 3. 锻铸件表面有重皮和结疤； 4.镀层和涂层色泽不均匀、有剥落、气泡、划伤等缺陷	0	0	2
材料	非耐腐蚀材料或未作防腐处理且腐蚀试验后出现腐蚀损坏			0		
主要性能参数	1.流量系数K与产品公布值的偏差超过±5%； 2.发泡倍数<5； 3.析液时间小于标准要求			0		
耐水冲击要求		出现松动或损坏			0	
导流板性能		1.材料熔点低于800° C； 2.有明显离壁现象			0	
密封玻璃性能	1.正压0.03MPa气压下，有漏气现象； 2.负压0.01MPa气压下，有漏气现象； 3.0.10MPa~0.30MPa水压下不能破碎； 4. 破碎后有残留的突边			0		

每个检验项目中的不合格数小于或等于表1中的合格判定数，即判该项合格。否则，判该项不合格。

1.3 产品综合判定准则

低倍数空气泡沫产生器产品综合判定按GB 20031—2005《泡沫灭火系统及部件通用技术条件》中7.5的规定。

1.4 抽样方法

1.4.1 抽样方式

由申请方合理确定主型产品。所有样品均在工厂生产的合格品中随机抽取。

1.4.2 样品数量

主型样品：2套；

分型样品：1套。

2 高背压泡沫产生器

2.1 型式试验项目

2.1.1 主型产品

主型产品检验项目为GB 20031—2005《泡沫灭火系统及部件通用技术条件》中5.2.1和5.2.3全部适用项目。

2.1.2 分型产品

分型产品检验项目为GB 20031—2005《泡沫灭火系统及部件通用技术条件》中5.2.1.1a）、5.2.1.2、5.2.1.4、5.2.3.1、5.2.3.2、5.2.3.3、5.2.3.5的适用项目。

2.2 单项判定准则

高背压泡沫产生器每个检验项目不合格分类及合格判定数应按表2规定。

表2 高背压泡沫产生器每个检验项目不合格分类及合格判定数

检验项目	不合格分类			合格判定数		
	A类	B类	C类	A类	B类	C类
外观与标志	标志牌腐蚀后内容不可识别	1.标志非永久性； 2.标志内容不全； 3.未标示水流方向	1. 钣金件、冲压件表面有重皮、明显机械损伤与凹凸不平等缺陷； 2. 焊接件焊缝不均匀，有裂纹、烧穿、咬边等缺陷； 3. 锻铸件表面有重皮和结疤； 4.镀层和涂层色泽不均匀、有剥落、气泡、划伤等缺陷	0	0	2

续表

检验项目	不合格分类			合格判定数		
	A类	B类	C类	A类	B类	C类
材料	非耐腐蚀材料或未作防腐处理且腐蚀试验后出现腐蚀损坏			0		
主要性能参数	1.流量系数K与产品公布值的偏差超过±5%; 2.发泡倍数<2或>5; 3.析液时间小于1.5min			0		
背压要求	在设定工作压力下的背压值不能保持在进口压力的25%~30%			0		
配套部件		出口侧未设置压力表	1.压力表精度低于2.5级; 2.未设置背压调节阀		0	1
接口型式和尺寸		接口型式不符合标准规定			0	
跌落试验要求		出现损坏			0	

每个检验项目中的不合格数小于或等于表2中的合格判定数，即判该项合格。否则，判该项不合格。

2.3 产品综合判定准则

高背压泡沫产生器产品综合判定按GB 20031—2005《泡沫灭火系统及部件通用技术条件》中7.5的规定。

2.4 抽样方法

2.4.1 抽样方式

由申请方合理确定主型产品。所有样品均在工厂生产的合格品中随机抽取。

2.4.2 样品数量

主型样品：2套；

分型样品：1套。

3 泡沫钩管

3.1 型式试验项目

3.1.1主型产品

主型产品检验项目为GB 20031—2005《泡沫灭火系统及部件通用技术条件》中5.2.1和5.2.5全部适用项目。

3.1.2 分型产品

分型产品检验项目为GB 20031—2005《泡沫灭火系统及部件通用技术条件》中5.2.1.2、5.2.5.1、5.2.5.2、5.2.5.3的适用项目。

3.2 单项判定准则

泡沫钩管每个检验项目不合格分类及合格判定数应按表3规定。

表3 泡沫钩管每个检验项目不合格分类及合格判定数

检验项目	不合格分类			合格判定数		
	A类	B类	C类	A类	B类	C类
外观与标志	标志牌腐蚀后内容不可识别	1.标志非永久性; 2.标志内容不全	1. 钣金件、冲压件表面有重皮、明显机械损伤与凹凸不平等缺陷; 2. 焊接件焊缝不均匀，有裂纹、烧穿、咬边等缺陷; 3. 锻铸件表面应无重皮和结疤; 4.镀层和涂层色泽不均匀、有剥落、气泡、划伤等缺	0	1	2
连接型式和尺寸		连接型式不符合标准规定			0	
材料	非耐腐蚀材料或未作防腐处理且腐蚀试验后出现腐蚀损坏			0		
主要性能参数	1.流量系数K与产品公布值的偏差超过±5%; 2.发泡倍数<5; 3.析液时间小于标准要求			0		
防倾倒性能		出现倾倒现象			0	

每个检验项目中的不合格数小于或等于表3中的合格判定数，即判该项合格。否则，判该项不合格。

3.3 产品综合判定准则

泡沫钩管产品综合判定按GB 20031—2005《泡沫灭火系统及部件通用技术条件》中7.5的规定。

3.4 抽样方法

3.4.1 抽样方式

由申请方合理确定主型产品。所有样品均在工厂生产的合格品中随机抽取。

3.4.2 样品数量

主型样品：1套；

分型样品：1套。

4 泡沫喷头

4.1 型式试验项目

4.1.1 主型产品

主型产品检验项目为GB 20031—2005《泡沫灭火系统及部件通用技术条件》中5.2.1和5.2.4全部适用项目。

4.1.2 分型产品

分型产品检验项目为GB 20031—2005《泡沫灭火系统及部件通用技术条件》中5.2.1.2、5.2.1.4、5.2.4.1、5.2.4.2、5.2.4.3、5.2.4.4、5.2.4.9、5.2.4.10的适用项目。

4.2 单项判定准则

泡沫喷头每个检验项目不合格分类及合格判定数应按表4规定。

表4 泡沫喷头每个检验项目不合格分类及合格判定数

检验项目	不合格分类			合格判定数		
	A类	B类	C类	A类	B类	C类
外观与标志	标志牌腐蚀后内容不可识别	1.标志非永久性； 2.标志内容不全	1.钣金件、冲压件表面有重皮、明显机械损伤与凹凸不平等缺陷； 2.焊接件焊缝不均匀，有裂纹、烧穿、咬边等缺陷； 3.锻铸件表面有重皮和结疤； 4.镀层和涂层色泽不均匀、有剥落、气泡、划伤等缺陷	0	0	2
材料	非耐腐蚀材料或未作防腐处理且腐蚀试验后出现腐蚀损坏			0		
主要性能参数	1.流量系数K与产品公布值的偏差超过±5%； 2.发泡倍数<5； 3.析液时间小于标准要求			0		
覆盖半径要求	半径值与产品公布值的偏差超过-10%			0		
耐水冲击要求		出现松动或损坏			0	
耐高温性能	1.发生严重变形； 2.出现损坏			0		
耐应力腐蚀性能		1.出现破损； 2.出现影响功能的裂纹脱层			0	
耐二氧化硫腐蚀性能		出现明显腐蚀损坏			0	
耐盐雾腐蚀性能		出现明显腐蚀损坏			0	
灭火性能	1.喷射的泡沫层未完全覆盖燃料表面； 2.泡沫喷射结束前火未完全熄灭； 3.灭火后泡沫覆盖的燃料出现复燃、烛烧或闪燃			0		
跌落试验要求		出现损坏、松动			0	

每个检验项目中的不合格数小于或等于表4中的合格判定数，即判该项合格。否则，判该项不合格。

4.3 产品综合判定准则

泡沫喷头产品综合判定按GB 20031—2005《泡沫灭火系统及部件通用技术条件》中7.5的规定。

4.4 抽样方法

4.4.1 抽样方式

由申请方合理确定主型产品。所有样品均在工厂生产的合格品中随机抽取。

4.4.2 样品数量

主型样品：22只；

分型样品：6只。

5 泡沫炮

5.1 型式试验项目

5.1.1 主型产品

主型产品检验项目为GB 20031—2005《泡沫灭火系统及部件通用技术条件》中5.2.1和5.2.6全部适用项目。

5.1.2 分型产品

分型产品检验项目为GB 20031—2005《泡沫灭火系统及部件通用技术条件》中5.2.1.2、5.2.6.1、5.2.6.2、5.2.6.3、5.2.6.4、5.2.6.5、5.2.6.6、5.2.6.8的适用项目。

5.2 单项判定准则

泡沫炮每个检验项目不合格分类及合格判定数应按表5规定。

表5 泡沫炮每个检验项目不合格分类及合格判定数

检验项目	不合格分类			合格判定数		
	A类	B类	C类	A类	B类	C类
外观与标志	标志牌腐蚀后内容不可识别	1.标志非永久性; 2.标志内容不全	1. 钣金件、冲压件表面有重皮、明显机械损伤与凹凸不平等缺陷; 2. 焊接件焊缝不均匀，有裂纹、烧穿、咬边等缺陷; 3. 锻铸件表面应无重皮和结疤; 4.镀层和涂层色泽不均匀、有剥落、气泡、划伤等缺陷	0	1	2
连接型式和尺寸		连接型式不符合标准规定			0	
材料	非耐腐蚀材料或未作防腐处理且腐蚀试验后出现腐蚀损坏			0		
主要性能参数	1.流量系数K与产品公布值的偏差超过±5%; 2.发泡倍数<6; 3.析液时间小于标准要求; 4.射程小于公布值			0		
转动要求	1.水平回转角小于公布值; 2. 仰、俯角小于公布值; 3.回转速度小于公布值			0		
操作性能	1. 操作机构存在卡阻现象; 2.无自锁功能或锁紧装置			0		
喷射稳定性能	1. 喷射中出现滑移现象; 2.喷射中出现倾翻现象			0		
电控器	1. 耐电压不符合要求; 2.绝缘性能不符合要求			0		
强度和密封要求	1.强度试验中炮体有冒汗、裂纹及永久变形等现象; 2.密封出现渗漏			0		

每个检验项目中的不合格数小于或等于表5中的合格判定数，即判该项合格。否则，判该项不合格。

5.3 产品综合判定准则

泡沫炮产品综合判定按GB 20031—2005《泡沫灭火系统及部件通用技术条件》中7.5的规定。

5.4 抽样方法

5.4.1 抽样方式

由申请方合理确定主型产品。所有样品均在工厂生产的合格品中随机抽取。

5.4.2 样品数量

主型样品：2套;

分型样品：2套;

6 泡沫枪

6.1 型式试验项目

6.1.1 主型产品

主型产品检验项目为GB 20031—2005《泡沫灭火系统及部件通用技术条件》中5.2.1和5.2.7全部适用项目。

6.1.2 分型产品

分型产品检验项目为GB 20031—2005《泡沫灭火系统及部件通用技术条件》中5.2.1.2、5.2.7.1～5.2.7.8的适用项目。

6.2 单项判定准则

泡沫枪每个检验项目不合格分类及合格判定数应按表6规定。

表6 泡沫枪每个检验项目不合格分类及合格判定数

检验项目	不合格分类			合格判定数		
	A类	B类	C类	A类	B类	C类
外观与标志	标志牌腐蚀后内容不可识别	1.标志非永久性 2.标志内容不全	1.钣金件、冲压件表面有重皮、明显机械损伤与凹凸不平等缺陷； 2.焊接件焊缝不均匀，有裂纹、烧穿、咬边等缺陷； 3.锻铸件表面应无重皮和结疤； 4.镀层和涂层色泽不均匀、有剥落、气泡、划伤等缺陷	0	1	2
接口型式和尺寸		连接型式不符合标准规定			0	
材料	非耐腐蚀材料或未作防腐处理且腐蚀试验后出现腐蚀损坏			0		
主要性能参数	1.流量系数K与产品公布值的偏差超过±5%； 2.发泡倍数不符合标准规定； 3.析液时间小于标准要求； 4.射程小于公布值			0		
耐水冲击要求		出现松动或损坏			0	
低倍数中倍数联用泡沫枪要求		1.未明确标示出切换位置； 2.切换不可靠			0	
自吸式泡沫枪的要求		吸液管路上未设防止倒流的装置			0	
强度与密封要求	1.强度试验中枪体有冒汗、裂纹及永久变形等现象； 2.密封出现渗漏			0		
跌落试验要求		出现损坏、松动			0	
耐盐雾腐蚀要求		出现明显的腐蚀损坏			0	
非金属件性能要求		非金属材料不符合标准要求			0	

每个检验项目中的不合格数小于或等于表6中的合格判定数，即判该项合格。否则，判该项不合格。

6.3 产品综合判定准则

泡沫枪产品综合判定按GB 2003—2005《泡沫灭火系统及部件通用技术条件》中7.5的规定。

6.4 抽样方法

6.4.1 抽样方式

由申请方合理确定主型产品。所有样品均在工厂生产的合格品中随机抽取。

6.4.2 样品数量

主型样品：3只；

分型样品：2只。

7 中倍数泡沫产生器

7.1 型式试验项目

7.1.1 主型产品

主型产品检验项目为GB 20031—2005《泡沫灭火系统及部件通用技术条件》中5.2.1和5.2.8全部适用项目。

7.1.2 分型产品

分型产品检验项目为GB 20031—2005《泡沫灭火系统及部件通用技术条件》中5.2.1.2、5.2.8.1、5.2.8.2、5.2.8.4、5.2.8.5、5.2.8.6的适用项目。

7.2 单项判定准则

中倍数泡沫产生器每个检验项目不合格分类及合格判定数应按表7规定。

表7 中倍数泡沫产生器每个检验项目不合格分类及合格判定数

检验项目	不合格分类			合格判定数		
	A类	B类	C类	A类	B类	C类
外观与标志	标志牌腐蚀后内容不可识别	1.标志非永久性； 2.标志内容不全	1.钣金件、冲压件表面有重皮、明显机械损伤与凹凸不平等缺陷； 2.焊接件焊缝不均匀，有裂纹、烧穿、咬边等缺陷； 3.锻铸件表面有重皮和结疤； 4.镀层和涂层色泽不均匀、有剥落、气泡、划伤等缺陷	0	1	2
连接型式和尺寸		连接型式不符合标准规定			0	
材料	非耐腐蚀材料或未作防腐处理且腐蚀试验后出现腐蚀损坏			0		
主要性能参数	1.流量系数K与产品公布值的偏差超过±5%； 2.发泡倍数不符合标准规定； 3.析液时间小于5min； 4.发泡量小于公布值			0		
耐水冲击要求		出现松动或损坏			0	
跌落试验要求		出现损坏、松动			0	

每个检验项目中的不合格数小于或等于表7中的合格判定数，即判该项合格。否则，判该项不合格。

7.3 产品综合判定准则

中倍数泡沫产生器产品综合判定按GB 20031—2005《泡沫灭火系统及部件通用技术条件》中7.5的规定。

7.4 抽样方法

7.4.1 抽样方式

由申请方合理确定主型产品。所有样品均在工厂生产的合格品中随机抽取。

7.4.2 样品数量

主型样品：2套；

分型样品：1套。

8 高倍数泡沫产生器

8.1 型式试验项目

8.1.1 主型产品

主型产品检验项目为GB 20031—2005《泡沫灭火系统及部件通用技术条件》中5.2.1和5.2.9全部适用项目。

8.1.2 分型产品

分型产品检验项目为GB 20031—2005《泡沫灭火系统及部件通用技术条件》中5.2.1.2、5.2.9.1、5.2.9.3、5.2.9.4、5.2.9.5、5.2.9.6、5.2.9.7的适用项目。

8.2 单项判定准则

高倍数泡沫产生器每个检验项目不合格分类及合格判定数应按表8规定。

表8 高倍数泡沫产生器每个检验项目不合格分类及合格判定数

检验项目及条款	不合格分类			合格判定数		
	A类	B类	C类	A类	B类	C类
外观与标志	标志牌腐蚀后内容不可识别	1.标志非永久性； 2.标志内容不全	1.钣金件、冲压件表面有重皮、明显机械损伤与凹凸不平等缺陷； 2.焊接件焊缝不均匀，有裂纹、烧穿、咬边等缺陷； 3.锻铸件表面有重皮和结疤； 4.镀层和涂层色泽不均匀、有剥落、气泡、划伤等缺陷	0	1	2
材料	与泡沫液或泡沫混合液直接接触的部件未采用耐腐蚀材料且未作防腐处理			0		
主要性能参数	1.流量系数K与产品公布值的偏差超过±5%； 2.发泡倍数不符合标准规定； 3.析液时间小于5min			0		

续表

检验项目及条款	不合格分类			合格判定数		
	A类	B类	C类	A类	B类	C类
耐水冲击要求		出现松动或损坏			0	
叶轮的超转速要求		1.出现影响机械强度的松动; 2.出现影响机械强度的损坏			0	
叶轮的静平衡要求		最大不平衡量大于5g			0	
接口型式和尺寸		接口型式不符合标准规定			0	
跌落试验要求		出现损坏、松动			0	

每个检验项目中的不合格数小于或等于表8中的合格判定数，即判该项合格。否则，判该项不合格。

8.3 产品综合判定准则

高倍数泡沫产生器产品综合判定按GB 20031—2005《泡沫灭火系统及部件通用技术条件》中7.5的规定。

8.4 抽样方法

8.4.1 抽样方式

由申请方合理确定主型产品。所有样品均在工厂生产的合格品中随机抽取。

8.4.2 样品数量

主型样品：2套；（移动式3套）

分型样品：1套。

9 半固定式（轻便式）泡沫灭火装置

9.1 型式试验项目

9.1.1 主型产品

主型产品检验项目为GB 20031—2005《泡沫灭火系统及部件通用技术条件》中5.4全部适用项目。

9.1.2 分型产品

储罐容积不同的分型产品检验项目为GB 20031—2005《泡沫灭火系统及部件通用技术条件》中5.4.1、5.4.2、5.4.3、5.4.4.3、5.4.6的适用项目。

混合比不同的分型产品检验项目为GB 20031—2005《泡沫灭火系统及部件通用技术条件》中5.4.3、5.4.4、5.4.5的适用项目。

9.2 单项判定准则

半固定式（轻便式）每个检验项目不合格分类及合格判定数应按表9规定。

表9 半固定式（轻便式）泡沫灭火装置每个检验项目不合格分类及合格判定数

检验项目	不合格分类			合格判定数		
	A类	B类	C类	A类	B类	C类
外观			1.钣金件、冲压件表面应有重皮、皱纹、明显机械损伤和凹凸不平等缺陷; 2.焊接件焊缝不均匀，有裂纹、烧穿、咬边等缺陷; 3.锻铸件表面有重皮和结疤; 4.镀层和涂层色泽不均匀，有龟裂、剥落、明显流痕、气泡、划伤等缺陷			2
标志		1.标志非永久性; 2.标志内容不全			0	
主要性能参数	1.泡沫枪性能不符合要求; 2.比例混合器性能不符合要求; 3.喷射时间小于公布值			0		
耐水冲击要求		1.出现松动; 2.出现损坏			0	
运动性能要求		出现损坏			0	

每个检验项目中的不合格数小于或等于表9中的合格判定数，即判该项合格。否则，判该项不合格。

9.3 产品综合判定准则

半固定式（轻便式）产品综合判定按GB 20031—2005《泡沫灭火系统及部件通用技术条件》中7.5的规定。

9.4 抽样方法

9.4.1 抽样方式

由申请方合理确定主型产品。所有样品均在工厂生产的合格品中随机抽取。

9.4.2 样品数量

主型样品：2套；

分型样品：1套。

10 泡沫消火栓箱

10.1 型式试验项目

10.1.1 主型产品

主型产品检验项目为GB 20031—2005《泡沫灭火系统及部件通用技术条件》中5.5全部适用项目。

10.1.2 分型产品

分型产品检验项目为GB 20031—2005《泡沫灭火系统及部件通用技术条件》中5.5.1、5.5.2、5.5.3、5.5.4的适用项目。

10.2 单项判定准则

泡沫消火栓箱每个检验项目不合格分类及合格判定数应按表10规定。

表10 泡沫消火栓箱每个检验项目不合格分类及合格判定数

检验项目	不合格分类			合格判定数		
	A类	B类	C类	A类	B类	C类
标志		1.无标志； 2.标志非永久性； 3.标志内容不全			1	
配套部件	部件性能不符合要求			0		
主要性能参数	1.发泡倍数<4； 2.析液时间<1min； 3.喷射距离小于公布值； 4.喷射时间小于10min			0		
耐水冲击要求		1.出现松动； 2.出现损坏			0	

每个检验项目中的不合格数小于或等于表10中的合格判定数，即判该项合格。否则，判该项不合格。

10.3 产品综合判定准则

泡沫消火栓箱产品综合判定按GB20031—2005《泡沫灭火系统及部件通用技术条件》中7.5的规定。

10.4 抽样方法

10.4.1 抽样方式

由申请方合理确定主型产品。所有样品均在工厂生产的合格品中随机抽取。

10.4.2 样品数量

主型样品：2套；

分型样品：1套。

11 连接软管

11.1 型式试验项目

11.1.1 主型产品

主型产品检验项目为GB 20031—2005《泡沫灭火系统及部件通用技术条件》中5.3.5全部适用项目。

11.1.2 分型产品

分型产品检验项目为GB 20031—2005《泡沫灭火系统及部件通用技术条件》中5.3.5.1～5.3.5.4的适用项目。

11.2 单项判定准则

连接软管每个检验项目不合格分类及合格判定数应按表11规定。

表11 连接软管每个检验项目不合格分类及合格判定数

检验项目	不合格分类			合格判定数		
	A类	B类	C类	A类	B类	C类
外观		1.有严重破损、划伤； 2.有重大裂纹	1. 有轻微破损； 2. 有轻微划伤； 3. 有细小裂纹； 4. 有局部隆起		1	2
连接型式和尺寸		连接尺寸不符合标准规定			0	
强度要求	1.产生结损坏； 2.产生明显变形； 3.出现渗漏			0		

续表

检验项目	不合格分类			合格判定数		
	A类	B类	C类	A类	B类	C类
密封要求	出现渗漏			0		
耐热空气老化性能		1.试验后出现裂纹； 2.密封试验出现渗漏			0	
耐液体浸渍性能		1.试验后出现裂纹； 2.密封试验出现渗漏			0	
耐油品浸渍性能		1.试验后出现膨胀； 2.密封试验出现渗漏			0	

每个检验项目中的不合格数小于或等于表11中的合格判定数，即判该项合格。否则，判该项不合格。

11.3 产品综合判定准则

连接软管产品综合判定按GB 20031—2005《泡沫灭火系统及部件通用技术条件》中7.5的规定。

11.4 抽样方法

11.4.1 抽样方式

由申请方合理确定主型产品。所有样品均在工厂生产的合格品中随机抽取。

11.4.2 样品数量

主型样品：1套；

分型样品：1套。

12 泡沫消火栓

12.1 型式试验项目

12.1.1 主型产品

主型产品检验项目为GB 20031—2005《泡沫灭火系统及部件通用技术条件》中5.3.1全部适用项目。

12.1.2 分型产品

分型产品检验项目为GB 20031—2005《泡沫灭火系统及部件通用技术条件》中5.3.1.1～5.3.1.7的适用项目。

12.2 单项判定准则

泡沫消火栓每个检验项目不合格分类及合格判定数应按表12规定。

表12 泡沫消火栓每个检验项目不合格分类及合格判定数

检验项目及条款	不合格分类			合格判定数		
	A类	B类	C类	A类	B类	C类
标志		1.标志非永久性； 2.标志内容不全			1	
外观			1.锻铸件表面有重皮和结疤； 2.涂层、镀层不均匀、有剥落、气泡、划伤等缺陷			1
接口型式和尺寸		接口和连接螺纹不符合要求			0	
材料	未采用耐腐蚀材料			0		
强度要求	1.产生结构损坏； 2.产生永久变形； 3.出现破裂； 4.出现渗漏			0		
密封要求	1.出现损坏； 2.出现变形； 3.出现渗漏			0		
压力损失	大于0.02MPa			0		
耐液体浸渍性能		1.试验后无法开启； 2.密封试验出现损坏、变形、渗漏			0	

每个检验项目中的不合格数小于或等于表15中的合格判定数，即判该项合格。否则，判该项不合格。

12.3 产品综合判定准则

泡沫消火栓产品综合判定按GB 20031—2005《泡沫灭火系统及部件通用技术条件》中7.5的规定。

12.4 抽样方法

12.4.1 抽样方式

由申请方合理确定主型产品。所有样品均在工厂生产的合格品中随机抽取。

12.4.2 样品数量

主型样品：2具；

分型样品：1具。

13 闭式泡沫—水喷淋装置

13.1 型式试验项目

13.1.1主型产品

主型产品检验项目为GB 20031—2005《泡沫灭火系

统及部件通用技术条件》中5.6.3全部适用项目。

13.1.2 分型产品

分型产品检验项目为GB 20031-2005《泡沫灭火系统及部件通用技术条件》中5.6.3.5b适用项目。

13.2 单项判定准则

闭式泡沫—水喷淋装置每个检验项目不合格分类及合格判定数应按表13规定。

表13 闭式泡沫—水喷淋装置每个检验项目不合格分类及合格判定数

检验项目	不合格分类			合格判定数		
	A类	B类	C类	A类	B类	C类
外观和标志		1.无标志; 2.标志非永久性; 3.标志内容不全	1.锻件表面不平整，有气孔、砂眼、重皮、疏松、浇注不足等缺陷; 2.油漆件漆膜色泽不均匀，有龟裂、剥落、气泡、严重划痕和碰伤等; 3.管件、管道表面有裂纹、缺损等缺陷		1	2
泡沫液控制阀	1.未采用耐腐蚀材料; 2.强度试验出现渗漏或变形; 3.密封试验出现渗漏; 4.工作循环后无法开启; 5.无法按要求开启、关闭	耐液体浸渍后无法开启		0	0	
压力泄放阀	1.未采用耐腐蚀材料; 2.强度试验出现渗漏或变形; 3密封试验出现渗漏; 4.工作循环后无法开启; 5.无法按要求开启、关闭; 6.开启压力大于0.05MPa			0		
混合比	混合比不符合标准规定			0		
功能要求	功能不符合标准规定			0		

每个检验项目中的不合格数小于或等于表13中的合格判定数，即判该项合格。否则，判该项不合格。

13.3 产品综合判定准则

闭式泡沫—水喷淋装置产品综合判定按GB 20031— 2005《泡沫灭火系统及部件通用技术条件》中7.5的规定。

13.4 抽样方法

13.4.1 抽样方式

由申请方合理确定主型产品。所有样品均在工厂生产的合格品中随机抽取。

13.4.2 样品数量

主型样品：1套;

分型样品：1套。

14 压力式比例混合装置

14.1 型式试验项目

14.1.1 主型产品

主型产品检验项目为GB 20031—2005《泡沫灭火系统及部件通用技术条件》中5.1.1和5.1.2全部适用项目。

14.1.2 分型产品

流量不同的分型产品检验项目为GB 20031—2005《泡沫灭火系统及部件通用技术条件》中5.1.1.1（盐雾腐蚀试验除外）、5.1.1.3、5.1.1.4、5.1.1.6和5.1.2.1的适用项目。

混合比不同的分型产品检验项目为GB 20031—2005《泡沫灭火系统及部件通用技术条件》中5.1.1.1（盐雾腐蚀试验除外）、 5.1.2.1的适用项目。

泡沫液罐容积不同的分型产品检验项目为GB 20031—2005《泡沫灭火系统及部件通用技术条件》中5.1.1.1（盐雾腐蚀试验除外）、5.1.2.3、5.1.2.4c）、5.1.2.5的适用项目。

14.2 单项判定准则

压力式比例混合器每个检验项目不合格分类及合格判定数应按表14规定。

表14 压力式比例混合装置每个检验项目不合格分类及合格判定数

检验项目	不合格分类			合格判定数		
	A类	B类	C类	A类	B类	C类
外观和标志	1.无箭头标示水流方向; 2.标志牌腐蚀后内容不可识别	1.标志非永久性; 2.标志内容不全	1.表面有磕碰伤痕; 2.表面出现小裂纹	0	1	1
材料	与泡沫液或泡沫混合液接触的部件为非耐腐蚀材料			0		

续表

检验项目	不合格分类			合格判定数		
	A类	B类	C类	A类	B类	C类
主要性能参数	1.混合比不在规定的范围内; 2.压力损失与生产商公布值偏差超过+10%			0		
强度要求	出现渗漏或变形			0		
泡沫液压力储罐	1. 未按GB 150进行设计、制造; 2. 未设置安全阀; 3.未采用耐腐蚀材料或进行防腐处理; 4.强度试验出现渗漏或变形	1.未按要求设置排渣孔、进料孔、人孔、取样孔等; 2.连接尺寸不符合规定		0	1	
胶囊外观和材料	胶囊材料不能耐泡沫液腐蚀	外表不平滑,存在缺陷		0	0	
胶囊气密性要求	出现渗漏现象			0		
胶囊基本物理性能	1.最小拉伸强度小于13.0MPa; 2.胶囊胶料(橡胶)的伸长率<300%; 3.附着物(胶布)粘着力(N/25mm)<18; 4.附着物(胶布)扯断力(N/25 mm)径向<1000、纬向<800			0		
胶囊的热空气老化性能	1.最小拉伸强度小于试验前的85%; 2.伸长率的降低大于35%			0		
配套部件	1.安全阀开启不可靠; 2. 安全阀最大开启压力应大于装置最大工作压力的1.1倍; 3.单向阀不符合标准要求; 4.控制阀不符合标准要求			0		
耐水冲击要求		部件出现松动、脱落			0	
工作可靠性要求	1. 试验后比例混合器无法正常工作; 2.试验后比例混合器混合比不符合要求			0		

每个检验项目中的不合格数小于或等于表14中的合格判定数,即判该项合格。否则,判该项不合格。

14.3 产品综合判定准则

压力式比例混合装置产品综合判定按GB 20031—2005《泡沫灭火系统及部件通用技术条件》中7.5的规定。

14.4 抽样方法

14.4.1 抽样方式

由申请方合理确定主型产品。所有样品均在工厂生产的合格品中随机抽取。

14.4.2 样品数量

主型样品:1套,比例混合器1只;

分型样品:1套。

15 环泵式比例混合器

15.1 型式试验项目

15.1.1 主型产品

主型产品检验项目为GB 20031—2005《泡沫灭火系统及部件通用技术条件》中5.1.1.1、5.1.1.2和5.1.3全部适用项目。

15.1.2 分型产品

流量不同的分型产品检验项目为GB 20031—2005《泡沫灭火系统及部件通用技术条件》中5.1.1.1(盐雾腐蚀试验除外)、5.1.3.1、5.1.3.3的适用项目。

混合比不同的分型产品检验项目为GB20031—2005《泡沫灭火系统及部件通用技术条件》中 5.1.1.1(盐雾腐蚀试验除外)、5.1.3.1的适用项目。

15.2 单项判定准则

环泵式比例混合器每个检验项目不合格分类及合格判定数应按表15规定。

表15 环泵式比例混合器每个检验项目不合格分类及合格判定数

检验项目	不合格分类			合格判定数		
	A类	B类	C类	A类	B类	C类
外观与标志	1.无箭头标示水流方向; 2.标志牌腐蚀后内容不可识别	1.标志非永久性; 2.标志内容不全	1.表面有磕碰伤痕; 2.表面出现小裂纹	0	1	1

续表

检验项目	不合格分类			合格判定数		
	A类	B类	C类	A类	B类	C类
材料	与泡沫液或泡沫混合液接触的部件为非耐腐蚀材料			0		
主要性能参数	1.混合比不在规定的范围内; 2.背压>0.03MPa			0		
真空密封要求	真空度下降大于2.6KPa			0		
析液管要求	无防止水倒流的措施			0		
耐水冲击要求		部件出现松动、脱落			0	
强度要求	1.出现结构损坏; 2.出现永久变形; 3.出现破裂			0		
密封要求	1.出现损坏; 2.出现渗漏			0		

每个检验项目中的不合格数小于或等于表15中的合格判定数，即判该项合格。否则，判该项不合格。

15.3 产品综合判定准则

环泵式比例混合器产品综合判定按GB 20031—2005《泡沫灭火系统及部件通用技术条件》中7.5的规定。

15.4 抽样方法

15.4.1 抽样方式

由申请方合理确定主型产品。所有样品均在工厂生产的合格品中随机抽取。

15.4.2 样品数量

主型样品：2套；

分型样品：1套。

16 管线式比例混合器

16.1 型式试验项目

16.1.1 主型产品

主型产品检验项目为GB 20031—2005《泡沫灭火系统及部件通用技术条件》中5.1.1.1、5.1.1.2和5.1.4全部适用项目。

16.1.2 分型产品

流量不同的分型产品检验项目为GB 20031—2005《泡沫灭火系统及部件通用技术条件》中5.1.1.1（盐雾腐蚀试验除外）、5.1.4.1、5.1.4.2、5.1.4.3的适用项目。

混合比不同的分型产品检验项目为GB 20031—2005《泡沫灭火系统及部件通用技术条件》中 5.1.1.1（盐雾腐蚀试验除外）、5.1.4.1的适用项目。

16.2 单项判定准则

管线式比例混合器每个检验项目不合格分类及合格判定数应按表16规定。

表16 管线式比例混合器每个检验项目不合格分类及合格判定数

检验项目	不合格分类			合格判定数		
	A类	B类	C类	A类	B类	C类
外观与标志	1.无箭头标示水流方向; 2.标志牌腐蚀后内容不可识别	1.标志非永久性; 2.标志内容不全	1.表面有磕碰伤痕; 2.表面出现小裂纹	0	1	1
材料	与泡沫液或泡沫混合液接触的部件为非耐腐蚀材料。			0		
主要性能参数	1.混合比不在规定的范围内; 2.压力损失>进口工作压力的35%			0		
跌落试验要求		跌落试验后出现损坏			0	
析液管要求	无防止水倒流的措施			0		
耐水冲击要求		部件出现松动、脱落			0	
强度要求	1.出现结构损坏; 2.出现永久变形; 3.出现破裂			0		
密封要求	1.出现损坏; 2.出现渗漏			0		

每个检验项目中的不合格数小于或等于表16中的合格判定数，即判该项合格。否则，判该项不合格。

16.3 产品综合判定准则

管线式比例混合器产品综合判定按GB20031—2005《泡沫灭火系统及部件通用技术条件》中7.5的规定。

16.4 抽样方法

16.4.1 抽样方式

由申请方合理确定主型产品。所有样品均在工厂生产的合格品中随机抽取。

16.4.2 样品数量

主型样品：2套；

分型样品：1套。

17 泡沫液泵

17.1 型式试验项目

产品检验项目为GB 20031—2005《泡沫灭火系统及部件通用技术条件》中5.1.5.2中的适用项目。

17.2 产品综合判定准则

泡沫液泵综合判定按GB 20031-2005《泡沫灭火系统及部件通用技术条件》中7.5的规定。

17.3 抽样方法

17.3.1 抽样方式

由申请方合理确定主型产品。所有样品均在工厂生产的合格品中随机抽取。

17.3.2 样品数量

样品：1套。

18 平衡式比例混合装置

18.1 型式试验项目

18.1.1 主型产品

主型产品检验项目为GB 20031—2005《泡沫灭火系统及部件通用技术条件》中5.1.1.1、5.1.1.2和5.1.5全部适用项目。

18.1.2 分型产品

流量不同的分型产品检验项目为GB 20031—2005《泡沫灭火系统及部件通用技术条件》中5.1.1.1（盐雾腐蚀试验除外）、5.1.5.1、5.1.5.2、5.1.5.3、5.1.5.6的适用项目。

混合比不同的分型产品检验项目为GB 20031—2005《泡沫灭火系统及部件通用技术条件》中5.1.1.1（盐雾腐蚀试验除外）、5.1.5.1、5.1.5.2和5.1.5.3的适用项目。

18.2 单项判定准则

平衡式比例混合装置每个检验项目不合格分类及合格判定数应按表17规定。

表17 平衡式比例混合装置每个检验项目不合格分类及合格判定数

检验项目	不合格分类			合格判定数		
	A类	B类	C类	A类	B类	C类
外观与标志	1.无箭头标示水流方向； 2.标志牌腐蚀后内容不可识别	1.标志非永久性； 2.标志内容不全	1.表面有磕碰伤痕； 2.表面出现小裂纹	0	1	1
材料	与泡沫液或泡沫混合液接触的部件为非耐腐蚀材料			0		
主要性能参数	1.混合比不在规定的范围内； 2.压力损失与生产商公布值偏差超过+10%			0		
泡沫液泵	1. 材料为非耐腐蚀材料； 2.工作压力、流量与装置不适应； 3.未设备用泵	1.标志非永久性； 2.标志内容不全； 3设置的备用泵与工作泵不同； 4.工作泵故障时无法自动（手动）切换		0	0	
平衡阀	1.压差无法保持恒定； 2.工作循环后出现损坏； 3.强度试验后出现损坏、永久变形； 4.耐泡沫液后开启不灵活			0		
电磁阀	1.工作可靠性试验出现故障； 2.工作电压范围不符合要求； 3.未设手动或旁路； 4. 耐泡沫液后开启不灵活			0		
控制柜	1.未设两路电源； 2.两路电源不能自动（手动）切换	1.无泡沫液泵启停状态； 2.电气间隙不符合要求； 3.爬电距离不符合要求； 4.介电强度不符合要求； 5.绝缘电阻不符合要求		0	1	
运行可靠性要求	运行出现故障			0		

每个检验项目中的不合格数小于或等于表17中的合格判定数，即判该项合格。否则，判该项不合格。

18.3 产品综合判定准则

平衡式比例混合装置综合判定按GB 20031-2005《泡沫灭火系统及部件通用技术条件》中7.5的规定。

18.4 抽样方法

18.4 1 抽样方式

由申请方合理确定主型产品。所有样品均在工厂生产的合格品中随机抽取。

18.4.2 样品数量

主型样品：2套，平衡阀2只，电磁阀1只；

分型样品：1套。

19 检验周期

检验周期是自正式签订检验合同之日起至上报检验报告实际发生的时间，具体时限如下：

序号	产品名称	检验周期（天）
1	泡沫灭火设备	50

附件4:

泡沫灭火设备产品强制性认证工厂质量保证能力要求

为保证批量生产的防火窗产品与已获型式试验合格的样品的一致性，工厂应满足本文件规定的产品质量保证能力要求。

1 职责和资源

1.1 职责

工厂应规定与质量活动有关的各类人员职责及相互关系，且工厂应在组织内指定一名质量负责人，无论该成员在其他方面的职责如何，应具有以下方面的职责和权限：

a.负责建立满足本文件要求的质量体系，并确保其实施和保持；

b.确保加贴强制性认证标志的产品符合认证标准的要求；

c.建立文件化的程序，确保认证标志的妥善保管和使用；

d.建立文件化的程序，确保不合格品和获证产品变更后未经认证机构确认，不加贴强制性认证标志。

质量负责人应具有充分的能力胜任本职工作。

1.2 资源

工厂应配备必须的生产设备和检验设备以满足稳定生产符合强制性认证标准的产品要求；应配备相应的人力资源，确保从事对产品质量有影响工作的人员具备必要的能力；建立并保持适宜产品生产、检验、试验、储存等必备的环境。

2 文件和记录

2.1 工厂应建立、保持文件化的认证产品的质量计划或类似文件，以及为确保产品质量的相关过程有效运作和控制需要的文件。质量计划应包括产品设计目标、实现过程、检验及有关资源的规定，以及产品获证后对获证产品的变更（标准、工艺、关键件等）、标志的使用管理等的规定。

产品设计标准或规范应是质量计划的一个内容，其要求应不低于有关该产品的国家标准要求。

2.2 工厂应建立并保持文件化的程序以对本文件要求的文件和资料进行有效的控制。这些控制应确保：

a.文件发布前和更改应由授权人批准，以确保其适宜性；

b.文件的更改和修订状态得到识别，防止作废文件的非预期使用；

c.确保在使用处可获得相应文件的有效版本。

2.3 工厂应建立并保持质量记录的标识、储存、保管和处理的文件化程序，质量记录应清晰、完整以作为产品符合规定要求的证据。

质量记录应有适当的保存期限。

3 采购和进货检验

3.1 供应商的控制

工厂应制定对关键元器件和材料的供应商的选择、评定和日常管理的程序，以确保供应商具有保证生产关键元器件和材料满足要求的能力。

工厂应保存对供应商的选择评价和日常管理记录。

3.2 关键元器件和材料的检验/验证

工厂应建立并保持对供应商提供的关键元器件和材料的检验或验证的程序及定期确认检验的程序，以确保关键元器件和材料满足认证所规定的要求。

关键元器件和材料的检验可由工厂进行，也可以由供应商完成。当由供应商检验时，工厂应对供应商提出明确的检验要求。

工厂应保存关键件检验或验证记录、确认检验记录及供应商提供的合格证明及有关检验数据等。

4 生产过程控制和过程检验

4.1 工厂应对关键生产工序进行识别，关键工序操作人员应具备相应的能力，如果该工序没有文件规定就不能保证产品质量时，则应制定相应的工艺作业指导书，使生产过程受控。

4.2 产品生产过程中如对环境条件有要求,工厂应保证工作环境满足规定的要求。

4.3 可行时,工厂应对适宜的过程参数和产品特性进行监控。

4.4 工厂应建立并保持对生产设备进行维护保养的制度。

4.5 工厂应在生产的适当阶段对产品进行检验,以确保产品及零部件与认证样品一致。

5 例行检验和确认检验

工厂应制定并保持文件化的例行检验和确认检验程序,以验证产品满足规定的要求。检验程序中应包括检验项目、内容、方法、判定等。并应保存检验记录。具体的例行检验和确认检验要求应满足相应产品的认证实施规则的要求执行。

例行检验是在生产的最终阶段对生产线上的产品进行的100%检验,通常检验后,除包装和加贴标签外,不再进一步加工。

确认检验是为验证产品持续符合标准要求进行的抽样检验。

6 检验试验仪器设备

用于检验和试验的设备应定期校准和检查,并满足检验试验能力。

检验和试验的仪器设备应有操作规程,检验人员应能按操作规程要求,准确地使用仪器设备。

6.1 校准和检定

用于确定所生产的产品符合规定要求的检验试验设备应按规定的周期进行校准或检定。校准或检定应溯源至国家或国际基准。对自行校准的,则应规定校准方法、验收准则和校准周期等。设备的校准状态应能被使用及管理人员方便识别。

应保存设备的校准记录。

6.2 运行检查

对用于例行检验和确认检验的设备除应进行日常操作检查外,还应进行运行检查。当发现运行检查结果不能满足规定要求时,应能追溯至已检验过的产品。必要时,应对这些产品重新进行检验。应规定操作人员在发现设备功能失效时需采取的措施。

运行检查结果及采取的调整等措施应记录。

7 不合格品的控制

工厂应建立不合格品控制程序,内容应包括不合格品的标识方法、隔离和处置及采取的纠正、预防措施。经返修、返工后的产品应重新检验。对重要部件或组件的返修应作相应的记录,应保存对不合格品的处置记录。

8 内部质量审核

工厂应建立文件化的内部质量审核程序,确保质量体系的有效性和认证产品的一致性,并记录内部审核结果。

对工厂的投诉尤其是对产品不符合标准要求的投诉,应保存记录,并应作为内部质量审核的信息输入。

对审核中发现的问题,应采取纠正和预防措施,并进行记录。

9 认证产品的一致性

工厂应对批量生产产品与型式试验合格的产品的一致性进行控制,以使认证产品持续符合规定的要求。

工厂应建立产品关键元器件和材料、结构等影响产品符合规定要求因素的变更控制程序,认证产品的变更(可能影响与相关标准的符合性或型式试验样机的一致性)在实施前应向认证机构申报并获得批准后方可执行。

10 包装、搬运和储存

工厂所进行的任何包装、搬运操作和储存环境应不影响产品符合规定标准要求。

附件5:

泡沫灭火设备产品强制性认证工厂一致性控制要求

为保证工厂批量生产的认证产品与型式试验合格样品的一致性,认证产品的生产应满足本文件规定的一致性控制要求。

1 产品一致性控制文件

1.1 工厂应建立并保持认证产品一致性控制文件,一致性控制文件至少应包括:

(1)针对具体认证产品型号的设计要求、产品结构描述、物料清单(应包含所使用的关键元器件的型号、主要参数及供应商)等技术文件;

(2)针对具体认证产品的生产工序工艺、生产配料单等生产控制文件;

(3)针对认证产品的检验(包括进货检验、生产过程检验、成品例行检验及确认检验)要求、方法及相关资源条件配备等质量控制文件;

(4)针对获证后产品的变更(包括标准、工艺、关键件等变更)控制、标志使用管理等程序文件。

1.2 产品设计标准或规范应是一致性控制文件的其中一个内容,其要求应不低于有关该产品的认证实施规则中规定的标准要求。

2 关键件和材料的检验/验证

工厂应建立并保持对供应商提供的关键元器件和材料的检验或验证的程序，以确保关键件和材料满足认证所规定的要求。

关键件和材料的检验可由工厂进行，也可以由供应商完成。当由供应商检验时，工厂应对供应商提出明确的检验要求。

工厂应保存关键件和材料检验或验证记录、供应商提供的合格证明及有关检验数据等。

3 批量生产产品的一致性

工厂应采取相应的措施，确保批量生产的认证产品至少在以下方面与型式试验合格样品保持一致：

（1）认证产品的铭牌、标志、说明书和包装上所标明的产品名称、规格和型号；

（2）认证产品的结构、材质、工作压力范围；

（3）认证产品中影响性能的关键件。

4 例行检验和确认检验

4.1 工厂应制定并保持文件化的例行检验和确认检验程序，以验证产品满足规定的要求。检验程序中应包括检验项目、内容、方法、判定准则等。应保存检验记录。

4.2 例行检验是在生产的最终阶段对生产线上的产品进行的100%检验，通常检验后，除包装和加贴标签外，不再进一步加工。例行检验允许采用经验证的等效快速的在线检验方法进行。例行检验至少应包括以下检验项目：

（1）低倍数空气泡沫产生器：标志、外观、连接型式和尺寸、流量系数；

（2）高背压泡沫产生器：标志、连接型式和尺寸、外观、流量系数；

（3）泡沫喷头：外观、连接型式和尺寸、标志；

（4）泡沫钩管：外观、标志、连接型式和尺寸、流量系数；

（5）泡沫炮： 外观、标志、连接型式和尺寸、流量系数、转动要求、操作性能、密封要求；

（6）泡沫枪： 外观、标志、接口型式和尺寸、流量系数、联用泡沫枪要求、自吸式泡沫枪要求、密封要求；

（7）中倍数泡沫产生器： 外观、标志、连接型式和尺寸、流量系数；

（8）高倍数泡沫产生器： 外观、标志、接口型式和尺寸、流量系数；

（9）半固定式（轻便式）泡沫灭火装置：构成、外观、标志；

（10）泡沫消火栓箱：构成、标志、耐水冲击要求；

（11）泡沫液泵：材料、标志、流量和压力；

（12）压力式比例混合器：外观和标志、密封要求泡沫压力储罐、安全阀；

（13）环泵式比例混合器：外观和标志、密封要求、吸液管要求；

（14）管线式比例混合器：外观和标志、密封要求、吸液管要求；

（15）平衡式比例混合装置：外观和标志、密封要求、泡沫液泵、控制柜电源切换要求；

（16）泡沫消火栓：标志、外观、接口型式和尺寸、密封要求；

（17）连接软管：外观、连接型式和尺寸、密封要求；

（18）闭式泡沫—水喷淋装置：外观和标志、系统的功能试验、密封要求。

工厂生产现场应具备上述相应认证产品检验项目的检验能力。例行检验的判定准则按GB 20051–2003中7.1.2执行。

4.3确认检验是为验证产品持续符合标准（产品认证实施规则中规定的标准）要求进行的抽样检验。确认检验至少应包括以下检验项目：

（1）低倍数空气泡沫产生器：主要性能参数、密封玻璃性能；

（2）高背压泡沫产生器：主要性能参数、背压要求；

（3）泡沫喷头：主要性能参数、覆盖半径要求、耐高温性能、耐应力腐蚀性能、耐盐雾腐蚀性能；

（4）泡沫钩管：主要性能参数、防倾倒性能；

（5）泡沫炮：主要性能参数、喷射稳定性能、强度要求；

（6）泡沫枪：主要性能参数、耐水冲击要求、强度要求、耐盐雾腐蚀性能；

（7）中倍数泡沫产生器：主要性能参数、耐水冲击要求；

（8）高倍数泡沫产生器：主要性能参数、耐水冲击要求、叶轮的超转速要求、叶轮的静平衡要求；

（9）半固定式（轻便式）泡沫灭火装置：主要性能参数、耐水冲击要求、运动性能要求；

（10）泡沫消火栓箱：主要性能参数、耐水冲击要求；

（11）沫液泵：流量和压力；

（12）压力式比例混合装置：强度要求、主要性能参数、胶囊；

（13）环泵式比例混合器：强度要求、主要性能参数、真空密封要求；

（14）管线式比例混合器：强度要求、主要性能参数；

（15）平衡式比例混合装置：强度要求、主要性能参数、平衡阀、电磁阀（适用时）；

（16）泡沫消火栓：强度要求、压力损失；

（17）连接软管：强度要求、耐油品浸渍性能；

（18）闭式泡沫—水喷淋装置：混合比、系统的功能试验要求、系统的运行可靠性、泡沫液控制阀和压力泄放阀。

工厂不具备检验条件的确认检验项目，可委托具有相应能力的检验实验室检验。确认检验的判定准则按GB 20051–2003中7.1.2执行。

5 获证产品的变更控制

工厂应建立文件化的变更控制程序，确保认证产品的设计、采用的关键件和材料以及生产工序工艺、检验条件等因素的变更得到有效控制。获证产品涉及到如下的变更，工厂在实施前应向认证机构申报，获得批准后方可执行：

（1）产品设计（原理、结构等）的变更；

（2）产品采用的关键件和关键材料的变更；

（3）关键工序、工序及其生产设备的变更；

（4）例行检验和确认检验条件和方法变更；

（5）生产场所搬迁、生产质量体系换版等变更；

（6）其他可能影响与相关标准的符合性或型式试验样机的一致性的变更。

编号：CNCA-09C-046:2011

消防产品类强制性认证实施规则
喷水灭火产品

2011-06-15发布　　　　2011-10-01实施

1 适用范围

本规则适用的产品范围为：在中华人民共和国境内出厂、销售、进口或者在其他经营活动中使用的喷水灭火设备产品，包括洒水喷头、水雾喷头、早期抑制快速响应（ESFR）喷头、扩大覆盖面积洒水喷头、家用喷头、水幕喷头、湿式报警阀、干式报警阀、雨淋报警阀、水流指示器、压力开关、消防通用阀门等产品。

2 认证模式

工厂质量管理体系审核+认证发证检验+认证后监督。

3 认证的基本环节

认证的申请

工厂质量管理体系审核

认证发证检验

认证结果评价与批准

认证后监督

4 认证实施的基本要求

4.1 认证的申请

4.1.1 申请单元划分

4.1.1.1 产品认证的申请单元划分见附件1《自动喷水灭火设备产品强制性认证单元划分》。

4.1.1.2 产品单元划分相同且安全结构设计和对产品安全性能有影响的元器件均相同、仅型号不同的产品可作为一个单元申请认证。

4.1.1.3 不同工厂的产品不能划在同一单元。

4.1.2 申请文件

认证申请所需要提交的资料见附件2《自动喷水灭火设备产品强制性认证申请资料》。

4.2 工厂质量管理体系审核

4.2.1 审核内容

4.2.1.1 工厂质量管理体系审核

工厂质量管理体系审核按GB/T 19001标准要求进行。

4.2.1.2 产品一致性检查

应在生产现场/成品库对申请认证的每单元产品至少抽取一件样品进行产品一致性检查，核查其与全性能委托检验报告及指定检验机构确认的产品特性文件的一致性。

4.2.1.3 工厂质量管理体系审核和产品一致性检查应覆盖申请认证产品的所有加工场所。

4.2.1.4 工厂一致性控制见附件3《自动喷水灭火设备产品强制性认证工厂一致性控制要求》。

4.2.2 工厂质量管理体系审核时间

文件审核符合要求的，再进行工厂质量管理体系审核。工厂质量管理体系审核时间根据所申请认证产品的单元数量确定，并适当考虑工厂的生产规模，一般每个加工场所为4～8个人日。

4.2.3 审核组组成

质量管理体系现场审核由指定认证机构安排、组织。指定认证机构确定审核组长，选择若干名符合要求的审核员组成质量管理体系审核组并规定审核时限，审核的具体时间由审核组长确定。

4.2.4 质量管理体系审核要求

质量管理体系审核的方式、方法及内容等，按照指定认证机构对该类产品认证的有关规定要求执行。

4.2.5 质量管理体系审核报告

质量管理体系审核的审核报告应由参加该次审核的全体审核员及受审核方代表确认签字。质量管理体系审核有关资料由审核组长负责汇总，在审核结束后，将全部审核资料（含经审核组长确认的不合格报告）按规定上报指定认证机构。

4.2.6 质量管理体系审核结论为推荐通过或不推荐通过。

4.2.7 质量管理体系审核结论为不推荐通过的，终止本次认证。

4.3 认证发证检验

4.3.1 样品

认证发证检验样品的选择、送样按指定认证机构的规定进行。

检验的样品应在工厂生产的合格品中（包括生产线、仓库）随机抽取。检验的数量及要求见附件4《自动喷水灭火设备产品强制性认证检验项目和检验依据》。样品应满足以下条件：

（1）样品基数应满足规定的要求；

(2)样品必须为本年度或近10个月内生产的;

(3)至少两人抽封样品并在抽样单上签字;

(4)工厂负责人在抽样单上签字并加盖单位印章确认。

4.3.2 委托方将抽封的样品按规定送达指定检验机构进行认证发证检验。

4.3.3 认证发证检验项目

认证发证检验项目按照附件4《自动喷水灭火设备产品强制性认证检验项目和检验依据》的规定执行。

4.3.4 检验

指定检验机构应按规定的检验周期完成产品认证发证的全部检验。产品认证发证检验不合格的,终止不合格产品认证。

4.3.5 检验报告

指定检验机构应按指定认证机构的有关规定出具检验报告,并按规定时限要求向指定认证机构提交。

4.4 认证结果评价与批准

4.4.1 认证结果评价与批准

指定认证机构对工厂质量管理体系审核和认证发证检验结果进行综合评价。对符合要求的,经指定认证机构证书签发人批准,颁发认证证书。认证结果不符合要求的,终止本次认证。

4.4.2 认证结果的公布

指定认证机构应对外公布获准认证的证书信息。

4.5 认证后监督

4.5.1 认证后监督频次

4.5.1.1 获证产品从证书批准之日起,即可安排认证后监督。认证后监督每12个月内不少于一次。

4.5.1.2 若发生下述情况之一可增加监督频次:

(1) 获证产品出现严重质量问题或用户对产品有投诉并经查实;

(2)指定认证机构有足够理由对获证产品与标准要求的符合性提出质疑时;

(3)有足够信息表明因变更组织机构、生产条件、质量管理体系等,从而可能影响产品符合性或一致性时。

4.5.2 认证后监督的内容

4.5.2.1 监督方式

(1)监督审核和监督检验;

(2)监督审核;

(3)监督检验。

4.5.2.2 监督审核

监督审核按指定认证机构规定的监督审核要求进行。审核场所既可为工厂,也可为流通或使用场所。监督审核的时间每个加工场所一般为2~4个人日。

监督审核必须进行产品一致性核查。

4.5.2.3 监督检验

监督检验项目由指定认证机构视具体情况确定。监督检验由指定认证机构下达要求,指定检验机构按计划实施,并应在规定的检验周期内完成全部检验。检验结束后,指定检验机构将检验报告及时报指定认证机构。

监督检验结论为合格或不合格。

4.5.3 指定认证机构根据监督情况做出监督结论,并将监督结论通知证书持有者,监督结论分为通过和不通过两种。凡存在下列情况之一的,监督结论为不通过:

(1)产品一致性核查不符合;

(2)工厂质量管理体系监督审核不通过或不合格项整改时间超过1个月;

(3)监督检验不合格。

4.5.4 监督结论通过的,指定认证机构保持其证书;监督结论不通过的,指定认证机构按规定暂停或撤销其证书。

4.5.5 监督结论为不通过的,证书持有者应在5个工作日内将产品认证证书上交指定认证机构,并封存认证标志。

4.5.6 指定认证机构应及时将监督结论向社会公布。

4.5.7 证书持有者应按时缴纳监督费用。

4.5.8 对不能按指定认证机构监督要求接受监督的,指定认证机构暂停并收回认证证书。

5 认证证书

5.1 认证证书的有效期

产品认证证书有效期为五年。

5.2 认证证书的保持

认证证书的有效性依靠通过指定认证机构定期和不定期的监督获得保持。

5.3 认证证书的变更

5.3.1 变更的类型

5.3.1.1 不涉及产品安全使用性能的变更。如:由于产品命名方法的变化引起的获证产品名称、型号变更;产品型号变更、内部结构不变;证书持有者、制造商名称或地址变更;生产厂名称或地址变更(没有搬迁)等。

5.3.1.2 涉及产品安全使用性能的变更。如:生产厂搬迁;产品认证所依据的标准、规则等发生了变化;明显影响产品的设计发生了变化(如:获证产品的关键零部件/原材料/元器件更换);制造商或生产厂的质量体系发生重大变化等。

5.3.2 变更程序

5.3.2.1 证书持有者需要变更已经获得的认证证书信息或产品时,应向指定认证机构提交变更申请并提交相关证明文件。

5.3.2.2指定认证机构在接到变更申请及有关资料后进行审核，核查变更信息或产品与原获证信息或产品的一致性，必要时安排变更工厂确认审核和/或确认检验。

5.3.2.3根据变更确认的结果,按规定程序评定，符合变更要求的，经指定认证机构批准后向证书持有者换发证书或发出变更确认通知。不符合变更要求的，经指定认证机构准后向证书持有者发出不予变更确认的通知。

5.4 认证范围的扩大

证书持有者在原有认证基础上增加新的认证单元和在认证单元内增加新的产品型号，应按本规则4.1.2的规定提出申请，经审查（必要时安排工厂质量管理体系审核和/或产品检验）、评价，结论为通过的颁发或换发证书。

5.5 证书延续

证书持有者应在证书有效期届满前6个月向指定认证机构提出证书延续申请，并按本规则附件2《自动喷水灭火设备产品强制性认证申请资料》的规定提交申请资料。证书延续工作应按照指定认证机构的有关要求执行。

6 认证标志

证书持有者必须遵循《强制性产品认证标志管理办法》的有关规定使用认证标志。

6.1 准许使用的标志样式

6.2 加施方式和位置

标志的加施方式应遵循《强制性产品认证标志管理办法》的有关规定。认证标志一般应加施于产品明显位置。

6.3 变形认证标志

本规则覆盖产品不允许加施任何形式的变形认证标志。

7 认证证书的暂停、撤销和注销

认证证书的暂停、撤销和注销，按《强制性产品认证管理规定》的规定执行。自认证证书注销、撤销之日起或者认证证书暂停期间，不符合认证要求的产品，不得继续出厂、销售、进口或者在其他经营活动中使用。

暂停证书的恢复使用应由证书持有者向指定认证机构提出申请，指定认证机构按规定进行工厂质量管理体系审核和/或产品检验。符合《强制性产品认证管理规定》和本规则要求的，指定认证机构批准恢复使用证书。

8 收费

认证收费由指定认证机构按国家有关规定统一收取。

附件1：

自动喷水灭火设备产品强制性认证单元划分

<table>
<tr><th>序号</th><th>产品名称</th><th>单元划分原则</th><th>认证依据标准</th><th>送样数量</th></tr>
<tr><td>1</td><td>洒水喷头</td><td rowspan="6">1.热敏感元件制造商不同，热响应等级不同，不能作为一个申请单元；
2.公称口径（流量系数）不同，不能作为一个申请单元；（水雾喷头、水幕喷头除外）；
3.结构形式不同，不能作为一个申请单元；
4.开式喷头和闭式喷头不能作为一个申请单元；
5.框架材料不同不能作为一个申请单元</td><td>GB 5135.1—2003</td><td>1.选取申请单元中一个规格做为主型的样品：250只（热敏感元件30只）；
2.对于分型产品，同种材料，同一生产工艺，同一公称口径的不同公称动作温度的样品：150只（热敏感元件30只）；
3.同一公称动作温度，工艺、材料相同，安装位置和水的分布不同的样品：130只；
4.抽样时，同时抽取与所送样品数量相同的备用样品</td></tr>
<tr><td>2</td><td>水雾喷头</td><td>GB 5135.3—2003</td><td>1. 开式水雾喷头每种主型产品的样品：45只；分型产品样品：25只，同时抽取与所送样品数量相同的备用样品；
2. 闭式水雾喷头每种主型产品的样品：200只；分型产品样品：150只，同时抽取与所送样品数量相同的备用样品</td></tr>
<tr><td>3</td><td>早期抑制快速响应（ESFR）喷头</td><td>GB 5135.9—2006</td><td>1. 选取申请单元中一个规格做为主型的样品：250只，玻璃球75只或易熔元件20只；
2. 对于分型产品，同种材料，同一生产工艺，同一流量系数的不同公称动作温度的样品：200只，玻璃球75只或易熔元件20只。
3. 抽样时，同时抽取与所送样品数量相同的备用样品</td></tr>
<tr><td>4</td><td>扩大覆盖面积洒水喷头</td><td>GB 5135.12—2006</td><td rowspan="2">1. 每种主型产品的样品250只，玻璃球30只或易熔元件20只；
2.对于分型产品，同种材料，同一生产工艺，同一公称口径的不同公称动作温度的样品：150只,玻璃球30只或易熔元件20只；同一公称动作温度，工艺、材料相同，安装形式不同的样品：150只；
3.抽样时，同时抽取与所送样品数量相同的备用样品</td></tr>
<tr><td>5</td><td>家用喷头</td><td>GB 5135.15—2008</td></tr>
<tr><td>6</td><td>水幕喷头</td><td>GB 5135.13—2006</td><td>1. 每种主型产品的样品35只；
2. 分型产品的样品20只；
3. 抽样时，同时抽取相同数量的备用样品</td></tr>
<tr><td>7</td><td>湿式报警阀</td><td rowspan="3">1.公称直径相同、结构不同，不能作为一个申请单元；
2.连接形式不同，不能作为一个申请单元；
3.压力等级不同不能作为一个申请单元；
4.阀体、阀瓣材料不同不能作为一个申请单元</td><td>GB 5135.2—2003</td><td rowspan="3">1.选取申请单元中任一公称直径的产品做为主型的样品：2套；
2.其它公称直径的产品做为分型样品：1套；
3.抽样时，同时抽取与所送样品数量相同的备用样品</td></tr>
<tr><td>8</td><td>干式报警阀</td><td>GB 5135.4—2003</td></tr>
<tr><td>9</td><td>雨淋报警阀</td><td>GB 5135.5—2003</td></tr>
<tr><td>10</td><td>水流指示器</td><td>1.结构形式不同，不能作为一个申请单元；
2.连接形式不同，不能作为一个申请单元；
3.本体不同不能作为一个申请单元</td><td>GB 5135.7—2003</td><td>1.选取申请单元中任一公称直径的产品做为主型的样品：4具；
2.其它公称直径的产品做为分型样品：2具；
3.抽样时，同时抽取与所送样品数量相同的备用样品</td></tr>
<tr><td>11</td><td>压力开关</td><td>1.结构、应用形式不同，不能作为一个申请单元；
2.压力等级不同不能作为一个申请单元；
3.本体不同不能作为一个申请单元</td><td>GB 5135.10—2006</td><td>1.选取申请单元中任一结构形式的产品做为主型的样品：8只；
2.其它规格做为分型产品的样品：4只；
3.抽样时同时抽取与所送样品数量相同的备用样品</td></tr>
<tr><td>12</td><td>消防通用阀门</td><td>1.结构不同，不能作为一个申请单元；
2.连接形式不同，不能作为一个申请单元；
3.压力等级不同不能作为一个申请单元；
4.阀体、阀瓣材料不同不能作为一个申请单元</td><td>GB 5135.6—2003</td><td>1.每种主型产品样品2套；
2.分型产品样品2套；
3.抽样时，同时抽取与所送样品数量相同的备用样品</td></tr>
</table>

附件2:

自动喷水灭火设备产品强制性认证申请资料

消防产品认证委托方向指定认证机构提交申请，并随附下列资料：

1. 委托方/制造商/工厂的资质证明包括：营业执照、组织机构代码、有关合作协议；

2.《消防产品强制性认证合同书》；

3. 全性能委托检验报告及指定检验机构盖章确认的产品特性文件（原材料/元器件/零配件或产品描述文件）；

4. 质量管理体系文件；

5. 申请认证的产品及使用的原材料/元器件/零配件符合国家或行业相关法律、法规、规定及标准要求的资料（必要时）；

6. 产品认证证书（证书延续申请时）；

7. 其他要求的文件。

附件3:

自动喷水灭火设备产品强制性认证工厂一致性控制要求

为保证工厂批量生产的认证产品与发证检验合格样品的一致性，认证产品的生产应满足本文件规定的一致性控制要求。

1 产品一致性控制文件

1.1 工厂应建立并保持认证产品一致性控制文件，一致性控制文件至少应包括：

（1）针对具体认证产品型号的设计要求、产品结构描述、物料清单（应包含所使用的关键元器件的型号、主要参数及供应商）等技术文件；

（2）针对具体认证产品的生产工序工艺、生产配料单等生产控制文件；

（3）针对认证产品的检验（包括进货检验、生产过程检验、成品例行检验及确认检验）要求、方法及相关资源条件配备等质量控制文件；

（4）针对获证后产品的变更（包括标准、工艺、关键件等变更）控制、标志使用管理等程序文件。

1.2 产品设计标准或规范应是一致性控制文件的其中一个内容,其要求应不低于有关该产品的认证实施规则中规定的标准要求。

2 关键件和材料的检验/验证

工厂应建立并保持对供应商提供的关键元器件和材料的检验或验证的程序，以确保关键件和材料满足认证所规定的要求。

关键件和材料的检验可由工厂进行，也可以由供应商完成。当由供应商检验时,工厂应对供应商提出明确的检验要求.

工厂应保存关键件和材料检验或验证记录、供应商提供的合格证明及有关检验数据等。

3 批量生产产品的一致性

工厂应采取相应的措施，确保批量生产的认证产品至少在以下方面与型式试验合格样品保持一致：

（1）认证产品的铭牌、标志、说明书和包装上所标明的产品名称、规格和型号；

（2）认证产品的结构、尺寸和安装方式；

（3）认证产品的主要原材料。

4 例行检验和确认检验

4.1 工厂应制定并保持文件化的例行检验和确认检验程序，以验证产品满足规定的要求。检验程序中应包括检验项目、内容、方法、判定准则等。应保存检验记录。

4.2 例行检验是在生产的最终阶段对生产线上的产品进行的100%检验，通常检验后，除包装和加贴标签外，不再进一步加工。例行检验允许采用经验证的等效快速的在线检验方法进行。例行检验至少应包括以下检验项目：

（1）洒水喷头：整体要求、外观、水压密封；

（2）水雾喷头：外观、标志和接口螺纹、水压密封；

（3）ESFR喷头：整体要求、外观、水压密封；

（4）EC喷头：整体要求、外观、水压密封；

（5）水幕喷头：外观与标志；

（6）家用喷头：整体要求、外观、水压密封；

（7）湿式报警阀：外观与标志、基本参数、渗漏、报警功能；

（8）干式报警阀：外观质量、渗漏、功能；

（9）雨淋报警阀：外观和标志、渗漏、功能；

（10）水流指示器：延迟性能（适用时）、灵敏度；

（11）压力开关：外观、动作压力、绝缘要求；

（12）通用阀门：闸阀：外观、密封性能；

球阀：外观、密封性能；

蝶阀：外观、密封性能；

电磁阀：外观、动作性能、密封性能；

截止阀：外观、密封性能；

信号阀：外观、密封性能、电信号装置；

4.3确认检验是为验证产品持续符合标准（产品认证实施规则中规定的标准）要求进行的抽样检验。确认检验至少应包括以下检验项目：

（1）洒水喷头：布水性能、静态动作温度、功能、氨应力腐蚀、动态热性能；

（2）水雾喷头：雾化角、布水性能、耐氨应力腐蚀性能、静态动作温度（适用时）、功能（适用时）；

（3）ESFR喷头：流量系数、静态动作温度、功能、氨应力腐蚀、动态热性能；

（4）EC喷头：静态动作温度、功能、氨应力腐蚀、动态热性能；

（5）水幕喷头：流量系数、喷洒外形、耐氨应力腐蚀性能、阻断辐射热能力；

（6）家用喷头：静态动作温度、功能、氨应力腐蚀、动态热性能；

（7）湿式报警阀：强度、水力摩阻、报警功能、压力比；

（8）干式报警阀：阀体强度、水力摩阻损失、功能；

（9）雨淋报警阀：阀体强度、水力摩阻、功能；

（10）水流指示器：灵敏度、耐水压性能、过载能力；

（11）压力开关：强度要求、工作可靠性要求、耐湿热要求；

（12）通用阀门：闸阀：机械强度、阀体强度；

球阀：阀体强度、工作循环；

蝶阀：阀体强度、工作循环；

电磁阀：工作循环、阀体强度；

截止阀：阀体强度、水力摩阻损失；

信号阀：电信号装置、阀体强度、过载能力、绝缘电阻；

工厂不具备检验条件的确认检验项目，可委托具有相应能力的检测实验室检验。

5 获证产品的变更控制

工厂应建立文件化的变更控制程序，确保认证产品的设计、采用的关键件和材料以及生产工序工艺、检验条件等因素的变更得到有效控制。获证产品涉及到如下的变更，工厂在实施前应向认证机构申报，获得批准后方可执行：

（1）产品设计（原理、结构等）的变更；

（2）产品采用的关键件和关键材料的变更；

（3）关键工序、工序及其生产设备的变更；

（4）例行检验和确认检验条件和方法变更；

（5）生产场所搬迁、生产质量体系换版等变更；

（6）其他可能影响与相关标准的符合性或型式试验样机的一致性的变更。

附件4：

自动喷水灭火设备产品强制性认证检验项目和检验依据

1 基本要求

自动喷水灭火设备产品强制性认证检验应依据本要求进行。

2 分型产品的划分方式

分型产品与主型产品的基本结构和材料必须相同。下列自动喷水灭火设备产品的以下不同均可作为其主型产品的分型产品。

2.1 洒水喷头

2.1.1 洒水喷头

公称动作温度；

安装位置和水的分布。

2.1.2 水雾喷头

雾化角；

公称流量系数；

闭式水雾喷头温度等级。

2.1.3 早期抑制快速响应（ESFR）喷头

公称动作温度。

2.1.4 扩大覆盖面积洒水喷头

公称动作温度；

安装位置。

2.1.5 水幕喷头

流量系数；

水幕展角。

2.1.6 家用喷头

公称动作温度；

安装位置。

2.2 报警阀

2.2.1 湿式报警阀

公称直径。

2.2.2 干式报警阀

公称直径。

2.2.3 雨淋报警阀

公称直径。

2.3 水流指示器

公称直径。

2.4 压力开关

输出触点的组数；

连接公称口径。

2.5 通用阀门

公称直径。

3 认证发证检验项目和判定准则

3.1.1 洒水喷头

3.1.1.1 认证发证检验项目

3.1.1.1.1 主型产品

主型产品检验项目为GB 5135.1—2003《自动喷水灭火系统 第1部分：洒水喷头》规定的除耐环境温度性能、耐潮湿气体腐蚀性能、灭木垛火性能以外的全部适用项目。

3.1.1.1.2 分型产品

公称动作温度与主型产品不同的分型产品检验项目为GB 5135.1—2003《自动喷水灭火系统 第1部分：洒水喷头》中的下列适用项目:6.1、6.2、6.3、6.7、6.8、6.11、6.13、6.14、6.19（或6.30）。

安装位置和水的分布与主型产品不同的分型产品检验项目为GB 5135.1—2003《自动喷水灭火系统 第1部分 洒水喷头》中的下列适用项目:6.1、6.2、6.3、6.4、6.5、6.6、6.8、6.10、6.12、6.20、6.25、6.26。

3.1.1.2 单项判定准则

洒水喷头产品每个检验项目不合格分类及合格判定数应按表1规定。

表1 洒水喷头产品每个检验项目不合格分类及合格判定数

检验项目及条款	不合格分类			合格判定数		
	A类	B类	C类	A类	B类	C类
整体要求6.1	1.能轻易调整、拆卸或重装			0		
外观6.2	1.无标志	1.非永久性标记； 2.有标志但不符合规定，或无水流方向标志（边墙型）	1.不影响主要性能的加工缺陷和机械损伤； 2.涂镀层不完整、脱落； 3.连接螺纹超差； 4.标志不全； 5.标记不清	0	1	2
水压密封和耐水压强度性能6.3	1.密封试验中渗漏或损坏； 2.水压强度试验中出现变形或破坏			0		
流量系数K 6.4		公称口径为10的喷头：K小于54或大于60； 公称口径为15的喷头：K小于76 或大于84； 公称口径为20的喷头：K小于109 或大于121			0	
布水性能6.5	1.非边墙型喷头不符合标准中6.5.1规定； 2.边墙型喷头不符合标准中6.5.2规定			0		
溅水盘上下的喷水量6.6			1.直立型、下垂型洒水喷头向下的水量小于80%； 2.通用型洒水喷头向下的水量小于40%或大于60%			0
静态动作温度6.7	1.动作温度超过标准中6.7的规定； 2.不动作； 3.隐蔽罩动作时间不符合6.7.3的规定			0		
功能要求6.8	1.喷头不启动； 2.各种响应等级的喷头不能在规定的时间内启动并清除所有沉积； 3.在每种压力级下所测试的所有喷头中，1只以上喷头出现沉积			0		

续表

vvvv	不合格分类			合格判定数		
	A类	B类	C类	A类	B类	C类
抗水冲击性能 6.9		1.喷头出现渗漏或损坏； 2.热敏感元件动作； 3.功能试验时，喷头未启动			0	
框架强度 6.10			框架的永久变形大于喷头负荷支承点之间距离的0.2%			0
热敏感元件强度 6.11		玻璃球： 1.玻璃球的平均破碎载荷小于6倍的玻璃球平均设计载荷； 2.玻璃球破碎载荷的下限误差小于玻璃球设计载荷上限误差的2倍。 易熔元件： 不符合标准中6.11.2的规定			0	
溅水盘强度 6.12		溅水盘脱落、永久变形或损坏	1只以上溅水盘松动		0	0
疲劳强度 6.13		1.玻璃球损坏； 2.功能试验时，喷头未启动			0	
热稳定性能 6.14		1.玻璃球损坏； 2.功能试验时，喷头未启动			0	
抗振动性能 6.15		1.喷头组件松动； 2.损坏； 3.密封试验渗漏； 4.功能试验时，喷头未启动			0	
抗机械冲击性能 6.16			1.喷头损坏； 2.密封试验出现渗漏			0
耐低温性能 6.17		1.热敏感元件动作； 2.涂层或镀层出现破裂或卷层； 3.密封试验渗漏； 4.功能试验时，喷头未启动			0	
耐高温性能 6.18		1.喷头体熔融； 2.喷头体扭曲； 3.溅水盘脱落	1.喷头体轻微变形； 2.溅水盘松动		0	1
动态热性能 6.19	1.各响应等级喷头在标准方位下的RTI值和C值不符合6.19.1的规定； 2.在偏离最不利方位RTI值不符合6.19.2的规定； 3.环境试验后RTI值不符合6.19.3的规定			0		
耐氨应力腐蚀性能 6.20	1.出现断裂、脱落或损坏； 2.密封试验出现渗漏； 3功能试验时，喷头未启动			0		
耐二氧化硫腐蚀 6.21		1.出现腐蚀损坏； 2.密封试验渗漏； 3.功能试验时，喷头未启动			0	
耐盐雾腐蚀 6.22		1.出现腐蚀损坏； 2.密封试验渗漏； 3. 功能试验时，喷头未启动			0	

续表

vvvv	不合格分类			合格判定数		
	A类	B类	C类	A类	B类	C类
抗碰撞性能 6.25		1.喷头出破裂和变形; 2.带水罩的喷头其水罩及与喷头联接部位出现变形或损坏; 3.密封试验渗漏; 4.功能试验时,喷头未启动			0	
侧向喷洒 6.26			直立或下垂型喷头在正庚烷燃尽前未动作			0
水罩的防护角 6.27	防护角大于45°			0		
水罩的旋转 6.28			水罩在4.0N·m的力矩下发生转动且平均工作载荷变化超过±10%			0
抗真空性能 6.29			1.喷头出现扭曲或损坏; 2.密封试验渗漏			0
齐平、嵌入和隐蔽式喷头热响应性能 6.30	数据误差限超过标准中的规定			0		

每个检验项目中的不合格数小于或等于表1中的合格判定数,即判该项合格。否则,判该项不合格。

3.1.1.3 产品综合判定准则

洒水喷头产品综合判定按GB 5135.1—2003《自动喷水灭火系统 第1部分: 洒水喷头》中8.4的规定进行。

3.1.1.4 抽样方法

3.1.1.4.1 抽样方式

由申请方合理确定主型产品。所有样品均在工厂生产的合格品中随机抽取。

3.1.1.4.2 抽样基数

每种规格产品的抽样基数不少于750只。

3.1.1.4.3 样品数量

每种主型产品的样品250只;同种材料、同一生产工艺、同一公称口径,公称动作温度不同的分型产品样品150只,不同公称动作温度的热敏感元件各30只;同一公称动作温度、工艺、材料,安装位置和水的分布不同的分型产品样品130只。抽样时,同时抽取与所送样品数量相同的备用样品。

3.1.2 水雾喷头

3.1.2.1 认证发证检验项目

3.1.2.1.1 主型产品

开式水雾喷头主型产品检验项目为GB 5135.3—2003《自动喷水灭火系统 第3部分: 水雾喷头》规定的全部适用项目。

闭式水雾喷头主型产品检验项目为GB 5135.3—2003《自动喷水灭火系统 第3部分: 水雾喷头》规定的除耐环境温度性能、耐潮湿气体腐蚀性能以外的全部适用项目。

3.1.2.1.2 分型产品

不同流量系数或不同雾化角的分型产品检验项目为GB 5135.3—2003《自动喷水灭火系统 第3部分: 水雾喷头》中的下列适用项目:5.1、5.2、5.3、5.4、5.5、5.6、5.7。

不同温度等级的分型产品检验项目为GB 5135.3—2003《自动喷水灭火系统 第3部分: 水雾喷头》中的下列适用项目:5.1、5.11和5.15中的相关项目(见GB 5135.3表2)。

3.1.2.2 单项判定准则

水雾喷头产品每个检验项目不合格分类及合格判定数应按表2规定。

每个检验项目中的不合格数小于或等于表2中的不合格判定数,即判该项合格。否则判该项为不合格。

3.1.2.3 产品综合判定准则

水雾喷头产品综合判定按GB 5135.3—2003《自动喷水灭火系统 第3部分: 水雾喷头》中7.4的规定进行。

3.1.2.4 抽样方法

3.1.2.4.1 抽样方式

由申请方合理确定主型产品。所有样品均在工厂生产的合格品中随机抽取。

3.1.2.4.2 抽样基数

开式水雾喷头每种规格产品的抽样基数不少于150只。

闭式水雾喷头每种规格产品的抽样基数不少于600

只。

3.1.2.4.3 样品数量

开式水雾喷头每种主型产品的样品：45只；分型产品样品：25只，同时抽取与所送样品数量相同的备用样品。

闭式水雾喷头每种主型产品的样品：200只；分型产品样品：150只，同时抽取与所送样品数量相同的备用样品。

表2 水雾喷头产品每个检验项目不合格分类及合格判定数

序号	检验项目	不合格分类		不合格判定	
		A类不合格	B类不合格	A类	B类
1	外观、标志和接口螺纹		不影响主要性能的加工缺陷和机械损伤。 涂镀层不完整、脱落； 标志不完整、不正确、非永久性标志； 连接螺纹超差		2
2	流量系数	在升压和降压过程中出现压力振荡现象，任何压力点的流量系数或平均流量系数与公称值之差超过公称值的±5%		0	
3	雾化角	水雾喷头雾化角超过标准规定		0	
4	布水性能	低于洒水密度50%的面积大于10%。		0	
5	雾滴尺寸	在任何测量点测得DV0.90大于1.000mm		0	
6	喷洒性能		超出公布值的±10%		0
7	喷头强度		喷头部件出现松动、脱落或损坏		0
8	耐氨应力腐蚀性能		1.喷头部件出现裂纹、脱层或损坏。 2.进行强度试验，出现松动、脱落或损坏		0
9	耐二氧化硫腐蚀		1.喷头各部位出现明显腐蚀损坏； 2.喷头的流量与腐蚀试验前所测得的流量之差超出腐蚀试验前所测得的流量的±5%		0
10	耐盐雾腐蚀		1.喷头各部位出现明显腐蚀损坏； 2.喷头的流量与腐蚀试验前所测得的流量之差超出腐蚀试验前所测得的流量的±5%		0
11	耐低温性能		喷头的涂层或镀层出现断裂和剥层现象		0
12	耐高温性能		喷头发生严重变形或损坏		0
13	抗振动性能		喷头组件出现松动、变形或损坏		0
14	抗机械冲击性能		喷头组件出现松动和损坏		0
其余闭式水雾喷头单项检验判定按表1的相关项目进行判定					

3.1.3 早期抑制快速响应（ESFR）喷头

3.1.3.1 认证发证检验项目

3.1.3.1.1 主型产品

主型产品检验项目为GB 5135.9—2006《自动喷水灭火系统第9部分：早期抑制快速响应（ESFR）喷头》规定的除环境温度试验、耐潮湿气体腐蚀性能、灭火性能以外的全部适用项目。

3.1.3.1.2 分型产品

公称动作温度与主型产品不同的分型产品检验项目为GB 5135.9—2006《自动喷水灭火系统第9部分：早期抑制快速响应（ESFR）喷头》中的下列适用项目:6.1、6.2、6.3、6.6、6.7、6.10、6.11、6.12、6.19。

3.1.3.2 单项判定准则

ESFR喷头产品每个检验项目不合格分类及合格判定数应按表3规定。

每个检验项目中的不合格数小于或等于表3中的合格判定数，即判该项合格。否则，判该项不合格。

3.1.3.3 产品综合判定准则

ESFR喷头产品综合判定按GB 5135.9—2006《自动喷水灭火系统第9部分：早期抑制快速响应（ESFR）喷头》中的8.4的规定进行。

3.1.3.4 抽样方法

3.1.3.4.1 抽样方式

由申请方合理确定主型产品。所有样品均在工厂生产的合格品中随机抽取。

3.1.3.4.2 抽样基数

每种规格产品的抽样基数不少于800只。

3.1.3.4.3 样品数量

选取申请单元中一个规格做为主型的样品：250只，玻璃球75只或易熔元件20只；对于分型产品，同种材料，同一生产工艺，同一流量系数的不同公称动作温度的样品：200只，玻璃球75只或易熔元件20只。抽样时，同时抽取与所送样品数量相同的备用样品。

表3 ESFR喷头产品每个检验项目不合格分类及合格判定数

检验项目及条款	不合格分类			合格判定数		
	A类	B类	C类	A类	B类	C类
整体要求6.1	1.在设计和制造上无法保证使其不能轻易调整、拆卸和重装			0		
外观 6.2	1.无标志	为非永久性标记	1.影响主要性能的加工缺陷和机械损伤； 2.涂镀层不完整、脱落； 3.连接螺纹超差； 4.标志不全； 5.标记不清	0	0	2
水压密封和耐水压性能 6.3	1.密封试验中渗漏或损坏。 2.水压试验中出现变形或破坏			0		
流量系数K 6.4		喷头K系数误差大于表2规定			0	
布水性能 6.5	1.最小洒水密度超过表3规定。 2.旋转布水试验第10个盘集水量大于0.8mm/min			0		
静态动作温度 6.6	1.动作温度超过6.6的规定； 2.不动作			0		
功能要求 6.7	1.喷头不启动； 2.在热敏元件释放10s后仍有沉积； 3.在每种压力级下所测试的所有喷头中，1只以上喷头出现沉积			0		
抗水冲击性能 6.8		1.喷头出现渗漏或损坏； 2.热敏感元件动作； 3.功能试验时，喷头未启动			0	
框架强度 6.9		框架的永久变形大于喷头负荷支承点之间距离的0.2%			0	
热敏感元件强度 6.10		玻璃球 1.玻璃球的平均破碎载荷小于6倍的玻璃球平均设计载荷； 2.玻璃球破碎载荷的下限误差小于玻璃球设计载荷上限误差的2倍			0	
		易熔元件 1.不符合6.10.2的规定			0	
疲劳强度 6.11		1.玻璃球损坏； 2.功能试验时，喷头未启动			0	
热稳定性能 6.12		1.玻璃球损坏； 2.功能试验时，喷头未启动			0	
抗振动性能 6.13		1.喷头组件松动； 2.损坏； 3.密封试验渗漏； 4.RTI值超过 $(28\pm8)\ (m\cdot s)^{0.5}$			0	

续表

检验项目及条款	不合格分类			合格判定数		
	A类	B类	C类	A类	B类	C类
抗碰撞性能 6.14			1.喷头出破裂和变形； 2.密封试验渗漏； 3. RTI值超过 (28±8)(m·s)$^{0.5}$			0
抗翻滚性能 6.15		1.喷头出破裂和变形； 2.密封试验渗漏； 3. RTI值超过(28±8)(m·s)$^{0.5}$			0	
耐低温性能 6.16		1.热敏感元件动作。 2.涂层或镀层出现破裂或卷层。 3.密封试验渗漏。 4.功能试验时，喷头未启动			0	
耐高温试验 6.17		1.喷头体熔融； 2.喷头体扭曲； 3.溅水盘脱落			0	
动态热性能 6.19	1.A、B向RTI值超过(28±8)(m·s)$^{0.5}$ 2.传导系数C超过1(m/s)$^{0.5}$			0		
应力腐蚀性能 6.20	1.出现断裂、脱落或损坏； 2.密封试验出现渗漏； 3.RTI值超过(28±8)(m·s)$^{0.5}$			0		
二氧化硫/二氧化碳气体腐蚀 6.21		1.出现腐蚀损坏； 2.密封试验渗漏； 3.动作温度超过6.6的规定。 4.RTI值超过(28±8)(m·s)$^{0.5}$			0	
耐硫化氢气体腐蚀 6.22		1.出现腐蚀损坏； 2.密封试验渗漏； 3.动作温度超过6.6的规定。 4.RTI值超过(28±8)(m·s)$^{0.5}$			0	
耐盐雾腐蚀 6.23		1.出现腐蚀损坏； 2.密封试验渗漏； 3.RTI值超过(28±8)(m·s)$^{0.5}$			0	
30天密封性能 6.25	喷头泄漏、变形或损坏			0		
抗真空性能 6.26			1.喷头出现扭曲或损坏； 2.密封试验渗漏			0
侧向喷洒 6.27			水冲击在被测的目标点上			0
实际布水密度 6.28	最小ADD平均值小于表4～表9的规定			0		
冲力要求6.29		最小冲力小于表10的规定			0	

3.1.4 扩大覆盖面积洒水喷头

3.1.4.1 认证发证检验项目

3.1.4.1.1 主型产品

主型产品检验项目为GB 5135.12—2006《自动喷水灭火系统第12部分：扩大覆盖面积洒水喷头》规定的除耐环境温度性能、耐潮湿气体腐蚀性能、灭木垛火性能以外的全部适用项目。

3.1.4.1.2 分型产品

公称动作温度与主型产品不同的分型产品检验项目为GB 5135.12—2006《自动喷水灭火系统第12部分：扩大覆盖面积洒水喷头》中的下列适用项目:6.1、6.2、6.3、6.6、6.7、6.10、6.12、6.13、6.18（或6.27）。

安装形式与主型产品不同的分型产品检验项目为GB 5135.12—2006《自动喷水灭火系统第12部分：扩大覆盖面积洒水喷头》中的下列适用项目:6.1、6.2、6.3、6.5、6.7、6.9、6.11、6.19、6.24、6.25、6.28。

3.1.4.2 单项判定准则

扩大覆盖面积洒水喷头产品每个检验项目不合格分类及合格判定数应按表4规定。

每个检验项目中的不合格数小于或等于表4中的合格

判定数，即判该项合格。否则，判该项不合格。

3.1.4.3 产品综合判定准则

扩大覆盖面积洒水喷头产品综合判定GB5135.12—2006《自动喷水灭火系统第12部分：扩大覆盖面积洒水喷头》中的8.4的规定进行。

3.1.4.4 抽样方法

3.1.4.4.1 抽样方式

由申请方合理确定主型产品。所有样品均在工厂生产的合格品中随机抽取。

3.1.4.4.2 抽样基数

每种规格产品的抽样基数不少于750只。

3.1.4.4.3 样品数量

每种主型产品的样品250只，玻璃球30只或易熔元件20只；对于分型产品，同种材料，同一生产工艺，同一公称口径的不同公称动作温度的样品：150只，玻璃球30只或易熔元件20只；同一公称动作温度，工艺、材料相同，安装形式不同的样品：150只；抽样时，同时抽取与所送样品数量相同的备用样品。

表4 扩大覆盖面积洒水喷头产品每个检验项目不合格分类及合格判定数

检验项目及条款	不合格分类			合格判定数		
	A类	B类	C类	A类	B类	C类
整体要求6.1	1.在设计和制造上无法保证使其不能轻易调整、拆卸和重装			0		
外观6.2	1.无标志	1.为非永久性标记； 2.有标志但无水流方向（边墙型）	1.涂镀层不完整、脱落； 2.连接螺纹超差； 3.标志不全、不清	0	1	2
水压密封和耐水压强度性能6.3	1.密封试验中渗漏； 2.水压强度试验中出现变形或破坏			0		
流量系数K6.4		喷头K系数误差大于表3规定			0	
布水性能6.5	1.集水量低于0.6mm/min的集水盒超过一个； 2.最低集水量小于0.2mm/min			0		
静态动作温度6.6	1.动作温度超过6.6的规定； 2.不动作； 3.隐蔽罩动作温度范围不符合6.6.3的规定			0		
功能6.7	1.喷头不启动；； 2. 在热敏元件释放10s后仍有沉积； 3.在每种压力级下所测试的所有喷头中，1只以上喷头出现沉积			0		
抗水冲击性能6.8		1.喷头出现渗漏或损坏； 2.热敏感元件动作； 3.功能试验时，喷头未启动			0	
框架强度6.9		框架的永久变形大于喷头负荷支承点之间距离的0.2%			0	
热敏感元件强度6.10		玻璃球 1.玻璃球的平均破碎载荷小于6倍的玻璃球平均设计载荷； 2.玻璃球破碎载荷的下限误差小于玻璃球设计载荷上限误差的2倍			0	
		易熔元件 不符合6.10.2的规定			0	
溅水盘强度6.11			溅水盘脱落、永久变形或损坏			0
疲劳强度6.12		1.玻璃球损坏； 2.功能试验时，喷头未启动			0	
热稳定性能6.13		1.玻璃球损坏； 2.功能试验时，喷头未启动			0	
抗振动性能6.14		1.喷头组件松动； 2.损坏	1.密封试验渗漏； 2.功能试验时，喷头未启动		0	0

续表

检验项目及条款	不合格分类			合格判定数		
	A类	B类	C类	A类	B类	C类
抗机械冲击性能6.15			1.喷头损坏; 2.密封试验出现渗漏			0
耐低温性能6.16		1.热敏感元件动作; 2.涂层或镀层出现破裂或卷层; 3.密封试验渗漏; 4.功能试验时，喷头未启动			0	
耐高温试验6.17		1.喷头体熔融; 2.喷头体扭曲; 3.溅水盘脱落			0	
动态热性能6.18	1.在标准方位下的RTI值和C值不符合图1对快速响应喷头的规定; 2.在最不利方位RTI值不符合6.18.2的规定; 3.环境试验后RTI值不符合6.18.3的规定			0		
应力腐蚀性能（6.19）	出现断裂、脱落或损坏	1.密封试验出现渗漏; 2.功能试验时，喷头未启动		0	0	
耐二氧化硫腐蚀6.20		出现腐蚀损坏	1.密封试验渗漏; 2.功能试验时，喷头未启动		0	0
耐盐雾腐蚀6.21		出现腐蚀损坏	1.密封试验渗漏; 2.功能试验时，喷头未启动		0	0
抗碰撞性能6.24		1.喷头出破裂和变形; 2.密封试验渗漏; 3.功能试验时，喷头未启动			0	
侧向喷洒6.25			直立和下垂型喷头在正庚烷燃尽前未动作			0
抗真空性能6.26			1.喷头出现扭曲或损坏; 2.密封试验渗漏			0
齐平、嵌入和隐蔽式喷头的热响应性能6.27	数据误差限超过表7的规定;（只针对齐平、嵌入和隐蔽式喷头）			0		
湿墙性能6.28	1喷头不能连续打湿试验室四面墙; 2.打湿部位距吊顶大于1.5m			0		

3.1.5 水幕喷头

3.1.5.1 认证发证检验项目

3.1.5.1.1主型产品

主型产品检验项目为GB 5135.13—2006《自动喷水灭火系统第13部分：水幕喷头》规定的全部适用项目。

3.1.5.1.2 分型产品

分型产品检验项目为GB 5135.13—2006《自动喷水灭火系统第13部分：水幕喷头》中的下列适用项目:6.1、6.2、6.3、6.4、6.5、6.6。

3.1.5.2 单项判定准则

水幕喷头产品每个检验项目不合格分类及合格判定数应按表5规定。

每个检验项目中的不合格数小于或等于表5中的合格判定数，即判该项合格。否则，判该项不合格。

3.1.5.3 产品综合判定准则

水幕喷头产品综合判定按按GB 5135.13—2006《自动喷水灭火系统第13部分：水幕喷头》中的第8.4条规定执行。

3.1.5.4 抽样方法

3.1.5.4.1 抽样方式

由申请方合理确定主型产品。所有样品均在工厂生产的合格品中随机抽取。

3.1.5.4.2 抽样基数

每种规格产品的抽样基数不少于150只。

3.1.5.4.3 样品数量

每种主型产品的样品35只；分型产品的样品20只；抽样时，同时抽取相同数量的备用样品。

表5 水幕喷头产品每个检验项目不合格分类及合格判定数

序号	检验项目	不合格分类		不合格判定	
		A类不合格	B类不合格	A类	B类
1	外观、标志和接口螺纹 6.1		1.有加工缺陷和机械损伤; 2.涂、镀层不完整、脱落; 3.标志不完整、不正确、非永久性标志; 4.连接螺纹超差		1
2	流量特性系数 6.2	在升压和降压过程中出现压力振荡现象,任何压力点的流量系数或平均流量系数与公称值之差超过公称值的±5%		0	
3	水幕展角与倾角 6.3	水幕展角与倾角超过标准规定		0	
4	喷洒外形 6.4	实测外形图与生产厂商公布喷洒外形图之差超出生产厂商公布值的±10%		0	
5	洒水均匀性 6.5	任一集水盒中洒水量低于平均洒水量的50%,或高于平均洒水量的200%		0	
6	阻断辐射热能力 6.6	隔热效率μ超过公布值的±10%范围		0	
7	耐氨应力腐蚀性能 6.7		喷头出现裂纹、脱层或损坏		0
8	耐二氧化硫腐蚀性能 6.8		喷头出现明显腐蚀损坏		0
9	耐盐雾腐蚀性能 6.9		喷头出现明显腐蚀损坏		0
10	耐低温性能 6.10		1.喷头的涂层或镀层出现断裂和剥层现象; 2.喷头发生严重变形或损坏		0
11	耐高温性能 6.11		喷头发生严重变形或损坏		0

3.1.6 家用喷头

3.1.6.1 认证发证检验项目

3.1.6.1.1 主型产品

主型产品检验项目为GB 5135.15—2008《自动喷水灭火系统第15部分:家用喷头》规定的除耐潮湿气体腐蚀性能、灭木垛火性能以外的全部适用项目。

3.1.6.1.2 分型产品

公称动作温度与主型产品不同的分型产品检验项目为GB 5135.15—2008《自动喷水灭火系统第15部分:家用喷头》中的下列适用项目:6.1、6.2、6.3、6.6、6.7、6.10、6.11、6.13、6.17(或6.27)。

安装形式与主型产品不同的分型产品检验项目为GB 5135.15—2008《自动喷水灭火系统第15部分:家用喷头》中的下列适用项目:6.1、6.2、6.3、6.5、6.7、6.9、6.12、6.18、6.22、6.23、6.24。

3.1.6.2 单项判定准则

家用喷头产品每个检验项目不合格分类及合格判定数应按表6规定。

每个检验项目中的不合格数小于或等于表6中的合格判定数,即判该项合格。否则,判该项不合格。

3.1.6.3 产品综合判定准则

家用喷头产品综合判定按GB 5135.15—2008《自动喷水灭火系统第15部分:家用喷头》中的8.4的规定进行。

3.1.6.4 抽样方法

3.1.6.4.1抽样方式

由申请方合理确定主型产品。所有样品均在工厂生产的合格品中随机抽取。

3.1.6.4.2抽样基数

每种规格产品的抽样基数不少于750只。

3.1.6.4.3样品数量

每种主型产品的样品:250只,玻璃球30只或易熔元件20只;对于分型产品,同种材料,同一生产工艺,同一公称口径的不同公称动作温度的样品:150只,玻璃球30只或易熔元件20只;同一公称动作温度,工艺、材料相同,安装形式不同的样品:150只;抽样时,同时抽取与所送样品数量相同的备用样品。

表6 家用喷头产品每个检验项目不合格分类及合格判定数

检验项目及	不合格分类			合格判定数		
	A类	B类	C类	A类	B类	C类
整体要求6.1	1.在设计和制造上无法保证使其不能轻易调整、拆卸和重装			0		
外观 6.2	无标志	1.为非永久性标记； 2.有标志但无水流方向（边墙型）	1.影响主要性能的加工缺陷和机械损伤； 2.涂镀层不完整、脱落； 3.连接螺纹超差； 4.标志不全； 5.标记不清	0	1	2
水压密封和耐水压 性能 6.3	1.密封试验中渗漏或损坏。 2.水压试验中出现变形或破坏			0		
流量系数K 6.4		喷头K系数误差大于标准规定			0	
布水性能 6.5	非边墙型家用喷头洒水密度小于0.8mm/min且大于0.6mm/min的集水盒数量超过4个，最小集水盒的洒水密度小于0.8mm/min			0		
	边墙型家用喷头洒水密度小于0.8mm/min且大于0.6mm/min的集水盒数量超过8个，其它集水盒的最小洒水密度小于0.8mm/min			0		
	家用喷头不能连续打湿试验室四周的墙面，打湿部位距吊顶的距离大于711mm。当设计保护面积为正方形时，区域内任意一面墙的洒水量小于喷头洒水量的5%；当设计保护面积为长方形时，区域内的任意一面墙的洒水量小于喷头洒水量的W			0		
静态 动作 温度 6.6	1.动作温度超过6.6的规定； 2.不动作			0		
功能 要求 6.7	1.喷头不启动； 2.喷头应在热敏元件释放后超过5s内打开。热敏元件释放后10s，仍有沉积			0		
抗水 冲击性能 6.8		1.喷头出现渗漏或损坏； 2.热敏感元件动作； 3.功能试验时，喷头未启动			0	
框架强度 6.9		框架的永久变形大于喷头负荷支承点之间距离的0.2%			0	
热敏感元件强度 6.10		玻璃球 1.玻璃球的平均破碎载荷小于6倍的玻璃球平均设计载荷； 2.玻璃球破碎载荷的下限误差小于玻璃球设计载荷上限误差的2倍			0	
		易熔元件 不符合6.10.2的规定			0	

续表

检验项目及	不合格分类			合格判定数		
	A类	B类	C类	A类	B类	C类
疲劳强度6.11		1.玻璃球损坏； 2.功能试验时，喷头未启动			0	
溅水盘强度6.12			溅水盘脱落、永久变形或损坏			0
热稳定性能6.13		1.玻璃球损坏； 2.功能试验时，喷头未启动			0	
抗振动性能6.14		1.喷头组件松动； 2.损坏	1.密封试验渗漏； 2.功能试验时，喷头未启动		0	0
耐低温性能6.15		1.热敏感元件动作； 2.涂层或镀层出现破裂或卷层； 3.密封试验渗漏； 4.功能试验时，喷头未启动； 5.在标准方位下进行试验，RTI值超过试验前RTI平均值的130%			0	
耐高温试验6.16		1.喷头体熔融； 2.喷头体扭曲； 3.溅水盘脱落			0	
动态热性能6.17	1.在标准方位进行试验时，其RTI和C不 符合图1对快速响应喷头的规定； 2.在偏离最不利方位25° 进行试验时， RTI值超过在标准方位下测得的平均RTI值的250%			0		
应力腐蚀性能6.18	出现断裂、脱落或损坏	1.密封试验出现渗漏； 2.功能试验时，喷头未启动		0	0	
耐二氧化硫腐蚀6.19		出现腐蚀损坏	1.密封试验渗漏； 2.功能试验时，喷头未启动； 3.在标准方位下进行试验，RTI值超过试验前RTI平均值的130%		0	0
耐盐雾腐蚀6.20		出现腐蚀损坏	1.密封试验渗漏； 2.功能试验时，喷头未启动； 3.在标准方位下进行试验，RTI值超过试验前RTI平均值的130%		0	0
抗碰撞性能6.22		喷头出破裂和变形	1.密封试验渗漏； 2.功能试验时，喷头未启动； 3.在标准方位下进行试验，RTI值超过试验前RTI平均值的130%		0	0
抗翻滚性能6.23		喷头出破裂、变形和损坏	1.密封试验渗漏； 2.在标准方位下进行试验，RTI值超过试验前RTI平均值的130%		0	0

续表

检验项目及	不合格分类			合格判定数		
	A类	B类	C类	A类	B类	C类
侧向喷洒 6.24			直立和下垂型喷头在正庚烷燃尽前未动作			0
抗真空性能6.26			1.喷头出现扭曲或损坏；2.密封试验渗漏			0
齐平、嵌入和隐蔽式喷头的热响应性能 6.27	任意家用喷头的响应时间超过75s	进行6.19、6.20、6.22、6.23、6.24试验后，平均响应时间超过试验前平均响应时间的1.3倍		0	0	

3.2 报警阀

3.2.1 湿式报警阀

3.2.1.1 认证发证检验项目

3.2.1.1.1 主型产品

主型产品检验项目为GB 5135.2—2003《自动喷水灭火系统第2部分：湿式报警阀、延迟器、水力警铃》规定的全部适用项目。

3.2.1.1.2 分型产品

分型产品检验项目为GB 5135.2—2003《自动喷水灭火系统第2部分：湿式报警阀、延迟器、水力警铃》中的4.1、4.4、4.7、4.8、4.9、4.10。

3.2.1.2 单项判定准则

湿式报警阀产品每个检验项目不合格分类及合格判定数应按表7规定。

表7 湿式报警阀产品每个检验项目不合格分类及合格判定数

检验项目及条款	不合格分类			合格判定数		
	A类	B类	C类	A类	B类	C类
外观、标志 4.1	1.无标志；2.报警口和延迟器之间无控制阀	1.报警口和延迟器之间的控制阀无启闭状态标志；2.出现影响性能的加工缺陷及损坏	1.表面不平整光洁；2.有不影响性能的加工缺陷或碰伤划痕；3.涂层不均匀或色泽不美观；4.标志内容不全；5.非永久性标志	0	0	2
额定工作压力 4.2.1	额定工作压力不符合标准规定的压力等级系列		与工作压力较低的设备配套使用的产品无相应标记	0		0
公称直径 4.2.2	公称直径不符合尺寸系列			0		
材料的耐腐蚀性能 4.3	1.阀座材料的耐腐蚀性能低于青铜；2.活动付材料耐腐蚀性能不符合标准规定；3.活动付若使用耐腐蚀性差的材料制造时，相对运动处无耐腐蚀材料制造的衬套；4.水力警铃的喷嘴材料耐腐蚀性能低于黄铜；5.阀体或阀盖材料的耐腐蚀性能低于铸铁		1.水力警铃的过滤网材料耐腐蚀性能低于黄铜；2.为延迟器设置的过滤网材料耐腐蚀性能低于黄铜	0		1

续表

检验项目及条款	不合格分类			合格判定数		
	A类	B类	C类	A类	B类	C类
结构（4.4.1）	1.湿式报警阀没有设置报警试验管路； 2.阀体无放水口	1.报警口和延迟器之间的控制阀不能在开启位置锁紧； 2.水力警铃进水口直径小于20mm； 3.水力警铃无过滤网； 4.放水口公称直径小于20mm； 5.喷嘴直径小于3mm； 6.进水口直径小于6mm时，无过滤网； 7.排水口面积小于喷嘴面积的50倍	1.为延迟器设置的过滤网尺寸不符合要求； 2.过滤网孔大于喷嘴直径0.6倍； 3.过滤网小于喷嘴面积10倍	0	0	1
间隙（4.4.2）			1.除阀全开位置外，阀瓣组件与阀体内壁之间的间隙对于铸铁阀体小于12 mm，对于有色金属或不锈钢阀体小于6 mm； 2.阀在关闭位置，阀瓣或阀瓣上金属零件与阀座内缘之间的径向间隙小于6 mm； 3.阀座外可能卡住碎屑的环形空间深度小于3 mm			1
连接尺寸（4.4.3）	阀体的连接尺寸不符合标准规定		1. 配套使用的管件结构尺寸不符合标准规定； 2.紧固件设计载荷不符合要求	0		1
零部件（4.5）		1.刚性非金属零件老化试验后不能满足功能要求； 2.补偿器因锈蚀、损坏不能正常工作； 3.阀瓣主密封件老化试验后粘结到配合表面，开启压力大于0.035MPa	1. 刚性非金属零件老化试验后渗漏； 2. 刚性非金属零件老化试验后扭曲、蠕变、裂纹； 3.刚性非金属零件老化试验后其他变形； 4.阀瓣主密封件拉伸应力不符合规定； 5.阀瓣主密封件应变特性不符合规定； 6.阀瓣主密封件耐老化性能不符合规定		0	1
工作循环（4.6）		弹簧或膜片损坏	膜片型延迟器不能正常循环5 000次		0	0
强度（4.7）	1.延迟器出现渗漏或损坏； 2.阀体破裂、变形损坏； 3.阀盖破裂、变形损坏			0		
渗漏和变形（4.8）	1.阀体渗漏； 2.阀瓣处渗漏、变形	静水压试验渗漏		0	0	
水力摩阻（4.9）		压力损失大于0.04MPa	1.水力摩阻大于0.02MPa小于0.04MPa,在阀体和操作说明中无标注； 2.测得的湿式报警阀的水力摩阻曲线值与生产单位公布值之差,超过生产单位公布值的10%		0	0

续表

检验项目及条款	不合格分类			合格判定数		
	A类	B类	C类	A类	B类	C类
报警功能 4.10	1.压力为0.14MPa，流量为15L/min时报警； 2. 0.14MPa、60L/min，0.70 MPa、80L/ min，1.20MPa、170L/min，1.60MPa、170L/min，不报警； 3.不能自动复位； 4.报警流量不符合标准规定	1.延迟器顶部压力小于0.05MPa； 2.阀瓣开启后，压力开关或水力警铃没有发出报警信号		0	0	
报警延迟时间 4.11	1.不安装延迟器的报警阀放水至连续报警时间大于15s； 2.系统侧放水后5s～90s内，不能连续报警			0		
压力比 4.12		进、出口压力比大于1.16			0	
冲击性能 4.13	部件出现损坏			0		
延迟器排水时间 4.14			1.延迟器不能自动排水； 2.排水时间超过5min			1
铃锤启动压力 4.15		旋转时喷嘴进口压力大于0.035MPa			0	
警铃持续性要求 4.16		1. 0.3倍额定工作压力下不能正常持续工作50h； 2.额定工作压力下5min以内出现损坏			0	
警铃响度 4.17		1.喷嘴进口压力为0.2 MPa，响度平均值低于85dB（A）； 2.喷嘴进口压力为0.3MPa，响度平均值低于85dB（A）； 3.喷嘴进口压力为1.0MPa，响度平均值低于85dB（A）	1.喷嘴进口压力为0.2MPa，单个测量值低于80dB（A）； 2.喷嘴进口压力为0.3MPa，单个测量值低于80dB（A）； 3.喷嘴进口压力为1.0MPa，单个测量值低于80dB（A）； 4.压力为0.05MPa，响度低于70dB（A）		0	1
警铃耐水性能 4.18		耐水试验后，水力警铃不能正常工作			0	
压力开关4.19	压力开关不符合标准规定			0		
耐火性能 4.20	耐火试验后，阀体损坏，不能正常工作	耐火试验后，阀体变形或损坏		0	0	

每个检验项目中的不合格数小于或等于表7的合格判定数，即判该项合格。否则，判该项不合格。

3.2.1.3 产品综合判定准则

湿式报警阀产品综合判定按GB 5135.2—2003《自动喷水灭火系统 第2部分：湿式报警阀、延迟器、水力警铃》中6.5的规定进行。

3.2.1.4 抽样方法

3.2.1.4.1 抽样方式

由申请方合理确定主型产品。所有样品均在工厂生产的合格品中随机抽取。

3.2.1.4.2 抽样基数

每种规格的产品抽样基数不少于10套。

3.2.1.4.3 样品数量

每种主型产品样品2套，分型产品样品1套；抽样时，同时抽取相同数量的备用样品。

3.2.2 干式报警阀

3.2.2.1 认证发证检验项目

3.2.2.1.1 主型产品

主型产品检验项目为GB 5135.4—2003《自动喷水灭火系统 第4部分：干式报警阀》规定的除刚性非金属零件、阀瓣密封件以外的全部适用项目。

3.2.2.1.2 分型产品

公称直径与主型产品不同但结构、材料及压力等级与主型产品相同的分型产品检验项目为GB 5135.4—2003《自动喷水灭火系统 第4部分：干式报警阀》中的下列适用项目:4.1、4.2、4.9、4.10、4.11、4.12。

3.2.2.2 单项判定准则

干式报警阀产品每个检验项目不合格分类及合格判定数应按表8规定。

表8 干式报警阀产品每个检验项目不合格分类及合格判定数

检验项目及条款	不合格分类			合格判定数		
	A类	B类	C类	A类	B类	C类
外观 4.1	1.无标志; 2.出现影响性能的加工缺陷及损坏		1.表面不平整光洁; 2.有不影响性能的加工缺陷及碰伤划痕; 3.涂层不均匀、不美观; 4.标志不全	0		2
规格 4.2	公称直径不符合尺寸系列			0		
额定工作压力 4.3	工作压力小于1.2MPa		与工作压力较低的设备配套使用的产品无相应标记	0		0
材料的耐腐蚀性能 4.4		1.阀座的耐腐蚀性能低于青铜; 2.活动付低于青铜。若用耐腐蚀差性的材料制造时，相对运动处无耐腐蚀材料制造的衬套	1.阀体的耐腐蚀性能低于铸铁; 2.阀盖的耐腐蚀性能低于铸铁		0	1
阀体和阀盖 4.5	阀体的连接尺寸不符合标准规定。	1.阀体无泄水口; 2.阀体供水侧无设置在不开启阀门的情况下检验报警装置的设施	1.阀盖的连接尺寸不符合标准规定; 2.泄水口公称直径小于20mm	0	0	1
零部件 4.6		1.水冲击后部件出现永久性变形或断裂; 2.阀瓣不能自动复位; 3. 弹簧或膜片损坏	紧固件损坏		0	0
强度 4.9	1.阀体破裂、变形损坏; 2.阀盖破裂、变形损坏			0		
渗漏和变形 4.10	1.阀体渗漏; 2.阀瓣渗漏、变形; 3.渗漏和变形试验后不能满足功能要求	干式报警阀渗漏量超过3mL/min		0	0	
水力摩阻 4.11		水力摩阻大于0.02MPa			0	

续表

检验项目及条款	不合格分类			合格判定数		
	A类	B类	C类	A类	B类	C类
功能（4.12）	1、不能处于伺应状态； 2、在额定工作压力范围内不能正常动作； 3、差动比不在范围内； 4、机械式干式报警阀在额定工作压力范围内，没有在给定气压范围内动作	1.阀门启动后没有给出动作指示； 2.干式报警阀在0.14MPa到额定工作压力范围内的进口压力下，不能启动机械报警装置和电动报警装置； 3.在报警装置的入口处产生小于0.05 MPa 的压力； 4.如果要求有底水来密封底座，无加进底水的设施； 5.没有设置检查水位的孔口； 6.没有在不开启阀门的情况下试验报警装置的设施； 7.没有把水从中间室排出的设施和防止在阀瓣组件上下侧密封元件之间形成局部真空的设施； 8.自动排水阀,在0.13L/s～0.16L/s的流量范围内,水流压力不大于0.14 MPa的条件下没有关闭； 9．自动排水阀,在出口侧放水期间应该保持关闭状态,在压力范围内0.0035 MPa～0.14 MPa的压力下没有开启	1.没有锁止机构的干式阀的报警装置发声时间,小于应该超过阀门启动状态时间的50%； 2.无在报警器截止阀和报警器之间应有使水自动排出的设施； 3.没有当水进入出口侧的管线达到阀瓣组件上面0.5m以上高度时,使报警装置发出声响报警的设施； 4.干式报警阀，如果阀瓣组件的差动比超过1.16,没有设置锁止机构来防止阀门在启动后重新复位	0	1	1
耐火性能（4.13）	耐火试验后，阀体损坏，不能正常工作	耐火试验后，阀体渗漏		0	0	

每个检验项目中的不合格数小于或等于表8的合格判定数，即判该项合格。否则，判该项不合格。

3.2.2.3 产品综合判定准则

干式报警阀产品综合判定按GB 5135.4—2003《自动喷水灭火系统 第4部分： 干式报警阀》中6.5的规定进行。

3.2.2.4 抽样方法

3.2.2.4.1 抽样方式

由申请方合理确定主型产品。所有样品均在工厂生产的合格品中随机抽取。

3.2.2.4.2 抽样基数

每种规格的产品抽样基数不少于10套。

3.2.2.4.3 样品数量

每种主型产品样品2套，分型产品样品1套；抽样时，同时抽取与所送样品数量相同的备用样品。

3.2.3 雨淋报警阀

3.2.3.1 认证发证检验项目

3.2.3.1.1 主型产品

主型产品检验项目为GB 5135.5—2003《自动喷水灭火系统 第5部分：雨淋报警阀》规定的除刚性非金属零件、阀瓣密封件以外的全部适用项目。

3.2.3.1.2 分型产品

公称直径与主型产品不同但结构、材料及压力等级与主型产品相同的分型产品检验项目为GB 5135.5—2003《自动喷水灭火系统 第5部分： 雨淋报警阀》中的下列适用项目:4.1、4.2、4.9、4.10、4.11、4.12。

3 单项判定准则

雨淋报警阀产品每个检验项目不合格分类及合格判定数应按表9规定。

表9 雨淋报警阀产品每个检验项目不合格分类及合格判定数

检验项目及条款	不合格分类			合格判定数		
	A类	B类	C类	A类	B类	C类
外观 4.1	无标志	出现影响性能的加工缺陷及损坏	1.表面不平整光洁; 2.有不影响性能的加工缺陷及碰伤划痕; 3.涂层不均匀及色泽不美观; 4.标志内容不全; 5.非永久性标志	0	0	2
规格 4.2	公称直径不符合尺寸系列			0		
额定工作压力 4.3	额定工作压力低于1.2MPa		与工作压力较低的设备配套使用的产品无相应标记。	0		0
材料的耐腐蚀性能 4.4	1.阀座材料耐腐蚀性能低于青铜; 2.若用耐腐蚀差性的材料制造时，相对运动处无耐腐蚀材料制造的衬套		1.阀体的耐腐蚀性能低于铸铁; 2.阀盖的耐腐蚀性能低于铸铁	0		1
阀体和阀盖 4.5	阀体的连接尺寸不符合标准规定	1.无泄水口; 2.无检验报警装置的设施	1.阀盖的连接尺寸不符合标准规定; 2.泄水口公称直径小于20mm	0	0	1
零部件 4.6	水冲击后部件出现永久性变形或断裂	1.承受4倍额定工作压力时紧固件损坏; 2.工作循环后零件损坏	间隙不符合要求	0	0	0
阀体强度 4.9	1.阀体破裂、变形损坏; 2.阀盖破裂、变形损坏			0		
渗漏和变形 4.10	1.阀体各密封处严重渗漏; 2.阀瓣组件严重渗漏		1.阀体各密封处微量渗漏; 2.阀瓣组件微量渗漏	0		1
水力摩阻损失 4.11		超过0.07MPa			0	
功能 4.12	1. 无手动或自动(电动)启动装置; 2.在工作压力范围内自动及手动不能动作; 3.在规定时间之内不能开启; 4.不能处于伺应状态	1.无自动排渗漏水装置; 2.报警口压力小于0.05MPa; 3.无报警装置; 4.水进入系统侧管线达到阀瓣组件上面0.5m以上高度时，报警装置没有报警		0	0	
耐火性能 4.13	耐火试验后，阀体损坏，不能正常工作	耐火试验后，阀体渗漏		0	0	

每个检验项目中的不合格数小于或等于表9的合格判定数，即判该项合格。否则，判该项不合格。

3.2.3.3 产品综合判定准则

雨淋报警阀产品综合判定按GB5135.5—2003《自动喷水灭火系统 第5部分：雨淋报警阀》中6.5的规定进行。

3.2.3.4 抽样方法

3.2.3.4.1抽样方式

由申请方合理确定主型产品。所有样品均在工厂生产的合格品中随机抽取。

3.2.3.4.2 抽样基数

每种规格的产品抽样基数不少于10套。

3.2.3.4.3 样品数量

每种主型产品样品2套，分型产品样品1套；抽样时，同时抽取相同数量的备用样品。

3.3 水流指示器

3.3.1 认证检验项目

3.3.1.1 主型产品

主型产品检验项目为GB 5135.7—2003《自动喷水灭火系统 第7部分：水流指示器》规定的全部适用项目。

3.3.1.2 分型产品

分型产品检验项目为GB 5135.7—2003《自动喷水灭火系统 第7部分：水流指示器》中的5.8、5.10、5.11、5.13、6.1。

3.3.2 单项判定准则

水流指示器产品每个检验项目不合格分类及合格判定数应按表10规定。

表10 水流指示器产品每个检验项目不合格分类及合格判定数

检验项目及条款	不合格分类			合格判定数		
	A类	B类	C类	A类	B类	C类
外观 6.1	无标志		1.无耐久标志; 2.标志不全; 3.不影响性能的加工缺陷或机械损伤; 4.水流指示方向无定位	0		2
最大工作压力 5.1			低于1.2MPa			0
延迟时间 5.2			1.延迟时间不可调节; 2.延迟时间不在2s～90s范围内			0
工作循环 5.3		1.循环试验后损坏; 2.循环试验后灵敏度不符合规定	1.复位缓慢; 2.不影响性能的部件松动		0	1
耐腐蚀性能 5.4		1.腐蚀后损坏; 2.腐蚀后灵敏度不符合规定			0	
刚性非金属材料 5.5		1.老化试验后出现弯曲、蠕变、裂纹等影响功能的损坏; 2.耐环境应力开裂试验后,叶片出现裂纹			0	
抗冲击性能 5.6		1.零件松动影响水流指示器动作; 2.防尘、防潮型外壳断裂; 3.灵敏度不符合规定			0	
弹性非金属密封垫抗水老化性能 5.7			出现松动、粘结及密封垫变脆、变软现象			0
灵敏度 5.8	1.流量小于、等于15L/min时,报警; 2.流量在15L/min～37.5L/min之间,不报警			0		
水力摩阻损失 5.9			大于0.02MPa			0
耐水冲击性能 5.10	1.叶片脱落、损坏; 2.正向冲击后,灵敏度不符合规定; 3.反向冲击后,灵敏度不符合规定		1.复位缓慢; 2.不影响性能的叶片变形	0		1
耐水压性能 5.11	1.破裂; 2.永久变形; 3.严重渗漏		1.本体渗漏; 2.连接部位渗漏	0		1
过载能力 5.12		过载试验时,组件出现损坏			0	
耐电压能力 5.13		击穿			0	
绝缘电阻 5.13			绝缘电阻小于等于2MΩ			0

每个检验项目中的不合格数小于或等于表10中的合格判定数，即判该项合格。否则，判该项不合格。

3.3.3 产品综合判定准则

水流指示器产品综合判定按GB 5135.7—2003《自动喷水灭火系统 第7部分：水流指示器》中7.3的规定。

3.3.4 抽样方法

3.3.4.1 抽样方式

由申请方合理确定主型产品。所有样品均在工厂生产的合格品中随机抽取。

3.3.4.2 抽样基数及数量

每种规格产品的抽样基数不少于20具。

3.3.4.3 每种主型产品样品数量4具，分型产品样品2具；抽样时，同时抽取与所送样品数量相同的备用样品。

3.4 压力开关

3.4.1 认证发证检验项目

3.4.1.1 主型产品

主型产品检验项目为GB 5135.10—2006《自动喷水灭火系统 第10部分：压力开关》规定的全部适用项目。

3.4.1.2 分型产品

输出触点组数与主型产品不同的分型产品检验项目为GB 5135.10—2006《自动喷水灭火系统 第10部分：压力开关》中的6.3、6.5、6.6、6.10、6.11、6.12、6.13。

连接公称口经与主型产品不同的分型产品检验项目为GB 5135.10—2006《自动喷水灭火系统 第10部分：压力开关》中的6.3、6.4、6.5、6.14。

3.4.2 单项判定准则

3.4.2.1 压力开关产品每个检验项目不合格分类及合格判定数应按表11规定。

表11 压力开关产品每个检验项目不合格分类及合格判定数

检验项目及条款	不合格分类			合格判定数		
	A类	B类	C类	A类	B类	C类
外观 6.1	1.无标志； 2.样品与图样不符		1.明显腐蚀； 2.涂层剥落、起泡； 3.结构松动、机械缺陷； 4.标志不全、不清晰	0		2
额定工作压力 6.2	额定工作压力低于1.2MPa			0		
动作压力 6.3	1.不能可靠闭合、断开； 2.动作压力与厂家公布值不符。 3.调至动作压力80%，3min内动作	可调试压力开关的调节范围不够		0	1	
强度要求 6.4	1.严重泄漏； 2.动作密封部件损坏。		1.本体渗漏； 2.连接部位渗漏	0		1
动作可靠性要求 6.5	动作试验时，触点不能可靠闭合、断开		重复动作后接触电阻大于0.5Ω	0		1
耐湿热要求 6.6	湿热试验后，绝缘电阻小于1MΩ	1.试验时，触点误动作； 2.试验后，触点不能可靠闭合、断开	1.动作压力与厂家公布值不符； 2.调至动作压力80%，3min内动作； 3.可调式压力开关，调节范围不够	0	0	1
耐腐蚀要求 6.7	试验后不动作		1.轻微腐蚀； 2.动作压力与厂家公布值不符； 3.调至动作压力80%，3min内动作； 4.可调式压力开关，调节范围不够	0		2
抗震要求 6.8	1.试验时，触点误动作； 2.结构损坏； 3.试验后不能可靠闭合、断开		1.结构轻微松动； 2.动作压力与厂家公布值不符； 3.调至动作压力80%，3min内动作 4.可调式压力开关，调节范围不够	0		2

续表

检验项目及条款	不合格分类			合格判定数		
	A类	B类	C类	A类	B类	C类
碰撞要求 6.9	1.试验时，触点误动作； 2.结构损坏； 3.不能可靠闭合、断开		1.结构轻微松动； 2.动作压力与厂家公布值不符； 3.调至动作压力80%，3min内动作； 4.可调式压力开关，调节范围不够	0		2
绝缘要求 6.10	1.正常大气条件下绝缘电阻小于20MΩ			0		
耐电压要求 6.11	击穿		1.表面飞弧； 2.扫掠放电； 3.电晕	0		1
触点接触电阻 6.12			在正常大气条件下大于0.1Ω			0
触点数量 6.13		1.只有常开或常闭触点； 2.触点数量与企业公布值不符			0	
连接方式 6.14		连接方式不符合规定			0	

每个检验项目中的不合格数小于或等于表11中的合格判定数，即判该项合格。否则，判该项不合格。

3.4.3 产品综合判定准则

产品综合判定按GB 5135.10—2006《自动喷水灭火系统 第10部分：压力开关》中8.3的规定进行。

3.4.4 抽样方法

3.4.4.1 抽样方式

由申请方合理确定主型产品。所有样品均在工厂生产的合格品中随机抽取。

3.4.4.2 抽样基数

每种规格产品的抽样基数不少于50只。

3.4.4.3 样品数量

每种主型产品样品8只，分型产品样品4只；抽样时，同时抽取与所送样品数量相同的备用样品。

3.5 通用阀门

3.5.1 认证发证检验项目

3.5.1.1 主型产品

主型产品检验项目为GB 5135.6—2003《自动喷水灭火系统 第6部分：通用阀门》规定的除刚性非金属零件、阀瓣主密封件以外的全部适用项目。

3.5.1.2 分型产品

公称直径与主型产品不同但结构、材料及压力等级与主型产品相同的闸阀分型产品检验项目为GB 5135.6—2003《自动喷水灭火系统 第6部分：通用阀门》中的下列适用项目:7.1、7.7。

公称直径与主型产品不同但结构、材料及压力等级与主型产品相同的球阀分型产品检验项目为GB 5135.6—2003《自动喷水灭火系统 第6部分： 通用阀门》中的下列适用项目:7.1、7.8。

公称直径与主型产品不同但结构、材料及压力等级与主型产品相同的消防电磁阀分型产品检验项目为GB 5135.6—2003《自动喷水灭火系统 第6部分： 通用阀门》中的下列适用项目:7.1、7.9（7.9.2除外）。

公称直径与主型产品不同但结构、材料及压力等级与主型产品相同的蝶阀分型产品检验项目为GB 5135.6—2003《自动喷水灭火系统 第6部分： 通用阀门》中的下列适用项目:7.1、7.10（7.10.10除外）。

公称直径与主型产品不同但结构、材料及压力等级与主型产品相同的截止阀分型产品检验项目为GB 5135.6—2003《自动喷水灭火系统 第6部分： 通用阀门》中的下列适用项目:7.1、7.11。

公称直径与主型产品不同但结构、材料及压力等级与主型产品相同的信号阀分型产品检验项目为GB 5135.6—2003《自动喷水灭火系统 第6部分：通用阀门》中的下列适用项目:7.1、7.12（7.12.3及7.12.6除外）。

3.5.2 单项判定准则

通用阀门产品每个检验项目不合格分类及合格判定数应按表12规定。

表12 通用阀门产品每个检验项目不合格分类及合格判定数

检验项目及条款	不合格分类			合格判定数		
	A类	B类	C类	A类	B类	C类
总体要求						
外观 7.1	1.无标志； 2.出现影响性能的加工缺陷及损坏		1.表面不平整光洁； 2.有加工缺陷及碰伤划痕； 3.涂层不均匀及色泽不美观； 4.标志内容不全	0		2
额定工作压力 7.2	工作压力小于1.2MPa		与工作压力较低的设备配套使用的产品无相应标记	0		0
材料的耐腐蚀性能 7.3		1.阀座的耐腐蚀性能低于青铜； 2.活动付低于青铜。若用耐腐蚀差性的材料制造时，相对运动处无耐腐蚀材料制造的衬套	1.阀体的耐腐蚀性能低于铸铁； 2.阀盖的耐腐蚀性能低于铸铁		0	1
阀体和阀盖 7.4		1.阀体的连接尺寸不符合标准规定； 2.阀盖的连接尺寸不符合标准规定			0	
闸 阀						
手轮	手轮无法固定在阀杆上	1.手轮上无“开、关”箭头或“开、关”字； 2.手轮外缘直径小于表3规定尺寸	1.手轮的轮辐多于6根； 2.开关方向与手轮标识不符	0	0	1
机械强度 7.7.4	试验后，样品损坏			0		
强度 7.7.5	阀体破裂、变形损坏			0		
密封 7.7.6～7.7.7	闸板关闭，阀瓣渗漏、变形	1.闸板开启，阀体渗漏		0	0	
球 阀						
一般要求 7.8.1～7.8.6	1.球阀无手轮或手柄 2.球阀无在全开或全关位置限位装置	1.启闭力大于350N； 2.带手柄的球阀在全开位置时,手柄与球体通道没有平行安装； 3.手轮或手柄顺时针方向不是关闭	1.手轮或手柄没有表示球体通道位置； 2.无开关方向标志； 3.手柄或手轮没有安装牢固； 4.手柄或手轮在需要时不方便拆卸或更换	0	0	1
强度 7.8.7	阀体破裂、变形损坏			0		
密封 7.8.8	球阀渗漏			0		
工作循环 7.8.9		循环后，球阀开启不灵活或损坏			0	
蝶 阀						
一般要求	1.面对着手轮的端部,按顺时针方向转动蝶板不能达到关闭； 2.用齿轮、杠杆、蜗轮、蜗杆或回转气缸等驱动装置操作的蝶阀，其驱动装置不能保证蝶阀在不超过蝶阀的最大压差为额定工作压力下能正常操作	1.采用手轮或手柄操作时其与阀轴的连接不牢固可靠,在需要时不可方便地拆卸和更换； 2.手轮上没有铸出或打上指示关闭方向的箭头及“关”字,或开关方向的箭头和“开”、“关”字或在手轮的螺母下面用标牌表示； 3.没有表示蝶板位置的指示装置和保证蝶板在全开和全关位置的限位装置	1.手柄操作的蝶阀蝶板全开时，手柄不与通道轴线平行，没有在手柄或另外的标牌上标示“开”、“关”方向； 2.手柄操作的蝶阀，不带有不同开度的锁定装置，不能保证蝶板有三个以上中间位置，并能调节和锁定	0	0	1
机械强度 （7.10.8）	试验后，样品损坏			0		
水力摩阻损失 （7.10.9）		实测水力摩阻大于0.02MPa			0	
工作循环 （7.10.10）		工作循环后，蝶阀开启不灵活或损坏			0	
强度 （7.10.11）	阀体破裂、变形损坏			0		

续表

检验项目及条款	不合格分类			合格判定数		
	A类	B类	C类	A类	B类	C类
密封 7.10.12	蝶阀渗漏			0		
消防电磁阀						
标志 7.9.1		阀体无明显水流方向的标志			0	
工作循环 7.9.2		工作循环后，球阀开启不灵活或损坏			0	
动作试验 7.9.3	装配好的消防电磁阀,在进水口提供0.14 MPa、0.2 MPa到额定工作压力,级差为0.1 MPa的压力,利用电磁元件开启电磁阀,不动作			0		
强度 7.9.4	阀体破裂、变形损坏			0		
密封 7.9. 5	电磁阀渗漏			0		
流量性能 7.9. 6		流量性能要求，不满足GB 5135的规定			0	
截止阀						
手轮	1.手轮无法固定在阀杆上; 2.开关方向与手轮标识不符	1.手轮上无“开、关”箭头或“开、关”字; 2.手轮的轮辐多于6根		0	0	
强度 7.11.3	阀体破裂、变形损坏			0		
密封 7.11.4	截止阀渗漏			0		
流通面积 7.11.5		阀座内径与阀体通道公称通径不一致，体腔内各流道截面积，小于阀座通道径的截面积			0	
水力摩阻 7.11.6		实测水力摩阻大于0.02MPa			0	
信号阀						
功能 7.12.2	信号转换点位置的实测流量小于全开流量的80%			0		
过载能力 7.12.3		过载试验中电器元件出现过热烧毁、坑点、触点粘合等现象			0	
耐电压 7.12.4	规定的试验电压下被击穿			0		
绝缘电阻 7.12.5		绝缘电阻小于2MΩ			0	
接触电阻 7.12.6			接触电阻大于0.01Ω			0

每个检验项目中的不合格数小于或等于表12的合格判定数，即判该项合格。否则，判该项不合格。

3.5.3 产品综合判定准则

通用阀门产品综合判定按GB 5135.6—2003《自动喷水灭火系统 第6部分： 通用阀门》中9.4的规定进行。

3.5.4 抽样方法

3.5.4.1抽样方式

由申请方合理确定主型产品。所有样品均在工厂生产的合格品中随机抽取。

3.5.4.2 抽样基数

每种规格的产品抽样基数不少于样品数量的3倍。

3.5.4.3 样品数量

每种主型产品样品2套，分型产品样品2套；抽样时，同时抽取与所送样品数量相同的备用样品。

4 生产厂的生产设备和检验设备应满足产品生产工艺及产品标准的要求，生产条件、劳动保护及环境

保护条件应符合国家有关法律法规的要求

5 检验周期

检验周期是自正式签订检验合同之日起至上报检验报告实际发生的时间，具体时限如下：

序号	样品名称	检验周期（天）
1	洒水喷头	65
2	ESFR洒水喷头	65
3	扩大覆盖面积洒水喷头	65
4	家用喷头	65
5	水雾喷头	35（开式）
		65（闭式）
6	水幕喷头	45
7	湿式报警阀	45
8	干式报警阀	45
9	雨淋报警阀	45
10	通用阀门	35
11	水流指示器	25
12	压力开关	35

编号：CNCA-09C-045:2011

消防产品类强制性认证实施规则
消防水带

2011-06-15发布　　2011-10-01实施

1 适用范围

本规则适用的产品范围为：在中华人民共和国境内出厂、销售、进口或者在其他经营活动中使用的消防水带产品，包括有衬里消防水带、消防湿水带、消防软管卷盘等产品。

2 认证模式

工厂质量管理体系审核+认证发证检验+认证后监督。

3 认证的基本环节

认证的申请

工厂质量管理体系审核

认证发证检验

认证结果评价与批准

认证后监督

4 认证实施的基本要求

4.1 认证的申请

4.1.1 申请单元划分

4.1.1.1 产品认证的申请单元划分见附件1《消防水带产品强制性认证单元划分》

4.1.1.2 产品单元划分相同且安全结构设计和对产品安全性能有影响的元器件均相同、仅型号不同的产品可作为一个单元申请认证

4.1.1.3 不同工厂的产品不能划在同一单元

4.1.2 申请文件

认证申请所需要提交的资料见附件2《消防水带产品强制性认证申请资料》。

4.2 工厂质量管理体系审核

4.2.1 审核内容

4.2.1.1 工厂质量管理体系审核

工厂质量管理体系审核按GB/T 19001标准要求进行。

4.2.1.2 产品一致性检查

应在生产现场/成品库对申请认证的每单元产品至少抽取一件样品进行产品一致性检查，核查其与全性能委托检验报告及指定检验机构确认的产品特性文件的一致性。

4.2.1.3 工厂质量管理体系审核和产品一致性检查应覆盖申请认证产品的所有加工场所

4.2.1.4 工厂一致性控制见附件3《消防水带产品强制性认证工厂一致性控制要求》

4.2.2 工厂质量管理体系审核时间

文件审核符合要求的，再进行工厂质量管理体系审核。工厂质量管理体系审核时间根据所申请认证产品的单元数量确定，并适当考虑工厂的生产规模，一般每个加工场所为4～8个人日。

4.2.3 审核组组成

质量管理体系现场审核由指定认证机构安排、组织。指定认证机构确定审核组长，选择若干名符合要求的审核员组成质量管理体系审核组并规定审核时限，审核的具体时间由审核组长确定。

4.2.4 质量管理体系审核要求

质量管理体系审核的方式、方法及内容等，按照指定认证机构对该类产品认证的有关规定要求执行。

4.2.5 质量管理体系审核报告

质量管理体系审核的审核报告应由参加该次审核的全体审核员及受审核方代表确认签字。质量管理体系审核有关资料由审核组长负责汇总，在审核结束后，将全部审核资料（含经审核组长确认的不合格报告）按规定上报指定认证机构。

4.2.6 质量管理体系审核结论为推荐通过或不推荐通过

4.2.7 质量管理体系审核结论为不推荐通过的，终止本次认证

4.3 认证发证检验

4.3.1 样品

认证发证检验样品的选择、送样按指定认证机构的规定进行。

检验的样品应在工厂生产的合格品中（包括生产线、仓库）随机抽取。检验的数量及要求见附件4《消防水带产品强制性认证检验项目和检验依据》。样品应满足以下条件：

（1）样品基数应满足规定的要求；

（2）样品必须为本年度或近10个月内生产的；

（3）至少两人抽封样品并在抽样单上签字；

（4）工厂负责人在抽样单上签字并加盖单位印章确认。

4.3.2 委托方将抽封的样品按规定送达指定检验机构进行认证发证检验。

4.3.3 认证发证检验项目

认证发证检验项目按照附件4《消防水带产品强制性认证检验项目和检验依据》的规定执行。

4.3.4 检验

指定检验机构应按规定的检验周期完成产品认证发证的全部检验。产品认证发证检验不合格的，终止不合格产品认证。

4.3.5 检验报告

指定检验机构应按指定认证机构的有关规定出具检验报告，并按规定时限要求向指定认证机构提交。

4.4 认证结果评价与批准

4.4.1 认证结果评价与批准

指定认证机构对工厂质量管理体系审核和认证发证检验结果进行综合评价。对符合要求的，经指定认证机构证书签发人批准，颁发认证证书。认证结果不符合要求的，终止本次认证。

4.4.2 认证结果的公布

指定认证机构应对外公布获准认证的证书信息。

4.5 认证后监督

4.5.1 认证后监督频次

4.5.1.1 获证产品从证书批准之日起，即可安排认证后监督。认证后监督每12个月内不少于一次。

4.5.1.2 若发生下述情况之一可增加监督频次：

（1）获证产品出现严重质量问题或用户对产品有投诉并经查实；

（2）指定认证机构有足够理由对获证产品与标准要求的符合性提出质疑时；

（3）有足够信息表明因变更组织机构、生产条件、质量管理体系等，从而可能影响产品符合性或一致性时。

4.5.2 认证后监督的内容

4.5.2.1 监督方式

（1）监督审核和监督检验；

（2）监督审核；

（3）监督检验。

4.5.2.2 监督审核

监督审核按指定认证机构规定的监督审核要求进行。审核场所既可为工厂，也可为流通或使用场所。监督审核的时间每个加工场所一般为2～4个人日。

监督审核必须进行产品一致性核查。

4.5.2.3 监督检验

监督检验项目由指定认证机构视具体情况确定。监督检验由指定认证机构下达要求，指定检验机构按计划实施，并应在规定的检验周期内完成全部检验。检验结束后，指定检验机构将检验报告及时报指定认证机构。

监督检验结论为合格或不合格。

4.5.3 指定认证机构根据监督情况做出监督结论，并将监督结论通知证书持有者，监督结论分为通过和不通过两种。凡存在下列情况之一的，监督结论为不通过：

（1）产品一致性核查不符合；

（2）工厂质量管理体系监督审核不通过或不合格项整改时间超过1个月；

(3)监督检验不合格。

4.5.4 监督结论通过的，指定认证机构保持其证书；监督结论不通过的，指定认证机构按规定暂停或撤销其证书。

4.5.5 监督结论为不通过的，证书持有者应在5个工作日内将产品认证证书上交指定认证机构，并封存认证标志。

4.5.6 指定认证机构应及时将监督结论向社会公布。

4.5.7 证书持有者应按时缴纳监督费用。

4.5.8 对不能按指定认证机构监督要求接受监督的，指定认证机构暂停并收回认证证书。

5 认证证书

5.1 认证证书的有效期

产品认证证书有效期为五年。

5.2 认证证书的保持

认证证书的有效性依靠通过指定认证机构定期和不定期的监督获得保持。

5.3 认证证书的变更

5.3.1 变更的类型

5.3.1.1 不涉及产品安全使用性能的变更。如：由于产品命名方法的变化引起的获证产品名称、型号变更；产品型号变更、内部结构不变；证书持有者、制造商名称或地址变更；生产厂名称或地址变更(没有搬迁)等。

5.3.1.2 涉及产品安全使用性能的变更。如：生产厂搬迁；产品认证所依据的标准、规则等发生了变化；明显影响产品的设计发生了变化(如：获证产品的关键零部件/原材料/元器件更换)；制造商或生产厂的质量体系发生重大变化等。

5.3.2 变更程序

5.3.2.1 证书持有者需要变更已经获得的认证证书信息或产品时，应向指定认证机构提交变更申请并提交相关证明文件。

5.3.2.2 指定认证机构在接到变更申请及有关资料后进行审核，核查变更信息或产品与原获证信息或产品的一致性，必要时安排变更工厂确认审核和/或确认检验。

5.3.2.3根据变更确认的结果,按规定程序评定，符合变更要求的，经指定认证机构批准后向证书持有者换发证书或发出变更确认通知。不符合变更要求的，经指定认证机构准后向证书持有者发出不予变更确认的通知。

5.4 认证范围的扩大

证书持有者在原有认证基础上增加新的认证单元和在认证单元内增加新的产品型号，应按本规则4.1.2的规定提出申请，经审查(必要时安排工厂质量管理体系审核和/或产品检验)、评价，结论为通过的颁发或换发证书。

5.5 证书延续

证书持有者应在证书有效期届满前6个月向指定认证机构提出证书延续申请，并按本规则附件2《消防水带产品强制性认证申请资料》的规定提交申请资料。证书延续工作应按照指定认证机构的有关要求执行。

6 认证标志

证书持有者必须遵循《强制性产品认证标志管理办法》的有关规定使用认证标志。

6.1 准许使用的标志样式

6.2 加施方式和位置

标志的加施方式应遵循《强制性产品认证标志管理办法》的有关规定。认证标志一般应加施于产品明显位置。

6.3 变形认证标志

本规则覆盖产品不允许加施任何形式的变形认证标志。

7 认证证书的暂停、撤销和注销

认证证书的暂停、撤销和注销，按《强制性产品认证管理规定》的规定执行。自认证证书注销、撤销之日起或者认证证书暂停期间，不符合认证要求的产品，不得继续出厂、销售、进口或者在其他经营活动中使用。

暂停证书的恢复使用应由证书持有者向指定认证机构提出申请，指定认证机构按规定进行工厂质量管理体系审核和/或产品检验。符合《强制性产品认证管理规定》和本规则要求的，指定认证机构批准恢复使用证书。

8 收费

认证收费由指定认证机构按国家有关规定统一收取。

附件1：

消防水带产品强制性认证单元划分

序号	产品名称	单元划分说明	认证依据标准	认证发证检验样品数量
1	有衬里消防水带	1.设计工作压力不同的产品为不同单元；2.内径规格不同的产品为不同单元；3.编织层材料不同的产品为不同单元；4.衬里（内、外覆）材料不同的产品为不同单元	GB 6246—2001	取申请单元中最长长度规格样品:3根
2	消防湿水带	1.设计工作压力不同的产品为不同单元；2.内径规格不同的产品为不同单元 3.编织层材料不同的产品为不同单元；4.衬里（内、外覆）材料不同的产品为不同单元	GA 34—1992	取申请单元中最长长度规格样品:3根
3	消防软管卷盘	1.使用灭火剂种类不同的产品为不同单元；2.额定工作压力不同的产品为不同单元；3.软管内径不同的产品为不同单元；4.使用场合不同的产品为不同单元；5.喷枪类别不同的产品为不同单元	GB15090—2005	取申请单元中软管最长长度规格样品: 3台

注：1. 有衬里消防水带、消防湿水带：产品长度允许向下覆盖，长度长的规格认证产品覆盖长度短的产品规格。

2. 消防软管卷盘：软管长度允许向下覆盖，软管长度长的规格认证产品覆盖软管长度短的产品规格。

附件2：

消防水带产品强制性认证申请资料

消防产品认证委托方向指定认证机构提交申请，并随附下列资料：

1. 委托方/制造商/工厂的资质证明包括：营业执照、组织机构代码、有关合作协议；

2.《消防产品强制性认证合同书》；

3. 全性能委托检验报告及指定检验机构盖章确认的产品特性文件（原材料/元器件/零配件或产品描述文件）；

4. 质量管理体系文件；

5. 申请认证的产品及使用的原材料/元器件/零配件符合国家或行业相关法律、法规、规定及标准要求的资料（必要时）；符合国家或行业相关法律、法规、规定及标准要求的资料（必要时）；

6. 产品认证证书（证书延续申请时）；

7. 其他要求的文件。

附件3：

消防水带产品强制性认证工厂一致性控制要求

为保证工厂批量生产的认证产品与认证发证检验合格样品的一致性，认证产品的生产应满足本文件规定的一致性控制要求。

1 产品一致性控制文件

1.1 工厂应建立并保持认证产品一致性控制文件，一致性控制文件至少应包括：

（1）针对具体认证产品型号的设计要求、产品结构描述、物料清单（应包含所使用的关键件的型号、主要参数及供应商）等技术文件；

（2）针对具体认证产品的生产工序工艺、生产配料单等生产控制文件；

（3）针对认证产品的检验（包括进货检验、生产过程检验、成品例行检验及确认检验）要求、方法及相关资源条件配备等质量控制文件；

（4）针对获证后产品的变更（包括标准、工艺、关键件等变更）控制、标志使用管理等程序文件。

1.2 产品设计标准或规范应是一致性控制文件的其中一个内容，其要求应不低于有关该产品的认证实施规则中规定的标准要求。

2 关键件和材料的检验/验证

工厂应建立并保持对供应商提供的关键件和材料的检验或验证的程序，以确保关键件和材料满足认证所规定的要求。

关键件和材料的检验可由工厂进行，也可以由供应商完成。当由供应商检验时，工厂应对供应商提出明确的检验要求。

工厂应保存关键件和材料检验或验证记录、供应商提供的合格证明及有关检验数据等。

3 批量生产产品的一致性

工厂应采取相应的措施，确保批量生产的认证产品至少在以下方面与认证发证检验合格样品保持一致：

（1）认证产品的铭牌、标志、说明书和包装上所标明的产品名称、规格和型号；

（2）认证产品的结构、尺寸等；

（3）认证产品主要原材料的品种与质量要求。

4 例行检验和确认检验

4.1 工厂应制定并保持文件化的例行检验和确认检验

验程序，以验证产品满足规定的要求。检验程序中应包括检验项目、内容、方法、判定准则等。应保存检验记录。

4.2 例行检验是在生产的最终阶段对生产线上的产品进行的100%检验，通常检验后，除包装和加贴标签外，不再进一步加工。例行检验允许采用经验证的等效快速的在线检验方法进行。例行检验至少应包括以下检验项目：

（1）有衬里消防水带、消防湿水带产品：标志、编织层质量、衬里质量、内径、长度、单位长度重量；

（2）消防软管卷盘产品：密封性能、外观质量、结构要求、标志 。

工厂生产现场应具备上述相应认证产品检验项目的检验能力。

4.3 确认检验是为验证产品持续符合标准（产品认证实施规则中规定的标准）要求进行的抽样检验。确认检验至少应包括以下检验项目：

（1）有衬里消防水带、消防湿水带产品：试验压力下状况（适用于有衬里消防水带）、渗水量（适用于消防湿水带）、爆破压力、轴向延伸率、直径膨胀率、附着强度、低温性能、扭转性能、热空气老化、粘附性能、扯断伸长率、弯曲性能

（2）消防软管卷盘产品：喷射性能、耐压性能、耐腐蚀性能、抗载荷性能、转动性能、喷枪性能、软管性能

工厂不具备检验条件的确认检验项目，可委托具有相应能力的检测实验室检验。

5 获证产品的变更控制

工厂应建立文件化的变更控制程序，确保认证产品的设计、采用的关键件和材料以及生产工序工艺、检验条件等因素的变更得到有效控制。获证产品涉及到如下的变更，工厂在实施前应向认证机构申报，获得批准后方可执行：

（1）产品设计（原理、结构等）的变更；

（2）产品采用的关键件和关键材料的变更；

（3）关键工序、工序及其关键生产设备的变更；

（4）例行检验和确认检验条件和方法变更；

（5）生产场所搬迁、生产质量体系换版等变更；

（6）其他可能影响与相关标准的符合性或认证发证检验样品的一致性的变更。

附件4：

消防水带产品强制性认证检验项目和检验依据

1 基本要求

1.1 消防水带产品强制性认证检验工作应按本规定开展。

1.2 申请有衬里消防水带、消防湿水带产品认证，必须标明其编织层和衬里的材料。不同衬里材料和不同编织层材料的产品均应分别申请认证。

1.3 申请有衬里消防水带、消防湿水带产品认证生产厂必须具备衬胶工艺的全套生产设备和编织设备。

1.4 申请消防软管卷盘产品认证，必须标明其喷枪类别。软管长度长的产品可覆盖软管长度短的产品。喷枪类别不同的产品应分别申请认证。

1.5 申请消防软管卷盘产品认证制造商/生产厂必须具备卷盘设计、制造的能力，必须配备卷盘制造工艺的全套生产设备。

2 消防水带产品认证发证检验项目、判定规则

2.1 有衬里消防水带产品认证发证检验项目、判定规则

2.1.1 有衬里消防水带产品认证发证检验项目和不合格分类见下表

序号	检验项目	A类不合格	B类不合格	C类不合格
1	标志	无标志	标志内容不全	标志内容模糊不清
2	编织层质量	—	跳双经、断双经、跳纬	1.表面划伤在3匝及以上； 2.有3处及以上最大直径大于5cm的明显污点
3	衬里质量	衬里间发生粘附现象	衬里间有折皱现象	衬里层气泡、伤痕较多（>20处/m）
4	内径	—	小于标准规定值	大于标准规定值
5	长度	—	小于标示值的97%	1.小于标示值，但不是B类不合格； 2.大于标准规定
6	单位长度重量	—	大于标准规定值的120%	不符合标准规定要求，但不是B类不合格
7	试验压力下状况	1.喷水状泄漏 2.渗漏超过三处以上	1. 滴水状泄漏； 2. 渗漏在三处及以下	—
8	爆破压力	小于标准规定值	—	—
9	轴向延伸率	—	大于6%（设计工作压力为0.8MPa、1.0MPa、1.3MPa、1.6MPa） 大于10%（设计工作压力为2.0 MPa、2.5 MPa）	不符合标准要求，但不是B类不合格

续表

序号	检验项目	A类不合格	B类不合格	C类不合格
10	直径膨胀率	—	大于6%（设计工作压力为0.8MPa、1.0MPa、1.3MPa、1.6MPa） 大于10%（设计工作压力为2.0MPa、2.5MPa）	不符合标准要求，但不是B类不合格
11	扭转性能	产生逆时针扭转	大于标准规定值的150%	不符合标准要求，但不是A、B类不合格
12	弯曲性能	—	—	内侧有明显折皱
13	粘附性能	试样间发生粘附现象	—	—
14	低温性能	1.不能立即展开； 2.设计工作压力下有渗漏	1. 不能再次卷紧； 2. 有卷曲现象	—
15	附着强度	小于标准规定值	—	—
16	扯断伸长率	不符合标准要求	—	—
17	热空气老化	不符合标准要求	—	—

2.1.2 抽样方法、判定规则

2.1.2.1 抽样方法

样品应在生产厂成品库中抽取，每种规格产品应抽取申请最长长度的规格，其抽样基数应不少于30根，每个规格随机抽取3根作为样品。

2.1.2.2 判定规则

凡出现下列情况之一者即判定为不合格，否则为合格。

（1）样品出现A类不合格；

（2）样品出现B类不合格数大于或等于2；

（3）样品出现B类不合格数1项，C类不合格数大于或等于2；

（4）样品出现C类不合格数大于或等于4。

2.2 消防湿水带产品认证发证检验项目、判定规则

2.2.1 消防湿水带产品认证发证检验项目和不合格分类见下表

序号	检验项目	A类不合格	B类不合格	C类不合格
1	标志	无标志	标志内容不全	标志内容模糊不清
2	编织层质量	—	跳双经、断双经、跳纬	1. 表面划伤在3匝及以上； 2. 有3处及以上最大直径大于5cm的明显污点
3	衬里质量	衬里间发生粘附现象	衬里间有折皱现象	衬里层气泡、伤痕较多（>20处/m）
4	长度	—	小于标示值的97%	1. 小于标示值，但不是B类不合格； 2. 大于标准规定
5	内径	—	小于标准规定值	大于标准规定值
6	单位长度重量	—	大于标准规定值的120%	不符合标准规定要求，但不是B类不合格
7	渗水量	—	1. 0.5Mpa水压下渗水不均匀； 2. 有喷水现象； 3. 渗水量不符合标准要求	—
8	爆破压力	小于标准规定值	—	—
9	轴向延伸率	—	大于6%	不符合标准要求，但不是B类不合格
10	直径膨胀率	—	大于6%	不符合标准要求，但不是B类不合格
11	扭转性能	产生逆时针扭转	大于标准规定值的150%	不符合标准要求，但不是A、B类不合格
12	弯曲性能	—	—	内侧有明显折皱
13	粘附性能	试样间发生粘附现象	—	—
14	低温性能	不能立即展开	1.不能再次卷紧； 2.有卷曲现象； 3.渗水不均匀； 4.渗水量不符合标准要求	—
15	附着强度	小于标准规定值	—	—
16	扯断伸长率	不符合标准要求	—	—
17	热空气老化	不符合标准要求	—	—

2.2.2 抽样方法、判定规则

2.2.2.1 抽样方法

样品应在生产厂成品库中抽取，每种规格产品应抽取申请最长长度的规格，其抽样基数应不少于30根，每个规格随机抽取3根作为样品。

2.2.2.2 判定规则

凡出现下列情况之一者即判定为不合格，否则为合格。

（1）样品出现A类不合格；

（2）样品出现B类不合格数大于或等于2；

（3）样品出现B类不合格数1项，C类不合格数大于或等于2；

（4）样品出现C类不合格数大于或等于4。

2.3 消防软管卷盘产品认证发证检验项目、判定规则

2.3.1 消防软管卷盘产品认证发证检验项目和不合格分类见下表

序号	检验项目		A类不合格	B类不合格	C类不合格
1	标志		无标志	—	标志内容不全或模糊不清
2	喷射性能	射程	小于标准规定值	—	—
		流量	小于标准规定值	—	—
3	密封性能		1. 喷水状渗漏； 2. 软管缠绕轴变形； 3. 不能正常使用	滴落状渗漏	—
4	耐压性能		不符合标准要求	—	—
5	耐腐蚀性能		不能正常操作使用	1. 有明显腐蚀痕迹； 2. 不能灵活操作	有轻微腐蚀痕迹
6	抗载荷性能		1. 喷水状渗漏； 2. 软管缠绕轴变形； 3. 不能正常使用	滴落状渗漏	—
7	转动性能		启动力距大于30N·m	启动力距大于 25N·m，且小于等于30N·m	启动力距大于20N·m，且小于等于25N·m
8	喷枪性能	开关	不符合标准要求	—	—
		型式	不符合标准要求	—	—
		螺纹	—	不符合标准要求	—
		耐压性能	不符合标准要求	—	—
		抗跌落性能	不符合标准要求	—	—
9	软管性能	内径	—	小于标准规定值	大于标准规定值
		长度	—	小于标准值的95%	1. 小于标准规定值，但不是B类不合格； 2. 大于标准规定值
		耐压性能	不符合标准要求	—	—
		外径膨胀率	—	大于8%或小于－6%	不符合标准要求，但不是B类不合格
		轴向伸长率	—	大于11%或小于－7%	不符合标准要求，但不是B类不合格
		弯曲性能	—	外径增加率大于初使值的12%	不符合标准要求，但不是B类不合格
		低温性能	1. 不能立即展开； 2. 额定工作压力下有渗漏	1. 不能再次缠绕； 2. 有卷曲现象	—
		外表质量	—	—	1. 外表面有破损、划伤； 2. 外表面有局部隆起
10	外观质量		软管卷盘表面未经耐腐蚀处理	—	1. 卷盘表面有明显划痕和碰伤； 2. 焊接有缺陷； 3. 漆层不均匀
11	结构要求		—	1. 软管卷盘旋转部分向外摆动角<80°； 2. 软管缠绕时，靠近连接部位的软管有扁瘪现象； 3.无清除残留灭火剂装置	1. 软管卷盘旋转部分向外摆动角小于标准规定值，但不是B类不合格； 2. 软管卷盘进口阀开关无开关方向标志，或开、关方向不符合标准规定

2.3.2 抽样方法、判定规则

2.3.2.1 抽样方法

样品应在生产厂成品库中抽取，每种规格产品应抽取申请单元中软管最长长度的规格，其抽样基数应不少于50台，每个规格随机抽取3台作为样品。

2.3.2.2 判定规则

凡出现下列情况之一者即判定为不合格，否则为合格。

（1）样品出现A类不合格；

（2）样品出现B类不合格数大于或等于2；

（3）样品出现B类不合格数1项，C类不合格数大于或等于2；

（4）样品出现C类不合格数大于或等于4

3 生产厂的生产设备和检验设备应满足产品生产工艺及产品标准的要求，生产条件、劳动保护及环境保护条件应符合国家有关法律法规的要求

4 铭牌及标志

4.1 获准产品认证的消防水带产品，其铭牌、标志、包装和说明书等应符合国家法律法规、标准等的要求。

4.2 获准产品认证的有衬里消防水带、消防湿水带，其生产厂应在水带印有标志的一端端口60cm±2cm处，印制一个边长为40mm±2mm的红色方框，框内印上该产品的认证证书编号，框上加施认证标志，每盘水带一个。

4.3 获准产品认证的消防软管卷盘，其生产厂应在卷盘印有标志的旁边，加施一个认证标志，每台消防软管卷盘一个。

5 检验周期

检验周期是自正式签订检验合同之日起至上报检验报告实际发生的时间，具体时限如下：

序号	产品类别	检验周期（天）
1	有衬里消防水带	65
2	消防湿水带	65
3	消防软管卷盘	65

编号：CNCA-09C-077:2011

消防产品类强制性认证实施规则消防装备产品

2011-06-15发布

2011-10-01实施

1 总 则

1.1 根据《中华人民共和国消防法》和《中华人民共和国认证认可条例》制定本实施规则。

1.2 本实施规则适用于在中华人民共和国境内出厂、销售、进口或者在其他经营活动中使用的消防装备产品认证，包括正压式消防空气呼吸器等产品。

1.3 本实施规则由通则及附件组成。

1.4 按本实施规则认证的产品应符合国家有关法律、法规及国家、行业标准的相关规定。

2 认证模式

型式试验+初始工厂检查+获证后监督

3 认证的基本环节

认证的申请

型式试验

工厂检查

认证结果评价与批准

获证后监督

4 认证实施的基本要求

4.1 认证的申请

4.1.1 认证单元划分

认证单元划分见附件1《消防装备产品强制性认证单元划分说明》。

同一制造商、同一产品型号，不同工厂的产品为不同认证单元。

4.1.2 申请文件

认证申请所需要提交的资料见附件2《消防装备产品强制性认证申请资料》。

4.2 型式试验

4.2.1 型式试验的送样

4.2.1.1 送样原则

原则上每个申请认证单元作为一个送样单元。单元的主型样品应选取有代表性的样品。

4.2.1.2 送样数量

型式试验的样品由委托方按规则的要求选送，并对选送样品负责，送样数量及要求见附件3《消防装备产品强制性认证检验项目和检验依据》。样品必须是近10

个月生产并经工厂检验合格的产品，并且在产品有效期内。

4.2.1.3 型式试验样品和资料的处置

型式试验后，应以适当方式处置试验后的样品和资料。国家有规定的，按相关规定执行。

4.2.2 指定检验机构

检验由指定认证机构委托指定检验机构实施。

4.2.3 检验程序

4.2.3.1 指定检验机构应在检验前对样品的完整性等进行核查。

4.2.3.2 指定检验机构应执行本规则附件3《消防装备产品强制性认证检验项目和检验依据》所规定的检验依据、检验项目、抽样方法和判定规则。

4.2.3.3 检验结束后，指定检验机构应及时向指定认证机构提交型式试验报告。

4.3 初始工厂检查

4.3.1 工厂检查人员

对型式试验合格的委托方，指定认证机构组织安排工厂检查组。检查组的人员由具有规定资质的人员组成。对同一工厂检查的检查员不少于2名。

4.3.2 工厂检查时间

工厂检查时间根据委托认证产品的单元及覆盖产品型号数量确定，并考虑工厂的生产规模，一般每个加工场所为4～8个人日。

4.3.3 工厂检查内容

初始工厂检查的内容为工厂质量保证能力检查和产品一致性检查。

4.3.3.1 工厂质量保证能力检查

工厂检查人员对生产厂按照附件4《消防装备产品强制性认证工厂质量保证能力要求》进行工厂质量保证能力的检查。同时，还应按照附件5《消防装备产品强制性认证工厂一致性控制要求》进行核查。

4.3.3.2 产品一致性检查

应在生产现场/成品库对申请认证的每单元产品至少抽取一件样品进行产品一致性检查，核查其与型式试验报告及指定检验机构确认的产品特性文件的一致性。

4.3.4 工厂质量保证能力和产品一致性检查应覆盖委托认证产品的所有工厂。

4.4 认证结果评价与批准

4.4.1 认证结果评价与批准

指定认证机构对产品检验和工厂检查结果进行综合评价。经指定认证机构评定，认证结果符合要求的，按照认证单元颁发认证证书；认证结果不符合要求的，终止本次认证。

4.4.2 认证时限

认证时限指自认证合同生效至颁发认证证书期间的工作日，包括工厂检查时间、认证结果评价和批准时间、证书制作时间等。

产品检验时限自样品送达指定检验机构并正式受理检验之日计算，产品检验应在公布的检验时限内完成，提交产品检验报告一般不超过5个工作日。

提交工厂检查报告不超过5个工作日，以检查组完成现场检查，收到工厂递交的不符合项整改资料之日起计算。

工厂检查时间，认证结果评价、批准时间及证书颁发时间一般不超过60个工作日。

4.5 获证后监督

4.5.1 获证后监督频次

4.5.1.1 获证产品从证书批准之日起，即可安排证后监督。证后监督每12个月内不少于一次。

4.5.1.2 若发生下述情况之一可增加监督频次：

（1）获证产品出现严重质量问题或用户对产品有投诉并经查实；

（2）指定认证机构有足够理由对获证产品与本实施规则中规定的标准要求的符合性提出质疑时；

（3）有足够信息表明工厂因变更组织机构、生产条件、质量管理体系等，从而可能影响产品符合性或一致性时。

4.5.2 获证后监督方式

（1）监督检查和监督检验；

（2）监督检查；

（3）监督检验。

4.5.3监督检查

监督检查内容按指定认证机构规定的监督要求进行。监督检查既可在工厂也可在流通或使用场所进行。监督检查的时间为每个场所2～4个人日。

监督检查必须进行产品一致性核查，产品一致性核查按本规则4.3.3.2的规定执行。

首次获证后的第5年，应按附件4《消防装备产品强制性认证工厂质量保证能力要求》和附件5《消防装备产品强制性认证工厂一致性控制要求》的规定对工厂进行检查。检查内容和人日数与初次工厂检查相同。

4.5.4 监督检验

监督检验既可从工厂抽样，也可在使用场所抽样，受检样品的选择、样品数量及检验项目由指定认证机构规定。

监督检验结论为合格或不合格。

4.5.5 监督结论

指定认证机构经评价做出监督结论，并将监督结论通知证书持有者，监督结论分为通过和不通过两种。凡存在下列情况之一的，监督结论为不通过：

（1）产品一致性核查不符合；

（2）工厂质量保证能力检查不通过或不合格项整改时间超过1个月；

（3）监督检验不合格。

监督结论为通过的，指定认证机构保持其证书；监督结论为不通过的，指定认证机构按规定暂停或撤销其证书。

保持认证证书的，继续使用认证标志。暂停或撤销认证证书的，停止使用认证标志，并对外公告。

5 认证的保持、变更、扩大、暂停、撤销和注销

5.1 认证证书的保持

认证证书的有效性依靠通过指定认证机构定期和不定期的监督获得保持。

5.2 认证证书的变更

5.2.1 变更的类型

5.2.1.1 不涉及产品安全使用性能的变更。如：由于产品命名方法的变化引起的获证产品名称、型号变更；产品型号变更、内部结构不变；证书持有者、制造商名称或地址变更；生产厂名称或地址变更（没有搬迁）等。

5.2.1.2 涉及产品安全使用性能的变更。如：生产厂搬迁；产品认证所依据的标准、规则等发生了变化；明显影响产品的设计发生了变化（如：获证产品的关键零部件/原材料/元器件更换）；制造商或生产厂的质量体系发生重大变化等。

5.2.2 变更程序

5.2.2.1 证书持有者需要变更已经获得的认证证书信息或产品时，应向指定认证机构提交变更申请并提交相关证明文件。

5.2.2.2 指定认证机构在接到变更申请及有关资料后进行审核，核查变更信息或产品与原获证信息或产品的一致性，必要时安排变更工厂确认检查和/或确认检验。

5.2.2.3 根据变更确认的结果按规定程序评定，符合变更要求的，经指定认证机构批准后向证书持有者换发证书或发出变更确认通知。不符合变更要求的，经指定认证机构核准后向证书持有者发出不予变更确认的通知。

5.3 认证范围的扩大

证书持有者在原有认证基础上增加新的认证单元和在认证单元内增加新的产品型号，应按本规则4.1.2的规定提出申请，经审查（必要时安排工厂质量保证能力检查和/或产品检验）、评价，结论为通过的颁发或换发证书。

5.4 认证证书的暂停、撤销和注销

认证证书的暂停、撤销和注销，按《强制性产品认证管理规定》的规定执行。自认证证书注销、撤销之日起或者认证证书暂停期间，不符合认证要求的产品，不得继续出厂、销售、进口或者在其他经营活动中使用。

暂停证书的恢复使用应由证书持有者向指定认证机构提出申请，指定认证机构按规定进行工厂质量保证能力检查和/或产品检验。符合《强制性产品认证管理规定》和本规则要求的，指定认证机构批准恢复使用证书。

6 认证证书的有效期

本规则覆盖产品认证证书的有效期为5年。

认证证书有效期届满，需要延续使用的，认证委托方应当在认证证书有效期届满前90天内申请办理。证书延续工作应按照指定认证机构的有关要求执行。

7. 认证标志

证书持有者必须遵循《强制性产品认证标志管理办法》的有关规定使用认证标志。

7.1 准许使用

7.2 加施方式和位置

标志的加施方式应遵循《强制性产品认证标志管理办法》的有关规定。认证标志一般应加施于产品明显位置。

7.3 变形认证标志

本规则覆盖产品不允许加施任何形式的变形认证标志。

8 申诉和投诉

8.1 委托方如对指定认证机构或指定检验机构的认证活动和/或做出的决定不满意，可提出正式的申诉或投诉。任何人或单位对获证单位的产品表示不满意，可向指定认证机构提出正式的投诉。

8.2 指定认证机构制定申诉、投诉程序，并由专门部门负责受理来自各方的申诉、投诉，经调查核实批准后，采取处理措施。

8.3 指定认证机构保存所有产品认证申诉、投诉的处理结果记录。

9 收 费

认证收费由指定认证机构按国家有关规定统一收取。

附件1：

消防装备产品强制性认证单元划分说明

一、正压式消防空气呼吸器强制性认证单元划分

序号	产品名称	单元划分说明	认证依据标准	型式试验样品数量
1	正压式消防空气呼吸器	1. 面罩、供气阀、减压器、警报器型号规格不同的产品为不同单元； 2. 面罩、供气阀、减压器、警报器型号规格相同生产厂不同的产品为不同单元	GA 124—2004	主型产品：6具/每种型号 分型产品：2具/每种型号

注：

1. 气瓶容积、气瓶数量不同的产品可作为同一单元的分型产品。
2. 同一个单元，气瓶容积为6.8L的为主型产品，若无该型号产品，以气瓶容积最大的型号为主型产品。

二、正压式消防空气呼吸器产品强制性认证特定安全要求

序号	名称	特定安全要求	外购/自制的特殊规定
1	气瓶	1.气瓶设计、制造、检验和使用应符合国家相关法律法规的规定； 2.气瓶上应有“压缩空气；气瓶编号；水压试验压力；公称工作压力；公称容积；重量；生产日期；检验周期；使用年限；产品标准号；警示：发现纤维断裂或损坏，不应充装”字样标记； 3. 气瓶额定工作压力为30MPa； 4. 气瓶外部应有防护罩	外购、自制均可； 制造者必须具备气瓶制造许可； 外购者必须符合气瓶安全管理法规的要求，且具备按生产规模逐件全项检验的能力
2	气瓶瓶阀	1.气瓶瓶阀的开启方向为逆时针； 2.气瓶瓶阀在开启后应保证不会被无意关闭，如气瓶瓶阀开启后不可锁定，那么开启手轮应至少旋转两周才能达到关闭状态； 3.气瓶瓶阀上应设置安全膜片，其爆破压力应为(37～45)MPa； 4.气瓶瓶阀的输出端螺纹为内螺纹，螺纹尺寸为G5/8，其公差应符合GB/T 7307的规定	外购、自制均可； 制造者必须具备压力部件制造许可； 外购者必须符合压力部件安全管理法规的要求，且具备按生产规模逐件全项检验的能力
3	面罩	1.面罩质量应分布对称，头带或头罩应能根据佩戴者头部的需要自由调整，其密合框应与佩戴者面部密合良好，无明显压痛感。面罩应有除去视窗结雾功能。视窗为大眼窗，应使用透光性能良好的无色透明材料，并不应产生视觉变形现象； 2.总视野＞70% 双目视野＞55% 下方视野＞35° 吸入气体中的二氧化碳含量≤1%	外购、自制均可； 外购者必须具备按生产规模逐件全项检验的能力
4	供气阀	应设置自动正压机构，静态压力不应大于500Pa	外购、自制均可； 外购者必须具备按生产规模逐件全项检验的能力
5	减压器	1.在气瓶额定工作压力至2MPa范围内，减压器输出压力应在设计值范围内； 2.减压器输出压力调整部分应设置锁紧装置； 3.安全阀的开启压力与全排气压力应在减压器输出压力最大设计值的(110～170)%范围内； 4.安全阀的关闭压力不应小于减压器输出压力最大设计值	外购、自制均可； 制造者必须具备压力部件制造许可； 外购者必须符合压力部件安全管理法规的要求，且具备按生产规模要求逐件全项检验的能力
6	警报器	1.当气瓶内压力下降至(5.5±0.5)MPa时，警报器应发出连续声响报警或间歇声响报警，且连续声响时间不应少于15s，间歇声响时间不应少于60s，发声声级不应小于90dB(A)； 2.从警报发出至气瓶压力为1MPa时，警报器平均耗气量不应大于5L/min或总耗气量不大于85L	外购、自制均可； 外购者必须符合压力部件安全管理法规的要求，且具备按生产规模要求逐件全项检验的能力

续表

序号	名称	特定安全要求	外购/自制的特殊规定
7	压力表	1.压力表的外壳应有橡胶防护套，外壳直径不应大于60mm; 2.压力表的测量范围应为（0～40）MPa，精度不应低于2.5级，最小分格值不应大于1MPa; 3.压力表标度盘上警报压力值段和30MPa处应有明显指示; 4.在暗淡或黑暗的环境下，佩戴者应能读出压力指示值; 5.在防水性能试验后，压力表内不得进水; 6.当压力表同其连接的软管脱开时，在气瓶内压力为20MPa的情况下其漏气量不应大于25L/min; 7.压力表的其它性能应符合GB/T 1226的规定	外购、自制均可 外购者必须符合压力部件安全管理法规的要求，且具备按生产规模要求逐件全项检验的能力

注：1.涉及气瓶及压力部件在中国境外生产及组装的，按国家有关规定办理。

2.获证产品的面罩、供气阀、减压器、警报器等不允许变更。如变更须按照新单元申报产品认证。

附件2：

消防装备产品强制性认证申请资料

消防产品认证委托方向指定认证机构提交申请，并随附下列资料：

1. 委托方/制造商/工厂的基本信息及资质证明（营业执照、组织机构代码证、有关合作协议等）；

2. 《消防产品强制性认证合同书》；

3. 型式试验报告及指定检验机构盖章确认的产品特性文件（原材料/元器件/零配件或产品描述文件）；

4. 申请认证的产品及使用的原材料/元器件/零配件符合国家或行业相关法律、法规、规定及标准要求的资料（必要时）；

5. 认证机构要求的其他文件。

附件3：

消防装备产品强制性认证检验项目和检验依据

第一部分：正压式消防空气呼吸器

一、检验依据

GA 124—2004《正压式消防空气呼吸器》

二、型式试验项目

1.主型产品

主型产品型式试验项目为标准GA 124—2004《正压式消防空气呼吸器》中技术要求规定的全部项目和标准“标志”、“包装”中的要求。

（1）结构

（2）材料要求

（3）佩戴质量

（4）整机气密性能

（5）动态呼吸阻力

（6）耐高温性能

（7）耐低温性能

（8）静态压力

（9）警报器性能

（10）面罩性能

（11）减压器性能

（12）安全阀性能

（13）供气阀性能

（14）压力表

（15）高压部件强度

（16）中压导气管

（17）气瓶

（18）气瓶瓶阀

（19）人员佩戴性能

（20）标志

（21）包装

2.分型产品

分型产品型式试验项目为标准GA 124—2004《正压式消防空气呼吸器》中的如下项目：

（1）佩戴质量

（2）标志

（3）整机气密性能

（4）人员佩戴性能

三、型式试验样品数量

主型产品每个型号6具，分型产品每个型号2具。

四、判定规则

按照GA 124—2004《正压式消防空气呼吸器》进行

判定，检验项目全部合格判该型号产品型式试验合格。检验项目出现一项不合格判该型号产品型式试验为不合格。

五、检验周期

检验周期是自正式签订检验合同之日起至上报检验报告实际发生的时间，具体时限如下：

序号	产品名称	检验周期(天)
1	正压式消防空气呼吸器	60

附件4:

消防装备产品强制性
认证工厂质量保证能力要求

为保证批量生产的认证产品与已获型式试验合格的样品的一致性，工厂应满足本文件规定的产品质量保证能力要求。

1. 职责和资源

1.1 职责

工厂应规定与质量活动有关的各类人员职责及相互关系，且工厂应在组织内指定一名质量负责人，无论该成员在其他方面的职责如何，应具有以下方面的职责和权限：

a. 负责建立满足本文件要求的质量体系，并确保其实施和保持；

b. 确保加贴强制性认证标志的产品符合认证标准的要求；

c. 建立文件化的程序，确保认证标志的妥善保管和使用；

d. 建立文件化的程序，确保不合格品和获证产品变更后未经认证机构确认，不加贴强制性认证标志。

质量负责人应具有充分的能力胜任本职工作。

1.2 资源

工厂应配备必须的生产设备和检验设备，以满足稳定生产符合强制性认证标准的产品要求；应配备相应的人力资源，确保从事对产品质量有影响工作的人员具备必要的能力；建立并保持适宜产品生产、检验、试验、储存等必备的环境。

2. 文件和记录

2.1 工厂应建立、保持文件化的认证产品的质量计划或类似文件，以及为确保产品质量的相关过程有效运作和控制需要的文件。质量计划应包括产品设计目标、实现过程、检验及有关资源的规定，以及产品获证后对获证产品的变更(标准、工艺、关键件等)、标志的使用管理等的规定。

产品设计标准或规范应是质量计划的一个内容，其要求应不低于有关该产品的国家标准要求。

2.2 工厂应建立并保持文件化的程序以对本文件要求的文件和资料进行有效的控制。这些控制应确保：

a. 文件发布前和更改应由授权人批准，以确保其适宜性；

b. 文件的更改和修订状态得到识别，防止作废文件的非预期使用；

c. 确保在使用处可获得相应文件的有效版本。

2.3 工厂应建立并保持质量记录的标识、储存、保管和处理的文件化程序，质量记录应清晰、完整以作为产品符合规定要求的证据。

质量记录应有适当的保存期限。

3. 采购和进货检验

3.1 供应商的控制

工厂应制定对关键元器件和材料的供应商的选择、评定和日常管理的程序，以确保供应商具有保证生产关键元器件和材料满足要求的能力。

工厂应保存对供应商的选择评价和日常管理记录。

3.2 关键元器件和材料的检验/验证

工厂应建立并保持对供应商提供的关键元器件和材料的检验或验证的程序及定期确认检验的程序，以确保关键元器件和材料满足认证所规定的要求。

关键元器件和材料的检验可由工厂进行，也可以由供应商完成。当由供应商检验时，工厂应对供应商提出明确的检验要求。

工厂应保存关键件检验或验证记录、确认检验记录及供应商提供的合格证明及有关检验数据等。

4. 生产过程控制和过程检验

4.1 工厂应对关键生产工序进行识别，关键工序操作人员应具备相应的能力，如果该工序没有文件规定就不能保证产品质量时，则应制定相应的工艺作业指导书，使生产过程受控。

4.2 产品生产过程中，如对环境条件有要求，工厂应保证工作环境满足规定的要求。

4.3 可行时，工厂应对适宜的过程参数和产品特性进行监控。

4.4 工厂应建立并保持对生产设备进行维护保养的制度。

4.5 工厂应在生产的适当阶段对产品进行检验，以确保产品及零部件与认证样品一致。

5. 例行检验和确认检验

工厂应制定并保持文件化的例行检验和确认检验程序，以验证产品满足规定的要求。检验程序中应包括检验项目、内容、方法、判定等，并应保存检验记录。具体的例行检验和确认检验要求应满足相应产品的认证实施规则的要求。

5.1 例行检验

例行检验是在生产的最终阶段对生产线上的产品进行的100%检验，通常检验后，除包装和加贴标签外，不再进一步加工。

5.2 确认检验

确认检验是为验证产品持续符合标准要求进行的抽样检验。

6. 检验试验仪器设备

用于检验和试验的设备应定期校准和检查，并满足检验试验能力。

检验和试验的仪器设备应有操作规程，检验人员应能按操作规程要求，准确地使用仪器设备。

6.1 校准和检定

用于确定所生产的产品符合规定要求的检验试验设备应按规定的周期进行校准或检定。校准或检定应溯源至国家或国际基准。对自行校准的，则应规定校准方法、验收准则和校准周期等。设备的校准状态应能被使用及管理人员方便识别。应保存设备的校准记录。

6.2 运行检查

对用于例行检验和确认检验的设备除应进行日常操作检查外，还应进行运行检查。当发现运行检查结果不能满足规定要求时，应能追溯至已检验过的产品。必要时，应对这些产品重新进行检验。应规定操作人员在发现设备功能失效时需采取的措施。

运行检查结果及采取的调整等措施应记录。

7. 不合格品的控制

工厂应建立不合格品控制程序，内容应包括不合格品的标识方法、隔离和处置及采取纠正、预防措施。经返修、返工后的产品应重新检验。对重要部件或组件的返修应作相应的记录，应保存对不合格品的处置记录。

8. 内部质量审核

工厂应建立文件化的内部质量审核程序，确保质量体系的有效性和认证产品的一致性，并记录内部审核结果。

对工厂的投诉尤其是对产品不符合标准要求的投诉，应保存记录，并应作为内部质量审核的信息输入。

对审核中发现的问题，应采取纠正和预防措施，并进行记录。

9. 认证产品的一致性

工厂应对批量生产产品与型式试验合格的产品的一致性进行控制，以使认证产品持续符合规定的要求。

工厂应建立产品关键元器件和材料、结构等影响产品符合规定要求因素的变更控制程序，认证产品的变更（可能影响与相关标准的符合性或型式试验样品的一致性）在实施前应向认证机构申报并获得批准后方可执行。

10. 包装、搬运和储存

工厂所进行的任何包装、搬运操作和储存环境应不影响产品符合规定标准要求。

附件5:

消防装备产品强制性认证工厂一致性控制要求

为保证工厂批量生产的认证产品与型式试验合格样品的一致性，认证产品的生产应满足本文件规定的一致性控制要求。

1 产品一致性控制文件

1.1 工厂应建立并保持认证产品一致性控制文件，一致性控制文件至少应包括：

（1）针对具体认证产品型号的设计要求、产品结构描述、物料清单（应包含所使用的关键元器件的型号、主要参数及供应商）等技术文件；

（2）针对具体认证产品的生产工序工艺、生产配料单等生产控制文件；

（3）针对认证产品的检验（包括进货检验、生产过程检验、成品例行检验及确认检验）要求、方法及相关资源条件配备等质量控制文件；

（4）针对获证后产品的变更（包括标准、工艺、关键件等变更）控制、标志使用管理等程序文件。

1.2 产品设计标准或规范应是一致性控制文件的其中一个内容，其要求应不低于有关该产品的认证实施规则中规定的标准要求。

2 关键件和材料的检验/验证

工厂应建立并保持对供应商提供的关键元器件和材料的检验或验证的程序，以确保关键件和材料满足认证所规定的要求。

关键件和材料的检验可由工厂进行，也可以由供应商完成。当由供应商检验时，工厂应对供应商提出明确的检验要求.

工厂应保存关键件和材料检验或验证记录、供应商提供的合格证明及有关检验数据等。

3 批量生产产品的一致性

工厂应采取相应的措施，确保批量生产的认证产品至少在以下方面与型式试验合格样品保持一致：

（1）认证产品的铭牌、标志、说明书和包装上所标明的产品名称、规格和型号；

（2）认证产品的结构、尺寸和安装方式；

（3）认证产品的主要原材料和关键件。

4 例行检验和确认检验

4.1 工厂应制定并保持文件化的例行检验和确认检验程序，以验证产品满足规定的要求。检验程序中应包括检验项目、内容、方法、判定准则等。应保存检验记录。

4.2 例行检验是在生产的最终阶段对生产线上的产品进行的100%检验，通常检验后，除包装和加贴标签外，不再进一步加工。例行检验允许采用经验证的等效快速的在线检验方法进行。

正压式消防空气呼吸器例行检验至少应包括以下检验项目：结构、标志、包装、整机气密性能、动态呼吸阻力、静态压力、警报器性能。

工厂生产现场应具备上述相应认证产品检验项目的检验能力。

4.3 确认检验是为验证产品持续符合标准（产品认证实施规则中规定的标准）要求进行的抽样检验。

正压式消防空气呼吸器确认检验至少应包括以下检验项目：佩戴质量、减压器性能、安全阀性能、供气阀性能、压力表、高压部件强度、中压导气管、结构、标志、包装、整机气密性能、动态呼吸阻力、静态压力、警报器性能、气瓶瓶阀。

工厂应具备确认检验项目的检验能力。

5 获证产品的变更控制

工厂应建立文件化的变更控制程序，确保认证产品的设计、采用的关键件和材料以及生产工序工艺、检验条件等因素的变更得到有效控制。获证产品涉及到如下的变更，工厂在实施前应向认证机构申报，获得批准后方可执行：

（1）产品设计（原理、结构等）的变更；

（2）产品采用的关键件和关键材料的变更；

（3）关键工序、工序及其生产设备的变更；

（4）例行检验和确认检验条件和方法变更；

（5）生产场所搬迁、生产质量体系换版等变更；

（6）其他可能影响与相关标准的符合性或型式试验样机的一致性的变更。

6 铭牌及标志

获准产品认证的消防装备产品，其铭牌、标志、包装和说明书等应符合国家法律法规、标准等的要求。

关于修订电焊机强制性认证实施规则的公告

2011年第12号

为进一步规范强制性产品认证活动，确保认证实施各环节的有效性和一致性，国家认监委本着“简化认证流程、降低认证费用、便利企业执行”的原则，依据《中华人民共和国认证认可条例》和《强制性产品认证管理规定》（国家质检总局第117号令）的相关要求，对电焊机强制性认证实施规则进行了修订，现予以公告发布，自2012年1月1日起实施。

修订后的电焊机强制性认证实施规则、修订说明及实施要求见附件。

附件：1.《电气电子产品类强制性认证实施规则 电焊机》（编号：CNCA-01C-015：2011）

2.《电焊机强制性认证实施规则实施要求及修订说明》

二〇一一年六月二十三日

编号：CNCA-01C-015：2011

电气电子产品类强制性认证实施规则
电焊机

2011-06-23发布　　　　2012-01-01实施

1. 适用范围

本规则适用的产品范围为由低电压供电或由机械驱动的焊接电源和类似工艺所用的焊接电源及辅机具，包括：小型交流弧焊机、交流弧焊机、直流弧焊机、TIG弧焊机、MIG/MAG弧焊机、埋弧焊机、等离子弧焊机、等离子弧切割机、多功能弧焊机（多种焊接工艺组合）、电阻焊机、弧焊变压器防触电装置、焊接电缆耦合装置、送丝装置、焊炬（枪）、电焊钳。

2. 认证模式

型式试验＋初始工厂检查＋获证后监督

3. 认证的基本环节

3.1 认证申请

3.2 型式试验

3.3 初始工厂检查

3.4 认证结果评价与批准

3.5 获证后的监督

4. 认证实施的基本要求

4.1 认证申请

4.1.1 申请单元划分

适用标准相同、功能相同、工作原理（主回路及控制方式）相同、结构（供电电压、冷却方式、产品主要部件安装结构等）一致、安全关键材料一致的（以下称系列产品）可作为一个申请单元，应明确同一单元内的具体型号。具体产品的申请单元划分原则详见附件1。

原则上按申请单元申请认证。

同一生产者（制造商），不同生产企业生产的相同型号产品应分为不同的申请单元，型式试验仅在一个生产企业的样品上进行，必要时，其他生产企业应提供样品和相关资料供认证机构进行一致性核查，并出具报告。

同一生产企业，不同生产者（制造商）生产的相同产品，应分为不同的申请单元，型式试验仅在对应一个生产者（制造商）的样品上进行，必要时，生产企业应提供对应其他生产者（制造商）的样品和相关资料供认证机构进行一致性核查，并出具报告。

4.1.2 申请时需提交的文件资料

申请认证应提交正式申请书，并附以下文件资料：

（1）产品总装图、电气原理图、接线图等；

（2）安全关键元部件和材料清单（见附件2）；

（3）同一申请单元内各型号产品之间的差异说明；

（4）中文使用说明书、中文铭牌/标识；

（5）其他需要的文件。

4.2 型式试验

4.2.1 型式试验样品

4.2.1.1 样品选取原则

申请单元中只有一个型号的，选该型号为样品。

以系列产品为同一申请单元申请认证时，样品应从系列产品中选取具有代表性的型号，并且选取的样品应尽可能覆盖系列产品的安全要求，不能覆盖时，还应选取申请单元内的其他型号样品做补充差异试验。

申请整机认证时，整机内的关键元部件（指附件2中加*的元部件）应按对应要求单独送样进行检测，关键元部件已获得强制性产品认证证书/国家认监委规定的可为整机强制性认证承认认证结果的自愿性认证证书的，可免于单独检测，但应提供相关资料和样品（必要时）供认证机构核查。

4.2.1.2 样品真实性

通常情况，型式试验的样品由认证委托人按认证机构的要求选送，必要时，认证机构可采取现场抽样或者现场封样后由认证委托人送样等抽样方式获得样品。

认证委托人应保证其提供的样品与实际生产的产品一致，认证机构应当对认证委托人提供样品的真实性进行审查，实验室对样品真实性有疑义的，应当向认证机构说明情况，并作出相应处理。

4.2.1.3 样品数量

申请单元代表性型号样品数量见附件1，补充试验样品数量视代表性型号样品覆盖申请单元内产品的安全要求的实际情况而定，代表性型号样品与补充试验样品在能覆盖申请单元内系列产品安全要求的前提下，应尽可能减少补充试验样品数量和补充试验项目。

随整机单独检测的安全关键元部件和材料的样品数量以及相关要求见附件2。

4.2.1.4 型式试验样品及相关资料的处置

型式试验后，应以适当方式处置试验样品和/或相关资料。

4.2.2 型式试验的检测标准、项目及方法

4.2.2.1 检测标准

(1) GB 15579.1 弧焊设备 第1部分：焊接电源

(2) GB 15579.11 弧焊设备安全要求 第11部分：电焊钳

(3) GB 15579.12 弧焊设备安全要求 第12部分：焊接电缆耦合装置

(4) GB 15578 电阻焊机的安全要求

(5) GB 10235 弧焊变压器防触电装置

(6) GB 15579.6 弧焊设备 第6部分：限制负载的手工金属弧焊电源

(7) GB/T 8118 电弧焊机通用技术条件

(8) GB/T 15579.5弧焊设备安全要求 第5部分：送丝装置

(9) GB/T 15579.7弧焊设备安全要求 第7部分：焊炬(枪)

注：上述标准适用版本及要求按照国家认监委关于执行相关标准要求的公告执行。认证委托人应通过查询网站等方式主动获取相关标准版本更新信息和认证检测标准执行要求。

4.2.2.2 检测项目

检测项目为相关标准规定的全部适用项目，其中标准GB/T 8118的检测项目为噪声和湿热条款(第6.15、6.16条)。

4.2.2.3 检测方法

依据相关标准规定的要求以及标准所引用的检测方法和/或标准进行检测。

4.2.3 型式试验报告

型式试验结束后，实验室出具《型式试验报告》。

型式试验项目部分不合格时，允许认证委托人进行整改；整改应在认证机构规定的期限内完成，未能按期完成整改的，视为认证委托人放弃申请；认证委托人也可主动终止申请。

认证机构按照规定的内容组织制定统一的《型式试验报告》格式。《型式试验报告》内容应准确、清晰、完整，并包含对申请单元内所有产品和认证相关信息的描述。

认证机构/实验室应及时向认证委托人提供《型式试验报告》，认证委托人应保证在生产企业能获得完整有效的《型式试验报告》。

4.3 初始工厂检查

4.3.1 检查内容

工厂检查的内容为工厂质量保证能力检查和产品一致性检查。

4.3.1.1 工厂质量保证能力检查

按照确保产品一致性、促进认证结果持续有效的原则，由认证机构针对工厂的“职责和资源，文件和记录，采购和进货检验，生产过程控制和过程检验，例行和确认检验，检验试验仪器设备，不合格品的控制，内部质量审核，认证产品的一致性，包装、搬运和储存”等内容制定相应产品的工厂质量保证能力检查实施细则，报国家认监委备案后公布实施。同时，还应按照《电焊机产品强制性认证工厂质量控制检测要求》(附件3)进行核查。

4.3.1.2 产品一致性检查

工厂检查时，应在生产现场对申请认证的产品按照每个生产者(制造商)、每种产品至少抽取一件样品进行产品一致性检查。产品一致性检查内容至少包括目证试验和核实以下内容：

(1) 认证产品的铭牌和包装箱上标明的产品名称、型号、技术参数以及认证委托人、生产者(制造商)、生产企业的信息应与型式试验报告上标明的一致；

(2) 认证产品的结构(主要为涉及安全性的结构)应与型式试验的样品一致；

(3) 认证产品所用的关键元部件和材料应与型式试验时申报并经认证机构所确认的一致。

目证试验项目至少为例行检验项目(见附件3)。

4.3.1.3 检查范围

工厂质量保证能力检查和产品一致性检查应覆盖申请认证产品的所有产品及其加工场所。

4.3.2 初始工厂检查时间

一般情况下，工厂检查在型式试验合格后进行；特殊情况下，可与型式试验同时进行。工厂检查原则上应在型式试验结束后一年内完成，否则应重新进行型式试验。工厂检查时，工厂应生产申请认证范围内的产品。

工厂检查时间根据所申请认证产品的单元数量和工厂的生产规模及分布确定，一般为1～4 个人日。

4.3.3 检查结论

检查组向认证机构报告检查结论。工厂检查存在不符合项时，工厂应在认证机构规定的期限内完成整改，认证机构(检查组)采取适当方式对整改结果进行验证。未能按期完成整改的，按工厂检查结论不合格处理。

4.4 认证结果评价与批准

认证机构对型式试验结论、工厂检查结论进行综合评价，评价合格后，颁发认证证书。型式试验结论、工厂检查结论任一不合格的，认证机构不予批准认证申请，认证终止。

4.5 认证时限

认证时限是指自受理认证之日起至颁发认证证书之

日止所实际发生的工作日，包括型式试验时间、工厂检查时间及工厂检查后提交报告时间、认证结果评价、批准时间及证书制作时间。

型式试验时间一般为30个工作日（因检验项目不合格，生产企业进行整改和复试的时间不计算在内）。当整机的关键元部件和材料需要进行单独检测时，其检测所需时间超过30个工作日，型式试验时间按关键元部件单独检测的周期计算（从收到样品和检测费用起计算时间）。

工厂检查后提交报告时间一般为5个工作日，以检查员完成现场检查、收到生产企业提交的符合要求的不合格项纠正措施报告之日起计算。

认证结果评价、批准时间及证书制作时间不超过5个工作日（从收到认证费用之日起计算时间）。

4.6 获证后的监督

4.6.1 获证后监督的内容

获证后的监督包括年度跟踪检查，监督抽样检验以及认证机构对其认证的产品实施有效的跟踪调查。通常跟踪检查和监督抽样检验同时进行，但也可分别进行。

4.6.2 年度跟踪检查

认证机构在进行常规年度跟踪检查时，应优先安排在企业的生产季度内进行，并应优先采用不预先通知被检查方的方式进行检查。

特殊跟踪检查原则上采取不预先通知被检查方的方式进行检查。

同一生产场地、不同生产者（制造商），应分别接受跟踪检查。

认证委托人应在规定的周期内接受跟踪检查，否则按不能接受跟踪检查处理。

4.6.2.1 跟踪检查频次

一般情况下，从初始工厂检查起，每12个月内至少进行一次跟踪检查。

认证机构应根据获证产品的安全等级、产品质量稳定性以及产品生产企业的良好记录和不良记录情况等因素，对获证产品及其生产企业进行跟踪检查的分类管理，确定合理的跟踪检查频次。

4.6.2.2 跟踪检查内容

年度跟踪检查包括工厂质量保证能力的复查和认证产品一致性检查。

认证机构根据工厂质量保证能力检查实施细则的要求，对工厂进行质量保证能力复查。

获证产品一致性检查的内容与工厂初始检查时的产品一致性检查内容基本相同。

此外，还应按照《电焊机产品强制性认证工厂质量控制检测要求》（见附件3）进行核查，以及检查“CCC”标志和认证证书的使用情况。

4.6.2.3 跟踪检查时间

跟踪检查的时间根据获证产品的单元数量确定，并适当考虑工厂的生产规模，一般为1~2个人日。

4.6.2.4 跟踪检查结论

检查组向认证机构报告跟踪检查结论。跟踪检查结论为不合格的，检查组直接向认证机构报告不合格结论；发现不符合项的，工厂应在40个工作日内完成整改，认证机构（检查组）采取适当方式对整改结果进行验证；未能按期完成整改的，按工厂跟踪检查结论不合格处理。

4.6.3 监督抽样检验

认证机构应根据上一年度监督抽样检验结果、行业质量状况、企业质量状况制定年度监督抽样检验方案（电阻焊机除外，电阻焊机的抽样检验仅在必要时进行）并负责实施。每一认证单元最多抽取1台/套代表性样品。

监督抽样检验用样品应在工厂生产的合格品中随机抽取，抽样地点可以是生产线末端、仓库、市场/工厂销售网点。

认证机构每年应根据实际情况在市场/工厂销售网点抽取一定数量的获证产品用于监督抽样检验。认证委托人、产品生产者（制造商）应提供必要的信息。

工厂应在抽样后10日内寄出样品，指定的实验室应在20个工作日内完成检验工作，并向认证机构报告检验结论。

型式试验采用的标准所规定的检测项目均可作为监督抽样检验的项目。具体的检验项目依照认证机构制定的监督抽样检验方案确定。

认证机构应于每年年底前将本年度监督抽样检验结果及评估报告报国家认监委。

4.6.4 年度监督结果的评价

认证机构对跟踪检查结论和监督抽样检验结论进行综合评价，评价合格的准许继续保持认证资格，使用认证标志。不合格的按照5.3规定执行。

4.6.5 认证机构的跟踪调查

认证机构应根据《认证认可条例》的要求对其认证的产品实施有效的跟踪调查，并根据跟踪调查的结果对认证证书的状态进行相应的处理。

5. 认证证书

5.1 认证证书的保持

5.1.1 证书的有效性

原则上，认证证书有效期为5年。有效期内，证书的有效性依赖认证机构定期的跟踪检查获得保持。

认证证书有效期届满，需要延续使用的，认证委托

人应当在认证证书有效期届满前90天内申请办理。

5.1.2 认证产品的变更

5.1.2.1 变更的申请

获证后的产品，如果其使用的关键元部件和材料的控制参数（见附件2）或涉及整机安全的设计、电气结构等发生变更，或认证机构规定的其他事项发生变更时，应向认证机构申请变更批准/备案。

5.1.2.2 变更批准

认证机构根据变更的内容和提供的资料进行评价，确定是否可以批准变更或需进行样品测试/工厂检查，如需样品测试/工厂检查，测试/检查合格后方能批准变更。原则上，应以最初进行全项型式试验的代表性型号样品为变更评价的基础。

5.1.2.3 变更备案

变更备案指由生产者（制造商）/生产企业任命/授权，并经认证机构认定的认证技术负责人对拟备案的内容和相关资料进行审核，符合备案要求的，向认证机构备案后实施，具体要求见附件2。

变更备案时，误报、漏报、提供虚假信息均视为变更无效，认证机构应视情节严重程度依据《强制性产品认证管理规定》和《强制性产品认证证书注销、暂停、撤销实施规则》及认证机构的有关规定采取相应措施。

5.2 认证证书覆盖产品的扩展

5.2.1 扩展程序

认证委托人需要扩展已经获得认证产品单元的覆盖范围时，应从认证申请开始办理手续。认证委托人提供扩展产品的有关技术资料，认证机构核查扩展产品与原认证产品的一致性，确认原认证结果对扩展产品的有效性，包括标准版本的有效性；需要时，针对差异做补充试验或工厂检查；确认合格后，可根据认证委托人的要求单独颁发认证证书或换发认证证书。原则上，应以最初进行全项型式试验的代表性型号样品为扩展评价的基础。

5.2.2 试验及样品要求

按4.2的相关要求执行。

5.3 认证证书的暂停、注销和撤销

认证证书的注销、暂停和撤销依据《强制性产品认证管理规定》和《强制性产品认证证书的注销、暂停和撤销实施规则》及认证机构的有关规定执行。

认证机构应采取适当方式对外公告被注销、暂停、撤销的认证证书。

5.4 认证证书的使用

认证证书的使用应符合《强制性产品认证管理规定》的要求。

6. 强制性产品认证标志的使用

认证委托人必须遵守《强制性产品认证标志管理办法》的规定。

6.1 准许使用的标志样式

6.2 变形认证标志的使用

本规则覆盖的产品不允许加施任何形式的变形认证标志。

6.3 加施方式

可以采用国家认监委统一印制的标准规格标志（标签）、模压或铭牌印刷三种方式中的任何一种。

6.4 标志位置

应在产品本体明显位置上加施认证标志。

7. 收费

认证收费由认证机构和实验室按国家有关规定统一收取。

附件1

电焊机产品强制性认证单元划分原则及样品数量

序号	产品名称	单元划分原则	认证依据标准	样品数量
1	小型交流弧焊机	1.功能相同; 2.工作原理(主回路及控制方式)相同; 3.结构(供电电压、冷却方式、产品主要部件安装结构等); 4.安全关键材料一致	GB 15579.6	申请单元中产品型号在3个及以下者，送1台样品；3个以上者，送两个型号的样品,每个型号送1台
2	1.交流弧焊机; 2.直流弧焊机; 3.TIG弧焊机; 4.MIG/MAG弧焊机; 5.埋弧焊机; 6.等离子弧焊机; 7.等离子弧切割机; 8.多功能弧焊机	1.功能相同; 2.工作原理(主回路及控制方式)相同; 3.结构(供电电压、冷却方式、产品主要部件安装结构等)一致; 4.安全关键材料一致	GB 15579.1 GB/T 8118第6.15、6.16条	申请单元中产品型号在3个及以下者，送1台样品(可备样一台)；3个以上者，送两个型号的样品,每个型号送1台(可各备样一台)
3	弧焊变压器防触电装置	1.功能相同; 2.工作原理(主回路及控制方式)相同; 3.结构(供电电压、冷却方式、产品主要部件安装结构等)一致; 4.安全关键材料一致	GB 10235	申请单元中产品型号在3个及以下者，送2台同型号样品；3个以上者，送两个型号的样品,每个型号送2台
4	电焊钳	1.功能相同; 2.结构(防护方式、产品主要部件安装结构等)一致; 3.安全关键材料一致	GB 15579.11	申请单元中产品型号在3个及以下者，送5对同型号样品；3个以上者，送两个型号的样品,每个型号送5对
5	焊接电缆耦合装置	1.功能相同; 2.结构(产品主要部件安装结构等)一致; 3.安全关键材料一致	GB 15579.12	申请单元中产品型号在3个及以下者，送3对同型号样品；3个以上者，送两个型号的样品,每个型号送3对
6	电阻焊机	1.功能相同; 2.工作原理(主回路及控制方式)相同; 3.结构(供电电压、冷却方式、产品主要部件安装结构等)一致; 4.安全关键材料一致	GB 15578	申请单元中产品型号在3个及以下者，送1台样品；3个以上者，送两个型号的样品,每个型号送1台
7	焊炬(枪)	1.功能相同; 2.结构(冷却方式、产品主要部件安装结构等)一致; 3.安全关键材料一致	GB/T 15579.7	申请单元中产品型号在3个及以下者，送2把同型号样品；3个以上者，送两个型号的样品,每个型号送2把
8	送丝装置	1.功能相同; 2.工作原理(主回路及控制方式)相同; 3.结构(供电电压、冷却方式、送丝电机、产品主要部件安装结构等)一致; 4.安全关键材料一致	GB/T 15579.5	申请单元中产品型号在3个及以下者，送1台样品；3个以上者，送两个型号的样品,每个型号送1台

附件2

电焊机产品强制性认证安全关键元部件和材料清单及变更要求

序号	元器件名称	检测要求	类型	控制参数	送样要求
1*	断路器	GB 14048/GB 17701	A	电压等级，额定电流	按国家强制性认证要求
			B	制造商	
2*	接触器	GB 14048	A	电压等级，额定电流	按国家强制性认证要求
			B	制造商	
3*	继电器	GB 14048	A	电压等级，额定电流	按国家强制性认证要求
			B	制造商	
4*	熔断器	GB 13539 GB 9364	A	电压等级，额定电流	按国家强制性认证要求
			B	制造商	
5*	电线电缆	GB 5013 GB 5023 JB/T 8734 JB/T 8735	A	型号，规格	按国家强制性认证要求
			B	制造商	
6*	送丝装置	GB/T 15579.5	A	额定电流，负载持续率	按国家强制性认证要求
			B	制造商	
7*	焊炬（枪）	GB/T 15579.7	A	额定电流，负载持续率	按国家强制性认证要求
			B	制造商	
8*	电焊钳	GB 15579.11	A	额定电流，负载持续率	按国家强制性认证要求
			B	制造商	
9*	焊接电缆 耦合装置	GB 15579.12	A	额定电流，负载持续率	按国家强制性认证要求
			B	制造商	
10*	热保护器	GB 14536 随整机做热性能 和热保护试验	A	温度，电压等级，电流	整机一台 元器件按国家自愿性认证要求
		GB 14536	B	制造商	元器件按国家自愿性认证要求
11	冷却风机	随整机做热性能 和堵转试验	A	电压等级，直径，转速	整机一台
		—	B	制造商	—
12	电焊机专用开关	随整机做电源通断、输出 调节和介电强度试验	A	电压等级，额定电流	整机一台
		—	B	制造商	—
13	原动机	随整机做热性能试验	A	功率	整机一台
		—	B	制造商	—
14	主回路导电材料	随整机做热性能 和非常规试验	A	截面积，材质，耐热等级	整机一台
		—	B	制造商	—
15	主变压器、电抗 器导磁材料	随整机做热性能试验	A	导磁率，损耗	整机一台
		—	B	制造商	—
16	主回路绝缘材料	随整机做热性能 和非常规试验	A	耐热等级	整机一台
		—	B	制造商	—

说明：

1. 检测要求列明的标准自动适用其现行有效版本，如遇特殊情况，由国家认监委另行说明；

2. 对于加*的关键件，在初次申请整机认证时，具体要求见正文4.2.1.1；

3. 变更类型（A类、B类）的说明如下：

A 类变更指表中关键件的与变更类型A相对应的控制参数发生变化，A类变更应经过认证机构的批准。

B 类变更指表中关键件的与变更类型A相对应的控制参数未发生变化，仅与变更类型B相对应的控制参数，即制造商发生变化。

4. 对于符合以下四个条件的变更，可向认证机构备案后实施；否则应经过认证机构的批准。

（1）变更类型属于B类或认证机构规定的可采取备案方式的变更。

（2）如变更的关键件属于强制性产品认证目录/国家认监委规定的可为整机强制性认证承认认证结果的自愿性认证目录

的，则应获得有效的强制性产品认证证书/国家认监委规定的可为整机强制性认证承认认证结果的自愿性认证证书。

（3）有符合下述要求的强制性产品认证技术负责人（以下简称认证技术负责人）：

认证技术负责人由生产者（制造商）（若为ODM生产，则由生产企业）任命/授权，并经认证机构认定；认证技术负责人应具有独立行使其职能的权力及能力；认证技术负责人不得兼任其它生产者（制造商）（若为ODM生产，则不得兼任其它生产企业）的认证技术负责人；认证技术负责人变更时，生产者（制造商）/生产企业应报认证机构并重新认定。

认证技术负责人的职责：负责企业内适用简化流程的关键元部件和材料的变更备案审核、批准；负责按认证实施规则的要求，及时向认证机构申请变更批准/备案，确保备案信息准确；负责填写变更备案记录，并在证书有效期内保存变更批准/备案记录；负责生产企业及其获证产品的一致性。

（4）生产者（制造商）和生产企业具有良好的信誉。

附件3：

电焊机产品强制性认证工厂质量控制检测要求

<table>
<tr><th>产品名称</th><th>认证依据标准</th><th>试验项目（标准条款编号）</th><th>确认检验</th><th>例行检验</th></tr>
<tr><td rowspan="7">小型交流弧焊机</td><td rowspan="7">GB 15579.6</td><td>一般外观检验（GB15579.1中3.7）</td><td>1次/年</td><td>√</td></tr>
<tr><td>保护性线路的连通性（10.4.2）</td><td>1次/年</td><td>√</td></tr>
<tr><td>额定空载电压（11.1）</td><td>1次/年</td><td>√</td></tr>
<tr><td>介电强度（6.1.4）</td><td>1次/年</td><td>√</td></tr>
<tr><td>额定最大焊接电流（15.3b、15.3c）</td><td>1次/年</td><td>√</td></tr>
<tr><td>绝缘电阻（6.1.3）</td><td>1次/年</td><td>√</td></tr>
<tr><td>热性能要求</td><td>1次/年</td><td>/</td></tr>
<tr><td rowspan="7">交流弧焊机
直流弧焊机
TIG弧焊机
MIG/MAG弧焊机
埋弧焊机
等离子弧焊机
等离子弧切割机
多功能弧焊机</td><td rowspan="7">GB 15579.1
GB/T 8118
中6.15、6.16</td><td>一般外观检验（3.7）</td><td>1次/年</td><td>√</td></tr>
<tr><td>保护性线路的连通性（10.4.2）</td><td>1次/年</td><td>√</td></tr>
<tr><td>额定空载电压（11.1）</td><td>1次/年</td><td>√</td></tr>
<tr><td>介电强度（6.1.4）</td><td>1次/年</td><td>√</td></tr>
<tr><td>额定最小和最大焊接电流（15.3b、15.3c）</td><td>1次/年</td><td>√</td></tr>
<tr><td>绝缘电阻（6.1.3）</td><td>1次/年</td><td>√</td></tr>
<tr><td>热性能要求（7）</td><td>1次/年</td><td>/</td></tr>
<tr><td rowspan="10">弧焊变压器防
触电装置</td><td rowspan="10">GB 10235</td><td>外观及成套性检查（7.6、7.7、7.8、7.23）</td><td>1次/年</td><td>√</td></tr>
<tr><td>绝缘电阻（7.14）</td><td>1次/年</td><td>√</td></tr>
<tr><td>介电强度（7.15）</td><td>1次/年</td><td>√</td></tr>
<tr><td>正常工作的位置（7.11）</td><td>1次/年</td><td>√</td></tr>
<tr><td>起动灵敏度（7.4）</td><td>1次/年</td><td>√</td></tr>
<tr><td>起动时间（7.2）</td><td>1次/年</td><td>√</td></tr>
<tr><td>延迟时间（7.3）</td><td>1次/年</td><td>√</td></tr>
<tr><td>低空载电压（7.5）</td><td>1次/年</td><td>√</td></tr>
<tr><td>故障保护（7.9）</td><td>1次/年</td><td>√</td></tr>
<tr><td>温升试验（7.17）</td><td>1次/年</td><td>/</td></tr>
<tr><td rowspan="5">电焊钳</td><td rowspan="5">GB 15579.11</td><td>一般外观检验（GB 15579.1中3.7）</td><td>1次/半年</td><td>√</td></tr>
<tr><td>绝缘电阻（8.2）</td><td>1次/月</td><td>/</td></tr>
<tr><td>介电强度（8.3）</td><td>1次/月</td><td>/</td></tr>
<tr><td>温升（9.1）</td><td>1次/半年</td><td>/</td></tr>
<tr><td>耐冲击（10.4）</td><td>1次/半年</td><td>/</td></tr>
<tr><td rowspan="4">焊接电缆耦合装置</td><td rowspan="4">GB 15579.12</td><td>一般外观检验（GB 15579.1中3.7）</td><td>1次/半年</td><td>√</td></tr>
<tr><td>绝缘电阻（6.2）</td><td>1次/月</td><td>/</td></tr>
<tr><td>介电强度（6.3）</td><td>1次/月</td><td>/</td></tr>
<tr><td>温升（7.1）</td><td>1次/半年</td><td>/</td></tr>
</table>

续表

产品名称	认证依据标准	试验项目(标准条款编号)	确认检验	例行检验
电阻焊机	GB 15578	一般目测检验(3.9)	1次/年	√
		保护性导体的连接(6.4)	1次/年	√
		绝缘电阻(6.1.4)	1次/年	√
		介电强度(6.1.5)	1次/年	√
		额定空载电压(6.2.1)	1次/年	√
		液体冷却系统(9)	1次/年	√
		气路系统(第10章)	1次/年	√
		液压系统(第11章)	1次/年	√
		热性能要求 (第7章)	1次/年	/
		最大短路输出电流[13.2.3.6 b)]	1次/年	/
焊炬(枪)	GB/T 15579.7	一般外观检验(3.20)	1次/半年	√
		绝缘电阻(7.2)	1次/月	/
		介电强度(7.3)	1次/月	/
		热额定性能(第8章)	1次/半年	/
		耐冲击(第11章)	1次/半年	/
		功能性试验(生产企业规定)	/	√
送丝装置	GB/T 15579.5	一般外观检验(GB15579.1中3.7)	1次/年	√
		绝缘电阻(7.1)	1次/年	√
		介电强度(7.1)	1次/年	√
		保护性导体的连通(7.5)(适用时)	1次/年	√
		热性能要求(第11章)	1次/年	/

注:1.例行检验是在生产的最终阶段对生产线上的产品进行的100%检验,通常检验后,除包装和加贴标签外,不再进一步加工。确认检验是为验证产品持续符合标准要求进行的抽样检验。

2.例行检验允许用经验证后确定的等效、快速的方法进行;

3.确认检验应按标准的规定进行;如工厂不具备测试条件,可委托有资质实验室检验。

电焊机产品强制性认证工厂质量控制检测要求

一、实施要求

《电气电子产品类强制性认证实施规则 电焊机》（编号：CNCA-01C-015：2011）是电焊机强制性产品认证实施依据，自实施之日起替代《电气电子产品类强制性认证实施规则 电焊机》（编号：CNCA-01C-015：2007）。

二、修订说明

（一）依据《强制性产品认证管理规定》（国家质检总局第117号令，以下简称117号令）等法律法规进行调整。

1. 明确了认证证书的5年有效期及有效期届满时换证的要求。

2. 与相关法规和认证规则衔接，统一了认证证书的注销、暂停、撤销规定要求，明确需遵照《强制性产品认证管理规定》和《强制性产品认证证书注销、暂停、撤销实施规则》执行。

3. 根据117号令，调整了认证机构根据产品特点、质量状况等具体情况实施跟踪检查分类管理和合理确定跟踪检查频次的要求。

4. 根据117号令，补充了对样品真实性的要求，明确了相关职责。

（二）单元划分的合理化。

1. 单元划分更加合理，在控制认证有效性的前提下，适度放宽单元划分原则。

2. 对产品电磁兼容性能有影响的零部件不再作为单元划分的依据，提高了单元划分的可操作性。

（三）对关键元部件和材料变更实施分类管理，简化变更程序。

1. 对关键元部件和材料变更采取A、B类分类管理，将50%的安全关键元部件和材料纳入变更简化流程管理。

2. 明确变更备案认证技术负责人的要求和职责。

（四）删除了部分不易管控的关键件，进一步明确安全关键元部件和材料的控制参数和相应检测要求，便于认证各方理解和掌握，提高了可操作性和检测一致性。

（五）调整了《工厂质量保证能力要求》的相关规定。

《工厂质量保证能力要求》由认证机构按认证实施规则中规定的原则及要求自行制定并报国家认监委备案后实施。

（六）其他认证要求的合理化修改。

1. 补充了申请时需提交的文件资料。

2. 增加了型式试验样品获取方式。

3. 根据认证实际操作情况，对认证时限要求进一步完善。

4. 明确年度跟踪检查应优先安排在生产季、优先采用不预先通知被检查方的方式进行。

5. 送样要求的描述更为准确。

6. 针对部分标准换版修改了工厂质量控制检测要求。

（七）规范性文字修改。

按照《强制性产品认证管理规定》（国家质检总局第117号令）统一使用“生产者（制造商）”、“生产企业”、“实验室”等规范称谓。

关于部分强制性产品认证指定实验室名称等信息变更的公告

2011年第13号

根据国家认监委《关于规范强制性产品认证指定实验室名称的公告》(2009年第21号公告)的相关要求,现将符合名称变更要求的实验室信息予以公告(见附件)。未经国家认监委确认更名的指定实验室,在开展强制性产品认证检测业务时,应按国家认监委在指定时的名称出具检测报告并收取检测费用,不得以其它名称出具检测报告或收取检测费用。

为方便指定实验室申请信息变更,国家认监委将每隔半年时间对提出申请并符合变更要求的实验室信息集中予以发布。

附件:强制性产品认证指定实验室名称等信息变更确认表

二○一一年七月一日

附件:

强制性产品认证指定实验室名称等信息变更确认表

指定号	变更前信息			变更后信息		
	原名称	原通讯地址	联系方式	变更后名称	变更后通讯地址	联系方式
71	天水长城电器试验研究所	甘肃省天水市长开路6-6号 邮编:741018	联系人:周彪 联系电话:0938-8383343-801 联系传真:0938-8383344	甘肃电器科学研究院	甘肃省天水市秦州区长开路6-6号 邮编:741018	联系人:胡新明 联系电话:0938-8381214 联系传真:0938-8383344 网址:http://www.tsccs.com.cn

关于宁波出入境检验检疫局检验检疫技术中心宁波化学品安全评价中心良好实验室规范(GLP)评价合格的公告

2011年第16号

根据国家认监委2008年第17号公告《良好实验室规范(GLP)原则》(试行)和《良好实验室规范(GLP)符合性评价程序》(试行)的有关要求和程序,经国家认监委组织中国合格评定国家认可中心进行技术评价合格,现正式批准宁波出入境检验检疫局检验检疫技术中心宁波化学品安全评价中心成为国家认监委承认的符合良好实验室规范(GLP)的实验室,该实验室可以在化学品“理化性质测试”、“毒性研究”、“致突变研究”及“水生和陆生生物的环境毒性研究”等方面开展GLP研究,并出具GLP研究报告。

宁波出入境检验检疫局检验检疫技术中心宁波化学品安全评价中心的GLP实验室资格有效期为2011年7月20日~2014年7月19日。

特此公告。

二○一一年八月十一日

关于强制性产品认证认证机构和实验室指定/调整决定的公告

2011年第17号

根据《中华人民共和国认证认可条例》、《强制性产品认证管理规定》(国家质检总局第117号令)、《强制性产品认证机构、检查机构和实验室管理办法》(国家质检总局第65号令)和国家认监委2011年14号公告的相关要求和规定，经专家委员会评审，现将指定/调整决定予以公告(详细内容见附件)。

二○一一年八月二十五日

附件：

强制性产品认证认证机构和实验室指定/调整决定

(根据国家认监委2011年14号公告指定/调整)

一、强制性产品认证认证机构指定决定

序号	授权产品名称及实施规则	产品种类	指定认证机构
1	喷水灭火产品 CNCA-09C-046	早期抑制快速响应(ESFR)喷头	公安部消防产品合格评定中心 地址：北京市崇文区永外西革新里甲108号 邮编：100077 电话：010-67274320；010-67274308 传真：010-87278660 网址：www.cccf.net.cn
		扩大覆盖面积洒水喷头	
		水雾喷头	
		水幕喷头	
		干式报警阀	
		雨淋报警阀	
		消防通用阀门	
		家用喷头	
2	消防水带 CNCA-09C-045	消防软管卷盘	
3	火灾报警产品 CNCA-09C-044	电气火灾监控系统	
		特种火灾探测器	
		点型紫外火焰探测器	
		防火卷帘控制器	
		火灾声和/或光警报器	
		火灾显示盘	
		线型光束感烟火灾探测器	
		消火栓按钮	
4	泡沫灭火设备产品 CNCA-09C-075	泡沫混合装置	
		泡沫发生装置	
		泡沫泵	
		专用阀门及附件	
		泡沫喷射装置	
		泡沫消火栓箱	
		轻便式泡沫灭火装置	
		闭式泡沫—水喷淋装置	

续表

序号	授权产品名称及实施规则	产品种类	指定认证机构
5	灭火剂产品 CNCA-09C-076	气体灭火剂 泡沫灭火剂 干粉灭火剂 水系灭火剂	公安部消防产品合格评定中心 地址：北京市崇文区永外西革新里甲108号 邮编：100077 电话：010-67274320；010-67274308 传真：010-87278660 网址：www.cccf.net.cn
6	消防装备产品 CNCA-09C-077	正压式消防空气呼吸器	
7	建筑耐火构件 CNCA-09C-078	防火窗	

二、强制性产品认证实验室指定/调整决定

1.消防产品类

序号	授权产品名称及实施规则	产品种类	指定/调整实验室	授权检测地域
1	喷水灭火产品 CNCA-09C-046	早期抑制快速响应（ESFR）喷头 扩大覆盖面积洒水喷头 水雾喷头 水幕喷头 干式报警阀 雨淋报警阀 消防通用阀门 家用喷头	公安部天津消防科学研究所（国家固定灭火系统和耐火构件质量监督检验中心） 地址：天津市西青区津涞公路富兴路2号（精武镇工业区） 邮编：300382 电话：022- 58387855 传真：022- 58387855 网址：www.cncf.com.cn	国内外
2	消防水带 CNCA-09C-045	消防软管卷盘	公安部上海消防科学研究所（国家消防装备质量监督检验中心） 地址：上海市中山南二路601号 邮编：200032 电话：021-54961800 传真：021-54961900 网址：www.shfri.com.cn	国内外
3	火灾报警产品 CNCA-09C-044	电气火灾监控系统 特种火灾探测器 点型紫外火焰探测器 防火卷帘控制器 火灾声和/或光警报器 火灾显示盘 线型光束感烟火灾探测器 消火栓按钮	公安部沈阳消防科学研究所（国家消防电子产品质量监督检验中心） 地址：辽宁省沈阳市皇姑区蒲河街7号 邮编：110031 电话：024-86801434 010-86116303 传真：024-86806595 网址：www.syfri.cn	国内外
4	泡沫灭火设备产品 CNCA-09C-075	泡沫混合装置 泡沫发生装置 泡沫泵 专用阀门及附件 泡沫喷射装置 泡沫消火栓箱 轻便式泡沫灭火装置 闭式泡沫—水喷淋装置	公安部天津消防研究所（国家固定灭火系统和耐火构件质量监督检验中心）	国内外
5	灭火剂产品 CNCA-09C-076	气体灭火剂 泡沫灭火剂 干粉灭火剂 水系灭火剂	公安部天津消防研究所（国家固定灭火系统和耐火构件质量监督检验中心）	国内外
6	消防装备产品 CNCA-09C-077	正压式消防空气呼吸器	公安部上海消防科学研究所（国家消防装备质量监督检验中心）	国内外

续表

序号	授权产品名称及实施规则	产品种类	指定/调整实验室	授权检测地域
7	建筑耐火构件 CNCA-09C-078	防火窗	公安部天津消防研究所（国家固定灭火系统和耐火构件质量监督检验中心）	国内外
			公安部四川消防研究所（国家防火建筑材料质量监督检验中心） 地址：四川省都江堰市学府路358号 邮编：611830 电话：028-87128928 传真：028-87120954 网址：www.fire-testing.net	国内外

2.医疗器械产品类

序号	授权产品名称及实施规则	指定/调整实验室	授权检测地域
1	心电图机 CNCA-08C-032	深圳市计量质量检测研究院 地址：深圳市南山区龙珠大道中段计量质检院大楼 邮编：518055 电话：0755-26941696 0755-26941616 传真：0755-26941615 网址：www.smq.com.cn	深圳市
2	血液净化装置的体外循环管道 CNCA-08C-034	北京市医疗器械检验所（北京医疗器械质量监督检验中心） 地址：北京市北三环中路2号 邮编：100011 电话：010-62354086 传真：010-62369430 网址：www.bimt.cn	国内外
3	空心纤维透析器 CNCA-08C-035	北京市医疗器械检验所（北京医疗器械质量监督检验中心）	国内外
4	植入式心脏起搏器 CNCA-08C-036	北京市医疗器械检验所（北京医疗器械质量监督检验中心）	国内外
5	医用X射线诊断设备 CNCA-08C-037	深圳市计量质量检测研究院	深圳市
		上海市医疗器械检验所（国家医疗器械监督检验中心） 地址：上海市闸北区民和路154号 邮编：200070 电话：021-56635850 传真：021-56639981 网址：www.cmtc.com.cn	国内外

关于发布国家统一推行的电子信息产品污染控制自愿性认证目录（第一批）和限用物质应用例外要求的公告

2011年第18号

为配合《电子信息产品污染控制管理办法》、《国家统一推行的电子信息产品污染控制自愿性认证实施意见》（国认证联［2010］28号）的实施，国家认监委、工业和信息化部共同确定了国家统一推行的电子信息产品污染控制自愿性认证（以下简称国推污染控制认证）目录（第一批）（见附件1～附件4）。现予以发布。

同时，为确保国推污染控制认证制度实施的有效性和可操作性，本公告对目录内产品开展认证时限用物质应用的例外要求（见附件5，以下简称例外要求）一并发布。国家认监委、工业和信息化部将根据电子信息产品污染控制工作发展情况，适时对例外要求予以调整和发布。

特此公告。

附件：

1.国推污染控制认证产品目录 整机产品；

2.国推污染控制认证产品目录 组件产品；

3.国推污染控制认证产品目录 部件及元器件产品；

4.国推污染控制认证产品目录 材料产品；

5.国推污染控制认证限用物质应用的例外要求。

认监委 工信部

二〇一一年八月二十五日

附件1：

国推污染控制认证产品目录 整机产品

序号	产品名称	序号	产品名称
计算机行业产品		家用电子产品	
1	计算机——微型台式计算机	4	电视机
	计算机——便携式计算机	通信设备产品	
2	与计算机连用的显示设备	5	移动用户终端
3	与计算机相连的打印设备	6	电话机（包括固定电话终端、无绳电话终端）

附件2：

国推污染控制认证产品目录 组件产品

序号	产品名称	序号	产品名称
计算机（含微型台式计算机、便携式计算机）用电子组件产品		16	调谐器
1	鼠标器	17	行输出变压器
2	键盘	18	背光组件
3	硬盘	19	显示设备用PCBA
4	光盘驱动器	20	其他
5	微机主机卡	与计算机相连的打印设备用电子组件产品	
6	内存条	21	打印头
7	声卡	22	硒鼓
8	显卡	23	其他
9	网卡	移动用户终端及电话机用电子组件产品	
10	其他功能卡和接口卡	24	电源适配器或充电器
11	开关电源	25	移动用户终端及电话机主机板
12	外接电源适配器	26	移动用户终端及电话机LCD模块
13	其他	27	移动用户终端及电话机RF模块
显示设备（含电视机、显示器）用电子组件产品		28	移动用户终端光学摄照相模块
14	显示组件	29	其他
15	遥控发射器		

附件3:

国推污染控制认证产品目录部件及元器件产品

序号	产品名称	序号	产品名称
	电子元件产品	42	显像管配件
1	电容器	43	电光源
2	电阻器	44	PDP屏
3	电位器	45	LCD屏
4	连接器	46	光电管
5	开关	47	光电倍增管
6	插头、插座	48	X射线图像增强管
7	继电器	49	电子倍增管
8	斩波器	50	摄像管
9	传感器	51	光电图像器件
10	磁性元件	52	显示器件
11	电感器	53	发光器件
12	振荡器	54	光敏器件
13	环形器	55	光电耦合器件
14	隔离器	56	红外器件
15	限幅器	57	激光器件
16	滤波器	58	光电耦合器件
17	电子变压器	59	光电探测器件
18	线圈	60	发光二极管
19	传声器	61	激光器件
20	扬声器	62	光通信器件
21	耳机	63	半导体二极管
22	拾音器	64	半导体三极管
23	蜂鸣器	65	敏感器件及传感器
24	蜂鸣片	66	半导体制冷器件
25	频率控制和选择用元件	67	功率半导体器件(5A以上)
26	电子印制电路板	68	集成电路
27	敏感元件及传感器	69	电池
28	面板元件	70	其他
29	减震器		电子信息产品用部件产品
30	硒堆、硒片	71	机箱
31	紧固件	72	软盘片
32	石英晶体器件及继电器管壳、管座	73	光盘
33	电声器件零部件	74	散热器
34	电子陶瓷零件	75	偏转线圈
35	电子塑料零件	76	磁头
36	微特电机	77	光学头
37	电子电线电缆	78	天线
38	光纤光缆	79	数据传输线
39	其他	80	墨盒
	电子器件产品	81	色带
40	电子管	82	按键控制面板(金属薄膜按键组件)
41	电子束管	83	其他

附件4:

国推污染控制认证产品目录 材料产品

序号	产品名称	序号	产品名称
	电子材料产品	8	钨制品
1	绝缘板	9	钼制品
2	敷铜板	10	镍基合金
3	电子元件专用钢丝	11	复合金属电子材料
4	电解二氧化锰粉	12	触头材料
5	电容器用铝箔材料	13	液晶材料
6	压电材料	14	合金材料
7	光纤预制棒	15	半导体单晶

续表

序号	产品名称	序号	产品名称
16	半导体片材	28	助焊剂
17	半导体封装材料	29	阻燃剂
18	光刻掩膜版	30	电解液
19	石英制品	31	正负极材料
20	荧光粉	32	色粉（色母）
21	信息化学品用碳酸盐	33	涂覆材料
22	消气剂	34	金属及金属化合物材料产品
23	光刻胶	35	塑料及橡胶材料产品
24	其他	36	玻璃材料产品
电子信息产品用基础材料产品		37	陶瓷材料产品
25	油墨	38	复合型材料产品
26	胶	39	其他
27	焊料		

附件5：

国推污染控制认证限用物质应用的例外要求

铅（Pb）		
序号	应用	限值要求
1	阴极射线管用玻璃	无限值要求
2	荧光管用玻璃	0.20%
3	用于加工的钢合金和镀锌钢（铅作为合金元素）	0.35%
4	铝合金（铅作为合金元素）	0.40%
5	铜合金（铅作为合金元素）	4.00%
6	高温融化焊料（即：锡铅焊料合金中铅含量超过85%）	无限值要求
7	焊料：用于服务器、存储器和存储系统	无限值要求
8	焊料：用于交换、信号、传输以及电信网络管理的网络基础设施设备	无限值要求
9	陶瓷及玻璃：用于除陶瓷介质电容以外的电子电气元器件（例如压电器件、玻璃和陶瓷的复合材料）	无限值要求
10	陶瓷介质电容：用于连接大于等于直流125V或交流250V	无限值要求
11	陶瓷介质电容：用于连接小于直流125V或交流250V	无限值要求
12	C-顺应针连接器系统（仅作为备用部件）	无限值要求
13	除C-顺应针连接器系统外的连接器系统	无限值要求
14	C-环形导热模块的表面涂层（仅作为备用部件）	无限值要求
15	光学白玻璃	无限值要求
16	滤光玻璃和标准反射玻璃	无限值要求
17	用于微处理器的封装体与插针之间连接的焊料（铅含量在80%～85%，含两种以上元素）（仅作为备用部件）	无限值要求
18	集成电路倒装芯片封装中半导体芯片及载体之间形成可靠联接所用的焊料	无限值要求
19	带有硅酸盐灯管的线型白炽灯	无限值要求
20	用于专业复印领域高强度放电灯（HID）中的激发介质的卤化铅	无限值要求
21	用于含有磷元素（如BSP-BaSi2O5:Pb）的仿日晒灯中的放电管的荧光粉（铅作为催化剂）	1.00%
22	用在硅硼玻璃表面瓷釉上的印刷油墨	无限值要求
23	用于节距小于等于0.65mm部件的表面处理	无限值要求
24	通孔盘状及平面阵列的陶瓷多层电容器的焊料	无限值要求
25	表面传导式电子发射显示器（SED）构件（特别是熔接密封和环状玻璃所用的氧化铅）	无限值要求
26	以下4类晶质玻璃：1、氧化铅含量大于等于30%，密度大于等于3.00，折射率大于等于1.545；2、氧化铅含量大于等于24%，密度大于等于2.90，折射率大于等于1.545；3、氧化铅、氧化锌、氧化钡、氧化钾单一含量或含量总和大于等于10%，密度大于等于2.45，折射率大于等于1.520；4、氧化铅、氧化钡、氧化钾单一含量或含量总和大于等于10%，密度大于等于2.40，表面硬度达到维氏硬度550±20。	无限值要求
27	用于无汞平板荧光灯（例如：用于液晶显示器、设计或工业照明）的焊料	无限值要求
28	用于氩和氪激光管防护窗组合件的封装玻璃料	无限值要求
29	金属陶瓷质的微调电位器	无限值要求
30	以硼酸锌玻璃体为基础的高压二极管的电镀层	无限值要求
汞（Hg）		
序号	应用	限值要求
1	特殊用途的冷阴极荧光灯及外部电极荧光灯（CCFL和EEFL）：短型（长度小于等于500毫米）	无限值要求
2	特殊用途的冷阴极荧光灯及外部电极荧光灯（CCFL和EEFL）：中型（长度大于500毫米小于等于1500毫米）	无限值要求

续表

序号	应用	限值要求
3	特殊用途的冷阴极荧光灯及外部电极荧光灯（CCFL和EEFL）：长型（长度大于1500毫米）	无限值要求
	镉（Cd）	
序号	应用	限值要求
1	单点球型热熔断器	无限值要求
2	电触点	无限值要求
3	滤光玻璃和标准反射玻璃	无限值要求
4	用在硅硼玻璃表面瓷釉上的印刷油墨	无限值要求
5	镉合金用于声压（SPL）大于或等于100分贝的大功率扬声器的位于音圈上的电导体的电气/机械焊点	无限值要求
6	用氧化铍连接铝制成的厚膜浆料	无限值要求
7	用于固态照明或显示使用系统中的彩色转换II-VI族发光二极管（镉小于10微克每平方毫米发光区域）	无限值要求

关于发布国家统一推行的电子信息产品污染控制自愿性认证实施规则的公告

2011年第19号

为配合国家统一推行的电子信息产品污染控制自愿性认证制度的实施，国家认监委会同工业和信息化部依照相关法律法规，本着“提高工作效率、合理优化成本、确保结果有效、控制认证风险”的原则，组织编制完成了《国家统一推行的电子信息产品污染控制自愿性认证实施规则》（见附件），现予以发布。

特此公告。

附件：国家统一推行的电子信息产品污染控制自愿性认证实施规则

二〇一一年七月二十六日

编号：CNCA-RoHS-0101:2011

国家统一推行的电子信息产品污染控制自愿性认证实施规则

2011-08-25发布　　2011-11-01实施

1 适用范围

本实施规则适用于国家统一推行的电子信息产品污染控制自愿性认证（以下简称“国推污染控制认证”）产品目录中的整机、组件、部件及元器件、材料的污染控制认证。

注：本规则“污染控制”是指为减少或消除电子信息产品中含有的有毒有害物质或元素而采取的措施（源自《电子信息产品污染控制管理办法》）。

本规则“污染控制认证”其实质是依据标准，对为减少或消除电子信息产品中所含有的六种有毒有害物质或元素而采取措施的有效性予以证明的合格评定活动。

2 认证模式

本规则认证模式有以下四种。其中模式二、模式三、模式四中需结合供方符合性声明（以下简称“自我声明”）实施。

2.1 模式一

对于部件及元器件产品、材料产品适用于模式一：

型式试验（详见4.3.2.3）+获证后监督

2.2 模式二

对于本规则附件1表中的部件及元器件产品可适用于模式二：

抽样检测（详见4.3.2.3）+获证后监督

2.3 模式三

对于整机产品和组件产品（以下简称“复杂产品”）适用模式三：

优化检测（详见4.3.2.3）+获证后监督

2.4 模式四

对于本规则范围内的所有产品，均可适用模式四：

抽样检测（详见4.3.2.3）+初始工厂检查+获证后监督

（注：除认证委托人主动申请认证产品使用模式四的情况外，认证机构有可能在本认证规则允许的前提下，对认证委托人提出限制其认证产品仅适用模式四的要求）

表1 各认证模式要素一栏表

认证模式	样品检测			初始工厂检查	获证后监督	适用产品
	送样	抽样检测	自我声明			
模式一	√（型式试验）				√	部件及元器件产品、材料产品
模式二		√	√		√	附件1表中部件及元器件产品
模式三	√（优化检测）		√		√	整机类和组件类（复杂产品）
模式四		√	√	√	√	本规则范围内的所有产品

3 认证的基本环节

3.1 认证的申请

3.2 文件审查

3.3 样品检测

3.4 初始工厂检查（仅适用于模式四）

3.5 认证结果评价与批准

3.6 获证后的监督

4 认证实施的基本要求

4.1 认证申请

认证委托人向经国家认证认可监督管理委员会与工业和信息化部共同确认的认证机构提出申请。

4.1.1 申请单元划分

根据相同生产场地、相同产品类别、相同加工工艺的基本原则划分申请单元，同一个申请单元可以包含若干产品型号，原则上应明确同一单元内产品的具体型号。当以多型号产品作为同一单元申请认证时，按下列原则划分申请单元。

4.1.1.1 整机、组件、部件和元器件产品的申请单元划分

当各型号产品所使用的材料检测单元有差异，需确定一个主检型号，当其他型号相对于主检型号的材料检测单元差异比例小于10%且差异总数量小于200，则可划分为同一申请单元。此时，认证委托人应提供一份详细、明确的各型号之间所用材料的差异说明。原则上一个申请单元包含的产品型号不超过10个（系列产品的材料组成无差异时可放宽）。

4.1.1.2 材料产品的申请单元划分

材料产品以系列产品申请认证时，同一系列各型号所使用的配方原材料种类应相同，但不影响产品中限用物质含量的配方原材料配比可以不同。

4.1.2 申请时需提交的文件资料

申请认证应提交正式申请，并随附以下文件：

（1）生产企业污染控制管理体系相关管理文件（按照附件2要求提供，不适用于模式四）；

（2）申请产品的污染控制供方符合性声明（选用模式二、模式三、模式四时，需按照附件3格式提供）；

（3）在同一申请单元内申请多个型号时，各个型号产品之间所用材料的差异说明；

（4）产品的组成材料/部件及元器件/组件已经获得的有效国推污染控制认证证书的复印件/证书号（如果有）；

（5）组织机构代码证；

（6）营业执照复印件；

（7）各类体系认证证书（如果有）；

（8）其它需要的文件。

4.1.3 申请受理

认证机构在受理申请时，应与认证委托人约定双方就申请认证相关的责任安排。

4.2 文件审查

文件审查主要针对认证委托人提供的以上申请文件，通过认证机构的审查确定以下内容：

（1）通过对认证委托人、生产者（制造商）和生产企业的组织机构代码证、营业执照复印件等文件的审查，确定相应的组织机构资质的存在性以及合法性，并应确定产品商标的归属权关系以及OEM/ODM的知识产权关系。

（2）通过对认证委托人提供的产品及系列的差异性说明，确认产品的单元划分是否正确。

（3）对不含有初次工厂检查的认证模式，通过认证委托人提供的生产企业污染控制管理体系相关管理文件内容以及各类体系认证证书（如果有），确认生产企业污染控制管理体系是否满足认证的相应要求。

（4）通过对申请认证产品污染控制符合性声明以及生产者（制造商）和认证机构的责任安排协议书内容审查，确认本次申请是否在认证风险控制范围内。

4.3 样品检测

国推污染控制认证样品检测工作应由经国家认证认可监督管理委员会与工业和信息化部共同确认的实验室完成。

4.3.1 送样/抽样检测

4.3.1.1 送样/抽样原则

送样应从认证申请单元中选取代表性样品，该样品应能覆盖申请单元中包含的所有型号和材料。同时，送样还应符合认证机构对核查单元内产品差异所提出的相关要求。

抽样应在认证机构与认证委托人双方共同认同并约定的场所进行。

认证委托人应对送样/抽样样品的真实性负责。送样/抽样但未涉及检测的产品组成材料，认证委托人应按照附件3提供对这些组成材料的自我声明，以证明其限用物质含量的符合标准要求。

4.3.1.2 送样/抽样数量

对于按模式一申请的认证，检测样品由认证委托人负责按送样原则（4.3.1.1）选送，认证委托人对选送样品负责。选送样品的数量应符合检测最小需求量材料1套（对每种检测单元，固体不少于50g，液体不少于50ml，以下同此要求）。

对于按模式二和模式四申请的认证，由认证机构委派的人员按抽样原则（4.3.1.1）抽取最终完成成品1套，以及符合检测最小需要量的材料1套，材料的抽取数量应保证不少于附件4中规定的最少检测单元比例数，抽取的样品封样后送实验室检测。对于没有认证证书撤销经历的生产企业，若采用模式四申请认证时，认证机构在认证风险可控的前提下，可酌情减少“材料的最少抽样比例”和“检测单元数量”（减少的“材料的最少抽样比例”和“检测单元数量”不应低于附件4中所对应的最低方案）。

对于按模式三申请的认证，检测样品由认证委托人按送样原则（4.3.1.1）选送。对自行选送样品的数量，整机和组件应提交2套成品；对GB/T 26572—2011附录D表D.1中确定的PBBs、PBDEs、Cr（VI）三种物质存在可能性为“H”的材料，另送符合检测最小需要量的材料1套。

如果组成产品的材料、部件及元器件、组件已经获得国推污染控制认证证书，则这些材料、部件及元器件、组件不需要单独送样。

4.3.1.3 检测样品及相关资料的处置

样品检测报告签发后，样品由实验室封存留样3个月，3个月内不予退样，3个月后可按照厂家要求妥善处理。相关资料应由认证机构在认证证书失效后保留5年。

4.3.2 样品检测的适用标准、项目及方法

4.3.2.1 适用标准

限值和拆解要求按照GB/T 26572—2011

检测方法按照GB/T 26125—2011

4.3.2.2 检测项目

（1）铅（Pb）

（2）镉（Cd）

（3）汞（Hg）

（4）六价铬Cr（VI）

（5）多溴联苯（PBBs）

（6）多溴二苯醚（PBDEs）

4.3.2.3 检测规则

对相同产品类别、相同生产场地、相同加工工艺的不同申请单元的相同材料，不做重复检测。

除证后监督抽样检测外，对于产品中使用的材料、元器件和部件、组件已经获得国推污染控制认证的，将直接采信认证结果，不再进行测试。

在检测中发现不合格的情况，实验室出具不合格报告，及时通知认证机构和认证委托人，并由认证机构决定是否对申请认证的产品再次送样/抽样进行补充检测。

型式试验：对于按照模式一认证的样品，先使用XRF对检测样品进行初筛测试，对初筛中结果是X（不确定）的材料，进行化学检测，以确定被测材料的符合性。

抽样检测：对于按照模式二、模式四认证，以及证后监督抽样的样品，先使用XRF对抽样的成品和材料样品进行初筛测试，对初筛中结果是X（不确定）的材料，进行化学检测确定被测材料的符合性。若该材料不在抽样材料中，则应按照GB/T 26572—2011标准对成品进行拆解，然后进行化学检测确定被测材料的符合性。

优化检测：对于按照模式三认证的自送样品，使用XRF对检测样品进行初筛测试，初筛测试范围为GB/T 26572—2011附录D表D.1中限用物质存在的可能性为“H”的所有情况和实验室有理由判断限用物质存在的可能性的情况，对初筛中结果是X（不确定）的材料，进行化学检测确定被测材料的符合性。若该材料不在送样材料中，则应按照GB/T 26572—2011标准对成品进行拆解，然后进行化学检测确定被测材料的符合性。

4.3.3 样品检测报告

样品检测报告应对该报告所覆盖的产品有准确、清

晰、完整的描述。样品检测报告中应对测试点有清晰的描述。

实验室完成检测后，样品检测报告还应寄送认证机构和认证委托人分别留存。

4.4 初始工厂检查（仅适用于模式四）

4.4.1 检查内容

工厂检查的内容为生产企业对污染控制物质的管理能力。

4.4.1.1 生产企业质量保证能力检查

由认证机构派审查员对生产企业按照《生产企业污染控制管理能力要求》（见附件2）进行检查。

4.4.2 初始工厂检查时间

在生产企业首次申请（证书被撤销的，应视同首次申请）时开展初始工厂检查，初次工厂检查抽取的样品送实验室检测。

工厂检查的时间根据生产企业的生产规模和分布情况，一般每个生产场地为1～4 个人日。

4.5 认证结果评价与批准

4.5.1 认证结果评价与批准

由认证机构负责组织对样品检测、工厂检查结果进行综合评价，评价合格后由认证机构对认证委托人颁发认证证书（每个申请单元颁发一张认证证书）。

4.5.2 认证时限

认证时限是指自受理认证之日起至颁发认证证书时止所实际发生的工作日，其中包括样品检测时间、工厂检查后提交报告时间、认证结论评定和批准时间、以及证书制作时间。

整机、组件样品检测时间不超过：(1) 初筛15个工作日；(2) 材料化学检测样品10个工作日；(3) 报告整理和出具为10个工作日（从收到样品和检测费用起计算）。

部件及元器件、材料样品检测时间不超过20个工作日，包括出具检测报告时间（从收到样品和检测费用起计算）。

工厂检查后提交报告时间一般为5个工作日，以审核员完成现场审查，收到生产企业提交的不合格纠正措施报告之日起计算。

认证结论评定、批准时间以及证书制作时间一般不超过5个工作日。

4.6 获证后的监督

4.6.1 获证后监督的内容

获证后的监督包括抽样检测和污染控制保证能力监督检查（必要时），以及认证机构对其认证的产品实施的有效的跟踪调查。

4.6.2 抽样检测

认证机构可在证书有效期内随时、多次安排对获证产品的抽样检测，抽样检测的样品可以在生产线、仓库、市场/销售网点、客户端等的任何环节抽取。

原则上，对组成成品的材料、部件和元器件、组件已经单独获得国推污染控制认证证书的，不做抽样检测（在产品组成全部材料均获得国推污染控制认证证书的情况下，依据附件5抽取）。抽样数量依据附件5内容确定。每种材料抽取的数量应保证大于材料进行检测的最小用量。对于没有认证证书撤销经历的生产企业，若采用模式四申请认证时，认证机构在认证风险可控的前提下，可酌情减少“抽取检测单元数量”（减少的“抽取检测单元数量”不应低于附件5中所对应的最低方案）。

原则上，认证机构应对通过本机构获得认证证书的产品在证书有效期内安排至少一次/年的抽样检测，且抽样检测和获证前检测应安排在不同的实验室实施。抽样和检测的具体要求由认证机构另行制定。

抽样检测费用由被抽查企业承担。

4.6.3 污染控制保证能力监督检查

4.6.3.1 污染控制保证能力监督检查时间、频次

发生下述情况之一认证机构应开展监督检查：

(1) 在获证前检测中有不合格情况发生；

(2) 抽样检测中发现不合格现象；

(3) 有足够信息表明生产者（制造商）、生产企业因变更组织机构、生产条件、管理体系等，可能对产品符合性产生影响；

(4) 获证产品在各类国家和地方质量监督抽查中发现不合格现象；

(5) 获证生产企业被曝光或被举报出现不符合情况，并经确认有可能是认证委托人/生产者（制造商）/生产企业的过失时；

在以上第4和第5中情况下认证机构应增加监督频次。

4.6.3.2 污染控制保证能力监督检查的内容

按照《生产企业污染控制管理能力要求》（见附件2）规定内容进行。

4.6.4 获证后监督结果的评价

获证产品监督检查合格的，方可继续保持认证资格、使用认证标志。

对抽样检测结果出现不合格的情况，按照附件6规定进行处理。

对在生产企业污染控制保证能力监督检查中发现的不合格项的，应在3个月内完成纠正措施，逾期认证机构应根据情况暂停/撤销获证产品的认证证书。获证产品在认证证书暂停期间/撤消后应停止使用认证标志。认证机构应采取有效方式对外公布认证证书暂停/恢复、撤销等信息。

对拒绝接受抽样检测和必要时监督检查的，认证机构应撤销该生产企业对应的所有认证证书。对撤销认证证书的，所有认证机构在12个月内不接受其任何认证申请。

4.6.5 认证机构的跟踪调查

认证机构应根据《认证认可条例》的要求对其认证的产品实施有效的跟踪调查。并根据跟踪调查的结果对认证证书的状态进行相应处理。

5 认证证书

5.1 认证证书的保持

5.1.1 证书的有效性

本规则覆盖产品的认证证书有效期5年（以ODM、OEM方式获得的认证证书的有效期应为ODM、OEM协议规定的有效期）。在证书有效期内，证书的有效性依赖认证机构不定期的监督获得保持。

当认证规则要求（如标准）发生变化时，应按规定期限换证，超过规定期限未换发的认证证书，由认证机构予以注销并自行失效。

5.1.2 认证产品的变更

获证后的产品，如果其产品中使用的材料、部件及元器件、组件发生变更时，生产企业可以按照自身的变更审批流程自行变更。自身的变更审批流程应符合附件2中要求。

5.2 认证证书覆盖产品的扩展

5.2.1 扩展的申请

认证证书持有人需要扩展已经获得认证产品单元的覆盖范围时，应向认证机构提出扩展申请。

5.2.2 扩展的评价与批准

认证机构应核查扩展产品与原认证产品的一致性，确认原认证结果对扩展产品的有效性。当不涉及主要生产工艺变化时，可针对差异部分提供可以认可的样品检测报告。

认证机构根据认证委托人的要求单独颁发认证证书或换发新认证证书。

5.3 认证证书的暂停/恢复、撤销和注销

认证证书的暂停、恢复、撤销和注销的要求由认证机构制定公开文件并予执行。

6 自愿性产品认证标志的使用

本规则覆盖产品可以单独加施国推污染控制认证标志，认证标志的式样由基本图案、认证机构识别信息（见下图，“ABCDE”代表认证机构简称）组成。

图1 国推污染控制认证标志

认证标志的核准、制作、发放等工作由发证的认证机构负责。认证标志的使用应遵守国家对认证标志使用的相关规定。

7 收费

认证收费由相关机构按国家有关规定统一收取。

附件1:

可选用认证模式二的部件及元器件

序号	产品名称
1	电容器
2	电阻器
3	斩波器
4	传感器
5	电感器
6	振荡器
7	环形器
8	隔离器
9	限幅器
10	频率控制和选择用元件
11	电子印制电路板
12	敏感元件及传感器
13	面板元件
14	硒堆、硒片
15	石英晶体器件
16	电声器件零部件
17	电子陶瓷零件
18	电子管
19	电子束管
20	显像管配件
21	电光源
22	PDP屏
23	LCD屏
24	光电管
25	光电倍增管
26	X射线图像增强管
27	电子倍增管
28	摄像管
29	光电图像器件
30	显示器件
31	发光器件
32	光敏器件
33	光电耦合器件
34	红外器件
35	激光器件
36	光电耦合器件
37	光电探测器件
38	发光二极管
39	激光器件
40	光通信器件
41	半导体二极管
42	半导体三极管
43	敏感器件及传感器
44	半导体制冷器件
45	电力半导体器件（5A以上）
46	集成电路
47	微特电机
48	电池
49	墨盒

附件2:

生产厂污染控制(RoHS)管理能力要求

为保证生产厂在设计、采购、生产、产品变更过程中保持对限用物质的管理能力，生产厂应满足本文件规定的污染控制(RoHS)管理能力要求。

1 通用要求

1.1 职责

生产厂应规定与污染控制(RoHS)活动有关的各类人员职责及相互关系，且生产厂应在组织管理层中指定一名负责人，该成员除了其他职责外，还应具有以下职责和权限:

a. 负责建立满足本文件要求的污染控制(RoHS)管理体系，并确保其实施和保持;

b. 向最高管理者报告生产厂污染控制(RoHS)管理的绩效和任何需要的需求，并确保污染控制(RoHS)的相关要求和职责在组织内得到沟通和理解;

c. 确保加贴认证标志的产品符合认证标准的要求;

d. 保证供方了解与之有关的污染控制(RoHS)要求和责任。

1.2 污染控制(RoHS)管理的风险识别、确定与控制

生产厂应识别和确定产品中可能存在的有害物质的种类和形式，识别和确定可能引入有害物质的关键过程，评估和确定这些关键过程对产品RoHS符合性影响的风险程度，并根据风险程度进行有效的控制。同时根据变化，及时更新这些信息。

注：关键过程的识别是指从原材料选择、设计、采购、生产、包装、储存、运输、服务等从入厂到出厂的所有相关过程的识别。

1.3 资源

生产厂应根据污染控制(RoHS)管理的风险识别和控制的要求，确定并提供需要用于实施、保持和持续改进污染控制(RoHS)管理体系所需的资源，包括人力资源、设备和工作环境。

生产厂应配备相应的人力资源，确保对产品污染控制(RoHS)有影响的工作人员具备必要的能力；配备必要的生产设备和检验设备以满足稳定生产符合认证标准要求的产品；建立并保持适宜产品生产、检验试验、储存等必备的工作环境。

2 文件和记录

a. 生产厂关于污染控制(RoHS)管理的文件和记录的要求应是构成组织的质量管理体系的一部分，应符合GB/T 19001的相关要求。同时应包括以下文件或记录:

b. 生产厂识别和确定的所有可能引入有害物质的关键过程和控制所需的文件，包括记录;

(a)生产厂针对认证产品识别和确定的有害物质管理的清单;

(b)生产厂建立的关于限用物质减少和/或消除管理计划，可包括减少或消除限用物质目标、控制措施和时间表。

生产厂应保留设计、生产、检验、服务等过程及其产品满足污染控制(RoHS)要求提供证据所需的记录。污染控制(RoHS)记录应清晰、完整以作为产品符合规定要求的证据。

污染控制(RoHS)记录应有适当的保存期限。除以下记录外，通常为2年。

序号	项　目	保存期限
1	样品检验报告和抽样检验报告	与证书有效期相同
2	污染控制(RoHS)关键过程的识别、确定和控制的记录	与证书有效期相同
3	材料和零部件变更记录及批准记录	与证书有效期相同
4	设计记录	与证书有效期相同

3 设计及变更

认证产品的设计文件应充分考虑污染控制(RoHS)相关要求(包括法律、法规、标准、客户要求等)，并在实施前得到污染控制(RoHS)相关负责人的批准。发生设计更改时应进行污染控制(RoHS)相关的有效评审、验证和/或确认，在实施前确保符合认证机构对变更的相关规定，并得到污染控制(RoHS)相关负责人的批准。

4 污染控制(RoHS)零部件和材料的采购和进货检验/确认

生产厂应确保采购零部件和材料的有害物质含量符合规定要求。对供方及采购零部件和材料的控制类型和程度取决于其对最终产品影响的风险程度。生产厂应制定评价和选择供方的准则，依据准则评价和选择供方，并建立和维护合格供方和产品名单。

生产厂应确保对供方在实施可能导致产品有害物质含量变化的变更进行有效的控制。

生产厂应建立并保持对供应商提供的影响RoHS特性的零部件和材料的检验/确认的文件化程序。

对于已获得国推污染控制认证的零部件和材料，可以直接确认。对非获证的零部件和材料，检验程序中应包括检验项目、方法、频次和判定准则等。以确保零部件和材料满足认证所规定的要求。

生产厂应保存涉及污染控制(RoHS)零部件检验/确认记录。

5 生产过程控制和过程检验

生产厂应根据1.2识别的关键过程策划和确定生产

过程的控制措施，包括涉及污染控制（RoHS）关键工序（包括生产和检验）的确定、关键工序的作业指导书及其操作人员应具备的能力，从而使生产过程受控。

6 出厂检验

生产厂应依据1.2条识别的关键过程策划和确定产品出厂检验的控制措施。适用时，生产厂应依据批次和产量确定抽样比例，在出厂时抽取获证的最终产品进行限用物质含量的检测。对于检测结果在临界点附近的产品，生产厂应增加抽样的数量，如发现不合格情况，应采取追溯措施，确定不合格材料的同批次供应品或同工艺产品是否存在问题，并启动污染控制（RoHS）不合格品的处置程序。

出货应有污染控制（RoHS）相关负责人的批准。

生产厂应保存确认和检验的记录。对送交第三方实验室完成的检测，生产厂应保存检测报告。

7 标识和追溯性

生产厂应建立一个可追溯系统，对影响污染控制（RoHS）的零部件、材料、产品和过程进行标识，通过对入货检验、生产过程、出厂检验、储存、服务等阶段进行的监控，使得在适当的阶段能够追回不合格的产品。

涉及污染控制（RoHS）的标识应具有唯一性。以避免涉及污染控制（RoHS）的产品与其他产品混用。生产厂应控制和记录这种标识。

8 污染控制（RoHS）不合格品的处置

生产厂应建立文件化的污染控制（RoHS）不合格品处置程序，以防止其被误用或交付。程序内容应包括不合格品的标识方法、隔离和处置措施等。

应保存对污染控制（RoHS）不合格品的处置记录。

当在交付或开始使用后发现产品污染控制（RoHS）不合格时，生产厂应采取必要的措施，让客户了解情况并协商解决。与客户的沟通和协商过程应有记录。

9 监视或测量仪器

生产厂应依据1.2条识别的关键过程确定必要的监视或测量仪器，并为产品符合污染控制（RoHS）要求提供证据。

9.1 校准和检定

用于确定所生产的产品符合规定要求的检验试验设备，应按规定的周期进行校准或检定，并满足检验试验能力。

校准或检定应溯源至国家或国际基准。对自行校准的，则应规定校准方法、验收准则和校准周期等。设备的校准或检定状态应能被使用及管理人员方便识别。

检验和试验的仪器设备应有操作规程，检验人员应能按操作规程要求，准确地使用仪器设备。应保存设备的校准或检定记录。

9.2 功能检查

对用于检验的设备除进行日常操作检查外，还应进行功能检查。当发现功能检查结果不能满足规定要求时，应能追溯至已检测过的产品。必要时,应对这些产品重新进行检测。应规定操作人员在发现设备功能失效时需采取的措施。

功能检查结果及采取的调整等措施应记录。

10 包装、搬运、储存和服务

生产厂所进行的任何包装、搬运操作和储存环境应不影响产品符合污染控制（RoHS）管理的相关要求。

生产厂应对包装材料及包装、搬运、储存等活动对污染控制（RoHS）的影响进行分析，并进行检测和有效的控制。

生产厂应制定程序，对产品的安装、维修等服务所用的材料和过程进行控制，以预防可能的污染。

附件3:

产品污染控制供方符合性声明

编　号:

声明方名称:

声明方地址:

声明方电话:

声明的产品:

序号	产品名称	规格型号	商标
1			
2			
…			
n			

我方对以上产品本次认证委托选用《国家统一推行的电子信息产品污染控制自愿性认证实施规则》(CNCA-RoHS-01:2011)中的认证模式:

□模式二　　□模式三　　□模式四

我方已了解到本次认证委托的污染控制样品检测可能并未覆盖以上产品所包括的所有材料。

对样品检测未覆盖到的材料,我方声明:以上产品中铅(Pb)、汞(Hg)、镉(Cd)六价铬[Cr(VI)]、多溴联苯(PBBs)、多溴二苯醚(PBDEs)的含量符合GB/T 26572—2011《电子电气产品有害物质的限量要求》标准。

附加支持性信息:

授权签字人姓名和职务:

签　字:　　　　　　　　日　期:

附件4:

获证前检测抽样数量表

产品材料总数量(X)	材料中获得国推证书比例(Y)	材料的最少抽样比例	检测单元数量范围
1<X≤20	Y≤10%	100%	1～20
	10%<Y≤50%	80%	1～16
	50%<Y<100%	40%	1～8
	100%	15%	1～3
20<X≤100	Y≤10%	50%	10～50
	10%<Y≤50%	40%	8～40
	50%<Y<100%	30%	6～30
	100%	5%	1～5
100<X≤500	Y≤10%	20%	20～100
	10%<Y≤50%	15%	15～75
	50%<Y<100%	10%	10～50
	100%	2%	2～10
500<X≤3000	Y≤10%	15%	75～450
	10%<Y≤50%	10%	50～300
	50%<Y<95%	6%	30～180
	95%<Y<100%	1%	5～30
X>3000	Y≤10%	10%	300～800
	10%<Y≤50%	6%	180～400
	50%<Y<95%	3%	90～200
	95%<Y<100%	1%	30～50

注:

1. 产品材料总数量(X)是指组成产品的部件、元器件和材料拆分到最小检测单元的数量之和。表中各百分比都是相对于X的。
2. 优先抽取非获证样品,非获证样品数小于抽样比例的,可抽取部分获证样品补足。
3. 优先抽取GB/T 26572—2011附录D表D.1中限用物质存在的可能性为“H”的材料。
4. 实际检测单元数量应在检测单元数量范围内。

附件5：

证后监督抽样数量表

产品材料总数量（X）	保有证书数量（Y）	材料中获得国推证书比例（Z）	抽取检测单元数量	检测单元数量范围
X=1或2	Y≤50	—	Y	1～50
	50<Y	—	—	50
2<X≤20	Y≤5	Z≤50%	10×Y	10～50
		50%<Z	5×Y	5～25
	5<Y≤20	Z≤50%	8×Y	48～160
		50%<Z	4×Y	24～80
	20<Y≤50	Z≤50%	5×Y	105～250
		50%<Z	2×Y	42～100
	50<Y	Z≤50%	—	250
		50%<Z	—	100
20<X≤100	Y≤5	Z≤50%	10×Y	10～50
		50%<Z	5×Y	5～25
	5<Y≤20	Z≤50%	5×Y	30～100
		50%<Z	3×Y	18～60
	20<Y≤100	Z≤50%	2×Y	42～200
		50%<Z	Y	21～100
	100<Y	Z≤50%	—	200
		50%<Z	—	100
100<X≤500	Y≤5	Z≤50%	15×Y	15～75
		50%<Z	5×Y	5～25
	5<Y≤20	Z≤50%	10×Y	60～200
		50%<Z	3×Y	18～60
	20<Y≤100	Z≤50%	5×Y	105～500
		50%<Z	Y	21～100
	100<Y	Z≤50%	—	500
		50%<Z	—	100
500<X≤3000	Y≤5	Z≤50%	20×Y	20～100
		50%<Z	5×Y	5～25
	5<Y≤20	Z≤50%	15×Y	90～300
		50%<Z	3×Y	18～60
	20<Y≤100	Z≤50%	10×Y	210～1000
		50%<Z	2×Y	42～200
	100<Y	Z≤50%	—	1000
		50%<Z	—	200
X>3000	Y≤5	Z≤50%	40×Y	40～200
		50%<Z	10×Y	10～50
	5<Y≤20	Z≤50%	30×Y	180～600
		50%<Z	6×Y	36～120
	20<Y≤100	Z≤50%	20×Y	420～2000
		50%<Z	4×Y	84～400
	100<Y	Z≤50%	—	2000
		50%<Z	—	400

注：

1. 产品材料总数量（X）是指组成产品的部件、元器件和材料拆分到最小检测单元的数量之和。表中各百分比都是相对于X的。
2. 优先抽取非获证样品，非获证样品数小于抽样比例的，可抽取部分获证样品补足。
3. 优先抽取GB/T 26572—2011附录D表D.1中限用物质存在的可能性为“H”的材料。

附件6：

证后监督抽样检测中发现不合格情况的处理

在证后监督抽样检测中，如果发现有不合格的情况发生，按照下列三种不同的不合格发生情况，分别采取相应处理措施：

情况1：

如果是GB/T 26572—2011中附录D表D.1中限用物质存在的可能性为“H”的点，出现超出限值要求10倍以上的不合格情况，且有3个及以上的抽样检测单元出现不合格，各认证机构应撤销该生产企业的该类产品所有认证证书，且至少在1年内只能按照模式四开展认证，在2年内对该生产企业的证后抽样检测比例按附件5要求的2倍执行。

情况2：

如果有GB/T 26572—2011中附录D表D.1中限用物质存在的可能性为“H”的点，出现超出限值要求的不合格情况，但不满足情况1的条件，应再次加倍抽样检测一次（加倍抽样是指对抽取的材料样品数量按照附件5规定的数量上加倍抽取，且不限于非获证样品，一般不含第一次抽取的样品），如果仍不合格，认证机构应撤销该生产企业的相关认证证书，且至少在1年内只能按照模式四开展认证，在2年内对该生产企业的证后抽样检测比例按附件5要求的2倍执行。如果加倍抽样检测合格，则生产企业需向认证机构提交第一次不合格情况出现原因分析及整改情况报告，认证机构视整改情况可采取适当措施。

情况3：

如果仅是非GB/T 26572—2011中附录D表D.1中限用物质存在的可能性为“H”的点，出现超出限值要求，则生产企业需向认证机构提交不合格情况出现原因分析及整改情况报告，认证机构视整改情况可采取适当措施。

如果抽检样品的不合格点是有国推污染控制认证证书的，则认证机构应对相关证书的生产企业按照上述各类情况采取适当措施。同时，认证机构应通知被抽检生产企业，并限定生产企业在一定的时间内提交不符合情况处理措施报告，报告中至少应包括：

（1）对使用不合格供应品已生产发货产品的处理安排；

（2）对不合格供应品的替代方案。

认证机构在确认处理方案的合理性，同时验证措施已经有效实施前应暂停不合格品涉及的相关证书。

关于部分低压电器产品强制性认证适用GB 14048.4标准换版的公告

2011年第20号

GB 14048.4—2010《低压开关设备和控制设备 第4-1部分：接触器和电动机起动器 机电式接触器和电动机起动器（含电动机保护器）》（以下简称新版标准）已于2011年9月1日起实施。上述标准对应产品应按照《中华人民共和国标准化法》的规定，符合新版标准要求后方可生产、销售和进口。为保证强制性产品认证制度的有效实施，依据《关于标准修订时强制性产品认证有关问题的通知》（国认科联[2005]18号）的有关规定，现将对应的低压电器产品强制性认证执行新版标准的有关要求公告如下，请各有关单位遵照执行。

一、自公告发布之日起，相关指定认证机构应采用新版标准实施认证并出具新版标准认证证书。

二、对于已按GB 14048.4—2003（以下简称旧版标准）获得强制性认证的产品，旧版标准认证证书持有人应于下一次跟踪检查之前，向指定认证机构提交转换新版标准认证证书的申请，并接受实验室实施的新、旧版标准差异项目检测（见附件），合格后换发新版标准认证证书。旧版标准认证证书转换工作应于2012年9月1日前完成，逾期未完成转换的认证证书，认证机构应予以暂停；2012年12月1日前仍未完成证书转换工作的，认证机构应撤销旧版标准认证证书。

三、对于2011年9月1日前已经出厂、投放市场并且不再生产的获证产品，无需进行证书转换。

四、为确保证书转换工作顺利进行，各指定认证机构应根据上述要求制定执行新版标准的具体实施文件，并采取有效方式将有关要求及时通知旧版标准认证证书持有人，敦促其尽快提交换证申请并进行送样检测，以使其能够在规定期限内完成证书转换。同时，认证机构还应采取相应措施满足下列要求，以简化、减轻企业负担：

1. 对于获证产品由于申请时间先后的原因，可以合并为一个单元而未合并的，补充测试时按照一个单元处理。

2. 换证产品检测工作应按照我委规定的检测地域范围，原则上在原实验室进行。

五、指定认证机构应按季度将证书转换情况（包括换证率、存在的问题等）报送国家认监委，以便及时掌握证书转换工作的进展情况。

六、各相关指定实验室应在2011年11月1日之前向国家认监委认证监管部上报所具备新版标准检测能力的情况，并应及时将通过新版标准实验室资质认定和认可的情况上报备案。

附件：GB 14048.4标准换版需补充试验项目说明

二〇一一年九月二日

附件:

GB 14048.4标准换版需补充试验项目说明

一、新旧标准主要差异说明:

序号	新版标准条款	旧版标准条款	新旧标准差异
1	8.1.2	8.1.1	增加了灼热丝试验，温度850℃；增加了基于材料的可燃性类别的试验
2	8.1.13	无	增加了具有金属导线管产品的相关要求
3	8.2.1.2.2	无	增加了对具有电子式控制电磁铁的接触器和起动器的动作范围试验要求
4	8.2.1.2.4	无	增加了电容性释放试验要求
5	8.2.1.5.1.1	8.2.1.5.1	增加了过载继电器“2、3、5、40”四组脱扣级别及相应脱扣时间的要求，并增加公差带E的动作时间；增加了对热式有周围空气温度补偿产品在各极通电时的反时限特性的验证温度要求，并增加了电子式产品的验证要求
6	8.2.1.5.1.2	无	增加了热记忆试验验证要求，明确了电子式过载继电器必须通过软件功能才能实现热记忆功能，并要求无热记忆功能的电子式过载继电器应加以标志
7	8.2.1.5.4	8.2.1.5.4	增加了与开关电器配合使用的欠电流继电器的动作范围要求
8	8.2.1.5.5	无	增加了与开关电器一起使用的电子式堵转过载继电器的动作范围要求
9	8.2.1.5.6	无	增加了与开关电器一起使用的电子式阻塞过载继电器和脱扣器的动作范围要求
10	9.3.3.4	9.3.3.4	明确了型式试验必须同时进行冲击耐压试验和工频耐压试验
11	9.3.3.6.6	9.3.3.6.6	对带有镜像触头的电器，增加了按条款F.7.3的附加试验
12	9.4.2.4	9.4.2.4	增加了试验过程中接触器至少操作一次，过载继电器应通0.9倍整定电流（不超过100A）
13	9.4.2.7	无	增加了射频场传导骚扰抗扰度试验，明确了试验要求和进行试验的电器应满足性能判据A的要求
14	附录F	无	增加了与接触器的电源触头机械连接的辅助触头的冲击耐压试验（可用触头间隙测量代替），对每一个主触头的每一个镜像触头都应该采用新产品进行试验
15	附录H	无	增加了CI和CII型接地故障继电器的动作限值、CII（-A和-B）型接地故障继电器禁止保护功能的验证、电流不平衡继电器的动作限值、电压不平衡继电器的动作限值、反相继电器的动作限值、过电压继电器的动作限值、欠功率继电器的动作限值、起动超时继电器的动作限值、温度继电器的动作限值
16	附录J	无	增加了带通信功能的电子式过载继电器的电磁兼容抗扰性要求和判别标准，对于抗扰性试验过程中和过程后应验证过载保护性能，其动作时间应分别满足相应的规定；增加了带通信功能的电子式过载继电器的电磁兼容发射要求；增加了带通信功能的电子式过载继电器的一致性测试要求
17	附录Q	无	增加了湿热、盐雾、振动和冲击试验

二、标准实施转换需补充试验项目说明

1. 接触器

序号	检验项目	条款	试品数量	备注
1	灼热丝试验 基于材料的可燃性类别试验	8.1.2.2 8.1.2.3	1台	在电器上进行采用灼热丝试验 在材料上进行采用基于材料的可燃性类别试验
2	导线管的拔出、金属导线管的扭转和弯曲	8.1.13	1台	仅适用于：具有金属导线管的接触器
3	动作范围	9.3.3.2.1		仅适用于：具有电子式控制电磁铁的接触器，且释放和完全断开的极限值规定为75%~10%Us的接触器
4	介电性能	9.3.3.4		
5	约定操作性能	9.3.3.6	1台	仅适用于：带镜像触头的接触器
6	镜像触头冲击耐受电压	F.7.2		
7	射频场传导骚扰抗扰度	9.4.2.7	1台	仅适用于：具有电子线路的接触器
8	快速瞬变脉冲群抗扰度	9.4.2.4		

2. 过载继电器

序号	检验项目	条款	试品数量	备注
1	灼热丝试验 基于材料的可燃性类别试验	8.1.2.2 8.1.2.3	1台	在电器上进行采用灼热丝试验 在材料上进行采用基于材料的可燃性类别试验
2	导线管的拔出、金属导线管的扭转和弯曲	8.1.13	1台	仅适用于：具有金属导线管的过载继电器
3	热过载继电器、电子式过载继电器、延时电磁过载继电器）动作范围	9.3.3.2.2 c		仅适用于：脱扣级别为“2、3、5、40”的过载继电器，或热式有周围空气温度补偿产品，或电子式过载继电器
4	（欠电流继电器）动作范围	9.3.3.2.2d		仅适用于：欠电流继电器
5	（堵转继电器）动作范围	9.3.3.2.2 g		仅适用于：电子式堵转过载继电器
6	（阻塞继电器）动作范围	9.3.3.2.2 h		仅适用于：电子式阻塞过载继电器
7	介电性能	9.3.3.4	1台	
8	射频场传导骚扰抗扰度	9.4.2.7		仅适用于：具有电子线路的过载继电器
9	快速瞬变脉冲群抗扰度	9.4.2.4		
10	电子式过载继电器的扩展功能验证试验	附录H.6	1台	仅适用于：具有扩展功能的电子式过载继电器（如接地故障保护功能、电流不平衡保护功能、电压不平衡保护功能、反相保护功能、过电压保护功能、欠功率保护功能、起动超时保护功能、温度继电器保护）
11	电子式过载继电器的通信功能验证试验	附录J.3.1		仅适用于：具有通信功能的电子式过载继电器
12	具有通信功能的过载继电器的电磁兼容性	附录J.3.2		

3.起动器

序号	检验项目	条款	试品数量	备注
1	灼热丝试验 基于材料的可燃性类别试验	8.1.2.2 8.1.2.3	1台	在电器上进行采用灼热丝试验 在材料上进行采用基于材料的可燃性类别试验
2	导线管的拔出、金属导线管的扭转和弯曲	8.1.13	1台	仅适用于：具有金属导线管的起动器
3	动作范围	9.3.3.2.1		仅适用于：具有电子式控制电磁铁的接触器，且释放和完全断开的极限值规定为75%~10%Us的接触器
4	（热过载继电器、电子式过载继电器、延时电磁过载继电器）动作范围	9.3.3.2.2 c		仅适用于：脱扣级别为“2、3、5、40”的过载继电器，或热式有周围空气温度补偿产品，或电子式过载继电器
5	（欠电流继电器）动作范围	9.3.3.2.2 d		仅适用于：欠电流继电器
6	（堵转继电器）动作范围	9.3.3.2.2 g		仅适用于：电子式堵转过载继电器
7	（阻塞继电器）动作范围	9.3.3.2.2 h		仅适用于：电子式阻塞过载继电器
8	介电性能	9.3.3.4		
9	约定操作性能	9.3.3.6	1台	仅适用于：带镜像触头的接触器
10	镜像触头冲击耐受电压	F.7.2		
11	射频场传导骚扰抗扰度	9.4.2.7	1台	仅适用于：具有电子线路的起动器
12	快速瞬变脉冲群抗扰度	9.4.2.4		
13	电子式过载继电器的扩展功能验证试验	附录H.6	1台	仅适用于：具有扩展功能的电子式过载继电器（如接地故障保护功能、电流不平衡保护功能、电压不平衡保护功能、反相保护功能、过电压保护功能、欠功率保护功能、起动超时保护功能、温度继电器保护）
14	电子式过载继电器的通信功能验证试验	附录J.3.1		仅适用于：具有通信功能的电子式过载继电器
15	具有通信功能的过载继电器的电磁兼容性	附录J.3.2		

关于家用和类似用途电动机－压缩机产品强制性认证执行新版标准有关要求的公告

2011年第21号

家用和类似用途电动机－压缩机产品强制性认证所适用的GB 4706.17—2010《家用和类似用途电器的安全 电动机—压缩机的特殊要求》标准（以下简称新版标准）已发布，并将于2011年9月15日起实施，新版标准自实施之日起将替代GB 4706.17—2004标准（以下简称旧版标准）。按照《中华人民共和国标准化法》的规定，家用和类似用途电动机—压缩机产品应符合新版标准及与之配合使用的国家标准GB 4706.1—2005（《家用和类似用途电器的安全 第1部分：通用要求》）要求后方可生产、销售和进口。

为保证强制性产品认证制度的有效实施，依据《关于标准修订时强制性产品认证有关问题的通知》（国认科联［2005］18号）的有关规定，现将家用和类似用途电动机—压缩机产品认证执行新版标准的有关要求公告如下，请各有个单位遵照执行。

一、自公告之日起至2011年9月14日，申请人可自愿选择按照新版标准或者旧版标准申请认证；自2011年9月15日起，认证机构应采用新版标准实施认证并出具新版标准认证证书。

二、对于已经获得旧版标准强制性认证的产品，旧版标准认证证书持有人可于新版标准发布后、并应在下一次跟踪检查之前，向指定认证机构提交转换新版标准认证证书的申请、并接受实验室针对新、旧版标准差异试验项目（见附件）实施的检测，合格后换发新版标准认证证书，实验室应向认证证书持有人出具样品完整的新版标准检测报告。旧版标准认证证书转换工作应于2012年9月15日前完成，逾期未完成转换的认证证书，认证机构应予以暂停；2012年12月15日前仍未完成证书转换工作的，认证机构应撤销旧版标准认证证书。

三、对于2011年9月15日前已经出厂、投放市场并且已经不再生产的获证产品，无需进行证书转换。

四、为确保证书转换工作顺利进行，各指定认证机构应根据上述要求制定执行新版标准的具体实施文件，并采取有效方式将有关要求及时通知旧版标准认证证书持有人，敦促其尽快提交换证申请并进行送样检测，以使其能够在规定期限内完成证书转换。

五、认证机构应按季度将证书转换情况（包括换证率、存在的问题等）报送国家认监委，以便及时掌握证书转换工作的进展情况。

各相关指定实验室应在2011年10月30日之前向国家认监委认证监管部上报所具备新版标准检测能力的情况，并应及时将通过新版标准实验室资质认定和认可的情况上报备案。

附件：家用和类似用途电动机—压缩机产品强制性认证新、旧版标准差异试验项目

二〇一一年九月二日

附件：

家用和类似用途电动机–压缩机产品强制性认证新、旧版标准差异试验项目对照表

涉及条款	新、旧版标准差异说明	补充试验说明
6 分类	增加：6.103电动机–压缩机依据由保护电子电路提供保护或不由保护电子电路提供保护进行分类	
8 对触及带电部件的防护	增加：试验探棒要穿过在表面覆盖一层非导电涂层（如瓷釉或清漆）的接地金属外壳的开口施加力	补充试验： 表面涂有非导电涂层的接地金属外壳的器具防触电检验
13工作温度下的泄漏电流和电气强度	修改：电气强度试验电压值变化，对工作电压>250V的部分试验要求提高。 修改：对“用于电气强度试验的高压电源”的要求发生变化	补充试验： 1.重新进行电气强度的测试，如电压值变化附加绝缘由2750V变为1750V，加强绝缘由3750V变为3000V，增加高于250V工作电压的电气强度的考核； 2.电气强度试验的高压电源提出了新的要求
14 瞬态过电压	增加：本章内容新增	补充试验： 如果电气间隙不满足29章标准的要求时，增加此测试
16 泄漏电流和电气强度	修改：电气强度试验电压值变化，对工作电压>250V的部分试验要求提高。 修改：对“用于电气强度试验的高压电源”的要求发生变化	补充试验： 1.重新进行电气强度的测试，如电压值变化附加绝缘由2750V变为1750V，加强绝缘由3750V变为3000V，增加高于250V工作电压的电气强度的考核； 2.电气强度试验的高压电源提出了新的要求
19 非正常工作	增加：对装有保护电子电路的器具的试验要求（19.11.3）。 增加：对电子电路评估的试验程序（附录Q）。 在19.13增加两条非正常试验后的结果判定。 修改：如果必须进行该条的试验，则应该在形成最终产品的器具上进行（19.11.2）。 修改：按19.11.2中a）～f）的要求，以模拟单一故障的方式重复进行19.101, 19.102, 19.103以及附录AA的试验（19.11.3）。 增加：对带保护性电子电路的器具、带有一个通过电子断开获得断开位置的开关的器具或者带有处于待机状态开关的器具有关电磁现象的试验要求（19.11.4）。 增加：对于保护系统或者控制系统被设计为可使绕组永久断开的电动机—压缩机，将电动机—压缩机和电动机—压缩机保护系统（如果有）连同所有元件结合起来在转子锁住的状态下重新通电。应尽可能在断开时间最小值为6秒的情况下，重复该动作10次。如果因为保护系统或者控制系统的固有特性使得断开时间长于6秒，则允许用该断开时间进行该试验。 如果电动机—压缩机设计为多额定电压时，那么要在所有额定电压下进行该试验。 如果设计为一个电压范围时，那么要在最低电压和最高电压下分别进行该试验。 不带保护系统的电动机—压缩机，按上述条件通电15d。在试验的第12 d和第15 d记录壳体温度，如果在这3 d内壳体温度的增加没有超过5K，试验可以结束（19.101）。 增加：不带电动机—压缩机保护系统的电动机—压缩机运行3 h（19.103）。 修改：壳体温度和附件上易触及的表面温度不能超过150°C（19.104）。 增加：电容器短路试验，如果电动机—压缩机保护系统永久保持开路状态，应在另外3台样机上重复进行19.102的启动电容和运转电容的短路试验。试验结束时，这另外3台样机的保护系统都应永久保持开路状态（19.104）。	补充试验： 带有保护电子线路的、带有一个通过电子断开获得断开位置的开关的器具或者带有处于待机状态开关的器具的非正常工作测试

续表

涉及条款	新、旧版标准差异说明	补充试验说明
21 机械强度	增加：固体绝缘的易触及部件的强度要求和试验方法（21.2）。 附加绝缘厚度不少于1mm和加强绝缘厚度不少于2mm，则不进行该试验。试验后，已被刮蹭的和未刮蹭的绝缘均应经受住16.3的电气强度试验	补充试验： 固体绝缘的穿刺试验
22 结构	增加：使用跨临界制冷剂压缩机和双级压缩机的测试要求（22.7）。 增加：应不可能通过器具内自动开关装置的动作来电压保持型非自复位热断路器（22.10）。 增加：非自复位电机热保护器应具有自动脱扣功能，除非它们是电压保持型的（22.10）。 增加：用于电热元件电气绝缘的氧化镁和矿物陶瓷纤维不被认为是吸湿性材料（22.21）。 增加：如有怀疑，对陶瓷材料进行22.32的试验来测定其是否紧密烧结（22.32）。 增加：对Ⅱ类结构，与带电部件接触的液体不应与加强绝缘直接接触（22.33）。 增加除了灯以外，器具不应带有含汞的元件（22.41） 增加：器具外壳的形状和装饰，不应使器具容易被孩子当作玩具。（22.44） 增加：当空气用作加强绝缘时，器具的结构应保证外壳在受外力作用而变形时，电气间隙不应减小到低于29.1.3规定的值。（22.45）。 增加：在保护电子电路中使用的软件，应为B级或C级软件（22.46）。	补充试验： 1.水压测试； 2.非自复位的电机保护器的检查； 3.带氧化镁和矿物陶瓷纤维的器具检查； 4.含汞情况的检查； 5.器具的外型的检查； 6.加强绝缘的检查； 7.软件评估
24 元件	修改：除非各个元件已经过预先的试验，并且已经确认它们符合相关的国家标准或IEC标准的循环次数要求，否则这些元件应经受24.1.1～24.1.6的测试（24.1）。 修改：没有被单独试验过，并未认定符合相关国家标准或IEC标准的元件，没有标识或没有按其标识使用的元件，均应在器具实际运行情况下进行试验，被试样品的数量按相关的标准要求（24.1）。 修改：如果元件没有相应的IEC标准，则不要求进行附加的其他试验（24.1）。 增加五个有关元件的试验方法，见附录D（电动机热保护器）、附录F（电容器）、附录G（安全隔离变压器）、附录H（开关）、附录J（涂覆印刷电路板），均为规范性附录。 修改：电动机热保护器与其电动机一起在附录D规定的条件下进行试验（24.1 .4）。 增加含有带电部件、并与连接器和水源的外部软管组合的电动控制水阀，其外壳的防水等级应符合 IEC60730-2-8中6.5.2的IPX7要求（24.1 .4）。 修改：在电动机辅助绕组中的电容器，应标出其额定电压和额定容量，并且应按其标识值使用（24.5）。 增加：用于连接器具到水源的软管装置，应符合IEC 61770，它们应与器具一同交付（24.7）。	补充试验： 1.增加电机和电机热保护器的测试，电动控制水阀和软管装置的确认； 2.关键零部件标准也发生了更新，需重新核对
25 电源连接和外部软线	修改：对电源软线入口的结构要求（25.13）。	补充试验： 电源软线入口的检查
26 外部导线用接线端子	增加：器具应提供接线端子或等效装置来进行外部导线的接连（26.1）。 修改：如果有挡板，即使导线从焊接点脱开，也不会使带电部件和其他金属部件之间的爬电距离和电气间隙减少到小于附加绝缘的规定值，则也可单一使用锡焊（26.2）。 修改：如果有挡板，即使导线从锡焊或熔解焊或熔焊的结合点上脱开，或是从压接的连接处滑出，也不能使带电部件与其他金属部件之间的爬电距离和电气间隙减小到低于 附加绝缘的规定值（26.11）。	补充试验： 带挡板的接线端子检查

续表

涉及条款	新、旧版标准差异说明	补充试验说明
27 接地措施	增加：除非是保护特低电压电路，否则安全特低电压电路不应接地（27.1）。 增加：如果在保护特低电压电路里，其基本绝缘的电气间隙是基于器具的额定电压而规定的，那么本要求（低电阻值）不适用于在保护特低电压电路里提供接地连续性的连接装置（27.5）。 增加：对手持式器具中印刷电路板上的印刷线路的接地连续性要求（27.6）。	补充试验： 1.安全特低电压电路的检查； 2.保护特低电压电路的接地电阻检查； 3.手持式器具的印刷电路板检查
29 电气间隙、爬电距离和固体绝缘	修改：采用了新的体系，而且与第14章紧密相连，结构上与旧版相差较大。	补充试验： 爬电距离、电气间隙、穿通绝缘距离的重新检查
30 耐热和耐燃	修改：耐热要求不适用于软线或内部布线的绝缘或护套。 修改：取消了燃烧试验（原附录J）。 修改：对带电件载流电流为0.2A及其3mm内的非金属材料进行测试（30.2）。 增加：对印刷电路板的基材的试验方法（30.2.4 ）。	补充试验： 1.灼热丝测试、PCB板材料测试； 2.材料标样的要求

关于撤销国家激光器件质量监督检验中心授权证书的公告

2011年第22号

国家激光器件质量监督检验中心是国家认证认可监督管理委员会授权的从事激光器件产品质量检验的国家产品质检中心（授权证书号：国认监认字（184）号），授权证书有效期至2013年4月25日。该国家产品质检中心超出授权范围以国家质检中心的名义对外出具检验报告，并且有出具虚假检验报告的行为，严重违规，违反了《国家产品质检中心授权管理办法》第六条、第十二条及第二十五条第一、第三款的规定，经研究，决定自2011年9月8日起，撤销国家激光器件质量监督检验中心授权证书，收回该国家产品质检中心公章、标志章及授权证书文本。

特此公告。

二〇一一年九月十三日

关于发布出口食品生产企业安全卫生要求和产品目录的公告

2011年第23号

根据《出口食品生产企业备案管理规定》(2011年第142号国家质检总局令),国家认证认可监督管理委员会制定了《出口食品生产企业安全卫生要求》、《实施出口食品生产企业备案的产品目录》和《出口食品生产企业备案需验证HACCP体系的产品目录》,现予公布,自2011年10月1日起施行。

原《出口食品生产企业卫生要求》、《实施出口食品卫生注册、登记的产品目录》和《卫生注册需评审HACCP体系的产品目录》同时废止。

附件:1.出口食品生产企业安全卫生要求

2.实施出口食品生产企业备案的产品目录

3.出口食品生产企业备案需验证HACCP体系的产品目录

二〇一一年九月十四日

附件1:

出口食品生产企业安全卫生要求

第一条 为规范出口食品生产企业的安全卫生管理,提高食品的安全卫生质量水平,根据《中华人民共和国食品安全法》及其实施条例、国际食品法典委员会《食品卫生通用规范》等有关规定,制定本要求。本要求是对出口食品生产企业在食品安全卫生方面的一般性原则和规定。

第二条 申请出口备案的食品生产、加工、储存企业(以下简称出口食品生产企业)应依照国家和相关进口国(地区)法律、法规及食品安全卫生标准进行生产、加工、储存、运输等,并遵守以下基本原则:

(一)承担食品安全的主体责任;

(二)建立和实施以危害分析和预防控制措施为核心的食品安全卫生控制体系,并保证体系有效运行;

(三)保留食品链的食品安全信息,保持产品的可追溯性;

(四)配备与生产相适应的专业技术人员和卫生质量管理人员;

(五)评估生产过程中存在的人为故意污染风险及可能的突发问题,建立预防性控制措施,必要时实施食品防护计划;

(六)建立诚信机制,确保提供的资料和信息真实有效。

第三条 出口食品生产企业应建立并有效运行食品安全卫生控制体系,并达到如下要求:

(一)分析产品的来源、预期用途、包装方式、消费方式及产品工艺流程等信息,识别食品本身和生产加工过程中可能存在的危害,采取相应的预防控制措施;对影响食品安全卫生的关键工序,应制定明确的操作规程,保证控制有效、及时纠正偏差、持续改进不足,做好记录;

(二)建立并有效执行原辅料、食品添加剂、食品相关产品的合格供应商评价程序;

(三)建立并有效执行食品加工卫生控制程序,确保加工用水(冰)、食品接触表面、加工操作卫生、人员健康卫生、卫生间设施、外来污染物、虫害防治、有毒有害物质等处于受控状态,并记录;

(四)建立并有效执行产品追溯系统,准确记录并保持食品链相关食品安全信息和批次、标识信息,实现产品追溯的完整性和有效性;

(五)建立并有效执行产品召回制度,确保出厂产品在出现安全卫生质量问题时及时发出警示,必要时召回;

(六)建立并有效执行对不合格品的控制制度,包括不合格品的标识、记录、评价、隔离和处置等内容;

(七)建立并有效执行加工设备、设施的维护程序,保证加工设备、设施满足生产加工的需要;

（八）建立并有效执行员工培训计划并做好培训记录，保证不同岗位的人员熟练完成本职工作；

（九）建立管理体系内部审核制度，持续完善改进企业的安全卫生控制体系；

（十）对反映产品安全卫生控制情况的有关记录，应制定并执行标记、收集、编目、归档、存储、保管和处理等管理规定。所有记录应真实、准确、规范并具有可追溯性，保存期不少于2年。

第四条 列入必须实施危害分析与关键控制点（HACCP）体系验证的出口食品生产企业范围的出口食品生产企业，应按照国际食品法典委员会《HACCP体系及其应用准则》的要求建立和实施HACCP体系。

第五条 出口食品生产企业应保证其生产和管理人员适合其岗位需要，并符合下列要求：

（一）进入生产区域应保持良好的个人清洁卫生和操作卫生；进入车间时应更衣、洗手、消毒；工作服、帽和鞋应消毒并保持清洁卫生；

（二）与食品生产相关的人员应经体检合格后方可上岗并每年进行健康检查，凡出现伤口感染或者患有可能污染食品的皮肤病、消化道疾病或呼吸道疾病者，应立即报告其症状或疾病，不得继续工作；

（三）从事监督、指导、员工培训的卫生质量管理人员，应熟悉国家和相关进口国（地区）的相关法律法规、食品安全卫生标准，具备适应其工作相关的资质和能力，考核合格后方可上岗。

第六条 出口食品生产企业的厂区环境应避免污染，并符合下列要求：

（一）企业选址应远离有毒有害场所及其他污染源，其设计和建造应避免形成污垢聚集、接触有毒材料，厂区内不得兼营、生产、存放有碍食品卫生的其他产品；

（二）生产区域宜与非生产区域隔离，否则应采取有效措施使得生产区域不会受到非生产区域污染和干扰；

（三）建有与生产能力相适应并符合卫生要求的原料、辅料、成品、化学物品和包装物料的储存设施，以及污水处理、废弃物和垃圾暂存等设施；

（四）主要道路应铺设适于车辆通行的硬化路面（如混凝土或沥青路面等），路面平整、无积水、无积尘；

（五）避免存有卫生死角和蚊蝇孳生地，废弃物和垃圾应用防溢味、不透水、防腐蚀的容器具盛放和运输，放置废弃物和垃圾的场所应保持整洁，废弃物和垃圾应及时清理出厂；

（六）卫生间应有冲水、洗手、防蝇、防虫、防鼠设施，保持足够的自然通风或机械通风，保持清洁、无异味；

（七）排水系统应保持畅通、无异味；

（八）应有防鼠、防虫蝇设施，不得使用有毒饵料；不宜饲养与生产加工无关的动物，为安全目的饲养的犬只等不得进入生产区域；

（九）生产中产生的废水、废料、烟尘的处理和排放应符合国家有关规定。

第七条 食品生产加工车间及设施均应设置合理，易于进行适当的维护和清洗，与食品接触的物品、装置和设备表面均应保持清洁、光滑，以合适的频次进行有效清洗和消毒，并符合下列要求：

（一）车间的面积、高度应与生产能力和设备的安置相适应，满足所加工的食品工艺流程和加工卫生要求；车间地面应用防滑、密封性好、防吸附、易清洗的无毒材料修建，具有便于排水和清洗的构造，保持清洁、无积水，确保污水从清洁区域流向非清洁区域；车间出口及与外界连通处应有防鼠、防虫蝇措施；

（二）车间内墙面、门窗应用浅色、密封性好、防吸附、易清洗的无毒材料修建，保持清洁、光滑，必要时应消毒，可开启的窗户应装有防虫蝇窗纱；

（三）车间屋顶或者天花板及架空构件应能防止灰尘、霉斑和冷凝水的形成以及脱落，保持清洁；

（四）车间内应具备充足的自然或人工照明，光线以不改变被加工物的本色为宜，光线强度应能保证生产、检验各岗位正常操作；固定的照明设施应具有保护装置，防止碎片落入食品；

（五）在有温度、湿度控制要求的工序和场所安装温湿度显示装置；

（六）车间应具有适宜的自然或机械通风设施，保持车间内通风良好。进排风系统在设计和建造上应便于维护和清洁，使空气从高清洁区域流向低清洁区域；

（七）在车间内适当的地点设足够数量的洗手、消毒、干手设备或者用品、鞋靴消毒设施，洗手水龙头应为非手动开关，必要时车间还应供应用于洗手的适宜温度热水；

（八）设有与车间连接并与员工数量相适应的更衣室，不同清洁要求的区域设有单独的更衣室，视需要设立符合卫生要求的卫生间，更衣室和卫生间应保持清洁卫生、无异味，其设施和布局应避免对车间造成污染；

（九）车间内宜有独立区域用于食品容器和工器具的清洗消毒，防止清洗消毒区域对加工区域的污染，清洗消毒设施应易于清洁，具有充分的水供应和排水能力，必要时供应热水；

（十）与食品接触的设备和容器（一次性使用的容器和包装除外），应用耐腐蚀、防锈、防吸附、易清洗的无毒材料制成，其构造应易于清洗消毒，摆放整齐并维护良好；

（十一）盛装废弃物及非食用产品的容器应由防渗透材料制成并予以特别标明。盛装化学物质的容器应标识，必要时上锁；

（十二）应设有充分的污水排放系统并保持通畅，应设有适宜的废弃物处理设施，避免其污染食品或生产加工用水；

（十三）原辅料库应满足储存要求，保持卫生和整洁，必要时控制温度和湿度；不同原辅料分别存放，避免受到损坏和污染。

第八条 生产加工用水（包括冰、蒸汽）应确保安全卫生，并符合以下要求：

（一）属于城市供水的，应按当地卫生行政部门要求每年检测并取得官方出具的检测合格证明；

（二）属于自备水源的，应在使用前经当地卫生行政部门检测合格；使用中应至少每半年检测一次并取得官方出具的检测合格证明；

（三）进口国（地区）对水质有明确要求的，按相关要求执行；

（四）储水设施、输水管道应用无毒材料制成，出水口应有防止回流的装置。储水设施应建在无污染区域，定期清洗消毒，并加以防护；

（五）非生产加工用水应在充分标识的独立系统中循环，不得进入生产加工用水系统。

第九条 出口食品生产企业应采取有效措施保证原辅料、食品添加剂、食品相关产品的安全性，符合下列要求：

（一）根据原辅料特性，应避免其初级生产过程中受到环境污染物、农业投入品、化学物质、有害生物和动植物病害等污染；

（二）应采购、使用符合安全卫生规定要求的原辅料、食品添加剂、食品相关产品，要求供应商提供许可证和产品合格证明文件，并对供应商进行全面评价；对无法提供合格证明文件的食品原辅料，应依照食品安全标准进行检验；

（三）二次加工的动物源性原料应来自检验检疫机构备案的出口食品生产企业；

（四）不改变食品性状或仅进行简单切割、不使用其他物理或化学方法处理食品的分包装出口食品生产企业，其原料应来自检验检疫机构备案的出口食品生产企业；

（五）进口原辅料应提供有效的出口国（地区）证明文件及检验检疫机构出具的进口检验合格证明；

（六）应建立食品原辅料、食品添加剂、食品相关产品进货查验记录制度，如实记录其名称、规格、数量、供货者名称及联系方式、进货日期等内容；食品的原辅料、食品添加剂、食品相关产品经进厂验收合格后方准使用；超过保质期的原辅料、食品添加剂、食品相关产品不得用于食品生产，非食品用途的物质不得用于食品生产；

（七）应依照国家和相关进口国（地区）标准中食品添加剂的品种、使用范围、用量的规定使用食品添加剂。

第十条 食品生产加工过程应防止交叉污染，确保产品适合消费者食用，并符合下列要求：

（一）加工工艺应设计合理，防止交叉污染；根据加工工艺和产品特性，通过物理分隔或时间交错，将不同清洁卫生要求的区域分开设置，控制加工区域人流、物流方向，防止交叉污染；

（二）根据加工工艺、产品特性和预期消费方式，控制加工时间、产品温度和车间的环境温度，保证温度测量装置的准确性并定期进行校准；

（三）应对速冻、冷藏、冷却、热处理、干燥、辐照、化学保藏、真空或改良空气包装等与食品安全卫生密切相关的特殊加工环节进行有效控制，应有科学的依据或国际公认的标准证明该环节采取的措施能够满足安全卫生要求；

（四）建立并有效执行生产设备、工具、容器、场地等清洗消毒程序，班前班后进行卫生清洁工作，专人负责检查；

（五）盛放食品的容器不得直接接触地面；对加工过程中产生的不合格品、跌落地面的产品和废弃物，用有明显标志的专用容器分别收集盛装，并由专人及时处理，其容器和运输工具及时消毒；

（六）加工过程中产生的废水、废料不得对产品及车间卫生造成污染；

（七）内外包装过程应防止交叉污染，必要时内外包装间应分开设置；用于包装食品的内、外包装材料符合安全卫生标准并保持清洁和完整，防止污染食品；再次利用的食品内外包装材料要易于清洁，必要时要进行消毒；包装标识应符合国家和相关进口国（地区）有关法律法规标准要求；包装物料间应保持干燥，内、外包装物料分别存放，避免受到污染。

第十一条 出口食品的储存、运输过程应卫生清洁，并符合下列要求：

（一）储存库应保持清洁，定期消毒，有防霉、防鼠、防蝇虫设施；库内产品应有明显标识以便追溯，并与墙壁、地面保持一定距离；库内不得存放有碍卫生的物品；

（二）预冷库、速冻库、冷藏库应满足产品温度、湿度控制要求，配备自动温度记录装置并定期校准；定期除霜，除霜操作不得污染库内产品或造成库内产品不符合温度要求；

（三）运输工具应保持卫生清洁并维护良好，根据产品特点配备防雨、防尘、制冷、保温等设施；运输过程中保持必要的温度和湿度，确保产品不受损坏和污染，必要时应将不同食品进行有效隔离。

第十二条 企业使用化学物品应避免污染产品，并符合下列要求：

（一）厂区、车间和实验室使用的洗涤剂、消毒剂、杀虫剂、燃油、润滑油、化学试剂等应专库存放，标识清晰，建立并严格执行化学品储存和领用管理规定，设立专人保管并记录，按照产品的使用说明谨慎使用；

（二）在生产加工区域临时使用的化学物品应专柜上锁并由专人保管；

（三）避免对食品、食品接触表面和食品包装物料造成污染。

第十三条 企业应通过检测监控产品的安全卫生，并符合下列要求：

（一）企业如内设实验室，其应布局合理，避免对生产加工和产品造成污染，应配备相应专业技术资格的检测人员，具备开展工作所需要的实验室管理文件、标准资料、检验设施和仪器设备；检测仪器应按规定进行检定或校准；应按照规定的程序和方法抽样，按照相关国家标准、行业标准、企业标准等对产品进行检测判定，并保有检测结果记录；

（二）企业如委托社会实验室，其承担的企业产品检测项目，应具有经主管部门认定或批准的相应资质和能力，并签订合同。

第十四条 新技术/新工艺应提供科学的依据或国际公认的标准证明其符合安全卫生要求，经主管部门批准后方可应用。

在保证食品安全卫生的前提下，必要时可按传统工艺生产加工产品。

第十五条 本要求由国家认证认可监督管理委员会负责解释。

附件2:

实施出口食品生产企业备案的产品目录

分类号	产品类别	分类号	产品类别
1	罐头类	12	酒类
2	水产品类	13	花生、干果、坚果制品类
3	肉及肉制品类	14	果脯类
4	茶叶类	15	粮食制品及面、糖制品类
5	肠衣类	16	食用油脂类
6	蜂产品类	17	调味品类
7	蛋制品类	18	速冻方便食品类
8	速冻果蔬类、脱水果蔬类	19	功能食品类
9	糖类	20	食用明胶类
10	乳及乳制品类	21	腌渍菜类
11	饮料类	22	其他

附件3:

出口食品生产企业备案需验证HACCP体系的产品目录

序号	产品类别	序号	产品类别
1	罐头类	5	果蔬汁
2	水产品类（活品、冰鲜、晾晒、腌制品除外）	6	含肉或水产品的速冻方便食品
3	肉及肉制品类	7	乳及乳制品类
4	速冻蔬菜		

关于注销湖南欧格有机认证有限公司认证机构批准书的公告

2011年第24号

湖南欧格有机认证有限公司（德国BCS设立认证机构）是国家认证认可监督管理委员会于2006年批准设立的从事有机产品认证（仅限出口产品）的认证机构（批准号CNCA-RF-2006-47），认证机构批准书有效期至2011年9月26日。因其专职人员数量不能满足《中华人民共和国认证认可条例》第十条规定的认证机构设立条件，国家认证认可监督管理委员会未批准该公司延续认证机构批准书有效期的申请。经研究，决定自2011年9月27日起，注销湖南欧格有机认证有限公司认证机构批准书。自注销之日起，湖南欧格有机认证有限公司不再具有认证资质。

持有湖南欧格有机认证有限公司颁发的有效认证证书的企业，可按照自愿原则选择经国家认证认可监督管理委员会批准的具有相关认证业务资格的认证机构转换认证证书。

特此公告。

二〇一一年九月二十六日

关于修订电动工具产品强制性认证实施规则的公告

2011年第25号

为进一步规范电动工具产品强制性认证活动，确保实施各环节的更加合理、有效，国家认监委本着“简化流程、降低费用、便利执行”的原则，依据《中华人民共和国认证认可条例》、《强制性产品认证管理规定》（国家质检总局第117号令）及相关法律、法规的要求，对电动工具产品强制性认证实施规则进行了全面修订，现予以公告发布，自2012年3月1日起实施。请各有关单位遵照执行。

修订后的实施规则内容及修改说明详见附件。

附件：

1.《电气电子产品类强制性认证实施规则 电动工具产品》（编号：CNCA-01C-014: 2011）

2. 电动工具产品强制性认证实施规则修订说明

二〇一一年九月二十九日

编号：CNCA-01C-014:2011

电气电子产品类强制性认证实施规则
电动工具产品

2011-09-15发布　　　　2011-03-01实施

1 适用范围

本规则适用的产品范围为：用手握持操作的，装有电源线（含带电源箱或电动机—发电机组）并内装电源开关的、由电动机或由电磁铁作动力来驱动的各类电动工具。

本规则不适用于III类工具、中频电动工具（用电源箱或电动机-发电机组或电源转换器供电的工具除外）、防爆电动工具和GB 3883.1附录K涉及的电池式电动工具。

2 认证模式

型式试验＋初始工厂检查＋获证后监督。

3 认证的基本环节

3.1 认证申请

3.2 型式试验

3.3 初始工厂检查

3.4 认证结果评价与批准

3.5 获证后的监督

4 认证实施的基本要求

4.1 认证申请

4.1.1 申请单元划分

4.1.1.1 按产品类别、型式、规格、工作原理、安全结构等的不同划分申请单元（详见附件1）。

4.1.1.2 认证委托人按申请单元申请认证。

同一生产者（制造商）、同一产品型号、不同生产企业（不同生产场地）生产的产品应作为不同的申请单元，型式试验仅在一个生产企业（生产场地）的样品上进行，必要时，其他生产企业（生产场地）的产品需提供样品/资料进行一致性核查，并出具报告。

同一生产企业（同一生产场地）、不同生产者（制造商）生产的相同产品，应作为不同的申请单元，型式试验仅在对应一个生产者（制造商）的样品上进行，必要时，需提供对应其他生产者（制造商）的样品/资料进行一致性核查，并出具报告。

4.1.2 申请时需提交的文件资料

申请认证应提交正式申请，并根据需要随附以下文件：

（1）产品总装图、电气原理图、线路图等；

（2）关键安全和电磁兼容元器件和/或重要材料清单（参见附件2）；

（3）同一申请单元内各型号产品之间的差异说明；

（4）认证委托人、生产者（制造商）和生产企业的营业执照（境外企业可提供相关的合法证明文件）；

（5）认证技术负责人的任命书及认证机构考核认定证明等材料（如有）；

（6）其他需要的文件（例如：关键元器件的证书编号或证书复印件、重要材料的确认资料、产品照片等）。

4.2 型式试验

4.2.1 型式试验的送样

4.2.1.1 型式试验的送样原则

申请单元中只有一个型号的，送该型号的样品。

型式试验送样应从认证申请单元中选取代表性样品进行型式试验。根据需要，申请单元覆盖的其他产品需送样做补充差异试验。

对定子绕组采用铝线的工具，其覆盖产品的补充试验项目须做（但不限于）如下试验：

（1）起动试验；

（2）输入功率和电流测量；

（3）发热试验；

（4）泄漏电流测量；

（5）防潮试验；

（6）耐久性试验；

（7）不正常操作试验；

（8）对覆盖产品规定的其他补充试验项目。

申请整机认证时，整机内的关键安全和电磁兼容元器件（附件2）应按对应要求单独送样进行检测，送样原则见附件2的要求。若关键安全和电磁兼容元器件已获得有效的强制性产品认证证书/国家认监委规定的可为整机强制性认证承认认证结果的自愿性认证证书，可免于单独送样检测，但应满足整机检测标准的要求。必要时，提供相关样品/资料供认证机构核查。

4.2.1.2 样品真实性

通常情况，型式试验的样品由认证委托人按认证机构的要求选送，必要时，认证机构可采取现场抽样或者现场封样后由认证委托人送样等方式获得样品。

认证委托人应保证其提供的样品与实际生产的样品一致，认证机构应当对认证委托人提供样品的真实性进行审查，实验室对样品真实性有疑义的，应当向认证机构说明情况，并做出相应处理。

4.2.1.3 送样数量

型式试验的样品由认证委托人负责按认证机构的要求选送，认证委托人对选送样品负责。每个申请认证单元主检送4台，覆盖产品各送2台。当样品的定子绕组采用了铝线时，每个申请单元主检送4台，覆盖产品各送3台。

随整机检测和单独送样检测的元器件和材料的送样数量见附件2。

4.2.1.4 型式试验样品及相关资料的处置

型式试验后，应以适当方式处置试验样品和/或相关资料。

4.2.2 型式试验的检测标准、项目及方法

4.2.2.1 检测标准

认证检测依据的标准见附件3的规定，检测时应采用标准的现行有效版本（国家认监委另有公告说明的除外）。

4.2.2.2 检测项目

（1）安全检测项目

产品的安全检测项目为系列安全标准GB 3883中规定的全部适用项目。

（2）电磁兼容检测项目

产品的电磁兼容检测项目为GB 4343.1和GB 17625.1中规定的下述检测项目：

端子骚扰电压

骚扰功率

谐波电流

4.2.2.3 检测方法

依据标准规定的和/或引用的方法和/或标准进行检测。

4.2.3 型式试验报告

认证机构按照规定的内容组织编制型式试验报告格式，内容应准确、清晰、完整。型式试验报告应包含产品描述，其中应对申请单元内的所有产品和认证相关信息进行描述。

型式试验结束后，实验室出具《型式试验报告》。

当型式试验有部分项目不合格时，允许认证委托人进行整改；整改应在认证机构规定的期限内完成，超过该期限的视为认证委托人放弃申请；认证委托人也可主动终止申请。

认证机构/实验室应及时向认证委托人提供型式试验报告，认证委托人应保证其生产企业能获得完整有效的型式试验报告。

4.3 初始工厂检查

4.3.1 检查内容

工厂检查的内容为工厂质量保证能力检查和产品一致性检查。

4.3.1.1 工厂质量保证能力检查

按照确保产品一致性、促进认证结果持续有效的原则，由认证机构针对工厂的“职责和资源，文件和记录，采购和进货检验，生产过程控制和过程检验，例行检验和确认检验，检验试验仪器设备，不合格品的控制，内部质量审核，认证产品的一致性，包装、搬运和储存”等内容制定相应产品的工厂质量保证能力检查实施细则，报国家认监委备案后公布实施。此外，还应按照《电动工具产品工厂质量控制的检测要求》（附件4）进行核查。

4.3.1.2 产品一致性检查

工厂检查时，应在生产现场对申请认证的产品进行一致性检查。若认证涉及多个单元的产品，则一致性检查应对每个生产者（制造商）、每类产品至少抽取一个规格型号，重点核实以下内容：

（1）认证产品的铭牌上所标明的产品名称（如有）、绕组材质（如果定子绕组是铝线）、型号、规格、技术参数与型式试验报告上所标明的应一致；

（2）认证产品的结构（主要为涉及安全和电磁兼容性能的结构）应与型式试验时的样机一致。

（3）认证产品所用的关键安全电磁兼容元器件、重要零部件和材料，应与型式试验时申报并经认证机构所确认的一致。

在工厂检查时，对产品的安全和电磁兼容性能可采取现场见证试验。

4.3.1.3 检查范围

工厂质量保证能力检查和产品一致性检查应覆盖申请认证的所有产品及其加工场所。

4.3.2 检查时间

一般情况下，型式试验合格后进行初始工厂检查。特殊情况下，型式试验和工厂审查可以同时进行。初始工厂检查时，工厂应生产申请认证范围内的产品。

工厂检查时间根据所申请认证产品的单元数量和工厂的生产规模确定，一般每个加工场所为1～4人日。

型式试验结束后，工厂检查原则上应在一年内完成，否则应重新进行型式试验。

4.3.3 检查结论

检查组向认证机构报告检查结论。检查结论为不合格的，检查组直接向认证机构报告不合格结论；工厂检查存在不符合项时，工厂应在认证机构规定的期限内完成整改，认证机构（检查组）应采取适当方式对整改结果

进行验证。未能按期完成整改的，按工厂检查结论不合格处理。

4.4 认证结果评价与批准

4.4.1 认证结果评价与批准

由认证机构负责组织对型式试验结论、工厂检查结论进行综合评价，评价合格后，由认证机构对认证委托人颁发认证证书（原则上，每一个申请单元颁发一张认证证书）。

4.4.2 认证时限

认证时限指自受理认证申请之日起至颁发认证证书时止所实际发生的工作日，包括型式试验时间、工厂检查时间及检查后提交报告时间、认证结果评价和批准时间，以及证书制作时间。

型式试验时间一般为30个工作日（因检测项目不合格，企业进行整改和复试的时间不计算在内）。当整机的安全和电磁兼容元器件需要进行随机试验时，其试验所需时间超过整机试验时间，型式试验时间按安全和电磁兼容元器件最长的试验时间计算。从收到样品和检测费之日起计算时间。

工厂检查后提交报告时间为5个工作日，以检查员完成现场检查、收到生产企业提交符合要求的不符合项纠正措施报告之日起计算。

认证结果评价、批准时间一般不超过5个工作日（从收到认证费用之日起计算时间）。

4.4.3 认证终止

当最终产品型式试验结论或工厂检查结论为不合格时，认证机构应做出不合格决定，终止认证。

认证委托人可向认证机构提出终止认证。

4.5 获证后的监督

4.5.1 获证后监督的内容

获证后的监督包括年度监督检查、监督抽样检测，以及认证机构对其认证的产品实施有效的跟踪调查。年度监督检查、监督抽样检测可同时进行，也可分别进行。

4.5.2 年度监督检查

认证机构在进行正常年度监督检查时，可采取预先通知被检查方和不预先通知被检查方两种方式进行。应优先安排在企业的生产季内采用不预先通知被检查方的方式进行。同一生产场地、不同生产者（制造商），应分别接受年度监督检查。

特殊监督应采取不预先通知被检查方的方式进行。

认证委托人应在规定的周期内接受监督，否则按不能接受监督处理。

4.5.2.1 年度监督检查的频次

一般情况下，从该类产品的初始工厂检查起，每12个月内至少对工厂进行一次监督检查。若发生下述情况之一需增加并确定合理的监督频次：

（1）获证产品出现严重质量问题或用户提出投诉，并经查实为认证委托人/生产者（制造商）/生产企业责任的；

（2）认证机构有理由对获证产品与安全和电磁兼容标准要求的符合性提出质疑时；

（3）有足够信息表明生产者（制造商）、生产企业因变更组织机构、生产条件、质量管理体系等，可能影响产品符合性或一致性时。

4.5.2.2 年度监督检查的内容

获证后监督的方式采用：工厂质量保证能力复查+认证产品一致性检查+抽样检测。

按照确保产品一致性、促进认证结果持续有效的原则，由认证机构制定相应产品的工厂质量保证能力监督检查实施细则，报国家认监委备案后公布实施。

获证产品一致性检查的内容与初始工厂检查时的产品一致性检查内容基本相同。同时，关键安全和电磁兼容元器件和重要材料的更换应符合变更要求（见附件2）以及认证机构对认证技术负责人的要求。

此外，还应检查“CCC”认证标志和认证证书的使用情况。

监督检查所需的时间，需根据获证产品的单元数量确定，并适当考虑工厂的生产规模，一般为1～2个人日。

4.5.2.3 年度监督检查的抽样检测

认证机构应根据上一年度监督抽样检测结果、行业质量状况、企业质量状况制定年度抽样检测方案并负责实施。

抽样检测的样品应在工厂生产的合格品中（为切实保证认证产品的一致性和真实性，抽样场所可以根据实际情况选择市场/企业销售网点现场、生产线末端、仓库等）随机抽取。抽样检测由指定实验室负责。具体抽样方法和要求按认证机构有关规定执行。市场/企业销售网点所开展的抽样检测，认证委托人、生产者（制造商）应提供必要的信息。

检测的样品应按产品类别进行抽取，每一类产品抽样检测的数量为2台，如果包含EMC监督试验项目，则抽样数量为3台（应为同一型号、规格的产品），每年抽样不超过10类，自封样日起10个工作日内寄到指定的实验室。

对于定子绕组为铝线的工具，监督检查抽样的数量每一类3台，如果包含EMC监督试验项目，则抽样数量为4台。

型式试验采用标准所规定的检测项目均可作为监督抽样的检测项目。具体的检测项目依照认证机构制定的监督抽样检测方案确定。

认证检测采用的标准所规定的项目均可作为抽样检

测项目。对定子绕组采用铝线的工具，至少还应包含下述试验项目：

（1）起动试验；

（2）输入功率和电流测量；

（3）泄漏电流测量；

（4）防潮试验；

（5）不正常操作试验。

认证机构可针对不同产品的不同情况，以及其对产品安全性能或电磁兼容性能影响程度，进行部分或全部项目检测。

认证机构应于每年年底前将当年监督抽样检测结果及评估报告报国家认监委。

4.5.2.4 年度监督检查结论

4.5.2.4.1 年度监督检查中的质量保证能力复查

检查组向认证机构报告监督检查结论。监督检查发现不符合项的，工厂应在40个工作日内完成整改，认证机构采取适当方式对整改结果进行验证；未能按期完成整改的，按工厂检查结论不合格处理。结论为不合格的，检查组直接向认证机构报告不合格结论。

4.5.2.4.2 年度监督检查中的抽样检测

年度监督抽样检测中有不合格项的，按年度监督抽样检测结论不合格处理。

4.5.2.5 年度监督检查结果的评价

获证产品年度监督检查合格后，可以继续保持认证资格、使用认证标志。不合格的，按照5.3的要求执行。

4.5.3 认证机构的跟踪调查

认证机构应根据《认证认可条例》的要求对其认证的产品实施有效的跟踪调查。并根据跟踪调查的结果对认证证书的状态进行相应的处理。

5 认证证书

5.1 认证证书的保持

5.1.1 证书的有效性

本规则覆盖产品认证证书的有效期为5年，ODM和OEM证书的有效期按协议规定，但不超过5年。有效期内，证书的有效性依赖认证机构组织的获证后监督获得保持。对拒绝监督的工厂，认证机构应撤销其持有的认证证书。

认证证书有效期届满，需要延续使用的，认证委托人应当在认证证书有效期届满前90天内申请办理。

5.1.2 认证产品的变更

5.1.2.1 变更申请

获证后的产品，如果其产品中属于附件2所列明的关键安全和电磁兼容元器件的制造商、生产厂、型号、规格、技术参数等，或涉及整机安全/电磁兼容的设计、电气结构等发生变更，以及认证证书的相关信息、标准等发生变化时，应向认证机构提出变更批准/备案的申请。

关键安全和电磁兼容元器件和重要材料的变更应符合附件2所规定的变更要求，以及认证机构对强制性产品认证技术负责人（以下简称认证技术负责人，见注）的相关要求。

注：认证技术负责人由生产者（制造商）任命/授权，并经认证机构认定；认证技术负责人应具有独立行使其职能的权力，具备实施其职能的能力；认证技术负责人不得兼任其他生产者（制造商）的认证技术负责人；认证技术负责人变更时，生产者（制造商）负责上报认证机构并重新认定。

认证技术负责人的职责：

（1）认证技术负责人负责适用简化流程的关键元器件和材料变更的批准；

（2）应按认证实施规则的要求，认真履行认证产品中关键元器件和材料变更的批准，确保变更信息准确、及时的上报，并对生产企业及其获证产品的一致性负责。

（3）认真做好并保存变更记录。

5.1.2.2 变更的评价和批准

认证机构根据变更的内容和提供的资料进行评价，确定是否可以变更或需送样品进行测试，如需送样试验，测试合格后方能进行变更。

原则上，应以最初进行全项型式试验的主检型号产品为变更评价的基础。

5.2 认证产品的扩展

5.2.1 扩展程序

认证委托人需要扩展已经获得认证产品单元覆盖范围时，应从认证申请开始办理手续。认证机构应核查扩展产品与原认证产品的一致性，确认原认证结果对扩展产品的有效性。需要时，针对差异做补充检测或检查。确认合格后，根据认证委托人的要求单独颁发认证证书或换发认证证书。

原则上，应以最初进行全项型式试验的主检型号产品为扩展的基础。

5.2.2 样品要求

证书委托人应先提供扩展产品的有关技术资料，需要送样时，应按本规则4.2的要求选送样品进行核查。必要时,对样品进行检测，检测结果报认证机构核查。

5.3 认证证书的注销、暂停、撤销

认证证书的注销、暂停、撤销依据《强制性产品认证管理规定》和《强制性产品认证证书注销、暂停、撤销实施规则》及认证机构的有关规定执行。

5.4 认证证书的使用

认证证书的使用应符合《强制性产品认证管理规定》的要求。

6 强制性产品认证标志的使用

6.1 基本要求

证书持有者必须遵守《强制性产品认证管理办法》和《强制性产品认证标志管理办法》的规定。

6.2 准许使用的标志样式

认证涉及安全和电磁兼容时，采用“S&E”认证标志：

6.3 变形认证标志的使用

本规则覆盖的产品不允许加施任何形式的变形认证标志。

6.4 加施方式

可以采用国家认监委统一印制的标准规格标志（标签）、模制式、铭牌印刷三种方式中的任何一种。

6.5 标志位置

应在产品本体明显位置上加施认证标志。

7 收费

认证费用由认证机构和实验室按国家有关规定收取。

8 其他要求

对于定子绕组为铝线的电动工具，认证机构应在获证工具的认证证书上注明绕组材料，证书持有人应在其获证产品铭牌上标识其绕组材料。

附件1：

电动工具申请CCC认证单元的划分

1 分为同一个申请单元的必要条件

1.1 同品种工具：

a. 铝线、铜包铝线和铜线电动工具均不属于同一申请单元；

b. 不同绝缘类别（I类、II类、III类）的电动工具不属于同一申请单元；

c. 多用工具和单用工具不属于同一申请单元；

d. 螺丝刀，冲击扳手不属于同一申请单元；

e. 角向磨光机，电磨，直向砂轮机不属于同一申请单元；

f. 非盘式平板砂光机、圆板砂光机、带式砂光机不属于同一申请单元；

g. 带分料刀圆锯和不带分料刀圆锯不属于同一申请单元；

h. 电钻，冲击电钻属于同一申请单元；

i. 电锤、旋转电锤、锤钻和电镐可属于同一申请单元；

j. 电剪刀，电冲剪不属于同一申请单元；

k. 曲线锯，刀锯不属于同一申请单元；

l. 电木铣，修边机不属于同一申请单元。

1.2 相同的电动机类型：

a. 往复式，旋转式电动机不属于同一申请单元；

b. 单相串励，单相感应电动机不属于同一申请单元；

c. 电容起动，电容运转电动机不属于同一申请单元；

d. 直流，交流电动机不属于同一申请单元；

e. 单相感应，三相感应电动机不属于同一申请单元；

f. 不同频率的感应电动机不属于同一申请单元。

1.3 相同的额定电压（允许额定电压范围覆盖）：

a. 380V级、220 V级、110 V级、特低电压级不属于同一申请单元；

b. 220V～240 V, 220 V可属于同一申请单元。

1.4 相同的电动机定转子冲片尺寸和材料。

1.5 相同的安全结构，但可以有微小的变化、机械传动结构可以稍有不同（应是可以通过图样或少量的试验即可判定的变化）：

a. 对开式（half）机壳与圆筒式机壳不属于同一申请单元；

b. 不同的刷握结构（管式、印盒式、盘簧式）不属于同一申请单元；

c. 因电动机的铁芯叠长而仅使机壳电动机部分加长，可属于同一申请单元；

d. 因开关的改变而引起手柄部位的微小改变，可属于同一申请单元；

e. 仅机壳的厚度加厚，可属于同一申请单元；

f. 头壳部位增加侧手柄，可属于同一申请单元；

g. 手柄部位有、无护手，可属于同一申请单元；

h.因仅开关的变化引起手柄轴向长度的变化，可属于同一申请单元。

1.6 相类同的关键元器件、重要材料（器具开关、电源线、干扰抑制器、电容器、隔离变压器或安全隔离变压器、换向器、电刷、绝缘材料的绝缘等级等）：

a. 有或无正反转开关可属于同一申请单元；

b. 有或无电子调速开关可属于同一申请单元；

c. 自锁或非自锁开关可属于同一申请单元；

d. 不同的电源线可属于同一申请单元；

e. 不同的干扰抑制器可属于同一申请单元；

f. 不同的电容器可属于同一申请单元；

g. 不同的隔离变压器（输入、输出电压必须相同）可属于同一申请单元；

h. 不同的安全隔离变压器（输入、输出电压必须相同）可属于同一申请单元；

i. 不同的电刷材质和尺寸可属于同一申请单元；

j. 不同开关数量的产品可属于同一申请单元；

k. 不同的开关位置使得工具的结构明显变化不属于同一申请单元；

l. 不同尺寸的换向器不属于同一申请单元；

m. 不同绝缘等级的工具不属于同一申请单元。

2 同一申请单元中选取主检产品的原则

2.1 当有额定电压范围的产品覆盖了申请单元中的其它电动工具时，应以标有额定电压范围的产品为主检产品；

2.2 当额定输入功率不同、绕组参数有变化时，应以最大额定输入功率的产品为主检产品；

2.3 当申请单元中同规格产品转速不同、绕组参数有变化时的产品，应以最高转速为主检产品；

2.4 同一申请单元中的产品采用了不同元器件时，可依次选电子调速开关、正反转开关的电动工具为主检产品。

3 申请单元中被覆盖产品，应根据具体情况作下述（但不限于）相关安全差异补充检验项目

3.1 标志和说明书检查；

3.2 输入功率和电流测量；

3.3 发热试验；

3.4 泄漏电流测量（抑制器由两线改为Δ型时）；

3.5 耐久性试验（如果主检产品的输出轴空载速度不是最高值；或绕组参数作了改变；或换向器作了改变；或产品的机壳结构发生了改变等）；

3.6 不正常操作试验（如果主检产品的输出轴空载速度不是最高值、主检产品与覆盖产品绕组参数不同）；

3.7 组件检查、接线端子检查（开关作了改变）；

3.8 电源联接检查（电源线作了改变）；

3.9 当非电子调速开关的产品为主检产品，而扩充电子调速开关产品等情况时，需补充测量正常负载参数、泄漏电流测量、发热试验和耐久性试验；

3.10 接地电感的发热试验（I类工具中增加接地电感时）；

3.11 差异需要进行的其他相关补充试验。

注：被覆盖产品除了铭牌上的额定输入功率降低外，其余均与主检产品完全相同时，可不作差异补充试验。

4 覆盖产品电磁兼容试验的检测原则

4.1 对按上述规则划分在一个申请单元中的电动工具，其输入功率跨在国家标准GB 4343.1中的不同输入功率档时，每个功率档的产品都要进行电磁兼容试验；当产品电气参数和安全结构完全相同时，仅取小功率档的电动工具产品进行试验。

4.2 当在同一申请单元中的同一个功率档中，有多于3个型号的电动工具时，电磁兼容试验时增加一个型号的电动工具，并应取额定输入功率仅次于最大额定输入功率的电动工具；但当产品电气参数和安全结构完全相同，仅是机械部分结构不同时，只取一个型号进行电磁兼容试验。

4.3 当在同一单元中扩展额定输入功率高于该单元中最大额定输入功率时，应对该扩展的工具增加进行电磁兼容试验；当产品电气参数和安全结构完全相同，只是机械部分结构不同时，则无需进行电磁兼容检测。

4.4 当非电子调速开关的电动工具为主检产品时，被覆盖的电子调速开关产品，应增加进行全部电磁兼容试验。

4.5 当工具中所用的电子调速开关不相同时，被覆盖的产品，应增加进行全部电磁兼容试验，

4.6 当主检产品不具备正反转功能时，被覆盖的具有正反转功能的产品增加全部电磁兼容试验。

4.7 当主检产品使用的关键电磁兼容元器件与覆盖产品使用的关键电磁兼容元器件不同时，除选取主检产品进行整机电磁兼容试验外，覆盖产品需做补充试验，具体项目视元器件的差异按下列附件2 表三中的相关要求进行。

附件2:

关键元器件、重要材料清单及其变更要求

关键安全和电磁兼容元器件和重要材料清单见下表一至表三。

关键安全和电磁兼容元器件和重要材料的变更规定如下：

1 关键安全和电磁兼容元器件（以下简称元器件）和重要材料变更分为A类变更和B类变更，原则如下：

1.1 A类变更需经过认证机构的批准。变更时，整机是否符合安全和电磁兼容标准要求，必须由实验室按照整机和元器件标准中相关项目所规定的试验进行确认，并由认证机构评定合格后批准变更。

1.2 B类变更可不经过认证机构的批准。变更时，整机是否符合安全和电磁兼容标准要求，可由企业认证技

术负责人对资料进行确认/技术判断，当判定变更情况符合B类变更条件和要求时，可无需获得认证机构的批准直接向认证机构报备。

2 B类变更条件

（1）有生产者（制造商）任命/授权、并经认证机构考核认定的认证技术负责人；

（2）生产者（制造商）具有良好的信誉。

3 B类变更的要求

3.1 适用B类变更时，应由生产者（制造商）的认证技术负责人批准，保存变更记录并向认证机构报备。

3.2 适用B类变更时，误报、漏报视为变更无效，并视同擅自变更元器件和重要材料。认证机构一经发现违规变更的情况，应视情节严重程度依据《强制性产品认证管理规定》和《强制性产品认证证书注销、暂停、撤销实施规则》及认证机构的有关规定执行。

3.3 提供虚假变更信息的视为擅自变更元器件和重要材料，认证机构应撤销其认证证书。

表一：　　关键安全元器件

序号	元器件名称	执行标准	类别	分类说明	随机送样数量
1	器具开关	GB 15092.1	A	有自愿认证证书或有效期内合格检验报告	无需单独送样（仅做随整机试验）
				无自愿认证证书或无有效期内合格检验报告	无螺纹端子开关26个，其他开关8个
2	插头	GB 2099.1 GB 1002/GB 1003	A	参数改变	按国家强制性认证要求
			B	仅生产者（制造商）和/或生产企业改变	
3	电源线	GB 5013.4 或GB 5023.5	A	材质或线径作了改变	按国家强制性认证要求
			B	仅生产者（制造商）和/或生产企业改变	
4	干扰抑制电容器	GB/T 14472	A	参数改变，有自愿认证证书或有效期内合格检验报告	无需单独送样（仅做随整机试验）
				参数改变，无自愿认证证书或无有效期内合格检验报告	采用X和Y类组成的抑制电容器62个，其它50个
			B	仅生产者（制造商）和/或生产企业改变	
5	隔离变压器/安全隔离变压器	GB 19212.1 GB 19212.5/ GB 19212.7	A	生产者（制造商）或输入输出或参数改变，有自愿认证证书或有效期内合格检验报告	无需单独送样（仅做随整机试验）
				生产者或输入输出或参数改变，无自愿认证证书也无有效期内合格检验报告	8个（其中未浸渍的1个） 对非安全型变压器，11个（其中未浸渍的1个）
			B	生产者（制造商）、输入输出、参数无改变	
6	配套电源箱（电源适配器）	GB 19212.1 GB 19212.18	A	生产者（制造商）或输入输出或参数有改变，有自愿认证证书或有效期内合格检验报告	无需单独送样（仅做随整机试验）
				生产者（制造商）或输入输出或参数有改变，无自愿认证证书也无有效期内合格检验报告	6个
			B	仅生产企业改变	
7	换向器	JB/T 10107	A	生产者（制造商）或材料或结构改变，有自愿认证证书或有效期内合格检验报告	无需单独送样（仅做随整机试验）
				生产者（制造商）或材料或结构改变，无自愿认证证书也无有效期内合格检验报告	10个（其中3个表面需精加工）
			B	生产者（制造商）、材料、结构无改变（槽型、钩型改变除外）	
8	器具耦合器	GB 17465.1 GB 17465.2	A	尺寸或参数或结构改变	按国家强制性认证要求
			B	仅生产者（制造商）和/或生产企业改变	
9	RCD/ PRCD	GB/Z 6829/ GB 20044	A	参数或电缆或结构改变	按国家强制性认证要求
			B	仅生产者（制造商）和/或生产企业改变	

续表

序号	元器件名称	执行标准	类别	分类说明	随机送样数量
10	热保护器	GB 14536.1 GB14536.3 GB 13232、 GB/T 13002	A	参数改变，有自愿认证证书或有效期内合格检验报告	无需单独送样（仅做随整机试验）
				参数改变，无自愿认证证书也无有效期内合格检验报告	15个
			B	仅生产者（制造商）和/或生产企业改变	
11	连接器件	GB 13140.1～3 GB 17196	A	型式、参数改变，有自愿认证证书或有效期内合格检验报告 型式、参数改变，无自愿认证证书也无有效期内合格检验报告	无需单独送样（仅做随整机试验） GB 13140：10个，GB 17196：24个
			B	仅生产者（制造商）和/或生产企业改变，	

注：凡拟按B类变更报备的元器件，均应备有自愿认证证书，或备有有效期内的合格检验报告。

表二： **安全重要材料**

序号	重要材料名称	类别	分类说明	确认方式
1	定转子	A		随整机安全试验
2	硅钢片	A	型号（牌号）改变	随整机安全试验
		B	仅生产者（制造商）和/或生产企业改变	
3	电刷	A	型号（牌号）或规格改变	随整机安全试验
		B	仅生产者（制造商）和/或生产企业改变	
4	电感	A	参数（含磁环（芯））有改变	随整机安全试验
		B	仅生产者（制造商）和/或生产企业改变	
5	绕组电磁线	A	降低耐热等级或改变线径或匝数	提供有效期内合格检验报告，并随整机安全试验
		B	仅生产者（制造商）和/或生产企业改变；采用同等级或提高耐热等级；备有有效期内合格检验报告	
6	槽绝缘	A	耐热等级降低	提供有效期内合格检验报告，并随整机安全试验
		B	仅生产者（制造商）和/或生产企业改变；采用同等级或提高耐热等级；备有有效期内合格检验报告	
7	轴绝缘	A	绝缘材料型号（牌号）改变或绝缘结构改变	整机随机安全试验
		B	仅生产者（制造商）和/或生产企业改变	
8	绝缘漆	A	耐热等级降低	提供有效期内合格检验报告，并随整机安全试验
		B	仅生产者（制造商）和/或生产企业改变；采用同等级或提高耐热等级，备有有效期内合格检验报告	
9	机壳材料	A	生产者（制造商）或型号（牌号）改变	随整机安全试验
10	绝缘刷握材料	A	生产者（制造商）或型号（牌号）改变	随整机安全试验
11	内部布线	A	生产者（制造商）或型号规格（线径）改变，无认证证书	随整机安全试验
		B	生产者（制造商）或型号规格（线径）改变，有认证证书	

注：

1. 绕组采用B级及以上绝缘等级时，应按GB/T 11021的规定进行绝缘结构评定。

2. 当绕组温升超过标准规定值时，可按照GB 3883.1中“发热”规定的附加试验方法进行认定。

3. 槽绝缘应有以下要求：击穿电压、热态粘结性。执行标准为：GB/T 5591.1、GB/T 5591.2、GB/T 5591.3。

4. 绝缘漆应有以下要求：固体含量（仅限于有溶剂漆）、挥发分（仅适用于无溶剂漆）、厚层固化能力、体积电阻率（常态）、电气强度（常态）。执行标准为：GB/T 1981.1、GB/T 1981.2。

5. 对于绕组电磁线，应符合相应国家标准或提供生产许可证。铝电磁线应符合GB/T 23312系列，铜电磁线应符合GB/T 6109系列。其中使用铝电磁线制造产品的生产者（制造商）应提供：

（1）经中国合格评定国家认可委员会（CNAS）认可的实验室出具的合格检测报告；

（2）整机企业法人代表签名的符合性声明。

表三：　　　　　　　　　　关键电磁兼容元器件和重要材料

序号	名称	执行标准	类别	分类说明	随机送样数量及确认方式
1	干扰抑制电容器（独立式）	GB/T 14472	A	电容量或联接型式改变，有自愿认证证书	无需单独送样（仅做随整机试验）
				电容量或联接型式改变，无自愿认证证书	无螺纹端子开关26个，其他开关8个
			B	仅生产者（制造商）和/或生产企业改变	
2	电子调速器具开关	GB 15092.1	A	制造商或型号或参数改变	送样数量和检测同关键安全元器件（无需重复送样），随整机做骚扰电压、骚扰功率、谐波电流试验
3	电子调速器件	—	A	制造商或型号或参数改变	随整机做骚扰电压、骚扰功率、谐波电流试验
4	电感（独立式）	—	B	生产者（制造商）或型号或参数改变	随整机做骚扰电压、骚扰功率试验
				槽型、钩型改变	
5	换向器	JB/T 10107	B	生产者（制造商）或型号或参数改变	随整机做骚扰电压、骚扰功率试验
				槽型、钩型改变	
6	RCD（装有连续工作振荡器）	GB/Z 6829	A	生产者（制造商）或型号或参数改变	按国家强制性认证要求+整机做骚扰电压、骚扰功率试验
7	PRCD（装有连续工作振荡器）	GB 20044	A	生产者（制造商）或型号或参数改变	按国家强制性认证要求+整机做骚扰电压、骚扰功率试验
8	定转子	—	A	生产者（制造商）或型号或规格改变	随整机做骚扰电压、骚扰功率、谐波电流试验
9	电刷	—	B	生产者（制造商）或型号（牌号）或规格改变	随整机做骚扰电压、骚扰功率试验
10	专用谐波电流滤波器	—	A	生产者（制造商）或型号（牌号）规格改变	随整机做骚扰电压、骚扰功率、谐波电流试验
11	配套电源箱（电源适配器、安全隔离变压器）	—	A	生产者（制造商）或型号（牌号）规格改变，有自愿认证证书	随整机做骚扰电压、骚扰功率、谐波电流试验
				生产者（制造商）或型号（牌号）规格改变，无自愿认证证书	送样数量和检测同关键安全元器件（无需重复送样）+整机随机做骚扰电压、骚扰功率、谐波电流试验

附件3：

电动工具认证依据的标准

手持式电动工具安全检测标准：

（1）GB 3883.1《手持式电动工具的安全 第一部分：通用要求》

（2）GB 3883.2《手持式电动工具的安全 第二部分：螺丝刀和冲击扳手的专用要求》

（3）GB 3883.3《手持式电动工具的安全 第二部分：砂轮机、抛光机和盘式砂光机的专用要求》

（4）GB 3883.4《手持式电动工具的安全 第二部分：非盘式砂光机和抛光机的专用要求》

（5）GB 3883.5《手持式电动工具的安全 第二部分：圆锯的专用要求》

（6）GB 3883.6《手持式电动工具的安全 第二部分：电钻和冲击电钻的专用要求》

（7）GB 3883.7《手持式电动工具的安全 第二部分：锤类工具的专用要求》

（8）GB 3883.8《手持式电动工具的安全 第二部分：电剪刀和电冲剪的专用要求》

（9）GB 3883.9《手持式电动工具的安全 第二部分：攻丝机的专用要求》

（10）GB 3883.10《手持式电动工具的安全 第二部分：电刨的专用要求》

（11）GB 3883.11《手持式电动工具的安全 第二部分：往复锯（曲线锯、刀锯）的专用要求》

（12）GB 3883.12《手持式电动工具的安全 第二部分：混凝土振动器的专用要求》

（13）GB 3883.13《手持式电动工具的安全 第二部分：不易燃液体电喷枪的专用要求》

（14）GB 3883.14《手持式电动工具的安全 第二部分：链锯的专用要求》

（15）GB 3883.15《手持式电动工具的安全 第二部分：修枝剪的专用要求》

（16）GB 3883.17《手持式电动工具的安全 第二部分：木铣和修边机的专用要求》

（17）GB 3883.18《手持式电动工具的安全 第二部分：石材切割机的专用要求》

电动工具电磁兼容检测标准：

（1）GB 4343.1《家用电器、电动工具和类似器具的电磁兼容要求 第1部分：发射》；

（2）GB 17625.1《电磁兼容 限值 谐波电流发射限值（设备每相输入电流≤16A）》。

附件4:

电动工具产品工厂质量控制检测要求

<table>
<tr><th>产品
名称</th><th>认证依据标准</th><th>试验项目</th><th>确认检验
（标准条款编号）</th><th>例行检验
（标准条款编号）</th></tr>
<tr><td rowspan="11">手
持
式
电
动
工
具</td><td rowspan="10">GB 3883.1
GB 3883.2
GB 3883.3
GB 3883.4
GB 3883.5
GB 3883.6
GB 3883.7
GB 3883.8
GB 3883.9
GB 3883.10
GB 3883.11
GB 3883.12
GB 3883.13
GB 3883.14
GB 3883.15
GB 3883.17
GB 3883.18</td><td>接地电阻测量</td><td>1次/批
或2次/年
26.5</td><td>√
（按附录中的方法）</td></tr>
<tr><td>输入功率和电流测量</td><td>1次/批
或2次/年
11</td><td>—</td></tr>
<tr><td>发热试验</td><td>1次/批
或2次/年
12</td><td>—</td></tr>
<tr><td>耐久性试验</td><td>1次/批
或2次/年
17</td><td>—</td></tr>
<tr><td>耐久后的
电气强度试验</td><td>1次/批
或2次/年
15.2</td><td>—</td></tr>
<tr><td>电缆弯曲试验（注3）</td><td>1次/批
或2次/年
24.12</td><td>—</td></tr>
<tr><td>电缆拉、扭力试验（注4）</td><td>1次/批
或2次/年
24.14</td><td>—</td></tr>
<tr><td>电气强度试验</td><td>15.2</td><td>√
（按附录中的方法）</td></tr>
<tr><td>空载参数
（按企业标准）</td><td>—</td><td>√</td></tr>
<tr><td>标志检查</td><td>—</td><td>√
8.1～8.6, 8.12</td></tr>
<tr><td>GB 4343.1
GB 17625.1</td><td>电磁兼容试验</td><td>1次/2年</td><td>—</td></tr>
</table>

说明：

1. 例行检验是在生产最终阶段对生产线上的产品进行的100%检验，通常检验后，除包装和加贴标签外，不再进一步加工。允许用经验证后确定的等效、快速的方法进行。

2. 确认检验是为验证产品持续符合标准要求进行的抽样检验，确认检验应按标准的规定进行。若工厂不具备测试设备，可委托经CNAS认可的实验室检测。

3. 电缆弯曲确认试验项目不适用于振动机构设在振动棒内、手持部位不含电动机、电源开关和电缆线的插入式混凝土振动器（背负使用的除外）。

4. 电缆拉、扭力试验仅适用于振动机构设在振动棒内、手持部位不含电动机、电源开关和电缆线的插入式混凝土振动器（背负使用的除外）。

5. 打“√”表示例行检验和/或确认检验时适用的检验项目。

附: 例行检验的试验方法

1. 电气强度试验

工具的绝缘应通过以下试验检验:

在带电零件与下述零件之间施加实际正弦波形的电压, 频率为50 Hz 或 60 Hz, 电压值如下表所示:

(1) 当绝缘失效时或因不正确装配而引起带电的易触及零件;

本项试验在装配好的工具上进行, 适用于所有工具;

(2) 不可触及零件。

本项试验仅在II类工具上进行, 或者是完全装配好的, 或者是在流水线上的。

电气强度试验用试验电压

试验电压的施加	试验电压/V		
	III类工具	II类工具	I类工具
跨接基本绝缘	400	1000	1000
跨接附加绝缘或加强绝缘	—	2500	—

用于试验的高压变压器应设计成当输出电压已调节到适当的试验电压, 输出端被短路时, 输出电流至少为200 mA。

当输出电流大于5 mA时, 过电流继电器应动作。

试验电压方均根值(有效值)应测定在±3 %内。

2. 接地电阻测量

对I类工具而言, 至少10 A的电流从接地端子或进线座接地触点或插头接地插脚依次与每个因安全因素需接地的易触及零件间通过, 电流由空载电压不大于12V的交流电源提供。

对长度不大于5 m的电缆, 电阻不应大于 0.3 Ω。

对长度大于5 m的电缆的情况, 每增加5 m, 电阻值增加0.12 Ω。

电动工具产品强制性认证实施规则修订说明

一、实施要求

《电气电子产品类强制性认证实施规则 电动工具》(编号: CNCA-01C-014: 2011) 是电动工具强制性产品认证实施依据。该认证实施规则(以下简称新版规则)自实施之日起替代《电气电子产品类强制性认证实施规则 电动工具》(编号: CNCA-01C-014: 2007) (以下简称旧版规则)。

二、新、旧版规则的主要差异

(一) 依据《强制性产品认证管理规定》(国家质检总局第117号令, 以下简称117号令) 等法律法规进行下述调整。

1. 明确了认证证书的5年有效期及有效期届满时换证的要求。

2. 补充了对样品真实性的要求, 明确了相关职责。

3. 提出认证机构根据产品特点、质量状况等具体情况实施监督检查分类管理和合理确定监督检查频次的要求。

4. 与相关法规和认证规则衔接, 统一了认证证书的注销、暂停、撤销规定要求, 明确需遵照117号令和《强制性产品认证证书注销、暂停、撤销实施规则》执行。

(二) 单元划分的合理化。

单元划分更加合理, 在控制认证有效性的前提下, 适度放宽单元划分原则, 提高了单元划分的可操作性。如:

1. 将旧版规则附件1中1.1 f) "电钻, 冲击电钻不属于同一申请单元" 修改为 "电钻, 冲击电钻可属于同一申请单元";

2. 将旧版规则附件1中1.1 g) "电锤, 电镐不属于同一申请单元" 修改为 "电锤, 电镐可属于同一申请单元";

3. 将旧版规则附件1中1.5 a) "改变机壳的形状以增加某些元件, 例如用于调速等不属于同一申请单元" 删除;

4. 将旧版规则附件1中1.5 f) "因开关的变化仅引起手柄轴向长度的变化, 可属于同一申请单元" 修改为 "因仅开关的变化而引起手柄结构的变化, 可属于同一申请单元";

5. 将旧版规则附件1中1.6 j) "不同开关数量的产品不属于同一申请单元" 修改为 "不同开关数量的产品可属于同一申请单元"。

(三) 基于电动工具产品特点的修改。

1. 明确了其关键安全元器件和重要材料、关键电磁兼容元器件和材料, 同时考虑到电动工具新产品的发展, 增加了如RCD、PRCD、配套电源箱、器具耦合器、连接器件等关键元器件，提高了产品的安全性。

2. 对关键元器件和材料实施分类管理，简化变更程序。

3. 关键件的供应商修改为制造商，便于认证各方理解和掌握，提高了实施规则的可操作性和产品检测的一致性。

4. 根据电动工具产品的发展，增加了采用铝线作为定子绕组材料的规定，如：

（1）4.2.1.3条规定了铝线工具送样的样品数量；

（2）4.3.1.2条规定了铭牌上应标明绕组的材质；

（3）4.5.2.3条规定了定子绕组采用铝线的工具在监督抽样检测时应至少进行的试验项目。

（四）调整了《工厂质量保证能力要求》的相关规定。

《工厂质量保证能力要求》由认证机构按认证实施规则中规定的原则及要求自行制定并报国家认监委备案后实施。

（五）其他认证要求的合理化修改。

1. 简化了申请时需提交的文件资料。

2. 根据认证实际操作情况，对认证时限要求进一步完善。

3. 明确年度监督检查应优先安排在生产季、优先采用不预先通知被检查方的方式进行。

4. 补充了例行试验项目及试验方法。

（六）规范性文字修改。

1. 统一了零部件和材料名称。

2. 按照《强制性产品认证管理规定》（国家质检总局第117号令）统一使用“生产者（制造商）”、“生产企业”、“实验室”等规范称谓。

关于首批食品复检机构名录的公告

2011年第26号

依据《中华人民共和国食品安全法》及其实施条例，国家认证认可监督管理委员会、卫生部和农业部共同公布首批食品复检机构名录（见附件）。依照《食品安全法》第六十条第三款规定申请复检的，复检申请人可自行从名录中选择食品复检机构。

附件：首批食品复检机构名录

认监委 卫生部 农业部

二〇一一年九月十六日

附件：

首批食品复检机构名录
（排名不分先后）

省份	序号	检验机构名称	法人机构名称	地址/邮编	电话	联系人	复检项目	归属行业
北京	1	中国检验检疫科学研究院综合检测中心	中国检验检疫科学研究院	北京朝阳区高碑店北路甲3号 100025	010-64813794	李淑娟	1~9、10（辐照食品）	检验检疫
	2	北京出入境检验检疫局检验检疫技术中心	北京出入境检验检疫局检验检疫技术中心	北京市朝阳区甜水园街6号 100026	010-58619235	饶红	1~9、10（转基因食品）	检验检疫
	3	国家食品质量安全监督检验中心（北京）	北京市海淀区产品质量监督检验所	北京市海淀区永丰产业基地丰德东路17号 100094	010-82479292	罗晓轩	1~9	技术监督
	4	北京市产品质量监督检验所	北京市产品质量监督检验所	北京市东城区和平里东街20号 100013	010-84654180	张于	1~5、9	技术监督
	5	国家肉类食品质量监督检验中心	中国肉类食品综合研究中心	北京市丰台区洋桥70号 100068	010-67264821	焦烨	1~6、8、9	其他
	6	农业部兽药安全监督检验测试中心（北京）	中国农业大学	北京市海淀区圆明园西路2号 100193	010-62733378	刘金凤	2	农业
	7	国家农药质量监督检验中心（北京）	农业部农药检定所	北京市朝阳区麦子店街22号楼 100026	010-59194073	李友顺	1	农业
	8	国家食品质量监督检验中心	中国食品发酵工业研究院	北京市朝阳区霄云路32号 100027	010-64647070	尹建军	1~9	其他
	9	北京市疾病预防控制中心	北京市疾病预防控制中心	北京市东城区和平里中街16号 100013	010-64407060	穆效群	1~9、10（保健食品功效成分及违禁化学成分、食品用包装材料）	卫生
	10	农业部畜禽产品质量监督检验测试中心	中国动物疫病预防控制中心	北京市朝阳区麦子店街20号楼 100125	010-59194681	姜艳彬	1、2、4、5	农业
	11	农业部奶及奶制品质量监督检验测试中心（北京）	中国农业科学院北京畜牧兽医研究所	北京市海淀区圆明园西路2号 100193	010-62815852	张军民	1~4、6~9、10（液态奶中复原乳鉴定）	农业

续表

省份	序号	检验机构名称	法人机构名称	地址/邮编	电话	联系人	复检项目	归属行业
天津	12	天津出入境检验检疫局动植物与食品检测中心	天津出入境检验检疫局动植物与食品检测中心	天津港保税区京门大道158号 300456	022-66273188	黄国明	1~7、9、10（辐照食品）	检验检疫
	13	农业部环境质量监督检验测试中心（天津）	农业部环境保护科研监测所	天津市南开区复康路31号 300191	022-23003871	刘潇威	1、3	农业
	14	天津市疾病预防控制中心	天津市疾病预防控制中心	天津市河东区华龙道76号 300011	022-24333416	冯鹤鸣	1~9	卫生
	15	国家加工食品质量监督检验中心	天津市产品质量监督检测技术研究院	天津市华苑产业区开华道26号 300384	022-23078638	刘萍	1~9	技术监督
河北	16	河北出入境检验检疫局检验检疫技术中心	河北出入境检验检疫局检验检疫技术中心	河北省石家庄市和平西路318号 050051	0311-85980553	邱金科	1~7	检验检疫
	17	河北秦皇岛出入境检验检疫局检验检疫技术中心	河北秦皇岛出入境检验检疫局检验检疫技术中心	河北省秦皇岛市开发区六盘山路1号 066004	0335-5997603	张进杰	1~3、10（蜂蜜中C-4植物糖和高果糖淀粉糖浆）	检验检疫
	18	河北省食品质量监督检验研究院	河北省食品质量监督检验研究院	石家庄市中华南大街573号 050091	0311-67568303	郭丽敏	1~9、10（食品包装材料）	技术监督
	19	河北省疾病预防控制中心	河北省疾病预防控制中心	河北省石家庄市槐安东路97号 050021	0311-86573242	张荣安	1~8	卫生
辽宁	20	辽宁出入境检验检疫局技术中心	辽宁出入境检验检疫局技术中心	辽宁省大连市中山区长江东路60号 116001	0411-82583899	周兴伟	1~8	检验检疫
	21	沈阳出入境检验检疫局技术中心	沈阳出入境检验检疫局技术中心	辽宁省沈阳市沈河区东滨河路106号 110016	024-24123659	姚家彪	1~6、9、10（植物转基因）	检验检疫
	22	国家加工食品及添加剂质量监督检验中心	沈阳市产品质量监督与检验院	辽宁省沈阳市铁西区滑翔路26号 110022	024-25893230	孙静	1~9	技术监督
	23	大连市产品质量监督检验所	大连市产品质量监督检验所	辽宁省大连市沙河口区万岁街68-2号 116021	0411-84633817	丛培林	1~9	技术监督
	24	辽宁省疾病预防控制中心	辽宁省疾病预防控制中心	辽宁省沈阳市和平区砂阳路242号 110005	024-23373040	曲晓明	1~8、10（食品安全性毒理学评价及功能检验）	卫生
	25	辽宁省兽药饲料产品质量安全检测中心	辽宁省兽药饲料产品质量安全检测中心	辽宁省沈阳市沈河区小南街281号 110016	024-24153310	刘占宏	2~4	农业

续表

省份	序号	检验机构名称	法人机构名称	地址/邮编	电话	联系人	复检项目	归属行业
吉林	26	吉林出入境检验检疫局检验检疫技术中心	吉林出入境检验检疫局检验检疫技术中心	吉林省长春市普阳街1301号 130062	0431-87607194	石建平	1~9	检验检疫
	27	吉林省疾病预防控制中心	吉林省疾病预防控制中心	吉林省长春市景阳大路3145号 130062	0431-87977303	王沯	1~9、10（毒理试验、功能试验）	卫生
	28	国家农业深加工产品质量监督检验中心（吉林）	吉林省产品质量监督检验院	吉林省长春市卫星路7370号 130022	0431-85374763	王延明	1~9、10（转基因生物）	技术监督
黑龙江	29	国家农业标准化监测与研究中心（黑龙江）	国家农业标准化监测与研究中心（黑龙江）	黑龙江省哈尔滨市香坊区司徒街99号 150036	0451-82310085	李光宇	1、3~9	技术监督
	30	黑龙江省疾病预防控制中心	黑龙江省疾病预防控制中心	黑龙江省哈尔滨市香坊区油坊街40号 150030	0451-55153651	姜晓明	1~3、6~9	卫生
	31	黑龙江出入境检验检疫检验检疫技术中心	黑龙江出入境检验检疫检验检疫技术中心	黑龙江省哈尔滨市开发区赣水路9号 150001	0451-82260317	李铁柱	1~9	检验检疫
	32	黑龙江省质量监督检测研究院	黑龙江省质量监督检测研究院	哈尔滨市道外区南通大街25号 150050	0451-82513412	刘敬东	1~6、8、9	技术监督
	33	国家农林副产品质量监督检验中心（哈尔滨）	哈尔滨市产品质量监督检验院	哈尔滨市香坊区珠江路5号 150036	0451-82314508	王丽红	1、3~9	技术监督
	34	哈尔滨市疾病预防控制中心	哈尔滨市疾病预防控制中心	黑龙江省哈尔滨市道外区卫星路30号 150056	13796058790	崔国权	1、3-6、8、9	卫生
	35	国家乳制品质量监督检验中心	黑龙江省乳品工业技术开发中心	哈尔滨南岗区学府路337号 150086	13936660851	姜毓君	1、3-9、10（婴幼儿配方食品和乳制品）	其他
上海	36	上海出入境检验检疫局动植物与食品检验检疫技术中心	上海出入境检验检疫局动植物与食品检验检疫技术中心	上海市民生路1208号 200135	021-68548152	俞秋蓉	1-5、7	检验检疫
	37	国家食品质量监督检验中心（上海）	上海市质量监督检验技术研究院	上海市徐汇区苍梧路381号 200233	021-54263282	曹程明	1~9	技术监督
	38	上海市疾病预防控制中心	上海市疾病预防控制中心	上海市中山西路1380号 200336	021-62088246	王旋	1~9、10（寄生虫检测、毒理试验）	卫生

续表

省份	序号	检验机构名称	法人机构名称	地址/邮编	电话	联系人	复检项目	归属行业
上海	39	农业部食品质量监督检验测试中心（上海）	上海市动物疫病预防控制中心	上海市万荣路467号 200072	021-56037669	蔡颖	2～9	农业
	40	农业部水产品质量监督检验测试中心（上海）	中国水产科学研究院东海水产研究所	上海市杨浦区军工路300号 200090	021-65684297	蔡友琼	2～4、6～9	农业
	41	上海市食品药品检验所	上海市食品药品检验所	上海市浦东新区张衡路1500号 201203	021-50798152	顾颂青	1～5、7～9	卫生
江苏	42	江苏出入境检验检疫局动植物与食品检测中心	江苏出入境检验检疫局动植物与食品检测中心	江苏省南京市中华路99号 210001	025-52345189	沈崇钰	1～7	检验检疫
	43	江苏省疾病预防控制中心	江苏省疾病预防控制中心	江苏省南京市江苏路172号 210009	025-83759408	施平	1～9、10（食品安全性毒理学评价）	卫生
	44	江苏省产品质量监督检验研究院	江苏省产品质量监督检验研究院	江苏省南京市光华东街5号 210007	025-84470202	胡建华	1～2、3～4、6～9	技术监督
	45	国家农副产品质量监督检验中心（南京）	南京市产品质量监督检验院	江苏省南京市红山路168号 210028	025-85420717	陈建桦	1～9	技术监督
浙江	46	宁波出入境检验检疫局技术中心	宁波出入境检验检疫局技术中心	浙江省宁波市马园路9号 315012	0574-87022916	孙志明	1～9	检验检疫
	47	浙江省质量技术监督检测研究院	浙江省质量技术监督检测研究院（浙江省食品质量安全检测院）	浙江省杭州市天目山路222号 310013	0571-85025759	顾航	3、4、9	技术监督
	48	国家水产品及加工食品质量技术检验中心	杭州市产品质量监督检测院	浙江省杭州市九环路50号 310019	0571-81995088	沈文胜	1～9	技术监督
	49	浙江省疾病预防控制中心	浙江省疾病预防控制中心	浙江省杭州市滨江区信诚路630号 310051	0571-87115106	张双凤	1～9	卫生
	50	农业部稻米及制品质量监督检验测试中心	中国水稻研究所	浙江省杭州市体育场路359号 310012	0571-63372451	章林平	1、3、7	农业
安徽	51	安徽出入境检验检疫局化学技术分中心	安徽出入境检验检疫局化学技术分中心	安徽省合肥市屯西路329号 230022	0551-2856380	郑屏	1～4、7	检验检疫
	52	国家农副加工食品质量监督中心（安徽）	安徽国家农业标准化与监测中心	安徽省合肥市包河工业园纬五路和经三路交汇口	0551-3356509	卢业举	1、2	技术监督
	53	安徽省疾病预防控制中心	安徽省疾病预防控制中心	安徽省合肥市繁华大道406号 230601	0551-3674892	许德	1、3～6、8、9	卫生

续表

省份	序号	检验机构名称	法人机构名称	地址/邮编	电话	联系人	复检项目	归属行业
福建	54	福建出入境检验检疫局技术中心	福建出入境检验检疫局技术中心	福建省福州市湖东路312号国检广场350001	0591-87065570	梁鸣	1~5、7、10（植物转基因）	检验检疫
	55	国家加工食品质量监督检验中心（福建）	福建省产品质量检验研究院	福建省福州市杨桥西路山头角121号350002	0591-83713469	吕文	1~5、7~9	技术监督
	56	福建省疾病预防控制中心	福建省疾病预防控制中心	福建省福州市津泰路76号 350001	0591-87551202	林仲	1~9	卫生
	57	厦门市疾病预防控制中心	厦门市疾病预防控制中心	厦门市集美区盛光路681-685号361021	0592-3693778	林健	1~9	卫生
江西	58	国家果蔬产品及加工食品质检中心（江西）	江西省产品质量监督检测院	江西省南昌市江大南路9号 330029	0791-8331420	胡晓云	1~9	技术监督
	59	江西出入境检验检疫局检验检疫综合技术中心	江西出入境检验检疫局检验检疫综合技术中心	南昌市洪都中大道145号 30002	0791-8328330	石磊	1~9	检验检疫
	60	江西省疾病预防控制中心	江西省疾病预防控制中心	江西省南昌市北京东路555号330029	0791-8302354	于子颖	1、3~6、8	卫生
山东	61	山东出入境检验检疫局检验检疫技术中心	山东出入境检验检疫局检验检疫技术中心	山东省青岛市瞿塘峡70号 266002	0532-80885077	杜恒清	1~8、10（转基因成分）	检验检疫
	62	国家加工食品质量监督检验中心（山东）	山东省产品质量监督检验研究院	山东省济南市经十东路8168号250100	0531-88118796	从林	1~9	技术监督
	63	山东省疾病预防控制中心	山东省疾病预防控制中心	山东省济南市经十路16992号250014	0531-82679763	史晓滨	1~9	卫生
	64	国家水产品质量监督检验中心	中国水产科学研究院黄海水产研究所	山东省青岛市南京路106号 266071	0532-85819337	周德庆	2~9	农业
	65	济南市产品质量监督检验所	济南市产品质量监督检验所	山东省济南市槐荫区南辛庄东街80号250022	0531-87169689	刘善田	3、5、8、9	技术监督

续表

省份	序号	检验机构名称	法人机构名称	地址/邮编	电话	联系人	复检项目	归属行业
河南	66	河南省产品质量监督检验院	河南省产品质量监督检验院	河南省郑州市东明路北17号 450004	0371-63318996	马连宏	1、3～6、8、9	技术监督
	67	河南省兽药监察所	河南省兽药监察所	郑州市经三路91号 450008	0371-65778960	周红霞	2～4、7、8	农业
	68	河南省疾病预防控制中心	河南省疾病预防控制中心	河南省郑州市郑东新区农业东路 450016	0371-68089105	贾松树	1、3～9	卫生
湖北	69	湖北出入境检验检疫局检验检疫技术中心	湖北出入境检验检疫局检验检疫技术中心	湖北省武汉市汉阳琴台大道588号 430050	027-58906081	张剑锋	1～9	检验检疫
	70	国家饮料及粮油制品质量监督检验中心	湖北省产品质量监督检验研究院，武汉产品质量监督检验所	湖北省武汉市武昌区公平路6号，湖北省武汉市东西湖金银湖东二路5号	027-88232430 027-68853759	李涛 王煜红	1～9、10（功效成分）	技术监督
	71	湖北省疾病预防控制中心	湖北省疾病预防控制中心	武汉市洪山区卓刀泉北路6号 430079	027-87652356	倪京平	1～9	卫生
	72	农业部油料及制品质量监督检验测试中心	中国农业科学院油料作物研究所	湖北省武汉市武昌区徐东二路2号 430062	027-86812862	丁小霞	1、3～8	农业
湖南	73	湖南出入境检验检疫局技术中心	湖南出入境检验检疫局技术中心	湖南省长沙市砂子塘路161号 410007	0731-85385204	胡宇东	1～9	检验检疫
	74	国家农副产品质量监督检验中心（湖南）	湖南省产商品质量监督检验院	湖南省长沙市新建西路41号 410007	0731-85563935	曾小明	1～9	技术监督
	75	湖南省疾病预防控制中心	湖南省疾病预防控制中心	湖南省长沙市芙蓉中路50号 410005	0731-84305742	丘丰	1～9	卫生

续表

省份	序号	检验机构名称	法人机构名称	地址/邮编	电话	联系人	复检项目	归属行业
广东	76	广东出入境检验检疫局检验检疫技术中心食品实验室	广东出入境检验检疫局检验检疫技术中心食品实验室	广东省广州市珠江新城花城大道66号B12-14层 510623	020-38290322	黄华军	1、3~9	检验检疫
	77	珠海出入境检验检疫局检验检疫技术中心	珠海出入境检验检疫局检验检疫技术中心	广东省珠海市九洲大道东1144号 519015	0756-3342835	李卫岗	1、3~9	检验检疫
	78	国家糖业质量监督检验中心	广州甘蔗糖业研究所	广东省广州市海珠区石榴岗路10号 510316	020-84168056	郭剑雄	3~5、9	其他
	79	农业部渔业环境及水产品质量监督检验测试中心（广州）	中国水产科学研究院南海水产研究所	广东省广州市新港西路231号 510300	020-89108306	林钦	1~3、6、7	农业
	80	深圳检验检疫局食品检验检疫技术中心	深圳检验检疫局食品检验检疫技术中心	广东深圳市蛇口工业八路89号楼 518067	0755-26835531	侯乐锡	1~9	检验检疫
	81	广东省疾病预防控制中心	广东省疾病预防控制中心	广东省广州市海珠区新港西路176号 510300	020-84183019	罗建波	1~9、10（食品毒理）	卫生
	82	国家加工食品质量监督检验中心（广州）	广州市质量监督检测研究院	广州市八旗二马路38号 510110	020-83179030	朱丽萍	1~6、8、9	技术监督
海南	83	海南省药品检验所	海南省药品检验所	海南省海口市南海大道53号 570216	0898-66832917	王巨才	3、5、8	卫生
	84	国家热带农产品质量监督检验中心	海南省产品质量监督检验所	海南省海口市蓝天路46号 570203	0898-65363500	杨振斌	3、5、7~9	技术监督
	85	海南省疾病预防控制中心	海南省疾病预防控制中心	海南省海口市海府路44号 570203	0898-65306226	冯礼明	1、3~9	卫生
广西	86	广西壮族自治区疾病预防控制中心	广西壮族自治区疾病预防控制中心	广西壮族自治区南宁市金洲路18号 530028	0771-2518658	黎军	1~9、10（保健食品中功效成分、保健功能）	卫生
重庆	87	重庆出入境检验检疫局检验检疫技术中心	重庆出入境检验检疫局检验检疫技术中心	重庆市江北区红黄路八号 400020	023-67724770	周启明	1~5、7、8	检验检疫
	88	国家农副加工产品及调味品质量监督检验中心	重庆市计量质量检测研究院	重庆市江北区观音桥小苑二村二号 401121	023-89232156	黄强	1~9	技术监督

续表

省份	序号	检验机构名称	法人机构名称	地址/邮编	电话	联系人	复检项目	归属行业
重庆	89	重庆市疾病预防控制中心	重庆市疾病预防控制中心	重庆市长江二路八号 400042	023-68805397	唐文革	1、3~6、8、9	卫生
	90	重庆市兽药饲料检测所	重庆市兽药饲料检测所	重庆市渝北区农业园区宝石路3号 401120	023-89138908	何义刚	3、4、6、8、9	农业
四川	91	四川出入境检验检疫局检验检疫技术中心	四川出入境检验检疫局检验检疫技术中心	四川省成都市一环路南四段28号 610041	028-62998510	帅培强	1、2、3	检验检疫
	92	成都市产品质量监督检验院	成都市产品质量监督检验院	四川省成都市永丰路16号 610041	028-85182806	向旭	1~6、8、9	技术监督
	93	中国测试技术研究院	中国测试技术研究院	四川省成都市玉双路10号 610021	028-84403680	刘毅	1~9	其他
	94	四川省疾病预防控制中心	四川省疾病预防控制中心	成都市中学路6号 610041	028-85589717	周琦	1、3~5、8、9	卫生
	95	四川省食品药品检验所	四川省食品药品检验所	四川省成都市高新西区新文路8号 610097	028-87877164	向前	1~3、5、10（保健食品非法添加化学药物）	卫生
	96	国家酒类及加工食品质量监督检验中心	四川省产品质量监督检验检测院	四川省成都市东门街2号 610031	028-86262955	文永勤	1~9	技术监督
贵州	97	贵州省产品质量检验检测院	贵州省产品质量检验检测院	贵州省贵阳市头桥海马冲街45号 550004	0851-8587710	张豫筑	1~9	技术监督
	98	贵州省疾病预防控制中心	贵州省疾病预防控制中心	贵州省贵阳市八鸽岩路73号 550004	0851-6810266	黎明	1、3、4、6、8	卫生
云南	99	国家热带农副产品质量监督检验中心	云南省产品质量监督检验研究院	云南省昆明市教场东路23号 650223	0871-5136101	魏用林	1、3~9	技术监督
陕西	100	国家农副加工产品质量监督检验中心	陕西省产品质量监督检验所	陕西省西安市雁塔路南段129号 710054	029-83117207	王慧芳	1~9	技术监督
甘肃	101	国家农副加工产品质量监督检验中心（甘肃）	甘肃省产品质量监督检验中心	兰州市金昌南路208号	0931-8824596	魏华光	1~6、8、9	技术监督

续表

省份	序号	检验机构名称	法人机构名称	地址/邮编	电话	联系人	复检项目	归属行业
新疆	102	国家农副产品质量监督检验中心（新疆）	新疆维吾尔自治区产品质量监督检验研究院	新疆维吾尔自治区乌鲁木齐市新华南路32号 830002	0991-2826544	李明	3、4、8、9	技术监督
	103	新疆维吾尔自治区兽药饲料监察所	新疆维吾尔自治区兽药饲料监察所	新疆乌鲁木齐市南湖西路37号	0991-4676105	王昇	2~4、6、8~9	农业
	104	新疆出入境检验检疫局检验检疫局检验检疫技术中心	新疆出入境检验检疫局检验检疫技术中心	新疆维吾尔自治区乌鲁木齐市南湖北路116号 830063	0991-4624707	窦辉	1~4	技术监督

注：复检项目的数字代号分别代表：1.农药残留；2.兽药残留；3.重金属；4.非法添加物；5.食品添加剂；6.其他有毒有害物质；7.生物毒素；8.营养成分；9.相应的质量指标；10.其他。

关于注销黑龙江绿环有机食品认证有限公司认证机构资质的公告

2011年第27号

黑龙江绿环有机食品认证有限公司是国家认证认可监督管理委员会于2004年批准设立的认证机构（批准号：CNCA-R-2004-123），从事有机产品认证（植物类、畜禽类、水产类、加工类）。因为机构重组，黑龙江绿环有机食品认证有限公司的认证业务已并入中绿华夏有机食品认证中心（批准号：CNCA-R-2002-100）。为此，自公告发布之日起，注销黑龙江绿环有机食品认证有限公司认证机构资格。

持有黑龙江绿环有机食品认证有限公司颁发的有效认证证书的企业，可按照自愿原则选择经国家认监委批准的具有相关认证业务资格的认证机构转换认证证书。

特此公告。

二〇一一年十月十三日

关于注销北京英达管理培训中心的公告

2011年第29号

北京英达管理培训中心是国家认证认可监督管理委员会于2002年批准设立的认证培训机构（批准号：CNCA-P-2002-015），从事职业健康安全管理体系认证审核员的培训工作。现该机构提出申请不再从事认证审核员的培训业务。为此，自公告发布之日起，注销北京英达管理培训中心的认证培训机构资格。

特此公告。

二〇一一年十月二十一日

关于中国检验检疫科学研究院化学品安全研究所等2家机构良好实验室规范（GLP）评价合格的公告

2011年第30号

根据国家认监委2008年第17号公告《良好实验室规范（GLP）原则》（试行）和《良好实验室规范（GLP）符合性评价程序》（试行）的有关要求和程序，经国家认监委组织中国合格评定国家认可中心进行技术评价合格，现正式批准中国检验检疫科学研究院化学品安全研究所、浙江省医学科学院安全性评价研究中心成为国家认监委承认的符合良好实验室规范（GLP）的实验室。

中国检验检疫科学研究院化学品安全研究所可以在化学品“毒性研究”、“致突变研究”及“水生和陆生生物的环境毒性研究”等方面开展GLP研究，并出具GLP研究报告。资格有效期为2011年10月21日～2014年10月20日。

浙江省医学科学院安全性评价研究中心可以在化学品“毒性研究”方面开展GLP研究，并出具GLP研究报告。资格有效期为2011年10月27日～2014年10月26日。特此公告。

二〇一一年十一月三日

关于发布《认证认可国际同行评审员推荐与任职管理办法》的公告

2011年第31号

为规范认证认可国际或区域组织同行评审员推荐程序，加强对同行评审员的管理，根据《中华人民共和国认证认可条例》及国务院赋予国家认证认可监督管理委员会的职能，国家认监委制定了《认证认可国际同行评审员推荐与任职管理办法》，现予以公告，自公告之日起施行。

附件：《认证认可国际同行评审员推荐与任职管理办法》

二〇一一年十一月九日

附件：

认证认可国际同行评审员推荐与任职管理办法

第一条 为规范认证认可国际或区域组织同行评审员（以下简称同行评审员）的推荐程序，并加强对同行评审员的管理，特制定本办法。

第二条 本办法所称同行评审员是指经认证认可国际或区域组织聘任并执行国际上认可机构、认证机构、检测机构等组织间同行评审活动的人员。

第三条 国家认证认可监督管理委员会（以下简称国家认监委）鼓励我国认证认可领域专家担任同行评审员。

同行评审员所在单位应当积极鼓励和支持同行评审员参加国际同行评审工作。

第四条 同行评审员推荐条件：

（一）热爱认证认可国际同行评审工作，坚持原则，作风正派，有较好的组织管理、沟通协调和分析判断能力；

（二）具备较高的英语水平，具备较强的听、说、读、写能力，能独立完成评审任务；

（三）根据申请评审的领域参加过认证认可相关国际标准的培训，并取得培训证明或证书；

（四）熟悉该认证认可国际或区域组织的规则与文件，能够有效开展评审工作；

（五）具备所评审领域的专业知识，具有大学本科以上学历，并在该领域从业5年以上。

政府部门公职人员不得担任同行评审员。

第五条 国家认监委作为中国代表机构参加认证认可国际或区域组织的，由国家认监委向认证认可国际或区域组织推荐同行评审员。

其他认可机构、认证机构、检测机构等组织作为中国代表机构参加认证认可国际或区域组织的，由该机构向认证认可国际或区域组织推荐同行评审员，并在国际或区域组织接受后15个工作日内报国家认监委备案。

第六条 申请担任同行评审员的，由申请人所在单位向认证认可国际或区域组织中国代表机构（以下简称中国代表机构）提出推荐同行评审员申请，并提交以下材料：

（一）推荐同行评审员审批表（见附件）

（二）被推荐人员中英文简历

（三）被推荐人员学历和学位证明

（四）被推荐人员参加相关国际标准培训证明或证书

第七条 中国代表机构对申请材料进行初审，对符合本办法第四条规定条件的申请人，组织其参加专业和英语能力测试，并根据国内认证认可发展需求并参考国际、区域组织需求，在测试合格的人员中择优向认证认可国际或区域组织推荐同行评审员。

第八条 中国代表机构应规范并加强对同行评审员的管理。

第九条 同行评审员不得无故拒绝接受国际组织委派的同行评审任务。如确实因工作安排无法执行同行评审任务的，应尽快告知中国代表机构。必要时，由中国代表机构与国际组织秘书处沟通，推荐替代人选执行任务。

第十条 同行评审员出国（境）执行国际同行评审任

务应当报国家认监委审批或备案。

执行国家认监委作为中国代表机构的同行评审任务的，由派员单位报国家认监委审批。

执行其他机构作为中国代表机构的同行评审任务的，由派员单位报请其外事审批单位批准后报国家认监委备案。

第十一条 同行评审员应当维护评审活动的客观和公正，严格按照国际标准、认证认可国际或区域组织规则执行同行评审任务，不得因评审活动损害被评审方的利益。

第十二条 同行评审员对被评审机构的商业秘密及技术秘密和信息负有保密义务。

第十三条 同行评审员应当参加国际组织举办的评审员培训班，以获取评审工作所需的相关信息并维持评审员资格。

第十四条 同行评审员应当注意总结同行评审中发现的问题以及可借鉴的经验，供国内技术机构参考。

第十五条 同行评审员因工作调动或其它原因不能继续担任评审员工作的，应当及时告知中国代表机构，由中国代表机构通告该认证认可国际或区域组织秘书处。

第十六条 本办法由国家认监委负责解释。

第十七条 本办法自发布之日起实施。

推荐认证认可国际或区域组织国际同行评审员审批表

<table>
<tr><td>姓　名</td><td></td><td>性　别</td><td></td><td>出生年月</td><td></td></tr>
<tr><td>单　位</td><td></td><td>职　务</td><td></td><td>学　历</td><td></td></tr>
<tr><td>专　业</td><td></td><td>申请组织</td><td></td><td>申请领域</td><td></td></tr>
<tr><td colspan="6">培训经历</td></tr>
<tr><td colspan="6">个人履历</td></tr>
<tr><td colspan="6">单位推荐意见：

签　章
年　　月　　日</td></tr>
<tr><td colspan="6">中国代表机构意见</td></tr>
</table>

关于摩托车及摩托车发动机产品强制性认证执行标准有关要求的公告

2011年第32号

为了保证强制性产品认证制度的有效实施，现就摩托车和摩托车发动机产品强制性认证执行标准的有关要求公告如下：

一、新申请认证的产品需按照附表中所列标准要求（含实施日期要求）进行认证。

二、对于标准修订的情况，如果无新增试验项目，已获证产品无须再进行实验，可直接换发新版认证证书；对于新版标准实施前已经出厂、投放市场并且已经不再生产的获证产品，无需按新版标准重新进行确认和换发新的认证证书。

三、对于已获证产品，如标准已明确规定在生产产品实施过渡期的，持证人应在标准规定的日期前，依据相应标准完成认证证书的变更、换版工作；如标准规定的实施过渡期不足本公告发布后12个月的，持证人应在本公告发布后12个月内依据相应标准完成认证证书的变更、换版工作。

四、对于在本公告规定的各标准换版截止日期后，仍未完成证书换版工作的，认证机构应暂停相应产品的认证证书，逾期三个月仍未完成证书换版工作的，认证机构应撤销相应产品的认证证书。

五、各相关指定实验室应在2011年12月31日前，向国家认监委认证监管部上报依据新版标准检测能力情况，以及获得实验室资质认定和认可的情况。

附件：新修订的标准

二〇一一年十一月二十五日

附件：

新修订的标准

序号	标准号及名称	发布日期	实施日期	认证标准执行日期规定
1	GB 14621—2011《摩托车和轻便摩托车排气污染物排放限值及测量方法（双怠速法）》	2011.05.12	2011.10.01	无
2	GB 18100.1—2010《摩托车照明和光信号装置的安装规定 第1部分：两轮摩托车》	2011.01.10	2012.01.01	无
3	GB 18100.2—2010《摩托车照明和光信号装置的安装规定 第2部分：两轮轻便摩托车》	2011.01.10	2012.01.01	无
4	GB 18100.3—2010《摩托车照明和光信号装置的安装规定 第3部分：三轮摩托车》	2011.01.10	2013.01.01	无
5	GB 17352—2010《摩托车和轻便摩托车后视镜的性能和安装要求》	2011.01.10	2012.01.01	对新认证产品自2012年1月1日实施，对在生产产品自2012年7月1日实施
6	GB 14023—2011《车辆、船和内燃机 无线电骚扰特性 用于保护车外接收机的限值和测量方法》	2011.07.29	2012.01.01	无

关于汽车及汽车零部件产品强制性认证执行标准有关要求的公告

2011年第33号

为保证强制性产品认证制度的有效实施，现就汽车及汽车零部件产品强制性认证执行标准的有关要求公告如下：

一、新申请认证的产品需按照附表中所列标准要求（含实施日期要求）进行认证。

二、对于标准修订的情况，如果无新增试验项目，已获证产品无须再进行实验，可直接换发新版认证证书；对于新版标准实施前已经出厂、投放市场并且已经不再生产的获证产品，无需按新版标准重新进行确认和换发新版认证证书。

三、对于已获证产品，如标准已明确规定在生产产品实施过渡期的，持证人应在标准规定的日期前，依据相应标准完成认证证书的变更、换版工作；如标准规定的实施过渡期不足本公告发布后12个月的，持证人应在本公告发布后12个月内依据相应标准完成认证证书的变更、换版工作。

四、对于在本公告规定的各标准换版截止日期后，仍未完成证书换版工作的，认证机构应暂停相应产品的认证证书，逾期三个月仍未完成证书换版工作的，认证机构应撤销相应产品的认证证书。

五、各相关指定实验室应在2011年12月31日前，向国家认监委认证监管部上报依据附表中所列标准检测能力情况，以及获得实验室资质认定和认可的情况。

附件：1.新修订的标准

2.新增的标准

二〇一一年十一月二十五日

附件：

新修订的标准

序号	标准号及名称	发布日期	实施日期	认证标准执行日期规定
1	GB 11555—2009《汽车风窗玻璃除霜和除雾系统的性能和试验方法》（汽车认证实施规则试验项目编号：01-06，01-07）	2009.09.30	2011.01.01	无
2	GB 11550—2009《汽车座椅头枕强度要求和试验方法》（汽车认证实施规则试验项目编号：02-04）	2009.09.30	2011.01.01	新认证的M1类车型，自2011年1月1日实施，新认证的M1类外的车型，本标准自2011年7月1日起实施；在生产M1类车型，自2012年1月1日实施，对于在生产的M1类外的车型，本标准自2012年7月1日起实施
3	GB 11566—2009《乘用车外部凸出物》（汽车认证实施规则试验项目编号：02-07）	2009.09.30	2011.01.01	新认证车型，自2011年1月1日实施；对于在生产车型，自2012年1月1日实施
4	GB 11552—2009《乘用车内部凸出物》（汽车认证实施规则试验项目编号：02-08）	2009.09.30	2012.01.01	新认证车型，自2012年1月1日实施；在生产车型，自2013年1月1日实施
5	GB 16897—2010《制动软管的结构、性能要求及试验方法》（汽车认证实施规则试验项目编号：06-03）	2010.01.10	2011.07.01	无
6	GB/T 18332.1—2009《电动道路车辆用铅酸蓄电池》（汽车认证实施规则试验项目编号：02-20）	2009.05.06	2009.11.01	无
7	GB 7063—2011《汽车护轮板》（汽车认证实施规则试验项目编号：02-10）	2011.05.12	2012.01.01	对于新认证车型，自2012年1月1日实施；对于在生产车，自2014年1月1日实施
8	GB 11557—2011《防止汽车转向机构对驾驶员伤害的规定》（汽车认证实施规则试验项目编号：02-14）	2011.05.12	2012.01.01	对于新认证车型，自2012年1月1日实施，对于在生产产品，自2013年1月1日实施

续表

序号	标准号及名称	发布日期	实施日期	认证标准执行日期规定
9	GB 11568—2011《汽车罩（盖）锁系统》（汽车认证实施规则试验项目编号：01-15）	2011.05.12	2012.01.01	无
10	GB 14023—2011《车辆、船和由内燃机驱动的装置无线电骚扰特性 限值和测量方法》（汽车认证实施规则试验项目编号：03-06）	2011.07.29	2012.01.01	无

附件2:

新增的标准

序号	标准号及名称	发布日期	实施日期	认证标准执行日期规定
1	GB 26134—2010《乘用车顶部抗压强度》（汽车认证实施规则试验项目编号：01-21）	2011.01.14	2012.01.01	无
2	GB/T 14172—2009《汽车静倾翻稳定性台架试验方法》（汽车认证实施规则试验项目编号：01-03）	2009.03.23	2010.01.01	无
3	GB 24315—2009《校车标识》（汽车认证实施规则试验项目编号：01-01-01）	2009.09.30	2010.01.01	无
4	GB 24406—2009《专用小学生校车座椅及其车辆固定件的强度》（汽车认证实施规则试验项目编号：02-03）	2009.09.30	2010.07.01	无
5	GB 24407—2009《专用小学生校车安全技术条件》（汽车认证实施规则试验项目编号：01-18）	2009.09.30	2010.07.01	新认证车型自2010年7月1日实施，其中第4.2条2012年1月1日实施
6	GB 25990—2010《车辆尾部标志板》（汽车认证实施规则试验项目编号：04-15）	2011.01.10	2012.01.01	无
7	GB 25991—2010《汽车用LED前照灯》（汽车认证实施规则试验项目编号：04-02）	2011.01.10	2012.01.01	无
8	GB/T 24552—2009《电动汽车风窗玻璃除霜除雾系统的性能要求及试验方法》（汽车认证实施规则试验项目编号：01-06/07）	2009.10.30	2010.07.01	无
9	GB/T 24549—2009《燃料电池电动汽车 安全要求》（汽车认证实施规则试验项目编号：02-20）	2009.10.30	2010.07.01	无
10	GB/T 4094.2—2005《电动汽车操纵件、指示器及信号装置的标志》（汽车认证实施规则试验项目编号：01-12）	2005.07.13	2006.02.01	无
11	GB 26511—2011《商用车前下部防护要求》（汽车认证实施规则试验项目编号：02-22）	2011.05.12	2013.01.01	对新认证车型自2013年1月1日实施，对在生产产品自2015年1月1日实施
12	GB 26512—2011《商用车驾驶室乘员保护》（汽车认证实施规则试验项目编号：02-23）	2012.01.01	2012.01.01	无
13	GB/T 18487.1—2001《电动车辆传导充电系统一般要求》（汽车认证实施规则试验项目编号：02-20）	2001.11.02	2002.05.01	无

关于发布《有机产品认证实施规则》的公告

2011年第34号

为进一步完善有机产品认证制度，规范有机产品认证活动，保证认证活动的一致性和有效性，根据《中华人民共和国认证认可条例》和《有机产品认证管理办法》等法规、规章的有关规定，国家认监委对2005年6月发布的《有机产品认证实施规则》（国家认监委2005年第11号公告，以下简称旧版认证实施规则）进行了修订，现将修订后的《有机产品认证实施规则》（以下简称新版认证实施规则）予以公布，并就有关事项公告如下：

一、新版认证实施规则自2012年3月1日起实施。各机构应尽快依据新版认证实施规则修订管理体系文件，并做好新版认证实施规则和GB/T 19630—2011《有机产品》国家标准的宣贯。

二、自2012年3月1日起，认证机构对新申请有机产品认证企业及已获认证企业的认证活动均需依据新版认证实施规则执行。

三、国家认监委2005年第11号公告自2012年3月1日起废止。

附件：有机产品认证实施规则（CNCA-N-009：2011）

二○一一年十二月二日

编号：CNCA-N-009：2011

有机产品认证实施规则

2011-12-01 发布　　　　2012-03-01实施

1 目的和范围

1.1 为规范有机产品认证活动，根据《中华人民共和国认证认可条例》、《有机产品认证管理办法》等有关规定制定本规则。

1.2 本规则规定了从事有机产品认证的认证机构（以下简称认证机构）实施有机产品认证的程序与管理的基本要求。

1.3 对在中华人民共和国境内销售的有机产品进行的认证活动，应当遵守本规则的规定。

对从与国家认证认可监督管理委员会（以下简称“国家认监委”）签署了有机产品认证体系等效备忘录或协议的国家/地区进口的有机产品进行的认证活动，应当遵守备忘录或协议的相关规定。

1.4 遵守本规则的规定，并不意味着可免除其所承担的法律责任。

2 认证机构要求

2.1 从事有机产品认证活动的认证机构，应当具备《中华人民共和国认证认可条例》规定的条件和从事有机产品认证的技术能力，并获得国家认监委的批准。

2.2 认证机构应在获得国家认监委批准后的12个月内，向国家认监委提交其实施有机产品认证活动符合本规则和GB/T 27065《产品认证机构通用要求》的证明文件。认证机构在未提交相关证明文件前，每个批准认证范围颁发认证证书数量不得超过5张。

3 认证人员要求

3.1 从事认证活动的人员应当具备必要的个人素质；具有相关专业教育和工作经历；接受过有机产品生产、加工、经营、食品安全及认证技术等方面的培训，具备相应的知识和技能。

3.2 有机产品认证检查员应取得中国认证认可协会

的执业注册资质。

3.3 认证机构应对本机构的认证检查员的能力做出评价，以满足实施相应认证范围的有机产品认证活动的需要。

4 认证依据

GB/T 19630《有机产品》

5 认证程序

5.1 认证申请

5.1.1 认证委托人应具备以下条件：

（1）取得国家工商行政管理部门或有关机构注册登记的法人资格；

（2）已取得相关法规规定的行政许可（适用时）；

（3）生产、加工的产品符合中华人民共和国相关法律、法规、安全卫生标准和有关规范的要求；

（4）建立和实施了文件化的有机产品管理体系，并有效运行3个月以上；

（5）申请认证的产品种类应在国家认监委公布的《有机产品认证目录》内；

（6）在五年内未因8.5中（1）至（4）的原因，被认证机构撤销认证证书；

（7）在一年内，未因8.5中（5）至（11）的原因，被认证机构撤销认证证书。

5.1.2 认证委托人应提交的文件和资料：

（1）认证委托人的合法经营资质文件复印件，如营业执照副本、组织机构代码证、土地使用权证明及合同等。

（2）认证委托人及其有机生产、加工、经营的基本情况：

a. 认证委托人名称、地址、联系方式；当认证委托人不是产品的直接生产、加工者时，生产、加工者的名称、地址、联系方式；

b. 生产单元或加工场所概况；

c. 申请认证产品名称、品种及其生产规模包括面积、产量、数量、加工量等；同一生产单元内非申请认证产品和非有机方式生产的产品的基本信息；

d. 过去三年间的生产历史，如植物生产的病虫草害防治、投入物使用及收获等农事活动描述；野生植物采集情况的描述；动物、水产养殖的饲养方法、疾病防治、投入物使用、动物运输和屠宰等情况的描述；

e. 申请和获得其它认证的情况。

（3）产地（基地）区域范围描述，包括地理位置、地块分布、缓冲带及产地周围临近地块的使用情况等；加工场所周边环境描述、厂区平面图、工艺流程图等。

（4）有机产品生产、加工规划，包括对生产、加工环境适宜性的评价，对生产方式、加工工艺和流程的说明及证明材料，农药、肥料、食品添加剂等投入物质的管理制度以及质量保证、标识与追溯体系建立、有机生产加工风险控制措施等。

（5）本年度有机产品生产、加工计划，上一年度销售量、销售额和主要销售市场等。

（6）承诺守法诚信，接受行政监管部门及认证机构监督和检查，保证提供材料真实、执行有机产品标准、技术规范的声明。

（7）有机生产、加工的管理体系文件。

（8）有机转换计划（适用时）。

（9）当认证委托人不是有机产品的直接生产、加工者时，认证委托人与有机产品生产、加工者签订的书面合同复印件。

（10）其他相关材料。

5.2 认证受理

5.2.1 认证机构应至少公开以下信息：

（1）认证资质范围及有效期；

（2）认证程序和认证要求；

（3）认证依据；

（4）认证收费标准；

（5）认证机构和认证委托人的权利与义务；

（6）认证机构处理申诉、投诉和争议的程序；

（7）批准、注销、变更、暂停、恢复和撤销认证证书的规定与程序；

（8）获证组织使用中国有机产品认证标志、认证证书和认证机构标识或名称的要求；

（9）获证组织正确宣传的要求。

5.2.2 申请评审

对符合5.1要求的认证委托人，认证机构应根据有机产品认证依据、程序等要求，在10个工作日内对提交的申请文件和资料进行评审并保存评审记录，以确保：

（1）认证要求规定明确、形成文件并得到理解；

（2）认证机构和认证委托人之间在理解上的差异得到解决；

（3）对于申请的认证范围，认证委托人的工作场所和任何特殊要求，认证机构均有能力开展认证服务。

5.2.3 评审结果处理

申请材料齐全、符合要求的，予以受理认证申请。

对不予受理的，应当书面通知认证委托人，并说明理由。

5.3 现场检查准备与实施

5.3.1 根据所申请产品的对应的认证范围，认证机构应委派具有相应资质和能力的检查员组成检查组。每个检查组应至少有一名相应认证范围注册资质的专业检查员。

对同一认证委托人的同一生产单元不能连续3年以上（含3年）委派同一检查员实施检查。

5.3.2检查任务

认证机构在现场检查前应向检查组下达检查任务书，内容包括但不限于：

（1）认证委托人的联系方式、地址等；

（2）检查依据，包括认证标准、认证实施规则和其他规范性文件；

（3）检查范围，包括检查的产品种类、生产加工过程和生产加工基地等；

（4）检查组成员，检查的时间要求；

（5）检查要点，包括管理体系、追踪体系、投入物的使用和包装标识等；

（6）上年度认证机构提出的不符合项（适用时）。

5.3.3 文件评审

在现场检查前，应对认证委托人的管理体系文件进行评审，确定其适宜性、充分性及与认证要求的符合性，并保存评审记录。

5.3.4 检查计划

5.3.4.1 检查组应制定检查计划，并在现场检查前得到认证委托人的确认。

认证监管部门对认证机构检查方案、计划有异议的，应至少在现场检查前2天提出。认证机构应当及时与该部门进行沟通，协调一致后方可实施现场检查。

5.3.4.2 现场检查时间应当安排在申请认证产品的生产、加工的高风险阶段。因生产季等原因，初次现场检查不能覆盖所有申请认证产品的，应当在认证证书有效期内实施现场补充检查。

5.3.4.3 应对生产单元的全部生产活动范围逐一进行现场检查；多个农户负责生产（如农业合作社或公司+农户）的组织应检查全部农户。应对所有加工场所实施检查。需在非生产、加工场所进行二次分装/分割的，也应对二次分装/分割的场所进行现场检查，以保证认证产品的完整性。

现场检查还应考虑以下因素：

——有机与非有机产品间的价格差异；

——组织内农户间生产体系和种植、养殖品种的相似程度；

——往年检查中发现的不符合项；

——组织内部控制体系的有效性；

——再次加工分装分割对认证产品完整性的影响（适用时）。

5.3.5 检查实施

根据认证依据的要求对认证委托人的管理体系进行评审，核实生产、加工过程与认证委托人按照5.1.2条款所提交的文件的一致性，确认生产、加工过程与认证依据的符合性。检查过程至少应包括：

（1）对生产、加工过程和场所的检查，如生产单元存在非有机生产或加工时，也应对其非有机部分进行检查；

（2）对生产、加工管理人员、内部检查员、操作者的访谈；

（3）对GB/T 19630.4所规定的管理体系文件与记录进行审核；

（4）对认证产品的产量与销售量的汇总核算；

（5）对产品和认证标志追溯体系、包装标识情况的评价和验证；

（6）对内部检查和持续改进的评估；

（7）对产地和生产加工环境质量状况的确认，并评估对有机生产、加工的潜在污染风险；

（8）样品采集；

（9）对上一年度提出的不符合项采取的纠正和/或纠正措施进行验证（适用时）。

检查组在结束检查前，应对检查情况进行总结，向受检查方及认证委托人明确并确认存在的不符合项，对存在的问题进行说明。

5.3.6 样品检测

5.3.6.1 应对申请认证的所有产品进行检测，并在风险评估基础上确定检测项目。认证证书发放前无法采集样品的，应在证书有效期内进行检测。

5.3.6.2 认证机构应委托具备法定资质的检测机构对样品进行检测。

5.3.6.3 有机生产或加工中允许使用物质的残留量应符合相关法规、标准的规定。有机生产和加工中禁止使用的物质不得检出。

5.3.7 产地环境质量状况

认证委托人应出具有资质的监（检）测机构对产地环境质量进行的监（检）测报告以证明其产地的环境质量状况符合GB/T 19630《有机产品》规定的要求。土壤和水的检测报告委托方应为认证委托人。

5.3.8 有机转换要求

5.3.8.1 未能保持有机认证的生产单元，需重新经过有机转换才能再次获得有机认证。

5.3.8.2 有机转换计划须获得认证机构批准，并且在开始实施转换计划后每年须经认证机构核实、确认。未按转换计划完成转换的生产单元不能获得认证。

5.3.9 投入品

5.3.9.1 有机生产或加工过程中允许使用GB/T 19630.1附录A、附录B及GB/T 19630.2附录A、附录B列出的物质。

5.3.9.2 对未列入GB/T 19630.1附录A、附录B或GB/T19630.2附录A、附录B的投入品，认证委托人应在使用前向认证机构提交申请，详细说明使用的必要性和申请使用投入品的组分、组分来源、使用方法、使用条件、使用量以及该物质的分析测试报告（必要时），认证机构应根据GB/T 19630.1附录C或GB/T 19630.2附录C的要求对其进行评估。经评估符合要求的，由认证机构报国家认监委批准后方可使用。

5.3.9.3 国家认监委可在专家评估的基础上，公布有机生产、加工投入品临时补充列表。

5.3.10 检查报告

5.3.10.1 认证机构应规定检查报告的格式。

5.3.10.2 应通过检查记录、检查报告等书面文件，提供充分的信息使认证机构能做出客观的认证决定。

5.3.10.3 检查报告应包括检查组通过风险评估对认证委托人的生产、加工活动与认证要求符合性的判断，对其管理体系运行有效性的评价，对检查过程中收集的信息以及对符合与不符合认证要求的说明，对其产品质量安全状况的判定等内容。

5.3.10.4 检查组应对认证委托人执行标准的总体情况做出评价，但不应对认证委托人是否通过认证做出书面结论。

5.4 认证决定

5.4.1 认证机构应基于对产地环境质量在现场检查和产品检测评估的基础上做出认证决定。认证决定同时应考虑的因素还应包括：产品生产、加工特点，企业管理体系稳定性，当地农兽药管理和社会整体诚信水平等。

对于符合认证要求的认证委托人，认证机构应颁发认证证书（基本格式见附件1、2）。

对于不符合认证要求的认证委托人，认证机构应以书面的形式明示其不能通过认证的原因。

5.4.2 认证委托人符合下列条件之一，予以批准认证：

（1）生产加工活动、管理体系及其他审核证据符合本规则和认证标准的要求；

（2）生产加工活动、管理体系及其他审核证据虽不完全符合本规则和认证依据标准的要求，但认证委托人已经在规定的期限内完成了不符合项纠正或（和）纠正措施，并通过认证机构验证。

5.4.3 认证委托人的生产加工活动存在以下情况之一，不予批准认证：

（1）提供虚假信息，不诚信的；

（2）未建立管理体系或建立的管理体系未有效实施的；

（3）生产加工过程使用了禁用物质或者受到禁用物质污染的；

（4）产品检测发现存在禁用物质的；

（5）申请认证的产品质量不符合国家相关法规和（或）标准强制要求的；

（6）存在认证现场检查场所外进行再次加工、分装、分割情况的；

（7）一年内出现重大产品质量安全问题或因产品质量安全问题被撤销有机产品认证证书的；

（8）未在规定的期限完成不符合项纠正或者（和）纠正措施，或者提交的纠正或者（和）纠正措施未满足认证要求的；

（9）经监（检）测产地环境受到污染的；

（10）其他不符合本规则和（或）有机标准要求，且无法纠正的。

5.4.4 申诉

认证委托人如对认证决定结果有异议，可在10个工作日内向认证机构申诉，认证机构自收到申诉之日起，应在30个工作日内进行处理，并将处理结果书面通知认证委托人。

认证委托人如认为认证机构的行为严重侵害了自身合法权益，可以直接向认证监管部门申诉。

6 认证后管理

6.1 认证机构应当每年对获证组织至少实施一次现场检查。认证机构应根据申请认证产品种类和风险、生产企业管理体系的稳定性、当地诚信水平总体情况等，合理确定现场检查频次。同一认证的品种在证书有效期内如有多个生产季的，则每个生产季均需进行现场检查。

此外，认证机构还应在风险评估的基础上每年至少对5%的获证组织实施一次不通知的现场检查。

6.2 认证机构应及时获得获证组织变更信息，对获证组织有效管理，以保证其持续符合认证的要求。

6.3 认证机构在与认证委托人签订的合同中，应明确约定获证组织需建立信息通报制度，及时向认证机构通报以下信息：

（1）法律地位、经营状况、组织状态或所有权变更的信息；

（2）组织和管理层变更的信息；

（3）联系地址和场所变更的信息；

（4）有机产品管理体系、生产、加工、经营状况或过程变更的信息；

（5）认证产品的生产、加工、经营场所周围发生重大动、植物疫情的信息；

（6）生产、加工、经营的有机产品质量安全重要信息，如相关部门抽查发现存在严重质量安全问题或消费者重大投诉等；

（7）获证组织因违反国家农产品、食品安全管理相关法律法规而受到处罚；

（8）采购的原料或产品存在不符合认证依据要求的情况；

（9）不合格品撤回及处理的信息；

（10）其他重要信息。

6.4 销售证

6.4.1 认证机构应制定销售证申请和办理程序，要求获证组织在销售认证产品前向认证机构申请销售证。

6.4.2 认证机构应对获证组织与顾客签订的供货协议、销售的认证产品范围和数量进行审核。对符合要求的，颁发有机产品销售证。

6.4.3 销售证由获证组织在销售获证产品时转交给购买单位。获证组织应保存销售证的复印件，以备认证机构审核。

6.4.4 销售证基本格式见附件3。

7 再认证

7.1 获证组织应至少在认证证书有效期结束前3个月向认证机构提出再认证申请。

获证组织的有机产品管理体系和生产、加工过程未发生变更时，可适当简化申请评审和文件评审程序。

7.2 认证机构应当在认证证书有效期内进行再认证检查。因不可抗拒力的原因，不能在认证证书有效期内进行再认证检查时，获证组织应在证书有效期内向认证机构提出书面申请，说明原因。经认证机构确认，再认证可在认证证书有效期后的3个月内实施，但不得超过3个月。延长期内生产的产品，不得作为有机产品进行销售。

7.3 不能在认证证书有效期内进行现场检查，在3个月延长期内未实施再认证的生产单元需重新进行转换认证。

8 认证证书、认证标志的管理

8.1 认证证书基本格式

有机产品认证证书有效期为一年，认证证书基本格式应符合本规则附件1、2的规定。认证证书的编号应当从“中国食品农产品认证信息系统”中获取，认证机构不得自行编制认证证书编号发放认证证书。

8.2 认证证书的变更

获证产品在认证证书有效期内，有下列情形之一的，认证委托人应当向认证机构申请认证证书的变更：

（1）有机产品生产、加工单位名称或者法人性质发生变更的；

（2）产品种类和数量减少的；

（3）有机产品转换期满的；

（4）其他需要变更的情形。

8.3 认证证书的注销

有下列情形之一的，认证机构应当注销获证组织认证证书，并对外公布：

（1）认证证书有效期届满前，未申请延续使用的；

（2）获证产品不再生产的；

（3）认证委托人申请注销的；

（4）其他依法应当注销的情形。

8.4 认证证书的暂停

有下列情形之一的，认证机构应当暂停认证证书1～3个月，并对外公布：

（1）未按规定使用认证证书或认证标志的；

（2）获证产品的生产、加工过程或者管理体系不符合认证要求，且在30日内不能采取有效纠正或（和）者纠正措施的；

（3）未按要求对信息进行通报的；

（4）认证监管部门责令暂停认证证书的；

（5）其他需要暂停认证证书的情形。

8.5 认证证书的撤销

有下列情况之一的，认证机构应当撤销认证证书，并对外公布：

（1）获证产品质量不符合国家相关法规、标准强制要求或者被检出禁用物质的；

（2）生产、加工过程中使用了有机产品国家标准禁用物质或者受到禁用物质污染的；

（3）虚报、瞒报获证所需信息的；

（4）超范围使用认证标志的；

（5）产地（基地）环境质量不符合认证要求的；

（6）认证证书暂停期间，认证委托人未采取有效纠正或者（和）纠正措施的；

（7）获证产品在认证证书标明的生产、加工场所外进行了再次加工、分装、分割的；

（8）对相关方重大投诉未能采取有效处理措施的；

（9）获证组织因违反国家农产品、食品安全管理相关法律法规，受到相关行政处罚的；

（10）获证组织不接受认证监管部门、认证机构对其实施监督的；

（11）认证监管部门责令撤销认证证书的；

（12）其他需要撤销认证证书的。

8.6 认证证书的恢复

认证证书被注销或撤销后，不能以任何理由予以恢复。

被暂停证书的获证组织，需认证证书暂停期满且完成不符合项纠正或（和）纠正措施并经认证机构确认后方可恢复认证证书。

8.7 证书与标志使用

认证证书和认证标志的管理、使用应当符合《认证证书和认证标志管理办法》、《有机产品认证管理办法》和《有机产品》国家标准的规定。

中国有机产品认证标志分为中国有机产品认证标志和中国有机转换产品认证标志。获证产品或者产品的最小销售包装上应当加施中国有机产品认证标志及其唯一编号（编号前应注明“有机码”以便识别）、认证机构名称或者其标识。

初次获得有机转换产品认证证书一年内生产的有机转换产品，只能以常规产品销售，不得使用有机转换产品认证标志及相关文字说明。

认证证书暂停期间，认证机构应当通知并监督获证组织停止使用有机产品认证证书和标志，暂时封存仓库中带有有机产品认证标志的相应批次产品；获证组织应将注销、撤销的有机产品认证证书和未使用的标志交回认证机构或获证组织，应在认证机构的监督下销毁剩余标志和带有有机产品认证标志的产品包装。必要时，召回相应批次带有有机产品认证标志的产品。

9 信息报告

认证机构应当按照要求及时将下列信息通报相关政府监管部门：

（1）认证机构应当按要求，及时向“中国食品农产品认证信息系统”填报认证活动信息，现场检查计划应在现场检查5个工作日前录入信息系统。

（2）认证机构应当在10个工作日内将撤销、暂停认证证书的获证组织名单和原因，向国家认监委和该组织所在地的省级质量监督、检验检疫、工商行政管理部门报告，并向社会公布；

（3）认证机构在获知获证组织发生产品质量安全事故后，应当及时将相关信息向国家认监委和获证组织所在地的省级质量监督、检验检疫、工商行政管理部门通报；

（4）认证机构应当于每年3月底之前将上年度有机产品生产/加工（如包含加工企业时）企业认证工作报告报送国家认监委，报告内容至少包括：颁证数量、获证产品质量分析、暂停和撤销认证证书清单及原因分析等。

10 认证收费

认证机构应根据相关规定收取认证费用。

附件1：

有机产品认证证书基本格式

证书编号：****************

有机产品认证证书

认证委托人（证书持有人）名称 ***

地址 ***

生产（加工）企业名称 ***

地址 ***

有机产品认证的类别：生产/加工（生产类注明植物生产、野生植物采集、畜禽养殖、水产养殖具体类别）

产品标准

GB/T 19630.1有机产品：生产

（GB/T 19630.2有机产品：加工）

GB/T 19630.3有机产品：标识与销售

GB/T 19630.4有机产品：管理体系

序号	基地（加工厂）名称	基地（加工厂）地址	基地面积	产品名称	产品描述	生产规模	产量

（可设附件描述，附件与本证书同等效力）

以上产品及其生产（加工）过程符合有机产品认证实施规则的要求，特发此证。

初次发证日期： 年 月 日

本次发证日期： 年 月 日

证书有效期至： 年 月 日

负责人签字： 盖章

认证机构名称

认证机构地址

联系电话

（认证机构标识） （认可标志）

附件2:

有机转换产品认证证书基本格式

证书编号: ****************

有机转换产品认证证书

认证委托人(证书持有人)名称　***
地址　***
生产(加工)企业名称　***
地址　***
有机产品认证的类别: 生产/加工(生产类注明植物生产、野生植物采集、畜禽养殖、水产养殖具体类别)
产品标准

GB/T 19630.1有机产品: 生产
(GB/T 19630.2有机产品: 加工)
GB/T 19630.3有机产品: 标识与销售
GB/T 19630.4有机产品: 管理体系

序号	基地(加工厂)名称	基地(加工厂)地址	基地面积	产品名称	产品描述	生产规模	产量

(可设附件描述,附件与本证书同等效力)

以上产品及其生产(加工)过程符合有机产品认证实施规则的要求,特发此证。

初次发证日期:　年 月 日
本次发证日期:　年 月 日
证书有效期至:　年 月 日
负责人签字:　　　　盖章
认证机构名称
认证机构地址
联系电话

(认证机构标识)　(认可标志)

附件3：

有机产品销售证基本格式

有机产品销售证

□ 有机产品　□有机转换产品

编号（TC#）：

认证证书号：

认证类别：

获证组织名称：

产品名称：

购买单位：

数　量：

产品批号：

合同号：

交易日期：

售出单位：

此证书仅对购买单位和获《有机产品》（GB/T 19630）国家标准认证的产品交易有效。

发证日期：

负责人签字：　　　　**盖章**

认证机构名称

认证机构地址

联系电话

附件4：

有机产品认证证书编号规则

有机产品认证采用统一的认证证书编号规则。认证机构在食品农产品系统中录入认证证书、检查组、检查报告、现场检查照片等方面相关信息后，经格式校验合格后，由系统自动赋予认证证书编号，认证机构不得自行编号。

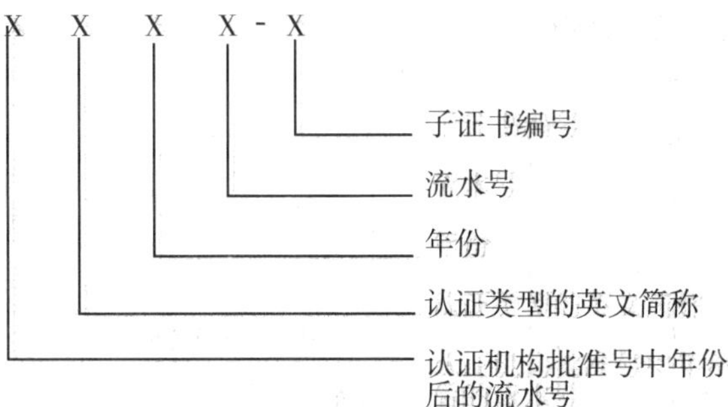

（一）认证机构批准号中年份后的流水号

认证机构批准号的编号格式为“CNCA–R/RF–年份–流水号”，其中R表示内资认证机构，RF表示外资认证机构，年份为4位阿拉伯数字，流水号是内资、外资分别流水编号。

内资认证机构认证证书编号为该机构批准号的3位阿拉伯数字批准流水号；外资认证机构认证证书编号为：F+该机构批准号的2位阿拉伯数字批准流水号。

（二）认证类型的英文简称

有机产品认证英文简称为OP。

（三）年份

采用年份的最后2位数字，例如2011年为11。

（四）流水号

为某认证机构在某个年份该认证类型的流水号，5位阿拉伯数字。

（五）子证书编号

如果某张证书有子证书，那么在母证书号后加“–”和子证书顺序的阿拉伯数字。

（六）其他

再认证时，证书号不变。

附件5：

国家有机产品认证标志编码规则

为保证国家有机产品认证标志的基本防伪与追溯，防止假冒认证标志和获证产品的发生，各认证机构在向获证组织发放认证标志或允许获证组织在产品标签上印制认证标志时，应当赋予每枚认证标志一个唯一的编码，其编码由认证机构代码、认证标志发放年份代码和认证标志发放随机码组成。

示例：

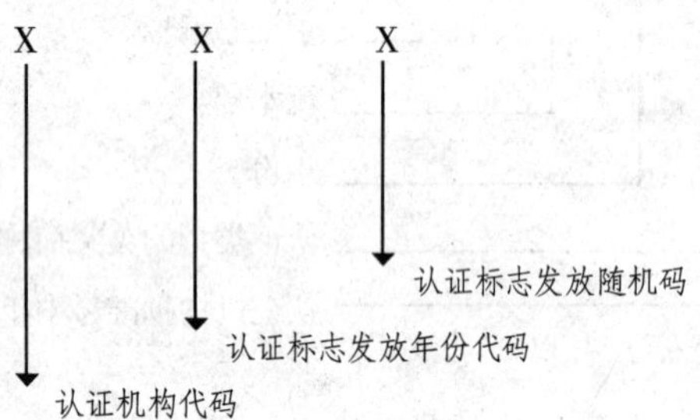

（一）认证机构代码（3位）

认证机构代码由认证机构批准号后三位代码形成。内资认证机构为该认证机构批准号的3位阿拉伯数字批准流水号；外资认证机构为：9+该认证机构批准号的2位阿拉伯数字批准流水号。

（二）认证标志发放年份代码（2位）

采用年份的最后2位数字，例如2011年为11。

（三）认证标志发放随机码（12位）

该代码是认证机构发放认证标志数量的12位阿拉伯数字随机号码。数字产生的随机规则由各认证机构自行制定。

关于发布危害分析与关键控制点（HACCP）体系认证相关文件的公告

2011年第35号

为进一步完善危害分析与关键控制点（HACCP）体系认证（以下简称HACCP体系认证）制度，规范HACCP体系认证工作，根据《中华人民共和国食品安全法》、《中华人民共和国认证认可条例》等有关规定，国家认监委制定了《危害分析与关键控制点（HACCP）体系认证实施规则》和《危害分析与关键控制点（HACCP）体系认证依据与认证范围（第一批）》，现予以发布。

本公告相关文件自2012年5月1日起实施。

特此公告。

附件：1.《危害分析与关键控制点（HACCP）体系认证实施规则（CNCA-N-008：2011）》

2.《危害分析与关键控制点（HACCP）体系认证依据与认证范围（第一批）》

二〇一一年十二月六日

附件1：

编号：CNCA-N-008:2011

危害分析与关键控制点（HACCP）体系认证 实 施 规 则

2011-12-31发布　　2012-05-01实施

1 目的、范围与责任

1.1 为规范食品行业危害分析与关键控制点（HACCP）体系认证（以下简称HACCP体系认证）工作，根据《中华人民共和国食品安全法》、《中华人民共和国认证认可条例》等有关规定，制定本规则。

1.2 本规则规定了从事HACCP体系认证的认证机构（以下简称认证机构）实施HACCP体系认证的程序与管理的基本要求，是认证机构从事HACCP体系认证活动的基本依据。

1.3 本规则适用于无专项HACCP体系认证实施规则的HACCP体系认证。有专项规则的HACCP体系认证应按照相应认证实施规则实施。

1.4 在中华人民共和国境内从事HACCP体系认证的认证机构和认证人员应遵守本规则的规定，遵守本规则的规定，并不意味着可免除其所承担的法律责任。

2 认证机构要求

2.1 从事HACCP体系认证活动的认证机构应依法设立，具备《中华人民共和国认证认可条例》规定的基本条件和从事HACCP体系认证的技术能力，并获得中国国家认证认可监督管理委员会（以下简称国家认监委）批准。

2.2 认证机构应在获得国家认监委批准后的12个月内，向国家认监委提交其实施HACCP体系认证活动符合本规则、GB/T 27021《合格评定 管理体系审核认证机构的要求》、GB/T 22003《食品安全管理体系 审核与认证机构要求》的证明文件。

认证机构在未取得相关证明文件前，只能颁发不超过10张该认证范围的认证证书。

2.3 认证机构应按照适用我国和进口国（地区）相关法律、法规、标准和规范要求制定专项审核指导书。

3 认证人员要求

3.1 认证机构中参加认证活动的人员应具备必要的个人素质和认证所需相关专业及认证检查、检验等方面的教育、培训和工作经历。

3.2 认证审核员应当具备按标准要求实施HACCP体系认证活动的能力，满足教育经历、工作经历和审核经历的要求，并按照《认证及认证培训、咨询人员管理办法》有关规定取得中国认证认可协会的执业资格注册。

3.3 认证机构应对本机构的认证审核员的能力做出评价，以满足实施相应类别产品HACCP体系认证活动的需要。

4 认证依据与认证范围

HACCP体系认证的认证依据和认证范围由国家认监委制定发布。

5 认证程序

5.1 认证申请

5.1.1 申请人应具备以下条件：

（1）取得国家工商行政管理部门或有关机构注册登记的法人资格（或其组成部分）；

（2）取得相关法规规定的行政许可文件（适用时）；

（3）生产经营的产品符合适用的我国和进口国（地区）相关法律、法规、标准和规范的要求；

（4）按照本规则规定的认证依据，建立和实施了文件化的HACCP体系，且体系有效运行3个月以上；

（5）一年内未发生违反我国和进口国（地区）相关法律、法规的食品安全卫生事故；

（6）五年内未因违反本规则6.2.2（4）、（5）条款而被认证机构撤销认证证书。

5.1.2 申请人应提交的文件和资料：

（1）认证申请；

（2）法律地位证明文件复印件；

（3）有关法规规定的行政许可文件和备案证明复印件（适用时）；

（4）组织机构代码证书复印件；

（5）HACCP手册（包括良好生产规范（GMP））；

（6）组织机构图与职责说明；

（7）厂区位置图、平面图；加工车间平面图；产品描述、工艺流程图、工艺描述；危害分析单、HACCP计划表；加工生产线、实施HACCP项目和班次的说明；

（8）食品添加剂使用情况说明，包括使用的添加剂名称、用量、适用产品及限量标准等；

（9）生产、加工或服务过程中遵守适用的我国和进口国（地区）相关法律、法规、标准和规范清单；产品执行企业标准时，提供加盖当地政府标准化行政主管部门备案印章的产品标准文本复印件；

（10）生产、加工主要设备清单和检验设备清单；

（11）多场所清单及委托加工情况说明（适用时）；

（12）产品符合卫生安全要求的相关证据；适用时，提供由具备资质的检验机构出具的接触食品的水、冰、汽符合卫生安全要求的证据；

（13）承诺遵守相关法律、法规、认证机构要求及提供材料真实性的自我声明；

（14）其他需要的文件。

5.2 认证受理

5.2.1 认证机构应向申请人至少公开以下信息：

（1）认证范围；

（2）认证工作程序；

（3）认证依据；

（4）证书有效期；

（5）认证收费标准。

5.2.2 申请评审

认证机构应在申请人提交材料齐全后10个工作日内对其提交的申请文件和资料进行评审并保存评审记录，以确保：

（1）认证要求规定明确、形成文件，并得到理解；

（2）认证机构和申请人之间在理解上的差异得到解决；

（3）对于申请的认证范围、申请人的工作场所和任何特殊要求，认证机构均有能力开展认证服务。

5.2.3 评审结果处理

申请材料齐全、符合要求的，予以受理认证申请；

未通过申请评审的，应书面通知认证申请人在规定时间内补充、完善，不同意受理认证申请应明示理由。

5.3 审核的策划

认证机构应根据受审核方的规模、生产过程和产品的安全风险程度等因素，对认证审核全过程进行策划，制定审核方案。

5.3.1 组建审核组。审核组应具备实施受审核方相应专业类别HACCP体系认证审核的能力。初次认证审核组至少由两名审核员组成，其中至少一名为相应行业类别的审核员。第一、二阶段审核组组长宜为同一人，第二阶段审核组中至少应包含一名第一阶段审核员。同一审核员不能连续两次在同一生产现场审核时担任审核组组长，不能连续三次对同一生产现场实施认证审核。

5.3.2 审核通知应于现场审核前告知受审核方。认证机构应向受审核方提供审核组每位成员的姓名。受审核方对审核组的组成提出异议且合理时，认证机构应调整审核组。

5.3.3 审核组长应编制审核计划，在现场审核活动开始前，审核计划应经审核委托方确认和接受，并提交给受审核方。

5.3.4 现场审核应安排在审核范围覆盖产品的生产期，审核组应在现场观察该产品的生产活动。

5.3.5 当受审核方体系覆盖了多个场所时，认证机构应对每一生产场所实施现场审核，以确保审核的有效性。当受审核方将影响食品安全的重要生产过程采用委托加工等方式进行时，除非被委托加工组织的被委托加工活动已获得相应的HACCP体系或食品安全管理体系认证，否则应对委托加工过程实施现场审核。

5.3.6 审核时间

认证机构应制定确定审核时间的文件。认证机构应根据受审核方的规模、审核范围、生产过程、HACCP项目和产品的安全风险程度等因素策划审核时间，确保审核的充分性和有效性。审核时间应不低于本规则附表的要求。

5.4 审核的实施

5.4.1 初次认证审核

HACCP体系认证初次认证审核应分两个阶段实施：第一阶段和第二阶段。一、二阶段审核均应在受审核方的生产或加工场所实施。

5.4.1.1 第一阶段审核

第一阶段审核的目的是调查申请人是否已具备实施认证审核的条件和确定第二阶段审核的关注点，第一阶段审核应关注但不限于以下方面内容：

（1）收集关于受审核方的HACCP体系范围、过程和场所的必要信息，以及相关的法律、法规、标准要求和遵守情况；

（2）充分识别委托加工等生产活动对食品安全的影响程度；

（3）初步评价受审核方厂区环境、厂房及设施、设备、人员、卫生管理等是否符合相对应的良好生产规范（GMP）的要求；

（4）了解受审核方对认证标准要求的理解，评审受审核方的HACCP体系文件。重点评审受审核方体系文件的符合性、适宜性和充分性，特别关注关键控制点、关键限值的确定及其支持性证据。

（5）充分了解受审核方的HACCP体系和现场运作，评价受审核方的运作场所和现场的具体情况及体系的实施程度，确认受审核方是否已为第二阶段审核做好准备，并与受审核方商定第二阶段审核的细节，明确审核范围，为策划第二阶段审核提供关注点。

应告知受审核方第一阶段的审核结果可能导致推迟或取消第二阶段审核。

5.4.1.2 第二阶段审核

第二阶段审核的目的是评价受审核方HACCP体系实施的符合性和有效性。

第二阶段审核应在具备实施认证审核的条件下进行，第一阶段审核提出的影响实施第二阶段审核的问题应在第二阶段审核前得到解决。

第二阶段审核应重点关注但不限于以下方面内容：

（1）与我国和进口国（地区）适用法律、法规及标准的符合性，以及出口食品生产企业安全卫生要求的符合性（适用时）。

（2）HACCP体系实施的有效性,包括HACCP计划、前提计划及防护计划的实施，对产品安全危害的控制能力；

（3）原辅料及与食品接触材料的食品安全危害识别的充分性和控制的有效性；

（4）生产加工过程中的卫生标准操作程序（SSOP）执行的有效性；

（5）生产过程中对食品安全危害控制的有效性；

（6）产品可追溯性体系的建立及不合格产品的控制；

（7）食品安全验证活动安排的有效性及食品安全状况；

（8）受审核方对投诉的处理。

对于第一阶段审核过的HACCP体系的相应部分，被确定为实施充分有效并符合要求的，第二阶段可以不再对其审核，但认证机构应确保HACCP体系已审核的部分持续符合认证要求。第二阶段的审核报告应包含第一阶段审核中的审核发现，并且应清楚地表述第一阶段审核已经确立的符合性。审核记录应能体现审核人员对HACCP计划中CCP技术参数的判断。

第一阶段和第二阶段审核的间隔应不超过6个月。如果超过6个月，应重新实施第一阶段审核。

5.4.2 对于审核中发现的不符合，认证机构应出具书面不符合报告，要求受审核方在规定的期限内分析原因，并说明为消除不符合已采取或拟采取的具体纠正和纠正措施，并提出明确的验证要求。认证机构应审查受审核方提交的纠正和纠正措施，以确定其是否可被接受。受审核方对不符合采取纠正和纠正措施的时间不得超过3个月。

5.4.3 审核组应对在第一阶段和第二阶段审核中收集的所有信息和证据进行分析，以评审审核发现并就审核结论达成一致。

5.4.4 审核组应为每次审核编写书面审核报告，认证机构应向受审核方提供审核报告。

5.4.5 产品安全性验证

为验证危害分析的输入持续更新、危害水平在确定的可接受水平之内、HACCP计划和前提计划得以实施且有效，特别是产品的安全状况等情况，在现场审核或相关过程中应采取对申请认证产品进行抽样检验的方法验证产品的安全性。

认证机构应根据我国和进口国（地区）有关指南、标准、规范或相关要求策划抽样检验活动，确定检验方法和检验项目。抽样检验可采用以下三种方式：

（1）委托具备相应能力的检测机构完成，检验机构应满足GB/T 27025的要求；

（2）由现场审核人员利用申请人的检验设施完成；

（3）由现场审核人员确认由其他检验机构出具的检验结果的方式完成。

当采用利用申请人的检验设施完成检验时，认证机构应提出对所用检验设施的控制要求；

当采用确认由其他检验机构出具检验结果的方式完成检验时，出具检验结果的检验机构应具备资质和能力，并依据《检测和校准实验室能力的通用要求》（GB/T 27025）获得实验室认可。同时，认证机构应提出以下相应的控制要求：

（1）检验结果时效性的合理界定；

（2）检验结果中的检验项目不全时的处理方式。

5.5 认证决定

5.5.1 综合评价

认证机构应根据审核过程中收集的信息和其他有关信息，特别是对产品的实际安全状况和企业诚信情况进行综合评价，做出认证决定。审核组成员不得参与认证决定。

对于符合认证要求的受审核方，认证机构应颁发认证证书；对于不符合认证要求的受审核方，认证机构应以书面的形式告知其不能通过认证的原因。

5.5.2 对认证决定的申诉

受审核方如对认证决定有异议，可在10个工作日内向认证机构申诉，认证机构自收到申诉之日起，应在一个月内进行处理，并将处理结果书面通知申请人。

受审核方认为认证机构行为严重侵害了自身合法权益的，可以直接向国家认监委申诉。

5.6 跟踪监督

认证机构应依法对获证组织实施跟踪监督，包括监督审核、跟踪调查等。

5.6.1 监督审核

认证机构应根据获证组织及体系覆盖产品的风险，合理确定监督审核的时间间隔或频次。当体系发生重大变化或发生食品安全事故时，认证机构应增加监督审核的频次。

监督审核应至少每年进行一次。初次认证后的第一次监督审核应在第二阶段审核最后一天起12个月内进行。每次监督审核应尽可能覆盖HACCP体系认证范围内的所有产品。由于产品生产的季节性等原因，在每次监督审核时难以覆盖所有产品的，在认证证书有效期内的监督审核必须覆盖HACCP体系认证范围内的所有产品。

5.6.1.1 监督审核应包括但不限于以下内容：

（1）体系变化和保持情况；

（2）重要原、辅料供方及委托加工的变化情况；

（3）产品安全性情况；

（4）组织的良好生产规范（GMP）、卫生标准操作程序（SSOP）、关键控制点、关键限值的保持和变化情况及其有效性；

（5）顾客投诉及处理；

（6）涉及变更的认证范围；

（7）对上次审核中确定的不符合所采取的纠正措施；

（8）持续符合我国和进口国（地区）相关法律、法规标准的情况；

（9）质量监督或行业主管部门抽查的结果；

（10）证书的使用。

5.6.1.2 必要时，监督审核应对产品的安全性进行验证。验证要求见5.4.5。

5.6.1.3 监督审核结果评价

认证机构应依据监督审核结果，对获证组织作出保持、暂停或撤销其认证资格的决定。

5.6.2 跟踪调查

5.6.2.1 跟踪调查方式

认证机构应在风险分析的基础上，策划采用不通知现场审核、生产现场产品抽样检验、市场抽样检验、调查问卷等方式对获证组织实施跟踪调查。每年跟踪调查组织的比例应不少于获证组织总数的5%。获证组织数不足100的，跟踪调查数量应不少于5个。

5.6.2.2 不通知现场审核

不通知现场审核可以在审核前48小时向获证组织提供审核计划，获证组织无正当理由不得拒绝审核。

第一次不接受审核将收到书面告诫，第二次不接受审核将导致证书的暂停。

5.6.2.3 跟踪调查实施及结果处理

认证机构应制定跟踪调查活动程序、实施要求及跟踪调查结果处理办法。当跟踪调查结果表明获证组织已不再符合认证要求时，应暂停或撤销认证证书。

5.6.3 信息通报制度

为确保获证组织的HACCP体系持续有效，认证机构应与获证组织建立信息通报制度，以及时获取获证组织以下信息：

（1）有关法律地位、经营状况、组织状态或所有权变更的信息；

（2）组织和管理层（如关键的管理、决策或技术人员）变更的信息；

（3）联系地址和场所变更的信息；

（4）HACCP体系和过程重大变更的信息，产品工艺环境变化信息；

（5）有关食品安全事故的信息，消费者投诉的信息；

（6）所在区域内发生的有关重大动、植物疫情的信息；

（7）官方检查或政府部门组织的市场抽查中被发现有严重食品安全问题的信息，或出口的产品因安全卫生方面的问题被进口国（地区）主管当局通报的；

（8）不合格品召回及处理的信息；

（9）其他重要信息。

5.6.4 信息分析

认证机构应对上述信息进行分析，视情况采取相应措施，如增加监督审核频次、暂停或撤销认证资格等。

5.7 再认证

认证证书有效期满前三个月，获证组织可申请再认证。再认证程序与初次认证程序一致，但可不进行第一阶段现场审核。当体系或运作环境（如区域、法律法规、食品安全标准等）有重大变更，并经评价需要时，再认证需实施第一阶段审核。

认证机构应根据再认证审核的结果，以及认证周期内的体系评价结果和认证使用方的投诉，做出再认证决定。

5.8 认证范围的变更

5.8.1 获证组织拟变更认证范围时，应向认证机构提出申请，并按认证机构的要求提交相关材料。

5.8.2 认证机构应根据获证组织的申请进行评审，策划并实施适宜的审核活动，并按照5.5的规定要求做出认证决定。这些审核活动可单独进行，也可与获证组织的监督审核或再认证一起进行。

5.8.3 对于申请扩大认证范围的，应实施现场审核；必要时，应在审核中验证其产品的安全性。

5.9 认证要求变更

认证要求变更时，认证机构应将认证要求的变化以公开信息的方式告知获证组织，并对认证要求变更的转换安排做出规定。

认证机构应采取适当方式对获证组织实施变更后认证要求的有效性进行验证，确认认证要求变更后获证组织证书的有效性，符合要求可继续使用认证证书。

6 认证证书

6.1 认证证书有效期

HACCP体系认证证书有效期为3年。认证证书应当符合相关法律、法规要求。认证证书应涵盖以下基本信息（但不限于）：

（1）证书编号；

（2）组织名称、地址；

（3）证书覆盖范围（含产品生产场所、生产车间等信息）；

（4）认证依据；

（5）颁证日期、证书有效期；

（6）认证机构名称、地址。

认证证书的编号应从“中国食品农产品认证信息系统”中获取，认证机构不得自行编制认证证书编号发放认证证书。

6.2 认证证书的管理

认证机构应当对获证组织认证证书使用的情况进行有效管理。

6.2.1 认证证书的暂停

有下列情形之一的，认证机构应当暂停其使用认证证书，暂停期限最长为六个月。

（1）获证组织未按规定使用认证证书的；

（2）获证组织违反认证机构要求的；

（3）获证组织发生食品安全卫生事故；质量监督或行业主管部门抽查不合格等情况，尚不需立即撤销认证证书的；

（4）获证组织HACCP体系或相关产品不符合认证依据、相关产品标准要求，不需要立即撤销认证证书的；

（5）获证组织未能按规定间隔期实施监督审核的；

（6）获证组织未按要求对信息进行通报的；

（7）获证组织与认证机构双方同意暂停认证资格的。

6.2.2 认证证书的撤销

有下列情形之一的，认证机构应撤销其认证证书。

（1）获证组织HACCP体系或相关产品不符合认证依据或相关产品标准要求，需要立即撤销认证证书的；

（2）认证证书暂停期间，获证组织未采取有效纠正措施的；

（3）获证组织不再生产获证范围内产品的；

（4）获证组织出现严重食品安全卫生事故或对相关方重大投诉未能采取有效处理措施的；

（5）获证组织虚报、瞒报获证所需信息的；

（6）获证组织不接受相关监管部门或认证机构对其实施监督的。

7 信息报告

认证机构应按照要求及时将下列信息通报相关政府监管部门：

（1）认证机构应在现场审核5个工作日前，将审核计划等信息录入“中国食品农产品认证信息系统”；

（2）认证机构应在10个工作日内将撤销、暂停认证证书的获证组织名单和原因，向国家认监委和该组织所在地的省级质量监督、检验检疫、工商行政管理部门报告，并向社会公布；

（3）认证机构在获知获证组织发生食品安全事故后，应及时将相关信息向国家认监委和获证组织所在地的省级质量监督、检验检疫、工商行政管理部门通报；

（4）认证机构应按要求及时向"中国食品农产品认证信息系统"填报认证活动信息；

（5）认证机构应于每年2月底之前将上年度HACCP体系认证工作报告报送国家认监委，报告内容包括：颁证数量、获证组织质量分析、暂停和撤销认证证书清单及原因分析等。

8 认证收费

按照国家价格主管部门规定的质量体系认证收费管理办法和收费标准收取。

附表：

HACCP体系认证现场最少审核时间表

职工总数	初次认证现场审核人日数	监督审核现场审核人日数
50人以下	3	2
50～100人	4	2
100～200人	5	3
200以上	6	4

注：以上人日数仅为一个生产场所HACCP体系的审核人日数表。

附件2：

危害分析与关键控制点（HACCP）体系
认证依据与认证范围（第一批）

一、认证依据

GB/T 27341 《危害分析与关键控制点（HACCP）体系 食品生产企业通用要求》

GB 14881 《食品企业通用卫生规范》

注：认证机构可在上述认证依据基础上，增加符合《认证技术规范管理办法》规定的技术规范作为认证审核补充依据。

二、认证范围

代码	行业类别	种类示例
C	加工1（易腐烂的动物产品）包括农业生产后的各种加工，如：屠宰	C1 畜禽屠宰及肉制品加工 C2 蛋及蛋制品加工 C3 乳及乳制品加工 C4 水产品的加工 C5 蜂产品的加工 C6 速冻食品制造
D	加工2（易腐烂的植物产品）	D1 果蔬类产品加工 D2 豆制品加工 D3凉粉加工
E	加工3（常温下保存期长的产品）	E1 谷物加工 E2 坚果加工 E3 罐头加工 E4 饮用水、饮料的制造 E5 酒精、酒的制造 E6 焙烤类食品的制造 E7 糖果类食品的制造 E8 食用油脂的制造 E9 方便食品（含休闲食品）的加工 E10 制糖 E11 盐加工 E12 制茶 E13 调味品、发酵制品的制造 E14 营养、保健品制造
G	餐饮业	G1 餐饮及服务

中华人民共和国国家质量监督检验检疫总局、中华人民共和国公安部、国家认证认可监督管理委员会联合公告
关于部分消防产品实施强制性认证的公告

2011年第55号

根据《中华人民共和国消防法》和《中华人民共和国认证认可管理条例》，现决定对部分消防产品实施强制性产品认证（目录见附件）。

自2013年1月1日起，凡列入本强制性产品认证目录内的消防产品，未获得强制性产品认证证书和未标注强制性认证标志，不得出厂、销售、进口或在其他经营活动中使用。

自2011年10月1日起，委托人可以向指定认证机构提出认证产品的认证委托。

特此公告。

附件：实施强制性认证的部分消防产品目录

二〇一一年四月二十一日

附件1:

实施强制性认证的部分消防产品目录

序号	类别	产品种类	HS编码
1	喷水灭火产品	早期抑制快速响应（ESFR）喷头	8424.8999
		扩大覆盖面积洒水喷头	
		水雾喷头	
		水幕喷头	
		干式报警阀	
		雨淋报警阀	
		消防通用阀门	
		家用喷头	
2	消防水带	消防软管卷盘	4009.1200
3	火灾报警产品	电气火灾监控系统	8531.9010
		特种火灾探测器	
		点型紫外火焰探测器	
		防火卷帘控制器	
		火灾声和/或光警报器	
		火灾显示盘	
		线型光束感烟火灾探测器	
		消火栓按钮	
4	泡沫灭火设备产品	泡沫混合装置	8424.8999
		泡沫发生装置	
		泡沫泵	
		专用阀门及附件	
		泡沫喷射装置	
		泡沫消火栓箱	
		轻便式泡沫灭火装置	
		闭式泡沫—水喷淋装置	
5	灭火剂产品	气体灭火剂	3813.0010
		泡沫灭火剂	
		干粉灭火剂	
		水系灭火剂	
6	消防装备产品	正压式消防空气呼吸器	9020.0000
7	建筑耐火构件	防火窗	4418.1090 7308.3000

二、2011年通过国家认监委资质认定的检查机构名单

序号	资质认定获证名称	证书编号	有效日期	评审类型
1	河北省产品质量监督检验院	2011000008I	14.3.23	复查换证
2	北京市建设工程质量第六检测所有限公司	2011000009I	14.3.23	复查换证
3	广州市建筑科学研究院有限公司检查鉴定中心	2011000010I	14.4.6	复查换证
4	上海电气器具检验测试所	2011000004I	14.9.22	复查换证
5	深圳市建筑科学研究院有限公司	2011000014I	14.12.7	复查换证
6	山东安康医院精神疾病司法鉴定所	2011000036I	14.3.2	首次认证
7	河南科技大学司法鉴定中心	2011000034I	14.3.2	首次认证
8	南京东南司法鉴定中心	2011000032I	14.2.13	首次认证
9	苏州大学司法鉴定所	2011000037I	14.3.2	首次认证
10	复旦大学上海医学院司法鉴定中心	2010000018I	13.4.5	证书变更
11	重庆市正鼎司法鉴定所	2011000038I	14.5.15	首次认证
12	四川西南司法鉴定中心	2011000041I	14.7.13	首次认证
13	北京华夏物证鉴定中心	2011000044I	14.9.19	复查换证
14	潍坊青州法医司法鉴定所	2011000042I	14.8.10	首次认证
15	华东政法大学司法鉴定中心	2011000040I	14.6.28	首次认证
16	重庆法医验伤所	2011000039I	14.6.14	首次认证
17	天津市天通司法鉴定中心	2011000043I	14.8.18	首次认证
18	温州医学院司法鉴定中心	2011000046I	14.11.2	首次认证
19	南通市第三人民医院司法鉴定所	2011000047I	14.11.8	首次认证

三、2011年通过国家认监委资质认定的实验室名单

序号	资质认定获证名称	证书编号	有效日期	评审类型
1	福建省疾病预防控制中心	2011003198S	14.2.14	首次认证
2	宝鸡出入境检验检疫局综合实验室	2011002618Z	14.2.17	复查换证
3	黑龙江出入境检验检疫局检验检疫技术中心佳木斯分中心	2011008125Z	14.2.25	复查换证
4	嘉兴出入境检验检疫局综合实验室	2011008009Z	14.2.15	复查换证
5	江西省疾病预防控制中心	2011002895S	14.1.9	复查换证
6	工业和信息化部电子计量中心	2010002117H	13.4.21	证书变更
7	工业和信息化部数字电视标准符合性检测中心	2009002696H	12.11.15	证书变更
8	上海市计量测试技术研究院	2008002289Y	12.11.30	复查换证
9	华东国家计量测试中心	2008002295Y	12.11.30	复查换证
10	湛江出入境检验检疫局检验检疫技术中心	2010008113Z	13.1.13	证书变更
11	滨州出入境检验检疫局检测中心	2011003217Z	14.4.27	首次认证
12	福建国际旅行卫生保健中心莆田分中心医学综合检测实验室	2011002833Z	14.2.11	复查换证
13	新会出入境检验检疫局综合技术服务中心综合检验检疫实验室	2011002613Z	14.2.11	复查换证
14	邢台出入境检验检疫局自行车检测中心	2011003193Z	14.2.11	首次认证
15	漳州出入境检验检疫局综合技术服务中心实验室	2010008054Z	13.3.30	证书变更
16	核工业工程研究设计有限公司检测中心	2009001254W	12.11.25	证书变更
17	机械工业节能监测中心（长春）	2011000660A	14.2.11	复查换证
18	机械工业测量控制设备及网络质量检测中心	2011002915A	14.2.11	复查换证
19	中国检验认证集团广东有限公司	2011003227Z	14.7.4	首次认证
20	浙江出入境检验检疫局矿石检验中心（嵊泗出入境检验检疫局综合技术服务中心）	2011003194Z	14.2.11	首次认证
21	阳江出入境检验检疫局综合技术服务中心综合实验室	2011008183Z	14.2.11	复查换证
22	河源出入境检验检疫局综合技术服务中心综合实验室	2011008288Z	14.3.1	复查换证
23	深圳国际旅行卫生保健中心医学实验室	2011008106Z	14.2.15	复查换证
24	龙口出入境检验检疫局综合技术服务中心	2011008162z	14.2.21	复查换证
25	中国人民解放军防化指挥工程学院特种化学品实验室	2011002887Z	14.3.17	复查换证
26	石油工业机械产品质量监督检验中心	2011000104J	14.3.3	复查换证
27	中冶建筑研究总院有限公司建筑工程检测中心/冶金工业工程质量监督总站检测中心/中冶交通工程检测中心	2011000156E	14.3.24	复查换证
28	国家邮政局信函处理设备质量监督检验中心	2011001521Z	14.3.14	复查换证
29	云南出入境检验检疫局检验检疫技术中心	2011008186Z	14.3.27	复查换证

续表

序号	资质认定获证名称	证书编号	有效日期	评审类型
30	海南汽车试验研究所	2011001438A	14.3.22	复查换证
31	福清出入境检验检疫局综合技术服务中心医学检测实验室	2011002934Z	14.3.14	复查换证
32	湖北国际旅行卫生保健中心实验室	2011008139Z	14.3.14	复查换证
33	卫生部心血管药物临床研究重点实验室	2011002943S	14.3.30	复查换证
34	建设部城市供水水质监测中心	2011002162F	14.3.17	复查换证
35	青海出入境检验检疫局检验检疫综合技术中心	2011008111Z	14.4.20	复查换证
36	中国船舶工业电工电子设备环境与可靠性试验检测中心	2011001591W	14.2.24	复查换证
37	中国食品药品检定研究院(中国药品检验总所)	2010000599S	13.5.4	证书变更
38	中国石油化工股份有限公司润滑油研发(上海)中心分析评定中心	2011001994J	14.3.14	复查换证
39	国家食品药品监督管理局上海医疗器械质量监督检验中心	2011002647S	14.4.19	复查换证
40	中国船舶工业软件测试中心	2011002155W	14.3.20	复查换证
41	山西国际旅行卫生保健中心综合实验室	2011002758Z	14.3.30	复查换证
42	浙江国际旅行卫生保健中心台州分中心医学检测实验室	2011003211S	14.4.14	首次认证
43	深圳出入境检验检疫局工业品检测技术中心	2011002335Z	14.5.23	复查换证
44	中国检验认证集团上海有限公司	2011003197Z	14.2.14	首次认证
45	南京汽车质量监督检验鉴定试验所	2011000671A	14.4.27	复查换证
46	常熟出入境检验检疫局综合技术服务中心纺织实验室	2011002968Z	14.3.30	复查换证
47	中国航空工业华东电磁兼容监督检测中心	2011001723W	14.4.7	复查换证
48	兵器工业非金属材料理化检测中心	2011001701W	14.5.29	复查换证
49	广东省职业病防治院/广东省职业卫生检测中心	2011000304S	14.5.11	复查换证
50	机械工业造型材料重要铸件产品质量监督检测中心	2011000567A	14.3.30	复查换证
51	大港油田集团钻采工艺研究院中心实验室	2011001799J	14.3.30	复查换证
52	辽宁省医疗器械检验所/国家食品药品监督管理局沈阳医疗器械质量监督检验中心	2011002186S	14.4.23	复查换证
53	广东出入境检验检疫局检验检疫技术中心玩具实验室	2011008165Z	14.4.15	复查换证
54	机械工业材料质量检测中心	2011001612A	14.4.9	复查换证
55	广东出入境检验检疫局检验检疫技术中心植物检疫实验室	2011008046Z	14.4.15	复查换证
56	丹东客车质量监督检验鉴定试验所	2011001433A	14.4.9	复查换证
57	深圳出入境检验检疫局医学媒介生物实验室	2011002926Z	14.4.15	复查换证
58	中国船舶工业电工产品试验检测中心	2011002671W	14.6.19	复查换证
59	武汉港口机械质量监督检验测试中心	2011000641P	14.4.20	复查换证
60	厦门出入境检验检疫局检验检疫技术中心	2011008004Z	14.4.27	复查换证
61	中国船舶工业武汉材料与结构试验检测中心	2011001560W	14.9.27	复查换证
62	黑龙江出入境检验疫局检验检疫技术中心东宁分中心	2011003218Z	14.5.10	首次认证
63	岳阳出入境检验检疫局农畜食品综合实验室	2011008002Z	14.5.11	复查换证
64	珠海国际旅行卫生保健中心	2011008240Z	14.5.11	复查换证
65	库尔勒出入境检验检疫局综合实验室	2011008336Z	14.5.11	复查换证
66	中国有色金属工业粉末冶金产品质量监督检验中心	2011000869E	14.5.3	复查换证
67	中国工程物理研究院环境试验中心	2011002014W	14.5.10	复查换证
68	中国航空工业集团公司西北电磁兼容性监督检测中心	2011001399W	14.5.23	复查换证
69	饶平出入境检验检疫局综合技术服务中心食品与陶瓷检验实验室	2011008315Z	14.5.11	复查换证
70	中国农业科学院农业环境与可持续发展研究所分析测试中心	2011002914V	14.5.31	复查换证
71	广州机场出入境检验检疫局综合技术服务中心综合实验室	2011002936Z	14.4.20	复查换证
72	广东出入境检验检疫局检验检疫技术中心动物检疫实验室	2011002628Z	14.4.20	复查换证
73	绥芬河出入境检验检疫局检验检疫综合技术中心	2011008121Z	14.6.2	复查换证
74	中国检验认证集团深圳有限公司煤炭实验室	2011003219Z	14.5.12	首次认证
75	机械工业内燃机产品质量检测中心(济南)	2011002420A	14.5.26	复查换证
76	机械工业防爆电气设备质量监督检测中心	2011000782A	14.5.2	复查换证
77	宁波出入境检验检疫局国际旅行卫生保健中心综合实验室	2011008225Z	14.5.21	复查换证

续表

序号	资质认定获证名称	证书编号	有效日期	评审类型
78	秦皇岛出入境检验检疫局煤炭检测技术中心	2011008219Z	14.5.25	复查换证
79	信息产业通信产品防护性能质量监督检验中心	2011001004H	14.7.31	复查换证
80	信息产业广州电话交换设备质量监督检验中心	2011001520H	14.7.31	复查换证
81	怀化出入境检验检疫局综合实验室	2011008044Z	14.5.26	复查换证
82	中华全国工商联珠宝业商会珠宝检测研究中心	2011002193G	14.6.2	复查换证
83	中国人民解放军防化研究院分析测试中心	2011001645Z	14.6.2	复查换证
84	太仓出入境检验检疫局综合技术服务中心	2009002254Z	12.3.3	证书变更
85	湖南出入境检验检疫局（醴陵）综合检测中心	2011002921Z	14.5.25	复查换证
86	国家环境分析测试中心	2011000796E	14.6.14	复查换证
87	空军装备环境与可靠性试验中心	2011001599W	14.6.2	复查换证
88	中国赛宝实验室/工业和信息化部电子第五研究所/中国电子产品可靠性与环境试验研究所	2011002246H	14.6.9	复查换证
89	工业和信息化部电子第五研究所华东分所（中国赛宝（华东）实验室）	2011003223H	14.6.7	首次认证
90	伊犁出入境检验检疫局综合技术服务中心综合实验室	2011008342Z	14.6.9	复查换证
91	机械工业表面覆盖层产品质量监督检测中心	2011000862A	14.6.14	复查换证
92	化学工业危险化学品分类鉴定中心（上海化工研究院检测中心）	2011002694B	14.6.9	复查换证
93	唐山出入境检验检疫局综合实验室	2011002844Z	14.6.9	复查换证
94	慈溪出入境检验检疫局食化实验室	2011008318Z	14.6.9	复查换证
95	北京科大分析检验中心有限公司	2011003002K	14.6.9	复查换证
96	机械工业仪用互感器及低压电器产品质量检测中心	2011000347A	14.6.16	复查换证
97	山西出入境检验检疫局检验检疫技术中心	2011008010Z	14.6.26	复查换证
98	宁德出入境检验检疫局检验检疫技术中心	2011008323Z	14.6.19	复查换证
99	广东国际旅行卫生保健中心实验室	2011008355Z	14.6.9	复查换证
100	福建出入境检验检疫局检验检疫技术中心	2011002233Z	14.6.29	复查换证
101	天津出入境检验检疫局工业产品安全技术中心消费品安全实验室	2011008081Z	14.6.19	复查换证
102	河北出入境检验检疫局京唐港办事处化矿实验室	2011002933Z	14.6.19	复查换证
103	机械工业仪表材料产品质量监督检测中心	2011000413A	14.6.19	复查换证
104	天津市疾病预防控制中心	2011002385S	14.7.19	复查换证
105	机械工业中小型水力发电设备产品质量监督检测中心	2011000866A	14.7.19	复查换证
106	信息产业邮电工业产品质量监督检验中心	2011000911H	14.7.13	复查换证
107	信息产业广播电视产品质量监督检验中心	2011002149H	14.6.13	复查换证
108	华北电力科学研究院有限责任公司	2011002234D	14.7.13	复查换证
109	江苏检验检疫车辆灯具检测实验室	2011003226Z	14.6.28	首次认证
110	航天科工防御技术研究试验中心	2011002598W	14.6.9	复查换证
111	北京国际旅行卫生保健中心实验室	2011008330Z	14.6.28	复查换证
112	航天软件评测中心	2011002916W	14.8.16	复查换证
113	海南出入境检验检疫局检验检疫技术中心	2011008322Z	14.6.28	复查换证
114	信息产业北京移动通信设备质量监督检验中心	2011001289H	14.6.28	复查换证
115	信息产业图文通信设备质量监督检验中心	2011001068H	14.6.28	复查换证
116	国家食品药品监督管理局北京医疗器械质量监督检验中心	2011000915S	14.6.20	复查换证
117	浙江出入境检验检疫局丝类检测中心	2011008325Z	14.6.28	复查换证
118	机械工业农业机械产品质量检测中心	2011001990A	14.6.28	复查换证
119	宁波出入境检验检疫局轻工产品检测中心	2011008161Z	14.6.28	复查换证
120	南京出入境检验检疫局化工实验室（江苏出入境检验检疫局工业产品检测中心南京化工品实验室）	2011002944Z	14.6.28	复查换证
121	中国石油化工股份有限公司中原油田分公司环保监测总站	2011002937J	14.6.28	复查换证
122	石油和化学工业电气产品防爆质量监督检验中心	2011000629B	14.6.28	复查换证
123	宁波出入境检验检疫局铁矿检测中心	2011008230Z	14.7.12	复查换证
124	机械工业工业过程控制系统产品质量监督检测中心	2011000264A	14.7.19	复查换证
125	杭州市城市排水监测站	2011001454F	14.7.21	复查换证
126	北京微量化学研究所分析测试中心	2011001456Z	14.8.10	复查换证
127	中国检验检疫科学研究院综合检测中心	2011002241Z	14.7.13	复查换证
128	深圳出入境检验检疫局动植物检验检疫技术中心	2011008317Z	14.7.19	复查换证

续表

序号	资质认定获证名称	证书编号	有效日期	评审类型
129	信息产业专用材料质量监督检验中心	2011000613H	14.7.19	复查换证
130	中国有色金属工业机电产品质量监督检验中心	2011000270E	14.7.19	复查换证
131	江苏出入境检验检疫局工业产品检测中心纺织实验室	2011008365Z	14.7.19	复查换证
132	张家港出入境检验检疫局检验检疫综合技术中心	2011008020Z	14.7.19	复查换证
133	中国船级社实业公司上海无损检测中心	2011002725P	14.7.19	复查换证
134	中国电力科学研究院风电并网研究和评价中心	2011003235K	14.7.31	首次认证
135	浙江省检验检疫科学技术研究院舟山分院	2011002714Z	12.11.1	复查换证
136	芜湖汽车仪表质量监督检验站	2011001747A	14.7.31	复查换证
137	中国石化集团北京燕山石油化工有限公司树脂应用研究所树脂检测实验室	2011002222J	14.7.19	复查换证
138	国家人口计生委药具质量监测中心	2011001764Z	14.8.4	复查换证
139	广东出入境检验检疫局检验检疫技术中心食品实验室	2011008164Z	14.7.13	复查换证
140	浙江出入境检验检疫局羽毛绒检测实验室	2011002252Z	14.8.7	复查换证
141	东山出入境检验检疫局综合技术服务中心	2011008350Z	14.9.27	复查换证
142	阿拉山口出入境检验检疫局综合技术服务中心	2011002931Z	14.8.10	复查换证
143	国家钢铁材料测试中心/钢铁研究总院分析测试研究所	2011000584E	14.8.24	复查换证
144	广东省计量科学研究院	2011002938Z	14.11.20	复查换证
145	南京出入境检验检疫局电子电气产品实验室（江苏出入境检验检疫局机电产品检测中心南京电子电气产品实验室）	2011002591Z	14.8.11	复查换证
146	广西国际旅行卫生保健中心	2011002662Z	14.8.15	复查换证
147	西藏出入境检验检疫局检验检疫技术中心	2011002920Z	12.11.1	复查换证
148	玉林出入境检验检疫局检验检疫综合实验室	2011002959Z	12.11.1	复查换证
149	宁波出入境检验检疫局检验检疫技术中心	2011008222Z	12.11.1	复查换证
150	盐城出入境检验检疫局综合检测中心	2011008109Z	12.11.1	复查换证
151	株洲出入境检验检疫局综合实验室	2011008043Z	14.7.12	复查换证
152	机械工业排灌机械产品质量检测中心（镇江）	2011000619A	14.8.15	复查换证
153	腾冲出入境检验检疫局综合技术服务中心综合实验室	2011008250Z	14.8.17	复查换证
154	二连浩特出入境检验检疫局国际旅行卫生保健中心	2011008260Z	14.8.15	复查换证
155	中国船舶重工集团公司北京机电、电子产品环境与可靠性试验检测中心	2011002924W	14.8.31	复查换证
156	中国航空工业集团公司北京长城计量测试技术研究所	2011000216W	14.8.31	复查换证
157	中国航天科工集团第三研究院第三0三研究所	2011002053W	14.11.3	复查换证
158	中航工业环境与可靠性试验与研究中心	2011001819W	14.9.25	复查换证
159	中国电子科技集团公司第二十四研究所质检中心	2011002235H	14.9.15	复查换证
160	中国石油化工股份有限公司河南油田分公司石油勘探开发研究院实验中心	2011001673J	14.10.17	复查换证
161	化学工业石油橡胶配件质量监督检验中心	2011000410B	14.11.3	复查换证
162	山东省汽车综合性能检测中心站	2011002962A	14.9.29	复查换证
163	湖南省疾病预防控制中心	2011002754S	14.8.23	复查换证
164	中国石油勘探局钻井工程技术研究院钻井液及处理剂检测站	2011002965J	14.12.1	复查换证
165	国家信息技术安全研究中心信息安全特种技术检测实验室	2011003258H	14.11.10	首次认证
166	江苏出入境检验检疫局纺织工业产品检测中心	2011008363Z	14.9.27	复查换证
167	信息产业无线通信产品质量监督检验中心	2011001080H	14.8.31	复查换证
168	苏州信息产品检测中心	2011003262Z	14.11.3	首次认证
169	青海国际旅行卫生保健中心实验室	2011002734Z	14.9.27	复查换证
170	黑龙江出入境检验检疫局检验检疫技术中心漠河石油检测实验室	2011003244Z	14.9.25	首次认证
171	辽宁出入境检验检疫局辽检检疫处理实验室	2011002929Z	14.10.17	复查换证
172	上海国际旅行卫生保健中心实验室	2011002264Z	14.10.17	复查换证
173	化学工业农药安全评价质量监督检验中心	2011001686B	14.10.17	复查换证
174	中国疾病预防控制中心地方病控制中心氟砷检测中心	2011003251S	14.10.17	首次认证
175	机械工业通用零部件产品质量监督检测中心	2011001753A	14.10.12	复查换证
176	国家质量监督检验检疫总局危险品中心实验室	2011002219Z	14.11.3	复查换证
177	中国农业科学院农业资源与农业区划研究所土壤肥料测试中心	2011002142V	14.11.27	复查换证
178	湖北省疾病预防控制中心	2011002984S	14.11.16	复查换证

续表

序号	资质认定获证名称	证书编号	有效日期	评审类型
179	莱州出入境检验检疫局综合实验室	2011002986Z	14.11.3	复查换证
180	连云港出入境检验检疫局动植物实验室	2011008202Z	14.11.3	复查换证
181	内蒙古出入境检验检疫局检验检疫技术中心	2011008193Z	14.11.16	复查换证
182	国家安全生产检测技术中心/ 中国安全生产科学研究院安全生产检测技术中心	2011001613L	14.11.27	复查换证
183	浙江省检验检疫科学技术研究院 （浙江出入境检验检疫局检验检疫技术中心、浙江立德产品技术有限公司）	2011002411Z	14.11.8	复查换证
184	宁波出入境检验检疫局电气安全检测中心/浙江中认检测技术服务有限公司	2011008333Z	14.11.8	复查换证
185	石油和化学工业橡胶及再生产品质量监督检验中心	2011000237B	14.12.21	复查换证
186	中国定远汽车试验场	2011001470A	14.10.30	复查换证
187	青海省疾病预防控制中心	2011002985S	14.11.27	复查换证
188	广东出入境检验检疫局检验检疫技术中心卫生检疫实验室	2011002970Z	14.11.16	复查换证
189	湖州出入境检验检疫局综合技术服务中心 （浙江省检验检疫科学技术研究院湖州分院）	2011002272Z	14.11.16	复查换证
190	中国商业联合会产（商）品质量监督检测中心（重庆）	2011001614Z	14.11.3	复查换证
191	国家轻工业电光源产品质量监督检测宝鸡站	2011000883C	14.11.27	复查换证
192	西藏国际旅行卫生保健中心	2011008187Z	14.11.13	复查换证
193	南通出入境检验检疫局检验检疫综合技术中心	2011008243Z	14.12.7	复查换证
194	首都医科大学食品药品安全评价中心	2011002558S	14.11.16	复查换证
195	秦皇岛国际旅行卫生保健中心综合实验室	2011003267S	14.11.27	首次认证
196	汕头出入境检验检疫局检验检疫技术中心植物检疫实验室	2011003265Z	14.11.27	首次认证
197	辽宁出入境检验检疫局机电产品检测中心	2011002490Z	14.11.27	复查换证
198	中国石油集团安全环保技术研究院HSE检测中心/ 中国石油天然气集团公司环境监测总站	2011001049J	14.10.17	复查换证
199	中国有色金属工业重金属加工材质检站	2011000177E	14.12.1	复查换证
200	航空标准件检测中心	2011002840W	14.11.3	复查换证
201	中国有色金属工业硬质合金质检站	2011000282E	14.12.1	复查换证
202	丽水国际旅行卫生保健中心综合实验室	2011002993Z	14.12.18	复查换证
203	中国地质科学院矿产综合利用研究所分析测试中心	2011000841F	14.12.7	复查换证
204	浙江省检验检疫科学技术研究院绍兴分院/绍兴纺织品检测中心	2011002251Z	14.12.18	复查换证
205	江苏出入境检验检疫局机动车辆及零部件检测实验室	2011003275Z	14.12.18	首次认证
206	天津市环境监测中心	2011001117U	14.11.30	复查换证
207	陕西国际旅行卫生保健中心医学实验室	2011002818Z	14.12.18	复查换证
208	国家广播电影电视总局广播电视信息安全测评中心	2011002268Z	14.12.19	复查换证
209	中国家用电器检测所	2011002656Z	14.12.1	复查换证
210	国家轻工业家用电器质量监督检测中心	2011003004C	14.12.1	复查换证
211	中国民用航空局民用航空医学中心	2011003276S	14.12.30	首次认证
212	国家药物及代谢产物分析研究中心	2011001667E	14.12.21	复查换证
213	惠州出入境检验检疫局检验检疫综合技术中心	2011008077Z	14.12.21	复查换证
214	湖南出入境检验检疫局烟花爆竹检测中心	2011008212Z	14.12.25	复查换证
215	机械工业耕作机械质量检测中心	2011000748A	14.12.29	复查换证
216	四川中检技术检测有限责任公司	2011003269Z	13.12.14	首次认证
217	北京中认检测技术服务有限公司	2011003270Z	13.12.14	首次认证
218	海南省产品质量监督检验所	（2011）国认监验字（31）号	14.1.25	复查换证
219	新疆维吾尔自治区产品质量监督检验研究院	（2011）国认监验字（14）号	14.5.9	复查换证
220	广州市质量监督检测研究院	（2011）国认监验字（02）号	14.7.3	复查换证
221	哈尔滨市产品质量监督检验院	（2011）国认监验字（23）号	14.8.21	复查换证
222	山西省产品质量监督检验所	（2011）国认监验字（32）号	14.7.20	复查换证
223	湖北省产品质量监督检验研究院	（2011）国认监验字（39）号	14.11.21	复查换证
224	吉林省纤维检验处	（2011）国认监纤验字（25）号 2011002232Z	14.3.14	复查换证
225	四川省纤维检验局	（2011）国认监纤验字（24）号 2011002177Z	14.7.3	复查换证

续表

序号	资质认定获证名称	证书编号	有效日期	评审类型
226	江西省纤维检验局	(2011)国认监纤验字(26)号 2011002240Z	14.8.1	复查换证
227	国家镁质耐火材料质量监督检验中心	(2010)国认监认字(450)号 2011003184Z	14.1.3	首次认证
228	国家不锈钢制品质量监督检验中心	(2011)国认监认字(451)号 2011003204Z	14.3.6	首次认证
229	国家纳米产品质量监督检验中心	(2011)国认监认字(358)号 2011002902Z	14.3.6	复查换证
230	国家稀土产品质量监督检验中心	(2011)国认监认字(359)号 2011002900Z	14.3.6	复查换证
231	国家热带农产品质量监督检验中心	(2011)国认监认字(258)号 2011002382Z	14.1.25	复查换证
232	国家油气田井口设备质量监督检验中心	(2011)国认监认字(117)号 2011000507Z	14.3.6	复查换证
233	国家工业建构筑物质量安全监督检验中心	(2011)国认监认字(452)号 2011003205Z	14.3.14	首次认证
234	国家消防电子产品质量监督检验中心	(2011)国认监认字(001)号 2011000170Z	14.4.5	复查换证
235	国家钢丝绳产品质量监督检验中心	(2011)国认监认字(458)号 2011003215Z	14.4.21	首次认证
236	国家海洋仪器设备产品质量监督检验中心	(2011)国认监认字(360)号 2011002910Z	14.4.5	复查换证
237	国家燃气表质量监督检验中心	(2011)国认监认字(355)号 2011002891Z	14.3.14	复查换证
238	国家医疗器械质量监督检验中心	(2011)国认监认字(094)号 2011000255Z	14.4.24	复查换证
239	国家通讯终端产品质量监督检验中心	(2011)国认监认字(453)号 2011003206Z	14.3.13	首次认证
240	国家家具质量监督检验中心(沈阳)	(2011)国认监认字(457)号 2011003214Z	14.4.21	首次认证
241	国家石油石化产品质量监督检验中心(新疆)	(2011)国认监认字(241)号 2011002174Z	14.5.9	复查换证
242	国家农副产品质量监督检验中心(新疆)	(2011)国认监认字(248)号 2011002310Z	14.5.9	复查换证
243	国家医用X射线机质量监督检验中心	(2011)国认监认字(034)号 2011000124Z	14.4.24	复查换证
244	国家机动车配件产品质量监督检验中心	(2011)国认监认字(456)号 2011003209Z	14.4.6	首次认证
245	国家气动产品质量监督检验中心	(2011)国认监认字(459)号 2011003213Z	14.5.3	首次认证
246	国家压力管道元件质量监督检验中心	(2011)国认监认字(455)号 2011003210Z	14.3.27	首次认证
247	国家桥门式起重机械产品质量监督检验中心	(2011)国认监认字(455)号 2011003210Z	14.3.17	首次认证
248	国家建筑城建机械质量监督检验中心	(2011)国认监认字(105)号 2011000461Z	14.4.24	复查换证
249	国家量仪产品质量监督检验中心	(2011)国认监认字(371)号 2011002972Z	14.4.24	复查换证
250	国家消防装备质量监督检验中心	(2011)国认监认字(022)号 2011000372Z	14.5.31	复查换证
251	国家起重冶金及防爆电机质量监督检验中心	(2011)国认监认字(148)号 2011000788Z	14.5.9	复查换证
252	国家气体产品质量监督检验中心	(2011)国认监认字(191)号 2011001060Z	14.7.6	复查换证
253	国家计量器具产品质量监督检验中心	(2011)国认监认字(362)号 2011002919Z	14.7.6	复查换证
254	国家加工食品质量监督检验中心(广州)	(2011)国认监认字(270)号 2011002462Z	14.5.31	复查换证

续表

序号	资质认定获证名称	证书编号	有效日期	评审类型
255	国家包装产品质量监督检验中心（广州）	（2011）国认监认字（147）号 2011000752Z	14.5.31	复查换证
256	国家化妆品质量监督检验中心（广州）	（2011）国认监认字（403）号 2011003065Z	14.5.31	复查换证
257	国家皮革制品质量监督检验中心（广州）	（2011）国认监认字（462）号 2011003232Z	11.4.8	首次认证
258	国家仪器仪表元器件质量监督检验中心	（2011）国认监认字（086）号 2011000359Z	14.5.9	复查换证
259	国家电线电缆质量监督检验中心（江苏）	（2011）国认监认字（460）号 2011003212Z	14.5.9	首次认证
260	国家矿山机械质量监督检验中心	（2011）国认监认字（157）号 2011000821Z	14.5.31	复查换证
261	国家橡胶轮胎质量监督检验中心	（2011）国认监认字（005）号 2011000181Z	14.7.3	复查换证
262	国家焊接材料质量监督检验中心	（2011）国认监认字（149）号 2011000794Z	14.6.6	复查换证
263	国家环境试验设备质量监督检验中心	（2011）国认监认字（003）号 2011000266Z	14.6.19	复查换证
264	国家通用电子元器件质量监督检验中心	（2011）国认监认字（004）号 2011000103Z	14.6.19	复查换证
265	国家建筑节能产品质量监督检验中心	（2011）国认监认字（463）号 2011003229Z	14.7.3	首次认证
266	国家微电机质量监督检验中心	（2011）国认监认字（092）号 2011000385Z	14.7.3	复查换证
267	国家化肥质量监督检验中心（上海）	（2011）国认监认字（028）号 2011000250Z	14.6.19	复查换证
268	国家化学品及制品安全质量监督检验中心	（2011）国认监认字（429）号 2011003136Z	14.6.19	复查换证
269	国家水泥质量监督检验中心	（2011）国认监认字（013）号 2011000106Z	14.6.19	复查换证
270	国家电梯质量监督检验中心	（2011）国认监认字（134）号 2011000708Z	14.6.19	复查变更
271	国家建筑装修材料质量安全监督检验中心	（2011）国认监认字（300）号 2011002691Z	14.10.30	复查换证
272	国家羽绒制品质量监督检验中心（成都）	（2011）国认监认字（384）号 2011003025Z	14.7.3	复查换证
273	国家黄酒产品质量监督检验中心	（2011）国认监认字（294）号 2011002612Z	14.8.22	复查换证
274	国家肉类食品质量监督检验中心	（2010）国认监认字（082）号 2010001297Z	13.5.4	复查换证
275	国家电控配电设备质量监督检验中心	（2011）国认监认字（089）号 2011000361Z	14.7.20	复查换证
276	国家广播电视产品质量监督检测中心	（2011）国认监认字（007）号 2011000178Z	14.6.6	复查换证
277	国家普洱茶产品质量监督检验中心	（2011）国认监认字（464）号 2011003228Z	14.7.3	首次认证
278	国家拖拉机质量监督检验中心（北京）	（2011）国认监认字（017）号 2011001711Z	14.7.3	复查换证
279	国家农林副产品质量监督检验中心	（2011）国认监认字（249）号 2011002301Z	14.7.20	复查换证
280	国家节能保温材料产品质量监督检验中心	（2011）国认监认字（368）号 2011002952Z	14.7.20	复查换证
281	国家自行车电动自行车质量监督检验中心	（2009）国认监认字（031）号 2009003027Z	12.3.30	证书变更
282	国家安全防范报警系统产品质量监督检验中心（上海）	（2011）国认监认字（275）号 2011002464Z	14.7.14	复查换证
283	国家电话机质量监督检验中心	（2011）国认监认字（155）号 2011000819Z	14.7.6	复查换证

续表

序号	资质认定获证名称	证书编号	有效日期	评审类型
284	国家非金属矿制品质量监督检验中心	(2011)国认监认字(159)号 2011000118Z	14.8.21	复查换证
285	国家海洋食品质量监督检验中心	(2011)国认监认字(364)号 2011002918Z	14.7.3	复查换证
286	国家海水及苦咸水利用产品质量监督检验中心	(2011)国认监认字(365)号 2011002947Z	14.7.20	复查换证
287	国家热工流量仪表质量监督检验中心(重庆)	(2011)国认监认字(353)号 2011002904Z	14.7.6	复查换证
288	国家陶瓷与耐火材料产品质量监督检验中心	(2011)国认监认字(370)号 2011002957Z	14.7.14	复查换证
289	国家有色冶金机电产品质量监督检验中心	(2011)国认监认字(141)号 2011001787Z	14.7.20	复查换证
290	国家机械产品安全质量监督检验中心	(2011)国认监认字(465)号 2011003233Z	14.8.1	首次认证
291	国家食品安全风险评估与质量监督检验中心	(2011)国认监认字(466)号 2011003234Z	14.8.1	首次认证
292	国家果酒及果蔬饮品质量监督检验中心	(2011)国认监认字(317)号 2011002772Z	14.8.1	复查换证
293	国家石油机械产品质量监督检验中心	(2011)国认监认字(467)号 2011003236Z	14.8.1	首次认证
294	国家矿用支护产品质量监督检验中心	(2011)国认监认字(380)号 2011002995Z	14.8.22	复查换证
295	国家信息技术设备质量监督检验中心	(2011)国认监认字(396)号 2011003051Z	14.8.21	复查换证
296	国家半导体光源产品质量监督检验中心(广东)	(2011)国认监认字(468)号 2011003239Z	14.8.21	首次认证
297	国家纸制品质量监督检验中心	(2011)国认监认字(397)号 2011003048Z	14.8.21	复查换证
298	国家烟花爆竹产品质量监督检验中心	(2011)国认监认字(461)号 2011003230Z	14.5.22	首次认证
299	国家煤及煤化工产品质量监督检验中心	(2011)国认监认字(242)号 2011002188Z	14.8.22	复查换证
300	国家钢铁产品质量监督检验中心	(2011)国认监认字(102)号 2011000418Z	14.8.22	复查换证
301	国家石油化工产品质量监督检验中心(大庆)	(2011)国认监认字(474)号 2011003254Z	14.10.30	首次认证
302	国家不锈钢制品质量监督检验中心(广东)	(2011)国认监认字(477)号 2011003256Z	14.11.7	首次认证
303	国家气瓶阀门质量监督检验中心	(2011)国认监认字(341)号 2011002852Z	14.9.29	复查换证
304	国家室内环境与室内环保产品质量监督检验中心	(2011)国认监认字(367)号 2011002953Z	14.9.29	复查换证
305	国家无线电产品质量监督检验中心	(2009)国认监认字(228)号 2009001855Z	12.6.29	证书变更
306	国家松脂林化产品质量监督检验中心(广西)	(2011)国认监认字(470)号 2011003246Z	14.9.29	首次认证
307	国家机械电子产品环境与可靠性质量监督检验中心	(2011)国认监认字(469)号 2011003245Z	14.9.29	首次认证
308	国家金融设备及零配件质量监督检验中心	(2011)国认监认字(471)号 2011003247Z	14.9.29	首次认证
309	国家新能源机动车产品质量监督检验中心	(2011)国认监认字(472)号 2011003248Z	14.9.29	首次认证
310	国家农业灌排设备质量监督检验中心	(2011)国认监认字(315)号 2011002745Z	14.9.29	复查换证
311	国家饲料质量监督检验中心(北京)	(2011)国认监认字(046)号 2011000999Z	14.9.29	复查换证
312	国家日用小商品质量监督检验中心	(2011)国认监认字(373)号 2011002975Z	14.9.29	复查换证

续表

序号	资质认定获证名称	证书编号	有效日期	评审类型
313	国家眼镜产品质量监督检验中心	(2011)国认监认字(302)号 2011002660Z	14.10.12	复查换证
314	国家标准件产品质量监督检验中心(北京)	(2011)国认监认字(475)号 2011003259Z	14.11.3	首次认证
315	国家康复器械质量监督检验中心	(2011)国认监认字(226)号 2011001843Z	14.10.30	复查换证
316	国家涂料质量监督检验中心	(2011)国认监认字(054)号 2011000442Z	14.10.30	复查换证
317	国家石材产品质量监督检验中心(广东)	(2011)国认监认字(473)号 2011003242Z	14.9.29	首次认证
318	国家防火建筑材料质量监督检验中心	(2011)国认监认字(043)号 2011000425Z	14.10.30	复查换证
319	国家洗漱用品质量监督检验中心	(2011)国认监认字(383)号 2011003011Z	14.11.21	复查换证
320	国家化肥质量监督检验中心(北京)	(2011)国认监认字(011)号 2011000280Z	14.12.4	复查换证
321	国家煤炭质量监督检验中心	(2011)国认监认字(010)号 2011000120Z	14.10.30	复查换证
322	国家橡胶及橡胶制品质量监督检验中心(广西)	(2011)国认监认字(480)号 2011003268Z	14.12.4	首次认证
323	国家电力器材产品安全性能质量监督检验中心	(2011)国认监认字(476)号 2011003255Z	14.11.2	首次认证
324	国家石材质量监督检验中心	(2011)国认监认字(377)号 2011002983Z	14.12.26	复查换证
325	国家工程机械质量监督检验中心	(2011)国认监认字(020)号 2011000971Z	14.11.21	复查换证
326	国家节能建筑材料质量监督检验中心(湖北)	(2011)国认监认字(479)号 2011003264Z	14.11.21	首次认证
327	国家太阳能热水器产品质量监督检验中心(武汉)	(2011)国认监认字(245)号 2011002239Z	14.11.21	复查换证
328	国家硅材料深加工产品质量监督检验中心	(2011)国认监认字(481)号 2011003266Z	14.12.7	首次认证
329	国家炭黑质量监督检验中心	(2011)国认监认字(158)号 2011000220Z	14.12.4	复查换证
330	国家固定灭火系统和耐火构件质量监督检验中心	(2011)国认监认字(062)号 2011000465Z	14.12.7	复查换证
331	国家金属制品质量监督检验中心	(2011)国认监认字(152)号 2011000335Z	14.12.7	复查换证
332	国家眼镜玻璃搪瓷制品质量监督检验中心	(2011)国认监认字(019)号 2011000267Z	14.12.15	复查换证
333	国家茧丝质量监督检验中心	(2011)国认监认字(376)号 2011002981Z	14.12.7	复查换证
334	国家条码质量监督检验中心	(2011)国认监认字(225)号 2011001759Z	14.12.26	复查换证
335	国家射频识别产品质量监督检验中心	(2011)国认监认字(375)号 2011002980Z	14.12.26	复查换证
336	国家玻璃纤维产品质量监督检验中心	(2011)国认监认字(047)号 2011000188Z	14.12.7	复查换证
337	国家灯具质量监督检验中心(中山)	(2011)国认监认字(374)号 2011002979Z	14.12.15	复查换证
338	国家应用软件产品质量监督检验中心	(2011)国认监认字(263)号 2011002416Z	14.12.8	复查换证
339	国家家用电器质量监督检验中心	(2011)国认监认字(027)号 2011000145Z	14.12.7	复查换证
340	国家建筑钢材质量监督检验中心	(2011)国认监认字(057)号 2011000172Z	14.12.26	复查换证
341	国家玻璃钢制品质量监督检验中心	(2011)国认监认字(116)号 2011000116Z	14.11.21	复查换证

续表

序号	资质认定获证名称	证书编号	有效日期	评审类型
342	国家加油机质量监督检验中心	（2011）国认监认字（478）号 2011003263Z	14.11.21	首次认证
343	国家纺织制品质量监督检验中心	（2011）国认监认字（016）号 2011000366Z	14.12.26	复查换证
344	国家有机食品质量监督检验中心	（2011）国认监认字（482）号 2011003273Z	14.12.26	首次认证
345	国家植保机械质量监督检验中心	（2011）国认监认字（105）号 2011000138Z	14.12.30	复查换证
346	国家气体流量仪表质量监督检验中心	（2011）国认监认字（484）号 2011003277Z	14.12.27	首次认证
347	内蒙古自治区水环境监测中心	2010001465F	13.12.21	复查换证
348	湖北省水环境监测中心	2010001637F	13.12.9	复查换证
349	石油工业油气田射孔器材质量监督检验中心	2011000884J	14.1.3	复查换证
350	机械工业火电设备产品质量监督检测中心	2011000639A	14.1.3	复查换证
351	有色金属西北矿产地质测试中心	2011000723E	14.1.3	复查换证
352	国家兴奋剂检测研究中心/国家体育总局反兴奋剂中心	2010001664E	13.3.24	证书变更
353	中铁十二局集团建筑安装工程有限公司测试中心	2011001910N	14.1.24	复查换证
354	中国二十冶集团有限公司试验检测中心/上海鑫鼎建设工程技术有限公司	2011001340E	14.1.25	复查换证
355	农业部种猪质量监督检验测试中心（武汉）	2011001123V	14.1.9	复查换证
356	农业部肥料质量监督检验测试中心（杭州）	2011001669V	14.1.24	复查换证
357	农业部剑麻及制品质量监督检验测试中心	2011001546V	14.1.10	复查换证
358	上海宝冶集团有限公司试验检测中心	2011001342E	14.1.26	复查换证
359	宝钢工程质量监督站检测中心	2011001338E	14.1.26	复查换证
360	兰州军区联勤部药品仪器检验所	2011002556S	14.1.17	复查换证
361	新疆油田公司采油工艺研究院化学实验中心	2010001974J	13.2.10	证书变更
362	北京军区锅炉节能监测站	2010002896J	13.12.26	复查换证
363	中国石油大港油田分公司检测监督评价中心	2009002419J	12.10.22	证书变更
364	国家轻工业食品质量监督检测天津站	2011000488C	14.1.24	复查换证
365	电力工业阻滤波器及变电设备质量检验测试中心	2011000783D	14.1.25	复查换证
366	国家轻工业包装制品质量监督检测中心	2011000789C	14.2.25	复查换证
367	农业部水产种质监督检验测试中心（广州）	2011002118V	14.1.25	复查换证
368	国家轻工业鞋类皮革质量监督检测青岛站	2011002092C	14.1.25	复查换证
369	农业部节水机械设备质量监督检验测试中心	2011002888V	14.1.25	复查换证
370	中铁隧道股份有限公司工程试验中心	2011001724N	14.1.25	复查换证
371	中铁八局CA砂浆试验室	2011002906N	14.1.24	复查换证
372	天津市辐射环境管理所	2011002208U	14.2.10	复查换证
373	大庆油田有限责任公司勘探开发研究院流体力学实验室	2011001684J	14.1.30	复查换证
374	中国石油化工集团公司沥青产品质量监督检验中心	2011002013J	14.1.30	复查换证
375	全国民用爆破器材产品长沙质量监督检测站	2011000271E	14.1.24	复查换证
376	中国石油天然气集团公司石油化工节能技术监测中心/中国石油天然气股份有限公司石化节能监测中心	2011000737J	14.2.10	复查换证
377	机械工业电加工机床产品质量监督检测中心	2011000432A	14.1.30	复查换证
378	辽宁省环境监测实验中心	2009001215U	12.2.4	证书变更
379	甘肃省疾病预防控制中心	2011002816S	14.2.21	复查换证
380	环境保护部华南环境科学研究所	2011002209U	14.2.14	复查换证
381	国家轻工业香料化妆品洗涤用品质量监督检测广州站	2011000759C	14.2.15	复查换证
382	江汉油田分公司勘探开发研究院石油地质测试中心	2011001737J	14.2.21	复查换证
383	国家轻工业食品酿酒质量监督检测天津站	2011001606C	14.1.24	复查换证
384	国家建筑材料工业建材机械产品质量监督检验测试中心	2011001005M	14.1.18	复查换证
385	中铁二十局集团第四工程有限公司检测实验中心/青岛铁信力源工程检测有限公司	2011002191N	14.2.16	复查换证
386	大庆油田有限责任公司勘探开发研究院中心化验室	2011001685J	14.2.21	复查换证
387	中铁一局集团有限公司工程检测试验中心	2011000753N	14.2.23	复查换证
388	中国商业联合会金属材料质量监督检验测试中心（天津）	2011001539C	14.2.27	复查换证
389	国家轻工业自来水笔圆珠笔质量监督检测中心	2011000457C	14.2.22	复查换证
390	江汉油田特种设备检验检测站	2011002958J	14.2.22	复查换证

续表

序号	资质认定获证名称	证书编号	有效日期	评审类型
391	中国石油天然气股份有限公司吐哈油田分公司勘探开发研究院试验中心	2011001729J	14.2.22	复查换证
392	中国商业联合会纺织服装质量监督检验测试中心（天津）	2011001266C	14.2.24	复查换证
393	中国商业联合会针棉织商品质量监督检验测试中心（天津）	2011000903C	14.2.24	复查换证
394	农业部植物抗病虫性及农药质量监督检验测试中心（北京）	2010002857V	13.10.25	证书变更
395	国土资源部长沙矿产资源监督检测中心（湖南省矿产测试利用研究所）	2010000466G	13.12.27	复查换证
396	广播通信铁塔及桅杆产品检测中心	2011002167Z	14.3.1	复查换证
397	中国灌溉排水发展中心水机现场检测站/山西泵站现场测试中心	2011001623F	14.2.24	复查换证
398	沈阳军区联勤部药品仪器检验所	2011002557S	14.3.2	复查换证
399	中铁丰桥桥梁有限公司工程试验检测中心	2011002923N	14.3.1	复查换证
400	中国物流与采购联合会翻修轮胎及橡胶制品质量监督检验测试中心（桂林）	2011000232C	14.2.21	复查换证
401	国家城市供水水质监测网成都监测站	2011000989F	14.3.2	复查换证
402	电力系统电磁兼容和电磁环境研究与监测中心	2011002039D	14.3.10	复查换证
403	电力工业贵州发电用煤质量监督检验中心	2011001395D	14.3.7	复查换证
404	国家建筑材料工业放射性及有害物质监督检验测试中心	2011000733M	14.3.29	复查换证
405	国家冶金工业钢材无损检测中心	2011000514E	14.3.13	复查换证
406	国家城市供水水质监测网长沙监测站	2011001713F	14.3.13	复查换证
407	厦门市城市排水监测站	2011001696F	14.3.22	复查换证
408	国家城市供水水质监测网珠海监测站	2011002227F	14.4.9	复查换证
409	中国石油天然气集团公司管道节能监测中心	2011000428J	14.3.15	复查换证
410	上海市辐射环境监督站	2011001779U	14.3.24	复查换证
411	农业部蔬菜种子质量监督检验测试中心	2011001659V	14.3.22	复查换证
412	农业部渔业环境及水产品质量监督检验测试中心	2011002253V	14.3.22	复查换证
413	农业部农药残留质量监督检验测试中心（广州）	2011002173V	14.3.22	复查换证
414	吉林大学测试科学实验中心	2011001464K	14.3.21	复查换证
415	东华大学纺织检测中心	2011002106K	14.2.22	复查换证
416	陕西省环境监测中心站	2011001278U	14.3.24	复查换证
417	国家轻工业乐器质量监督检测中心	2011000225C	14.3.21	复查换证
418	中国水利水电第十六工程局有限公司中心实验室	2011001469D	14.3.23	复查换证
419	国家轻工业鞋类皮革毛皮制品质量监督检测成都站	2011001869C	14.3.30	复查换证
420	国家环境保护农药环境评价与污染控制重点实验室	2011001937U	14.3.23	复查换证
421	中铁港航局集团第三工程有限公司工程试验检测公司	2009000167N	12.12.27	证书变更
422	中国电力工程顾问集团华北电力设计院工程有限公司检测中心/北京国岩华北技术检测有限公司	2009002044D	12.6.15	证书变更
423	中铁港航局集团有限公司工程检测中心/中铁港航局集团（广州）工程检测中心有限公司	2009001172N	12.10.18	证书变更
424	中国科学院沈阳应用生态研究所农产品安全与环境质量检测中心	2011000875K	14.4.13	复查换证
425	松辽流域水资源保护局松辽流域水环境监测中心	2009001088F	12.4.15	证书变更
426	中铁三局集团有限公司工程检测中心	2011000080N	14.3.30	复查换证
427	电力工业电力设备及仪表质量检验测试中心	2011000674D	14.3.30	复查换证
428	机械工业电影机械与电化教育设备产品质量监督检测中心	2011000786A	14.4.14	复查换证
429	农业部转基因植物环境安全监督检验测试中心（武汉）	2011002941V	14.4.17	复查换证
430	农业部农产品质量监督检验测试中心（沈阳）	2011001731V	14.4.17	复查换证
431	农业部茶叶质量监督检验测试中心	2011000550V	14.4.17	复查换证
432	国家运动营养测试研究中心	2010003166S	13.9.15	证书变更
433	农业部渔业环境及水产品质量监督检验测试中心（武汉）	2011002135V	14.4.21	复查换证
434	农业部转基因植物环境安全监督检验测试中心（上海）	2011002927V	14.4.21	复查换证
435	电力工业热力发电设备及材料质量检验测试中心	2011000676D	14.4.21	复查换证

续表

序号	资质认定获证名称	证书编号	有效日期	评审类型
436	电力工业通信设备质量检验测试中心	2011002345D	14.4.1	复查换证
437	国家电网公司自动化设备电磁兼容实验室	2011002116D	14.4.1	复查换证
438	国网电力科学研究院实验验证中心	2011002130D	14.4.1	复查换证
439	电力工业电力系统自动化设备质量检验测试中心	2011000672D	14.4.1	复查换证
440	广东省环境辐射监测中心	2011001778U	14.4.27	复查换证
441	中铁二十二局集团第四工程有限公司中心试验室	2011000293N	14.4.27	复查换证
442	水利部牧区水利科学研究所实验中心	2011001488F	14.4.23	复查换证
443	电力工业电气设备质量检验测试中心	2011000711D	14.4.23	复查换证
444	农业部转基因生物产品成分监督检验测试中心（重庆）	2011002911V	14.4.23	复查换证
445	农业部谷物品质监督检验测试中心	2011001191V	14.4.23	复查换证
446	电力工业电力及通信混凝土电杆质量检验测试中心	2011000843D	14.4.24	复查换证
447	国家海洋局北海环境监测中心（中国海监北海区检验鉴定中心）	2011000927F	14.5.11	复查换证
448	国家海洋局南海环境监测中心（中国海监南海区检验鉴定中心）	2011000928F	14.5.16	复查换证
449	东华大学分析测试中心	2011002925K	14.4.21	复查换证
450	南海西部石油职业卫生技术服务中心 /湛江市南海西部石油职业卫生技术服务中心	2011002928J	14.5.12	复查换证
451	国家海洋局南海工程勘察中心	2011002205F	14.5.20	复查换证
452	中铁十六局集团第四工程有限公司计量测试中心	2011000162N	14.5.20	复查换证
453	国家海洋局天津海洋环境监测中心站	2011002204F	14.5.22	复查换证
454	国家海洋环境监测中心	2011000925F	14.5.22	复查换证
455	哈尔滨铁路局哈尔滨电力试验所	2011000611N	14.5.12	复查换证
456	中国铁路机车车辆工业总公司大连理化检测中心	2011000325N	14.5.12	复查换证
457	中铁九局集团工程检测试验有限公司	2011002942N	14.5.20	复查换证
458	铁路工业节能监测中心	2011000736N	14.5.23	复查换证
459	江南大学分析测试中心	2011002129K	14.5.5	复查换证
460	国土资源部岩溶地质资源环境监督检测中心 （中国地质科学院岩溶地质研究所）	2011003220G	14.5.11	首次认证
461	农业部农产品质量监督检验测试中心（乌鲁木齐）	2011001709V	14.5.29	复查换证
462	农业部牛冷冻精液质量监督检验测试中心（南京）	2011001188V	14.5.5	复查换证
463	农业部棉花质量监督检验测试中心（乌鲁木齐）	2011002960V	14.5.29	复查换证
464	农业部肉及肉制品质量监督检验测试中心	2011001710V	14.5.25	复查换证
465	中国铁路通信信号股份有限公司沈阳通信信号试验站	2011000324N	14.5.22	复查换证
466	华中科技大学分析测试中心	2011002939K	14.5.9	复查换证
467	农业部烟草产业产品质量监督检验测试中心	2011002157V	14.5.23	复查换证
468	大庆油田化学剂及水处理质量检验中心	2011002213J	14.5.19	复查换证
469	农业部食品质量监督检验测试中心（上海）	2011001213V	14.5.25	复查换证
470	农业部农业机械质量监督检验测试中心/农业部农业机械试验鉴定总站	2011001811V	14.5.25	复查换证
471	农业部肥料质量监督检验测试中心（广州）	2011002224V	14.5.25	复查换证
472	国土资源部银川矿产资源监督检测中心	2011003221G	14.5.24	复查换证
473	国土资源部武汉资源环境监督检测中心	2011002798G	14.5.30	复查换证
474	中国商业联合会钟表眼镜商品质量监督检验测试中心（北京）	2011000912C	14.6.2	复查换证
475	新闻出版总署出版产品质量监督检测中心	2011002912Z	14.6.2	复查换证
476	中铁二十三局集团第六工程有限公司中心试验室	2011002950N	14.6.13	复查换证
477	国家轻工业纸张质量监督检测广州站	2011000407C	14.6.9	复查换证
478	太湖流域水环境监测中心	2011001648F	14.6.9	复查换证
479	石油工业油田化学剂质量监督检验中心	2011001768J	14.6.6	复查换证
480	中铁十六局集团第一工程有限公司计量测试中心	2011001783N	14.6.14	复查换证
481	云浮出入境检验检疫局综合技术服务中心	2011003275Z	14.6.17	首次认证
482	国家海洋局闽东海洋环境监测中心站（福建省闽东海洋环境监测中心）	2011002195F	14.6.9	复查换证
483	国家海洋局大连海洋环境监测中心站	2011002203F	14.6.19	复查换证
484	国家海洋局秦皇岛海洋环境监测中心站（河北省海洋环境监测中心）	2011002199F	14.6.16	复查换证
485	国家轻工业烟花爆竹安全质量监督检测中心	2011000281C	14.6.21	复查换证
486	中国有色金属工业建设工程质量检测中心	2011000800E	14.6.9	复查换证

续表

序号	资质认定获证名称	证书编号	有效日期	评审类型
487	机械工业高原电器产品质量监督检测中心	2011002192A	14.6.25	复查换证
488	农业部转基因植物环境安全监督检验测试中心（杭州）	2011002955V	14.6.25	复查换证
489	农业部绳索网具产品质量监督检验测试中心	2011001182V	14.6.25	复查换证
490	中国中铁航空港建设集团有限公司试验检测中心	2009000326N	12.7.13	证书变更
491	机械工业高低压电器产品质量检测中心（天水）	2009002368A	12.12.21	证书变更
492	宁波市海洋环境监测中心	2011002216F	14.6.25	复查换证
493	国家海洋局寿光海洋环境监测站（寿光市海洋环境监测站）	2011002954F	14.6.25	复查换证
494	国家海洋局宁波海洋环境监测中心站	2011002217F	14.6.25	复查换证
495	国家海洋局东海环境监测中心	2011000926F	14.7.6	复查换证
496	青海省水环境监测中心	2011001650F	14.7.6	复查换证
497	辽宁远东船用产品质量检验中心	2011001691P	14.7.8	复查换证
498	国家海洋局厦门海洋环境监测中心站	2011002196F	14.7.6	复查换证
499	中国铁建重工集团有限公司中心实验室	2009000234N	12.11.13	证书变更
500	湖北省环境监测中心站	2011002231U	14.7.6	复查换证
501	宁夏回族自治区水环境监测中心	2011001649F	14.7.6	复查换证
502	国家城市供水水质监测网宁波监测站	2011001714F	14.7.6	复查换证
503	西部钻探钻井流体分析化验中心	2011002226J	14.7.6	复查换证
504	东北石油大学声发射检测与结构完整性评价实验室	2011001792J	14.7.7	复查换证
505	中航工业西北地区环境实验中心	2010001260W	13.3.30	证书变更
506	中航工业导弹院环境与可靠性实验室	2008002976W	11.9.12	证书变更
507	交通运输通信信息工程质量检测中心	2009002701P	12.7.26	证书变更
508	中国人民解放军疾病预防控制所	2011002913S	14.7.20	复查换证
509	国家海洋局海口海洋环境监测中心站	2011002200F	14.7.19	复查换证
510	华南理工大学建筑节能研究中心	2011002969K	14.8.17	复查换证
511	国家海洋局汕尾海洋环境监测中心站	2011002198F	14.7.14	复查换证
512	南开大学中心实验室	2011001358K	14.7.19	复查换证
513	机械工业流量仪表产品质量检测中心	2011000369A	14.7.31	复查换证
514	信息产业有线通信产品质量监督检验中心	2009001073H	12.9.24	证书变更
515	信息产业通信产品防雷性能质量监督检验中心	2009001946H	12.8.26	证书变更
516	信息产业通信电源产品质量监督检验中心	2009001721H	12.11.5	证书变更
517	信息产业通信设备抗震性能质量监督检验中心	2009002010H	12.10.15	证书变更
518	信息产业通信软件测评中心	2009002615H	12.9.7	证书变更
519	信息产业计算机产品质量监督检验中心	2009002762H	12.6.8	证书变更
520	信息产业IC卡质量监督检验中心	2009002739H	12.6.8	证书变更
521	信息产业印制电路板质量监督检验中心	2009000828H	12.6.8	证书变更
522	信息产业广州移动通信产品质量监督检验中心	2009000492H	12.11.25	证书变更
523	信息产业化学物理电源产品质量监督检验中心	2009000593H	12.3.5	证书变更
524	信息产业微特电机产品质量监督检验中心	2010000827H	13.5.12	证书变更
525	信息产业信息传输线质量监督检验中心	2010000661H	13.5.20	证书变更
526	信息产业华东工程软件测评中心	2008002107H	11.11.19	证书变更
527	信息产业接插件继电器质量监督检验中心	2009000901H	12.12.7	证书变更
528	信息产业微波光电产品质量监督检测中心	2009002009H	12.10.27	证书变更
529	信息产业防静电产品质量监督检验中心	2009001176H	12.9.14	证书变更
530	信息产业机房工程及设备质量监督检测中心	2009002729H	12.6.2	证书变更
531	国家计算机网络与信息安全管理中心实验室	2009002488H	12.9.29	证书变更
532	信息产业信息安全测评中心	2011002247H	14.2.23	证书变更
533	北京邮电大学电信测试实验室	2009001069H	12.11.30	证书变更
534	石家庄铁道大学岩土与结构实验中心	2011002964N	14.8.3	复查换证
535	中铁十一局集团电务工程有限公司计量测试中心	2011002244N	14.8.3	复查换证
536	中铁建电气化局集团北方工程有限公司计量测试中心	2011002245N	14.7.31	复查换证
537	乌鲁木齐铁路局电力试验所	2011000296N	14.7.31	复查换证
538	国家铁路罐车容积计量站	2011002290N	14.7.31	复查换证
539	国家轨道衡计量站	2011000377N	14.7.31	复查换证
540	国家电力公司内蒙古发电用煤质量监督检验中心	2011001651D	14.7.25	复查换证
541	深圳市海洋与渔业环境监测站（深圳市水产品质量监督检验中心）	2011002215F	14.7.31	复查换证
542	国家光电测距仪检测中心	2011000712Z	14.7.31	复查换证
543	总后勤卫生部药品仪器检验所	2011000907S	14.7.31	复查换证

续表

序号	资质认定获证名称	证书编号	有效日期	评审类型
544	慈溪出入境检验检疫局综合技术服务中心	2011008318Z	14.6.9	证书变更
545	农业部肥料质量监督检验测试中心（济南）	2011001730V	14.11.5	复查换证
546	国家轻工业自行车质量监督检测常州站	2011001805C	14.8.25	复查换证
547	国家轻工业塑料产品质量监督检测大连站	2011000577C	14.8.7	复查换证
548	中铁五局测绘试验中心/贵州铁建工程质量检测咨询有限公司	2011000298N	14.8.8	复查换证
549	中铁十五局集团第五工程有限公司中心试验室	2011000294N	14.8.16	复查换证
550	国家轻工业自行车质量监督检测上海站	2011001776C	14.8.3	复查换证
551	国家海洋局烟台海洋环境监测中心站	2011002202F	14.8.3	复查换证
552	沈阳铁路局电力试验所	2011000609N	14.7.22	复查换证
553	中国科学院地质与地球物理研究所兰州油气资源研究中心地球化学测试部	2009001211K	12.8.12	证书变更
554	国家海洋局北海海洋环境监测中心站	2011002206F	14.8.17	复查换证
555	农业部农业环境质量监督检验测试中心（南京）	2011002223V	14.8.15	复查换证
556	国家海洋局温州海洋环境监测中心站（温州市海洋环境监测中心）	2011002197F	14.8.15	复查换证
557	大庆油田产品质量监督检验所	2011002266J	14.8.7	复查换证
558	云南省水环境监测中心	2011001727F	14.8.11	复查换证
559	农业部烟花爆竹质量监督检验测试中心（萍乡）	2011000356V	14.8.25	复查换证
560	农业部环保机械设备及船用产品质量监督检验测试中心	2011001697V	14.8.25	复查换证
561	北京铁城信诺工程检测有限公司	2011002571N	14.8.25	复查换证
562	贵州省水环境监测中心	2011001622F	14.8.23	复查换证
563	湖南省水环境监测中心	2011001621F	14.8.23	复查换证
564	中联煤层气国家工程研究中心有限责任公司基础实验中心	2011003238J	14.8.24	首次认证
565	国家海洋局珠海海洋环境监测中心站	2011002214F	14.8.21	复查换证
566	国家海洋局青岛海洋环境监测中心站（国家海洋局北海预报中心）	2011002201F	14.8.21	复查换证
567	机械工业超声仪器产品质量监督检测中心	2011000777A	14.8.24	复查换证
568	机械工业环保机械产品质量监督检测中心	2011001477A	14.8.21	复查换证
569	水利部珠江水利委员会基本建设工程质量检测中心	2011001757F	14.8.23	复查换证
570	国家海洋局上海海洋环境监测中心站（国家海洋局东海预报中心）	2011002194F	14.8.24	复查换证
571	武汉船舶救生设备质量检验测试中心	2011000755P	14.8.15	复查换证
572	中国科学院生态环境研究中心水质分析实验室	2011003240K	14.8.25	首次认证
573	海军工程大学海军工程技术检测中心	2011002963Z	14.9.4	复查换证
574	中国五冶集团有限公司试验检测中心	2009002336E	12.10.25	证书变更
575	建筑材料工业环境监测中心	2011000762M	14.9.15	复查换证
576	化学工业合成材料老化质量监督检验中心	2011001687B	14.9.13	复查换证
577	化工地质矿山第二十一实验室	2011001743B	14.9.11	复查换证
578	兰州铁路局机务处电力试验所	2011000297N	14.9.13	复查换证
579	沈阳铁路局锦州电力试验所	2011000610N	14.9.15	复查换证
580	清华大学环境质量检测中心	2011002973K	14.9.12	复查换证
581	农业部水产种质与渔业环境质量监督检验测试中心（青岛）	2011002238V	14.8.28	复查换证
582	中国船舶工业非金属材料技术检测中心	2011000729W	14.9.15	复查换证
583	国土资源部地质钻探工具监督检测中心	2011003241G	14.9.15	首次认证
584	福建省水环境监测中心	2011001700F	14.9.15	复查换证
585	海南热带汽车试验有限公司	2011001438A	14.3.22	证书变更
586	广东南天司法鉴定所	2008000012I	12.12.31	证书变更
587	东北师范大学分析测试中心	2011001692K	14.9.13	复查换证
588	国土资源部重庆矿产资源监督检测中心	2011003243G	14.9.25	首次认证
589	中铁三局集团电务工程有限公司测试中心	2011002255N	14.9.25	复查换证
590	四川省核工业辐射测试防护院	2009001133W	12.9.24	证书变更
591	国家轻工业香料化妆品洗涤用品质量监督检测南京站	2011001615C	14.10.17	复查换证
592	中国疾病预防控制中心营养与食品安全所	2011001802S	14.9.25	复查换证
593	中国水电基础局有限公司试验中心	2011003249D	14.10.16	首次认证
594	空军工程综合试验检测中心	2011002978W	14.10.16	复查换证

续表

序号	资质认定获证名称	证书编号	有效日期	评审类型
595	上海潜水设备产品质量监督检验测试中心	2011000854P	14.10.13	复查换证
596	中交第一公路工程局有限公司土木技术研究院	2011002041P	14.10.17	复查换证
597	机械工业火电设备性能检测中心（哈尔滨）	2011001670A	14.10.17	复查换证
598	长江水利委员会水文局长江口水环境监测中心	2011001647F	14.10.17	复查换证
599	四川省辐射环境管理监测中心站	2011002996U	14.10.17	复查换证
600	农业部转基因植物环境安全监督检验测试中心（济南）	2011002988V	14.10.17	复查换证
601	农业部鞋类产品质量监督检验测试中心	2011001679V	14.10.17	复查换证
602	农业部果品及苗木质量监督检验测试中心（兴城）	2011001656V	14.10.17	复查换证
603	农业部动物及动物产品卫生质量监督检验测试中心	2011001706V	14.10.17	复查换证
604	中国煤炭加工利用协会煤炭检验中心	2011003250L	14.10.24	首次认证
605	成都军区联勤部药品仪器检验所	2011002555S	14.10.30	复查换证
606	中山大学测试中心	2011000896K	14.12.11	复查换证
607	中铁上海工程局有限公司工程质量检测中心	2011000589N	14.10.17	复查换证
608	北京大学环境工程实验室	2011002982K	14.10.30	复查换证
609	中国科学院武汉岩土力学研究所岩土工程检测中心	2011001009K	14.11.14	复查换证
610	甘肃省水环境监测中心	2011001677F	14.11.13	复查换证
611	中国环境监测总站近岸海域环境监测中心站（浙江省舟山海洋生态环境监测站、浙江省海洋生态环境科学研究所）	2011001472U	14.11.10	复查换证
612	中国人民解放军军事医学科学院消毒检测中心	2011001793S	14.11.10	复查换证
613	中铁一局集团第五工程有限公司中心试验室	2011000295N	14.11.13	复查换证
614	信息产业传感器产品质量监督检验中心	2011003260H	14.11.10	首次认证
615	河南省环境监测中心	2009001531U	12.7.21	证书变更
616	农业部农产品质量安全监督检验测试中心（武汉）	2011002967V	14.11.3	复查换证
617	中铁五局集团第六工程有限责任公司中心试验室	2011001164N	14.11.6	复查换证
618	中国铁建电气化局集团有限公司工程检测中心	2009002354N	12.8.16	证书变更
619	中铁上海工程局市政工程有限公司试验检测中心	2009001151N	12.11.26	证书变更
620	广州威凯检测技术有限公司/广州威凯检测技术研究院	2011002171A	14.2.17	证书变更
621	中国疾病预防控制中心环境与健康相关产品安全所	2011000919S	14.11.24	复查换证
622	机械工业减变速机及环保机械产品质量监督检测中心	2011000954A	14.11.20	复查换证
623	机械工业畜牧机械产品质量监督检测中心	2011000697A	14.11.19	复查换证
624	国家轻工业电池质量监督检测长沙站	2011000603C	14.12.5	复查换证
625	农业部转基因生物产品成分监督检验测试中心（太原）	2011002989V	14.11.27	复查换证
626	农业部转基因植物环境安全监督检验测试中心（北京）	2011002999V	14.12.1	复查换证
627	农业部转基因植物用微生物环境安全监督检验测试中心（北京）	2011002998V	14.12.1	复查换证
628	农业部转基因生物生态环境安全监督检验测试中心（天津）	2011003000V	14.12.1	复查换证
629	农业部转基因植物环境安全监督检验测试中心（长春）	2011002987V	14.11.28	复查换证
630	农业部马铃薯机械质量监督检验测试中心（银川）	2011002168V	14.11.28	复查换证
631	农业部牧草与草坪草种子质量监督检验测试中心（乌鲁木齐）	2011001711V	14.11.27	复查换证
632	中铁四局集团第一工程有限公司质量检测中心	2011001804N	14.12.7	复查换证
633	电力工业江西发电用煤质量监督检验中心	2011001728D	14.12.1	复查换证
634	河南石油勘探局压力容器检验所	2011002681J	14.12.7	复查换证
635	中国石油天然气股份有限公司油田节能监测中心/中国石油天然气集团公司东北油田节能监测中心	2009002320J	12.2.11	证书变更
636	中铁建设集团有限公司中心试验室	2010002114N	13.3.4	证书变更
637	西南交通大学结构工程试验中心	2011001809K	14.12.7	复查换证
638	云南省辐射环境监督站	2011002232U	14.12.7	复查换证
639	东北石油大学石油井架检测实验室	2009001159J	12.7.29	证书变更
640	中国科学院金属研究所金属腐蚀与防护测试部	2011000877K	14.12.11	复查换证
641	中国石油集团测井有限公司技术中心测井实验室	2011001814J	14.12.11	复查换证
642	国家轻工业包装装潢印刷制品质量监督检测上海站	2011000771C	14.12.11	复查换证
643	农业部农用动力机械及零配件质量监督检验测试中心（南京）	2011002225V	14.12.11	复查换证
644	国家石油化工产品质量监督检验中心（安庆）	2011003274Z	14.12.27	首次认证
645	机械工业风力机械产品质量监督检测中心	2011001900A	14.11.19	复查换证
646	河口出入境检验检疫局综合实验室	2011008235Z	14.3.7	复查换证

续表

序号	资质认定获证名称	证书编号	有效日期	评审类型
647	广州医学院第三附属医院法医物证司法鉴定所	2011003261X	14.11.8	首次认证
648	湖南省天衡司法鉴定所	2011003196X	14.2.20	首次认证
649	山东金剑司法鉴定中心	2011003208X	14.3.30	首次认证
650	济南迪恩法医司法鉴定所	2011003253X	14.10.30	首次认证
651	重庆法医验伤所	2011003222X	14.6.14	首次认证
652	河南诚信法医临床司法鉴定所	2011003202X	14.3.2	首次认证

四、2011年通过国家认监委资质认定的食品检验机构名单

序号	资质认定获证名称	证书编号	有效日期	评审类型
1	中国检验检疫科学研究院综合检测中心	F2011000001	14.7.13	首次认证
2	广东出入境检验检疫局检验检疫技术中心食品实验室	F2011000006	14.7.13	首次认证
3	辽宁出入境检验检疫局检验检疫技术中心	F2011000039	14.11.27	首次认证
4	中国商业联合会食品质量监督检测中心(北京)	F2011000012	14.9.15	首次认证
5	北京出入境检验检疫局检验检疫技术中心	F2011000003	14.10.17	首次认证
6	江苏省疾病预防控制中心	F2011000011	14.11.8	首次认证
7	梧州出入境检验检疫局检验检疫综合实验室	F2011000021	14.11.8	首次认证
8	湖北省疾病预防控制中心	F2011000031	14.11.20	首次认证
9	莱州出入境检验检疫局综合实验室	F2011000016	14.11.3	首次认证
10	连云港出入境检验检疫局动植物实验室	F2011000020	14.11.3	首次认证
11	内蒙古出入境检验检疫局检验检疫技术中心	F2011000032	14.11.20	首次认证
12	北仑出入境检验检疫局综合测试实验室	F2011000019	14.11.3	首次认证
13	国家轻工业食品质量监督检测南京站	F2011000013	14.10.19	复查换证
14	中国疾病预防控制中心营养与食品安全所	F2011000002	14.9.25	首次认证
15	国家轻工业食品质量监督检测广州站	F2011000014	14.10.17	首次认证
16	农业部动物及动物产品卫生质量监督检验测试中心	F2011000017	14.10.17	首次认证
17	浙江省检验检疫科学技术研究院(浙江出入境检验检疫局检验检疫技术中心、浙江立德产品技术有限公司)	F2011000022	14.11.8	首次认证
18	广东省疾病预防控制中心	F2011000040	14.12.7	首次认证
19	四川省疾病预防控制中心	F2011000037	14.12.7	首次认证
20	湖州出入境检验检疫局综合技术服务中心(浙江省检验检疫科学技术研究院湖州分院)	F2011000034	14.11.16	首次认证
21	南通出入境检验检疫局检验检疫综合技术中心	F2011000038	14.12.7	首次认证
22	首都医科大学食品药品安全评价中心	F2011000033	14.11.20	首次认证
23	国家食品质量安全监督检验中心	F2011000018	12.7.6	首次认证
24	国家酒类及加工食品质量监督检验中心	F2011000036	13.4.1	首次认证
25	国家饮料及粮油制品质量监督检验中心	F2011000035	12.12.22	首次认证
26	农业部农产品质量安全监督检验测试中心(武汉)	F2011000030	14.11.3	首次认证
27	中华全国供销合作总社济南果蔬及制品质量监督检验测试中心	F2011000041	14.12.25	复查换证

中环联合（北京）认证中心有限公司

中环联合（北京）认证中心有限公司（英文简称 CEC) 由中日友好环境保护中心、中国环境科学研究院、中国环保产业协会共同出资组建成立。CEC 是在整合了原国家环境保护总局系统的，中国环境标志产品认证委员会、中国环境管理体系认证机构国家认可委员会、中国认证人员国家注册委员会环境专业委员会、中国环境科学研究院环境认证中心等多家组织而成立的，以环境认证为核心的综合性认证机构。依托中国环境科学研究院、中日友好环境保护中心、中国环境保护产业协会雄厚的科研技术力量，已逐步发展成为拥有一批素质全面、实践经验丰富、具备良好专业技术背景和科研能力的人才队伍。多年来始终以饱满的热情和专业的水准为社会各界提供：环境标志、EMS、QMS、OHSMS、FSMS、HACCP、有机产品等领域的认证，和温室气体审定 / 核查以及各领域的培训活动。

中、日、韩，环境部长出席环境标志互认签字仪式

周生贤部长、柳斌杰署长出席绿色印刷战略合作签字仪式

吴晓青副部长出席中 - 德环境标志低碳产品认证合作协议签字仪式

中国环境标志产品认证工作的有效实施，极大地提高了我国产品制造业对产品生命周期各个阶段所产生环境影响的重视。环境标志产品认证及其认证标识，正在为社会各界所认识并广泛接受。这一行动，多次受到党和国家领导人的关怀和充分肯定，号召提倡并大力开展环境标志产品认证。2006 年财政部与环保部联合发文将中国环境标志产品纳入到政府绿色采购清单，号召政府部门优先选用环境标志产品，引导全社会树立绿色消费、可持续消费的新型消费理念。2011 年国务院《关于加强环境保护工作的意见》国发 [2011]35 号更是将环境标志产品认证和绿色印刷这两项工作列为国家环境保护重点工作。建国 60 周年，由央视举办的建国 60 年 60 大品牌评选活动中，中国环境标志荣列其中。

中国环境标志计划历来注重与世界各国环境组织的相互交流和科技交往。通过多边以及单边交流，目前已与德国、日本、韩国、澳大利亚等国家建立起环境标志互认关系，极大地提提升了中国环境标志的国际影响力，也为中国产品走出国门创造了条件。

唐丁丁主任出席中国环境标志贡献奖颁奖仪式

席俊青副主任为哈药集团三精制药股份公司颁发温室气体核查证书

陈杰总经理为首次获得中国环境标志壁纸产品生产企业颁发证书

中环联合（北京）认证中心有限公司气候变化部门（简称 CEC CDM）是联合国气候变化框架公约（UNFCCC）批准的清洁发展机制指定经营实体（DOE），具有面向全球开展温室气体减排项目的审定与核查 / 核证业务的能力。

CEC CDM 是中国首家获得 DOE 资质的机构，也是中国首家获得 UNFCCC 认可的具有清洁发展机制全部 15 个业务领域审定与核查 / 核证资质的 DOE。获准领域为：能源工业、能源输配、能源需求、制造业、化学工业、建筑业、运输、采矿及矿产品生产、金属制造、燃料的飞逸性排放、挥发性卤代化合物 / 六氟化硫生产和消费的逸散排放、溶剂消费、废弃物处置、造林 / 再造林和农业领域。

CEC CDM 紧密围绕国家环境保护和低碳发展方向，积极为国家环境保护、应对气候变化提供技术支持与服务，充分发挥了市场机制下认证职能在节能减排方面的作用。通过不断拓展新的业务领域，已成长为开展 CDM 温室气体审定与核查、国际自愿减排审定与核查、国内温室气体清单核查、国内节能量审计以及合同能源管理节能量审核的第三方综合性认证服务组织。

上海质量教育培训中心

Shanghai Quality Education Training Center

上海质量教育培训中心（上海市质量管理教育培训中心，简称“SQTC”）隶属于上海市质量协会、上海质量管理科学研究院，是1990年在时任上海市市长朱镕基的关心下在国内最早成立的质量管理专门培训机构之一。作为国内率先获得国家认监委（CNCA）批准成立的审核员培训机构，SQTC获得中国认证认可协会（CCAA）质量管理体系（QMS）、环境管理体系（EMS）、职业健康安全管理体系（OHSMS）、食品安全质量管理体系（FSMS）、信息安全管理体系（ISMS）审核员培训课程认可最全的机构之一；是国家认可的质量专业技术人员职业资格考试辅导机构和教师培训基地；是国内首家举办工业工程（质量管理方向）工程硕士培训机构；也是国内最早与美国质量学会（ASQ）联合开展注册质量工程师（CQE）、注册质量经理（CMQ）培训机构之一。

上海质量教育培训中心成立以来，已为120多万名企业职工培训了全面质量管理知识等在内的质量培训课程，5万人次的企业领导干部和管理技术人员提供ISO 9000标准等质量管理体系的培训，为本市乃至全国质量专业人员的培训和质量管理知识的普及推进作出了积极的贡献。以全国质量专业技术人员职业资格考试为例，2010年上海质量教育培训中心培训后的考试平均合格率达68.01%（上海市48%）。SQTC作为国家认可的培训机构，培训9000余名的各类注册审核员，为广大企业和各类人员在质量管理知识、技术和技能以及资格考试培训方面提供了一流的服务。目前中心共开设管理标准类、卓越绩效和生产运作管理类、六西格玛和管理技术类、职业资格证书类等四大类60多门质量培训课程。

• 全国最早成立的质量管理教育培训机构之一

• 国家认证认可监督管理委员会批准的首家认证培训机构（批准号：CNCA-P-2002-007）

• 首批获得中国认证认可协会批准的审核员课程培训机构（认可注册号：CCAA-007-2007）

* ISO 9001 质量管理体系审核员培训机构
* ISO 14001 环境管理体系审核员培训机构
* GB/T 28001 职业健康安全管理体系审核员培训机构
* ISO 22000 食品安全管理体系审核员培训机构
* ISO/IEC 27001 信息安全管理体系审核员培训机构（试点）
* 国家注册审核员继续教育培训机构

• 国家质量专业技术人员职业资格考试教师培训基地

• 国家质量专业技术人员职业资格考试考生培训机构

• 美国质量学会（ASQ）授权考试和培训机构

授权开展包括国际注册CQE(质量工程师)、CMQ(质量经理)、SCMQ(服务质量经理)、CSSGB(六西格玛绿带)和CSSBB(六西格玛黑带)考试和培训

• 工业工程硕士（质量方向）国内首家培训机构（与同济大学联合举办）

• 举办提高认证有效性企业管理体系管理者代表研修班

地址：上海市武夷路258号2号楼　　邮编：200050

电话：021-52389932、52389939、52389937　　传真：021-52389931

总机：021-52386600-3101、3102、3103

网站：www.sqtc.org.cn

Eamil：peixun@sqtc.org.cn

上海出入境检验检疫局 动植物与食品检验检疫技术中心

Shanghai Entry–Exit Inspection and Quarantine Bureau Technical Center For Animal and Plant and Food Inspection and Quarantine

上海出入境检验检疫局动植物与食品检验检疫技术中心不断完善和改进质量管理体系，获得认监委资质认定计量认证、食品检验机构资质认定、中国合格评定国家认可委员会认可、国家二级生物安全实验室认可，并名列首批食品复检机构名录之中。中心保证检验检疫的科学性、公正性和准确性，并确立“管理科学、运行规范、结果准确、服务优质”的质量目标，承诺为客户提供全方位优质、可靠的服务。

中心于1999年“三检合一”组建，是上海出入境检验检疫局下属的事业单位。主要从事食品、化妆品及动植物产品的检验检疫工作；承接与食品、化妆品及动植物产品有关的技术测试、检疫风险评估、技术咨询、开发、服务与指导工作。

中心下设综合业务办公室和理化实验室、微生物实验室、动物与毒理实验室、植物与粮谷实验室、转基因与畜产品实验室等5个实验室以及动植物隔离场圃。并拥有食品安全（上海）检测、猪病检测、麦类与杂草检疫、球根类种苗与植物病原线虫检疫、进口食品化妆品生物性危害因子检测等5个国家级重点实验室。现有在编职工74人，其中拥有正高技术职称13人、副高技术职称的23人，专业技术人员达90%以上。中心检验检疫手段先进，配备有多种先进的大型精密仪器设备，目前固定资产约一亿八千万人民币，大型仪器设备377台(套)。

中心始终高度重视组织和参加能力验证活动。承担的国家认监委能力验证项目有：2009年“谷物中常见有毒杂草的鉴定”、“转基因大豆GTS-40-3-2成分定性检测”，2010年“矿泉水中溴酸盐的测定能力验证”。近三年共参加国内外各类能力验证约90多次，150多个项目。并多次接受国外官方机构的检查，最终都获得了较高的评价。

中心应对突发事件的能力突出，如2005年的苏丹红事件和孔雀石绿事件，2006年的日本肯定列表应对，2007年二甘醇、甲醛事件，2008年三聚氰胺事件，2009年的甲型H1N1流感爆发、国际邮轮食物中毒事件，2010年的世博保障，2011年的日本核辐射污染应对、台湾塑化剂事件、欧洲蔬菜中肠杆菌污染、世游赛保障工作等。

同时，中心科研力量强，成绩斐然。“十一五”期间，承担科研和制（修）订标准项目共191项，其中科技部课题5项，省部级科技项目56项、国际标准1项、国家标准35项、行业标准93项。至今获得国家科技进步二等奖2项，质检总局“科技兴检奖”一等奖6项、二等奖6项、三等奖10项，中国标准创新贡献二等奖3项，及多项上海市科技进步奖和发明创造奖等。由此中心获得全国质检系统科技先进单位荣誉，并鉴于中心管理规范、创先争优而获得上海市文明单位称号。

联系地址：上海市浦东新区民生路1208号
邮政编码：200135
联系电话：021-38620620
传　　真：021-68546619
中心网站：http://spzx.shciq.gov.cn

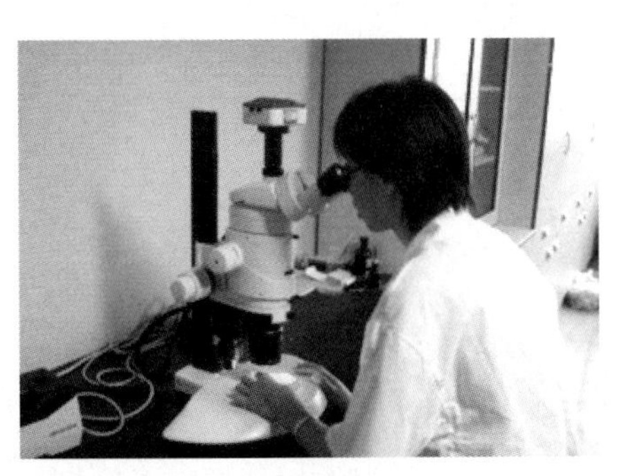

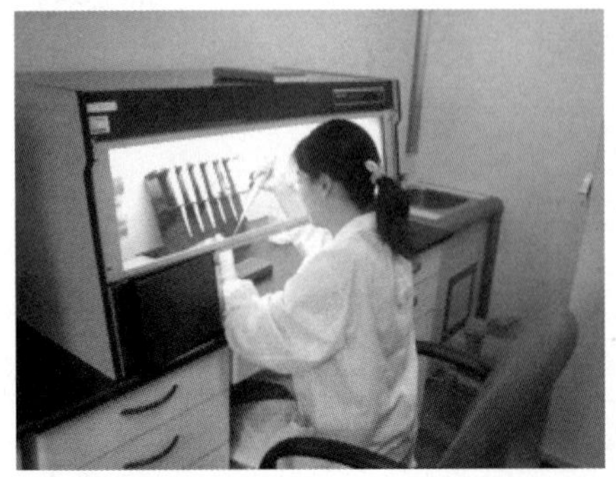

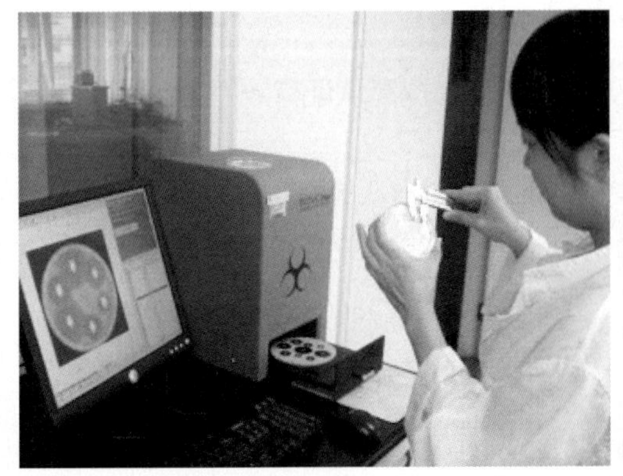

浙江省检验检疫科学技术研究院绍兴分院

浙江省检验检疫科学技术研究院绍兴分院位于千年古城——绍兴，目前拥有各类实验室4个，其中国家质检总局国家级重点实验室1个（绍兴纺织品检测中心），覆盖省域的区域性中心实验室2个（棉花实验室和酒类实验室）。分院已获得中国合格评定国家认可委员会的能力认可和中国国家认证认可监督管理委员会的计量资质认定和食品检验机构资质认定。

分院现有实验室用房3400余平方米，拥有恒温恒湿室3个、无菌室1个，并配有液质联用仪、气质联用仪、等离子体发射光谱仪、大容量棉花检测仪等各类仪器设备270多台套，总值2300万元。通过资质认可的检测商品涵盖纺织原料、纺织品、服装、染料、木制品、塑料制品、茶叶、蔬菜、酒、粮谷、添加剂、食品接触材料等34大类产品，可按国家标准、欧盟标准、美国标准、日本标准等国内外检测方法开展470多个项目的检测。

分院拥有一支以博士研究生领衔，硕士研究生为技术骨干，专业覆盖面广，在业内享有一定知名度的科技人才队伍。近年来多次承担质检总局、省科技厅和省检验检疫局重点科研项目，获得新型实用专利7项。是全省检验检疫系统科技兴检先进集体。

多年来，在广大企业和社会各界的大力支持和帮助下，浙江省检科院绍兴分院的取得了快速的发展和长足的进步。分院将一如既往地秉承“公正、准确、高效、客户至上”的理念，竭诚地为社会各界提供产品检测、质量咨询、质量分析、认证检测等优质服务。

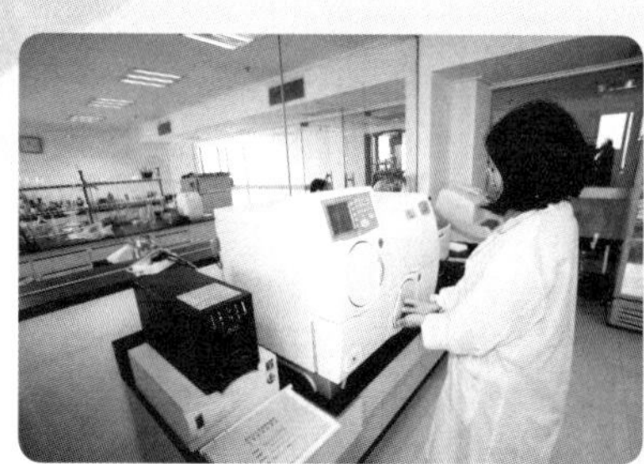

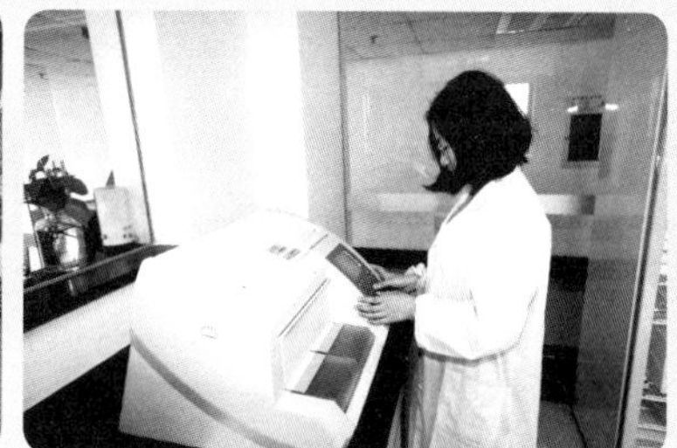

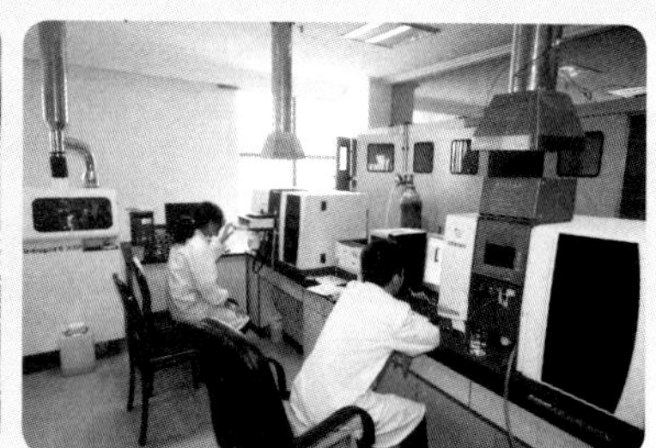

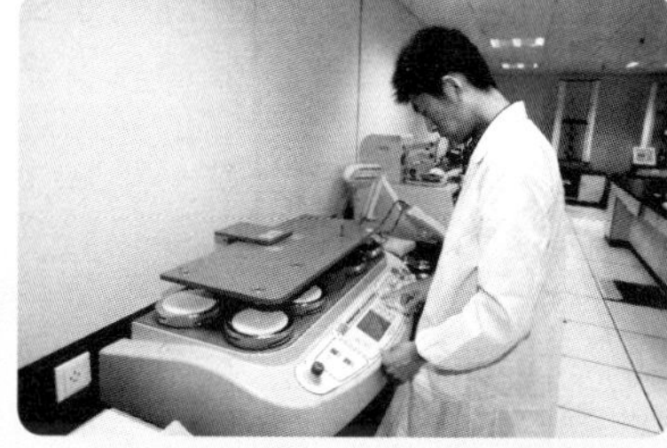

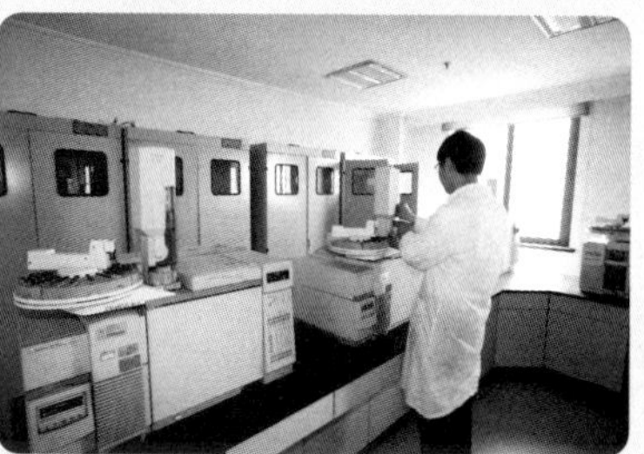

详情请垂询：

地址：中国浙江绍兴市延安东路301号

电话：86-575-88125328　　传真：86-575-88125328

网址：www.csttc.com.cn　　电子邮箱：sttc@sx.ziq.gov.cn

Add: No 301 East Yan an Road,Shaoxing City,Zhejiang Province,China

Tel: 86-575-88125328　　fax: 86-575-88125328

Web. Site: www.csttc.com.cn　　Email: sttc@sx.ziq.gov.cn

天津口岸卫生科技开发服务有限公司

天津口岸卫生科技开发服务有限公司成立于1999年，是一家经天津出入境检验检疫局考核并认可的从事消毒、除虫、灭鼠的专业化卫生除害公司。公司依据《中华人民共和国国境卫生检疫法》和《中华人民共和国动植物检疫法》的有关规定，为维护国家利益、保证人民身体健康和我国旅游、农、林、牧资源不受损害，协助检验检疫机关，防止检疫传染病、病媒昆虫、啮齿动物以及动植物害虫、动物疫病的传入、传出而提供检疫处理服务。

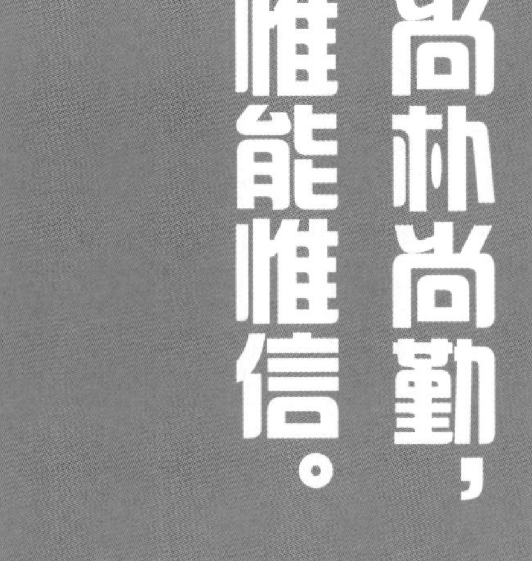

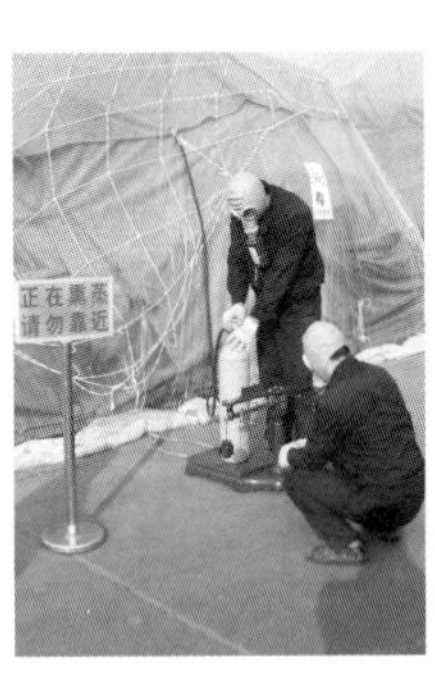

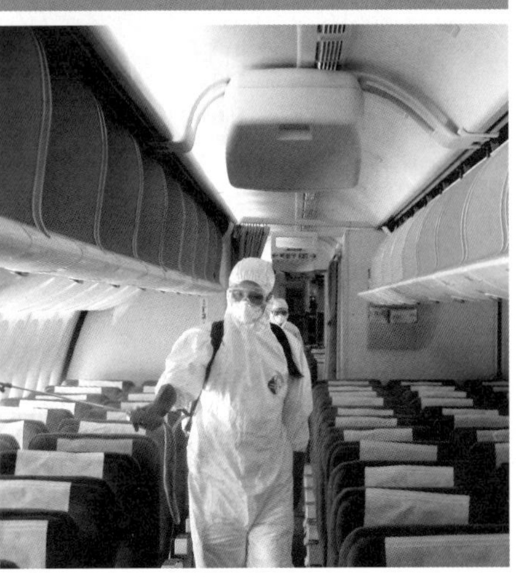

公司经营范围涉及口岸进出境货物检疫处理、卫生处理科学技术研究、有害生物防治、媒介生物鉴定等多个领域；已获得天津检验检疫局、天津市爱国卫生运动委员会颁发的《出入境检验检疫卫生除害处理机构资格证书》、《天津市从事病媒生物防治专业经营服务行政许可证》，并已经成为中国卫生有害生物防治协会会员单位；取得中国有害生物防治协会颁发的《全国有害生物防治协会A级资质》。

公司具有先进的消毒设备、一流的专业技术人才和丰富的检疫处理经验，能独自承接对入、出境货物、集装箱、交通工具、码头及社会需求的宾馆、饭店、仓库、商场等熏蒸、消毒、除虫、灭鼠以及对进口有害木包装实施焚烧和热处理等检疫处理业务。

公司自成立以来，始终遵循着面向港口、优质服务、科学发展的理念，在坚持企业发展与社会责任相结合的目标的同时，充分发挥企业优势、积极拓展各项业务、稳健经营，并本着适宜、发展的原则，形成了总经理办公室、财务部、业务管理部、科技开发部、质量管理部、后勤保障部、检疫处理中心、海港业务部、机场业务部、东港业务部、国航业务部、静海业务部、有害生物防治部共十三个部，并凝练了“尚朴尚勤、惟能惟信”的公司企训。几年来，公司取得了客户零投诉、满意度100%的好业绩。我们坚信：公司将继续本着“安全规范、优质高效、科学发展”这一质量方针，为用户提供优质的检疫处理服务，并以科学的管理，保持企业的健康稳步发展。

国家低温容器质量监督检验中心

National Quality Supervision and Testing Centerof Cryogenic Container

国家低温容器质量监督检验中心（兰州空间技术物理研究所低温容器及设备检测实验室）是我国低温容器产品的国家级检测机构及检测实验室，挂靠于中国航天科技集团公司五院五一〇研究所（兰州空间技术物理研究所）。1991年通过国家技术监督局授权（CAL）认可和计量（CMA）认证，1995年被国家科委和国家技术监督局批准为第一批科技成果国家级检测鉴定检测机构。1997年被国家技术监督局、中国实验室国家认可委员会（CNAS）评定为兰州物理研究所低温容器及设备检测实验室。2005年通过国防科技工业实验室认可委员会国防实验室（DILAC）认可。2011年10月中心通过了国家实验室第6次复评审认可工作，检测资格得到继续认可。

中心现有人员17人，其中研究员3人、高级工程师4人、工程师7人，均为行业内从业多年的检测人员，有丰富的实际检测工作经历。中心拥有主要检验仪器设备220余台件，其中进口仪器设备40余台套。实验室工作面积约600平方米，总资产约700万元。

本中心承检范围主要有低温容器产品检验（包括低温生物容器、低温绝热压力容器、手动式液氮泵、自增压液氮容器、低温绝热气瓶、液化天然气罐式集装箱等低温产品的质量检验和型式试验）、泄漏检测（包括低温容器、航天器用各种气瓶、贮箱、阀门、天线、卫星用镍氢电池，火箭及卫星推进剂泄漏检测）、材料分析检验测试（包括泡沫塑料、热塑性塑料以及其它非金属材料机械性能、隔热、导热性能、吸附性能及出气性能的测试）、真空低温性能获得和检测产品研制（包括在用低温绝热设备绝热性能检测仪、非金属材料出气性能检测仪、特殊工质泄漏检测系统等）。

中心授权证书

中心负责编制的国家标准

型式试验检测现场

产品检测现场

中心研制的测试设备

国家低温容器质量监督检验中心

中心负责人：朱建炳　电话：13919095005　　地　址：甘肃省兰州市渭源路97号　　邮政编码：730000

业务联系人：陈　联　电话：13919313427　　电　话：0931-4585522　　传　真：0931-8265391

孙冬花　电话：13919281294　　E-mail：yf＿rr@sina.com

国家建筑卫生陶瓷质量监督检验中心

国家建筑卫生陶瓷质量监督检验中心是通过国家实验室认可、国家级计量认证，并由国家质量监督检验检疫总局授权的唯一一家专业从事建筑陶瓷、卫生陶瓷和卫生洁具配件检验的国家级实验室。1985年至今，本实验室一直承担着全国建筑卫生陶瓷行业的国家质量监督抽查任务以及新产品鉴定、产品质量认证、产品质量仲裁和各类委托检验业务；同时还负责本行业有关技术标准的制、修订和标准以及检测技术的宣贯实施、培训工作。

本实验室现有专职人员30名，其中教授级高工3名，高级工程师7名，工程师6名，助理工程师5名，研究生3名。技术人员占中心总人数的80%。

本实验室自组建以来，共承担过24次国家监督抽查、12次全国统检、22次全国行检，已为社会出具检验报告40000多份；同时承担了78项国家标准和行业标准项目，其中GB6952-2005《卫生陶瓷》荣获中国标准创新贡献二等奖GB/T4100-2006《陶瓷砖》荣获中国标准创新贡献三等奖；承担了国家科技支撑计划“陶瓷砖绿色制造关键技术与装备”中《薄型陶瓷砖标准制订及检测设备开发》子项目，参加了国家科技支撑计划“建筑材料绿色制造与共性技术研究”课题。

本中心专业领域为建筑陶瓷、卫生陶瓷、卫生洁具及配件，产品覆盖建筑陶瓷类（干压陶瓷砖、挤压陶瓷砖、陶瓷马赛克、微晶玻璃陶瓷复合砖、陶瓷板、防静电瓷质地板、轻质陶瓷砖、干挂空心陶瓷板、建筑琉璃制品、烧结瓦等），卫生陶瓷类（坐便器、蹲便器、洗面器、小便器、妇洗器、洗涤槽、盥洗池），卫生洁具配件类（便器水箱配件、坐便器塑料坐圈和盖、冲洗阀、花洒、软管、排水配件等），水嘴类（陶瓷片密封水嘴、机械式水嘴、非接触式水嘴等），浴缸类（玻璃纤维增强塑料浴缸、人造玛瑙及人造大理石卫生洁具、搪瓷浴缸等）。

近十年来，本实验室密切跟踪并研究各国标准及相关检测方法，造就了一支颇具技术实力的标准化技术队伍。在国内与中国质量认证中心、中国建材认证检验中心、国建联信认证中心、方圆标志认证中心和新华节水认证中心建立了稳定的合作关系，承担着相关产品的节水认证和瓷质砖CCC认证检验，在国外与美国IAPMO、加拿大CSA、意大利IG、澳大利亚SAI也建立了稳固的协作关系，承担着相关产品出口美国UPC/CUPC认证、加拿大CSA认证、欧洲CE认证和澳大利亚AS认证的认证检验。

机构名称：国家建筑卫生陶瓷质量监督检验中心

地　址：中国 陕西省咸阳市渭阳西路35号　　邮　编：712000

联系人：苑克兴

电　话：0910-33575728　38136392

传　真：0910-3575203

http://www.ceramictest.com

浙江绍兴苏泊尔生活电器有限公司检测中心

浙江绍兴苏泊尔生活电器有限公司于 2009 年 6 月正式成立，位于国家级经济技术开发区 - 浙江省绍兴市袍江工业区。占地面积 450 亩，员工近 3000 人。其主要产品为电压力锅、电水壶、料理机、电磁炉、豆浆机等。公司已通过 ISO9001、ISO14001、OHSAS18001 等体系认证。

浙江绍兴苏泊尔生活电器有限公司检测中心隶属于浙江绍兴苏泊尔生活电器有限公司，创建于 2009 年 10 月，于 2011 年 12 月 15 日通过中国合格评定国家认可委员会（CNAS）认可，证书编号：CNAS L5353。检测中心占地面积 1900 余平方米，仪器设备 500 余台（套）。本中心现有工作人员 35 人，其中管理人员 8 人，技术人员 24 人。测试人员具有较好的理论水平和检测技能，有能力开展电压力锅、电水壶、料理机、电磁炉、面包机、油炸锅、豆浆机等产品的安全及性能测试。

大连澳美克货物检查有限公司

大连澳美克货物检查有限公司是由海外货物检查株式会社（英文缩写 OMIC, 总部设在日本，在世界各地，特别是包括中近东在内的亚洲和北美各地均有分支机构）注资，于 2007 年在中国大连设立的独资检验机构。1999 年，海外货物检查株式会社在中国设立了海外货物检查株式会社大连代表处，负责开展与协调 OMIC 在中国的检验业务活动。在此期间，与中国检验认证集团（CCIC）检验有限公司及其各地的分支机构建立了良好的合作关系，取得了可观的业绩。为进一步拓展在中国的检验业务发展，OMIC 又设立了当地的法人机构——大连澳美克货物检查有限公司，并与检验检疫机构实验室建立了良好的业务合作关系。

大连澳美克货物检查有限公司承担着进出口商品的数重量鉴定、品质检验、装船前检验、监视装卸载检验以及运载工具的适载性检验等。至今，接受相关贸易关系人的委托，对中国出口日、韩及其他国家与地区的大米等粮谷、农产品及工业制品等进行相关检验，为客户提供了优质、高效的检验服务，确保了交接货物的品质、数量与食品安全，促进了贸易的顺利进行和发展。

公司在提供商品检验服务的基础上，还向客户提供了有关商品及其消费市场的相关专门信息，根据客户的要求，用心尽力地帮助实施正常的物流。

大连澳美克货物检查有限公司作为海外货物检查株式会社的一员，具有可信任的公正检查，正确且迅速的分析能力，把服务于流畅的商品流通和开展各种检查作为经营目标，通过建立并适时地修订、完善质量体系、质量方针和目标，将按照客户的需求使检查服务质量不断提高。

大连澳美克货物检查有限公司
地址：大连市西岗区永丰街 63 号
电话：0411-83689641/83705507
传真：0411-83689646
网址：www.omicnet.com

盘石软件（上海）有限公司计算机司法鉴定所

盘石软件（上海）有限公司计算机司法鉴定所于 2007 年 7 月正式获得上海市司法局授权，2012 年 2 月获得“中国国家认证认可监督管理委员会”资质认定审查认可证书和“中国合格评定国家认可委员会”检查机构认可证书，注册号：CNAS L5449，是上海市第一家通过 CNAS 认证认可的民营计算机类司法鉴定机构，也是目前国内少数能够通过自主研发软件进行取证与分析的电子数据司法鉴定机构。

依托盘石公司多年潜心研究的计算机取证技术，鉴定所可以提供的服务包括：

电子数据鉴定服务　硬盘修复服务　恢复与文件修复服务　文件密码破解服务　侵权盗版监控服务　手机终端取证与分析

检测对象		项目 / 参数	检测标准（方法）名称及编号（含年号）
	序号	名称	
电子存储设备	1	电子数据的搜索	GA/T825-2009 电子物证数据搜索检验技术规范
	2	电子数据的恢复	GA/T826-2009 电子物证数据恢复检验技术规范
	3	电子数据的文件一致性	GA/T827-2009 电子物证文件一致性检验技术规范
	4	电子数据的软件功能	GA/T828-2009 电子物证软件功能检验技术规范
	5	电子数据的软件一致性	GA/T829-2009 电子物证软件一致性检验技术规范

本鉴定所拥有众多从事电子数据获取和分析的研究人员组成的鉴定员队伍，他们长期工作在电子数据鉴定技术培训、鉴定设备研发、鉴定服务规程制定及电子数据立法研究工作的第一线。本鉴定所具有稳定成熟的鉴定技术、客观公正的司法规范、正直可靠的人员素质，为电子数据的司法鉴定工作的开展提供了根本保证。

本鉴定所采用先进实用的鉴定设备和专业标准的取证工作环境，为鉴定的流程规范性及证据的有效性提供了可靠保障。

近 5 年来，我们发展安全，专注取证，取得了可喜的成绩：

- 2009-2011 连续三年能力验证获得满意结果；
- 2010-2011 连续两年鉴定业务量上海市第一；

接受委托的案件中不乏重案，专案等，多次得到各地办案单位和机关的肯定和赞赏，包括：

- 奥运安保、世博安保、赌球、色情、知识产权；
- 314 拉萨打砸抢、75 新疆事件、718 上海私车牌照拍卖网站攻击案等

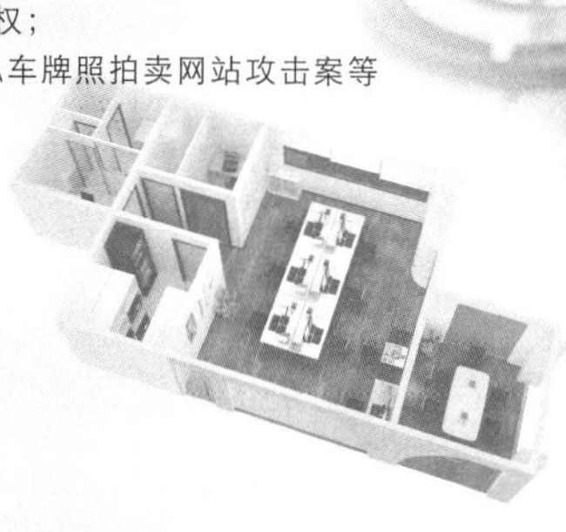

郑州日产汽车有限公司实验检测中心

郑州日产汽车有限公司实验检测中心

作为国家级企业技术中心试验室，拥有各类试验检测设备 210 多台套，拥有行业一流的试验工程师和试验评价师。引进转化形成了具有国际先进水平的试验标准，形成了在行业处于领先地位的整车保安防灾、商品性评价、路面负荷可靠性耐久试验和综合耐久、汽车整车、汽车底盘、汽车零部件、汽车电器、金属材料和非金属材料等产品的性能试验、振动噪声试验、疲劳试验、环境模拟试验以及其它特殊性能试验的能力，并积极参与汽车试验技术的国际合作与技术交流活动。

本中心的母体是郑州日产汽车有限公司，公司成立于 1993 年 3 月，是中日合资整车制造企业，2004 年 10 月，重组进入东风体系。目前是国家高新技术企业、国家认定企业技术中心，2011 年度河南省省长质量奖获得者。拥有员工总数 4000 余人。企业定位为东风、日产双品牌 LCV 产品的主要发展基地，长期致力于轻型商用车的专业化和细分市场的高端化。公司也是首批（河南首家）通过国家按新规范审查的"新能源汽车生产资质"审核的汽车企业，2009 年公司被认定为省级新能源轻型汽车工程实验室和院士工作站，纯电动汽车开发研制能力和实验开发能力在同行业处于领先地位。

郑州日产汽车有限公司实验检测中心于 2012 年 1 月 18 日通过了中国合格评定国家认可委员会（CNAS）的认可评审，具备汽车和电动汽车两大类共计 41 项标准的国家授权的检测能力。依据公司发展战略，公司正在筹建新的实验研发基地，基地占地 20 万 m2，届时将建成一个集整车、零部件、材料、电器和各类台架于一体的综合性实验室。我们将继续秉承“科学严谨、公正准确、严肃认真、优质高效”的精神，以乐观的态度积极面对每天的工作，用满腔的热情认真对待每一个试验。

山东银凤股份有限公司

山东银凤股份有限公司始建于1957年，是中国最大的日用陶瓷生产企业之一，各项经济指标在全国同行业名列前茅，山东省排名第一，为中国陶瓷工业协会和中国轻工进出口商会副会长单位。

“银凤”牌日用陶瓷产品包括骨质瓷、白瓷、炻瓷三大系列，各种餐具、茶具、咖啡具、宾馆瓷、酒店用瓷等配套齐全。产品出口销往美国、欧盟、日本、韩国、新加坡等几十个国家和地区，与英国的威基伍德、皇家道尔顿，德国的罗森塔尔；法国的弓箭和美国的奥尼德等世界级陶瓷品牌结成了长期的战略合作伙伴。银凤牌系列产品先后进入了迪斯尼、沃尔玛、宜家等国际知名连锁市场，并被选定为英国威廉王子婚礼用瓷、英国女王诞辰用瓷和美国总统竞选纪念用瓷。国内以北京、上海、广州、杭州、西安等大中城市的高档市场为主，被选为党和国家领导人办公用瓷、北京钓鱼台国宾馆和中南海用瓷、2001年上海APEC会议宴会用瓷、澳门回归十周年庆典纪念用瓷、2008奥运会限量版纪念用瓷、中国驻欧盟使馆用瓷和神州7号上天纪念用瓷等等。目前，银凤陶瓷已先后荣获“中国名牌产品”和“中国驰名商标”。银凤牌商标已在20多个国家得到注册保护，2008年又成为全国日用陶瓷行业第一家获得产品“出口免验”资格证书的企业

企业建有省级技术中心一所，为省级高新技术企业、国家重点高新技术企业，通过了ISO9001质量管理体系认证、ISO14001环境管理体系认证、OHSAS18001职业健康安全管理体系认证和输美日用陶瓷生产厂认证，被国家工商总局授予“全国守合同重信用企业”，被中华全国总工会授予“全国五一劳动奖状”。分别被中国陶瓷工业协会和中国轻工进出口商会评为企业信用AAA级企业。

遵循“追求卓越，以人为本；品牌制胜，求实创新；安全整洁，守法诚信”管理方针，以“建百年银凤，创国际品牌”为目标，公司董事长赵春田、总经理王延娟承诺：将遵照平等互利的原则，与广大客户精诚合作，共创双赢！

地址：山东省临沂市罗庄区罗四路502号
电　话：86-539—8251251 8241123
传　真：86-539—8241840
Http：//www.chinaceramics.com

太原重工理化检定中心

理化检定中心系太原重工股份有限公司所有检测／计量工作的业务归口部门。前身为太重“中央试验室”，成立于1952年。2001年根据太重改革发展的需要，成立了理化检定中心。开展的主要业务有无损检测、工业化学分析、金相检测分析、力学性能试验、试样制备、仪表／长度计量、衡器检定、司磅检斤、计量管理、焊接培训及工艺试验、咨询和研究等。

现有员工110人，国家和行业Ⅲ级（高级）无损检测技术资格人员4人（30项）；理化试验Ⅲ级（高级）技术资格人员5人；焊接教师3人，国际焊接工程师5人；高级工程师15人，中级职称40人，技术人员占中心人数的65%以上。现有固定资产3000余万元，总面积5000平方米，其中检测／校准实验室面积4000余平方米。

拥有各类先进检测设备200余台，计量标准9台套。主要性设备有：日本200~300EG-S3和德国ISOVOLT450KV工业X射线探伤机、比利时C3005X射线探伤机；ISONIC2006多功能声定位智能超声检测成像系统（TOFD）、德国USD-15S和USN60数字智能超声波探伤仪、美国EPOCH 2300微型超探仪、美国ES-X和德国TIEDE荧光磁粉探伤仪、CJW6000C磁力探伤机、德国RMG4015裂纹测深仪；英国CamScan CS 3400扫描电子显微镜、德国Leize MM6和Leica DM 4000光学显微镜、日本FT FM-ARS 9000全自动显微硬度系统、日本OLYMOUS BX51M光学显微镜和SZ61体视显微镜及HX500现场金相检查仪；美国MTS Landmark250疲劳试验机和CMT5105高温拉伸试验机、WAW-Y500A微机控制电液伺服万能试验机、60吨电子拉伸全参数试验机、LQN-2000落锤冲击试验机、各类硬度计；英国热电Icap6300Radial等离子体发射光谱仪、CS-901B红外碳硫分析仪、WFX-1D原子吸收分光光度计、美国LECO公司ONH气体分析仪；D030E数字三用表校验仪、一等标准热电偶装置、活塞式压力计标准装置、德国6米测长机和万能工具显微镜；CSC-120D数字式全电子静态汽车衡及150吨全电子静态轨道衡等。

中心具有60年的发展历史和技术优势，具有较完善的无损检测、理化分析、计量校准（检定）、焊接培训与工艺评定及科研全过程的管理体系。检测能力已涵盖了国标、美标、欧标、ISO等国际先进标准，整体检测能力处于国内同行的先进水平。先后为国内外的大型起重、轧钢、挖掘、焦化、航天发射塔架、大型舞台、油膜轴承、火车轮轴、压力容器和大型铸锻件等设备提供了强有力的检测技术和质量保障。中国机械工程学会山西省无损检测分会挂靠于本中心。

本中心资质

1989年通过了山西省质量技术监督局《计量标准考核规范》；

2001年通过了国家质量监督检验检疫总局的ISO10012-1完善企业计量检测体系的认证；

2004年通过了中国合格评定国家认可委员会（CNAS）的实验室认可；

2008年通过了国家质量监督检验检疫总局的GB/T 19022-2003《测量管理体系》认证。

科学　公正　准确　高效

通信资料

名　称：太原重工股份有限公司理化检定中心

Physical & Chemical Test Center　Taiyuan Heavy Machinery Group Co., Ltd.

通讯地址：中国·山西·太原市万柏林区玉河街53号

邮政编码：030024

电　话：（0351）6366227；6360265

传　真：（0351）6360265

中国煤炭科工集团太原研究院测试中心实验室

地　址：山西省太原市小店区彩虹街

邮　编：030032

电　话：0351-7685030

传　真：0351-7685028

E-mail：bgs123@sohu.com

中国煤炭科工集团太原研究院测试中心实验室始建于20世纪80年代，是在太原研究院测试中心的基础上组建而成。目前具备以下检测检验资质：中国国家认证认可监督管理委员会授权的“国家煤矿掘进机械质量监督检验中心”，国家安全生产监督管理总局授权的“国家安全生产太原矿用设备检测检验中心”，山西省质量技术监督局授权的“山西省煤机产品质量监督检验站”。

中心实验室是经中国合格评定国家认可委员会(CNAS)认可的国家实验室，具有完善的质量保证体系。现有在职职工39人，其中：研究员3人，中级职称及以上20人，具有雄厚的技术力量；拥有国内外先进的试验设备，主要有1000kN和2500kN液压脉动材料试验机、2000kN和6000kN电液伺服万能材料试验机、250kW~660kW电力测功机、乳化液泵站试验系统、液压软管试验台、三相异步电动机试验系统、电气性能和防爆试验系统、柴油发动机及整车试验系统。

中心实验室下设业务办公室、计量室、第一检验室、第二检验室、防爆检验室、柴油机车检验室，主要承担煤矿运输、采掘、支护、电气、通讯等产品的质量监督抽查检验、安全标志检验、发证检验、仲裁检验、科技成果检测鉴定检验、进出口商品检验和委托检验等，在国内外享有很高的声誉，曾多次为美国JOY、德国DBT等国际知名企业的矿用产品进行检验，为保证我国矿山安全生产与质量监督做出了积极贡献。中心在研究开发新检测技术和方法的同时还承担国家标准/行业标准的制定及修订工作。

中心实验室以“客户至上”为服务宗旨，坚持“科学公正、廉洁高效”为工作方针，对所检产品达到公正、科学、权威的评价，为客户提供满意的技术服务。中心实验室郑重承诺“向社会提供优质服务，对客户知识产权保密，对检验工作质量负责”。

神华准格尔能源有限责任公司

准能公司董事长、党委书记马军

神华集团党组书记、董事长张喜武到准能公司视察工作

自治区主席巴特尔到准能公司黑岱沟露天煤矿检查指导工作

神华准格尔能源有限责任公司(中国神华哈尔乌素煤炭分公司)是集煤炭开采、坑口发电、铁路运输及粉煤灰提取氧化铝为一体的大型综合能源企业，是中央企业神华集团有限责任公司的控股子公司。2005年随中国神华能源股份公司上市，公司注册资本金71.21亿元。截止2009年12月份，神华准格尔能源有限责任公司及中国神华哈尔乌素煤炭分公司总资产229亿元。

准格尔煤田位于内蒙古自治区鄂尔多斯市准格尔旗，地处蒙、晋、陕交界处，东临黄河，北距首府呼和浩特市120公里。煤田已探明地质储量267.6亿吨（我公司拥有煤炭资源储量30.98亿吨），煤层平均厚度32.8米，属低硫、特低磷、高灰熔点、较高挥发份和较高发热量的长焰煤，应用基底位发热量为4000-5600大卡/千克，是优质动力和气化及化工用煤，以低污染而闻名，被誉为“绿色煤炭”。

公司目前拥有年设计能力为2000万吨的黑岱沟露天煤矿及配套的选煤厂；受神华集团公司委托管理年生产能力2000万吨的哈尔乌素露天煤矿及配套的选煤厂和全长16.187公里的点（岱沟）-南（坪）运煤铁路专线;装机容量为2×100MW的坑口电厂、2×150MW煤矸石电厂，拥有权益装机容量总计566MW；正在建设的2×330MW矸石电厂二期工程2010年建成；正线全长264公里，年运输能力7000万吨的大(同)-准(格尔)单线Ⅰ级电气化铁路；大准铁路点岱沟-二道河增二线工程2010年建成；2010年开工建设粉煤灰提取氧化铝工程项目，计划到2012年建成年产40万吨氧化铝工程，2015年完成年产80万吨氧化铝工程；还有配套的供电、供水、通讯、计算机网络、污水处理等生产辅助设施。

2009年，公司生产原煤3875万吨，销售商品煤4207万吨，发电21.5亿度，铁路发送货物6550万吨；营业收入129亿元，实现利润34.5亿元，上缴税费20.7亿元。

神华准格尔能源有限责任公司践行科学发展观，坚持依靠科技进步，走资源利用率高、安全有保障、经济效益好、环境污染少的可持续发展道路，在创造良好的社会效益和经济效益的同时，为解决地区剩余劳动力就业以及带动当地经济发展作出了应有的贡献。

上海梅林（荣成）食品有限公司

上海梅林（荣成）食品有限公司是上海梅林正广和股份有限公司与山东泓达集团有限公司共同投资3.0亿元人民币建立，公司成立于2004年7月，公司隶属于中国最大的食品集团 - 光明食品集团有限公司。公司坐落于环境优美、风光秀丽的胶东半岛最东端的荣成市经济技术开发区食品工业园内，交通便利。

公司主要从事速冻调理食品、罐头食品的精深加工。其中冷冻调理食品主要从事海产品及含海产类产品的精深加工，产品出口日本韩国、欧盟、美国等国家和地区；罐头产品主要包括水产罐头、水果罐头、贝类罐头等，产品远销美国、加拿大、澳大利亚、欧盟、日本等国家和地区。公司现有工人1200人，各类技术人员100人。公司占地面积10万平方米，建筑面积5万平方米，年可加工速冻调理食品、罐头食品2万吨。

为了让梅林品牌在国内外市场成为家喻户晓的知名品牌，公司今后将继续坚持“以人和诚信为根本，以科研开发与创新为先导，以国际市场为目标”，不断开发出适应国内外消费者需求的更多、更好的产品。公司诚邀广大客户到公司参观、洽谈，共创伟业。

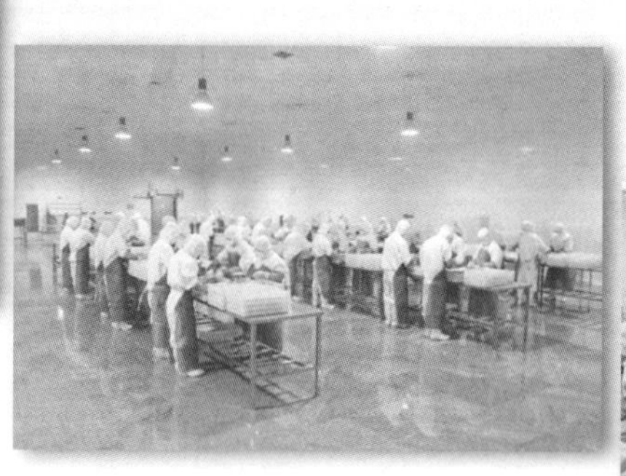

众 品 集 团

众品是专业从事农产品加工、食品制造和冷链物流服务的企业集团。作为首批农业产业化国家重点龙头企业，众品积极倡导和践行自然产业链的价值主张，依托农业产业化经营，构建现代食品加工制造和冷链物流服务产业体系；整合产业链资源，建立统一、安全、高效、协同的供应链体系。通过区域化布局，产业化经营，标准化管理，专业化发展，国际化运作，探索出“市场连接基地、产业带动区域、工业反哺农业”的发展模式。

众品依托区域性农产品资源优势，将继续以市场为导向，专注于农产品加工、食品制造和冷链物流服务，致力于成为最有价值的国际食品产业集团。

- 原料

众品通过“六方合作”模式构建农牧产业联盟，与产业链相关者共同打造自然和谐、健康安全的标准化、无害化养殖基地，使基地成为工厂的“第一车间”。

- 研发

众品与国内外伙伴合作建立产学研机制，拥有国家猪肉加工分中心、国家农产品加工专业分中心、重点实验室、首批博士后研发基地的科研平台，为客户提供优质肉食品及解决方案。

- 生产

众品公司引进国内外先进的生产设备，建立严格的品质保障体系，实现从产地到终端的全程质量安全控制和追溯，对源于自然的产品进行深加工，珍藏自然的健康与美味。

- 物流

众品冷链物流围绕食品安全、营养与运营效率，以供应链管理和系统化管理思想为核心

为客户提供统一、安全、高效、快捷的服务，实现冷链一体化管理，全程冷链保障。

终端

- 终端

终端体验自然，众品开创中国冷鲜肉进超市的先河，众品现已拥有超过2000 个超市专柜、超过 1000 家生鲜便利店，实现高效的“农超对接”，将生鲜产品送到千家万户。

终 端

物 流

三亚出入境检验检疫局

三亚出入境检验检疫局地处海南省三亚市，是国家质检总局设在祖国最南端的分支机构，隶属于海南检验检疫局直接领导。该局在职职工共70人，内设科室4个，下属办事处1个，挂靠事业单位3个——海南保健中心三亚分中心、海南技术中心三亚食品检测分中心和海南机关服务中心三亚分中心。

2010年，该局在海南局党组的直接领导下，以服务经济平稳较快发展为主线，以建设国际旅游岛为动力，以开展“质量提升”活动为抓手，全力以赴，扎实工作，履行法定职责有序有力，服务国家战略尽职尽责，开展“质量提升”活动富有成效，检验检疫监管得到加强，基层达标保障工作扎实推进，各项工作取得了明显成效，为地方经济社会的科学发展、和谐发展、率先发展作出了新的贡献。先后被海南检验检疫局评为先进单位，被国家人力资源和社会保障部、国家质量监督检验检疫总局授予“全国质量监督检验检疫系统先进集体”荣誉称号。

南京市特种设备安全监督检验研究院

南京市特种设备安全监督检验研究院是专业从事特种设备法定检验的公益性事业单位。主要职能和任务是：根据国家法律法规和特种设备安全技术规范，承担机电类特种设备(电梯、起重机械、场(厂)内机动车辆)的监督检验和定期检验；承担与特种设备有关的委托检验；开展对特种设备作业人员的安全技能培训；受监察部门委托，开展特种设备作业人员考核工作；承担特种设备安装、改造和维修许可鉴定评审；接受安全、司法等部门委托，对特种设备事故进行专业技术鉴定；开展特种设备安全技术评价及检验新技术新方法的研究，提供技术咨询及服务。

南京市特检院2011年12月通过中国合格评定国家认可委员会检查机构认可、实验室认可以及综合检验检测机构核准“三合一”评审；2012年3月通过江苏省质量技术监督局组织的实验室资质认定复评审。

南京市特检院与时俱进，狠抓科技兴检。近三年有30多个项目获得国家、省市各级各类科技计划立项支持，先后完成科技项目攻关20余项，获得国家质检总局、江苏省质量技术监督局、南京市科学技术委员会鉴定成果11项，其中获南京市科技进步奖二等奖1项，江苏省质量技术监督科技成果奖2项，南京市优秀专利奖1项；获得发明专利授权4项，实用新型专利9项，软件著作权4项，在国内外杂志上发表科技论文50余篇。

南京市特检院高度重视公共技术服务平台建设，积极建设特种设备重点实验室和工程中心，主要有“南京市机电类特种设备安全与节能工程技术研究中心”、“南京市机电类特种设备安全监控公共技术服务平台”、“南京市特种机电设备安全监控物联网应用产品检测中心”、“江苏省电梯及起重机械安全监控物联网技术应用重点实验室”。

通过全体员工不懈努力、探索求知、开拓创新，南京市特检院积淀和形成了具有自身特色的管理模式和组织文化，并将不断深化“南京特检”品牌建设，努力打造“科技领先、装备精良、能力全面、管理严密、人才一流、服务高效、文化先进、环境优美”的国内一流特检机构。

国家玻璃质量监督检验中心

国家玻璃质量监督检验中心，地处美丽的海滨城市秦皇岛。于1985年建立，首批通过国家CMA计量认证和授权，并于1988年3月取得国家实验室认可证书。2001年4月1日，国家玻璃质量监督检验中心成为首批国家认监委指定的安全玻璃产品强制性认证(3C认证)检测机构。2011年4月注册公司，现名称为中国建材检验认证集团秦皇岛有限公司，以下简称“公司”。

作为具有第三方公正性的国家级玻璃产品质量监督检验机构，公司(中心)在建设过程中，先后从国外引进和自己研制开发了一批水平先进的检验仪器设备，主要承担全国平板玻璃、钢化玻璃、夹层玻璃、中空玻璃、、贴膜玻璃、中空玻璃及密封胶、分子筛、铝间隔条等材料、汽车用安全玻璃、幕墙用钢化与半钢化玻璃，镀膜玻璃、压花玻璃、镀银玻璃镜、玻璃马赛克、玻璃防发霉材料等产品的质量监督检验、新产品鉴定检验、委托检验、仲裁检验；还承担平板玻璃企业玻璃窑炉热工测试和建材企业的安全生产标准化评审工作。

公司(中心)作为国际标准化ISO/TC160中国建筑玻璃标准化技术归口单位和全国建筑用玻璃标准化技术委员会秘书长单位，承担标准制、修订和有关管理工作。中心研制开发了玻璃产品的全套检验仪器设备和检验技术，可为企业和相关质检机构提供检验仪器设备、培训检验人员和进行技术咨询。

从2000年至今，中心共承担了19次玻璃产品的国家监督抽查任务，涉及产品包括钢化玻璃、夹层玻璃、浮法玻璃、中空玻璃、汽车安全玻璃等。中心近年来，共起草了平板玻璃、中空玻璃、镀膜玻璃等国家或行业标准10余项。“中空玻璃用复合密封胶条性能评价、检测方法研究与标准制订”项目，获得中国建材联合会2009年度建筑材料科学技术进步二等奖(部级)。

公司(中心)机构健全，管理制度完善，仪器设备先进，技术力量雄厚。具有国内玻璃行业产品质量检验方面的最高能力，秉承公正性、科学性和权威性的原则，得到受检单位的认可和信赖。

从2000年至今，中心共承担了19次玻璃产品的国家监督抽查任务，涉及产品包括钢化玻璃、夹层玻璃、浮法玻璃、中空玻璃、汽车安全玻璃等。中心近年来，共起草了平板玻璃、中空玻璃、镀膜玻璃等国家或行业标准10余项。“中空玻璃用复合密封胶条性能评价、检测方法研究与标准制订”项目，获得中国建材联合会2009年度建筑材料科学技术进步二等奖(部级)。

现已发展成为拥有人员29人(其中教授级高级工程师5人，高级工程师6人、工程师3人、工学硕士5人)。各类测试仪器和设备近200台(套)、拥有30余个试验室、 建筑面积2000平方米、固定资产700万元的国家级质检机构，具备国内现有多种玻璃产品及复合延伸材料的检测能力。

农业部动物及动物产品卫生
质量监督检验测试中心

农业部动物及动物产品卫生质量监督检验测试中心是依托中国动物卫生与流行病学中心建立，通过农业部审查认可/检测机构考核、实验室资质认定和食品检验机构资质认定的具有第三方检测资质的部级动物产品安全检测、技术研究和风险评估机构。2011年12月，被农业部认定为首批四家专业性畜禽产品质量安全风险评估实验室之一。主要职能是承担农业部下达的动物产品例行监测、安全普查、监督抽查、风险评估工作；动物源性致病微生物及其耐药性监测研究；承担动物产品兽药残留和有害物质残留监测计划的检测任务；开展检测技术研究，起草动物产品标准，承担技术指导和培训工作；提交动物卫生质量检测报告，维护动物产品质量检测信息数据库；承担官方兽医执法和检测技术培训；承担农业部等有关部门下达的其他任务。

中心现有人员21名，其中博士4名，硕士4名，副研以上人员7名。这支由预防兽医学、基础兽医学、食品卫生学和化学等多个学科组成的专业技术队伍，正从微生物致病机制、耐药机制、药物和重金属残留等多个方向开展动物及动物源性食品安全监测、评估和控制技术研究。

中心现有实验室面积约2400平米。设有动物源性微生物、耐药性和残留等三个业务平台。拥有大型仪器设备290余台（套），包括超高效液相色谱-串联质谱仪（UPLC-MS/MS）、气相色谱-串联质谱仪（GC-MS/ MS）、电感耦合等离子体质谱仪（ICP-MS）等，总值约2300余万元。通过实验室资质认定的产品和参数共131项；通过食品检验机构认定的产品和参数共45项。

中心主任：马洪超

常务副主任：李其平

副主任兼技术负责人：王君玮

副主任兼质量负责人：王玉东

地址：山东省青岛市南京路369号

邮编：266032

电话：0532-85632137、85632052

传真：0532-85632052

电邮：cccafs@yahoo.com.cn

网址：www.cahec.cn

国家电控配电设备质量监督检验中心

国家电控配电设备质量监督检验中心始建于1985年，1989年通过原国家技术监督局验收授权，是国内第一批授权的国家级质检中心之一，具有20多年的产品检验历史。目前中心总占地面积27000平方米，总建筑面积17500平方米。是从事电控配电设备产品监督检验、产品认证检验、产品质量仲裁检验及产品开发鉴定试验的国家级实验室，承担了以往国家下达的电控配电产品质量国家监督抽查、全国统一检查、产品质量仲裁、新产品鉴定、行业产品质量评比、企业上等级、产品评优、出口产品质量许可证、全国交流变频调速装置的评测及大量的用户委托检验工作。

本中心主要检测业务范围：低压成套开关设备和控制设备、滤波装置、无功功率补偿柜、箱式变电站、电气传动装置、变频器、电力电子设备、电力变压器、高压开关设备、低压电器及成套设备辅件、风力发电设备、光伏发电设备、中小型水力发电设备；电工仪器、仪表检定及校准。

本中心将一如既往的追求更高技术水平和服务质量，为我国产品质量的提高做出更大贡献。

地址：天津东丽开发区信通路6号　　邮编：300300
网址：http://www.ccdt-tj.com
电话：022-84376026 /84376027
传真：022-84376022

上海市纺织工业技术监督所检测/校准实验室

上海市纺织工业技术监督所检测/校准实验室是经中国合格评定国家认可委员会(CNAS)认可的检测/校准机构，也是经中国国家认证认可监督管理委员会资质认定(计量认证、授权)的国家棉印染产品质量监督检验中心，又是经上海市质量技术监督局资质认定(计量认证、授权)的上海市棉纺织印染产品质量监督检验站，同时是全国独一无二的专业从事化学纤维检测、经中国国家认证认可监督管理委员会资质认定(计量认证)的纺织工业化纤产品质量监督中心，还是经国家质量监督检验检疫总局授权的国家纺织计量站上海分站。挂靠于上海市纺织工业技术监督所。

检测实验室长期从事纺织纤维的原料和成品、纺织产品和部分皮革产品的质量监督和委托检验工作，能满足按国家标准、行业标准及相应的国际标准、国外先进标准对纱线、印染、色织、装饰、针织、丝绸、羊毛、化纤、服装类纺织产品进行全性能检测和皮革产品进行部分性能检测。校准实验室长期承担全国纺织行业各类纺织试验仪器的计量检定/校准工作。

实验室承担国家质量监督检验检疫总局、上海市质量技术监督局、上海市工商行政管理局和各区、县、行业或其它有关部门下达的产品质量监督检验和监测检验；接受上海纺织控股(集团)公司定期和监督抽查任务，对行业内的产品进行质量监督抽查；承担产品认证和仲裁检验工作；承担企业和社会委托的检测/校准任务；承担技术咨询服务和业务培训工作；承担或参与有关产品标准及方法标准/校准规范的制修订、验证试验以及检测仪器的使用、鉴定工作；承担行业内各类纺织试验仪器的计量检定/校准；开展天平、砝码、压力表、衡器、长度、热工、化学等通用计量器具的量值传递工作。

实验室现有人员78名，其中管理人员7名，有大专以上学历的占79.5%，硕士5名。现有面积1600平方米，其中试验室面积850平方米。拥有主要检测仪器设备177台(套)，18套计量标准装置，计量标准器156台(件)。

实验室面向社会，以服务为宗旨，提供公正的检测/校准结果。

中华全国供销合作总社济南果蔬及制品质量监督检验测试中心

一、中心概况

中华全国供销合作总社济南果蔬及制品质量监督检验测试中心是通过国家认证认可监督管理委员会计量认证和食品检测机构资质认定的部级检验机构。中心自一九八七年开始筹建，经过不断补充完善，形成了具有一定基础和相应水平的质检力量。中心现有人员15名，其中高级职称5名。中心共有工作面积约200平方米，其中实验室面积150平方米。拥有与检测业务相适应的检测仪器设备共40余套，包括气相色谱、液相色谱、原子吸收分光光度计等大型仪器。中心于1996年首次通过国家实验室计量认证评审，并于2002年、2005年、2008年先后通过到期复审。2011年通过国家认监委食品检验机构资质评审，获得食品检验机构资质认定证书。随着中心业务的不断扩展，正在山东章丘新址建设1000平米的检测中心，为进一步加强果品质量安全工作提供了新的平台。

二、检验能力

中心可进行鲜果、干果、蜜饯果脯、果汁、罐头、果酱、果酒、鲜菜、酱腌菜等9大类共82种产品的检测，检测参数达147个。包括（1）果蔬及制品感官品质检测（2）果蔬及制品理化成分检测：水分、蛋白质、脂肪、蛋白质、糖、果汁含量等60余项；（3）果蔬及制品农药残留量检测：有机磷、有机氯及除虫菊酯类等60余项；（4）果蔬及制品金属元素检测（5）果蔬及制品微生物指标检测等

三、业务范围

1、承担国家和供销总社委派的市场抽检任务。

2、为食品企业和科研院所等进行产品检测、科技成果鉴定、科研项目委托检测服务。

3、服务三农。为企业筹建质检实验室，培训化验员，接受企业关于产品检验、质量控制、标准咨询等服务。

4、开展果品标准化工作。先后制修订鲜柑橘、红枣等国家标准或行业标准项目30余项。

中国工程物理研究院理化分析与无损检测实验室

中国工程物理研究院理化分析与无损检测实验室从属于中国工程物理研究院，位于四川省绵阳市科学城内。实验室于2009年8月31日批准成立，并于2012年3月31日通过中国合格评定国家实验室认可委员会和国防科技工业实验室认可委员会的认可。

实验室的主要业务包括各种金属材料及其结构部件的化学成分分析、力学性能和物理性能测试、金相分析和无损检测。在产品内部缺陷的数字化评价、复杂构件的超声成像检测、高能束微小焊缝缺陷的分析、小直径棒/管料的质量控制、特种材料综合无损评价等方面具有很强的技术实力；在金属材料高低倍组织结构分析、特种弹性元件特性研究和检测、产品故障与失效分析等方面具有较强的理论知识和实践经验；在钢铁材料、铝合金、铅合金、钛合金、铜合金等金属材料化学成分的精确分析具有良好的声誉。24项省部级以上科技成果奖显示了实验室的技术实力。

实验室始终坚持“质量第一”的理念，建立并不断完善质量管理体系，质量管理水平和服务质量不断提高。1992年通过了国防科工委的质量保证体系考核；1998年按GJB/Z9001-96标准要求建立质量体系并通过了体系认证；2002年按照GJB9001A-2001标准进行质量管理体系标准转换，并于2003年8月取得认证证书。同时，于2004年首次通过了国防武器装备科研生产单位一级保密资格认证，2010年12月再次通过国家军工保密资格认证现场审查。

地　　点：四川省绵阳市科学城
通讯地址：四川省绵阳市919—624信箱
邮政编码：621900
电　　话：08162485628
传　　真：08162487614
电子邮箱：BANQUER@163.COM

重庆市人民检察院司法鉴定中心

重庆市人民检察院检察技术处（对外称重庆市人民检察院司法鉴定中心）是重庆市人民检察院机关内设处室，2008年8月，最高人民检察院颁发《人民检察院司法鉴定机构资格证书》，并于2009年6月在重庆市司法局登记备案。本处现有人员16人，其中管理人员1人、鉴定人员15人，本科以上学历达100%，研究生学历5人，高级技术职称7人。拥有技术用房400多平方米，其中实验室用房300多平方米。仪器设备共26台套，其中主要仪器设备有VSC-5000文检仪、体式显微镜、法医活体检验箱、电子证据检验工作站等。本处下设法医室、文件检验室、痕迹检验室、电子证据检验室、司法会计室、心理测试室六个专业室，主要接受全市三级检察机关的委托，办理检验鉴定、文证审查、技术协助和现场勘验技术案件，为检察机关办理各类案件提供技术保障，同时，依据《人民检察院鉴定规则（试行）》规定受理法院、公安机关以及其他侦查机关委托的司法鉴定，是一个技术门类齐全、力量雄厚的综合性司法鉴定机构。

潍坊市公安局电子证据检验鉴定中心

潍坊市公安局电子证据检验鉴定中心是面向公安机关提供电子数据检验鉴定、数据恢复等技术服务支持的电子证据检验鉴定机构。中心拥有DC-8200高速硬盘复制机、PC3000故障硬盘取证机、DC-8750PR0电子证据只读设备、效率源第二代开盘机、ATT-3000II动态虚拟仿真取证系统、计算机犯罪现场取证勘察箱系统、DC-4500手机调查取证系统等一批专业仪器设备。现配备专业技术人员9人，其中硕士6人，在读博士1人，在读硕士2人。在长期从事电子数据勘查、取证和检验鉴定工作中，积累了丰富的实战工作经验，可完成电子证据固定、网络行为分析鉴定、数据恢复等各类电子证据检验鉴定工作。

中心提供的服务包括：计算机与电子设备（手机、移动存储介质、录音笔、数码相机、摄像机等）的证据提取与保全、网络（网页、即时通讯、邮件等数据）证据提取与保全、数据恢复与文件修复、数据销毁等。

中心自2009年以来，接受公安机关各办案单位委托，已受理电子数据恢复与检验鉴定二百余起，为大量涉及计算机与互联网的违法犯罪案件出具检验鉴定报告，提供了科学、客观、公正的数据支撑，为打击犯罪、证据诉讼等公安工作提供了坚实的技术保证，以精湛的技术和优质的服务获得了各委托单位的一致好评。

潍坊市公安局电子证据检验鉴定中心始终坚持“准确及时、 优质服务、科学管理、公平公正”的质量方针，凭借精良的专业设备、高素质的专业队伍、高标准的工作环境、科学的质量管理体系以及严谨的工作态度，确保为委托单位提供客观、公正、科学、规范的电子证据检验鉴定。

地址：山东省潍坊市胜利东街3333号
邮编：261061
联系人：赵方圆
电话：0536-8783114
传真：0536-8783111
E-mail：wfgawzjd@163.com

上海辰星电子数据司法鉴定中心

2007年3月，上海辰星电子数据司法鉴定中心依托公安部第三研究所、国家反计算机入侵和防病毒研究中心和信息网络安全公安部重点实验室，经上海市司法局批准成立，目前执业司法鉴定人31名，拥有各类先进仪器设备软硬件100多台（套），是我国规模最大的专业电子数据司法鉴定机构。

鉴定中心业务范围为计算机司法鉴定和声像资料司法鉴定，包括计算机与电子设备的证据保全及检验、网络证据保全及检验、计算机与网络系统检测、软硬件侵权鉴定、数据恢复与文件修复、数据销毁、密码破解、电影电视音乐作品的鉴定、数字版权鉴定、声音鉴定、图像鉴定、视频鉴定等。

鉴定中心是我国电子物证领域第一家同时通过实验室认可与国家级资质认定的专业实验室，已连续三年在该领域承担全国的能力验证命题工作，并承担了2011年公安网络安全保卫部门实验室能力验证计划实施工作。

鉴定中心以引领电子数据取证与鉴定技术发展为目标，围绕电子数据取证与鉴定应用领域，借鉴吸收国际先进标准化成果，正在进行我国电子数据取证与鉴定标准体系、路线图设计、支撑平台创建等原创性工作；中心先后承担了国家和省部级等科研项目，制定行业标准、技术规范20余项，促进了我国电子数据鉴定行业的规范化发展。

鉴定中心成立以来，在打击计算机犯罪行动中，为全国各地政法机关提供了大量现场勘验、数据鉴定等服务，鉴定结果为案件侦破提供了重要的技术支撑，为法庭审判提供了可靠有效的证据，得到了委托方的一致好评。

深圳市第二人民医院法医临床司法鉴定所

深圳市第二人民医院法医临床司法鉴定所，是经广东省司法厅批准设立的、面向社会服务的司法鉴定机构。于2005年7月27日正式成立。执业范围包括法医临床和法医病理鉴定。本所可受理司法机关、党政机关、企事业单位、律师事务所及公民的委托。

本所现有执业司法鉴定人19名，其中副主任法医师9名，法医师10名，辅助人员4人。本所设有：法医临床鉴定室、法医病理鉴定室、办公室等职能部门。

建所以来，始终秉承“公平、公正、科学、准确”的方针，依法开展司法鉴定工作，无一例错鉴或因鉴定结果不准确而导致的鉴定纠纷。并因提供及时、准确的鉴定结论及热情、周到的服务而赢得社会的广泛好评，同时得到司法部门的充分肯定。

本所一直重视自身的建设和发展。不断改善办公条件和鉴定环境；规范执业行为；完善内部管理制度；提高鉴定能力和水平；促使管理工作规范化、科学化。使鉴定工作中的每一质量要素都处于受控状态，提高了本所司法鉴定的公信力和可靠性。我们将进一步努力，真正把本所建设成为具有公正性、科学性、权威性的第三方鉴定所，为国家的经济发展和社会稳定发挥应有的作用。

地址：深圳市福田区笋岗西路3002号2栋3楼
电话：0755-83285566、0755-83366388-2205

北京军区疾病预防控制中心

北京军区疾病预防控制中心，是军区唯一从事疾病预防控制的专业机构，主要开展卫生学检验和病原微生物、化学毒物、辐射损伤等采样、检测检验和初步鉴定等工作。

本中心拥有一支实践丰富、素质能力强、资源配置合理的检测人员队伍，现有干部63名，其中专业技术人员55人，具有高级职称21人、硕士研究生19人，博士6人，国家实验室认可和资质认定内审员10人。实验室占地15000平方米，配有气-质联用、液相色谱仪、气相色谱仪、流动注射分析仪、紫外可见分光光度计、原子吸收光谱仪、原子荧光光谱仪、离子色谱仪、荧光定量PCR、荧光显微镜、CO2培养箱、生化分析仪、酶标仪、生物安全柜等实验设备120余台(套)，可充分满足传染病病原微生物检测，水、食品、空气和公共场所卫生检测，杀虫剂药效评价，虫媒监测，放射防护监测，兽医卫生检验等检测业务的需要。目前，中心已获得国家实验室认可和资质认定检测范围包括生物样品、生物饮用水、卫生杀虫剂、热释光个人剂量计、放射卫生防护、诊断用X线机、透视用X线机、X射线计算机断层摄影装置(CT)、临床核医学、头部立体定向伽玛射线治疗系统、后装γ源近距离治疗系统、医用电子加速器等12类，共78项。

自2004年以来，中心在完成日常和军地大项防疫保障任务的同时，获得并完成20多项军队科研课题，在国内外刊物发表260余篇（部）专著和论文，获发明专利4项，卫生监督、放射防护和兽医卫生三个专业参与了5个国军标制定，获军队科技进步二、三等奖40余项，2011年被全军表彰为科技工作先进单位，在军队同行业中享有很高声誉。中心先后组织参加CNAS能力验证均取得满意结果。

本中心于2011年10月，向国家认监委、认可委递交了实验室认可和资质认定申请书，同年12月通过了国家认监委、认可委文件审查。2012年2月26日通过了国家认监委、认可委对中心申报检测项目资质认证和认可的现场评审，于2012年6月5日取得中国合格评定国家认可委员会检查机构认可证书，于2012年7月20日取得国家认证认可监督管理委员会资质认证证书。

中国人民解放军
成都军区总医院临床药学实验室

成都军区总医院临床药学实验室隶属于成都军区总医院，主要从事药物分析和检测工作。

药学实验室始建于70年代末，80年代成为全军临床药理基地，承担药物新剂型、药代动力学相关科研工作，人工骨药物体内缓释系统、药物中空栓剂研究，获军内二等科技进步奖。2005年通过国家药监局Ⅰ期实验室验收。

近年来，临床药学实验室在实验室质量管理与监控、标准操作程序（SOP）建立与管理等方面取得了长足的发展。完成了很多一类新药的药动学和药物生物等效性研究的样品分析检测工作。此外，实验室还从事治疗药物监测（TDM）样品分析工作，利用实验室硬件设备优势，结合常规TDM工作，提高药物治疗水平，保障病人用药的有效性和安全性，更好的为临床服务。

药学实验室占地面积400余平方米，拥有齐全的分析测试设备，还配置了相应的辅助设施和办公设施，以支持检测业务的正常开展。根据专业特点和工作需要，设有办公室和实验室。现有固定人员7名，其中高级职称1名，中级职称4名，初级职称2名。为了能提供使委托单位满意的服务，建立健全了各种规章制度，明确岗位责任制，制定了实验室质量管理体系文件。

临床药学实验室认真执行国家有关方针政策、法律法规。遵守职业道德，坚持实验工作的科学性、公正性、树立质量第一的思想，依靠技术进步，提高实验质量，为委托单位提供优质服务。

联系人：杜晓琳
电　话：028-86570439；
地　址：四川省成都市外北天回镇蓉都大道270号。

北京工业大学电磁防护与检测实验室

北京工业大学电磁防护与检测实验室隶属于北京工业大学，成立于1999年，是一个专业化实验室。承担着有关环境电磁学和电磁防护方面的科学研究、技术开发、监测测量、社会服务等工作，并取得了一定的成果。

实验室现有工作人员 9 名，其中管理人员 3 名，检测人员 6 名。占地面积 240 平方米，其中试验场地 180平方米。主要仪器设备有：低频电磁场分析仪、高频电磁场分析仪、综合电磁场分析仪、手持式频谱分析仪、电磁干扰接收机、信号发射器、高性能一体化矢量网络分析仪、网络阻抗频谱分析仪、远场屏蔽效能测试装置、近场探头、开光电源、人工电源网络、低噪声放大器、对数周期天线、环形天线、喇叭天线、噪声计等。2008年10月取得中国合格评定国家认可委员会颁发的实验室认可证书(证书编号：No. CNAS L3711)；2012年4月再次通过评审，成为能够提供公正、权威的电磁环境和噪声监测数据的机构。

此外，实验室于2000年实验室获得了环保部(原国家环境保护总局)颁发的《建设项目环境影响评价资质证书》，能够从事输变电和广电通讯类项目的环评影响评价工作。

近年来，实验室本着促进地方经济建设和服务社会的宗旨，先后承担了涉及北京、内蒙、河南、安徽、云南、西藏等地区的中短波广播和电视发射项目、移动通信基站项目和输变电工程，完成了几十项电磁辐射类的环评影响评价工作和监测任务。

北京七星飞行电子有限公司

2012年3月22日，北京七星飞行电子有限公司检测计量中心正式取得了中国合格评定国家认可委员会（CNAS）颁发的实验室认可证书（证书编号：CNAS L5546）。

北京七星飞行电子有限公司检测计量中心成立于1998年，其前身是国营第七九八厂的质量科和仪表科，历史可以追溯到1964年。由于近年来公司的大量投入，中心的规模也在不断发展。不但可以承担母体公司产品的鉴定检验、周期检验、仪器综合管理、计量校准等工作，现有设备能力同时可以开展磁性材料及器件、电子陶瓷材料、电容器、EMI对策元件等多个门类的元器件检测业务。能够满足各类产品的研发过程、参数测试、环境试验、DPA分析等不同的要求。

北京七星飞行电子有限公司检测计量中心拥有独立的工作场所，建筑面积1100余平方米。拥有200余台各类现代化仪器设备，可以完成以GJB360B-2009要求为基础的各类环境试验，同时可以实现元器件基本参数、磁性材料动态参数、任意波形参数等方面的测量。中心现有工作人员32人，其中3人具有高级职称，80%以上的人员具有本科以上学历。目前检测中心下设1个办公室及校准室、环境试验室、测试试验室、DPA试验室等4个专业实验室。

北京七星飞行电子有限公司检测计量中心拥有十四项经国防工业计量管理部门考核合格的最高计量标准，可以开展信号发生器、示波器、频率计、数字多用表、LCR测量仪、耐压测试仪、绝缘电阻表、万能量具、天平、砝码、温湿度试验箱等仪器设备的检定/校准工作。

中国核工业第五建设有限公司 检测中心理化室

我室隶属于中国核工业第五建设有限公司检测中心。现有各类技术人员16名，其中高级工程师1名，工程师1名，助理工程师12名。

我室配备有全谱直读光谱仪、便携式光谱仪、金相电子显微镜、电液伺服万能试验机、布氏硬度计、洛氏硬度计、维氏硬度计、里氏硬度计、铁素体测定仪、冲击试验机等各类试验仪器。

检测项目包括金属材料、焊接材料、焊接件的力学、金相、化学检测及热处理，涵盖了民用及核电工程的安装、石油化工等领域，可开展检测项目32种，已通过CNAS认可的能力范围有19项。

我室将竭诚为客户提供公正、科学、优质、高效的服务。

联系部门：检测中心业务接待室

联系地址：上海市金山区卫五北路198号

邮　　编：201512

电　　话：021-57957077

传　　真：021-57957339

Email：cnftesting@163.com

冶金地质总局一局测试中心

中国冶金地质总局一局测试中心始建于1983年，原名冶金部第一地质勘查局中心实验室，1993 年中心首次通过国家计量认证， 2012年通过国家计量认证复查评审，2012年通过实验室认可。中心具有地勘测试甲级资质，具有27类301项的检测能力。面向社会开展地球化学微量元素、岩石矿物、重砂鉴定、岩矿鉴定、地下水及岩土试验的检测工作。

中心总建筑面积3740平方米，中心设有八个部门，综合管理室，检测一室，检测二室，检测三室，岩矿鉴定室，重砂鉴定室，样品制备室，土工试验室。拥有管理规范，精通业务的管理人员和检测技术人员，现有人员40多人；其中高级工程师6名；工程师11名；助理工程师13名；技术工人10名；

中心拥有国内外最先进的仪器设备：全谱直读等离子体发射光谱仪（ICP-OES）、电感耦合等离子体质谱仪（ICP-MS）、X-射线荧光光谱仪、石墨炉原子吸收仪、原子荧光光度计、气象色谱仪、离子色谱仪、红外碳硫测定仪、紫外可见分光光度计、偏光显微镜、高压固结仪、三轴仪等。是一个集科研检测及技术服务为一体的专业实验室。

经过二十几年的发展，中心的业务不断扩大，技术力量也越来越雄厚。为国内近百家地质找矿单位及科研机构提供了准确可靠的检测数据、在地勘部门建立了良好的声誉。目前，中心已经建立起一部分适合于地质、金属、非金属物料中主、次、痕量元素的分析方法；初步实现检测业务受理、任务下达、流转纪录、报告结果以及资源信息（包括检测设备、方法标准、质量标准、质量文件、客户信息）的计算机网络化管理；为近百家科研机构、地质找矿、勘查基础工程提供了准确可靠的检测结果。取得了较好的社会效益和经济效益。

中心地址：河北省三河市燕郊开发区冶金路49号

联系人：李瑞清

联系电话：010-61599550，010-61591188-8459

深圳市铁科检测工程有限公司

深圳市铁科检测工程有限公司成立于2006年8月8日，原名铁道部科学研究院深圳研究设计院试验室，2001年首次通过国家技术监督局试验室计量认证并于2008年通过复审，2009年获广东省建设厅颁发建设工程检测资质。公司自成立至今，依靠总院的人才及技术优势，面向深圳特区窗口，充分发挥其人员、设备及技术优势，完成了软基处理监测、基坑监测、边坡监测、隧道施工监测、桥梁静动载试验、工业与民用建筑的安全性评价、桩基检测、道路施工检测、现有道路使用状态评定、土工材料检测、工程物探等检测，解决了一些工程项目实施中出现的疑难问题，取得了很好的经济效益及社会效益，赢得了业界的好评。

经过十几年的发展，公司的业务不断扩大，技术力量也越来越雄厚。目前已经取得的资质有：

建设工程质量检测机构检测资质；
建设部工程勘察专业岩土工程甲级资质；
铁道部工程桩基检测资质；
深圳市龙岗区房屋建筑结构安全鉴定检测资质。

服务宗旨：科学、公正、严谨、诚实
业务范围包括：
常规建筑材料检测
建筑节能检测
土工合成材料检测
岩土工程试验及监（检）测
结构、构件的检测及监测
隧道工程检测及检测
路基路面工程检测
工程物探检测

中心地址：深圳市红荔西路鲁班大厦22楼
联系人：江辉煌
联系电话：0755-83549327（1873fax）/13509611042

中国石油集团测井有限公司 技术中心测井实验室

中国石油集团测井有限公司技术中心测井实验室，是中国石油天然气集团公司唯一的测井重点实验室，从事与测井有关的储层岩石物理性质实验研究与测试分析工作，主要开展岩石物性、声学特性、电学特性、电化学特性、核学特性、核磁共振特性等实验分析。实验室资质上，1998年测井实验室首次获得计量认证证书，2003年、2008年、2011年通过复评审。

物性参数

提供岩石孔隙度、渗透率，颗粒密度参数。

电性参数

测量岩心在不同饱和度时的电阻率，计算地层因素、电阻率增大指数、饱和度指数、胶结指数和岩性系数，建立电阻率测井含油饱和度解释模型。

电化学参数

提供阳离子交换量、自然电位、激发极化电位等电化学参数，分析研究自然电位、极化电位与岩石物性参数之间的关系，计算地层水矿化度和阳离子交换量。

声学参数

测量岩心的纵、横波时差，计算岩石弹性模量参数，建立声波孔隙度计算公式。

核学参数

分析岩石中铀、钍、钾含量，矿物元素含量，岩石光电吸收指数，进行粘土含量计算和生油岩评价研究。

磁共振参数

提供横向驰豫时间（T2）和纵向驰豫时间（T1）的分布，确定T2截止值，计算差谱和移谱参数，建立束缚水饱和度、孔隙度、渗透率计算模型，分析孔隙结构分布，区分油气水，为核磁共振测井资料解释提供实验依据。

实验室始终遵循“质量第一、信誉至上”的方针，为各油田供技术服务，先后为长庆油田、青海油田、克拉玛依油田、华北油田、吐哈油田、塔里木油田、大港油田、冀东油田等二十多个油田单位进行了岩心样品的测试与分析工作，为油田测井解释模型的建立和地层评价提供了可靠依据。

信息产业华东工程软件测评中心

信息产业华东工程软件测评中心隶属于中国电子科技集团公司第三十二研究所，于2001年经信息产业部授权成立，从2002年开始，依次通过了实验室计量认证的资质认定、国家实验室认可、军用软件测评实验室认可、国防实验室认可。在2011年，通过了国家工程软件产品质量监督检验中心筹建方案论证。测评中心使命是：承担军用和民用软件测评服务，并提供软件工程和软件测试技术支持服务。

测评中心现有人员84名，其中研究员2人，高级工程师4人，工程师29名，硕士研究生导师2人，硕士学位以上人员38人，工作场所面积1000m2，软硬件设备165台（套），购置设备和软件工具的投资达5000万元，开发完成的拥有自主知识产权的软件工具有"军用软件测试过程自动化管理平台"、"CMMI辅助管理平台"、"分布式负载测试工具"等。

测评中心的技术能力覆盖了军用软件的单元测试、部件测试、配置项测试和系统测试在内的全部4个测试级别和文档审查、代码审查、静态分析、代码走查、逻辑测试、功能测试、性能测试、接口测试、人机交互界面测试、强度测试、余量测试、安全性测试、恢复性测试、边界测试、数据处理测试、安装性测试、容量测试在内的17个测试类型，覆盖了民用软件产品的功能性、可靠性、易用性、效率、维护性、可移植性的6个质量特性。测评中心具备嵌入式和非嵌入式软件的测评能力。测评中心承接的测评项目大多数是军用软件测评项目，涉及海、陆、空、二炮、总参等多个军兵种，已承担军用软件测评项目近300个。测评中心一直致力于将军用软件测评的经验和技术服务于民用软件测评业务，先后承担了民航、金融、电子政务、轨道交通、汽车电子等多个民用领域的应用软件测试项目，获得了委托方的高度认可。测评中心拥有一支资深的软件工程技术研发队伍，先后承担了10余个型号和预研项目，为软件测评业务提供技术支撑。

地址：上海市桂林路418号　　邮编：200233
联系人：邵培南　　联系电话：021-64846283

上海启津测试技术有限公司

上海启津测试技术有限公司专业从事第三方公正检测、咨询服务，拥有世界先进水平的检测设备、专业的技术和管理人员、卓越的实验室质量管理体系、并拥有一批来自中国、美国、德国、新加坡、捷克、瑞典的检测及咨询专家顾问指导。公司的目标是要通过公正、严谨、高效的服务，为您专业提供汽车材料、零部件力学性能及耐久试验；振动品质测试分析；耐候及耐光色牢度试验；加速老化试验；耐臭氧老化试验；循环盐雾试验；耐温、湿热性试验；汽车电器类零件耐久性试验；电子电器产品检测；电子电器产品有害物质检测；可靠性分析测试；金属材料及零部件检测与分析；非金属材料分析；计量校准；环境安全、职业卫生检测等。

公司自成立以来，一直以"保证检测工作的公正性、科学性和准确性，为客户提供优质、及时、完善的服务"作为质量方针，把"加快能力建设，不断提高人员素质，持续完善质量管理体系，达到同类检测机构的先进水平"作为质量目标，竭诚为社会各界提供优质、满意的服务。公司于2011年12月通过中国合格评定认可委员会(CNAS)认可，证书编号:CNAS L5362.

地址：上海嘉定北和公路183号9幢1层A区
电话：021-61853515　18621973025
E-mail：michael@qijin-lab.com
网址：　www.qijin-lab.com

江苏华夏商品检验有限公司

江苏华夏商品检验有限公司（ 以下简称华夏商检 ）是依据国家法律、国际性法规有关规定，并由国家质量监督检验检疫总局批准，经工商行政管理部门注册，具有独立账户和独立法人地位的第三方检验鉴定机构。

华夏商检主要是根据客户的委托，承担检查、检验、检测、鉴定、监督、货物查验、评定和其他检验鉴定技术服务。检验的对象覆盖了原油及其产品、化工品、农产品、矿产品、金属材料、机器设备以及运输工具等。

华夏商检以"检验、鉴定"为主业，以"客观公正、准确可靠、方便快捷"为宗旨，依照 ISO/IEC 17020 《检查机构能力的通用要求》，建立与所承担的检验鉴定活动范围相适应的质量管理体系。公司凭借雄厚的技术实力、科学严谨的工作态度和优良的服务质量，获得了国内外众多客户的认可和好评。

我们确信，华夏商检将会为我们的客户提供全面、优质、高效的服务。

电话：0512-58323268
地址：江苏省张家港保税区长江润发国际大厦A座6楼
邮编：215634

江苏苏钢集团有限公司中心实验室

江苏集团有限公司中心实验室位于苏州高新区312国道旁，隶属于江苏苏州苏钢集团有限公司，占地面积1500平方米。实验室现有员工80多人，设主任，主任下设质量主管与技术管理层，下设办公室，调度室、制样室、机械加工室、化学一室、化学二室、金相室、热处理性能室、特钢分析室和设备室。实验室主要工作任务是承担公司原材料、燃料、辅料入厂理化测试，中间工序和最终成品的理化测试。

实验室检测设备主要有光电直读光谱分析仪、红外碳硫仪、X射线荧光光谱仪、氮氧分析仪、氢分析仪、自动测硫仪、粘结指数自动测定仪、胶质层指数自动测定仪、焦炭热反应性及反应后强度测定仪、熔体综合测定仪、高温物性测试仪、电液伺服万能材料试验机、金属材料冲击试验机、端淬机、各种硬度试验机、金属摆锤冲击实验机、试样热处理炉、研究级倒置万能材料显微镜图像分析系统等检测设备。可完成近五十种煤、焦、合金、原辅料的化学成分检测及低倍组织及缺陷评级、显微组织、带状组织评级、脱碳层、晶粒度评级、碳化物偏析、显微空隙、塔形、硫印、拉伸、弯曲、冲击、布氏硬度、洛氏硬度、维氏硬度、末端淬火等十几项物理检测。

2012年2月正式通过中国合格评定国家认可委员会CNAS审核通过，证书编号：CNAS L5461。获得国家认可项目：煤（全水、水份、灰分、挥发分、固定碳、全硫），焦炭（全水、水份、灰分、挥发分、全硫），铁合金（Cr、Mn、Si、P、C、S、Mo），铁矿石（TFe、SiO2、），钢铁材料（C、S、Si、Mn、P、Cr、Ni、Cu、Al、Ti、Mo、Nb、V、O、N），钢的棒材（温室拉伸、冲击试样、布氏硬度、非金属夹杂、平均晶粒度、脱碳层深度、低倍检验、塔形检验），轴承钢棒材（碳化物偏析、球化组织、非金属夹杂、低倍组织）。

实验室质量方针：规范管理、客观公正、精益求精、客户满意。

中心地址：江苏省苏州市高新区浒墅关镇浒关北路201号
联系人：陈永畅　　联系电话（传真）：0512-88877540
手机：13915511838

上海电气（集团）总公司环境监测站

上海电气（集团）总公司环境监测站经上海市编委（87）184号文批准成立于1987年，是从事环境监测的公益性科学事业单位，为第三方独立实验室。并于2012年3月13日首次获得中国合格评定国家认可委员认可，认可证书编号为：CNAS L5534。

所从事监测活动主要为承担电气（集团）总公司下属单位和业外委托客户的环境监测工作。目前已具备向社会提供水和废水、空气和废气、室内空气、工作场所、噪声五大类68项检测项目能力的CNAS 认可资质。主要仪器设备为原子吸收分光光度仪、气相色谱仪、红外分光测油仪、紫外可见分光光度计、多功能声级计、烟尘采样器、便携式恒温大气采样器等。

地址：上海局门路458号4楼

邮编：200023

电话：021-63019041

传真：021-63017948

中国人民解放军第五七一九工厂计量检测中心

中国人民解放军第五七一九工厂计量检测中心是法人授权形式，从事测量设备校准、零备件检测以及理化检测的专职机构，是空军航空发动机修理专业计量站、空军航空修理理化检测中心，在航空零备件检测、理化实验领域面具有较强实力。实验室始建于1984年，面积3516平方米，其中恒温面积2000余平方米；实验室涉及几何量、热学、力学、电学、非金属、金属等校准检测专业；实验室拥有德国蔡司扫描电子显微镜、莱兹三坐标测量机、SPECTRO 等离子体原子发射光谱仪、Mar测长机等各类先进检测设备150余台（套）；实验室现有人员65人，其中本科及以上44人，中级及以上职称31人。

近年来，实验室狠抓实验室能力建设管理工作。实验室于2008年获得 “测量管理体系AAA认证”，2009年通过了“军用实验室认可”，2010年通过 “国防计量技术机构考核”，2011年通过“国家校准/检测实验室认可”；实验室先后获得8项国家发明专利、在国内外重点刊物发表专业论文60余篇。

武汉泛洲中越合金有限公司中心实验室

武汉泛洲中越合金有限公司中心实验室（简称中心，下同）是武汉泛洲中越合金有限公司下属的一级部门，主要从事铜合金材料及产品的检测工作，位于武汉经济技术开发区全力南路8号。

中心现有等离子体发射光谱仪、X射线荧光光谱仪、火花直读光谱仪、紫外分光仪、万能拉力试验机、金相显微镜、布洛维硬度计等国际先进的检测试设备。

一流的检测设备，完善的检测手段，专业的检测人才，确保检测数据的准确和可靠。运行中的中心实验室无论在设备能力、专业技术人员水平、还是检测手段等方面都得到了同行和顾客的高度评价与认可。

中心的各项检测工作严格按照《检测和校准实验室能力认可准则》CNAS-CL01（ISO/IEC17025：2005）及相关法律、法规的要求独立运作，严格遵守检测的工作程序，执行检测规程和标准，为客户提供科学、公正、准确、满意的服务。

中心愿为社会提供第三方检测，热忱为社会各界服务，并接受社会各界的监督。

中心实验室认可范围：

02化学

—— 0201金属与合金

——02铜和铜合金

03机械

——0301金属和金属制品

——01试件的拉力试验

——04布氏硬度试验

——05洛氏硬度试验

03机械

——0353铜和铜合金的微观测试

——01晶粒尺寸

——02各相比例

联系地址：武汉市经济技术开发区全力南路8号

联系人：唐小红

联系电话：027-84798025

卓思建筑应用科技顾问(珠海)有限公司

卓思建筑应用科技顾问(珠海)有限公司（以下简称“卓思检测”）是2010年6月经珠海市工商行政管理局批准成立，于2012年2月7日获得中国合格评定国家认可委员会（CNAS）的实验室资质认可，具有第三方公正地位的建筑围护系统检测机构。

卓思检测现有实验室面积达900平方米，拥有检测仪器设备32台，在高素质的专业检测队伍中，工程师占职工总数40%，专业检测人员均为大专以上学历，所有人员均经过严格培训，持证上岗。

卓思检测获CNAS认可的首批检测能力范围包括：建筑金属屋面系统空气渗透性能、抗风承载力性能检测，建筑材料燃烧性能检测，常规金属材料力学性能检测。

卓思检测目前还是经澳门金属结构协会、香港建筑金属结构协会认可的技术研发中心，承担着港澳地区两个行业协会建筑金属围护系统综合性能检测相关的研发工作。卓思检测同时开展的检测及服务项目包括涂料涂层性能检测、压型钢板-混凝土组合楼板结构性能检测以及建筑金属围护系统设计、建造、维护阶段的工程咨询服务。

卓思检测坚持严格执行国家及国外检测标准，坚持“科学、公正、优质、诚信、改进”的质量方针，致力确保能为客户出具科学、准确、公正的检测数据。

飞利浦灯具（上海）有限公司

飞利浦灯具（上海）有限公司实验室成立于2001年，现有18名员工，其中工程师5名，技术员11名，上岗人员均经过岗位培训考核。实验室下设灯具安全试验室、配光试验室及电磁兼容试验室，总面积约820平方米，其中办公室面积约为90平方米。实验室拥有GMS2000立式大型分布光度计、ENV216+Receiver电磁兼容检测设备、温度记录仪、弹簧冲击锤等150多台检测仪器设备，固定资产约1200万元，其中设备资产约为700万元。

飞利浦灯具（上海）有限公司实验室目前主要业务是：灯具产品安全性能检测、型式试验、投诉抱怨分析检测、灯具配光检测、灯具EMC检测等相关检测项目，多年来为保证本公司产品的内在质量及新产品开发，起到了重要的作用。

飞利浦灯具（上海）有限公司实验室于2007年成为KEMA认证检测机构（现在更名为DEKRA）的WMT实验室，2012年5月通过DEKRA的WMT实验室复审并获得签发证书。

2012年7月通过中国合格评定国家认可委员会（CNAS）的实验室认可，证书编号CNAS L5745。

飞利浦灯具（上海）有限公司实验室依据GB/T 27025：2008 IDT ISO/IEC 17025:2005《检测和校准实验室能力的通用要求》建立了健全的运行有效的实验室管理体系，秉承“公正、科学、客观、准确、独立、迅速”的质量方针，保护客户机密和所有权，为客户提供高质量的检测服务。

现代丝绸国家工程实验室（苏州）评价检测中心

现代丝绸国家工程实验室（苏州）评价检测中心成立于2010年1月1日，隶属于现代丝绸国家工程实验室（苏州），下设办公室、纺织品色牢度检测室、纺织品功能性检测室、纺织品物理检测室、生丝品质检测室、化学分析实验室及样品室、标液室等功能室。本中心现有正式职工20人，其中教授1名、副教授1名、高级实验师6名、实验师3名、助理实验师7名、工程师1名。博士1名、硕士11名、本科生7名。均具有纺织、制丝、轻化、化学工程等专业背景，具有多年纺织品检测实验室工作经验。本中心拥有20多台套国内外先进的大型精密检测仪器，包括：美国Thermo Scientific 公司三重四极杆液相色谱质谱联用仪（TSQ Quantum Access MAX）、美国Bruker-Daltonics公司三重四极杆气相色谱质谱联用仪（450GC-320MS）等，主要服务于科研院所及社会各界，从事生丝、纤维、纺织品物理性能、生态检测和研究。

本中心制定了完备的规章制度，加强了检测的质量管理，方法规范，数据准确，工作高效，欢迎社会各界广大客户光临指导。

地址：江苏省苏州工业园区仁爱路199号
邮编：215123
电话：0512-67061129
传真：0512-67061129
网址：http://neser.suda.edu.cn/
邮箱：neser@suda.edu.cn

英华达（南京）科技有限公司测试中心

英华达（南京）科技有限公司测试中心是经中国合格评定国家认可委员会（CNAS）认可，认可证书编号为：CNAS L5405。测试中心是专门从事通信产品质量检测的综合性实验室。

测试中心拥有检测无线通信产品的射频性能，电磁兼容性能和环境可靠性试验等一系列功能完善的现代化实验室。在射频性能，电磁兼容，环境可靠性的研究和试验方面积累了丰富的经验。

本中心实验室建筑面积1200多平方米，配备了国际先进的电磁兼容测试系统，射频一致性测试系统，静电抗扰度测试设备，以及多台环境可靠性测试设备，能够为客户提供符合国家标准、行业标准、国际标准要求的试验以及根据客户要求制定特殊试验程序的试验。

主要开展的检测项目包含：

1.GSM/CDMA 移动台的射频性能检测；

2.辐射骚扰，传导骚扰，静电放电性能检测；

3.高温，低温，温度冲击，湿热，振动，扭曲，挤压性能检测。

地　址：南京市江宁经济技术开发区将军大道133号
邮　编：211153
电　话：025-52262313-2362
传　真：025-52787690
电子信箱：Ji.jian-lin@inventec-inc.com

无锡华润华晶微电子有限公司计量检测中心

无锡华润华晶微电子有限公司坐落在太湖之滨、锡惠山麓、大运河畔，是国家高新技术企业，主要从事集成电路、分立器件两大类产品的设计开发、圆片制造、测试及封装业务，生产国内著名的“华晶”牌集成电路和分立器件，已有四十多年的历史，是中国规模领先、品牌优异的功率器件供应商。

无锡华润华晶微电子有限公司拥有一个服务于科研、生产的计量检测中心，该中心由长度、无线电、热电、力学、半导体硅片检测、物理分析、化学分析等专业室组成。拥有与微电子科研、生产相匹配的国内外先进测量设备，诸如5700A多功能校准仪、HP8902A测量接收机、9500B示波器校准仪、十万分之一的电子天平、X射线荧光光谱仪、5975C气质联用仪、C20卡尔费休库仑水分仪、原子吸收分光光度计等测量设备。

实验室建有25项计量标准，30项校准能力和11项检测能力于2012年2月通过中国合格评定国家认可委员会认可。校准能力覆盖长度、力学、热学、电磁、无线电、时间频率和化学等专业。检测主要是化学试剂的主含量及其杂质含量、电子级水的检测分析，检测达PPb级水平。

实验室依托专业技术人才，先进的检测设备，多年来致力于促进微电子检测领域发展，秉承“诚信至上”和“以人为本”的核心理念，坚持科学、严谨、公正、准确的服务理念，凭借员工的敬业自律、团队的求真务实，获得了良好的客户信誉。

地　址：无锡市梁溪路14号
邮　编：214061
电　话：0510-81805211
传　真：0510-81805211

南京金杉汽车工程塑料有限责任公司实验室

南京金杉汽车工程塑料有限责任公司实验室位于南京市雨花经济开发区内，是一家专门从事塑料物理性能检测的实验室，其前身为南京市技术质量监督局塑料制品产品质量检测站，目前隶属于南京金杉汽车工程塑料有限责任公司。

实验室建筑面积500余平方，检测设备齐全，包括电子万能试验机、熔体流动速率测定仪、摆锤式冲击试验机及密度天平等多台高精度试验仪器，检测设备完备，实验室从事塑料物理性能检测多年，检测经验丰富，可以承接改性工程塑料的多数检测工作，实验室现有人员9人，本科以上学历3人，质量工程师2人，助理质量工程师2人，人员能力充分。

实验室于2010年下半年开始准备中国合格评定国家认可委员会（CNAS）认可工作，严格按照认可规范要求管理自身，于2012年5月取得中国合格评定国家认可委员会（CNAS）认可，证书号码：L5669 。实验室在今后逐步扩大检测范围，力争将实验室建设成为一个具有较高水平，有一定区域影响力的检测机构，不仅服务企业自身，而且实现社会共享，为提升本区域，本行业的检测水平做出更大的贡献。

地址：南京市雨花经济开发区青年路8号
邮编：210039
电话：025-86726810
传真：025-86726810
联系人：王翠霞（主任）
网址：www.js-engplastics.com
邮箱：qc@js-engplastics

湖北雷迪特汽车冷却系统有限公司检测室

湖北雷迪特汽车冷却系统有限公司检测室位于武汉经济技术开发区后官湖大道88号东峻工业园内，专业检测各类汽车冷却系统散热器、中冷器产品。

检测室为湖北雷迪特汽车冷却系统有限公司的下属部门，成立于2008年4月。检测室现有工作人员8名，其中高级工程师3名，工程师1名。占地面积480平方米，其中试验场地面积280平方米。

检测室的主要设备有：电动振动试验台、散热器压力交变试验台、散热器、中冷器风洞性能试验台、可程式高低温试验箱、湿热盐雾腐蚀试验箱、散热器冷热冲击试验台、静压爆破试验台、散热器内部腐蚀试验台、散热器脱气效率试验台、散热器喷淋（喷丸）试验台等设备。

2009年4月，为确保试验工作的科学性、准确性、公正性，检测室依据国家相关法律法规、方针政策和CNAS-CL01:2006《检测和校准实验室能力认可准则》（ISO/IEC17025：2005）的要求，检测室正式开始了实验室质量管理体系的运行。

2011年11月，检测室通过了CNAS的认可评审，认可注册号为：L5318。

检测室目前申请认可范围为：汽车散热器、中冷器的散热性能、水阻、风阻、气阻、振动、压力脉冲测试。

在试验检测过程中，检测室将全面贯彻“科学　真实　及时　准确”的质量方针，以一视同仁的服务对待所有客户，确保检测工作的独立性、公正性、诚实性。

地址：湖北武汉经济技术开发区后官湖大道88号东峻工业园
邮编：430058
电话：027-84295976
传真：027-84294988

上海索广映像有限公司

上海索广映像有限公司（简称索广映像，英文简称 SSV）成立于1995 年 12 月，是由索尼（中国）有限公司与上海仪电控股（集团）公司合资设立的索尼牌视像产品制造企业。公司总投资为 4.1029 亿美元，注册资金 1.0258 亿美元。公司位于浦东新区金桥工业区南区，占地面积106,208 平方米。

索广映像是国内率先生产平面彩电的企业。目前主要从事设计开发、生产制造“BRAVIA 博大晶深”液晶彩色电视机，其新产品具有1920×1080 全高清分辨率、3D 立体和 Edge LED 背光、以及 DLNA 家庭娱乐网络，WiFi ready，XMB 跨界导航菜单，同时采用 RGB 传感器可以依据周围环境自动调整整机的颜色和亮度。在专业用视像类产品领域，从事液晶前投影机、网络摄像机、电视会议系统等网络和计算机外部设备的生产。实现从投影核心部件光机到整体一体化生产。

索广映像高度重视企业的社会责任，贯彻“给地球关爱”和“以人为本”的理念，致力于建立完善的环境和安全管理系统；生产最佳的绿色环保产品；创造一流的产品质量；树立一流的企业形象。先后通过 ISO9001 质量管理体系的认证、ISO14001 环境管理体系的认证，OHSMS 职业健康与安全管理系统的认证，2010 年首批浦东新区社会责任达标企业，并获得国家“产品质量免检”证书、上海市文明单位、上海市高新技术企业、国家商检一类管理企业、免办CCC诚信企业、海关实施AA类管理企业、“安全生产先进”企业、上海市厂务公开民主管理工作先进单位、上海市 3 星诚信创建企业、外商投资先进技术企业、上海市外商投资双优企业、上海市外商投资销售收入百强企业、上海市外商投资上缴利税百强企业、中国对外贸易百强企业、上海市创新型企业、上海市平安单位、全国机械工业职工技术创新优秀组织单位、“外汇服务绿色通道”企业、浦东新区企业研发机构等荣誉。

地址：上海市浦东新区川沙路 3777 号
邮编：201201
电话：021-58388800
传真：021-58389900

上海电器陶瓷厂有限公司

上海电器陶瓷厂有限公司是上海输配电装备有限公司下属全资子公司，主要从事高低压熔断器、熔断器组合电器、小型断路器等各类元件产品研发、制造和销售。公司技术中心研发力量雄厚，具有多项国际先进水平的集制造、检测为一体的工艺装备，确保有效可靠的质量控制；公司销售网络遍及全国。

公司秉承“持续自主创新，提升产品技术能级”的企业精神，奉行“恪守诚实守信，提高用户满意度”的经营理念，以踏实、务实的作风，实行科学化、标准化、规范化管理模式，向市场提供具有国内外先进水平的、高质量的电器产品。

地址：上海市闸北区青云路 517 号
电话：021-56629791
传真：021-56630045
网址：www.sceaw.com.cn
邮箱：sceaw@vip.sina.com

广东科龙空调器有限公司

科龙空调，高效专家，27 年专业制冷，23 年专注于家用空调领域。 自 1988 年研制成功中国第一台分体式家用空调器以来，科龙空调就秉承“用户第一、技术创新、持续提升”的品牌理念，以消费者对空调的核心需求 --- 制冷制热效果及节能效果为研究方向，不断引领世界潮流！高效节能与潮流时尚，成为科龙空调品牌的核心内涵！

2006 年，科龙“锋尚”系列双高效空调，荣膺素有“工业设计奥斯卡”之称的“iF 中国设计大奖”；2007 年，科龙双高效系列挂机、柜机获得“中国创新设计红星奖”；2011 年最新推出的“大器天成”系列双高效变频空调，借鉴了苹果手机的全球尖端设计理念，全球首创无包边设计，同时采用纯平钢化玻璃面板、亚克力百合印花工艺，为消费者带来品质、时尚的高端享受。

科龙空调，高效节能专家，潮流时尚之选！

宁波奥克斯空调有限公司

宁波奥克斯空调有限公司隶属奥克斯集团有限公司。自 1994 年成立以来，历经 19 年专业制冷历程，现已成长为中国空调行业的领导品牌，中国企业 500 强，拥有奥克斯姜山国际产业园、奥克斯南昌工业园、天津武清工业园三大产业基地，空调年产突破 1000 万套，销售额超 100 亿，员工 10000 余人。

目前，宁波奥克斯空调有限公司拥有 1 个企业工程技术中心，3 个技术研究所，1 个国家级博士后工作站，有强大的空调技术研发能力和改造能力。2005 年以来，奥克斯空调与韩国三星、日本松下等国际研发机构强强联手，在兼收并蓄的交流合作中，不断提升企业的创新研发实力，从而保证产品始终处于行业领先水平。

奥克斯空调坚持以“优质平价”策略做市场，市场每年保持 30% 以上的增长率在飞速发展的同时，空调产品品质不断提升。奥克斯连续几年被业界评为“增长速度最快品牌”称号，并获得“出口免验”、“国家免检产品”、“中国驰名商标”、“节能产品”等荣誉称号。

目前，奥克斯已成为国内空调行业成本控制和价格竞争力最强的企业之一，正向行业前三强迈进。在国内，拥有 60 余个营销中心（办事处），9000 余个销售点，8000 多个安装售后服务站，连锁售后服务人员 6.5 万余人。空调不仅热销国内市场，而且远销意大利、阿根廷等 100 多个国家和地区。

汕头市澄海区乐吉儿玩具有限公司

汕头市澄海区乐吉儿玩具有限公司坐落于有“中国玩具礼品城”之称的汕头澄海。公司成立于 1998 年，专业生产搪胶娃娃、塑胶场景娃娃等女孩玩具产品。本着“用心做好每个产品，与您共享精彩今天”的经营理念，成功塑造“乐吉儿”品牌和市场形象，且还被评为“中国名优儿童用品采购指定品牌”。

公司是第一批通过国家强制性 3C 认证的玩具企业，是一家集独立生产、自主研发和创新的品牌公司。在国内拥有庞大的销售网络，现有各地代理商近百家，销售渠道覆盖各大商场、百货、大型连锁超市、母婴系统和网购平台。

安全、环保、高性价比的系列产品，已赢得女孩子的青睐和良好的口碑。我司追求“拥有乐吉儿，快乐每一天”的经营宗旨，与时俱进，不断创新，打造成更具特色、更加优秀的玩具品牌。

凯尔仕焊接科技有限公司

凯尔仕焊接科技有限公司始创于 1990 年，是一家由一批高科技人员开发．研制．创新及生产销售“焊霸”牌焊接．切割设备的企业。

凯尔仕自成立至今，十几年来，始终以“精益求精、高质低价、诚信服务”为理念。专业生产 ZX7 系列、BX1 系列等各种交直流焊接切割设备。

凯尔仕位于珠江三角洲腹地 -- 顺德，这里与大都市广州．佛山及中山接壤，毗邻经济纽带深圳．珠海及港澳特区。交通便利．地理位置得天独厚。技术力量雄厚．生产工艺严谨．采用流水线作业和先进的检测系统。产品质量可靠，品种规格齐全，价格合理。

本厂销售网络遍及全国各地及东南亚地区，同时还不断引进新技术、采用新材料、新工艺。利用先进的生产设备和严谨的工艺流程，使产品质量更高、性能更可靠。我们将坚持以科技为先导，致力于焊接领域为客户提供最优质的产品和最佳的售前、售中、售后服务。并竭诚欢迎国内、外各界朋友光临洽谈业务和合作发展。

延续凯尔仕企业一贯的务实与沉稳作风，在后续服务环节上，借助广阔而合理的销售网络设置，我们为各地商户带来灵活而高效的合作流程，从样板配送以至最后的交货阶段，都有专人跟进，确保在最短时间内，将你所需产品送达。网络贯通全球，服务自然妥善。

电话：0757-26679943

传真：0757-26676349

中山至威电机电器制造有限公司

我公司成立于1990年，是一家专业从事研发、制造中小型电动机的企业，拥有大量精良的制造、检测和试验设备。我公司占地面积26000平方米，其中包括18000多平方米的花园式厂房。

我公司所生产的“CHIKEE”品牌中小型电动机，广泛用于空气调节设备，各种泵类设备，食物处理器具，厨房清洁器具，医疗器械、各种电风扇及抽气扇等，产品主要销往北美、欧洲、日本等发达国家和地区。同时也为客户OEM生产各种类中小型电动机。目前我公司的年产量达到100多万台，且正不断地努力提高我们的生产能力。

我公司产品已分别获得“CCC、UL、CSA、ETL、VDE、CE、SASO”等权威认证机构的安全认证。我公司也连续多年通过德国莱恩公司(TUV)的ISO9001：2008质量管理体系认证。

今天，经历了二十年不懈努力和顽强拼搏，我们赢得了国内外用户的一致认同和赞赏！然而，至威将不会停止前进的脚步。我们不仅要制造出高品质的产品，还要为客户提供具竞争力的价格、迅速的反应和准时的交货。

我们的企业宗旨：和谐、合力、奋斗、创造。

我们的质量方针：以高度的责任感对待工作，做过得硬产品让用户放心！

欢迎您与我们联系，竭诚期待与您合作。

地址：广东省中山市小榄镇联丰路九洲基兴隆工业区
电话：0760-22283388 传真：0760-22283361
邮编：528416

中华制漆（深圳）有限公司

一、公司规模及产品

中华制漆（深圳）有限公司是香港中华制漆（一九三二）有限公司的全资附属机构，位于深圳市宝安区沙井镇衙边工业区，占地五万多平方米，是各种油漆的专业生产厂家，产品包括：1、建筑装饰涂料；2、木器涂料；3、防腐涂料；4、玩具、电子制品涂料；5、保养性涂料；6、地板涂料系列；7、高级汽车涂料；8、彩色卷钢涂料。

所有产品分别以菊花牌 、长颈鹿牌 、玩具牌等品牌行销国内外，而中华海诺威重防腐涂料在一些特殊的工业领域，如海洋石油工程、船舶制造与维修、国防军工、港口码头、江海桥梁、冶炼化工、水利电力、冶金矿山等得到广泛应用。公司在国内开设的多间策略性营业处，形成遍布全国的网络，为国内用户提供了完善和快捷的销售及售后服务，并积极拓展承包生产业务，承包生产氟碳涂料和卷钢涂料，并以香港母公司为基地，将产品销往世界各地。

母公司是北海集团有限公司的主要附属公司之一，该控股公司于1991年5月正式在香港联合交易所上市，认股超额达153倍之多 .

二、人力资源和基础设施

- 1 . 公司现有员工603人，技术研发人员122人，其中博士6人，硕士及高工共有12人，中级以上职称48人。
- 2 .公司与武汉大学、青岛海洋化工研究院、华南理工大学都有合作 ,共同开发项目。
- 3 . 公司2004年被深圳市科技和信息局认定为高新技术企业，2009年升级为国家级高新技术企业；2006年被定为深圳市企业技术中心，承担深圳市和广东省研发项目。
- 4 .公司有国家认可实验室，参与过国家强制性标准GB18582-2001（室内装饰装修材料 - 内墙涂料中有害物质限量）及环境标志产品标准的制订。实验室有原子灰吸收光谱、气相色谱、紫外 - 可见分光光度计、微波消解仪、QUV人工加速老化仪，美国标准耐洗刷仪、盐雾试验机、氙弧曝晒试验仪等涂料测试设备，可以检测各类涂料性能及环保安全参数。
- 5 公司有专门的恒温恒湿实验室、无尘实验室、静电及无尘喷涂应用实验室。
- 6 .公司已成功开发建筑内外墙涂料、木器装修涂料、防腐涂料、UV光固化涂料、塑胶涂料、金属烤漆、汽车涂料、氟碳涂料、特种功能性涂料。

中华制漆（深圳）有限公司将一如既往的以“品质至上，顾客为先，环保为念”的品质及环保方针为宗旨，积极开展客户合作，提供客户满意产品，争创国际一流管理水平，树立“中华”品质之丰碑。

TCL照明

TCL集团股份有限公司

TCL集团股份有限公司创立于1981年，是中国最大的、全球性规模经营的消费类电子企业集团之一，旗下拥有三家上市公司：TCL集团（SZ.000100）、TCL多媒体科技（HK.1070）、TCL通讯科技（HK.2618）。2011年销售额达到608亿元，品牌价值501.18亿元。

照明公司成立于2000年，是TCL集团的重要产业之一，专业从事照明产品的研发、生产、销售、应用方案设计等。目前，公司旗下分为传统照明和LED照明两大产品群，涵盖工程照明、家居照明、道路照明、景观亮化、特种照明等，为客户提供全方位的产品和服务一体化解决方案。

十多年来，TCL照明以科技为依托，以节能为重点，十分注重产品创新、技术创新，紧跟世界照明电器发展的潮流。利用TCL研发中心的优势，积极开展与复旦大学、西南交通大学、华南理工大学等多所高校及科研机构的交流与合作，并于2005年1月建成了华南第一个国家级照明检验中心。

TCL照明拥有健全的营销服务网络，全国设立了近30个办事处，网络已经100%覆盖了全国大中型城市，分销网点多达2500余家，可为广大客户提供快捷、便利、周到的服务。

2011年，TCL与台湾宏齐合作，投资3亿元建立LED封装体系，打造LED照明全产业链。TCL照明将以科技研发和产业链布局为依托，以LED照明为发展重点，锐意变革，创新经营模式，强化市场导向，以最优的成本和系统的解决方案为消费者提供温馨、舒适、环保、节能的照明环境，致力于成为LED照明第一品牌。

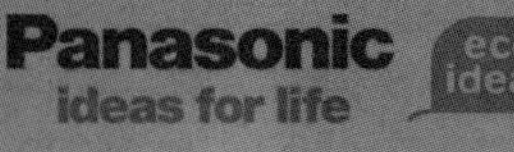

广东松下环境系统有限公司

本公司长期以来在人们生活的室内空气环境研究领域，不断钻研积累了世界领先的技术和经验。旨在通过改善室内空气质量（IAQ）贡献于全社会，为世界各地的人们提供健康舒适的生活空间。

本公司自创立以来，不断向全世界输送品质优良的Panasonic换气扇送风机、吸油烟机、干手机、浴霸、电风扇、空气净化器、双向流新风机、风幕机、全热交换器、冷却机组。不仅在中国市场而且在国外市场也占有较大的市场份额。在美国业界最先取得省能源产品称号，并获得美国“Energy Star”荣誉，在世界上得到了信赖和认可。

在历任总经理的领导下，全体员工齐心协力，积极进取，不断提高管理水平，推行全面品质管理，从产品企画、设计、生产、销售到售后服务，建立了完整连贯的品质保证体系。从原材料采购到产品废弃的生命周期全过程，一切活动在履行企业的社会责任的同时，全员一致推进环境保护活动，与地球环境共存。

面向未来，本公司将继续努力研究开发新技术新产品，不断实现提高和超越。

客户咨询电话：800-810-0781（固话用户）
400-810-0781（手机用户）
更多产品信息请登陆：http://pesgd.panasonic.cn

兄弟（中国）商业有限公司

兄弟(中国)商业有限公司成立于2005年3月，是负责Brother集团在中国的产品销售与服务的外商独资企业。

Brother作为拥有100多年历史的国际化品牌，目前已在全球44个国家和地区拥有17个生产基地及52个销售公司。伴随着全球化进程的不断推进，Brother集团把高速发展的中国市场作为未来发展的重要基地。兄弟(中国)充分利用集团总部的资源优势，秉承"At your side."的企业文化理念，致力于推进以顾客第一为宗旨的产品销售，作为价值链的一环，为中国消费者提供更多具有高附加值的产品和服务。兄弟(中国)的事业领域包括以传真机、打印机、多功能一体机、标签打印机等产品为代表的打印及解决方案事业；以家用缝纫机、绣花机为中心的家用机器事业。为了适应数字化和网络化办公的发展趋势，推出了集传真、打印、复印和扫描等多种办公功能为一体的小型多功能一体机，开拓了SOHO市场，奠定了领路先锋的市场地位。另一主推产品"普贴趣"同样作为标签打印机行业的先驱，在进入市场的多年来，不断为广大行业用户提供各类专业的标签解决方案，包括电力电信线缆标识、固定资产盘点及办公文档可视化等，在专业市场中得到广泛好评。

兄弟(中国)总部位于上海，通过设于北京、广州、成都、沈阳的分公司及遍布各地的众多代理商与维修站构建起了覆盖全国的营销服务网络。依托集团旗下分设于深圳、珠海、台湾等地的生产工厂，用高质量的产品与服务为中国顾客提供优良的价值。

Brother集团以构筑可持续发展的社会为方向，推出了全球性的环保网站"www.brotherearth.com"，以"与您共创美好环境"为口号，在企业活动的所有方面积极不断地致力于关爱地球环境的活动。Brother集团不仅注重产品性能与质量，在产品生命周期的各个环节，也始终贯彻5R（Refuse、Reduce、Reuse、Reform、Recycle）方针。兄弟(中国)秉承Brother集团全球宪章的精神，以高度的伦理道德观积极履行企业对社会所承担的义务。公司以"环保"与"成长"为关键词，积极开展了环保、教育、慈善等一系列社会公益活动，赢得了社会各界的广泛好评。

"在中国诞生，伴中国成长"。兄弟(中国)将继续弘扬Brother集团"At your side."的精神，为了成为集团成长战略的核心，成为优秀的企业公民而不懈努力。